JUS PUBLICUM

Beiträge zum Öffentlichen Recht

Band 62

Thorsten Koch

Der Grundrechtsschutz des Drittbetroffenen

Zur Rekonstruktion der Grundrechte als Abwehrrechte

Mohr Siebeck

Thorsten Koch, geboren 1960; 1981 bis 1987 Studium der Rechtswissenschaft; 1990 zweites juristisches Staatsexamen, anschließend wiss. Mitarbeiter an der Universität Osnabrück; 1993 Promotion; 1999 Habilitation.

Als Habilitationsschrift auf Empfehlung des Fachbereichs Rechtswissenschaften der Universität Osnabrück gedruckt mit Unterstützung der Deutschen Forschungsgemeinschaft.

Die Deutsche Bibliothek – CIP-Einheitsaufnahme

Koch, Thorsten:
Der Grundrechtsschutz des Drittbetroffenen : zur Rekonstruktion der Grundrechte als Abwehrrechte / Thorsten Koch. – Tübingen : Mohr Siebeck, 2000
(Jus publicum ; 62)
ISBN 3-16-147444-9

Das Buch wurde von Gulde-Druck in Tübingen aus der Garamond-Antiqua belichtet, auf alterungsbeständiges Werkdruckpapier gedruckt und von der Großbuchbinderei Heinr. Koch in Tübingen gebunden.

ISSN 0941-0503

Für Petra

Vorwort

Die vorliegende Arbeit ist im Wintersemester 1998/99 vom Fachbereich Rechtswissenschaften der Universität Osnabrück als Habilitationsschrift angenommen worden. Mit ihr wird der Versuch unternommen, einige in jüngerer Zeit diskutierte Fragen der Grundrechtsdogmatik auf Basis eines an der Funktion der Grundrechte als Abwehrrechte orientierten Grundrechtsverständnisses in einem noch überschaubaren Umfang zu erörtern. Das im Herbst 1998 abgeschlossene Manuskript wurde zum Zwecke der Veröffentlichung im Frühjahr 2000 aktualisiert und um zwischenzeitlich ergangene Rechtsprechung und neuere Literatur ergänzt.

An dieser Stelle sei all denen gedankt, die in unterschiedlicher aber jeweils unverzichtbarer Weise zur Entstehung der Schrift beigetragen haben. An erster Stelle zu nennen ist Professor Dr. *Jörn Ipsen*, Direktor des Instituts für Kommunalrecht der Universität Osnabrück, der mich in den vergangenen Jahren durch fachliche und persönliche Unterstützung in vielfältiger Weise gefördert sowie auch die Anfertigung dieses Werkes durch zahlreiche Hinweise und Anregungen begleitet hat. Den vormaligen Mitarbeitern des Instituts für Kommunalrecht Dr. *Jürgen Eschenbach* und *Frank Niebaum* danke ich für konstruktive Kritik und stete Gesprächsbereitschaft, Herrn Professor Dr. *Jörg Manfred Mössner* und Herrn Professor Dr. *Hans-Werner Rengeling* für die Übernahme und zügige Erstellung der weiteren Gutachten. Der Deutschen Forschungsgemeinschaft gebührt Dank für die großzügige Förderung durch Gewährung eines Habilitationsstipendiums, das die intensive Befassung mit einem einzelnen Thema erst möglich gemacht hat, sowie die Übernahme eines Druckkostenzuschusses, ohne den die Arbeit in der vorliegenden Form nicht hätte erscheinen können.

Besonderen Dank schulde ich schließlich meiner Frau Petra, die mich in dem gemeinsamen Entschluß der Anfertigung einer Habilitationsschrift stets bestärkt und nicht zuletzt durch die Übernahme der Betreuung unserer Kinder die Rahmenbedingungen für die Arbeit an einer Monographie unter Zurückstellung eigenen beruflichen Fortkommens geschaffen hat. Ihr ist die Arbeit daher gewidmet.

Bissendorf, im Mai 2000 Th. K.

Inhaltsübersicht

Inhaltsverzeichnis

Zweiter Teil
Probleme des grundrechtsrelevanten Staatshandelns im zweipoligen Staat-Bürger-Verhältnis

Abkürzungen

a.A.	anderer Ansicht
a.F.	alter Fassung
abgedr.	abgedruckt
abl.	ablehnend
Abs.	Absatz
abw.	abweichend(e)
AcP	Archiv für die civilistische Praxis
AFG	Arbeitsförderungsgesetz
AfP	Archiv für Presserecht
AG	Aktiengesellschaft (Zeitschrift)
AK	Alternativkommentar
allg.	allgemein
ALR	Allgemeines Landrecht für die Preußischen Staaten
Anm.	Anmerkung
AöR	Archiv des öffentlichen Rechts
Art.	Artikel
AtomG	Atomgesetz
Aufl.	Auflage
AÜG	Arbeitnehmerüberlassungsgesetz
AuR	Arbeit und Recht
ausführl.	ausführlich
AZG	Arbeitszeitgesetz
AZO	Arbeitszeitordnung
Ba.-Wü.	Baden-Württemberg
BauGB	Baugesetzbuch
BauO	Bauordnung
Bay., bay.	Bayern, bayrisch
BayBauO	Bayerische Bauordnung
BayVBl.	Bayerische Verwaltungsblätter
BayVGH	Bayerischer Verwaltungsgerichtshof
BAZG	Gesetz über die Arbeitszeit in Bäckereien
BB	Der Betriebs-Berater
BBauG	Bundesbaugesetz
BBergG	Bundesberggesetz
BBG	Bundesbeamtengesetz
Bd.	Band
Bearb., bearb.	Bearbeiter, bearbeitet
begr.	begründet

Beschl.	Beschluß
BFH	Bundesfinanzhof
BFHE	Sammlung der Entscheidungen des Bundesfinanzhofs
BGB	Bürgerliches Gesetzbuch
BGBl.	Bundesgesetzblatt
BGH	Bundesgerichtshof
BGHSt	Entscheidungen des Bundesgerichtshofs in Strafsachen
BGHZ	Entscheidungen des Bundesgerichtshofs in Zivilsachen
BImSchG	Bundes-Immissionsschutzgesetz
BJagdG	Bundesjagdgesetz
BK	Bonner Kommentar
BRAGO	Bundesgebührenordnung für Rechtsanwälte
BraunschwZ.	Zeitschrift für Rechtspflege im Herzogthume Braunschweig
BRRG	Beamtenrechtsrahmengesetz
BT-Drucks.	Bundestags-Drucksache
BVerfG	Bundesverfassungsgericht
BVerfGE	Entscheidungen des Bundesverfassungsgerichts
BVerfGG	Bundesverfassungsgerichtsgesetz
BVerwG	Bundesverwaltungsgericht
BVerwGE	Entscheidungen des Bundesverwaltungsgerichts
DAR	Deutsches Autorecht
ders.	derselbe
dies.	dieselbe, dieselben
DirRufVO	Verordnung über das öffentliche Direktrufnetz für die Überragung digitaler Nachrichten
DÖV	Die Öffentliche Verwaltung
Drucks.	Drucksache
DVBl.	Deutsches Verwaltungsblatt
ebd.	ebenda
EGV	Vertrag zur Gründung der Europäischen Gemeinschaft
EMRK	Konvention zum Schutze der Menschenrechte und Grundfreiheiten
EStDV	Einkommensteuer-Durchführungsverordnung
EuGH	Europäischer Gerichtshof
EuGRZ	Europäische Grundrechte-Zeitschrift
f., ff.	folgende, folgenden
FFOG	(Niedersächsisches) Feld- und Forstordnungsgesetz
FG	Festgabe
Fischers Ztschr.	Fischers Zeitschrift für Verwaltungsrecht
Fn.	Fußnote
fortgef.	fortgeführt
FS	Festschrift
GastG	Gaststättengesetz
GBl.	Gesetzblatt

GdS	Gedächtnisschrift
gem.	gemäß
gemhh	gemeindehaushalt (Zeitschrift)
GenTG	Gentechnikgesetz
GewArch	Gewerbearchiv
GewO	Gewerbeordnung
GG	Grundgesetz
ggf.	gegebenenfalls
GO	Gemeindeordnung
GS	Gesetzsammlung für die Königlichen Preußischen Staaten/Preußische Gesetzsammlung
GWB	Gesetz gegen Wettbewerbsbeschränkungen
HaustürWG	Gesetz über den Widerruf von Haustürgeschäften und ähnlichen Geschäften
HbStR	Handbuch des Staatsrechts der Bundesrepublik Deutschland
HChE	Verfassungsentwurf des Herrenchiemseer Verfassungskonvents
HeilprG	Heilpraktikergesetz
Herzogl.	Herzoglich
Hess., hess.	Hessen, hessisch
HessVGH	Hessischer Verwaltungsgerichtshof
HGB	Handelsgesetzbuch
HRG	Hochschulrahmengesetz
Hrsg., hrsg.	Herausgeber, herausgegeben
i. d. F.	in der Fassung
i. S. v.	im Sinne von
insbes.	insbesondere
JA	Juristische Arbeitsblätter
Jahrb.	Jahrbuch
jew.	jeweils
JöSchG	Gesetz zum Schutze der Jugend in der Öffentlichkeit
JR	Juristische Rundschau
JuS	Juristische Schulung
JZ	Juristenzeitung
KO	Konkursordnung
krit.	kritisch
KrO	Kreisordnung
LAG	Landesarbeitsgericht
LandschaftsG NW	Landschaftsgesetz Nordrhein-Westfalen
LBauO	Landesbauordnung
Lfg.	Lieferung
LG	Landgericht
LKV	Landes- und Kommunalverwaltung
LMedienG	Landesmediengesetz

Losebl.	Loeseblatt
LSchlG	Ladenschlußgesetz
LuftverkehrsG	Luftverkehrsgesetz
Luth.	Lutherisch
LVG	(Preußisches) Landesverwaltungsgesetz
m.w.N.	mit weiteren Nachweisen
MDR	Monatsschrift für Deutsches Recht
MedR	Medizinrecht
MietRVerbG	Mietrechtsverbesserungsgesetz
MuSchG	Mutterschutzgesetz
n. F.	neue Fassung; neue Folge
Nachw.	Nachweise(n)
NBauO	Niedersächsische Bauordnung
Nds., nds.	Niedersachsen, niedersächsisch
NdsVBl.	Niedersächsische Verwaltungsblätter
NGefAG	Niedersächsisches Gefahrenabwehrgesetz
NJW	Neue Juristische Wochenschrift
NJW-RR	Neue Juristische Wochenschrift – Rechtsprechungs-Report
NStZ	Neue Zeitschrift für Strafrecht
NuR	Natur und Recht
NVwZ	Neue Zeitschrift für Verwaltungsrecht
NVwZ-RR	Neue Zeitschrift für Verwaltungsrecht – Rechtsprechungs-Report
NW	Nordrhein-Westfalen
NWVBl.	Nordrhein-Westfälische Verwaltungsblätter
NZV	Neue Zeitschrift für Verkehrsrecht
OLG	Oberlandesgericht
OVG	Oberverwaltungsgericht
OWiG	Gesetz über Ordnungswidrigkeiten
PolG	Polizeigesetz
PresseG	Pressegesetz
PrOVG	Preußisches Oberverwaltungsgericht
PrOVGE	Entscheidungen des (königlich) Preußischen Oberverwaltungsgerichts
PrPolVerwG	Preußisches Polizeiverwaltungsgesetz
PrVerwBl.	Preußisches Verwaltungsblatt
prVU	Verfassungsurkunde für den Preußischen Staat
RabattG	Rabattgesetz
RBerG	Rechtsberatungsgesetz
RdA	Recht der Arbeit
RDV	Recht der Datenverarbeitung
Rh.-Pf.	Rheinland-Pfalz
Rn.	Randnummer
Rs.	Rechtssache

Rspr.	Rechtsprechung
RV 1871	Reichsverfassung von 1871
s.	siehe
S.	Satz, Seite
sachl.	sachlich
Sachs., sächs.	Sachsen, sächsisch
SächsOVG	Sächsisches Oberverwaltungsgericht
SächsVBl.	Sächsische Verwaltungsblätter
Schl.-H	Schleswig-Holstein
SGB	Sozialgesetzbuch
Slg.	Sammlung
StGB	Strafgesetzbuch
StGH	Staatsgerichtshof
StPO	Strafprozeßordnung
StVG	Straßenverkehrsgesetz
StVO	Straßenverkehrs-Ordnung
StVZO	Straßenverkehrs-Zulassungs-Ordnung
ThürVBl.	Thüringer Verwaltungsblätter
u.a.	unter anderem
unzutr.	unzutreffend
u.ö.	und öfter
UPR	Umwelt- und Planungsrecht
UrhG	Urheberrechtsgesetz
Urt.	Urteil
UWG	Gesetz gegen den unlauteren Wettbewerb
v.	von, vom
VBlBW	Verwaltungsblätter für Baden-Württemberg
VerwArch	Verwaltungsarchiv
VG	Verwaltungsgericht
VGH	Verwaltungsgerichtshof
VGHE	Entscheidungen des (Bayerischen) Verwaltungsgerichtshofs
VO	Verordnung
Vorb.	Vorbemerkungen
VVDStRL	Veröffentlichungen der Vereinigung der Deutschen Staatsrechtslehrer
VwGO	Verwaltungsgerichtsordnung
VwVfG	Verwaltungsverfahrensgesetz
WHG	Wasserhaushaltsgesetz
WiVerw	Wirtschaft und Verwaltung
WM	Wertpapier-Mitteilungen
WRP	Wettbewerb in Recht und Praxis
WRV	Weimarer Reichsverfassung
WuR	Wirtschaftsverwaltungs- und Umweltrecht

WWiG	Weinwirtschaftsgesetz
zahlr.	zahlreich, -e, -en
ZBR	Zeitschrift für Beamtenrecht
ZfSH/SGB	Zeitschrift für Sozialhilfe und Sozialgesetzbuch
ZG	Zeitschrift für Gesetzgebung
Ziff.	Ziffer
ZIP	Zeitschrift für Wirtschaftsrecht
zit.	zitiert
ZLR	Zeitschrift für das gesamte Lebensmittelrecht
ZMR	Zeitschrift für Miet- und Raumrecht
ZRP	Zeitschrift für Rechtspolitik
ZStW	Zeitschrift für die gesamte Staatswissenschaft
ZugabeVO	Zugabeverordnung
ZUR	Zeitschrift für Umweltrecht

Einleitung

Die Drittbeeinträchtigung bei adressatbelastendem Staatshandeln – eine Problemskizze

Schon wenige Monate nach seiner Gründung erhielt das Preußische Oberverwaltungsgericht im Jahre 1876 erstmals Gelegenheit, sich mit den Rechtsschutzmöglichkeiten Dritter gegen (auch) den Adressaten belastendes Verwaltungshandeln zu befassen. Anlaß hierzu bot eine Verfügung, mit der sämtlichen Gastwirten einer Stadt untersagt worden war, an einen näher bezeichneten Böttchermeister »Branntwein zu verabreichen oder ihn auch nur im Schanklokal zu dulden«, da dieser ein »notorischer Trunkenbold« sei.[1] Das Preußische Oberverwaltungsgericht sah auch den Böttchermeister als befugt an, gegen diese Verfügung im Verwaltungsstreitverfahren vorzugehen, ohne der im Verfahren thematisierten Frage entscheidende Bedeutung zuzumessen, ob eine der Verfügung zugrundeliegende Polizeiverordnung als »Regelung des Gewerbebetriebs der Schankwirthe« ausschließlich gewerbepolizeilicher Natur sei oder auch die »Besserung der Trunkenbolde« bezwecke. Vielmehr ließ das Gericht genügen, daß die angegriffene Verfügung *notwendig* Folgen für den beschwerdeführenden Böttchermeister habe, ohne daß die Verweigerung eines Getränkeausschanks durch die ortsansässigen Gastwirte als die von der Verwaltung intendierte Folge der Verfügung in den Blick genommen worden wäre: Entscheidend sei, daß die Polizeiverfügung nicht nur »rechtlich nicht geschützte Interessen« des Böttchermeisters berühre, sondern auch in dessen Rechtssphäre positiv eingreife, »insofern der Beschwerdeführer sämmtlichen Wirthen seines Aufenthaltsortes als notorischer Trunkenbold bezeichnet, also in Beziehung auf ihn eine Thatsache behauptet und verbreitet wird, welche ihn in der öffentlichen Meinung herabzuwürdigen geeignet ist, auch Dritte zu einer dementsprechenden Behandlung des Beschwerdeführers zwingt, und somit objektiv eine Minderung seiner Ehre involvirt.«[2] Weil die »polizeiliche Anordnung« daher in das »Rechtsgebiet« des Beschwerdeführers »wider seinen Willen und somit zwangsweise« eingreife, stehe diesem »selbständig das Recht zur Klage im Verwaltungsstreitverfahren zu«.[3]

Fast 125 Jahre später ist die Frage nach der rechtlichen Behandlung der Auswirkungen staatlichen Handelns auf Dritte zu einem »Dauerthema« des Staats- und

---

[1] PrOVGE 1, 327.
[2] PrOVGE 1, 327 (330).
[3] PrOVGE 1, 327 (331).

Verwaltungsrechts geworden: Zunächst können Ge- und Verbote wegen ihrer verhaltenssteuernden Wirkung in unterschiedlicher Weise auch Belange und Interessen eines Dritten (oder gar weiterer Personen) berühren, zumal vielfach – wie auch in dem soeben erwähnten Beispiel – gerade ein Verhalten mit Bezug auf Dritte den Gegenstand regelnden Staatshandelns bildet; derartige Sachverhalte haben die Rechtsprechung denn auch wiederholt beschäftigt. Zunehmend an Bedeutung gewonnen hat in jüngerer Zeit ferner die staatliche Verhaltenssteuerung durch nichtregelnde Maßnahmen (»Warnungen und Empfehlungen«), die ebenfalls Rückwirkungen auf Dritte entfalten kann. Auch ist festzustellen, daß der (Grund-) Rechtsschutz gegen die Gestattung und/oder Realisierung baulicher und technischer Anlagen eine »enorme Dynamik«[4] entfaltet hat, weil derartige Vorhaben von den »Nachbarn« zunehmend als »Einbuße an Lebensqualität« und damit als Beeinträchtigung empfunden werden.

Aus der Perspektive der Grundrechte werfen diese verschiedenen Fallgestaltungen unterschiedliche – wenngleich vielfach miteinander verwobene – Schwierigkeiten auf: So kann im Hinblick auf die letztgenannte Fallgruppe schon die Frage gestellt werden, inwieweit einem Grundrechtsträger überhaupt möglich ist, ein »Nichtstörungsinteresse« unter Berufung auf Grundrechte gegen staatlicherseits zugelassene Beeinträchtigungen durch störendes Handeln anderer Bürger zu verteidigen. Im Hinblick auf Fälle einer staatlichen Verhaltenssteuerung durch imperative oder influenzierende Maßnahmen ist hingegen problematisch, wie grundrechtlich relevante von irrelevanten Beeinträchtigungen eines Nichtadressaten zu unterscheiden sind, womit die Frage nach dem – um zunächst an eine übliche Terminologie anzuknüpfen – »Eingriffsbegriff« gestellt wird. Insoweit sind aber schon mit den »klassischen« Fällen der Drittbeeinträchtigung aufgrund staatlicher Ge- und Verbote beträchtliche Unsicherheiten verknüpft: Zwar wird (jedenfalls) heute – soweit ersichtlich – nicht mehr behauptet, daß allein die Beeinträchtigung eines Grundrechtsträgers durch imperativ-regelnde Maßnahmen eines Grundrechtsadressaten auch Grundrechtserheblichkeit beanspruchen könne, so daß Fälle der Drittbeeinträchtigung einer Überprüfung am Maßstab der Grundrechte nicht von vornherein entzogen sind. Würde aber auf jegliche Begrenzung der Grundrechtserheblichkeit der Handlungen eines Grundrechtsadressaten und/oder ihrer Wirkungen verzichtet, geriete folgerichtig »das ganze Spektrum staatlicher Ingerenzen«[5] in den Blick der Grundrechte. Aufgrund der unübersehbaren Zahl der durch staatliche Maßnahmen möglicherweise ausgelösten Folge- und Fernwirkungen könnte daher eine ebensolche Vielzahl aktuell oder potentiell »Betroffener« ihre Grundrechte gegen Handeln des Staates ins Feld führen. Rechtsprechung und Literatur zeigen sich daher – wie im einzelnen noch zu zeigen sein wird – bemüht, an den Grundrechten zu messende Einwir-

---

[4] *P. Preu,* Genese, S. 11.

[5] *J. Isensee,* in: Isensee/Kirchhof (Hrsg.), HbStR, Bd. V, § 111 Rn. 65.

kungen auf Dritte von solchen Auswirkungen staatlichen Handelns zu unterscheiden, die jedermann als Ausdruck eines allgemeinen Lebensrisikos hinzunehmen hat. Dieses Bemühen um eine »Eindeichung« des Terrains grundrechtlich erheblicher Staatsakte insbesondere im Interesse der Vermeidung einer befürchteten »Prozeßflut« mag auch verständlich sein. Die sich suchend vorantastende Judikatur hat aber bislang nicht zu einer einheitlichen Linie gefunden, wie ein kurzer Blick auf einige Beispiele aus der verfassungs- und verwaltungsgerichtlichen Spruchpraxis zeigt.

Zu erwähnen ist zunächst eine der Entscheidungen des Bundesverfassungsgerichts zur Verfassungsmäßigkeit des Ladenschlußgesetzes, mit der Verfassungsbeschwerden gegen die Anordnung »Allgemeiner Ladenschlußzeiten« durch § 3 LSchlG[6] – und damit einen gerade auf das Verhalten des Maßnahmeadressaten gegenüber Dritten bezogenen Verhaltensbefehl – auch insoweit für zulässig erachtet wurden, als sie von zwei Kundinnen erhoben worden waren: In seiner lediglich vier Zeilen umfassenden Begründung stellte der Erste Senat fest, die Beschwerdeführerinnen seien zwar »formell« nicht Adressaten des an die Inhaber von Verkaufsstellen gerichteten Gesetzesbefehls, die Einwirkung der angegriffenen Maßnahme auf die Handlungsfreiheit der Beschwerdeführerinnen gehe aber über »eine bloße Reflexwirkung« hinaus. Die an die Ladeninhaber gerichtete Norm hindere zwangsläufig die Kundschaft am Einkauf, wirke also »wie ein unmittelbar an diese gerichteter Gesetzesbefehl.«[7]

Der vom Bundesverfassungsgericht in diesem Fall für entscheidend erachtete Gesichtspunkt ist folglich die »Wirkungsgleichheit« einerseits des an einen Grundrechtsträger gerade in seiner Eigenschaft als (Vertrags-) Partner einer (zweiseitigen) Rechtsbeziehung gerichteten Verhaltensimperativs und andererseits der aus seiner Befolgung resultierenden Beeinträchtigung des Vertragspartners des Maßnahmeadressaten: Das an den Ladeninhaber gerichtete Gebot, sein Geschäft zu bestimmten Zeiten geschlossen zu halten, trifft diesen als einen von zwei Vertragspartnern ebenso wie den kontrahierungswilligen Kunden; dessen Einkaufsmöglichkeiten werden gleichsam als »Kehrseite« des an den Ladeninhaber gerichteten Normbefehls beschränkt. Entsprechendes gilt, wenn – umgekehrt – eine »drittbezogene« Einwirkung auf den Kunden erfolgt. Unter ausdrücklicher Bezugnahme auf die »Ladenschluß«-Entscheidung hat das Bundesverfassungsgericht daher ein – wie unterstellt wurde – allein an (öffentliche) Auftraggeber gerichtetes Verbot bestimmter vertraglicher Vereinbarungen als grundrechtserhebliche Einwirkung auch auf die Berufsfreiheit der Auftragnehmer angesehen.[8] Ebenso entschieden worden war mit einer anderen Begründung im Falle der Verfassungsbeschwerde gegen eine Vorschrift der »Verordnung über das öffentli-

[6] LSchlG v. 28. 11. 1956 (BGBl. I S. 875), zum Zeitpunkt der Entscheidung geändert durch Gesetz v. 17. 07. 1957 (BGBl. I S. 722) und Gesetz v. 14. 11. 1960 (BGBl. I S. 845).

[7] BVerfGE 13, 230 (232f.).

[8] BVerfGE 53, 1 (14f.).

che Direktrufnetz für die Übertragung digitaler Nachrichten« aus dem Jahre 1974,[9] derzufolge Zusatzeinrichtungen für die Teilnahme am Direktruf regelmäßig »posteigen« sein mußten. Zwar enthielt diese Regelung nicht einmal ein Geoder Verbot im Hinblick auf das Verhalten der Direktrufteilnehmer gerade gegenüber den beschwerdeführenden Anbietern von Zusatzeinrichtungen. Das Bundesverfassungsgericht erachtete indes als ausreichend, daß die Direktrufteilnehmer zwangsläufig das Interesse an einem »Direkterwerb« dieser Geräte verlieren mußten und sich deren Anbieter deshalb faktisch einem »Nachfragemonopol« der Bundespost ausgesetzt sahen.[10] Desgleichen ist das Verbot der Arbeitnehmerüberlassung im Baugewerbe (§ 12 a AFG) als Beeinträchtigung der Berufsfreiheit nicht nur der Ver-und Entleiher von Arbeitnehmern, sondern ebenso auch der Leiharbeitnehmer angesehen worden, weil das Leiharbeitsverhältnis »seiner Natur nach ... dreipolig« sei.[11]

Einen Sonderfall betraf demgegenüber eine bereits im Jahre 1957 ergangene Entscheidung des Ersten Senats des Bundesverfassungsgerichts zur steuerlichen Absetzbarkeit von Parteispenden. In dem zugrundeliegenden Sachverhalt rügte eine politische Partei eine Ungleichbehandlung, die darin gesehen wurde, daß ein Steuerpflichtiger nach § 49 Ziff. 1 EStDV 1955 von ihm geleistete Spenden an politische Parteien nur dann steuermindernd geltend machen konnte, wenn die begünstigte Partei mit mindestens einem Abgeordneten im Bundestag oder der Volksvertretung eines Landes vertreten war. Das Bundesverfassungsgericht stellte zunächst fest, daß »die angegriffene Bestimmung sich nur an die Steuerpflichtigen« wende. Auch reichten »Reflexwirkungen« einer gesetzlichen Regelung nicht aus, um die Zulässigkeit einer Verfassungsbeschwerde bejahen zu können.[12] Gleichwohl wurde die Verfassungsbeschwerde für zulässig erachtet, wofür erkennbar ausschlaggebend war, daß der Beschwerdeführerin eine gewollte Begünstigung gerade auch der politischen Parteien vorenthalten blieb: Obwohl die steuerliche Abzugsfähigkeit von Parteispenden auch dem Steuerpflichtigen Vorteile bringe, läge deren »Zweck und Hauptwirkung ... in dem Anreiz, den Parteien Beträge zu spenden, die zu einem erheblichen Teil durch Steuerermäßigung vom Fiskus getragen werden«.[13] Die steuerliche Maßnahme sei »zugleich und essentiell ein Beitrag zur Finanzierung der politischen Parteien«.[14] Weil daher die betreffenden Vorschriften »sowohl faktisch wie nach der Absicht des Gesetzgebers« gerade die Parteien begünstigen sollten, handelte es sich nach Ansicht des Bundesverfassungsgerichts bei dem Ausschluß von dieser Begünstigung »nur

[9] BGBl. I S. 1325.
[10] BVerfGE 46, 120 (137).
[11] BVerfGE 77, 84 (100).
[12] BVerfGE 6, 273 (277f.).
[13] BVerfGE 6, 273 (278).
[14] BVerfGE 6, 273 (278).

formell«, nicht aber nach »Bedeutung und Zielrichtung« um eine »Reflexwirkung« einer an die Steuerpflichtigen adressierten Norm.[15]

In Anbetracht der in dieser wie auch der »Ladenschluß«-Entscheidung gemachten Ausführungen zur Möglichkeit grundrechtserheblicher Drittbeeinträchtigungen muß freilich überraschen, daß im Jahre 1973 zwei Verfassungsbeschwerden gegen die Unzulässigkeit der Verbreitung von Stellenangeboten und -gesuchen in Rundfunk und Fernsehen (§ 13 Abs. 2 AFG) schon allein deshalb als unzulässig verworfen worden sind, weil die beschwerdeführenden Gesellschaften nicht selbst Rundfunk- oder Fernsehprogramme veranstalteten, sondern lediglich die im Programm einer privaten Rundfunkanstalt mit Sitz im Ausland für Werbung zur Verfügung stehende Sendezeit vermarkteten und deshalb nach Ansicht des Bundesverfassungsgerichts nicht Adressaten der angegriffenen Regelung waren: Die Beschwerdeführerinnen seien »durch die angefochtene Regelung nicht selbst rechtlich unmittelbar«, sondern »nur wirtschaftlich und damit nur mittelbar« betroffen, weil sich die beanstandete Verbotsnorm mit ihrer Anknüpfung an die »Bekanntgabe« von Stellenangeboten und -gesuchen »nur gegen den Sender« richte. Auch daß die Beschwerdeführerinnen nach ihrem Vorbringen »Herr der Werbesendezeit« seien, ändere nichts daran, »daß nur der verantwortliche Sender rechtlich betroffen wird und sich die Belange der Beschwerdeführerinnen nur in dem Bereich wirtschaftlicher Interessen an der Sendetätigkeit und ihrem Umfang bewegen«.[16]

Die in dieser Entscheidung erfolgte – und nur unzulänglich begründete – Verknüpfung der Grundrechtserheblichkeit staatlichen Handelns mit der Adressatenstellung eines Betroffenen ist vom Bundesverfassungsgericht in seiner weiteren Rechtsprechung zwar nicht wieder aufgegriffen worden und damit vereinzelt geblieben. Zugleich ist aber festzustellen, daß das Bundesverfassungsgericht den rechtserheblichen Drittbeeinträchtigungen – etwa aufgrund »drittbezogener« Verhaltensimperative – schon in der Entscheidung zum Ladenschlußgesetz solche Auswirkungen staatlichen Handelns auf Belange und Interessen eines Nichtadressaten gegenüberstellt, die als »bloße Reflexwirkungen« nicht an dessen Grundrechten zu messen sind. Eine derartige »Reflexwirkung« soll beispielsweise vorliegen, wenn eine gesetzliche Beschreibung der Aufgaben von Hochschulen befürchtete Rückwirkungen auf die Hochschullehrer entfaltet.[17] Ebenso wurde für den Fall entschieden, daß in der Heilmittelversorgung tätigen Personen oder Unternehmen aus einer Erhöhung der »Verordnungsblattgebühr«, die in der gesetzlichen Krankenversicherung versicherte Personen (u.a.) für die Inanspruchnahme von Heilmitteln zu entrichten haben, wirtschaftliche Nachteile entstehen.[18]

---

[15] BVerfGE 6, 273 (278).
[16] BVerfGE 34, 338 (340).
[17] Vgl. BVerfGE 47, 327 (364).
[18] Vgl. BVerfGE 70, 1 (23).

Ebenfalls erwähnt seien schließlich die Ausführungen des Bundesverfassungsgerichts zur (Un-) Zulässigkeit einer Verfassungsbeschwerde, mit der sich ein Betreiber sog. »Praxiskliniken« gegen die Begrenzung der Vertragsarztzulassungen wandte, die die Änderung der §§ 101 ff. SGB V durch das Gesundheitsstrukturgesetz vom 21. 12. 1992 bewirkt hat: Da es das Kennzeichen einer »Praxisklinik« ist, daß in ihr mehrere niedergelassene Ärzte unter Nutzung der vom Klinikbetreiber zur Verfügung gestellten Einrichtungen freiberuflich tätig sind, eine Tätigkeit als niedergelassener Arzt aber nur im Falle des Vorhandenseins einer Vertragsarztzulassung wirtschaftlich sinnvoll erfolgen kann, ist der Betreiber einer »Praxisklinik« auf das Vorhandensein von Vertragsärzten als Vertragspartnern angewiesen. Die gesetzliche Beschränkung der Vertragsarztzulassungen hat jedoch zur Folge, daß an einer Zusammenarbeit mit dem Klinikbetreiber interessierte Ärzte keine Zulassung erhalten und frei werdende Vertragsarztsitze in einer »Praxisklinik« nicht ohne weiteres (wieder-) besetzt werden können. Auch in diesen Folgen staatlichen Handelns sieht das Bundesverfassungsgericht nur »Reflexwirkungen«, die nicht ausreichten um den Klinikbetreiber »als rechtlich selbst und unmittelbar betroffen zu qualifizieren«.[19]

Demgegenüber soll ersichtlich mehr als eine unerhebliche »Reflexwirkung« vorliegen, wenn dem Ehepartner einer Person ohne deutsche Staatsbürgerschaft das Führen der Ehe im Inland deshalb unmöglich ist, weil der Ehepartner ausgewiesen wurde. Nach Auffassung des Bundesverfassungsgerichts ist der Ehepartner eines Ausgewiesenen von einer verwaltungsgerichtlichen Bestätigung der Ausweisung »unmittelbar rechtlich und nicht nur faktisch betroffen«, weil ein »schutzwürdiges Interesse« des (mit-) betroffenen Ehegatten am Verbleib des Ausgewiesenen im Inland bestehe.[20]

Schon die vorstehend genannten Beispiele lassen deutlich werden, daß etwaige Folgen staatlicher Ge- und Verbote für Dritte vom Bundesverfassungsgericht zwar grundsätzlich als »bloße Reflexwirkungen« ohne grundrechtliche Relevanz qualifiziert werden, die Grundrechtserheblichkeit derartiger Auswirkungen staatlichen Handelns in Abhängigkeit vom »Drittbezug« der jeweiligen Maßnahme aber verschiedentlich auch anerkannt worden ist, ohne daß diese wenig geradlinige,[21] stark am Einzelfall orientierte und regelmäßig nur knapp begründete Rechtsprechung zu erkennen gäbe, warum Einwirkungen auf grundrechtliche Schutzgüter eines Dritten teilweise nicht an dessen Grundrechten zu messen sein

---

[19] BVerfG (2. Kammer des Ersten Senats), NJW 1997, S. 793.

[20] BVerfGE 51, 386 (395); vgl. ferner BVerfGE 19, 394 (399); 35, 382 (408); ebenso für den Fall der verweigerten Ehegattennachzugs BVerfGE 76, 1 (45); allerdings soll in diesem Fall nicht an dem Grundrecht aus Art. 2 Abs. 1 GG des berechtigterweise im Inland lebenden Ausländers zu messen sein, wenn dieser sich durch die (vorübergehende) Verhinderung des Ehegattennachzugs gedrängt sieht, die Ehe im (gemeinsamen) Heimatland zu führen, da insoweit nur eine »ungezielte, tatsächliche Beeinträchtigung« vorliege (ebd., S. 72); vgl. dazu noch im Dritten Teil, Abschnitt A, Anm. 340.

[21] So auch *J. Ipsen*, Staatsorganisationsrecht, Rn. 839 (in Fn. 56).

sollen und wo die Grenze zwischen erheblichen und unerheblichen Drittbeeinträchtigungen verläuft. Dessen ungeachtet ist freilich naheliegend, in Übereinstimmung mit der Entscheidung zum Ladenschlußgesetz in einer Einwirkung auf einen Maßnahmeadressaten, die diesen in seiner Eigenschaft als Beteiligter an einem Rechtsverhältnis trifft, eine rechtserhebliche Beeinträchtigung des (oder der) Vertragspartner des Maßnahmeadressaten zu sehen: Weil im Beispiel des Ladenschlußgesetzes die Beeinträchtigung der Kunden gleichsam die »Kehrseite« der Beeinträchtigung der Ladeninhaber ist, müßte schon als bemerkenswert formalistische und besonderer Begründung bedürftige Sicht der Dinge angesehen werden, wollte man die grundrechtliche Relevanz der Anordnung »Allgemeiner Ladenschlußzeiten« im Hinblick auf Kunden (und Angestellte) mit der Erwägung verneinen, Normadressaten seien lediglich die Inhaber von »Verkaufsstellen« i. S. v. § 1 LSchlG.

Daß selbst eine solche Anknüpfung an die »Wirkungsgleichheit« von Adressatbelastung und Drittbeeinträchtigung aber nicht allgemein konsentiert ist, läßt sich am Beispiel einer – durchaus paradigmatischen – Entscheidung des Bundesverwaltungsgerichts aus dem Jahre 1993 illustrieren, mit der der Dritte Senat die Klagebefugnis eines »drittbetroffenen« Patienten verneinte, der sich dagegen wendete, daß die Zulassung eines Arzneimittels gegenüber dem Hersteller des betreffenden Medikaments widerrufen worden war. Der Senat befaßt sich zunächst mit den Rechtswirkungen der angegriffenen Maßnahme und stellt fest, daß weder die Zulassung eines Arzneimittels noch ihr Widerruf Rechte des klagenden Patienten begründeten oder beseitigten: Dieser sei »an dem Verfahren auf Arzneimittelzulassung schlechterdings nicht beteiligt«. Da der Kläger weder Apotheker noch Arzneimittelhändler oder -hersteller sei, folgten aus dem Widerruf der Arzneimittelzulassung auch keine Ge- oder Verbote, die er zu beachten hätte: »So wenig wie die Zulassung eines Arzneimittels, das niemand zu nehmen braucht, greift ihr Gegenteil, der Widerruf der Zulassung, in die Rechte des Patienten ein«. Dem Kläger bleibe trotz Widerrufs der Zulassung unbenommen, sich das in Rede stehende Arzneimittel zu applizieren; freilich werde er kaum Gelegenheit haben, es künftig zu erwerben.[22]

Auf Basis des Ergebnisses, daß ein Patient nicht schon als Adressat des Widerrufs einer Arzneimittelzulassung als klagebefugt i.S.v. § 42 Abs. 2 VwGO anzusehen ist, legt der Senat weiter dar, daß der Gesetzgeber ohne Verletzung grundrechtlicher Schutzpflichten davon absehen durfte, »dem einzelnen Patienten im Arzneimittelzulassungsverfahren eine Rechtsposition zur individuellen Interessendurchsetzung einzuräumen«. Erst im Anschluß hieran befaßt sich der Senat mit der Relevanz des Widerrufs der Arzneimittelzulassung für grundrechtliche Abwehrrechte des klagenden Patienten. Da aber ein Patient – wie auch das Bundesverwaltungsgericht einräumen muß – ein Medikament im Falle des Widerrufs

[22] BVerwG, NJW 1993, S. 3002 (3003).

der Zulassung (oder auch der Nichtzulassung) faktisch kaum noch zu erhalten vermag, liegt die Frage nahe, »unter welchen Voraussetzungen hoheitliche Maßnahmen in das Grundrecht eines Dritten eingreifen«. Hierzu heißt es, keines der von der Rechtsprechung herangezogenen Kriterien lasse es möglich erscheinen, daß ein Patient durch den Widerruf der Arzneimittelzulassung in seinem Grundrecht aus Art. 2 Abs. 2 S. 1 GG beeinträchtigt werde. Der vom Kläger geltend gemachte Nachteil sei erkennbar »eine faktische Auswirkung des hoheitlichen Handelns«, der nach Maßgabe von Schutzgut und Schutzzweck des Art. 2 Abs. 2 S. 1 GG die »grundrechtsbeeinträchtigende Wirksamkeit« fehle, die vielmehr als Ausfluß eines Risikos hinzunehmen sei, »das die Zugehörigkeit zu der vom Grundgesetz vorausgesetzten sozialen Gemeinschaft mit sich bringt«.[23]

Diese leerformelartigen Wendungen vermögen das gefundene Ergebnis nicht zu tragen: Daß ein Bürger es kraft seiner »Zugehörigkeit zu der vom Grundgesetz vorausgesetzten sozialen Gemeinschaft« dulden muß, wenn ihm ein – möglicherweise lebensrettendes – Medikament nicht verabreicht werden darf, ist eine Behauptung, die näherer Begründung bedurft hätte. Ebensowenig ist durch einen pauschalen Verweis auf »Schutzgut und Schutzzweck« des Art. 2 Abs. 2 S. 1 GG zu belegen, daß der Widerruf einer Arzneimittelzulassung keine »grundrechtsbeeinträchtigende Wirksamkeit« im Hinblick auf die Patienten entfalte. Auch geht das Bundesverwaltungsgericht erkennbar davon aus, daß sich der Widerruf einer Arzneimittelzulassung über den Hersteller des betreffenden Medikaments hinaus auch an die Arzneimittelhändler sowie die Apotheker richtet, da § 30 Abs. 4 des Arzneimittelgesetzes den Vertrieb nicht zugelassener Arzneimittel untersagt.[24] Weshalb der Widerruf der Zulassung (oder auch die Nichtzulassung) eines Arzneimittels dann aber im Hinblick auf die Kunden der Apotheker unbeachtlich sein soll, ist vor dem Hintergrund der Rechtsprechung des Bundesverfassungsgerichts in der »Ladenschluß«-Entscheidung nicht recht verständlich.

Auch im übrigen ist das Bundesverwaltungsgericht gegenüber einem grundrechtlichen Rechtsschutz Dritter bei adressatbelastendem Verwaltungshandeln eher zurückhaltend,[25] so daß die Ausführungen des Dritten Senats zur (fehlenden) Relevanz des Widerrufs der Arzneimittelzulassung für Grundrechte eines Patienten auch in grundsätzlicher Übereinstimmung mit Überlegungen und Formulierungen stehen, die sich in einer zehn Jahre älteren – und etwas differenzierter argumentierenden – Entscheidung des Ersten Senats finden. Gegenstand dieses Urteils war eine Feststellungsklage des Verpächters einer Gaststätte, der sich dagegen wendete, daß seinem Vertragspartner – dem Pächter – die Gaststättenerlaubnis wegen des Fehlens der erforderlichen Zuverlässigkeit gem. § 4 Abs. 1 Nr. 1 GastG mit der Begründung versagt worden war, in Anbetracht der von dem

[23] BVerwG, NJW 1993, S. 3002 (3003).
[24] Vgl. BVerwG, NJW 1993, S. 3002 (3003).
[25] Großzügiger allerdings noch BVerwGE 3, 237 (238f.).

Pächter akzeptierten Pachtsumme sei eine kaufmännisch vertretbare Rendite nicht zu erzielen und infolgedessen eine ordnungsgemäße Führung des Gaststättenbetriebes ausgeschlossen. Die Klage blieb erfolglos, wenngleich das Bundesverwaltungsgericht konzedierte, daß staatliches Handeln auch Grundrechte von Nichtadressaten verletzen könne: Da die klagende Brauerei nicht Adressatin des von ihr angefochtenen Verwaltungsaktes war, sei ihre Anfechtungsklage nur dann begründet, wenn der angegriffene Verwaltungsakt entweder deren Grundrechte oder eine solche einfachgesetzliche Norm verletze, die den Nichtadressaten »als Teil eines normativ hinreichend deutlich abgegrenzten Personenkreises gerade auch vor dem betreffenden Verwaltungsakt schützen« wolle.[26] Demgemäß erörtert und verneint der Erste Senat zunächst das Vorhandensein einer drittschützenden Norm im GastG, um sich alsdann mit der Grundrechtsrelevanz des angegriffenen Verwaltungsaktes zu befassen. Dieser habe für die klagende Verpächterin die nachteilige Folge, daß sie »an der Durchführung des Vertrages mit dem ausgewählten Vertragspartner zu den vereinbarten Bedingungen gehindert ist,« und auch bei zukünftigen Pachtverträgen nicht ein am Markt durchsetzbarer, sondern nur ein solcher Pachtzins vereinbart werden könne, der nach Ansicht der Genehmigungsbehörde die für die ordnungsgemäße Betriebsführung erforderliche Gewinnerzielung ermögliche. Diese Nachteile seien jedoch nicht Gegenstand des Verwaltungshandelns und lägen außerhalb des Erfolges, »den die Behörde mit dem Verwaltungsakt gemäß seinem Inhalt angestrebt hat«. Sofern es aber an der Finalität einer Drittbeeinträchtigung fehlt, ist das staatliche Handeln nach Ansicht des Senats nicht uneingeschränkt an den Grundrechten des Dritten zu messen: In einer solchen »Folgebeeinträchtigung« liege auch dann nicht in jedem Falle eine Verletzung von Grundrechten des Nichtadressaten, wenn der betreffende Verwaltungsakt einer gesetzlichen Ermächtigung entbehre oder die ihm zugrundeliegende Ermächtigung überschreite.[27]

Damit rückt die Frage in den Mittelpunkt, anhand welcher Kriterien über die grundrechtliche Relevanz nicht-finaler Beeinträchtigungen eines Nichtadressaten zu entscheiden ist. Hierzu macht der Erste Senat Ausführungen, die zwar eine erkennbare Parallele zu der Argumentation des Dritten Senats im Falle des Widerrufs einer Arzneimittelzulassung aufweisen, sich hiervon im Detail indes unterscheiden und deshalb die Ansicht des Dritten Senats, der Widerruf einer Arzneimittelzulassung vermöge Grundrechte der Patienten nicht zu beeinträchtigen, über die hiergegen bereits erhobenen Bedenken hinaus als fragwürdig erscheinen lassen. So hatte der Dritte Senat – wie erwähnt – seine Auffassung in apodiktischer Kürze auf die nicht näher begründete These gestützt, den Patienten treffe lediglich eine »faktische Auswirkung des hoheitlichen Handelns«, der »nach Maßgabe von Schutzgut und Schutzzweck« des Art. 2 Abs. 2 S. 1 GG die grund-

[26] BVerwG, NVwZ 1984, 514 (515)
[27] BVerwG, NVwZ 1984, 514 (515)

rechtsbeeinträchtigende Wirksamkeit fehle und als Ausfluß eines Risikos hinzunehmen sei, das »die Zugehörigkeit zu der vom Grundgesetz vorausgesetzten sozialen Gemeinschaft mit sich bringt«.[28] Demgegenüber argumentierte der Erste Senat in seiner vorangegangenen Entscheidung aus dem Jahre 1983 etwas differenzierter, indem er ausführte, die Grundrechte schützten »nicht vor solchen faktischen Auswirkungen rechtswidrigen hoheitlichen Handelns, die nach Maßgabe des jeweiligen Grundrechts *wegen ihrer Geringfügigkeit* als Ausfluß eines Risikos hinzunehmen sind, das die Zugehörigkeit zu der vom Grundgesetz vorausgesetzten sozialen Gemeinschaft« mit sich bringe; Maßstab für die »Beurteilung der für eine Grundrechtsverletzung erforderlichen Beeinträchtigungsintensität« seien »Schutzgut und Schutzzweck des einzelnen betroffenen Grundrechts«.[29]

Weil demnach die grundrechtliche Relevanz zumindest einer nicht-finalen Drittbeeinträchtigung von deren Intensität abhängig sein soll, mußte sich der Erste Senat ferner mit der Frage befassen, ob die Nichterteilung der Gaststättenerlaubnis in hinreichend qualifizierter Weise auf die Grundrechte des Gaststättenverpächters aus Art. 14, 12 und 2 Abs. 1 GG einwirkt. Im Hinblick auf Art. 14 GG hatte der Senat bereits Zweifel, ob überhaupt eine eigentumsfähige Rechtsposition der klagenden Brauerei betroffen sei. Diese Frage wurde jedoch offengelassen, weil sich »die etwaige Beeinträchtigung ... in jenem gänzlich peripheren Bereich halten würde, dessen rein faktische Berührung der für eine Grundrechtsverletzung erforderlichen Intensität entbehrt«. Ebenso fehle im Hinblick auf Art. 12 GG der Grundrechtsbeeinträchtigung die erforderliche Intensität, wenn die Erwartungen einer Brauerei hinsichtlich der Höhe des zu erzielenden Pachtzinses infolge faktischer Auswirkungen hoheitlichen Handelns enttäuscht werden, ohne daß es darauf ankomme, ob der Pachtzins bereits vertraglich festgelegt sei oder nicht. Art. 2 Abs. 1 GG sah der Senat schließlich als nicht einschlägig an, weil Abschluß, Gestaltung und Durchführung von Verträgen im Rahmen eines Gewerbebetriebes »schutzzweckmäßig« Art. 12 GG zugeordnet seien, so daß Art. 2 Abs. 1 GG als zusätzlicher Prüfungsmaßstab entfalle, wenn bei der faktischen Beeinträchtigung eines solchen Vertrages trotz der thematischen Zuordnung eine Verletzung des Art. 12 GG mangels hinreichender Intensität der Beeinträchtigung zu verneinen sei. Aus diesem Grunde wurde offengelassen, ob nicht Art. 2 Abs. 1 GG ohnehin »außerhalb eines engen Kernbereichs die Vertragsfreiheit nur nach Maßgabe des einfachen Gesetzes« schütze, so daß die die Möglichkeit einer Rechtsverletzung begründende »Schutznormbeziehung« immer durch ein einfaches Gesetz hergestellt werden müsse.[30]

Wenngleich damit sogar ein Grundrechtsschutz nach Maßgabe einfachen Rechts für möglich gehalten wird, soll demnach jedenfalls bei fehlender Finalität

---

[28] BVerwG, NJW 1993, 3002 (3003).

[29] BVerwG, NVwZ 1984, 514 (515) – Hervorhebung nicht im Original.

[30] Vgl. BVerwG, NVwZ 1984, 514 (515).

der aus einem einseitigen staatlichen Rechtsakt resultierenden Folgen für Belange oder Interessen eines Nichtadressaten die grundrechtliche Relevanz dieser Drittbeeinträchtigung nach Auffassung des Ersten Senats von einem »Intensitätskriterium« abhängig sein. Dabei bleibt zwar im Dunklen, wann die Schwelle der »für eine Grundrechtsverletzung erforderlichen Beeinträchtigungsintensität«[31] erreicht ist, die eine wegen ihrer Geringfügigkeit unbeachtliche Beeinträchtigung eines Dritten in einen (grund-) rechtserheblichen Vorgang »umschlagen« läßt.[32] Gleichwohl wird deutlich, daß die ein Jahrzehnt später formulierte These des Dritten Senats von der Unzulässigkeit der Klage eines Patienten gegen den Widerruf der Arzneimittelzulassung schon vor dem Hintergrund dieser Entscheidung näherer Begründung bedurft hätte, denn auch die »nur« faktische Vorenthaltung eines – potentiell lebensrettenden – Medikaments vermag in kaum noch zu steigernder Weise Rückwirkungen auf Leben und körperliche Unversehrtheit eines Dritten zu entfalten. Es muß deshalb überraschen, wenn der Dritte Senat behauptet, keines der von der Rechtsprechung herangezogenen Kriterien für die Annahme eines Grundrechtseingriffs lasse es als möglich erscheinen, daß ein Patient durch den Widerruf der Arzneimittelzulassung in seinem Grundrecht aus Art. 2 Abs. 2 S. 1 GG beeinträchtigt werde.

Ein weiteres Beispiel für die Schwierigkeiten bei der Bewältigung der drittbelastenden Folgen adressatbelastenden Staatshandelns bildet schließlich eine etwas ältere Entscheidung des baden-württembergischen Verwaltungsgerichtshofes, in der die Klagebefugnis eines Dritten letztlich wegen des Fehlens einer Regelungswirkung verneint worden ist. Gegenstand des diesem Urteil aus dem Jahre 1971 zugrundeliegenden Rechtsstreits war die Klage eines Aufstellers von WC-Münzautomaten, der sich gegen die an einen Gastwirt gerichtete Anordnung wendete, von dem Kläger gemietete Münzautomaten von den WC-Türen zu entfernen. Der VGH hielt dem Kläger entgegen, mit den Vorschriften über die Anforderungen an die Räume einer Gast- oder Schankwirtschaft werde nicht die Berufsausübung von Gewerbetreibenden geregelt, die »mit dem Gastwirt aus irgendeinem Grunde auf privatrechtlicher Grundlage in Geschäftsbeziehungen treten«.[33] In dem Umstand, daß der angegriffene Verwaltungsakt u.U. mittelbare Wirkungen für ein privatrechtliches Rechtsverhältnis zwischen dem Adressaten des Verwaltungsaktes und einem Dritten habe, liege »offensichtlich kein öffentlich-rechtlicher Eingriff in Rechte dieses Dritten«. Dies gelte auch im Hinblick auf Grundrechte des Klägers: Es sei »offensichtlich« (!), daß »die die Berufs*ausübung* des

---

[31] BVerwG, NVwZ 1984, S. 514 (515).

[32] Allerdings signalisiert die vom Ersten Senat für die Anknüpfung an ein »Intensitätskriterium« herangezogene Rechtsprechung, daß hier an Fallgestaltungen gedacht ist, in denen die Wirkungen staatlichen Handelns den hiervon »mittelbar« oder »faktisch« Betroffenen in seinem Eigentum »schwer und unerträglich« treffen oder sich auf dessen Gewerbebetrieb in existenzbedrohender Weise auszuwirken vermögen; vgl. zu diesen Fällen noch unten, S. 231.

[33] VGH Ba.-Wü., GewArch 1972, 138 (140).

Gastwirts regelnde Auflage das Recht des *Klägers*, einen Beruf frei *wählen* zu können«, nicht verletze.[34] Ebenso sei offensichtlich (!), daß eine Verletzung des Grundrechts aus Art. 14 Abs. 1 GG nicht in Betracht komme, weil der »eine Regelung ausschließlich im Bereich des öffentlichen Rechts im Rechtsverhältnis zwischen dem Gastwirt und der öffentlichen Gewalt« enthaltende Verwaltungsakt private Rechte des Klägers unberührt lasse. Wenn der Gastwirt den Vertrag mit dem Kläger infolge der behördlichen Anordnung kündige, treffe den Kläger lediglich ein Nachteil, »den er jederzeit auch ohne Rücksicht auf die öffentlich-rechtliche Pflichtigkeit des Gastwirts hinnehmen müßte«. Eine andere Rechtslage ergäbe sich allenfalls dann, wenn die angegriffene Verfügung mit dem Zwangsmittel der Ersatzvornahme durchgesetzt werden würde, da in diesem Fall eine Duldungsverfügung gegenüber dem Kläger erforderlich wäre. Gegen einen »Verwaltungsakt dieses Inhalts – aber auch nur gegen einen solchen – stünde dem Kläger selbstverständlich Verwaltungsrechtsschutz zu«.[35]

Auch diese Entscheidung offenbart damit ein gewisses Maß an Hilflosigkeit im Umgang mit »Drittwirkungsfällen«: Sieht man einmal von dem – letztlich nicht überzeugenden – Hinweis auf die auch sonst bestehende Möglichkeit der Beendigung des Vertragsverhältnisses durch den Mieter der Automaten ab, so operiert der VGH letztlich nur mit Evidenzbehauptungen. Gerade die vom VGH vollmundig reklamierte Offenkundigkeit des Fehlens eines Eingriffs in Rechte des Klägers muß jedoch den Verdacht erwecken, daß Unsicherheiten in der Begründung des erzielten Ergebnisses auf diesem Wege überspielt werden sollten. Eine Beeinträchtigung von Grundrechten des klagenden Dritten ist aber nur dann »offensichtlich« ausgeschlossen, wenn man die vom VGH ersichtlich zugrunde gelegte Prämisse teilt, daß eine Rechtsverletzung im Sinne von § 42 Abs. 2 VwGO nur vorliegen kann, wenn der angegriffene Staatsakt eine Regelung gerade auch gegenüber dem jeweiligen Kläger enthält.[36]

Betrachtet man die bislang behandelten Entscheidungen zu den drittbeeinträchtigenden Folgen adressatbelastenden Staatshandelns in ihrer Gesamtheit, so läßt sich bereits an diesen Beispielen ablesen, daß in der verfassungs- und verwaltungsgerichtlichen Judikatur zwar einerseits eine erkennbare Tendenz zur Zu-

[34] VGH Ba.-Wü., GewArch 1972, 138 (140). (Hervorhebung im Original)

[35] VGH Ba.-Wü., GewArch 1972, 138 (140).

[36] Vgl. auch die – einen strukturell verwandten Sachverhalt betreffende – Entscheidung des VG Düsseldorf, NVwZ-RR 1997, S. 392, in der ebenfalls mehr behauptet als begründet wird, daß eine »bloß faktische Betroffenheit durch den an einen anderen adressierten Verwaltungsakt« eine Verletzung eines Dritten in eigenen Rechten nicht möglich erscheinen läßt. In dem zugrundeliegenden Sachverhalt hatte sich ein Automatenaufsteller vertraglich zur Übernahme von Sondernutzungsgebühren verpflichtet, zu der sein Vertragspartner aufgrund der Aufstellung von Kinderreitgeräten vor seinen Ladengeschäften herangezogen worden war. Das VG verneinte die Klagebefugnis des Automatenaufstellers mit der »Begründung«, dieser werde »lediglich mittelbar wirtschaftlich betroffen«; die »rein tatsächlichen« Auswirkungen der Heranziehung auf das private Rechtsverhältnis des Automatenaufstellers mit dem Gebührenschuldner reichten für eine Klagebefugnis nicht aus.

rückhaltung gegenüber der Anerkennung der grundrechtlichen Relevanz derartiger Folgen staatlichen Handelns anzutreffen ist, sich aber zugleich in Ergebnis und Begründung teilweise erheblich voneinander abweichende Auffassungen zur Grundrechtserheblichkeit derartiger Sachverhalte finden. Des weiteren muß auffallen, daß die einschlägige Rechtsprechung eine Auseinandersetzung mit anderen Entscheidungen weitgehend vermissen läßt und oftmals mit Wendungen arbeitet, die wie begründungssurrogierende Leerformeln wirken, ohne daß erkennbar würde, warum es für die Grundrechtserheblichkeit einer Drittbeeinträchtigung gerade auf die jeweils herangezogenen Kriterien ankommen soll.

Diesen Unsicherheiten in der Rechtsprechung entspricht ein – wie noch zu zeigen sein wird – breitgefächertes Meinungsspektrum im Schrifttum, daß anläßlich der Diskussion um staatliche Warnungen und Empfehlungen auch den Drittbeeinträchtigungen als einem wesentlichen Unterfall der faktischen Beeinträchtigungen in den letzten Jahren vermehrt Aufmerksamkeit geschenkt hat. Dies läßt es reizvoll erscheinen, den vielfältigen Fragen in Zusammenhang mit der Relevanz staatlichen Handelns für die Grundrechte eines Nichtadressaten im Zusammenhang nachzugehen. Dabei soll schon aus dogmatisch-konstruktiven Gründen in erster Linie nach der Leistungsfähigkeit der Grundrechte in ihrer Eigenschaft als Abwehrrechte gefragt werden: Unabhängig von Meinungsverschiedenheiten über einzelne terminologische oder konstruktive Fragen kann zunächst nicht zweifelhaft sein, daß es eine wesentliche Aufgabe der Grundrechte ist, einen Bereich privater Lebensgestaltung durch subjektive (Abwehr-) Rechte des Bürgers auf Beachtung der grundrechtlich gesicherten Schutzgüter vor staatlichen Einwirkungen zu schützen, Grundrechte also eine »abwehrrechtliche Dimension« haben. Die Grundrechte sind in ihrer Eigenschaft als »Abwehrrechte des Bürgers gegen den Staat« dazu bestimmt, »die Freiheitssphäre des einzelnen vor Eingriffen der öffentlichen Gewalt zu sichern«.[37] Dies geschieht zum einen dadurch, daß die Grundrechte objektive (Außen-) Grenzen der staatlichen Befugnis zur Sozialgestaltung markieren, die nicht überschritten werden dürfen. Darüber hinaus resultiert aus der »Abwehrfunktion« der Grundrechte ein eigener Anspruch des Bürgers auf Unterlassung[38] staatlicher Einwirkungen auf grundrechtliche Schutzgüter, die aus formellen oder materiellen Gründen mit grundrechtli-

---

[37] BVerfGE 7, 198 (204) – »Lüth«.

[38] Den Unterlassungsanspruch betonend insbes. *J. Schwabe*, Grundrechtsdogmatik, S. 19ff., 37ff.; vgl. auch *G. Dürig*, in: Maunz/Dürig, GG, Art. 1 Abs. III Rn. 94; *H.D. Jarass*, AöR 110 (1985), S. 363 (364); *G. Lübbe-Wolff*, Eingriffsabwehrrechte, S. 33f.; *D. Murswiek*, Verantwortung, S. 88; *U. Ramsauer*, Beeinträchtigungen, S. 53; krit. zu dieser Sicht *M. Sachs*, in: K. Stern, Staatsrecht, Bd. III/1, S. 563ff., der sich (ebd., S. 479ff.), zunächst gegen die Betrachtung der Grundrechte aus der Perspektive der sog. »Imperativentheorie« wendet und auf dieser Grundlage die grundrechtlichen Abwehrrechte primär als »Beherrschungsrechte« deutet, so daß (ebd., S. 671), den negatorischen Ansprüchen auf Beseitigung bestehender und Unterlassung zukünftiger Störungen nur »Hilfscharakter« zugewiesen wird; vgl. hierzu noch im Zweiten Teil, S. 81ff.

chen Vorgaben nicht vereinbar sind.[39] Vor diesem Hintergrund stellt sich die Frage, inwieweit die Möglichkeit abwehrrechtlichen Grundrechtsschutzes besteht, wenn staatliches Handeln »mittelbar« zu einen (faktischen) Verlust an (Verhaltens-) Freiheit bei einem Dritten führt.

Demgegenüber mag die oben erwähnte Entscheidung des Bundesverwaltungsgerichts zum Widerruf einer Arzneimittelzulassung mit ihrem Hinweis auf staatliche Schutzpflichten den Eindruck erwecken, als könne bei der grundrechtlichen Würdigung von Fällen der Drittbeeinträchtigung zwischen einerseits einer abwehrrechtlichen Perspektive und andererseits einer Betrachtung unter dem Aspekt der Schutzpflichtverletzung frei gewählt werden. Wenn staatliches Handeln (auch) Abwehrrechte eines Dritten auszulösen geeignet ist, bestehen aber gegen einen Rückgriff auf staatliche Schutzpflichten Bedenken: Zunächst bedarf es der Annahme einer verfassungsrechtlichen (Schutz-) Pflicht des Staates zum Erlaß drittschützender »Schutznormen« des einfachen Rechts dann nicht mehr, wenn eine Beeinträchtigung abwehrrechtlich geschützter Rechtsgüter von einem Drittbetroffenen als verfassungswidrig abgewehrt werden kann, da dem vorhandenen Abwehrrecht in diesem Falle nichts mehr hinzugefügt werden könnte. Sofern hingegen ein grundrechtliches Abwehrrecht deshalb nicht zur Entstehung gelangt, weil die betreffende Maßnahme auch vor den Grundrechten des Dritten bestehen kann, müßte überraschen, wenn die Verfassung aufgrund einer gleichsam »überschießenden« Schutzpflicht gleichwohl zum Erlaß einfach-gesetzlicher Abwehrrechte zwänge. Für eine derartige Pflicht könnte daher allenfalls dann Raum sein, wenn die abwehrrechtliche Relevanz von Drittbeeinträchtigungen zu verneinen sein sollte.

Ohne daß es darauf im vorliegenden Zusammenhang entscheidend ankäme, sei zudem hervorgehoben, daß die Bedeutung der Grundrechte als Abwehrrechte schon deshalb in den Mittelpunkt des Interesses zu rücken ist, weil die Grundrechtsdogmatik unter dem Einfluß einer in die letzten Winkel dringenden, dogmatisch aber wenig greifbaren »Ausstrahlung« grundrechtlich begründeter Werte zusehends zu zerfasern droht und dies eine strukturierte Erörterung von Inhalt und Umfang grundrechtlichen Schutzes erschwert. *E.-W. Böckenförde* hat bereits vor einem Vierteljahrhundert betont, daß die »normative Grundintention« des Grundrechtsteils des Grundgesetzes der Rückgriff auf das »Freiheitsprinzip des liberalen Rechtsstaates« ist.[40] Dieser Hinweis ist unvermindert aktuell, denn die Freiheit des einzelnen wird immer noch in erster Linie durch den mit der Befug-

---

39 Anders noch für Art. 2 Abs. 1 GG *F. Klein*, in: v. Mangoldt/Klein, GG, Bd. I, Art. 2 Anm. III 5 b) (S. 167ff.), der dieser Norm den Charakter eines selbständigen Grundrechts abspricht und ihr ein »Wertbekenntnis zum Freiheitsbegriff« (ebd., S. 168), entnimmt, das als »wichtigste Auslegungsregel mit weitreichender Bedeutung für das ganze Verhältnis Staat -Individuum und darüber hinaus für die gesamte Rechtsordnung« eine Norm des objektiven Verfassungsrechts sei (ebd., S. 167).

40 *E.-W. Böckenförde*, NJW 1974, S. 1529 (1537).

nis zur einseitigen Ausübung von »Befehl und Zwang« ausgestatteten Staat bedroht, nicht aber durch gesellschaftliche Mächte, vor denen ein fürsorglicher Staat das Individuum in dessen »wohlverstandenem« Interesse zu schützen hätte.

Werden daher Existenz und Reichweite grundrechtlicher Abwehrrechte im Falle von Drittbeeinträchtigungen einer Erörterung unterzogen, so geht es darum, Umfang und Grenzen der Grundrechtserheblichkeit staatlichen Handelns zu bestimmen und damit jenem Vorgang Konturen zu verleihen, der gemeinhin – wenngleich auch unpräzise – als »Grundrechtseingriff« bezeichnet wird. Mit diesem Begriff ist ein Kernproblem der Grundrechtsdogmatik bezeichnet, das auch fünfzig Jahre nach Inkrafttreten des Grundgesetzes trotz (oder gerade wegen) der intensiven Diskussion grundrechtlicher Fragestellungen in Literatur und Rechtsprechung von einem Konsens über seine Behandlung weit entfernt ist, wie sich schon daran ablesen läßt, daß die Vereinigung der deutschen Staatsrechtslehrer den »Grundrechtseingriff« im Jahre 1997 zu ihrem Beratungsgegenstand gemacht hat. Diese Meinungsverschiedenheiten mögen zwar auch darauf zurückzuführen sein, daß das jeweilige »Eingriffsverständnis« angesichts des weitgehenden Schweigens des Grundgesetzes zu seinem »Eingriffsbegriff« und einer (vorgeblichen) »Entgrenzung des klassischen Eingriffstatbestandes«[41] zwangsläufig vom Staats- und Grundrechtsverständnis des Betrachters mitgeprägt wird, sich also grundrechtstheoretische Postulate und grundrechtsdogmatische Gesichtspunkte wechselseitig überlagern und durchdringen. Auch aus grundrechtsdogmatischer Sicht lösen die unterschiedlichen Fälle der Beeinträchtigung eines Dritten durch staatliche Handlungen oder Unterlassungen aber eine Fülle wiederum miteinander verwobener Grundsatzfragen aus, die jeweils für sich genommen einer monographischen Aufarbeitung zugänglich wären. Dies macht eine – im Grundrechtsbereich schon angesichts der Materialfülle ohnehin unvermeidliche – Selbstbeschränkung der Fragestellung erforderlich, um die Untersuchung in einem überschaubaren Rahmen zu halten.

So orientieren sich die nachfolgenden Überlegungen in erster Linie am Grundrechtskatalog des Grundgesetzes, weil die grundgesetzlichen Grundrechtsgewährleistungen und die dazu ergangene Rechtsprechung des Bundesverfassungsgericht bislang – und bis auf weiteres – von entscheidender Bedeutung für Grundrechtsverständnis und -dogmatik in der Bundesrepublik Deutschland sind. Zwar kann davon ausgegangen werden, daß neben dem Landesrecht künftig insbesondere das Europäische Recht gegenüber dem Bund (weiter) an Bedeutung gewinnen wird, so daß die nach der Rechtsprechung des EuGH aus den gemeinsamen Verfassungstraditionen der Mitgliedstaaten resultierenden und durch die EMRK konkretisierten Grundrechtsgewährleistungen des Gemeinschaftsrechts[42] stär-

---

[41] *J. Isensee*, in: Isensee/Kirchhof (Hrsg.), HbStR, Bd. V, § 111 Rn. 65.

[42] Grundlegend EuGH, Urt. v. 14. 05. 1974 – Rs. 4/73 (Nold), Slg. 1974, S. 491 (507 in Rn. 13); zuvor auch schon EuGH, Urt. v. 12. 11. 1969 – Rs. 29/69 (Stauder), Slg. 1969, S. 419 (425); Urt. v. 17. 12. 1970 – Rs. 11/70 (Internationale Handelsgesellschaft), Slg. 1970, S. 1125 (1135 in Rn. 4);

ker in den Blickpunkt geraten werden. Obwohl Art. 230 Abs. 4 EGV ein Klagerecht Dritter ausdrücklich vorsieht, lassen sich derzeit aber noch keine sicheren Aussagen über einen grundrechtlichen Drittschutz im Gemeinschaftsrecht machen,[43] so daß dieser Bereich hier ausgeklammert sei.[44] Auch mußte Rechtsvergleichendes – weitgehend – ausgespart werden. Ebenfalls weitgehend außer Betracht bleiben schließlich nicht unmittelbar mit dem »Beeinträchtigungsvorgang« zusammenhängende Fragen wie die nach den Anforderungen an die Rechtfertigung grundrechtlich relevanten Staatshandelns, da insoweit – jedenfalls auf Basis der im folgenden zu entwickelnden Auffassung – für Drittbeeinträchtigungen keine Besonderheiten gelten. Vorausgesetzt werden schließlich die Begriffe des Grundrechtsträgers und des Grundrechtsadressaten.

Auf dieser Grundlage wird in einem Ersten Teil zunächst erörtert, inwieweit Drittbetroffenen bereits vor Inkrafttreten des Grundgesetzes eine Geltendmachung von Abwehrrechten möglich war und welche Konsequenzen sich hieraus für die Gegenwart ergeben. Daran anknüpfend erfolgt im Zweiten Teil eine nähere Analyse jenes Vorgangs, der üblicherweise als »Grundrechtseingriff« bezeichnet wird, bevor im Dritten Teil jene Fallgruppen betrachtet werden, in denen ein Handeln (oder Unterlassen) des Staates drittbeeinträchtigende Wirkung entfaltet. Schließlich wird im Vierten Teil der mit der Problematik der »Drittbeeinträchtigung« eng verknüpften Frage nach der Grundrechtsgeltung »im« Privatrecht (d.h. im Zusammenhang mit privatrechtlichen Rechtsverhältnissen unter Bürgern) nachgegangen. Zur dabei verwendeten Terminologie sei schließlich vorausgeschickt, daß der Begriff des »Staates« hier in einem funktionalen Sinne verwendet wird und damit als Abbreviatur für alle dem Funktionsbereich des »Öffentlichen« zuzuordnenden Rechtssubjekte dient, ferner mit dem Begriff des »Staatsakts« das Handeln ihrer mit Gesetzgebungs-, Verwaltungs- oder Rechtsprechungsaufgaben betrauten Organe gekennzeichnet wird, mag dies mit Blick etwa auf kommunale Gebietskörperschaften und andere Selbstverwaltungsträger auch etwas unpräzise sein.

---

ferner z.B. EuGH, Urt. v. 13.12.1979 – Rs. 44/79 (Hauer), Slg. 1979, S. 3727 (3744f. in Rn. 14ff.); ausführl. zur Rspr. *I. Pernice*, in: Grabitz/Hilf, EGV, Art. 164 Rn. 4ff.; *H.-W. Rengeling*, Grundrechtsschutz, pass.

[43] Eine gewisse Reserviertheit gegenüber mittelbaren Beeinträchtigungen konstatiert *I. Pernice*, in: Grabitz/Hilf, EGV, Art. 164 Rn. 62 b.

[44] Vgl. aber zu den »Grundfreiheiten« etwa EuGH, Urt. v. 15.12.1995 – Rs. C-415/93 (»Bosman«), Slg. 1995, S. I–4921, I–5040 (I–5064 in Rn. 75) zur Arbeitnehmerfreizügigkeit.

Erster Teil

Historische Determinanten eines grundrechtlichen Beeinträchtigungsbegriffs

A. Das »traditionelle« Eingriffsverständnis

I. Merkmale und Bedeutung des »traditionellen« Eingriffsbegriffs

Angesichts der skizzierten Unsicherheit über Umfang und Kriterien der grundrechtlichen Relevanz drittbelastender Folgen (auch) adressatbelastenden Staatshandelns in der Rechtsprechung sowie einer Vielzahl – noch zu schildernder – Positionen zu unterschiedlichen Fallgestaltungen im Schrifttum ist zunächst die Frage zu stellen, inwieweit es einen gesicherten Bestand an Erkenntnissen über die grundrechtliche Relevanz von Beeinträchtigungen eines Grundrechtsträgers gibt, der über die grundsätzliche Anerkennung der Möglichkeit grundrechtlicher Abwehrrechte gegen Einwirkungen auf grundrechtlich geschützte Belange hinausreicht. Allerdings wird der Boden selbst dann schnell schwankend, wenn es nur darum geht, Klarheit über die Kriterien für die Bestimmung der Grundrechtserheblichkeit staatlicher Maßnahmen im Falle einer zweiseitigen Beziehung zwischen Staat und Adressat zu gewinnen. Gesichert ist nur, daß staatliches Handeln im Falle der Belastung eines Maßnahmeadressaten durch eine imperative Anordnung von Verhaltenspflichten (Ge- oder Verboten) die Abwehrfunktion der Grundrechte aktiviert, dieser »Modellfall des Grundrechtseingriffs«[1] also an den Grundrechten des Betroffenen zu messen ist.[2]

Damit erweist sich eine Fallgruppe als unstreitig, die zugleich den Gegenstand eines als »klassisch« oder »traditionell« apostrophierten Eingriffsbegriffs bildet, denn diesem Eingriffsbegriff werden im Schrifttum bis zu fünf Tatbestandsmerkmale zugeordnet, die sich zwar streckenweise überlagern sowie teilweise zu substituieren vermögen und deshalb mehr als nur »eng aufeinander bezogene Kriterien«[3] sind, in ihrer Gesamtheit aber die Einwirkung auf den Adressaten eines adressatbelastenden Rechtsaktes beschreiben, so daß »mittelbare« oder »faktische« Beeinträchtigungen nicht erfaßt werden.[4] So soll der »traditionelle« Ein-

---

[1] *G. Lübbe-Wolff*, Eingriffsabwehrrechte, S. 43.

[2] Vgl. *A. Bleckmann*, Grundrechte, § 12 Rn. 40; *H.-U. Gallwas*, Beeinträchtigungen, S. 11; *J. Isensee*, in: Isensee/Kirchhof (Hrsg.), HbStR, Bd. V, § 111 Rn. 61; *H.D. Jarass*, NVwZ 1984, S. 373 (376); *ders.*, AöR 110 (1985), S. 363 (364); *G. Lübbe-Wolff*, Eingriffsabwehrrechte, S. 47; *W. Martens*, VVDStRL 30 (1972), S. 7 (13); *B. Pieroth/B. Schlink*, Grundrechte, Rn. 238ff.; *U. Ramsauer*, VerwArch 72 (1981), S. 89; *W. Roth*, Eingriffe, S. 8; *M. Sachs*, in: K. Stern/M. Sachs, Staatsrecht, Bd. III/2, S. 83, 104.

[3] So *A. Bleckmann*, Grundrechte, § 12 Rn. 34; ebenso *R. Eckhoff*, Grundrechtseingriff, S. 175.

[4] Vgl. *A. Bleckmann*, Grundrechte, § 12 Rn. 35ff.; *A. Bleckmann/R. Eckhoff*, DVBl. 1988, S. 373f.; *R. Eckhoff*, Grundrechtseingriff, S. 175f.; *U. Di Fabio*, Risikoentscheidungen, S. 425; *J.*

Cramer, DÖV 03, 921

griffsbegriff zunächst dadurch gekennzeichnet sein, daß es eines *Rechts*aktes bedarf, damit staatliches Handeln (Grund-) Rechtserheblichkeit beanspruchen kann. Eine Beeinträchtigung rechtlich geschützter Positionen eines Rechtssubjekts durch einen Realakt wäre auf dieser Grundlage folglich nicht möglich. Bei diesem Rechtsakt soll es sich ferner um eine einseitig-hoheitliche und zwangsweise durchsetzbare Anordnung handeln müssen, so daß informelles oder kooperatives Verwaltungshandeln – insbesondere also der Abschluß von Verträgen zwischen Staat und Bürger – wegen der fehlenden *Imperativität* ebenfalls grundrechtlich irrelevant wäre.[5]

Ebenfalls zu den Merkmalen des »traditionellen« Eingriffsbegriffs gezählt wird das Erfordernis der *Finalität*, durch das dieser Eingriffsbegriff mit einem voluntativen Element versehen wird. Ein »Eingriff« in (Grund-) Rechte eines Bürgers setzte demzufolge voraus, daß die Einwirkung auf das betreffende Recht eine gewollte und bezweckte Folge des staatlichen Handelns und nicht nur ein unbeabsichtigter Nebeneffekt war.[6] Darüber hinaus soll schließlich die *Unmittelbarkeit* der Eingriffswirkung ein weiteres Kriterium des »traditionellen« Eingriffsbegriffs sein, so daß eine nur »mittelbare« Folge staatlichen Handelns selbst dann keine Grundrechtserheblichkeit beanspruchen könnte, wenn diese Folge (final) beabsichtigt wäre.[7] Diese vier Kriterien eines Eingriffsbegriffs ergänzt *A. Bleckmann* um das Kriterium der Adressierung des Staatsaktes an den hiervon betroffenen Grundrechtsträger, um klarzustellen, daß nach dem »traditionellen« Eingriffsbegriff insbesondere Organisationsakte keine Eingriffe in Grundrechte der Bürger seien.[8]

Isensee, in: Isensee/Kirchhof (Hrsg.), HbStR, Bd. V, § 111 Rn. 61; *T. Leidinger*, DÖV 1993, S. 925 (928); *K.-U. Meyn*, JuS 1990, S. 630 (632); *F. Ossenbühl*, Umweltpflege, S. 14f.; *R. Philipp*, Verbraucherinformationen, S. 89; *B. Pieroth/B. Schlink*, Grundrechte, Rn. 238; *J. Rozek*, SächsVBl. 1999, S. 149 (155); *U. Schliesky*, Öffentliches Wettbewerbsrecht, S. 76; *E. Schmidt-Aßmann*, in: FS K. Redeker, S. 225 (234); *W. Spaeth*, Information, S. 131; *B. Weber-Dürler*, VVDStRL 57 (1998), S. 57 (60f.).

[5] So auch *M. Sachs*, in: K. Stern/M. Sachs, Staatsrecht, Bd. III/2, S. 108.

[6] Dem entspricht die noch vor einem Vierteljahrhundert von *E. Forsthoff*, Verwaltungsrecht (10. Aufl.), S. 359, vertretene Ansicht, wegen der fehlenden Finalität liege kein hoheitlicher Eingriff vor, wenn ein Schuß aus einer Polizeipistole statt des flüchtenden Straftäters die zufällige Verletzung eines unbeteiligten Passanten zur Folge habe.

[7] Zu Recht wird im Schrifttum aber hervorgehoben, daß eine Regelung stets final darauf abzielt, Regelungswirkung zu entfalten, vgl. *U. Ramsauer*, Beeinträchtigungen, S. 30; *G. Lübbe-Wolff*, Eingriffsabwehrrechte, S. 44; Aus dieser Perspektive ist folglich das Kriterium der Finalität insofern notwendig mit dem Merkmal des Rechtsakts verknüpft, als jedenfalls die »unmittelbare« (Rechts-) Wirkung eines Rechtsaktes stets auch (final) »gewollt« ist, so daß das Merkmal der Finalität deshalb keine eigenständige eingrenzende Funktion entfalten kann.

[8] *A. Bleckmann*, Grundrechte, § 12 Rn. 37; ebenso *R. Eckhoff*, Grundrechtseingriff, S. 176; demgegenüber wird bei *A. Bleckmann/R. Eckhoff*, DVBl. 1988, S. 373f.; das Kriterium der Adressierung anstelle des Merkmals der Unmittelbarkeit erwähnt. Hieran läßt sich ablesen, daß eine eigenständige Bedeutung des Merkmals der »Adressierung« schon deshalb bezweifelt werden kann, weil ein imperativer Rechtsakt eine »unmittelbare« (nicht durch Zwischenschritte »vermittelte«) Wirkung gerade gegenüber seinem Adressaten entfaltet.

Ob den drei letztgenannten Kriterien eine eigenständige Bedeutung zukommt, wenn eine imperative – mit »Befehl und Zwang« wirkende – Beeinträchtigung des Betroffenen schon aufgrund des Merkmals der »Imperativität« zur Voraussetzung einer rechtserheblichen Beeinträchtigung im Sinne des »traditionellen Eingriffsbegriffs« erhoben wird, läßt sich allerdings bezweifeln, weil es sich bei der Pflicht zur Befolgung eines einseitigen staatlichen (Verhaltens-) Befehls zwangsläufig um eine unmittelbare Beeinträchtigung handelt,[9] die gerade den Maßnahmeadressaten trifft[10] und (deshalb) auch final gewollt ist.[11] Eine Auffassung, derzufolge staatliches Handeln nur unter den Voraussetzungen eines »traditionellen Eingriffsbegriffs« eine rechtserhebliche Beeinträchtigung grundrechtlich geschützter Positionen zu bewirken vermag, wird aber in der Gegenwart – soweit ersichtlich – nicht explizit vertreten. Zwar läßt sich eine mehr oder weniger ausgeprägte Orientierung an den Merkmalen des »traditionellen« Eingriffsbegriffs vermuten, wenn und soweit in den oben skizzierten Entscheidungen die Grundrechtsrelevanz staatlichen, insbesondere administrativen Handelns von dem Kriterium der »Finalität« oder gar dem Vorliegen einer (regelnden) Anordnung gerade gegenüber dem sich beschwert Fühlenden abhängig gemacht wird. Selbst in der insoweit eher zurückhaltenden Rechtsprechung des Bundesverwaltungsgerichts wird aber davon ausgegangen, daß nichtregelndem Staatshandeln die grundrechtliche Relevanz auch im Hinblick auf Drittbetroffene nicht generell abzusprechen ist. So haben der Dritte und der Siebente Senat des Bundesverwaltungsgerichts in ihrer Rechtsprechung zur Fallgruppe der staatlichen Informationsakte (»Warnungen und Empfehlungen«) die Erheblichkeit eines solchen nur influenzierenden Staatshandelns für die Grundrechte desjenigen bejaht, dessen Handeln zum Gegenstand staatlicher Informationstätigkeit gemacht worden ist.[12]

Gegenwärtig sind die Merkmale des »traditionellen« Eingriffsbegriffs daher nur noch insofern von Bedeutung, als sie einen »Kernbereich« von Fallgestaltungen beschreiben, für den die Grundrechtserheblichkeit staatlichen Handelns allgemein konsentiert ist und deshalb nicht problematisiert werden muß.[13] Für den vorliegenden Zusammenhang ist dieser Eingriffsbegriff folglich nicht schon des-

---

[9] Dies betont *U. Ramsauer*, Beeinträchtigungen, S. 30.

[10] Daß das Merkmal der »Adressierung« zugleich ein »Aspekt des Kriteriums der Imperativität« ist, betont *M. Sachs*, in: K. Stern/M. Sachs, Staatsrecht, Bd. III/2, S. 84 (in Fn. 33).

[11] Nach *M. Sachs*, in: K. Stern/M. Sachs, Staatsrecht, Bd. III/2, S. 104, ist daher die Imperativität »alleiniges oder doch zentrales Merkmal des ›klassischen‹ Eingriffs«; ähnl. *B. Weber-Dürler*, VVDStRL 57 (1998), S. 57 (60f.); vgl. ferner *G. Lübbe-Wolff*, Eingriffsabwehrrechte, S. 44, nach deren Ansicht »die Charakterisierung des traditionellen Eingriffsbegriffs durch die Merkmale der Finalität und Unmittelbarkeit nur auf eine zweckmäßige, weil Mißverständnisse ausschließende Weise reformuliert« ist, wenn der »imperative Eingriff als der traditionelle, unproblematische Eingriffsfall bezeichnet« wird.

[12] Vgl. unten, S. 214ff.

[13] Vgl. auch *H. Bethge*, VVDStRL 57 (1998), S. 7 (38): »Beeinträchtigungsfälle von fragloser Grundrechtsrelevanz«.

halb von Interesse, weil mit der Frage nach der grundrechtlichen Relevanz drittbeeinträchtigender Folgen adressatbelastenden Staatshandelns zugleich die Frage nach dem geltenden »Eingriffsbegriff« gestellt ist. Auch wenn davon ausgegangen wird, daß die (faktische) Beeinträchtigung eines Dritten nicht *a limine* grundrechtlich unbeachtlich ist, bleibt der »traditionelle« Eingriffsbegriff aber insofern bedeutsam, als er Konsequenzen für das Vorverständnis hat, das bei der Erörterung der Grundrechtserheblichkeit eines staatlichen Aktes zugrunde gelegt wird und damit zugleich die methodischen Prämissen einer solchen Untersuchung beeinflußt: Wenn das Grundgesetz einen »traditionellen« Eingriffsbegriff gleichsam vorgefunden hätte, läge es nahe, an dessen Merkmale anzuknüpfen und den Bereich rechtserheblicher Grundrechtsbeeinträchtigungen durch eine fall(gruppen)bezogene Ausdehnung dieses Eingriffsbegriffs zu ermitteln, indem einzelne Elemente fallengelassen, uminterpretiert oder durch andere Kriterien ersetzt werden, sofern dies zur Vervollständigung des Grundrechtsschutzes oder aus anderen Gründen unter Wertungsgesichtspunkten erforderlich erscheint.[14] Dementsprechend sind die einzelnen Elemente des »traditionellen« Eingriffsbegriffs im Schrifttum zum Ausgangspunkt von Überlegungen zur Grundrechtserheblichkeit staatlichen Handelns geworden, die über diesen »Prototyp aller Eingriffsmodelle«[15] hinausweisen.[16] Durch eine solche Vorgehensweise würde der »traditionelle« Eingriffsbegriff jedoch »nicht beiseitegeschoben, sondern um neue Tendenzen angereichert«.[17] Im Ausgangspunkt bliebe es folglich bei einem Eingriffsverständnis, demzufolge ein Sachverhalt grundsätzlich grundrechtlich irrelevant ist, sofern nicht das Vorhandensein von Merkmalen positiv festgestellt werden kann, die an den imperativen Staatsakt anknüpfen und sich damit an bestimmten Formen und Zielen staatlichen Handelns orientieren.

Auf dieser Linie argumentiert beispielsweise der Dritte Senat des Bundesverwaltungsgerichts in der – zur Fallgruppe der staatlichen Warnungen und Empfehlungen zählenden – »Transparenzlisten«-Entscheidung, denn in diesem Fall wurde die Grundrechtserheblichkeit einer faktischen Beeinträchtigung letztlich wegen ihrer Vergleichbarkeit mit den Wirkungen imperativen Staatshandelns bejaht: Der Senat führt zunächst aus, der »Grundrechtsschutz der unternehmerischen Betätigungsfreiheit« könne sich »ausnahmsweise auf die Veränderung von Erwerbsbedingungen erstrecken«, soweit diese »staatlicherseits final und grundrechtsspezifisch« erfolge.[18] Alsdann wird das »Grundrechtsspezifische« an der

---

[14] *W. Roth*, Eingriffe, S. 7f., betont daher zu Recht die Relevanz des »klassischen« Eingriffsbegriffs für die Verteilung der »Argumentationslast«.

[15] *H.-U. Gallwas*, Beeinträchtigungen, S. 22.

[16] Vgl. *A. Bleckmann*, Grundrechte, § 12 Rn. 40ff.; *A. Bleckmann/R. Eckhoff*, DVBl. 1988, S. 373ff.; *J. Isensee*, in: Isensee/Kirchhof (Hrsg.), HbStR, Bd. V, § 111 Rn. 61ff.; *G. Lübbe-Wolff*, Eingriffsabwehrrechte, S. 42ff. (69ff.); *B. Pieroth/B. Schlink*, Grundrechte, Rn. 239ff.; *A. Scherzberg*, DVBl. 1989, S. 1128ff.; *E. Schmidt-Aßmann*, in: FS K. Redeker, S. 225 (235).

[17] *J. Isensee*, in: Isensee/Kirchhof (Hrsg.), HbStR, Bd. V, § 111 Rn. 62.

[18] BVerwGE 71, 183 (194).

Veröffentlichung der Transparenzlisten u.a. mit der Erwägung begründet, diese Listen besäßen eine »Durchschlagskraft, die der Wirkung eines unmittelbaren staatlichen Zwangseingriffs in das Marktgeschehen zu Lasten einzelner Unternehmer gleichkommt«.[19]

Auf der anderen Seite sollte nicht aus dem Blick geraten, daß die Grundrechte in ihrer Eigenschaft als »Abwehrrechte« in erster Linie dem Zweck dienen, die üblicherweise mit dem Begriff des »Schutzbereichs« bezeichneten Bezugspunkte des Grundrechtsschutzes vor rechtswidrigen Einwirkungen des Staates zu schützen. Es ist daher zumindest naheliegend, bei der Untersuchung der grundrechtlichen Relevanz staatlichen Handelns das Augenmerk zunächst auf die Frage nach dem Vorliegen von Verhaltensmöglichkeiten, Lebensbereichen oder auch einfach-gesetzlichen (Rechts-) Positionen zu richten, die diese Bezugspunkte des Grundrechtsschutzes bilden und hier mit dem (neutralen) Begriff der grundrechtlich geschützten »Position«[20] bezeichnet seien. Darüber hinaus würde einer primär an grundrechtlichen Schutzgütern orientierten Betrachtung auch eine Vorgehensweise entsprechen, die im Hinblick auf die modale Seite staatlicher Einwirkungen auf solche Positionen die grundrechtserheblichen Sachverhalte unabhängig von tradierten und ersichtlich an bestimmte Formen staatlichen Handelns anknüpfenden Vorstellungen ermittelt, indem zunächst von der (potentiellen) Grundrechtserheblichkeit jeder belastenden Auswirkung staatlicher Handlungen ausgegangen wird. Anklänge an eine solche Sichtweise finden sich in der Entscheidung des Siebenten Senats des Bundesverwaltungsgerichts zur Zulässigkeit kritischer staatlicher Äußerungen über die »TM-Bewegung«, in der schlicht festgestellt wird, die Grundrechte schützten den Bürger »vor rechtswidrigen Beeinträchtigungen jeder Art, auch solchen durch schlichtes Verwaltungshandeln«.[21]

Gegenüber einer solchen Ansicht ließe sich allerdings einwenden, eine vielfach für notwendig erachtete[22] Begrenzung der Grundrechtserheblichkeit staatlichen Wirkens könne jedenfalls dann nicht ohne jeden Rückgriff auf dessen Formen und Ziele erfolgen, wenn davon ausgegangen wird, daß Art. 2 Abs. 1 GG als »Auffanggrundrecht« dem Individuum einen gegenständlich potentiell umfassenden Grundrechtsschutz vermittelt. Anerkennt man aber die Notwendigkeit eingrenzender Kriterien auf der »Eingriffsebene«, so wäre nur noch die Frage, ob die Voraussetzungen, unter denen staatliches Handeln an den Grundrechten betroffener Bürger zu messen ist, durch Ausdehnung eines »engen« Eingriffsver-

---

[19] BVerwGE 71, 183 (195).

[20] Zum Begriff der »Position« vgl. *R. Alexy*, Theorie, S. 163f., der hierunter die aus Rechtsnormen resultierenden normativen Eigenschaften von Personen und Handlungen versteht; abweichend von dieser Terminologie wird der Begriff hier auch zur abstrakten Kennzeichnung von Schutzgütern für den Fall der nur potentiellen Existenz grundrechtlichen Schutzes verwendet.

[21] BVerwGE 82, 76 (77f.).

[22] Vgl. z.B. *J. Isensee*, in: Isensee/Kirchhof (Hrsg.), HbStR, Bd. V, § 111 Rn. 65.

ständnisses oder Eingrenzung eines »weiten« Eingriffsverständnisses ermittelt werden. Damit gehen jedoch nicht notwendig unterschiedliche Ergebnisse einher, korreliert insbesondere mit einem »weiten« Eingriffsverständnis nicht ohne weiteres ein umfassenderer Grundrechtsschutz. Entscheidend ist vielmehr, *wie* die den Grundrechtsschutz eingrenzenden oder erweiternden Kriterien formuliert werden.

Auch auf dieser Grundlage läßt sich allerdings nicht der Schluß ziehen, es könne beliebig zwischen den verschiedenen denkbaren Vorgehensweisen gewählt werden: Daß diese divergierenden Ansätze möglich sind, beruht letztlich auf dem Umstand, daß der Text der Grundrechtsbestimmungen des Grundgesetzes in erster Linie die von den Einzelgrundrechten geschützten Positionen umreißt, ohne sogleich zu erkennen zu geben, ob und wann eine Einwirkung auf grundrechtliche Schutzgüter auch außerhalb der Fälle des »traditionellen« und »heute konventionell akzeptierten Eingriffsbegriffs«[23] an dem betroffenen Grundrecht zu messen ist. Gleichwohl bleibt auch insoweit das »Vorverständnis« des Grundgesetzes maßgeblich, das seinerseits durch Auslegung zu ermitteln ist und nicht durch das Vorverständnis der Grundrechtsinterpreten ersetzt werden kann. So stellt sich die Frage nach dem Stellenwert des »traditionellen« Eingriffsbegriffs gerade auch vor dem Hintergrund von Versuchen, die grundrechtliche Relevanz faktischer (Dritt-) Beeinträchtigungen unter Rückgriff auf einzelne seiner Elemente – wie beispielsweise das Kriterium der »Finalität« – zu begrenzen.

II. Der Nichtadressat in der Rechtsprechung des preußischen OVG

1. Die Zulässigkeit von Rechtsbehelfen Drittbetroffener in der Rechtsprechung

Wird daher die Frage nach Herkunft und Bedeutung eines aus vier oder fünf Tatbestandsmerkmalen bestehenden »traditionellen« Eingriffsbegriffs gestellt, so fällt zunächst auf, daß dessen Darstellung im Schrifttum gelegentlich um den Hinweis ergänzt worden ist, dieser Eingriffsbegriff sei selbst in der Zeit seiner Geltung nicht ausdrücklich entwickelt[24] oder zusammenhängend formuliert worden.[25] Schon diese Feststellung muß allerdings zur Skepsis nötigen und läßt die Anknüpfung an einzelne Merkmale eines »traditionellen« Eingriffsbegriffs fragwürdig erscheinen, denn es wäre überraschend, wenn dessen Merkmale allgemein konsentierte Voraussetzungen für die Rechtserheblichkeit einer Beeinträchtigung geschützter Rechtsgüter gewesen sein sollten, ohne jemals mit dem Anspruch auf Verbindlichkeit formuliert worden zu sein.

---

[23] *M. Sachs*, in: K. Stern/M. Sachs, Staatsrecht, Bd. III/2, S. 104.
[24] *A. Bleckmann*, Grundrechte, § 12 Rn. 39.
[25] *R. Eckhoff*, Grundrechtseingriff, S. 175.

Mittlerweile mehren sich denn auch die Stimmen, die die Existenz eines solchen »traditionellen« Eingriffsbegriffs in Zweifel ziehen. So ist darauf hingewiesen worden, daß der Begriff des »Eingriffs« in der Rechtslehre seit dem Vormärz mit zunehmender Tendenz zur Kennzeichnung rechtserheblicher Einwirkungen (auch) auf Grundrechte verwendet worden ist, ohne daß eine Verengung auf die Merkmale des (vorgeblich) »traditionellen« Eingriffsbegriffs erfolgt wäre.[26] Demgegenüber waren die Rechtsschutzmöglichkeiten zwar insofern begrenzt, als verwaltungsgerichtliche Rechtsbehelfe nur gegen Verfügungen möglich waren. Aus dieser Beschränkung des Rechtsschutzes läßt sich aber nicht der Schluß ziehen, nur der Adressat einer Verfügung habe einen Rechtsbehelf erheben können.[27] So ging insbesondere das preußische OVG davon aus, daß auch einem Drittbetroffenen ein Rechtsbehelf gegen ihn belastende Folgen eines den Adressaten belastenden Staatsaktes zustehen kann, wie sich schon am Beispiel der eingangs erwähnten Entscheidung aus dem Jahre 1876 ablesen läßt, dessen Gegenstand ein Kompetenzkonflikt über eine Beschwerde gegen das an Gastwirte gerichtete Verbot des Ausschanks alkoholischer Getränke an den Beschwerdeführer des Ausgangsverfahrens war. Zwar ist in diesem Verfahren geltend gemacht worden, der Drittbetroffene könne schon deshalb nicht um Verwaltungsrechtsschutz nachsuchen, weil ihm gegenüber mit der angegriffenen Verfügung keine Regelung intendiert gewesen sei: Zweck und Ziel der Polizeiverordnung, auf die die angegriffene Verfügung gestützt wurde, sei nicht die »Besserung der Trunkenbolde, sondern die Regelung des Gewerbebetriebes der Schankwirthe ..., wobei allerdings anzuerkennen sei, daß mittelbar die Trunkenbolde dadurch mitbetroffen würden«.[28] Demgegenüber wurde von – nicht näher spezifizierter – »anderer Seite« vorgetragen, die genannte Polizeiverordnung trage »auch einen sittenpolizeilichen Charakter«, indem sie die »Absicht einer Besserung der Trunkenbolde verfolge«, so daß die polizeilichen Anordnungen auch »unmittelbar die Trunkenbolde treffen« sollten und diesen deshalb auch ein selbständiges Berufungsrecht im Verwaltungsstreitverfahren zugestanden werden müsse.[29] Ob eine derartige Verfügung auch (final) auf die »Trunkenbolde« ziele und deshalb der beschwerdeführende Böttchermeister als »Adressat« eines Verwaltungsakts angesehen werden könne, hat das preußische OVG aber – wie erwähnt – nicht als entscheidend angesehen. Es ließ deshalb explizit dahingestellt, »ob die von dem Beschwerdeführer angegriffene Verfügung als eine ausschließlich gewerbepolizeiliche oder auch ... sittenpolizeiliche Maßnahme anzusehen ist«.[30] Maßgebliche Be-

[26] Vgl. *M. Sachs*, in: K. Stern/M. Sachs, Staatsrecht, Bd. III/2, S. 86ff.

[27] So aber *A. Bleckmann/R. Eckhoff*, DVBl. 1988, S. 373.

[28] Vgl. PrOVGE 1, 327 (328).

[29] Vgl. PrOVGE 1, 327 (329).

[30] PrOVGE 1, 327 (330). Das Gericht gibt allerdings zu erkennen, daß »Inhalt und Zweck« der angegriffenen Verfügung auf eine jedenfalls auch »sittenpolizeiliche« Maßnahme hindeuteten. Anders gesehen wurde dies allerdings vom Ersten Senat des preußischen OVG in einer Ent-

deutung wurde vielmehr dem Umstand beigemessen, daß die angegriffene Verfügung faktisch in die Rechtssphäre des Beschwerdeführers positiv eingreife, indem sie »objektiv eine Minderung seiner Ehre« involviere:[31] Schon aufgrund der darin liegenden Zwangswirkung stehe dem beschwerdeführenden Dritten »selbständig das Recht zur Klage im Verwaltungsstreitverfahren zu«,[32] das in dieser Entscheidung denn auch in Vorschriften über Rechtsbehelfe gegen den Einsatz staatlicher Zwangsmittel in § 80 Abs. 1 und 2 der Kreisordnung vom 13. Dezember 1872[33] verortet worden ist.

Desgleichen erachtete das Oberverwaltungsgericht zwei Jahre später eine Klage mehrerer Grundstückseigentümer für zulässig, die sich dagegen wandten, daß ihnen gehörende Wiesen infolge einer Verpflichtung anderer Grundstückseigentümer zur Änderung eines Wasserlaufes überflutet wurden. Das Gericht trat der Annahme der Vorinstanz entgegen, die Klage sei schon deshalb unzulässig, weil die Verfügung sich nicht an die Kläger richte: Mit Blick auf die nunmehr erkennbar in den Mittelpunkt gestellte Regelung des Rechtsschutzes gegen Verfügungen in § 80 Abs. 3 der Kreisordnung wird festgestellt, die Rechtsprechung des Verwaltungsrichters solle nach dem Willen des Gesetzgebers überall da eintreten, »wo Seitens eines Rechtssubjektes behauptet wird, daß sein Recht durch eine polizeiliche Verfügung gegen das Gesetz verletzt werde«. Voraussetzung der Klage sei daher lediglich die Behauptung einer Rechtsverletzung. Es fehle »an einem genügenden Anhalt für die Unterscheidung der Fälle, wo Derjenige, dem ein Handeln oder Unterlassen aufgegeben wird, hierin eine Verletzung seiner eigenen Rechte behauptet, von denen, wo ein Dritter sich beschwert, daß die angeordnete Handlung oder Unterlassung in seine Rechte gesetzwidrig eingreife«.[34]

Damit sind bereits einige Wegmarken erkennbar, an denen sich die Rechtsprechung des Gerichts auch in der Folgezeit orientiert hat: Bereits im Januar 1879 faßte der Erste Senat die mit den beiden genannten Entscheidungen vorgezeichnete Linie in der Formel zusammen, es stehe »demjenigen, in dessen Rechtsgebiet wider seinen Willen und somit zwangsweise durch eine polizeiliche Anordnung eingegriffen worden ist, ... selbstständig das Recht der Klage im Verwaltungsstreitverfahren zu, gleichviel, ob zuvor eine polizeiliche Verfügung gegen ihn oder einen Dritten erlassen oder die Polizeibehörde überhaupt ohne zuvorigen

scheidung vom 28. März 1899, PrVerwBl. 21 (1899/1900), S. 25, die einen gleichgelagerten Sachverhalt betraf: Der Senat stellte fest, es handele sich bei der angegriffenen Verfügung nicht »um ein polizeiliches Einschreiten gegen die Person des Trunkenbolds ..., sondern um eine gewerbepolizeiliche Regelung des Betriebes der Schankwirthschaften«. Obgleich danach eine final auf den »Trunkenbold« zielende Regelung nicht vorlag, erachtete das Gericht dessen Klage unter Bezugnahme auf die Entscheidung aus dem Jahre 1876 als zulässig, weil das angegriffene Verbot »in den Rechtskreis des Klägers eingreift«.

[31] PrOVGE 1, 327 (330).

[32] PrOVGE 1, 327 (331).

[33] GS, S. 661 ff.

[34] PrOVGE 3, 217 (222).

Erlaß einer Verfügung sofort zwangsweise vorgegangen ist«.[35] Auf dieser Grundlage erachtete das Gericht die Zulässigkeit einer Klage als nach § 30 des Zuständigkeitsgesetzes vom 26. Juli 1876[36] möglich, mit der (unter anderem) die Beseitigung einer Straßenlaterne verlangt wurde, die sich nach dem Vorbringen des Klägers auf dessen Grundstück befand: Dem »Vorderrichter« könne nicht beigetreten werden, soweit dieser »die Klage schon um deswillen zurückgewiesen hat, weil eine die Aufstellung einer Straßenlaterne betreffende, *an den Kläger* gerichtete polizeiliche Verfügung ... gar nicht vorliegt«.[37]

Darüber hinaus hat der Zweite Senat des preußischen OVG ferner eine Klage als zulässig angesehen, mit der sich der durch einen Brand geschädigte Kläger dagegen wandte, daß die Polizeibehörde gegenüber einer Versicherungsgesellschaft die von dieser erbetene Zustimmung zur Auszahlung einer Entschädigungssumme verweigert hatte. Auch in diesem Falle vertritt das Gericht den Standpunkt, es stehe demjenigen das Recht zur Klage im Verwaltungsstreitverfahren zu, »in dessen Rechtsgebiet wider seinen Willen durch eine polizeiliche Anordnung eingegriffen worden ist«, ohne daß es darauf ankäme, »ob die polizeiliche Verfügung in ihrer äußeren Gestalt sich unmittelbar gegen ihn oder zunächst gegen einen Dritten richtet«.[38] Besonders bemerkenswert an dieser Entscheidung ist, daß die Zulässigkeit der Klage nicht davon abhängig gemacht wurde, ob der »Einspruch« der Polizeibehörde gegen die Auszahlung der Entschädigung die Versicherung im Verhältnis zu dem Geschädigten binden konnte oder (zumindest) sollte. Das Gericht sah vielmehr als ausreichend an, daß »insofern in die Rechtssphäre und zwar zunächst in Vermögensrechte des Klägers eingegriffen« werde, als »jene Einspruchserklärung ... für den Kläger ein thatsächliches Hinderniß, in den Genuß der Entschädigungssumme zu treten, bildet«, weil die Versicherung sich »thatsächlich durch die Verfügung für gebunden erachtet«. Schon in dem »Zwange zur Anstellung einer Civilklage« läge ein Eingriff (!) in die Rechte des Klägers.[39]

Einen weiteren Anwendungsfall dieser Rechtsprechung des preußischen OVG zur Klagebefugnis eines Drittbetroffenen ist die erste »Schienenbahnen-Entscheidung« vom 29. Dezember 1883. Deren Gegenstand bildete eine Klage der Stadt Charlottenburg gegen eine Verfügung der Polizeiverwaltung, mit der die »Große Berliner Pferdebahn-AG« verpflichtet wurde, zum Zwecke der Ausdehnung des Schienennetzes in einer der Klägerin gehörenden Straße Schienenanlagen zu verlegen. Auch diese Klage erachtete der Erste Senat des preußischen OVG als zulässig, was angesichts der vorhergehenden Entscheidungen folgerichtig war. Der Senat betont denn auch, das Gericht habe »in konstanter Praxis daran festgehalten, daß die Klage gegen eine polizeiliche Verfügung nicht nur demjeni-

35 PrOVGE 5, 408 (412).
36 GS, S. 297ff.
37 PrOVGE 5, 408 (412), Hervorhebung (Sperrung) im Original.
38 PrOVGE 7, 310 (313).
39 PrOVGE 7, 310 (314).

gen zusteht, an den sie ergangen ist und dem in derselben ein bestimmtes Thun oder Unterlassen aufgegeben wird, sondern auch Dem, dessen Rechte die Ausführung der Verfügung durch Denjenigen, an den sie ergeht, verletzt«. Für die Frage des Rechtsschutzes gegen einen Eingriff sei nicht danach zu unterscheiden, ob »die Polizeibehörde durch ihre eigenen Organe, in Ausübung unmittelbaren Zwanges in subjektive Rechte eingreift, oder durch die einem Dritten gemachte Auflage, zu deren Erfüllung sie veranlaßt und nöthigt«: quod per alium fecimus, ipsi fecisse videmur.[40]

Damit ergibt sich, daß das preußische OVG in den bislang skizzierten Entscheidungen zum Rechtsschutz Dritter gegen adressatbelastende Verfügungen die Zulässigkeit des Rechtsbehelfs eines Drittbetroffenen allein von der Möglichkeit einer Rechtsverletzung abhängig gemacht hat, wobei die danach erforderliche Rechtsbeeinträchtigung, die zunächst im (ehrverletzenden) Inhalt einer adressatbelastenden Verfügung gesehen worden ist,[41] nach Auffassung des Gerichts gerade durch die Beachtung einer (vermeintlichen) Verfügung seitens des Maßnahmeadressaten bewirkt werden konnte.[42] Da aber das Erfordernis der Rechtsverletzung vom preußischen OVG auch schon vor seiner ausdrücklichen gesetzlichen Normierung[43] als selbstverständliche Voraussetzung *jeder* verwaltungsgerichtlichen Klage angesehen wurde,[44] lassen sich besondere Voraussetzungen für Rechtsbehelfe Dritter jedenfalls in der frühen Rechtsprechung dieses Gerichts nicht feststellen. Für die Befugnis zur Einleitung eines Verwaltungsstreitverfahrens kam es zumindest bei adressatbelastendem Verwaltungshandeln nicht darauf an, ob der jeweilige Kläger zugleich in einem formalen Sinne »Adressat« des betreffenden Staatsaktes war. Vielmehr wurden den Staat auch die einen Dritten treffenden Folgen seines Tuns zugerechnet, die auf einem verfügungsgemäßen Verhalten des Maßnahmeadressaten beruhten. Ob einer solchen Zurechnung auch Grenzen gezogen werden konnten, ist in der frühen Rechtsprechung des preußischen OVG hingegen nicht thematisiert worden.

Dies änderte sich erst mit einer Entscheidung des Ersten Senats vom 30. März 1887. Deren Gegenstand bildete eine Klage des Magistrats der Stadt Frankfurt a.M., der sich gegen eine Verfügung des dortigen Polizeipräsidenten wendete, mit der »eine unverehelichte B.« als »syphilitisch krank« unter »sittenpolizeiliche Kontrolle« gestellt sowie deren »zwangsweise Heilung« angeordnet worden war. Nachdem der Polizeipräsident die Stadt um Aufnahme der B. in das städtische Krankenhaus ersucht und diesem Ansinnen entsprochen worden war, begründe-

---

[40] PrOVGE 10, 198 (199).

[41] Vgl. PrOVGE 1, 327 (330).

[42] So insbesondere PrOVGE 10, 198 (199).

[43] Vgl. §63 Abs. 3 Nr. 1 des Gesetzes über die Organisation der allgemeinen Landesverwaltung vom 26. 07. 1880 (GS, S. 291ff.); §127 Abs. 3 Nr. 1 des Gesetzes über die allgemeine Landesverwaltung vom 30. 07. 1883 (GS, S. 195ff.); §45 PrPolVerwG vom 01. 06. 1931 (GS, S. 77).

[44] Vgl. PrOVGE 2, 351 (353f.); 9, 400 (401).

te die Stadt ihre Klage gegen die Anordnung der sittenpolizeilichen Kontrolle im wesentlichen mit den Kosten, die ihr durch das polizeiliche Einschreiten gegen die betroffene Person entstünden.[45] Mit dieser Erwägung konnte die Zulässigkeit der Klage nach Auffassung des Gerichts jedoch nicht dargetan werden. Zunächst wird nochmals betont, daß nach »gleichmäßiger Rechtsprechung« des OVG »polizeiliche Verfügungen nicht nur von demjenigen angefochten werden können, an den sie gerichtet sind, sondern auch von dem Dritten, in dessen Rechte durch Ausführung derselben eingegriffen wird«.[46] Alsdann legt der Senat wortreich dar, daß »der bloßen Verursachung solcher Kosten und ihrer Bestreitung aus städtischen Mitteln gewiß nicht die Bedeutung einer ortspolizeilichen Verfügung an die Stadtgemeinde beigemessen werden« könne, weil »die Kommune der Polizeibehörde nicht derartig selbstständig gegenübersteht, wie es die nothwendige Voraussetzung ist, um die Verfügung über die für die Kosten der Polizeiverwaltung bereitgestellten städtischen Mittel als eine polizeiliche Verfügung« im Sinne der §§ 127f. des Landesverwaltungsgesetzes vom 30. Juli 1883 ansehen zu können.[47]

Diese Argumentation mit dem Doppelsinn des Wortes »Verfügung« ist allerdings nur bedingt geeignet, die Unzulässigkeit der erhobenen Klage zu belegen, denn daß die polizeilichen Anordnungen »lediglich gegen die B. ergangen sind«[48] und nicht an die klagende Stadt gerichtet waren, stand außer Frage. Zu entscheiden war vielmehr, ob die Voraussetzungen vorlagen, unter denen eine polizeiliche Verfügung auch von einem Dritten angefochten werden kann. Das OVG versucht denn auch, das gewonnene Ergebnis mit der weiteren Erwägung abzusichern, die angegriffene Verfügung könne allenfalls Interessen der klagenden Stadt berühren.[49] Für die Zulässigkeit der Klage würde jedoch erforderlich sein, »daß die polizeilichen Verfügungen in Rechte der Stadtgemeinde unmittelbar eingriffen.« Dies sei nicht der Fall, denn bei den finanziellen Folgen der angegriffenen Verfügung handele es sich »um Wirkungen auf dem Rechtsgebiete der Stadtgemeinde, die nicht das Ziel oder doch die unmittelbare nach Lage der Sache nothwendige Folge der polizeilichen Verfügung sind, sondern von dem Zusammentreffen verschiedener, dem Wirkungskreise der Polizei entrückter Umstände abhängen, derartig, daß die Polizeibehörde regelmäßig gar nicht in der Lage sein wird, sie zu übersehen«.[50] Damit werden Gesichtspunkte bemüht, die in der Diskussion um die sachgerechte Begrenzung der Rechtserheblichkeit drittbelastender Folgen staatlichen Handelns bis in die Gegenwart eine Rolle spielen, denn das OVG argumentiert letztlich damit, daß es sich bei den Folgen des polizeilichen Einschreitens für die klagende Stadt weder um »unmittelbare«, noch um (final)

[45] Vgl. PrOVGE 15, 416 (417).
[46] PrOVGE 15, 416 (419).
[47] PrOVGE 15, 416 (421).
[48] PrOVGE 15, 416 (419).
[49] PrOVGE 15, 416 (422).
[50] PrOVGE 15, 416 (423).

gewollte oder auch nur voraussehbare Wirkungen der angegriffenen Verfügung handele.

Die in dieser Entscheidung entwickelten Grundsätze wurden in einem Urteil des Vierten Senats aus dem Jahre 1900 wieder aufgegriffen und fortentwickelt. Zu entscheiden war in diesem Fall über die Zulässigkeit einer Klage, mit der sich die Inhaberin einer Genehmigung zur Errichtung einer Wohnhauskolonie dagegen wandte, daß die Baugenehmigung zugunsten eines in der Kolonie bauenden Bauherrn mit einer Auflage versehen worden war. Die Rüge der Klägerin, wegen des ihr erteilten »Koloniekonsenses« habe von dem Bauherrn der Nachweis seiner Berechtigung zur Benutzung eines Weges nicht (erneut) verlangt werden dürfen, blieb ohne Erfolg: Der Senat faßte die bisherige Rechtsprechung des preußischen OVG zum Drittschutz bei adressatbelastendem Verwaltungshandeln von vornherein dahin zusammen, daß »zur Einlegung der Rechtsmittel gegen eine polizeiliche Verfügung« auch jeder Dritte befugt sei, »dessen Rechtssphäre durch die Verfügung unmittelbar berührt wird«.[51] Dieser Satz wird sodann unter Hinweis auf die soeben erwähnte Entscheidung vom 30. März 1877 mit den Worten erläutert, daß »nicht unter allen Umständen jede Beeinträchtigung der Vermögensinteressen eines Dritten, welche mit einer polizeilichen Verfügung ihn irgend welchen ursächlichen Zusammenhang gebracht werden kann, zur Einlegung von Rechtsmitteln legitimirt«.[52] Rechtsmittel gegen polizeiliche Verfügungen seien »dritten Personen nur im Falle eines *unmittelbaren* Eingriffs in ihre Vermögens*rechte* gegeben«; ein »mittelbares finanzielles Interesse« genüge nicht.[53] Nach Auffassung des Gerichts ist der Inhaber einer Koloniegenehmigung deshalb nicht klagebefugt, wenn die Baupolizeibehörde bei Erteilung einer Baugenehmigung die aus der bereits erteilten Koloniegenehmigung folgenden Vorgaben nicht beachtet, »mag auch mittelbar das Vermögensinteresse des Kolonieunternehmers berührt werden«. Ihm werde »nichts geboten oder verboten, und auch thatsächlich greift die Auflage in seine Rechte nicht ein«.[54] Auch vermochte der Klägerin nicht zu helfen, daß der Bauherr zur Erfüllung der Auflage ihrer Mitwirkung bedurfte: Der Senat hebt hervor, daß weder die Klägerin zur Mitwirkung, noch der Bauherr zu der mitwirkungspflichtigen Handlung gezwungen werde, sondern das mitwirkungsbedürftige Vorhaben in derartigen Fällen lediglich verboten bleibt, wenn nicht »die Leistung des Dritten beschafft« wird.[55]

Dies lenkt das Augenmerk auf den Umstand, daß es typischerweise eines *Verbots* oder – wie in dem soeben behandelten Fall – zumindest der Nichtbefreiung von einem Verbot bedarf, um ein »mittelbares finanzielles Interesse« eines Dritten zu beeinträchtigen. Gerade für derartige Fälle hatte das OVG daher mit der

[51] PrOVGE 38, 376 (378).
[52] PrOVGE 38, 376 (378f.).
[53] PrOVGE 38, 376 (379), Hervorhebung (Sperrung) im Original.
[54] PrOVGE 38, 376 (379).
[55] Vgl. PrOVGE 38, 376 (380).

Betonung des Kriteriums der »Unmittelbarkeit« sowie der daraus resultierenden Unbeachtlichkeit der (regelmäßig mittelbaren) Vermögensinteressen Dritter deren Klageberechtigung erheblich eingeschränkt. Demgegenüber blieb eine Beeinträchtigung von Rechten eines Dritten möglich, wenn es infolge der Beachtung eines (Handlungs-) *Gebots* zu einer Einwirkung auf dessen (absolute) Rechte – insbesondere das Eigentum – kam. Dementsprechend ist der Vierte Senat des OVG ohne weiteres von der Möglichkeit einer Rechtsverletzung ausgegangen, als kurz vor der soeben behandelten Entscheidung über eine weitere Klage einer Stadtgemeinde gegen die Verwendung in ihrem Eigentum stehender Straßen zum Zwecke des Baus und Betriebs einer – mittlerweile elektrischen – Schienenbahn zu befinden war, mit der sich die klagende Stadt gegen eine an den Kleinbahnunternehmer gerichtete Verfügung wendete, die verschiedene den Bau der Bahnanlagen betreffende Vorgaben enthielt. Im Hinblick auf die Frage, »ob die Stadt zu einer solchen Beschwerde legitimirt ist, ob also hier überhaupt von einem Eingriff in die Rechte der Stadt die Rede sein kann«,[56] problematisierte das Gericht lediglich die Rechtsnatur der angegriffenen Verfügung: Da nach ständiger Rechtsprechung des preußischen OVG durch staatliche Erlaubnisse oder Genehmigungen nicht in Rechte Dritter eingegriffen werden konnte,[57] würde nach Ansicht des Senats »ein Eingriff der Polizei in die Rechte der Stadt« nicht vorliegen, wenn es sich bei der Verfügung »lediglich um eine der Unternehmerin ertheilte Erlaubniß« handelte.[58] Demgegenüber wäre bei adressatbelastendem Verwaltungshandeln anders zu entscheiden: Der Senat formuliert im Anschluß an eine bereits in der Entscheidung vom 29. Dezember 1883 benutzte Wendung, dem Dritten stünden Rechtsmittel zu, »wenn die Polizei einem Andern eine Auflage macht, die in seine Rechte eingreift, wenn sie also durch ihre Verfügung zu einem solchen Eingriffe veranlaßt und nöthigt«.[59] Da das Gericht annahm, daß die Kleinbahnunternehmerin durch die zuvor erteilte Baugenehmigung zur Herstellung der Bahnanlagen verpflichtet worden war,[60] erachtete es die Klage als zulässig, aber unbegründet.

Sofern danach die Beeinträchtigung von Rechten eines Dritten auf einem imperativen Staatsakt beruhte, sollte ausweislich einer weiteren Entscheidung des Vierten Senats aus jenem Jahr nicht einmal von Belang sein, ob der Maßnahmeadressat gerade zu der drittbeeinträchtigenden Handlung verpflichtet worden war. In dem zugrundeliegenden Sachverhalt hatte die Polizeiverwaltung dem Vorstand einer Kirchengemeinde aufgegeben, die Außentreppe eines als Schule genutzten Gebäudes mit einem Geländer versehen zu lassen *oder* anderweitige Vorkehrungen zu treffen, um eine Gefährdung der Schulkinder auszuschließen.

---

56 PrOVGE 38, 362 (367).
57 Vgl. dazu noch unten, S. 306ff.
58 PrOVGE 38, 362 (367f.).
59 PrOVGE 38, 362 (368).
60 PrOVGE 38, 362 (368).

Gegen diese Verfügung wendete sich ein Nachbar, in dessen Grundstück die fünfstufige Treppe hineinragte. Das Gericht sah sich deshalb vor die Frage gestellt, ob der Zulässigkeit der Klage entgegenstand, daß die Polizeibehörde der Kirchengemeinde durch die »alternative Verfügung« die Wahl zwischen der Aufstellung eines Geländers und damit einem (möglichen) Eingriff in Rechte des Klägers oder anderen Maßnahmen zur Beseitigung der Gefahrensituation gelassen hatte. Dies wurde mit der Erwägung verneint, die Wahlmöglichkeit sei »nur zu Gunsten der katholischen Kirchengemeinde hinzugefügt, ihr allein blieb die Wahl überlassen, der Kläger hatte keinerlei Einfluß darauf; stellte die katholische Kirchengemeinde das Geländer auf, machte sie also nach dieser Richtung von ihrem Wahlrechte Gebrauch, wie es thatsächlich nachher geschehen ist, so war dadurch die polizeiliche Auflage erledigt«.[61] Der Kläger sei daher berechtigt, »sich für beschwert zu erachten, wenn auch nur die eine der beiden zur Wahl gestellten Anforderungen in seine Rechte eingreift«.[62]

Darüber hinaus war der Klage auch im übrigen Erfolg beschieden, wobei sich das Gericht zur Begründung auf Erwägungen stützt, die auf die Erforderlichkeit und damit Verhältnismäßigkeit der angegriffenen Verfügung zielen: Zwar sei die Polizeibehörde wegen der Gefahren für die Schulkinder »an sich« berechtigt, ohne Rücksicht auf privatrechtliche Verhältnisse die Herstellung eines »polizeimäßigen« Zustandes zu verlangen. Könne dies nur durch Anbringung eines Geländers geschehen, so müsse der Kläger einen darin liegenden Eingriff in seine Privatrechte dulden, er habe allenfalls Anspruch auf eine Entschädigung.[63] Es sei aber nicht Aufgabe der Polizei, »ohne dringende Noth in privatrechtliche Streitigkeiten einzugreifen«. Weil der Kläger und die Kirchengemeinde bekanntermaßen seit längerer Zeit darüber stritten, ob die Gemeinde ein Geländer an der Treppe anbringen dürfe, sei die Polizei verpflichtet gewesen, »ihr Vorgehen so einzurichten, daß sie der vorhandenen Gefahr auf eine Weise Abhülfe verschaffte, mit der sie möglichst wenig in die bestehenden Privatrechtsstreitigkeiten eingriff«, beispielsweise durch ein Verbot der Treppenbenutzung.[64]

Ebenfalls in Zusammenhang mit der Frage nach der Rechtserheblichkeit von Drittbeeinträchtigungen zu nennen ist eine Entscheidung des preußischen OVG vom 13. Februar 1901, in der sich auch der Dritte Senat mit dem selbständigen Klagerecht von Dritten befaßte, die ihre wirtschaftlichen (Vermögens-) Interessen durch Auswirkungen von Verbotsverfügungen beeinträchtigt sehen. Die Gelegenheit hierzu ergab sich aufgrund einer Verfügung, durch die einem Gastwirt aufgegeben worden war, seine Gaststätte an einem bestimmten Tage statt um 1 Uhr nachts bereits um 10 Uhr abends zu schließen, nachdem eine unbekannt gebliebene Person dazu aufgerufen hatte, in der Gaststätte eine Versammlung mit

[61] PrOVGE 38, 447 (451f.).
[62] PrOVGE 38, 447 (452).
[63] PrOVGE 38, 447 (452f.).
[64] PrOVGE 38, 447 (453).

offenbar sozialdemokratischer Tendenz und unter Beteiligung von Frauen abzuhalten. Diese Verfügung wurde sowohl von dem Gastwirt als auch von einer Aktiengesellschaft angegriffen, die sich in ihrer Eigenschaft als Eigentümerin der Gaststättenräume und Lieferantin des dort ausgeschenkten Bieres gegen die behördlich angeordnete Verkürzung der Öffnungszeit wendete. Anders als im Falle des Gastwirts, auf dessen Klage der Senat die angegriffene Verfügung mit erfrischend deutlichen Worten aufhob,[65] wurde die Zulässigkeit der Revision der Aktiengesellschaft mit wenigen Sätzen verneint: Der Senat führt aus, »die Rechtsmittel zur Anfechtung einer polizeilichen Verfügung« stünden zwar auch einem Dritten zu, dessen Rechte durch die Ausführung der Verfügung verletzt werden würden. Dies gelte aber »nur für eine Rechtsverletzung, deren Abwehr selbständig und unabhängig von dem Verhalten desjenigen, an den sich die Verfügung richtet, gegenüber der Polizeibehörde betrieben werden kann«.[66] Das Interesse der Gesellschaft am Betrieb der Gaststätte könne »gegenüber der Polizeibehörde augenscheinlich dann nicht geltend gemacht werden, wenn der Schankwirth mit der Anordnung einverstanden gewesen wäre«, weil dieses Interesse »eben Rechte der Gesellschaft gegenüber der Polizeibehörde auf die Art der Regelung der Polizeistunde für den Schankwirth nicht zu begründen vermag«.[67]

Diese Ausführungen sind freilich etwas verwirrend, denn die Beeinträchtigung eines Dritten resultiert bei adressatbelastendem Verwaltungshandeln *stets* daraus, daß der Verfügungsadressat sich entsprechend dem Verfügungsinhalt verhält. Von einem eigenen Abwehrrecht des Dritten kann deshalb überhaupt nur dann gesprochen werden, wenn diesem eine Rechtsposition eingeräumt ist, die selbständig und unabhängig vom Willen des Verfügungsadressaten geltend gemacht werden kann. Der Hinweis des Gerichts auf das Erfordernis einer solchen Abwehrmöglichkeit enthält deshalb in der Sache nur die Feststellung, daß es einer abwehrfähigen (Rechts-) Position bedarf, damit die Geltendmachung einer Rechtsverletzung möglich ist. Dies versteht sich jedoch von selbst und beweist nichts, denn die Frage ist gerade, ob eine abwehrfähige Rechtsposition existiert. Es mündet deshalb in einen Zirkelschluß, wenn das Gericht ausführt, das Interesse der Gaststätteneigentümerin und Bierlieferantin am Betrieb der Gaststätte sei nicht geschützt, weil es nicht selbständig geltend gemacht werden könne. Dessen ungeachtet liegt diesem Ergebnis aber die erkennbare und in Übereinstimmung mit der kurz zuvor ergangenen »Koloniekonsens-Entscheidung« des Vierten Senats stehende Annahme zugrunde, daß ein mittelbar-wirtschaftliches Interesse eines Dritten am Nichterlaß eines Verbots nicht gerichtlich geltend gemacht werden kann.

---

[65] PrOVGE 39, 292 (294f.); zur Zulässigkeit einer allgemeinen Ausnahme von einer Sperrstundenverlängerung für den Fall der Durchführung öffentlicher Versammlungen vgl. auch PrOVGE 32, 391 (393ff.).

[66] PrOVGE 39, 292 (295f.).

[67] PrOVGE 39, 292 (296).

Auch im übrigen hat sich die Rechtsprechung des preußischen OVG zur Rechtserheblichkeit von Drittbeeinträchtigungen in der Folgezeit an der Unterscheidung zwischen Rechten und (Vermögens-) Interessen orientiert. So ist die Möglichkeit einer Rechtsverletzung nicht näher problematisiert worden, als ein Bürger eine von ihm ersessene »Wasserschöpfgerechtigkeit« gegen eine polizeiliche Verfügung ins Feld führte, durch die dem Provinzialverband der Provinz Westfalen die Beseitigung einer alten Pumpe aufgegeben worden war. In seinem die Klage als verfristet abweisenden Urteil vom 3. November 1904 führt der Vierte Senat zur grundsätzlichen Zulässigkeit des Rechtsbehelfs lediglich aus, es sei davon auszugehen, daß eine polizeiliche Verfügung auch von einem Dritten angefochten werden könne, in dessen Rechte sie (unmittelbar) eingreife,[68] wobei das Wort »unmittelbar« lediglich im Leitsatz, nicht aber in den Entscheidungsgründen Verwendung fand.

Als im Grundsatz ohne weiteres möglich angesehen wurde vom Ersten Senat in einer Entscheidung aus dem gleichen Jahr ferner die Klage eines Dritten gegen ein Versammlungsverbot. Allerdings wies der zugrundeliegende Sachverhalt die Besonderheit auf, daß der Kläger geltend machte, die Personen, die die Versammlung angemeldet hatten und denen gegenüber das Verbot ausgesprochen worden war, hätten bei der Anmeldung in seinem Auftrag gehandelt. Das Gericht nimmt dies zum Anlaß zu betonen, daß jedem Preußen das (Grund-) Recht zustehe, sich ohne vorgängige obrigkeitliche Erlaubnis friedlich und ohne Waffen in geschlossenen Räumen zu versammeln (Art. 29 Abs. 1 PrVU) und ein solche Versammlungsrecht deshalb nicht erst mit der Anmeldung für die anmeldenden Personen begründet wird.[69] Sodann heißt es weiter, nach »dem in der Rechtsprechung des Gerichtshofs anerkannten Grundsatze, daß nicht bloß demjenigen, an den die polizeiliche Verfügung sich richtet, ihre Anfechtung zusteht, sondern daß dazu jeder befugt ist, dessen Rechte im Falle ihrer Ausführung verletzt werden würden, muß bei der vorherigen Untersagung einer angemeldeten Versammlung das Klagerecht jedenfalls deren Unternehmer gewährt werden«. Ob dieser selbst die Anmeldung bewirkt hatte, erachtete das Gericht damit als unerheblich; ob der Kreis der Klageberechtigten noch weiter und damit auch auf (potentielle) Teilnehmer auszudehnen sei, blieb ausdrücklich offen.[70]

Ein weiteres Beispiel für die Beeinträchtigung eines »nur« mittelbar-wirtschaftlichen Interesses bildet demgegenüber eine Entscheidung wiederum des Vierten Senats aus dem Jahre 1906, die interessanterweise ein Handlungsgebot betraf: In dem zugrundeliegenden Sachverhalt war einer Stadtgemeinde aufgege-

---

[68] PrOVGE 46, 404 (405).

[69] PrOVGE 49, 433 (434).

[70] PrOVGE 49, 433 (435); demgegenüber hat PrOVGE 32, 391 (395) angenommen, daß in das Recht von Versammlungsteilnehmern zur »Ausübung des Versammlungsrechts« eingegriffen werde, wenn einem Gastwirt die Befreiung von der Polizeistunde für den Fall der Durchführung öffentlicher Versammlungen in seinem Lokal verweigert wird.

ben worden, ein Haus zumindest teilweise abzureißen und die dadurch gewonnenen Flächen für den öffentlichen Verkehr bereitzustellen. Hiergegen wendete sich eine Bahngesellschaft, die sich gegenüber der Stadtgemeinde vertraglich verpflichtet hatte, für diesen Fall die Hälfte der Abrißkosten zu tragen. Der Senat verneinte jedoch, »daß das vorhandene privatrechtliche Interesse der Klägerin diese zur Anstrengung der Klage legitimiere«.[71] Zwar habe das OVG in ständiger Rechtsprechung anerkannt, daß zur Einlegung von Rechtsmitteln gegen polizeiliche Verfügungen auch jeder Dritte befugt sei, in dessen Rechte die Verfügung unmittelbar eingreife. Voraussetzung für die Aktivlegitimation des Dritten sei aber, »daß die zu bekämpfende Anordnung ihn unmittelbar in seinen Rechten verletzt; es genügt nicht, wenn sie den Kreis seiner Interessen nur in der Weise berührt, daß ihm aus ihrer Durchführung möglicherweise ein Vermögensnachteil erwachsen kann«.[72] Anders als in dem Sachverhalt, der der »Pferdebahn-Entscheidung« vom 29. Dezember 1883 zugrunde lag, sei im vorliegenden Fall »aber weder ein Gebot noch ein Verbot ergangen, welches in die Rechte der Klägerin eingreift«. Der geforderte Abriß des Hauses lasse den Straßenkörper völlig unberührt und habe mit dem Betrieb der Bahn nichts zu tun.[73]

Diese Entscheidung macht zugleich deutlich, daß im Falle schuldrechtlicher Beziehungen zwischen Adressat und Drittem auch durch Handlungsgebote auf Vermögensinteressen des Dritten eingewirkt werden kann. Eine solche Einwirkung auf Belange des Dritten vermochte nach Auffassung des preußischen OVG als Beeinträchtigung eines nur mittelbar-wirtschaftlichen Interesses kein selbständiges Klagerecht des Dritten auszulösen. Ohne Erfolg geblieben ist deshalb auch die Klage zweier Verkäufer eines Hauses, die sich Schadensersatzansprüchen ihres Käufers ausgesetzt sahen, nachdem diesem die Benutzung bestimmter Räume des erworbenen Hauses durch die von den Klägern angegriffene polizeiliche Verfügung verboten worden war. Im Anschluß an Ausführungen des Vierten Senats in der erwähnten »Koloniekonsens«-Entscheidung aus dem Jahre 1900 schließt sich der Achte Senat des preußischen OVG mit Urteil vom 10. Mai 1907 der Auffassung an, daß zur Einlegung eines Rechtsmittels gegen polizeiliche Verfügungen auch derjenige Dritte befugt sei, »dessen Rechtssphäre durch die Verfügung *unmittelbar* berührt werde«. Die Rechtsmittel gegen polizeiliche Verfügungen seien dritten Personen »also ... nur im Falle eines unmittelbaren Eingriffs in ihre Vermögensrechte gegeben. Ein mittelbares finanzielles Interesse genügt nicht«. Zur Begründung greift der Senat auf eine ebenfalls aus der »Koloniekonsens-Entscheidung« herrührende Erwägung zurück, die offenbar als *argumentum ad absurdum* gedacht war: »Wollte man das Gegenteil annehmen, so würde man beispielsweise dazu gelangen müssen, den Hypothekengläubiger zur Einle-

[71] PrOVGE 48, 245 (246f.).
[72] PrOVGE 48, 245 (247).
[73] PrOVGE 48, 245 (247).

gung von Rechtsmitteln gegen eine polizeiliche Verfügung für legitimiert zu erachten, welche dem Eigentümer des verpfändeten Grundstücks Beschränkungen auferlegt und dadurch dessen Wert mindert«. Wenn daher ein Grundstückseigentümer aus einer polizeilichen Verfügung einen Entschädigungsanspruch gegen die früheren Grundstückseigentümer ableite, so handele es sich für »diese lediglich um ein *mittelbares* finanzielles Interesse«, das nicht ausreiche, die »Verfügung zur Nachprüfung der Beschwerdeinstanzen und des Oberverwaltungsgerichts zu verstellen«.[74]

Ohne Erfolg auf diese Entscheidung berufen hat sich einige Jahre später ein Regierungspräsident, als er Gegenvorstellungen eines Grundstückseigentümers als unzulässig zurückwies, die dieser dagegen erhob, daß einer Obsthändlerin aufgegeben worden war, ihren auf dem Grundstück stehenden Obststand innerhalb des Grundstücks zu verlegen. Der Grundstückseigentümer machte geltend, er habe der Obsthändlerin die Benutzung des bislang als Stellfläche für den Obststand genutzten Grundstücksteils, bei dem es sich um sein freies Eigentum und nicht um einen öffentlichen Weg handele, gegen Entgelt gestattet. Ihm wurde entgegengehalten, als nur mittelbar an der Angelegenheit Beteiligter könne er kein Rechtsmittel einlegen.[75] Dem trat der Vierte Senat mit Urteil vom 26. Juni 1913 entgegen: In der Rechtsprechung des OVG sei »allgemein anerkannt, daß zur Einlegung von Rechtsmitteln gegen eine polizeiliche Verfügung nicht nur derjenige befugt ist, an welchen die Verfügung sich unmittelbar wendet, sondern auch ein Dritter, in dessen Rechte durch sie eingegriffen wird«. Auf dieser Grundlage bewege sich auch die Entscheidung vom 10. Mai 1907, in der nur weiter zum Ausdruck gebracht werde, »daß das von dem Dritten vertretene Interesse kein lediglich mittelbares, finanzielles sein dürfe«. Im zu entscheidenden Fall liege demgegenüber »ein Eingriff in das dem Kläger als Grundstückseigentümer zustehende Nutzungs- und Verfügungsrecht an seinem Grundstücke« vor.[76]

Wegen fehlender »Unmittelbarkeit« der Beeinträchtigung erfolglos geblieben ist hingegen im Jahre 1928 die Klage eines Gastwirts, der befürchtete, infolge der Sperrung eines Weges einen Umsatzrückgang zu erleiden. Der Vierte Senat, der mit dem Vorbringen des Klägers nur ein »mittelbar betroffenes Vermögensinteresse« als geltend gemacht ansah, faßte die Rechtsprechung des preußischen OVG nunmehr wie folgt zusammen: »Nach feststehender Rechtsprechung könnte der Kläger, als ein von der Anordnung nicht betroffener Dritter, ein Beschwerderecht mit nachfolgender Klage nur im Falle eines unmittelbaren Eingriffs in seine Vermögensrechte ausüben. Ein mittelbares Vermögensinteresse, dessen Beeinträchti-

[74] PrOVG, PrVerwBl. 29 (1907/08), S. 1033, Hervorhebung (Sperrung) im Original; ebenso hat auch das Sächs. OVG, Jahrb. 1, 112 (114f.), in einem ähnlich gelagerten Sachverhalt die Klage des Verkäufers eines Hausgrundstücks zurückgewiesen, der zum Zwecke der Abwehr eines Minderungsbegehrens den Erlaß einer polizeilichen Verfügung begehrte.

[75] Vgl. PrOVGE 65, 288 (290).

[76] PrOVGE 65, 288 (291).

gung mit einer polizeilichen Verfügung in irgendwelchen ursächlichen Zusammenhang gebracht werden kann, genügt hierzu nicht.«[77] Mit ähnlichen Erwägungen für unzulässig erachtet wurde im Jahre 1934 die Klage der Verpächterin einer Molkerei gegen eine Verfügung, mit der dem Molkereipächter unter gleichzeitigem Widerruf seiner Zulassung zum Milchhandel die Fortführung des Betriebs untersagt wurde. Wie schon mehr als 30 Jahre zuvor in der Entscheidung zu dem strukturell gleichgelagerten Fall der Klage einer Gaststättenverpächterin gegen die behördlich verfügte Verkürzung der Öffnungszeit einer Gaststätte ließ der Dritte Senat auch unter Geltung von §45 PrPolVerwG nicht ausreichen, daß wirtschaftliche Interessen der Verpächterin in Mitleidenschaft gezogen wurden, weil die »aus dem Pachtverhältnis und aus dem Eigentum fließenden Rechtsansprüche« der Verpächterin durch die behördlich angeordnete Betriebsschließung nicht berührt würden.[78] »Lediglich finanzielle Rückschläge aber, die sie zu erwarten hatte, weil der Pächter den Betrieb nicht weiterführen konnte, bedeuteten keinen unmittelbaren Eingriff in ihre Rechte.«[79] Demgegenüber hatte der Dritte Senat einige Jahre zuvor die Möglichkeit eines Rechtsbehelfs des Arbeitgebers gegen die Ausweisung eines Arbeitnehmers aus Anlaß eines Rechtsstreits über die Heranziehung des Arbeitgebers zu den Kosten des Vollzugs der Ausweisungsverfügung *en passant* bejaht: Der Arbeitgeber hätte die Ausweisungsverfügung insoweit als Betroffener anfechten können, als ihm die Arbeitskraft des Ausgewiesenen entzogen werde.[80]

2. Kriterien der Zulässigkeit von Rechtsbehelfen Drittbetroffener

Damit kann festgehalten werden, daß das preußische OVG eine Anfechtung adressatbelastender Verwaltungsakte auch durch Dritte von Anfang an und in ständiger Rechtsprechung für grundsätzlich möglich hielt.[81] Allerdings ist der Kreis der Anfechtungsberechtigten vom preußischen OVG im Laufe der Zeit insofern eingeschränkt worden, als eine unmittelbare Rechtsverletzung gefordert wurde und ein nur mittelbares finanzielles Interesse des Dritten an der Aufhebung einer angefochtenen Verfügung nicht ausreichte. An diese Differenzierung

---

[77] PrOVG, PrVerwBl. 49 (1927/28), S. 1023.
[78] PrOVGE 95, 111 (117f.).
[79] PrOVGE 95, 111 (117).
[80] PrOVG, PrVerwBl. 52 (1931), S. 393.
[81] Diese Position ist auch im Schrifttum auf Zustimmung gestoßen: So hebt *O. Mayer*, Deutsches Verwaltungsrecht, Erster Band, S. 127 (in Fn. 9), unter Bezugnahme auf die Judikatur des preußischen OVG hervor, das Anzufechtende brauche nicht die Gestalt eines Befehls an den Beschwerdeführer zu haben; es genüge, daß es in irgendeiner Weise gegen sein Recht und seine Freiheit gerichtet sei. Desgleichen betont auch *W. Jellinek*, Verwaltungsrecht, S. 295, mit Blick auf diese Rechtsprechung, daß eine adressatbelastende Verfügung auch in Rechte Dritter eingreifen könne und dann auch den mittelbar Getroffenen zur Anfechtung berechtige; ähnl. *G. Anschütz*, Verfassungsurkunde, Art. 5 Anm. 3 (S. 135).

hat auch der Gesetzgeber angeknüpft und im Jahre 1931 in § 45 PrPolVerwG das Recht zur Beschwerde gegen polizeiliche Verfügungen davon abhängig gemacht, daß die Verfügung in Rechte des Beschwerdeführers »unmittelbar eingreift«, ohne das Beschwerderecht auf den Maßnahmeadressaten zu beschränken. Vielmehr konnte die Beschwerde auch von einem Dritten erhoben werden, wie sich daran ablesen läßt, daß die Beschwerdefrist von zwei Wochen nicht nur durch Zustellung oder Zugang in Lauf gesetzt wurde, sondern von einem Beschwerdeführer auch dann gewahrt werden mußte, wenn die Verfügung anderweitig »zu seiner Kenntnis gekommen« war.

Wie bei der Anknüpfung an den flexibel einsetzbaren »Blankettbegriff« der »Unmittelbarkeit« nicht anders zu erwarten, ist der exakte Verlauf der vom preußischen OVG in seiner Rechtsprechung zu §§ 127ff. des Landesverwaltungsgesetzes (LVG) von 1883[82] entwickelten und vom Gesetzgeber in § 45 PrPolVerwG in Bezug genommenen Grenze zwischen unmittelbarer Beeinträchtigung eines Rechts und mittelbarer Beeinträchtigung eines (finanziellen) Interesses auch angesichts einer nicht immer geradlinig argumentierenden Rechtsprechung nicht leicht zu bestimmen. Das Schrifttum hatte daher gelegentlich Schwierigkeiten, diese Grenze in handhabbarer Form allgemeingültig zu beschreiben. So führten beispielsweise *G. Lassar* und *B. Drews* unter Beifügung zahlreicher Hinweise auf die Rechtsprechung aus, zur Beschwerde gem. § 45 PrPolVerwG sei ein Dritter berechtigt, wenn dessen Rechtssphäre durch eine Polizeiverfügung »unmittelbar beeinträchtigt« werde, wofür »Reflexwirkungen« nicht ausreichten. Diese Feststellung wurde im Anschluß an eine vom preußischen OVG gelegentlich benutzte Wendung[83] noch um den Satz ergänzt, ein unmittelbarer Eingriff sei nicht unter allen Umständen jede Beeinträchtigung der Vermögensinteressen eines Dritten, die mit einer Polizeiverfügung in irgendeinen ursächlichen Zusammenhang gebracht werden könne.[84] In ähnlicher Form äußerte sich auch *F. Fleiner*, der unter Bezugnahme auf die »Koloniekonsens-Entscheidung« des preußischen OVG aus dem Jahre 1900 feststellte, zur Erhebung einer Beschwerde gegen eine Verfügung« sei »nur *der* Bürger legitimiert, in dessen individuelle Rechte oder rechtlich anerkannte Interessen die Verfügung unmittelbar eingegriffen hat«. Das Recht zur Beschwerdeführung besitze infolgedessen nicht, wer »bloß von den mittelbaren Wirkungen einer Verfügung eine Schädigung seiner ökonomischen Lage befürchtet«.[85]

Bei näherer Betrachtung der vorstehend skizzierten Rechtsprechung wird indes rasch deutlich, daß das Merkmal der »Unmittelbarkeit« durchaus wörtlich genommen werden darf: Da die rechtliche Relevanz einer Einwirkung auf Dritte

---

[82] Gesetz über die allgemeine Landesverwaltung vom 30.07. 1883, GS, S. 195ff.

[83] Vgl. PrOVGE 38, 376 (378f.); PrOVG, PrVerwBl. 49 (1927/28), S. 1023.

[84] *G. Lassar/B. Drews*, in: M. v. Brauchitsch/B. Drews/G. Lassar, Verwaltungsgesetze für Preußen, Bd. II 1, § 45 Anm. 2 (S. 108).

[85] *F. Fleiner*, Institutionen, S. 232, Hervorhebung (Sperrung) im Original.

in Rede steht, kann die Annahme von »Unmittelbarkeit« nicht allein dadurch gehindert werden, daß zwischen den fraglichen Staatsakt und die Beeinträchtigung des Dritten eine Handlung des Maßnahmeadressaten tritt.[86] Vielmehr ist die Frage, ob die staatlich veranlaßte Handlung des Adressaten den Dritten »unmittelbar« zu beeinträchtigen vermag. Insoweit wird in der Rechtsprechung des preußischen OVG über weite Strecken der gemeinsame Grundgedanke sichtbar, daß eine rechtserhebliche Einwirkung auf Dritte in derartigen Fällen nur vorliegt, wenn die Beeinträchtigung des Dritten in dem betreffenden Staatsakt selbst enthalten ist oder zumindest ohne weiteres aus dessen Befolgung durch den Adressaten resultiert, ohne daß es noch weiterer, den »Beeinträchtigungserfolg« vermittelnder Zwischenschritte bedarf.

Deutlich zutage tritt diese Sichtweise bereits in der zweiten Entscheidung des preußischen OVG zum Drittschutz bei adressatbelastendem Staatshandeln, in der das Gericht zur Begründung der Zulässigkeit einer Klage Dritter die Gesetzesmaterialien zu dem späteren §30 des Zuständigkeitsgesetzes vom 26. Juli 1876[87] mit den Worten zitiert: »Wird Jemandem eine persönliche oder vermögensrechtliche Einschränkung auferlegt, so steht ihm die Beschwerde zu, gleichviel, ob die Verfügung unmittelbar an ihn selbst oder ob sie an einen Dritten ergangen ist, und der Nachtheil für den Beschwerdeführer in dem Verhalten besteht, welches die Verfügung dem Dritten gegen ihn auferlegt«.[88]

Von diesen Grundsätzen hat sich das Gericht in der Sache auch weitgehend leiten lassen, wie der Blick auf die Rechtsprechung gezeigt hat: So resultiert in den »Trunkenbold-Fällen« die Beeinträchtigung des Klägers – sieht man von der Relevanz des Verfügungsinhalts für dessen Ehre ab – ohne weiteren Zwischenschritt aus der Beachtung des Verbots des Branntweinausschanks durch die Verfügungsadressaten. Desgleichen beseitigt die Demontage einer Pumpe[89] die Möglichkeit ihrer Benutzung, verliert ein Arbeitgeber schon durch die Beachtung oder den zwangsweisen Vollzug einer Ausweisungsverfügung die Arbeitskraft des Arbeitnehmers,[90] enthält ferner das Verbot einer Versammlung[91] eine Beeinträchtigung des Veranstalters. Ebenso bedurfte es im Falle der auf Veränderung eines Wasserlaufs gerichteten Verfügung[92] neben der Befolgung dieses Gebots keiner weiteren (menschlichen) Handlung, um die Überflutung der Wiesen der Kläger zu bewirken. Auf Basis der genannten Prämisse ist es daher folgerichtig, wenn das preußi-

---

[86] Demgegenüber will *P. Preu*, Genese, S. 53 (mit Fn. 20), die restriktive Haltung des PrOVG zum Rechtsschutz Dritter bei Begünstigungen des Adressaten (vgl. dazu noch unten, S. 306ff.) offenbar auch mit der fehlenden »Unmittelbarkeit« der Beeinträchtigung des Dritten erklären.

[87] GS, S. 297ff.

[88] PrOVGE 3, 217 (223); vgl. auch PrOVGE 10, 198 (199f.).

[89] Vgl. oben, S. 33.

[90] Vgl. oben, S. 36.

[91] Vgl. oben, S. 33.

[92] Vgl. oben, S. 25.

sche OVG in diesen Fällen die Befugnis des Dritten zur Einlegung eines Rechtsbehelfs bejahte.

Kommt es danach nur auf das Vorliegen einer »unmittelbaren« Beeinträchtigung an, so liegt zugleich nahe, das Fehlen eines Zwangs gerade zu der »unmittelbar« beeinträchtigenden Handlung für unerheblich zu halten, sofern die Beeinträchtigung nur auf staatlicher Veranlassung beruht. Von daher kann nicht überraschen, daß das preußische OVG der Beeinträchtigung des Nachbarn durch die polizeilich veranlaßte Aufstellung eines Treppengeländers trotz des Fehlens einer Pflicht des Adressaten gerade zu dieser Handlung ebenso rechtliche Relevanz zugemessen hat,[93] wie der ebenfalls behördlich verursachten aber nicht auf einer verpflichtenden Verfügung beruhenden Verweigerung der Schadensregulierung durch eine Versicherung.[94] Entscheidend war, daß der Maßnahmeadressat sich zu seiner Handlung durch den jeweiligen Staatsakt *tatsächlich* hatte motivieren lassen, die staatliche Maßnahme also kausal für die »unmittelbare« Beeinträchtigung des Dritten geworden war.[95]

Demgegenüber ist die Einwirkung auf ein nur wirtschaftlich-finanzielles Interesse Dritter typischerweise gerade dadurch gekennzeichnet, daß die Beeinträchtigung der Vermögensinteressen des Dritten nicht schon in der Beachtung einer – regelmäßig verbietenden – Verfügung seitens des Adressaten liegt, sondern erst durch das Hinzutreten weiterer Umstände vermittelt wird. Wegen fehlender Unmittelbarkeit der Beeinträchtigung verneinen ließ sich deshalb die Befugnis eines Gastwirts zur Anfechtung der Sperrung eines Weges, denn den Gastwirt traf nicht schon die Beachtung der Sperrung durch Dritte, sondern erst der durch das Ausbleiben der Kunden vermittelte Umsatzrückgang. Ähnliche Erwägungen mögen ferner den Dritten Senat des preußischen OVG bewogen haben, die Zulässigkeit der Klage eines Bierlieferanten gegen eine Sperrstundenverkürzung zu verneinen,[96] wenngleich die Entscheidungsgründe dies nur unvollkommen zum Ausdruck bringen. Demgegenüber wird die Entscheidung des Dritten Senats zu dem verwandten Fall der Klage eines Molkereiverpächters gegen den Widerruf des Zulassung des Pächters zum Milchhandel wieder deutlich von einer solchen Sichtweise getragen.[97] Zu Recht nicht auf eine fehlende Unmittelbarkeit berufen konnte sich andererseits der Regierungspräsident im Falle der polizeilich angeordneten Verlegung eines Obststandes,[98] da diese Anordnung schon nach ihrem

---

[93] Vgl. oben, S. 30f.

[94] Vgl. oben, S. 26.

[95] Demgegenüber läßt PrOVGE 14, 378 (383), ausdrücklich offen, ob ein Dritter zur Einlegung von Rechtsbehelfen befugt ist, wenn die Behörde die Drittbeeinträchtigung durch die Verknüpfung einer (Bau-) Genehmigung mit Auflagen verursacht, so daß »also die Entstehung einer Anlage nicht sowohl in der geduldeten freien Entschließung des Unternehmers, als vielmehr in einer positiven Anordnung der Polizei – freilich immer unter der Voraussetzung, daß der Unternehmer überhaupt bauen will – ihren Grund hat«.

[96] Vgl. oben, S. 31f.

[97] Vgl. oben, S. 36.

Inhalt dem Eigentümer die Möglichkeit der freien Entscheidung über die Nutzung seines Eigentums nimmt.

Weitere Beispiele für die Differenzierung zwischen unmittelbarer Beeinträchtigung eines Rechts und mittelbarer Einwirkung auf ein Vermögensinteresse bilden schließlich die »Schienenbahn-Entscheidungen« des preußischen OVG: In diesen Fällen ist zunächst den jeweils drittbetroffenen Städten die Befugnis zur Einlegung eines Rechtsbehelfs zugebilligt worden, weil geltend gemacht werden konnte, daß mit der Errichtung von Bahnanlagen durch die Bahngesellschaften »unmittelbar« auf kommunales Eigentum eingewirkt werden würde.[99] Anders entschieden wurde hingegen, als sich eine Bahngesellschaft dagegen wendete, daß einer Stadtgemeinde der Abriß eines Gebäudes aufgegeben worden war, denn die Befolgung dieser polizeilichen Anordnung brachte lediglich eine schuldrechtliche Forderung der Stadtgemeinde gegen die Gesellschaft zum Entstehen.[100] Die »Unmittelbarkeit« läßt sich in diesem Fall folglich mit der Erwägung verneinen, daß keine Identität zwischen dem Inhalt oder der Ausführung der Anordnung und der Beeinträchtigung der Bahngesellschaft besteht: Zwar ist die Forderung ebenfalls mit dem Vollzug des staatlichen Aktes zur Entstehung gelangt. Unabhängig vom Zeitpunkt der Entstehung dieser Forderung wird die Beeinträchtigung der (Vermögens-) Interessen des Dritten aber letztlich nicht durch die Beeinträchtigung des Maßnahmeadressaten, sondern (erst) die daraus resultierende Forderung bewirkt, wie sich auch an jenem Fall ablesen läßt, in dem die Verkäufer eines Hausgrundstücks das an den Käufer gerichtete Verbot der Benutzung einzelner Räume in dem erworbenen Haus angefochten hatten.[101] Auch dieser Sachverhalt bildet zunächst ein Beispiel für eine Einwirkung auf (Vermögens-) Interessen eines Dritten, die auf vorgefundenen vertraglichen Beziehungen zwischen Adressat und Drittem beruhen. Die Einwirkung auf die Verkäufer des Hauses resultiert in diesem Fall aber nicht aus der Beachtung der Verfügung durch den Maßnahmeadressaten. Sie wird vielmehr allein dadurch vermittelt, daß der Inhalt der Verfügung (ausschließlich) den neuen Hauseigentümer beeinträchtigt und dies einen Schadensersatzanspruch gegen die Dritten auszulösen vermag.

Insgesamt erweist sich damit, daß eine Beeinträchtigung von Vermögensinteressen mit dem Merkmal der »Unmittelbarkeit« insofern auf das Engste verknüpft ist, als Freiheit und Eigentum eines Dritten schon durch die Beachtung einer Verfügung seitens des Maßnahmeadressaten beeinträchtigt werden können, während es bei der Einwirkung auf ein finanzielles Interesse regelmäßig des Hinzutretens weiterer Umstände – wie den Nichtabschluß eines Vertrages oder der Entstehung einer Forderung – bedarf. Ersichtlich hat sich das preußische OVG durch diesen Zusammenhang bewegen lassen, die Grenzlinie zwischen der Beeinträchtigung

---

98 Vgl. oben, S. 35.
99 Vgl. oben, S. 26f. und 30.
100 Vgl. PrOVGE 48, 245 (247).
101 Vgl. oben, S. 34f.

eines »Rechts« und der unerheblichen Einwirkung auf ein rechtlich nicht geschütztes »Interesse« in der Unterscheidung zwischen mittelbaren und unmittelbaren Beeinträchtigungen einzufangen[102] und eine Beeinträchtigung finanzieller (Vermögens-) Interessen als regelmäßig nur mittelbare Beeinträchtigung zu qualifizieren.

Gleichwohl bleibt festzuhalten, daß das preußische OVG schon in der Epoche des Konstitutionalismus die Rechtsbehelfe Drittbetroffener gegen drittbelastende Auswirkungen adressatbelastenden Verwaltungshandelns nicht schon allein wegen des Fehlens der Adressatenstellung für unzulässig hielt und diese Auffassung auch auf grundsätzliche Zustimmung im Schrifttum gestoßen ist.[103] Dies heißt nicht, daß in jener Zeit nicht verschiedentlich unter Zugrundelegung zumindest einzelner Elemente des »traditionellen« Eingriffsbegriffs argumentiert worden wäre. So ist bereits im Falle der ersten »Trunkenbold«-Entscheidung aus dem Jahre 1876 von einigen Beteiligten die vom preußischen OVG gerade nicht für entscheidungserheblich gehaltene Frage erörtert worden, ob die angegriffene Verfügung einen Regelungszweck ausschließlich gegenüber den Gastwirten verfolge oder über Zwecke der Gefahrenabwehr hinaus auch auf den betroffenen Böttchermeister ziele, indem sie seiner »Besserung«[104] diene.[105] Auch hat das preußische OVG in einem anderen Fall das Fehlen der Klagebefugnis in der Sache damit begründet, daß nicht eines der Merkmale des »traditionellen« Eingriffsbegriffs vorliege.[106] Hieraus kann aber nicht der Schluß gezogen werden, daß ein rechtserheblicher Eingriff das kumulative Vorliegen sämtlicher dieser Merkmale voraussetze.

Vor diesem Hintergrund muß sich die Frage stellen, warum auf die so begründete »Drittschutztradition« nicht stärker zurückgegriffen wurde, als nach Inkrafttreten des Grundgesetzes die Klagemöglichkeiten Drittbetroffener auch unter dem Gesichtspunkt des Grundrechtsschutzes zu erörtern waren: Allenfalls klingt in der – freilich nicht geradlinigen – Rechtsprechung des Bundesverfassungsgerichts zur Fallgruppe der »Drittbeeinträchtigungen« insofern eine gewisse Parallelität zu der Argumentation des preußischen OVG an, als beispielsweise in der eingangs erwähnten Entscheidung zur Verfassungsmäßigkeit des LSchlG[107] darauf abgestellt wird, daß die Auswirkungen einer Anordnung allge-

---

[102] Ähnl. *W. Roth*, Eingriffe, S. 21, nach dessen Auffassung das Kriterium der »Unmittelbarkeit« zur Kennzeichnung gerade von Rechtsbeeinträchtigungen diente (und damit letztlich ohne eigenständige Bedeutung ist).

[103] Die Annahme von *A. Bleckmann/R. Eckhoff*, DVBl. 1988, S. 373, daß Verwaltungsakte (u.a.) unter Geltung der WRV »nur von ihren Adressaten angefochten werden konnten«, trifft deshalb nicht zu, wie auch *W. Roth*, Eingriffe, S. 29ff. (mit Fn. 135ff.) zu Recht hervorhebt.

[104] BVerfGE 22, 180 (219f.), hebt aber zu Recht hervor, daß die ausschließliche Verfolgung von »Besserungszwecken« unter dem Grundgesetz kein zulässiges Ziel staatlichen Handelns ist, vgl. hierzu auch *C. Hillgruber*, Schutz, S. 116ff.

[105] Vgl. PrOVGE 1, 327 (328f.).

[106] Vgl. PrOVGE 15, 416 (423).

[107] Vgl. oben, S. 3.

meiner Ladenschlußzeiten auf die allgemeine Handlungsfreiheit der Kunden über eine »bloße Reflexwirkung« hinausgingen und die an die Ladeninhaber gerichtete Norm wie ein unmittelbar an die Kunden gerichteter Gesetzesbefehl wirke, denn dieser Gedankengang läßt sich zur Deckung bringen mit der Unterscheidung zwischen »unmittelbaren« und »mittelbar-reflexiven« Auswirkungen eines Staatsaktes und damit der konkreten Ausgestaltung und praktischen Anwendung des Kriteriums der Unmittelbarkeit in der Rechtsprechung des preußischen OVG. Demgegenüber haben die Verwaltungsgerichte dieser Rechtsprechung nur wenig Beachtung geschenkt, als nach Inkrafttreten des Grundgesetzes die Frage nach den Rechtsschutzmöglichkeiten eines Dritten bei adressatbelastendem Verwaltungshandeln auch aus grundrechtlicher Perspektive zu erörtern war. Dies wiederum mag auch auf die Befürchtung zurückzuführen sein, daß die umfassende Gewährleistung (verwaltungs-) gerichtlichen Rechtsschutzes gegen beliebige staatliche Maßnahmen angesichts einer gestiegenen Bedeutung der staatlichen Grundrechtsbindung die verwaltungsprozessuale Klagebefugnis unbeherrschbar werden lassen könnte, wenn der Umfang des »grundrechtlichen Rechtfertigungszwanges«[108] nicht begrenzt wird. Im Ergebnis hatte dies jedoch zur Folge, daß bei der Gewährung verwaltungsgerichtlichen Rechtsschutzes zugunsten Drittbetroffener von den Verwaltungsgerichten unter Geltung des Grundgesetzes teilweise größere Zurückhaltung geübt worden ist, als dies in früherer Zeit der Fall war. Auch beruhten die – bei näherem Hinsehen nur schwer verständlichen – Schwierigkeiten bei der Begründung einer rechtserheblichen Beeinträchtigung grundrechtlich geschützter Positionen durch staatliche Informationsakte letztlich auf dieser restriktiven Grundhaltung. Obwohl die Gewährung verwaltungsgerichtlichen Rechtsschutzes selbst in der Epoche des Konstitutionalismus nicht von den Merkmalen des »traditionellen« Eingriffsbegriffs abhängig gemacht wurde, bleibt folglich die Frage nach dessen Wurzeln und – damit einhergehend – seiner weiterwirkenden Bedeutung.

---

[108] *J. Isensee*, in: Isensee/Kirchhof (Hrsg.), HbStR, Bd. V, § 111 Rn. 65.

B. Eingriffsbegriff und Grundrechte im Konstitutionalismus

I. *»Eingriff in Freiheit und Eigentum« und Vorbehalt des Gesetzes*

Bei einem Blick auf Gegenstand und Funktion des Eingriffsbegriffs in früherer Zeit wird das Augenmerk insbesondere auf die ebenfalls in der Epoche des Konstitutionalismus wurzelnde Wendung vom »Eingriff in Freiheit und Eigentum«[1] gelenkt, weil mit diesen Bezugspunkten eines »Eingriffs« zugleich die Gegenstände abwehrrechtlichen Grundrechtsschutzes bezeichnet sind. Unter den verfassungsrechtlichen Gegebenheiten des deutschen Konstitutionalismus bestand die praktisch wichtigere Funktion dieser Formel allerdings darin, den gegenständlichen Umfang der Mitwirkungsrechte des Parlaments bei der Normsetzung zu beschreiben. Allerdings war nur in einem Teil der konstitutionellen Verfassungen der deutschen Einzelstaaten vorgesehen, daß Gesetze mit Bedeutung für Freiheit und Eigentum der Staatsbürger einer Mitwirkung des Parlaments bedurften.[2] Vielfach wurde die »Gesetzgebung« zur gemeinsamen Angelegenheit von Staatsoberhaupt und Legislativorganen erklärt. Als paradigmatisch kann die Preußische Verfassungsurkunde vom 31. Januar 1850 gelten.[3] Deren Art. 62 bestimmte, daß die gesetzgebende Gewalt »gemeinschaftlich durch den König und durch zwei Kammern ausgeübt« wird (Abs. 1). Zu jedem Gesetze war die Übereinstimmung des Königs und beider Kammern erforderlich (Abs. 2). In welchen Fällen einer Normsetzungsbefugnis der Krone danach Grenzen gezogen waren, weil bestimmte Gegenstände einem »Vorbehalt des Gesetzes«[4] unterlagen und

---

[1] Zur Verwendung der Begriffe »Freiheit« und »Eigentum« in den Verfassungen der konstitutionellen Epoche vgl. die Zusammenstellung bei *D. Jesch*, Gesetz, S. 123ff.

[2] So (u.a.) in Titel VII §2 der Verfassungsurkunde für das Königreich Bayern v. 26.05. 1818 (Bay. Gesetzblatt 1818, S. 101); §65 der Verfassungsurkunde für das Großherzogtum Baden v. 22.08. 1818 (Staats- u. Regierungsblatt 1818, S. 101); weitere Nachw. bei *G. Anschütz*, in: G. Meyer/G. Anschütz, Lehrbuch, 7. Aufl., Zweiter Teil, S. 656 (in Fn. b).

[3] GS, S. 17.

[4] Nach *O. Mayer*, Deutsches Verwaltungsrecht, Erster Band, S. 69f., kennzeichnet der »Vorbehalt des Gesetzes« den Ausschluß eines selbständigen Vorgehens der Exekutive. Demgegenüber will *U. Ramsauer*, Beeinträchtigungen, S. 91ff., unter Berufung auf *R. Thoma*, in: Anschütz/Thoma (Hrsg.), Handbuch des Deutschen Staatsrechts, 2. Band, S. 221ff., insoweit vom »Gesetzmäßigkeitsprinzip« sprechen und hiervon einen Begriff des Gesetzesvorbehalts unterscheiden, der die Gesamtheit der Rechtssätze beschreibt, »welche bestimmen, daß ein Staatsakt der Gesetzesform bedürfe« (*R. Thoma* ebd., S. 221). Dem wird auch insofern beizupflichten sein, als im Hinblick auf den Gegenstand eines Vorbehalts zwischen einerseits dem Ausschluß eines selbständigen Verordnungsrechts des Landesherrn und andererseits der als »Gesetzmäßigkeitsprinzip« zu bezeichnenden Erforderlichkeit einer gesetzlichen Grundlage für administrative Be-

damit »der Regulierung durch einseitige Akte der Krone sich entziehen«,[5] hing deshalb für die preußische Verfassung – wie auch für vergleichbare andere Verfassungen[6] – maßgeblich vom Begriff des Gesetzes ab. In diesen Fällen ist die Abgrenzung zwischen dem Bereich der Teilhabe des Parlaments an der Normsetzung und dem Bereich des ausschließlichen Verordnungsrechts des Monarchen vielfach unter Rückgriff auf die Formel vom »Eingriff in Freiheit und Eigentum« und damit unter Bezugnahme auch auf grundrechtliche Schutzgüter gezogen worden, was zugleich deutlich macht, daß eine enge »Verflechtung der Grundrechte mit der Abgrenzung der Rechtsetzungskompetenz«[7] besteht, weil es sich jeweils um »rechtliche Erscheinungen der erkämpften Freiheit vom Staat«[8] handelt.[9]

Gleichwohl ist die Absicherung von »Freiheit und Eigentum« der Bürger »gegen willkührliche Eingriffe der Staatsregierung und der Behörden«[10] letztlich nicht über grundrechtliche Gewährleistungen (und dort etwa vorhandene Gesetzesvorbehalte[11]) erfolgt. Besondere Bedeutung für die Reichweite der Gesetzesvorbehalte hat vielmehr eine Auffassung erlangen können, die im Anschluß an die auf *P. Laband* zurückgehende Unterscheidung zwischen Gesetzen im formellen und im materiellen Sinne an einen materiell verstandenen Gesetzesbegriff anknüpfte.[12] Die Erforderlichkeit parlamentarischer Mitwirkung bei der Normset-

lastungen des Bürgers durch Einzelakt unterschieden werden kann, vgl. dazu auch unten, S. 60. Allerdings sind Gesetzmäßigkeitsprinzip und Vorbehaltsprinzip eng miteinander verknüpft, weil sie erst gemeinsam zur Folge hatten, daß beliebige staatliche Eingriffe in »Freiheit und Eigentum« nicht ohne gesetzgeberische Billigung erfolgen konnten. Dem entspricht, daß eine Gegenüberstellung des Erfordernisses gesetzlicher Ermächtigung und der Notwendigkeit gesetzlicher Regelung nicht völlig trennscharf möglich ist, weil der Gesetzgeber der Exekutive auch im »Vorbehaltsbereich« die Ermächtigung zur Ordnung einer Regelungsmaterie durch (Rechts-) Verordnung erteilen konnte, vgl. *G. Anschütz*, Theorien, S. 17, 19; *ders.*, Verfassungsurkunde, Art. 5 Anm. 5 (S. 138); *G. Jellinek*, Gesetz und Verordnung, S. 255, sowie (für die Weimarer Zeit) *R. Thoma*, ebd., S. 227 und *E. Jacobi*, in: Anschütz/Thoma (Hrsg.), Handbuch des Deutschen Staatsrechts, 2. Band, S. 236 (242).

[5] *G. Anschütz*, Theorien, S. 9.

[6] Vgl. z.B. § 88 der Verfassungsurkunde für das Königreich Württemberg v. 25.09.1819 (Staats- und Regierungsblatt 1819, S. 634); Art. 72 der Verfassungsurkunde für das Großherzogtum Hessen v. 17.12.1820 (Hessisches Regierungsblatt 1820, S. 535); § 95 der Verfassungsurkunde für das Kurfürstentum Hessen v. 05.01.1831 (Gesetz- und Verordnungssammlung 1831, S. 1) § 86 der Verfassungsurkunde für das Königreich Sachsen v. 04.09.1831 (Sächsische Gesetzsammlung 1831, S. 241).

[7] *D. Jesch*, Gesetz, S. 125.

[8] *D. Jesch*, Gesetz, S. 125.

[9] Nach *M. Sachs*, in: K. Stern/M. Sachs, Staatsrecht, Bd. III/2, S. 97 m.w.N., wurden denn auch die »abwehrrechtlichen Grundrechtsbestimmungen« und der Gesetzesvorbehalt »konsequenterweise miteinander identifiziert«.

[10] *H. Zoepfl*, Grundsätze des gemeinen deutschen Staatsrechts, Zweiter Teil, S. 19, der »die Organisationen der sog. gemäßigten oder beschränkten Monarchie« als hauptsächlich auf den Schutz dieser Rechte ausgerichtet ansieht.

[11] Vgl. z.B. Art. 5 PrVU.

[12] Nach Auffassung von *R. Thoma*, in: FG O. Mayer, S. 167 (213f.), beruht der materielle Ge-

zung und damit eines förmlichen Gesetzes war danach davon abhängig, daß eine Norm bestimmten qualifizierenden Anforderungen genügte und deshalb zu den »Gesetzen« im materiellen Sinne gezählt werden konnte. *Laband* selbst bezeichnete als »Gesetz« im materiellen Sinne »die rechtsverbindliche Anordnung eines Rechtssatzes«.[13] Jedes Gesetz sollte danach aus zwei Bestandteilen bestehen: Einerseits dem als »Rechtssatz« oder »Rechtsregel« bezeichneten Gesetzesinhalt und andererseits dessen »Ausstattung ... mit rechtsverbindlicher Kraft«, dem Gesetzesbefehl.[14] Diese Differenzierung hat zur Folge, daß das »spezifische Wirken der Staatsgewalt, das Herrschen,« allein in der »Ausstattung eines Rechtssatzes mit verbindlicher Kraft«,[15] nicht aber in der Bestimmung des Gesetzesinhalts erblickt werden kann: »Das Hoheitsrecht des Staates kommt »nicht in der Herstellung des Gesetzesinhaltes, sondern nur in der Sanktion des Gesetzes zur Geltung; die Sanktion allein ist Gesetzgebung im staatsrechtlichen Sinne des Wortes«.[16]

Damit erweist sich die Ablösung der Gültigkeit eines Rechtssatzes vom Begriff des Rechtssatzes als »Kunstgriff«, der es ermöglicht, die Anordnung der Verbindlichkeit einer Rechtsregel zum entscheidenden Akt zu erklären und damit die (unteilbare) Staatsgewalt trotz der Mitwirkung des Parlaments bei der Festlegung des Gesetzesinhalts weiterhin beim Monarchen zu verorten,[17] denn die Ausstattung eines Rechtssatzes mit Gesetzeskraft war im System der konstitutionellen Monarchie vom Landesherrn vorzunehmen: »Der Monarch als der alleinige Träger der ungeteilten und unteilbaren Staatsgewalt ist allein imstande, ein Staatsgesetz zu erlassen, d.h. den *staatlichen Befehl* seiner Befolgung zu erteilen«, womit ihm zugleich die »Freiheit der Willensentschließung, ob er den Befehl erteilen will,« eingeräumt werde.[18] Etwas anderes sollte allein für die Anordnung der Gel-

setzesbegriff (jedenfalls im Hinblick auf die PrVU) allerdings auf einem »Irrtum der vorherrschenden Staatsrechtsliteratur«, der sich gewohnheitsrechtlich durchgesetzt habe; die Entwicklung dieses Gesetzesbegriffs durch *Laband* war nach *Thoma* (ebd., S. 214) daher ein Akt der Rechtsgestaltung.

[13] *P. Laband*, Staatsrecht, Zweiter Band (5. Aufl. 1911), S. 2 (= 1. Aufl. 1878, S. 1).

[14] *P. Laband*, Staatsrecht, Zweiter Band (5. Aufl. 1911), S. 4 (= 1. Aufl. 1878, S. 5).

[15] *P. Laband*, Staatsrecht, Zweiter Band (5. Aufl. 1911), S. 4.

[16] *P. Laband*, Staatsrecht, Zweiter Band (5. Aufl. 1911), S. 6 (= 1. Aufl. 1878, S. 6); vgl. ferner *M. v. Seydel*, Das Staatsrecht des Königreichs Bayern, S. 117f.; *H. Schulze*, Das Preußische Staatsrecht, 2. Band, S. 221.

[17] Vgl. auch *E. W. Böckenförde*, Gesetz, S. 228f.; *C. Starck*, Gesetzesbegriff, S. 89.

[18] *P. Laband*, Staatsrecht, Zweiter Band (5. Aufl. 1911), S. 5 (= 1. Aufl. 1878, S. 6), Hervorhebung (Sperrung) im Original; übereinstimmend *H. Schulze*, Das Preußische Staatsrecht, 2. Band, S. 221; *M. v. Seydel*, Das Staatsrecht des Königreichs Bayern, S. 117f.; einschränkend *G. Meyer*, in: G. Meyer/G. Anschütz, Lehrbuch, 6. Aufl., S. 559f. (mit Fn. 4); vgl. ferner *H. Zoepfl*, Grundsätze des gemeinen deutschen Staatsrechts, Zweiter Teil, S. 371: Durch die landständische Zustimmung werde nur festgestellt, »daß von Seiten der Landesvertretung nichts dagegen einzuwenden ist, wenn die Regierung eine gewiße Anordnung in der Form eines Gesetzes treffen will«; es entbehrt daher nicht der Folgerichtigkeit, wenn *Zoepfl* (ebd., S. 577ff.) das Recht der Gerichte zur Prüfung des Zustandekommens eines Gesetzes darauf beschränkt, ob der Landesherr ein Gesetz in ordnungsgemäßer Weise in Kraft gesetzt hat und eine Rechtsnorm damit existent

tung von Reichsgesetzen gelten, weil nicht der Kaiser »Träger der souveränen Reichsgewalt« sei, sondern »die Gesamtheit der deutschen Staaten, als ideelle Einheit gedacht«, so daß sich auch die »Reichsgewalt« wiederum auf die Landesherren zurückführen ließ.[19] Die Sanktion der Reichsgesetze erfolgte deshalb nach *Laband* durch einen Beschluß des Bundesrates, dessen Mitglieder nur die Werkzeuge seien, »durch welche der Wille der Einzelstaaten und deren Landesherren erklärt wird«.[20]

Für den vorliegenden Zusammenhang von größerem Interesse als die Unterscheidung zwischen Gesetzesinhalt und Gesetzesbefehl ist hingegen, daß eine Regelung nach Auffassung von *P. Laband* über den staatlichen »Binnenbereich« hinausweisen und insofern »Außenwirkung« besitzen mußte, um Rechtssatzcharakter zu besitzen: Weil die Aufgabe des Rechts »in der Abgrenzung der Befugnisse und Pflichten der einzelnen Subjekte gegeneinander«[21] bestehe, setze es notwendig eine »Mehrheit von Willensträgern«[22] und damit das Vorhandensein von außerhalb der normsetzenden Stelle stehenden Rechtssubjekten voraus: »Verhaltensregeln, die ein einzelner sich selbst gibt, können niemals Rechtsvorschriften sein; niemand kann gegen sich selbst einen Rechtsanspruch oder eine Rechtspflicht haben«.[23] Damit im Ausgangspunkt übereinstimmend stellte auch *G. Jellinek* fest, daß ein »Vorgang, der streng innerhalb einer Persönlichkeit bleibt und an sich keine Wirkungen anderen gegenüber äußert«, »niemals ein nach Rechtsnormen zu beurteilender« sein könne.[24]

Geht man aber mit *Laband* davon aus, daß die Staatsgewalt ihrem Wesen nach unteilbar ist,[25] können an staatliche Stellen gerichtete Vorschriften folglich keine »Rechtssätze« sein, selbst wenn sie sich in Gesetzen im formellen Sinne befinden: »Die gesetzgebende Gewalt ist identisch mit der Staatsgewalt und kann demnach nicht in mystischer und transzendentaler Weise über der Staatsgewalt schweben«.[26] Zugleich entsprach für *Laband* der »Gegensatz von Gesetz und Verordnung im materiellen und ursprünglichen Sinne ... vollkommen dem Gegensatz

---

geworden ist; gleichwohl für ein weitergehendes Prüfungsrecht der Gerichte eintretend allerdings *H. Schulze* ebd., S. 241ff.; zur Behandlung des richterlichen Prüfungsrechts im Konstitutionalismus vgl. auch den Überblick bei *J. Ipsen*, Rechtsfolgen, S. 23ff.

[19] *P. Laband*, Staatsrecht, Zweiter Band (5. Aufl. 1911), S. 32 m.w.N. (= 1. Aufl. 1878, S. 32).

[20] *P. Laband*, Staatsrecht, Zweiter Band (5. Aufl. 1911), S. 32f. m.w.N. (= 1. Aufl. 1878, S. 32f.); demgegenüber sah *Laband* in der Ausfertigung eines Gesetzes durch den Kaiser gem. Art. 17 RV 1871 zugleich eine Feststellung des verfassungsmäßigen Zustandekommens des Gesetzes und verneinte demgemäß ein Recht der Richter (und Behörden) zur Prüfung dieser Frage, vgl. ebd., S. 44ff. (= 1. Aufl. 1878, S. 43ff.); ebenso *G. Anschütz*, in: G. Meyer/G. Anschütz, Lehrbuch, 7. Aufl., Dritter Teil, S. 741.

[21] *P. Laband*, Staatsrecht, Zweiter Band (5. Aufl. 1911), S. 181.

[22] *P. Laband*, Staatsrecht, Zweiter Band (5. Aufl. 1911), S. 181.

[23] *P. Laband*, Staatsrecht, Zweiter Band (5. Aufl. 1911), S. 181.

[24] *G. Jellinek*, System, S. 233.

[25] Tendenziell anders *G. Jellinek*, System, S. 233ff.

[26] *P. Laband*, Staatsrecht, Zweiter Band (5. Aufl. 1911), S. 74 (= 1. Aufl. 1878, S. 94).

von *Rechts*vorschrift und *Verwaltungs*vorschrift«,[27] weil eine Verordnung im materiellen Sinne keinen Rechtssatz enthalte.[28] Eine Verordnung, die den Behörden und Beamten ein gewisses Verhalten vorschreibe, werde diesen gegenüber zwar »vollkommen bindend und verpflichtend sein«. Für die »Verwaltung als Ganzes« sei sie aber kein »zwingender Befehl einer *höheren* Macht, sondern ein Ausfluß der *eigenen* Willensbestimmung, sie schafft nicht Recht, sondern bewegt sich innerhalb der vom Recht gesetzten Schranken«.[29] Eine solche Anordnung besitze nicht den Charakter eines Rechtssatzes,[30] denn Regeln, »die sich *innerhalb* der Verwaltung selbst halten, die in keiner Richtung einem außerhalb derselben stehenden Subjekte Beschränkungen auferlegen oder Befugnisse einräumen, ihm nichts gewähren und nichts entziehen, ihm nichts gebieten und nichts verbieten«, seien keine Rechtsvorschriften.[31] »Nur da, wo die Willenssphäre des verwaltenden Staates (der Verwaltung) mit irgend einer anderen vom Recht anerkannten Willenssphäre in Kontakt kommt, wo ein wechselweiser Eingriff, eine Kollision, eine Ausgleichung möglich ist, kann für einen Rechtssatz Raum sein«.[32]

Auf Basis dieser Überlegungen *P. Labands* ist das wesentliche Kennzeichen für einen »Rechtssatz« (das materielle Gesetz), dessen Erlaß gem. Art. 62 der preußischen Verfassungsurkunde – sowie den entsprechenden Bestimmungen anderer Verfassungen – eine Mitwirkung des Parlaments erforderte, daß er Wirkung außerhalb des als impermeabel gedachten Staatssektors (einschließlich des Bereichs der »besonderen Gewaltverhältnisse«[33]) entfaltet. Demgegenüber war »Imperativität« und damit ein »Eingriff« in die (Verhaltens-) Freiheit der Bürger (oder de-

---

[27] *P. Laband*, Staatsrecht, Zweiter Band (5. Aufl. 1911), S. 86f. (= 1. Aufl. 1878, S. 69), Hervorhebung (Sperrung) im Original.

[28] *P. Laband*, Staatsrecht, Zweiter Band (5. Aufl. 1911), S. 86 (= 1. Aufl. 1878, S. 68).

[29] *P. Laband*, Staatsrecht, Zweiter Band (5. Aufl. 1911), S. 86 (= 1. Aufl. 1878, S. 68f.).

[30] *P. Laband*, Staatsrecht, Zweiter Band (5. Aufl. 1911), S. 86 (= 1. Aufl. 1878, S. 68).

[31] *P. Laband*, Staatsrecht, Zweiter Band (5. Aufl. 1911), S. 181, Hervorhebung (Sperrung) im Original.

[32] *P. Laband*, Staatsrecht, Zweiter Band (5. Aufl. 1911), S. 181.

[33] Vgl. *D. Jesch*, Gesetz, S. 15f., 148; *P. Selmer*, JuS 1968, S. 489 (490); zu Recht wies aber schon *R. Thoma*, in: FG O. Mayer, S. 167 (178), darauf hin, daß es eine »Frage konstruktiven Beliebens« sei, »wo das allgemeine Gewaltverhältnis aufhören und ein besonderes anfangen soll«. So ließe sich begrifflich auch durch »Polizeiverordnungen« ein besonderes Gewaltverhältnis begründen, weil »man die Polizeigewalt auch konstruieren kann als bloße Vollziehung eines zu Recht bestehenden, objektiven polizeilichen Pflichtenkreises«. Dies macht deutlich, daß eine Unterscheidung von Rechtspflichten im allgemeinen und im besonderen Gewaltverhältnis letztlich nicht durchführbar ist. Wird nämlich von der Existenz eines allgemeinen Gewaltverhältnisses ausgegangen, so bewirkt jede Begründung einer öffentlich-rechtlichen Pflicht die Konkretisierung einer latent vorhandenen »Pflichtigkeit« und damit das Umschlagen in ein »besonderes Gewaltverhältnis« im Sinne der Definition von *O. Mayer*, Deutsches Verwaltungsrecht, Erster Band, S. 101f., also »die verschärfte Abhängigkeit, welche zugunsten eines bestimmten Zweckes öffentlicher Verwaltung begründet wird für alle Einzelnen, die in den vorgesehenen besonderen Zusammenhang treten«. Schon diese Konsequenz steht aber der Annahme eines »allgemeinen Gewaltverhältnisses« entgegen.

ren Eigentum) nicht Bestandteil der Definition des »Rechtssatzes«. Vielmehr konnte ein Gesetz nach *Laband* die natürliche Handlungsfreiheit der Menschen auch »in einem gewißen Umfange anerkennen, also eine Ermächtigung oder Erlaubnis enthalten«.[34] Schon der Hinweis auf eine »Kollision« des Willens des verwaltenden Staates mit den Interessen des Bürgers bringt indes zum Ausdruck, daß die Überlegungen *Labands* in erster Linie auf befehlende Rechtssätze abzielen. Dies läßt sich auch an der Feststellung ablesen, der im Gesetz zutage tretende Wille sei »stets ein Befehl, daß der in dem Gesetz enthaltene Rechtssatz befolgt werden soll«,[35] denn mit dieser Wendung wird ersichtlich ein zu befolgender Normbefehl als Inhalt des Gesetzes vorausgesetzt. Zwar steht die potentielle Imperativität des Gesetzes*inhalts* in keiner Weise mit der schlichten Tatsache in Zusammenhang, daß ein Gesetz als staatliche Willensäußerung in einem formalisierten Verfahren in Geltung gesetzt wird, das sich von der Festlegung des Norminhalts logisch trennen läßt. Für die von *Laband* an die Erforderlichkeit einer Normgeltungsanordnung geknüpften Folgerungen ist deshalb auch nicht notwendige Bedingung, daß das fragliche Gesetz überhaupt ein Ge- oder Verbot und damit einen »Normbefehl« enthält. Schon die Bezeichnung dieser Normgeltungsanordnung als »Gesetzesbefehl« macht jedoch deutlich, daß den Überlegungen *Labands* die Annahme zugrunde liegt, ein Gesetz habe jedenfalls im Regelfall einen Normbefehl zum Inhalt und besitze damit imperativen Charakter.

Hiermit korrespondiert, daß ein Gesetz im materiellen Sinne nach *Laband* insbesondere die Aufgabe hat, »die durch das gesellige Zusammenleben der Menschen gebotenen Schranken und Grenzen der natürlichen Handlungsfreiheit des Einzelnen zu bestimmen«.[36] Ein Gesetz könne daher diese Handlungsfreiheit »in einem gewißen Umfange aufheben, sei es durch ein Gebot oder sei es durch ein Verbot«, und es könne »an die Verletzung dieser Anordnungen Rechtsnachteile knüpfen«.[37] Mit ähnlichen Überlegungen unterscheidet auch *G. Jellinek* zwischen »Rechtssätzen« und formellen Gesetzen: »Hat ein Gesetz den nächsten Zweck, die Sphäre der freien Tätigkeit von Persönlichkeiten gegeneinander abzugrenzen, ist es der socialen Schrankenziehung wegen erlassen worden, so enthält es die Anordnung eines Rechtssatzes, ist daher auch ein Gesetz im materiellen Sinne, hat es jedoch irgend einen anderen Zweck, so ist es kein materielles, son-

[34] *P. Laband*, Staatsrecht, Zweiter Band (5. Aufl. 1911), S. 73 (= 1. Aufl. 1878, S. 93); vgl. hierzu auch *D. Jesch*, Gesetz, S. 143ff.; dem entspricht, daß in Titel VII § 2 der Verfassungsurkunde für das Königreich Bayern v. 26. 05. 1818 (Bay. Gesetzblatt 1818, S. 101) und in § 65 der Verfassungsurkunde für das Großherzogtum Baden v. 22. 08. 1818 (Staats- u. Regierungsblatt 1818, S. 101) jeweils daran angeknüpft wurde, ob Gesetze die Freiheit der Person oder das Eigentum der Staatsbürger »betreffen«, ohne daß es auf das Vorliegen eines »Eingriffs« ankam; vgl. auch *H.-U. Erichsen*, Grundlagen, S. 139f.

[35] *P. Laband*, Staatsrecht, Zweiter Band (5. Aufl. 1911), S. 4 (= 1. Aufl. 1878, S. 4).

[36] *P. Laband*, Staatsrecht, Zweiter Band (5. Aufl. 1911), S. 73 (= 1. Aufl. 1878, S. 93).

[37] *P. Laband*, Staatsrecht, Zweiter Band (5. Aufl. 1911), S. 73 (= 1. Aufl. 1878, S. 93).

dern nur ein formelles Gesetz.«[38] Eine entsprechende Beschreibung des materiellen Gesetzes findet sich ferner bei *G. Anschütz*: Rechtssätze seien »alle Normen, welche die Willensmacht mehrerer Willensträger gegenseitig abgrenzen und hierdurch die Rechte (das Dürfen und Können) und Pflichten (das Sollen und Müssen) eines jeden bestimmen und begrenzen«.[39]

Wenn demnach ein »Rechtssatz« die Funktion hat, die (Freiheits-) »Sphäre« des Individuums (aus-) gestaltend zu beschreiben und damit zugleich zu begrenzen, so läßt sich folglich das (materielle) Gesetz inhaltlich als außenwirksame Norm regelmäßig imperativen Charakters charakterisieren. Dieser Gesetzesbegriff korrespondiert weitgehend mit der Formel vom »Eingriff in Freiheit und Eigentum«. Zunächst bewirkt schon die Außenwirksamkeit einer Norm zwangsläufig eine Einwirkung auf die mit den Begriffen »Freiheit« und »Eigentum« umschriebene Individualsphäre[40] des Bürgers.[41] Ausgehend von dem Begriff des materiellen Gesetzes konnte deshalb *G. Jellinek* die These formulieren, es sei in alle »constitutionellen Verfassungsurkunden der mehr oder minder scharf formulirte Grundsatz eingedrungen, daß Veränderungen des Rechtszustandes der Unterthanen nur kraft eines formellen Gesetzes stattfinden dürfen«. Alle materielle staatliche Gesetzgebung falle daher »principiell der formellen Gesetzgebung anheim, indem entweder diese selbst das materielle Gesetz aufstellt oder durch materielles Gesetz das Recht anderer Organe zur Anordnung derselben deklarirt oder delegirt«.[42] Zugleich ist mit einer gesetzlichen Zuordnung und Begrenzung wechselseitiger Rechte und Pflichten regelmäßig eine Einschränkung der (Verhaltens-) Freiheit – oder auch eine Beeinträchtigung des Eigentums – verknüpft. Insofern erweist sich der Begriff des »Eingriffs« als deskriptiver Begriff, der nicht etwa als Gegenbegriff zur »Leistung« aufgefaßt werden kann,[43] sondern in der Epoche des Konstitutionalismus die Außenwirksamkeit eines staatlichen Aktes unter Anknüpfung an den typischen Inhalt eines Gesetzes im materiellen Sinne beschrieb. Die Freiheit und Eigentum betreffende Norm war dadurch gekennzeichnet, daß sie »der Freiheit der Willensbestimmung im allgemeinen und der Eigentumsfreiheit im besonderen Maß und Schranken setzt«.[44] *E. Walz* hat dementsprechend die – von ihm als unzutreffend erachtete – »herrschende Theorie

[38] *G. Jellinek*, Gesetz und Verordnung, S. 240; vgl. auch *G. Anschütz.*, Theorien, S. 56.

[39] *G. Anschütz*, in: G. Meyer/G. Anschütz, Lehrbuch, 7. Aufl., Zweiter Teil, S. 655.

[40] Parallel hierzu wurde von *G. Anschütz*, Verfassungsurkunde, Art. 5 Anm. 3 (S. 133f., 135), auch der Begriff der »persönlichen Freiheit« in Art. 5 prVU als umfassende Sicherung der Individualsphäre gedeutet.

[41] Nach *G. Anschütz*, in: G. Meyer/G. Anschütz, Lehrbuch, 6. Aufl., S. 562 (in Fn. 6), ist die Verankerung eines Gesetzesvorbehalts für Freiheit und Eigentum betreffende Vorschriften in einigen Verfassungen (vgl. oben, Anm. 2) daher »nur ein anderer Ausdruck für den Grundsatz, daß Rechtsvorschriften nur im Wege der formellen Gesetzgebung (bzw. auf Grund eines formellen Gesetzes) erlassen werden dürfen« vgl. auch *R. Thoma*, in: FG O. Mayer, S. 167 (176).

[42] *G. Jellinek*, Gesetz und Verordnung, S. 255.

[43] So auch *P. Selmer*, JuS 1968, S. 489 (490f.).

[44] *G. Anschütz*, in: G. Meyer/G. Anschütz, Lehrbuch, 7. Aufl., Zweiter Teil, S. 657.

des deutschen Staatsrechts« im Jahre 1909 dahin beschrieben, daß eine Vorschrift ein »Rechtssatz« sei, wenn sie sich »mit einem Gebot oder Verbot an die Untertanen wendet«.[45] Desgleichen konnte *G. Anschütz* zur Kennzeichnung des Gesetzes im materiellen Sinne zwanglos an das Merkmal des Eingriffs anknüpfen, indem er den Vorbehalt parlamentarischer Mitwirkung auf Regelungen beschränkte, die eine Beeinträchtigung von Freiheit oder Eigentum des Bürgers bewirken. Mit dem Anspruch, »die *communis opinio* im Kerne und in der Hauptsache« zu formulieren, führt *Anschütz* zur Rechtslage in Preußen aus, es könnten »Rechtsverordnungen ... auch vom Könige nur erlassen werden auf Grund gesetzlicher (verfassungsmäßiger, spezialgesetzlicher) Ermächtigung«.[46] Bei diesen »Rechtsverordnungen« handelte es sich aber nach der von *Anschütz* gegebenen Definition um »solche Vorschriften der Staatsgewalt, welche der Gesetzform entbehren und mit Gebot oder Verbot an die Unterthanen sich wendend in deren aktuellen Rechtsstand eingreifen«.[47] Im Ergebnis wurde damit die Reichweite des »Allgemeinvorbehalts«[48] von *Anschütz* über den Begriff des (materiellen) Gesetzes auf »Eingriffe« beschränkt: »Rechtsnormen, Rechtsvorschriften sind diejenigen Vorschriften, in denen der Staat sich mit Geboten oder Verboten an die Untertanen wendet, um zwischen ihnen (Privatrecht) oder zwischen ihnen und sich (öffentliches Recht) die Grenzen des Dürfens und Müssens festzusetzen.«[49]

II. Bindungswirkung der Grundrechte

1. Bedeutung der Grundrechte für den Gesetzgeber

Die herausgehobene Bedeutung, die der Formel vom »Eingriff in Freiheit und Eigentum« für die Beschreibung des Umfangs parlamentarischer Mitwirkungsrech-

---

[45] *E. Walz*, Das Staatsrecht des Großherzogtums Baden, S. 209.

[46] *G. Anschütz*, Theorien, S. 19.

[47] *G. Anschütz*, Theorien, S. 19; offenbar unterschied *Anschütz* nicht zwischen Veränderung und Beeinträchtigung eines gegebenen Rechtszustandes; vgl. Verfassungsurkunde, Art. 5 Anm. 5 (S. 138), wo aus Art. 62 PrVU abgeleitet wird, daß »Vorschriften, welche Freiheit und Eigentum betreffen, grundsätzlich als Gesetze erlassen werden müssen und nur mit gesetzlicher Ermächtigung als Verordnungen erlassen werden dürfen«; eine Gleichsetzung zwischen Freiheit und Eigentum betreffenden und in Freiheit und Eigentum eingreifenden Gesetzen findet sich ferner bei *G. Anschütz*, in: G. Meyer/G. Anschütz, Lehrbuch, 7. Aufl., Zweiter Teil, S. 651 ff.; vgl. ferner *M. v. Seydel*, Das Staatsrecht des Königreichs Bayern, S. 118: »... jede Rechtssatzung hat den Zweck, durch Gebot oder Verbot in das Handeln der Menschen einzugreifen, jede Rechtssatzung *betrifft* also die Freiheit der Personen oder Eigenthum« (Hervorhebung nicht im Original); ebenso hat *R. Thoma*, Polizeibefehl, S. 99 (vgl auch ebd., S. 101), die »Freiheit und Eigentum« betreffenden Staatsakte mit »Eingriffen« gleichgesetzt.

[48] Zum Zusammenhang zwischen der Beschreibung des »Allgemeinvorbehalts« und der Trennung von Staat und Gesellschaft vgl. *C. Starck*, Gesetzesbegriff, S. 83 f.

[49] *G. Anschütz*, in: Stengel/Fleischmann (Hrsg.), Wörterbuch des Deutschen Staats- und Verwaltungsrechts, Bd. 2, S. 212 (214).

te bei der Gesetzgebung zukam, spiegelt zugleich wider, daß die (vorgeblich) »traditionelle« und heute im Mittelpunkt der Grundrechtsdogmatik stehende Funktion der Grundrechte als »Eingriffsabwehrrechte« gegen den Staat in der Epoche des Konstitutionalismus nur eine untergeordnete Rolle spielte. Soweit dem Erfordernis einer gesetzlichen Regelung (oder einer gesetzlichen Grundlage) für Freiheit und Eigentum berührende (bzw. beeinträchtigende) Vorschriften Rechnung getragen worden war, hatten die beteiligten Staatsorgane alles Erforderliche getan, ohne daß Grundrechtsgewährleistungen einen weitergehenden Schutz zu vermitteln vermochten: Zunächst besaß ein großer Teil der in den Grundrechtskatalogen enthaltenen Grundrechte nach verbreiteter Auffassung von vornherein nur den Charakter von »Programmsätzen«: Die Legislative der konstitutionellen Ära sollte tätig sein »nach dem Richtmass aller der neuen Ideen, die das Zeitalter dachte und träumte«,[50] um den »Geist der Zeit in der Gesetzgebung zu entfalten«.[51]

Darüber hinaus vermochten die Grundrechte auch unter der zunehmende Verbreitung findenden Annahme einer eigenständigen normativen Bedeutung jedenfalls eines Teils der grundrechtlichen Gewährleistungen[52] im Verhältnis zum Gesetzgeber keine nennenswerte Bedeutung zu erlangen[53] und eine (eingeschränkte) rechtliche Wirkung deshalb nur im Verhältnis zur Verwaltung zu entfalten.[54] Dabei spielte eine wesentliche Rolle, daß es in der Epoche des Konstitutionalismus – und auch noch darüber hinaus – an der Anerkennung eines »Vorrangs der Verfassung« fehlte: Zwar kann die Entstehung der Auffassung von einem Vorrang der Verfassung und – damit einhergehend – der Möglichkeit einer materiellen Verfassungswidrigkeit von Gesetzen im Hinblick auf die USA und Frankreich bereits für das ausgehende 18. Jahrhundert festgestellt werden.[55] In seiner vielzitierten Entscheidung der Sache »Marbury vs. Madison« aus dem Jahre 1803 führte der Supreme Court der Vereinigten Staaten aus, wenn die Verfassung auf einer Ebene mit einfachen Gesetzen stünde und von den Legislativorganen beliebig geändert werden könnte, wären geschriebene Verfassungen »absurd attempts ... to limit a power in its own nature illimitable«. Hieraus folgerte das Gericht, »that an act of the legislature repugnant to the constitution is void«.[56] In Deutschland vermochte

---

[50] *G. Anschütz*, Theorien, S. 53.

[51] *R. Wahl*, Der Staat 18 (1979), S. 321 (341).

[52] Vgl. dazu noch unten, S. 58.

[53] *R. Wahl*, Der Staat 18 (1979), S. 321 (331f.), betont aber, daß die »Legitimation staatlicher Herrschaft« die Einlösung der Erwartung erforderte, »das in den Grundrechten durchscheinende Sozialmodell zu verwirklichen«.

[54] *G. Anschütz*, Verfassungsurkunde, S. 98, bezeichnete die Grundrechte daher als »kasuistisch gefaßte Darlegung des Prinzips der gesetzmäßigen Verwaltung«; dazu noch unten, S. 55ff.

[55] Vgl. zur Entwicklung in den USA *G. Stourzh*, »Verfassungsgerichtsbarkeit«, S. 37ff. (50ff.).

[56] Marbury vs. Madison, hier zit. nach dem Abdruck bei *H. St. Commager* (Ed.), Documents of American History, 7th. edition (1963), Vol. I (to 1898), S. 191 (193); vgl. zu dieser Entscheidung auch *G. Stourzh*, »Verfassungsgerichtsbarkeit«, S. 37ff. (66ff.).

sich diese Sicht jedoch bis weit in die Weimarer Zeit hinein nicht durchzusetzen. Hier blieb die Ansicht herrschend, daß der Verfassung eine »höhere Autorität als anderen Gesetzen«[57] nicht zukomme, weil Verfassung und Gesetz jeweils Ausdruck des gleichen souveränen Staatswillens seien.[58] »Denn es gibt keinen höheren Willen im Staate als den des Souveräns, und in diesem Willen wurzelt gleichmäßig die verbindliche Kraft der Verfassung wie die der Gesetze. Die Verfassung ist keine mystische Gewalt, welche *über* dem Staat schwebt, sondern gleich jedem anderen Gesetz ein Willensakt *des* Staates und mithin nach dem Willen des Staates veränderlich.«[59]

Aus der Sicht der damaligen Staatsrechtslehre kann eine Sonderstellung der Verfassung daher nur mit ihrer erschwerten Abänderbarkeit begründet werden,[60] nicht aber ist die Verfassung gerade wegen ihrer herausgehobenen Stellung erschwert abänderbar.[61] Diese Auffassung hat auch Konsequenzen für die Anforderungen an die Überwindung des bislang geltenden Verfassungsrechts – und damit der in den Verfassungen der Einzelstaaten enthaltenen Grundrechtsgewährleistungen – durch den Gesetzgeber: Zwar ist unabhängig vom jeweiligen Verfassungsverständnis nicht zweifelhaft, daß Verfassungsänderungen jedenfalls dann zulässig sind, wenn der Gesetzgeber die hierfür im Verfassungstext normierten Voraussetzungen erfüllt. Auch hat die daran anschließende Sachfrage, welche inhaltlichen Grenzen einer solchen Änderungsbefugnis der konstituierten Gewalt gezogen sind, mit der Frage eines Vorrangs der existierenden Verfassung nur am Rande zu tun.[62] Von einiger Bedeutung ist die fehlende Anerkennung eines Vorrangs der Verfassung aber für die Frage, ob es zur Änderung der Verfassung einer ausdrücklichen Änderung ihres Textes bedarf oder sog. »Verfassungsdurchbrechungen«[63] zulässig sind.[64] So meinte *P. Laband*, es könne selbstverständlich vor-

---

[57] *P. Laband*, Staatsrecht, Zweiter Band (5. Aufl. 1911), S. 39 (= 1. Aufl. 1878, S. 38).

[58] Vgl. *H. Dreier*, JZ 1994, S. 741 (742f.); *R. Wahl*, Der Staat 20 (1981), S. 485 (491ff.).

[59] *P. Laband*, Staatsrecht, Zweiter Band (5. Aufl. 1911), S. 39 (= 1. Aufl. 1878, S. 38), Hervorhebung (Sperrung) im Original.

[60] Die Frage nach dem Grund für die erschwerte Abänderbarkeit der Verfassung ließ sich aus der Sicht der Staatslehre des Konstitutionalismus folglich kaum überzeugend beantworten; *P. Laband*, Staatsrecht, Zweiter Band (5. Aufl. 1911), S. 39 in Fn. 2 (= 1. Aufl. 1878, S. 38 in Fn. 2) stellte denn auch fest: »Die Eigenschaften, auf welche man die exorbitante Autorität der Verfassungsurkunde zu stützen pflegt, nämlich daß sie ›feierlich verbrieft‹, ›mit der Volksvertretung vereinbart‹ sei und dgl., kommen ebenso allen anderen Gesetzen zu.« Vgl. auch *H. Dreier*, JZ 1994, S. 741 (743 mit Fn. 17).

[61] Vgl. *J. Ipsen*, Staatsorganisationsrecht, Rn. 886; *ders.*, Rechtsfolgen, S. 35f.

[62] Vgl. dazu noch unten, S. 55.

[63] Als »Verfassungsdurchbrechung« wird dabei im Anschluß an *W. Jellinek*, in: Anschütz/Thoma (Hrsg.), Handbuch des Deutschen Staatsrechts, Zweiter Band, S. 182 (187), der Fall verstanden, daß »ohne Änderung des Textes der Verfassungsurkunde etwas angeordnet werden soll, was mit ihr in Widerspruch steht«; ähnl. *C. Bilfinger*, AöR 50 (1926), S. 163 (173); demgegenüber verstand die Weimarer Staatsrechtslehre im Anschluß an *C. Schmitt*, Verfassungslehre, S. 99f., 106f., unter einer Verfassungsdurchbrechung auch eine Bestimmung, mit der eine »verfassungsgesetzliche Normierung nicht geändert, sondern nur im Einzelfall – unter Aufrechterhaltung ih-

geschrieben werden, daß Änderungen der Verfassung nicht »mitttelbar« erfolgen dürfen, sondern nur unmittelbar durch Gesetze, die den Wortlaut der Verfassung anders fassen. Wo aber »ein solches erschwerendes Erfordernis für Verfassungsänderungen ... nicht angeordnet ist, läßt sich dasselbe aus der juristischen Natur der Verfassung und dem Verhältnis der Verfassungsurkunde zu einfachen Gesetzen nicht herleiten«.[65]

Dies muß jedoch anders sehen, wer einen Vorrang der Verfassung postuliert: Ein solcher Vorrang gründet in der Sache auf der Möglichkeit, daß sich die Verfassung gegenüber entgegenstehenden Normen des einfachen Rechts durchsetzt und eine inhaltlich im Widerspruch zur Verfassung stehende Vorschrift deshalb keinen Bestand hat. Dies ist aber nicht der Fall, wenn ein »verfassungsdurchbrechendes« Gesetz seinerseits die Verfassung verändert oder verdrängt: Akzeptiert man die Möglichkeit einer Verfassungsdurchbrechung, so kann nicht davon gesprochen werden, daß ein nicht im Einklang mit der Verfassung stehendes, aber nach den für Verfassungsänderungen geltenden Regeln zustandegekommenes Gesetz, »wie man zu sagen pflegt, ›materiell verfassungswidrig‹ ist«,[66] denn ein solches Gesetz »entspricht dem Erfordernis der Verfassungsmäßigkeit«.[67] Nicht mit der (bisherigen) Verfassung im Einklang stehende Gesetze sind danach entweder verfassungsändernd oder wegen fehlender Beachtung der für Verfassungsänderungen vorgesehenen Regeln *formell* verfassungswidrig; eine materielle Verfassungswidrigkeit kann es nicht geben. Die Möglichkeit materiell verfassungswidriger Vorschriften besteht vielmehr nur, wenn eine Abweichung von verfassungsrechtlichen Vorgaben durch außerhalb der Verfassung stehende Vorschriften ohne ausdrückliche (und vorgängige) Änderung des Verfassungstextes ausgeschlossen ist. Wird umgekehrt aus »Wesen und Funktion« der Verfassung deren Vorrang gegenüber dem einfachen Gesetz gefolgert, so setzt dies folglich voraus, daß Verfassungsänderungen nur durch Textänderungen erfolgen dürfen; Art. 79 Abs. 1 S. 1 GG hat auf dieser Grundlage nur deklaratorischen Charakter. Der Vorrang der Verfassung und das Erfordernis ausdrücklicher Textänderung sind untrennbar miteinander verbunden, die Verfassungsdurchbrechung wird erst durch

rer Geltung im übrigen und im allgemeinen – eine abweichende Anordnung getroffen« wird (ebd., S. 106f.); in diese Richtung auch schon *ders.*, VVDStRL 1, S. 63 (74); ähnl. zuvor auch *E. Jacobi*, VVDStRL 1, S. 105 (109, 118); vgl. ferner *F. Schlüter*, Das verfassungsdurchbrechende Gesetz, S. 14; *R. Thoma*, in: Anschütz/Thoma (Hrsg.), Handbuch des Deutschen Staatsrechts, Zweiter Band, S. 108 (155) m.w.N.; damit wurde eine Unterscheidung zwischen formellen und materiellen Verfassungsdurchbrechungen möglich; zur Terminologie *F. Schlüter*, ebd., S. 4ff.

[64] *H. Dreier*, JZ 1994, S. 741 (743 in Fn. 14), stellt fest, »daß die Frage nach dem Vorrang der Verfassung auf eine schwer entwirrbare Weise mit derjenigen nach Verfassungsdurchbrechungen zusammenhängt«.

[65] *P. Laband*, Staatsrecht, Zweiter Band (5. Aufl. 1911), S. 39f. (= 1. Aufl. 1878, S. 38).

[66] *P. Laband*, Staatsrecht, Zweiter Band (5. Aufl. 1911), S. 38 (= 1. Aufl. 1878, S. 37).

[67] *P. Laband*, Staatsrecht, Zweiter Band (5. Aufl. 1911), S. 40 (= 1. Aufl. 1878, S. 39).

die fehlende Anerkennung eines normenhierarchischen Vorrangs der Verfassung möglich.

Daß sich die Staatsrechtslehre des Konstitutionalismus dem Gedanken eines Geltungsvorrangs der Verfassung verschlossen hat, war allerdings folgerichtig. Zwar blieb selbst auf Basis der Idee der Volkssouveränität die Auffassung möglich, in Ermangelung entgegenstehender Anhaltspunkte im Verfassungstext besitze die konstituierte Gewalt eine »plenitudo potestas der Verfassungsänderung«.[68] Andererseits wird eine Auffassung, derzufolge die Verfassung durch beliebige Gesetze und ohne ausdrückliche Änderung ihres Textes abgeändert werden kann, nicht schon allein dadurch erzwungen, daß Änderungen der Verfassung nach Art. 76 WRV wie auch Art. 107 der preußischen Verfassungsurkunde von 1850 und Art. 78 der Reichsverfassung von 1871 im »Wege der Gesetzgebung« zu erfolgen hatten.[69] Für eine Staatsrechtslehre, die als Subjekt der Staatsgewalt den Staat selbst[70] (oder gar den Monarchen[71]) ansieht, muß ein solches Ergebnis jedoch zwingend und ein Vorrang der Verfassung undenkbar erscheinen, denn die Verfassung und das einfache Gesetz sind danach unmittelbarer Ausdruck desselben souveränen Willens, so daß die Abweichung von der Verfassung zwangsläufig auf einer Stufe mit der Derogation des HGB durch beliebige Spezialvorschriften anzusiedeln ist.[72]

---

[68] So *R. Thoma*, in: Anschütz/Thoma (Hrsg.), Handbuch des Deutschen Staatsrechts, 2. Band, S. 108 (154). Allerdings ermöglicht – umgekehrt – erst der Gedanke der Volkssouveränität die Auffassung, daß der vom Volk gewählte Gesetzgeber als »konstituierte« Gewalt kein Mandat zum beliebigen Zugriff auf die Verfassung hat, vielmehr »der Rangunterschied zwischen dem souveränen Volk und dem Gesetzgeber letzterem die freie Disposition über die Verfassung ... entzieht« (*B.-O. Bryde*, Verfassungsentwicklung, S. 48). Für *C. Schmitt*, Verfassungslehre, S. 103, folgte aus dieser Begrenzung der Kompetenzen des (verfassungsändernden) Gesetzgebers gerade auch die Unabänderlichkeit der Vorschriften über die Verfassungsänderung. Ob sich aus der »Unterscheidung von verfassungsändernden Gesetzen und reinen Souveränitätsakten« (*C. Schmitt*, Verfassungslehre, S. 109) diese oder eine andere starre Grenze für die Zulässigkeit verfassungsändernder Gesetze ableiten läßt, erscheint indes fraglich; vgl. hierzu auch *R. Thoma*, in: H.C. Nipperdey (Hrsg.), Die Grundrechte und Grundpflichten der Reichsverfassung, Erster Band, S. 1 (41f.), der (ebd., S. 43f.) frühzeitig darauf hingewiesen hat, daß »gerade *Carl Schmitts* Verfassungslehre einer eigentümlich zwiespältigen geistigen Haltung gegenüber dem ganzen Phänomen des rechtlich in Verfassungsnormen eingeschnürten bürgerlichen Rechtsstaats« entspringt.

[69] So deutet *C. Bilfinger*, AöR 50 (1926), S. 163 (174), Art. 76 WRV dahin, daß zur Verfassungsänderung eine Änderung oder Ergänzung des Verfassungstextes erforderlich sei; vgl. auch *G. Meyer*, in G. Meyer/G. Anschütz, Lehrbuch, 6. Aufl., S. 564: »Soll in einem einfachen Gesetze etwas festgesetzt werden, was einer Bestimmung der Verfassung zuwider ist, so muß zunächst der betreffende Artikel der Verfassung aufgehoben werden«.

[70] So *P. Laband*, Staatsrecht, Erster Band (4. Aufl. 1901), S. 89f.; *G. Meyer*, in: G. Meyer/ G. Anschütz, Lehrbuch, 6. Aufl., S. 13; *F. Giese*, Die Grundrechte, S. 57 (vgl. aber auch ebd., S. 79); *G. Jellinek*, Allgemeine Staatslehre, S. 552.

[71] *M. v. Seydel*, Das Staatsrecht des Königreichs Bayern, S. 18.

[72] Vgl. *P. Laband*, Staatsrecht, Zweiter Band (5. Aufl. 1911), S. 40 (= 1. Aufl. 1878, S. 39).

Dieser Sicht der Dinge und dem zugrundeliegenden Staatsverständnis[73] entspricht eine Grundanschauung, derzufolge es sich bei den Grundrechten um vom Staat – und damit dem Gesetzgeber – gewährte »Befugnisse« handelt, durch die dem Untertan eine »gewisse staatfreie Sphäre«[74] belassen wird.[75] Für *Ph. Zorn* besteht daher ein synallagmatisch zu nennendes Verhältnis zwischen einerseits der Gehorsams- und Treuepflicht des Staatsbürgers gegenüber dem Staat und andererseits den hierfür dem Staatsbürger im Gegenzug eingeräumten Rechten: Mit den Grundrechten habe fixiert werden sollen, »was die Gegenleistung des Staates an *sein* Volk sein müsse dafür, daß dies Volk dem Staate nicht nur Gehorsam, sondern Treue auf Leben und Tod schuldet«.[76] Eine solche Auffassung muß aber Konsequenzen für die Frage nach der Reichweite der Befugnis zur Einschränkung oder Aufhebung grundrechtlicher Gewährleistungen haben, denn wenn der Geltungsgrund der Grundrechte ausschließlich in einer staatlichen Gewährung gesehen wird, stehen sie zur Disposition des Gesetzgebers. Unter der Prämisse, daß das Individuum Träger unverletzlicher und unveräußerlicher Menschenrechte (Art. 1 Abs. 1 GG) ist, mit denen er dem Staat gegenübertritt, ist demgegenüber der Gedanke unabweisbar, daß diese Rechte zwar durch den Gesetzgeber ausgestaltet und zueinander in Beziehung gesetzt werden dürfen, in ihrem Kern aber nicht zu dessen Disposition stehen.

2. Zur Bedeutung der Grundrechte gegenüber Justiz und Verwaltung

Mit der Feststellung, daß die Grundrechtsverbürgungen der konstitutionellen Verfassungen – soweit vorhanden – gegenüber den Legislativorganen infolge der fehlenden Anerkennung eines Vorrangs der Verfassung letztlich wirkungslos bleiben mußten, ist allerdings noch nichts für die weitere Frage nach der Bedeutung der Grundrechte im Verhältnis zu Justiz und Verwaltung gewonnen. Damit Grundrechte insoweit Bindungswirkung entfalten können, bedarf es zunächst eines objektiv-rechtlichen Gehalts der Grundrechtsbestimmungen, der durchaus nicht allgemein anerkannt war. Wie bereits erwähnt,[77] wurden die Anschauungen

[73] *A. Arndt*, in: AöR 15 (1900), S. 336 (337f.), trat der Lehre vom zweigliedrigen Gesetzesbegriff u.a. dadurch entgegen, daß er sie mit der Idee der Volkssouveränität in Verbindung brachte; vgl. auch die Erwiderung von *G. Anschütz*, Theorien, S. 55ff., der (ebd., S. 57) nicht ohne ironischen Unterton von sich behauptet, bisher geglaubt zu haben, »mit keinem Tröpfchen demokratischen Oels gesalbt zu sein«.

[74] *F. Giese*, Die Grundrechte, S. 58.

[75] *F. Giese*, Die Grundrechte, S. 57ff., 59f.; vgl. auch *A. Arndt*, Die Verfassungsurkunde für den Preußischen Staat, S. 34; *C. Bornhak*, Preußisches Staatsrecht, Band I, S. 293; *F.J. Stahl*, Die Philosophie des Rechts, Bd. II, S. 518ff.

[76] *Ph. Zorn*, in: L. v. Rönne/Ph. Zorn, Das Staatsrecht der Preußischen Monarchie, Zweiter Band S. 151; *Zorn* beginnt seine Darstellung der »Grundpflichten und Grundrechte« daher mit einer Erörterung der Pflichten, die »den Geboten der staatsrechtlichen Logik entsprechend ... den Rechten vorangestellt« (ebd., S. 79) wurden.

[77] Vgl. oben, S. 51.

über Bedeutung und Geltungskraft der Grundrechte weithin von der Annahme bestimmt, die Grundrechtskataloge in den Verfassungen der deutschen Einzelstaaten enthielten über weite Strecken nicht mehr als »Programmsätze«, deren Bedeutung sich im wesentlichen in ihrer Funktion als Richtschnur und Direktive für den Gesetzgeber erschöpfte: So meinte *C. Bornhak*, da sich die Grundrechte »gegen den ganzen Zustand des vorhandenen öffentlichen Rechtes« richteten und »die Hauptgrundsätze des neu zu schaffenden öffentlichen Rechtes aufstellen« sollten, könnten sie nur »in allgemeinen Schlagwörtern bestehen, ... deren Verwirklichung der Sondergesetzgebung überlassen ist«.[78] Desgleichen betont *Ph. Zorn*, daß die »Durchführung« der Grundrechte »nur durch die Spezialgesetzgebung geschehen konnte«, die jedoch zum größten Teil Reichssache und damit dem preußischen Staatsrecht entzogen sei.[79] Ebenso hebt auch *G. Meyer* hervor, soweit in Verfassungstexten eine »Formulierung der individuellen Freiheitsrechte in kurzen abstrakten Sätzen« versucht worden sei, litten die Grundrechtsbestimmungen »an dem Übelstande, daß sie sich zur unmittelbaren praktischen Durchführung nicht eignen, sondern zu ihrer Durchführung besonderer Ausführungsgesetze bedürfen, in deren Ermangelung aber sich als völlig wertlos erweisen«.[80] Und *G. Jellinek* meint schließlich, sofern ein Grundrecht nicht nur wie im Falle der Abschaffung der Zensur oder der Anerkennung der Glaubensfreiheit eine »Aufhebung der betreffenden bisher beschränkenden Normen« bewirke, bedürfe es »genauer gesetzgeberischer, die Fülle des Lebens berücksichtigender Durchbildung«.[81]

Schon in diesen Ausführungen von *G. Jellinek* deutet sich indes an, daß auch im Konstitutionalismus zumindest einigen der Grundrechtsbestimmungen ein rechtlicher Gehalt zugewiesen wurde, der zunächst in einem beschränktem Beitrag zur Überwindung entgegenstehender Vorschriften aus vorkonstitutioneller Zeit bestand. Den Grundrechten kam insofern die Aufgabe zu, als »Negationen bisher in Kraft gewesener Beschränkungen«[82] bislang geltende Schranken der »natürlichen Handlungsfreiheit« zu beseitigen.[83] So verdrängte beispielsweise Art. 12 der preußischen Verfassungsurkunde nach Auffassung des preußischen OVG das in § 25 II 11 ALR normierte Verbot öffentlicher Feierlichkeiten einer Religionsgesellschaft außerhalb ihres Versammlungshauses.[84] Allerdings sollte die Bedeutung der Grundrechte für die Verdrängung älteren Rechts nicht überbe-

---

[78] *C. Bornhak*, Preußisches Staatsrecht, Band I, S. 293.

[79] *Ph. Zorn*, in: L. v. Rönne/Ph. Zorn, Das Staatsrecht der Preußischen Monarchie, Zweiter Band, S. 150.

[80] *G. Meyer*, in: G. Meyer/G. Anschütz, Lehrbuch, 6. Aufl., S. 801 (mit Fn. 5); vgl. auch *F. Giese*, Die Grundrechte, S. 89 (»Katalog abstrakter und ziemlich wertloser Sätze«).

[81] *G. Jellinek*, System, S. 97; vgl. ferner *O. Bühler*, Die subjektiven öffentlichen Rechte, S. 62f.

[82] *G. Jellinek*, System, S. 95; ähnl. *P. Laband*, Staatsrecht, Erster Band (4. Aufl. 1901), S. 139 (in Fn. 2 der S. 138).

[83] *G. Meyer*, in: G. Meyer/G. Anschütz, Lehrbuch, 6. Aufl., S. 800.

[84] PrOVGE 16, 386 (388f.); vgl. auch PrOVGE 31, 418 (420f.).

wertet werden, denn es entsprach den vorherrschenden »Tendenzen zu abschwächender und einengender Interpretation der Grundrechte«,[85] daß Grundrechtsbestimmungen restriktiv ausgelegt[86] und kollidierende Vorschriften aus vorkonstitutioneller Zeit oftmals aufrechterhalten wurden.[87] So war zwar in Art. 29 der preußischen Verfassungsurkunde das Recht verankert, »sich ohne vorgängige obrigkeitliche Erlaubnis friedlich und ohne Waffen in geschlossenen Räumen zu versammeln«. Gleichwohl sah der Dritte Senat des preußischen OVG infolge einengender Interpretation des Begriffs der »Versammlung« eine Verordnung aus dem Jahre 1844 als weiterhin gültig an, in der die Veranstaltung »öffentlicher Lustbarkeiten« von der vorhergehenden Einholung einer Erlaubnis abhängig gemacht worden war.[88] Auch wurde in einer Entscheidung des Ersten Senats aus dem Jahre 1899 eine Kabinettsordre aus dem Jahre 1837 als hinreichende Ermächtigungsgrundlage für eine Verordnung angesehen, die im Interesse der »äußeren Heilighaltung der Sonn- und Feiertage« das Versammlungsrecht beschränkte.[89]

Dessen ungeachtet ist freilich festzuhalten, daß den Grundrechten im Umfange ihrer Anerkennung als Teil des objektiven Rechts – *P. Laband* spricht von »objektiven Regierungsnormen«[90] – durch Rechtsprechung[91] und Lehre schon wegen

---

[85] *U. Scheuner*, in: FS E.R. Huber, S. 139 (156).

[86] So soll sich das in Art. 27 Abs. 2 PrVU verankerte Zensurverbot nach Auffassung des Dritten Senats des preußischen OVG nicht auf Theaterstücke erstrecken, vgl. PrOVGE 24, 311 (313ff.).

[87] Hierzu *U. Scheuner*, FS E.R. Huber, S. 139 (157, 161ff.), der aber (ebd., S. 161) den Inhalt von PrOVGE 32, 395, unrichtig wiedergibt; vgl. ferner *R. Wahl*, Der Staat 18 (1979), S. 321 (328f.), nach dessen Auffassung es »eine bloße Formel« blieb, daß nach § 91 der Württembergischen Verfassung von 1819 alle mit einer ausdrücklichen Bestimmung dieser Verfassung im Widerspruch stehenden Gesetze und Verordnungen aufgehoben seien.

[88] PrOVGE 18, 422 (426f.); für eine Ausklammerung der nicht zum Zwecke gemeinsamer Erörterungen oder Kundgebungen erfolgenden Zusammenkünfte aus dem Versammlungsbegriff auch *G. Anschütz*, Verfassungsurkunde, S. 526f.; tendenziell anders aber zuvor der Erste Senat, der unter Hinweis auch auf Art. 29 PrVU der Annahme einer Polizeibehörde entgegentrat, es könne infolge vorkonstitutionellen Rechts eine *geschlossene* Gesellschaft mit musikalischen und theatralischen Darbietungen von einer vorgängigen Erlaubnis abhängig gemacht werden, vgl. PrOVGE 9, 406 (408). Desgleichen trat der Erste Senat in einer weiteren Entscheidung für eine vom Zweck einer Zusammenkunft unabhängige Auslegung des Begriffs der »Versammlung« in Art. 29 PrVU ein, vgl. PrOVGE 20, 432 (437ff.), legte sodann aber das in § 8 Abs. 3 der »Verordnung über die Verhütung eines die gesetzliche Freiheit und Ordnung gefährdenden Mißbrauchs des Versammlungs- und Vereinigungsrechts« vom 31.01. 1850 (GS, S. 277) verankerte Verbot der Teilnahme von »Frauenspersonen« an Versammlungen »politischer« Vereine ebenfalls weit – und damit freiheitsbegrenzend – aus. (ebd., S. 439ff.).

[89] PrOVGE 35, 424 (425ff.); auch soll nach einer – erkennbar von einem antisemitischen Grundton getragenen – Entscheidung des Reichsgerichts aus dem Jahre 1885 eine Vorschrift aus dem Jahre 1847, derzufolge ausländische Juden nicht ohne Genehmigung des Innenministers Rabbiner oder Synagogenbeamte werden durften, nicht durch Art. 12 S. 2 PrVU (»Der Genuß der bürgerlichen und staatsbürgerlichen Rechte ist unabhängig von dem religiösen Bekenntnisse«) aufgehoben worden sein, weil keine Beschränkung bürgerlicher und staatsbürgerlicher Rechte mit Rücksicht auf das religiöse Bekenntnis vorliege; vgl. RGSt 13, 207 (208).

[90] *P. Laband*, Staatsrecht, Erster Band (4. Aufl. 1901), S. 138 in Fn. 2.

des Vorrangs des Gesetzes auch eine die Verwaltungstätigkeit begrenzende Funktion entnommen werden konnte. Als »Normen für die Staatsgewalt, welche dieselbe sich selbst gibt«,[92] fiel den Grundrechten die Funktion zu, »Schranken für die verwaltende Tätigkeit des Staates«[93] und damit die »Machtbefugnisse der Behörden« zu ziehen, um »dem Einzelnen seine natürliche Handlungsfreiheit in bestimmtem Umfange« zu sichern.[94] Sie verbieten Verwaltungsakte, »die anders und weiter als das Gesetz es gestattet, in die von der Verfassung ... bezeichneten Betätigungsmöglichkeiten der persönlichen Freiheit eingreifen«.[95] *G. Jellinek* hat daher die Freiheit des Individuums im Verhältnis zum Staate in einer berühmt gewordenen Wendung als »Freiheit von *gesetzwidrigem* Zwange«[96] definieren können: »Das Individuum soll vom Staate zu keiner gesetzwidrigen Leistung herangezogen werden und hat demnach einen auf Anerkennung seiner Freiheit beruhenden Anspruch auf Unterlassung und Aufhebung der diese Norm überschreitenden obrigkeitlichen Befehle.[97] Es bedurfte folgerichtig einer Ermächtigung durch Gesetz, um jene Grundrechtsgewährleistungen einzuschränken oder zu verdrängen, die als Teile des objektiven Rechts Verbindlichkeit beanspruchten: Die Freiheitssphäre des Individuums darf »nicht willkürlich, sondern nur auf Grund und nach Maßgabe des Gesetzes« beeinträchtigt werden.[98]

Allerdings ist diese Rechtsgrundlage für ein administratives Vorgehen gegen den Bürger vielfach auch im vorkonstitutionellen Gesetzesrecht oder Gewohnheitsrecht gesucht und gefunden worden.[99] Das wohl bekannteste Beispiel hierfür bietet jene Rechtsprechung des preußischen OVG, in der § 10 II 17 ALR zur Eingriffsgrundlage »zurechtgebogen«[100] und damit zugleich die Erforderlichkeit ei-

---

[91] Auch das preußische OVG ging von einer Bindung der Exekutive an einzelne Grundrechtsbestimmungen aus, die allerdings durch speziellere Regelungen überlagert werden konnte, vgl. z.B. zum Versammlungsrecht (Art 29 PrVU) PrOVGE 6, 370 (373, 375); 9, 406 (409, 411f.); 11, 382 (384, 388f.); 21, 400 (406); 23, 409 (412); 32, 391 (394f.); 32, 395 (400, 404), wo (ebd., S. 400) die Möglichkeit einer »natürlichen Freiheit der Staatsbürger, sich zu versammeln«, für denkbar erachtet wird; 34, 439 (441); zur Religionsausübung (Art. 12 PrVU) PrOVGE 31, 418 (420f.).

[92] *P. Laband*, Staatsrecht, Erster Band (4. Aufl. 1901), S. 138.

[93] *G. Meyer*, in: G. Meyer/G. Anschütz, Lehrbuch, 6. Aufl., S. 801.

[94] *P. Laband*, Staatsrecht, Erster Band (4. Aufl. 1901), S. 138.

[95] *G. Anschütz*, Verfassungsurkunde, S. 96.

[96] *G. Jellinek*, System, S. 103 (Hervorhebung vom Verf.); zust. *R. Thoma*, in: H.C. Nipperdey (Hrsg.), Die Grundrechte und Grundpflichten der Reichsverfassung, Erster Band, S. 1 (15f.).

[97] *G. Jellinek*, System, S. 103.

[98] *G. Anschütz*, Verfassungsurkunde, S. 97.

[99] Vgl. hierzu *D. Jesch*, Gesetz, S. 112ff.; *R. Thoma*, Polizeibefehl, S. 103ff., 107ff.; *ders.*, in: Anschütz/Thoma, (Hrsg.), Handbuch des Deutschen Staatsrechts, 2. Band, S. 221 (229f.), der (ebd., S. 230), zu Recht darauf hinweist, daß es »praktisch keinen merklichen Unterschied« macht, ob ein präexistentes Eingriffsrecht der Verwaltung oder eine gewohnheitsrechtliche Ermächtigung angenommen wird.

[100] *R. Thoma*, in: Anschütz/Thoma, (Hrsg.), Handbuch des Deutschen Staatsrechts, 2. Band, S. 221 (229); allgemein gegen eine Fortgeltung vorkonstitutioneller Ermächtigungen *ders.*, Polizeibefehl, S. 103ff. (104f.); ausführlich zur Entwicklung der Interpretation des § 10 II 17 ALR als

ner gesetzlichen Ermächtigung für das Tätigwerden der Polizeibehörden bestätigt worden ist.[101] In der Praxis gewann dieser Gesetzesvorbehalt daher in erster Linie dadurch Bedeutung, daß sich die Frage stellte, ob die gesetzlichen Voraussetzungen für ein polizeiliches Einschreiten[102] oder auch eine Beeinträchtigung der »persönlichen Freiheit des Individuums«[103] durch Nichterteilung einer erforderlichen Genehmigung[104] tatsächlich vorlagen und wo demnach »die Grenze zwischen der Ausübung der Polizeigewalt und dem kollidirenden Rechte des Einzelnen zu ziehen«[105] war. Insofern hat *G. Anschütz* zu Recht die Begrenzung der polizeilichen Befugnisse durch den Rückgriff auf § 10 II 17 ALR hervorgehoben.[106]

Darüber hinaus ist aus dem objektiv-rechtlichen Gehalt der Grundrechtsverbürgungen in der Verfassungen der konstitutionellen Epoche vereinzelt der – naheliegende – Schluß auf einen korrespondierenden Anspruch des Bürgers und damit eine »subjektivrechtliche Natur der Grundrechte«[107] gezogen worden: So postulierte *G. Meyer* einen »Anspruch auf Freiheit von gewißen Einwirkungen des Staats«, der gerichtet sei »auf Unterlassung oder Aufhebung derjenigen obrigkeitlichen Befehle, welche mit der gesetzlich festgestellten Freiheit im Widerspruch stehen«.[108] In ähnlicher Weise äußerte sich auch *G. Anschütz*, der aus dem – weit ausgelegten – Art. 5 der preußischen Verfassungsurkunde von 1850 einen »Anspruch auf Unterlassung von Verwaltungsakten« ableitete, »welche ohne gesetzliche Grundlage ... in irgendwelche Betätigungsmöglichkeiten der allgemeinen Handlungsfreiheit eingreifen«.[109]

---

einschränkender Definition einer auf Gefahrenabwehr beschränkten Polizeigewalt *P. Preu*, Polizeibegriff, S. 274ff.

[101] Vgl. PrOVGE 1, 337 (340); 2, 395 (397); 2, 399 (406f.); 4, 414 (416); 6, 370 (373); 9, 344 (349f.); 11, 382 (385); 12, 387 (389); 12, 390 (392f.); 12, 397 (399f.); 12, 401 (404f.); 18, 422 (428); 20, 403 (407); 21, 400 (408, 410); 23, 409 (414); 24, 311 (312); 31, 418 (422); 41, 432 (435); die Erforderlichkeit einer gesetzlichen Ermächtigung in der Sache bejahend auch schon PrOVGE 1, 173 (178f.); vgl. ferner PrOVGE 7, 354 (361); 9, 400 (403); zu dieser Rechtsprechung auch *O. Bühler*, Die subjektiven öffentlichen Rechte, S. 81f. sowie *G. Anschütz*, PrVerwBl. 22 (1900/01), S. 83 (84ff.).

[102] Vgl. PrOVGE 4, 414 (416ff.); 6, 349 (351ff.); 6, 370 (373ff.); 7, 354 (361ff.); 7, 374 (377f.); 9, 344 (349ff.); 9, 406 (409, 411ff.); 11, 382 (385ff.); 12, 382 (384ff.); 12, 387 (389f.); 12, 390 (394ff.); 12, 397 (399ff.); 12, 401 (403ff.); 15, 427 (431ff.); 20, 395 (399ff.); 20, 403 (407ff.); 21, 400 (408ff.); 23, 399 (402f., 404ff.); 32, 391 (393ff.); 32, 395 (399ff.); 32, 406 (409ff.); 33, 450 (454f.); 34, 439 (441ff.); 39, 292 (294ff.); obwohl eine »Polizeiverordnung betreffend, gehört in diesen Zusammenhang auch das bekannte »Kreuzberg-Urteil« des Zweiten Senats aus dem Jahre 1882, da auch in diesem Fall die Begrenzung polizeilicher Befugnisse durch § 10 II 17 ALR im Mittelpunkt des Interesses stand, vgl. PrOVGE 9, 353 (370ff.).

[103] PrOVGE 9, 400 (403).

[104] PrOVGE 9, 400 (402ff.); vgl. auch PrOVGE 32, 406 (408f.).

[105] PrOVGE 9, 400 (402).

[106] *G. Anschütz*, PrVerwBl. 22 (1900/01), S. 83 (85f.).

[107] *G. Anschütz*, Verfassungsurkunde, S. 93.

[108] *G. Meyer*, in: G. Meyer/G. Anschütz, Lehrbuch, 6. Aufl., S. 800.

[109] *G. Anschütz*, Verfassungsurkunde, S. 135; vgl. auch ebd., S. 96f.; ferner *O. Bühler*, Die subjektiven öffentlichen Rechte, S. 129; dezidiert a.A. noch *F. Giese*, Die Grundrechte, S. 72f., der

Insgesamt liegt damit der Schluß nahe, daß der grundrechtlich vermittelte Schutz des Bürgers im Konstitutionalismus auf eine »Bindung der Verwaltung an die Grundrechte«[110] hinauslief, die letztlich aus einer Gewährleistung des Gesetzmäßigkeitsprinzips resultiert, denn eine Beeinträchtigung der grundrechtlich gewährleisteten Freiheit erforderte danach eine (gesetzliche) Ermächtigung, in deren Rahmen sich das Verwaltungshandeln bewegen mußte, während die Grundrechte gegenüber dem Gesetzgeber letztlich keine durchgreifende Bindungswirkung entfalteten. Auch wenn den Grundrechten damit jedenfalls zum Teil die »Qualität objektiver Normen«[111] sowie – damit einhergehend – eine unmittelbare Rechtswirkung zuerkannt wurde, ist andererseits hervorzuheben, daß daraus nicht ohne weiteres auf eine eigenständige Bedeutung eines grundrechtlich vermittelten Gesetzesvorbehalts geschlossen werden kann: Soweit Einzelakte in Rede stehen, fand jedenfalls in der Zeit nach der Reichsgründung die Auffassung verbreitete Anerkennung, daß über den Erlaß von »Rechtssätzen« (Gesetzen im materiellen Sinne) durch den Landesherrn hinaus auch der – davon unterscheidbare[112] – Ausspruch von Ge- oder Verboten im Einzelfall einer gesetzlichen Grundlage bedürfe.[113] Dieser »Grundsatz der gesetzmäßigen Verwaltung«[114] war aber nicht zwangsläufig mit grundrechtlichen Gewährleistungen verknüpft. Zwar bestand über seine dogmatischen Wurzeln keine Klarheit,[115] er ist aber nur

---

zur Verneinung des subjektiv-rechtlichen Charakters der Grundrechte in der Sache erstaunlicherweise damit argumentiert, daß der Staat auch von sich aus für rechtmäßiges Verhalten seiner Behörden zu sorgen hat. Eine objektiv-rechtliche Pflicht eines Rechtssubjekts ist indes Voraussetzung und nicht Ersatz für ein auf »Pflichterfüllung« gerichtetes subjektives Recht des Begünstigten.

110 *R. Wahl*, Der Staat 18 (1979), S. 321 (329).

111 *U. Scheuner*, in: FS E.R. Huber, S. 139 (157).

112 Vgl. *G. Anschütz*, Verfassungsurkunde, S. 98f.; *O. Bühler*, Die subjektiven öffentlichen Rechte, S. 67ff., s. zu dieser Unterscheidung auch schon oben, Anm. 4.

113 Ausführl. hierzu *O. Bühler*, Die subjektiven öffentlichen Rechte, S. 76ff.; *D. Jesch*, Gesetz, S. 156ff., der (ebd., S. 162f.) im Anschluß an *Bühler* die Entstehung eines Gesetzesvorbehalts für Einzelakte in den 70er Jahren des 19. Jahrhunderts verortet; ähnl. *M. Sachs*, in: K. Stern/M. Sachs, Staatsrecht, Bd. III/2, S. 96; *P. Selmer*, JuS 1968, S. 489 (490 in Fn. 13); differenzierend *R. Thoma*, in: Anschütz/Thoma, (Hrsg.), Handbuch des Deutschen Staatsrechts, 2. Band, S. 221 (229); tendenziell anders aber *H.-U. Erichsen*, Grundlagen, S. 148ff. (156f.); so vertreten schon *Joh. C. v. Aretin/K. v. Rotteck*, Staatsrecht der konstitutionellen Monarchie, Zweiter Band, Erste Abtheilung (1827), S. 5, die These, die Freiheit der Person beinhalte »das Recht zu thun, was nicht durch ein Gesetz verboten ist«, beklagen ebd., S. 6 (in Fn. 6 der S. 5), aber auch das »stete Bevormunden und Gängeln von Seite der Beamten« und stellen dem die Situation in England gegenüber, wo »keinem Staatsbürger durch besondere Befehle verboten werden kann, was nicht durch ein allgemeines Gesetz verboten ist«.

114 *G. Anschütz*, Verfassungsurkunde, S. 97.

115 Nach *P. Laband*, Staatsrecht, Zweiter Band (5. Aufl. 1911), S. 186 (= 1. Aufl. 1878, S. 202), ist es »das Merkmal des Rechtsstaates, daß der Staat von seinen Angehörigen keine Leistung und keine Unterlassung fordern, ihnen nichts befehlen und nichts verbieten kann, als auf Grund eines Rechtssatzes«, dazu *D. Jesch*, Gesetz, S. 163ff.; ähnl. *G. Anschütz*, PrVerwBl. 22 (1900/01), S. 83 (84); *R. Thoma*, Polizeibefehl, S. 102f., hat hingegen versucht, den Gesetzesvorbehalt für Einzelakte im Wege des Erst-recht-Schlusses aus dem Erfordernis einer gesetzlichen Ermächtigung für

gelegentlich zu den Grundrechten in Beziehung gesetzt[116] oder gar aus Grundrechten abgeleitet worden.[117] *O. Bühler* kommt deshalb zu dem Ergebnis, die Grundrechtsbestimmungen seien »durch jenes allgemeine Prinzip überholt«.[118] Wo der Grundsatz der gesetzmäßigen Verwaltung die »Rechtssphäre des Einzelnen in der Weise der Verwaltung gegenüber schützt, daß zu jedem Eingriff in dieselbe ausdrückliche gesetzliche Ermächtigung nötig ist, haben die Grundrechte ... keine aktuelle Bedeutung mehr«.[119]

Desgleichen mußten die Grundrechte für die Frage nach der Reichweite eines (selbständigen) Verordnungsrechts des Landesherrn auf Basis der Unterscheidung zwischen formellen und .materiellen Gesetzen ohne Bedeutung bleiben, da es nach dieser Lehre – wie oben skizziert – einer Regelung oder (zumindest) Ermächtigung durch förmliches Gesetz gerade dann bedurfte, wenn eine Regelung einen »Eingriff in Freiheit und Eigentum« des Bürgers bewirkte und deshalb als Gesetz im materiellen Sinne zu qualifizieren war. Den Grundrechtskatalogen konnte daher allenfalls eine »kasuistisch gefaßte Darlegung des Prinzips der gesetzmäßigen Verwaltung, nicht aber eine Aufzählung der Gegenstände der Gesetzgebung«[120] entnommen werden.[121] Aus dieser Perspektive hat es eine gewisse Berechtigung, wenn *Ph. Zorn* bilanzierte, daß von den »sog. Grundrechte(n)« juristisch nichts besonderes mehr übrig bleibe, wenn man sie der »politischen und historischen Momente« entkleide.[122]

Unabhängig von der Frage nach grundrechtlichen Grundlagen des Prinzips der gesetzmäßigen Verwaltung ist festzustellen, daß es jedenfalls im Ergebnis einer Ermächtigung durch Gesetz bedurfte, um jene Grundrechtsgewährleistungen einzuschränken oder zu verdrängen, die als Teile des objektiven Rechts Verbind-

---

Einwirkungen auf Freiheit und Eigentum durch (Rechts-) Verordnung abzuleiten, dagegen *O. Bühler*, Die subjektiven öffentlichen Rechte, S. 71ff.

[116] Vgl. z.B. *G. Anschütz*, Verfassungsurkunde, S. 97f.; *O. Mayer*, Deutsches Verwaltungsrecht, Erster Band, S. 70; *O. Bühler*, Die subjektiven öffentlichen Rechte, S. 83ff. (87).

[117] So stützt PrOVGE 16, 386 (388), das Erfordernis einer gesetzlichen Grundlage für Beeinträchtigungen der freien Religionsausübung auf Art. 12 PrVU.

[118] *O. Bühler*, Die subjektiven öffentlichen Rechte, S. 129.

[119] *O. Bühler*, Die subjektiven öffentlichen Rechte, S. 155; auch *R. Thoma*, in: FG O. Mayer, S. 167 (216), sah für Preußen die Funktion der Grundrechte »mindestens im ursprünglichen System der Verfassungsurkunde« in der »Ausschließung selbständiger Individualakte«, wirft aber sodann (ebd., S. 218) die Frage auf, »ob nicht inzwischen die Rezeption des materiellen Rechtssatzvorbehalts die Grundrechte auch in dieser Beziehung außer Funktion gesetzt hat«.

[120] *G. Anschütz*, Verfassungsurkunde, S. 98; ähnl. auch *O. Mayer*, Deutsches Verwaltungsrecht, Erster Band, S 70.

[121] Für *O. Mayer*, Deutsches Verwaltungsrecht, Erster Band, S 71, war daher das Fehlen eines Grundrechtskatalogs in der RV 1871 unschädlich, weil sich von selbst verstehe, daß nur ein Gesetz mit der Kraft ausgestattet sei, »Freiheit und Eigentum der Deutschen in Anspruch zu nehmen«.

[122] *Ph. Zorn*, in: L. v. Rönne/Ph. Zorn, Das Staatsrecht der Preußischen Monarchie, Zweiter Band, S. 150, allerdings dürfte dieses vernichtende Urteil auch auf die Grundhaltung seines Urhebers gegenüber den Grundrechten zurückzuführen sein.

lichkeit beanspruchten. Damit ist zugleich ein Gesichtspunkt bezeichnet, dem insbesondere unter Geltung der WRV erhebliche Bedeutung zukam: Zwar fand in der Weimarer Republik weitgehende Anerkennung, daß der Grundrechtskatalog der WRV auch Verbürgungen »subjektiver Rechte der Individuen und ihrer Verbände«[123] enthielt. Auch werden bereits erste Ansätze sichtbar, den Bürger (genauer: das Bürgertum) unter Hinweis auf Grundrechte vor dem Gesetzgeber zu schützen. Letztlich vermochten die Grundrechte auch unter Geltung der WRV gegenüber dem Gesetzgeber aber keine durchgreifende Wirkung zu entfalten,[124] so daß »das allgemeine subjektive öffentliche Recht auf Freiheit von ungesetzlichem obrigkeitlichem Eingriff«[125] im Mittelpunkt des Interesses stand. Eindrucksvoll illustriert wird dies durch den Umstand, daß *G. Anschütz* sowohl in seinem Kommentar zur preußischen Verfassungsurkunde[126] wie auch noch mehr als 20 Jahre später in seiner Kommentierung der WRV[127] zu dem Ergebnis gelangen konnte, bei den Grundrechten handele es sich um eine kasuistisch gefaßte Darlegung des Prinzips der Gesetzmäßigkeit der Verwaltung, demzufolge die Verwaltungsorgane »in Freiheit und Eigentum des Einzelnen nur auf Grund und innerhalb der Schranken des Gesetzs eingreifen dürfen«.[128]

---

[123] *R. Thoma*, in: H.C. Nipperdey (Hrsg.), Die Grundrechte und Grundpflichten der Reichsverfassung, Erster Band, S. 1 (15).

[124] Vgl. hierzu *H. Dreier*, in: ders. (Hrsg.), GG, Vorb. Rn. 13.

[125] *R. Thoma*, in: H.C. Nipperdey (Hrsg.), Die Grundrechte und Grundpflichten der Reichsverfassung, Erster Band, S. 1 (16).

[126] *G. Anschütz*, Verfassungsurkunde, S. 98.

[127] *G. Anschütz*, Verfassung des deutschen Reichs, S. 511.

[128] *G. Anschütz*, Verfassung des deutschen Reichs, S. 511.

C. Folgerungen

Mit Blick auf die Frage nach dem Eingriffsbegriff ist demnach festzustellen, daß die Wendung vom Eingriff in »Freiheit und Eigentum« zunächst auf die Teilhabe des Parlaments an der Normsetzung zielte, indem sie die Erforderlichkeit eines (formellen) Gesetzes von der »Außenwirkung« einer Regelung abhängig machte. Es kann deshalb nicht überraschen, daß gerade der Begriff des »Eingriffs« als das am wenigsten belegte Element der Wendung vom »Eingriff in Freiheit und Eigentum« bezeichnet worden ist,[1] denn es war gerade die – mit der Außenwirksamkeit einer Regelung auch nur typischerweise verknüpfte – Beeinträchtigung des Einzelnen durch (außenwirksame) »Rechtssätze« und damit eine bestimmte Modalität staatlichen Handelns, die in dieser Formel eingefangen wurde. Zugleich liegt auf der Hand, daß ein »Eingriffsbegriff«, der letztlich die den Fürsten vom Bürgertum durch das System des Konstitutionalismus abgetrotzte Teilhabe des Parlaments an der Ausübung von Staatsgewalt beschreibt, schon wegen seiner Zeit- und Systembezogenheit keinesfalls die Grundlage eines »modernen« Eingriffsverständnisses bilden kann.

Demgegenüber ist nicht zu verkennen, daß die Diskussion um die Teilhabe des Parlaments an der Normsetzung im Laufe der Zeit durch die Frage nach der Erforderlichkeit einer normativen Ermächtigung für das Verwaltungshandeln überlagert und schließlich – endgültig unter Geltung der WRV – verdrängt worden ist. Auch insoweit stand jedoch die Beeinträchtigung durch einen Rechtsakt im Mittelpunkt des Interesses, wofür die weitgehende Beschränkung des gerichtlichen Rechtsschutzes auf Rechtsbehelfe gegen Verwaltungsakte mit ursächlich gewesen sein mag. Allerdings ist aus dieser Orientierung auch des Rechtsschutzes an einer typischen und im Mittelpunkt des Interesses stehenden Handlungsform des Staates gerade nicht der Schluß gezogen worden, nur der jeweilige Adressat eines (Rechts-) Akts der Verwaltung könne in rechtserheblicher Weise beeinträchtigt und deshalb als zur Anrufung der Gerichte befugt angesehen werden. Vielmehr hat namentlich das preußische OVG – wie dargelegt – auch Dritte als zur Einlegung eines Rechtsbehelfs befugt erachtet und den Kreis der Anfechtungsberechtigten in anderer Weise zu begrenzen gesucht, ohne insoweit auf Widerspruch des Schrifttums zu stoßen.

---

[1] So *M. Sachs*, in: K. Stern/M. Sachs, Staatsrecht, Bd. III/2, S. 95.

Für die Bestimmung der grundrechtsrelevanten Handlungen des Staates ergibt sich damit, daß ohne Orientierung an historischen Vorbildern allgemeine Merkmale zu ermitteln sind, die die Grundrechtserheblichkeit staatlichen Handelns begründen oder ausschließen. In diesem Zusammenhang kommt den Merkmalen des »traditionellen« Eingriffsbegriffs eine freilich eingeschränkte Bedeutung zu, weil sie die Belastung eines Maßnahmeadressaten durch ge- oder verbietende Rechtsakte beschreiben, denn ein Eingriffskriterium wäre besonderer Begründung bedürftig, wenn es derartige Fälle nicht mit umfaßte. Dies heißt nicht, daß die grundrechtlich relevanten Handlungen des Staates unter Anknüpfung an diese Fallgruppe zu ermitteln wären, denn hiermit wäre eine von vornherein verengte Perspektive verknüpft. Auch dürfte gerade die Orientierung am adressatbelastenden Rechtsakt eine der Ursachen für die ganz erheblichen Schwierigkeiten sein, zu denen die Frage nach der Grundrechtsrelevanz staatlichen Handelns bei Abweichungen von diesem »grundrechtlichen Normalfall« führt. Die selbstverständliche Grundrechtsrelevanz des adressatbelastenden Rechtsaktes macht deshalb eine nähere Analyse des Vorgangs der Beeinträchtigung grundrechtlich geschützter Positionen nicht entbehrlich. Schon die mit dem »Eingriffsbegriff« verknüpften Unklarheiten lassen jedoch erforderlich erscheinen, zunächst für das »bipolare« Gefüge zwischen Staat und Bürger zu untersuchen, nach welchen Kriterien sich die grundrechtliche Relevanz eines Staatsakts im Hinblick auf seinen Adressaten bestimmt, weil Schwierigkeiten bei der Bewältigung atypischer Konstellationen gerade auch in einer nicht hinreichenden Erfassung der Struktur von Grundrechtsbeeinträchtigungen im »Normalfall« des adressatbelastenden Rechtsaktes wurzeln dürften. Anschließend ist zu erörtern, welche Konsequenzen sich hieraus für Fallgestaltungen mit »Drittbezug« ergeben.

Zweiter Teil

Probleme des grundrechtsrelevanten Staatshandelns im zweipoligen Staat-Bürger-Verhältnis

A. Die Grundstruktur des Beeinträchtigungstatbestandes

Bei dem Versuch, Klarheit über Art und Struktur grundrechtsrelevanten Staatshandelns im »bipolaren« Gefüge von Staat und Bürger zu gewinnen und damit für diese Fallgestaltungen zugleich den Umfang des abwehrrechtlich vermittelten Grundrechtsschutzes zu bestimmen, sei zunächst die oben bereits erwähnte Beschreibung der abwehrrechtlichen Grundrechtsfunktion in der »Lüth-Entscheidung« des Bundesverfassungsgerichts nochmals in Erinnerung gerufen. Die Grundrechte haben danach die Aufgabe, »die Freiheitssphäre des einzelnen vor Eingriffen der öffentlichen Gewalt zu sichern«.[1] Diese Formel rechtfertigt zunächst die schlichte Feststellung, daß zwischen der Beschreibung des potentiell geschützten Lebensbereichs – der »Freiheitssphäre« – und dem Vorgang seiner rechtserheblichen Beeinträchtigung durch die »öffentliche Gewalt« unterschieden werden kann.[2] Dem entspricht die übliche Gegenüberstellung von einerseits dem grundrechtlichen »Schutzgut« oder »Schutzbereich« und andererseits dem »Eingriff«, verstanden als Oberbegriff für die rechtserhebliche Einwirkung auf grundrechtliche Schutzgüter.[3]

Mit Hilfe dieser Begriffe wird die Fülle möglicher Verhaltensweisen eines Grundrechtsadressaten in grundrechtlich relevante und grundrechtlich irrelevante Handlungen getrennt, denn »Eingriff« in den »Schutzbereich« eines Grundrechts ist nur die *rechtserhebliche* Einwirkung auf einen Ausschnitt aus der Wirklichkeit, der vom Tatbestand einer Grundrechtsnorm erfaßt wird. Demgemäß lassen sich eine Tatbestandsebene und eine Einwirkungsebene unterscheiden.[4] Dabei nimmt der Begriff des »Schutzguts« oder »Schutzbereichs« auf der Tatbestandsebene das »Thema« oder den »Gegenstand« des Grundrechtsschutzes in Bezug, also die tatbestandliche Umschreibung jener Verhaltensmöglichkeiten oder Zustände, die in einer Grundrechtsnorm genannt sind und deshalb mit der Abwehrfunktion des Grundrechte gegen einen unzulässigen Zugriff des Staates verteidigt werden können,[5] so daß auch vom »grundrechtlich geschützte(n) Le-

---

[1] BVerfGE 7, 198 (204).

[2] Vgl. *J. Schwabe*, Grundrechtsdogmatik, S. 152.

[3] Vgl. *R. Alexy*, Theorie, S. 274; krit zum Begriff des Grundrechtseingriffs *J. Ipsen*, Grundrechte, Rn. 125ff.

[4] Vgl. *J. Ipsen*, Grundrechte, Rn. 105.

[5] Vgl. zum Begriff des Schutzbereichs *P. Lerche*, in: Isensee/Kirchhof (Hrsg.), HbStR, Bd. V, § 121 Rn. 11; *B. Pieroth/B. Schlink*, Grundrechte, Rn. 195ff.

bensbereich«,[6] »Gewährleistungsbereich«,[7] »Normbereich«,[8] sowie »thematischen«[9] oder »sachlichen«[10] Schutzbereich des Grundrechts gesprochen wird. Da mit dieser Terminologie, die von einem »ausschließlich schutzgutbezogenen Schutzbereich«[11] ausgeht, nach dem Verständnis einiger Autoren nur ein Teilelement eines umfassenderen und auch die »Einwirkungsebene« einschließenden Schutzbereichsbegriffs bezeichnet ist, erscheint auch die Bezeichnung als »Schutzbereich im engeren Sinne«[12] als möglich. Um deutlich zu machen, daß der Gegenstand des Grundrechtsschutzes in Rede steht, sei hier aber in Anlehnung an einen von *R. Alexy* geprägten Begriff[13] vom »Schutzgut-Tatbestand« gesprochen. Dieser Begriff erscheint zur Beschreibung des Bezugspunktes eines subjektiven (Abwehr-) Rechts angemessener als der Terminus des (Schutz-) »Bereichs«, der

---

[6] *B. Pieroth/B. Schlink*, Grundrechte, Rn. 195.

[7] *H.-U. Gallwas*, Beeinträchtigungen, S. 51.

[8] Als Synonym für den Schutzbereich verwendet den Begriff *J. Schwabe*, Grundrechtsdogmatik, S. 152f., 195; eine andere Sichtweise findet sich demgegenüber bei *F. Müller*, der auf Basis seiner These, daß Normativität keine »innewohnende Eigenschaft eines Gesetzestexts« ist (Juristische Methodik, Rn. 227), zwischen »Normprogramm« und »Normbereich« einer Norm unterscheidet: Normativität ist danach ein »strukturierter Vorgang«, der »aus dem Zusammenwirken von Normprogramm und Normbereich der Rechtsnorm hervorgeht« (Juristische Methodik, Rn. 226). Dabei bildet das Normprogramm »den herkömmlich so verstandenen ›Rechtsbefehl‹«, der aus der Verarbeitung sämtlicher »Sprachdaten« des Normtextes zu gewinnen sei. Gleichrangig gehöre zur Norm aber auch »der Normbereich, d.h. der Ausschnitt sozialer Wirklichkeit in seiner Grundstruktur, den das Normprogramm aus dem allgemeinen Regelungsbereich der Rechtsnorm auswählend zu bestimmen erlaubt« (Juristische Methodik, Rn. 232): »Aus der Gesamtheit der von einer Vorschrift betroffenen Gegebenheiten ... hebt das vor allem in ihrem Wortlaut ausgedrückte ›Normprogramm‹ ... den Normbereich als Bestandteil des Normativtatbestandes« heraus« (Normbereiche, S. 9). Die »Grundstruktur der vom Normprogramm zu ordnenden Lebensverhältnisse« erweise sich daher »rechts(norm)theoretisch wie methodisch als Element der rechtlichen Regelung« (Juristische Methodik, Rn. 233), der Normbereich »ist ein Strukturbestandteil der Rechtsvorschrift selbst« (Juristische Methodik, Rn. 235). Die Norm ist zu verstehen als »sachgeprägtes Ordnungsmodell« und »verbindlicher Entwurf einer Teilordnung der Rechtsgemeinschaft, die der Rechtssatz sprachlich vorbereitet« bzw. »abbildet« (Normbereiche, S. 9) und »in der das Ordnende und das zu Ordnende notwendig zusammengehören und einander ... unabdingbar ergänzen und abstützen« (Juristische Methodik, Rn. 236; ähnl. auch schon Normstruktur, S. 107) bzw. gegenseitig fundieren (Normbereiche, S. 9); ähnl. *K. Hesse*, Grundzüge, Rn. 45f., 69, 310; Anklänge an eine solche Position auch bei *W. Höfling*, NJW 1983, S. 1582 (1583); *P. Lerche*, in: Isensee/Kirchhof (Hrsg.), HbStR, Bd. V, § 121 Rn. 12ff.; vgl. ferner *C. Moench*, Normenkontrolle, S. 115f.; abl. hingegen *R. Alexy*, Theorie, S. 63ff. (66ff.), der sich dagegen wendet, die für die Interpretation einer Norm wichtigen Gesichtspunkte unter Einschluß der »Realdaten« in den Begriff der Norm aufzunehmen (ebd., S. 68f.); in diese Richtung auch die Kritik von *M. Sachs*, in: K. Stern, Staatsrecht, Bd. III/1, S. 479; *ders.*, in: K. Stern/M. Sachs, Staatsrecht, Bd. III/2, S. 42f.; vgl. auch *B.-O. Bryde*, Verfassungsentwicklung, S. 259, der die Frage stellt, ob mit der »neuen Terminologie mehr gewonnen ist als ein sehr nachdrücklicher Hinweis auf die Bedeutung von Sachelementen für die Normkonkretisierung«.

[9] *A. Roth*, Drittbetroffenheit, S. 196 in Fn. 1.

[10] *U. Ramsauer*, Beeinträchtigungen, S. 52.

[11] *R. Alexy*, Theorie, S. 276.

[12] *R. Alexy*, Theorie, S. 276.

[13] *R. Alexy*, Theorie, S. 275.

die »verräumlichende« Vorstellung einer umhegten »Zone« grundrechtlich geschützter Freiheit auszulösen geeignet ist.[14]

Der Begriff des Schutzgut-Tatbestandes betrifft daher das »Was« des Grundrechtsschutzes.[15] Dem Schutzgut-Tatbestand oder (thematischen) »Schutzbereich« sind deshalb auch die »vom Grundrecht sachlich geschützten Befugnisse«[16] zugeordnet worden, was zwar die Sache insoweit trifft, als ein grundrechtlicher Verhaltensschutz in Rede steht, aber Bedenken in terminologischer Hinsicht begegnet, weil der Begriff der »Befugnis« auf eine abgeleitete und staatlich gewährte Rechtsstellung hindeutet.[17] Demgegenüber bezieht sich der Begriff des »Eingriffs« oder der »Einwirkung« auf die modale Seite des Beeinträchtigungsvorgangs, indem er Handlungen eines Grundrechtsadressaten erfaßt, die wegen ihrer Auswirkungen auf eine (potentiell) grundrechtlich geschützte »Position« besonderer Rechtfertigung am Maßstab der Grundrechte bedürfen. Mit Hilfe des »Eingriffsbegriffs« erfolgt die juristische Beschreibung eines in der Wirklichkeit erfahrbaren Sachverhalts, der dadurch gekennzeichnet ist, daß eine der »öffentlichen Gewalt« zuzurechnende Maßnahme – ein »Staatsakt« – Auswirkungen auf einen Grundrechtsträger zeitigt, indem eine nach Maßgabe des Schutzgut-Tatbestandes potentiell Grundrechtsschutz genießende Situation zum Nachteil des Grundrechtsträgers verändert wird. Diese das »Wovor« oder »Wogegen« des Grundrechtsschutzes betreffende Komponente des Vorgangs der rechtserheblichen Beeinträchtigung einer grundrechtsgeschützten Position kann daher als »Einwirkungstatbestand« bezeichnet werden.

Diese mit der Abwehrfunktion der Grundrechte notwendig verbundene Unterscheidung zwischen dem Gegenstand potentiellen Grundrechtsschutzes und dem Vorgang seiner Beeinträchtigung wird auch von jenen Autoren nicht in Abrede gestellt, die dem hier als »Schutzgut-Tatbestand« bezeichneten »Schutzbereich im engeren Sinne« einen umfassenderen Begriff des Schutzbereichs entgegenstellen, denn regelmäßig handelt es sich nur um einen abweichenden Sprachgebrauch. So hält *R. Alexy* die Konstruktion eines Schutzgut-Tatbestandes nicht für empfehlenswert, weil sie den »Dualismus von Tatbestand und Schranke durch

---

[14] Krit. zu einer »in der Grundrechtsdogmatik verbreitete(n) Raummetaphorik« *J. Ipsen*, Grundrechte, Rn. 117; vgl. auch *ders.*, JZ 1997, S. 473 (475); *ders.*, in: G.F. Schuppert (Hrsg.), Das Gesetz als zentrales Steuerungsinstrument des Rechtsstaates, S. 85 (89f.); gegen das »in der Literatur verbreitete ›verräumlichende‹ Grundrechtsdenken in (negatorisch) geschützten Freiheitssphären« wendet sich auch *A. Scherzberg*, Grundrechtsschutz, S. 216; *ders.*, DVBl. 1989, S. 1128 (1135); vgl. ferner *B. Pieroth/B. Schlink*, Grundrechte, Rn. 231; *H. Bethge*, Der Staat 24 (1985), S. 351 (375); demgegenüber ist es nach *R. Alexy*, Theorie, S. 248, »nicht nur unschädlich, sondern auch treffend«, wenn in der Rechtsprechung des Bundesverfassungsgerichts von einem (freien) »Rechtsraum« oder »Freiheitsraum« gesprochen werde.

[15] Vgl. *J. Schwabe*, Grundrechtsdogmatik, S. 152.

[16] *A. Roth*, Drittbetroffenheit, S. 196 (in Fn. 1); ähnl. *U. Ramsauer*, Beeinträchtigungen, S. 53.

[17] Vgl. *J. Ipsen*, Grundrechte, Rn. 64; nach *H. Goerlich*, Verfahrensgarantien, S. 20, sind »Grundrechte als Freiheiten ... originäre Befugnisse«, denen die Kompetenzen als »abgeleitete Befugnisse« gegenübergestellt werden.

einen Trialismus von Tatbestand, Eingriff und Schranke« ersetze.[18] *Alexy* schlägt daher vor, den Begriff des Eingriffs in den Begriff des Tatbestandes zu inkorporieren und von einem »Schutzgut/Eingriff-Tatbestand« auszugehen, weil der Begriff des Tatbestandes die Aufgabe habe, »als Gegenbegriff zum Begriff der Schranke ... die materiellen Voraussetzungen für die prima facie-Rechtsfolge vollständig zusammenzufassen«.[19] Dem entspricht, daß *Alexy* einem ausschließlich schutzgutbezogenen »Schutzbereich im engeren Sinne« einen »Schutzbereich im weiteren Sinne«, gegenüberstellt, in den alles falle, was *prima facie* verboten ist.[20] Diese Terminologie beruht daher ebenfalls auf der Unterscheidung zwischen den hier als Schutzgut-Tatbestand und Einwirkungstatbestand bezeichneten Elementen der rechtserheblichen Beeinträchtigung grundrechtlicher Schutzgüter, die lediglich in einem einheitlichen »Schutzbereichsbegriff« zusammengefaßt werden. Dies wiederum ist letztlich eine Frage terminologischer Zweckmäßigkeit. Hier sei vorgeschlagen, Schutzgut-Tatbestand und Einwirkungstatbestand als zwei Teilelemente eines »Beeinträchtigungstatbestandes« aufzufassen.[21]

Eine etwas andere Sichtweise findet sich demgegenüber bei *U. Ramsauer*, der seinen Ausführungen ebenfalls ein weites Verständnis des Begriffs des Schutzbereichs zugrunde legt, das den Vorgang der Beeinträchtigung einer grundrechtlich geschützten »Position« mit erfaßt. Mit Blick auf die Eigentumsgewährleistung des Art. 14 Abs. 1 S. 1 GG führt *Ramsauer* aus, der Schutzbereich eines Grundrechts könne »von zwei Seiten aus« beschrieben werden: Zum einen »vom materiellen Umfang der geschützten Befugnisse her, zum anderen von der Art bzw. Qualität der Beeinträchtigung her«.[22] *Ramsauer* will daher den Schutzbereich des Art. 14 Abs. 1 S. 1 GG in ein sachliches und ein funktionales Element unterteilen[23] und unterscheidet zwischen einem »sachlichen« und einem »funktionalen« Schutzbereich.[24] Dabei gebe der sachliche Schutzbereich Auskunft über die im einzelnen geschützten Befugnisse, während der funktionale Schutzbereich angebe, »welche Qualität eine Maßnahme, eine Wirkung und die zwischen ihnen bestehende Beziehung haben müssen«.[25] Nach *Ramsauer* sind demnach die (potentiell) abwehrbaren Verhaltensweisen eines Grundrechtsadressaten ein Teilelement eines weiten Schutzbereichsbegriffs, das als »funktionaler Schutzbereich«

---

[18] *R. Alexy*, Theorie, S. 275.

[19] *R. Alexy*, Theorie, S. 276.

[20] *R. Alexy*, Theorie, S. 276.

[21] Explizit gegen eine Einbeziehung der Beeinträchtigung in den Tatbestand des Abwehrrechts *M. Sachs*, in: K. Stern/M. Sachs, Staatsrecht, Bd. III/2, S. 38ff., der dabei aber die (Fehl-) Vorstellung von den Grundrechten als Erlaubnisnormen (dazu unten, S. 81ff.) zugrunde legt.

[22] *U. Ramsauer*, Beeinträchtigungen, S. 53.

[23] *U. Ramsauer*, Beeinträchtigungen, S. 52.

[24] Ähnl. auch *H. Sodan*, DÖV 1987, S. 858 (860); vgl. ferner *A. Roth*, Drittbetroffenheit, S. 196 (mit Fn. 1); *G. Schwerdtfeger*, Fallbearbeitung, Rn. 447; *ders.*, in: FS zum 125jährigen Bestehen der Juristischen Gesellschaft zu Berlin, S. 715 (722f.).

[25] *U. Ramsauer*, Beeinträchtigungen, S. 53.

verselbständigt wird. Damit wird zugleich erkennbar, daß es der Untergliederung des »Beeinträchtigungstatbestandes« in einen Schutzgut-Tatbestand und einen Einwirkungstatbestand bedarf, wenn die zugrundeliegende Struktur der Beeinträchtigung grundrechtlich geschützter Positionen deutlich werden soll: Zwar sind Schutzgut-Tatbestand und Einwirkungstatbestand eng aufeinander bezogen, weil sich die Frage nach dem Vorliegen eines Einwirkungstatbestandes nur bei Einwirkungen auf grundrechtlich geschützte »Positionen« sinnvoll stellen läßt; sie haben aber gleichwohl eine jeweils eigene Funktion bei der Feststellung der Grundrechtserheblichkeit staatlichen Handelns.

Unabhängig von diesen Überlegungen ist an den Ausführungen von *U. Ramsauer* für den vorliegenden Zusammenhang von Interesse, daß einer Maßnahme die von ihr hervorgerufene Wirkung gegenübergestellt wird, denn dies macht deutlich, daß sich der Einwirkungstatbestand insofern weiter ausdifferenzieren läßt, als zwischen einer grundrechtserheblichen Handlung eines Grundrechtsadressaten und ihrer schutzgutbeeinträchtigenden Wirkung unterschieden werden kann. Diese beiden Komponenten des Einwirkungstatbestandes sind auch jeweils für sich grundsätzlich geeignet, die grundrechtliche Relevanz einer Beeinträchtigung auszuschließen. So soll beispielsweise die staatliche Teilnahme am Wettbewerb die Grundrechte privater Mitbewerber nach verbreiteter Auffassung von vornherein nicht berühren.[26] Diese Auffassung ist zwar bislang nicht überzeugend begründet worden, denn die Zulässigkeit staatlicher oder kommunaler Konkurrenz läßt sich nicht schon mit der Erwägung beweisen, daß Grundrechte nicht vor Wettbewerb schützten.[27] Wird sie gleichwohl zugrunde gelegt, so ist die staatliche Wettbewerbsteilnahme schon als Handlung grundrechtlich unbeachtlich. Ein weiteres Beispiel bietet die Rechtsprechung zum Betreten von Geschäftsräumen durch Amtsträger: Obwohl das Bundesverfassungsgericht in Aus-, wenn nicht Überdehnung des Wortlauts des Art. 13 Abs. 1 GG auch Betriebs- und Geschäftsräume als »Wohnungen« ansieht,[28] soll deren Betreten durch Personen in amtlicher Eigenschaft mangels eines Eindringens schon als Handlung keinen Eingriffscharakter besitzen.[29] Demgegenüber wird namentlich die Grundrechtsrelevanz von Drittbeeinträchtigungen in der Rechtsprechung gelegentlich mit der Erwägung in Abrede gestellt, es liege »nur« eine unerhebliche »Reflexwirkung« vor.[30] Die im Hinblick auf den Einwirkungstatbestand zu be-

---

[26] Vgl. die Nachw. im Dritten Teil, Abschnitt D, Anm. 22.

[27] Näher unten, S. 430ff.

[28] Vgl. BVerfGE 32, 54 (68f.); 44, 353 (371); 76, 83 (86); krit *G. Hermes*, in: Dreier (Hrsg.), GG, Bd. 1, Art. 13 Rn. 23f.

[29] Ebenso *J. Ipsen*, Grundrechte, Rn. 273; allerdings ist fraglich, ob dieser Rechtsprechung unter dem Aspekt des mutmaßlichen Einverständnisses gefolgt werden kann: Wer mit dem Betreten eines Geschäfts durch Kunden einverstanden ist, muß mit dessen Betreten durch einen Gerichtsvollzieher noch lange nicht einverstanden sein.

[30] Vgl. BVerfG (2. Kammer des Ersten Senats), NJW 1997, S. 793.

antwortende Frage ist folglich, welchen Wirkungen welcher Maßnahmen grundrechtliche Relevanz zukommt.

Insgesamt bleibt festzuhalten, daß sich der Tatbestand der Beeinträchtigung grundrechtlich geschützter Positionen (»Beeinträchtigungstatbestand«) in einen Schutzgut-Tatbestand und einen Einwirkungstatbestand zerlegen läßt. Dabei beschreibt der Schutzgut-Tatbestand die grundrechtlich (potentiell) geschützten und deshalb vielfach als »Schutzgüter« bezeichneten Verhaltensmöglichkeiten, Wirklichkeitsausschnitte und (einfach-gesetzlichen) Rechtspositionen, während der Einwirkungstatbestand die Frage nach den grundrechtserheblichen Handlungen des Staates und den grundrechtserheblichen Auswirkungen staatlichen Handelns betrifft.

B. Die Merkmale des Beeinträchtigungstatbestandes

Mit diesen Feststellungen zur Struktur des Beeinträchtigungstatbestandes sind die entscheidenden Fragen erst gestellt, nicht aber beantwortet, weil sie nichts darüber aussagen, *wann* staatliches Handeln nach Art und Inhalt als Beeinträchtigung einer potentiell grundrechtlich geschützten Position zu werten ist. Bevor sich die Aufmerksamkeit der Frage nach den grundrechtlich relevanten Staatsakten zuwenden kann, bedarf es dabei der Klarheit über die Schutzgüter der einzelnen Grundrechte, denn der Einwirkungstatbestand beschreibt gerade das im Hinblick auf ein grundrechtliches Schutzgut erhebliche Staatshandeln, so daß es für die grundrechtliche Relevanz staatlichen Handelns auch auf die Schutzzwekke der einzelnen Grundrechtsgewährleistungen ankommt.

I. Der Schutzgut-Tatbestand

1. Gegenstand und Inhalt des Schutzgut-Tatbestandes

a. Die Freiheit von Fremdbestimmung als Gegenstand grundrechtlicher Gewährleistung

Damit muß sich das Augenmerk auf die einzelnen Grundrechtsbestimmungen richten, denn durch deren Tatbestandsmerkmale werden die Wirklichkeitsausschnitte »in ihrem gegenständlichen Bezug«[1] beschrieben, die potentiell grundrechtlich geschützt sind und deshalb einem staatlichen Zugriff nicht ohne weiteres offenstehen. Ist die Grundrechtsrelevanz einer staatlichen Maßnahme zu prüfen, so muß erörtert werden, ob der in Rede stehende Staatsakt Auswirkungen auf eine grundrechtlich geschützte Position – ein grundrechtliches Schutzgut – hat. Dies setzt die Prüfung voraus, ob eine bestimmte Tätigkeit eine »Berufsausübung« i.S.v. Art. 12 Abs. 1 GG ist, eine bestimmte Erklärung als »Meinungsäußerung« i.S.v. Art. 5 Abs. 1 GG angesehen werden kann, eine Ansammlung von Personen eine »Versammlung« i.S.v. Art. 8 GG bildet oder eine bestimmte Rechtsposition als »Eigentum« i.S.v. Art. 14 GG geschützt wird.

Hervorzuheben ist allerdings, daß die Gewährleistung von Grundrechtsschutz durch die einzelnen Grundrechte zwar für eine Vielzahl verschiedener Lebensbe-

---

[1] *M. Sachs*, in: K. Stern, Staatsrecht, Bd. III/1, S. 565.

reiche und -situationen, aber jeweils in Beziehung auf die Grundrechtsträger erfolgt. Art. 5 Abs. 1 und 12 Abs. 1 GG schützen daher (u.a.) die Freiheit zu einer Meinungsäußerung oder beruflichen Betätigung, nicht aber »den Beruf« oder »die Meinung«. Im Hinblick auf diese »der Verfassung vorgegebene Eigenständigkeiten, deren Wahrnehmung oder Ausübung die Grundrechte garantieren«,[2] kann zwar von Bezugspunkten des Grundrechtsschutzes, nicht aber grundrechtlichen Schutzgütern gesprochen werden.[3] Ebenso ist Schutzgut beispielsweise des Art. 14 Abs. 1 GG der Zustand der Wahrnehmbarkeit der Verhaltensmöglichkeiten, die aus der Innehabung eines vermögenswerten Rechts resultieren, das als »Eigentum« bezeichnet wird und den Bezugspunkt des grundrechtlichen Schutzes bildet.[4]

Die verschiedenen Schutzgüter oder Schutzobjekte der Einzelgrundrechte können nach Maßgabe der Schutzrichtung einer Grundrechtsnorm danach unterteilt werden, ob in erster Linie auf den Schutz der Person und persönlichen Sphäre des Grundrechtsträgers oder die Bildung und Betätigung eines Willens gezielt wird. So schützt Art. 12 Abs. 1 GG mit dem Bezugspunkt des »Berufs« die Wahl und Ausübung einer beruflichen Tätigkeit durch den Grundrechtsträger. In diesem Fall läßt sich daher von der Willensbildungs-und -betätigungsfreiheit oder – kürzer – »Verhaltensfreiheit« als Gegenstand grundrechtlichen Schutzes sprechen. Ein solcher »verhaltensbezogener« Grundrechtsschutz wird etwa durch die »Religionsfreiheit« (Art. 4 Abs. 1 GG), die Meinungs(äußerungs)freiheit (Art. 5 Abs. 1 S. 1 GG), die Pressefreiheit (Art. 5 Abs. 1 S. 2 GG), die Kunstfreiheit (Art. 5 Abs. 3 GG), die Versammlungsfreiheit (Art. 8 GG), das elterliche Erziehungsrecht (Art. 6 Abs. 2 S. 1 GG) sowie nicht zuletzt die allgemeine Handlungsfreiheit (Art. 2 Abs. 1 GG) gewährleistet. Auch Art. 14 Abs. 1 GG gehört insoweit in diesen Zusammenhang, als der Grundrechtsschutz des Eigentums (auch) die Möglichkeit (»Freiheit«) zum Gegenstand hat, Eigentum zu erwerben und damit nach Belieben zu verfahren, insbesondere darüber zu verfügen.[5]

Jene Grundrechte, die (auch) einen verhaltensbezogenen Grundrechtsschutz vermitteln, schützen die – als Freiheit zu einem Verhalten nach individuellem Belieben[6] zu verstehende – Verhaltensfreiheit aber lediglich im Hinblick auf unter-

---

[2] *W. Böhmer*, NJW 1988, S. 2561 (2563 in Fn. 8).

[3] Ebenso *J. Eschenbach*, Schutz des Eigentums, S. 590.

[4] Vgl. hierzu *W. Böhmer*, NJW 1988, S. 2561 (2563 mit Fn. 8), der mit Blick auf Art. 14 Abs. 1 GG zwischen einerseits dem »Gegenstand« bzw. »Bezugsobjekt« und andererseits der »Gewährleistung« bzw. »Garantie« eines Grundrechts unterscheidet und sich dagegen wendet, »die Gewährleistung mit ihrem Gegenstand zu vermengen«; der Sache nach ähnl. *U. Ramsauer*, Beeinträchtigungen, S. 25f.

[5] Dazu noch unten, S. 355.

[6] Dezidiert *M. Sachs*, in: K. Stern, Staatsrecht, Bd. III/1, S. 628 (»Beliebigkeit des Verhaltenkönnens«); ebenso *C. Hillgruber*, Schutz, S. 115; *F. Ossenbühl*, NJW 1976, S. 2100 (2102); vgl. ferner *H.H. Klein*, Grundrechte, S. 38; *U. Ramsauer*, Beeinträchtigungen, S. 25, 53 (mit Blick auf Art. 14 GG); hierzu auch noch unten, S. 100ff. und 102ff.

schiedliche Lebenssituationen, so daß sich die verhaltensbezogenen Grundrechtsgewährleistungen insgesamt auf die Verhaltensfreiheit zurückführen lassen: Zu Recht hat schon *G. Jellinek* darauf hingewiesen, daß von »Freiheitsrechten« zu reden »juristisch nicht korrekt« sei, weil es nur die »Freiheit im Singular« gebe, die durch die Freiheit anerkennende Gesetze »mehr in politischer als in juristischer Hinsicht verschiedene individuell gefärbte Nuancen erhält«.[7] So handelt es sich bei den »politischen« Grundrechten der Versammlungs-, Meinungsäußerungs- und Pressefreiheit um Ausprägungen der – von Art. 2 Abs. 1 GG im übrigen umfassend gewährleisteten[8] – »allgemeinen Verhaltensfreiheit«, die in historischer Perspektive für staatliche Interventionen besonders anfällige Lebensbereiche betreffen[9] und die das Grundgesetz dadurch besonders schützt, daß besondere und im Verhältnis zu Art. 2 Abs. 1 GG regelmäßig erhöhte Anforderungen an die Rechtfertigung staatlicher Einwirkungen gestellt werden. In diesen Fällen steht jeweils die freie, insbesondere von staatlichen Ge- und Verboten unbeeinflußte Bildung und Betätigung eines Willens in Rede. Die verschiedenen Schutzgüter der auf die Verhaltensfreiheit zielenden Grundrechte sichern die Freiheit des Grundrechtsträgers von Fremdbestimmung und damit die Möglichkeit der Selbstbestimmung, indem sie die Beeinträchtigung oder Beseitigung von Verhaltensmöglichkeiten durch staatliche Verhaltensbefehle oder (anderweitigen) Zwang von einer besonderen Rechtfertigung abhängig machen.

Ein etwas anderer Befund ergibt sich demgegenüber für den Grundrechtsschutz der Person und persönlichen Sphäre eines Grundrechtsträgers, wie er beispielsweise durch die grundrechtliche Gewährleistung von Leben und körperlicher Unversehrtheit (Art. 2 Abs. 2 GG) sowie der Unverletzlichkeit des gesprochenen oder geschriebenen Worts (Art. 10 Abs. 1 GG) und der Wohnung (Art. 13 Abs. 1 GG) vermittelt wird, denn im Anwendungsbereich dieser Grundrechtsnormen zielt ein beeinträchtigendes Staatshandeln nicht auf die Wahrnehmbarkeit von Verhaltensmöglichkeiten, sondern einen Grundrechtsschutz genießenden Zustand. Während der verhaltensbezogene Grundrechtsschutz die Grundrechtsadressaten verpflichtet, ein grundrechtlich geschütztes Verhalten nicht ohne rechtfertigenden Grund zu verhindern, ist der »sphärenbezogene« Grundrechtsschutz dadurch gekennzeichnet, daß die Grundrechtsadressaten sich jeder ungerechtfertigten Einwirkung auf die Person und die geschützte persönliche Sphäre eines Grundrechtsträgers zu enthalten haben.[10] Im Bereich des sphärenbe-

---

[7] *G. Jellinek*, System, S. 103f.; vgl. auch *ders.*, Allgemeine Staatslehre, S. 419f.

[8] Vgl. unten, S. 102ff.

[9] BVerfGE 6, 32 (37), spricht von Lebensbereichen, »die nach den geschichtlichen Erfahrungen dem Zugriff der öffentlichen Gewalt besonders ausgesetzt sind«.

[10] Eine ähnl. Unterscheidung findet sich bei *J. Eschenbach*, Schutz des Eigentums, S. 590; *J. Ipsen*, Grundrechte, Rn. 136ff., 142f.; vgl. auch *R. Alexy*, Theorie, S. 174ff., 274, der den verhaltensbezogenen Grundrechtsschutz in – sich teilweise überlagernde – »Rechte auf die Nichthinderung von Handlungen« (ebd., S. 174ff.) sowie »Rechte auf die Nichtbeseitigung von rechtlichen Positionen« (ebd., S. 177ff.) unterteilt und ihnen »Rechte auf die Nichtbeeinträchtigung von Ei-

zogenen Grundrechtsschutzes kann folglich das grundrechtsrelevante Staatshandeln mit dem gängigen Begriff des »Eingriffs« angemessen beschrieben werden,[11] da ein Schutz des Grundrechtsträgers gerade vor Integritätsbeeinträchtigungen in Rede steht.

Zwar läßt sich dem auf ein Nichthindern eines bestimmten Verhaltens gerichteten Schutz der Verhaltensfreiheit der auf ein Nichtstören gerichtete Schutz der Person und der persönlichen Sphäre des Grundrechtsträgers gegenüberstellen.[12] Die Unterscheidung zwischen verhaltens- und sphärenbezogenem Grundrechtsschutz kann im Einzelfall aber Schwierigkeiten bereiten. So will *R. Alexy* die Inhaftierung einer Person wegen der Beeinträchtigung der Fortbewegungsmöglichkeit als Verhinderung einer Handlung qualifizieren.[13] Nach anderer Ansicht sind Einwirkungen auf die »Freiheit der Person« hingegen dem sphärenbezogenen Grundrechtsschutz zuzuordnen.[14] Diese unterschiedlichen Positionen bringen zum Ausdruck, daß derartige Zuordnungsprobleme letztlich deshalb entstehen, weil ein Grundrechtsträger die Möglichkeit zur freien Disposition über einen Gegenstand sphärenbezogenen Grundrechtsschutzes oder auch sein anderweitiges Verhalten insoweit verliert, als ein Grundrechtsadressat ohne oder gegen den Willen des Betroffenen auf dessen Person oder persönliche Sphäre einwirkt. Mit einer staatlichen Einwirkung auf Bezugspunkte des sphärenbezogenen Grundrechtsschutzes ist deshalb stets auch eine Beeinträchtigung der Verhaltensfreiheit verbunden, weil ein Verlust von Dispositionsmöglichkeiten mit jeder zwangsweisen Beeinträchtigung grundrechtlich geschützter Positionen, sei es durch Rechts- oder Realakt (»Befehl und Zwang«), notwendig einhergeht. So kann ein Grundrechtsträger im Umfang der staatlichen Intervention auch nicht mehr selbst entscheiden, wem er beispielsweise Zutritt zu seiner Wohnung gewährt oder Kenntnis von bestimmten Informationen verschafft. Auch wird bei Einwirkungen auf die Person beliebiges Verhalten des Betroffenen für deren Dauer – und bei einer Tötungshandlung sogar endgültig – unmöglich gemacht.

Das Vorhandensein einer notwendig mit Einwirkungen auf die Person oder persönliche Sphäre eines Grundrechtsträgers einhergehenden Beeinträchtigung

---

genschaften und Situationen« (ebd., S. 176f.) gegenüberstellt, in denen sich der personenbezogene Grundrechtsschutz widerspiegelt. Die erstgenannte Unterscheidung erscheint freilich nicht als hilfreich, weil eine Bezugnahme auf verschiedene Beeinträchtigungsmodalitäten in unklarer Weise mit einer Differenzierung nach eingesetztem Mittel und erzieltem Erfolg (vgl. ebd., S. 178f.) verknüpft wird.

[11] Vgl. *J. Ipsen*, Grundrechte, Rn. 139; *ders.*, in: G.F. Schuppert (Hrsg.), Das Gesetz als zentrales Steuerungsinstrument des Rechtsstaates, S. 85 (100); *ders.*, JZ 1997, S. 473 (478f.).

[12] In der Sache ähnlich *R. Herzog*, Allgemeine Staatslehre, S. 373, der ebenfalls zwischen dem primär personenbezogenen Schutz durch »Abwehrrechte« sowie einem verhaltensbezogenen Grundrechtsschutz durch »Freiheitsrechte im engeren Sinne« unterscheidet und diese Differenzierung auf die staatsgerichteten Imperative »Du darfst nicht nehmen« und »Du darfst nicht hindern« zuspitzt.

[13] *R. Alexy*, Theorie, S. 174.

[14] *R. Herzog*, Allgemeine Staatslehre, S. 373.

der Verhaltensfreiheit kann andererseits nicht dazu führen, die Unterschiede zwischen sphären- und verhaltensbezogenem Grundrechtsschutz zu verwischen. Die für die Unterscheidung zwischen diesen verschiedenen Richtungen grundrechtlichen Schutzes – und damit zugleich auch die Zuordnung staatlichen Handelns – entscheidende Frage bleibt vielmehr, ob im Einzelfall ein Schutz gegen Beeinträchtigungen der Möglichkeit zu selbstbestimmtem Handeln oder gegen Einwirkungen auf einen grundrechtlich geschützten Zustand in Rede steht. So ist im Beispiel der Inhaftierung eines Grundrechtsträgers eine Einwirkung auf einen Zustand der (Fort-) Bewegungsfreiheit anzunehmen, die zugleich – wie alle sphärenbezogenen Beeinträchtigungen – für ihre Dauer beliebige andere Handlungen des Betroffenen – beispielsweise die Teilnahme an einer Demonstration[15] – verhindert.[16] Wird ein Grundrechtsträger hingegen durch eine polizeiliche Absperrung an der Teilnahme an einer Demonstration gehindert, so handelt es sich um die Verhinderung eines bestimmten Verhaltens, die an Art. 8 GG zu messen ist. Auch liegt keine Beeinträchtigung der Freiheit der Person vor, wenn ein Grundrechtsträger zum Aufenthalt an einem bestimmten Ort – zu denken ist hier an die Schulpflicht oder auch die Verpflichtung zur Teilnahme an einem Verkehrsunterricht – verpflichtet wird, da die »natürliche« Bewegungsfreiheit unberührt bleibt.[17]

Schon an diesen Beispielen läßt sich ferner ablesen, daß die Unterscheidung zwischen verschiedenen Arten staatlicher Rechtspflichten auch in Zusammenhang mit den Modalitäten der Beeinträchtigung grundrechtlicher Schutzgüter steht: So dürfte die Verhaltensfreiheit regelmäßig durch imperativ-regelnde Staatsakte und nur ausnahmsweise durch Realakte beeinträchtigt werden, während die Einwirkung auf einen Gegenstand des sphärenbezogenen Grundrechtsschutzes üblicherweise durch Realakt erfolgt. Erwähnt seien nur zwangsweise ärztliche Untersuchungen, das Durchsuchen von Wohnungen oder das Abhören von Telefonen. Daß derartige Maßnahmen vielfach eine vorgängige richterliche Anordnung erfordern, ändert am Vorliegen einer Beeinträchtigung durch Realakt nichts, weil ein solcher Rechtsakt lediglich Voraussetzung für die Rechtmäßigkeit des Realakts ist.[18] Allerdings besteht kein notwendiger Zusammenhang zwischen der Schutzrichtung eines Grundrechts und der Modalität der Beeinträchtigung des geschützten Rechtsguts, wie sich am Beispiel des Rechts auf »informationelle Selbstbestimmung« ablesen läßt: Zwar definiert das Bundesverfassungsgericht dieses Recht verhaltensbezogen als die »aus dem Gedanken der Selbstbestimmung folgende Befugnis des Einzelnen, grundsätzlich selbst zu entscheiden, wann und innerhalb welcher Grenzen persönliche Lebenssachverhalte offenbart

[15] Vgl. dazu BVerwGE 45, 51 (54ff.).
[16] Vgl. *J. Ipsen*, Grundrechte, Rn. 248.
[17] Dazu auch noch unten im Dritten Teil, Abschnitt C, Anm. 131.
[18] Ebenso *M. Sachs*, in: K. Stern/M. Sachs, Staatsrecht, Bd. III/2, S. 116.

werden«.[19] Richtigerweise wird das Recht auf informationelle Selbstbestimmung aber dem sphärenbezogenen Schutz zugerechnet werden müssen, weil es in erster Linie um die Abwesenheit eines Zustands geht, in dem der Staat bestimmte Informationen über einen Grundrechtsträger besitzt. Ob der Staat sich diese Informationen selbst beschafft oder den Betroffenen – etwa im Rahmen einer Volkszählung – zu Auskünften verpflichtet, ist insoweit aber ohne Belang.

Des weiteren ist auch im Hinblick auf den Schutz der Person und persönlichen Sphäre eines Grundrechtsträgers grundsätzlich möglich, zwischen Bezugspunkt des Grundrechtsschutzes und grundrechtlichem Schutzgut zu unterscheiden: Zwar erscheint die Annahme naheliegend, mit den Bezugspunkten des sphärenbezogenen Grundrechtsschutzes würden zugleich dessen Schutzgüter bezeichnet,[20] denn die Tatbestandsmerkmale der einschlägigen Grundrechte beschreiben gerade jene Aspekte der Person und der persönlichen Sphäre eines Grundrechtsträgers, die vor staatlichen Einwirkungen geschützt werden sollen.[21] Auch aus den sphärenbezogenen Grundrechtsgewährleistungen folgt ein Grundrechtsschutz aber jeweils nur in Beziehung auf die Grundrechtsträger. Wenn demgegenüber etwa von einem »verfassungsrechtlichen Schutz der Wohnung«[22] gesprochen wird, kann dies nur als Abbreviatur für komplexere Zusammenhänge gemeint sein, denn auch Art. 13 Abs. 1 GG dient dem Schutz des Grundrechtsträgers. Dieser soll davor bewahrt werden, sich einer staatlichen Einwirkung auf seine Wohnung – und damit seine Privatsphäre – ohne oder gegen seinen Willen ausgesetzt zu sehen. Entsprechendes gilt für die Bezugspunkte der anderen hier in Rede stehenden Grundrechtsverbürgungen, denn geschützt wird jeweils ein Zustand, der sich aus der Abwesenheit staatlicher Einwirkungen ergibt. Dementsprechend ist es als Beschreibung eines grundrechtlichen Schutzgutes zu verstehen, wenn im Text des Grundgesetzes von der »körperliche(n) Unversehrtheit« als Zustand die Rede ist.

Daß der sphärenbezogene Grundrechtsschutz demnach nicht als Schutz von Willensbildungs- und -betätigungsmöglichkeiten, sondern allein als Gewährleistung eines Zustands der Freiheit von staatlichen Einwirkungen begreifbar ist, hat schließlich noch eine weitere Konsequenz: Indem die betreffenden Grundrechtsgewährleistungen den Schutz der Person und persönlichen Sphäre eines Grundrechtsträgers vor einem staatlichen Zugriff ohne oder gegen den Willen des Betroffenen in den Mittelpunkt des Interesses stellen, dienen sie zwar ebenfalls dem Schutz des Grundrechtsträgers vor staatlicher Fremdbestimmung.[23] Weil aber nicht die Möglichkeit zu einem selbstbestimmten Verhalten, sondern allein der

---

[19] BVerfGE 65, 1 (42).

[20] So explizit *J. Schwabe*, Grundrechtsdogmatik, S. 13f. (mit Fn. 21).

[21] Vgl. auch *J. Ipsen*, Grundrechte, Rn. 126f.

[22] So die amtliche Begründung zu § 17 Abs. 1 NGefAG, Nds. Landtag, Drucks. 12/4140, S. 54.

[23] Anders *J. Schwabe*, Grundrechtsdogmatik, S. 14 (in Fn. 21): »weitgefaßter und irreführender Freiheitsbegriff«.

Zustand des Freiseins von staatlichen Einwirkungen geschützt wird, umfaßt der Gewährleistungsgehalt der sphärenbezogenen Grundrechte nicht auch die Möglichkeit der Selbstbestimmung über grundrechtliche Schutzgüter,[24] so daß die Freiheit zur Disposition über Bezugspunkte des sphärenbezogenen Grundrechtsschutzes nicht dem Schutz der Person und der persönlichen Sphäre zugeordnet werden kann.[25] Soweit ein Schutzgut sowohl sphären- als auch verhaltensbezogenen Einwirkungen ausgesetzt sein kann, bedarf es daher einer Unterscheidung zwischen einerseits dem grundrechtlichen Schutz der »Störungsfreiheit« und andererseits dem Grundrechtsschutz der Verhaltens- und damit zugleich der Dispositionsfreiheit eines Grundrechtsträgers.

Diese verschiedenen Richtungen des Grundrechtsschutzes gegen unterschiedliche Wirkungen staatlichen Handelns sind auch nicht notwendig in einer Grundrechtsnorm verankert: So spricht die Verwendung des Begriffs der »Unverletzlichkeit« im Text des Art. 13 Abs. 1 GG dafür, dieser Vorschrift eine Schutzwirkung allein gegen sphärenbezogene Einwirkungen auf die Wohnung eines Grundrechtsträgers insbesondere durch ein Eindringen staatlicher Stellen ohne (oder zumindest gegen) den Willen des Betroffenen einzuräumen. Der verhaltensbezogene Grundrechtsschutz von Kauf oder Anmietung sowie Nutzung und Verwertung einer Wohnung ist hingegen in anderen Grundrechten zu verorten.[26] In Betracht kommen insbesondere Art. 2 Abs. 1 und 14 Abs. 1 GG.[27] Entsprechendes gilt für den Schutz des Brief-, Post- und Fernmeldegeheimnisses: Sofern im Hinblick auf die Kommunikation mit anderen Personen von einem Grundrechtsträger ein bestimmtes Verhalten verlangt wird, ist Prüfungsmaßstab nicht Art. 10, sondern Art. 2 Abs. 1 oder Art. 5 GG.[28]

---

[24] Anders (mit Blick auf Art. 10 GG) *G. Hermes*, in: Dreier (Hrsg.), GG, Art. 10 Rn. 13f.; vgl. auch *G.F. Schuppert*, in: AK, Art. 10 Rn. 14.

[25] So schützt Art. 2 Abs. 2 S. 1 GG nicht die Verfügung über das Leben und die körperliche Unversehrtheit, vgl. *D. Lorenz*, in: Isensee/Kirchhof (Hrsg.), HbStR, Bd. VI, § 128 Rn. 62; ein solcher Schutz kann allenfalls aus Art. 2 Abs. 1 GG folgen, ausführl. *C. Hillgruber*, Schutz, S. 78ff.; vgl. hierzu auch noch unten, Anm. 249.

[26] Dem entspricht die h.M., derzufolge der Einwirkungstatbestand des Art. 13 GG ausschließlich durch ein (körperliches oder durch technische Hilfsmittel bewirktes) Eindringen in einen geschützten Raum verwirklicht werden kann, vgl. *J. Ipsen*, Grundrechte, Rn. 267; *B. Pieroth/B. Schlink*, Grundrechte, Rn. 232, 877ff.; demgegenüber will *J. Berkemann*, in: AK, Art. 13 Rn. 29, 31, auch staatliche Maßnahmen an Art. 13 Abs. 1 GG messen, mit denen eine Wohnung entzogen oder deren Nutzbarkeit durch den Inhaber in anderer Weise ganz oder teilweise aufgehoben wird; noch weitergehend *J.-D. Kühne*, in Sachs (Hrsg.), GG, Art. 13 Rn. 21, der auch »Eingriffe in die Wohnungsbegründungsbefugnis« dem Schutzgut-Tatbestand des Art. 13 Abs. 1 GG zuordnen will; diesen Auffassungen ist entgegenzuhalten, daß infolge einer nicht hinreichenden Unterscheidung zwischen sphären- und verhaltensbezogenem Grundrechtsschutz der ausschließlichen und auch im Begriff der »Unverletzlichkeit« zum Ausdruck kommenden Bezogenheit des Art. 13 Abs. 1 GG auf einen Sphärenschutz nicht Rechnung getragen wird.

[27] Zum Grundrechtsschutz des Mieters aus Art. 14 vgl. noch unten, S. 207ff.

[28] Vgl. z.B. *H. Krüger*, in: Sachs (Hrsg.), GG, Art. 10 Rn. 39, 52; *W. Löwer*, in: v. Münch/Kunig (Hrsg.), GG, Art. 10 Rdnr 25, 43; vgl. auch BVerfGE 57, 170 (177).

Ein Beispiel für eine Norm, der verhaltens- wie auch sphärenbezogene Elemente grundrechtlichen Schutzes zu entnehmen sind, bildet hingegen Art. 2 Abs. 1 GG. Dies heißt nicht, daß beliebige Einwirkungen auf einen in Passivität verharrenden Grundrechtsträger ohne weiteres an diesem Grundrecht gemessen werden könnten, wenn nicht ein Spezialgrundrecht eingreift, denn Art. 2 Abs. 1 GG zielt mit dem Schutz der »freien Entfaltung der Persönlichkeit« nach seinem Wortlaut und seiner Entstehungsgeschichte[29] primär auf die Möglichkeit zu einem Verhalten nach eigenem Gutdünken. In Übereinstimmung mit der Rechtsprechung des Bundesverfassungsgerichts ist deshalb auch davon auszugehen, daß die Vorschrift die Freiheit zu einem Verhalten nach eigenem Belieben umfassend schützt und eine mit Zwangswirkung ausgestattete Einwirkung auf die Verhaltensfreiheit stets einen Beeinträchtigungstatbestand verwirklicht.[30] Inwieweit diese Norm darüber hinaus einen Schutz vor Einwirkungen auf die Person oder persönliche Sphäre vermittelt, muß hingegen im Einzelfall mit Blick namentlich auf Normzweckgesichtspunkte begründet werden. Dies hat das Bundesverfassungsgericht insbesondere dadurch getan, daß es das »allgemeine Persönlichkeitsrecht« mit seinen verschiedenen Ausprägungen[31] – etwa dem Recht auf »informationelle Selbstbestimmung«[32] oder einem »grundrechtlichen Ehrenschutz« – als Voraussetzung für eine »freie Entfaltung der Persönlichkeit« insoweit dem Schutzgut-Tatbestand des Art. 2 Abs. 1 GG zugeordnet hat, als ein Schutz durch spezielle Grundrechtsgewährleistungen nicht gegeben ist; bei dem Schutz einerseits des Persönlichkeitsrechts und andererseits der Verhaltensfreiheit handelt es sich daher »um zwei ganz verschiedene Stränge ein und desselben Grundrechts«.[33] Ein weitergehender und umfassender Schutz der Person beispielsweise vor der sinnlichen Wahrnehmung von Gegebenheiten in der Außenwelt kann dem Schutzgut-Tatbestand dieser Norm demgegenüber nicht entnommen werden.[34]

---

[29] Art. 2 Abs. 1 GG geht zurück auf die Formulierung in Art 2 Abs. 2 HChE, jedermann habe die Freiheit (!) »alles zu tun, was anderen nicht schadet«. Im Parlamentarischen Rat wurde dieser Vorschlag zunächst sprachlich modifiziert und um die Freiheit zu Unterlassungen ergänzt, alsdann aber durch die »würdevollere« Wendung vom Recht (!) auf freie Entfaltung der Persönlichkeit ersetzt. Entgegen der abw. Meinung des Richters *D. Grimm*, in: BVerfGE 80, 164 (165), war damit eine Änderung des sachlichen Gehalts der Vorschrift nicht intendiert, vgl. *D. Murswiek*, in: Sachs (Hrsg.), GG, Art. 2 Rn. 2; *C. Hillgruber*, Schutz, S. 114f.

[30] Vgl. unten, S. 102ff.

[31] Vgl. dazu *H. D. Jarass*, NJW 1989, S. 857 (858f.); *D. Murswiek*, in: Sachs (Hrsg.), GG, Art. 2 Rn. 69ff.; *B. Pieroth/B. Schlink*, Grundrechte, Rn. 373ff. jew. m.w.N.

[32] Zur Zuordnung der »informationellen Selbstbestimmung« zum allgemeinen Persönlichkeitsrecht *H. Bethge*, VVDStRL 57 (1998), S. 21 m.w.N.

[33] So *D. Grimm*, abw. Meinung, in: BVerfGE 80, 164 (167); auch *H.D. Jarass*, NJW 1989, S. 857 (858), betont die Erforderlichkeit einer Trennung zwsichen allgemeiner Handlungsfreiheit und allgemeinem Persönlichkeitsrecht, bei dem es sich um ein »eigenständiges Grundrecht« handele.

[34] Vgl. zum grundrechtlichen Wahrnehmungsschutz noch unten, S. 355ff.

Gibt es aber keine »allgemeine Einwirkungsfreiheit« als »Auffanggrundrecht«, so fehlt es an einer umfassenden Gewährleistung des sphärenbezogenen Grundrechtsschutzes, dessen Reichweite muß vielmehr aus den einzelnen Grundrechtsbestimmungen gewonnen werden. Damit erfährt der Tatbestand des Art. 2 Abs. 1 GG eine sachgerechte Eingrenzung, die den – wenig überzeugenden – Versuch entbehrlich erscheinen läßt, jedenfalls für den Anwendungsbereich dieser Vorschrift am »klassischen Eingriffsbegriff« festzuhalten.[35] Auch diese »Notlösung« wurzelt letztlich in der Befürchtung, die »Auflösung« des (vorgeblich) »klassischen« Eingriffsbegriffs könne über Art. 2 Abs. 1 GG die Grundrechtsrelevanz jeder von einem Dritten als störend oder belastend empfundenen Maßnahme auslösen. Diese Befürchtung ist aber jedenfalls insoweit unbegründet, als nicht beliebige, sondern nur verhaltensbezogene (Zwangs-) Wirkungen staatlichen Handelns den Schutzgut-Tatbestand des Art. 2 Abs. 1 GG berühren können.

Insgesamt ergibt sich, daß der sphärenbezogene Grundrechtsschutz ebenfalls die Vermeidung unnötiger staatlicher Einwirkungen auf grundrechtlich geschützte Positionen bezweckt und damit dem Schutz des Grundrechtsträgers vor staatlicher Fremdbestimmung über seine Person und persönliche Sphäre dient. Hier besteht daher eine Parallele zum verhaltensbezogenen Grundrechtsschutz, weil dieser mit der Gewährleistung eines Verhaltens nach eigenem Belieben die Möglichkeit der Selbstbestimmung und damit ebenfalls vor staatlicher Fremdbestimmung schützt. Dies macht deutlich, daß der Schutz vor Fremdbestimmung durch ein grundrechtsverpflichtetes Rechtssubjekt den gemeinsamen Gewährleistungsgehalt und materiellen Kern aller Freiheitsrechte bildet.[36] Dementsprechend ist die grundrechtlich geschützte Freiheit in einem formalen Sinne als Abwesenheit von Einwirkungen auf grundrechtliche Schutzgüter seitens eines Grundrechtsadressaten zu beschreiben. Auch ergibt sich im Hinblick auf den Einwirkungstatbestand, daß eine rechtserhebliche Beeinträchtigung grundrechtlicher Schutzgüter ein Zwangselement enthalten muß, da andernfalls nicht von »Fremdbestimmung« gesprochen werden kann. Der Begriff der »Zwangswirkung« kennzeichnet dabei wegen seiner Bezogenheit auf das Element der Fremdbestimmung jede rechtliche oder tatsächliche Einwirkung auf ein grundrechtliches »Schutzgut«, die nicht der Steuerung durch den Betroffenen unterliegt und deshalb unvermeidbar ist, wenn die Möglichkeit der Einlegung eines Rechtsbehelfs zur Vermeidung von Zirkelschlüssen außer Betracht gelassen wird. Die Feststellung von *G. Jellinek*, alle Freiheit sei »einfach Freiheit von gesetzwidri-

---

[35] So *B. Pieroth/B. Schlink*, Grundrechte, Rn. 380, die auf diesem Wege die Konsequenz vermeiden wollen, daß (beispielsweise) die Errichtung einer Aufnahmeeinrichtung für Asylbewerber von den Nachbarn mit einer auf Art. 2 Abs. 1 GG gestützten Grundrechtsrüge angegriffen werden kann (vgl. ebd., Rn. 381); in diesem Falle fehlt es indes schon an einer verhaltensbezogenen Zwangswirkung.

[36] So auch (als Ergebnis grundrechtstheoretischer Untersuchungen) *W. Höfling*, Offene Grundrechtsinterpretation, S. 67.

gem Zwange«,[37] ist daher nur insofern unrichtig geworden, als die grundrechtlich gewährleistete Freiheit unter dem Grundgesetz auch durch gesetzliche Regelungen in unzulässiger Weise beschränkt werden kann. Dem läßt sich durch eine geringfügige Modifikation der von *Jellinek* verwendeten Wendung Rechnung tragen, indem der wesentliche Inhalt des status negativus als »Freiheit von verfassungswidrigem Zwang« bezeichnet wird.[38]

b. Der Inhalt des grundrechtlichen Abwehrrechts

Mit den vorstehenden Überlegungen zum Gegenstand des abwehrrechtlichen Grundrechtsschutzes sind bereits einige Gesichtspunkte angesprochen worden, die für die Beantwortung der nicht unumstrittenen Frage nach dem Inhalt des grundrechtlichen Abwehrrechts von Bedeutung sind. Zwar ist naheliegend, in dem Abwehrrecht eines Grundrechtsträgers die subjektiv-rechtliche Entsprechung zu der objektiv-rechtlichen Unterlassungs- oder »Nichtstörungspflicht« eines Grundrechtsadressaten zu sehen, nicht ohne rechtfertigenden Grund auf grundrechtliche Schutzgüter einzuwirken.[39] Ein solches Verständnis des Abwehrrechts ist indes nicht allgemein konsentiert. Im Schrifttum findet sich auch eine Sichtweise, die nicht ein Recht auf Unterlassung von Beeinträchtigungen, sondern ein Recht auf Ausübung der geschützten Freiheit als Inhalt des subjektiv-grundrechtlichen Abwehrrechts ansieht. Ein Beispiel hierfür bildet die Position von *M. Sachs*, der zunächst einem »verengten Verständnis der objektiven Rechtsnorm im Sinne der Imperativentheorie«[40] entgegentritt.[41] Viele Grundrechtsbestimmungen seien in einer Weise formuliert, die nicht Ge- oder Verbote, sondern »Geltungsanordnungen anderer Art« zum Ausdruck bringe.[42] Namentlich jene Bestimmungen, »die dem Bürger die Freiheit oder das Recht zu bestimmtem Verhalten zusprechen«, enthielten nach ihrem Wortlaut eine Erlaubnis.[43] Für die Rechts- und Grundrechtsdogmatik bleibe es aber bei der Verpflichtung, »die positivierte Form einer Geltungsanordnung in ihrem vorgefundenen,

---

[37] *G. Jellinek*, System, S. 103.

[38] So auch *H.H. Rupp*, DÖV 1974, S. 193 (194); vgl. ferner *E. Grabitz*, Freiheit, S. 18ff., der ebenfalls die Parallelität dieses – von ihm abgelehnten – Grundrechtsverständnisses zur Statuslehre *G. Jellineks* betont.

[39] So *J. Ipsen*, Grundrechte, Rn. 45; vgl. auch *H.H. Rupp*, Grundfragen, S. 153ff., 171ff., der davon ausgeht, daß es sich bei subjektiv-öffentlichen Rechten um »subjektive Reaktionsrechte« (ebd., S. 154, 165 u.ö.) handelt, die zur Entstehung gelangen, wenn es zu einer »Verletzung der Freiheitssphäre« (ebd., S. 171) kommt, weil durch ein »Staatsverhalten contra legem« gesetzliche Schranken überschritten werden, durch die der »Freiheitsbereich des Bürgers« festgelegt wird (ebd., S. 154).

[40] *M. Sachs*, in: K. Stern, Staatsrecht, Bd. III/1, S. 565.

[41] *M. Sachs*, in: K. Stern, Staatsrecht, Bd. III/1, S. 479ff.

[42] *M. Sachs*, in: K. Stern, Staatsrecht, Bd. III/1, S. 480.

[43] *M. Sachs*, in: K. Stern, Staatsrecht, Bd. III/1, S. 480; auch nach *R. Alexy*, Theorie, S. 206, sind Grundrechtsnormen über weite Strecken »explizite Erlaubnisnormen«.

primären Charakter zu bearbeiten«. Es bestehe jedenfalls im Bereich der Grundrechte kein Anlaß, den für rechtliche Geltungsanordnungen jeder Art eingeführten Begriff der Rechtsnorm auf Bestimmungen imperativen Charakters zu verengen.[44] Die Grundrechtsbestimmungen des Grundgesetzes sollen danach nicht nur staatsgerichtete Ge- oder Verbote enthalten, sondern (jedenfalls) auch »Erlaubnisse gewährende Normen«[45] sein, die dem Bürger die Inanspruchnahme der in einer Grundrechtsnorm beschriebenen Möglichkeit der Freiheitsbetätigung gestatten.[46] Um dies zum Ausdruck zu bringen, will *Sachs* seine Definition der subjektiven Grundrechte, derzufolge dieser Begriff »jede einer Person aufgrund einer Grundrechtsbestimmung ... zukommende oder gebührende Position« erfaßt,[47] im Hinblick auf die abwehrrechtliche Grundrechtsfunktion durch einen Rückgriff auf die Kategorie der Beherrschungsrechte im Sinne der Definition von *H.J. Wolff* und *O. Bachof* ausfüllen.[48] Beherrschungsrechte sind danach Rechte, die »ihrem Inhaber die Herrschaft über bestimmte Objekte (Sachen, Personen, Geistesprodukte, Rechte)« einräumen, »indem sie ihm die Befugnis zuerkennen, auf die Objekte ... einzuwirken und störende Einwirkungen auszuschließen«.[49] In gleicher Weise soll nach *Sachs* die abwehrrechtliche Seite der Grundrechte zu konstruieren sein, »um eine ›Verkürzung des Sinngehalts‹ der subjektiven Rechtsposition zu vermeiden«.[50] Es könne nicht verkannt werden, daß in den verschiedenartigen Schutzbereichen der Grundrechtsbestimmungen ihr materieller Kern liege, an den Unterlassungsansprüche nur anknüpften.[51] Auch für die Dogmatik der abwehrrechtlichen Grundrechtsinhalte erweise sich daher die »Konzeption subjektiver Rechte nach Art der ›Beherrschungsrechte‹ als in hohem Maße geeignet, um die maßgeblichen Rechtsgehalte und die Art ihres Schutzes angemessen auszudrücken«.[52] Dieser Gehalt des mit negatorischen Ansprüchen bewehrten Grundrechts wird von *Sachs* mit dem Begriff des »Abwehr-

[44] *M. Sachs*, in: K. Stern, Staatsrecht, Bd. III/1, S. 480f.; gegen eine »Reduktion subjektiver Rechte auf den Reflex des ›Nicht-Verbotenseins‹« auch *A. Scherzberg*, DVBl. 1988, S. 129 (130); an dieser Stelle sei jedoch angemerkt, daß die Anerkennung der Möglichkeit nicht ge- oder verbietender (oder Ge- oder Verbote modifizierender) Rechtsnormen nicht automatisch zu der Annahme zwingt, auch Grundrechte müßten als »Erlaubnisnormen« qualifiziert werden.

[45] *R. Alexy*, Theorie, S. 208.

[46] Ähnl. *A. Scherzberg*, DVBl. 1988, S. 129 (132ff.), der das subjektiv-öffentliche Recht als »Rechtsmacht zur Wahrnehmung einer gesetzlich intendierten Begünstigung und damit zur Durchsetzung der Norm« (ebd., S. 133) definiert und auf dieser Grundlage auch den grundrechtlichen Freiheitsrechten »Berechtigungen zu eigenem Verhalten« entnimmt (ebd., S. 134); als »Erlaubnisse« qualifiziert die Grundrechte ferner *C. Hillgruber*, Schutz, S. 135.

[47] *M. Sachs*, in: K. Stern, Staatsrecht, Bd. III/1, S. 558.

[48] *M. Sachs*, in: K. Stern, Staatsrecht, Bd. III/1, S. 563ff.

[49] *H.J. Wolff/O. Bachof*, Verwaltungsrecht I, S. 320.

[50] *M. Sachs*, in: K. Stern, Staatsrecht, Bd. III/1, S. 565; zust. wohl *C. Hillgruber*, Schutz, S. 140.

[51] *M. Sachs*, in: K. Stern, Staatsrecht, Bd. III/1, S. 565f.

[52] *M. Sachs*, in: K. Stern, Staatsrecht, Bd. III/1, S. 565; nach *H.J. Wolff/O. Bachof*, Verwaltungsrecht I, S. 320, bilden die Freiheitsrechte die wichtigsten Beherrschungsrechte des öffentlichen Rechts.

rechts« gekennzeichnet.[53] Auf dieser Grundlage erfolgt eine Definition der grundrechtlichen Abwehrrechte als »durch Grundrechtsbestimmungen gesicherte subjektive Rechtspositionen, deren Beeinträchtigung der Staatsgewalt verboten ist und die durch negatorische Ansprüche der Berechtigten hiergegen gesichert sind«.[54]

Allerdings findet sich im Schrifttum auch eine Gegenposition, die sich gegen die Annahme wendet, den Grundrechten könne eine staatliche Verleihung oder Gewährung von »Befugnissen« entnommen werden. So tritt *J. Schwabe* der Annahme entgegen, in der Menschenwürde, der Gewissensfreiheit oder dem Postgeheimnis könnten Objekte einer Befugnis gesehen werden.[55] Auch läßt sich nach *Schwabe* das Recht auf Leben (Art. 2 Abs. 2 GG) nicht als »Befugnis zu leben« deuten.[56] Desgleichen ist *J. Ipsen* der Auffassung, »daß die Verfassung kein ›Recht auf Leben‹ im Sinne eines ›Rechts zu leben‹ einzuräumen vermag«,[57] sieht hierin aber nur ein besonders prägnantes Beispiel für die Vorstaatlichkeit der grundrechtlichen Schutzgüter: Die Grundrechtsinhalte würden nicht erst durch die Verfassung geschaffen, sondern seien ihr vorgegeben, so daß die Grundrechte keine Befugnisse gewährten, sondern Schutzgüter gewährleisteten.[58]

Mit diesen Erwägungen ist der entscheidende Gesichtspunkt bezeichnet: Zunächst kann – wie bereits dargelegt – (jedenfalls) der Schutz der Person und der persönlichen Sphäre eines Grundrechtsträgers nur als Freiheit von staatlichen Einwirkungen begriffen werden, die nicht auch die Möglichkeit der Disposition des Grundrechtsträgers über das jeweilige Schutzgut einschließt. Wenn aber eine solche Dispositions- und damit letztlich Verhaltensmöglichkeit nicht Gegenstand grundrechtlichen Schutzes ist, fehlt es insoweit an einem Anknüpfungspunkt für eine subjektive Berechtigung, die sich als Einwirkungs- oder Betätigungsbefugnis und damit als grundrechtlich vermitteltes »Beherrschungsrecht« konstruieren ließe.[59] Weil es um die Freiheit von Einwirkungen eines Grundrechtsadressaten auf die Person und persönliche Sphäre eines Grundrechtsträgers und damit um die Abwesenheit von Fremdbestimmung geht, kann ein entsprechendes subjektives Recht allein auf Unterlassung dieser Einwirkungen gerichtet sein. Zwar ließe sich zunächst daran denken, in Übereinstimmung mit dem Wortlaut des Art 2 Abs. 2 S. 1 GG ein Recht auf den grundrechtlich geschützten Zustand anzunehmen. Eine solche Sichtweise, die in der Tat auf die Annahme bei-

[53] *M. Sachs*, in: K. Stern, Staatsrecht, Bd. III/1, S. 568.

[54] *M. Sachs*, in: K. Stern, Staatsrecht, Bd. III/1, S. 569 und S. 621.

[55] *J. Schwabe*, Grundrechtsdogmatik, S. 38.

[56] *J. Schwabe*, Grundrechtsdogmatik, S. 38f.

[57] *J. Ipsen*, Grundrechte, Rn. 62; *ders.*, in: G.F. Schuppert (Hrsg.), Das Gesetz als zentrales Steuerungsinstrument des Rechtsstaates, S. 85 (91); vgl. auch *ders.*, JZ 1997, S. 473 (475).

[58] Vgl. *J. Ipsen*, Grundrechte, Rn. 64f.; *ders.*, in: G.F. Schuppert (Hrsg.), Das Gesetz als zentrales Steuerungsinstrument des Rechtsstaates, S. 85 (92f.); *ders.*, JZ 1997, S. 473 (475f.).

[59] Daß manchen Grundrechten nur eine »Ausschließungsfunktion« zukommt, anerkennt auch (mit Blick auf Art. 13 Abs. 1 GG) *C. Hillgruber*, Schutz, S. 140.

spielsweise einer »Befugnis zu leben« oder eines »Erlaubtseins der körperlichen Unversehrtheit« hinausliefe, muß aber daran scheitern, daß der personenbezogene Grundrechtsschutz mit der Freiheit von staatlichen Einwirkungen einen vorgegebenen und nicht von staatlicher Gewährung abhängigen Zustand schützt, der gerade dann besteht, wenn eine Beeinträchtigung des geschützten Bereichs privater Lebensgestaltung durch den Staat (oder einen anderen Grundrechtsadressaten) unterbleibt. Ein Recht auf den geschützten Zustand des Freiseins von staatlichen Einwirkungen ist daher nichts anderes als ein Recht auf das Unterbleiben von Beeinträchtigungen.

Entsprechendes gilt für den Bereich des verhaltensbezogenen Grundrechtsschutzes: Zwar ist ein Recht auf Ausübung der grundrechtlich geschützten Freiheit zu einem Verhalten nach eigenem Belieben theoretisch denkbar. Nicht anders als die Freiheit von staatlichen Einwirkungen ist auch diese (natürliche) Freiheit aber vorgegeben und in dem Moment existent, in dem eine staatliche Einwirkung auf den Grundrechtsträger unterbleibt, so daß als Verhaltens- oder Einwirkungsbefugnisse konstruierte Grundrechte diese Freiheit nur deklaratorisch feststellen könnten. Hinzu kommt, daß auch eine Konstruktion des subjektiv-grundrechtlichen Abwehrrechts als »Erlaubnisnorm« nicht ohne negatorische Nichtstörungsansprüche auskommt, die den Schutz des grundrechtlich »erlaubten« Verhaltens gewährleisten sollen. Derartige Ansprüche sind aber nur als Mittel zur Durchsetzung (objektiv-rechtlicher) Pflichten der Grundrechtsadressaten zur Nichtstörung begreifbar, die allein durch positives Tun verletzt werden können und deshalb als Unterlassungspflichten qualifiziert werden müssen. Eine solche Unterlassungspflicht schließt die mit einer Verhaltens- oder Einwirkungsbefugnis des Grundrechtsträgers korrespondierende Pflicht zur Duldung des grundrechtlich geschützten Verhaltens aber ein, so daß ein derartiges »Beherrschungsrecht« letztlich ohne eigenen Erkenntniswert bleiben muß. Zu Recht hat *J. Schwabe* darauf hingewiesen, daß »zwar die Freiheit ... zweifelsfrei der Zweck der Grundrechtsgewährleistung und damit der Existenz des subjektiven Grundrechts ist, daß sie aber normativ kein konstitutives Merkmal des subjektiven Rechts sein kann«, weil »das Dürfen ... normlogisch eine Funktion von Imperativen« ist.[60]

Beispielhaft illustrieren läßt sich dieser Befund anhand der Ausführungen, mit denen *R. Alexy* sein Verständnis der Grundrechte (auch) als »explizite Erlaubnisnormen«[61] begründet: Nach Auffassung von *Alexy* sind die Grundrechte sowohl »Erlaubnisnormen« als auch diese Erlaubnis schützende (»erlaubnisschützende«) Normen. Als »erlaubnisschützend« werden dabei Normen definiert, »die es dem Staat verbieten, bestimmte Handlungen zu verbieten oder zu gebieten,« oder »dem Staat die Kompetenz nehmen, bestimmte Handlungen zu verbieten oder zu

[60] *J Schwabe*, Grundrechtsdogmatik, S. 44.
[61] *R. Alexy*, Theorie, S. 206.

gebieten«.[62] Damit ist der Inhalt grundrechtlicher Gewährleistungen in der Sache sicher zutreffend beschrieben, wenngleich die Bezeichnung einer solchen Funktion eines Rechtssatzes als »erlaubnisschützend« nur auf Basis der These von der Existenz grundrechtlicher Erlaubnistatbestände möglich ist. Nach Ansicht von *Alexy* bedarf es dieser Annahme grundrechtlicher Erlaubnisnormen schon deshalb, weil die erlaubnisschützende Grundrechtsnorm nicht ermögliche, von einem Widerspruch einer unterverfassungsrechtlichen Verbots- oder Gebotsnorm zu einer grundrechtlichen Erlaubnisnorm zu sprechen, es könne nur von Verstößen des Normsetzers gegen an ihn adressierte Verbotsnormen sowie von Kompetenzüberschreitungen die Rede sein.[63] Dies wiederum mag zutreffen, erklärt jedoch nicht, warum es erforderlich sein soll, nicht nur von einem Widerspruch zwischen einer Norm und dem Verbot einer Norm, sondern auch von einem Widerspruch zwischen einer Erlaubnis- und einer Verbotsnorm zu sprechen. Einen weitergehenden Erkenntniswert kann auch *Alexy* der Annahme grundrechtlicher Erlaubnisnormen indes nicht zuweisen.

Demgegenüber weist *M. Sachs* zwar zu Recht darauf hin, daß die Grundrechte nach ihrer Wortfassung in oft traditionsreichen und klangvollen Formulierungen die Rechte und Freiheiten des Bürgers in ihrem gegenständlichen Bezug in den Vordergrund stellen, während »die Verpflichtung der Staatsgewalt zu bestimmten Unterlassungen« nur selten angesprochen ist.[64] Auch macht dieser textliche Befund immerhin deutlich, daß in den grundrechtlichen Schutzgut-Tatbeständen insofern der materielle Kern der Grundrechtsgewährleistungen liegt,[65] als grundrechtlich begründete Abwehrrechte nur eine »Hilfsfunktion« im Interesse der geschützten Freiheit besitzen, die durch die Grundrechte beschrieben wird. Der Unterlassungsanspruch des Grundrechtsträgers ist daher auch nicht gegenüber dem »Dürfen« – der Befugnis – »dominant«,[66] sondern von vornherein nur um des Schutzguts willen existent. Aus einer Beschreibung der vom Staat zu respektierenden Freiheit auf das subjektive Recht zu schließen und das Abwehrrecht als »Befugnis« zu konstruieren, verwechselt gleichwohl den Grundrechtszweck der Freiheitsgewährleistung mit dem Grundrecht selbst und schließt notwendig die Annahme einer staatlich gewährten Berechtigung zur Freiheitsbetätigung ein. Die grundrechtlich gesicherte Freiheit wird vom Staat aber nicht gewährt, sondern gewährleistet.[67]

Insgesamt läßt sich die abwehrrechtliche Seite der Grundrechte damit beschrei-

---

[62] *R. Alexy*, Theorie, S. 207; zum Unterschied zwischen Verhaltensnormen und Kompetenznormen vgl. ebd., S. 215ff.

[63] *R. Alexy*, Theorie, S. 207f.

[64] *M. Sachs*, in: K. Stern, Staatsrecht, Bd. III/1, S. 565.

[65] So *M. Sachs*, in: K. Stern, Staatsrecht, Bd. III/1, S. 565f.

[66] So *J. Schwabe*, Grundrechtsdogmatik, S. 41, der aber (ebd., S. 46) darüber hinausgehend dem »Dürfen« die Qualität einer »eigenständige(n) normativen Kategorie« abspricht.

[67] So *J. Ipsen*, Grundrechte, Rn. 65; mit Blick auf die Grundrechte selbst auch schon *G. Dürig*, ZStW 109 (1953), S. 326 (327).

ben als das Recht der Grundrechtsträger auf das (ständige) Unterbleiben unzulässiger Einwirkungen auf die grundrechlichen Schutzgüter seitens der Grundrechtsadressaten. Wie jeder Unterlassungspflicht kann auch der grundrechtlichen Nichtstörungspflicht daher nur durch ständige Nichtvornahme unzulässiger Handlungen entsprochen werden. Die Geltendmachung des korrespondierenden Anspruchs ist allerdings davon abhängig, daß eine Beeinträchtigung grundrechtlicher Schutzgüter konkret droht. Wird durch staatliche Maßnahmen (Rechtsakt oder Realakt[68]) in unzulässiger Weise auf Gegenstände des Grundrechtsschutzes eingewirkt, besteht des weiteren ein Störungsbeseitigungsanspruch, der bei rechtswidrigen Verwaltungsakten auf deren Aufhebung, bei nichtigen Verwaltungsakten und Gesetzen auf deklaratorische Feststellung ihrer Ungültigkeit und damit Beseitigung eines Rechtsscheins gerichtet ist. Fortdauernde Folgen des Vollzugs eines Rechtsakts sind sodann kraft des Folgenbeseitigungsanspruchs des Grundrechtsträgers ebenso zu beseitigen, wie die Folgen von Realakten. Ist eine solche Folgenbeseitigung nicht möglich, kommen Entschädigungsansprüche in Betracht.[69]

c. *Das Verhältnis von Abwehrrecht und Schutzgut*

Auf Basis der hier vertretenen Position haben die Grundrechte in ihrer Eigenschaft als subjektive Abwehrrechte demnach ein (Nichtstörungs-) Recht des Grundrechtsträgers gegen den Grundrechtsadressaten zum Inhalt, das auf Unterlassung von Einwirkungen auf grundrechtliche Schutzgüter gerichtet ist und damit die Freiheit von Fremdbestimmung schützt. Es ist daher zu unterscheiden zwischen dem grundrechtlich vermittelten Abwehrrecht, der geschützten Freiheit als Kern der Grundrechtsgewährleistung sowie den Bezugspunkten und Schutzgütern einer Grundrechtsnorm.[70] Entsprechendes gilt auch dann, wenn der Inhalt der abwehrrechtlichen Grundrechtsfunktion als »Beherrschungsrecht« gedeutet wird, denn in diesem Fall läßt sich unterscheiden zwischen »dem geschützten Objekt und dem Recht an diesem Objekt«.[71]

Vor diesem Hintergrund begegnet es Bedenken, wenn – durchaus im Einklang mit dem Sprachgebrauch des GG[72] – die (rechtserhebliche) Einwirkung auf

---

[68] Vgl. dazu OVG Hamburg, NVwZ 1995, S. 498 (499).

[69] Zur grundrechtlichen Ableitbarkeit eines Entschädigungsanspruchs (oder jedenfalls einer gesetzgeberischen Pflicht zur Normierung entsprechender Ansprüche) vgl. *D. Ehlers*, VVDStRL 51 (1992), S. 211 (243); *G. Hermes*, Schutz, S. 264f.; *D. Murswiek*, Verantwortung, S. 113; *W. Roth*, Eingriffe, S. 87f.; krit. *M. Sachs*, in: K. Stern, Staatsrecht, Bd. III/1, S. 683f.

[70] Zur Unterscheidung zwischen Abwehrrecht und Schutzgut bzw. »Schutzbereich« vgl. *J. Ipsen*, Grundrechte, Rn. 126ff.; *ders.*, in: G.F. Schuppert (Hrsg.), Das Gesetz als zentrales Steuerungsinstrument des Rechtsstaates, S. 85 (91ff.); *ders.*, JZ 1997, S. 473 (475f.); *B. Pieroth/B. Schlink*, Grundrechte, Rn. 203; *J. Schwabe*, Grundrechtsdogmatik, S. 64ff.

[71] So *M. Sachs*, in: K. Stern, Staatsrecht, Bd. III/1, S. 623.

[72] Vgl. dazu *R. Eckhoff*, Grundrechtseingriff, S. 3f.; *J. Schwabe*, Grundrechtsdogmatik, S. 67ff.

grundrechtliche Schutzgüter als »Grundrechtsbeeinträchtigung« oder »Grundrechtseingriff« bezeichnet wird, denn es ist nicht möglich, ein Abwehrrecht zu »beeinträchtigen« oder gar zu »verletzen«: Wird die »natürliche« Freiheit eines Grundrechtsträgers durch einen Grundrechtsadressaten in zulässiger Weise beschränkt, so muß der Betroffene dies vielmehr hinnehmen, ohne daß ein hiergegen Schutz bietendes »Abwehrrecht« zur Entstehung gelangte.[73] Sofern hingegen eine Einwirkung auf ein grundrechtliches Schutzgut nach Maßgabe der einschlägigen Vorschriften über die Zulässigkeit einer solchen Beeinträchtigung (»Grundrechtsschranken«) nicht gerechtfertigt werden kann, ist das »Abwehrrecht« nicht verletzt, sondern im Gegenteil existent; die angegriffene Position kann mit Erfolg verteidigt werden.

2. Schutzgut-Tatbestand und Grundrechtsschranken

Mit diesen Überlegungen wird der Bogen geschlagen zu der seit längerem geführten Diskussion der Frage, ob es für die Formulierung des Schutzgut-Tatbestandes von Bedeutung ist, daß die grundgesetzlich geschützte Freiheit Grenzen hat: Zwar ist für sich genommen unstreitig, daß auch das Grundgesetz wegen der Gemeinschaftsbezogenheit und -bindung des Individuums eine unbegrenzte Freiheit nicht ermöglichen kann. Nicht unumstritten ist jedoch, ob es schon für den Schutzgut-Tatbestand darauf ankommt, in welchem Umfang die Fremdbestimmung eines Grundrechtsträgers durch einen Grundrechtsadressaten trotz des Vorhandenseins von Grundrechtsbestimmungen infolge der Begrenztheit der grundrechtlich gesicherten Freiheit zulässig bleibt. So finden sich im Schrifttum eine Reihe von Stellungnahmen, die trotz zahlreicher Unterschiede im Ausgangspunkt und in den Einzelheiten die Gemeinsamkeit aufweisen, daß sie der notwendigen Begrenztheit des Grundrechtsschutzes schon im Schutzgut-Tabestand Rechnung tragen wollen.

a. Das »Sachspezifische« als immanente Grundrechtsschranke

In diesem Zusammenhang erwähnt seien zunächst die von *F. Müller* gezogenen Konsequenzen aus dem Umstand, daß »kein Grundrecht ohne Grenzen garantiert«[74] ist. Anliegen von *Müller* ist es, den »Normbereich«[75] eines Grundrechts von vornherein so zu beschreiben, daß solche Aktionsmöglichkeiten eines Grundrechtsträgers nicht erfaßt werden, die eine (nachträgliche) Begrenzung dieses Normbereichs im Wege der Güter- und Interessenabwägung erforderlich machen könnten. Dem liegt die Überzeugung zugrunde, daß hinreichender Anlaß

[73] Dies betont insbes. *J. Schwabe*, Grundrechtsdogmatik, S. 64f.; vgl. ferner *R. Alexy*, Theorie, S. 251f.; *J. Pietzcker*, in: FS O. Bachof, S. 131 (132f.); anders wohl *J. Ipsen*, Grundrechte, Rn. 126.

[74] *F. Müller*, Positivität, S. 41.

[75] Zum Begriff des »Normbereichs« bei *F. Müller* vgl. oben, Abschnitt A, Anm. 8.

zu Zweifeln an der Richtigkeit und auch Leistungsfähigkeit einer Grundrechtsdogmatik besteht, die Kollisionen zwischen Belangen verschiedener Grundrechtsträger im Wege einer Güter- und Interessenabwägung lösen will. Eine solche Vorgehensweise bietet nach Auffassung von *Müller* keine hinreichend präzisen Kriterien, um einen berechenbaren und kontrollierbaren Entscheidungsvorgang zu ermöglichen,[76] so daß am Ende Willkür obwalte:[77] Das »Rechtsgüter ›abwägende‹ Verfahren« entbehre »leitender normativer Anhaltspunkte in der Verfassung«[78] und damit »zugleich jeder rechtsstaatlich genügenden inhaltlichen Maßstäblichkeit«.[79] *Müller* tritt daher auch der Annahme entgegen, alle Grundrechte unter Einschluß der nach dem Verfassungstext vorbehaltslos gewährleisteten Grundrechte seien im Interesse höherrangiger Gemeinschaftsgüter durch »immanente Gemeinschaftsvorbehalte« begrenzt.[80] Ein ohne Vorbehalt gewährleistetes Grundrecht dürfe weder durch Gesetz noch auf Grund eines Gesetzes beschränkt werden, die fehlende Normierung eines Gesetzesvorbehalts lasse sich nicht »durch allgemeine metapositive oder überpositive Erwägungen« ersetzen.[81] Die von einem Grundrecht umfaßten Handlungs- und Sachverbürgungen würden vielmehr von solchen Gesetzen »eximiert«, die geeignet seien, »das sachspezifisch als ›frei‹ Garantierte zu verkürzen«.[82]

Mit dem Begriff des »Sachspezifischen« ist ein Merkmal benannt, das für *F. Müller* eine Ermittlung von Grundrechtsgrenzen im Wege der Abwägung potentiell geschützter Interessen eines Grundrechtsträgers gegen Belange eines Dritten oder der Allgemeinheit entbehrlich zu machen geeignet ist: Nach *Müller* kommt es entscheidend darauf an, bereits aus der Rechtsqualität der Grundrechte resultierende[83] Sachgrenzen jeder Grundrechtsverbürgung dadurch zu ermitteln, daß die sachlich-normative Reichweite des vom Wortlaut einer Grundrechtsbestimmung – dem »Normprogramm« – formulierten, angedeuteten oder vorausgesetzten Normbereichs und damit der »Geltungsgehalt« eines Grundrechts für jedes Grundrecht gesondert erarbeitet wird.[84] Gefordert sei die Entfaltung der (sach- oder grundrechts-) spezifisch[85] zu den Normbereichen der einzelnen Grund-

---

[76] Vgl. *F. Müller*, Positivität, insbes. S. 17ff.; *ders.*, Juristische Methodik, Rn. 72; *ders.*, Normstruktur, S. 208f.

[77] Zur Kritik dieser Kritik am Konzept der Abwägung vgl. *R. Alexy*, Theorie, S. 143ff. (152).

[78] *F. Müller*, Positivität, S. 18; vgl. auch *ders.*, Juristische Methodik, Rn. 72.

[79] *F. Müller*, Positivität, S. 18; vgl. auch ebd., S. 20f., 25 und pass.

[80] *F. Müller*, Positivität, S. 13f.; daß der Geltungsgehalt von Verfassungsnormen durch andere Verfassungsnormen prinzipiell begrenzt werden kann, will *Müller* allerdings nicht ausschließen, vgl. ebd., S. 46f.

[81] *F. Müller*, Positivität, S. 55; vgl. auch *ders.*, Juristische Methodik, Rn. 71: »Fehlende positivrechtliche Ansatzpunkte für Grundrechtseingriffe sind durch verfassungstheoretische Überlegungen nicht ersetzbar«.

[82] *F. Müller*, Positivität, S. 45.

[83] Vgl. *F. Müller*, Positivität, S. 32, 41.

[84] Vgl. *F. Müller*, Positivität, S. 20, 23, 32, 78 und pass.

[85] Vgl. *F. Müller*, Positivität, S. 64, 74, 93, 98.

rechte gehörenden »Aktionsmöglichkeiten«[86] durch eine »Bereichsdogmatik der einzelnen Verbürgungen«.[87] Entscheidend sei die »Herausarbeitung des für den sachgeprägten Normbereich *strukturell* Notwendigen«.[88] Hierzu zähle, »worumwillen nach historischer Erfahrung, politischer Überzeugung und rechtlicher Einsicht das Grundrecht gewährleistet worden ist«.[89] Bei Ermittlung des sachspezifisch Geschützten könne aber zunächst von den »typischen Ausübungsformen und Zustandsformen« bzw. »typischen Erscheinungsformen« der Grundrechtsausübung ausgegangen werden.[90] (Sach-) spezifisch sei eine solche Ausübungsform indes nur dann, »wenn ihr nicht nachweisbar der sachliche Zusammenhang mit der (zuvor dogmatisch zu entwickelnden) Struktur des grundrechtlichen Normbereichs fehlt«.[91] Dieser Zusammenhang ist nach *Müller* dann nicht mehr gegeben, wenn die in Rede stehende Betätigungsform austauschbar ist: Hierfür genüge, »daß gleichwertige, austauschbare und insofern zwar in ihrem Nebeneinander, nicht aber in ihrem ›So-und-nicht-anders‹ spezifische Möglichkeiten aus dem Normbereich offen bleiben«.[92] So sei beispielsweise das Malen auf Straßenkreuzungen für künstlerisches Schaffen strukturell nicht notwendig,[93] so daß ein Verbot (deshalb) keine für das Grundrecht der Kunstfreiheit spezifischen Aktionsmöglichkeiten verletze.[94] Im Maß der Austauschbarkeit der Kommunikationsmöglichkeiten habe ein Künstler keinen Anspruch auf eine bestimmte Art der Verbreitung seiner Werke.[95]

Damit zeigt sich, daß nach *F. Müller* der notwendigen Begrenztheit jeden Grundrechtsschutzes durch eine einengende Bestimmung grundrechtlicher Gewährleistungsgehalte Rechnung zu tragen ist, die eine Entscheidung über die Zulässigkeit staatlichen Handelns im Wege der Güter- und Interessenabwägung weitgehend entbehrlich machen soll. Soweit mit einer solchen Einengung des Schutzgut-Tatbestandes eine Herausnahme bestimmter (»unspezifischer«) Aktionsmöglichkeiten eines Grundrechtsträgers aus dem Grundrechtstatbestand einhergeht, wird folglich jener Bereich verkürzt, in dem Maßnahmen eines Grundrechtsadressaten eine vom Schutzgut-Tatbestand eines Grundrechts erfaßte Position beeinträchtigen und deshalb der Rechtfertigung bedürfen. Folgerichtig hat die Beeinträchtigung grundrechtlicher Schutzgüter für *Müller* eine nur untergeordnete Bedeutung: »Die primäre dogmatische Frage ist überhaupt nicht die, wodurch ein Grundrecht eingeschränkt werden kann, sondern: wie weit sein

[86] *F. Müller*, Positivität, S. 73.
[87] *F. Müller*, Positivität, S. 11, vgl. auch S. 94.
[88] *F. Müller*, Positivität, S. 99 (Hervorhebung im Original).
[89] *F. Müller*, Positivität, S. 99; krit. hierzu *R. Alexy*, Theorie, S. 282 in Fn. 97.
[90] *F. Müller*, Positivität, S. 98.
[91] *F. Müller*, Positivität, S. 100.
[92] *F. Müller*, Positivität, S. 101; vgl. auch S. 73, 75.
[93] *F. Müller*, Positivität, S. 99.
[94] *F. Müller*, Positivität, S. 73.
[95] *F. Müller*, Positivität, S. 102.

aus der Analyse des Normbereichs ... zu entwickelnder Geltungsgehalt reicht«.[96]

In diesen Überlegungen deutet sich bereits an, in welche Richtung die Einwände zielen, die gegen die skizzierte Konzeption von *F. Müller* vorzubringen sind und im Schrifttum auch vorgebracht wurden. Nichts zu erinnern ist allerdings gegen das Bemühen, Umfang und Grenzen grundrechtlich geschützter Verhaltensweisen und Zustände zunächst durch eine Analyse des Geltungsbereichs der (speziellen) Grundrechtsverbürgungen zu ermitteln. So wird sich sagen lassen, daß der Diebstahl der für die Erstellung eines Kunstwerks nötigen Materialien[97] eine Handlung ist, die nicht zu dem von Art. 5 Abs. 3 GG erfaßten »Werkbereich« gehört und deshalb auch nicht an diesem Grundrecht zu messen ist. Des weiteren wird auch niemand an dem Anliegen von *Müller* Anstoß nehmen, den Ausgleich divergierender Interessen von Grundrechtsträgern nach Maßgabe möglichst rationaler und berechenbarer Kriterien vorzunehmen. Insoweit mag zudem zutreffen, daß bei Vornahme einer Güter- und Interessenabwägung gelegentlich »als Rationalisierung der Dezision nicht wesentlich mehr als die Bekräftigung herauskommen kann, der vorgezogene Wert habe ... ›Vorrang‹ gehabt«.[98] Bereits bezweifelt werden kann jedoch, ob das von *Müller* herangezogene Kriterium des »für den sachgeprägten Normbereich strukturell Notwendigen« und damit »Sachspezifischen« gegenüber dem Konzept der Abwägung stets zuverlässigere und vorhersehbarere Ergebnisse liefert.[99]

Entgegenzutreten ist der Auffassung von *F. Müller* aber jedenfalls insoweit, als das »Sachspezifische« unter Anknüpfung an die Austauschbarkeit von Verhaltensmöglichkeiten zu gewinnen sein soll. Zwar betont *Müller* allenthalben, daß es sich bei den Grundrechten um »allein durch die (Verfassungs-) Rechtsordnung *rechtlich* konstituierte« und deshalb auch nicht »überpositiv substantialisierbare« Rechte handele, mit denen »nicht ein deklaratorisches Bestätigen eines ›natürlichen Rechts‹, sondern die konstitutive Anerkennung eines eigengeprägten, im Rahmen der Rechtsordnung zu schützenden und ›frei‹ zu belassenden Komplexes sachlicher Gegebenheit und menschlichen Tuns kraft Rechts und damit zugleich als Recht« erfolge.[100] Auch *Müller* kann indes nicht an dem Umstand vorübergehen, daß das Nichtbestehen eines grundrechtlichen Abwehrrechts gegen die Beseitigung von Verhaltensmöglichkeiten letztlich aus der Existenz solcher

---

[96] *F. Müller*, Positivität, S. 87; zust. *K. Hesse*, Grundzüge, Rn. 310 a. E.

[97] Beispiel von *F. Müller*, Positivität, S. 56f., 95; ob auch die Verkündung von Forschungsergebnissen mittels öffentlich aufgestellter Lautsprecher als »untypische« Kommunikationsform aus dem Schutzgut-Tatbestand des Art. 5 Abs. 3 S. 1 GG *a limine* auszuklammern ist, wie *Müller* (ebd., S. 101) annimmt, erscheint demgegenüber schon wieder zweifelhaft, zumal gerade nicht zulässig sein soll, »den Umfang des Normbereichs auf das Typische allein im Sinn des Üblichen, Herkömmlichen einzuengen« (ebd., S. 99).

[98] *F. Müller*, Positivität, S. 25.

[99] Zweifelnd auch *J. Schwabe*, Grundrechtsdogmatik, S. 162f.; vgl. ferner *R. Alexy*, Theorie, S. 153f.; *A. Scherzberg*, Grundrechtsschutz, S. 160.

[100] *F. Müller*, Positivität, S. 41 (Hervorhebung im Original).

Individual- oder Kollektivrechtsgüter resultiert, die die Unzulässigkeit eines bestimmten Verhaltens zu rechtfertigen vermögen. Dieser Zusammenhang zwischen Freiheitseinschränkung und Rechtsgüterschutz wird von der Konzeption *Müllers* jedoch nicht hinreichend abgebildet, sondern im Gegenteil verdeckt. Zu Recht weisen *J. Schwabe* und *R. Alexy* darauf hin, daß die Auffassung von *Müller* deshalb Freiheitseinschränkungen auch dort ermöglicht, wo es an einem Grund hierfür fehlt.[101] Grundrechtsschutz ist einem Grundrechtsträger nach *Müller* bereits dann zu versagen, wenn »das Argument zutrifft, es gehe ... in annähernd gleichwertiger Weise auch anders«,[102] der Betroffene also in der Lage ist, eine gewünschte Handlung auch »an einem anderen Ort, zu einer anderen Zeit und auf eine andere Weise vorzunehmen«.[103] Darin liegt aber eine ganz erhebliche Einschränkung der Möglichkeit zu selbstbestimmtem Verhalten, die nicht schon mit der Austauschbarkeit von Handlungsmodalitäten und damit gleichsam aus »sich selbst heraus« begründet werden kann, sondern einer »grundrechtsspezifischen« Rechtfertigung durch Belange Dritter oder der Allgemeinheit bedarf. Diese Zusammenhänge gilt es zu benennen, nicht aber durch Anwendung »vorgeblich abwägungsfreier Kriterien«[104] zu verdunkeln.[105] Die Herausnahme der Möglichkeit zu einem (selbst-) bestimmten Verhalten aus dem Schutzgut-Tatbestand durch pauschalierende Kriterien wie das »Sachspezifische« hat vielmehr zur Folge, daß Freiheitsbeschränkungen möglich werden, die in Ermangelung eines rechtfertigenden Grundes unzulässig wären, wenn die betroffenen Verhaltensmöglichkeiten unter den Schutzgut-Tatbestand eines Grundrechts subsumiert würden; es bliebe die »Sachhaltigkeit der speziellen Grundrechtsgarantie ... auf der Strekke«.[106] Soweit demgegenüber bei Anwendung der von Müller vorgeschlagenen Kriterien keine anderen Ergebnisse als im Falle einer »Güter- und Interessenabwägung« erzielt werden, beweist dies nur, daß sich hinter diesen Kriterien in einem solchen Fall »zutreffende Schrankengründe«[107] verbergen. Für diese Zusammenhänge hat *Alexy* eine prägnante Formel gefunden: »Grundrechtliche Urteile sind nur dann richtig, wenn sie das Ergebnis einer zutreffenden Abwägung sein können. Werden sie abwägungsfrei begründet, so hängt ihre Richtigkeit davon ab, ob das abwägungsfrei begründete Ergebnis auch das Ergebnis einer zutreffenden Abwägung sein kann«.[108]

---

[101] Vgl. *J. Schwabe*, Grundrechtsdogmatik, S. 159ff.; *R. Alexy*, Theorie, S. 111f., 284ff.

[102] *J. Schwabe*, Grundrechtsdogmatik, S. 160.

[103] *R. Alexy*, Theorie, S. 284f.; vgl. auch *M. Sachs*, in. K. Stern/M. Sachs, Staatsrecht, Bd. III/2, S. 59, der ebenfalls hervorhebt, daß die Konstruktion von *F. Müller* den Grundrechtsträgern die Möglichkeit zur Entscheidung über die Art und Weise einer Freiheitsbetätigung nimmt.

[104] *R. Alexy*, Theorie, S. 290.

[105] Ebenso *W. Höfling*, Offene Grundrechtsinterpretation, S. 179.

[106] So *M. Sachs*, in: K. Stern/M. Sachs, Staatsrecht, Bd. III/2, S. 60.

[107] *R. Alexy*, Theorie, S. 285.

[108] *R. Alexy*, Theorie, S. 290.

b. Grundrechtsschranken als immanente Grenzen des Schutzgut-Tatbestandes

Ebenfalls an dieser Stelle zu nennen ist ferner eine im Schrifttum verschiedentlich vertretene Lehre, die den Schutzgut-Tatbestand eines Grundrechts als von vornherein durch die Grundrechtsschranken begrenzt ansieht und auf dieser Grundlage eine Gegenüberstellung von Verwirklichung eines Beeinträchtigungstatbestandes und Rechtfertigung dieser Beeinträchtigung durch Grundrechtsschranken weitgehend (oder vollständig) verwirft. In diesem Sinne äußerte sich insbesondere *F. Klein*: Nach den »Gesetzen reiner Logik« könne es keine »Beziehung von Aufstellung und Einschränkbarkeit von Grundrechtsbestimmungen« geben, derzufolge Grundrechte als etwas »kraft Vorstaatlichkeit oder kraft verfassungsrechtlicher Gewährleistung an sich Feststehendes« durch Schranken eingeschränkt oder relativiert werden. Es gebe »keine Schranken der Grundrechtsbestimmungen, sondern nur Begriffe derselben«, die nicht nur durch die »unmittelbare Benennung der Objekte und Subjekte der einzelnen Grundrechtsbestimmungen«, sondern auch »durch allerlei gesetzestechnische Hilfsmittel« wie »allgemeine Vorschriften (so Art. 2 Abs. 1 Halbs. 2), Einzelvorschriften (so Art. 9 Abs. 2) oder Vorbehalte zugunsten allgemeiner oder besonderer Gesetze bzw. gesetzesgegründeter Verwaltungsmaßnahmen und Gerichtsentscheidungen« festgelegt würden.[109] Unter Zugrundelegung einer solchen »Immanenzlehre« ist mithin der »Schutzgut-Tatbestand« (»Schutzbereich«) eines Grundrechts auch durch dessen Schranken zu bestimmen, womit zugleich Kongruenz zwischen Schutzgut-Tatbestand und Abwehrrecht hergestellt, der Grundrechtstatbestand durch die Existenz des Abwehrrechts definiert wird: Zum »Schutzgut-Tatbestand« zählt nur, was durch ein Abwehrrecht verteidigt werden kann; rechtmäßige »Eingriffe« in Grundrechte kann es nicht geben.[110]

Wird mit *F. Klein* davon ausgegangen, daß die Beschreibung des »Begriffs« eines Grundrechts von den jeweils einschlägigen Grundrechtsschranken sowie Schrankenvorbehalten abhängt, so ist es aber nur noch ein kleiner Schritt, erst in der Ausfüllung eines Vorbehalts vermittels besonderer gesetzlicher Regelungen oder »gesetzesgegründeter Verwaltungsmaßnahmen und Gerichtsentscheidungen« die Konkretisierung und Konturierung eines Grundrechts und seines Schutzgut-Tatbestandes zu sehen. Dem entspricht die Annahme von *F. Klein*, die »Begriffe gewisser Grundrechte« konkretisierten sich erst durch Maßnahmen des Gesetzgebers, andere Grundrechte würden »ihre Ausprägung sogar erst durch entsprechende Maßnahmen der Verwaltungsbehörden und Gerichte ... erhalten«.[111]

Mit Blick auf derartige Positionen ist im Schrifttum der Einwand erhoben worden, unter Zugrundelegung einer solchen Lehre entfalle die Erforderlichkeit, die

---

[109] *F. Klein*, in: v. Mangoldt/Klein, GG, S. 122.
[110] So ausdrücklich *P. Häberle*, Wesensgehaltgarantie, S. 223.
[111] *F. Klein*, in: v. Mangoldt/Klein, GG, S. 122.

danach schon den »Schutzbereich« nicht berührenden »Eingriffe« zu rechtfertigen.[112] Die Behauptung der Wahrnehmung einer »Ausgestaltungsfunktion« könne zur Vermeidung der Rechtfertigungsbedürftigkeit staatlichen Handelns benutzt werden und sei damit letztlich geeignet, »die Grundrechtsbindung staatlicher Gewalt in weiten Bereichen zu beseitigen«.[113]

Diese Kritik zielt letztlich auf ein konstruktives Problem: Zwar läßt sich annehmen, daß ein Grundrechte erst mit Substanz erfüllender Gesetzgeber nicht zugleich an die Grundrechte gebunden sein kann.[114] Daß Grundrechte dem Staat äußerste Grenzen setzen, es also einen »effektiven Garantiebereich«[115] gibt, wird indes von niemandem bestritten. Die Bestimmung der Reichweite dieses definitiven Grundrechtsschutzes muß daher auch auf Basis einer »Immanenzlehre« erfolgen. Anders gewendet: Für die Annahme, eine bestimmte staatliche Maßnahme sei wegen des Fehlens eines Schutzguts grundrechtlich schlechthin irrelevant und könne nicht unter Berufung auf Grundrechte abgewehrt werden, bedarf es der vorgängigen Feststellung der Rechtmäßigkeit und damit letztlich der Rechtfertigung der betreffenden Maßnahme. Dies erhellt: Die Existenz eines grundrechtlichen Schutzes hat notwendig zur Folge, daß staatliches Handeln in Beziehung zu grundrechtlichen Schutzgütern, Werten oder Prinzipien gesetzt wird.[116] Schon dies deutet in die Richtung eines Denkens in den Kategorien von Schutzgut-Tatbestand und Grundrechts- (Abwehrrechts-) Schranke. Aus dem Verzicht auf die Unterscheidung zwischen einem Schutzgut und seiner Beschränkung resultiert daher nur ein dogmatisch-konstruktiver – wenn nicht gar nur terminologischer – Unterschied zu dem herkömmlichen »Eingriffs- und Schrankendenken«,[117] der sich nicht notwendig auf den Umfang des definitiven Grundrechtsschutzes auswirkt. Sofern sich Rückwirkungen auf den Umfang des Grundrechtsschutzes ergeben, hat dies andere Ursachen, etwa ein spezifisches Freiheitsverständnis.

Ablesen lassen sich diese Zusammenhänge an der Position von *P. Häberle*, dem wohl meistbeachteten Befürworter einer Sicht der Dinge, derzufolge gesetzliche Regelungen nicht »in Gestalt von ›Schranken‹ von außen an die Grundrechte herangetragen werden«.[118] *Häberle* legt seinen Ausführungen zunächst die Annahme zugrunde, daß die Grundrechte des Grundgesetzes einen »doppelten verfassungsrechtlichen Gehalt«[119] besitzen: Neben der individualrechtlichen Seite exi-

---

[112] Vgl. *R. Eckhoff*, Grundrechtseingriff, S. 14f.

[113] *R. Eckhoff*, Grundrechtseingriff, S. 30.

[114] So verneint *P. Lerche*, Übermaß, S. 140ff., 146ff., eine Geltung des Übermaßverbotes insoweit, als der Gesetzgeber unmittelbar (insbes. bei Art. 14 Abs. 1 S. 2, 12 Abs. 1 S. 2 GG) oder mittelbar (insbes. bei Art. 2 Abs. 1, 5 Abs. 2 GG) »grundrechtsprägend« tätig werde.

[115] Begriff von *G. Lübbe-Wolff*, Eingriffsabwehrrechte, S. 69.

[116] Vgl. hierzu auch *R. Alexy*, Theorie, S. 301 (in Fn. 155).

[117] Begriff von *P. Häberle*, Wesensgehaltgarantie, S. 130, 153 u.ö.

[118] *P. Häberle*, Wesensgehaltgarantie, S. 179; ebenso schon ebd., S. 56.

[119] *P. Häberle*, Wesensgehaltgarantie, S. 70.

stiere auch noch eine »institutionelle Seite«, die gleichrangig neben der Verbürgung eines subjektiv-öffentlichen (Abwehr-) Rechts stehe[120] und aus der eine »verfassungsrechtliche Gewährleistung freiheitlich geordneter und ausgestalteter Lebensbereiche«[121] resultiere. Wesentliches Kennzeichen der institutionellen Seite der Grundrechte sei ihre Bezogenheit auf einfach-gesetzliche »Normenkomplexe«, die von der Verfassung teilweise vorgefunden und rezipiert worden seien und durch die eine bestimmte Ordnung verschiedener Lebensbereiche erst konstituiert werde.[122] Zu diesen Normenkomplexen, durch die »einzelne Lebensbereiche ›verfaßt‹«[123] und »angereichert«[124] werden, zählten beispielsweise die Eigentums- und Erbordnung, das geltende Vereins-, Versammlungs- und Presserecht, die Ehe und Familie betreffenden Vorschriften sowie die Normen des Bürgerlichen Rechts, die »insbesondere die Vertragsfreiheit als eine Freiheit im Recht«[125] ausgestalteten.[126] Durch die Existenz derartiger Normenkomplexe werden nach *Häberle* die Grundrechte »zum Institutionell-Objektiven, zum Eingerichteten« und damit formiert und organisiert Bestehenden.[127] Normenkomplexe gehören zur »Daseinsweise«[128] und sind zugleich »Ausfluß und Verwirklichung gerade der institutionellen Seite der Grundrechte«.[129] Durch ihr Vorhandensein »verwirklicht sich die Grundrechtsidee in der sozialen Wirklichkeit«,[130] denn die institutionelle Seite der Grundrechte soll insbesondere gewährleisten, daß Grundrechte in den verschiedenen Lebensbereichen von zahllosen Grundrechtsberechtigten tatsächlich in Anspruch genommen werden können[131] und auf diesem Wege »Freiheit ... zur ›sozialen Wirklichkeit‹« verholfen wird.[132]

Anliegen dieses institutionellen Grundrechtsverständnisses ist demnach eine grundrechtsgemäße – leitbildgerechte«[133] – Ausgestaltung der Sozialordnung. Auf dieser Grundlage erscheint naheliegend, das Handeln des Gesetzgebers nicht allein unter dem Aspekt einer Beeinträchtigung subjektiv-rechtlich geschützter

---

[120] *Vgl. P. Häberle*, Wesensgehaltgarantie, S. 71f.

[121] *P. Häberle*, Wesensgehaltgarantie, S. 70, ähnl. S. 164.

[122] Vgl. *P. Häberle*, Wesensgehaltgarantie S. 96; zur Rezeption des einfachen Rechts durch die Verfassung siehe auch *F. Müller*, Positivität, S. 65f.

[123] *P. Häberle*, Wesensgehaltgarantie, S. 96.

[124] *P. Häberle*, Wesensgehaltgarantie, S. 116.

[125] *P. Häberle*, Wesensgehaltgarantie, S. 97.

[126] Vgl. *P. Häberle*, Wesensgehaltgarantie, S. 70f., 97.

[127] *P. Häberle*, Wesensgehaltgarantie, S. 96f., ähnl. auch S. 116.

[128] *P. Häberle*, Wesensgehaltgarantie, S. 96, 116; an dieser Stelle weist die Position *Häberles* Parallelen zu der »Normbereichslehre« von *F. Müll*er auf, wenn die institutionelle Seite der Grundrechte nicht nur zu einer bestimmten Ausgestaltung von Normkomplexen zwingen, sondern gerade auch in diesen *existieren* soll.

[129] *P. Häberle*, Wesensgehaltgarantie, S. 97; s. hierzu auch die stark am Begrifflichen orientierte Kritik von *J. Schwabe*, Grundrechtsdogmatik, S. 135f.

[130] *P. Häberle*, Wesensgehaltgarantie, S. 96.

[131] *P. Häberle*, Wesensgehaltgarantie, S. 117ff. (123).

[132] *P. Häberle*, Wesensgehaltgarantie, S. 117.

[133] Vgl. *P. Häberle*, Wesensgehaltgarantie, S. 182.

Rechtspositionen der Grundrechtsberechtigten zu würdigen: Anerkennt man die »institutionelle Seite« der Grundrechte im Sinne der Darlegungen von *P. Häberle*, so ist der Gesetzgeber vielmehr eine Art »Vollzugsorgan der Verfassung«, das die Aufgabe hat, jene »Normenkomplexe zu schaffen, die die Grundrechte als Institute erst verwirklichen«.[134] Auf Basis der These, die Gesetzgebung leiste »konstitutive Beiträge« zur Verwirklichung der grundrechtlichen Gehalte der Verfassung,[135] ist es aber nur noch ein kleiner Schritt zu der weiteren Annahme von *Häberle*, eine grundrechtsbegrenzende Tätigkeit des Gesetzgebers sei zugleich eine Bestimmung des Grundrechtsinhalts, »jede Begrenzung eines Grundrechts ... ein Stück Inhaltsbestimmung«.[136] Nach *Häberle* hat der Gesetzgeber im Grundrechtsbereich daher nicht nur eine grundrechtsbegrenzende Funktion, sondern ebenso die Aufgabe bzw. Funktion der Grundrechtsausgestaltung.[137] Grundsätzlich seien alle Grundrechte »der gesetzlichen Begrenzung einerseits, der gesetzlichen Ausgestaltung und inhaltlichen Präzisierung andererseits fähig und bedürftig«,[138] wenngleich der Gesetzgeber bei Grundrechten mit intensiverem »Sozialbezug« eher Anlaß »sowohl zu Freiheitsausgestaltungen als auch zu Freiheitsbegrenzungen« haben soll.[139]

Zwischen Grundrechtsausgestaltung und Grundrechtsbegrenzung besteht nach *Häberle* aber ein allenfalls gradueller Unterschied, »denn jede Begrenzung bedeutet gleichermaßen Inhaltsbestimmung, wie umgekehrt jede Inhaltsbestimmung begriffsnotwendig Grenzziehungen zum Inhalt hat«,[140] so daß der Gesetzgeber sowohl durch die Grundrechtsausgestaltung als auch durch deren Begrenzung die Wertentscheidungen der Verfassung konkretisiere.[141] Bei der Grundrechtsausgestaltung handele es sich um eine »rechtschöpferische Tätigkeit von hohem Rang«, die dem Grundrecht erst seine konkrete Gestalt gebe,[142] wenngleich sich der grundrechtsausgestaltende Gesetzgeber an dem jeweiligen grundrechtlichen »Leitbild« zu orientieren habe, da aus einer nicht »leitbildgerechten« Gesetzgebung eine Verletzung des betreffenden Grundrechts resultiere.[143] Demgegenüber gehe es bei der Grundrechtsbegrenzung um eine Konkretisierung der »wesensmäßigen Grundrechtsgrenzen« durch den Gesetzgeber:[144] Die Grund-

---

[134] *P. Häberle*, Wesensgehaltgarantie, S. 165.
[135] *P. Häberle*, Wesensgehaltgarantie, S. 175.
[136] *P. Häberle*, Wesensgehaltgarantie, S. 179.
[137] *P. Häberle*, Wesensgehaltgarantie, S. 180ff.
[138] *P. Häberle*, Wesensgehaltgarantie, S. 181.
[139] *P. Häberle*, Wesensgehaltgarantie, S. 183; Kritik an einer Identifizierung von »Grundrecht« und »Freiheit« bei *Häberle* übt *J. Schwabe*, Grundrechtsdogmatik, S. 136ff.; vgl. hierzu auch *R. Schnur*, DVBl. 1965, S. 489 (490).
[140] *P. Häberle*, Wesensgehaltgarantie, S. 185.
[141] *P. Häberle*, Wesensgehaltgarantie, S. 184.
[142] *P. Häberle*, Wesensgehaltgarantie, S. 182.
[143] *P. Häberle*, Wesensgehaltgarantie, S. 182.
[144] *P. Häberle*, Wesensgehaltgarantie, S. 183; vgl. zur Unterscheidung zwischen Grundrechtsausgestaltung und Grundrechtsbegrenzung auch ebd., S. 141.

rechte seien »von vornherein durch jene gleich- und höherwertigen Rechtsgüter begrenzt, die gleich ihnen verfassungsrechtliche Anerkennung gefunden haben«.[145] Die »wesensmäßigen Grundrechtsgrenzen« sind danach immanente Grundrechtsgrenzen,[146] sie »weisen dem Grundrecht den Platz zu, den es von vornherein im Ganzen der Verfassung einnimmt».[147] Ihre Ermittlung soll dadurch erfolgen, daß für eine konkrete historische Situation[148] eine »am objektiven Wertsystem der Verfassung orientierte Güterabwägung« vorgenommen wird.[149] Dem Gesetzgeber sei verwehrt, »in den innerhalb der immanenten Grundrechtsschranken liegenden ›absolut‹ geschützten Bereich ›einschränkend‹ vorzudringen«, indem er Grundrechte weiter einenge, als zum Schutz gleich- oder höherwertiger Rechtgüter geboten sei.[150] Durch die Konkretisierung der »wesensmäßigen Grundrechtsgrenzen« werde den Grundrechten hingegen »nichts genommen ..., was ihnen ›an sich‹ zukommt«.[151] Vielmehr verwirkliche der Gesetzgeber mit der Begrenzung von Grundrechten zum Schutze gleich- oder höherwertiger Rechtsgüter zugleich »ein Stück Wesensgehalt der Grundrechte«,[152] da die immanenten Grenzen diesem Wesensgehalt nach *Häberle* entsprechen bzw. ihn umschließen:[153] »Im Wesensgehalt der Grundrechte ist der Schutz gleich- oder höherwertiger Rechtsgüter inbegriffen. Bildlich gesprochen: Im Wesensgehalt der Grundrechte spiegelt sich die Totalität des verfassungsrechtlichen Wertsystems«.[154] Es erfolgt eine »›Hineinverlagerung‹ (Einbeziehung) der zulässigen Grundrechtsgrenzen ... in den Wesensgehalt der Grundrechte«,[155] so daß mit der Bestimmung der »wesensmäßigen« Grundrechtsgrenzen zugleich der Wesensgehalt der Grundrechte ermittelt wird.[156] Hieraus ist zu folgern, daß eine Überschreitung der dem Gesetzgeber gezogenen Grenzen nach der Konzeption von *Häberle* zugleich den Wesensgehalt verletzt.[157]

Insgesamt ist demnach das Verhältnis zwischen den Grundrechten und dem einfachen Gesetz dahingehend zu beschreiben, daß der im Grundrechtsbereich tätige Gesetzgeber »durchweg grundrechts*determinierend*«[158] tätig wird, indem er ent-

---

[145] *P. Häberle*, Wesensgehaltgarantie, S. 56.

[146] Vgl. *P. Häberle*, Wesengehaltgarantie, S. 53.

[147] *P. Häberle*, Wesengehaltgarantie, S. 51.

[148] Vgl. *P. Häberle*, Wesensgehaltgarantie, S. 55f.

[149] *P. Häberle*, Wesengehaltgarantie, S. 51.

[150] *P. Häberle*, Wesengehaltgarantie, S. 53.

[151] *P. Häberle*, Wesengehaltgarantie, S. 57; ähnl. ebd., S. 54.

[152] *P. Häberle*, Wesensgehaltgarantie, S. 183.

[153] *P. Häberle*, Wesensgehaltgarantie, S. 58, 61.

[154] *P. Häberle*, Wesensgehaltgarantie, S. 61; krit. gegenüber einer Begründung der immanenten Grundrechtsgrenzen aus der »Totalität des verfassungsrechtlichen Wertsystems« *F. Müller*, Positivität, S. 17f.

[155] *P. Häberle*, Wesensgehaltgarantie, S. 59; ähnl. S. 126.

[156] *P. Häberle*, Wesensgehaltgarantie, S. 61.

[157] Vgl. auch *R. Eckhoff*, Grundrechtseingriff, S. 26f.

[158] *P. Häberle*, Wesensgehaltgarantie, S. 222 (Hervorhebung im Original).

weder die Grundrechte ausgestaltet oder aber »wesensmäßige« bzw. »immanente«, den Grundrechten aber jedenfalls *a limine* innewohnende Grundrechtsgrenzen konkretisiert bzw. bestimmt. Hieraus folgt für *P. Häberle*, daß ein Grundrecht durch rechtmäßiges Handeln des Gesetzgebers weder eingeschränkt noch beschränkt werde, es rechtmäßige »Eingriffe« in Grundrechte nicht gebe.[159] Der Gesetzes- und Rechtsbegriff selbst müsse folglich vom »Eingriffselement« gereinigt werden: Recht und Gesetz im Grundrechtsbereich bewirkten ausschließlich eine (wesensmäßige) Begrenzung und Ausgestaltung (sachliche Determinierung) von Freiheit und Eigentum und damit der Grundrechte.[160] Ein Denken in den Kategorien des »Grundrechtseingriffs« und der Eingriffsrechtfertigung durch »Grundrechtsschranken« ist auf dieser Grundlage folgerichtig nicht mehr möglich.

Diese Konzeption hat auch verschiedentlich Zustimmung gefunden,[161] was mit darauf zurückzuführen sein mag, daß den Ausführungen von *P. Häberle* zur »Ausgestaltungsfunktion« des Gesetzgebers im Ausgangspunkt nicht zu widersprechen ist: Bei der Bewältigung seiner Regelungsaufgaben – insbesondere der Auflösung von Interessenkonflikten – hat der Gesetzgeber regelmäßig die Wahl zwischen mehreren verfassungsmäßigen Lösungen, da das Grundgesetz im Normalfall mehr als nur eine Lösung zuläßt und deshalb legislatorisches Handeln nur in Grenzen zu determinieren vermag.[162] Durch die Betätigung des vom Grundgesetz eingeräumten Entschließungs- und Auswahlermessens wird mithin die Rechts- und Sozialordnung vom Gesetzgeber (aus)gestaltet, indem dieser die Befugnisse und Freiheitsräume der Bürger wechselseitig zuordnet und damit zugleich begrenzt. Es erfolgt eine »Verteilung von grundrechtlichen Entfaltungschancen«,[163] indem der Gesetzgeber über die in einer konkreten Rechtsordnung real existierende Freiheit entscheidet. Anschaulich illustrieren läßt sich dies beispielsweise an landesrechtlichen Regelungen über das Reiten auf fremden Waldgrundstücken, mit denen die Befugnisse der Reiter und der Waldeigentümer im Interesse eines Ausgleichs der beiderseitigen Belange begrenzt werden.[164]

Daß der Gesetzgeber die Aufgabe des Ausgleichs divergierender Belange von Grundrechtsträgern hat, ist indes eine Feststellung, die kaum auf Widerspruch stoßen wird und deshalb im Rahmen des von *P. Häberle* attackierten »Eingriffs- und Schrankendenkens« ebenfalls ihren Platz hat.[165] Wird angenommen, daß die

---

[159] *P. Häberle*, Wesensgehaltgarantie, S. 223f.

[160] Vgl. *P. Häberle*, Wesensgehaltgarantie, S. 224, 227f.

[161] Vgl. *K. Hesse*, Grundzüge, Rn. 303ff.; *B.-O. Bryde*, in: v.Münch/Kunig (Hrsg.), GG, Art. 14 Rn. 50; *A. Blankenagel*, VerwArch 76 (1985), S. 276 (280); der Sache nach auch *A. Scherzberg*, Grundrechtsschutz, S. 141f.

[162] Vgl. dazu noch unten, S. 402ff.

[163] So *P.-M. Huber*, Konkurrenzschutz, S. 295; vgl. auch *H.-U. Erichsen*, in: ders. (Hrsg.), Allgemeines Verwaltungsrecht, § 11 Rn. 35; *ders.* in: Isensee/Kirchhof, (Hrsg.), HbStR, Bd. VI, § 152 Rn. 78: »Verteilung von realen Freiheitschancen«

[164] Vgl. für Niedersachsen §§ 2 Abs. 2, 3 Abs. 1 FFOG.

[165] Vgl. hierzu auch *J. Schwabe*, Grundrechtsdogmatik, S. 139ff.

Schutzgut-Tatbestände der Grundrechtsbestimmungen eine dem gesetzgeberischen Tätigwerden vorgelagerte (»natürliche«) Freiheit eines Grundrechtsträgers in weitem Umfang erfassen und der Erlaß »grundrechtswirksamer« Vorschriften deshalb regelmäßig auf eine potentiell grundrechtlich geschützte Position einwirkt, so bedarf es für eine solche Einwirkung auf grundrechtliche Schutzgüter selbstverständlich eines hinreichenden Grundes, der vor den jeweils geltenden Grundrechtsschranken Bestand haben kann. Dieser rechtfertigende Grund kann aber vielfach im Schutz von Rechtsgütern eines Dritten gesehen werden, da der Gesetzgeber gerade zum Ausgleich widerstreitender Belange von Grundrechtsträgern berufen ist. Dabei mag auch eine Pflicht des Gesetzgebers (wie auch der Verwaltung und Rechtsprechung) angenommen werden können, durch Orientierung an grundrechtlichen Leitbildern ein Höchstmaß an »Grundrechtsverwirklichung« (d.h. Teilhabe an grundrechtlich geschützten Positionen) für jedermann zu realisieren, wenngleich zweifelhaft ist, ob sich aus einem grundrechtlichen »Leitbild«, einem grundrechtlichen »Prinzip« oder auch der »grundrechtlichen Wertordnung« hinreichend präzise Vorgaben für konkrete gesetzgeberische Maßnahmen ableiten lassen. Jedenfalls zwingt eine solche Pflicht des Gesetzgebers zur Orientierung an grundrechtlichen »Leitbildern« und damit zur »leitbildgerechten« Ausgestaltung der Rechtsordnung nicht zur Übernahme der von *Häberle* vertretenen Konzeption.

Allerdings wird ein Grundrechtsträger durch gesetzgeberisches Handeln insoweit begünstigt, als die Freiheit anderer auch in seinem Interesse begrenzt wird. Es lassen sich daher zwei verschiedene Bedeutungsgehalte grundrechtsrelevanter Normsetzung unterscheiden, weil die gesetzgeberische Einwirkung auf grundrechtliche Schutzgüter nicht nur eine Einbuße an Freiheit bei den Betroffenen bewirkt, sondern den (Nichtstörungs-) Interessen jedes Betroffenen infolge der Beeinträchtigung anderer Grundrechtsträger auch nützen kann. Daß eine solche Beeinträchtigung auch eine freiheitsfördernde Wirkung zugunsten des Betroffenen zu entfalten vermag, kann aber nicht dazu führen, diese beiden Ebenen grundrechtsrelevanten Staatshandelns zu vermischen. Zu Recht warnt *J. Schwabe* vor einer »Vertauschung von konkret betroffener Freiheit des (oder der) Einzelnen mit Freiheitlichkeit als Zustand des sozialen Ganzen«.[166] Auch geht andererseits mit der »grundrechtsverwirklichenden« Tätigkeit des Gesetzgebers selbst dann unbestreitbar eine Beeinträchtigung der vorgegebenen (»natürlichen«) Freiheit eines Grundrechtsträgers einher, wenn der Erlaß zweifelsfrei notwendiger und unumgänglicher Vorschriften – wie etwa das (strafbewehrte) Verbot der Einwirkung auf Leben, Freiheit, Eigentum oder sonstige Individualrechtsgüter anderer Personen – in Rede steht.[167]

---

166 *J. Schwabe*, Grundrechtsdogmatik, S. 142.

167 Vgl. *R. Alexy*, Theorie, S. 302; *J. Schwabe*, Grundrechtsdogmatik, S. 142.

Demgegenüber ist nach Ansicht von *P. Häberle* mit einer solchen Einwirkung nicht notwendig eine Beeinträchtigung grundrechtlich geschützter Freiheit verknüpft, weil das Grundgesetz nicht von einer absoluten oder unbegrenzten Freiheit ausgehe, »die dann doch im Sinne eines Zugeständnisses oder einer bloßen ›Korrektur‹ zum Zwecke irgendwelcher Bedürfnisse und äußerer Notwendigkeiten durch Einschränkungen ›korrigiert‹ wird«.[168] Vielmehr endet der Schutzgut-Tatbestand (»Schutzbereich«) eines Grundrechts nach *Häberle* von vornherein an »wesensmäßigen« bzw »immanenten« Grundrechtsgrenzen, weil der Freiheit »im Falle der Konkretisierung der wesensmäßigen Grundrechtsgrenzen nichts genommen wird, was ihr wesensmäßig zukommt«.[169] Folgerichtig kann *Häberle* die Möglichkeit einer Beeinträchtigung grundrechtlicher Schutzgüter durch rechtmäßiges Handeln des Gesetzgebers leugnen und den Aspekt der »Grundrechtsausgestaltung« in den Mittelpunkt rücken. Indes wird ein Denken in den Kategorien von »Beeinträchtigungstatbestand« und Grundrechtsschranke selbst dann nicht automatisch obsolet, wenn rechtmäßiges Handeln im Grundrechtsbereich mit *Häberle* als »Konkretisierung« bzw. »Bestimmung« der »wesensmäßigen Grundrechtsgrenzen« begriffen wird, weil das »Eingriffs- und Schrankendenken« als dogmatisch-konstruktives – auf die Fallösung ausgerichtetes – Konzept nur instrumentellen Charakter in Zusammenhang mit der auch nach *Häberle* zur Bestimmung der immanenten Grundrechtsgrenzen erforderlichen Abwägung der Grundrechte gegen die »neben ihnen anerkannten anderen Verfassungsrechtsgüter«[170] besitzt. Zudem ist insoweit nichts mit der Feststellung gewonnen, daß sich auch deshalb von einer »Ausgestaltung«[171] der Grundrechtstatbestände durch den Gesetzgeber mag sprechen lassen, weil gesetzgeberischen Handelns eine freiheitsfördernde Funktion haben kann, denn diesem Gesichtspunkt läßt sich – wie gezeigt – auf Basis des gescholtenen »Eingriffs- und Schrankendenkens« ebenfalls Rechnung tragen. Insgesamt liegt daher die Annahme nahe, daß sich die von *Häberle* entwickelte Konzeption und das »herkömmliche« Denken in den

[168] *P. Häberle*, Wesensgehaltgarantie, S. 56f.

[169] *P. Häberle*, Wesensgehaltgarantie, S. 54.

[170] *P. Häberle*, Wesensgehaltgarantie, S. 31.

[171] Der Begriff der »Ausgestaltung« eines »Grundrechts« scheint den zugrundeliegenden Sachverhalt jedenfalls dann zutreffend zu beschreiben, wenn der Gesetzgeber Freiheitsräume beläßt, deren Beschränkung durch ge- oder verbietende (oder zum Erlaß eines Ge-oder Verbotes ermächtigende) Vorschriften die Grenze des grundrechtlich Zulässigen nicht überschreiten würde: Da nämlich die Grundrechte auch vor einer Beeinträchtigung durch gesetzesfreies Verwaltungshandeln schützen, können Einwirkungen der Exekutive auf eine Grundrechtsschutz genießende Position von einem Grundrechtsträger auch dann abgewehrt werden, wenn das Grundrecht gegen einen Zugriff des Gesetzgebers keinen Schutz bieten würde; vgl. hierzu auch *J. Schwabe*, Grundrechtsdogmatik, S. 65. Dieser nur relative Schutz der Freiheit allein im Verhältnis zur Exekutive, nicht aber im Verhältnis zum Gesetzgeber, ist aber gerade die Folge des Ausbleibens einer zulässigen gesetzgeberischen Intervention. Auch in diesem Falle geht es daher nicht um eine konstitutive Zuweisung eines »Freiheitsraums« durch den Gesetzgeber, sondern um die Nichtbeschränkung der »ursprünglichen« (dem Gesetzgeber vorgegebenen) Freiheit.

Kategorien von »Beeinträchtigungstatbestand« und »Grundrechtsschranke« in erster Linie in der Sichtweise – dem Grundrechtsverständnis oder der »Grundrechtstheorie«[172] –, nicht aber in den praktischen oder dogmatischen Auswirkungen unterscheiden.[173]

Hervorzuheben ist allerdings, daß eine wesentliche Säule der von *Häberle* vorgetragenen Konzeption ein spezifisches Verständnis von Freiheit ist, das mit einem »formalen« Verständnis der grundrechtlich geschützten Freiheit als »Abwesenheit von Zwang« nicht in Einklang gebracht werden kann, da *Häberle* dem Grundgesetz in deutlicher Abgrenzung gegen »liberales Denken«[174] nicht die »Freiheit zur Beliebigkeit«[175] entnehmen will, sondern von der »Idee einer sittlichen Bindung der Freiheit«[176] ausgeht: Das »Wesen der Freiheit« liege »nicht in der negativen Freiheit (allein im Sinne einer ›Freiheit von‹) ..., sondern in einer positiven Freiheit (im Sinne einer ›Freiheit zu‹)«,[177] denn »Freiheit, die nicht wertgebunden ist, gliche Willkür«.[178] Der Mensch werde erst dadurch »›Person‹ ..., daß er nicht Willkür übt, sondern wertgebundene Entscheidungen trifft«;[179] der Bürger habe ein Interesse daran, »sich auf das in der Gemeinschaft lebendige Sittengesetz verwiesen zu sehen«, weil es ihm den Weg freigebe für die »Entfaltung seines Personseins«.[180] Schranken und Grenzen, die den Grundrechten durch das Sittengesetz gezogen seien, bestünden folglich »nicht nur im Interesse der Gemeinschaft«, sondern auch im Interesse der betroffenen Grundrechtsberechtigten selbst.[181] Auch im übrigen können nach Ansicht von *Häberle* »die Grenzen einer Freiheit im unmittelbaren Interesse des betroffenen Individuums selbst normiert sein«.[182] Für *Häberle* läßt sich daher ein Impfzwang auf das Interesse des Geimpften an der Erhaltung der durch Art 2. Abs. 2 GG geschützten körperlichen Unversehrtheit stützen[183] und die verfassungsrechtliche Zulässigkeit subjektiver Berufszulassungsvoraussetzungen über das »wohlverstandene Interesse« des betroffenen Grundrechtsberechtigten an einer vernünftigen Vorbildung legitimieren.[184]

---

[172] So insbes. *G. Lübbe-Wolff*, Eingriffsabwehrrechte, S. 63f.

[173] *G. Lübbe-Wolff*, Eingriffsabwehrrechte, S. 65, meint gar, die Kritik von *Häberle* am »Eingriffs- und Schrankendenken« lasse die »Struktur der Eingriffsdogmatik« völlig unberührt.

[174] Vgl. *P. Häberle*, Wesensgehaltgarantie, S. 25.

[175] *P. Häberle*, Wesensgehaltgarantie, S. 59.

[176] *P. Häberle*, Wesensgehaltgarantie, S. 227.

[177] *P. Häberle*, Wesensgehaltgarantie, S. 59.

[178] *P. Häberle*, Wesensgehaltgarantie, S. 25.

[179] *P. Häberle*, Wesensgehaltgarantie, S. 25.

[180] *P. Häberle*, Wesensgehaltgarantie, S. 28.

[181] *P. Häberle*, Wesensgehaltgarantie, S. 28.

[182] *P. Häberle*, Wesensgehaltgarantie, S. 29.

[183] *P. Häberle*, Wesensgehaltgarantie, S. 29 (mit Fn. 168); insoweit bemerkenswerterweise übereinstimmend *J. Schwabe*, Grundrechtsdogmatik, S. 141 (in Fn. 33).

[184] Vgl. *P. Häberle*, Wesensgehaltgarantie, S. 29f.

Diese Auffassung wird für die Zulässigkeit freiheitsbeschränkender Maßnahmen des Staates zwar kaum von praktischer Bedeutung sein, weil sich staatliches Handeln vielfach – und auch im Bereich des Strafrechts – mit dem Schutz Dritter oder der Allgemeinheit rechtfertigen läßt. Dessen ungeachtet muß es erheblichen Bedenken begegnen, wenn *P. Häberle* annimmt, die »in der Gemeinschaft lebendigen ethischen Wertvorstellungen«,[185] die im Interesse der »eigenen Persönlichkeitsentfaltung des Grundrechtsberechtigten«[186] auch Beschränkungen der individuellen Freiheit rechtfertigen könnten, seien gerade auch in den Grundrechten verankert und vom »grundrechtsdeterminierenden« oder (jedenfalls) zur Orientierung an den Grundrechten verpflichteten Gesetzgeber näher zu entfalten. So ist *Häberle* beispielsweise der Ansicht, »daß die Zielsetzung des Kriminalstrafrechts nicht nur den Grundrechten nicht widerspricht, sondern diesen, und damit auch dem Individuum selbst, gerade dient«, denn es werde »um des Wirkens der Werte willen geschaffen, die die Grundrechte ihrerseits zum Gegenstand haben«.[187] Wird dieser Ansatz konsequent weiterverfolgt, so ergibt sich folglich, daß die Verurteilung eines Straftäters zu einer Freiheitsstrafe gerade auch unter Hinweis auf dessen Grundrechte gerechtfertigt werden könnte. Zum *argumentum ad absurdum* taugt diese Konsequenz allerdings nicht, weil sie von *Häberle* tatsächlich gezogen worden ist: Die Bestrafung des Diebes müsse zum Inhalt des Rechtes auf persönliche Freiheit gerechnet werden,[188] weil das Strafrecht eine erzieherische Funktion auch und »gerade um des Betroffenen selbst willen« besitze, indem sie »dem Grundrechtsberechtigten die Einsicht in den ›rechten‹ Gebrauch der Freiheit« vermittele und damit den Weg zu sinnvoller, verantwortungsbewußter Lebensgestaltung weise.[189]

Aus diesem Freiheitsverständnis von *P. Häberle* ergibt sich daher die unabweisbare Konsequenz, daß eine mit Zwangswirkung ausgestattete Einwirkung auf einen voll verantwortlichen Grundrechtsträger sich auch allein durch das »wohlverstandene Interesse« des Betroffenen rechtfertigen läßt, auf ihm vorgegebene Wertvorstellungen der Gemeinschaft verwiesen zu werden, ohne daß es auf das Vorliegen einer Gefahr für Rechtsgüter oder Interessen Dritter oder der Allgemeinheit ankäme. Zu Recht hat demgegenüber das Bundesverfassungsgericht einer solchen Sichtweise – jedenfalls für Beeinträchtigungen der persönlichen Freiheit – frühzeitig eine Absage erteilt, indem es betonte, daß die Inhaftierung eines Grundrechtsträgers nicht schon dann zulässig ist, wenn sie allein zum Zwecke

---

[185] *P. Häberle*, Wesensgehaltgarantie, S. 27.

[186] *P. Häberle*, Wesensgehaltgarantie, S. 27.

[187] *P. Häberle*, Wesensgehaltgarantie, S. 25.

[188] *P. Häberle*, Wesensgehaltgarantie, S. 26; vgl. dazu auch die abl. Bemerkungen von *W. Höfling*, Offene Grundrechtsinterpretation, S. 57f. (mit Fn. 68); *Häberle* selbst hat diese Ausführungen im Vorwort zur zweiten Auflage seines Werks dahingehend relativiert, daß »der innere Zusammenhang von Freiheit und Strafrecht etwas zu undifferenziert geraten« sei (auch abgedruckt in der 3. Aufl., S. VIII).

[189] *P. Häberle*, Wesensgehaltgarantie, S. 26.

seiner Besserung erfolgt, eine solche Maßnahme vielmehr dem Schutze Dritter oder der Allgemeinheit vor dem Betroffenen dienen muß.[190] Wenn den Grundrechten demgegenüber ein bestimmtes Freiheitsverständnis implementiert wird und deshalb nicht aus Gründen des Miteinanders in der staatlichen Gemeinschaft erforderliche Beeinträchtigungen grundrechtlicher Schutzgüter unter Berufung auf Wertvorstellungen sollen erfolgen können, die nicht zuletzt in den Grundrechten selbst zum Ausdruck kommen, würden die Grundrechte zum Instrument der Fremdbestimmung und damit vom Mittel zum Zweck zum Selbstzweck, wodurch zugleich der Staat seines instrumentellen Charakters enthoben, ihm »Eigenwert«[191] zugewiesen würde.

Unabhängig von diesen Überlegungen bleibt aber festzuhalten, daß die Annahme einer »verfassungsrechtliche(n) Gewährleistung freiheitlich geordneter und ausgestalteter Lebensbereiche«[192] durch die »institutionelle Seite« der Grundrechte mit der Annahme in Einklang zu bringen ist, der die Sozialordnung (aus)gestaltende Gesetzgeber könne zugleich eine potentiell grundrechtlich geschützte Position eines Grundrechtsträgers beeinträchtigen, weil mit der Anerkennung einer freiheitssichernden und -fördernden Funktion des Gesetzgebers einerseits und einer weitgehenden grundrechtlichen Gewährleistung der »natürlichen« Freiheit eines Grundrechtsträgers andererseits verschiedene Grundrechtsfunktionen angesprochen werden, die sich – wie gezeigt – nicht gegenseitig ausschließen. Mit *R. Alexy* läßt sich folglich feststellen: »Wenn etwas unter irgendeinem Gesichtspunkt einschränkend ist, bleibt es einschränkend, auch wenn es unter irgendeinem anderen Gesichtspunkt ausgestaltend ist«.[193]

c. Enger oder weiter Schutzgut-Tatbestand des Art. 2 Abs. 1 GG?

Mit der Frage nach dem »Freiheitsverständnis« des Grundgesetzes und dem grundrechtlichen Schutz der Freiheit zur Betätigung eines autonom gebildeten Willens auf das Engste verknüpft ist der Streit um eine enge oder weite Auslegung des Schutzgut-Tatbestandes des Art. 2 Abs. 1 GG.[194] Bekanntlich hat sich das Bundesverfassungsgericht im »Elfes«-Urteil aus dem Jahre 1957 für eine Auslegung des Art. 2 Abs. 1 GG entschieden, derzufolge dieses Grundrecht »die Handlungsfreiheit im umfassenden Sinne meint«.[195] Ausdrücklich wendete sich das Gericht gegen die Annahme, daß das Grundgesetz in Art. 2 Abs. 1 GG nur einen

[190] BVerfGE 22, 180 (219f.): »Der Staat hat ... nicht die Aufgabe, seine Bürger zu ›bessern‹ und deshalb auch nicht das Recht, ihnen die Freiheit zu entziehen, nur um sie zu ›bessern‹, ohne daß sie sich selbst oder andere gefährdeten, wenn sie in Freiheit blieben«.

[191] *P. Häberle*, Wesensgehaltgarantie, S. 228.

[192] *P. Häberle*, Wesensgehaltgarantie, S. 70, ähnl. S. 164.

[193] *R. Alexy*, Theorie, S. 302; vgl. auch *G. Lübbe-Wolff*, Eingriffsabwehrrechte, S. 60f.

[194] So auch *C. Hillgruber*, Schutz, S. 112; vgl. ferner *J. Ipsen*, Grundrechte, Rn. 726; *D. Murswiek*, in: Sachs (Hrsg.), GG, Art. 2 Rn. 45, 49.

[195] BVerfGE 6, 32 (36); noch offengelassen in BVerfGE 4, 7 (15f.).

»Kernbereich der Persönlichkeit« schützt, der das Wesen des Menschen als geistig-sittliche Person ausmacht.[196] Damit wurde zugleich einer insbesondere von *H. Peters* vertretenen und gemeinhin als »Persönlichkeitskerntheorie« bezeichneten Auffassung eine Absage erteilt, derzufolge der Schutz des Rechts auf freie Entfaltung der Persönlichkeit durch das nicht durch »Wertneutralität« gekennzeichnete Grundgesetz[197] nicht auf die Freiheit zu einem Tun oder Unterlassen nach eigenem Belieben zielt,[198] sondern auf einer »höheren Ebene« angesiedelt ist, indem es »jedem – dem Ausdruck echten Menschentums entsprechend – die Auswirkung seiner ihm vom Schöpfer verliehenen Persönlichkeit« ermöglichen soll.[199]

Auch nach dem »Elfes«-Urteil sind jedoch die Stimmen nicht verstummt, die die Deutung des Art. 2 Abs. 1 GG als Gewährleistung allgemeiner Handlungsfreiheit als zu weitgehend kritisieren: So hat zunächst *H. Peters* die von ihm entwickelte Auffassung verteidigt[200] und die Gewährleistung der freien Entfaltung der Persönlichkeit in deutlicher Abgrenzung von der Position des Bundesverfassungsgerichts dahin interpretiert, daß sie die Entfaltung menschlicher Anlagen betrifft, die »sich in der höheren Ebene des Kernbezirks des Persönlichen«[201] befinden. Eine restriktive Interpretation des Art. 2 Abs. 1 GG befürwortet ferner *K. Hesse*, der dieses Grundrecht auf eine »Gewährleistung der engeren, persönlichen, freilich nicht auf rein geistige und sittliche Entfaltung beschränkten, Lebenssphäre« reduzieren will.[202] Darüber hinaus hat sich in neuerer Zeit *D. Grimm* gegen die schon von *Peters* bekämpfte Inanspruchnahme der Grundrechte für banale Zwecke[203] gewendet, indem er dafür plädierte, eine »vom Grundgesetz nicht vorgesehene Banalisierung der Grundrechte ... rückgängig« zu machen[204] und Art. 2 Abs. 1 GG als Vorschrift zum Schutzes eines Verhaltens aufzufassen, das »eine gesteigerte, dem Schutzgut der übrigen Grundrechte vergleichbare Relevanz für die Persönlichkeitsentfaltung« besitzt.[205]

Gleichwohl hat das Bundesverfassungsgericht in ständiger Rechtsprechung an seinem Verständnis des Art. 2 Abs. 1 GG festgehalten[206] und seine Auffassung verteidigt, geschützt sei »jede Form menschlichen Handelns ohne Rücksicht darauf, welches Gewicht der Betätigung für die Persönlichkeitsentfaltung zu-

---

196 BVerfGE 6, 32 (36).

197 Vgl. *H. Peters*, in: FS R. Laun, S. 669f.; *ders.*, Persönlichkeit, S. 47f.

198 Vgl. *H. Peters*, in: FS R. Laun, S. 669 (673); *ders.*, Persönlichkeit, S. 48.

199 *H. Peters*, in: FS R. Laun, S. 669 (673f.); vgl. auch *ders.*, Persönlichkeit, S. 48f.

200 Vgl. *H. Peters*, Persönlichkeit, S. 47ff.

201 *H. Peters*, Persönlichkeit, S. 49.

202 *K. Hesse*, Grundzüge, Rn. 428.

203 Vgl. *H. Peters*, in: FS R. Laun, S. 669 (673).

204 *D. Grimm*, abw. Meinung in: BVerfGE 80, 164 (168).

205 *D. Grimm*, abw. Meinung in: BVerfGE 80, 164 (165); krit. hierzu *J. Ipsen*, Grundrechte, Rn. 726; *D. Murswiek*, in: Sachs (Hrsg.), GG, Art. 2 Rn. 51.

206 Vgl. z.B. BVerfGE 54, 143 (144); 74, 129 (151); 80, 137 (152), sowie die Nachweise aus der älteren Rspr. bei *R. Scholz*, AöR 100 (1975), S. 80 (87 in Fn. 49).

kommt«.[207] Dem ist zuzustimmen. Die weite Auslegung des Art. 2 Abs. 1 GG kann sich zunächst auf entstehungsgeschichtliche[208] und – wie *C. Starck* betont[209] – verfassungsgeschichtliche Erwägungen stützen. Auch bildet der Hinweis des Gerichts, daß die Schrankentrias des Art. 2 Abs. 1 GG gegen eine Reduzierung des Grundrechtsschutzes auf einen Kernbereich der Persönlichkeit spreche,[210] entgegen *R. Scholz*[211] ein »ernstzunehmendes Argument der systematischen Auslegung«.[212] Entscheidend ist aber, daß der Versuch, den Schutzgut-Tatbestand des Art. 2 Abs. 1 GG durch unklare[213] und wiederum nur vorgeblich abwägungsfreie Kriterien zu reduzieren, eine sachlich nicht gerechtfertigte Verkürzung des Grundrechtsschutzes zur Folge hat.[214] Es ist nicht ersichtlich, warum der Staat ein nach Maßgabe mehr oder weniger objektivierbarer Wertungen nicht schutzwürdiges Verhalten – unter Einschluß (sogar) des »Reitens im Walde«[215] – soll verbieten können, ohne hierfür einen rechtfertigenden Grund benennen zu müssen.[216] Vielmehr hätte eine solche Sichtweise wiederum zur Folge, daß nicht die autonom getroffene Entscheidung des Individuums Grundrechtsschutz genösse, die Freiheit zu einem Verhalten nach eigenem Belieben vielmehr zu einer Freiheit zur Verfolgung kraft heteronomer Entscheidung billigenswerter Zwecke denaturierte.[217]

---

[207] BVerfGE 80, 137 (152); 90, 145 (171); 91, 335 (338).

[208] So auch BVerfGE 6, 32 (38ff.); *C. Starck*, in: v. Mangoldt/Klein/Starck, GG, Art. 2 Rn. 8; die Ergiebigkeit der Genese des Art. 2 Abs. 1 GG wird bestritten durch *D. Grimm*, abw. Meinung in: BVerfGE 80, 164, (165); ebenso *G. Duttge*, NJW 1997, S. 3353f.; daß sich ein »schlüssiger Beweis ... mit der Entstehungsgeschichte des Grundgesetzes« nicht führen lasse, konzediert auch *B. Pieroth*, AöR 115 (1990), S. 33 (35).

[209] *C. Starck*, in: v. Mangoldt/Klein/Starck, GG, Art. 2 Rn. 9.

[210] BVerfGE 6, 32 (36).

[211] Vgl. *R. Scholz*, AöR 100 (1975), S. 80 (87); abl. auch *G. Duttge*, NJW 1997, S. 3353 (3354), der in diesem Zusammenhang darauf hinweist, daß nach BVerfGE 85, 386 (397), eingriffsorientierte Gesichtspunkte »bei der Definition des Schutzbereichs keinen Platz« haben; indes bleibt unerfindlich, weshalb die (zutreffende) Verneinung grundrechtsimmanenter Schranken durch das Bundesverfassungsgericht hindern sollte, Existenz und Inhalt einer geschriebenen Schranke für die Bestimmung der Reichweite des Schutzgut-Tatbestandes des danach einschränkbaren Grundrechts fruchtbar zu machen.

[212] So *C. Starck*, in: v. Mangoldt/Klein/Starck, GG, Art. 2 Rn. 10 a. E.; ähnl. *C. Hillgruber*, Schutz, S. 113 (in Fn. 18).

[213] Insoweit krit. auch *J. Ipsen*, Grundrechte, Rn. 726; *D. Murswiek*, in. Sachs (Hsrg.), GG, Art. 2 Rn. 45.

[214] So auch BVerfGE 80, 137 (154); zust. *C. Hillgruber*, Schutz, S. 112 (in Fn. 10); vgl. auch *H. Bethge*, VVDStRL 57 (1998), S. 7 (21f.); *J. Ipsen*, Grundrechte, Rn. 726.

[215] *D. Grimm*, abw. Meinung in: BVerfGE 80, 164 (170).

[216] Vgl. hierzu auch die am Beispiel der bisherigen Judikatur des Bundesverfassungsgerichts zu Art. 2 Abs. 1 GG orientierte Untersuchung der Konsequenzen des von *D. Grimm* vertretenen Ansatzes durch *B. Pieroth*, AöR 115 (1990), S. 33 (37ff.), der zu dem Ergebnis gelangt, daß es zu »›Freiheitseinbußen‹ im Sinne der Verringerung des Umfangs verfassungsgerichtlicher Kontrolle zum Schutz von Freiheitsgrundrechten« käme.

[217] So auch *J. Ipsen*, Grundrechte, Rn. 726; vgl. ferner *D. Murswiek*, in: Sachs (Hrsg.), GG, Art. 2 Rn. 49.

d. »Sozialschädlichkeit« als immanente Grundrechtschranke?

Der Annahme einer weitgehenden Erfassung der »natürlichen Freiheit« durch Art. 2 Abs. 1 GG und die Schutzgut-Tatbestände der speziellen Grundrechtsgewährleistungen wird ferner entgegengehalten, daß auch extrem sozialschädliches Verhalten als prinzipiell grundrechtlich geschützte Betätigung angesehen werden müsse, wenn die grundrechtliche Freiheit als grundsätzlich unbeschränkt und nur beschränkbar gedacht werde. So wendet sich *C. Starck* gegen die »groteske – das Rechtsbewußtsein zersetzende – Vorstellung eines Grundrechts auf Töten, auf Stehlen und Hehlen«.[218] *Starck* will vielmehr »alle herkömmlichen unter Strafe stehenden und *offensichtlich sozialschädlichen Handlungen* aus dem Grundrechtstatbestand der allgemeinen Handlungsfreiheit herausnehmen«.[219] Art. 5 Abs. 3 GG schütze nicht das Töten zum Zwecke der Wissenschaft oder Kunst – beispielsweise den Totschlag auf der Bühne –, Art. 4 GG nicht die Witwenverbrennung.[220] Nach *Starck* müssen in diesen und ähnlichen Fällen »nicht Schranken der Grundrechte bemüht werden«, da es bereits an einem »Grundrechtstatbestand« fehle, der derartiges Tun umfasse.[221] Dem entspricht die von *G. Dürig* geäußerte Ansicht, bei der polizeilichen Verhinderung einer »Grundrechtsausübung, die die unerläßlichen Voraussetzungen eines gedeihlichen menschlichen Zusammenlebens verletzt«, handele es sich nicht um eine konstitutive Grundrechtseinschränkung.[222] Desgleichen kann nach Auffassung von *J. Ipsen* nicht angenommen werden, »daß auch sozialschädliches Handeln – etwa die Verletzung der ›Lebensgüter‹ anderer – *zunächst* grundrechtlich geschützt, dann aber durch entsprechende Gesetze verboten würde«. Vielmehr sei allen Grundrechten eine »Nichtstörungsschranke« immanent, die den rechtlichen Schutz auf solche Handlungsmöglichkeiten begrenze, die nicht auf die Schädigung anderer abzie-

---

[218] *C. Starck*, in: v. Mangoldt/Klein/Starck, GG, Art. 1 Rn. 279; *ders.*, JuS 1981, S. 237 (245f.).

[219] *C. Starck*, in: v. Mangoldt/Klein/Starck, GG, Art. 1 Rn. 279; *ders.*, JuS 1981, S. 237 (245) – Hervorhebung jeweils im Original; ähnl. *G. Manssen*, Grundrechtsdogmatik, Rn. 260ff.; vgl. auch *ders.*, in: v. Mangoldt/Klein/Starck, GG, Art. 12 Rn. 39.

[220] *C. Starck*, in: v. Mangoldt/Klein/Starck, GG, Art. 1 Rn. 279; *ders.*, JuS 1981, S. 237 (246); eine ähnliche Argumentation findet sich auch schon bei *W. Rüfner*, Bundesverfassungsgericht und Grundgesetz, Bd. II, S. 453 (459ff.); das – von *Rüfner* ebenfalls bemühte (ebd., S. 460f.) – Beispiel des Totschlags auf der Bühne geht zurück auf *F. Müller*, Freiheit der Kunst, S. 57 und Positivität, S. 54 in Fn. 31 und S. 99 in Fn. 121; krit. zu derartigen Exemplifikationen *W. Höfling*, Offene Grundrechtsinterpretation, S. 176, der beanstandet, daß »sich die Vertreter eine engen Tatbestands›theorie‹ in der Konstruktion abstrusester Grundrechtsausübungsmodalitäten« überböten.

[221] *C. Starck*, in: v. Mangoldt/Klein/Starck, GG, Art. 1 Rn. 279; *ders.*, JuS 1981, S. 237 (246).

[222] *G. Dürig*, in: Maunz/Dürig, GG, Art. 2 Abs. I Rn. 82; daß mit der Anknüpfung an ein solches Merkmal eine Reihe von Unklarheiten und Abgrenzungsschwierigkeiten notwendig verknüpft sind, weil die Ansichten über das geschützte Verhalten schnell auseinandergehen können, läßt sich indes schon an der Annahme von *Dürig* ablesen, auch »Landstreichen« würde »in unserer Rechtsgemeinschaft niemand als zu einer Grundrechtsausübung gehörend ansehen« und werde deshalb nicht von Art. 11 GG geschützt (ebd, Rn. 79).

len.[223] Dies gelte namentlich für die allgemeine Handlungsfreiheit, »die selbstverständlich nicht zur Begehung von Straftaten, Ordnungswidrigkeiten oder unerlaubten Handlungen berechtigt und in die, um derartig rechtswidriges Verhalten zu verhindern, folgerichtig erst ›eingegriffen‹ werden müßte«.[224]

Während die Grundrechte nach Auffassung von *P. Häberle* eine (immanente) Grenze schon in solchen Rechtsgütern finden, denen nach Maßgabe einer Güter- und Interessenabwägung der Vorrang vor dem betroffenen Schutzgut zukommt, soll nach der vorstehend skizzierten Ansicht folglich nur (offensichtlich) sozialschädliches Verhalten aus dem Schutzgut-Tatbestand eines Grundrechts ausgeklammert werden, so daß die »Grundrechtsschranken« im übrigen weiterhin von Bedeutung bleiben. So meint *C. Starck*, daß sich »die Argumentation auf die Ebene der Grundrechtsschranken« verlagere, wenn »ein abstraktes Unwerturteil über eine menschliche Aktivität« und damit deren Herausnahme aus dem Grundrechtstatbestand »um der Sicherung der Freiheit willen nicht erlaubt ist«.[225] Folgerichtig ist auf Basis dieser Auffassung bei der Beantwortung der Frage nach dem »Schutzgut-Tatbestand« eines Grundrechts (zusätzlich) erforderlich, jene Verhaltensweisen zu bestimmen, die aufgrund des ungeschriebenen – letztlich aber wohl in der verfassungsrechtlichen Wertordnung wurzelnden – Merkmals der »Sozialschädlichkeit« vom Schutzgut-Tatbestand des betreffenden Grundrechts schon nicht erfaßt werden.

Demgegenüber plädiert namentlich *R. Alexy* für eine »weite Tatbestandstheorie«, derzufolge der Schutzgut-Tatbestand eines Grundrechts die vorgegebene (»natürliche«) Freiheit eines Grundrechtsträgers möglichst weitgehend erfaßt und kollidierenden Belangen Dritter oder der Allgemeinheit durch eine Abwägung mit dem jeweils betroffenen Schutzgut im Rahmen der »Grundrechtsschranken« Rechnung zu tragen ist.[226] Dem liegt die Überzeugung zugrunde, daß eine solche Konstruktion von einer Sichtweise gefordert wird, die den Ausschluß definitiven Grundrechtsschutzes als »das Ergebnis eines Spiels von Grund und Gegengrund«[227] ansieht.[228] Auf dieser Grundlage unterscheidet *Alexy* zwischen »potentiellen« und »aktuellen« Grundrechtsfällen: Ein »potentieller« Grundrechtsfall sei dadurch gekennzeichnet, daß »eine grundrechtliche Argumentation

[223] *J. Ipsen*, Grundrechte, Rn. 167 (Hervorhebung im Original); vgl. auch *ders.*, in: G.F. Schuppert (Hrsg.), Das Gesetz als zentrales Steuerungsinstrument des Rechtsstaates, S. 85 (104); *ders.*, JZ 1997, S. 473 (480).

[224] *J. Ipsen*, Gefahrenabwehrrecht, Rn. 68.

[225] *C. Starck*, in: v. Mangoldt/Klein/Starck, GG, Art. 1 Rn. 279; *ders.*, JuS 1981, S. 237 (246).

[226] *R. Alexy*, Theorie, S. 290ff.; ebenso *H. Dreier*, in: ders. (Hrsg.), GG, Vorb. Rn. 79; *W. Höfling*, Offene Grundrechtsinterpretation, S. 176ff.; *ders.*, Jura 1994, S. 169 (170f.); *J. Lege*, DVBl. 1999, S. 569 (571); *G. Lübbe-Wolff*, Eingriffsabwehrrechte, S. 87ff. (98ff.); *D. Murswiek*, in: Sachs (Hrsg.), GG, Art. 2 Rn. 53; *D. Sternberg-Lieben*, Jura 1995, S. 299 (300); vgl. auch *H. Bethge*, VVDStRL 57 (1998), S. 7 (23f.); dezidiert gegen grundrechtsimmanente Schranken (mit Blick auf Art. 10 Abs. 1 GG) auch BVerfGE 85, 386 (397).

[227] *R. Alexy*, Theorie, S. 290.

[228] Vgl. *R. Alexy*, Theorie, S. 290f., 295f.

... gänzlich überflüssig ist, weil an der grundrechtlichen Zulässigkeit der einfachrechtlichen Lösung keinerlei Zweifel bestehen«, während bei einem »aktuellen« Grundrechtsfall Anlaß zu grundrechtlicher Argumentation gegeben ist.[229] Zwischen aktuellen und potentiellen Grundrechtsfällen verlaufe jedoch keine »klar geschnittene Grenze«, vielmehr sei »eine Skala von Gewißheits- und Ungewißheitsgraden« über grundrechtlichen Schutz oder Nichtschutz anzunehmen.[230] Auch steht nach *Alexy* die Zugehörigkeit eines Sachverhalts zu einem dieser beiden Bereiche nicht ein für allemal fest. Kein »potentieller« Grundrechtsfall dürfe aber »durch eine enge Tatbestandsfassung daran gehindert werden, ein aktueller Grundrechtsfall zu werden«.[231] In diesen Ausführungen kommt mithin das Ziel zum Ausdruck, die einer »weiten Tatbestandstheorie« entsprechende Möglichkeit der Abwägung widerstreitender Belange von Grundrechtsträgern offenzuhalten und eine »Anwendung vorgeblich abwägungsfreier Kriterien«[232] zu verhindern. Die von *C. Starck* beanstandete Konstruktion einer Einschränkung grundrechtlich geschützter Freiheit durch das Verbot des Diebstahls ist daher für *Alexy* nicht »grotesk«, sondern »Ausdruck eines logischen Endpunkts einer Skala von Gewißheitsgraden der Schrankenziehung«.[233]

Gegen diese Überlegungen kann eingewendet werden, die Möglichkeit unterschiedlicher Grade von (Un-) Gewißheit über die (Un-) Zulässigkeit staatlichen Handelns stehe der Herausnahme bestimmter Verhaltensweisen eines Grundrechtsträgers aus dem Schutzgut-Tatbestand eines Grundrechts für sich genommen auch dann nicht entgegen, wenn die Entscheidung über die Existenz eines subjektiv-grundrechtlichen Abwehrrechts als Ergebnis einer Abwägung angesehen wird, sofern eine solche Abwägung in Zweifelsfällen möglich bleibe und nur ein offensichtlich nicht schützwürdiges Verhalten wegen der evidenten Vorrangs des beeinträchtigten Interesses aus dem Schutzgut-Tatbestand ausgeklammert werde. Auch scheinen die Erwägungen von *Alexy* jedenfalls dann ins Leere zu gehen, wenn die zweifelsfrei fehlende Schutzwürdigkeit eines bestimmten Verhaltens gerade aus dessen (offensichtlicher) Sozialschädlichkeit gefolgert wird, denn mit diesem Merkmal wird letztlich auf den Vorrang der beeinträchtigten Rechtsgüter gezielt, so daß auch hier in der Sache auf das (evidente) Ergebnis eines Prozesses Bezug genommen wird, der die berührten Belange zueinander in Beziehung setzt. Hier besteht daher eine erkennbare Parallele zu der ebenfalls auf die Bestimmung immanenter Grundrechtsgrenzen durch Abwägung zielenden Position von *P. Häberle*.

Gleichwohl kann einer an Gesichtspunkte der »Sozialschädlichkeit« anknüpfenden »Ausklammerung« bestimmter Verhaltensweisen aus dem Schutzgut-Tat-

[229] *R. Alexy*, Theorie, S. 295.
[230] *R. Alexy*, Theorie, S. 295.
[231] *R. Alexy*, Theorie, S. 297.
[232] *R. Alexy*, Theorie, S. 290.
[233] *R. Alexy*, Theorie, S. 298.

bestand eines Grundrechts jedenfalls dann nicht beigetreten werden, wenn der hier vertretenen Ansicht zum Inhalt des subjektiv-grundrechtlichen Abwehrrechts gefolgt wird: Wie dargelegt,[234] ist Grundrechtsinhalt danach ein Anspruch auf Unterlassung von Störungen (ein »Nichtstörungsrecht«), der den Grundrechtsträger vor Einwirkungen der Grundrechtsadressaten auf den jeweils grundrechtlich geschützten »Ausschnitt« der natürlichen Freiheit und damit vor Fremdbestimmung schützen soll. Wird die Annahme einer von den Grundrechten eingeräumten (»gewährten«) Befugnis verworfen,[235] so ist aber schon die Prämisse der Überlegungen von *C. Starck* problematisch, auf Basis einer »weiten Tatbestandstheorie« werde eine »Freiheit« durch den Schutzgut-Tatbestand eines Grundrechts erst »gewährt« oder »gewährleistet«, sodann aber über Grundrechtsschranken wieder zurückgenommen.[236] Vielmehr ist ein Verhalten des Grundrechtsträgers aus grundrechtlicher Perspektive überhaupt nur im Hinblick auf staatliche Beschränkungen von Bedeutung, weil sich erst in dieser Situation die Frage stellt, ob die Freiheit von Einwirkungen erfolgreich verteidigt werden kann oder ein Abwehrrecht nicht zur Entstehung gelangt. Ob die Verfassung die Freiheit von staatlichen Einwirkungen im Hinblick auf ein bestimmtes Verhalten gewährleistet, hängt daher allein davon ab, ob gegenüber einer Beeinträchtigung ein subjektiv-grundrechtliches Abwehrrecht geltend gemacht werden kann. Ein Verhalten, daß im Falle der Beeinträchtigung nicht durch ein Abwehrrecht geschützt wird, wird von der Verfassung auch nicht gewährleistet. Dem steht nicht entgegen, daß es für die Existenz eines solchen Abwehrrechts auch auf die konkrete Modalität der Beeinträchtigung oder zeitbezogene Faktoren wie die jeweilige gesellschaftliche Situation – man denke nur an das Beispiel der Lebensmittel- oder Wohnraumzwangsbewirtschaftung – ankommt, denn dies ist allein Folge des Umstands, daß die Beantwortung der Frage nach der Möglichkeit der Störungsabwehr regelmäßig eine Abwägung und damit eine Beurteilung der staatlichen Maßnahme unter dem Gesichtspunkt der Verhältnismäßigkeit erfordert.

Damit zeigt sich, daß es nicht angängig ist, vom Schutzgut-Tatbestand eines Grundrechts erfaßte Verhaltensmöglichkeiten als Gegenstände grundrechtlicher Gewährleistung zu qualifizieren. Vielmehr beschreibt der Schutzgut-Tatbestand eines verhaltensbezogenen Grundrechts ein zunächst nur im Rahmen der vorgegebenen Freiheit eines Grundrechtsträgers tatsächlich mögliches Verhalten, das erst bei Vorliegen eines Einwirkungstatbestandes zum Gegenstand rechtlichen

[234] Vgl. oben, S. 83ff.

[235] Bezeichnend *G. Manssen*, Grundrechtsdogmatik, Rn. 260: Eltern könne »auch nicht formell die verfassungsrechtliche *Befugnis* eingeräumt werden, ihre Kinder auf dem Altar eines Gottes zu opfern« (Hervorhebung nicht im Original).

[236] Vgl. *C. Starck*, in: v. Mangoldt/Klein/Starck, GG, Art. 1 Rn. 278; *ders.*, JuS 1981, S. 237 (245); auch *G. Dürig*, in: Maunz/Dürig, GG, Art. 2 Abs. I Rn. 79, 82, legt seinen Ausführungen erkennbar die unzutreffende Prämisse zugrunde, ein vom Schutzgut-Tatbestand eines Grundrechts erfaßtes Verhalten könne als »Ausübung« eines Grundrechts begriffen werden; dagegen zu Recht *J. Ipsen*, Grundrechte, Rn. 68.

Interesses wird und erst im Falle der Existenz eines Abwehrrechts grundrechtlich gewährleistet ist. Der Schutzgut-Tatbestand eines Grundrechts hat daher allein instrumentellen Charakter, indem er alle Rechtsgüter bezeichnet, deren Beeinträchtigung einer Rechtfertigung bedarf; die Beeinträchtigung einer vom Schutzgut-Tatbestand eines Grundrechts erfaßten Position ist noch keine Beeinträchtigung des betreffenden Grundrechts.[237]

Auf dieser Grundlage läßt sich der Dissens zwischen den Verfechtern eines »engen« und eines »weiten« Begriffs des Schutzgut-Tatbestandes weitgehend auflösen: So kann der Lehre von den immanenten Grundrechtsschranken oder -grenzen zunächst darin gefolgt werden, daß ein Grundrechtsadressat im Falle einer zulässigen Einwirkung auf die Freiheit von Fremdbestimmung nicht die grundrechtlich gewährleistete Freiheit beschneidet, sondern lediglich eine Grenze aktualisiert, die der »natürlichen« Freiheit in einer konkreten historischen Situation gezogen werden kann oder gar muß. Der Feststellung von *J. Ipsen*, daß die Grundrechtsschranken nicht etwa durch Grundrechte gewährte Handlungsbefugnisse wieder einschränken, sondern den Gesetzgeber zur Begrenzung (natürlicher) Handlungsmöglichkeiten ermächtigen und schrankenausfüllende Gesetze rechtfertigen,[238] ist deshalb zuzustimmen. Dies gilt auch insoweit, als der Gesetzgeber die Exekutive durch Erlaß einer Ermächtigungsgrundlage zu bislang nicht zulässigen Einwirkungen auf die natürliche Freiheit berechtigt und damit ein subjektiv-grundrechtliches (Abwehr-) Recht auf Nichtstörung durch die Verwaltung beseitigt, denn das betroffene Grundrecht vermittelt dem Grundrechtsträger zwar einen Anspruch auf Unterlassung von Beeinträchtigungen durch gesetzesfreies (formell verfassungswidriges) Verwaltungshandeln, die Nichtbeseitigung dieses Anspruchs durch ein materiell verfassungsgemäßes Gesetz gewährleistet das Grundrecht hingegen gerade nicht.[239]

Auf der anderen Seite schließen diese Überlegungen nicht aus, in einer zulässigen Beschränkung der »natürlichen Freiheit« zugleich eine Maßnahme zu sehen, die auf eine vom Schutzgut-Tatbestand eines Grundrechts erfaßte (»geschützte«) Position einwirkt und deshalb grundrechtlich relevant (»grundrechtswirksam«) ist. Ein »weiter« Begriff des Schutzgut-Tatbestandes ist ohne weiteres mit der Feststellung vereinbar, daß zulässige Beschränkungen der »natürlichen« Freiheit nicht zugleich Einwirkungen auf die grundrechtlich gewährleistete Freiheit sind, denn durch die Zuordnung der vorgegebenen Möglichkeit eines bestimmten Ver-

---

[237] Daß der »Schutzbereich eines Grundrechts ... nicht identisch mit dem Grundrecht selbst« ist, hebt auch *G. Lübbe-Wolff*, Eingriffsabwehrrechte, S. 167 (in Fn 287), hervor.

[238] *J. Ipsen*, Grundrechte, Rn. 148; *ders.*, in: G.F. Schuppert (Hrsg.), Das Gesetz als zentrales Steuerungsinstrument des Rechtsstaates, S. 85 (102); *ders.*, JZ 1997, S. 473 (479).

[239] Für *G. Lübbe-Wolff*, Eingriffsabwehrrechte, S. 99f., kommt in der Konstruktion der vom Schutzbereich der Grundrechte umfaßten Freiheit »als nicht von vornherein begrenzter Freiheit des Beliebens« denn auch gerade die »verfassungsrechtliche Überzeugung« zum Ausdruck, daß »die Abgrenzung zwischen akzeptablem und inakzeptablem Freiheitsgebrauch ... in erster Linie Sache des Gesetzgebers und nicht der Verwaltungsbehörden und Gerichte sein sollte«.

haltens zum Schutzgut-Tatbestand eines Grundrechts wird diese Verhaltensmöglichkeit – wie dargelegt[240] – nicht schon grundrechtlich »gewährleistet«, sondern lediglich eine Pflicht zur Rechtfertigung ge- oder verbietender Maßnahmen des Staates ausgelöst, die dieses Verhalten betreffen.[241]

Weil der Schutzgut-Tatbestand eines Grundrechts Rechtsgüter bezeichnet, deren Beeinträchtigung durch einen Grundrechtsadressaten einer Rechtfertigung bedarf, erscheint ein »weiter« Begriff des Schutzgut-Tatbestandes darüber hinaus zumindest dann naheliegend, wenn die Entscheidung über die Existenz eines subjektiv-grundrechtlichen Abwehrrechts mit *R. Alexy* als Ergebnis eines »Spiels von Grund und Gegengrund« begriffen wird, denn die erforderliche Rechtfertigung einer Einwirkung auf eine (potentiell) grundrechtlich geschützte Position setzt die Existenz und Benennung vorrangig schützenswerter Rechtsgüter insbesondere Dritter oder der Allgemeinheit voraus. Die Erforderlichkeit einer Abwägung zwischen den widerstreitenden Belangen ist daher stets gegeben, wenn das Handelns eines Grundrechtsadressaten auf eine »Position« einwirkt, die vom (Schutzgut-) Tatbestand eines Grundrechts erfaßt wird. Demgemäß bewirkt eine Einengung des Schutzgut-Tatbestandes durch »vorgeblich abwägungsfreie Kriterien« wie beispielsweise das von *F. Müller* vorgeschlagene Merkmal des »Sachspezifischen« eine Begrenzung des Bereichs, in dem über die (Un-) Zulässigkeit staatlichen Handelns durch eine Abwägung der beteiligten Interessen zu entscheiden ist, so daß auch die Unverhältnismäßigkeit einer staatlichen Maßnahme nicht mehr zum Tragen gebracht werden kann.[242]

Eine andere Frage ist, ob diese Überlegung auch der oben skizzierten Position namentlich von *C. Starck* entgegengehalten werden kann, da diese Variante einer »Immanenzlehre« in der Sache schon die Zugehörigkeit einer Position zum Schutzgut-Tatbestand eines Grundrechts von einer Abwägung abhängig macht.[243] So kommt in der Anknüpfung an die (offensichtliche) Sozialschädlichkeit eines Verhaltens die Annahme eines (evidenten) Vorrangs des geschützten Belangs vor dem beeinträchtigten Interesse zum Ausdruck.[244] Dies ist indes gerade kein abwägungsfreies Kriterium, denn auch der Hinweis auf den evidenten Vorrang einer Position ist eine Form der Rechtfertigung durch Abwägung, nicht die Begründung ihrer Entbehrlichkeit. Entsprechendes gilt für die These, der

---

240 Vgl. oben, S. 107ff.

241 Ebenso *H. Dreier*, in: ders. (Hrsg.), GG, Vorb. Rn. 79.

242 Dies betont auch *J. Lege*, DVBl. 1999, S. 569 (571).

243 Daß die sog. »grundrechtsimmanenten Schranken« nur das »Ergebnis einer (antizipierten) Güterabwägung« zum Ausdruck bringen, betont mit Blick auf die Religionsfreiheit auch *J. Müller-Volbehr*, DÖV 1995, S. 301 (308).

244 Deutlich ablesen läßt sich dies auch an der Formulierung von *C. Starck*, in: v. Mangoldt/Klein/Starck, GG, Art. 2 Rn. 13, vom Tatbestand des Art. 2 Abs. 1 GG würden solche Handlungen nicht erfaßt, »denen unter keinem im Rahmen unserer Verfassungsordnung rechtlich denkbaren Gesichtspunkt eine grundrechtlich geschützte Vorrangstellung gegenüber Rechten anderer oder Gemeinschaftsbelangen zukommt«.

Schutzgut-Tatbestand eines Grundrechts erfasse die Verletzung von Rechtsgütern eines Dritten von vornherein nicht, denn damit wird ebenfalls ein Vorrang von Rechtsgütern des Dritten zum Ausdruck gebracht, der sich letztlich aus einer Gegenüberstellung der beteiligten Belange ergibt.

Auch die Annahme, schon die Zugehörigkeit einer Verhaltensmöglichkeit zum Schutzgut-Tatbestand eines Grundrechts könne von einer Abwägung abhängig gemacht werden, begegnet jedoch Bedenken, die letztlich darin wurzeln, daß im Falle ge- oder verbietenden Staatshandelns eine Abwägung zwischen der betroffenen Möglichkeit zu einem bestimmten Verhalten und kollidierenden Belangen oder Interessen erst möglich wird, wenn die Verhaltensoption den im Grundgesetz niedergelegten (Schutzgut-) Tatbestandsmerkmalen einer Grundrechtsnorm nach deren Wortlaut unterfällt. Es mag daher zwar theoretisch möglich sein, an die Zuordnung einer Position zum Schutzgut-Tatbestand eines Grundrechts nach Maßgabe von Verhältnismäßigkeitserwägungen eine (weitere) Abwägung anzuschließen, die über die Existenz eines subjektiv-grundrechtlichen Abwehrrechts entscheidet. Auch die »Aussonderung« einer Position aus dem Schutzgut-Tatbestand eines Grundrechts setzt aber voraus, daß diese Position zunächst vom (Schutzgut-) Tatbestand einer Grundrechtsnorm *begrifflich* erfaßt wird. Ein Befund, der sich auf die Fragestellung zuspitzen läßt, *welchem* Grundrecht eine Position nicht soll zugeordnet werden können. Dies macht deutlich, daß in der Sache jeweils die Frage im Raum steht, ob die (reale oder gedachte) Beeinträchtigung einer Position, die vom Wortlaut des (Schutzgut-) Tatbestandes begrifflich mit umfaßt ist, ein Abwehrrecht zur Entstehung bringen kann. Eine »Aufspaltung« der Behandlung gleichgelagerter Sachfragen unter identischen Gesichtspunkten in zwei verschiedene Kategorien besitzt wegen des »instrumentellen Charakters« des Schutzgut-Tatbestandes aber keinerlei dogmatischen Erkenntniswert und ist deshalb weder erforderlich noch sachgerecht, weil die Zuordnung einer Verhaltensoption zum Schutzgut-Tatbestand eines Grundrechts nur die Frage aufwirft, ob diese Position im Falle ihrer Beeinträchtigung gewährleistet ist, ohne allein schon wegen der Zuordnung zu einem Schutzgut-Tatbestand »gewährleistet« zu sein. Es gibt keinen hinreichenden Grund, eine nicht schutzwürdige Position aus dem Schutzgut-Tatbestand eines Grundrechts nach Maßgabe einer Abwägung »auszuklammern«, wenn die Zuordnung zu einem Schutzgut-Tatbestand gerade dazu dient, nach Maßgabe einer Abwägung über diese Schutzwürdigkeit zu entscheiden.[245]

Die Befürchtung, eine Zuordnung sozialschädlichen Verhaltens zum Schutzgut-Tatbestand eines Grundrechts habe eine grundrechtliche Gewährleistung dieses Verhaltens[246] und damit zugleich Wertungswidersprüche[247] zur Folge, läßt

---

[245] Ähnl. für Art. 2 Abs. 1 GG *D. Murswiek*, in: Sachs (Hrsg.), GG, Art. 2 Rn. 53, der diese Vorschrift mit Blick auf deren Schranken für »wertneutral« erachtet.

[246] So *C. Starck*, JuS 1981, S. 237 (245).

[247] In diese Richtung *J. Ipsen*, Grundrechte, Rn. 165.

sich schließlich nicht auf die Erwägung stützen, nicht zuletzt wegen der Existenz von Grundrechten sei grundsätzlich alles erlaubt, was nicht (ausdrücklich) verboten ist. Einem solchen Einwand kann zunächst entgegengehalten werden, daß das Prinzip der grundsätzlichen Erlaubtheit beliebigen Verhaltens auf das Engste mit der Idee eines allgemeinen Gesetzesvorbehalts (»Allgemeinvorbehalts«) verknüpft ist, der jedoch – wie dargelegt – gerade nicht unmittelbar aus den Grundrechten abgeleitet worden ist und auch noch heute im Rechtsstaatsprinzip verortet wird.[248] Dessen ungeachtet ist dieses Prinzip für den vorliegenden Zusammenhang schon deshalb ohne Bedeutung, weil Grundrechte keine »Erlaubnisnormen« sind und sich die Erlaubtheit eines bestimmten Verhaltens deshalb nicht aus dem Grundgesetz, sondern aus der Abwesenheit eines Verbotes ergibt. Wie beliebige andere Handlungen ist ein drittschädigendes Verhalten schon dann nicht verboten, wenn es an einem entsprechenden Verbotstatbestand fehlt, ohne daß es auf die Existenz oder Nichtexistenz eines grundrechtlichen Schutzes ankäme.[249] Es läßt sich daher nur die Frage stellen, ob sich ein Verbot derartigen Verhaltens als eine Art »Grundpflicht« schon unmittelbar aus dem Grundgesetz ergibt. Aus

[248] Vgl. oben, S. 60f.

[249] Hauptanwendungsfall für eine solche Konstellation dürfte allerdings der Fall der Preisgabe der eigenen Existenz durch eine (freiverantwortliche) Selbsttötung sein, da Suizidhandlungen nach verbreiteter Ansicht weder Art. 2 Abs. 2 S. 1 noch Art. Art. 2 Abs. 1 GG unterfallen, vgl. *G. Dürig*, in: Maunz/Dürig, GG, Art. 2 Abs. II Rn. 12; *V. Götz*, Allgemeines Polizei- und Ordnungsrecht, Rn. 109; *D. Lorenz*, in: Isensee/Kirchhof (Hrsg.), HbStR, Bd VI, § 128 Rn. 62; *C. Starck*, in v. Mangoldt/Klein/Starck, GG, Art. 2 Rn. 176; VG Karlsruhe, JZ 1988, S. 208 (209). Demgegenüber wird zwar mit *C. Hillgruber*, Schutz, S. 78ff., angenommen werden müssen, daß es »ein (Grund-) Recht auf Selbsttötung nach Maßgabe des Art. 2 Abs. 1 GG« (ebd., S. 84) gibt; ähnl. auch *K. Amelung*, Einwilligung, S. 34; *H. Lisken/E. Denninger*, in: dies. (Hrsg.), Handbuch des Polizeirechts, Rn. D 15 (mit Fn. 65). Wird jedoch die Position der h. M. zugrunde gelegt, so folgt hieraus in Übereinstimmung mit *D. Lorenz* (ebd.) und *C. Starck* (ebd.), aber entgegen *C. Hillgruber* (ebd., S. 83 in Fn. 89) zunächst nur das Fehlen potentiellen Grundrechtsschutzes gegen eine staatliche Hinderung des Freitods, nicht aber ein (präexistentes) Verbotensein des Freitods. An diesem Ergebnis ändert sich auch nichts durch die im Fristenlösungs-Urteil ausgesprochene und wohl allgemein konsentierte Pflicht des Staates, sich schützend und fördernd vor das Leben zu stellen, vgl. BVerfGE 39, 1 (42). Zwar kann eine solche Schutzpflicht auf Basis der h. M. Maßnahmen rechtfertigen, mit denen der Staat »dem Grundrechtsinhaber die Verfügungsgewalt über das Leben abspricht« (*G. Dürig* ebd.). Dies heißt jedoch nicht, daß dem einzelnen Bürger schon unmittelbar aufgrund einer staatsgerichteten Pflicht zum Schutze des Lebens auch der Freitod untersagt wäre. Vielmehr folgt aus der Existenz einer solchen Pflicht allenfalls ein subjektives Recht der Begünstigten auf diesen Schutz, nicht aber eine Pflicht zu seiner Inanspruchnahme und damit eine »Grundpflicht zum Leben« (ebenso *D. Lorenz* ebd.; *C. Hillgruber* ebd., S. 82). Schließlich liegt auch ein »Grundrechtsverzicht« nicht vor (vgl. zum sog. »Grundrechtsverzicht« noch unten, S. 126ff.), da weder auf ein Abwehrrecht noch auf das Schutzgut – die Freiheit von staatlichen Einwirkungen – des Art. 2 Abs. 2 S. 1 GG, sondern allenfalls auf dessen Bezugspunkt verzichtet wird. Wenn danach eine Selbsttötung in Ermangelung eines einfach-gesetzlichen Verbotstatbestandes aber nicht rechtswidrig ist, muß die Selbstverständlichkeit erstaunen, mit der vielfach die Unverfügbarkeit des menschlichen Lebens angenommen (besser: behauptet) wird, vgl. etwa BGHSt 6, 147 (153), wo zur Begründung allein das »Sittengesetz« bemüht wird; ferner BGHSt 13, 162 (169); BGH, NJW 1983, S. 350 (351); *R. Singer*, JZ 1995, S. 1133 (1140).

dem Grundrechtskatalog des Grundgesetzes ungeschriebene, den Bürger aber unmittelbar bindende Verbotstatbestände ableiten zu wollen, dürfte indes kaum möglich sein. Demgegenüber erscheint möglich, den Grundrechten eine (zumindest) objektiv-rechtliche Pflicht des grundrechtsgebundenen Gesetzgebers zu entnehmen, bestimmte sozialschädliche Verhaltensweisen zu verbieten. Soweit eine solche Pflicht reicht, ist das Fehlen derartiger Verbote folglich auch dann ein verfassungswidriger Zustand, wenn das betroffene Verhalten – wie regelmäßig – dem Schutzgut-Tatbestand eines Grundrechts zugeordnet werden kann. Darin liegt auch kein Wertungswiderspruch; vielmehr wird eine vom Schutzgut-Tatbestand einer Grundrechtsnorm erfaßte Position wegen der Erforderlichkeit einer verbietenden Regelung vom Grundgesetz nicht gewährleistet. Ob das Fehlen der grundrechtlichen Gewährleistung eines bestimmten Verhaltens auf der Zulässigkeit oder der Gebotenheit einer einschränkenden Regelung beruht, bewirkt letztlich aber keinen Unterschied in der Sache und ist deshalb aus der Perspektive des Schutzgut-Tatbestandes ohne Belang.

In welchem Umfang dem Grundgesetz eine (Schutz-) Pflicht des Staates entnommen werden kann, Schädigungen eines Bürgers durch andere Bürger zu verhindern, ist im vorliegenden Zusammenhang nicht im einzelnen zu verfolgen. Immerhin sei angemerkt, daß zumindest eine Verpflichtung des Gesetzgebers, die wechselseitigen Rechte und Pflichten der Bürger in bestimmter Weise zu regeln, nur für Ausnahmefälle angenommen werden kann, weil der Schluß auf die Gebotenheit von Einwirkungen auf grundrechtliche Schutzgüter über die Annahme ihrer Zulässigkeit deutlich hinausgeht und deshalb erhöhten Anforderungen wird genügen müssen. In diesem Zusammenhang kommt es indes auch auf die – an anderer Stelle zu erörternde[250] – Frage an, ob und unter welchen Voraussetzungen die staatliche Gestattung (oder gar Nichthinderung) der Beeinträchtigung von Individualrechtsgütern eines Grundrechtsträgers durch einen anderen Grundrechtsträger ein subjektiv-grundrechtliches Abwehrrecht des Dritten auszulösen vermag. Allerdings wird eine staatliche Pflicht zur Schaffung von Verbotstatbeständen jedenfalls dann anzunehmen sein, wenn eine Drittbeeinträchtigung mit grundlegenden Prinzipien der grundgesetzlichen Wertordnung schlechthin unvereinbar ist. Dies wiederum dürfte im Falle einer vorsätzlichen Beeinträchtigung von Individualrechtsgütern anderer Menschen und damit auch in den von *C. Starck* genannten Beispielen der Fall sein, sofern nicht besondere Gegebenheiten (Notwehr, Notstand) vorliegen. Ein hinreichender Grund zur Herausnahme derartigen Verhalten aus dem Schutzgut-Tatbestand eines Grundrechts ist dies aus den genannten Gründen aber nicht.[251]

---

[250] Vgl. unten, S. 304ff.

[251] Aus diesem Grunde ist auch das in Zusammenhang mit dem Begriff des »Berufs« i.S.v. Art. 12 GG gelegentlich bemühte Kriterium der »Erlaubtheit« einer bestimmten Betätigung (Überblick über den Streitstand *bei P.J. Tettinger*, in: Sachs (Hrsg.), GG, Art. 12 Rn. 36f.) schon

II. Der Einwirkungstatbestand

Einige Schwierigkeiten kann des weiteren die Feststellung der Grundrechtserheblichkeit staatlicher Handlungen und ihrer Wirkungen bereiten, da der Text des Grundgesetzes zu diesen Fragen weitgehend schweigt.[252] Der Rechtsanwender ist deshalb gezwungen, die im Gesetzestext gelegentlich verwendeten Begriffe des »Eingriffs« oder der »Schranke« unter Rückgriff auf *topoi* wie »Zweck«, »Idee« und »Funktion« der Grundrechte sowie einzelner Grundrechtsbestimmungen aufzufüllen, woraus wiederum die bereits erwähnte Bedeutung des »Schutzgut-Tatbestandes für die modale Seite der Grundrechtsbeeinträchtigung – den Einwirkungstatbestand – resultiert.

Allerdings ist – wie ebenfalls bereits erwähnt – allgemein konsentiert, daß jedenfalls in dem »Standardfall« belastenden Staatshandelns durch Rechtsnorm oder Verwaltungsakt regelmäßig eine grundrechtserhebliche Einwirkung auf den Maßnahmeadressaten vorliegt. Dies hat zu der Forderung geführt, die imperative Beeinträchtigung (wieder) zum »Richtmaß für die Bestimmung des Eingriffs« zu erheben.[253] Andererseits stellt sich die Frage, ob bei einer Orientierung an Fällen der Beeinträchtigung der »natürlichen Freiheit« eines Grundrechtsträgers durch imperativ-regelnde Staatsakte eine sachgerechte Erfassung und Behandlung der Besonderheiten in den (Problem-) Fällen faktischer Beeinträchtigungen Drittbetroffener möglich ist. Ein Blick auf die Struktur des Beeinträchtigungsvorgangs im Falle der Belastung eines Maßnahmeadressaten durch Rechtsakt erscheint daher angezeigt. Darüber hinaus verursacht dieser (vorgeblich) einfache »grundrechtliche Normalfall« noch einige weitere Probleme: So läßt sich erörtern, ob ein »Einverstandensein« des Betroffenen mit einer Beeinträchtigung der (potentiell) grundrechtlich geschützten Freiheit deren Rechtserheblichkeit ausschließt und welche Grenzen der »Preisgabe« einer vom Schutzgut-Tatbestand eines Grundrechts umfaßten Position gezogen sind. Auch steht durchaus nicht immer zweifelsfrei fest, wann ein Grundrechtsträger als Adressat einer staatlichen Maßnahme angesprochen werden kann. Schließlich bleibt zu untersuchen, welche Konsequenzen sich ergeben, wenn staatliches Handeln auf atypische Fallgestaltungen trifft.

---

deshalb entbehrlich, weil es ebenfalls allein dem Zeck dient, einen sachlich nicht gebotenen Ausschluß sozialschädlicher Betätigungen aus dem Schutzgut-Tatbestand vorzunehmen.

[252] Vgl. zum »Textbefund« auch *H.-U. Gallwas*, Beeinträchtigungen, S. 51ff.

[253] So *U. Hufeld*, JuS 1996, S. 1072 (1075); dem ist im Ausgangspunkt auch insofern zuzustimmen, als die hier ebenfalls vertretene Auffassung zum Ausdruck gebracht wird, daß grundrechtlicher Schutz nur gegen eine »unentrinnbare, zwangsweise Beschränkung grundrechtlich umhegter Freiheit« (*Hufeld* ebd.) möglich ist (vgl. oben, S. 80f.). Da Beeinträchtigungen der grundrechtlich geschützten Freiheit nicht notwendig durch Rechtsakt erfolgen müssen, sondern – namentlich im Bereich des personenbezogenen Grundrechtsschutzes – auch durch Realakte (Befehl *und* Zwang) erfolgen können, läßt sich der Fall der Verhaltenssteuerung durch Rechtsakt entgegen *Hufeld* aber von vornherein nicht zum »Leitbild« grundrechtserheblichen Staatshandelns machen.

1. Die Beeinträchtigungswirkung bei adressatbelastenden Rechtsakten

a. Typen adressatbelastender Imperative

Das Vorliegen eines Beeinträchtigungstatbestandes ist in den Fällen der imperativen Beeinträchtigung eines Grundrechtsträgers durch Rechtsnorm oder Verwaltungsakt im Regelfall unproblematisch: Da derartige staatliche Maßnahmen dadurch gekennzeichnet sind, daß dem Maßnahmeadressaten durch einseitig-regelnde Anordnungen ein Tun (Gebot), Unterlassen (Verbot) oder – seltener – eine Duldungspflicht auferlegt wird, bewirken sie zunächst die für die Grundrechtserheblichkeit einer Beeinträchtigung der »natürlichen Freiheit« stets erforderliche Fremdbestimmung des Betroffenen. Mit einer solchen Einwirkung auf einen Grundrechtsträger wird daher ein Beeinträchtigungstatbestand erfüllt, denn wenn keine der speziellen Grundrechtsgewährleistungen eingreift, muß sich die betreffende Maßnahme jedenfalls an dem umfassenden Schutz der Freiheit zu einem Verhalten nach individuellem Belieben durch Art. 2 Abs. 1 GG[254] messen lassen. Auch besitzt eine »unbedingt« zu erfüllende Handlungspflicht – ein »absoluter« Imperativ – schon wegen der in dem Gebot liegenden Einschränkung der (potentiell) grundrechtlich geschützten Verhaltensfreiheit grundrechtliche Relevanz, ohne daß es noch darauf ankäme, ob im Falle der Nichtvornahme der geforderten Handlung deren zwangsweise Durchsetzung und/oder Sanktionen drohen.

Nichts anderes gilt, wenn eine Verhaltenspflicht an eine Handlung geknüpft ist, die vorzunehmen dem betroffenen Grundrechtsträger freisteht, denn ihm wird die (Verhaltens-) Möglichkeit genommen, eine gewünschte Handlung unter Verzicht auf das abgeforderte Verhalten vorzunehmen. Zu Recht hat deshalb das Bundesverfassungsgericht in der Helmtragepflicht von Motorradfahrern[255] wie auch der Anschnallpflicht von Autofahrern[256] eine Beeinträchtigung der grundrechtlich geschützten Verhaltensfreiheit gesehen.[257] Aus grundrechtlicher Sicht

---

[254] Vgl. dazu oben, S. 102ff.

[255] BVerfGE 59, 275 (278).

[256] Vgl. dazu BVerfG (3. Kammer des Ersten Senats), NJW 1987, S. 180.

[257] Auch die Rechtfertigung dieser Beeinträchtigung bereitet Schwierigkeiten, will man nicht auf einen Schutz das Grundrechtsträgers »vor sich selbst« zurückgreifen. BVerfGE 59, 275 (278), erachtet (u.a.) für tragfähig, daß schwere Unfälle infolge der damit verbundenen Kosten die Allgemeinheit belasten; ebenso das Schweizerische Bundesgericht, EuGRZ 1993, S. 595 (596). Es ist aber grundsätzlich zweifelhaft, ob einem Grundrechtsträger eine Selbstgefährdung mit Blick auf die im Falle der Risikoverwirklichung entstehenden Kosten untersagt werden kann, andernfalls ließen sich beliebige Lebensgewohnheiten – bis hin zu falscher Ernährung – staatlicher Reglementierung unterwerfen; zu Recht krit. daher *C. Hillgruber*, Schutz, S. 99ff. (102); vgl. auch *K. Streicher*, NJW 1977, S. 282 (284); *I. v. Münch*, in: FS H.P. Ipsen, S. 113 (118f.); tendenziell anders *J. Schwabe*, JZ 1998, S. 66 (72ff.). Demgegenüber mag man argumentieren, daß etwa mit der Pflicht zum Anlegen des Sicherheitsgurtes bei Benutzung eines Kraftfahrzeugs im Regelfall eine allenfalls geringfügige Unbequemlichkeit verbunden ist. Einen »Bagatellvorbehalt«, wie ihn das BVerfG (ebd.) in Erwägung zieht, kennt das GG allerdings nicht; vgl. auch *C. Hillgruber* ebd., S. 96f.

lassen sich derartige Sachverhalte allerdings aus verschiedenen Blickwinkeln betrachten: Zunächst kann die Verknüpfung einer Verhaltensoption mit der Verpflichtung zu bestimmten Handlungen als Beeinträchtigung der uneingeschränkten Freiheit zu dem gleichsam nur noch »bedingt« zulässigen Verhalten – im Beispiel der Helmtragepflicht also die Benutzung eines Motorrades – qualifiziert werden, denn der Betroffene hat nur noch die Wahl, entweder das abgeforderte Verhalten an den Tag zu legen oder das gewünschte Verhalten zu unterlassen. Diese Alternative läßt sich unter Betonung der bedingten Rechtspflicht zu einer bestimmten Handlung aber zugleich als Beeinträchtigung der uneingeschränkten Freiheit zur Unterlassung des abgeforderten Verhaltens – in dem genannten Beispiel also das Tragen eines Helms – bezeichnen. In den Fällen einer Nachteilsalternativität liegt daher eine Einschränkung der Verhaltensfreiheit vor, die als Beeinträchtigung sowohl der Freiheit zu dem gewünschten Verhalten als auch der Freiheit zur Unterlassung des abgeforderten Verhaltens angesehen werden kann, ohne daß ein logischer Vorrang eines dieser beiden Gesichtspunkte feststellbar wäre. Demgemäß ist die grundrechtliche Relevanz eines solchen Vorgangs auch nur unter Berücksichtigung beider Gesichtspunkte beschreibbar: Beeinträchtigt wird die Freiheit zu jener konkreten Handlung, die möglich wäre, wenn die Einschränkung der Möglichkeit zu einem Tun durch die Beschränkung der Möglichkeit zu einem Unterlassen entfiele; im Beispiel also das Motorradfahren ohne Helm. Sachlich einschlägig ist demgemäß das Grundrecht, dessen Schutzgut-Tatbestand die betreffende Handlung zugeordnet werden kann.[258]

Ebenfalls an dieser Stelle zu erwähnen sind schließlich Sachverhalte, in denen eine Genehmigung oder andere staatliche Leistung von einem bestimmten Verhalten eines Grundrechtsträgers abhängig gemacht wird. In derartigen Fällen »begünstigungsakzessorischer« Imperative ist zu unterscheiden: Sofern die Beseitigung eines freiheitsbeschränkenden Verbots Gegenstand der Begünstigung ist, muß eine Einwirkung auf eine potentiell grundrechtlich geschützte Position bejaht werden, weil die (Wieder-) Herstellung der (Verhaltens-) Freiheit eines Grundrechtsträgers mit einer anderweitigen Belastung verknüpft wird. Soweit ein solcher Sachverhalt nicht vorliegt, wird hingegen das Vorliegen eines Einwirkungstatbestandes regelmäßig zu verneinen sein, weil sich aus den Freiheitsrechten ein Anspruch des Bürgers auf staatliche Leistungen allenfalls in Ausnahmefällen ableiten läßt. Macht der Staat die Gewährung einer Begünstigung in einem solchen Fall von einer Handlung des Bürgers abhängig, handelt es sich folglich

[258] Dies gilt auch für die Anordnung von Steuerpflichten, da es sich auch bei der Verwirklichung eines Steuertatbestandes regelmäßig um ein Verhalten handelt, das dem Betroffenen rechtlich freisteht; insofern ist es grundsätzlich berechtigt, daß das Bundesverfassungsgericht berufsbezogene Steuern an Art. 12 GG gemessen hat, grundlegend BVerfGE 13, 181 (184ff.); ferner z.B. BVerfGE 16, 147 (162f.); 38, 61 (79); einschränkend aber BVerfGE 37, 1 (17f.); 42, 374 (384f.); 47, 1 (21f.); zum Merkmal der berufsregelnden Tendenz noch unten, S. 264ff.

um eine reine Obliegenheit, die zumindest aus der Perspektive der Freiheitsrechte grundrechtlich irrelevant ist.

b. »Regelungsidentität« und faktische Beeinträchtigungen

Sofern mit einem Rechtsakt eine Einwirkung auf grundrechtliche Schutzgüter einhergeht, resultiert die Grundrechtserheblichkeit dieser Maßnahme schlicht daraus, daß von einem grundrechtsverpflichteten Rechtssubjekt ein bestimmtes Verhalten (Tun, Dulden, Unterlassen) des oder der Maßnahmeadressaten angeordnet und damit zugleich jedes entgegenstehende Verhalten untersagt wird. Die Beeinträchtigung des Betroffenen durch imperativ-regelnde Staatsakte muß sich aber nicht in der Einwirkung auf die Willensbildungs- und -betätigungsfreiheit erschöpfen, die in der Anordnung eines bestimmten Verhaltens liegt. Vielmehr ist denkbar, daß eine solche Maßnahme weitere Belastungen eines Grundrechtsträgers auslöst, die mit Existenz oder Befolgung eines Rechtsaktes mehr oder weniger zwangsläufig (und damit mehr oder weniger voraussehbar) einhergehen, ohne notwendig auch beabsichtigt gewesen zu sein. Für derartige Konsequenzen staatlichen Handelns hat *H.-U. Gallwas* den Begriff der »Folgewirkungen« eingeführt und als Beispiel (u.a.) die Minderung der Qualität eines Bieres genannt, die mit der Verpflichtung der Brauerei einhergeht, statt eigenen Quellwassers künftig Wasser aus der gemeindlichen Wasserversorgungsanlage zu verwenden.[259] Um eine solche »Folgewirkung« handelt es sich ferner dann, wenn ein Wohnungseigentümer aufgrund eines Verbots der Zweckentfremdung von Wohnraum[260] gehindert wird, den im Falle der Vermietung von Räumlichkeiten an gewerbliche Nutzer im Verhältnis zur Wohnraummiete oftmals höheren Mietzins zu erzielen. Desgleichen liegt ebenfalls ein Fall der Folgewirkung vor, wenn der Wert eines Grundstücks dadurch nachteilig beeinflußt wird, daß durch die Eintragung eines auf dem Grundstück stehenden Bauwerks in das Denkmalverzeichnis die mit der Unterschutzstellung eines Denkmals einhergehenden Eigentümerpflichten begründet werden oder sich – im Falle der Geltung eines Systems der Unterschutzstellung »ipso iure« – das Bestehen derartiger Pflichten herausstellt.[261] Wie schon

---

259 *H.-U. Gallwas*, Beeinträchtigungen, S. 13.

260 Vgl. Art. 6 § 1 MietRVerbG v. 04. 11. 1971 (BGBl. I S. 1745).

261 Die Pflichten eines Denkmaleigentümers werden in diesem Fall bereits mit der Unterschutzstellung durch Gesetz begründet; unzutr. daher *W. Franzmeyer-Werbe*, DÖV 1996, S. 950 (953), nach deren Ansicht der Eigentümer auch nach diesem System »nicht zur Einhaltung der gesetzlichen Schutzgebote verpflichtet« sein soll, sofern ihm die Denkmaleigenschaft seines Bauwerks verborgen geblieben ist: Für die Existenz derartiger Pflichten kommt es auf die Kenntnis des Pflichtigen nicht an. Tendenziell anders allerdings auch OVG Berlin, LKV 1998, S. 152 (154f.), das im Wege der verfassungskonformen Interpretation des Berliner Denkmalschutzgesetzes zu dem Ergebnis kommt, daß an die (angenommene) Denkmaleigenschaft eines Bauwerks vor dessen Eintragung in die (deklaratorische) Denkmalliste grundsätzlich keine nachteiligen Folgen für den Eigentümer geknüpft werden dürfen, damit aber das System der Unterschutzstellung »ipso iure« weitgehend konterkariert. Im übrigen bleibt das Problem, daß die Denkmalei-

an diesen Beispielen ablesbar ist, bestehen die Folgewirkungen staatlichen Handelns daher vielfach in wirtschaftlichen Einbußen, die zwar durch den in Rede stehenden Staatsakt veranlaßt sind, aber durch ein Handeln Dritter – insbesondere ein verändertes Nachfrageverhalten – hervorgerufen werden.

An der grundrechtlichen Relevanz beispielsweise der durch einen Anschluß- und Benutzungszwang vermittelten Umsatzeinbußen wird im Ergebnis auch nicht zu zweifeln sein.[262] Gleichwohl verdient hervorgehoben zu werden, daß eine solche Folgewirkung unabhängig von ihrer Verursachung durch einen imperativ-regelnden Staatsakt – die »Primärbeeinträchtigung« – eine eigenständige und von den Gegebenheiten im Einzelfall abhängige Belastung des Maßnahmeadressaten enthält, die über die »Primärbeeinträchtigung« hinausgeht und deshalb in grundrechtlicher Hinsicht gesondert zu würdigen ist. Die Bedeutung der »Primärbeeinträchtigung« erschöpft sich demgegenüber darin, daß sich der Maßnahmeadressat so zu verhalten hat, wie dies durch Rechtsakt angeordnet wurde. *H.-U. Gallwas* hat daher dieses staatlicherseits geforderte Verhalten des Adressaten als »gewissermaßen das Spiegelbild der Regelung im Bereich des Betroffenen« und die so gekennzeichnete Beziehung zwischen Hoheitsakt und Beeinträchtigung als »Identität von Regelung und Beeinträchtigung« bezeichnet.[263] Soweit eine solche »Regelungsidentität« bestehe, liege eine »imperative Beeinträchtigung« vor, anderenfalls handele es sich um faktische Beeinträchtigungen,[264] zu denen *Gallwas* auch die »Folgewirkungen« zählt.[265]

Der Begriff der »Regelungsidentität«, den *H.-U. Gallwas* lediglich zur systematisierenden Unterscheidung zwischen einerseits der (»imperativen«) Beeinträchtigung des Betroffenen durch die Pflicht zu »regelungsidentischem« Verhalten und andererseits den (»faktischen«) Auswirkungen der gebotenen Handlung verwendet, ist im Schrifttum verschiedentlich aufgegriffen worden.[266] Er läßt jedoch ein etwas schiefes Bild entstehen, weil die Gegenüberstellung von Regelung und (regelungsidentischer) Beeinträchtigung den Eindruck erweckt, die grundrechtserhebliche Beeinträchtigung liege in dem abgeforderten Verhalten des Maßnahmeadressaten. Richtigerweise ist aber schon in der *Anordnung* eines bestimmten Verhaltens (Tun, Unterlassen, Dulden) eine Einwirkung auf eine poten-

---

genschaft eines Bauwerks im Falle der bloß nachrichtlichen Eintragung in eine Denkmalschutzliste nicht in einer der Rechtskraft zugänglichen Weise überprüft werden kann, vgl. *F. Niebaum/J. Eschenbach*, DÖV 1994, S. 12 (18ff.); *dies.*, LKV 1995, S. 143 (144f.); auch insoweit offenbar anders, aber ohne Begründung OVG Berlin ebd., S. 154, 157.

262 Vgl. dazu noch unten, S. 290.

263 *H.-U. Gallwas*, Beeinträchtigungen, S. 12.

264 *H.-U. Gallwas*, Beeinträchtigungen, S. 12.

265 *H.-U. Gallwas*, Beeinträchtigungen, S. 12f.

266 Vgl. z.B. *H.-C. Arbeiter*, Pflichten, S. 131; *R. Eckhoff*, Grundrechtseingriff, S. 175; *G. Lübbe-Wolff*, Eingriffsabwehrrechte, S. 43f.; *R. Philipp*, Verbraucherinformationen, S. 150; *U. Ramsauer*, Beeinträchtigungen, S. 28; *M. Sachs*, in: K. Stern/M. Sachs, Staatsrecht, Bd. III/2, S. 105.

tiell grundrechtlich geschützte Position zu sehen,[267] denn schon die Gebotenheit eines bestimmten Verhaltens schränkt die Freiheit zur Betätigung eines autonom gebildeten Willens ein und bewirkt damit jene Fremdbestimmung, die die Abwehrfunktion der Grundrechte zu aktivieren vermag. Da der Adressat einer Regelung allenfalls tatsächlich, nicht aber rechtlich in seiner Entscheidung für oder gegen das abgeforderte Verhalten frei ist, kommt es auch nicht auf die Existenz von Zwangsmechanismen (»Befehl und Zwang«) sowie Sanktionen für den Fall der Zuwiderhandlung an.

Daß ein imperativ-regelnder Staatsakt seine grundrechtliche Relevanz bereits aus der Existenz einer Rechtspflicht bezieht, hat des weiteren zur Folge, daß gerade im Hinblick auf diese rechtlich verbindlich angeordnete Verhaltens*pflicht* von einem *rechtlichen* Betroffensein des Maßnahmeadressaten gesprochen werden kann, so daß jede weitere *Aus*wirkung einer solchen grundrechtserheblichen *Ein*wirkung auf den Bürger faktischer Natur ist. Letztlich ist deshalb nicht nur eine aus der Existenz oder Erfüllung einer Rechtspflicht resultierende Folgewirkung, sondern schon das geschuldete Verhalten selbst eine *faktische* Folge der Existenz einer Verhaltenspflicht. Für imperativ-regelndes Staatshandeln läßt sich daher feststellen, daß die grundrechtserhebliche Einwirkung auf einen Grundrechtsträger mit dem »regelungsidentischen« Verhalten des Betroffenen eine (faktische) Auswirkung in der Wirklichkeit zeitigt, mit der weitere (faktische) Folgen in Form der Folgewirkungen einhergehen können.

Dies wiederum macht deutlich, daß sich die (ausschließlich) faktische Beeinträchtigung eines Dritten von der imperativen Beeinträchtigung des Maßnahmeadressaten allein durch das Fehlen einer verbindlich normierten Verhaltens*pflicht* des Betroffenen unterscheidet, im übrigen aber ein Unterschied in der Struktur der Beeinträchtigung nicht besteht. So tritt die Beachtung eines imperativen Rechtsaktes durch den Maßnahmeadressaten an die Stelle des Rechtsakts, wenn schon das »pflichtgemäße« Verhalten des Adressaten eine Drittbeeinträchtigung bewirkt, wie es beispielsweise bei den Folgen einer Anordnung allgemeiner Ladenschlußzeiten für die Kunden der Fall ist. Demgegenüber besteht eine erkennbare Parallele zur Fallgruppe der Folgewirkungen, wenn staatliches Handeln für die Beeinträchtigung eines Dritten kausal wird, ohne daß die betreffende Maßnahme den Adressaten gerade zu dem drittbelastenden Verhalten verpflichtete. Wird beispielsweise durch die behördlich angeordnete Stillegung eines Gewerbebetriebs ein Nachfragerückgang bei den Lieferanten des Maßnahmeadressaten ausgelöst, so kehrt die (typische) Situation der »Folgebeeinträchtigung« in gleichsam »spiegelverkehrter« Form wieder: Während nämlich im Beispiel des Absatz-

[267] So auch *U. Ramsauer*, VerwArch 72 (1981), S. 89; daß der Eingriffscharakter eines Befehls allein auf seiner verpflichtenden Rechtswirkung beruht, betont ferner *M. Sachs*, in: K. Stern/M. Sachs, Staatsrecht, Bd. III/2, S. 131.

rückgangs infolge der Verpflichtung des betroffenen Unternehmers zum Anschluß an die kommunale Wasserversorgung ein den Kunden als »Dritten« freistehendes Verhalten den Umsatzverlust bewirkt, wirkt sich in dem anderen Fall mit der unterbleibenden Abnahme von Gütern oder Dienstleistungen ein dem Adressaten – statt einem Dritten – (weiterhin) freistehendes Verhalten auf den Dritten – statt den Adressaten – aus.

Insgesamt ergibt sich, daß bei imperativ-regelnden Staatsakten eine rechtliche »Betroffenheit« des Adressaten gerade und nur durch die Anordnung einer Verhaltenspflicht ausgelöst wird, es sich bei dem abgeforderten Verhalten selbst wie auch jeder weiteren Folge dieses Verhaltens – mag diese in der Sphäre des Adressaten oder eines Dritten eintreten – hingegen um eine *faktische* Wirkung des zugrundeliegenden Staatsaktes handelt. Ein struktureller Unterschied zwischen Beeinträchtigungen infolge imperativ-regelnden Staatshandelns und faktischen Beeinträchtigungen besteht mithin nicht; vielmehr realisieren sich bei faktischen Beeinträchtigungen Drittbetroffener regelmäßig Wirkungen, die auch faktische Folgen imperativer Beeinträchtigungen im soeben beschriebenen Sinne sein könnten, so daß sich diese verschiedenen Formen der Einwirkung auf potentiell grundrechtlich geschützte Positionen im Hinblick auf Qualität und Intensität einer Beeinträchtigung ebenfalls nicht zwangsläufig unterscheiden müssen. Schon aus diesem Grunde wäre es verfehlt, bei faktischen Beeinträchtigungen die grundrechtliche Relevanz staatlichen Handelns allein mit der Erwägung negieren oder auch nur relativieren zu wollen, es liege »nur« ein faktischer Eingriff vor.

2. Die Bedeutung des Willens des Betroffenen für den Einwirkungstatbestand

a. Einwirkungstatbestand und »Einverstandensein«

Mit diesen Überlegungen steht indes nur fest, daß schon mit der Anordnung einer die Freiheit einschränkenden Rechtspflicht seitens eines Grundrechtsadressaten wegen der Verbindlichkeit dieses imperativen Staatsakts auf ein grundrechtliches Schutzgut eingewirkt wird. Dies rechtfertigt aber noch nicht den Schluß auf das Vorliegen eines Einwirkungstatbestandes, denn bislang ist noch offengeblieben, inwieweit es für die Grundrechtserheblichkeit staatlichen Handelns darauf ankommt, ob der Wille des Maßnahmeadressaten in Widerspruch zu dem staatlich gewollten Verhalten steht.

Sofern die Bedeutung des Willens des Betroffenen in Zusammenhang mit grundrechtlichen Fragestellungen im Schrifttum thematisiert wird, geschieht dies regelmäßig mit Blick auf Fallgestaltungen, in denen der Eintritt eines grundrechtsrelevanten Effekts gerade von der erklärten Zustimmung des Betroffenen abhängt. Diskutiert werden insbesondere Zulässigkeit und Grenzen eines Grundrechtsverzichts und damit die Reichweite des Satzes »volenti non fit inuria«.[268] Die Frage, ob im Falle des (erklärten) Einverstandenseins des Betroffenen mit einer Einwirkung auf ein grundrechtliches Schutzgut ein Beeinträchtigungstatbestand verwirklicht wird, spielt demgegenüber nur eine untergeordnete Rolle, obwohl sich ein Grundrechtsträger nach der freiwilligen Übernahme einer Rechtspflicht wegen ihrer Verbindlichkeit einer Zwangswirkung ausgesetzt sieht. Auch ergeben die wenigen vorhandenen Stellungnahmen kein einheitliches Bild. So ist *K. Stern* der Auffassung, im Falle der wirksamen Zustimmung zu einer andernfalls unzulässigen Einwirkung auf ein grundrechtliches Schutzgut werde dem Handeln des Grundrechtsverpflichteten die Rechtswidrigkeit genommen, ohne daß dies »die Qualifikation der Maßnahmen als Eingriffsakt« berühre.[269] Demgegenüber meint *C. Hillgruber*, bei einem Einverständnis des Berechtigten scheide »bereits ein rechtfertigungsbedürftiger staatlicher Eingriff in den Schutzbereich des Grundrechts aus«.[270] Gleicher Ansicht ist – für den Fall des fortdauernden Einverständnisses des Betroffenen – *J. Schwabe*.[271] Ähnlich äußert sich *J. Isensee*: Unbeschadet bestehender Unklarheiten im Hinblick auf »das heute herrschende, weite Verständnis des Eingriffs«[272] sei jedenfalls »klar«, daß »ein Eingriff einseitiges Handeln des Staates bedeutet: Ingerenz gegen den Willen des Grundrechtsträgers«.[273] Bei Einvernehmen des Grundrechtsträgers, etwa bei einer vertraglichen Regelung, könne sich das Problem stellen, ob ein wirksamer Grundrechtsverzicht gegeben sei; ein Eingriff liege jedoch nicht vor.[274]

Im Hinblick auf diese Ausführungen von *J. Isensee* ist allerdings hervorzuheben, daß mit der »Einseitigkeit« staatlichen Handelns nicht notwendig ein entgegenstehender Wille des Betroffenen einhergeht. Zwar wird eine solche Sachlage in der Praxis der Behörden und Gerichte regelmäßig anzutreffen sein, denn wer eine

---

[268] Vgl. dazu noch unten, S. 126ff.

[269] *K. Stern*, in: K. Stern/M. Sachs, Staatsrecht, Bd. III/2, S. 918; ähnl. auch *J. Pietzcker*, in: Der Staat 17 (1978), S. 527 (532).

[270] *C. Hillgruber*, Schutz, S. 136.

[271] *J. Schwabe*, Grundrechtsdogmatik, S. 99, der das jeweilige Schutzgut aber gleichwohl für »durchaus betroffen« hält (ebd., S. 101); ähnl. *K. Amelung*, Einwilligung, S. 65f.; mit Blick auf das »allgemeine Persönlichkeitsrecht« auch *H.D. Jarass*, NJW 1989, S. 857 (860).

[272] *J. Isensee*, in: Isensee/Kirchhof, HbStR, Bd. V, § 111 Rn. 59.

[273] *J. Isensee*, in: Isensee/Kirchhof, HbStR, Bd. V, § 111 Rn. 60; zust. *H. Bethge*, VVDStRL 57 (1998), S. 7 (40); ähnl. *D. Murswiek*, Verantwortung, S. 191: Ein »Eingriff« liege »immer schon dann vor, wenn auf das Schutzgut gegen den Willen des Rechtsgutträgers eingewirkt wird«.

[274] *J. Isensee*, in: Isensee/Kirchhof, HbStR, Bd. V, § 111 Rn. 60, der (ebd.) weiter ausführt, es komme für die Qualität des Eingriffs nicht darauf an, ob das staatliche Handeln aus objektiver Sicht als begünstigend oder als belastend zu bewerten ist; auch insoweit übereinstimmend *D. Murswiek*, Verantwortung, S. 191; ersichtlich geht es *Isensee* mit dieser Feststellung um die Verteidigung des Selbstbestimmungsrechts der Grundrechtsträger gegenüber einer »oktroyierte(n) Wohltat« oder einer »Leistung mit Kostenfolge«: Es hänge »vom Freiheitssubjekt ab, ob es eine Einwirkung des Staates hinnimmt oder nicht«; im objektivrechtlichen Rahmen des Schutzbereichs herrsche »das subjektive Prinzip des Willens, nicht das objektive eines wohlverstandenen, ›wahren‹ Interesses«. Indes liegt in den genannten Fällen eine Zwangswirkung und damit objektiv (auch) eine grundrechtsrelevante Belastung vor, so daß die Notwendigkeit einer Subjektivierung des Einwirkungstatbestandes nicht mit diesen Beispielen begründet werden muß.

an ihn gerichtete staatliche Maßnahme billigt oder dieser zumindest gleichgültig gegenübersteht, hat regelmäßig keine Veranlassung, Rechtsbehelfe einzulegen, so daß derartige Sachverhalte in der Praxis kaum eine Rolle spielen dürften. Auch wird von einem entgegenstehenden Willen des Betroffenen regelmäßig ausgegangen werden können, wenn ein Verwaltungsakt die (Wieder-) Herstellung rechtmäßiger Zustände anordnet und damit einen »absoluten« Imperativ enthält, denn zu einer solchen Maßnahme besteht regelmäßig nur dann Veranlassung, wenn der Maßnahmeadressat nicht von sich aus zu rechtmäßigem Verhalten bereit ist. Gleichwohl ist namentlich bei ge- oder verbietenden Rechtsnormen ohne weiteres vorstellbar, daß ein Bürger von der Notwendigkeit oder jedenfalls Sinnhaftigkeit des durch den imperativen Staatsakt abgeforderten Verhaltens überzeugt und deshalb zu diesem Verhalten auch aus eigenem Entschluß (»freiwillig«) bereit ist, so daß jedenfalls ein stillschweigendes »Einverstandensein« dieses Adressaten mit der staatlich angeordneten Verhaltenspflicht vorliegt. So wird davon ausgegangen werden können, daß zahlreiche Personen schon im eigenen Interesse bei der Fahrt in einem Kraftfahrzeug auch dann einen Sicherheitsgurt anlegen würden, wenn dies nicht durch § 21 a StVO vorgeschrieben wäre. Desgleichen erscheint möglich, daß der in einem imperativen Staatsakt enthaltene Normbefehl einen Bürger schon nicht erreicht, weil der Betroffene sich einem (vorrangigen) ethisch-moralischen Imperativ verpflichtet fühlt oder einer sozialen Norm gehorcht und deshalb das in einer Rechtsnorm angeordnete Verhalten auch dann an den Tag legen würde, wenn es diese Vorschrift nicht gäbe. Zu denken ist hier beispielsweise an § 323 c StGB, denn es darf angenommen werden, daß zumindest ein Teil der Bevölkerung bei »Unglücksfällen oder Gefahr oder gemeiner Not« auch dann zur Hilfeleistung bereit wäre, wenn die Bürger hierzu nicht durch diese Vorschrift verpflichtet würden. Schließlich ist – umgekehrt – denkbar, daß die staatliche Anordnung von Unterlassungspflichten ihre Wirkung verfehlt, weil ein Normadressat das verbotene Verhalten – beispielweise die Verwirklichung des Tatbestandes eines strafrechtlichen Begehungsdelikts – ohnehin nicht ernsthaft als Handlungsmöglichkeit in Betracht ziehen würde. Derartige Fälle geben aber Anlaß zu der Frage, ob eine Einschränkung von Willensbildungs- und -betätigungsmöglichkeiten und damit ein von der Rechtsordnung vermittelter »Freiheitsverlust« auch dann vorliegt, wenn ein Bürger von einem staatlichen Verhaltensgebot schon nicht erreicht wird.

Bei der Frage, ob ein »Einverstandensein« – um die Begriffe »Einverständnis« und »Einwilligung« wegen ihres feststehenden Inhalts hier zu vermeiden – des Betroffenen mit einer staatlichen Einwirkung auf ein grundrechtliches Schutzgut dem Vorliegen eines Einwirkungstatbestandes entgegensteht, handelt es sich daher um ein Grundsatzproblem, das nicht nur in Zusammenhang mit den Fällen eines (vorgeblichen) »Grundrechtsverzichts«[275] erörtert werden kann. Nicht zu

[275] Vgl. dazu noch unten, S. 126ff.

verkennen ist allerdings, daß sich die Frage nach der Bedeutung des Willens des Betroffenen für das Vorliegen eines Beeinträchtigungstatbestandes primär in den »Verzichtsfällen« stellt, weil es nicht ohne Konsequenzen insbesondere für die Verbindlichkeit eines ausdrücklich erklärten »Einverstandenseins« mit der Beeinträchtigung grundrechtlicher Schutzgüter bliebe, wenn ein entgegenstehender Wille des Maßnahmeadressaten konstitutives Element jedes Einwirkungstatbestandes wäre.

Von Interesse ist diese Frage aber auch in Zusammenhang mit einem Urteil des Bundesverwaltungsgerichts aus dem Jahre 1985, das die Geltung eines Gesetzesvorbehalts für feststellende Verwaltungsakte betraf. In dieser Entscheidung, die eine durch Verwaltungsakt erfolgte Feststellung der Existenz eines Verbots der Zweckentfremdung von Wohnraum zum Gegenstand hatte, wird jedenfalls für möglich gehalten, daß es im Hinblick auf das (auch) grundrechtlich begründete Erfordernis einer gesetzlichen Ermächtigungsgrundlage für belastende Verwaltungsakte auf die innere Einstellung des Maßnahmeadressaten zu der festgestellten Rechtsfolge ankommen könne. Das Gericht gelangt zu dem Ergebnis, eine förmliche Feststellung, die als »Regelung« i.S.v. § 35 S. 1 VwVfG die Rechtsfolge möglicher Bestandskraft für sich in Anspruch nehme, stelle sich »jedenfalls dann als Belastung dar, wenn der Inhalt der Feststellung dem Betroffenen erklärtermaßen nicht genehm ist«.[276] Woraus die Belastung in einem solchen Fall letztlich resultiert und welche Bedeutung in diesem Zusammenhang dem Willen des Betroffenen zukommt, bleibt dabei offen: Nach Ansicht des Senats ist denkbar, daß ein feststellender Verwaltungsakt als belastend zu qualifizieren ist, wenn und weil sein Inhalt nicht mit dem übereinstimmt, was die Rechtslage nach Auffassung des Adressaten zu seinen Gunsten hergibt. Daneben wird die Möglichkeit in Betracht gezogen, daß »feststellende Verwaltungsakte stets von (zumindest latent) belastender Qualität sind und man sich bei einem dem Betroffenen ›günstigen‹ Inhalt nur fragen kann, ob die an sich erforderliche gesetzliche Grundlage unter dem Gesichtspunkt des Einverständnisses entbehrlich ist«.[277]

Damit erscheint möglich, dieser Entscheidung des Bundesverwaltungsgerichts mit Blick auf die Geltung eines Gesetzesvorbehalts für feststellende Verwaltungsakte eine weitgehende Subjektivierung des Belastungsbegriffs zu entnehmen,[278] da darauf abgestellt wird, ob staatlichen Handeln nach Ansicht des Betroffenen als belastend zu werten ist.[279] Ein solcher Ansatz ließe sich aber nicht auf feststellende Verwaltungsakte beschränken, denn auch ein feststellender Verwaltungsakt

[276] BVerwGE 72, 265 (267).

[277] BVerwGE 72, 265 (267), dabei bleibt das Geheimnis des Gerichts, worin bei einer dem Betroffenen »günstigen« Entscheidung die »latente« Belastung liegen soll.

[278] In diesem Sinne wohl *P. Stelkens/U. Stelkens*, in: Stelkens/Bonk/Sachs, VwVfG, § 35 Rn. 143; *F. Niebaum/J. Eschenbach*, DÖV 1994, S. 12 (20).

[279] Vgl. auch BVerwG, NJW 1987, S. 969: Entbehrlichkeit einer Ermächtigungsgrundlage für antragsgemäß ergehenden feststellenden Verwaltungsakt.

kann eine Beschwer seines Adressaten nur deshalb auslösen, weil er eine Regelung enthält, die Anspruch auf Verbindlichkeit erhebt. Zwar stimmt ein rechtmäßiger feststellender Verwaltungsakt inhaltlich mit dem zugrundeliegenden Gesetz überein und enthält insoweit gerade keine eigenständige Beschwer, die als (selbständige) Belastung empfunden werden könnte. Zu Recht hat das Bundesverwaltungsgericht die Regelungswirkung eines feststellenden Verwaltungsaktes aber in dem Umstand gesehen, daß die von der Verwaltung in einem Verwaltungsakt geäußerte Rechtsmeinung »die Rechtsfolge möglicher Bestandskraft« für sich in Anspruch nimmt.[280] Da die Beschwer des Adressaten mit der Regelungswirkung auf einem notwendigen Merkmal eines jeden Verwaltungsaktes beruht und der Grundgedanke des Bundesverwaltungsgerichts hieran anknüpft, muß dieser Grundgedanke aber – hält man ihn für richtig – folgerichtig auch auf gestaltende Verwaltungsakte angewendet werden.

Daß nach dieser Entscheidung die Erforderlichkeit einer Ermächtigungsgrundlage für feststellende Verwaltungsakte nicht vom materiellen Recht bzw. »Thema« der Verwaltungsentscheidung, sondern von der Kongruenz zwischen dem Willen des Betroffenen und dem Entscheidungsinhalt abhängen soll, ist im Schrifttum allerdings auf Kritik gestoßen.[281] Dieser Kritik ist auch insoweit zuzustimmen, als sich das Vorliegen einer rechtserheblichen Belastung jedenfalls nicht *allein* vom subjektiven Empfinden des Betroffenen abhängig machen läßt: So mag zwar eine Freiheitsrechte nicht berührende Verneinung der Voraussetzungen eines Anspruchs auf staatliche Leistungen vom Betroffenen als Belastung empfunden werden. Daß schon eine derartige Belastung für sich genommen das Erfordernis einer gesetzlichen Grundlage für staatliches Handeln auslöst, muß jedoch bezweifelt werden, wenn die Lehre vom »Totalvorbehalt« abgelehnt und mit dem Bundesverwaltungsgericht[282] angenommen wird, daß sich die Erforderlichkeit einer Ermächtigung der Verwaltung zum Erlaß belastender Verwaltungsakte aus Art 20 Abs. 3 GG in Verbindung mit den Grundrechten ergibt, denn eine Einwirkung auf die Freiheit oder das Eigentum des Betroffenen liegt in einem solchen Falle nicht vor. Die Frage nach der Bedeutung des Willens des Betroffenen für die Rechtserheblichkeit einer Belastung läßt sich daher erst dann sinnvoll stellen,

---

[280] BVerwGE 72, 265 (267); ähnl. auch *R.-D. Drescher*, DVBl. 1986, S. 727 (729); krit. *H.-U. Erichsen*, in: ders. (Hrsg.), Allgemeines Verwaltungsrecht, § 12 Rn. 28; *P. Stelkens/U. Stelkens*, in: Stelkens/Bonk/Sachs, VwVfG, § 35 Rn. 143: Die Bestandskraft allein sei kein Kriterium, weil andernfalls jeder Verwaltungsakt einer gesetzlichen Ermächtigung bedürfte. Daran ist richtig, daß das (handlungsformbezogene) Merkmal der Bestandskraft das Erfordernis einer gesetzlichen Ermächtigungsgrundlage für sich genommen nicht zu begründen vemag, es vielmehr auch eines belastenden Inhalts der Maßnahme bedarf; dazu sogleich im Text.

[281] Vgl. *P. Stelkens/U. Stelkens*, in: Stelkens/Bonk/Sachs, VwVfG, § 35 Rn. 143; F. *Niebaum/J. Eschenbach*, DÖV 1994, S. 12 (20); wie das BVerwG aber *H. Maurer*, Allgemeines Verwaltungsrecht, § 9 Rn. 48; auf die »Willensrichtung des Betroffenen« zurückgreifen will »in Grenzfällen« auch *M. Sachs*, VerwArch 76 (1985), S. 398 (417).

[282] BVerwGE 42, 331 (335); 72, 265 (266f.).

wenn ein Tatbestand vorliegt, der auch in objektiver Hinsicht geeignet ist, die grundrechtliche Relevanz staatlichen Handelns – und damit zugleich die Erforderlichkeit einer gesetzlichen Ermächtigung – zu begründen.

Auch für feststellende Verwaltungsakte gilt daher, daß das fehlende »Einverstandensein« eines Betroffenen mit einem Verwaltungsakt für die Geltung eines Gesetzesvorbehalts unerheblich ist, wenn nicht auch eine Einwirkung auf grundrechtlich geschützte Positionen des Maßnahmeadressaten durch die festgestellte und der Bestandskraft zugängliche Rechtsfolge vorliegt. Allerdings wird eine solche »objektive Freiheitseinbuße« regelmäßig – abgesehen vom Fall der verweigerten staatlichen Leistung – auch vorliegen, wenn die Feststellung einer vom Betroffenen als belastend empfundenen Rechtslage erfolgt ist. So kann auch die Feststellung eines Verbots der Zweckentfremdung von Wohnraum nur deshalb als belastend empfunden werden, weil sie die Freiheit des Adressaten zur beliebigen Verwendung ihm gehörender Räumlichkeiten objektiv mindert. In einer solchen Situation erscheint eine gesetzliche Grundlage für den feststellenden Verwaltungsakt aber allenfalls unter dem Gesichtspunkt eines »Einverstandenseins« des Betroffenen mit dem Erlaß des Verwaltungsakts (und damit auch der angeordneten Rechtsfolge) als verzichtbar.[283] Sofern bei einem feststellenden Verwaltungsakt mit der festgestellten Rechtsfolge objektiv eine »Freiheitsminderung« einhergeht, wird dem Bundesverwaltungsgericht daher zumindest im Ergebnis zugestimmt werden müssen, daß ein solcher Verwaltungsakt bei Fehlen einer gesetzlichen Grundlage jedenfalls dann nicht ergehen darf, »wenn der Inhalt der Feststellung dem Betroffenen erklärtermaßen nicht genehm ist«, da es in einem solchen Fall an einem »Einverstandensein« des Maßnahmeadressaten fehlt.

Des weiteren wird man zu dem Ergebnis gelangen müssen, daß in Fällen einer durch einseitige staatliche Anordnung begründeten Verhaltenspflicht aus grundrechtsdogmatischer Sicht stets und damit unabhängig vom Willen des Betroffenen ein Einwirkungs- und damit zugleich Beeinträchtigungstatbestand verwirklicht wird. Hierfür ist entscheidend, daß die Begründung einer Pflicht des Bürgers zu einem Handeln, Dulden oder Unterlassen gerade deshalb Wirkungen im Schutzgut-Tatbestand eines Grundrechts entfaltet, weil sie die Rechtsmacht zur Betätigung eines anderweitigen Entschlusses beseitigt und damit Fremdbestimmung bewirkt. Wie erwähnt, nimmt schon die Existenz eines imperativ-regelnden Rechtsakts dem Betroffenen die vorgegebene Möglichkeit zur Auswahl zwi-

[283] Abzulehnen ist die gekünstelte Unterscheidung zwischen der Zulässigkeit des Verwaltungsakts als Handlungsform und einem Gesetzesvorbehalt für den Inhalt des Verwaltungshandelns, denn auch ein belastender Verwaltungsakt hat überhaupt nur deshalb einen belastenden Inhalt, weil bei Verwendung der Handlungsform des Verwaltungsaktes die angeordnete Rechtsfolge Verbindlichkeit beansprucht; eine Unterscheidung zwischen Inhalt und Form der Belastung ist daher gar nicht möglich, vgl. *H.-U. Erichsen*, in: ders. (Hrsg.), Allgemeines Verwaltungsrecht, § 15 Rn. 4; soll nicht einem »Totalvorbehalt« das Wort geredet werden, kann es mithin nur darauf ankommen, ob »der Einsatz der Handlungsform Verwaltungsakt einen eigenen Eingriffswert aufweist« (so *Erichsen* ebd.).

schen Handlungsalternativen und damit auch zur Betätigung eines entgegenstehenden Willens, so daß eine bislang gegebene Freiheit beseitigt, der »Frei(heits)raum« des Betroffenen verkürzt wird. Wenn Grundrechte vor Fremdbestimmung schützen sollen, muß daher in einer solchen Verkürzung von Handlungsspielräumen durch Rechtsakt schon wegen der darin liegenden Freiheitseinbuße ein Einwirkungstatbestand gesehen werden, ohne daß es auf das Vorhandensein eines entgegenstehenden Willens des Betroffenen ankäme: Wird der durch einen imperativen Staatsakt ausgesprochene Verhaltensbefehl von seinem Adressaten gebilligt, so bleibt das Vorliegen einer »Freiheitseinbuße« von diesem »Einverstandensein« mit der Beschränkung der »natürlichen« Freiheit unberührt. Nichts anderes gilt, wenn der Bürger das angeordnete Verhalten ohnehin an den Tag gelegt hätte, denn die freie Entscheidung des Bürgers für die vom Staat gewünschte Verhaltensweise setzt die Freiheit zu dieser oder eben auch einer anderen Entscheidung voraus. Allein entscheidend ist daher, daß bei einseitig-imperativem Handeln eines Grundrechtsadressaten der Eintritt einer Rechtsfolge vom Willen des Betroffenen unabhängig ist und deshalb auch ohne oder gegen dessen Willen erfolgen kann.

b. Die Zustimmung zur Schutzgutsbeeinträchtigung

aa. Zustimmung zur Schutzgutsbeeinträchtigung und »Grundrechtsverzicht«

Die für die Diskussion um Zulässigkeit und Grenzen eines (vorgeblichen) »Grundrechtsverzichts« entscheidenden Fragen sind mit den vorstehenden Erwägungen allerdings noch nicht beantwortet. Insoweit lassen sich mit Blick auf Fallgestaltungen, in denen der Eintritt einer Freiheit verkürzenden Rechtsfolge oder ein anderes Geschehen mit Auswirkungen im Schutzgut-Tatbestand eines Grundrechts von einem ausdrücklich oder (jedenfalls) konkludent erklärten »Einverstandensein« des betroffenen Grundrechtsträgers abhängig gemacht wird, zunächst zwei verschiedene Fallgruppen unterscheiden, in denen sich die Dichotomie von verhaltens- und sphärenbezogenem Grundrechtsschutz widerspiegelt: Zum einen kann ein Grundrechtsträger einer durch Realakt erfolgenden Einwirkung eines Grundrechtsadressaten auf einen Gegenstand des sphärenbezogenen Grundrechtsschutzes zustimmen. »Schulbeispiel« für derartige Sachverhalte ist die Einwilligung des Betroffenen in eine Durchsuchung seiner Wohnung bei fehlender richterlicher Gestattung. Des weiteren ist denkbar, daß die (Rechts-) Pflicht eines Grundrechtsträgers zu einem Tun oder Unterlassen durch konsensuales (vertragliches oder quasi-vertragliches) Handeln des Grundrechtsträgers und eines Grundrechtsadressaten begründet wird. Diese Fälle einverständlicher Begründung von Rechtspflichten unterscheiden sich von der einseitig-imperativen Anordnung einer (Verhaltens-) Pflicht durch Rechtsnorm oder (nicht mitwirkungsbedürftigen) Verwaltungsakt insofern nicht, als in beiden Fällen Handlungsalternativen mittels eines Rechtsaktes beseitigt werden und damit der »Freiheitsbereich« des Betroffenen letztlich unabhängig vom jeweiligen Rechtsgrund verkürzt wird. Während bei einem Handeln durch imperativ-regelnden Staatsakt der Eintritt einer Rechtsfolge vom Willen des Betroffenen unabhängig ist, wird die Entstehung einer Verhaltenspflicht (oder auch eines »Pflichtenbündels«) bei einem Handeln durch mitwirkungsbedürftigen Verwaltungsakt oder (öffentlich-rechtlichen oder privatrechtlichen[284]) Vertrag aber erst durch die einverständliche Mitwirkung des Betroffenen ausgelöst.

Die mit der Diskussion um den sogenannten »Grundrechtsverzicht« gestellte Frage nach der Bedeutung einer (ausdrücklich oder konkludent) erklärten Zustimmung eines Grundrechtsträgers für die Entstehung einer (Verhaltens-) Pflicht des Erklärenden oder die Zulässigkeit staatlicher Realakte hat des weiteren eine formelle und eine materielle Seite: In formeller Hinsicht wird diskutiert, ob schon allein die Zustimmung des Betroffenen den Eintritt einer der genannten Folgen ermöglicht oder die bei einem einseitigem Handeln eines Grundrechtsadressaten erforderliche gesetzliche Grundlage ebenfalls vorliegen muß.[285] Das in materieller Hinsicht zu erörternde Problem ist, welche inhaltlichen Grenzen einer solchen Zustimmung gezogen sind. *K. Stern* hat diese Fragestellung dahingehend formuliert, ob eine »Willenserklärung des Einzelnen« es vermag, einer Beeinträchtigung »entgegenstehende Rechtsnormen der Verfassung oder der Gesetze beiseitezuschieben«.[286] Auf besonderes Interesse müssen hier Fallgestaltungen stoßen, in denen aus einer Zustimmung des Betroffenen die Zulässigkeit einer Verhaltenspflicht resultieren soll, die bei imperativ-regelndem Staatshandeln unabhängig vom Vorhandensein einer gesetzlichen Grundlage nicht gerechtfertigt werden *könnte*.

Schon aus dieser Problembeschreibung ergibt sich, daß die Begründung einer Handlungs-, Duldungs- oder Unterlassungspflicht eines Grundrechtsträgers durch konsensuales Handeln von Verwaltung und Bürger jedenfalls dann keine besonderen Probleme bereitet, wenn eine entsprechende Ermächtigungsgrundlage vorhanden ist und die einvernehmlich herbeigeführte Rechtsfolge nach Maß-

---

[284] Zweifelnd gegenüber einem Grundrechtsschutz bei privatrechtlichen Verträgen zwischen Staat und Bürger *W.-R. Schenke*, JuS 1977, S. 281 (284 in Fn. 42) mit dem Einwand, daß »hier jene Subordination fehlt, die für den an Stelle eines Verwaltungsakts tretenden verwaltungsrechtlichen Vertrag typisch ist«. Dieser Begründung ist jedoch die weitgehende Austauschbarkeit auch der vertraglichen Handlungsformen entgegenzuhalten; vgl. hierzu *Th. Koch*, Unternehmen, S. 30ff., 34ff. m.w.N.

[285] Vgl. hierzu (bejahend) *E. Kempf*, JuS 1972, S. 701 (703); *C. Schimpf*, Vertrag, S. 202ff.; sowie (verneinend) *J. Pietzcker*, Der Staat 17 (1978), S. 527 (534f.); *M. Sachs*, VerwArch 76 (1985), S. 398 (412ff.); *G. Sturm*, in: FS W. Geiger, S. 173 (190f.).

[286] *K. Stern*, in: K. Stern/M. Sachs, Staatsrecht, Bd. III/2, S. 922; ähnl. *J. Pietzcker*, Der Staat 17 (1978), S. 527 (534); *C. Schimpf*, Vertrag, S. 202ff.; diese Formulierung ist freilich insofern etwas unglücklich, als gesetzliche oder verfassungsrechtliche Regelungen einer solchen Zustimmung von vornherein nicht entgegenstehen, wenn und soweit die Zustimmungserklärung nach geltendem Recht beachtlich ist.

gabe der üblichen Maßstäbe für einseitiges staatliches Handeln (Grundrechtsschranken, Verhältnismäßigkeit) ebenfalls zulässig wäre. Darüber hinaus erscheint die Begründung von Sonderstatusverhältnissen (»besonderen Gewaltverhältnissen«) durch mitwirkungsbedürftigen Verwaltungsakt als jedenfalls im Grundsatz ebenfalls unproblematisch, weil in derartigen Fällen etwa für erforderlich zu haltende Handlungsermächtigungen regelmäßig vorliegen und zudem die beispielsweise mit einem Beamtenverhältnis – dem »klassischen Vorbild des besonderen Gewaltverhältnisses«[287] – einhergehenden Pflichten – wie etwa die Pflicht zum treuen Dienen oder das Gebot der Mäßigung bei politischer Betätigung (§ 35 Abs. 2 BRRG, § 53 BBG) – vielfach unmittelbar dem Gesetz zu entnehmen sind. Damit bildet schon das Beamtenverhältnis ein Beispiel für Fallgestaltungen, in denen das – fortdauernde (arg. § 24 Abs. 1 Nr. 3 BRRG) – »Einverstandensein« des Betroffenen einen unverzichtbaren[288] Beitrag zur Legitimation einer Beschränkung grundrechtlich (potentiell) geschützter Freiheit leistet.[289]

Nicht völlig unumstritten ist hingegen, ob in bezug auf eine Begründung von Rechtspflichten im grundrechtsrelevanten Bereich durch öffentlich-rechtlichen Vertrag mit den §§ 54ff. VwVfG eine Regelung vorliegt, die etwaigen Anforderungen an gesetzliche Handlungsermächtigungen zu genügen vermöchte. Hierzu findet sich im Schrifttum die Auffassung, es könne »angesichts ihrer Unbestimmtheit im Hinblick auf den Vertragsinhalt schwerlich behauptet werden«, daß §§ 54ff. VwVfG den Anforderungen eines Gesetzesvorbehalts gerecht werden.[290] Die damit aufgeworfene Sachfrage ist folglich, welche Anforderungen an die inhaltliche Dichte von Ermächtigungsnormen zu stellen sind.

Insofern ist zunächst zu konzedieren, daß §§ 54ff. VwVfG allein die Zulässigkeit des öffentlich-rechtlichen Vertrags als Handlungsform regeln sollten, um auch zuvor geäußerten Bedenken im Hinblick auf einen handlungs*form*bezogenen Gesetzesvorbehalt Rechnung zu tragen.[291] Da die Zulässigkeit einer bestimmten Handlungsform eng mit der Frage nach der Zulässigkeit eines bestimm-

---

[287] *K. Stern*, Staatsrecht, Bd. III/1, S. 1385.

[288] Demgegenüber meint *W. Bosse*, Verwaltungsvertrag, S. 52, daß die »zusätzliche Rechtfertigung beamtenrechtlicher Verpflichtungen« durch die Zustimmung des Betroffenen überflüssig sei, weil sich die Pflichten der Beamten schon aus dem Gesetz ergäben und »besondere Gewaltverhältnisse« auch ohne oder gar gegen den Willen des Betroffenen begründet werden könnten, wie die Beispiele der Schulpflicht und der Wehrpflicht zeigten. Indes ist nicht vorstellbar, daß eine Ernennung zum hauptamtlich tätigen Beamten auf Lebenszeit gegen den Willen des Betroffenen erfolgen könnte.

[289] Dies betont *E. Forsthoff*, Verwaltungsrecht I (10. Aufl.), S. 128; ähnl. *G. Dürig*, AöR 81 (1956), S. 117 (152); anders *W. Bosse*, Verwaltungsvertrag, S. 52; auch *J. Pietzcker*, Der Staat 17 (1978), S. 527 (547), ist der Ansicht, im Hinblick auf Grundrechtspositionen könne bei den Sonderstatusverhältnissen die »Einwilligung ... kaum zur Legitimation der Einschränkung beitragen«.

[290] *C. Schimpf*, Vertrag, S. 211; krit auch *A. Bleckmann*, VerwArch 63 (1972), S. 404 (426f.); *W.-R. Schenke*, JuS 1977, S. 281 (in Fn. 8); *C. Gusy*, DVBl. 1983, S. 1222 (1228).

[291] Vgl. BT-Drucks. 7/910, S. 76ff. (79).

ten Regelungsinhalts verwoben ist,[292] diese beiden Fragenkreise »in enger Beziehung zueinander stehen«,[293] wird es aber letztlich darauf ankommen, im Hinblick auf welche Regelungsinhalte eine Handlungsform zulässig sein soll.[294] Weil Inhalt öffentlich-rechtlicher Verträge auch Belastungen des Bürgers sein können, liegt daher nahe, mit einer im Schrifttum ebenfalls geäußerten Ansicht[295] in den §§ 54 VwVfG eine ausreichende gesetzliche Grundlage für den Abschluß auch solcher öffentlich-rechtlicher Verträge zu sehen, die auf seiten des Bürgers eine Beeinträchtigung der grundrechtlich (potentiell) geschützten Freiheit bewirken; die Anforderungen an eine gesetzliche Ermächtigung zum Abschluß öffentlich-rechtlicher Verträge sollten – hält man diese für erforderlich – jedenfalls nicht überspannt werden.[296]

bb. Der »Grundrechtsverzicht« zwischen Freiheitsbetätigung und Freiheitsverlust

(1) Verzichtserklärung und Zwangswirkung

Das Bundesverwaltungsgericht hat öffentlich-rechtliche Verträge aber auch schon vor Inkrafttreten des VwVfG für zulässig gehalten: Die »allgemeine Gesetzes- und Rechtsgebundenheit« der Verwaltung habe »kein (umfassendes) Erfordernis gesetzlicher Grundlage« für öffentlich-rechtliche Verträge zur Folge, so daß es zur »Zulässigkeit eines verwaltungsrechtlichen Vertrages ... jedenfalls nicht allgemein einer gesetzlichen Grundlage« bedürfe. Das »aus Art. 20 Abs. 3 GG in Verbindung mit den Grundrechten ableitbare Erfordernis einer gesetzlichen Grundlage für Eingriffe in ›Freiheit und Eigentum‹« erfasse verwaltungsrechtliche Verträge nicht, »weil es bei ihnen, auch soweit Grundrechtspositionen berührt werden, angesichts der einverständlichen Mitwirkung der am Vertrag Beteiligten zumindest nicht in dem Sinne zu Eingriffen kommt, in dem dies bei jenem Erfordernis gesetzlicher Grundlage vorausgesetzt wird«.[297]

Dem ist *J. Schwabe* für den Fall entgegengetreten, daß die früher erteilte Zustimmung (beispielsweise) zur Begründung eines Sonderstatusverhältnisses oder zu einem Vertragsschluß »im Zeitpunkt der Beeinträchtigung nicht mehr aufrechterhalten« wird.[298] Auch wer »den Rechtsfolgen eines unliebsamen Vertrages« ausgesetzt sei, unterliege »einem Zwang und damit einem Eingriff in Freihei-

---

[292] Vgl. zur Unterscheidung zwischen diesen Gesichtspunkten vor dem Hintergrund der Rechtslage vor Inkrafttreten des VwVfG auch *H.J. Wolff/O. Bachof*, Verwaltungsrecht I, S. 346f.; *A. Bleckmann*, VerwArch 63 (1972), S. 404ff.

[293] So *A. Bleckmann*, VerwArch 63 (1972), S. 404 (405).

[294] Zum Verhältnis von Handlungsform und Inhalt vgl. auch schon oben, Anm. 283.

[295] *J. Schwabe*, Grundrechtsdogmatik, S. 107ff.; vgl. auch *J. Pietzcker*, Der Staat 17 (1978), S. 527 (534); *K. Stern*, in: K. Stern/M. Sachs, Staatsrecht, Bd. III/2, S. 910, 919 m.w.N.

[296] So auch *J. Schwabe*, Grundrechtsdogmatik, S. 108.

[297] BVerwGE 42, 331 (335).

[298] *J. Schwabe*, Grundrechtsdogmatik, S. 102.

ten oder andere Rechtsgüter, mag dies auch durch seine früher gegebene Zustimmung bedingt sein«.[299] Diese an die *Wirkung* der erklärten Zustimmung zur Entstehung einer Rechtspflicht anknüpfende Kritik führt vor Augen, daß der Fall einvernehmlich begründeter Pflichten eines Grundrechtsträgers zumindest insofern einer Betrachtung aus grundrechtlicher Perspektive zugänglich ist, als sich die Existenz derartiger Pflichten stets im Schutzgut-Tatbestand grundrechtlicher Vorschriften auswirkt, indem sie die (potentiell) grundrechtlich geschützte Freiheit verkürzt. Die daran anknüpfende Frage ist, ob sich die grundrechtliche Problematik derartiger Fallgestaltungen schon allein mit einem Hinweis auf das Vorliegen einer erklärten Einwilligung des Betroffenen erledigen läßt, dessen Erklärung also die Verwirklichung eines Einwirkungstatbestandes legitimiert oder sogar ausschließt. Es macht die spezifische Problematik der »Verzichtsfälle« aus, daß die Abgabe einer Willenserklärung eines Grundrechtsträgers darauf zielt, eine Einwirkung auf einen Gegenstand des verhaltens- oder sphärenbezogenen Grundrechtsschutzes zu ermöglichen. Die Verzichtserklärung besagt, daß der Eintritt der intendierten Folge – gleichviel ob Realakt oder Rechtspflicht – jedenfalls aufgrund der Erklärung zulässig sein soll. Die hier in Rede stehenden Fälle sind daher durch ein Zusammenspiel von Freiheitsbetätigung und Freiheitseinschränkung gekennzeichnet, die ihre dogmatische Bewältigung erschwert: Zunächst bringt auch konsensuales (Verwaltungs-) Handeln eine bindende Rechtspflicht des beteiligten Grundrechtsträgers zur Entstehung, so daß sich wegen dieser Bindungswirkung auch von einer Zwangswirkung beispielsweise eines öffentlich-rechtlichen Vertrages zwischen Staat und Bürger sprechen läßt. Der Eintritt dieser belastenden Folge unterliegt jedoch der Steuerung des Betroffenen und tritt deshalb nicht unabhängig von dessen Willen ein, sofern nicht eine Pflicht zu der erforderlichen Mitwirkungshandlung bestand und die erforderliche Zustimmung auch im übrigen freiwillig erklärt worden ist. Dieser Befund kann dahin zugespitzt werden, daß eine Zwangswirkung vorliegt, die nicht auf einer zwangsweisen Einwirkung beruht.

(2) Die frei widerrufliche Verzichtserklärung

Schon aus diesen Überlegungen ergibt sich, daß in Ermangelung eines »Freiheitsverlustes« kein Beeinträchtigungstatbestand verwirklicht wird, wenn die (freiwillig abgegebene) Zustimmungserklärung des Betroffenen frei widerruflich ist und deshalb keine Bindungswirkung besitzt. Dies wiederum wird vielfach der Fall sein, wenn nicht öffentlich-rechtliche (oder auch privatrechtliche) Verträge zwischen Staat und Bürger, sondern einseitige Willenserklärungen eines Bürgers gegenüber dem Staat vorliegen. Demgegenüber will namentlich *K. Stern* das Vorliegen eines Beeinträchtigungstatbestandes auch in diesen Fällen offenbar bejahen:

---

[299] *J. Schwabe*, Grundrechtsdogmatik, S. 103; ähnl. *G. Lübbe-Wolff*, Eingriffsabwehrrechte, S. 273 (in Fn. 175).

Stern geht zunächst davon aus, daß beispielsweise eine allein auf der Einwilligung des Wohnungsinhabers beruhende Durchsuchung einer Wohnung auf Verlangen des Betroffenen sofort abgebrochen werden müsse, weil die Zustimmung zu einer solchen Maßnahme jederzeit mit Wirkung *ex nunc* widerrufen werden könne.[300] Zugleich vertritt *Stern* die Ansicht, daß staatliches Handeln im Falle der Einwirkung auf den Schutzgut-Tatbestand eines Grundrechts »auch dann als Beeinträchtigung von grundrechtlich geschützten Rechtsgütern zu bewerten ist, wenn der Betroffene dem Eingriff zustimmt«. Die wirksame Zustimmung nehme dem Handeln des Grundrechtsadressaten nur die Rechtswidrigkeit, ohne daß dies die »Qualifikation der Maßnahmen als Eingriffsakt« berühre.[301] Dem kann nicht zugestimmt werden, weil Grundrechte gerade vor staatlicher Fremdbestimmung schützen sollen und deshalb die rechtserhebliche Beeinträchtigung grundrechtlicher Schutzgüter – wie erwähnt – eine Zwangswirkung voraussetzt. An einer solchen Fremdbestimmung fehlt es jedoch, wenn eine freiwillig erteilte Zustimmung zu einer Wohnungsdurchsuchung oder einer anderen Einwirkung auf einen Bezugspunkt des (regelmäßig personenbezogenen) Grundrechtsschutzes dem Vorbehalt jederzeitiger Widerruflichkeit unterliegt, denn der betroffene Grundrechtsträger bleibt »Herr des Geschehens«;[302] das staatliche Handeln könnte nicht ohne oder gegen seinen Willen erfolgen.

Allerdings kann im Falle der auf einer Zustimmung beruhenden Einwirkung auf ein grundrechtliches Schutzgut ein Beeinträchtigungstatbestand nur dann schon wegen des Fehlens eines »Freiheitsverlustes« verneint werden, wenn die Zustimmungserklärung nicht nur jederzeit widerruflich ist, sondern auch auf einem autonom gebildeten Willen des Betroffenen beruht, da andernfalls eine Zwangswirkung auf der Ebene der Willensbildung vorliegt. Dabei wird das Merkmal der Freiwilligkeit besonders sorgfältig zu prüfen sein, wenn einer solchen Zustimmung kein wie auch immer gearteter Vorteil auf seiten des Betroffenen gegenübersteht. Sofern nämlich eine derartige Erklärung nur zum Zwecke der Abwendung eines andernfalls drohenden Nachteils abgegeben wird, liegt nahe, daß sich der Erklärende zu einer von ihm selbst nicht gewünschten Zustimmung zur Beeinträchtigung einer grundrechtlich (potentiell) geschützten Position veranlaßt sieht. In diesem Falle kann von »Freiwilligkeit« aber keine Rede sein, so daß auch eine Zwangswirkung bejaht werden muß.

Andererseits darf der Wille des Betroffenen nicht vorschnell unter Hinweis auf fehlende »Freiwilligkeit« überspielt werden. Ein Beispiel hierfür bildet die lange Zeit vorherrschende Auffassung, der Einsatz eines Polygraphen (»Lügendetek-

300 *K. Stern*, in: K. Stern/M. Sachs, Staatsrecht, Bd. III/2, S. 916.

301 *K. Stern*, in: K. Stern/M. Sachs, Staatsrecht, Bd. III/2, S. 918; den »Eingriffscharakter« im Falle der Einwilligung des Betroffenen verneinend hingegen *W. Schmitt Glaeser*, in: Isensee/Kirchhof (Hrsg.), HbStR, § 129 Rnr. 55; wohl auch *P. Kunig*, in: v. Münch/Kunig, GG, Art. 13 Rn. 19.

302 *K. Amelung*, Einwilligung, S. 20; vgl. auch *C. Schimpf*, Vertrag, S. 216.

tors«) im Strafverfahren sei mit Rücksicht auf die Freiheit der Willensentschließung und -betätigung des Angeklagten unzulässig.[303] So hat das Bundesverfassungsgericht in diesem Vorgang einen unzulässigen Eingriff in das durch Art. 2 Abs. 1 i.V.m. Art. 1 Abs. 1 GG geschützte Persönlichkeitsrecht des Angeklagten selbst für den Fall gesehen, daß der Betroffene die Maßnahme beantragt hat.[304] Da eine solche Einwilligung in eine Beeinträchtigung des Persönlichkeitsrechts zum Zwecke der Vermeidung einer strafgerichtlichen Verurteilung und damit zur Vermeidung eines Nachteils erfolgt, soll eine wirksame Einwilligung in die Verwendung des »Lügendetektors« nach Ansicht des Bundesverfassungsgerichts schon deshalb zu verneinen sein, weil der von empfindlicher Freiheitsstrafe bedrohte Angeklagte sich nicht frei für oder gegen eine solche Maßnahme entscheiden könne.[305] Zu einem entsprechenden Ergebnis ist auch der BGH in einer älteren Entscheidung gelangt, indem er daran anknüpfte, daß der Beschuldigte die gemessenen Reaktionen nicht steuern könne und so »auf die Fragen ... auch das Unbewußte« antworte.[306]

Die letztgenannte Überlegung überzeugt indes schon deshalb nicht, weil – wie der BGH nunmehr in einer Entscheidung vom 17. 12. 1998 hervorhebt – ein Gericht nicht steuerbare physiologische Reaktionen eines Angeklagten, die ohne technische Hilfsmittel wahrnehmbar sind, verwerten kann, ohne daß dagegen unter dem Aspekt der Menschenwürde etwas zu erinnern wäre.[307] Auch muß sich der Beschuldigte entgegen der Rechtsprechung des Bundesverfassungsgerichts[308] nicht entgegenhalten lassen, daß er den Polygrapheneinsatz wünscht, weil er einer Verurteilung zu entgehen hofft, er also eine Verbesserung seiner Situation – oder wenigstens die Wahrnehmung einer Chance zur Verbesserung seiner Situation – und damit einen Vorteil erstrebt: Wollte man schon aus diesem Grunde eine autonom getroffene Entscheidung verneinen, so müßte dieser Gedanke in allen Fällen Anwendung finden, in denen um eines erstrebten Vorteils willen ein anderweitiger Nachteil von dem Betroffenen in Kauf genommen wird. Es ist deshalb daran festzuhalten, daß es in erster Linie Sache des einzelnen Grundrechtsträgers ist, darüber zu entscheiden, welche »Opfer« er im Interesse welcher Vorteile er-

---

303 Statt vieler *L. Meyer-Goßner*, StPO, § 136 a Rn. 24 m.w.N.

304 BVerfG (Vorprüfungsausschuß), NJW 1982, S. 375; ebenso (unter Hinweis auf die Pflicht des Staates zum Schutze der Menschenwürde) *G. Dürig*, in: Maunz/Dürig, GG, Art. 2 Abs. I Rn. 36; abl. *C. Hillgruber*, Schutz, S. 138f.; *J. Schwabe*, NJW 1982, S. 367f.; *W. Höfling*, NJW 1983, S. 1582; krit. auch *E.-W. Hanack*, in: Löwe-Rosenberg, StPO, § 136 a Rn. 56 (»befremdlich oberflächliche Entscheidung«).

305 BVerfG (Vorprüfungsausschuß), NJW 1982, S. 375.

306 BGHSt 5, 332 (335).

307 BGH, NJW 1999, S. 657 (659).

308 Vgl. hierzu auch BVerfG (2. Kammer des Zweiten Senats), NJW 1998, S. 1938f., wo nochmals der Schutz der Menschenwürde und des Persönlichkeitsrechts durch die Annahme der Unzulässigkeit eines Lügendetektortests unterstrichen, die Frage nach dessen verfassungsrechtlicher Zulässigkeit aber letztlich offengelassen wird, da es jedenfalls an der Gebotenheit seiner Zulassung fehle (ebd., S. 1939).

bringt. Zu Recht wird vom BGH jetzt betont, daß zur Würde des Menschen auch »die grundsätzliche Freiheit gehört, über sich selbst verfügen und sein Schicksal eigenverantwortlich gestalten zu können«.[309] Dem Entlastung erstrebenden Beschuldigten könne diese Möglichkeit nicht unter Hinweis auf die allgemeine staatliche Verpflichtung zu Achtung und Schutz der Menschenwürde verwehrt werden; ein solches Verbot bedeute »einen dem Willen und den Interessen des Beschuldigten widersprechenden, der Sache nach ungerechtfertigten ›Schutz‹«.[310]

Von fehlender Freiwilligkeit wird dementsprechend erst dann gesprochen werden können, wenn der Betroffene für den Fall der Nichterteilung der Zustimmung zur Beeinträchtigung einer grundrechtlich (potentiell) geschützten Position einen zusätzlichen Nachteil gewärtigen muß, der über den Nichterhalt des mit der Zustimmung verknüpften Vorteils hinausgeht. Liegt – objektiv – eine derartige Situation vor, so ist der erteilten Zustimmung zur Einwirkung auf eine grundrechtlich (potentiell) geschützte Position die rechtfertigende Wirkung abzusprechen, wenn sich der Betroffene zur Wahl einer Entscheidungsmöglichkeit gedrängt sah, die er selbst nicht zu wählen wünschte. Dies wiederum ist ein Aspekt, unter dem auch eine allgemeine Zulassung von Polygraphen im Strafprozeß als nicht unproblematisch erschiene: Von Freiwilligkeit könnte nicht mehr gesprochen werden, wenn sich Beschuldigte zur Einwilligung in die von ihnen nicht gewünschte Verwendung eines solches Gerätes gedrängt sähen, weil sie befürchten müssen, ein andere Entscheidung könnte ihnen zum Nachteil gereichen.[311] Wer als Angeklagter die Verwendung eines »Lügendetektors« wünscht, müßte sich danach das (öffentliche) Interesse an dessen Nichtverwendung im Strafprozeß entgegenhalten lassen, nicht aber fehlende Dispositionsmacht über sein Persönlichkeitsrecht[312] oder das Fehlen einer autonom getroffenen Entscheidung. Dem hält der BGH in Übereinstimmung mit Teilen des Schrifttums zwar entgegen, daß die Verweigerung eines Polygrapheneinsatzes ebensowenig zu Ungunsten des Angeklagten in Rechnung gestellt werden dürfe, wie dessen Entscheidung, zu den erhobenen Vorwürfen zu schweigen.[313] Das überzeugt indes nicht, weil nicht auf die strafprozessuale Situation, sondern die Perspektive eines Angeklagten wird abgestellt werden müssen. Allerdings ist die Verwendung von Polygraphen im Strafprozeß auch nach Ansicht des BGH weiterhin unzulässig, weil es sich bei polygraphischen Untersuchungsmethoden um »völlig ungeeignete Beweismittel« i.S.v. § 244 Abs. 3 S. 2 Var. 4 StPO handele.[314] Dem wird unter der Prämisse der Richtigkeit der zugrunde liegenden wissenschaftlichen Erkenntnis-

[309] BGH, NJW 1999, S. 657 (659).
[310] BGH, NJW 1999, S. 657 (659).
[311] So auch *G. Robbers*, JuS 1985, S. 925 (930); vgl. ferner *K. Amelung*, Einwilligung, S. 88ff. (90); *E.-W. Hanack*, in: Löwe-Rosenberg, StPO, § 136 a Rn. 60.
[312] Insoweit von BVerfG (Vorprüfungsausschuß), NJW 1982, S. 375, offengelassen.
[313] BGH, NJW 1999, S. 657 (659); ebenso *C. Hillgruber*, Schutz, S. 139.
[314] BGH, NJW 1999, S. 657 (659ff.).

se zuzustimmen sein, denn auf den Einsatz eines technischen Gerätes, das nicht zu verwertbaren Erkenntnissen führt, kann auch kein Anspruch bestehen.

Insgesamt ergibt sich, daß staatliches Handeln mit Auswirkungen im Schutzgut-Tatbestand eines Grundrechts jedenfalls dann keinen Beeinträchtigungstatbestand verwirklicht, wenn eine vorgängige Zustimmung des Betroffenen auf einer autonomen Willensbildung beruht und zudem jederzeit widerruflich ist.[315] Kommt es aufgrund einer derartigen Zustimmungserklärung beispielsweise zu einer Wohnungsdurchsuchung oder zu einer Einwirkung auf die körperliche Integrität, so kann zwar von einer Einwirkung auf einen Bezugspunkt grundrechtlichen Schutzes, nicht aber einer Beeinträchtigung der Freiheit von Fremdbestimmung gesprochen werden. Auch ein »Grundrechtsverzicht« liegt in einem solchen Fall folglich nicht vor, denn hierfür ist jedenfalls Voraussetzung, daß es aufgrund einer Zustimmung des Betroffenen zu einer Einwirkung auf die grundrechtlich (potentiell) geschützte Freiheit von Fremdbestimmung kommt, die durch Geltendmachung eines grundrechtlichen Abwehrrechts wegen des »Verzichts« nicht mehr verhindert werden kann.

(3) Die bindende Verzichtserklärung

(a) Freiheitsbetätigung und Bindung. Der danach für die Annahme eines »Grundrechtsverzichts« jedenfalls erforderliche Autonomieverlust ist demgegenüber fraglos gegeben, wenn mit einer Erklärung eines Grundrechtsträgers in wirksamer Weise eine (Verhaltens-) Pflicht des Erklärenden gegenüber dem Staat begründet wird, da es in derartigen Fällen gerade an einem Abwehrrecht fehlt, das einer einseitigen Anordnung dieser Folgen entgegengesetzt werden könnte. Gleichwohl erscheint der Begriff des »Grundrechtsverzichts« auch in diesen Fällen als problematisch, weil er die zugrundeliegenden Sachfragen nicht korrekt abbildet: So ist zunächst eine Eigenart der hier behandelten Fallgestaltungen, daß ein Grundrechtsadressat die Entstehung einer Rechtspflicht eines Grundrechtsträgers seinerseits von dessen erkennbarer Zustimmung abhängig macht. Ohne die Zustimmung des Betroffenen kommt es daher schon nicht zu einer Einwirkung auf ein grundrechtliches Schutzgut, die allein ein Abwehrrecht auszulösen in der Lage wäre. Von einem »Verzicht« auf ein grundrechtliches Abwehrrecht wird daher nicht gesprochen werden können, allenfalls ließe sich von einem »Ver-

---

[315] Ähnl. *G. Sturm*, FS W. Geiger, S. 173 (185f.), der für derartige Konstellationen einen »Grundrechtsverzicht« verneint und diese Fälle dem Bereich eines »tatsächlichen Nichtausübens des Rechts« zuordnet, das »gänzlich unproblematisch« sei (ebd., S. 185); dagegen *J. Pietzcker*, Der Staat 17 (1978), S. 532f., mit dem Hinweis, daß die widerrufliche Einwilligung für die Dauer ihrer Aufrechterhaltung dem Staat »das Recht zum Eindringen in den grundrechtsgeschützten Bereich« gebe; ebenso *G. Robbers*, JuS 1985, S. 925; daß eine Einwirkung auf Bezugspunkte grundrechtlichen Schutzes auch bei einer wirksamen Zustimmung zu dieser Einwirkung vorliegt, ändert indes nichts daran, daß es an einer Beeinträchtigung der grundrechtlich geschützten Freiheit in diesen Fällen fehlt.

zicht« auf die abwehrrechtlich geschützte Freiheit von Fremdbestimmung sprechen.

Auch eine solche Terminologie erschiene indes nicht sachgerecht, weil sie der einvernehmlichen Begründung wechselseitiger Rechtspflichten mit ihrer Zielrichtung auf den »verzichtenden« Bürger eine Bedeutung zuweist, die ihr schon deshalb nicht zukommt, weil das – eingangs bereits beschriebene – Nebeneinander von Freiheitsbetätigung und Freiheitsbegrenzung bei der (rechtsgeschäftlichen) Übernahme einer Verhaltenspflicht ein ganz alltäglicher Vorgang ist. Hieran ändert sich im Falle einer Begründung von Pflichten des Bürgers im Verhältnis zum Staat unabhängig von der Frage nach der grundrechtlichen Relevanz der staatlichen Beteiligung an diesem Vorgang – oder gar der staatlichen Sanktionierung von Vereinbarungen unter Privatrechtssubjekten – aber nicht schon deshalb etwas, weil ein Zusammenwirken gerade von Staat und Bürger in Rede steht. Der Bürger unterliegt nicht nur keinem »allgemeinen Preisgabeverbot« im Hinblick auf seine grundrechtlich (potentiell) geschützte Verhaltensfreiheit, vielmehr ist auch die (Selbst-) Verpflichtung zu einer Handlung, Duldung oder Unterlassung eine Betätigung der – wie noch zu zeigen sein wird[316] – grundrechtlich (potentiell) geschützten (Vertrags-) Freiheit zur autonomen Pflichtenbegründung,[317] so daß eine Würdigung dieser Entscheidung allein unter dem Aspekt eines »Verzichts« notwendig eine Verkürzung der Perspektive bewirken muß.[318] Zu Recht hebt *K. Stern* hervor, daß der »Grundrechtsverzicht« eine »Betätigung der Dispositionsfähigkeit des Grundrechtsberechtigten« ist, »die ihre Grundlage grundsätzlich in den Grundrechten selbst hat und letztlich durch Art. 2 Abs. 1 GG begründet wird«.[319] Es ist in erster Linie Sache des einzelnen Grundrechtsträgers, darüber zu entscheiden, zu welchen Leistungen er sich im Interesse einer Gegenleistung verpflichtet. Dies gilt auch dann, wenn der hierdurch Begünstigte der Staat ist.

Dieser Sachlage müßte aber selbst dann Rechnung getragen werden, wenn mit einer im Schrifttum gelegentlich vertretenen Auffassung von der grundrechtlichen Relevanz auch einer von Staat und Bürger einvernehmlich begründeten Verhaltenspflicht des beteiligten Bürgers ausgegangen würde, so daß für die verfassungsrechtlichen Grenzen einer konsensualen Pflichtenbegründung letztlich nicht entscheidend sein wird, ob die aus einer Selbstbindung resultierende Bindungswirkung einen Beeinträchtigungstatbestand verwirklicht. So kann zunächst bezweifelt werden, daß die vertragliche oder quasi-vertragliche Begründung eines Rechtsverhältnisses zwischen Staat und Bürger einem grundrechtli-

---

[316] Vgl. unten, S. 462ff.

[317] Dies wird betont von *D. Göldner*, JZ 1976, S. 352 (355); *K. Stern*, in: K. Stern/M. Sachs, Staatsrecht, Bd. III/2, S. 907ff., 919f.; *G. Robbers*, JuS 1985, S. 925 (927); *G. Dürig*, AöR 81 (1956), S. 117 (152); mit Einschränkungen auch *J. Pietzcker*, Der Staat 17 (1978), S. 527 (539).

[318] Ein typisches Beispiel hierfür bilden die auf freiwillig begründete Sonderstatusverhältnisse bezogenen Ausführungen von *E. Kempf*, JuS 1972, S. 701 (703).

[319] *K. Stern*, in: K. Stern/M. Sachs, Staatsrecht, Bd. III/2, S. 919.

chen Gesetzesvorbehalt unterliegt, denn der Eintritt einer Rechtsfolge wird bereits durch die Zustimmung des Betroffenen hinreichend gerechtfertigt. Es ist kein Grund ersichtlich, die grundrechtlichen Gesetzesvorbehalte gegen den Bürger zu wenden[320] und auch im Falle einer ausdrücklichen Zustimmung des Betroffenen eine gesetzliche Grundlage für die Herbeiführung einer Rechtspflicht zu verlangen. Zwar gibt es keinen grundrechtlichen Anspruch auf einen Vertragspartner, so daß der Staat nicht gehindert ist, eine Beeinträchtigung grundrechtlich (potentiell) geschützter Positionen eines Bürgers auch im Falle einer Zustimmung des Betroffenen zu unterlassen.[321] Hieraus kann aber nicht gefolgert werden, daß der primär dem Schutz des Bürgers vor einseitigen staatlichen Maßnahmen dienende Grundsatz vom Vorbehalt des Gesetzes gebiete, die Betätigung eines autonom gebildeten Willens gegenüber der Exekutive von einer vorherigen Genehmigung des Gesetzgebers abhängig zu machen.

Gegen die Entbehrlichkeit einer gesetzlichen Grundlage für einen »Grundrechtsverzicht« ist im Schrifttum mit Blick insbesondere auf freiwillig begründete Sonderstatusverhältnisse allerdings vorgebracht worden, dem Einzelnen sei nicht möglich, Hoheitsgewalt zu übertragen[322] bzw. die »Grenzen der Staatsgewalt im Einzelfall zu verschieben«.[323] Dem ist zunächst entgegenzuhalten, daß es allein um die Frage geht, ob und unter welchen Voraussetzungen eine Rechtsordnung die einvernehmliche Begründung von Rechtspflichten zuläßt oder einem solchen Vorgang Grenzen setzt. Es wäre daher jedenfalls verfehlt, wollte man annehmen, daß ein Grundrechtsadressat in den hier in Rede stehenden Fällen seine Befugnis zu rechtserheblichem Handeln von dem beteiligten Grundrechtsträger ableite.[324] Aus diesem Grunde ist andererseits richtig, daß die Zustimmung des Betroffenen nicht geeignet ist, einem Grundrechtsträger sonst nicht bestehende Zuständigkeiten oder Kompetenzen einzuräumen. Auch wurzelt die Verbindlichkeit rechtsgeschäftlicher Erklärungen nach wohl herrschender Auffassung nicht in der Erklärung, sondern in einer (antizipierten) Anerkennung ihrer Wirksamkeit durch die Rechtsordnung.[325] Sofern die Möglichkeit zur konsensualen Übernahme einer

---

[320] Nach *C. Gusy*, DVBl. 1983, S. 1222 (1227f.), handelt es sich auch bei den Grundrechten um Verbotsgesetze, die einem öffentlich-rechtlichen Vertrag entgegenstehen, dagegen zu Recht *M. Sachs*, VerwArch 76 (1985), S. 398 (408 in Fn. 47), sowie – unter Zugrundelegung eines anderen grundrechtstheoretischen Vorverständnisses – auch *A. Blankenagel*, VerwArch 76 (1985), S. 276 (283 in Fn. 32).

[321] Dies betont *M. Sachs*, VerwArch 76 (1985), S. 398 (410ff.).

[322] *W. Leisner*, DVBl. 1960, S. 617 (621).

[323] *E. Kempf*, JuS 1972, S. 701 (703); ähnl. auch *C. Gusy*, DVBl. 1983, S. 1222 (1228); *F. Müller/ B. Pieroth*, Freiheitsrechte, S. 35f.; *G. Robbers*, JuS 1985, S. 925 (929); *H.F. Zacher*, VVDStRL 25 (1967), S. 308 (339); vgl. ferner *W. Bosse*, Verwaltungsvertrag, S. 51ff., der (ebd., S. 52) mit Blick auf öffentlich-rechtliche Verträge die Auffassung vertritt, die Einwilligung habe »keineswegs die Kraft, ohne das Gesetz gleichsam Unrecht zu Recht zu machen«; ähnl. *A. Blankenagel*, VerwArch 76 (1985), S. 276 (279f.).

[324] Ebenso *G. Sturm*, in: FS W. Geiger, S. 173 (192).

[325] Vgl. hierzu unten, S. 463ff.

Rechtspflicht danach generell von einer vorgängigen staatlichen Zulassung abhängig gemacht wird, bedürfte es deshalb auch in den hier behandelten Fällen einer entsprechenden gesetzlichen Regelung. Diese Frage dürfte indes mit der gesetzlichen Fixierung des öffentlich-rechtlichen Vertrages in den §§ 54ff. VwVfG – wie erwähnt – ihre Bedeutung verloren haben, da nunmehr gegen die grundsätzliche Zulässigkeit einer Belastung des Bürgers aufgrund öffentlich-rechtlicher wie auch privatrechtlicher[326] Verträge ebensowenig Bedenken bestehen, wie gegen den Verwaltungsakt als Handlungsform.[327]

Weil bereits die Zustimmung des Betroffenen den in der Existenz einer Rechtspflicht liegenden »Freiheitsverlust« zu rechtfertigen vermag, greifen des weiteren die einer einseitigen Einwirkung auf grundrechtliche Schutzgüter in materieller Hinsicht gezogenen Grenzen in den Fällen eines (vorgeblichen) Grundrechtsverzichts ebenfalls nicht ein. Es wäre verfehlt, einer »Verzichtserklärung« nur insoweit Erheblichkeit zuzubilligen, als auch der Staat der (Handlungs-) Freiheit des Verzichtenden Grenzen setzen könnte.[328] Vielmehr kann ein Grundrechtsträger auch einer Beeinträchtigung zustimmen, die bei Vorliegen eines imperativen Staatsaktes nicht nach den »allgemeinen Regeln« über die Zulässigkeit von Einwirkungen auf grundrechtliche Schutzgüter gerechtfertigt werden könnte: Diese Regeln – wie namentlich die unterschiedlichen Bestimmungen über die Einschränkbarkeit der einzelnen Grundrechte sowie das alles überwölbende Verhältnismäßigkeitsprinzip – sind letztlich Ausdruck des für das Verhältnis zwischen Staat und Bürger schlechthin konstituierenden Grundsatzes, daß der Bürger nur die zum Schutze der Interessen Dritter oder der Allgemeinheit notwendigen Einschränkungen seiner Freiheit soll hinnehmen müssen. Welche Freiheitseinbußen der Bürger darüber hinaus in seinem eigenen Interesse hinzunehmen bereit ist, ist eine andere Frage und grundsätzlich seine Sache. Auch im Hinblick auf die »Freiheit zur Bindung« gelten daher allein die Schranken, die einer Freiheitsbetätigung auch sonst gezogen werden können, so daß – umgekehrt – ein »Verzichtsverbot« der Rechtfertigung durch Interessen Dritter oder der Allgemeinheit bedarf, die gegenüber der (Handlungs-) Freiheit des Verbotsadressaten den Vorrang genießen und deshalb eine Grundrechtsschranke zu aktivieren vermögen. Demgemäß gilt auch für einvernehmlich begründete Einschränkungen der grundrechtlich geschützten Freiheit, daß sich deren Grenzen nicht schon aus den Grundrechten selbst ableiten lassen, sondern einer einfach-gesetzlichen Normierung oder Grundlage bedürfen.[329]

---

[326] Zur Geltung eines (generellen) Gesetzesvorbehalts für die privatrechtsförmige Verwaltung kann hier nicht im einzelnen Stellung genommen werden, vgl. dazu (verneinend) *Th. Koch*, Unternehmen, S. 47ff., 88ff. (91f.) m.w.N.

[327] Vgl. dazu auch oben, Anm. 283.

[328] So aber *C. Schimpf*, Vertrag, S. 212f.; vgl. auch *W. Schick*, ZBR 1963, S. 67 (70).

[329] Insofern anders z.B. *K. Stern*, in: K. Stern/M. Sachs, Staatsrecht, Bd. III/2, S. 922ff.

(b) Freiheitsbeeinträchtigung durch Bindung. Andererseits ist selbstverständlich richtig, daß auch die in Betätigung eines autonom gebildeten Willens erfolgende Inanspruchnahme der »Freiheit zur Bindung« einen Autonomieverlust bewirkt und damit freiheitsbeeinträchtigende Wirkung entfaltet. Namentlich *J. Schwabe* hat diesen Gesichtspunkt – wie bereits angedeutet[330] – hervorgehoben, indem er die These formulierte, daß »der Freiheitsgebrauch bei Vertragsschluß ... nicht auf Jahre hinaus alle inzwischen beschwerlichen und vielleicht verhaßten Belastungen zum Grundrechtsgebrauch veredeln« könne: »Freiheit zur Bindung kann nicht die Beschwernisse aufgrund der Bindung in Freiheitserlebnisse verwandeln«.[331] Dem liegt die Vorstellung zugrunde, daß »mit der Möglichkeit des Rechtszwangs bei Ungehorsam« verknüpfte »Maßnahmen, denen früher einmal zugestimmt wurde, gegen die man sich heute aber sträubt«, als »›Eingriffe‹ in grundrechtliche Schutzgüter qualifiziert« werden müssen.[332]

Weil es sich gleichwohl bei der freiwilligen Übernahme einer Verhaltenspflicht um eine keiner besonderen Rechtfertigung bedürftige, sondern ihrerseits grundrechtlich (potentiell) geschützte Freiheitsbetätigung handelt, ist mit dem Postulat der grundrechtlichen Relevanz der daraus resultierenden Bindungswirkung allerdings – wie soeben dargelegt – nicht darzutun, daß die Möglichkeit der Bindung einem Gesetzesvorbehalt unterliegt oder ihr in materieller Hinsicht unmittelbar aus der Verfassung folgende Schranken gezogen sind. Allein fraglich kann daher sein, inwieweit möglich ist, sich unter Berufung auf Grundrechte von einer (so) nicht (mehr) gewollten Verpflichtung wieder zu befreien. Insoweit liegt zunächst die Annahme nahe, daß sich ein Bürger an einer einmal übernommenen Rechtspflicht selbst unter der Prämisse ihrer grundrechtlichen Relevanz regelmäßig wird festhalten lassen müssen, es jedenfalls kein »Abwehrrecht auf Sinneswandel« gibt.

Darüber hinaus ist aber schon zu bezweifeln, daß einer mit – freiwillig erteilter – Zustimmung des Betroffenen begründeten Rechtspflicht überhaupt grundrechtliche Relevanz zuzubilligen ist. Zunächst ist – wie oben gezeigt[333] – der Wille des Betroffenen für die Grundrechtserheblichkeit einer eingetretenen Beeinträchtigung der (potentiell) grundrechtlich geschützten Freiheit nicht von Bedeutung. Auch in den hier behandelten Fällen wird es folglich nicht darauf ankommen können, ob ein Grundrechtsträger eine mit seiner Zustimmung begründete Rechtspflicht weiterhin gutheißt oder mittlerweile bedauert. Als Anknüpfungspunkt für eine grundrechtliche Relevanz der von einer Zustimmungserklärung des Pflichtigen abhängigen Rechtspflicht bleibt daher nur der Umstand, daß sich eine solche Pflicht zwar in ihrem Entstehungsgrund, nicht aber in den Folgen von einseitigen Rechtsakten des Staates unterscheidet, da sich die abgegebene Willens-

[330] Vgl. oben, S. 129f.
[331] *J. Schwabe*, Grundrechtsdogmatik, S. 104.
[332] *J. Schwabe*, Grundrechtsdogmatik, S. 102.
[333] Vgl. oben, S. 125f.

erklärung gleichsam »verselbständigt« und kraft ihrer Verbindlichkeit eine vom Willen des Betroffenen gleichfalls unabhängige Zwangswirkung entfaltet.[334] *Schwabe* illustriert diesen Zusammenhang am Beispiel einer aufgrund vertraglicher Zustimmung eingesperrten Person. Diese unterliege einer Freiheitsbeeinträchtigung, sofern die Einwilligung nicht andauere.[335] Unabhängig von der Frage nach der Erheblichkeit der Willensrichtung des Betroffenen dürfte es sich dabei zwar um ein eher fernliegendes Beispiel handeln, weil die Zustimmung zu einer Einwirkung auf Bezugspunkte des personenbezogenen Grundrechtsschutzes regelmäßig dahin zu verstehen sein wird, daß sie jederzeit widerruflich ist. Gleichwohl macht dieses Beispiel deutlich, daß eine Mitwirkung an der Herbeiführung von Zwang am Vorliegen von Zwang nichts ändert, die erteilte Einwilligung vielmehr zur Grundlage einer tatsächlichen Zwangswirkung wird. Nichts anderes gilt, wenn statt einer »Duldungspflicht« eine Handlungs- oder Unterlassungspflicht in Rede steht, denn auch in diesem Fall ist der Betroffene im Umfang einer einvernehmlich begründeten Rechtspflicht nicht mehr Herr seines Verhaltens.

Damit erweist sich als entscheidende Frage, ob die Unterschiede im Entstehungsgrund einerseits konsensual begründeter und andererseits einseitig auferlegter Verhaltenspflichten zur Folge haben, daß die in der Existenz einer Rechtspflicht liegende Freiheitsverkürzung im erstgenannten Fall keinen Beeinträchtigungstatbestand erfüllt. Immerhin versteht sich nicht von selbst, daß beispielsweise eine durch öffentlichen-rechtlichen Vertrag begründete Verhaltenspflicht des vertragsbeteiligten Bürgers grundrechtlich relevant ist: Wirkt nämlich gerade die Bindungswirkung entfaltende Willenserklärung des Bürgers pflichtenbegründend, so liegt der Schluß nahe, daß es allein der Bürger ist, der im Wege der »Selbstbindung« die ihn treffende Zwangswirkung auslöst; der Staat wäre danach von jeder grundrechtlichen Verantwortlichkeit für die Existenz einer ihm gegenüber bestehenden Rechtspflicht freizustellen.

Nach verbreiteter Ansicht ist der Bürger allerdings – wie bereits angedeutet – gar nicht in der Lage, ohne staatliche Hilfe eine ihn bindende Rechtspflicht herbeizuführen, weil die Rechtserheblichkeit einer als bindend gewollten Erklärung nach dieser Auffassung überhaupt nur dann eintritt, wenn die Rechtsordnung einer rechtsgeschäftlichen Handlung auch Bindungswirkung zuerkennt.[336] Hieraus ist im Schrifttum mit Blick (sogar) auf vertragliche Abreden zwischen Privatrechtssubjekten gefolgert worden, weil die freiwillige Übernahme einer Verpflichtung nur insoweit rechtlich bindend sei, wie sie von der Rechtsordnung als gültiger Rechtsakt anerkannt werde, müsse sich der Gesetzgeber auch »abwehr-

---

[334] So *G. Lübbe-Wolff*, Eingriffsabwehrrechte, S. 273 (in Fn. 175): Eine »rechtlich selbständige und konsensunabhängig fortbestehende Verhaltensbindung« stelle einen ganz normalen imperativen Eingriff dar.

[335] *J. Schwabe*, Grundrechtsdogmatik, S. 104.

[336] Vgl. *W. Höfling*, Vertragsfreiheit, S. 20ff. m.w.N. sowie hierzu noch unten, S. 463ff.

rechtlich in die Pflicht nehmen lassen«, sei er also für die Konstituierung der Verpflichtung »gegenüber den Abwehrrechten des betroffenen Schuldners rechenschaftspflichtig«.[337] Ein solcher Schluß erscheint aber selbst dann als voreilig, wenn die Prämisse zugrunde gelegt wird, daß die Fähigkeit zu rechtserheblichem Handeln »den Menschen nicht schon qua natura möglich« ist,[338] denn mit der Verleihung einer »rechtlichen Handlungsfähigkeit« schafft der Staat lediglich die Voraussetzungen dafür, daß ein Rechtssubjekt eine Rechtsfolge herbeiführen und sich damit auch binden kann. Aus einer konstitutiven Wirkung einer (antizipierten) Anerkennung vertraglich vereinbarter Rechtsfolgen kann keine Verantwortlichkeit für beliebige Folgen der Inanspruchnahme einer staatlicherseits gewährten Fähigkeit abgeleitet werden.

Bei diesem Ergebnis hat es auch dann sein Bewenden, wenn der Staat eine dem Bürger obliegende Pflicht mit Zwangsmitteln durchsetzt: Da – wie oben ausgeführt[339] – schon die Existenz einer dem Bürger vom Staat (einseitig) auferlegten Pflicht Grundrechtserheblichkeit beansprucht, kann die zwangsweise Durchsetzung einer solchen Rechtspflicht von vornherein nur im Hinblick auf die Art und Weise des Zwangsmitteleinsatzes – etwa das Eindringen in eine Wohnung bei der Zwangsvollstreckung oder Einwirkungen auf die körperliche Unversehrtheit bei der Anwendung unmittelbaren Zwangs – eine eigene grundrechtliche Qualität besitzen. Wenn die Existenz einer einvernehmlich begründeten Rechtspflicht keinen Beeinträchtigungstatbestand erfüllt, ändert sich hieran folglich nicht dadurch etwas, daß die Erfüllung dieser Pflicht mit staatlicher Hilfe erzwungen werden kann und damit die »Möglichkeit des Rechtszwangs bei Ungehorsam« besteht;[340] vielmehr wird auch in diesem Fall der bereits existierenden Pflicht nichts hinzugefügt, so daß allein die modale Seite der Zwangsausübung von Interesse sein kann.

Sind demnach konsensual herbeigeführte Rechtspflichten grundrechtlich regelmäßig irrelevant, weil sie letztlich auf einer »Selbstbindung« des Pflichtigen beruhen und die (deklaratorische oder konstitutive) Anerkennung einer Bindungswirkung wie auch die zwangsweise Durchsetzung der Pflichterfüllung durch den Staat hieran nichts ändert,[341] so kann folgerichtig nichts anderes gelten, wenn eine Verhaltenspflicht durch vertragliche oder quasi-vertragliche Vereinbarungen zwischen Staat und Bürger begründet wird. Zwar setzt die Entstehung einer Rechtspflicht des Bürgers gegenüber dem Staat durch (öffentlich-rechtlichen) Vertrag oder mitwirkungsbedürftigen Verwaltungsakt eine den Eintritt dieser Rechtsfolge mit herbeiführende Erklärung auch des Staates voraus, so daß sich

---

337 *D. Looschelders/W. Roth*, JZ 1995, S. 1034 (1038).

338 *W. Roth*, Eingriffe, S. 163.

339 Vgl. oben, S. 118f.

340 Anders wohl (mit Blick auf Subventionen) *G. Lübbe-Wolff*, Eingriffsabwehrrechte, S. 273 (in Fn. 175).

341 So auch *J. Pietzcker*, in: FS G. Dürig, S. 345 (349, 362).

der Bürger von der einvernehmlich begründeten Verpflichtung regelmäßig auch nur mit Zustimmung des Staates wieder lösen kann und sich daher einem von seinem Willen unabhängigen Erfüllungsverlangen gerade des Staates ausgesetzt sieht. Auch wenn danach die Entstehung (und Aufhebung) einer konkreten Verhaltenspflicht eine nicht zu leugnende Mitwirkung des Staates erfordert, bleibt es jedoch dabei, daß es zunächst einmal der Bürger selbst ist, der sich – regelmäßig im Interesse des Erhalts einer Gegenleistung – zu einem bestimmten Verhalten verpflichtet und sich damit selbst bindet. Dabei ist letztlich nicht von entscheidender Bedeutung, daß sich der Bürger einer gerade dem Staat gegenüber obliegenden Pflicht ausgesetzt sieht, die Zwangswirkung entfaltende Bindung an eine konsensual und »zwanglos« vereinbarte Rechtspflicht also gerade im Verhältnis zum Staat besteht: Es ist gerade das typische Kennzeichen konsensual begründeter Rechtspflichten, daß sich die Beteiligten von einer einmal übernommenen Verpflichtung nicht, jedenfalls aber nicht ohne weiteres wieder lösen können, es also für das Bestehen einer Bindung nicht auf einen fortdauernden Bindungswillen ankommt. Daß auch der Staat vom Bürger die Erfüllung einer einmal übernommenen, aber (so) nicht (mehr) gewollten Rechtspflicht verlangen kann, läßt daher ebenfalls nicht den Schluß zu, der in der Existenz einer nicht auf Zwang beruhenden Rechtspflicht gerade im Verhältnis zum grundrechtsverpflichteten Staat liegende Verlust an Verhaltensfreiheit verwirkliche einen Einwirkungs- und damit auch Beeinträchtigungstatbestand. Auch im Verhältnis zum Staat gilt vielmehr, daß eine Bindungswirkung die Erklärung eines Bindungswillens voraussetzt, die allein der Erklärende verantworten muß.

Keiner besonderen Betonung bedarf schließlich, daß diese Überlegungen nur dann Geltung beanspruchen können, wenn der Bürger eine Bindungswirkung entfaltende Erklärung »aus freien Stücken« abgibt, da andernfalls eine Fremdbestimmung vorliegt, so daß der in der Verhaltenspflicht liegende Freiheitsverlust auch als auf einer Zwangswirkung, nicht aber einer Selbstbindung beruhend erscheint. Im Hinblick auf die damit auch in Fällen konsensual begründeter Rechtspflichten zu stellende Frage nach den »Grenzen der Freiwilligkeit« kann wiederum daran angeknüpft werden, daß die Annahme einer freiwillig übernommenen Verpflichtung nicht schon deshalb ausscheidet, weil ein Grundrechtsträger einen von ihm erwünschten Vorteil – insbesondere eine staatliche Leistung – nur um den Preis der (Selbst-) Beeinträchtigung einer grundrechtlich (potentiell) geschützten Position und damit eines »Autonomieverlustes« erhalten kann.[342] Zwar befindet sich der Bürger insofern in einer »Zwangslage«, als ein vorbehaltloser Anspruch auf die vom Staat zu erbringende Leistung gerade nicht bestehen

[342] So aber *E. Kempf*, JuS 1972, S. 701 (703), der mit Blick auf die Begründung von Sonderstatusverhältnissen die Auffassung vertritt, es würde »an der echten Freiwilligkeit der Unterwerfung« fehlen, weil durch den Eintritt in ein »besonderes Gewaltverhältnis« dem Wunsch Ausdruck gegeben werde, »an den in ihm vermittelten Leistungen teilzuhaben«; vgl. ferner *C. Schimpf*, Vertrag, S. 218; *G. Sturm*, FS W. Geiger, S. 173 (179f.).

wird, denn der Bürger müßte sich nicht auf den Abschluß einer Vereinbarung einlassen, wenn die begehrte »Leistung« des Staates auch ohne Gegenleistung zu erhalten ist. Gerade weil die Vorenthaltung der staatlichen Leistung regelmäßig keinen Einwirkungstatbestand erfüllen wird, obliegt aber zunächst dem betroffenen Bürger, selbst darüber zu entscheiden, ob er im Interesse einer gewünschten Leistung den in der Übernahme einer Rechtspflicht liegenden Freiheitsverlust hinnimmt oder seine Freiheit in dem gegebenen Umfang behält. Auch für die einvernehmliche Begründung von Rechtspflichten gilt daher, daß der Zwang, für die Realisierung eines bestimmten Interesses eine Leistung zu erbringen, die Annahme einer freiwilligen Entscheidung für diese Verhaltensoption nicht von vornherein ausschließt. Von einer freiwilligen und deshalb auch rechtfertigenden Einwilligung eines Grundrechtsträgers in eine Einwirkung auf eine grundrechtlich geschützte Position kann erst dann nicht mehr gesprochen werden, wenn die Nichtabgabe der Zustimmungserklärung für den Betroffenen über den Verlust der staatlichen Gegenleistung hinaus einen weiteren Nachteil zur Folge hat.[343] Da beispielsweise mit der Verweigerung der Immatrikulation an einer Hochschule auch die Erfüllung staatlich gesetzter Voraussetzungen für die Wahl und Ausübung eines bestimmten Berufes verhindert wird, kann im Falle der Abhängigkeit der Immatrikulation von einem Verhalten des Betroffenen – z. B. der Vorlage eines Gesundheitszeugnisses oder der Zahlung eines Entgelts – nicht von einer »freiwillig« erbrachten Leistung des Grundrechtsträgers gesprochen werden.[344]

Desgleichen wird eine »freiwillige« und deshalb rechtfertigende Zustimmung eines Betroffenen etwa auch dann zu verneinen sein, wenn ein Verwaltungsträger die Herausgabe von Informationen an die Presse davon abhängig macht, daß ihm die daraufhin verfaßten Artikel vor ihrer Publikation zur Billigung vorgelegt werden.[345] Zunächst liegt die Annahme nahe, daß betroffene Presseorgane sich einer solchen – mit § 56 Abs. 1 VwVfG wohl auch nicht zu vereinbarenden – Vorgabe nur sehr widerstrebend fügen würden. Auf den ersten Blick erscheint daher auch unproblematisch möglich, in diesem Fall einen nicht nur unfreiwilligen, sondern mit Blick auf die vom Bundesverfassungsgericht in ständiger Rechtsprechung betonte Bedeutung der Presse für einen offenen und freien Meinungsbil-

---

[343] Jedenfalls zu weit geht es daher, mit Blick auf öffentlich-rechtliche Verträge oder mitwirkungsbedürftige Verwaltungsakte einer rechtfertigenden Wirkung der Zustimmung des Betroffenen generell eine abstrakte Abhängigkeit des Bürgers von staatlichen Leistungen entgegenhalten zu wollen, so aber *W. Bosse*, Verwaltungsvertrag, S. 52; *E. Kempf*, JuS 1972, S. 701 (703); ähnl. auch *C. Gusy*, DVBl. 1983, S. 1222 (1228) sowie (mit Blick auf den Gesetzesvorbehalt) *A. Bleckmann*, JZ 1988, S. 57 (61).

[344] Ebenso im Hinblick auf die Pflichten in einem Sonderstatusverhältnis *G. Sturm*, FS W. Geiger, S. 173 (179f.); *W. Schick*, ZBR 1963, S. 67 (69); allerdings bleibt zu beachten, daß der Aspekt der »Freiwilligkeit« in derartigen Fällen nur von nachgeordnetem Interesse ist, weil dem Betroffenen wegen der Grundrechtsrelevanz der staatlichen »Leistungsverweigerung« nur formell und materiell mit der Verfassung in Einklang stehende Pflichten auferlegt werden können.

[345] Beispiel von *G. Sturm*, FS W. Geiger, S. 173 (176); vgl. auch *K. Amelung*, Einwilligung, S. 12, 38.

dungsprozeß[346] auch unzulässigen »Verzicht« auf das Grundrecht der Pressefreiheit aus Art. 5 Abs. 1 S. 2 GG anzunehmen.[347] Allerdings resultiert aus der Pressefreiheit keine Verpflichtung der Presseorgane zu kritischer Berichterstattung. Auch liegt in der Vorenthaltung von Informationen grundsätzlich keine Beeinträchtigung der Pressefreiheit, denn Art. 5 Abs. 1 GG gewährleistet zwar den prinzipiell ungehinderten Zugang zu Informationen,[348] gibt aber keinen Anspruch auf Erteilung von Auskünften durch staatliche Stellen.[349] Richtigerweise wird deshalb daran anzuknüpfen sein, daß mit der Vorenthaltung von Informationen gegenüber einzelnen Presseorganen eine auf sach- und rechtswidriger[350] Differenzierung beruhende Benachteiligung der Betroffenen im Verhältnis zu ihren Wettbewerbern und damit eine »Folgewirkung« eintritt, die auch für deren Freiheitsrechte von Bedeutung sein kann.[351] Sofern Betroffene in einem derartigen Fall zur Vermeidung dieses (zusätzlichen) Nachteils und gegen ihren Willen dem Ansinnen des Verwaltungsträgers Folge leisten, ist eine freiwillige geschlossene Vereinbarung folglich zu verneinen, so daß eine solche Abrede auch aus verfassungsrechtlichen Gründen keine Bindungswirkung entfaltet.

(c) Grenzen der Bindungswirkung. Beansprucht eine freiwillig erteilte Zustimmung zur Begründung einer Rechtspflicht demnach Verbindlichkeit, ohne daß die Existenz dieser Pflicht einen Beeinträchtigungstatbestand verwirklicht, so kann ein Grundrechtsträger eine einmal übernommene Verpflichtung folglich nicht unter Berufung auf grundrechtliche Abwehrrechte wieder abstreifen. Entsprechendes wird selbst dann zu gelten haben, wenn einer Einschränkung der Verhaltensfreiheit eines Bürgers auch im Falle der konsensualen Herbeiführung einer Verhaltenspflicht – entgegen der hier vertretenen Ansicht – grundrechtliche Relevanz zugemessen wird, da die Zustimmung zur Pflichtenbegründung unter dieser Prämisse regelmäßig zumindest rechtfertigende Wirkung entfaltet und der Betroffene die Zustimmungserklärung deshalb gegen sich gelten lassen muß.

Demgegenüber hat es das Bundesverwaltungsgericht in einer Entscheidung aus dem Jahre 1962 als unzulässig angesehen, einen (kasernierten) Beamten an einer mit Eintritt in das Beamtenverhältnis übernommenen Verpflichtung zum (vorübergehenden) Verzicht auf eine Eheschließung uneingeschränkt festzuhalten

[346] Vgl. BVerfGE 10, 118 (121); 20, 162 (174f.); 35, 202 (222); 50, 234 (239); 52, 283 (296); 85, 1 (12); 86, 122 (128); 91, 125 (134).

[347] In diese Richtung *K. Amelung*, Einwilligung, S. 37, mit der Einschränkung, daß eine Einwilligung in eine Überprüfung auf richtige Wiedergabe des Mitgeteilten zulässig sein soll (ebd., S. 38).

[348] Vgl. BVerfGE 50, 234 (240); 91, 125 (134).

[349] Vgl. *H. Schulze-Fielitz*, in Dreier (Hrsg.), GG, Art. 5 I, II Rn. 193 m.w.N.

[350] Vgl. z.B. § 4 PresseG Nds.

[351] Zur Bedeutung staatlich verursachter Wettbewerbsverzerrungen für die Berufsfreiheit vgl. BVerfGE 82, 209 (223f.); 86, 28 (37); zu Wettbewerbsverzerrungen durch Warnungen und Empfehlungen vgl. noch unten, S. 295, zur grundrechtlichen Relevanz von Folgewirkungen S. 290.

und die gleichwohl erfolgte Heirat zum Anlaß einer Entlassung zu nehmen.[352] Auch äußert das Gericht grundsätzliche Bedenken gegen eine weitgehende Zulässigkeit derartiger »Zölibatsklauseln«.[353]

Da ein freiwilliger Eintritt in das Beamtenverhältnis in Rede stand, stellte sich auch in diesem Falle zunächst die Frage, welche Grenzen einem freiwilligen »Verzicht« auf grundrechtlich geschützte Positionen gezogen sind oder gezogen werden können. Hierzu vertritt das Bundesverwaltungsgericht die Ansicht, freiwilliges Handeln des Betroffenen genüge zur Rechtfertigung der mit der Übernahme einer Rechtspflicht einhergehenden Freiheitseinbuße nicht.[354] Folgerte man hieraus die Unzulässigkeit einer Selbstverpflichtung zur (vorübergehenden) Ehelosigkeit, so gewännen die Betroffenen im Umfang der Unzulässigkeit dieses »Verzichts« folglich ihre uneingeschränkte Eheschließungsfreiheit insofern zurück, als sie nicht gezwungen wären, sich zwischen Aufrechterhaltung eines Dienstverhältnisses oder Eingehung einer Ehe zu entscheiden. Damit beleuchtet dieses Beispiel, daß es einen Unterschied macht, ob im (unterstellten) Falle der Unzulässigkeit eines (vorgeblichen) Grundrechtsverzichts die von einem Bürger begehrte Leistung des Staates wegen ihrer »Gegenleistungsabhängigkeit« ebenfalls nicht erbracht wird oder lediglich eine Bedingung entfällt, an die eine bestimmte Vergünstigung geknüpft worden war: Unabhängig von einer »Freiheit zur Bindung« wird die individuelle Entscheidungs- und Verhaltensfreiheit des einzelnen Grundrechtsträgers wegen des Fehlens einer Bindungswirkung dann vergrößert, wenn der Staat sein Verhalten nicht von Bedingungen abhängig machen darf oder jedenfalls tatsächlich nicht abhängig macht.

Gleichwohl ist der Annahme des Bundesverwaltungsgerichts, daß »allein in der Freiwilligkeit eine Grundrechtsbeschränkung ... noch nicht ihre Rechtfertigung findet«,[355] insoweit entgegenzutreten, als ihr die auch im Schrifttum gelegentlich anzutreffende[356] Vorstellung eines grundsätzlich »unverzichtbaren Charakters der Grundrechte«[357] zugrunde liegt: Nach dieser Auffassung sind die Grundrechte einem Grundrechtsberechtigten nicht »zur freien Verfügung ..., sondern in seiner Eigenschaft als Glied der Gemeinschaft und damit auch im öffentlichen Interesse« eingeräumt.[358] Demgegenüber sei nochmals betont, daß die

---

352 BVerwGE 14, 21 (29f.).

353 Vgl. BVerwGE 14, 21 (27ff.).

354 Vgl. BVerwGE 14, 21 (25, 27).

355 BVerwGE 14, 21 (27).

356 Vgl. *K. Bussfeld*, DÖV 1976, S.765 (771); *M. Malorny*, JA 1974, S.475 (478); *C. Schimpf*, Vertrag, S.213ff.; *G. Sturm*, FS W. Geiger, S.173 (194ff.).

357 BVerwGE 14, 21 (27).

358 BVerwGE 14, 21 (25); dezidiert auch *K. Bussfeld*, DÖV 1976, S.765 (771): Grundrechte sind ... mehr als negatorische Schutzklauseln; sie sind ebenso als Gemeinwohlkonkretisierungen wirksam; ähnl. *M. Malorny*, JA 1974, S.475 (477f.); *G. Sturm*, FS W. Geiger, S.173 (195f.); vgl. auch *H.F. Zacher*, VVDStRL 25 (1967), S.308 (344f.); ferner *P. Häberle*, Interesse, S.355ff., nach dessen Auffassung die Grundrechte in einem ambivalenten Verhältnis zum »öffentlichen Interesse« stehen: denn sie »können ›als‹ öff. Interessen wirksam werden, und sie werden durch öff.

Übernahme einer Rechtspflicht nicht nur einen »Verzicht« auf grundrechtlich geschützte Dispositionsmöglichkeiten und damit einen »Freiheitsverlust« bewirkt, sondern eine Betätigung grundrechtlich (potentiell) geschützter Verhaltensfreiheit ist, die grundsätzlich keiner besonderen Rechtfertigung bedarf. Die These von der Unzulässigkeit des (vorgeblichen) »Grundrechtsverzichts« bewahrt daher nicht nur vor freiheitsbeschränkenden Bindungen, sondern entfaltet ihrerseits freiheitsbeschränkende Wirkungen, der Bürger muß sich »ein öffentliches Interesse an der tatsächlichen Ausübung der Grundrechte«[359] als Einschränkung seiner Dispositionsmöglichkeiten selbst dann entgegenhalten lassen, wenn er eine Leistung des Staates – wie sonst auch im Falle eines Leistungsaustausches unter Privaten – nur um den Preis einer Gegenleistung erhalten kann.

Dieser Zusammenhang ist dem Bundesverwaltungsgericht nicht entgangen. Es stellt vielmehr fest, daß eine »Grundrechtsbeschränkung« zwar einerseits nicht schon kraft freiwilligen Handelns des Betroffenen zulässig sei, »andererseits aber der Mensch in der Entfaltung seiner Persönlichkeit und somit auch in der Eingehung selbstgewählter Bindungen durch die Grundrechtsnorm des Art. 2 Abs. 1 GG ebenfalls geschützt ist«.[360] Hieraus schließt das Gericht auf die Erforderlichkeit eines Ausgleichs der kollidierenden Grundrechte (des Betroffenen) durch eine »Interessenabwägung im Einzelfall«.[361] Damit wird die These von der grundsätzlichen Unzulässigkeit eines (vorgeblichen) Grundrechtsverzichts zwar wieder relativiert. Gleichwohl bleibt es dabei, daß die von einem »Verzicht« betroffenen Grundrechte letztlich gegen den Grundrechtsträger gewendet werden können, wenn selbst die freiwillige Preisgabe einer grundrechtlich geschützten Position jedenfalls nicht ohne weiteres zulässig sein soll. Folgerichtig kommt das Bundesverwaltungsgericht zu dem Ergebnis, vor der Überschreitung der einem Verzicht gezogenen Schranken sei »der Staatsbürger ›unter Umständen auch gegen sich selbst zu schützen‹«.[362]

Dieses allein auf einer »Umdeutung« der Betätigung grundrechtlich geschützter Freiheit zum »Grundrechtsverzicht« basierende Ergebnis ist aber nicht schon mit einem dürren Hinweis auf die Gemeinschaftsbezogenheit des Individuums zu begründen. Vielmehr wäre darzulegen, welches (konkrete) öffentliche Interesse an der Betätigung grundrechtlich geschützter Freiheit im Einzelfall einen

Interessen begrenzt« (ebd., S. 355). Allerdings fällt auf, daß »die Grundrechte ›als‹ verfassungsrechtliche Gemeinwohlgehalte« (*Häberle* ebd., S. 356) regelmäßig in den »Verzichtsfällen« zum Tragen kommen und dort freiheitsbeschränkende Funktion entfalten, ohne daß – umgekehrt – freiheitsbeschränkende Staatsakte nicht nur an einem entgegenstehenden privaten Interesse des betroffenen Grundrechtsträgers, sondern auch an einem öffentlichen Interesse an der Nichtbeschränkung der persönlichen Freiheit gemessen würden.

[359] *K. Bussfeld*, DÖV 1976, S. 765 (771).

[360] BVerwGE 14, 21 (27f.).

[361] BVerwGE 14, 21 (28).

[362] BVerwGE 14, 21 (28).

Schutz des Grundrechtsträgers »gegen sich selbst« soll rechtfertigen können.[363] Jedenfalls ist aber eine Pflicht der Grundrechtsberechtigten zu einer bestimmten Form der Betätigung seiner grundrechtlich geschützten Freiheit (oder gar zur Geltendmachung eines Abwehrrechts) nicht ersichtlich, mag ein bestimmtes Verhalten auch als wünschenswert – und damit im öffentlichen Interesse liegend – erscheinen. So kann beispielsweise der Pressefreiheit keine Pflicht zu kritischer und unabhängiger Berichterstattung entnommen werden. Dem entspricht, daß Art. 5 Abs. 1 GG Publikationen grundsätzlich ohne Rücksicht auf Bedeutung und »Wert« schützt.[364] Es bleibt deshalb dabei, daß die Entscheidung über das »Ob« und »Wie« der Inanspruchnahme von Verhaltensoptionen und damit zugleich der Betätigung seiner Freiheit dem einzelnen Grundrechtsträger obliegt, die Grundrechte also allein im Individualinteresse existieren.[365]

Allerdings wird der Kläger in dem hier behandelten Fall kaum als Bevormundung empfunden haben, daß das Bundesverwaltungsgericht für unzulässig hielt, ihn durch Versagung einer Heiratserlaubnis uneingeschränkt an der freiwillig übernommenen Einschränkung seiner Eheschließungsfreiheit festzuhalten und die gleichwohl erfolgte Eingehung einer Ehe zum Anlaß einer Entlassung aus dem Dienst zu nehmen. Indes hat das Bundesverwaltungsgericht dieses Ergebnis gerade nicht auf einen grundsätzlich unverzichtbaren Charakter der Grundrechte oder eine Abwägung zwischen Eheschließungsfreiheit und »Freiheit zur Bindung« gestützt. Vielmehr läßt das Gericht ausdrücklich offen, inwieweit eine »Beschränkung des Rechts auf Eheschließung und Familiengründung«[366] in diesem Fall zulässig war,[367] und stellt entscheidend darauf ab, daß der Dienstherr (jedenfalls) die von dem klagenden Beamten beantragte Heiratserlaubnis hätte erteilen müssen, weil die »Gefahr« der nichtehelichen Geburt eines Kindes bestand.[368] Das öffentliche Interesse daran, daß ein jedes Kind, »in die eheliche Familie hineingeboren« werde und als »Glied einer solchen Lebensgemeinschaft« aufwachse, müsse gegenüber »dienstlichen Notwendigkeiten« Vorrang haben.[369] Bei dieser – heute nicht mehr tragfähigen – Begründung geht es in der Sache folglich

---

[363] Sehr pauschal auch die Ausführungen von *K. Bussfeld*, DÖV 1976, S. 765 (771), der offenbar unter Hinweis auf die Gemeinschaftsbezogenheit des Individuums dartun will, daß der Nichtverzicht auf eine Fahrerlaubnis im öffentlichen Interesse liege.

[364] Vgl. BVerfGE 34, 269 (283); 66, 116 (134); *C. Starck*, in: v. Mangoldt/Klein/Starck, GG, Art. 5 Rn. 60; *H. Bethge*, in: Sachs (Hrsg.), GG, Art. 5 Rn. 69; *H. Schulze-Fielitz*, in: Dreier (Hrsg.), GG, Art. 5 I, II Rn. 72; *R. Herzog*, in: Maunz/Dürig, GG, Art. 5 Abs. I, II Rn. 128; *J. Ipsen*, Grundrechte, Rn. 416.

[365] Vgl. hierzu auch *H. H. Klein*, Grundrechte, S. 38 (und pass.), der den »ausschließlich staatsgerichteten Abwehrcharakter« der Grundrechte betont, aber zugleich darauf hinweist, daß damit schon wegen der Gemeinschaftsbezogenheit des Individuums keine »rein individualistisch konzipierte Freiheitsvorstellung« einhergeht.

[366] BVerwGE 14, 21 (28).

[367] Vgl. BVerwGE 14, 21 (29).

[368] BVerwGE 14, 21 (29).

[369] BVerwGE 14, 21 (30).

nicht mehr um die Unzulässigkeit eines Verzichts auf die Freiheit zur Eheschließung aus Gründen eines »öffentlichen Interesses«, sondern einen – ebenfalls mit einem öffentlichen Interesse begründeten – Anspruch, von den Folgen des erfolgten »Verzichts« aufgrund einer zwischenzeitlichen Veränderung der Sachlage wieder befreit zu werden.

Ein derartiger Anspruch wird auch nicht generell ausgeschlossen werden können: Zwar kann der Staat eine Begünstigung grundsätzlich mit einer Gegenleistung verknüpfen oder in anderer Weise von der Erfüllung einer Bedingung abhängig machen, da ein verfassungsrechtlicher Anspruch auf vorbehaltlose Erbringung einer Leistung regelmäßig nicht besteht. Des weiteren muß sich ein Grundrechtsträger an einer einmal übernommenen Verpflichtung auch im Verhältnis zum Staat grundsätzlich festhalten lassen. Wie sich gerade an dem hier behandelten Beispiel ablesen läßt, sind andererseits Fälle denkbar, in denen dies infolge einer unvorhergesehenen Veränderung der tatsächlichen Umstände nicht sachgerecht und unangemessen erscheint. Allerdings läßt sich ein Anspruch auf Befreiung von einer freiwillig übernommenen Verpflichtung nicht mit der Abwehrfunktion der Grundrechte begründen, da – wie dargelegt – konsensual begründete Rechtspflichten keinen Beeinträchtigungstatbestand erfüllen. Vielmehr kommt nur eine auf der Ebene staatlicher Schutzpflichten anzusiedelnde Verpflichtung des Staates in Betracht, daß Vorhandensein realer Freiheit dadurch zu gewährleisten, daß dem einzelnen Grundrechtsträger zumindest für besonders gelagerte Fallgestaltungen die Möglichkeit gegeben wird, sich einer einmal übernommenen Verpflichtung wieder zu entledigen: So ist – wie hier im Vorgriff auf spätere Ausführungen bereits erwähnt sei – für den Bereich vertraglich übernommener Pflichten eines Bürgers gegenüber anderen Bürgern nicht in Abrede zu stellen, daß grundrechtliche Schutzpflichten eine Intervention des Staates zugunsten eines der Beteiligten unter größtmöglicher Schonung der Freiheitsrechte des Betroffenen wie auch des anderen Teils erfordern können. Ist der Staat selbst der andere Teil eines derartigen Austauschverhältnisses, so kann unabhängig von dessen Rechtsnatur und der Art seiner Entstehung nichts anderes gelten. Tritt aufgrund der Gegebenheiten im Einzelfall infolge der Übernahme einer Rechtspflicht eine Wirkung ein, die (ausnahmsweise) auch aufgrund einer freiwillig erteilten Einwilligung nicht mehr hingenommen werden muß, ist daher ein Anspruch auf Befreiung von der übernommenen Verpflichtung in Betracht zu ziehen.[370] Insofern läßt sich von einer Treue- oder Fürsorgepflicht des Staates sprechen, den Bürger gerade auch im Falle einer Übernahme von Rechtspflichten gegenüber dem Staat vor den Folgen seines eigenverantwortlichen Tuns – und damit letztlich »vor sich selbst« – zu schützen.

Eine solche Anknüpfung an staatliche Schutzpflichten hat für die hier behandelten Fallgestaltungen auch nicht jenen Autonomieverlust zur Folge, der einen

[370] In diese Richtung wohl auch *G. Robbers*, JuS 1985, S. 925 (930).

staatlichen Schutz des Menschen »vor sich selbst« – wie noch zu zeigen sein wird – regelmäßig als problematisch erscheinen läßt. Vielmehr kann der einzelne Grundrechtsträger uneingeschränkt darüber entscheiden, welche Pflichten er aufgrund einer einvernehmlichen Abrede mit einem Verwaltungsträger freiwillig übernimmt. Ebenso bleibt es Sache des Einzelnen, ob er von einer im Einzelfall ausnahmsweise gegebenen Möglichkeit zum »Rücktritt« von einer solchen Vereinbarung auch Gebrauch macht. Auf diesem Wege wird eine zumindest eingeschränkte »Inhaltskontrolle« von Vereinbarungen zwischen Staat und Bürger unter gleichzeitiger Wahrung der Dispositionsmöglichkeiten der betroffenen Grundrechtsträger ermöglicht.

Auf dieser Grundlage kann auch der Entscheidung des Bundesverwaltungsgerichts in dem Fall der Verpflichtung eines Beamten zur Ehelosigkeit im Ergebnis gefolgt werden: Zwar ist der Betroffene in diesem Beispiel gerade nicht verpflichtet, die übernommene Rechtspflicht weiterhin zu erfüllen. In Rede steht vielmehr der Verlust der staatlichen »Leistung« – einer Tätigkeit im öffentlichen Dienst –, wenn er von dieser Option Gebrauch macht. Indes erscheint möglich, bei einem an Bedingungen geknüpften Verhalten des Staates im Falle veränderter Gegebenheiten und unter Berücksichtigung der Schutzwürdigkeit der beteiligten Interessen auch einen Anspruch des Grundrechtsträgers auf Befreiung von der übernommenen (Neben-) Pflicht unter Aufrechterhaltung des Rechtsverhältnisses im übrigen zu bejahen. Obwohl die Belastung durch eine (vorübergehende) Verpflichtung zur Ehelosigkeit selbst im Falle der Schwangerschaft des Partners jedenfalls heute nicht mehr als schwerwiegende Beeinträchtigung angesehen werden kann, wird daher ein wie auch immer begründetes Interesse des Staates an der Aufrechterhaltung dieses Zustands bei kasernierten Beamten angesichts des verfassungsrechtlichen Rangs von Ehe und Familie hinter dem Interesse an einer Eheschließung zurücktreten müssen.

c. Grenzen der Rechtserheblichkeit einer Einwilligung

aa. Die Einwilligung in Beeinträchtigungen der Menschenwürde

Unter Zugrundelegung dieser Überlegungen sei nunmehr ein Blick auf Fallgestaltungen geworfen, die die Frage nach der verfassungsrechtlichen Zulässigkeit eines staatlichen Schutzes vorzugsweise Drittbetroffener »vor sich selbst« aufwerfen, wie es insbesondere – aber durchaus nicht nur[371] – bei einer Veranstaltung sogenannter »Peep-Shows« der Fall ist. Insoweit wird sich erweisen, daß die

---

[371] So geht der VGH Ba.-Wü., NVwZ-RR 1994, S. 20, erkennbar davon aus, daß einem Veranstalter von »Bungee-Jumping« ohne weiteres untersagt werden kann, Körperbehinderten die Benutzung seiner Anlage zu gestatten; mit dem hier behandelten Thema verwandt ist ferner die Rechtsprechung des BVerfG in den sog. »Bürgschafts-Fällen«, vgl. dazu noch unten im Vierten Teil, S. 474ff.

Rechtsprechung der Verwaltungsgerichte zur (Un-) Zulässigkeit dieser wie auch strukturell vergleichbarer Veranstaltungen in Ergebnis und Begründung nicht zu überzeugen vermag, ohne daß entscheidend wäre, ob eine Verletzung der Menschenwürde oder die (schlichte) Sittenwidrigkeit derartiger Veranstaltungen in den Mittelpunkt der Erwägungen gerückt wird.

Mit einer staatlichen Pflicht zum Schutze der unverzichtbaren Menschenwürde des Einzelnen operiert insbesondere die ältere »Peep-Show«-Rechtsprechung des Bundesverwaltungsgerichts. In einer Entscheidung aus dem Jahre 1981 äußerte dessen Erster Senat erstmals die Ansicht, »Schaustellungen von Personen« i.S.v. §33 a Abs.1 S.1 GewO seien sittenwidrig und deshalb gem. §33 a Abs.2 Nr.1 GewO a.F. (jetzt §33 a Abs.2 Nr.2 GewO) nicht erlaubnisfähig, wenn die geplanten Veranstaltungen »durch die Umstände ihres Ablaufs die Würde eines Menschen verletzen«.[372] Daß die in einer »Peep-Show« auftretende Frau freiwillig handele, ändere hieran nichts, weil die Menschenwürde ein »objektiver, unverfügbarer Wert« sei, »auf dessen Beachtung der einzelne nicht wirksam verzichten« könne.[373] Vielmehr müsse »die Menschenwürde wegen ihrer über den einzelnen hinausreichenden Bedeutung auch gegenüber der Absicht des Betroffenen verteidigt werden, seine vom objektiven Wert der Menschenwürde abweichenden subjektiven Vorstellungen durchzusetzen«.[374]

Damit vertritt das Bundesverwaltungsgericht in dieser Entscheidung die rigide These, aufgrund der Unverzichtbarkeit der Menschenwürde sei das Vorliegen eines mit der Menschenwürde objektiv nicht zu vereinbarenden Verhaltens eines Grundrechtsträgers unabhängig vom Willen des Betroffenen geeignet, ein Recht oder gar eine Pflicht des Staates zum Schutze der Menschenwürde des Betroffenen auszulösen. Diese Auffassung, der sich weite Teile der verwaltungsgerichtlichen Judikatur in der Folgezeit angeschlossen haben,[375] ist indes im Schrifttum ganz überwiegend[376] auf Ablehnung gestoßen.[377] Auch einige Verwaltungsge-

---

[372] BVerwGE 64, 274 (277); bestätigt durch BVerwG, GewArch 1986, S.229; NVwZ 1987, S.411.

[373] BVerwGE 64, 274 (279).

[374] BVerwGE 64, 274 (280).

[375] Vgl. OVG NW, GewArch 1983, S.262f.; GewArch 1984, S.332f.; BayVGH, NVwZ 1986, S.1034; VGH Ba.-Wü., NVwZ 1988, S.640 (641); VG Düsseldorf, GewArch 1984, S.19ff.; VG Berlin, GewArch 1986, S.89f.; VG Karlsruhe, GewArch 1982, S.230 (231); für strukturell vergleichbare Sachverhalte auch BayVGH, GewArch 1984, S.61 (62) – »Damen-Schlamm-Catch oben ohne«; BayVBl. 1991, S 598f. – Zurschaustellung von »Frauen hinter Gittern«; VG Minden, NVwZ 1988, S.666 – »Bordellbetrieb«; VG Neustadt, NVwZ 1993, S.98 (99) – »Weitwerfen« kleinwüchsiger Menschen; LG Mannheim, NJW 1995, S.3398f. – »Telefonsex«.

[376] Zust. aber *Th. Discher*, JuS 1991, S.642 (645ff.); *A. Gern*, NJW 1983, S.1585ff.; *A. Gronimus*, JuS 1985, S.174ff.; *M. Redeker*, BayVBl. 1985, S.70ff.; grds. auch *Th. Starosta*, GewArch 1985, S.290 (293f.); vgl. ferner *R. Singer*, JZ 1995, S.1133 (1140).

[377] Prägnant und treffend insbes. *W. Höfling*, NJW 1983, S.1582ff.; vgl. ferner *H. Dreier*, in: ders. (Hrsg.), GG, Art 1 I Rn.91; *T. Geddert-Steinacher*, Menschenwürde, S.89f.; *C. Gusy*, DVBl. 1982, S.984ff.; *ders.*, GewArch 1984, S.151 (154f.); *G. Hermes*, Schutz, S.231 (mit Fn.225); *C. Hillgruber*, Schutz, S.104ff.; *N. Hoerster*, JuS 1983, S.93 (95f.); *J. Ipsen*, Grundrech-

richte sind dem Bundesverwaltungsgericht ausdrücklich nicht gefolgt.[378] Dies zu Recht, weil ein aufgezwungener Schutz der Menschenwürde zugleich einen erheblichen Verlust an Autonomie und Handlungsfreiheit bewirkt, der nicht notwendig durch vorrangige Interessen eines Dritten oder der Allgemeinheit geboten ist: Die in der hier behandelten Entscheidung vom Ersten Senat des Bundesverwaltungsgerichts vertretene Auffassung, die Zustimmung zu der – hier unterstellten – Verletzung der Menschenwürde durch den Auftritt in einer »Peep-Show« sei unbeachtlich, läuft letztlich darauf hinaus, daß ein der Menschenwürde abträgliches Verhalten eines Grundrechtsträgers aus in der Verfassung wurzelnden Gründen zwingend verboten werden muß, ohne daß es hierfür weiterer Gründe bedarf.[379] Schon in Anbetracht dieser Sachlage ist die Frage zu stellen, inwieweit die vom Bundesverwaltungsgericht zugrunde gelegte Prämisse von der Unverzichtbarkeit der Menschenwürde im Hinblick auf eine daraus resultierende Fremdbestimmung der Grundrechtsträger einer Relativierung oder zumindest Präzisierung bedarf. Es ist die vom Bundesverwaltungsgericht letztlich nicht hinreichend berücksichtigte Pointe der hier behandelten Fallgestaltungen, daß kein »Angriff« eines Dritten auf die Menschenwürde einer anderen Person vorliegt,[380] es vielmehr der betroffene Grundrechtsträger selbst ist, der mit dem Auftritt in einer »Peep-Show« seine Menschenwürde beeinträchtigt[381] und der deshalb auch einen Freiheitsverlust erfährt, wenn der Schutz der Menschenwürde eines Grundrechtsträgers auch gegen dessen Willen realisiert werden muß.

Dem Bundesverwaltungsgericht ist daher zu Recht entgegengehalten worden, auf Basis seiner Auslegung des Art. 1 Abs. 1 GG werde dessen Sinngehalt in sein Gegenteil verkehrt, weil die Vorschrift danach jedermann ein menschenwürdiges Verhalten gebiete, so daß der eigentlich durch die Norm berechtigte Bürger zum Verpflichteten, der Staat hingegen zum Berechtigten werde.[382] Zwar deduziert das Bundesverwaltungsgericht aus Art. 1 Abs. 1 GG lediglich eine unbedingte

---

te, Rn. 226f.; *W. Martens*, in: Drews/Wacke/Vogel/Martens, S. 257f.; *P. Kunig*, in: v. Münch/Kunig (Hrsg.), GG, Art. 1 Rn. 36 (S. 110); *H. v. Olshausen*, NJW 1982, S. 2221ff.; *B. Pieroth/B. Schlink*, Grundrechte, Rn. 357; *W. Schatzschneider*, NJW 1985, S. 2793 (2796f.); *J. Schwabe*, JZ 1998, S. 66 (70); *C. Starck*, in: v. Mangoldt/Klein/Starck, GG, Art. 1 Rn. 97; *K. Stern*, Staatsrecht, Bd. III/1, S. 31 (mit Fn. 127); *R. Zippelius*, in: BK, Art. 1 Abs. 1 u. 2 Rn. 81; zurückhaltend auch *R. Stober*, NJW 1984, S. 2499 (2500).

378 OVG Hamburg, NVwZ 1985, S. 841f.; VG München, NVwZ 1983, S. 175f.; NVwZ 1983, S. 693 (695); VG Oldenburg, GewArch 1985, S. 124f.; VG Stuttgart, GewArch 1986, S. 90 (91f.).

379 So betont das VG Stuttgart, GewArch 1986, S. 90 (92), auch das BVerwG habe in seinem ersten »Peep-Show«-Urteil eine Belästigung Dritter nicht festgestellt.

380 In deren Abwehr sieht BVerfGE 1, 97 (104), den wesentlichen Gehalt der Schutzpflicht aus Art. 1 Abs. 1 GG.

381 Dies betont auch *H. v. Olshausen*, NJW 1982, S. 2221 (2222).

382 *C. Gusy*, DVBl. 1982, S. 984 (985f.); *ders.*, GewArch 1984, S. 151 (154); *W. Höfling*, NJW 1983, S. 1582 (1584); *J. Ipsen*, Grundrechte, Rn. 226; *W. Martens*, in: Drews/Wacke/Vogel/Martens, S. 257; ähnl. auch OVG Hamburg, NVwZ 1985, S. 841; VG München, NVwZ 1983, S. 693 (695); VG Stuttgart, GewArch 1986, S. 90 (91); ferner (mit Blick auf den Begriff der »öffentlichen Ordnung«) *R. Störmer*, Die Verwaltung 30 (1997), S. 233 (249).

und vom Willen (auch) der »Begünstigten« unabhängige Pflicht des Staates, die Menschenwürde des Individuums zu schützen, nicht aber unmittelbar an den Bürger gerichtete Ge- oder Verbote. Einer verfassungsrechtlich begründeten Pflicht zum Schutze der Menschenwürde gegen Beeinträchtigungen auch durch ihren Träger könnte der Staat indes nur genügen, indem er den Bürgern über das Verbot der Verletzung der Menschenwürde anderer Personen hinaus auch eine Beeinträchtigung der eigenen Menschenwürde untersagte und Mechanismen zur Durchsetzung dieser (Verhaltens-) Pflicht bereitstellte. Damit wird Art. 1 Abs. 1 GG jedenfalls *de facto* zur Grundlage einer verfassungsrechtlich begründeten Pflicht des Individuums zu »würdegemäßem« Verhalten.[383] Es ist bezeichnend, daß das Bundesverwaltungsgericht selbst von einem »Verstoß« gegen Art. 1 GG durch die Veranstaltung von »Peep-Shows« spricht.[384]

Auf Basis der Auffassung des Bundesverwaltungsgerichts ergäbe sich damit die Konsequenz, daß die Freiheit des Einzelnen zu einem Handeln nach individuellem Belieben aus verfassungsrechtlichen Gründen teilweise beseitigt würde, ohne daß es einer Benennung konkret betroffener Allgemeinwohlbelange oder Individualrechtsgüter bedürfte, die unter dem Gesichtspunkt der Verhältnismäßigkeit zu der Beeinträchtigung der Verhaltensfreiheit des Betroffenen in Beziehung gesetzt werden könnten. Aus Art. 1 Abs. 1 GG folgte vielmehr eine »mittelbare« – der legislatorischen und administrativen Umsetzung bedürftige – Pflicht des Individuums, sich durch sein Verhalten nicht in Widerspruch zu der »Wertentscheidung« des Grundgesetzes zu setzen, die in dieser Norm zum Ausdruck kommt: Betätigungen, die den richterrechtlich konkretisierten Wertvorstellungen des Grundgesetzes nicht entsprechen, sind nicht zulässig.[385]

Wer dem Grundgesetz die Freiheit zu einem Verhalten nach eigenem Belieben entnimmt, wird dem Bundesverwaltungsgericht folglich nicht zustimmen können, denn von einer verfassungsrechtlich gesicherten Freiheit, »zu tun und zu las-

---

[383] Nicht recht nachvollziehbar daher VG Düsseldorf, GewArch 1984, S. 19 (21), das zwar nicht zulassen will, »das Recht auf freie Entfaltung der Persönlichkeit in einer gegen den Menschenwürdegrundsatz verstoßenden Weise auszuüben«, zugleich aber der Meinung ist, von einer Umwandlung der Schutznormen des Grundgesetzes zu Gebots- und Verbotsnormen könne keine Rede sein (ebd.). Wenn Art. 1 Abs. 1 GG bestimmte Verhaltensweisen nicht zuläßt, so kann der Hinweis auf eine diffuse »Balance zwischen rechtsstaatlichem Abwehrcharakter und sozialstaatlichem Teilhabecharakter der Grundrechte unter gleichzeitiger Beziehung zum Menschenwürdegrundsatz« (VG Düsseldorf ebd.) nicht darüber hinwegtäuschen, daß aus der Verfassung danach ein (jedenfalls) mittelbares Verbot »würdewidrigen« Verhaltens folgt.

[384] BVerwGE 64, 274 (280); vgl. auch *M. Redeker*, BayVBl. 1985, S. 73 (78), der die »Peep-Show« ebenfalls als »verfassungswidrig« bezeichnet; abwegig ferner VG Minden, NVwZ 1988, S. 666, das in dem Betrieb eines Bordells einen »Grundrechtsverstoß« sieht.

[385] *K. Stern*, Staatsrecht, Bd. III/1, S. 31, betont denn auch die Gefahr, »daß dem einzelnen Menschen in der überkommenen paternalistischen Manier vorgeschrieben wird, wie er seiner eigenen Würde die gebührende Achtung entgegenzubringen habe«; ähnl. *H. v. Olshausen*, NJW 1982, S. 2221.

sen, was man will«,[386] sofern dies anderen nicht schadet, könnte nach dieser Rechtsprechung keine Rede mehr sein. Obwohl das Bundesverwaltungsgericht in seiner Entscheidung eine grundrechtsdogmatische Fundierung seiner Position vermissen läßt und eine Offenlegung grundrechtstheoretischer Prämissen ebenfalls nicht erfolgt, wird daher angenommen werden dürfen, daß den Ausführungen des Ersten Senats ein »wertorientiertes« Verständnis der grundrechtlichen Freiheit zugrunde liegt,[387] denn nur eine solche Sichtweise gestattet, ein anstößiges Verhalten schon allein wegen der Unvereinbarkeit mit Verfassungswerten – oder in der Bevölkerung verbreiteten Wertvorstellungen – und damit unabhängig von seiner sozialen Relevanz verbieten zu können.[388] Ein entsprechender Ansatz liegt denn auch jenen Stimmen in Literatur und Rechtsprechung erkennbar zugrunde, die dem Bundesverwaltungsgericht grundsätzlich zustimmen. So hat *A. Gern* dessen Kritikern entgegengehalten, sie argumentierten auf Basis »einer subjektivistischen Wertethik inhaltsleerer Freiheit«,[389] das Grundgesetz gehe hingegen »von einer christlich geprägten Ethik inhaltsbestimmter und mithin begrenzter Freiheit aus«.[390] In die gleiche Richtung zielt auch die Erwägung, weil Art. 2 Abs. 1 GG durch den »Menschenwürdegrundsatz« geprägt sei, eröffne dieses Grundrecht keine unbegrenzten Handlungsmöglichkeiten.[391]

An diesen Erwägungen trifft zunächst der Ausgangspunkt zu, daß Art. 1 Abs. 1 GG und die Grundrechtsgewährleistungen nicht beziehungslos nebeneinander stehen und deshalb auch als »normative Einheit« interpretiert werden müssen:

---

[386] BVerfGE 6, 32 (36f.).

[387] So auch *W. Höfling*, NJW 1983, S. 1582 (1584).

[388] Daß eine »Werttheorie der Grundrechte« die Konsequenz haben muß, grundrechtliche Freiheit als »Freiheit zur Realisierung der in den Grundrechten ausgedrückten Werte und im Rahmen der durch die Grundrechte insgesamt aufgerichteten Wertordnung« zu interpretieren, betont *E.-W. Böckenförde*, NJW 1974, S. 1529 (1533); eine »wertsystemische Grundrechtstheorie« mit dieser Begründung ablehnend auch *W. Höfling*, Offene Grundrechtsinterpretation, S. 58ff.; ähnl. *C. Starck*, in: v. Mangoldt/Klein/Starck, GG, Art. 1 Rn. 180; vgl. ferner die Kritik von *H. Bethge*, Grundrechtskollisionen, S. 268f.; allg. *C. Schmitt*, in: Säkularisation und Utopie – Ebracher Studien, S. 37ff.; anders *A. Scherzberg*, Grundrechtsschutz, S. 163.

[389] *A. Gern*, NJW 1983, S. 1585 (1589f.); dies ist indes nicht mehr als eine abwertend-polemische Umschreibung der Annahme, daß Freiheit durch die Innehabung von Wahlmöglichkeiten definiert und deshalb notwendig undeterminiert, formal oder – wenn man so will – »inhaltsleer« ist; eine mit bestimmten Inhalten gleichsam »angereicherte« (»materiell verstandene«) Freiheit verdiente hingegen diese Bezeichnung nicht.

[390] *A. Gern*, NJW 1983, S. 1585 (1590); zur »christlichen Prägung« der Menschenwürde vgl. auch *R. Zippelius*, in: BK, Art. 1 Abs. 1 und 2 Rdnr 5; nicht recht verständlich ist allerdings die von *Gern* (ebd., S. 1590 in Fn. 73) ferner vertretene These, nach der Gegenansicht würden auch dann Menschenwürde und gute Sitten realisiert, »wenn einer einen anderen mit seiner Einwilligung tötet«: Da die Menschenwürde dem Individuum kraft seines Personseins zukommt, kann sie zwar beeinträchtigt und verletzt werden, sie ist aber keiner »Ausübung« oder »Realisierung« zugänglich.

[391] *M. Redeker*, BayVBl. 1985, S. 73 (75); ähnlich auch *Th. Discher*, JuS 1991, S. 642 (646f.); vgl. ferner OVG NW, GewArch 1983, S. 262 (263); VG Düsseldorf, GewArch 1984, S. 19 (21); VG Berlin, GewArch 1986, S. 89 (90).

Würde dem Bundesverwaltungsgericht gefolgt, so wäre ein Verbot von »Peep-Shows« verfassungsrechtlich geboten und eine entsprechende gesetzliche Regelung deshalb ohne weiteres in der Lage, der allgemeinen Verhaltensfreiheit wie auch den speziellen Grundrechtsgewährleistungen Grenzen zu setzen. Eine solche Sichtweise erscheint aber schon deshalb als unakzeptabel, weil es im vorliegenden Zusammenhang nicht einmal um die – zu verneinende – Frage geht, ob das Grundgesetz eine restriktive Auslegung der Grundrechte ermöglicht oder erzwingt, derzufolge ein wie auch immer zu bestimmenden Werten der Verfassung nicht entsprechendes Verhalten von grundrechtlichen Schutzgut-Tatbeständen schon nicht erfaßt wird und deshalb verboten werden kann, ohne daß dies einer besonderen Rechtfertigung anhand der Grundrechte Betroffener bedürfte.[392] Gegenstand der Erörterung ist vielmehr, ob das Grundgesetz ein solches Verbot normiert oder jedenfalls erzwingt.[393]

Diese Frage ist zu verneinen: Zu Recht wird im Schrifttum hervorgehoben, daß es gerade ein Charakteristikum des bevormundenden und autoritären Staates ist, den einzelnen vor seinem eigenen selbstbestimmten Handeln und damit »vor sich selbst« zu schützen.[394] Schon im Jahre 1901 stellte daher das Preußische Oberverwaltungsgericht in einer den Fall einer Selbstgefährdung betreffenden Entscheidung zutreffend fest, Aufgabe der Polizei sei es »im allgemeinen nicht, die Menschen gegen sich selbst zu schützen, und zu ihren Befugnissen gehört es im allgemeinen nicht, bestimmte Handlungen ... aus diesem Grunde zu verbieten«, da die Polizei sonst in die »natürliche Handlungsfreiheit des Einzelnen« eingreifen würde.[395] Unter Geltung eines das Selbstbestimmungsrecht schützenden und alle Staatsgewalt deshalb unmittelbar bindenden Grundrechtskatalogs eine Bevormundung des Bürgers gerade aus dem Schutz der Menschenwürde des Maßnahmeadressaten ableiten zu wollen, muß demgegenüber als Pervertierung des Grundgesetzes empfunden werden. Mit *K. Stern* ist vielmehr hervorzuheben, daß es gerade das Kennzeichen einer freiheitlichen Rechtsordnung ist, den Menschen

---

[392] Krit. zu einer solchen Relativierung der grundrechtlichen Freiheit durch eine Wertinterpretation der Grundrechte *E.-W. Böckenförde*, NJW 1974, S. 1529 (1534).

[393] Demgegenüber schließen die Verfechter der ersten »Peep-Show-Entscheidung« des BVerwG ihre Beweisführung gelegentlich mit der Feststellung, durch Art. 2 Abs. 1 GG werde lediglich ein unantastbarer Kernbereich persönlicher Freiheit (insbesondere im privaten Bereich) absolut geschützt, der bei einem Auftritt in öffentlich zugänglichen Veranstaltungen aber verlassen sei; vgl. OVG NW, GewArch 1983, S. 262 (263); BayVGH, NVwZ 1986, S. 1034 (1035); VG Berlin, GewArch 1986, S. 89 (90); VG Düsseldorf, GewArch 1984, S. 19 (21); *Th. Discher*, JuS 1991, S. 642 (646); *Th. Starosta*, GewArch 1985, S. 290 (292); der Beweiswert dieser These erschöpft sich indes in der gewiß richtigen Feststellung, daß auch die von Art. 2 Abs. 1 GG geschützte Freiheit begrenzbar ist, ohne daß damit etwas über die Gründe gesagt ist, die insoweit rechtfertigend wirken können.

[394] Vgl. *W. Höfling*, NJW 1983, S. 1582 (1585).

[395] PrOVGE 39, 390 (392); dezidiert verneint wurde die Zulässigkeit eines polizeilichen Einschreitens zum »Schutz des einzelnen vor sich selbst« auch von *W. Jellinek*, Verwaltungsrecht, S. 435.

als »selbstbestimmtes, sich in eigener Autonomie entfaltendes und Eigenwert darstellendes Wesen« zu sehen.[396] Dies schließt es aus, den Bürger auf heteronom gesetzte Werte zu verpflichten und damit der Fremdbestimmung zu unterwerfen, ohne daß dies durch vorrangige Belange Dritter oder der Allgemeinheit gerechtfertigt ist.[397] Damit würde der Staat seines instrumentellen Charakters beraubt, ihm »Eigenwert« zugewiesen. Der Staat existiert jedoch nicht um seiner selbst willen, sondern soll das menschliche Miteinander in der Gemeinschaft in sachgerechter Weise organisieren und reglementieren, wie gerade das an den Anfang der Verfassung gestellte »Konstitutionsprinzip Menschenwürde«[398] sinnfällig zum Ausdruck bringt: Mit der Menschenwürde des Individuums wäre nicht zu vereinbaren, wenn dem Einzelnen ein Verhalten verboten werden könnte, daß weder Dritte noch Belange der Allgemeinheit beeinträchtigt; andernfalls würde der Bürger ohne hinreichenden Grund zum bloßen Objekt staatlichen Handelns.[399] Gerade in ihrer Eigenschaft als »zentraler Verfassungswert« setzt daher die Menschenwürde einer Verpflichtung des Individuums auf die Menschenwürde (oder andere Verfassungswerte) Grenzen.[400] Demgemäß ist dem einzelnen von Verfassungs wegen möglich, »selbst dort noch über seine Menschenwürde rechtlich zulässig zu disponieren, wo der Staat als Angreifer dies nicht mehr dürfte«.[401]

Diesem Befund läßt sich nicht der vom Bundesverwaltungsgericht ferner geltend gemachte Gesichtspunkt entgegenhalten, aufgrund des gewerberechtlichen Erlaubnisvorbehalts unterstehe die Veranstaltung einer »Peep-Show« der »unmittelbaren Mitverantwortung« des zum Schutze der Menschenwürde verpflichteten Staates.[402] Mit dieser Erwägung wird erkennbar die vom Bundesverfassungsgericht in der »Mülheim-Kärlich«-Entscheidung entwickelte Auffassung aufgegriffen, in der Erteilung einer staatlichen Erlaubnis könne eine Übernahme von staatlicher Mitverantwortung für Drittbeeinträchtigungen gesehen werden,

---

396 So *K. Stern*, Staatsrecht, Bd. III/1, S. 15.

397 Demgegenüber will *A. Gern*, NJW 1983, S. 1585 (1589f.), aus der Erwähnung des »Sittengesetzes« in Art. 2 Abs. 1 GG ein Argument dafür herleiten, daß der Einzelne auch unabhängig von der Existenz vorrangiger Belange des gemeinen Wohls oder individualisierbarer Dritter auf die Wertvorstellungen des Grundgesetzes verpflichtet werden könne. Dem ist entgegenzuhalten, daß das Grundgesetz seine »Wertorientierung« danach inkonsequenterweise nur bei Art. 2 Abs. 1 GG realisierte, denn die Schranken der allgemeinen Verhaltensfreiheit lassen sich nicht auf die speziellen Grundrechtsgewährleistungen übertragen.

398 *K. Stern*, Staatsrecht, Bd. III/1, S. 26.

399 Ähnl. *H. v. Olshausen*, NJW 1982, S. 2221 (2222f.).

400 So auch *W. Höfling*, Offene Grundrechtsinterpretation, S. 126.

401 *G. Dürig*, in: Maunz/Dürig, GG, Art. 1 Abs. I Rn. 16; soweit *Dürig* eine solche Befugnis dem Menschen nur »unter seinesgleichen (d.h. als Privatrechtssubjekt)« zubilligt, nicht aber gegenüber dem Staat (vgl. auch ebd., Art. 2 Abs. 1 Rn. 36), wird dem freilich nicht gefolgt werden können.

402 BVerwGE 64, 274 (279); ebenso VG Düsseldorf, GewArch 1984, S. 19 (21); vgl. ferner OVG NW, GewArch 1983, S. 262 (263); VG Berlin, GewArch 1986, S. 89 (90); VG Neustadt, NVwZ 1993, S. 98 (99).

die aus dem erlaubten Handeln resultieren.[403] Diese Annahme trifft – wie noch darzulegen sein wird – entgegen verbreiteter Kritik auch insoweit zu, als die Beeinträchtigung eines Dritten ohne oder gegen dessen Willen eintritt, von dem Betroffenen also nicht beeinflußt werden kann.[404] Da der Einzelne aber – wie gezeigt – nicht »vor sich selbst« zu schützen ist, kann auch von einer staatlichen Mitverantwortung für eine Einwirkung auf grundrechtliche Schutzgüter nicht gesprochen werden, wenn es sich um Folgen einer autonom und eigenverantwortlich getroffenen Entscheidung des Betroffenen handelt; eine solche Entscheidung ist vielmehr zu respektieren.

Insgesamt ergibt sich, daß eine Beeinträchtigung oder Verletzung der Menschenwürde eines Grundrechtsträgers durch den Betroffenen oder mit dessen Einverständnis für sich genommen weder ein Recht noch eine Pflicht des Staates zur Intervention auslöst; die These von der Unverzichtbarkeit der Menschenwürde ist insoweit zu relativieren. Damit steht zugleich fest, daß der Betrieb einer »Peep-Show« entgegen der Auffassung des Bundesverwaltungsgerichts nicht schon deshalb als Verstoß gegen die »guten Sitten« i.S.v. § 33 a Abs. 2 Nr. 2 GewO angesehen werden kann, weil eine Beeinträchtigung der Menschenwürde der in einer »Peep-Show« auftretenden Personen vorliege: Den Gesichtspunkt einer Verletzung der »guten Sitten« bemüht das Gericht – methodisch korrekt – nur deshalb, weil dieses Merkmal den normativen Anknüpfungspunkt liefert, um die Erlaubnis für »Schaustellungen von Personen« (§ 33 a Abs. 1 S. 1 GewO) zu versagen. Wenn der Staat aber eine nach Maßgabe der oben genannten Kriterien freiwillig getroffene Entscheidung für den Auftritt in einer »Peep-Show« respektieren muß, vermag die Menschenwürde der auftretenden Personen nicht zugleich das Verdikt der Sittenwidrigkeit von »Peep-Shows« zu tragen. Deren Sittenwidrigkeit müßte vielmehr in anderer Weise begründet werden.

bb. Die Grenze der Sittenwidrigkeit

Ersichtlich unter dem Eindruck der im Schrifttum an der Judikatur zu den »Peep-Shows« geübten Kritik hat das Bundesverwaltungsgericht seine Begründung für die Unzulässigkeit derartiger Veranstaltungen in einer Entscheidung aus dem Jahre 1990 denn auch teilweise modifiziert und die Verknüpfung des erforderlichen Verstoßes gegen die »guten Sitten« i.S.v. § 33 a Abs. 2 Nr. 2 GewO mit einer Verletzung der Menschenwürde wieder aufgegeben: Der Erste Senat stellte nunmehr darauf ab, daß »Peep-Shows« gerade unabhängig von der Wertentscheidung des Grundgesetzes für den Schutz der Menschenwürde jedenfalls nach Maßgabe der in der Rechtsgemeinschaft als Ordnungsvoraussetzungen anerkannten »sozialethischen Wertvorstellungen« sittenwidrig seien.[405]

403 BVerfGE 53, 30 (57f.).

404 Vgl. unten, S. 378ff.

405 BVerwGE 84, 314 (317ff.); ähnl. zuvor VGH Ba.-Wü., NVwZ 1988, S. 640 (641f.).

Dieser Argumentation kann ebenfalls nicht gefolgt werden, denn der Senat hält in der Sache unbeirrt daran fest, Grenzen der Verhaltensfreiheit unabhängig vom Vorhandensein einer Gefährdung oder Beeinträchtigung schützenswerter Belange Dritter oder der Allgemeinheit allein schon aus der Existenz entgegenstehender Wertvorstellungen abzuleiten. Es wird lediglich darauf verzichtet, den Inhalt des »maßgeblichen sozialethischen Ordnungsgefüges« mit den »wertethischen Prinzipien« aufzufüllen, »über deren Verbindlichkeit die Rechtsgemeinschaft im Verfassungskonsens befunden hat«.[406] Auf diese Weise entfällt allein die Notwendigkeit, den verfassungsrechtlichen Anspruch des Einzelnen auf Achtung und Schutz seiner Menschenwürde für unverzichtbar zu erklären und diese Rechtsposition damit gegen ihren Inhaber zu wenden, ihr freiheitseinschränkenden Charakter zu verleihen. Weiterhin unerheblich bleibt hingegen, daß das in einer »Peep-Show« auftretende Personal freiwillig tätig wird.[407] Ergibt ein Blick auf die »vorherrschende sozialethische Überzeugung«, daß ein Verhalten als objektiv sittenwidrig zu qualifizieren ist, so kann sich hieran nicht bereits dadurch etwas ändern, daß ein Betroffener dies nicht so empfindet oder zu dem fraglichen Tun jedenfalls aus freien Stücken bereit ist. Da zudem ein Verhalten, das mit den herrschenden »sozialethischen Wertvorstellungen« unvereinbar erscheint, nicht zwangsläufig auch die Menschenwürde berührt, ist die »neue Linie« des Bundesverwaltungsgerichts mehr noch als die Argumentation mit dem Schutz der Menschenwürde geeignet, die Verhaltensfreiheit des Einzelnen durch eine Verpflichtung auf heteronom gesetzte Werte zu beschränken und damit jenen »totalitären Werte-Absolutismus« zu konstituieren, der schon der ersten Entscheidung des Bundesverwaltungsgerichts zur Unzulässigkeit von »Peep-Shows« zu Recht vorgeworfen worden ist.[408]

Gegenüber dieser Rechtsprechung ist zunächst zu betonen, daß es sich auch bei dem Betrieb einer »Peep-Show« um eine grundsätzlich von Art. 12 Abs. 1 GG geschützte Tätigkeit handelt. Zugleich sei schon an dieser Stelle bemerkt, daß sich auch die bei derartigen Veranstaltungen auftretenden Personen – wie noch zu zeigen sein wird[409] – auf den Grundrechtsschutz der Berufsfreiheit berufen können.[410] Staatliche Maßnahmen, die eine von Art. 12 Abs. 1 GG geschützte Betätigung insgesamt verhindern, bedürfen jedoch einer Rechtfertigung durch Belange des gemeinen Wohls von hinreichendem Gewicht; eine Grundrechtsschranke der »guten Sitten« ist in Art. 12 Abs. 1 GG nicht normiert. Soll gleichwohl mit dem Bundesverfassungsgericht davon ausgegangen werden, daß die Einschränkung der Berufsfreiheit durch die »guten Sitten« verfassungsrechtlich unbedenklich

406 So BVerwGE 64, 274 (276f.).

407 BVerwGE 84, 314 (318).

408 *H. v. Olshausen*, NJW 1982, S. 2221 (2224).

409 Vgl. unten, S. 288f.

410 Tendenziell anders aber wohl BVerwG, NJW 1996, S. 1423.

ist,[411] so daß auch der Schutz der Berufsfreiheit eine Grenze in den »guten Sitten« findet,[412] muß die Vorschrift folglich als Instrument des Rechtsgüterschutzes interpretiert werden.

In diesem Zusammenhang empfiehlt sich ein Blick auf die Frage, welche Einschränkungen der allgemeinen Verhaltensfreiheit die Erwähnung des »Sittengesetzes« in Art. 2 Abs. 1 GG ermöglicht. Zwar lassen sich Elemente der »Schrankentrias« des Art. 2 Abs. 1 GG nicht ohne weiteres durch einfaches Gesetz in den Anwendungsbereich des Art. 12 Abs. 1 GG übertragen. Schon für Art. 2 Abs. 1 GG gilt indes, daß das »Sittengesetz« keine »rechtsgutersetzende Leerformel« ist, die Grundrechtseinschränkungen um ihrer selbst willen ermöglicht,[413] es stellt »kein Auffangnetz für ansonsten nicht zu rechtfertigende Grundrechtsbeschränkungen dar«.[414] Staatliche Maßnahmen, die danach schon vor den Maßstäben des Art. 2 Abs. 1 GG keinen Bestand haben würden, können aber (erst recht) keine wirksamen Begrenzungen der Berufsfreiheit sein.

Ist die Grundrechtsschranke des »Sittengesetzes« ebenfalls als Instrument des Rechtsgüterschutzes zu interpretieren, so ist weiter zu beachten, daß ein Rückgriff auf das »Sittengesetz« bei der Auslegung des Art. 2 Abs. 1 GG wegen der weiteren Grundrechtsschranken der »Rechte anderer«[415] und der »verfassungsmäßigen Ordnung« nur selten erforderlich sein wird, da über die Existenz von »Rechten« sowie rechtlich geschützten Interessen anderer Personen gerade durch die Rechtsordnung entschieden wird, das »Sittengesetz« aber auf außerrechtliche Maßstäbe Bezug nimmt. Es ist daher naheliegend, den verfassungsrechtlichen Begriff des »Sittengesetzes« in Beziehung zu dem Begriff der »öffentlichen Ordnung« zu setzen, da dieses Schutzgut des Gefahrenabwehrrechts eine vergleichbare Funktion erfüllt.[416] Zwar ist auch der Schutz der »öffentlichen Ordnung« – soweit einfach-gesetzlich vorgesehen – aus der Perspektive der Verfassung ein Teil der »verfassungsmäßigen Ordnung«. Die Erwähnung des Sittengesetzes in Art. 2 Abs. 1 GG hat in dieser Interpretation aber insofern eine eigenständige

---

[411] BVerfG, GewArch 1987, S. 194.

[412] So ausdrücklich VG Neustadt, NVwZ 1993, S. 98 (100).

[413] Demgegenüber soll nach *P. Häberle*, Wesensgehaltgarantie, S. 27, das »Sittengesetz« dem einzelnen gerade die »in der Gemeinschaft lebendigen ethischen Wertvorstellungen« vermitteln und damit »dem Grundrechtsberechtigten den Weg zum ›rechten‹, sinnvollen Gebrauch seiner Freiheit« weisen (Häberle ebd., S. 28); Diese Auffassung ist abzulehnen (vgl. bereits oben, S. 100ff.), denn sie denaturiert Art. 2 Abs. 1 GG von einem Recht auf individuelle Selbstbestimmung zu einem Instrument der Bevormundung, indem der Grundrechtsträger – selbstverständlich in seinem »wohlverstandenen Interesse« – auf heteronom gebildete Wertvorstellungen verpflichtet wird; insofern krit. auch *C. Hillgruber*, Schutz, S. 167f.

[414] *H. Dreier*, in: ders. (Hrsg.), GG, Art. 2 I Rn. 44.

[415] Zur Kontroverse um die eigenständige Bedeutung der Grundrechtsschranke der »Rechte anderer« vgl. *D. Murswiek*, in: Sachs (Hrsg.), GG, Art. 2 Rn. 91ff.; *H. Dreier*, in: ders. (Hrsg.), GG, Art. 2 I Rn. 37; *J. Ipsen*, Grundrechte, Rn. 733f.

[416] Vgl. *C. Hillgruber*, Schutz, S. 168ff.

Funktion, als klargestellt wird, daß Einschränkungen der Verhaltensfreiheit durch staatliche Interventionen zugunsten durch die Rechtsordnung im übrigen nicht besonders geschützte Güter oder Interessen nicht *a limine* unzulässig sind.[417]

Gleichwohl vermag die schlichte Unvereinbarkeit eines Verhaltens mit den Wert- und Moralvorstellungen weiter Bevölkerungskreise für sich genommen weder Einschränkungen der Berufsfreiheit noch der allgemeinen Verhaltensfreiheit zu rechtfertigen. Dies ist vielmehr erst dann der Fall, wenn ein nach Maßgabe gesellschaftlicher Anschauungen unerwünschtes Verhalten eines Grundrechtsträgers auch eine beeinträchtigende Wirkung entfaltet, weil es von anderen zumindest als Störung oder Belästigung empfunden wird,[418] einen – um mit *C. Gusy* zu sprechen – »Zumutungsgehalt« besitzt.[419] Dabei ist im Hinblick auf Art. 12 Abs. 1 GG in Rechnung zu stellen, daß das »Nichtstörungsinteresse«, nicht mit unerwünschten Zuständen oder Ereignissen in der Umwelt konfrontiert zu werden, auch dann regelmäßig keinen grundrechtlichen Schutz genießt, wenn eine staatliche Verantwortlichkeit für störendes Verhalten anderer Privater angenommen wird,[420] so daß der Dritte nur in gemindertem Maße schutzwürdig ist.[421] Sofern andere Personen ein sittenwidriges Verhalten schon nicht zur Kenntnis nehmen müssen oder ihm jedenfalls unschwer ausweichen können, weil es beispielsweise auf ein bestimmtes soziales Umfeld – etwa ein »Vergnügungsviertel« – beschränkt bleibt, kann daher nicht angenommen werden, daß die betreffende Betätigung schon wegen des Interesses Dritter verboten werden kann, nicht mit einer ihren Wertvorstellungen nicht entsprechenden Veranstaltung konfrontiert zu werden.[422]

cc. *Menschenwürde, Sittenwidrigkeit, Drittinteresse und Gesetzgeber*

Insgesamt kann der Staat demnach gegen ein sittenwidriges Verhalten nicht schon allein wegen seiner Sittenwidrigkeit einschreiten, sondern erst dann, wenn die Verletzung in der Bevölkerung verbreiteter Wertvorstellungen eine hinreichend erhebliche Beeinträchtigung der Belange Dritter oder der Allgemeinheit auslöst. Dies führt zu der Frage, welcher Art diese Interessen sein können, ob insbesondere über eine Beeinträchtigung des sittlichen Empfindens durch ein als »Zumutung« empfundenes Verhalten anderer Personen hinaus auch andere Gründe ein

---

[417] Ähnl. BVerfGE 6, 389 (434); *J. Ipsen*, Grundrechte, Rn. 743.

[418] So auch *C. Gusy*, DVBl. 1982, S. 984 (987f.); *ders.*, GewArch 1984, S. 151 (153); *C. Hillgruber*, Schutz, S. 170f.; enger *K.J. Grigoleit/J. Kersten*, DVBl. 1996, S. 596 (604f.): Schutz zugunsten des Dritten nur innerhalb der Privatsphäre.

[419] *C. Gusy*, DVBl. 1982, S. 984 (987); vgl. auch *ders.*, GewArch 1984, S. 151 (153).

[420] Vgl. dazu noch unten, S. 355ff.

[421] Ähnl. *K.J. Grigoleit/J. Kersten*, DVBl. 1996, S. 596 (603).

[422] Ähnl. *C. Gusy*, DVBl. 1982, S. 984 (988); *ders.*, GewArch 1984, S. 151 (153); *C. Hillgruber*, Schutz, S. 171f.

Verbot sittenwidrigen Verhaltens zu rechtfertigen vermögen. So hat das VG Neustadt den Nachweis der aus § 33 a Abs. 2 Nr. 2 GewO folgenden Unzulässigkeit eines »Weitwerfens« kleinwüchsiger Menschen auch mit dem nicht von der Hand zu weisenden Argument zu führen versucht, eine derartige Veranstaltung berge »das beachtliche Risiko eines Abbaus von Hemmschwellen im Umgang mit anderen Menschen«.[423] Es liegt nahe, dieser ansonsten auf der Linie des ersten »Peep-Show«-Urteils des Bundesverwaltungsgerichts operierenden Entscheidung daher zumindest im Ergebnis zustimmen zu wollen.[424] Daß die abstrakte und letztlich ungewisse Möglichkeit einer durch sittenwidriges Verhalten »mittelbar« ausgelösten Beeinträchtigung von (Individual-) Rechtsgütern anderer Personen bereits ermöglicht, eine sittenwidrige Schaustellung von Personen i.S.v. § 33 a Abs. 1 GewO zu untersagen, versteht sich aber ebenfalls nicht von selbst, weil es in derartigen Fällen einer empirisch nur bedingt verifizierbaren Prognose bedarf, die nicht ohne weiteres in den Begriff der »guten Sitten« hineingelegt werden kann[425] und möglicherweise eine spezielle gesetzliche Regelung erfordert.

In diesem Zusammenhang von Interesse sind ferner Entscheidungen, durch die der Betrieb sogenannter »Laserdrome«, in denen simulierte Kampfhandlungen mit schußwaffenähnlichen, aber ungefährlichen Geräten in einer künstlich geschaffenen Umgebung stattfinden, als Verstoß gegen die »öffentliche Ordnung« gewertet worden sind. So haben das nordrhein-westfälische wie auch das rheinland-pfälzische OVG den Begriff der »öffentlichen Ordnung« – wie zuvor das Bundesverwaltungsgericht in seiner ersten »Peep-Show«-Entscheidung die »guten Sitten«[426] – mit den Wertvorstellungen des Grundgesetzes in Verbindung gebracht[427] und auf dieser Grundlage eine Störung der »öffentlichen Ordnung« durch derartige Veranstaltungen unter Hinweis auf deren Unvereinbarkeit mit der Menschenwürde sowie dem staatlichen Gewaltmonopol darzutun versucht.[428] Dabei wurde darauf verzichtet, mit der Menschenwürde der an einem

---

[423] VG Neustadt, NVwZ 1993, S. 98 (99); auf einer vergleichbaren Ebene operiert auch das vom BayVGH, NVwZ 1986, S. 1034 (1035), mit Blick auf »Peep-Shows« vorgebrachte Argument, es gelte ganz allgemein, eine Diskriminierung der Frau durch ihre zunehmend objekthafte und kommerzialisierte Betrachtung zu verhindern.

[424] Zur (sachlich gleichgelagerten) Rechtsprechung des französischen Conseil d'État zu diesen Fällen vgl. *P. Rädler*, DÖV 1997, S. 109ff.

[425] Demgegenüber meint BVerwGE 64, 274 (276), der Bezugnahme des Gesetzes auf die »guten Sitten« liege die gesetzgeberische Entscheidung zugrunde, daß durch eine wegen ihrer Sittenwidrigkeit unzulässige Veranstaltung schutzwürdige Belange der Allgemeinheit beeinträchtigt werden; ebenso VG Düsseldorf, GewArch 1984, S. 19 (20); dagegen *C. Gusy*, GewArch 1984, S. 151 (152f.).

[426] Vgl. BVerwGE 64, 274 (276f.).

[427] OVG NW, DÖV 1995, S. 1004f. = NWVBl. 1995, S. 473 (474); OVG Rh.-Pf., GewArch 1994, S. 374; krit zu einer solchen Umdefinition der »öffentlichen Ordnung« unter Rückgriff auf Verfassungswerte *R. Störmer*, Die Verwaltung 30 (1997), S. 233 (244ff.).

[428] OVG NW, DÖV 1995, S. 1004 (1005) = NWVBl. 1995, S. 473 (474); OVG Rh.-Pf., GewArch 1994, S. 374 (375).

»Laserspiel« teilnehmenden Personen zu argumentieren. Ob dies möglich ist, hat das nordrhein-westfälische OVG vielmehr ausdrücklich offengelassen, weil ein Widerspruch zu den »grundgesetzlichen Wertungen« jedenfalls aus dem Ziel des Spiels resultiere, ein Verhalten einzuüben, wie es »für Gewaltdelikte und gewalttätige Auseinandersetzungen typisch ist«.[429] Die Spieler simulierten (Kampf-) Handlungen, die von fundamentalen Normen des Grundgesetzes »grundsätzlich mißbilligt« würden; zur Einübung derartiger Verhaltensweisen seien nur bestimmte Personenkreise – beispielsweise Polizeibeamte oder Soldaten – legitimiert.[430]

Daß ein derartiges »Gewalt- und Tötungsspiel« demnach die Gefahr hervorrufe, ein entsprechendes Verhalten könne auch in der Realität als akzeptabel angesehen werden und damit »ein Abstumpfen gegenüber Gewalt- und Tötungshandlungen« fördern,[431] ist ein Gesichtspunkt, mit dem der Blick auf schützenswerte Belange und Interessen anderer Personen gerichtet wird. Noch deutlicher zutage tritt dies in der Erwägung des rheinland-pfälzischen OVG, Gewalt als Mittel der Freizeitgestaltung sei geeignet, »die allgemeinen Hemmschwellen bezüglich ihrer Anwendung abzubauen und die zu beobachtende Entwicklung eines Abstumpfens gegenüber Tötungshandlungen weiter zu fördern«.[432] Einer solchen Argumentation läßt sich daher nicht ohne weiteres entgegenhalten, die Einschränkung der Verhaltensfreiheit durch das Verbot von »Laserdromen« erfolge unabhängig von vorrangigen Belangen Dritter oder der Allgemeinheit und diene allenfalls dem Schutz der an einem »Laserspiel« teilnehmenden Personen »vor sich selbst«: Zwar mag in methodischer Hinsicht wiederum befremden, wie die Rechtsprechung die Unantastbarkeit der Menschenwürde und andere Verfassungsprinzipien mit leichter Hand in an den Bürger gerichtete Mißbilligungstatbestände oder »soziale Verbotsnormen« umdeutet, die dann durch Ordnungsverfügungen realisiert werden.[433] Auf der anderen Seite ist der Staat zu Einschränkungen der Verhaltensfreiheit im Interesse der »Rechte« – rechtlich geschützten Positionen – Dritter nicht nur berechtigt, er kann hierzu durch das Grundgesetz vielmehr auch verpflichtet sein.

Gleichwohl erscheint letztlich nicht angängig, die vom nordrhein-westfälischen wie auch rheinland-pfälzischen OVG eindringlich beschworenen Gefahren einer Teilnahme an »Laserspielen« der hier in Rede stehenden Art zur Grundlage eines polizeilichen Verbots von »Laserdromen« zu machen: Zunächst handelt es sich um sehr vage Risiken, bei denen nicht einmal das »Ob« einer Gefährdung von Belangen anderer Personen oder der Allgemeinheit sicher feststeht. Zu

[429] OVG NW, DÖV 1995, S. 1004 (1005) = NWVBl. 1995, S. 473 (474); ähnl. OVG Rh.-Pf., GewArch 1994, S. 374 (375).
[430] OVG NW, DÖV 1995, S. 1004 (1005) = NWVBl. 1995, S. 473 (474).
[431] OVG NW, DÖV 1995, S. 1004 (1005) = NWVBl. 1995, S. 473 (474).
[432] OVG Rh.-Pf., GewArch 1994, S. 374 (375).
[433] Insoweit krit. insbes. *R. Störmer*, Die Verwaltung 30 (1997), S. 233 (248ff.).

Recht weist das VG München darauf hin, daß durchaus offen ist, ob derartige »Laserspiele« Aggressionen fördern oder möglicherweise sogar einem Abbau von Aggressionen dienlich sind.[434] Demgegenüber meint zwar das rheinland-pfälzische OVG, die – letztlich nur behauptete – Gefahr weiterer »Abstumpfung gegenüber der Achtung vor dem Leben« sei mit dem staatlichen Gewaltmonopol auch dann nicht vereinbar, wenn das Spiel die Aggressionsbereitschaft der Beteiligten nicht unmittelbar steigert oder gar einen Abbau von Aggressionen bewirkt.[435] Diese Erwägung überzeugt aber nicht, weil eine hinreichend konkrete Gefahr einer durch den Aufenthalt in »Laserdromen« vermittelten Rechtsgutsbeeinträchtigung damit nicht dargetan ist, sondern wieder auf eine Art »Erziehungszweck« staatlichen Handelns gezielt wird.

Darüber hinaus könnte auf Basis dieser Argumentation des rheinland-pfälzischen OVG nicht außer Betracht bleiben, daß die Anknüpfung an eine »Abstumpfung« gegenüber Gewalt zur Begründung einer Störung der »öffentlichen Ordnung« letztlich mit (Individual-) Rechtsgütern anderer Personen operiert, die bereits Schutzobjekte der öffentlichen Sicherheit sind und durch Rechtsnormen geschützt werden, die ebenfalls zu den Schutzgütern der öffentlichen Sicherheit zählen. Die vom nordrhein-westfälischen wie rheinland-pfälzischen OVG vertretene Auffassung zu den Schutzgütern der »öffentlichen Ordnung« läuft darauf hinaus, eine abstrakte Gefahr für ein Individualrechtsgut über das gefahrenabwehrrechtliche Schutzgut der öffentlichen Ordnung in eine konkrete Gefahr für abstrakte Verfassungswerte wie das staatliche Gewaltmonopol oder – die Argumentation ist hier austauschbar – die Menschenwürde umzudeuten, die auf diese Weise zu »mittelbaren Verbotstatbeständen« denaturieren. Zugleich wird dem Gesetzgeber damit in kaum rückholbarer Weise die Möglichkeit genommen, über die Erforderlichkeit und die Art und Weise eines Vorgehens gegen derartige Veranstaltungen unter Hinzuziehung fachwissenschaftlicher Sachkunde zu entscheiden. Ob mit dem Betrieb von Laserdromen die Gefahr einer Steigerung von Aggressionen oder jedenfalls des Abbaus von »Hemmschwellen« sowie eines »Abstumpfens« gegenüber Gewalt und damit letztlich einer Steigerung gesellschaftlicher Violenz einhergeht, kann aber nicht aufgrund verwaltungsbehördlicher oder -gerichtlicher Spekulationen mit Anspruch auf Verbindlichkeit entschieden werden. Es bedarf vielmehr einer Inanspruchnahme des Einschätzungs- und Prognosespielraums des sachkundig beratenen Gesetzgebers.[436]

Dies macht zugleich deutlich, daß gerade ein moralisierendes Operieren mit grundgesetzlichen Werten als Begründungssurrogaten die – üblicherweise im Zusammenhang mit der »Ausdehnung des Eingriffsbegriffs« beklagte – Gefahr einer

---

434 VG München, GewArch 1994, S. 332 (334).

435 OVG Rh.-Pf., GewArch 1994, S. 374 (375).

436 Nicht ausgeschlossen ist daher, eine vorgefundene gesetzgeberische Wertung für eine so nicht vorhergesehene Situation »zu Ende zu denken«, wie es das VG München, GewArch 1994, S. 332 (334), im Hinblick auf »Laserdrome« mit § 8 Abs. 5 JÖSchG getan hat.

»Entmachtung des Gesetzgebers« bewirkt,[437] indem mögliche Gefahren für Individualrechtsgüter in konkrete Gefahren für damit zum Selbstzweck werdende Verfassungswerte umgefälscht werden. Überdies ist die Verfassung als Anknüpfungspunkt für Ordnungsverfügungen relativ statisch: Zwar haben sowohl das nordrhein-westfälische wie auch das rheinland-pfälzische OVG versucht, die »Laserdrome« von anderen Gewaltdarstellungen insbesondere in Computerspielen sowie von gesellschaftlich anerkannten Kampfsportarten abzugrenzen.[438] Völlig rätselhaft bleibt jedoch, wieso es auf die »Nähe zu realen Kampf- und Tötungshandlungen«[439] ankommen soll, wenn schon das Zielen auf Menschen im Rahmen simulierter Kampfhandlungen die Menschenwürde – oder das staatliche Gewaltmonopol – verletzt. Auf Basis der Prämissen dieser Gerichte müßte jedenfalls der Fechtsport sogleich verboten werden, da hierbei mit hiebwaffenartigen Gegenständen auf den Körper eines zu besiegenden Gegners gezielt wird. Desgleichen wäre unverzüglich gegen den Verkauf von Spielzeugwaffen einzuschreiten, könnten ferner entsprechende Kinderspiele keinesfalls länger toleriert werden. Auch derartige Entscheidungen zu treffen, obliegt aber (jedenfalls) nicht den für die Abwehr von (konkreten) Gefahren zuständigen Behörden.[440]

Gegenüber diesen Erwägungen scheint allerdings der Einwand nahezuliegen, daß vom nordrhein-westfälischen wie auch vom rheinland-pfälzischen OVG erzielte Ergebnis der Unvereinbarkeit von »Laserdromen« mit der öffentlichen Ordnung sei auch ohne den Rückgriff auf grundgesetzliche Wertungen erreichbar: So hat das VG Neustadt eine entsprechende Entscheidung auf das – wie auch immer ermittelte – »sozialethische Unwerturteil breiter Bevölkerungskreise« gestützt.[441] Einer solchen Argumentation ist aber wiederum entgegenzuhalten, daß auch eine Bestimmung der Schutzgüter der öffentlichen Ordnung unter Rückgriff auf die Existenz entgegenstehender Wertvorstellungen in der Bevölkerung jedenfalls keine »Gefahrenabwehr« um ihrer selbst willen gestattet. Dies bringt gerade auch die »klassische« polizeirechtliche Definition der »öffentlichen Ordnung« zum Ausdruck, indem sie an eine Verletzung von Verhaltensmaximen anknüpft, deren Beachtung als unerläßliche Voraussetzung eines geordneten Miteinanders in der Gesellschaft angesehen wird. Eine gefahrenabwehrrechtlich relevante Verletzung der öffentlichen Ordnung setzt daher jedenfalls eine hinrei-

---

437 Ähnl. *R. Störmer*, Die Verwaltung 30 (1997), S. 233 (249f.); demgegenüber wird der Rückgriff auf die »öffentliche Ordnung« von *P.J. Tettinger*, Besonderes Verwaltungsrecht/1, Rn. 210, gerade mit der Erwägung verteidigt, er ermögliche eine Bekämpfung neuartiger Gefahren, ohne daß »erst der Gesetzgeber bemüht werden muß«.

438 OVG NW, NWVBl. 1995, S. 473 (474f.) – insoweit in DÖV 1995, S. 1004f. nicht abgedr.; OVG Rh.-Pf., GewArch 1994, S. 374 (375f.), das völlige Unkenntnis im Hinblick auf den schon 1994 erreichten Standard bei Computeranimationen erkennen läßt, indem es in diesem Zusammenhang von »Strichmännchen« spricht.

439 OVG NW, NWVBl. 1995, S. 473 (475).

440 Ebenso *R. Störmer*, Die Verwaltung 30 (1997), S. 233 (251f.).

441 VG Neustadt, GewArch 1994, S. 236 (237).

chend gewichtige Störung oder Belästigung anderer Personen durch den »Störer« voraus. Da mit dem Begriff der »öffentlichen Ordnung« auf rechtlich nicht fixierte »Sozialnormen« bezug genommen wird,[442] liegt aber nahe, den Schutz spezialgesetzlich geschützter Rechtsgüter auch den einschlägigen gesetzlichen Vorschriften zu überantworten, zumal deren (konkret) drohende Verletzung zugleich eine Gefahr für ein Schutzgut der öffentlichen Sicherheit ist. Ist die speziellere Regelung als Ausdruck der gesetzgeberischen Entscheidung über die Art und Weise des Interessenschutzes zu respektieren, so können im Hinblick auf eine Verletzung der »öffentlichen Ordnung« folglich nur Beeinträchtigungen für erheblich gehalten werden, die sich auf nicht gesondert geschützte Belange oder Interessen – beispielsweise das »sittliche Empfinden« Dritter – beziehen. Nichts anderes wird darüber hinaus für den Begriff der »guten Sitten« in § 33 a Abs. 2 Nr. 2 GewO zu gelten haben, da er ebenfalls an außerrechtliche Verhaltensmaßstäbe anknüpft und damit eine der »öffentliche Ordnung« vergleichbare Funktion erfüllt.

Damit erweist sich, daß weder die Nichtvereinbarkeit anstößigen Verhaltens mit Verfassungswerten noch die schlichte Unvereinbarkeit eines solchen Verhaltens mit gesellschaftlichen Anschauungen für sich genommen ausreicht, um eine Störung der »öffentlichen Ordnung« oder eine Verletzung der »guten Sitten« annehmen zu können.[443] Vielmehr ist zu fordern, daß aus der Unvereinbarkeit eines Verhaltens mit verbreiteten Wertvorstellungen eine konkret beeinträchtigende Wirkung für ein nicht anderweitig (spezial-) gesetzlich geschütztes Rechtsgut resultiert. Dies wiederum wird gerade dann vielfach der Fall sein, wenn sich andere Personen durch das in Rede stehende Verhalten belästigt oder gestört fühlen; § 118 OWiG mag hier als Leitlinie dienen. Dabei ist auch zu berücksichtigen, in

---

[442] Vgl. nur *W. Martens*, in: Drews/Wacke/Vogel/Martens, Gefahrenabwehr, S. 245; *E. Denninger*, in: Lisken/Denninger (Hrsg.), Handbuch des Polizeirechts, Rn. E 25; *V. Götz*, Allgemeines Polizei- und Ordnungsrecht, Rn. 122.

[443] Ansätze in diese Richtung finden sich indes auch in der Rechtsprechung zu § 1 UWG, da der BGH in Zusammenhang mit der Feststellung der Unzulässigkeit von Werbeaktionen des italienischen Textilherstellers »Benetton« den Begriff der guten Sitten im Wettbewerb als durch die »Wertordnung der Verfassung« determiniert bezeichnet hat, vgl. BGH, NJW 1995, S. 2490 (2491); 2492 (2493); auch hier wird folglich die Verfassung zum »Gängelband« des Wettbewerbers umgefälscht. Im übrigen ist anzumerken, daß der Begriff der »guten Sitten« in § 1 UWG dem Schutz spezifischer Rechtsgüter dient, denn Schutzgegenstand ist die »Lauterkeit« des Wettbewerbs, wie auch BVerfG (1. Kammer des Ersten Senats), NJW 1992, S. 1153 (1154), hervorhebt; wenn es demnach darum geht, den Bürger vor unsachlicher Beeinflussung (und hieraus resultierenden Entscheidungen) zu bewahren, ist – wie gerade mit Blick auf die »Benetton«-Entscheidungen hervorgehoben sei – § 1 UWG unabhängig von grundsätzlichen Zweifeln an der Berechtigung des Wettbewerbsrechts jedenfalls in seiner gegenwärtigen Form das denkbar ungeeignetste Instrument zur Abwehr eines verfassungsrechtlichen Wertvorstellungen widersprechenden oder aus anderen Gründen »anstößigen« Verhaltens; anders allerdings *F. Henning-Bodewig*, WRP 1992, 533 (536ff.); gegen die Annahme von Sittenwidrigkeit hingegen auch *K. J. Grigoleit/J. Kersten*, DVBl. 1996, S. 596 (597f.), mit berechtigter Kritik auch an der fragwürdigen Argumentation des BGH insbesondere zur Kunst- und Meinungsfreiheit (ebd., S. 598ff.).

welcher Form und in welchem Maße Dritte mit einem Anstoß erregenden Verhalten konfrontiert werden und ob störenden Handlungen ohne weiteres ausgewichen werden kann. Daß der Betrieb eines »Laserdroms« danach eine hinreichend erhebliche Belästigung der Allgemeinheit darstellt, ist folglich nicht anzunehmen.[444] Derartige Einrichtungen können deshalb nicht unter Rückgriff auf die öffentliche Ordnung unterbunden werden.

3. Die Adressatenstellung

a. Die Adressatenstellung bei Handlungs- und Unterlassungsgeboten

aa. Das Problem der »Vorwirkung«

Als Ergebnis der bisherigen Überlegungen zur grundrechtlichen Relevanz staatlicher Handlungen und ihrer Wirkungen ist festzuhalten, daß schon die Existenz eines imperativ-regelnden Staatsaktes wegen der mit einer Verhaltenspflicht einhergehenden Beseitigung von Handlungsalternativen einen Einwirkungstatbestand erfüllt, ohne daß es auf den Willen des (oder der) jeweiligen Maßnahmeadressaten ankäme. Die Feststellung, daß die von einem imperativ-regelnden Staatsakt ausgehenden Rechtswirkungen einen Grundrechtsträger bereits in (grund-) rechtserheblicher Weise beeinträchtigen, kann in Grenzfällen allerdings Schwierigkeiten bereiten. Zwar wird von der Adressatenstellung eines Grundrechtsträgers auszugehen sein, wenn in einer konkreten Situation alle persönlichen Merkmale und/oder sachlichen Gegebenheiten vorliegen, an die die Existenz einer Verhaltenspflicht gekoppelt ist. So ist ein Grundstückseigentümer ohne weiteres als Adressat eines (Unterlassungs-) Gebotes anzusehen, das ihm gehörende Grundstück nicht ohne eine etwa erforderliche Baugenehmigung und nicht unter Abweichung von den Vorgaben eines gültigen Bebauungsplanes zu bebauen. Staatliches Handeln kann jedoch »Vorwirkungen« gegenüber Personen entfalten, die sich (noch) nicht in dieser »Situation der Pflichtigkeit« befinden, mit oder ohne eigenes Zutun aber demnächst in eine solche Lage geraten werden oder jedenfalls geraten könnten. So wird sich beispielsweise ein Bauwilliger – um das gewählte Beispiel weiterzuverfolgen – bei seiner Entscheidung über den Erwerb eines Grundstücks und damit die Beseitigung zivilrechtlicher Bauhindernisse auch an der Realisierbarkeit einer (wunschgemäßen) Bebauung nach öffentlichem Recht orientieren. Nicht von vornherein ausgeschlossen ist daher, den jeweils geltenden Vorschriften über Art und Maß der Bebauung auch Grundrechtserheblichkeit im Hinblick auf Personen zuzubilligen, denen zwar die Bebauung eines Grundstücks gegenwärtig (tatsächlich) nicht möglich ist, die sich in ihrer Entscheidung über den Erwerb eines Grundstücks aber auch von den bestehenden Bebauungsmöglichkeiten leiten lassen: Immerhin handelt es sich bei den Vor-

[444] Ebenso (für § 118 OWiG) VG München, GewArch 1994, S. 332 (334).

schriften des Bauplanungsrechts (unter Einschluß der Bebauungspläne) um Rechtsnormen, beruht zudem die Sonderstellung des bauwilligen Nichteigentümers in diesem Beispiel allein darauf, daß die Realisierung eines Bauvorhabens neben dessen öffentlich-rechtlicher Zulässigkeit auch die zivilrechtliche Befugnis zur Grundstücksbebauung erfordert.

Dies wiederum illustriert eine namentlich bei Unterlassungsgeboten bestehende Besonderheit: Da die Pflicht zu einem Unterlassen nur durch (ständiges) Nichthandeln befolgt und erfüllt werden kann, wird eine Unterlassungspflicht vielfach allein durch die Beschreibung der zu unterlassenden Handlung normiert. Diese Regelungstechnik hat zur Folge, daß letztlich jeder Grundrechtsträger von einer Vielzahl von Unterlassungsgeboten mehr oder weniger permanent betroffen ist. Beispiele hierfür liefern zahlreiche der Verhaltenspflichten, die in den Begehungsdelikten des Straf- und Ordnungswidrigkeitenrechts verankert sind: Einem an jedermann gerichteten Verbot, die im Tatbestand einer solchen Verbotsnorm umschriebene Handlung zu begehen, kann der Bürger nur dadurch genügen, daß er die ihm untersagte Handlung ständig unterläßt. Aufgrund ihrer Struktur besitzen derartige Vorschriften mithin ohne weiteres Freiheits- und damit auch Grundrechtsrelevanz, weil die tatbestandlich umschriebene Handlung nicht erfolgen darf und dem Normadressaten damit Handlungsmöglichkeiten genommen werden.

Auf der anderen Seite ist nicht zu verkennen, daß sich Verhaltenspflichten auch bei Unterlassungsgeboten vielfach nur in bestimmten Situationen aktualisieren, wie sich schon an dem genannten Beispiel der Vorschriften des Bauplanungsrechts ablesen läßt. So wird das aus § 30 Abs. 1 BauGB resultierende Verbot planwidriger Bebauung regelmäßig nur verletzen können, wer als Eigentümer (oder Erbbauberechtigter) auch zivilrechtlich zur Bebauung eines Grundstücks berechtigt ist.[445] Ein weiteres Beispiel bildet die landesrechtliche Pflicht eines Reiters, keine anderen Wege als Fahr- oder gekennzeichnete Reitwege zu benutzen,[446] denn die (Unterlassungs-) Pflicht, beim »Reiten im Walde« bestimmte Wege nicht zu verlassen, kann nur von Reitern verletzt werden.

Mit diesen Beispielen wird auch der Bogen zu den Handlungspflichten geschlagen, denn gerade Handlungsgebote sind darauf angelegt, aktuelle Bedeutung nur in bestimmten, in der jeweiligen Gebotsnorm tatbestandlich ausgeformten Situationen zu erlangen, weil eine gleichsam »permanent« bestehende Handlungspflicht nicht denkbar ist. Im Hinblick auf diese Fallgruppe bedarf es daher

[445] Allerdings ist nach der Rechtsprechung die zivilrechtliche Bebauungsberechtigung keine Voraussetzung für einen Anspruch auf Erteilung einer Baugenehmigung, vgl. BVerwGE 42, 115 (116ff.); 50, 282 (285f.); in einigen Bundesländern kann von einem antragstellenden Nichteigentümer aber der Nachweis verlangt werden, daß er zur Ausführung des Vorhabens berechtigt ist, vgl. z.B. § 53 Abs. 4 S. 2 LBauO Ba.-Wü.; Art. 69 Abs. 4 S. 3 BayBauO; § 90 Abs. 4 S. 3 hess. BauO; § 63 Abs. 3 S. 3 BauO NW; § 62 Abs. 5 LBauO Rh.-Pf.; § 63 Abs. 4 S. 3 LBauO Schl.-H.

[446] Vgl. z.B. § 2 Abs. 2 i.V.m. § 25 Abs. 1 Nds. FFOG; § 50 Abs. 2 LandschaftsG NW.

einer weiteren Differenzierung: Zunächst kann der Eintritt einer »Situation der Pflichtigkeit« die Folge eines ungewissen zukünftigen Ereignisses sein, so daß die Handlungspflicht auch ohne oder gegen den Willen des Pflichtigen zu entstehen vermag. Beispiele hierfür bieten die Hilfeleistungspflicht gem. § 323 c StGB oder auch die Pflicht des Arbeitsgebers zur Weiterzahlung der Bezüge im Falle der Erkrankung oder des Urlaubs eines Arbeitsnehmers.[447] In anderen Fällen ist hingegen ein Verhalten des Bürgers mit der Pflicht zur vorgängigen, gleichzeitigen oder späteren Vornahme einer staatlich angeordneten Handlung dergestalt verknüpft, daß der Bürger eine ihm mögliche Handlung nicht vornehmen darf, ohne auch das abgeforderte Verhalten an den Tag zu legen. In diesen Fällen hängt der Eintritt einer Handlungspflicht mithin auch vom Willen des Betroffenen ab. Hierher gehören beispielsweise die Anschnallpflicht für Kraftfahrer und – um das Beispiel des »Reitens im Walde« nicht aus den Augen zu verlieren – eine landesrechtlich vorgesehene Pflicht zur Kennzeichnung von Reitpferden.[448] Gerade für Fälle, in denen der Eintritt der »Situation der Pflichtigkeit« auch der Steuerbarkeit eines Grundrechtsträgers unterliegt, läßt sich jedoch die Frage stellen, inwieweit imperativ-regelnde Anordnungen des Staates (grund-) rechtserhebliche Vorwirkungen zu entfalten vermögen, wenn ein Bürger von dieser »Situation der Pflichtigkeit« durch tatsächliche oder rechtliche Hindernisse noch mehr oder weniger weit entfernt ist.

Es ist unschwer zu erkennen, daß damit Fallgestaltungen angesprochen sind, die im Hinblick auf die Voraussetzungen der Zulässigkeit einer Verfassungsbeschwerde die Frage nach dem Vorliegen einer unmittelbaren und gegenwärtigen Selbstbetroffenheit des Beschwerdeführers aufwerfen, weil »Unmittelbarkeit« und »Gegenwärtigkeit« einer Einwirkung in diesen Fällen als nicht unproblematisch erscheinen: Während in Zusammenhang mit dem Merkmal der »Selbstbetroffenheit« eines Beschwerdeführers insbesondere die Beschwerdebefugnis eines Nichtadressaten Probleme bereitet,[449] geht es bei dem Kriterium der »gegenwärtigen« Betroffenheit gerade um das Vorliegen einer »aktuellen« und nicht nur »virtuellen« Beeinträchtigung, wenn derzeit (noch) nicht die Voraussetzungen gegeben sind, unter denen ein (Norm-) Befehl gegenüber einem Grundrechtsträger Wirksamkeit erlangt.[450] Demgegenüber betrifft das Merkmal der »unmittel-

---

[447] Zur Zulässigkeit von Verfassungsbeschwerden gegen die Anordnung eines Anspruchs des Arbeitnehmers auf bezahlten Bildungsurlaub vgl. BVerfGE 77, 308 (326f.); anders für den (Sonder-) Fall eines Anspruchs auf Lohnfortzahlung bei Wahrnehmung ehrenamtlicher Tätigkeiten in der Jugendarbeit BVerfGE 85, 226 (233).

[448] Vgl. § 51 Abs. 1 LandschaftsG NW.

[449] Vgl. z.B. BVerfGE 6, 273 (278); 47, 327 (364); 50, 290 (320f.); 51, 369 (276); 78, 350 (354f.); *E. Benda*, in: E. Benda/E. Klein, Lehrbuch des Verfassungsprozeßrechts, Rn. 490f.; *C. Pestalozza*, Verfassungsprozeßrecht, § 12 Rn. 41ff.; *D. Kley*, in: Umbach/Clemens (Hrsg.), BVerfGG, § 90 Rn. 48, 54ff.; *B. Schmidt-Bleibtreu*, in: Maunz/Schmidt-Bleibtreu/Klein/Ulsamer, BVerfGG, § 90 Rn. 95ff.; *K. Stern*, in: BK, Art. 93 Rn. 504ff.

[450] Vgl. z.B. BVerfGE 1, 97 (102); 26, 246 (251f.); 41, 29 (42); 48, 64 (79f.); 50, 290 (321); 60, 360

baren« Betroffenheit die – damit freilich eng verknüpfte – Frage, inwieweit schon ein staatlicher Rechtsetzungsakt oder erst eine weitere, diesem »nachgeschaltete« (Administrativ-) Maßnahme mit der Verfassungsbeschwerde angreifbar ist. Durch das Unmittelbarkeitserfordernis wird einem Grundrechtsträger angesonnen, den Erlaß eines gesetzvollziehenden Administrativakts grundsätzlich abzuwarten und gegen diese Maßnahme zunächst auf dem Rechtsweg vorzugehen, bevor das Bundesverfassungsgericht angerufen werden kann.[451] Als Begriff des Verfassungsprozeßrechts ist damit die »Unmittelbarkeit« nach richtiger Ansicht ein Ausdruck der Subsidiarität der Verfassungsbeschwerde,[452] wenn es (bislang) an einem Staatsakt fehlt, der den Rechtsschutz vor den Fachgerichten eröffnen würde.[453]

Bei den Merkmalen der Gegenwärtigkeit einer Beeinträchtigung sowie der Selbstbetroffenheit des Beschwerdeführers handelt es sich demnach um verfassungsprozeßrechtliche Einkleidungen für Fragestellungen, die auch im Hinblick auf das Vorliegen eines Beeinträchtigungstatbestandes von Interesse sind, während es an der »Unmittelbarkeit« im verfassungsprozessualen Sinne mangels Vollzugsakt im Einzelfall auch dann fehlen kann, wenn eine Beeinträchtigung grundrechtlich geschützter Güter zweifelsfrei vorliegt und deshalb die Möglichkeit einer Grundrechtsverletzung besteht. Zwar wird eine »unmittelbare« Beeinträchtigung vielfach erst aus dem (administrativen) Vollzugsakt resultieren, der in Anwendung einer Rechtsvorschrift ergeht. Der Gedanke der Subsidiarität der Verfassungsbeschwerde greift aber auch dann ein, wenn dieser Vollzugsakt lediglich deklaratorischer Natur ist. Folgerichtig verweist das Bundesverfassungsgericht einen Beschwerdeführer selbst dann auf den Rechtsweg gegen einen Vollzugsakt, wenn dieser nicht »rechtsnotwendig« ist, sondern »auch nur nach der tatsächlichen Verwaltungspraxis« ergeht.[454]

Gleichwohl wird das Erfordernis eines Vollzugsaktes in den hier interessierenden Fällen, in denen eine rechtserhebliche Beeinträchtigung unter dem Aspekt der »Vorwirkung« in Rede steht, der Zulässigkeit einer Verfassungsbeschwerde

(371ff.); 72, 1 (6f.); 74, 297 (319f.); 77, 308 (326f.); 85, 226 (233); *E. Benda*, in: E. Benda/E. Klein, Lehrbuch des Verfassungsprozeßrechts, Rn. 492ff.; *C. Pestalozza*, Verfassungsprozeßrecht, § 12 Rn. 44; *K. Stern*, in: BK, Art. 93 Rn. 553ff.; *J. Ipsen*, Staatsorganisationsrecht, Rn. 839.

[451] Seit BVerfGE 1, 97 (102ff.) st. Rspr.; vgl. hierzu *E. Benda*, in: E. Benda/E. Klein, Lehrbuch des Verfassungsprozeßrechts, Rn. 495ff.; *C. Pestalozza*, Verfassungsprozeßrecht, § 12 Rn. 35ff.; *K. Stern*, in: BK, Art. 93 Rn. 567ff.; *D. Kley*, in: Umbach/Clemens (Hrsg.), BVerfGG, § 90 Rn. 50, 97ff.

[452] So ausdrücklich BVerfGE 1, 97 (103); 43, 291 (386); 58, 81 (104f.); 68, 376 (379f.); 72, 39 (43); ferner *D. Kley*, in: Umbach/Clemens (Hrsg.), BVerfGG, § 90 Rn. 50, 97; *K. Stern*, in: BK, Art. 93, Rn. 570; zwischen »Unmittelbarkeit« und Subsidiarität der Verfassungsbeschwerde differenzierend aber BVerfGE 86, 382 (386); ebenso *H. Weber*, JuS 1995, S. 114 (118).

[453] Demgegenüber wird in BVerfGE 34, 338 (340) – einer auch in der Sache äußerst zweifelhaften Entscheidung – die Frage der Selbstbetroffenheit als Problem der (Un-) Mittelbarkeit behandelt; ebenso BVerfGE 43, 142 (147); 53, 1 (14).

[454] BVerfGE 45, 104 (117); 72, 39 (43).

schon deshalb regelmäßig nicht entgegengehalten werden können, weil diese Sachverhalte vielfach gerade dadurch gekennzeichnet sind, daß die Voraussetzungen eines etwaigen Vollzugsaktes noch nicht vorliegen. Der Gedanke der Subsidiarität der Verfassungsbeschwerde, den das Merkmal der Unmittelbarkeit gerade zum Ausdruck bringt, kommt hier folglich nicht zum Tragen. Vielmehr sind die Merkmale der »Gegenwärtigkeit« und der »Unmittelbarkeit« der Beeinträchtigung dergestalt miteinander verwoben, daß eine gegenwärtige Beeinträchtigung zugleich eine unmittelbare Beeinträchtigung auslöst.[455] Dem trägt das Bundesverfassungsgericht Rechnung, indem es bei grundrechtserheblichen »Vorwirkungen« gesetzlicher Regelungen ein Rechtsschutzbedürfnis für die unmittelbare Anfechtung des Gesetzes trotz fehlenden Vollzugsaktes bejaht.[456]

bb. »Vorwirkung« und Einwirkung auf Dispositionen

(1) »Virtuelle« und »aktuelle« Beeinträchtigungen

Zu der Sachfrage, unter welchen Voraussetzungen ein Grundrechtsträger im Falle von »Vorwirkungen« eines imperativ-regelnden Staatsaktes »gegenwärtig« – und damit zugleich in grundrechtlich erheblicher Weise – beeinträchtigt wird, können der Rechtsprechung des Bundesverfassungsgerichts einige allgemeine und auch weitgehend konsentierte Grundsätze entnommen werden, deren Anwendung im Einzelfall aber gelegentlich Schwierigkeiten bereitet. Wie frühzeitig entschieden und in ständiger Rechtsprechung weiter betont wurde, ist die »Gegenwärtigkeit« einer Beschwer nicht dargetan, wenn ein Beschwerdeführer nur behaupten kann, »irgendwann einmal in der Zukunft (›virtuell‹)« von der gerügten Norm betroffen zu sein,[457] da »ein ›virtuelles‹ Betroffen-werden des Staatsbürgers fast stets zu bejahen wäre«.[458] Dieser Formel kann zunächst entnommen werden, daß es für die Annahme der »Gegenwärtigkeit« einer Beeinträchtigung im Falle einer Vorwirkung besonderer Umstände bedarf, die den Betroffenen aus der Allgemeinheit herausheben. Mit dieser Feststellung ist aber noch nicht allzuviel gewonnen, weil sie eindeutige Ergebnisse nur in Extremfällen liefert, in denen eine »gegenwärtige« Beeinträchtigung ohnehin nicht ernsthaft in Betracht kommt.

---

[455] So wohl auch BVerfGE 75, 78 (95).

[456] Vgl. BVerfGE 43, 291 (385f.); 58, 81 (107); 59, 1 (18); 60, 360 (371f.); 68, 287 (300f.); 75, 78 (95); diese Rechtsprechung illustriert zugleich die enge Verbindung zwischen den Kriterien der »Gegenwärtigkeit« und der »Unmittelbarkeit«: So ist teilweise schon nicht zu erkennen, unter welchem dieser Gesichtspunkte die Frage nach der Rechtserheblichkeit einer »Vorwirkung« jeweils geprüft wird, vgl. BVerfGE 43, 291 (387); nicht ganz eindeutig auch BVerfGE 58, 81 (107); als Problem der »Gegenwärtigkeit« einer Einwirkung wird sie behandelt von BVerfGE 60, 360 (371ff.); auf die »Unmittelbarkeit« wird zurückgegriffen in BVerfGE 59, 1 (17f.); 68, 287 (300f.); vgl. ferner – für einen Spezialfall – BVerfGE 75, 246 (263); demgegenüber arbeitet BVerfGE 75, 78 (95), den Zusammenhang deutlicher heraus und bejaht beide Merkmale.

[457] BVerfGE 1, 97 (102); 60, 360 (371); 74, 297 (319); ähnl. BVerfGE 43, 291 (385); 58, 81 (104); 72, 1 (5).

[458] BVerfGE 1, 97 (102); ebenso BVerfGE 60, 360 (371).

Allerdings kann für die verbleibende »Grauzone« zwischen eindeutig »aktuellen« und zweifelsfrei nur »virtuellen« Beeinträchtigungen weiter festgestellt werden, daß die Zulässigkeit einer Verfassungsbeschwerde nach Auffassung des Bundesverfassungsgerichts nicht schon dann ohne weiteres zu verneinen ist, wenn der Eintritt der »Situation der Pflichtigkeit« noch nicht sicher feststeht. Das Gericht geht vielmehr davon aus, daß ein Beschwerdeführer von einem imperativ-regelnden Staatsakt – regelmäßig einer Rechtsnorm – gegenwärtig und unmittelbar betroffen wird, wenn dieser ihn zu Dispositionen zwingt, die später nicht mehr nachgeholt oder korrigiert werden können.[459] So verhielt es sich beispielsweise im Falle einer Verfassungsbeschwerde von Studienplatzbewerbern, die sich vorab gegen eine Bestimmung des HRG 1976[460] über die Nichtanrechnung von Zeiten eines »Parkstudiums« bei der Vergabe des Wunschstudienplatzes nach Maßgabe der Wartezeit (»Parkstudiumsklausel«) wendeten. Diese Vorschrift aktualisierte sich zwar erst, wenn über den Antrag auf Zulassung zum Wunschstudium unter Berücksichtigung der anrechenbaren Wartezeit entschieden wurde. Sie besaß »aber noch eine vom Gesetzgeber beabsichtigte zusätzliche Funktion als Verhaltensnorm«, weil »die künftige Berechnung der Wartezeit mit alsbaldiger Wirkung davon abhängig gemacht wird, wie sich der Studienbewerber in der Zeit zwischen Inkrafttreten des Gesetzes und seiner späteren Vollziehung verhält«.[461] Das Bundesverfassungsgericht bejahte daher eine gegenwärtige und unmittelbare Beeinträchtigung, weil die angegriffene Bestimmung »den Normadressaten schon jetzt zu einer später nicht mehr voll korrigierbaren Entscheidung über Fortsetzung oder Abbruch des Parkstudiums« nötige und damit einen »Entscheidungsdruck« auslöse.[462]

Weitere Beispiele für diese Rechtsprechung finden sich in Entscheidungen zu Verfassungsbeschwerden, mit denen noch im Erwerbsleben stehende Personen gegen Vorschriften vorgingen, die sich (möglicherweise) auf ihre künftige Stellung als Rentner auswirken würden. Zwar ist in diesen Fällen auch damit argumentiert worden, daß Eintritt und Umfang einer künftigen Beeinträchtigung ungewiß seien.[463] Diese Ungewißheit mußten sich die Beschwerdeführer aber nur entgegenhalten lassen, wenn sie nicht darzutun vermochten, daß die angegriffene Vorschrift sie schon im Zeitpunkt der Verfassungsbeschwerde »zu einer Entscheidung oder zu einer besonderen Disposition ... nötigt«,[464] die später nicht mehr nachgeholt werden kann. Sofern derartige Dispositionen – beispielsweise

---

[459] BVerfGE 43, 291 (386); 58, 81 (107); 59, 1 (18); 60, 360 (372); 68, 287 (300); 75, 78 (95); 75, 246 (263); eine »Beeinträchtigung der Beschwerdeführer in ihrer Motivation« läßt auch BVerfGE 45, 104 (119), genügen.

[460] BGBl. I S. 185.

[461] BVerfGE 43, 291 (387).

[462] BVerfGE 43, 291 (387); zust. *K. Stern*, in: BK, Art. 93 Rn. 564.

[463] Vgl. BVerfGE 58, 81 (107f.); 60, 360 (371f.); 72, 1 (6ff.).

[464] BVerfGE 60, 360 (372ff.).

im Hinblick auf eine »etwaige ergänzende Altersversorgung« – zu treffen sind, wurde demgegenüber »ein schutzwürdiges Interesse an der alsbaldigen Prüfung, ob die angegriffene Regelung von Bestand sein wird«, bejaht.[465]

(2) Die Dispositionsrelevanz bei nicht zulassungsfreien Betätigungen

Im Hinblick auf das Merkmal der »Dispositionsrelevanz« von Bedeutung und daher ebenfalls in diesem Zusammenhang zu nennen sind ferner Fälle, in denen ein bislang zulässiges Verhalten aufgrund einer Änderung der Rechtslage unzulässig wird oder nur noch unter erschwerten Bedingungen zulässig ist. Eine derartige Rechtsänderung kann zunächst zur Folge haben, daß früher getätigte Dispositionen, die im Vertrauen auf den Fortbestand der bisherigen Rechtslage erfolgten, nachträglich entwertet werden. Beispielhaft hingewiesen sei auf die Entscheidung des Bundesverfassungsgerichts zur Nichtigkeit des Ingenieurgesetzes von 1965.[466] Dieses Gesetz war von Besuchern einer staatlich nicht anerkannten Ingenieurschule angefochten worden, weil es ihnen verwehrte, nach Abschluß der Ausbildung im Falle einer Tätigkeit in der Wirtschaft die Berufsbezeichnung »Ingenieur« zu führen. Obwohl die Beendigung dieser Ausbildung zunächst ebenso ungewiß war, wie eine anschließende Tätigkeit »in der Wirtschaft«,[467] erachtete das Bundesverfassungsgericht die Verfassungsbeschwerde für zulässig, weil die Erwartung, künftig die Berufsbezeichnung »Ingenieur« führen zu dürfen, hinfällig geworden sei und sich damit die bisher bestehende Rechtslage zum Nachteil der Beschwerdeführer verändert habe.[468]

Mit einer vergleichbaren Konstellation hatte sich das Bundesverfassungsgericht aufgrund der weitgehenden Abschaffung des Berufs des Rechtsbeistandes zu befassen, die im Jahre 1980 durch eine Änderung des RBerG[469] erfolgt ist. Daraufhin erhobene Verfassungsbeschwerden von Personen, die bereits Vorbereitungen für die Erlangung einer Erlaubnis zur Ausübung dieses Berufs getroffen hatten, erachtete das Bundesverfassungsgericht wiederum unter Hinweis auf seine (mittlerweile) ständige Rechtsprechung für zulässig, derzufolge ein Rechts-

---

[465] BVerfGE 58, 81 (107); vgl. auch BVerfGE 68, 287 (300f.); 75, 78 (95); 77, 308 (326f.); BVerfGE 72, 1 (6ff.), äußert sich zu dieser Frage hingegen nicht; hierzu bestand wohl auch kein Anlaß, da diese Entscheidung die Rüge einer Verletzung von Art. 3 Abs. 2 GG durch den für Männer und Frauen unterschiedlichen Beginn der Berechtigung zum Bezug von Altersruhegeld aus der gesetzlichen Rentenversicherung betraf.

[466] Gesetz zum Schutze der Berufsbezeichnung »Ingenieur« (Ingenieurgesetz) v. 07. 07. 1965 (BGBl. I S. 601).

[467] Demgegenüber hebt *K. Stern*, in: BK, Art. 93 Rn. 564, auch mit Blick auf diesen Fall hervor, daß bei »normalem Ablauf der Ereignisse die Betroffenheit gerade des Beschwerdeführers bevorsteht«; zugleich will allerdings *Stern* (ebd.) offenbar auch ausreichen lassen, wenn »eine Betroffenheit in der Motivation der Beschwerdeführer eintritt«.

[468] BVerfGE 26, 246 (252).

[469] Art. 2 Abs. 6 Nr. 1 des Fünften Gesetzes zur Änderung der BRAGO v. 18. 08. 1980 (BGBl. I S. 1503).

schutzbedürfnis für die unmittelbare Anfechtung eines Gesetzes schon vor Erlaß eines Vollzugsaktes ausnahmsweise zu bejahen sei, »wenn das Gesetz den Betroffenen bereits gegenwärtig zu später nicht mehr korrigierbaren Entscheidungen und schon jetzt zu Dispositionen veranlaßt, die er nach einem späteren Gesetzesvollzug nicht mehr nachholen könnte«. Dieser Ausnahmefall liege vor, weil einerseits nach Maßgabe des bislang geltenden Rechts ein Vollziehungsakt wegen der noch fehlenden Sachkunde der Beschwerdeführer nicht beantragt werden könnte, sich andererseits die Beschwerdeführer für Fortsetzung oder Abbruch der bisherigen Ausbildung entscheiden müßten, ohne daß diese Entscheidung später hinreichend korrigiert werden könnte.[470] Zugleich hebt das Bundesverfassungsgericht in Zusammenhang mit seinen Ausführungen zu dem Merkmal der »Selbstbetroffenheit« allerdings hervor, daß es nicht darauf ankomme, ob ein Berufsbewerber bereits erfolgte Vorbereitungen im Hinblick auf den Beruf des Rechtsbeistands nachweist.[471]

An dieser Argumentation muß zunächst die Ungereimtheit auffallen, daß das Bundesverfassungsgericht in Zusammenhang mit dem Merkmal der »Selbstbetroffenheit« eines Beschwerdeführers der Frage nach dem Vorliegen von Vorbereitungen auf den Beruf des Rechtsbeistands keine Bedeutung beimißt und deshalb dem Vorhandensein solcher Bemühungen auch nicht weiter nachgeht, während alsdann die Entbehrlichkeit eines Vollzugsaktes gerade deshalb bejaht wird, weil sich die Beschwerdeführer für Abbruch oder Beendigung ihrer begonnenen Ausbildung entscheiden müßten. Zugleich klingt in dieser Argumentation des Bundesverfassungsgerichts schon an, daß ein imperativ-regelnder Staatsakt, der die Zulässigkeit des geregelten Verhaltens von bestimmten Voraussetzungen abhängig macht, sich insofern aus unterschiedlichen Blickwinkeln betrachten läßt, als ein unmittelbar wirksames Verbot einer bestimmten Betätigung vorliegt, von dem ein Betroffener unter bestimmten Voraussetzungen wieder befreit werden kann: Daß eine bestimmte – hier rechtsberatende – Tätigkeit nur eingeschränkt (»bedingt«) zulässig ist, bewirkt zunächst eine ohne weiteres verbindliche Einschränkung der Freiheit zu einem Verhalten nach eigenem Belieben durch ein für jedermann verbindliches Verbot und damit eine aktuell wirksame Einwirkung auf die grundrechtlich geschützte (Verhaltens-) Freiheit; eine »Vorwirkung« steht insoweit nicht in Rede. Jedermann ist vielmehr schon durch die Erforderlichkeit einer Erlaubnis (beispielsweise) für eine rechtsberatende Tätigkeit selbst sowie gegenwärtig betroffen, ohne daß hierfür von Bedeutung wäre, ob ein Grundrechtsträger an dem nur eingeschränkt zulässigen Verhalten überhaupt interessiert ist, denn die Einschränkung oder Beseitigung der Zulässigkeit eines bestimmten Verhaltens durch imperativ-regelnde Staatsakte ist – wie ausgeführt[472] – schon wegen

[470] BVerfGE 75, 246 (263).
[471] BVerfGE 75, 246 (262).
[472] Vgl. oben, S. 120ff.

der damit einhergehenden Beseitigung von Verhaltensmöglichkeiten grundsätzlich grundrechtlich relevant.

Demgegenüber ergibt sich eine etwas veränderte Perspektive, wenn die Ebene des Verbots verlassen und der Blick auf die Voraussetzungen gerichtet wird, von denen die Zulässigkeit einer Tätigkeit oder eines Verhaltens jeweils abhängig ist. Diese (Verbotsaufhebungs-) Voraussetzungen vermögen eine verhaltenssteuernde Wirkung zu entfalten, weil sie zu beachten und bei seinen Dispositionen in Rechnung zu stellen haben wird, wer an einer erlaubnispflichtigen Betätigung interessiert ist. Es kann deshalb auch von einer »Vorwirkung« einzelner Anforderungen gesprochen werden, wenn die Zulassung des gewünschten Verhaltens von unterschiedlichen Voraussetzungen abhängt, die neben- oder nacheinander erfüllt sein müssen. Allerdings hat das Bundesverfassungsgericht im Falle der Schließung des Berufs der Rechtsbeistände weiter hervorgehoben, daß eine »unmittelbare Betroffenheit« deshalb problematisch erscheint, weil eine ausdrückliche staatliche Gestattung erforderlich sei, gegen deren Ablehung vor den Fachgerichten vorgegangen werden könne.[473] Mit dem letztlich für die Zulässigkeit der erhobenen Verfassungsbeschwerden vorgebrachten Argument, die Beschwerdeführer müßten sich für Abbruch oder Fortsetzung ihres begonnenen Ausbildungsgangs entscheiden,[474] wird schließlich an eine Besonderheit im Falle einer Veränderung der Rechtslage angeknüpft.

An dieser Überlegung trifft zunächst zu, daß Personen, die bereits mit Bemühungen um den Erwerb der bislang für eine Tätigkeit als Rechtsbeistand erforderlichen Qualifikation begonnen haben, von der Schließung dieses Berufs in besonderem Maße getroffen werden. Darüber hinaus ist richtig, daß die Verfassungswidrigkeit dieser Maßnahme vor den Fachgerichten nur dann mit Aussicht auf Erfolg wird thematisiert werden können, wenn ein vorgängiger Antrag auf Gestattung einer Tätigkeit als Rechtsbeistand gerade wegen der Neuregelung abgelehnt worden ist, der Antragsteller also die nach bisherigem Recht erforderliche und ausreichende Qualifikation besitzt. Wären die erhobenen Verfassungsbeschwerden unzulässig, so müßten die Beschwerdeführer folglich diese Qualifikation zunächst mit u.U. erheblichem Aufwand erwerben, um alsdann einen aussichtslosen Zulassungsantrag zu stellen und danach ein verwaltungsgerichtliches Verfahren durchzuführen, das erst die verfassungsgerichtliche Überprüfung der angegriffenen Neuregelung im Wege der konkreten Normenkontrolle oder – nach Abschluß des Instanzenzuges – aufgrund einer Urteilsverfassungsbeschwerde ermöglicht. Auch das damit verknüpfte Risiko eines letztlich nutzlos bleibenden Aufwands ist indes Folge des Umstands, daß eine Zulassung als Rechtsbestand nach der einfach-gesetzlichen Rechtslage selbst dann nicht mehr möglich ist, wenn die bislang an einen Rechtsbeistand gestellten Anforderungen

[473] Vgl. BVerfGE 75, 246 (262f.).
[474] Vgl. BVerfGE 75, 246 (263).

erfüllt sind, es für die Zulässigkeit einer (umfassenden) rechtsberatenden Tätigkeit vielmehr der Qualifikation eines Rechtsanwalts bedarf. Dies kann aber nicht außer Betracht lassen und muß ebenfalls bei seinen Dispositionen berücksichtigen, wer an einer Tätigkeit als Rechtsbeistand interessiert ist, ohne bereits Anstrengungen in Richtung des Erwerbs der für eine solche Tätigkeit bislang erforderlichen Qualifikation unternommen zu haben. Es kann deshalb auf das Vorhandensein derartiger Bemühungen auch nicht ankommen, wenn ein solcher Berufsbewerber die Unverhältnismäßigkeit der Neuregelung rügt. Daß das betätigte Vertrauen auf den Fortbestand der bisherigen Rechtslage – die »Vertrauensinvestition«[475] – enttäuscht wurde, ist vielmehr ein Gesichtspunkt, der nicht für die Zulässigkeit, sondern allein für die Begründetheit einer Verfassungsbeschwerde von Bedeutung ist.[476]

Diese Überlegungen lassen sich verallgemeinern: Wer zum Zwecke der Überwindung von Zulassungsschranken – insbesondere subjektiver Voraussetzungen des Berufszugangs – am Erwerb einer bestimmten Qualifikation interessiert ist, wird sich daran orientieren müssen, welche Voraussetzungen mit der Berechtigung zu bestimmten Tätigkeiten oder auch zum Führen von (Berufs-) Bezeichnungen oder Titeln – etwa der Berufsbezeichnung »Ingenieur« – verknüpft sind. Wird die Unverhältnismäßigkeit der derzeit geltenden Verbotsaufhebungsvoraussetzungen geltend gemacht, kann es für die Zulässigkeit einer Verfassungsbeschwerde folglich nicht darauf ankommen, ob der Beschwerdeführer bereits Anstrengungen unternommen hat, bislang erforderlichen, allgemein konsentierten oder von ihm selbst für angemessen gehaltenen Anforderungen zu genügen. Der »Dispositionsrelevanz« der jeweils geltenden Voraussetzungen eines nur eingeschränkt zulässigen Verhaltens kommt daher gerade auch dann Bedeutung zu, wenn das gewünschte Verhalten von einem »Bündel« steuerbarer oder nicht steuerbarer Voraussetzungen abhängig ist, so daß erst zu einem späteren Zeitpunkt bedeutsam werdende Genehmigungsvoraussetzungen auch eine »Vorwirkung« entfalten: Wer sich gegen eine oder mehrere dieser Voraussetzungen wendet, wird sich regel-

[475] BVerfGE 75, 246 (280).

[476] Aus ähnlichen Gründen nicht zugestimmt werden kann deshalb auch den Gründen, aus denen BVerfGE 74, 297 (319f.), Verfassungsbeschwerden des SDR und des SWF gegen das LMedienG Ba.-Wü. aus dem Jahre 1985 auch insoweit für zulässig gehalten hat, als sich die Rundfunkanstalten gegen einen Vorbehalt gesonderter Zulassung durch Gesetz oder Staatsvertrag im Hinblick auf Dienstleistungen wendeten, für deren Einführung seinerzeit keine konkreten Planungen vorlagen. Das Gericht argumentiert u.a., die betreffenden Regelungen entfalteten »unkorrigierbare Vorwirkungen«, weil eine etwaige Einführung der betreffenden Leistungen eingehender Planung und Vorbereitung bedürfe und umfangreiche finanzielle Dispositionen erfordere, so daß das Risiko der Vergeblichkeit dieser Maßnahmen den Beschwerdeführern nicht zuzumuten sei (ebd., S. 320). Indes dürfte näherliegend sein, in einem solchen Risiko nicht eine »Vorwirkung«, sondern eine »Auswirkung« eines Gesetzes zu sehen, mit denen bislang – wie auch das BVerfG sieht (ebd., S. 319) – bestehende Verhaltensmöglichkeiten der Normadressaten beseitigt worden sind, so daß die »Gegenwärtigkeit« einer Beeinträchtigung (hier des Art. 5 Abs. 1 S. 2 GG) ohne weiteres zu bejahen war.

mäßig nicht entgegenhalten lassen müssen, daß er die übrigen Voraussetzungen für die gewünschte Tätigkeit derzeit noch nicht erfüllt. Diese Voraussetzungen sind vielmehr in ihrer Gesamtheit für die Willensbildung eines Betroffenen von Bedeutung und begründen daher auch dessen gegenwärtige Betroffenheit.

Illustriert sei dies anhand der Voraussetzungen für die Zulässigkeit einer Tätigkeit als frei praktizierender Arzt: Wer eine solche Tätigkeit ausüben will, muß zunächst den Anforderungen an die Qualifikation eines Arztes genügen, also die Approbation besitzen. Darüber hinaus wird der niedergelassene Arzt regelmäßig eine Zulassung als Vertragsarzt gem. § 95 SGB V benötigen. Zwar ist die Vertragsarztzulassung keine rechtliche Bedingung für die Ausübung des Arztberufs in einer eigenen Praxis. Wegen des hohen Anteils gesetzlich Krankenversicherter an der Gesamtbevölkerung[477] läßt sich eine Arztpraxis ohne Vertragsarztzulassung jedoch nicht in wirtschaftlicher Weise betreiben, so daß die Verweigerung der Zulassung *de facto* auf die Nichtgestattung einer beruflichen Betätigung als frei praktizierender Arzt hinausläuft. Zu Recht hat deshalb das Bundesverfassungsgericht die Nichtzulassung als (damals) Kassenarzt frühzeitig als Beeinträchtigung der von Art. 12 Abs. 1 GG geschützten Berufsfreiheit qualifiziert.[478] Es handelt sich strukturell um eine den staatlichen Einwirkungen auf den Wettbewerb zuzuordnende und deshalb – wie noch zu zeigen sein wird – grundrechtlich relevante Maßnahme, weil in dem staatlichen System der gesetzlichen Krankenversicherung versicherte Personen unabhängig vom Bestehen einer freiwilligen Versicherung oder einer Pflichtversicherung bevorzugt solche Ärzte aufsuchen werden, die zugelassene Vertragsärzte sind.

Die Freiheit zu einer Tätigkeit als frei praktizierender Arzt ist demnach durch aufeinander aufbauende Regelungen von jeweils eigenständiger grundrechtlicher Relevanz begrenzt: Zunächst ist diese Tätigkeit mit den Anforderungen an die Qualifikation eines Arztes von subjektiven Kriterien abhängig, die verfassungsrechtlich unproblematisch sind. Darüber hinaus kommt es für die Zulassung als Vertragsarzt auch auf das objektive Kriterium des Ärztebedarfs an, denn zusätzliche Zulassungen dürfen grundsätzlich nicht erteilt werden, wenn nach § 103 Abs. 1 SGB V Zulassungsbeschränkungen wegen des Vorliegens einer »Überversorgung« mit Ärzten i. S. v. § 101 Abs. 1 S. 2 SGB V (Überschreitung eines »bedarfsgerechten Versorgungsgrades« um mehr als 10 Prozent) angeordnet wurden; gem. § 102 Abs. 1 SGB V soll ab (nunmehr) 2003 sogar eine reine Bedarfszulassung erfolgen.[479]

---

[477] Der Anteil wird auf ca. 90% geschätzt, vgl. BT-Drucks. 10/5630, S. 6.

[478] BVerfGE 11, 30 (43); vgl. auch BVerfGE 78, 155 (161); *R. Stober*, MedR 1990, S. 10 (11f.); *G. Schneider*, MedR 1993, S. 83 (89); zurückhaltend *G. Manssen*, ZfSH/SGB 1994, S. 1 (6).

[479] § 102 SGB V i. d. F. des Gesundheitsstrukturgesetzes vom 21. 12. 1992 (BGBl. I S. 2266) sah die Einführung der Bedarfszulassung bereits zum 01. 01. 1999 vor; das Wirksamwerden dieser Regelung ist durch Art. 1 Nr. 42 des GKV-Gesundheitsreformgesetzes 2000 v. 22. 12. 1999 (BGBl. I S. 2626) auf den 01. 01. 2003 verschoben worden.

Unabhängig von verfassungsrechtlichen Bedenken insbesondere gegen die letzgenannte Regelung muß deren tatsächliche Anwendung aber nicht nur von niederlassungswilligen Ärzten in Rechnung gestellt werden, sondern auch von Personen, die sich noch in der Ausbildung befinden oder diese gar erst aufnehmen wollen und deshalb die Anforderungen an die Qualifikation eines Arztes noch nicht erfüllen. Gegenüber diesen Personen vermag die Begrenzung der Vertragsarztzulassungen durch das SGB V folglich »Vorwirkungen« zu entfalten. Aus diesem Grunde läßt sich der Annahme einer grundrechtlich (potentiell) relevanten Einwirkung auch auf (angehende) Medizinstudenten nicht entgegenhalten, daß ein erfolgreicher Abschluß des Studiums derzeit ebenso ungewiß ist wie der zukünftige Ärztebedarf. Nach dem vorgestellten und möglichen Verlauf der Dinge werden diese Personen vielmehr in der Zukunft in eine Situation geraten, in der Einschränkungen des Zugangs zu einer Tätigkeit als Vertragsarzt ihnen gegenüber aktuelle Wirkung entfalten können. Eine grundrechtlich erhebliche und damit auch gegenwärtige Einwirkung auch auf angehende Ärzte läßt sich in diesem Beispiel folglich bejahen. Zugleich macht dies erneut deutlich, daß es in derartigen Fällen auf das Kriterium der »Unmittelbarkeit« der Beeinträchtigung nicht mehr ankommen kann, denn es machte keinen Sinn, zunächst eine »gegenwärtige« Beeinträchtigung anzunehmen, um einem Beschwerdeführer alsdann entgegenzuhalten, daß er den gesetzesvollziehenden Staatsakt – hier die Ablehnung der Zulassung als Vertragsarzt – abwarten müsse.

(3) »Vorwirkung« und Dispositionsrelevanz bei steuerbaren Verhaltenspflichten

Mit diesen Überlegungen zu Fällen der Abhängigkeit grundrechtlich geschützten Verhaltens von einer vorgängigen Gestattung sind zugleich die wesentlichen Gesichtspunkte für die Behandlung der damit eng verwandten Fallgestaltungen bezeichnet, in denen ein jedermann freistehendes Verhalten mit einer weiteren Verhaltenspflicht verknüpft ist: Auch in einem solchen Fall aktualisiert sich die Einwirkung auf die grundrechtlich geschützte Freiheit durch das Interesse eines Grundrechtsträgers an einem bestimmten Verhalten, weil die damit verknüpfte Pflicht für dessen Dispositionen schon dann von Bedeutung ist, wenn über die Herbeiführung der »Situation der Pflichtigkeit« entschieden werden muß. Ein der Gewährleistung von Handlungsalternativen und damit Entscheidungsfreiheit dienender Grundrechtsschutz kann aber nicht außer Betracht lassen, daß die mit einer Handlung verknüpfte Verhaltenspflicht auch dann auf die Willensbildung eines Grundrechtsträgers Einfluß nehmen und damit »Vorwirkung« entfalten kann, wenn der Betroffene die Voraussetzungen noch nicht erfüllt, in denen eine Verhaltenspflicht aktuell besteht. Die für eine »Vorwirkung« wesentliche Einwirkung auf die Willensbildung eines Grundrechtsträgers muß daher schon wegen dieser verhaltenssteuernden Wirkung einer Regelung als grundrechtlich erheblich qualifiziert werden. Es kommt deshalb nicht darauf an, welche weiteren

Zwischenschritte bis zur Aktualisierung einer Pflicht über die vorzunehmende Handlung hinaus noch erforderlich sind. Hat ein Bürger Anlaß, bei seinen Dispositionen auch Pflichten zu berücksichtigen, die mit einem bestimmten Verhalten verknüpft sind, so ist für das Vorliegen eines Einwirkungstatbestandes ausreichend, wenn nach dem üblichen oder dem vom Betroffenen vorgestellten und nicht völlig unwahrscheinlichen Verlauf der Dinge diese Situation irgendwann in der Zukunft eintreten wird.

Diesem Ergebnis widerstreitet nicht, daß es für das Vorliegen einer rechtserheblichen Einwirkung auf ein grundrechtliches Schutzgut nicht auf die innere Einstellung eines Grundrechtsträgers zu einem imperativ-regelnden Staatsakt ankommt, denn die Frage nach der Beachtlichkeit des Willens des Betroffenen stellt sich erst, *wenn* den Bürger eine Verhaltenspflicht aktuell trifft. Demgegenüber geht es hier um die Frage, ob das Interesse an einem bestimmten Verhalten für das Vorliegen eines Einwirkungstatbestandes ausreichend sein kann, wenn es an der »Situation der Pflichtigkeit« im übrigen fehlt.

(4) Die nicht steuerbare Verhaltenspflicht

Mit Blick auf Konstellationen, in denen die »Situation der Pflichtigkeit« unabhängig vom Willen des Betroffenen eintritt, bedarf es einer Unterscheidung zwischen verschieden gelagerten Sachverhalten: Zunächst ist möglich, daß eine Pflicht an einem (bestimmten) Termin in der Zukunft sicher eintreten wird, sofern es nicht zu einer Unterbrechung des üblichen Geschehensablaufs durch ungewöhnliche Vorkommnisse kommt; zu denken ist hier beispielswiese an die Schul- oder Wehrpflicht. Des weiteren ist denkbar, daß sich eine Rechtspflicht aufgrund äußerer Umstände und unabhängig vom Zutun des Pflichtigen jederzeit aktualisieren kann, ohne daß eine Prognose möglich wäre, ob dies jemals der Fall sein wird.

Gerade in den letztgenannten Fällen scheint es sich daher um Musterbeispiele für eine nur »virtuelle« Betroffenheit zu handeln, weil höchst ungewiß ist, ob und gegebenenfalls wann ein Grundrechtsträger von einer (Handlungs-) Pflicht getroffen werden wird. Gleichwohl ist das Merkmal der »Dispositionsrelevanz« auch für diese Fallgruppe von Bedeutung, wie sich an Entscheidungen des Bundesverfassungsgerichts illustrieren läßt, die Entgeltfortzahlungsansprüche von Arbeitnehmern zum einen für den Fall eines Bildungsurlaubs, zum anderen bei einem Sonderurlaub für ehrenamtliche Tätigkeiten in der Jugendarbeit nach hessischem Landesrecht betrafen.

In dem erstgenannten Fall hat das Bundesverfassungsgericht schon die gesetzliche Normierung eines Anspruchs von Arbeitnehmern auf bezahlten Bildungsurlaub als für eine gegenwärtige Beeinträchtigung der betroffenen Arbeitgeber ausreichend angesehen und deshalb Verfassungsbeschwerden von Arbeitgebern gegen diese Regelung unabhängig von einer konkreten Inanspruchnahme für zulässig erachtet, weil die Beschwerdeführer aufgrund der Existenz eines solchen Anspruchs »organisatorische und finanzielle Vorkehrungen zu treffen und die zu erwartenden Freistellungs- und Entgeltfortzahlungskosten in ihre betriebswirtschaftliche Kalkulation einzustellen« hätten.[480] Hier wird ersichtlich damit argumentiert, daß schon die Möglichkeit einer Inanspruchnahme von bezahltem Bildungsurlaub für Dispositionen der Beschwerdeführer von Bedeutung ist. Allerdings hebt das Gericht weiter hervor, daß nach den gesetzgeberischen Prognosen mit einer Inanspruchnahme der Beschwerdeführer zu rechnen sei.[481] Der Fall, daß eine bestimmte Situation sicher oder jedenfalls mit einem besonders hohen Grad von Wahrscheinlichkeit irgendwann eintreten wird, markiert jedoch nur den Endpunkt auf einer abgestuften Skala von Wahrscheinlichkeiten. Auch bei einem geringeren Wahrscheinlichkeitsgrad kann ein Grundrechtsträger aber Veranlassung haben, die Möglichkeit einer Pflichtenkonkretisierung bei seinen Dispositionen zu berücksichtigen. Soweit dies der Fall ist, wird einer nur »latenten« Verhaltenspflicht die grundrechtliche Relevanz daher nicht abzusprechen sein.

Demgegenüber hat das Bundesverfassungsgericht in dem anderen der genannten Beispielsfälle die Zulässigkeit von Verfassungsbeschwerden unmittelbar gegen die gesetzliche Regelung ohne nähere Auseinandersetzung mit der vorangegangenen Entscheidung zum Anspruch auf bezahlten Bildungsurlaub verneint, weil nicht ersichtlich sei, daß eines der beschwerdeführenden Unternehmen auf Grundlage des angegriffenen Gesetzes oder auch der dadurch abgelösten Vorschriften in Anspruch genommen worden sei.[482] Allerdings betraf diese Entscheidung einen Anspruch auf bezahlten Urlaub, von dem nach den Feststellungen des Gerichts bislang nur 0,06% aller Arbeitnehmer Gebrauch gemacht hatten.[483] Es muß daher bezweifelt werden, daß schon die Existenz dieser Regelung einen Arbeitgeber zu Dispositionen veranlaßt, weil bei kleineren Betrieben die statistische Wahrscheinlichkeit einer Inanspruchnahme sehr gering ist und sich bei größeren Betrieben die organisatorische und finanzielle Belastung jedenfalls in Grenzen hält.

Desgleichen lassen sich mit dem Kriterium der »Dispositionsrelevanz« jene Fälle in angemessener Weise bewältigen, in denen mit einem Eintritt der »Situation der Pflichtigkeit« zu einem jedenfalls ungefähr bestimmbaren Termin in der Zukunft bei ungehindertem Fortgang des Geschehens sicher zu rechnen ist. Im Unterschied zu Fallgestaltungen, in denen die Möglichkeit der jederzeitigen Aktualisierung einer »latenten« Pflicht besteht, dürfte freilich eine eher seltene Ausnahme sein, daß eine solche Sachlage einen Grundrechtsträger zu Dispositionen veranlassen kann und deshalb grundrechtlich relevant ist. Zu denken ist hier in erster Linie an Fälle, in denen sich Verhaltensalternativen aus der Möglichkeit einer

480 BVerfGE 77, 308 (326).
481 BVerfGE 77, 308 (327).
482 BVerfGE 85, 226 (233).
483 Vgl. BVerfGE 85, 226 (235).

Unterbrechung des Geschehensablaufs ergeben. Beispielhaft genannt sei der vom Bundesverfassungsgericht behandelte Fall, daß schulpflichtige Kinder nach Einführung einer obligatorischen Förderstufe in einen anderen Schulaufsichtsbereich verzogen sind, um der Verpflichtung zum Besuch der Förderstufe zu entgehen,[484] denn auch aus der Möglichkeit zur Wahrnehmung einer solchen Verhaltensoption resultiert letztlich eine Form der »Vorwirkung«. Demgegenüber ging das Bundesverfassungsgericht ohne weiteres davon aus, daß noch die Grundschule besuchende Kinder eine Verfassungsbeschwerde gegen die Einführung einer obligatorischen Förderstufe für das 5. und 6. Schuljahr erheben können, »weil ... feststand, daß sie nach einer verhältnismäßig kurzen Zeit die Förderstufe besuchen müßten«.[485] Ebenso wurde im Falle der Verfassungsbeschwerde des Vaters eines noch nicht schulpflichtigen Kindes gegen Grund- und Hauptschulen betreffende Vorschriften entschieden.[486] Eine solche Anknüpfung an den Zeitablauf erscheint indes nur dann als zulässig, wenn wirksamer Rechtsschutz andernfalls nicht zu erlangen wäre. Diesen Gesichtspunkt hat auch das Bundesverfassungsgericht in Zusammenhang mit dem Rechtsschutzbedürfnis von beschwerdeführenden Schülern fruchtbar gemacht, die die obligatorische Förderstufe zwischenzeitlich durchlaufen hatten. Deren Rechtsschutzbedürfnis bestehe fort, weil »die direkte Belastung durch die angefochtene Norm sich auf eine Zeitspanne beschränkt, in welcher der Betroffene nach dem regelmäßigen Geschäftsgang eine Entscheidung des Bundesverfassungsgerichts kaum erlangen kann.« Verneinte man in diesen Fällen das Rechtsschutzinteresse, so würde der Grundrechtsschutz der Betroffenen »in unzumutbarer Weise verkürzt«.[487]

(5) Exkurs: »Vorwirkung« wahlrechtlicher Bestimmungen

Ein kurzer Seitenblick sei schließlich noch auf einige Entscheidungen des Bundesverfassungsgerichts geworfen, in denen die – jetzt nicht mehr für zulässig erachtete[488] – Rüge einer Unvereinbarkeit landes- oder kommunalwahlrechtlicher Bestimmungen mit Art. 3 Abs. 1 GG erhoben worden ist, denn Erwägungen zur Effektivität des verfassungsgerichtlichen Rechtsschutzes spielen auch dann eine gewichtige Rolle, wenn sich Beschwerdeführer vor einer Wahl unter Berufung auf die (Wahl-) Rechtsgleichheit gegen Vorschriften wenden, die erst nach erfolgter Wahl aktuelle Bedeutung gewinnen würden. Ein erstes Beispiel hierfür bildet ein – allerdings Art. 137 Abs. 1 GG betreffender – Beschluß aus dem Jahre 1975, der eine landesgesetzlichen Regelung über die Unvereinbarkeit von bisheriger be-

[484] Vgl. BVerfGE 34, 165 (180).

[485] BVerfGE 34, 165 (180). Zu Unrecht beruft sich das BVerfG an dieser Stelle auf BVerfGE 26, 246 (251), da in jenem Fall ein ungewisses künftiges Ereignis in Rede stand und in der Sache mit einer Entwertung *vergangener* Dispositionen argumentiert wurde.

[486] BVerfGE 41, 29 (42).

[487] BVerfGE 34, 165 (180); vgl. ferner BVerfGE 81, 138 (141); BVerfG, DAR 1996, S. 196 (197).

[488] Vgl. BVerfGE 99, 1 (8ff.), mit zahlr. Nachw. auf die frühere Rspr.

ruflicher Betätigung und Mandatsübernahme betraf. Das Bundesverfassungsgericht bejahte ohne weiteres eine gegenwärtige Beeinträchtigung durch eine mit der nächsten (Landtags-) Wahl eintretende Unvereinbarkeit einerseits der beruflichen Tätigkeit des Beschwerdeführers als (leitender) Angestellter in einem privatrechtlich organisierten öffentlichen Unternehmen und andererseits seiner Mitgliedschaft in einem Landtag.[489] Dem ist zuzustimmen: Zwar sind Wahlbewerber aufgrund einer sie treffenden Inkompatibilitätsregelung erst nach der Wahl in ein Parlament oder eine kommunale Vertretungskörperschaft zu einer endgültigen Entscheidung zwischen der (bisherigen) beruflichen Betätigung und der Mandatsübernahme gezwungen. Die Existenz einer solchen Vorschrift muß aber schon dann in Rechnung gestellt werden, wenn über eine Kandidatur – und den damit regelmäßig verbundenen Aufwand – zu entscheiden ist.

Allerdings hat das Bundesverfassungsgericht in einer Entscheidung aus dem Jahre 1978 zu den Inkompatibilitätsvorschriften des bayerischen Kommunalwahlrechts Wahlbewerber auch noch nach deren Entscheidung für eine Kandidatur ohne weiteres als durch diese Bestimmungen gegenwärtig betroffen angesehen, wenn die jeweilige berufliche Tätigkeit mit der Mitgliedschaft in einer kommunalen Vertretungskörperschaft unvereinbar war.[490] Auch ging das Gericht vom Fortbestehen des Rechtsschutzbedürfnisses selbst für den Fall aus, daß der betreffende Bewerber nicht gewählt wird. Zur Begründung wurde zunächst darauf hingewiesen, daß diese Kandidaten im Laufe der Wahlperiode für ausscheidende Personen nachrücken könnten.[491] Dieser Argumentation läßt sich entgegenhalten, daß sich Wahlbewerber nach erfolgter Kandidatur einem aus der Inkompatibilitätsregelung resultierenden »Entscheidungsdruck« im Hinblick auf die Wahl zwischen bisheriger beruflicher Tätigkeit und Mandatsübernahme erst (wieder) ausgesetzt sehen, wenn sie einen Sitz in dem zu wählenden Organ gewonnen haben. Dem Bundesverfassungsgericht könnte daher allenfalls dann zugestimmt werden, wenn – wovon in dieser Entscheidung offenbar ausgegangen wurde – im Falle einer sich später für den Betroffenen aktualisierenden Normgeltung die anderweitige Gewährung effektiven (Eil-) Rechtsschutzes Schwierigkeiten bereiten würde.

Demgegenüber begründet das Bundesverfassungsgericht seine Auffassung ferner mit einem Hinweis darauf, daß »die Unvereinbarkeitsvorschrift Gültigkeit auch für die weitere Zukunft beansprucht«. Ein Bewerber müsse seine verfassungsrechtlichen Bedenken innerhalb der Jahresfrist des § 93 Abs. 2 BVerfGG geltend machen, wenn er sich auch für künftige Wahlen die Möglichkeit uneingeschränkter Bewerbung offenhalten wolle.[492] Damit wird an ähnliche Erwägungen angeknüpft, wie sie sich schon in einer Entscheidung aus dem Jahre 1965 über Verfassungsbeschwerden potentieller Wahlbewerber gegen verschiedene Bestim-

[489] BVerfGE 38, 326 (335f.).
[490] Vgl. BVerfGE 48, 64 (79).
[491] BVerfGE 48, 64 (80).
[492] BVerfGE 48, 64 (80).

mungen des schleswig-holsteinischen Gemeinde- und Kreiswahlgesetzes von 1959 finden. Das Gericht bejahte auch in dieser Entscheidung die Zulässigkeit der Verfassungsbeschwerden, weil die Beschwerdeführer ihre verfassungsrechtlichen Bedenken innerhalb der Jahresfrist des § 93 Abs. 2 BVerfGG geltend machen müßten, wenn sie sich für künftige Wahlen die Möglichkeit offenhalten wollten, ohne die behauptete Beeinträchtigung der Erfolgsaussichten freier Wahlbewerber zu kandidieren.[493] In diesem Fall dürfte eine gegenwärtige Beeinträchtigung schon unter dem Gesichtspunkt der »Vorwirkung« zu bejahen sein, weil gesetzliche Vorschriften, die die Wahlchancen eines potentiellen Bewerbers im Verhältnis zu seinen Mitbewerbern möglicherweise schmälern können, bei der Entscheidung für eine Kandidatur von aktueller Bedeutung sind. Es bedurfte mithin keines Hinweises auf die Gefahr eines andernfalls eintretenden Fristablaufs, um ein aktuell gegebenes Interesse an der Erhebung einer Verfassungsbeschwerde darzutun. Darüber hinaus ist zu bezweifeln, daß der Hinweis auf die Jahresfrist des § 93 Abs. 2 GG einer Verfassungsbeschwerde bei fehlender Gegenwärtigkeit der Beeinträchtigung zur Zulässigkeit zu verhelfen vermag.[494]

cc. Resümee

Zusammenfassend ist feststellen, daß ein Einwirkungstatbestand nicht notwendig erst dann verwirklicht wird, wenn sämtliche persönlichen oder sachlichen Merkmale erfüllt sind, an die eine Verhaltenspflicht geknüpft ist. Vielmehr kann eine grundrechtlich relevante Fremdbestimmung in eigenen Angelegenheiten auch in der namentlich bei verhaltensakzessorischen Regelungen anzutreffenden Konstellation vorliegen, daß eine Rechtsnorm für Dispositionen eines Grundrechtsträgers deshalb von Bedeutung ist, weil sie ihm eine Entscheidung abfordert oder (jedenfalls) bei seinen Entscheidungen Berücksichtigung finden muß,

---

[493] BVerfGE 13, 1 (11); dabei blieb (ebd., S. 12) dahingestellt, ob eine der Verfassungsbeschwerden deshalb teilweise unzulässig war, weil der betreffende Beschwerdeführer seinen Wohnsitz außerhalb des räumlichen Anwendungsbereichs einer der angegriffenen Normen hatte. In BVerfGE 47, 253 (271), werden ferner Verfassungsbeschwerden gegen Vorschriften über die Bildung von Bezirksvertretungen in kreisfreien Städten des Landes Nordrhein-Westfalen auch insoweit für zulässig gehalten, als der Wohnort einzelner Beschwerdeführer nach Erhebung der Verfassungsbeschwerde durch gesetzliche Regelung in eine kreisangehörige Gemeinde umgewandelt worden ist. Zur Begründung wird ausgeführt, es sei denkbar, daß die Beschwerdeführer »auch in Zukunft wieder betroffen sein werden«. Diese Erwägung überzeugt nicht, denn sie beschreibt gerade die Situation einer nur »virtuellen« Betroffenheit. Eine aktuelle Beeinträchtigung könnte hier folglich nur dann bejaht werden, wenn konkrete Absichten bestünden, in den Geltungsbereich der angegriffenen Vorschrift umzuziehen.

[494] Ähnl. *C. Pestalozza*, Verfassungsprozeßrecht, § 12 Rn. 44; tendenziell anders aber *K. Stern*, in: BK, Art. 93 Rn. 565f., der (ebd., Rn. 565) mit Blick auf das Wahlrecht einen effektiven Rechtsschutz anmahnt. Dem Rechtsschutzbedürfnis im Hinblick auf das Wahlverfahren dürfte aber dadurch hinreichend Rechnung getragen sein, daß im Rahmen einer Wahlanfechtung auch Einwendungen gegen die Gültigkeit einer Wahl zu prüfen sind, die auf Zweifeln an der Verfassungsmäßigkeit des Wahlrechts beruhen, vgl. (zu Bundestagswahlen) BVerfGE 16, 130 (135f.).

denn der Betroffene kann auch in diesem Fall nicht frei von staatlichen Einwirkungen über sein Verhalten entscheiden. In grundsätzlicher Übereinstimmung mit der Rechtsprechung des Bundesverfassungsgerichts zum Vorliegen einer gegenwärtigen und unmittelbaren Beschwer ist daher im Falle einer solchen »Vorwirkung« imperativ-regelnder Staatsakte eine »aktuelle« Einwirkung auf die (potentiell) grundrechtlich geschützte Verhaltens- und Entscheidungsfreiheit eines Grundrechtsträgers zu bejahen.

b. Die Duldungspflicht

Kurz betrachtet sei schließlich die Frage, in welchen Fällen eine staatliche Maßnahme deshalb als imperativ-regelnder Staatsakt zu qualifizieren ist, weil einem Grundrechtsträger die (Duldungs-) Pflicht auferlegt wird, eine Einwirkung auf seine Rechtsgüter durch ein Verhalten des Staates oder eines Dritten hinzunehmen und diesem keine Gegenwehr – abgesehen selbstverständlich von Rechtsbehelfen gegen den betreffenden Staatsakt – entgegenzusetzen. Mit dieser von den Handlungs- und Unterlassungsgeboten zu unterscheidenden Gruppe der »Duldungsgebote« sind insofern einige spezifische Probleme verbunden, als Bezugspunkt einer »Duldungspflicht« nur eine staatliche Maßnahme (Rechtsakt oder Realakt) sein kann, die beabsichtigt ist und deren Folgen zumindest dann ebenfalls als (final) gewollt angesehen werden können, wenn sie mit einer Handlung mehr oder weniger zwangsläufig und damit voraussehbar einhergehen: Soweit dies der Fall ist, läßt sich in beliebige staatliche Maßnahmen die (unausgesprochene) Behauptung hineinlesen, der betreffende Staatsakt sei von einem Betroffenen als rechtmäßig hinzunehmen und damit zu dulden. Ablesen läßt sich dies an der Diskussion der Frage, ob in tatsächlichen Handlungen eines Amtswalters – zu denken ist insbesondere an das bekannte Beispiel einer Anwendung unmittelbaren Zwangs durch einen Schlag mit dem Polizeiknüppel – eine konkludente Duldungsverfügung enthalten ist.

Zunächst ist aber mit Blick auf Fälle der Anordnung einer Rechtspflicht zu einem Tun oder Unterlassen festzustellen, daß derartigen Rechtsakten ein (zusätzliches) »Duldungsgebot« nicht entnommen werden kann: Bezugspunkt einer solchen »Duldungspflicht« könnte nur die angeordnete Verhaltenspflicht und damit letztlich der anordnende Rechtsakt selbst sein. Die Pflicht eines Maßnahmeadressaten, die Anordnung einer Verhaltenspflicht beispielsweise durch einen Verwaltungsakt zu dulden, ist jedoch identisch mit der Pflicht, einen wirksamen Verwaltungsakt zu beachten und zu befolgen; es handelt sich nur um eine andere Formulierung des Umstands, daß ein wirksamer Staatsakt gerade wegen seiner Wirksamkeit auch Verbindlichkeit beansprucht. Für die Annahme eines eigenständigen »Duldungsgebots« und einer damit korrespondierenden Duldungspflicht ist deshalb in diesen Fällen kein Platz; Rechtsakte lassen sich von der angeordneten oder festgestellten Rechtsfolge nicht ablösen.

Ein entsprechender Befund ergibt sich für die Fallgruppe der tatsächlichen Handlungen, so daß auch der Schlag mit einem Polizeiknüppel entgegen einer gelegentlich vertretenen Auffassung[495] kein Duldungsgebot enthält.[496] Zwar mag in einer tatsächlichen Handlung eine konkludente Erklärung des handelnden Amtswalters gesehen werden können, daß seine Maßnahme von dem Betroffenen als rechtmäßig (oder jedenfalls vollziehbar) zu dulden sei. Ein Grundrechtsträger muß die mit einer tatsächlichen Handlung einhergehende Beeinträchtigung aber schon wegen ihrer faktischen Wirksamkeit und damit unabhängig von einem (konkludenten) Duldungsgebot dulden, sofern nicht dargetan werden kann, daß die betreffende Maßnahme rechtswidrig ist und den Betroffenen in subjektiven Rechten verletzt. Man mag daher von einer Duldungspflicht sprechen können, wenn die betreffende Maßnahme nicht verhindert werden kann, weil sie rechtmäßig (oder gerichtliche Hilfe nicht rechtzeitig erreichbar) ist. Auf die Behauptung der Rechtmäßigkeit des Aktes und/oder einer Duldungspflicht des Betroffenen kommt es aber unter keinem Gesichtspunkt an, so daß hiermit auch keine eigenständige Beschwer verbunden ist. Die Annahme einer konkludenten Duldungsverfügung ist vielmehr eine historisch bedingte Zweckkonstruktion, die einen effektiven Verwaltungsrechtsschutz auch zu einer Zeit ermöglichen sollte, in der das Verwaltungsprozeßrecht eine gerichtliche Überprüfung von Realakten nicht vorsah.[497] Daß es dieser Konstruktion zum Zwecke der Gewährleistung verwaltungsgerichtlichen Rechtsschutzes vor dem Hintergrund des Art. 19 Abs. 4 GG nicht mehr bedarf, kann heute als gesichert gelten.[498]

Aus diesen Überlegungen folgt weiter, daß auch in Fällen der Beeinträchtigung eines Dritten durch Begünstigungen oder Belastungen des Maßnahmeadressaten

---

[495] So insbes. *V. Götz*, JuS 1985, S. 869: Zwangsanwendung als Konkretisierung der in der Pflicht zur Duldung des Zwanges liegenden Belastung; demgegenüber meint BVerwGE 26, 161 (164), unter Anlehnung an *E. Forsthoff*, Verwaltungsrecht I (9. Aufl. 1966), S. 191f. (= 10. Aufl., S. 199), die Polizei könne einen Bürger »auch durch konkludentes Verhalten mittels Anwendung körperlicher Gewalt ... zu einem bestimmten Verhalten veranlassen«; hier wird offenbar auf eine in der Zwangsanwendung liegende Anordnung einer Verhaltenspflicht gezielt; ein solcher Verwaltungsakt muß allerdings ins Lehre gehen, weil er einen vorangegangenen Verwaltungsakt voraussetzt, dem der Bürger entnehmen kann, was eigentlich von ihm genau verlangt wird; vgl. auch *L. Renck*, JuS 1970, S. 113 (114).

[496] Für die Annahme derartiger Duldungsgebote auch *K. Vogel*, in: Drews/Wacke/Vogel/Martens, Gefahrenabwehr, S. 342; abl. *J. Schwabe*, DVBl. 1988, S. 1055 (1056f.): »Kuriosität eines ... konkludenten Duldungsbefehls«.

[497] Dies betont *L. Renck*, JuS 1970, S. 113 (115).

[498] Zweifelnd aber *V. Götz*, JuS 1985, S. 869 mit Fn. 7, der einwendet, eine Feststellungsklage gem. § 43 VwGO sei nach Erledigung einer Maßnahme nicht mehr zulässig, so daß eine Rechtsschutzlücke entstehe; dagegen *W.-R. Schenke*, in: Steiner (Hrsg.), Besonderes Verwaltungsrecht, Rn. II 298 mit Fn. 722, der hier Rechtsschutz über § 43 VwGO bereitstellen will; denkbar erscheint auch, Rechtsschutz gegen Realakte generell über die allgemeine Leistungsklage zu eröffnen und im Falle der Erledigung des Realakts eine Fortsetzungsfeststellungsklage analog § 113 Abs. 1 S. 4 VwGO zuzulassen, hierfür *F. Hufen*, Verwaltungsprozeßrecht, § 18 Rn. 67; dagegen aber *W.-R. Schenke*, Verwaltungsprozeßrecht, Rn. 337; *F. O. Kopp/W.-R. Schenke*, VwGO, § 113 Rn. 116; eine »Rechtsschutzlücke« entsteht daher (jedenfalls) im Ergebnis nicht.

die Kategorie der in einem Verwaltungsakt enthaltenen »Duldungspflicht« ohne eigenständige Bedeutung ist: Auch in derartigen Fällen läßt sich jeweils nach objektiven Kriterien beurteilen, ob eine Einwirkung vorliegt, die grundrechtliche oder einfach-gesetzlich geschützte Positionen des Dritten berührt. Soweit dies der Fall oder nicht der Fall ist, bleibt eine entsprechende oder auch entgegenstehende Erklärung der handelnden Behörde ohne eigenständige Bedeutung.

Die Annahme einer mit staatlichen Maßnahmen einhergehenden Anordnung der Pflicht zur Duldung einer solchen Maßnahme ist daher ohne eigenständigen Erkenntniswert und allenfalls geeignet, Realakte in Rechtsakte umzufälschen: Daß in beliebige Staatsakte ein Duldungsgebot hineingelesen werden kann, beruht letztlich darauf, daß ein Rechts- oder Realakt sowie der damit angestrebte Erfolg von dem handelnden Amtswalter gewollt ist. Dieser Umstand ist jedoch kein eigenständiges Kriterium, das neben der Existenz eines staatlichen Aktes geeignet wäre, dessen Rechtserheblichkeit zu begründen. Ein »Duldungsgebot« liegt vielmehr nur vor, wenn auf rechtlich geschützte Positionen eines Bürgers durch einen imperativ-regelnden Staatsakt eingewirkt wird, der nach seinem Inhalt die spezifische und ohne das Gebot nicht bestehende Pflicht des Betroffenen begründet, eine bestimmte Handlung des Staates oder eines Dritten und/oder deren Folgen hinzunehmen und deren (tatsächliche) Abwehr zu unterlassen. Mit einem Rechts- oder Realakt geht daher nicht stets auch ein Duldungsgebot einher, ein Rechtsakt vermag jedoch ein Duldungsgebot zu enthalten, das sich in seiner Struktur auch nicht von Handlungs- oder Unterlassungsgeboten unterscheidet.

Zunächst zu den »Duldungsgeboten« zu zählen sind demnach Verfügungen, durch die ihren Adressaten die Hinnahme der Handlung eines anderen aufgegeben wird, damit dieser ein an ihn gerichtetes Handlungsgebot befolgen kann.[499] Ebenso läßt sich von einem Duldungsgebot sprechen, wenn einem Bürger durch einen Rechtsakt die andernfalls nicht bestehende Pflicht auferlegt wird, eine konkrete Einwirkung auf einen Bezugspunkt des personenbezogenen Grundrechtsschutzes hinzunehmen, weil ein solcher Rechtsakt konstitutive Bedeutung für die fehlende Abwehrbarkeit der Beeinträchtigung hat.

4. Normanwendung bei divergierenden Sachlagen und einschlägiges Grundrecht

a. Die Problematik des atypisch gelagerten Sachverhalts

Als Ergebnis der Überlegungen zum Einwirkungstatbestand bei der Auferlegung von Verhaltenspflichten bleibt festzuhalten, daß die Anforderungen an die Recht-

[499] Vgl. hierzu *Th. Würtenberger*, in: Achterberg/Püttner (Hrsg.), Besonderes Verwaltungsrecht, Band II, Kap 7/1, Rn. 199; *W.-R. Schenke*, in: Steiner (Hrsg.), Besonderes Verwaltungsrecht, Rn. II 181; *K.-H. Friauf*, in: Schmidt-Aßmann (Hrsg.), Besonderes Verwaltungsrecht, 2. Abschn., Rn. 87; *V. Götz*, Allgemeines Polizei- und Ordnungsrecht, Rn. 253.

fertigung von Einwirkungen auf grundrechtliche Schutzgüter sowohl im Falle einer aktuell bestehenden Rechtspflicht als auch in Fällen der »Vorwirkung« zu erfüllen sind, weil sich jeweils die mit einem staatlich gesetzten Imperativ notwendig verknüpfte Regelungswirkung manifestiert. Voraussetzung für die Zulässigkeit einer Einwirkung auf die Verhaltens- und Entscheidungsfreiheit eines Grundrechtsträgers ist daher in diesen Fällen, daß entweder der betroffene Grundrechtsträger die Beeinträchtigung eines Schutzguts (ausdrücklich) billigt oder die betreffende Maßnahme deshalb gerechtfertigt werden kann, weil sie Allgemeinwohlbelangen oder Individualrechtsgütern Dritter dient, die nach Maßgabe der den Einzelgrundrechten gezogenen Schranken gegenüber den Interessen eines Betroffenen vorrangig sind.

Daß imperativ-regelnde Staatakte wegen ihrer grundrechtlichen Relevanz regelmäßig nur unter Wahrung insbesondere der vom Verhältnismäßigkeitsprinzip jeweils gestellten Anforderungen zulässig sind, vermag indes zu weiteren Schwierigkeiten zu führen, weil Tatbestandsmerkmale gesetzlicher Vorschriften jeweils nur einen Ausschnitt aus der Wirklichkeit beschreiben, auf die sie treffen. Die in einem Normativakt »abstrakt« angeordnete oder vorgesehene Rechtsfolge muß folglich schon in den Fällen ihrer »aktuellen« Geltung auf Sachverhalte angewendet werden, die sich unbeschadet des übereinstimmenden Vorliegens etwaiger tatbestandlicher Voraussetzungen für das Bestehen einer Verhaltenspflicht in vielfältiger Weise unterscheiden können. Sowohl die unmittelbar kraft Gesetzes als auch die durch Verwaltungsakt (oder gerichtliche Entscheidung) konkretisierte Rechtspflicht kann daher in Abhängigkeit von den Umständen des Einzelfalls für verschiedene Adressaten von unterschiedlicher Bedeutung sein. So läßt sich an dem erwähnten Beispiel der »Schließung« des Berufs des »Rechtsbeistandes mit Vollerlaubnis« ablesen, daß es bei Veränderungen der Rechtslage für das »Gewicht« (die »Intensität«) der Beeinträchtigung auch darauf ankommt, ob ein Grundrechtsträger vor dem Hintergrund des bislang geltenden Rechts Dispositionen getätigt hat, die durch eine Neuregelung entwertet werden. Das Verbot der Ausübung einer begonnenen beruflichen Betätigung unabhängig von subjektiven Merkmalen – etwa der Unzuverlässigkeit des Betroffenen – und durch Gesetz wird deshalb nur eine seltene Ausnahme sein (können).

Einige Schwierigkeiten bereitet des weiteren, daß im Falle der gesetzlichen Beseitigung bestimmter Möglichkeiten der beruflichen Betätigung für verschiedene Maßnahmeadressaten unterschiedlich zu beantworten sein kann, ob (nur) einzelne Elemente oder abtrennbare (Ausübungs-) Modalitäten aus einem bestimmten Betätigungsfeld »herausgelöst« werden oder eine berufliche Betätigung insgesamt verboten wird, wie sich am Beispiel des Verbots der gewerbsmäßigen Arbeitnehmerüberlassung in Betriebe des Baugewerbes ablesen läßt: Dieses im Jahre 1981 zunächst in § 12 a AFG und jetzt in § 1 b AÜG verankerte Verbot bewirkte im Ergebnis, daß allen Unternehmen, die sich ausschließlich oder vorrangig mit der Überlassung von Arbeitnehmern an Betriebe des Baugewerbes befaßten, die

Fortsetzung der bisherigen Betätigung verboten wurde. Diese Maßnahmeadressaten wurden daher im Verhältnis zu Unternehmen, die nur einen Teil ihres Betätigungsfeldes verloren haben, »ungleich empfindlicher«[500] betroffen. Dem will das Bundesverfassungsgerichts dadurch Rechnung tragen, daß gesetzliche Regelungen nicht nur in ihrer generellen Wirkung auf die betroffene Berufsgruppe verhältnismäßig sein müssen, sondern auch typischerweise innerhalb einer Berufsgruppe bestehende Ungleichheiten zu berücksichtigen haben.[501]

Des weiteren sind Konstellationen denkbar, in denen eine Verhaltenspflicht über eine Einwirkung auf die allgemeine Verhaltensfreiheit hinaus die Freiheit der Wahl und Ausübung eines Berufs beeinträchtigt. Zu denken ist hier an die Anordnung eines Fahrverbots[502] (oder gar die Entziehung der Fahrerlaubnis[503]) bei einem Berufskraftfahrer. Allgemein formuliert sind namentlich bei Unterlassungs- und Duldungsgeboten gelegentlich Fallgestaltungen anzutreffen, in denen ein imperativ-regelnder Staatsakt neben der allgemeinen Handlungsfreiheit (oder einem speziellen Freiheitsrecht) auch (weitere) spezielle Freiheitsrechte betrifft. In diesem Zusammenhang genannt sei eine Entscheidung des Bayerischen VGH, mit der Einschränkungen der Bebaubarkeit eines Grundstücks als (unzulässige) Beeinträchtigungen der Freiheit zur ungestörten Religionsausübung qualifiziert worden sind, weil die Errichtung eines Minaretts verhindert wurde.[504]

Demgegenüber kommt es im Bereich der naturgemäß nur in bestimmten Situationen geltenden Handlungsgebote eher zu Fallgestaltungen, in denen die Ein-

---

500 BVerfGE 77, 84 (113).

501 Vgl. BVerfGE 65, 116 (126); 68, 155 (173); ebenso auch BVerfGE 30, 292 (327), anders aber ebd., S. 316; BVerfGE 77, 84 (113), sieht allerdings keine hinreichenden Gründe für eine Berücksichtigung der »stärkeren wirtschaftlichen Belastung« der ihre Existenzgrundlage verlierenden Entleiher; zudem befremdet, daß das BVerfG in dieser Entscheidung, (ebd., S. 112) einen ganzen Berufszweig für pflichtwidriges Verhalten Einzelner gleichsam in »Branchenhaft« nimmt.

502 Im Rahmen der Entscheidung über ein Fahrverbot gem. § 25 StVG oder § 44 StGB wird in der Rechtsprechung anders als im Falle einer Entziehung der Fahrerlaubnis teilweise versucht, besonders schweren Folgen einer solchen Maßnahme für die Existenz des Betroffenen auch Rechnung zu tragen, vgl. z.B. OLG Frankfurt/M., NZV 1995, S. 366 (Rollstuhlfahrerin); OLG Oldenburg, NZV 1995, S. 405f. (Taxiunternehmer), sowie den Überblick bei *P. Hentschel*, in: Jagusch/Hentschel, Straßenverkehrsrecht, § 25 StVG Rn. 15 a, 15 c. u. § 44 StGB Rn. 10; s. auch BVerfG, DAR 1996, S. 196 (199).

503 Die Entziehung der Fahrerlaubnis setzt gem. §§ 4 Abs. 1 StVG, 15 b Abs. 1 StVZO sowie auch als Maßregel der Besserung und Sicherung gem. § 69 StGB die fehlende Eignung zum Führen von Kraftfahrzeugen voraus, so daß auch erhebliche Nachteile für den Betroffenen durch den bezweckten Schutz anderer gerechtfertigt werden können; anders als bei einem Fahrverbot (vgl. Anm. 502) können die wirtschaftlichen Folgen einer Entziehung der Fahrerlaubnis daher allenfalls im Rahmen einer Prognose über das künftige Verhalten des Betroffenen berücksichtigt werden, während sie (jedenfalls) bei festgestelltem Fehlen der erforderlichen Eignung außer Betracht bleiben müssen, näher (und mit Unterschieden in den Einzelheiten) *P. Grohmann*, DAR 1978, S. 63 (65f.), *W. Stree*, in: Schönke/Schröder, StGB, § 69 Rn. 53; *E. Horn*, in: Rudolphi/Horn/Samson/Günther/Hoyer, SK-StGB, § 69 Rn. 15; *P. Hentschel*, in: Jagusch/Hentschel, Straßenverkehrsrecht, § 3 StVG Rn. 11 u. § 69 StGB Rn. 22.

504 BayVGH, NVwZ 1997, S. 1016 (1018).

wirkung auf das Schutzgut eines speziellen Freiheitsrechts an die Stelle der Beeinträchtigung der allgemeinen Handlungsfreiheit tritt. Besondere Bedeutung besitzt hier die Freiheit des religiösen und weltanschaulichen Bekenntnisses (Art. 4 Abs. 1 GG), weil ein staatlich gesetzter Handlungsbefehl, der regelmäßig eine Beeinträchtigung der allgemeinen Verhaltensfreiheit bewirkt, in Einzelfällen aufgrund der Überzeugungen des betroffenen Grundrechtsträgers mit einem religiös oder weltanschaulich motivierten Verhaltenswunsch kollidieren kann. Ein Beispiel hierfür bildet der vom Bundesverwaltungsgericht im Jahre 1993 entschiedene Fall einer Verpflichtung von Schülerinnen moslemischen Glaubens zur Teilnahme am koedukativen Sportunterricht.[505]

Die in einem Gesetz für eine unbestimmte Vielzahl gleichgelagerter Sachverhalte angeordnete oder vorgesehene und unmittelbar oder aufgrund der Umsetzung durch einen Verwaltungsakt geltende Rechtsfolge kann daher besonders nachhaltige und schwerwiegende Auswirkungen für einen betroffenen Grundrechtsträger auch dann haben, wenn aufgrund der besonderen Gegebenheiten eines atypisch gelagerten Einzelfalles statt (oder neben) der Einwirkung auf das Schutzgut des üblicherweise betroffenen Grundrechts auf das Schutzgut eines anderen (oder weiteren) Grundrechts eingewirkt wird. Diese Sachverhalte verursachen in Abhängigkeit von der jeweils gegebenen Situation aber nicht nur unterschiedliche Probleme, vielmehr ergeben sich auch unterschiedliche Konsequenzen im Hinblick auf ihre grundrechtliche Behandlung.

b. Der atypisch gelagerte Sachverhalt bei Handlungsgeboten

Im Hinblick auf die namentlich bei Handlungsgeboten anzutreffenden Fälle, in denen staatliches Handeln in einem atypischen Einzelfall statt auf die allgemeine Verhaltensfreiheit auf das Schutzgut eines speziellen Freiheitsrechts einwirkt, stellt sich insbesondere die Frage, ob eine in einem solchen Falle eintretende Unverhältnismäßigkeit der Beeinträchtigung sogleich die Verfassungswidrigkeit der zugrundeliegenden Rechtsnorm zur Folge haben muß.

Für derartige Fälle einer »alternativen« Beeinträchtigung entweder der allgemeinen Verhaltensfreiheit oder des Schutzguts eines speziellen Freiheitsrechts ist als Ausgangspunkt festzustellen, daß imperativ-regelnde Staatsakte unabhängig von der Art der Einwirkungshandlung (Normativ- oder Einzelakt) grundsätzlich an dem Grundrecht zu messen sind, auf dessen Schutzgut bei einem konkret betroffenen Grundrechtsträger eingewirkt wird, auch wenn dies aufgrund der Umstände des Einzelfalls ein anderes Grundrecht als das üblicherweise betroffene Grundrecht ist. Liegt ein staatlicher Normativ- oder Administrativakt vor, so bewirkt dies ohne weiteres eine rechtliche Beeinträchtigung der grundrechtlich (potentiell) geschützten Freiheit eines Maßnahmeadressaten, weil diesem mit der

[505] BVerwGE 94, 82 (83ff.).

Auferlegung einer Verhaltenspflicht die Rechtsmacht zur Betätigung eines auf konkrete Handlungsmöglichkeiten gerichteten Willens insoweit genommen wird, als dieser dem Inhalt des jeweiligen Handlungs-, Unterlassungs- oder Duldungsgebotes widerspricht. Diese »rechtliche Betroffenheit« eines Grundrechtsträgers bedarf daher der verfassungsrechtlichen Rechtfertigung am Maßstab des Grundrechts des Betroffenen, in dessen Schutzgut-Tatbestand sich der betreffende Staatsakt bei einem Adressaten konkret auswirkt, so daß gleichgültig ist, ob sich die beeinträchtigende Wirkung eines imperativ-regelnden Staatsaktes im Schutzgut-Tatbestand des üblicherweise betroffenen Grundrechts oder einer anderen Bestimmung des Grundrechtskataloges realisiert. Im Falle atypischer Beeinträchtigungen eines Maßnahmeadressaten durch einen Rechtsakt hängt die Maßgeblichkeit des konkret betroffenen Freiheitsrechts deshalb nicht davon ab, ob eine eingetretene »Eingriffswirkung« beabsichtigt war, mit dem betreffenden Akt notwendig einhergehen mußte oder jedenfalls vorausgesehen werden konnte.[506]

Damit erweisen sich solche (Handlungs-) Gebote als problematisch, die unmittelbar kraft Gesetzes gelten oder dem Rechtsanwender keine Ermessens- und damit Normanwendungsspielräume lassen: Weil schon die Verfassungswidrigkeit des Ergebnisses in einem Einzelfall die Nichtigkeit (oder jedenfalls Vernichtbarkeit)[507] der zugrundeliegenden Norm auszulösen vermag, kann die Zulässigkeit des Eintritts einer Rechtsfolge gerade auch dann nach Maßgabe besonders gelagerter Einzelfälle zu beurteilen sein, wenn die betreffende Vorschrift im »Standardfall« nicht zu verfassungswidrigen Ergebnissen führt. Damit würde die Gültigkeit einer Norm von Sachverhalten abhängig gemacht, auf die sie nicht zugeschnitten ist. Ein kaum sachgerechtes Ergebnis, das die Frage auslösen muß, in welchem Umfang es mit dem Mittel der verfassungskonformen Interpretation oder ähnlichen Instrumenten korrigiert werden kann.

aa. Atypisch gelagerter Sachverhalt und verfassungskonforme Interpretation

Die soeben skizzierten Schwierigkeiten wie auch die Möglichkeiten und Grenzen einer das Verdikt der Verfassungswidrigkeit vermeidenden Problemlösung lassen sich beispielhaft anhand von Fällen illustrieren, in denen ein imperativer Rechts-

[506] So ausdrückl. (mit Blick insbes. auf Art. 12 Abs. 1 GG) *H.-J. Papier*, DVBl. 1984, S. 801 (805f.); vgl. auch die Definition des »Grundrechtseingriffs« bei *B. Pieroth/B. Schlink*, Grundrechte, Rn. 240.

[507] Der Streit um die Frage, ob verfassungswidrige Gesetze von vornherein nichtig sind oder die Nichtigkeit durch verfassungsgerichtliches Urteil konstitutiv herbeigeführt wird, sei hier nicht aufgegriffen; er ist richtigerweise im Sinne einer Nichtigkeit *ipso iure* zu entscheiden, vgl. *J. Ipsen*, Rechtsfolgen, insbes. S. 159ff.; *K. Stern*, in: BK, Art. 93 Rn. 271ff.; *ders.*, Staatsrecht, Bd. I, S. 105; *ders.*, Staatsrecht, Bd. II, S. 1039ff. (1042); *M. Sachs*, Bindung, S. 288ff. (291); *J. Eschenbach/F. Niebaum*, gemhh 1996, S. 121f.; dagegen *C. Moench*, Normenkontrolle, S. 114ff.; anders auch *C. Pestalozza*, Verfassungsprozeßrecht, § 20 Rn. 16; skeptisch ferner *S. Stuth*, in: Umbach/Clemens, BVerfGG, Art. 78 Rn. 5; *A. Rinken*, in: AK, Art. 94 Rn. 45.

akt statt auf die allgemeine Verhaltensfreiheit eines Grundrechtsträgers auf dessen Religionsfreiheit[508] einwirkt. Genannt sei zunächst eine Entscheidung des Bundesverfassungsgerichts aus dem Jahre 1971,[509] die eine strafgerichtliche Verurteilung wegen unterlassener Hilfeleistung zum Gegenstand hatte und auch heute noch auf Interesse rechnen darf, weil sie eine Fülle von Grundsatzfragen aufwirft, die allerdings in den Gründen der im Ergebnis zutreffenden Entscheidung überwiegend nur gestreift werden.

In dem zugrundeliegenden Sachverhalt hatte der Beschwerdeführer es unterlassen, auf seine schwer erkrankte Ehefrau dahingehend einzuwirken, daß diese sich in ein Krankenhaus begebe. Dies geschah nach dem mitgeteilten Sachverhalt vor dem Hintergrund der gemeinsamen Überzeugung der Eheleute, daß die medizinisch indizierte Krankenhausbehandlung nach den für sie maßgeblichen Lehren einer Glaubensgemeinschaft zwar nicht unzulässig sei, aber wirkungslos bleiben müsse, da wirksame Hilfe nur über das Gebet, nicht aber durch ärztliche Kunst erlangt werden könne.[510] Die Ehefrau, die eine Krankenhausbehandlung abgelehnt hatte, war kurze Zeit später verstorben. Das Bundesverfassungsgericht hob die Verurteilung des Beschwerdeführers wegen unterlassener Hilfeleistung (damals § 330 c StGB) auf, weil sie dessen Grundrecht aus Art. 4 Abs. 1 GG verletze.[511] Zur Begründung verweist das Gericht auf zwei Gesichtspunkte: Zum einen wird in abstrakt gehaltenen aber gleichwohl bereits auf den zu entscheidenden Fall zielenden Erwägungen die besondere Situation eines Täters betont, der sich durch seine Glaubensüberzeugung zu einem strafrechtlich relevanten Tun oder Unterlassen bestimmen lasse. Ein solcher Täter handele nicht »aus mangelnder Rechtsgesinnung«, sondern wolle das durch die Strafdrohung geschützte Rechtsgut ebenfalls wahren, so daß eine »Kriminalstrafe ... unter keinem Aspekt ... eine adäquate Sanktion« sei.[512] In Anwendung dieser Grundsätze könne dem Beschwerdeführer nicht vorgeworfen werden, daß er es unterlassen habe, »seine Frau entgegen seiner Glaubensüberzeugung zur Aufgabe ihrer damit übereinstimmenden Glaubensüberzeugung zu überreden«.[513] Schon in dieser Erwägung deutet sich der zweite entscheidungserhebliche Gesichtspunkt an, der darin zu sehen ist, daß die Ehefrau des Beschwerdeführers eine Krankenhausbehandlung in Ausübung »ihrer eigenen, freien und durch Art. 2 Abs. 1 GG geschützten Handlungsfreiheit« abgelehnt hat.[514]

---

508 Zur (umstrittenen) Struktur der Gewährleistungen des Art. 4 Abs. 1 GG vgl. nur *M. Morlok*, in: Dreier (Hrsg.), GG, Art. 4 Rn. 29ff.; *J. Kokott*, in: Sachs (Hrsg.), GG, Art. 4 Rn. 10ff.; *J. Ipsen*, Grundrechte, Rn. 355.

509 BVerfGE 32, 98ff.

510 Vgl. BVerfGE 32, 98 (101ff.).

511 BVerfGE 32, 98 (99).

512 BVerfGE 32, 98 (109).

513 BVerfGE 32, 98 (109).

514 BVerfGE 32, 98 (110).

An diesen Ausführungen fällt zunächst auf, daß das Bundesverfassungsgericht eine Beeinträchtigung der Religionsfreiheit des Beschwerdeführers durch dessen strafgerichtliche Verurteilung offenbar gerade deshalb annimmt, weil die Zulässigkeit der Verurteilung an diesem Grundrecht zu messen sei. Indes versteht sich dies selbst dann nicht von selbst, wenn die Annahme zugrunde gelegt wird, daß eine Pflicht des Beschwerdeführers zur Einwirkung auf seine Ehefrau an Art. 4 Abs. 1 GG zu messen ist, weil bei strafgerichtlichen Verurteilungen das für deren Zulässigkeit maßgebliche Grundrecht nicht zwangsläufig identisch mit dem Grundrecht ist, auf das im Falle einer Verurteilung eingewirkt wird. Die Existenz einer strafbewehrten Verhaltenspflicht besitzt vielmehr eine eigene grundrechtliche Relevanz, die von der Beeinträchtigung der grundrechtlich (potentiell) geschützten Freiheit eines Grundrechtsträgers durch eine strafgerichtliche Verurteilung zu unterscheiden ist. So liegt bei einer Verurteilung zu einer Geldstrafe isoliert betrachtet nur eine Einwirkung auf die allgemeine Verhaltensfreiheit vor, während im Falle einer Freiheitsstrafe eine Beeinträchtigung der Freiheit der Person durch den Ausspruch der Rechtspflicht zur Duldung einer Freiheitsentziehung erfolgt. Auch läßt sich in dem hier behandelten Beispiel eine Beeinträchtigung der Glaubens- und Bekenntnisfreiheit nicht mit der Erwägung rechtfertigen, die strafgerichtliche Verurteilung mache dem Beschwerdeführer jedenfalls für die Zukunft deutlich, wie er sich in der zur Verurteilung führenden Situation zu verhalten gehabt hätte. Zwar wird angenommen werden können, daß mit einer strafgerichtlichen Verurteilung auf den Verurteilten auch für die Zukunft eingewirkt werden soll und nicht nur eine Reaktion auf dessen vergangenes Tun erfolgt. Soweit dies der Fall ist, enthält das Urteil indes nur einen Hinweis auf eine sich schon unmittelbar aus dem Gesetz für eine bestimmte Situation ergebende Rechtspflicht. Die Singularität der hier gegebenen Ausnahmesituation läßt es zudem als äußerst unwahrscheinlich erscheinen, daß der Beschwerdeführer nochmals in eine derartige Situation geraten wird.

Diese Sachlage ändert andererseits nichts daran, daß eine strafgerichtliche Verurteilung unabhängig von ihrer eigenständigen grundrechtlichen Relevanz mit der zugrundeliegenden – und ebenfalls isoliert grundrechtlich relevanten – Verhaltenspflicht insofern auf das Engste verzahnt ist, als eine solche Verurteilung stets die Existenz der strafbewehrten Rechtspflicht voraussetzt, deren Verletzung einem Angeklagten zur Last gelegt wird. Ob diese Pflicht tatsächlich existiert, ist aber nach Maßgabe des insoweit sachlich einschlägigen Grundrechts zu beurteilen, so daß auch der Maßstab für die Zulässigkeit einer Verurteilung diesem Grundrecht zu entnehmen ist. So spricht das Strafgericht in dem hier behandelten Fall mit der Verurteilung des Beschwerdeführers zugleich aus, daß dieser eine Pflicht zur Einwirkung auf seine Frau verletzt habe. Die Verurteilung wäre daher zu Recht erfolgt, wenn der Beschwerdeführer im Zeitpunkt des Geschehens aufgrund einer Verpflichtung zur Hilfeleistung bei »Unglücksfällen oder gemeiner Gefahr oder Not« Adressat des (Handlungs-) Gebots gewesen wäre, auf seine

Ehefrau im Sinne einer Krankenhausbehandlung einzuwirken. Wird hingegen mit dem Bundesverfassungsgericht angenommen, daß einer solchen Verpflichtung das Grundrecht des Beschwerdeführers aus Art. 4 Abs. 1 G entgegensteht, hätte die Verurteilung nicht erfolgen dürfen, weil schon das vom Strafgericht angenommene Handlungsgebot nicht existiert und der Tatbestand der Strafnorm deshalb nicht erfüllt ist. In diesem Falle verletzte die gleichwohl erfolgte Verurteilung durch das Strafgericht den Beschwerdeführer ebenso wie jedes andere rechtswidrige Strafurteil in dem Grundrecht, in das durch den Strafausspruch eingegriffen wird, weil das Gericht die Bedeutung einer anderen Grundrechtsnorm für die Zulässigkeit einer Verhaltenspflicht verkannt und aus diesem Grunde angenommen hat, der Angeklagte habe den Tatbestand einer Strafrechtsnorm rechtswidrig und schuldhaft erfüllt. Die in der Verurteilung liegende Beeinträchtigung grundrechtlich (potentiell) geschützter Freiheit wäre daher aus Gründen rechtswidrig, die in der Glaubensfreiheit des Beschwerdeführers wurzeln. Hier spricht das Bundesverfassungsgericht zu Recht von einer »Ausstrahlungswirkung« des Grundrechts aus Art. 4 Abs. 1 GG,[515] denn das Strafgericht hätte danach das Grundrecht des Beschwerdeführers aus Art. 2 Abs. 1 GG verletzt, weil es die Bedeutung des Art. 4 Abs. 1 GG für die Auslegung des § 330 c StGB (a.F.) verkannte.

Damit bleibt die Frage, ob die vom Strafgericht angenommene (gesetzliche) Verpflichtung des Beschwerdeführers zur Einwirkung auf seine Ehefrau an Art. 4 Abs. 1 GG zu messen ist. Insofern ist problematisch, daß ausweislich des mitgeteilten Sachverhalts die gemeinsame religiöse Überzeugung des Beschwerdeführers und seiner Ehefrau eine Krankenhausbehandlung nicht verbot, denn die Anwendbarkeit des Art. 4 Abs. 1 GG wird verschiedentlich von einer Kollision zwischen einem staatlich gesetzten Imperativ und einem religiös motivierten Verhaltensbefehl abhängig gemacht. So meint das Bundesverwaltungsgericht, auf das Grundrecht aus Art. 4 Abs. 1 GG könne sich nur berufen, wer durch »verbindliche Ge- oder Verbote seines Glaubens« gehindert werde, einer gesetzlichen Pflicht zu genügen.[516] Eine Einwirkung auf die Glaubens- und Bekenntnisfreiheit läge demnach erst dann vor, wenn eine staatlich geforderte Handlung einem Grundrechtsträger aus religiösen Gründen verboten ist oder – umgekehrt – die

---

515 BVerfGE 32, 98 (108).

516 BVerwGE 94, 82 (87); wohl auch BVerwGE 99, 1 (7f.); ähnl. *B. Pieroth/B. Schlink*, Grundrechte, Rn. 528; darüber hinaus vertritt BVerwGE 94, 82 (87), unter Hinweis auf BVerfGE 24, 236 (246), die Auffassung, Art. 4 Abs. 1 und 2 schütze nur Äußerungen der religiösen Überzeugung, die sich »im Rahmen gewisser übereinstimmender sittlicher Grundanschauungen der heutigen Kulturvölker halten«. Diese schon von BVerfGE 12, 1 (4), vertretene Auffassung hat allerdings BVerfGE 41, 29 (50), durch einen Hinweis auf die religiöse und weltanschauliche Neutralität des Grundgesetzes und dessen »Offenheit gegenüber dem Pluralismus weltanschaulich-religiöser Anschauungen« jedenfalls relativiert; zu Recht abl. gegenüber einer »Kulturadäquanzklausel« *M. Fehlau*, JuS 1993, S. 441 (443); *K.-H. Kästner*, JZ 1998, S. 974 (978); *J. Müller-Volbehr*, DÖV 1995, S. 301 (305).

religiöse Überzeugung eines Grundrechtsträgers eine von der staatlichen Rechtsordnung verbotene Handlung erfordert.

Für einen Eingriff in die Glaubens- und Bekenntnisfreiheit ist indes nicht zu verlangen, daß ein religiöses und ein staatliches Gebot sich unvereinbar gegenüberstehen. Als Ausschnitt aus der durch Art. 2 Abs. 1 GG umfassend geschützten Freiheit zu einem Verhalten nach eigenem Belieben schützt Art. 4 Abs. 1 GG vielmehr alle Handlungen, zu denen sich ein Grundrechtsträger durch seine Glaubensüberzeugung oder eine Gewissensentscheidung veranlaßt sieht. Zu Recht betont das Bundesverfassungsgericht in der hier behandelten Entscheidung, daß »das Recht des Einzelnen, sein gesamtes Verhalten an den Lehren seines Glaubens auszurichten und seiner inneren Glaubensüberzeugung gemäß zu handeln«, nicht nur Überzeugungen schütze, die auf imperativen Glaubenssätzen beruhen.[517] Erfaßt würden auch »religiöse Überzeugungen, die für eine konkrete Lebenssituation eine ausschließlich religiöse Reaktion zwar nicht zwingend fordern, diese Reaktion aber für das beste und adäquate Mittel halten, um die Lebenslage nach der Glaubenshaltung zu bewältigen«.[518] Die in dem Strafurteil behauptete Pflicht des Beschwerdeführers zur Einwirkung auf seine Ehefrau war daher an Art. 4 Abs. 1 GG zu messen: Bestünde eine solche Pflicht, so würde dem Beschwerdeführer angesonnen, seine Überzeugung zu verleugnen und der Ehefrau ein in seinen Augen sinnloses Verhalten anzuempfehlen. Da die Überzeugung von der Sinnlosigkeit einer Krankenhausbehandlung ihrerseits aus den religiösen Überzeugungen des Beschwerdeführers resultiert, entfaltet die vom Strafgericht angenommene »Einwirkungspflicht« mithin eine beeinträchtigende Wirkung im Schutzgut-Tatbestand des Art. 4 Abs. 1 GG.

In der Sache nicht überzeugen kann demgegenüber die Überlegung des Bundesverfassungsgerichts, wegen der »Ausstrahlungswirkung« des Art. 4 Abs. 1 GG auf die Auslegung und Anwendung des § 330 c StGB (a.F.) stehe strafrechtlichen Sanktionen in diesem Fall entgegen, daß der religiös motivierte Täter nicht aus mangelnder Rechtsgesinnung handele und das strafrechtlich geschützte

---

[517] BVerfGE 32, 98 (106); die Gegenauffassung von *B. Pieroth/B. Schlink*, Grundrechte, Rn. 528, läßt sich auch nicht mit dem anschließend (ebd., Rn. 529) genannten Beispiel der durch eine Glaubensgemeinschaft gestatteten »Vielehe« beweisen, denn nicht jede nach Maßgabe einer religiösen Überzeugung zulässige Handlung (z.B. Auto fahren oder das Essen bestimmter Gerichte) ist zugleich auch eine religiös motivierte Handlung; auch eine mehrfache Eheschließung ist daher nicht ohne weiteres »glaubensgetragen«. Entgegenzutreten ist darüber hinaus der Auffassung von *B. Pieroth/B. Schlink* (ebd., Rn. 229), es könne und dürfe nicht sein, daß jede Schranke, die dem aus festen Überzeugungen Handelnden gezogen werde, an dessen Gewissensfreiheit zu messen sei. Diese Begründung für eine enge Auslegung des Begriffs der Gewissensfreiheit hat freilich den »Vorzug«, daß sie eine Wertung offenlegt, die zur Folge hat, daß ein gewünschtes Ergebnis zu seiner eigenen Begründung wird. Das Bemühen um eine möglichst geringe Bedeutung der (speziellen) Freiheitsrechte (vgl. ebd., Rn. 228) entbindet aber nicht von der Pflicht, den Begriff der Gewissensüberzeugung exakt zu bestimmen und (beispielsweise) gegen den Begriff der (bloßen) Meinung abzugrenzen.

[518] BVerfGE 32, 98 (106f.); zust. *J. Kokott*, in: Sachs (Hrsg.), GG, Art. 4 Rn. 63.

Rechtsgut ebenfalls wahren wolle. Diese Argumentation ist vielmehr geeignet, den Blick auf die Besonderheit des Falles zu verstellen, die darin liegt, daß aus §323 c StGB in den angegriffenen Entscheidungen eine Pflicht zur Einwirkung auf eine Person abgeleitet worden ist, die für sich selbst entscheiden konnte und sich – wie auch das Bundesverfassungsgericht betont – aus eigenem Entschluß gegen eine Krankenhausbehandlung entschieden hat.[519] Demgegenüber ist äußerst zweifelhaft, ob den Beschwerdeführer das Fehlen mangelnder Rechtsgesinnung entlasten könnte, wenn seine Ehefrau für sich selbst zu entscheiden nicht mehr in der Lage gewesen wäre und für diesen Fall auch keine Dispositionen getroffen hätte.[520] Zugleich läßt sich mit einer gewissen Berechtigung die Frage stellen ob ein nicht aus religiösen Motiven handelnder Täter in der Situation des Beschwerdeführers schon allein deshalb bestraft werden dürfte, weil er nicht aufgrund einer eigenen Glaubensüberzeugung, sondern aus Respekt vor der Entscheidung eines anderen eine Einflußnahme unterläßt.

Die entscheidende Frage ist daher, ob der Staat von dem Beschwerdeführer eine Einwirkung auf seine selbstverantwortlich handelnde Ehefrau verlangen darf. *C. Hillgruber* verneint dies: Der Staat würde das Selbstbestimmungsrecht der Frau verletzen, »wenn er Dritte unter Strafandrohung verpflichtete, bewußt und gewollt eingegangenen Selbstgefährdungen entgegenzuwirken, d.h. zur Mißachtung persönlicher Autonomie zwingt«.[521] Dem liegt die im Ausgangspunkt zutreffende Erwägung zugrunde, daß der Staat eine autonom getroffene Entscheidung des Bürgers im Regelfall zu respektieren hat und diese Pflicht auch nicht dadurch unterlaufen darf, daß er das ihm verbotene Verhalten einem Dritten aufgibt. Zu Recht hebt das Bundesverfassungsgericht hervor, daß der Beschwerdeführer schon mit Blick auf die Grundrechte seiner Ehefrau (jedenfalls) nicht verpflichtet war, eine eigene Entscheidung an die Stelle ihrer Entscheidung zu setzen.[522]

Allerdings ist zu beachten, daß unter der Prämisse einer »Einwirkungspflicht« des Ehemannes der Wille der Frau hier nicht überspielt, sondern geändert werden soll, die Verbindlichkeit der von ihr getroffenen Entscheidung mithin gerade respektiert und zum Ausgangspunkt der staatlichen Intervention gemacht wird.[523] Es kommt daher nicht darauf an, ob die Ehefrau des Beschwerdeführers eine

---

[519] BVerfGE 32, 98 (110).

[520] Entgegen *B. Pieroth/B. Schlink*, Grundrechte, Rn. 531, läßt sich der Entscheidung deshalb auch nichts für den Fall entnehmen, daß ein Vater die Verabreichung eines Medikaments an sein Kind verweigert; wie hier *J. Kokott*, in: Sachs (Hrsg.), GG, Art. 4 Rn. 61.

[521] *C. Hillgruber*, Schutz, S. 94; vgl. auch *C. Starck*, in: v. Mangoldt/Klein/Starck, GG, Art. 4 Rdnr 41 (in Fn. 129); *J. Kokott*, in: Sachs (Hrsg.), Art. 4 Rn. 61.

[522] BVerfGE 32, 98 (110); das BVerfG zieht hier Art. 2 Abs. 1 GG heran, richtigerweise wird aber auch hier auf Art. 4 Abs. 1 GG abzustellen sein, da die Entscheidung der Ehefrau ebenfalls religiös motiviert ist, vgl. *J. Schwabe*, JuS 1972, S. 380 (384); *C. Hillgruber*, Schutz, S. 93.

[523] Vgl. *J. Schwabe*, JuS 1972, S. 380 (381), sowie die von BVerfGE 32, 98 (102), mitgeteilten Erwägungen in der angegriffenen Entscheidung des Landgerichts.

zwangsweise Behandlung hätte dulden müssen.[524] Entscheidend ist vielmehr, ob die Einwirkung geduldet werden muß, die mit dem Versuch einer Einflußnahme des Staates oder des staatlicherseits hierzu verpflichteten Ehemanns auf die Willensbildung der (dritt-) betroffenen Frau notwendig einhergeht.[525] Daß schon die Annahme einer aus §323 c StGB folgenden Pflicht zur Einwirkung auf die Willensbildung auch einer eigenverantwortlich handelnden Person[526] mit Rücksicht auf deren Grundrechte als Überschreitung verfassungsrechtlicher Grenzen anzusehen ist, ist aber nicht selbstverständlich.[527]

Würde die grundsätzliche Zulässigkeit einer solchen »Einwirkungspflicht« bejaht, so folgte hieraus aber nur, daß die Herleitung einer derartigen Verpflichtung aus §323 c StGB dann keinen verfassungsrechtlichen Bedenken begegnete, wenn die Auffassungen des Pflichtigen über das richtige oder sinnvolle Verhalten der gefährdeten Person sich mit dem staatlich gewünschten Beratungsergebnis dekken, wie dies im Falle des nicht religiös motivierten und lediglich den Willen des Betroffenen respektierenden Täters der Fall wäre. Für den vorliegenden Fall ändert sich demgegenüber schon deshalb nichts, weil beide Ehegatten aufgrund ihrer gemeinsamen Überzeugungen eine Krankenhausbehandlung übereinstimmend als sinnlos – wenn nicht sogar falsch – erachteten. Da der Ehefrau die entsprechende Überzeugung ihres Mannes bekannt war, muß die Erfüllung einer gleichwohl bestehenden »Einwirkungspflicht« des Mannes schon wegen der Kenntnis der Frau von der mangelnden Ernstlichkeit einer solchen Einwirkung ihren Zweck notwendig verfehlen und deshalb als zur Erreichung des angestrebten Erfolgs von vornherein ungeeignet angesehen werden. Ein Gesichtspunkt, den das Bundesverfassungsgericht mehr erahnt als benennt, wenn es zwei Ehegatten nicht für verpflichtet erachtet, im Falle einer gemeinsamen religiösen Überzeugung wechselseitig aufeinander einzuwirken, um »sich von der Gefährlichkeit ihrer glaubensmäßigen Entscheidung zu überzeugen«[528] und »im Konfliktsfall entgegen ihrem gemeinsamen Glauben den anderen Partner von einer an diesem Glauben orientierten Entscheidung abzubringen«.[529]

Damit ergibt sich, daß im Falle eines sich durch die Verweigerung medizinisch indizierter Maßnahmen selbst gefährdenden Grundrechtsträgers eine Rechtspflicht Dritter zur Einflußnahme auf den Gefährdeten unter Gesichtspunkten der Verhältnismäßigkeit (jedenfalls) auf äußerste Grenzen stößt. Zugleich ist jedoch möglich, derartige Sachverhalte dem Tatbestand des §323 c StGB zuzuordnen,

---

524 Eine Berechtigung zu einer (möglicherweise) lebensrettenden Einwirkung auf die körperliche Unversehrtheit gegen den Willen des Betroffenen verneint BGHSt 11, 111 (113f.).

525 Anders wohl *C. Hillgruber*, Schutz, S. 94.

526 So BGH, NJW 1983, S. 350 (351), wo sogleich wieder – und ohne Not – die Unverfügbarkeit des menschlichen Lebens bemüht wird.

527 Zur Frage eines grundrechtlichen »Konfrontationsschutzes« s. noch unten, S. 355ff.

528 BVerfGE 32, 98 (110).

529 BVerfGE 32, 98 (110f.).

wie sich schon an den angegriffenen Entscheidungen in dem hier behandelten Beispiel ablesen läßt. So bereitet keinerlei Schwierigkeiten, das Auftreten oder die (plötzliche) Verschlimmerung einer Erkrankung grundsätzlich als »Unglücksfall« i.S.v. § 323 c StGB zu qualifizieren,[530] so daß auch unerwartete Komplikationen bei einer Schwangerschaft oder Geburt einbezogen werden können.[531] Darüber hinaus hat der BGH eine nach Eintritt der Gefahrenlage bestehende Pflicht zu lebensrettenden Maßnahmen auch für den Fall einer Herbeiführung der Notsituation durch den Gefährdeten[532] bejaht.[533] Dies führt zu der Frage, wie den genannten Vorgaben des Verfassungsrechts Rechnung zu tragen ist, wenn § 323 c StGB nach seinem Wortlaut und den Regeln der strafrechtlichen Hermeneutik auch die hier interessierenden Sachverhalte erfaßt. Insoweit plädiert *C. Hillgruber* dafür, »§ 323 c StGB verfassungskonform so auszulegen, daß bei eigenverantwortlicher Selbstgefährdung eine Hilfeleistungspflicht nicht besteht, weil ... die Hilfsbedürftigkeit, d.h. entweder das Vorliegen eines Unglücksfalls oder aber die Erforderlichkeit der Hilfeleistung, zu verneinen ist«.[534] Dieser Auffassung liegt allerdings die erwähnte Annahme zugrunde, bei eigenverantwortlicher Herbeiführung oder auch Perpetuierung einer Gefahrenlage sei eine Verpflichtung des Dritten zur Intervention stets verfassungswidrig. Unter dieser Prämisse ist eine verfassungskonforme Interpretation des § 323 c StGB auch zwanglos möglich, weil der Normtext zuläßt, bei eigenverantwortlicher Herbeiführung einer Gefährdungslage – also insbesondere in den »Suizidfällen« – den Tatbestand (»... bei Unglücksfällen oder gemeiner Gefahr oder Not«) als nicht erfüllt anzusehen und zudem in der Entscheidung für die Perpetuierung einer – wie hier – unabhängig vom Willen des Betroffenen eingetretenen Notsituation eine Zäsur zu erblicken, die einen »Unglücksfall« ausschließt. Im Hinblick auf Selbstgefährdungen kann danach folglich das Element der Eigenverantwortlichkeit als negatives Merkmal in den Tatbestand der Vorschrift integriert werden.

Allerdings läßt sich die Frage stellen, ob sich eine solche Auslegung des § 323 c StGB noch im Rahmen einer verfassungsrechtlich gebotenen Reduktion des Normtatbestandes bewegte, weil danach selbst eine Rechtspflicht Dritter, zumindest eine Einwirkung auf eine sich selbst gefährdende Person zu versuchen, nicht

---

[530] Vgl. BGH, NJW 1983, S. 350 (351); OLG Hamm, NJW 1975, S. 604 (605); OLG Düsseldorf, NJW 1991, S. 2979; *P. Cramer*, in: Schönke-Schröder, StGB, § 323 c Rn. 6 m.w.N.

[531] Vgl. BGH, NJW 1983, S. 350 (351); OLG Düsseldorf, NJW 1991, S. 2979.

[532] Zum Vorliegen eines »Unglücksfalls« in einer solchen Situation vgl. nur *D. Dölling*, NJW 1986, S. 1011 (1012ff.) m.w.N.; *K. Kutzer*, MDR 1985, S. 710 (712f.), will zwischen einem (beachtlichen) Behandlungsverzicht bei lebensbedrohender Krankheit und einem (unbeachtlichen) Behandlungsverzicht im Falle eines Suizidversuch unterscheiden; es bleibt aber unerfindlich, warum die Beachtlichkeit des Patientenwillens in der Situation der Behandlungsbedürftigkeit von deren Ursache abhängen soll.; krit. hierzu auch OLG München, NJW 1987, S. 2940 (2943f.); *A. Eser*, MedR 1985, S. 6 (15).

[533] BGHSt 6, 147 (153); 13, 162 (169); 32, 367 (375).

[534] *C. Hillgruber*, Schutz, S. 94f.

mehr angenommen werden könnte. Ob schon eine solche Pflicht wie auch der daraus resultierende (faktische) Zwang des Gefährdeten zur Duldung der Einflußnahme das Maß des verfassungsrechtlich Zulässigen überschreitet, ist unabhängig von der Frage nach der Existenz einer solchen Pflicht aufgrund einfachen Rechts[535] aber – wie erwähnt[536] – zweifelhaft. Da zudem ein Dritter oftmals nicht ohne weiteres wird entscheiden können, ob einer Notsituation eine frei getroffene Entscheidung des Gefährdeten zugrunde liegt,[537] kann nicht als verfassungswidrig angesehen werden, daß die strafgerichtliche Judikatur auch im Falle der von einem frei und voll verantwortlich Handelnden selbst herbeigeführten Gefahrenlage im Ausgangspunkt an einem »Unglücksfall« und damit einer Verpflichtung zur Hilfeleistung festhält.[538] Demgegenüber ist zwar die in der älteren Rechtsprechung vertretene Ansicht, nach Eintritt einer Gefahrenlage sei mit Rücksicht auf eine aus dem »Sittengesetz« folgende Unverfügbarkeit des menschlichen Lebens stets und unabhängig vom Willen des Gefährdeten eine Pflicht zu gefahrabwendenden Maßnahmen anzunehmen,[539] in Ergebnis und Begründung grundsätzlich verfehlt.[540] Zumindest von dieser (Extrem-) Position ist der BGH aber mittlerweile abgerückt,[541] indem er jedenfalls in besonders gelagerten Einzelfällen eine Hilfspflicht unter dem Aspekt der Zumutbarkeit verneint und damit zugleich dem Selbstbestimmungsrecht des Gefährdeten – wenngleich in weiterhin (zu)[542] engen Grenzen – zumindest im Ergebnis zum Durchbruch ver-

---

535 Nach Auffassung weiter Teile des strafrechtliche Schrifttums ist ein versuchter Suizid eines frei und voll verantwortlich Handelnden nicht als »Unglücksfall« i.S.v. § 323 c StGB anzusehen, vgl. (jew. m.w.N.) *P. Cramer*, in: Schönke/Schröder, StGB, § 323 c Rdnr 7; *A. Kreuzer*, Hilfeleistungspflicht, S. 58; *K. Kühl*, in: Lackner/Kühl, StGB, § 323 c Rdnr 2; *H.-J. Rudolphi*, in: Rudolphi/Horn/Samson/Günther/Hoyer, SK-StGB, § 323 c Rdnr 8; ebenso noch BGHSt 2, 150 (151); anders z.B. *D. Dölling*, NJW 1986, S. 1011 (1016); *K. Kutzer*, MDR 1985, S. 710 (713).

536 Vgl. oben, S. 192f.

537 Dies betonen mit Blick auf ein polizeiliches Einschreiten bei Selbsttötungen *V. Götz*, Allgemeines Polizei- und Ordnungsrecht, Rn. 109; *C. Hillgruber*, Schutz, S. 88f.; *H. Lisken/E. Denninger*, in: dies. (Hrsg.), Handbuch des Polizeirechts, Rn. E 15; vgl. ferner BGHSt 6, 147 (153f.); 32, 367 (376); *D. Dölling*, NJW 1986, S. 1011 (1015); *I. v. Münch*, in: FS H.P. Ipsen, S, 113 (124f.).

538 Einen »Unglücksfall« bei Suizidversuchen bejahend BGHSt 6, 147 (153); 13, 162 (169); 32, 367 (375); *D. Dölling*, NJW 1986, S. 1011 (1016).

539 BGHSt 6, 147 (153).

540 Zu Recht wird im Schrifttum betont, daß es eine entsprechende Grundanschauung, die zum Sittengesetz erhoben werden könnte, nicht gibt, vgl. *D. Dölling*, NJW 1986, S. 1011 (1014); *A. Kreuzer*, Hilfeleistungspflicht, S. 54ff.; selbst wenn dies anders zu beurteilen wäre, müßte die auch für die Anwendung von Sozialnormen erforderliche Beeinträchtigung der die Sozialnorm anerkennenden Personen (vgl. oben S. 163f.) bei einem Suizidversuch verneint werden.

541 Als vorsichtige Distanzierung von BGHSt 6, 147 (153), läßt sich deuten, daß BGHSt 32, 367 (375f.), dahinstehen läßt, ob die seinerzeit gegebene Begründung »heute noch in vollem Umfang anerkannt werden kann«.

542 Bedenken begegnet insbesondere die Annahme, der ernsthaft und frei erklärte Wille zum Suizid verliere mit Eintritt der Bewußtlosigkeit stets seine Wirkung, so BGHSt 32, 267 (376, 378); dagegen *A. Eser*, MedR 1985, S. 6 (14f.); *D. Dölling*, NJW 1986, S. 1011 (1014f.); vgl. ferner *C. Hillgruber*, Schutz, S. 122.

hilft.[543] Ob das auf der Seite des Pflichtigen angesiedelte Merkmal der Zumutbarkeit der richtige Anknüpfungspunkt ist, einem eigenverantwortlichen Handeln des Gefährdeten Rechnung zu tragen,[544] muß allerdings bezweifelt werden.[545]

Für die hier behandelte Entscheidung des Bundesverfassungsgerichts bleibt damit die Frage, wie unter dem Aspekt einer verfassungskonformen Interpretation des §323 c StGB dem Umstand Rechnung zu tragen ist, daß eine Pflicht des Beschwerdeführers zur Intervention in Notsituationen – wie erwähnt – nicht schon wegen eines Widerspruchs zu seinen Überzeugungen – und einer daraus resultierenden Beeinträchtigung seiner Glaubens- oder Gewissensfreiheit – als unzumutbar qualifiziert werden kann, der entscheidende Gesichtspunkt vielmehr die aus der Ungeeignetheit der geforderten Maßnahme resultierende Unverhältnismäßigkeit im Einzelfall war: Da das Instrument der verfassungskonformen Interpretation die Reduktion des Anwendungsbereichs einer ge- oder verbietenden Rechtsnorm im Wege der Auslegung ermöglichen soll, wenn die Anwendung der Vorschrift auf einen Lebenssachverhalt zu einem verfassungswidrigen Ergebnis führen würde,[546] setzt sie regelmäßig die Existenz eines Tatbestandsmerkmals voraus, dem ein zur Verfassungswidrigkeit der Normanwendung führendes Sachverhaltselement dergestalt zugeordnet werden kann, daß ein Lebenssachverhalt bei Vorliegen dieses Sachverhaltselements den Tatbestand der Vorschrift nicht erfüllt. Dies wiederum hat zur Folge, daß unterschiedliche Ursachen der Verfassungswidrigkeit eines Ergebnisses der Normanwendung auch isoliert darauf zu untersuchen sind, inwieweit die angewendete Vorschrift eine Korrektur dieses Ergebnisses im Wege der Auslegung zuläßt.

Das Bundesverfassungsgericht hat diesen Fragen indes keine besondere Aufmerksamkeit geschenkt. Seine Feststellung, durch die strafgerichtliche Verurteilung werde die »Ausstrahlungswirkung des Art. 4 Abs. 1 GG bei der Auslegung und Anwendung des §330 c StGB verkannt«,[547] dürfte aber als auf eine verfassungskonforme Interpretation zielend zu verstehen sein. Dem ist im Ergebnis zuzustimmen: Daß eine Pflicht des Mannes zur Einwirkung auf seine Ehefrau schon wegen der Kenntnis der Frau von der entgegenstehenden Überzeugung des Mannes ein ungeeignetes Mittel der Hilfeleistung ist, kann im Wege der verfassungskonformen Interpretation des Merkmals der »Erforderlichkeit« der Hilfeleistung in §323 c StGB berücksichtigt werden, denn eine zur Zweckerreichung ungeeignete Maßnahme ist auch nicht erforderlich.

---

[543] Vgl. BGHSt 32, 367 (377ff.); ferner BGH, NStZ 1988, S. 127; großzügiger auch OLG München, NJW 1987, S. 2940 (2945).

[544] Daß »der Sterbewille des Patienten zum bloßen Abwägungsfaktor innerhalb der ärztlichen Entscheidung degradiert wird«, kritisiert *A. Eser*, MedR 1985, S. 6 (13).

[545] OLG München, NJW 1987, S. 2940 (2945), will an die »Erforderlichkeit« der Hilfe anknüpfen; dem ist insofern zuzustimmen, als eine unzulässige Hilfe nicht zugleich erforderlich sein kann.

[546] Vgl. die Nachw. in Anm. 548.

[547] BVerfGE 32, 98 (109).

bb. Atypisch gelagerter Sachverhalt und »Teilnichtigerklärung ohne Normtextreduzierung«

Schon aus den bisherigen Überlegungen ergibt sich, daß eine verfassungskonforme Interpretation einer Rechtsnorm nur in Betracht kommt, wenn die betreffende Vorschrift auch unabhängig von verfassungsrechtlichen Vorgaben so interpretiert werden könnte, wie dies die Verfassung fordert: Lassen sich mit den üblichen Mitteln der Auslegung unterschiedliche Ergebnisse erzielen, von denen (jedenfalls) eines mit der Verfassung vereinbar ist, so ist die mit dem Grundgesetz in Einklang stehende Auslegung geboten.[548] »Eine gesetzliche Vorschrift ist nicht verfassungswidrig, wenn eine Auslegung möglich ist, die im Einklang mit dem Grundgesetz steht, und die Vorschrift bei dieser Auslegung sinnvoll bleibt«.[549] Ein Beispiel für eine verfassungskonforme Interpretation *lege artis* bietet deshalb eine Entscheidung des Bundesverfassungsgerichts aus dem Jahre 1982 zu einer Regelung des LSchlG, derzufolge Betriebe des Friseurhandwerks sonnabends bis 18.00 Uhr geöffnet sein *dürfen*, »statt dessen« aber am Montagvormittag bis 13.00 Uhr geschlossen sein *müssen*. Diese Regelung ist vom Bundesverwaltungsgericht dahin interpretiert worden, daß den Friseuren kein Wahlrecht zwischen einer Schließung am Samstagnachmittag oder am Montagvormittag eingeräumt werde, das Geschäft am Montagvormittag vielmehr unabhängig von einer Öffnung am Samstagnachmittag geschlossen zu bleiben habe.[550] Auf daraufhin erhobene Verfassungsbeschwerden stellte das Bundesverfassungsgericht zunächst mit ausführlicher Begründung fest, daß die – in der Tat nicht überzeugende – Auffassung des Bundesverwaltungsgerichts, »nicht die allein mögliche«[551] ist.[552] Anschließend wird dargelegt, daß eine Auslegung der Vorschrift im Sinne eines Wahlrechts für eine Öffnung am Samstagnachmittag oder Montagvormittag aus verfassungsrechtlichen Gründen geboten erscheine.[553]

Das Instrument der verfassungskonformen Interpretation dient danach dem Zweck, eine verfassungswidrige Normanwendung zu vermeiden, indem es die Entscheidung für eines von mehreren nach Maßgabe der üblichen Auslegungskriterien möglichen Auslegungsergebnissen erzwingt. Dies heißt zugleich, daß Wortlautgrenze sowie Sinn und Zweck eines Gesetzes nicht beiseitegeschoben werden dürfen.[554] Damit stellt sich aber die Frage, wie Fallgestaltungen Rech-

[548] Vgl. z.B. BVerfGE 2, 266 (282); 32, 373 (383f.); 49, 148 (157); 69, 1 (55); 83, 201 (215); 88, 145 (166); ferner *M. Sachs*, in: ders., (Hrsg.), GG, Einf. Rn.52; *C. Starck*, in: Isensee/Kirchhof (Hrsg.), HbStR, Bd. VII, §164 Rn.31; *K. Stern*, in: K. Stern/M. Sachs, Staatsrecht, Bd. III/2, S.1148.

[549] BVerfGE 59, 360 (386).

[550] BVerwG, GewArch 1979, S.241ff.

[551] BVerfGE 59, 336 (350).

[552] BVerfGE 59, 336 (350ff.).

[553] BVerfGE 59, 336 (355ff.); vgl. auch BVerfGE 59, 360 (386f.).

[554] Dezidiert BVerfGE 90, 263 (275); vgl. ferner BVerfGE 69, 1 (55); 83, 201 (214f.); *U. Ramsauer*, AöR 111 (1986), S.501 (529); *M. Sachs*, in: ders., (Hrsg.), GG, Einf. Rn.55; *C. Starck*, in:

nung getragen werden kann, in denen der eindeutige Wortlaut einer Vorschrift zu einem verfassungswidrigen Ergebnis der Normanwendung führt. Zwar werden derartige Konstellationen eine (seltene) Ausnahme bilden, weil der Gesetzgeber den Eintritt einer solchen Situation verhindern kann und regelmäßig auch verhindert, indem er dem Rechtsanwender auf der Rechtsfolgenseite Ermessen einräumt oder »Härteklauseln« für besonders gelagerte Sachverhalte vorsieht. Sofern dies der Fall ist, läßt sich nur diskutieren, ob die Verfassung in einem Einzelfall eine bestimmte Ausübung des Ermessens oder die Anwendung einer »Härteklausel« erzwingt. So verhält es sich beispielsweise in der bekannten Entscheidung des Bundesverwaltungsgerichts zu der Verpflichtung einer Schülerin islamischen Glaubens, am koedukativen Schwimm- und Sportunterricht teilzunehmen: Das Gericht legt seinen Ausführungen die Annahme zugrunde, daß die Klägerin den Tatbestand jener Vorschriften erfülle, aus denen sich nach nordrhein-westfälischem Landesrecht eine Verpflichtung zur Teilnahme auch am Sportunterricht ergibt. Auf dieser Grundlage wird anschließend erörtert, ob im Hinblick auf die Religionsfreiheit der Klägerin ein »besonderer Ausnahmefall« vorliege, der nach dem angewendeten Landesrecht eine Befreiung vom Unterricht in einzelnen Fächern rechtfertigt.[555] Geht man von der – schon mit Blick auf Art. 140 GG i.V.m. Art. 136 Abs. 1 WRV zweifelhaften[556] – Prämisse aus, daß die Pflicht zur Teilnahme am (koedukativen) Sportunterricht in diesem Falle verfassungswidrig ist, so läßt sich jedoch die Frage stellen, welche Konsequenzen es für die pflichtenbegründende Norm hätte, wenn dieses Ergebnis der Normanwendung nicht durch die Inanspruchnahme einer einfach-gesetzlich vorgesehenen Dispensmöglichkeit vermieden werden könnte.

In diesem Zusammenhang zu erwähnen ist zunächst der Versuch, bei einer Vorschrift mit einem »gesetzlich abschließend determinierten Entscheidungsprogramm«[557] zwischen der Verhältnismäßigkeit der Norm und der Verhältnismäßigkeit ihrer Anwendung zu unterscheiden, um »Rechtsetzung und Rechtsanwendung« jeweils gesondert darauf zu überprüfen, ob sie dem »Ziel des Grundsatzes der Verhältnismäßigkeit« genügen, nur »unumgängliche Freiheitseinschränkungen« zuzulassen.[558] Ausgangs- und Orientierungspunkt dieses Vorschlags ist die Regelung in § 8 Abs. 2 PolG Ba.-Wü., derzufolge handlungs- und zustandsverantwortliche Personen (»Störer«) verpflichtet sind, der Polizei die durch die unmittelbare Ausführung einer Maßnahme entstandenen Kosten zu er-

---

Isensee/Kirchhof (Hrsg.), HbStR, Bd. VII, § 164 Rn. 31; *K. Stern*, in: K. Stern/M. Sachs, Staatsrecht, Bd. III/2, S. 1148.

[555] Vgl. BVerwGE 94, 82 (83).

[556] Anders *D. Ehlers*, in: Sachs (Hrsg.), GG, Art. 140 GG/Art. 136 WRV Rn. 6, nach dessen Ansicht ein in Art. 136 Abs. 1 WRV i.V.m. Art. 140 GG verankertes »Gebot der Pflichtengleichheit« gegen Art. 4 Abs. 1 und 2 GG abzuwägen, in dem hier erörterten Fall aber nicht verletzt sein soll.

[557] *J. Martensen*, VBlBW 1996, S. 81 (82).

[558] *J. Martensen*, VBlBW 1996, S. 81 (83).

setzen. Obwohl der Eintritt der in dieser Vorschrift vorgesehenen Rechtsfolge zwingend ist, sollen danach die Kosten der unmittelbaren Ausführung dem Störer nicht aufzuerlegen sein, soweit dies im Einzelfall dem Grundsatz der Verhältnismäßigkeit widerspreche: Die Kostenentscheidung dürfe »den Störer gemessen an seiner individuellen Verantwortung und seinen persönlichen Möglichkeiten nicht unverhältnismäßig belasten«, so daß die Polizeibehörde zu überprüfen habe, »ob nicht ein atypischer Sachverhalt vorliegt, ob also ausnahmsweise dem Störer die Kostenlast nicht zugemutet werden kann«.[559] Diese »einzelfallbezogene Normexemtion«[560] soll die Verfassungsmäßigkeit der aus verfassungsrechtlichen Gründen unangewendet gebliebenen Norm jedoch unberührt lassen, weil »die Verhältnismäßigkeitsprüfung auf Gesetzes- und Vollzugsebene anhand unterschiedlicher Maßstäbe vorgenommen werden« müsse: Während bei der Beurteilung der Verfassungsmäßigkeit der Norm lediglich ein abstrakt-genereller Maßstab herangezogen werden könne, habe sich der Normvollzug einer konkret-einzelfallbezogenen Verhältnismäßigkeitsprüfung zu unterziehen, so daß eine Norm, die im Einzelfall zu einer erheblichen und unverhältnismäßigen Belastung führt, bei typisierender Betrachtung dem Grundsatz der Verhältnismäßigkeit genügen könne.[561]

Dieser Auffassung kann nicht gefolgt werden, weil sie auf der unzutreffenden Vorstellung beruht, eine mit Rücksicht auf unverhältnismäßige Ergebnisse der Normanwendung erfolgende Nichtanwendung einer Vorschrift sei »als verfassungskonforme Normpräzisierung und nicht als Normdurchbrechung«[562] zu begreifen. Da die Möglichkeiten der verfassungskonformen Interpretation – wie erwähnt[563] – an der Wortlautgrenze enden, läßt sich eine Ausnahme von der Anwendung einer eindeutigen Vorschrift auch nicht mit der Erwägung begründen, bei einem solchen Vorgang handele es sich um eine »verfassungskonforme Normpräzisierung«, die das umsetze, »was an sich Sache des Gesetzgebers gewesen wäre«.[564] Sofern wegen des zwingenden Wortlauts einer Vorschrift keine Interpretationsspielräume bestehen und der Eintritt einer verfassungswidrigen Rechtsfolge auch nicht durch die Betätigung eingeräumten Ermessens oder in Anwendung von »Härteklauseln« zu vermeiden ist, bleibt es vielmehr bei der angeordneten Rechtsfolge, so daß sich die Verfassungswidrigkeit des Ergebnisses im Einzelfall gerade nicht in der Weise von der zugrundeliegenden Rechtsvorschrift »abkoppeln« läßt, daß nur die Normanwendung, nicht aber die angewendete Norm verfassungswidrig ist.[565]

---

559 *J. Martensen*, VBlBW 1996, S. 81 (83).
560 *J. Martensen*, VBlBW 1996, S. 81 (83, 84).
561 Vgl. *J. Martensen*, VBlBW 1996, S. 81 (83).
562 So *J. Martensen*, VBlBW 1996, S. 81 (84).
563 Vgl. oben, S. 197.
564 *J. Martensen*, VBlBW 1996, S. 81 (83).
565 Der VGH Ba.-Wü., VBlBW 1991, S. 110 (111), hat zur Vermeidung sachwidriger Ergeb-

Darüber hinaus wird der vom Bundesverfassungsgericht in der Rechtsprechung zu Art. 12 Abs. 1 GG gelegentlich geäußerten Auffassung nicht gefolgt werden können, eine Vorschrift und deren Anwendung sei unabhängig von im Einzelfall auftretenden Härten jedenfalls dann verfassungsmäßig, wenn nur »generell« oder jedenfalls typischerweise auftretende Unterschiede berücksichtigt werden.[566] Zunächst ist schon die Frage zu stellen, ob es »den« typischen Sachverhalt, der für die Beurteilung der Verfassungsmäßigkeit einer Norm maßgeblich sein soll, angesichts der Unterschiedlichkeit der von einer abstrakten Norm erfaßten Sachverhalte überhaupt gibt und woran er zu erkennen ist. Jedenfalls besteht aber keine hinreichende Veranlassung, den Gesetzgeber von seiner Verpflichtung zu entbinden, für atypische Sachverhalte dadurch Vorsorge zu treffen, daß der Verwaltung ein Instrumentarium an die Hand gegeben wird, das eine flexible Reaktion auf Besonderheiten des Einzelfalls ermöglicht. Sofern die Normanwendung im Einzelfall unvermeidbar zu einem verfassungswidrigen Ergebnis führt, ist daher auch die angewendete Norm insoweit verfassungswidrig.

Die Verfassungswidrigkeit der Normanwendung bei zwingend anzuwendenden Vorschriften läßt daher die Verfassungsmäßigkeit der angewendeten Norm nicht unberührt. Eine andere Frage ist aber, ob die Verfassungswidrigkeit der Normanwendung in einem Einzelfall die Verfassungswidrigkeit der Norm insgesamt zur Folge hat oder die »Reichweite« der Verfassungswidrigkeit einer Vorschrift dergestalt begrenzt werden kann, daß sie in den Fällen anwendbar bleibt, in denen ihre Anwendung keinen verfassungsrechtlichen Bedenken begegnet: Zwar kann der Schluß auf die Verfassungswidrigkeit einer Rechtsnorm nur vermieden werden, wenn deren Wortlaut es zuläßt, einen zur unverhältnismäßigen Belastung eines Adressaten führenden Lebenssachverhalt aus ihrem Anwendungsbereich im Wege der verfassungskonformen Interpretation auszuklam-

---

nisse versucht, § 8 Abs. 2 PolG dahingehend zu interpretieren, daß die Entscheidung darüber, ob dem Störer die Kostenlast auferlegt wird, im Ermessen der Behörde stehe; vgl. auch VGH Ba.-Wü., VBlBW 1991, S. 434; HessVGH, NVwZ-RR 1995, S. 29; insoweit zu Recht krit. *J. Martensen*, VBlBW 1996, S. 81 (82) m. w. N. in Fn. 20; anders (für NW) auch das OVG NW, NVwZ-RR 1996, S. 59 (60), das der Auffassung des VGH Ba.-Wü. entgegenhält, durch eine »Trennung zwischen Ordnungspflicht und Kostenlast« werde ein Störer im Falle der Freistellung von der Kostenpflicht gegenüber demjenigen privilegiert, der seiner Ordnungspflicht auf eigene Kosten nachkomme. Diese zutreffende Erwägung sollte aber Anlaß geben, in den problematischen Varianten der sog. »Abschleppfälle« (etwa bei nachträglichem Aufstellen eines Verkehrszeichens) die Frage nach dem »Störerbegriff« neu (und auch unter dem Aspekt der verfassungskonformen Auslegung des Gefahrenabwehrrechts) zu stellen: Insbesondere erscheint fraglich, ob sich eine »Zustandsverantwortlichkeit« unter Hinweis auf eine Verantwortlichkeit für die Lage einer Sache im Raum begründen läßt, wenn diese »Lage« für sich genommen nicht rechtswidrig ist; vgl. hierzu auch *Th. Koch/F. Niebaum*, JuS 1997, S. 312 (315 f.). Nicht zu verfangen vermag demgegenüber der gängige Hinweis auf die »Effektivität der Gefahrenabwehr«, weil bei fehlender Störereigenschaft zumindest eine Inanspruchnahme des Betroffenen als »Nichtstörer« möglich ist. Allerdings fehlt es in Ba.-Wü. an der Möglichkeit einer »unmittelbaren Ausführung« gegenüber einem Nichtstörer. Dies zu korrigieren, ist aber Aufgabe des Gesetzgebers, nicht der Gerichte.

[566] Vgl. BVerfGE 30, 292 (316, 327); 65, 116 (126); 68, 155 (173); 77, 84 (113).

mern. Mit dem Instrument der verfassungskonformen Interpretation wird aber zugleich verhindert, daß eine Rechtsnorm, deren Anwendung im Regelfall verfassungsrechtlich unproblematisch ist, deshalb als (insgesamt) verfassungswidrig qualifiziert werden muß, weil ihre Anwendung auf atypische Sachverhalte (ausnahmsweise) zu einem verfassungswidrigen Resultat führt. Mit diesen Konstellationen sind die hier in Rede stehenden Fälle strukturell ohne weiteres vergleichbar. Dies legt nahe, eine in atypisch gelagerten Sachverhalten zu verfassungswidrigen Ergebnissen führende Vorschrift im Falle des Fehlens eines Auslegungsspielraums zumindest teilweise zu »retten«, indem ein »Teil der vom Tatbestand erfaßten Sachverhalte ... durch Einschränkung genereller Tatbestandsmerkmale vom Eintritt der selbst unveränderten Rechtsfolgen ausgenommen«,[567] der Anwendungsbereich der Norm also hinsichtlich des erfaßten Personenkreises oder hinsichtlich der geregelten Fallkonstellationen ohne Anknüpfung an den Normtext reduziert wird.

Eine solche Vorgehensweise, die *M. Sachs* in einer kritischen Betrachtung als »›qualitative Teilnichtigerklärung‹ ohne Normtextreduzierung«[568] bezeichnet hat, ist in der Rechtsprechung des Bundesverfassungsgerichts auch gelegentlich anzutreffen. Ein erstes Beispiel hierfür bildet die – bereits erwähnte[569] – Entscheidung zu der Regelung über die Nichtanrechenbarkeit von Zeiten eines »Parkstudiums« bei der Vergabe des Wunschstudienplatzes nach Maßgabe der Wartezeit im HRG 1976. Diese Bestimmung wurde vom Bundesverfassungsgericht insoweit für nichtig erklärt, als sie auch Studenten erfaßte, die bis zum Wintersemester 1974/75 ein Parkstudium aufgenommen hatten.[570] Damit wurde die Norm mit einer Beschränkung des betroffenen Personenkreises im Hinblick auf den Zeitpunkt des Studienbeginns versehen, die dem Text der Vorschrift nicht zu entnehmen war. Der Entscheidung liegt damit die erkennbare Vorstellung zugrunde, daß die »Parkstudiums-Klausel« gleichsam in einen verfassungsmäßigen und einen verfassungswidrigen Teil »aufgespalten« werden kann. Dies gilt gerade auch dann, wenn richtigerweise davon ausgegangen wird, daß gegen höherrangiges Recht verstoßende Rechtsakte grundsätzlich *ipso iure* ungültig sind und das Bundesverfassungsgericht dies lediglich deklaratorisch feststellt, nicht aber die Nichtigkeit mit Wirkung *ex tunc* konstitutiv herbeiführt,[571] denn eine unteilbare Norm hätte auf Basis dieser Prämisse die Feststellung ihrer Gesamtnichtigkeit erfordert. Stellt das Bundesverfassungsgericht die teilweise Nichtigkeit einer Rechtsnorm fest, so ist folglich die betroffene Vorschrift von vornherein nur im Hinblick auf denklogisch abtrennbare Anwendungsfälle verfassungswidrig und nichtig, im übrigen hingegen verfassungsmäßig und gültig.

---

567 *M. Sachs*, DVBl. 1979, S. 389 (391).
568 *M. Sachs*, DVBl. 1979, S. 389 (390).
569 Vgl. oben, S. 169.
570 BVerfGE 43, 291 (294, 390ff.).
571 Vgl. hierzu oben, Anm. 507.

Nur auf Basis einer solchen Auffassung verstehbar ist auch eine Entscheidung aus dem Jahre 1966, die das Merkmal der »Entscheidungserheblichkeit« in Zusammenhang mit Verfahren der konkreten Normenkontrolle nach Art. 100 GG betraf. Dem Bundesverfassungsgericht war in diesem Falle eine Strafvorschrift vorgelegt worden, deren Anwendung nach Auffassung des vorlegenden Gerichts in bestimmten Fällen zu einem unverhältnismäßigen und deshalb verfassungswidrigen Ergebnis führen würde. Die Vorlage wurde jedoch für unzulässig erachtet, weil nicht dargetan oder ersichtlich sei, daß die Anwendung der Vorschrift auch im Ausgangsverfahren ein Ergebnis zur Folge hätte, mit dem die vom Übermaßverbot gezogenen Grenzen möglicherweise überschritten würden.[572] Wie *M. Sachs* zu Recht feststellt, setzt diese Entscheidung die Vorstellung voraus, die vorgelegte Norm könne in einen verfassungsmäßigen und einen nichtigen Normteil zergliedert werden,[573] denn die (mögliche) Verfassungswidrigkeit in bestimmten Fällen würde anderenfalls die Gesamtnichtigkeit der Vorschrift auslösen und damit zugleich deren Anwendbarkeit im Ausgangsverfahren verhindern.

Weiteres Anschauungsmaterial für eine solche Rechtsprechung bieten Verfahren der abstrakten Normenkontrolle, in denen die Verfassungswidrigkeit der vorgelegten Vorschrift mit einer Verletzung des Gleichheitssatzes begründet wird. Hier vertritt das Bundesverfassungsgericht die Ansicht, eine Vorlage sei nicht zulässig, wenn es sich bei den Personen, die durch die vorgelegte Norm möglicherweise in gleichheitswidriger Weise benachteiligt würden, um am Verfahren nicht beteiligte Dritte handele.[574] Auch dies setzt die Vorstellung voraus, daß die Begünstigung eines Verfahrensbeteiligten unabhängig von der Verfassungswidrigkeit einer durch die gleiche Norm ausgelösten Benachteiligung eines am Ausgangsverfahren nicht beteiligten Dritten verfassungsmäßig sein könne.[575]

Eine solche »Korrektur« verfassungswidriger Ergebnisse durch eine »qualitative Teilnichtigerklärung ohne Normtextreduzierung« muß jedoch auf Bedenken stoßen, wenn sie zu einer Veränderung des Inhalts einer Vorschrift oder ihrer Rechtsfolge gegen den (objektivierten) Willen des Gesetzgebers führt, denn in diesem Fall würde das Bundesverfassungsgericht als »Ersatzgesetzgeber« tätig.[576] Daß eine Rechtsnorm, die (nur) in bestimmten Fällen verfassungswidrige Resultate herbeiführt, gerade nur im Hinblick auf diese vom Wortlaut erfaßten Sach-

---

[572] BVerfGE 20, 35 (40).

[573] *M. Sachs*, DVBl. 1979, S. 389 (393); nach Auffassung von *Sachs* ist allerdings fraglich, ob sich das Bundesverfassungsgericht wirklich der Tatsache bewußt war, daß seine Entscheidung die Annahme einer teilweisen Verfassungswidrigkeit einer Norm voraussetzt.

[574] BVerfGE 66, 100 (106); 67, 239 (244).

[575] Vgl. BVerfGE 66, 100 (106); allerdings hat das BVerfG (ebd, S. 105) für seine Position ferner geltend gemacht, eine wegen Verletzung des Gleichheitssatzes verfassungswidrige Norm sei schon deshalb nicht im Ausgangsverfahren unanwendbar, weil auch in der Normenkontrollentscheidung mit Rücksicht auf die gesetzgeberische Gestaltungsfreiheit die Vorschrift nur für mit dem Grundgesetz unvereinbar, nicht aber für nichtig erklärt werden könne.

[576] Vgl. *M. Sachs*, DVBl. 1979, S. 389 (393); *A. Rinken*, in: AK, Art. 94 Rn. 44.

verhalte und nicht *insgesamt* für verfassungswidrig und nichtig erklärt wird, wird hingegen nicht zu beanstanden sein, sofern der Anwendungsbereich einer Norm durch eine solche »Teilnichtigerklärung« lediglich reduziert wird. Es ist daher erforderlich, daß Sachverhalte, die aus dem Anwendungsbereich einer teilweise verfassungswidrigen Vorschrift herausgenommen werden sollen, durch gemeinsame Merkmale beschreibbar sind. Ist dies der Fall, läßt sich annehmen, daß die Beseitigung verfassungswidriger Resultate im Einzelfall bei Aufrechterhaltung der Normgeltung im übrigen auch dem mutmaßlichen Willen des Gesetzgebers am ehesten entspricht.

Damit erweist sich die »qualitative Teilnichtigerklärung ohne Normtextreduzierung« als Instrument, das es bei Beachtung dieser Vorgaben ermöglicht, entsprechend der Vorgehensweise bei der verfassungskonformen Interpretation aber unabhängig vom Wortlaut einer Vorschrift solche Fallgestaltungen aus dem Anwendungsbereich einer Norm herauszulösen, in denen die Normanwendung zu verfassungswidrigen Ergebnissen führt. Gleichwohl besteht zwischen diesen beiden Vorgehensweisen ein bedeutsamer Unterschied, den es im Auge zu behalten gilt: Bei der verfassungskonformen Interpretation wird der Anwendungsbereich einer Vorschrift gerade mit Blick auf die Verfassung bestimmt, in dem anderen Fall eine auf einen Sachverhalt zweifelsfrei anwendbare Norm hingegen wegen der Verfassungswidrigkeit des dabei erzielten Ergebnisses für insoweit nichtig erklärt. Die Feststellung einer auch teilweisen Nichtigkeit förmlicher Gesetze ist aber gem. Art. 100 GG dem Bundesverfassungsgericht vorbehalten, während die Auslegung einer Norm auch im Hinblick auf die Vereinbarkeit eines bestimmten Auslegungsergebnisses mit der Verfassung jedem mit der Normanwendung befaßten Gericht obliegt. Gerade diese Gegebenheiten machen erforderlich, die einer verfassungskonformen Interpretation gezogene Wortlautgrenze zu beachten, da andernfalls eine »Teilnichtigerklärung« durch die Instanzgerichte erfolgen würde. Hier ist das Bundesverfassungsgericht in seinem verständlichen Bemühen um eine Entlastung von (scheinbar) vermeidbaren Verfahren gelegentlich zu großzügig, indem es eine vom Wortlaut einer Vorschrift nicht mehr ohne weiteres gedeckte Bestimmung des Normanwendungsbereichs als (verfassungskonforme) Auslegung qualifiziert. So ist beispielsweise eine nach Ansicht des Ersten Senats vom Wortlaut des Gesetzes nicht vorgegebene Interpretation des (früheren) § 60 Abs. 1 KO als »Rechtsfortbildung ›praeter legem‹« dem Bereich der verfassungskonformen Interpretation zugeordnet worden;[577] ein in jede Richtung zweifelhaftes Ergebnis.

Ebenfalls nicht unproblematisch ist eine Entscheidung des Bundesverwaltungsgerichts aus dem Jahre 1993, mit der Psychotherapeuten von der in § 1 Abs. 3 HeilprG statuierten Pflicht befreit wurden, die Berufsbezeichnung »Heilpraktiker« zu führen. Allerdings ist dem Bundesverwaltungsgericht zunächst zu-

[577] BVerfGE 88, 145 (166f.).

zustimmen, wenn es im Anschluß an ein *obiter dictum* des Bundesverfassungsgerichts aus dem Jahre 1988[578] feststellt, daß es unter Zugrundelegung der mit dem Begriff »Heilpraktiker« üblicherweise verbundenen Vorstellungen sachwidrig und irreführend wäre, wenn man auch Psychotherapeuten zum Führen dieser Bezeichnung verpflichtete.[579] Von daher bedürfte es schon keines Rückgriffs auf die Verfassung, um von einer Anwendung der Vorschrift auf Psychotherapeuten absehen zu können. Auf das Mittel einer »verfassungskonformen Einschränkung« greift das Bundesverwaltungsgericht vielmehr zurück, weil das HeilprG gem. § 1 Abs. 1 auf alle Personen anwendbar ist, die die Heilkunde ausüben wollen, ohne als Arzt bestallt zu sein, und hierzu auch Psychotherapeuten gezählt werden. Geht man davon aus, daß diese Rechtslage es ausschließt, § 1 Abs. 3 HeilprG einen hiervon abweichenden Heilpraktikerbegriff zu unterlegen, so läuft die »Ausklammerung« der Psychotherapeuten aus dem Anwendungsbereich dieser Norm auf eine Teilnichtigerklärung hinaus, zu der nicht das Bundesverwaltungsgericht, sondern nur das Bundesverfassungsgericht befugt gewesen wäre.

Insgesamt bleibt aber festzuhalten, daß die »Teilnichtigerklärung ohne Normtextreduzierung« es gestattet, eine Norm im Falle ihrer nur partiellen Verfassungswidrigkeit auch dann im übrigen zu »retten«, wenn eine verfassungskonforme Interpretation nicht (mehr) möglich ist, indem durch die Feststellung der nur teilweise bestehenden Verfassungswidrigkeit aus einer – zugleich – teilweise verfassungsgemäßen Norm eine insgesamt verfassungsgemäße Norm erzeugt wird. Mit der »Teilnichtigerklärung ohne Normtextreduzierung« und der verfassungskonformen Interpretation existieren daher zwei Instrumente, die verhindern, daß eine Norm schon deshalb mit dem gleichsam latenten Risiko der Feststellung ihrer (Gesamt-) Nichtigkeit behaftet ist, weil die Normanwendung in atypischen sowie vom Gesetzgeber nicht vorausgesehenen – und vielleicht auch gar nicht voraussehbaren – Einzelfällen unverhältnismäßig sein könnte. Damit deutet sich schon an dieser Stelle an, daß die fehlende Voraussehbarkeit bestimmter Folgen staatlichen Handelns keinen hinreichenden Grund für eine Einschränkung der Grundrechtserheblichkeit faktischer Beeinträchtigungen bildet.

c. *Konsekutive und simultane Beeinträchtigungen*

aa. *Simultane Einwirkungen auf grundrechtlich geschützte Positionen*

Von den vorstehend behandelten Fällen, in denen die mit einem staatlicherseits gesetzten (Handlungs-) Gebot verbundene Beschwer anstelle des üblicherweise betroffenen Grundrechts – regelmäßig die allgemeine Verhaltensfreiheit – ein anderes Grundrecht – etwa die Glaubens- und Bekenntnisfreiheit – des Maßnahme-

[578] BVerfGE 78, 179 (194).
[579] BVerwG, DÖV 1993, S. 568 (569).

adressaten betraf,[580] lassen sich jene vornehmlich bei Unterlassungs- und Duldungsgeboten anzutreffenden Fallgestaltungen unterscheiden, in denen staatliches Handeln im Schutzgut-Tatbestand verschiedener Grundrechte eine jeweils eigenständige Wirksamkeit entfaltet. Ein praktisch wichtiges Beispiel für einen solchen Sachverhalt ist der bereits erwähnte[581] Fall der Anordnung eines Fahrverbots (oder der Entziehung der Fahrerlaubnis) gegenüber einer Person, die – wie insbesondere ein Berufskraftfahrer – für ihre berufliche Betätigung der Erlaubnis zum Führen von Kraftfahrzeugen bedarf. Die Beseitigung dieses Rechts trifft den Maßnahmeadressaten in einem solchen Fall sowohl innerhalb wie auch außerhalb seiner beruflichen Betätigung, so daß zu der »jedermann« treffenden Beeinträchtigung der allgemeinen Verhaltensfreiheit eine Beeinträchtigung der Berufsfreiheit als *weitere* Beschwer hinzutritt.[582]

Dies wiederum ist der für die grundrechtliche Behandlung einer solchen Fallgestaltung entscheidende Gesichtspunkt: Bei dem (Unterlassungs-) Gebot, kein Kraftfahrzeug zu führen, handelt es sich um eine rechtliche Beeinträchtigung, die bei einem Berufskraftfahrer ohne weiteres auf die Berufsfreiheit einwirkt, weil die Zulässigkeit eines Handelns beseitigt wird, das (auch) Teil der beruflichen Tätigkeit des Betroffenen ist. Da es für die Rechtserheblichkeit einer normativ-imperativen Beeinträchtigung nicht darauf ankommt, ob die Einwirkung auf das im Einzelfall konkret betroffene Grundrecht gewollt oder auch nur voraussehbar war, ist eine »simultane« Beeinträchtigung unterschiedlicher Schutzgüter deshalb auch an dem Grundrecht zu messen, das zusätzlich zu dem üblicherweise betroffenen Grundrecht einschlägig ist; ein Unterschied zu dem Fall einer »atypischen« Einwirkung auf den Schutzgut-Tatbestand eines anderen als des üblicherweise betroffenen Grundrechts besteht insoweit nicht.

bb. Konsekutive Einwirkungen auf grundrechtlich geschützte Positionen

Mit der vorstehend beschriebenen Konstellation auf den ersten Blick eng verwandt sind ferner Fälle, in denen eine Einwirkung auf einen Gegenstand des sphärenbezogenen Grundrechtsschutzes über das zunächst betroffene Grund-

---

580 Weil Art. 2 Abs. 1 GG die Freiheit des Individuums zu einem Verhalten nach eigenem Belieben umfassend schützt und die Bezugspunkte der speziellen Grundrechte des verhaltensbezogenen Freiheitsschutzes nur besondere »Ausschnitte« der von Art. 2 Abs. 1 GG geschützten Verhaltensfreiheit bilden, läßt sich freilich auch bei Vorliegen eines derartigen Sachverhalts davon sprechen, daß die Einwirkung auf den Schutzgut-Tatbestand eines speziellen Freiheitsrechts zu der Beeinträchtigung der allgemeinen Verhaltensfreiheit hinzutritt; die allgemeine Verhaltensfreiheit tritt aber unter dem Gesichtspunkt der Subsidiarität hinter dem einschlägigen Spezialgrundrecht zurück.; vgl. zum »Konkurrenzverhältnis« zwischen Art. 2 Abs. 1 GG und anderen Freiheitsrechten (jew. m. w. N.) *H. Dreier*, in: ders., (Hrsg.), GG, Art. 2 I Rn. 66; *J. Ipsen*, Grundrechte, Rn. 744; *D. Murswiek*, in: Sachs (Hrsg.), GG, Art. 2 Rn. 137; *R. Scholz*, AöR 100 (1975), S. 80 (112ff.).

581 Vgl. oben, S. 185.

582 Zum Merkmal der »berufsregelnden Tendenz« vgl. noch unten, S. 264ff.

recht hinaus Auswirkungen im Schutzgut-Tatbestand eines anderen Grundrechts (oder auch mehrerer Grundrechte) des Maßnahmeadressaten auslöst. Ein Beispiel hierfür bildet die Vollstreckung einer Freiheitsstrafe, weil die Beeinträchtigung der physischen Bewegungsfreiheit eine Einwirkung auf sämtliche Dispositionen des Betroffenen zur Folge hat, die diese Freiheit voraussetzen. Einem Inhaftierten ist regelmäßig nicht, jedenfalls aber nur mit erheblichen Einschränkungen möglich, einen Beruf auszuüben, eine Ehe zu führen oder an Versammlungen teilzunehmen. Desgleichen ist die Abwesenheit von Einwirkungen auf die körperliche Unversehrtheit oder gar das Leben unverzichtbare Voraussetzung für eine Vielzahl grundrechtlich geschützter Betätigungen. Allgemein formuliert läßt sich sagen, daß einem Grundrechtsträger durch die Auferlegung einer Duldungspflicht zugleich die Möglichkeit zu einem Verhalten genommen wird, das seinerseits vom Schutzgut-Tatbestand eines Grundrechts erfaßt wird, so daß von »konsekutiven« Einwirkungen auf die grundrechtlich geschützte Freiheit gesprochen werden kann. Das Fehlen einer Einwirkung auf das Schutzgut des primär betroffenen Grundrechts ist in diesen Fällen nicht hinwegzudenkende Bedingung für ein Verhalten, das seinerseits (potentiell) grundrechtlichen Schutz genießt. In dieser Verknüpfung zweier Beeinträchtigungen grundrechtlicher Schutzgüter unterscheiden sich die konsekutiven Beeinträchtigungen von den Fällen der »simultanen« Beeinträchtigung eines Grundrechtsträgers: In dem oben erwähnten Beispiel der Einwirkung auf die Berufsfreiheit eines Berufskraftfahrers durch den Verlust der Berechtigung zum Führen von Kraftfahrzeugen liegt eine rechtliche Beeinträchtigung des Betroffenen vor, die gleichzeitig (»simultan«) im Schutzgut-Tatbestand mehrerer Grundrechte wirksam wird. Demgegenüber löst staatliches Handeln bei konsekutiven Beeinträchtigungen weitere faktische Folgen aus, indem eine Einwirkung auf einen Gegenstand des sphärenbezogenen Grundrechtsschutzes nicht die Zulässigkeit, sondern die Möglichkeit einer (potentiell) grundrechtlich geschützten Betätigung beseitigt, so daß in diesen Fällen von einer besonderen Form der »Folgewirkung« gesprochen werden kann.

In diesem Unterschied wurzelt ferner, daß die grundrechtliche Beurteilung konsekutiver und simultaner Beeinträchtigungen unterschiedlich ausfallen muß: Zwar wird »Folgewirkungen« einer Primärbeeinträchtigung die grundrechtliche Relevanz nicht generell abgesprochen werden können. Bei »konsekutiven« Beeinträchtigungen führt die Einwirkung auf einen Grundrechtsträger aber notwendig und zwangsläufig die Unmöglichkeit der weiteren (potentiell) grundrechtsgeschützten Betätigung(en) herbei. Aus diesem Grunde ist eine faktisch-konsekutive Beeinträchtigung als von der Einwirkung auf das primär betroffene Grundrechte miterfasst, in dieser »mitgedacht« anzusehen. In dem Beispiel einer Freiheitsentziehung muß deshalb bei der Entscheidung über eine solche Maßnahme nicht schon im Hinblick auf Grundrechte des Betroffenen berücksichtigt werden, ob dieser verheiratet ist, einen Arbeitsplatz hat oder regelmäßig an politischen Versammlungen teilnimmt.

Dieser Befund ist ferner auf Fälle der Entziehung oder anderweitigen Beeinträchtigung der Nutzbarkeit des Eigentums übertragbar, denn auch das Vorhandensein einer als (Sach-) Eigentum geschützten Position kann eine Voraussetzung für die Inanspruchnahme verschiedener grundrechtlich (potentiell) geschützter Verhaltensoptionen sein. Insoweit sei beispielhaft verwiesen auf die Überlegungen, mit denen *H. Sendler* die Entscheidung des Bundesverfassungsgerichts über die »Anerkennung des Besitzrechts des Mieters als Eigentum im Sinne des Art. 14 Abs. 1 S. 1 GG«[583] kritisiert hat. Gegenstand dieser Ausführungen von *Sendler* ist in erster Linie die weitere These des Bundesverfassungsgerichts von der »Notwendigkeit einer gesetzlichen Ausgestaltung« der miteinander konkurrierenden Eigentumspositionen von Mieter und Vermieter.[584] Die seines Erachtens fatalen Folgen des Umstands, daß das Bundesverfassungsgericht damit »ohne Not, ... in einem überflüssigen obiter dictum, die Notwendigkeit einer gesetzlichen Ausgestaltung dekretierte«,[585] versucht *Sendler* durch eine Zusammenstellung der mit dieser Entscheidung potentiell verbundenen Weiterungen darzutun: So gebe es auch bei der Vermietung gewerblicher Räume Interessenlagen und -gegensätze, die den Gegebenheiten bei der Wohnraummiete vergleichbar seien. Das Bestandsinteresse des Mieters sei bei gewerblich genutzten Räumen nicht niedriger als bei der Wohnraummiete, zumal dem Mieter im erstgenannten Fall »noch ein weiteres Grundrecht, das des Art. 12 GG, zur Seite steht«. Darüber hinaus stehe eine Fülle weiterer Grundrechte unterstützend bereit, um den Schutz des Mieters zu verstärken: So könne sich der Künstler oder Wissenschaftler auf Art. 5 Abs. 3 GG und eine Religionsgemeinschaft auf Art. 4 Abs. 2 GG berufen, lasse sich ferner zugunsten von Ehegatten oder einer Familie Art. 6 Abs. 1 GG ins Feld führen.[586]

Dieser Kritik von *H. Sendler* ist allerdings die Frage vorgelagert, ob in einer Einwirkung auf das Besitz- und Nutzungsrecht eines Mieters zugleich ein grundrechtserheblicher Vorgang zu erblicken ist. Dies versteht sich schon deshalb nicht von selbst, weil der Verlust einer abgeleiteten Rechtsposition in Rede steht, die durch einen zivilrechtlichen Vertrag unter Privaten[587] eingeräumt worden ist.

---

[583] BVerfGE 89, 1 (8).

[584] BVerfGE 89, 1 (8); ebenso betonte schon BVerfGE 18, 121 (131), daß bei Interessenkonflikten zwischen Mieter und Vermieter »die Abgrenzung der beiderseitigen Befugnisse Sache des Gesetzgebers« sei; demgegenüber blieb in dieser Entscheidung noch ausdrücklich dahingestellt, ob die »vertraglichen Rechte des Mieters ... als Eigentum im Sinne des Art. 14 GG angesehen werden können«.

[585] *H. Sendler*, NJW 1994, S. 709; ähnl. Kritik auch bei *O. Depenheuer*, NJW 1993, S. 2561 (2562).

[586] *H. Sendler*, NJW 1994, S. 709; vgl. auch die ähnl. Überlegungen bei *U. Diederichsen*, AcP 198 (1998), S. 171 (213).

[587] Zwar ist ein öffentlich-rechtlicher Vertrag unter Privaten nicht möglich, näher hierzu *Th. Koch*, Unternehmen, S. 88 (in Fn. 332) m.w.N.; denkbar sind aber zivilrechtliche Verträge mit dem Staat (oder einer seiner Untergliederungen), für die Besonderheiten gelten, weil der Staat auch als Privatrechtssubjekt niemals »Privater« ist, vgl. ebd., S. 86f., 139.

Wird die auch mit diesen Fällen in Zusammenhang stehende Problematik der Grundrechtsgeltung »im« Zivilrecht[588] zunächst außer Betracht gelassen,[589] so bleibt folglich zu erörtern, ob es wirklich grundrechtlich relevant sein kann, wenn der Staat zuläßt, daß ein Grundrechtsträger die einem anderen Grundrechtsträger vertraglich eingeräumte Rechtsposition wieder entzieht. Darüber hinaus ist im Hinblick auf einen grundrechtlichen Schutz des Mieters aus Art. 14 Abs. 1 GG zu beachten, daß ein Mieter auch bei der Wohnraummiete über sein abgeleitetes Besitz- und Nutzungsrecht gem. § 549 BGB nur sehr eingeschränkt verfügen kann. Da »Eigentum« i.S.v. Art. 14 GG (»Verfassungseigentum«) nur vorliegt, wenn ein Grundrechtsträger Inhaber einer einfach-gesetzlich vorgesehenen Rechtsposition ist, die nach Maßgabe ihrer einfach-gesetzlichen Ausgestaltung den an »Verfassungseigentum« zu stellenden Anforderungen genügt, ist daher von Interesse, ob die wirtschaftliche Verwertbarkeit und damit zugleich die uneingeschränkte Verfügungsbefugnis des Rechtsinhabers ein konstitutives Merkmal des Eigentums i.S.v. Art. 14 GG ist.[590] Zwar sieht das Bundesverfassungsgericht in der Privatnützigkeit einer Rechtsposition zu Recht in ständiger Rechtsprechung ein wesentliches Merkmal des verfassungsrechtlich geschützten Eigentums.[591] Ob schon dies dazu berechtigt, auf das Erfordernis der Verfügungsbefugnis des Rechtsinhabers weitgehend[592] zu verzichten und damit die uneingeschränkte Ver-

---

[588] Dazu unten, S. 435ff.

[589] Zwar betont BVerfGE 89, 1 (8), die »Staatsgerichtetheit« auch des Grundrechtsschutzes des Mieters aus Art. 14 GG. Das BVerfG zielt an dieser Stelle indes auf den Gesetzgeber, dessen Verpflichtung zur Ausgestaltung und Begrenzung der Befugnisse von Mieter und Vermieter hervorgehoben wird. Dies wiederum ist der Ausgangspunkt der Kritik von *H. Sendler*, NJW 1994, S. 709f., die ersichtlich nicht als Beitrag zur grundrechtsdogmatischen Bewältigung der »Drittwirkungsproblematik« gedacht ist und deshalb keine ausführliche Erörterung veranlaßt oder auch nur ermöglicht. Immerhin sei aber angemerkt, daß die vor einer – schon sprachlich paradoxen – »unmittelbaren Drittwirkung« der Grundrechte warnenden Ausführungen *Sendlers* nicht zu erkennen geben, ob ihnen die Annahme einer Grundrechtsbindung des Gesetzgebers bei der Zivilgesetzgebung zugrunde liegt: Zwar hat der Gesetzgeber nach verbreiteter Auffassung auch bei der Ausgestaltung des Privatrechts die Grundrechte – insbesondere auch Art. 14 GG – zu beachten, vgl. dazu *B.-O. Bryde*, in: v. Münch/Kunig (Hrsg.), GG, Art. 14 Rn. 40, sowie noch im Vierten Teil, Abschnitt B, S. 456 m.w.N. in Anm. 6. Eine Gegenposition ist aber denkbar, denn wenn angenommen wird, daß der Zivilrichter nicht »unmittelbar« an Grundrechte gebunden ist, versteht sich nicht von selbst, warum für den Gesetzgeber bei Erlaß zivilrechtlicher Vorschriften etwas anderes gelten soll. Freilich bliebe dann zu erklären, warum es für die Grundrechtsbindung des Staates darauf ankommen soll, ob bei der wechselseitigen Zuordnung und Begrenzung von Befugnissen der Bürger Rechtsansprüche nur gegenüber dem Staat oder (sogleich) gegenüber einem anderen Bürger eingeräumt werden – also eine öffentlich-rechtliche oder privatrechtliche Norm vorliegt –, denn auch das öffentliche Recht dient über weite Strecken dem Ausgleich divergierender Interessen Privater.

[590] So noch BVerfGE 52, 1 (30); anders BVerfGE 53, 257 (290); 83, 201 (209); 89, 1 (7).

[591] Vgl. BVerfGE 78, 58 (71); 83, 201 (208); 89, 1 (6).

[592] BVerfGE 89, 1 (7), will insoweit die Rechte des Mieters aus § 549 BGB ausreichen lassen; dagegen *O. Depenheuer*, NJW 1993, S. 2561 (2563). In der Tat erscheint zweifelhaft, ob ein Grundrechtsschutz des Mieters aus Art. 14 GG von der Existenz der Ausnahmeregelung in § 549 Abs. 2 BGB abhängen kann.

fügbarkeit über eine Rechtsposition aus dem Eigentumsbegriff zu entfernen, läßt sich jedoch bezweifeln. Wird die Frage verneint, kann der Mieter schon aus diesem Grunde nicht als »Eigentümer« i.S.v. Art. 14 Abs. 1 GG angesehen werden. Andernfalls kommt es darauf an, ob ein subjektiv-öffentliches Recht denkbar ist, das den Mieter im Verhältnis zum Staat davor schützt, daß ihm sein vom Eigentümer abgeleitetes Besitz- und Nutzungsrecht durch den Eigentümer wieder entzogen wird. Der Einwand liegt nahe, daß das Besitzrecht des Mieters als ein von den Eigentümerbefugnissen gleichsam »abgespaltenes« Recht nur unter dem Vorbehalt der Kündigung des zugrundeliegenden Vertragsverhältnisses zur Entstehung gelangt und deshalb ein abwehrrechtlicher Schutz dieser einfach-gesetzlichen Rechtsposition vor der Ausübung eines Kündigungsrechts durch den Vermieter von vornherein nicht möglich ist. Auch wenn mit dem Bundesverfassungsgericht angenommen wird, daß eine Verpflichtung des Gesetzgebers zum Ausgleich der divergierenden Interessen von Mieter und Vermieter existiert, erscheint jedenfalls fraglich, ob gerade aus der Abwehrfunktion der Grundrechte ein Recht des Mieters auf Wahrung eines – wie auch immer zu ermittelnden – »verfassungsrechtlichen Minimums« an Mieterschutz deduziert werden kann, da dem Mieter seine abgeleitete Rechtsposition vom Vermieter gerade nur nach Maßgabe gesetzlicher Regelung oder vertraglicher Vereinbarung eingeräumt worden ist.[593]

Wird demnach angenommen, daß gegen die Entziehung der Rechtsposition des Mieters kein abwehrrechtlicher Grundrechtsschutz möglich ist, so folgt hieraus weiter, daß einem solchen Vorgang die abwehrrechtliche Relevanz auch insoweit fehlt, als hierdurch andere grundrechtlich geschützte Betätigungen – wie beispielsweise die Ausübung eines Berufs – vereitelt werden. Der Entzug der Mietsache trifft den Mieter nur insofern, als er sich (wieder) in die Situation eines Grundrechtsträgers gestellt sieht, der an einer beliebigen Tätigkeit durch das Fehlen der Rechtsmacht zur Einwirkung auf eine fremde Sache gehindert wird. Darüber hinaus bleibt die mit dem Entzug einer (Miet-) Sache einhergehende Verhinderung einer anderen Betätigung des Betroffenen entgegen *H. Sendler* aber auch dann grundrechtlich irrelevant, wenn die Auffassung des Bundesverfassungsgerichts geteilt wird, aus der Beendigung des Besitzrechts des Mieters durch eine wirksame Kündigung des Vermieters könne nicht gefolgert werden, daß »gesetzliche Regelungen und fachgerichtliche Entscheidungen zum Mieterschutz ... nicht zugunsten des Mieters am Maßstab des Art. 14 GG gemessen werden« könnten, der Fortbestand eines einmal entstandenen und von Art. 14 GG erfaßten Rechts sei vielmehr ein tauglicher »Gegenstand des Grundrechtsschutzes«.[594] Unter dieser Prämisse liegt eine Folgewirkung einer rechtserheblichen Einwirkung auf das von Art. 14 Abs. 1 GG geschützte Eigentum des Mieters vor, ohne

[593] Ähnl. *O. Depenheuer*, in: v. Mangoldt/Klein/Starck, GG, Art. 14 Rn. 54, 158; vgl. auch *ders.*, NJW 1993, S. 1561 (1563); *M. Schmidt-Preuß*, Die AG 1996, S. 1 (2f.); anders offenbar *J. Eschenbach*, Schutz des Eigentums, S. 533f.

[594] BVerfGE 89, 1 (7).

daß ein struktureller Unterschied zu staatlichen Maßnahmen bestünde, die nicht der Regelung privatrechtlicher Rechtsbeziehungen der Bürger dienen. So wird einem Grundstückseigentümer durch eine Enteignung ebenfalls die Möglichkeit genommen, sein Grundstück weiterhin für ihrerseits grundrechtlich geschützte Zwecke zu nutzen.[595] Auch hierbei handelt es sich aber um Wirkungen staatlichen Handelns, die mit der Primärbeeinträchtigung notwendig einhergehen und deshalb den »konsekutiven« Beeinträchtigungen zuzuordnen sind, so daß ihnen eine eigenständige grundrechtliche Relevanz nicht zugebilligt werden kann.

[595] Die Ausführungen von *H. Sendler*, NJW 1994, S. 709, zu der möglichen Relevanz der Kündigung eines Mietverhältnisses für beliebige Grundrechte des Mieters gehen daher an ihrem Thema – der Kritik an der These des Bundesverfassungsgerichts von der Notwendigkeit einer gesetzlichen Ausgestaltung der Rechte von Mieter und Vermieter bei der Wohnraummiete – schon deshalb vorbei, weil es sich bei der Einschränkung von Verhaltensmöglichkeiten durch den Entzug einer Mietsache um eine Ausprägung eines Phänomens handelt, das in den verschiedensten Zusammenhängen auftreten kann und kein spezifisches Problem der Grundrechtsgeltung »im« Privatrecht ist.

Dritter Teil

Die Drittbeeinträchtigung

In Zusammenhang mit den bisherigen Überlegungen zu den Teilelementen des Beeinträchtigungstatbestandes und der Struktur grundrechtsrelevanter Einwirkungen auf einen Maßnahmeadressaten sind bereits eine Reihe von Sachverhalten behandelt worden, in denen Einwirkungen auf einen Grundrechtsträger durch imperativ-regelnde Maßnahmen auch Belange und Interessen von Nichtadressaten berührten. Schon diese Fallgestaltungen – erinnert sei an die Schließung eines »Laserdroms« oder die Pflicht zu Hilfemaßnahmen in Notsituationen gegen den Willen des Gefährdeten – geben daher Anlaß zu erörtern, inwieweit außerhalb des bipolaren Gefüges von Staat und Adressat eintretenden Folgen staatlichen Handelns grundrechtliche Relevanz zuzubilligen ist, die Grundrechte eines Dritten also ebenfalls Maßstab für die Rechtmäßigkeit und Zulässigkeit staatlichen Handelns sind. Dabei bedarf es einer Unterscheidung zwischen zwei großen Fallgruppen, mit der an die Intentionen der jeweils handelnden Stelle angeknüpft wird: Zunächst dient staatliches Handeln vielfach dem Zweck, Einfluß auf das Verhalten eines Maßnahmeadressaten zu nehmen; hierher gehören insbesondere die Anordnung einer Verhaltenspflicht durch Rechtsakt sowie regelmäßig das influenzierende Staatshandeln durch Informationsakte (»Warnungen und Empfehlungen«). Demgegenüber ist namentlich die Erteilung einer Genehmigung regelmäßig allein auf die (Wieder-) Herstellung von Verhaltensfreiheit gerichtet. Diese beiden Sachverhaltsgruppen des verhaltenssteuernden und nicht verhaltenssteuernden Staatshandelns werfen jedoch unterschiedliche Fragen auf, so daß eine jeweils gesonderte Betrachtung angezeigt ist.

Damit ist zugleich der Untersuchungsgegenstand beschrieben: Zunächst hat sich die Aufmerksamkeit jenen Fällen zuzuwenden, in denen sich ein Dritter dadurch einer nachteiligen Zwangswirkung ausgesetzt sieht, daß andere Grundrechtsträger – insbesondere die Maßnahmeadressaten – ihr Verhalten an einem ge- oder verbietenden Rechtsakt oder einem anderen auf Verhaltenssteuerung ausgerichteten Handeln des Staates orientieren. Ferner ist zu untersuchen, ob und in welchem Umfang Grundrechte auch dann einen staatsgerichteten Abwehranspruch eines Grundrechtsträgers auslösen können, wenn die Einwirkung auf ein grundrechtliches Schutzgut aus einem ausdrücklich gestatteten oder auch nur »schlicht zulässigen« Verhalten eines anderen Grundrechtsträgers resultiert. Außer Betracht bleiben demgegenüber Einwirkungen auf Gegenstände sphärenbezogenen Grundrechtsschutzes durch Realakte, die aus staatlichen Maßnahmen resultieren, mit denen auf einen anderen gezielt wird oder jedenfalls ursprünglich gezielt wurde: Zwar ist möglich, daß ein Realakt auf einen Dritten »ausstrahlt«, wie es beispielsweise bei der Überwachung eines Telefonanschlusses im Hinblick auf angerufene oder anrufende Personen der Fall ist. Auch kann nicht ausgeschlossen werden, daß jemand von Folgen staatlichen Handelns getroffen wird, die einen anderen hatten treffen sollen, wie schon das »Standardbeispiel« der abirrenden und einen Dritten verletzenden Polizeikugel zeigt. In diesen Fällen liegt aber eine »zweiseitige« Beziehung zwischen (handelndem) Staat und (betroffenem) Grundrechtsträger vor; die Beeinträchtigung des Betroffenen erfolgt statt einer Einwirkung auf den (ursprünglichen) Maßnahmeadressaten oder tritt zu dieser hinzu. Derartige Sachverhalte unterliegen eigenen Regeln, von einer Einwirkung auf einen »Dritten« kann nicht gesprochen werden.

A. Grundrechtsschutz bei verhaltenssteuernden Einwirkungen auf den Maßnahmeadressaten

I. Zur Struktur der Drittbeeinträchtigung

1. Parallelität rechtlicher und faktischer Beeinträchtigungen

Wird zunächst die Struktur »adressatvermittelter« Einwirkungen auf Dritte in den Blick genommen, so ist festzustellen, daß sich die (faktische) Beeinträchtigung eines Dritten im Falle staatlicher Verhaltenssteuerung insbesondere durch Ge- oder Verbote in ihrer »Wirkweise« letztlich nicht durchgreifend von imperativen Rechtsakten unterscheidet. Vielmehr liegt der Unterschied allein darin, daß in dem einen Fall die (rechtliche) Zulässigkeit, in dem anderen Fall hingegen die (tatsächliche) Möglichkeit eines bestimmten Verhaltens des Betroffenen eingeschränkt wird. Es betrifft jedoch nur die modale Seite, nicht aber den Gehalt einer Beeinträchtigung, ob eine bestimmte Handlung nicht erfolgen *darf* oder nicht erfolgen *kann*, wie sich an dem »Standardbeispiel« der Auswirkungen des LSchlG illustrieren läßt: Wird das Verbot des Verkaufs von Waren außerhalb der allgemeinen Ladenschlußzeiten von den Geschäftsinhabern beachtet, so ist den Kunden ein Vertragschluß mit einem der Normadressaten und damit auch das Erhalten von Waren während der Ladenschlußzeiten tatsächlich nicht möglich. Die gesetzliche Regelung trifft damit Verkäufer und Käufer in gleicher Weise; die dem Verkäufer auferlegte Verhaltenspflicht schlägt »unmittelbar« auf den Vertragspartner durch; dieser wird in »regelungsgleicher« Weise betroffen. Es ist deshalb nicht ohne weiteres ersichtlich, weshalb es für die rechtliche Bewertung staatlichen Handelns sollte darauf ankommen können, ob auf ein Schutzgut des verhaltensbezogenen Grundrechtsschutzes in rechtlicher oder faktischer Form eingewirkt wird.[1]

Daß die an den Ladeninhaber gerichtete Norm auf die Kunden »wie ein unmittelbar an diese gerichteter Gesetzesbefehl« wirkt, hat denn auch das Bundesverfassungsgericht bewogen, die Zulässigkeit einer von Kunden erhobenen Verfassungsbeschwerde gegen das LSchlG mit der Erwägung zu bejahen, die Einwirkung auf deren Handlungsfreiheit durch die Festlegung allgemeiner Ladenschlußzeiten gehe »über eine bloße Reflexwirkung hinaus«.[2] Folgt man dieser Auffas-

[1] Ähnl. für den Fall eines kundenadressierten Verbots *D. Murswiek*, DVBl. 1997, S. 1021 (1026).
[2] BVerfGE 13, 230 (233).

sung, so kann für den eingangs erwähnten Fall des Widerrufs einer Arzneimittelzulassung aber nichts anderes gelten, denn auch hier hat ein imperativer Staatsakt Auswirkungen auf Dritte – namentlich die an dem Medikament interessierten Patienten –, die der Anordnung einer Verhaltenspflicht »faktisch« gleichkommen: Mag dem Patienten der Erwerb des betroffenen Medikaments auch nicht verboten sein; erhalten wird er es nicht. Eine solche Sachlage kann zudem Folgewirkungen für eine sich Heilung versprechende Person haben, deren Gewicht erheblich über die Bedeutung einer – regelmäßig nicht gravierenden – Umsatzeinbuße für Arzneimittelhersteller und -händler hinausgeht. Die Feststellung des Bundesverwaltungsgerichts in seiner die Klagebefugnis eines Dritten gegen den Widerruf einer Arzneimittelzulassung verneinenden Entscheidung, dem Kläger sei unbenommen, sich das fragliche Medikament zu applizieren, freilich werde er kaum Gelegenheit haben, es künftig zu erwerben,[3] ist deshalb ebenso zynisch wie zutreffend.

Diese Entscheidung des Bundesverwaltungsgerichts zum Widerruf einer Arzneimittelzulassung bildet ein besonders anschauliches Beispiel für die Zurückhaltung der verwaltungsgerichtlichen Judikatur bei der Anerkennung der (Grund-) Rechtserheblichkeit namentlich von Drittbeeinträchtigungen aufgrund adressatbelastender Rechtsakte. Auf der anderen Seite wird die Möglichkeit faktischer Beeinträchtigungen der (potentiell) grundrechtlich geschützten Freiheit eines Dritten – wie bereits oben erwähnt[4] – auch von den Verwaltungsgerichten jedenfalls heute[5] nicht mehr grundsätzlich in Abrede gestellt.[6] Insbesondere ist die Rechtsprechung bereit, unter Hinweis auch auf ein verändertes staatliches Handlungsinstrumentarium[7] die Möglichkeit der grundrechtlichen Relevanz faktischer Beeinträchtigungen eines Dritten beispielsweise für die vieldiskutierte Fallgruppe der Verhaltensbeeinflussung durch staatliche Informationsakte (»Warnungen und Empfehlungen«) grundsätzlich anzuerkennen,[8] wenngleich im einzelnen unterschiedliche Akzentsetzungen – auch durch verschiedene Senate des Bundesverwaltungsgerichts – erfolgen.[9] Allerdings drängt sich gelegentlich der

---

[3] BVerwG, NJW 1993, S. 3002 (3003).

[4] Vgl. oben, S. 20.

[5] Demgegenüber operierte VGH Ba.-Wü., GewArch 1972, S. 138 (140), ersichtlich mit dem Fehlen einer »Regelung« gegenüber dem Kläger und dessen (deshalb) nicht gegebener »Adressatenstellung«.

[6] In erster Linie mit dem Vorliegen einer »faktische(n) Auswirkung des hoheitlichen Handelns« begründet BVerwG, NVwZ 1993, S. 3002 (3003), das Fehlen einer »grundrechtsbeeinträchtigende(n) Wirksamkeit«. Die Möglichkeit der Grundrechtsrelevanz faktischer (Dritt-) Beeinträchtigungen soll damit aber wohl nicht generell negiert werden.

[7] Vgl. BVerwGE 71, 183 (192).

[8] Eine gewisse Zurückhaltung gegenüber der Annahme der grundrechtlichen Relevanz staatlicher Warnungen gibt demgegenüber BVerfG (1. Kammer des Ersten Senats), NJW 1989, S. 3269 (3270), zu erkennen: Die angegriffenen Äußerungen der Bundesregierung über eine Religionsgemeinschaft seien »auch dann von Verfassungs wegen nicht zu beanstanden«, wenn sie als Eingriff in die Religions- oder Weltanschauungsfreiheit qualifiziert werden.

[9] BVerwGE 71, 183 (190ff.); 82, 76 (79); 90, 112 (119ff.); BVerwG, NJW 1991, S. 1770; NVwZ

Eindruck auf, daß sich die Verwaltungsgerichte weiterhin an dem »grundrechtlichen Normalfall« der Einwirkung auf Grundrechte eines Maßnahmeadressaten durch (einseitig-) regelnden Staatsakt orientieren[10] und die grundrechtliche Relevanz der ausschließlich faktischen Beeinträchtigung eines Dritten auf dieser Grundlage als einer besonderen Rechtfertigung bedürfenden Ausnahmefall ansehen. Jedenfalls ist die unverkennbare Tendenz vorhanden, die (Grund-) Rechtserheblichkeit faktischer Beeinträchtigungen unter Rückgriff auf zusätzliche und flexibel – wenn nicht gelegentlich willkürlich – gehandhabte Kriterien wie insbesondere »Intensität« und »Finalität« einer Beeinträchtigung wieder zu begrenzen. So ist in der Rechtsprechung zu den staatlichen Warnungen und Empfehlungen unter Anknüpfung an die vom Bundesverfassungsgericht in Zusammenhang mit Einwirkungen auf die Berufsfreiheit verlangte »berufsregelnde Tendenz« eines Staatsaktes[11] auch auf das Vorliegen einer (final) gewollten Beeinträchtigung abgestellt[12] und auf dieser Grundlage die grundrechtliche Relevanz der faktischen Beeinträchtigung eines Dritten auch bejaht worden.[13] Postuliert wurde darüber hinaus eine »Intensitätsgrenze« für faktische Beeinträchtigungen, die insbesondere dann wirksam werden soll, wenn die Grundrechtsbeeinträchtigung keine beabsichtigte[14] oder jedenfalls »voraussehbare und in Kauf genommene Nebenfolge«[15] staatlichen Handelns ist und deshalb keine »›grundrechtsspezifische‹ Maßnahme«[16] vorliegt.[17] Die Grundrechte schützen danach nicht vor solchen faktischen Auswirkungen rechtswidrigen hoheitlichen Handelns, die nach Maß-

---

1994, S. 162 (163); NJW 1996, S. 3161; undeutlich BVerwGE 87, 37ff., vgl. ebd., S. 41ff. einerseits, S. 45ff. (50), andererseits; s. zu dieser besonders fragwürdigen Entscheidung, an der *F. Schoch*, DVBl. 1991, S. 667 (673), zu Recht eine teilweise »beim besten Willen nicht mehr nachvollziehbare Argumentation« sowie eine »dem geltenden Recht abgewandte Haltung des BVerwG« kritisiert, auch unten, Anm. 302; aus der übrigen Judikatur vgl. VGH Ba.-Wü., NVwZ 1989, S. 878 (879); OVG Hamburg, NVwZ 1995, S. 498 (501); OVG NW, NVwZ 1991, S. 174; NJW 1996, S. 2114; BayVGH, NVwZ 1995, S. 502 (503); NVwZ 1995, S. 793 (795); HessVGH, NVwZ 1995, S. 611 (612).

[10] So insbes. BVerwG, NVwZ 1984, S. 514 (515); NVwZ 1993, S. 3002 (3003); vgl. ferner BVerwGE 71, 183 (195), wo einer faktischen Drittbeeinträchtigung durch influenzierendes Staatshandeln wegen der Vergleichbarkeit der Folgen dieser Maßnahme mit der Wirkung »eines unmittelbaren staatlichen Zwangseingriffs« grundrechtliche Relevanz zugewiesen wird.

[11] BVerfGE 13, 181 (185f.); 46, 120 (137); 49, 24 (47f.); 52, 42 (54); 54, 251 (270); 55, 25ff.; 70, 191 (214); 95, 267 (302); 97, 228 (254); 98, 218 (258).

[12] BVerwGE 71, 183 (193f.); vgl. ferner BVerwGE 82, 76 (79); 87, 37 (41ff.); 90, 112 (119ff.); BVerwG, NVwZ 1994, S. 162 (163); zur Verknüpfung des Erfordernisses einer ausdrücklichen gesetzlichen Handlungsermächtigung mit dem Merkmal der Finalität OVG NW, NVwZ 1991, S. 174 (175); s. hierzu auch BVerwG, NVwZ 1994, S. 162 (163), wo ein Bezug zum »herkömmliche(n) Eingriffsinstrumentarium der Verwaltung« hergestellt wird.

[13] BVerwGE 71, 183 (194ff.); 82, 76 (79); 90, 113 (120ff.); vgl. auch BVerwGE 87, 37 (43ff.).

[14] Eine gezielte Drittbeeinträchtigung bejaht BVerwGE 71, 183 (193f.); vgl. auch BVerwGE 82, 76 (79); 90, 112 (120f.).

[15] BVerwGE 87, 37 (43f.).

[16] BVerwGE 71, 183 (194).

[17] So ausdrücklich BVerwGE 90, 112 (121).

gabe von Schutzgut und Schutzzweck des jeweiligen Grundrechts wegen ihrer Geringfügigkeit als Ausfluß eines Risikos hinzunehmen sind, das die Zugehörigkeit zu der vom Grundgesetz vorausgesetzten sozialen Gemeinschaft mit sich bringt.[18] Wann die danach erforderliche Beeinträchtigungsintensität erreicht ist, wird durch diese Formel freilich eher verdunkelt denn erhellt, zumal sie bisher nur in Entscheidungen Verwendung gefunden hat, in denen die Grundrechtserheblichkeit einer faktischen Beeinträchtigung verneint wurde.[19] Immerhin ergibt sich aber eine Parallele zu dem Erfordernis einer »schwer und unerträglich« wirkenden Beeinträchtigung, die einen Grundstückseigentümer nach der älteren Rechtsprechung des Bundesverwaltungsgerichts[20] dazu berechtigte, sein Grundrecht aus Art. 14 Abs. 1 GG gegen die einem anderen erteilte (Bau-) Genehmigung ins Feld zu führen.[21]

2. Zwangs- und zwangsgleiche Wirkungen

Unabhängig von diesen Erwägungen – auf die zurückzukommen sein wird – ist zunächst in Erinnerung zu rufen, daß sich rechtliche Beeinträchtigungen eines Maßnahmeadressaten und faktische Beeinträchtigungen eines Dritten bei adressatbelastenden Rechtsakten in ihrer »Wirkweise« nicht notwendig unterscheiden.[22] Auch legt schon das Vorliegen einer »regelungsgleiche« Zwangswirkung entfaltenden Drittbeeinträchtigung den Schluß nahe, daß die grundrechtliche Relevanz derartiger Sachverhalte nicht generell in Abrede gestellt werden kann. Dem steht nicht entgegen, daß die Einwirkung auf grundrechtlich (potentiell) geschützte Belange eines Dritten durch adressatbelastende Rechtsakte oftmals aus dem Nichtzustandekommen eines Rechtsgeschäfts resultiert: Zwar ist nicht unproblematisch, ob fehlende Rechtsmacht zu einem Vertragsschluß ohne weiteres als grundrechtsrelevante Beeinträchtigung einer »natürlichen« Vertragsfreiheit aufgefaßt werden kann, wenn man mit der herrschenden Meinung davon ausgeht, daß die Bindungswirkung rechtsgeschäftlicher Erklärungen in der staatlich gesetzten Rechtsordnung wurzelt.[23] In den hier behandelten Fällen steht jedoch nicht die (zivilrechtliche) Zulässigkeit bestimmter Rechtsgeschäfte in Rede, sondern das öffentlich-rechtliche Erlaubtsein bestimmter tatsächlicher (Erfüllungs-) Handlungen im Verhältnis zum Staat. Es geht um Drittbeeinträchtigungen aufgrund von Verboten, die allein das (tatsächliche) »Dürfen« eines bestimmten Verhaltens des Adressaten – wie einen Vertragsschluß oder das Erbringen vertraglich

---

[18] Vgl. BVerwG, NVwZ 1984, S. 514 (515).

[19] Vgl. auch BVerwG, NVwZ 1993, S. 3002 (3003).

[20] BVerwGE 32, 173 (179); vgl. auch BVerwGE 36, 248 (251); 41, 58 (66); 66, 307 (309); vgl. dazu noch unten, S. 314ff.

[21] Dies betont auch *F. Ossenbühl*, Umweltpflege, S. 21.

[22] Vgl. oben, S. 119f.

[23] Vgl. hierzu unten, S. 462ff.

geschuldeter Leistungen – betreffen, das (rechtliche) »Können« im Hinblick auf die zugrundeliegenden Rechtsverhältnisse aber nicht einmal notwendig berühren. So soll ein innerhalb der gesetzlichen Ladenschlußzeiten geschlossener Kaufvertrag zwischen einem Ladenbesitzer und einem Kunden ebenso gültig sein wie ein Vertrag über Veräußerung und Erwerb eines nicht zugelassenen Medikaments.[24] Unabhängig von dieser zivilrechtlichen Fragestellung ist für den vorliegenden Zusammenhang entscheidend, daß hier ein öffentlich-rechtliches Ge- oder Verbot auf einen Dritten ausstrahlt, indem es dem Drittbetroffenen durch die (faktische) Verhinderung eines Vertragsschlusses die Möglichkeit nimmt, sich eine Leistung zu verschaffen und zu nutzen. Dem an einen der Beteiligten gerichteten »Vertragsverbot« korrespondiert ein »faktisches Kontrahierungsverbot« auf seiten des Dritten, das sich in seiner Wirkung nicht von einem unmittelbar an den Dritten gerichteten Rechtsakt gleichen Inhalts unterscheidet. Daß die These von der weitgehenden abwehrrechtlichen Irrelevanz einer Einschränkung der Vertragsfreiheit auch dann nicht zutrifft, wenn die Möglichkeit (»Fähigkeit«) zur Selbstbindung durch rechtsgeschäftliche Erklärungen als »rechtsordnungsakzessorisch« angesehen wird, sei daher hier nur angedeutet.[25]

Sofern danach eine Drittbeeinträchtigung daraus resultiert, daß der Dritte aufgrund eines staatlich gesetzten Verhaltensimperativs einen (rechtstreuen) Vertragspartner – und damit die von diesem zu erbringende Leistung – verliert, ist die Möglichkeit der grundrechtlichen Relevanz eines solchen Vorgangs ferner nicht schon deshalb zu verneinen, weil die Beeinträchtigung des Dritten durch ein Verhalten des Maßnahmeadressaten vermittelt wird, zu dem dieser auch unabhängig von der staatlichen Intervention berechtigt wäre.[26] Zwar ist richtig, daß niemand einen (grundrechtlichen) Anspruch auf einen (bestimmten) Vertragspartner hat; ein »Vertragspartnerverschaffungsanspruch« kann aus Grundrechten selbstverständlich nicht abgeleitet werden. Dies ändert aber nichts daran, daß die Beeinträchtigung eines Dritten gerade aus staatlichem Handeln resultiert, wenn der Maßnahmeadressat – oder jedenfalls einer von mehreren Maßnahmeadressaten – tatsächlich zu der erforderlichen Mitwirkung an der Herbeiführung des von dem Dritten gewünschten Erfolgs bereit wäre. Entfällt der drittbeeinträchtigende Effekt, wenn die staatliche Intervention hinweggedacht wird, so ist eine Verantwortlichkeit des Staates für Folgen seines Tuns folglich nicht schon deshalb ausgeschlossen, weil einer der Beteiligten das angeordnete, von ihm aber nicht gewollte Verhalten bislang auch aus eigenem Entschluß hätte an den Tag legen können.

Nimmt man dies zum Ausgangspunkt, so kann für Fälle influenzierenden Staatshandelns durch Warnungen und Empfehlungen im Ergebnis nichts anderes gelten:

---

[24] Vgl. BGH, NJW 1968, S. 2286f.; a.A. *Th. Mayer-Maly*, in: Münchener Kommentar, § 134 Rn. 77.

[25] Vgl. hierzu im Vierten Teil, S. 467ff.

[26] Anders VGH Ba.-Wü., GewArch 1972, S. 138 (140).

Zwar fehlt es hier an einer imperativen Einwirkung auf den Maßnahmeadressaten. Aus der Sicht des Dritten ist aber gleichgültig, in welcher Form der Staat verhaltenssteuernd auf den anderen Beteiligten einwirkt. Es ist deshalb unschädlich, daß der Adressat in diesen Fällen mangels einer Rechtspflicht zu einem bestimmten Verhalten in seiner Entscheidungsfreiheit rechtlich nicht beeinträchtigt wird. Allein entscheidend ist, daß die Maßnahmeadressaten oder auch weitere Dritte – in Fällen der Begünstigung eines Wettbewerbers also beispielsweise die Kunden – ihr Verhalten an der staatlich gesetzten Vorgabe orientieren. Dem läßt sich auch nicht der mit Blick auf staatliche Informationstätigkeit durch Warnungen und Empfehlungen erhobene Einwand entgegenhalten, daß beeinträchtigende Effekte zum Nachteil eines Dritten ebenso aus einem entsprechenden Verhalten von Privatpersonen oder privaten Verbänden resultieren könnten,[27] denn aus der Zulässigkeit eines Verhaltens grundrechtlich nicht gebundener Privater läßt sich nicht auf die Zulässigkeit eines Verhaltens des grundrechtsgebundenen Staates schließen.[28]

Allerdings muß sich eine Drittbeeinträchtigung nicht notwendig in einem »faktischen Imperativ« äußern, der die Freiheit zur Bildung und Betätigung eines bestimmten Willen beseitigt: Die Möglichkeit, um Zustimmung zu einer Überzeugung oder – was gelegentlich dasselbe zu sein scheint – Kundschaft werben zu können, bleibt unberührt, wenn der Staat vor einer religiösen (oder politischen)[29] Bewegung oder bestimmten Produkten eines Gewerbetreibenden warnt.[30] Eine

---

[27] Ebenso *W. Berg*, ZLR 1990, S. 565 (573f.); *P.-M. Huber*, Konkurrenzschutz, S. 368; anders *G. Schwerdtfeger*, in: FS zum 125jährigen Bestehen der Juristischen Gesellschaft zu Berlin, S. 715 (722f.), der eine Verwirklichung spezifischer Grundrechtsgefahren durch die Veröffentlichung von Arzneimittel-Transparenzlisten verneint, weil eine solche Maßnahme »bei entsprechender finanzieller Ausstattung« auch durch jeden Privaten vorgenommen werden könne; ähnl. das OVG NW, GewArch 1988, S. 11 (14), das im Hinblick auf die Veröffentlichung einer Liste diethylenglykolhaltiger Weine für erheblich hält, daß auch eine private Verbraucherschutzorganisation hätte handeln können.

[28] Darüber hinaus macht *G. Schwerdtfeger*, in: FS zum 125jährigen Bestehen der Juristischen Gesellschaft zu Berlin, S. 715 (722f.), geltend, daß niemand »ein subjektives verfassungskräftiges Recht auf Sicherung weiterer Erwerbsmöglichkeiten aus der Undurchsichtigkeit des Angebots« besitze; ähnl. *G. Lübbe-Wolff*, NJW 1987, S. 2705 (2711); vgl. auch *R. Gröschner*, DVBl. 1990, S. 619 (627 in Fn. 67); *ders.*, WuR 1991, S. 71 (73, 76); dieser Einwand überzeugt ebenfalls nicht, denn er verwechselt die Ebenen des Beeinträchtigungstatbestandes und der Beeinträchtigungsrechtfertigung; abl. auch *G. Robbers*, AfP 1990, S. 84 (86); *U. Schliesky*, Öffentliches Wettbewerbsrecht, S. 200; *M. Schulte*, DVBl. 1988, S. 512 (517); *H. Sodan*, Funktionsträger, S. 510ff.; s. ferner *U. Di Fabio*, Risikoentscheidungen, S. 402, der darauf hinweist, daß die Erwartung, ein Mehr an Informationen führe automatisch zu einem mehr an Mündigkeit des Verbrauchers, im Hinblick auf die Komplexität des Beurteilungsgegenstandes bei Risikoentscheidungen »nicht frei von einer gewissen Naivität« ist.

[29] Daß insoweit keine durchgreifenden Unterschiede bestehen, betont zu Recht *D. Murswiek*, DVBl. 1997, S. 1021 (1029); vgl. auch *R. Philipp*, Verbraucherinformationen, S. 139ff., 187; *R. Gröschner*, WuR 1991, S. 71 (74).

[30] Dies betonen z.B. *M. Albers*, DVBl. 1996, S. 233 (238); *D. Murswiek*, DVBl. 1997, S. 1021 (1026); vgl. ferner *A. Scherzberg*, DVBl. 1989, S. 1128 (1129); *R. Philipp*, Verbraucherinformationen, S. 155.

Religionsgemeinschaft kann sich weiterhin um Anhänger bemühen und dem Gewerbetreibenden bleibt unbenommen, Waren und Dienstleistungen anzubieten. Es besteht vielmehr die Gefahr, daß der *Erfolg* derartiger Bemühungen vereitelt wird, wenn der Staat auf deren Adressaten durch influenzierende – oder auch imperative – Maßnahmen einwirkt; *D. Murswiek* spricht in diesem Zusammenhang von Eingriffen in die »Chance der Realisierung sozialer Interaktionsmöglichkeiten«.[31] Es kann angenommen werden, daß auch diese Sachlage ein Grund für die Zurückhaltung der Rechtsprechung bei der Anerkennung der grundrechtlichen Relevanz von Drittbeeinträchtigungen ist.

Es überrascht daher nicht, daß im Schrifttum verschiedentlich die Frage gestellt worden ist, ob eine angemessene Bewältigung der Fälle faktischer Drittbeeinträchtigungen mit den vorhandenen Mitteln der Grundrechtsdogmatik gelingen kann. So wendet sich *M. Albers* dagegen, die grundrechtlichen Schutzgegenstände mit einer das Selbstbestimmungsrecht des Individuums in den Mittelpunkt stellenden Grundrechtsdogmatik »ganz individualistisch, d.h. aus einer auf den Einzelnen konzentrierten Perspektive« zu formulieren, die »soziale Konstitution und soziale Einbettung individueller Freiheit« aber auszuklammern.[32] Die »überkommene Gewährleistungskonzeption« zeichne sich dadurch aus, daß der Schutzgehalt der Grundrechte individualistisch formuliert werde und Umweltbezüge außer Betracht blieben.[33] Tatsächliche und vermittelte Wirkungen staatlichen Handelns seien aber notwendig erst dann als Beeinträchtigung zu erfassen, »wenn man die individuellen Entfaltungsspielräume und -chancen nicht mehr aus einer rein individualistischen Perspektive beschreibt, sondern ihren Kontext, also das räumliche bzw. natürliche Umfeld oder die soziale Umwelt, mitdenkt.[34] Es greife zu kurz, die Grundrechte »aus einer auf das Individuum konzentrierten Perspektive« zu interpretieren und Schutzgüter wie die individuelle Selbstbestimmung oder individualistisch konzipierte Entscheidungs- und Verhaltensfreiheiten in den Mittelpunkt zu rücken. Die faktische Beeinträchtigung eines Dritten lasse sich erst darstellen, »wenn man die Kontextbezüge und -abhängigkeiten individueller Freiheit mitdenkt und aufschlüsselt«.[35]

An diesen Ausführungen trifft im Ausgangspunkt zu, daß die mit einer Drittbeeinträchtigung einhergehende Verringerung der Chance zur Realisierung des mit individuellem Verhalten intendierten Erfolgs zugleich die Beeinträchtigung einer Chance zu erfolgreicher Interaktion ist und deshalb auch den Kontext betrifft, in dem individuelles Handeln steht. Eine andere Frage ist aber, ob dies einem »individualistischen« Grundrechtsverständnis entgegengehalten werden kann. Schon ein Blick auf die politischen und Kommunikationsgrundrechte lehrt,

---

[31] *D. Murswiek*, DVBl. 1997, S. 1021 (1026).
[32] *M. Albers*, DVBl. 1996, S. 233 (237).
[33] *M. Albers*, DVBl. 1996, S. 233 (238).
[34] *M. Albers*, DVBl. 1996, S. 233 (237).
[35] *M. Albers*, DVBl. 1996, S. 233 (238).

daß selbst ein verhaltensbezogener Grundrechtsschutz streckenweise nur bei Einbeziehung des Kontextes des geschützten Verhaltens verstehbar ist. So wird mit dem Begriff der »Meinungsäußerung« ein Verhalten als Bezugspunkt grundrechtlichen Schutzes (und gelegentlich auch von Verboten) beschrieben, mit dem eine bestimmte Anschauung anderen Personen zur Kenntnis gebracht wird. Desgleichen kann als gesichert gelten, daß der Schutzgut-Tatbestand des Art. 4 Abs. 1 GG das Bekennen eines Glaubens ebenso erfaßt wie kultische Handlungen und die Möglichkeit des Werbens und der Propaganda für eine Überzeugung.[36] Schließlich ist eine (auch) als Gewerbefreiheit verstandene Berufsfreiheit ebenfalls nur als Freiheit zur Interaktion begreifbar;[37] die Berufsfreiheit ist zu einem nicht geringen Teil gerade Freiheit zur Interaktion insbesondere durch Rechtsgeschäfte. Es ist daher zu bezweifeln, daß eine »kontextbezogene« Beeinträchtigung des Erfolgs einer Interaktion nur um den Preis der Abkehr von einer »individualistischen« und die Selbstbestimmung des Individuums in den Mittelpunkt stellenden Sichtweise möglich ist.

Demgegenüber ist *A. Scherzberg* der Auffassung, daß die Schwierigkeiten »bei der Bewältigung mittelbar-faktischer Grundrechtsbeeinträchtigungen ... die Unzulänglichkeit des herrschenden Verständnisses von der Struktur des subjektiven Grundrechtsschutzes«[38] zutage treten läßt. *Scherzberg* führt diese Schwierigkeiten auf ein »›verräumlichende(s)‹ Grundrechtsdenken in (negatorisch) geschützten Freiheitssphären« wie auch die daraus folgende »Gleichsetzung von Grundrechtsverletzung und verfassungswidriger Freiheitseinbuße«[39] zurück, da dieses Grundrechtsverständnis eine »Befugnis zu positivem Freiheitsgebrauch und damit zur Verfolgung eigener Interessen des Individuums«[40] nicht erfasse, den subjektiv-rechtlichen Gehalt der Grundrechte vielmehr im Anschluß an die Statuslehre von *G. Jellinek* als »Befugnis zur Abwehr bestimmter Freiheitseinbußen« verstehe.[41] Damit erfolgt eine Bezugnahme auf die Annahme von *Jellinek*, dem Staatsbürger komme eine individuelle Freiheitssphäre zu, »in welcher die streng individuellen Zwecke durch die freie Tat des Individuums ihre Befriedigung finden«[42] und die durch die (aktuelle) Abwesenheit einer gesetzgeberischen Intervention gekennzeichnet ist.[43] Dieser *status negativus* wird nach *Jellinek* dadurch geschützt, daß »den Staatsbehörden jede Störung desselben, d.h. jede Auflegung eines nicht gesetzlich begründeten Befehls oder Zwanges verboten ist«.[44] Der ein-

[36] Vgl. BVerfGE 12, 1 (3f.); 24, 236 (245).
[37] So wohl auch *M. Albers*, DVBl. 1996, S. 233 (239).
[38] *A. Scherzberg*, DVBl. 1989, S. 1128.
[39] *A. Scherzberg*, DVBl. 1989, S. 1128 (1135).
[40] *A. Scherzberg*, DVBl. 1989, S. 1128 (1134).
[41] *A. Scherzberg*, DVBl. 1989, S. 1128 (1134); vgl. hierzu auch *ders.*, Grundrechtsschutz, S. 214f.
[42] *G. Jellinek*, System, S. 87.
[43] Vgl. *R. Alexy*, Theorie, S. 233ff.
[44] *G. Jellinek*, System, S. 105.

zelne solle vom »Staate« (sc. der Verwaltung) zu keiner gesetzwidrigen Leistung herangezogen werden und habe »demnach einen auf Anerkennung seiner Freiheit beruhenden« und von *Jellinek* im *status positivus* verorteten[45] Anspruch auf Unterlassung und Aufhebung der diese Norm überschreitenden obrigkeitlichen Befehle. Alle Freiheit sei Freiheit von gesetzwidrigem Zwang.[46]

Derartige »Vorstellungen von der grundrechtlichen Sicherung bestimmter Freiräume«[47] will *A. Scherzberg* mit Blick gerade auf »mittelbare« Drittbeeinträchtigungen überwinden. Dem liegt ebenfalls die Erwägung zugrunde, daß mittelbar-faktische Einwirkungen bei Grundrechten, die »auf die Ausübung einer Freiheit durch den Grundrechtsträger«[48] zielten, sich insofern vielfach »durch ihre von imperativen Eingriffen zu unterscheidenden Folgen« auszeichneten, als einem Gewerbetreibenden beispielsweise im Falle der staatlichen Warnung vor seinem Produkt »die Wahrnehmung seines Freiheitsrechts infolge der Veränderung der Ausübungsvoraussetzungen typischerweise nicht unmöglich, sondern lediglich nicht mehr vorteilhaft oder interessengerecht erscheint«.[49] Bei einem »›negativen‹ Freiheitsverständnis« im Sinne der Statuslehre von *G. Jellinek* gerieten diese »mittelbar-faktischen Beeinträchtigungen der Grundrechtsausübung als Minderung der mit der Freiheitsbetätigung verbundenen Interessen« nicht in den Blick.[50] Wenn in grundrechtlichen Abwehransprüchen die Ausformung und Sicherung des *status negativus* gesehen werde,[51] sei dieser Anspruch allein auf die »Einräumung einer ›herrschaftsfreien Sphäre‹, also die Abwesenheit staatlicher Zwangseinwirkung« gerichtet.[52] Dies erkläre die »verbreitete Annahme, mit dem grundrechtlichen Abwehrrecht werde eine verfassungswidrige Beschränkung der grundrechtlich umhegten Freiheitssphäre geltend gemacht«, wie auch die »dogmatische Unzulänglichkeit dieser Konzeption bei der Abwehr mittelbar-faktischer Freiheitsbeeinträchtigungen«.[53] Das Grundgesetz habe keinen »Anspruch auf Erhaltung einer herrschaftsfreien Sphäre formuliert, sondern dem Individuum ein Recht zu eigener Freiheitsausübung zugewiesen«.[54] Gegenstand des Grundrechtsschutzes ist danach die nur im Rahmen des verfassungsgemäßen Rechts begrenzbare Freiheit der Grundrechtsträger zur »Wahrnehmung selbst

---

[45] Vgl. *G. Jellinek*, System, S. 105f.

[46] *G. Jellinek*, System, S. 103; vgl. hierzu schon oben, S. 80f.

[47] *A. Scherzberg*, DVBl. 1989, S. 1128 (1134); *ders.*, Grundrechtsschutz, S. 214.

[48] *A. Scherzberg*, DVBl. 1989, S. 1128 (1129); damit angesprochen sind die hier als »verhaltensbezogen« gekennzeichneten Grundrechte.

[49] *A. Scherzberg*, DVBl. 1989, S. 1128 (1129); vgl. auch *ders.*, Grundrechtsschutz, S. 145f.

[50] *A. Scherzberg*, DVBl. 1989, S. 1128 (1134); vgl. auch *ders.*, Grundrechtsschutz, S. 215.

[51] Vgl. *C. Starck*, in: v. Mangoldt/Klein/Starck, GG, Art. 1 Rn. 147ff.; *G. Dürig*, in: Maunz/Dürig, GG, Art. 2 Abs. I vor Rn. 26; *B. Pieroth/B. Schlink*, Grundrechte, Rn. 58; *H.J. Wolff/O. Bachof*, Verwaltungsrecht I, S. 210; s. ferner *F. Schoch*, VerwArch 79 (1988), S. 1 (34ff.).

[52] *A. Scherzberg*, DVBl. 1989, S. 1128 (1134); *ders.*, Grundrechtsschutz, S. 215.

[53] *A. Scherzberg*, DVBl. 1989, S. 1128 (1134); vgl. auch *ders.*, Grundrechtsschutz, S. 215.

[54] *A. Scherzberg*, DVBl. 1989, S. 1128 (1135); vgl. auch *ders.*, Grundrechtsschutz, S. 215f.

gewählter Interessen als eigene Angelegenheit«.[55] Dieser individuelle Status des Bürgers soll nach *Scherzberg* von dem von *Jellinek* angenommenen Anspruch auf Anerkennung einer staatsfreien Sphäre wesensverschieden sein, weil er nicht nur auf die »Begrenzung von Staatsgewalt« ziele, »sondern eine Ausübungsbefugnis, ein ›rechtliches Dürfen des Bürgers‹ zum Inhalt« habe.[56]

Damit legt auch *Scherzberg* seinen Ausführungen die – oben bereits behandelte[57] – Deutung der Grundrechte als »Befugnisnormen« zugrunde, um auf dieser Grundlage zu dem Ergebnis zu gelangen, daß der »Tatbestand einer Grundrechtsverletzung« angesichts der umfassenden Bindung der Staatsgewalt an die Grundrechte ausschließlich davon abhängig sein könne, »ob staatliches Handeln den Status des Betroffenen in verfassungswidriger Weise nachteilig berührt«.[58] Abwehransprüche seien nicht auf Fälle einer rechtlichen Einbuße von »Freiheitsbefugnissen« (sic!) beschränkt, sie entstünden vielmehr, »sobald staatliches Verhalten die Interessenverfolgung des Bürgers tatsächlich oder rechtlich beeinträchtigt« und dabei »eine Vorgabe des objektiven Verfassungsrechts verletzt, die dem Schutz des individuellen Status dient«.[59] Da »Gegenstand des subjektiven Grundrechts demnach die Durchsetzung aller freiheitsschützenden Verfassungsgebote«[60] ist, existiert nach *Scherzberg* ein subjektives Recht auf Einhaltung jener grundrechtlichen »Leitprinzipien für Normgebung und Rechtsanwendung«, die nach verbreiteter Ansicht als (nur) »›objektivrechtliche‹ Wert- und Steuerungsvorgaben« die Grundrechtsadressaten »auf die Herstellung und Erhaltung freiheitlicher Bedingungen für die individuelle Grundrechtsausübung als Ziele und Aufgabe staatlicher Ordnung«[61] verpflichteten,[62] denn dieser Verfassungsauftrag diene der »Effektivierung des personalen Status« und habe damit freiheitsschützende Funktion.[63] Darüber hinaus will *Scherzberg* »die Gewährleistung realer Freiheit und damit auch den Schutz gegenüber mittelbar-faktischen Beeinträchtigungen« ebenfalls diesem Verfassungsauftrag »zur Herstellung und Sicherung der Bedingungen effektiver Grundrechtsausübung« überantworten.[64] Zwar sei »die Zuweisung des Risikos interessengemäßer Grundrechtsausübung« grundsätzlich Sache des Gesetzgebers.[65] Ein einklagbarer Grundrechtsschutz »gegenüber der Beschneidung der mit der Freiheitsausübung verfolgten Interessen« soll aber möglich sein, wenn die »zurechenbar bewirkte Minderung ›realer Freiheit‹«

---

[55] Vgl. *A. Scherzberg*, DVBl. 1989, S. 1128 (1135); *ders.*, Grundrechtsschutz, S. 216.
[56] *A. Scherzberg*, DVBl. 1989, S. 1128 (1135); *ders.*, Grundrechtsschutz, S. 217.
[57] Vgl. oben im Ersten Teil, S. 81ff.
[58] *A. Scherzberg*, DVBl. 1989, S. 1128 (1135); *ders.*, Grundrechtsschutz, S. 218.
[59] *A. Scherzberg*, DVBl. 1989, S. 1128 (1135f.); *ders.*, Grundrechtsschutz, S. 218.
[60] *A. Scherzberg*, DVBl. 1989, S. 1128 (1136); *ders.*, Grundrechtsschutz, S. 219.
[61] *A. Scherzberg*, DVBl. 1989, S. 1128 (1131).
[62] *A. Scherzberg*, DVBl. 1989, S. 1128 (1136); *ders.*, Grundrechtsschutz, S. 219.
[63] *A. Scherzberg*, DVBl. 1989, S. 1128 (1136).
[64] *A. Scherzberg*, DVBl. 1989, S. 1128 (1132).
[65] *A. Scherzberg*, DVBl. 1989, S. 1128 (1132).

nach Maßgabe der in Literatur und Rechtsprechung entwickelten Kriterien zur Grundrechtsrelevanz mittelbar-faktischer Beeinträchtigungen eine solche Intensität aufweist, »daß von einem Verstoß gegen den ›objektivrechtlichen‹ Steuerungsgehalt der Grundrechte gesprochen werden kann«.[66]

Mit diesen Ausführungen sind auch einige Aspekte bezeichnet, die für die Beurteilung der grundrechtlichen Relevanz faktischer Drittbeeinträchtigungen von Bedeutung sind, wenngleich die Auffassung von *A. Scherzberg* unter verschiedenen Gesichtspunkten auf Widerspruch stoßen muß. So ist ihr insofern entgegenzutreten, als *Scherzberg* seine Position zur Reichweite grundrechtlichen Schutzes mit der Annahme verknüpft, Inhalt des grundrechtlich geschützten Status des Bürgers seien auch (Ausübungs-) Befugnisse und damit ein »rechtliches Dürfen«, um auf dieser Grundlage einem negatorischen Grundrechtsdenken entgegenzutreten, wie es in der Statuslehre von *G. Jellinek* zum Ausdruck kommen soll. Dem liegt offenbar die Annahme eines Zusammenhangs zwischen dem Umfang des Grundrechtsschutzes und der Existenz einer »Befugnisseite« der Grundrechte zugrunde, der nicht existiert: Wie bereits im vorhergehenden Kapitel festgestellt wurde,[67] ist ein tatsächlich mögliches Verhalten bereits dann zulässig und ein Grundrechtsträger zu diesem Verhalten deshalb auch berechtigt (»befugt«), wenn es an einem entgegenstehenden Ge- oder Verbot fehlt. Aus grundrechtlicher Perspektive wird die Freiheit zu einem Verhalten nach eigenem Belieben daher erst im Falle ihrer Einschränkung interessant, so daß eine »Befugnisseite« der Grundrechte – unabhängig von der grundsätzlichen Fragwürdigkeit der Annahme grundrechtlich »gewährter« (Verhaltens-) Befugnisse – nicht von der Frage nach der Existenz eines grundrechtlichen Abwehrrechts abgelöst werden kann und deshalb zumindest ohne eigenständige Bedeutung ist. Demgegenüber ist für den Bereich des »sphärenbezogenen« Grundrechtsschutzes bereits zweifelhaft, ob der Schutz der Person und der persönlichen Sphäre eines Grundrechtsträgers in anderer Weise als durch die Annahme eines Anspruchs auf Freiheit von (unzulässigen) staatlichen Einwirkungen (und damit unzulässiger Fremdbestimmung) beschrieben werden kann. Ähnliche Erwägungen gelten jedoch, wenn ein grundrechtliches Abwehrrecht gegen Interessenbeeinträchtigungen und damit eine Art »verhaltensbezogener Sphärenschutz« angenommen wird, der eine Sicherung der Sphäre des Einzelnen gegen staatliche Einwirkungen auf den Erfolg grundrechtlich (potentiell) geschützter Handlungen durch grundrechtlichen Schutz gegen eine »Veränderung der Ausübungsvoraussetzungen«[68] bewirkt. Zwar läßt sich im Hinblick auf die grundrechtlich geschützte Freiheit von einer »individuellen Zuständigkeit zu eigener Interessenverfolgung« sprechen. Dies ändert aber nichts daran, daß der Zustand der Störungsfreiheit durch die Abwesenheit staatlicher

---

[66] *A. Scherzberg*, DVBl. 1989, S. 1128 (1136).

[67] Vgl. oben, S. 84.

[68] *A. Scherzberg*, DVBl. 1989, S. 1128 (1129).

Intervention gekennzeichnet ist und die Möglichkeit störungsfreier Interessenverfolgung nur dann besteht, wenn Beeinträchtigungen abgewehrt werden können. Es ist deshalb daran festzuhalten, daß die Beschreibung der grundrechtlich geschützten Freiheit unter Rückgriff auf die Kategorie der »Befugnisse« teilweise nicht möglich, teilweise ohne eigenen Erkenntniswert ist.

Auch der vielzitierte Satz von *G. Jellinek*, nach ihrer »juristischen Seite« sei die (Verhaltens-) Freiheit identisch »mit den für den Staat rechtlich irrelevanten Handlungen der Subjizierten«,[69] beruht daher im Ausgangspunkt und unabhängig von der aus heutiger Sicht problematischen Anknüpfung an bestimmte Verhaltensweisen des Individuums[70] auf einer zutreffenden Erwägung: Zunächst ist zu berücksichtigen, daß *Jellinek* mit dieser Formel auf die Summe aller Verhaltensweisen abzielt, die in einer konkreten Situation nicht Gegenstand staatlicher Reglementierung sind. Wird mit der hier vertretenen Ansicht angenommen, daß Grundrechte die Abwehr unzulässiger staatlicher Reglementierung ermöglichen und nicht Befugnisse gewähren, so ist ein tatsächlich mögliches und nicht staatlicher Reglementierung unterliegendes Verhalten auch unter Geltung des Grundgesetzes selbst dann nicht kraft einer »Befugnisseite« der Grundrechte rechtlich relevant, wenn ein grundrechtliches Abwehrrecht einer staatlichen Intervention mit Erfolg entgegengehalten werden könnte. Das Verhalten eines Grundrechtsträgers gewinnt erst dann grundrechtliche Relevanz, wenn es staatlicher Reglementierung unterworfen wird. Ebenso kommt es für die Rechtserheblichkeit von Interessen- oder Erfolgsbeeinträchtigungen sowie anderen faktischen Einwirkungen auf die – neutral formuliert – »tatsächliche Situation« eines Betroffenen nicht auf die Existenz einer »Befugnisseite« der Grundrechte, sondern die Reichweite grundrechtlichen Schutzes im Hinblick auf die Arten und Formen von Einwirkungen auf Belange und Interessen eines Grundrechtsträgers an. Es geht nicht um den »Umfang« oder die »Reichweite« des Schutzgut-Tatbestandes oder »sachlichen Schutzbereichs«,[71] sondern die Rechtserheblichkeit der Auswirkungen staatlichen Handelns und damit die Reichweite des insoweit gegebenen Grundrechtsschutzes.

Mit Blick auf diese Fragestellung ist an den ebenfalls im vorhergehenden Kapitel ermittelten Befund anzuknüpfen, daß Einwirkungen auf Gegenstände sphärenbezogenen Grundrechtsschutzes ihrer Art nach vielfach in faktischer Form erfolgen, während der verhaltensbezogene Grundrechtsschutz primär auf Beeinträchtigungen durch imperativ-regelnde Staatsakte zielt. Bei Einwirkungen auf die Verhaltensfreiheit bildet die faktische Beeinträchtigung mithin eine atypische Konstellation, weshalb nicht zu überraschen vermag, daß die Rechtsprechung unter grundsätzlicher Anerkennung der Möglichkeit »mittelbar-faktischer«

[69] *G. Jellinek*, System, S. 104.

[70] Krit. hierzu *H.-U. Gallwas*, Beeinträchtigungen, S. 57f.

[71] So aber *M. Albers*, DVBl. 1996, S. 233 (238) und pass.; vgl. ferner *W. Spaeth*, Information, S. 166.

Drittbeeinträchtigungen deren grundrechtliche Relevanz gelegentlich von der Vergleichbarkeit der Beeinträchtigung mit dem »Leitbild«[72] der Einwirkung auf ein grundrechtliches Schutzgut durch imperative Rechtsakte abhängig macht. Erst recht naheliegen muß daher die im Schrifttum gelegentlich anzutreffende Anknüpfung an das Kriterium einer »eingriffsgleichen«[73] oder »zwangsgleichen« Wirkung[74] staatlichen Handelns, die dann vorliegen soll, wenn eine Maßnahme »in ihrer verhaltensbeeinflussenden Wirkung *faktisch* dem imperativen Eingriff gleichkommt«.[75] Auf Basis einer solchen Formel wäre folglich die grundrechtliche Relevanz staatlichen Handelns jedenfalls dann zu bejahen, wenn ein bestimmtes Verhalten eines Grundrechtsträgers faktisch erzwungen oder faktisch unmöglich gemacht würde. Anklänge an eine solche Position finden sich bereits bei *G. Jellinek*, der über faktische Beeinträchtigungen wie etwa »Hausfriedenbruch und Verletzung des Briefgeheimnisses« hinaus auch »die Verhinderung des Besuches einer Vereinsversammlung, eine gesetzwidrige Zwangstaufe« oder die »gewaltsame Störung der Ausübung eines Gewerbes« beispielsweise durch einen »delinquierenden Beamten« als Verletzungen der persönlichen Freiheit wertete.[76] Von dem Begriff des Zwanges werden danach folglich nicht nur Fälle erfaßt, in denen eine Pflicht zur Befolgung eines Verhaltensbefehls vorliegt,[77] so daß auch eine Ineinssetzung von »Befehl und Zwang« nicht möglich ist.

Darüber hinaus ist das Kriterium der »zwangsgleichen Wirkung« auch für die Fälle der Drittbeeinträchtigung von Bedeutung, weil es wegen der erwähnten Vergleichbarkeit der »Wirkweise« rechtlicher und faktischer Beeinträchtigungen bei adressatbelastendem Staatshandeln zunächst jene Einwirkungen auf Dritte erfaßt, die daraus resultieren, daß einem Dritten durch die Beachtung eines rechtlich verbindlichen Verhaltensbefehls seitens des Maßnahmeadressaten Verhaltensmöglichkeiten genommen werden. Demgegenüber ist zwar nicht zu verkennen, daß mit einer Anknüpfung an die »zwangsgleiche Wirkung« staatlichen Handelns eine erkennbare Orientierung am einseitig-regelnden Staatsakt als der »klassischen« Form der Ausübung staatlichen Zwangs erfolgt,[78] indem die Maßstäblichkeit der Wirkungen dieser Form staatlichen Handelns für die rechtliche Relevanz faktischer Beeinträchtigungen postuliert wird. Zugleich geht mit dem

---

[72] *M. Albers*, DVBl. 1996, S. 233 (234), spricht insoweit von einer »Leitkategorie«.

[73] *J. Ipsen*, Grundrechte, Rn. 157.

[74] Vgl. *U. Hufeld*, JuS 1996, S. 1072 (1074f.); *J. Oebbecke*, DVBl. 1986, S. 793 (798); in anderem Zusammenhang auch *G. Lübbe-Wolff*, Eingriffsabwehrrechte, S. 267ff. m.w.N.; krit. *M. Sachs*, JuS 1995, S. 303 (304).

[75] So (mit Blick auf die Lenkungswirkung der mit einer Leistungsgewährung verknüpften Verhaltenspflichten) *G. Lübbe-Wolff*, Eingriffsabwehrrechte, S. 267 (Hervorhebung im Original).

[76] *G. Jellinek*, System, S. 113f.

[77] So auch *M. Sachs*, in: K. Stern, Staatsrecht, Bd. III/1, S. 625; anders offenbar *A. Scherzberg*, DVBl. 1989, S. 1128 (1135).

[78] So auch *M. Sachs*, JuS 1995, S. 303 (304).

Merkmal der »Zwangsgleichheit« aber eine Veränderung der Perspektive einher, weil gerade keine Anknüpfung an einen bestimmten Typus staatlichen Tätigwerdens vorliegt, sondern die Frage nach den rechtserheblichen *Wirkungen* staatlichen Handelns gestellt wird, mag auch die regelmäßige Wirkung einer bestimmten Handlungsform insoweit eine »Vorbildfunktion« besitzen. Wird nicht primär der »Befehl«, sondern der »Zwang« zur Grundlage der rechtlichen Würdigung gemacht und damit zugleich die Möglichkeit einer Grundrechtsbeeinträchtigung für den Fall einer »Zwangswirkung« staatlichen Handelns bejaht, so ist der Weg frei für die grundsätzliche Anerkennung der Grundrechtserheblichkeit auch faktischer Beeinträchtigungen eines Drittbetroffenen.

Des weiteren ist mit dem Kriterium der »zwangsgleichen Wirkung« staatlichen Handelns auch insofern ein wichtiger Gesichtspunkt bezeichnet, als das Element des »Zwangs« – wie bereits erwähnt[79] – ein unverzichtbares Merkmal jeder rechtserheblichen Einwirkung auf ein grundrechtliches Schutzgut bildet. Bewirkt beispielsweise die gesetzlich angeordnete Pflicht eines Kraftfahrers zur Benutzung eines Sicherheitsgurtes (§ 21 a StVO), daß ein Grundrechtsträger auf die Benutzung eines Kraftfahrzeugs verzichtet, so liegt in dieser Folgewirkung der Gurtanlegepflicht keine eigenständige Beeinträchtigung der grundrechtlich (potentiell) geschützten (Verhaltens-) Freiheit, weil dieses Verhalten nicht erzwungen wird. Allgemein formuliert läßt sich sagen, daß eine nicht rechtlich oder tatsächlich erzwungene Reaktion eines Grundrechtsträgers auf staatliches Handeln keine grundrechtliche Relevanz besitzt, weil das Vorliegen einer »Zwangswirkung« Mindestvoraussetzung für die Rechtserheblichkeit einer Einwirkung auf grundrechtlich (potentiell) geschützte Positionen eines Grundrechtsträgers durch den Staat ist.

Dies wiederum heißt nicht, daß die grundrechtliche Relevanz von Drittbeeinträchtigungen auf Fallgestaltungen beschränkt werden müßte, in denen staatliches Handeln eine »faktische Imperativität« entfaltet, der Dritte also wie von einem Ge- oder Verbot getroffen wird. Vielmehr ist – umgekehrt – die Möglichkeit einer rechtserheblichen Beeinträchtigung der grundrechtlich (potentiell) geschützten Freiheit auch dann zu bejahen, wenn imperatives oder – wie in den Fällen staatlicher Warnungen und Empfehlungen – influenzierendes Handeln des Staates eine Minderung des mit einem Verhalten des Betroffenen intendierten Erfolgs und damit eine »Verschlechterung der Möglichkeit zur gewünschten Interessenverfolgung«[80] bewirkt. Zwar äußern sich die Wirkungen staatlichen Handelns in derartigen Fällen nicht – oder jedenfalls nicht unmittelbar – in dem Zwang zu einem bestimmten Verhalten. Gleichwohl läßt sich von einer »Zwangswirkung« sprechen, weil der Eintritt der drittbelastenden Folge vom Willen des betroffenen Dritten unabhängig und seiner Einflußnahme entzogen ist. Wenn mit

---

[79] Vgl. oben, S. 80f.

[80] *A. Scherzberg*, DVBl. 1989, S. 1128 (1129); *ders.*, Grundrechtsschutz, S. 146.

der Anknüpfung an das Merkmal der Zwangs- (oder »zwangsgleichen«) Wirkung staatlichen Handelns das Augenmerk gerade auf die Auswirkungen staatlicher Interventionen gerichtet wird, kann zudem nicht außer Betracht bleiben, daß es keinen entscheidenden Unterschied macht, ob zum Zwecke der Verhinderung eines bestimmten Erfolgs ein Verhalten verboten oder der Eintritt des von einem Grundrechtsträger intendierten Erfolgs durch eine staatliche Einwirkung auf andere Personen verhindert wird.[81] Weil individuelles Verhalten mit Bezug auf andere Personen regelmäßig bestimmten Zwecken dient, muß eine dem Schutz der Grundrechtsträger vor Fremdbestimmung verpflichtete Dogmatik des verhaltensbezogenen Grundrechtsschutzes die Wirkungen staatlichen Handelns auch mit Blick auf den Kontext betrachten, in dem individuelles Handeln steht.[82] Zu Recht hat *K.H. Friauf* darauf hingewiesen, daß ein »auf materielle Sicherung der individuellen Freiheitssphäre« gerichtetes Grundrechtsverständnis nicht auf »bestimmte rechtstechnische Handlungsformen« fixiert sein kann.[83]

Da bei der Bestimmung des Begriffs der grundrechtserheblichen Freiheitsbeeinträchtigung ferner – wie dargelegt[84] – auf eine Orientierung an einem historisch geprägten Vorverständnis zu verzichten ist, erweisen sich die verhaltensbezogenen Grundrechte als offen für ein Grundrechtsverständnis, das einen umfassenden Schutz der »individuellen Freiheit zu eigener Interessenverfolgung«[85] durch die Möglichkeit der Abwehr jeder nicht hinreichend gerechtfertigten und (deshalb) unverhältnismäßigen Beeinträchtigung unter Einschluß unverhältnis-

---

[81] Abl. gegenüber einem Grundrechtsschutz gegen Einwirkungen auf die Wirtschaft durch einen (marktkonformen) Einsatz des öffentlichen Haushalts als Lenkungsinstrument aber *H. Wagner*, VVDStRL 27 (1969), S. 47 (65f., 79f.).

[82] *R. Philipp*, Verbraucherinformationen, S. 148ff., wendet sich gegen eine Anknüpfung an die »wirtschaftlichen Einbußen der Unternehmen« aufgrund staatlicher Produktinformationen (ebd., S. 149) und plädiert (ebd., S. 153ff.) für ein der Wettbewerbsfreiheit zuzuordnendes »Recht auf unternehmerische Selbstdarstellung« (ebd., S. 154), das die Freiheit einschließe, »in der Kommunikation mit den anderen Marktteilnehmern nicht gestört zu werden« (ebd., S. 155f.); zust. *R. Gröschner*, DVBl. 1990, S. 619 (622f.); vgl. auch *C. Gusy*, NJW 2000, S. 977 (982f.). Dem wird im Ausgangspunkt auch insofern gefolgt werden können, als mit staatlichen Warnungen vielfach eine Minderung des Ansehens der (Dritt-) Betroffenen einhergehen dürfte und auch ein grundrechtlicher Ehrenschutz juristischer Personen nicht von vornherein ausscheidet. Allerdings bleibt zu beachten, daß auch *Philipp* nicht an die Beeinträchtigung eines Verhaltens (die »Selbstdarstellung«), sondern dessen Erfolgs (den »Ruf« eines Unternehmens) anknüpft, die zu dem letztlich entscheidenden Nachteil des Ausbleibens einer positiven Reaktion der Umwelt hinzutritt (oder diesen erst auslöst) und deshalb eigenständige Bedeutung besitzt, insofern krit. auch *M. Heintzen*, VerwArch 81 (1990), S. 532 (541); vgl. auch *G. Robbers*, AfP 1990, S. 84 (86); *H. Sodan*, DÖV 1987, S. 858 (861); zu widersprechen ist daher auch der Annahme, staatliche Äußerungen über bestimmte Produktgruppen seien grundrechtlich irrelevant, weil sie »die individuelle Selbstdarstellung der Hersteller nicht beeinträchtigten« (ebd., S. 157); auch insoweit zust. aber *R. Gröschner* ebd., S. 626; vgl. ferner *C. Gusy* ebd., S. 983; *T. Leidinger*, DÖV 1993, S. 925 (929f.); abl. *G. Robbers* ebd.

[83] *K.H. Friauf*, DVBl. 1971, S. 674 (681).

[84] Vgl. oben, S. 63f.

[85] *A. Scherzberg*, DVBl. 1989, S. 1128.

mäßiger Interessen- oder Erfolgsbeeinträchtigungen ermöglicht. Die verhaltensbezogenen Grundrechte gewährleisten demnach die Freiheit nicht nur einer Handlung, sondern auch des damit intendierten Erfolgs von ungerechtfertigter staatlicher Einflußnahme, so daß Freiheit von Fremdbestimmung gleichbedeutend ist mit Freiheit von staatlicher Intervention. Mit Blick auf die Berufsfreiheit nicht unproblematisch ist daher die – namentlich in Zusammenhang mit einer (erwerbs-) wirtschaftlichen Betätigung der öffentlichen Hand gelegentlich anzutreffende[86] – Annahme, bloße »Erwerbschancen« würden von Art. 12 Abs. 1 GG nicht erfaßt.[87] Zwar mag zutreffen, daß die »spekulative« Erwartung eines ungesicherten Erfolgs bestimmter Betätigungen in der Zukunft keinen Grundrechtsschutz genießt. Nicht gefolgt werden könnte demgegenüber einer Auffassung, derzufolge eine »mittelbare« Einwirkung auf den – im Moment des staatlichen Handelns denknotwendig nur als »Chance« existenten – Erfolg einer beruflichen, gewerblichen oder unternehmerischen Betätigung *stets* grundrechtlich irrelevant ist.[88] Sind Erfolgs(chancen)beeinträchtigungen einem Grundrechtsschutz nicht grundsätzlich entzogen, so kommt es vielmehr darauf an, wie die Anforderungen an Einwirkungen auf diesen Schutzgegenstand beschrieben werden.

Auch auf Basis eines »individualistischen« Grundrechtsverständnisses läßt sich demnach dem Umstand Rechnung tragen, daß es aus der Perspektive des Betroffenen keinen Unterschied macht, ob – beispielsweise – eine Erwerbszwecken dienende Betätigung verboten oder ihr durch eine Einwirkung auf (potentielle) Kunden die Grundlage entzogen wird. Zu Recht wird in der Rechtsprechung des Bundesverwaltungsgerichts zu den Fällen staatlicher Warnungen und Empfehlungen wie auch im Schrifttum davon ausgegangen, daß staatlich verursachte Einwirkungen auf Dritte auch bei einer Beeinträchtigung des Erfolgs (der Erfolgschancen) einer wirtschaftlichen oder auch religiös-weltanschaulichen Betätigung grundrechtlich relevant sein können,[89] ohne daß es auf die Existenz einer (faktischen) Verhaltenspflicht ankäme.[90] Weiterhin erforderlich bleibt freilich eine Zwangswirkung, so daß zweifelhaft erscheint, ob – wie das Bundesverwaltungsgericht annimmt[91] – (ab-) wertende Äußerungen einer universitären Kommission

---

[86] Vgl. dazu noch unten, S. 429ff.

[87] Vgl. *D. Frers*, Klagebefugnis, S. 246f.; *P.-M. Huber*, Konkurrenzschutz, S. 299f.; *W. Krebs*, Kontrolle, S. 91 (mit Fn. 270).

[88] Ebenso *U. Schliesky*, DVBl. 1999, S. 78 (82); vgl. auch *ders.*, Öffentliches Wettbewerbsrecht, S. 199f.; s. ferner (mit Blick auf einen Schutz des Unternehmens durch Art. 14 GG) *C. Engel*, AöR 118 (1993), S. 169 (217f.).

[89] Vgl. *K. H. Friauf*, DVBl. 1971, S. 674 (680f.); *H.-U. Gallwas*, Beeinträchtigungen, S. 57ff.; *R. Gröschner*, DVBl. 1990, S. 619 (621f.); *P. Kirchhof*, Verwalten, S. 190; *F. Ossenbühl*, Umweltpflege, S. 14ff., 29ff.; *U. Pinger*, JuS 1988, S. 53 (54f.); *M. Sachs*, JuS 1995, S. 303 (305f.); *F. Schoch*, DVBl. 1991, S. 667 (669f.); *M. Schulte*, DVBl. 1988, S. 512 (517f.); *H. Sodan*, DÖV 1987, S. 858 (863f.); grds. auch *M. Albers*, DVBl. 1996, S. 233 (240f.); *R. Philipp*, Verbraucherinformationen, S. 155ff.

[90] Explizit *D. Murswiek*, DVBl. 1997, S. 1021 (1026).

[91] BVerwG, NJW 1997, S. 1996 (1998).

über wissenschaftliche Leistungen als Beeinträchtigung der Forschungsfreiheit aufgefaßt werden können: Da derartige Stellungnahmen nicht dazu zwingen, Forschungsvorhaben oder -methoden aufzugeben oder zu ändern, reicht die vom Bundesverwaltungsgericht offenbar für wesentlich gehaltene Erzeugung eines »faktischen oder moralischen Drucks«[92] für sich genommen nicht aus, um eine Beeinträchtigung der Forschungsfreiheit anzunehmen; vielmehr liegt eine Beeinträchtigung des allgemeinen Persönlichkeitsrechts infolge einer Schädigung des Ansehens des Betroffenen vor.

II. Zur Bedeutung der Kriterien der »Finalität« und »Intensität«

Damit ergibt sich, daß dem Erfordernis einer Zwangswirkung staatlichen Handelns nicht notwendig nur dann Genüge getan ist, wenn ein Dritter aufgrund einer »regelungsgleichen« Beeinträchtigung zu einem bestimmten Verhalten – regelmäßig einem Unterlassen – gezwungen wird. Erforderlich aber auch ausreichend ist vielmehr eine nachteilige Einwirkung auf einen Grundrechtsträger, die nicht der Einflußnahme des Betroffenen unterliegt. Daß demnach ein rechtlicher oder tatsächlicher Nachteil nicht als rechtserhebliche Einwirkung auf grundrechtlich (potentiell) geschützte Güter oder Interessen qualifiziert werden kann, wenn sein Eintritt oder Umfang auch einer Einflußnahme durch den Betroffenen zugänglich ist, rechtfertigt andererseits nicht den Umkehrschluß, im Falle des Eintritts einer Zwangs- (oder zwangsgleichen) Wirkung staatlichen Handelns bei einem Dritten sei der auslösende Staatsakt ohne weiteres an den Grundrechten auch des Nichtadressaten zu messen. Gerade die Vielfalt der mit dem Begriff der »Zwangswirkung« beschreibbaren Fallgestaltungen muß vielmehr zu der Frage führen, ob beliebige Einwirkungen auf grundrechtlich (potentiell) geschützte Positionen stets und ohne weiteres grundrechtlich relevant sind oder die Grundrechtserheblichkeit staatlichen Handelns über das Element der »Zwangswirkung« hinaus von weiteren Kriterien abhängig ist. So versteht sich nicht von selbst, daß die Schließung eines Gewerbebetriebs wegen Unzuverlässigkeit des Inhabers als Beeinträchtigung der Berufsfreiheit auch der Lieferanten des Betroffenen angesehen werden kann.

Demgegenüber findet sich bei *H.-J. Papier* die Ansicht, »daß die Grundrechte allgemein und Art. 12 Abs. 1 GG im besonderen als Abwehrrechte dem Grundrechtsträger Freiheit nicht allein von gezielten, gewollten oder unmittelbaren Eingriffen der öffentlichen Gewalt, sondern von *jeder* hoheitlichen, rechtlichen oder tatsächlichen, unmittelbaren oder mittelbaren Einwirkung gewähren«. Der mit den Grundrechten gewährleistete Freiheitsraum könne gleichermaßen »durch finale, rechtliche oder faktische Eingriffe ebenso wie von unbeabsichtig-

[92] BVerwG, NJW 1997, S. 1996 (1998).

ten Aus- oder Folgewirkungen in andere Richtungen zielender Hoheitsakte beeinträchtigt werden«.[93] Diese Ausführungen erfordern zunächst eine (klarstellende) Präzisierung insofern, als grundrechtserhebliche Auswirkungen staatlichen Handelns nach hier vertretener Auffassung mit Zwangswirkung ausgestattet sein müssen. Auch mit dieser Maßgabe könnte der Auffassung von *Papier* aber nur zugestimmt werden, wenn über das Erfordernis der »Zwangswirkung« hinaus keine Kriterien existierten, die eine weitergehende Beschränkung der grundrechtlichen Relevanz staatlichen Handelns bewirkten. Diese Fragestellung verursacht eine erneute Verschiebung der Perspektive: Zwar könnte durch eine alleinige Anknüpfung an das Merkmal der Zwangswirkung dem Umstand Rechnung getragen werden, daß es eine zu formale und der Schutzfunktion der Grundrechte inadäquate Betrachtungsweise wäre, wollte man die Grundrechtserheblichkeit staatlichen Handelns auf imperativ-regelnde Einwirkungen beschränken und damit letztlich von der Adressatenstellung des Betroffenen abhängig machen. Allerdings hätte eine solche Vorgehensweise auch zur Folge, daß die potentiell unbegrenzten Folge- und Fernwirkungen eines Staatsaktes in den Blick der Grundrechte geraten. Die »Auflösung« des »traditionellen« Eingriffsbegriffs hat daher zu Bemühungen in Literatur und Rechtsprechung geführt, die Grundrechtserheblichkeit der Folgen staatlichen Handelns gerade mit Blick auf Fälle der Drittbeeinträchtigung wieder zu begrenzen.[94] Vor dem Hintergrund einer als grundsätzlich umfassend gedachten Zuordnung jedenfalls der Verhaltensfreiheit zu grundrechtlichen Schutzgut-Tatbeständen müssen derartige Bemühungen auf der Ebene des Einwirkungstatbestandes ansetzen.[95] Vielfach erörtert werden insbesondere die Kriterien der »Intensität« und der »Finalität«. Sowohl die Beschreibung der erforderlichen Beeinträchtigungsintensität als auch der an das Merkmal der Finalität zu stellenden Anforderungen bereitet jedoch einige Schwierigkeiten, so daß auch das Verhältnis zwischen diesen Kriterien letztlich

---

93 *H.-J. Papier*, DVBl. 1984, S. 801 (805); zust. *R. Breuer*, in: Isensee/Kirchhof (Hrsg.), HbStR, Bd. V, § 148 Rn. 31; *R. Eckhoff*, Grundrechtseingriff, S. 195.

94 *M. Schulte*, DVBl. 1988, S. 512 (516), konstatiert im Hinblick auf die Kriterien, »die solche ›mittelbaren Grundrechtsbeeinträchtigungen‹ zu einem Grundrechtseingriff werden lassen«, ein »kaum noch überschaubares dogmatisches Chaos«; vgl. auch *ders.*, WuR 1991, S. 231 (mit Fn. 8).

95 Mit Blick in erster Linie auf drittbeeinträchtigende Folgen adressatbegünstigenden Staatshandelns findet sich allerdings der Vorschlag, den Grundrechtsschutz aus Art. 2 Abs. 1 GG von einer einfach-gesetzlichen Ausgestaltung abhängig zu machen, vgl. unten, S. 402ff., insbes. S. 407ff.; dieser das Problem nur teilweise lösende sowie zu einem Grundrechtsschutz nach Maßgabe einfachen Rechts führende – und schon aus diesem Grunde nicht überzeugende – Vorschlag wird sich aber kaum auf die hier behandelten Fallgestaltungen übertragen lassen, weil sich die Frage nach einer drittbegünstigenden »Schutznorm« gegen adressatbelastende Rechtsakte – namentlich wenn diese dem Schutz oder »wohlverstandenen Interesse« des Dritten dienen sollen – oder auch staatliche Informationsakte regelmäßig nicht sinnvoll stellen läßt, vielmehr nach der Bedeutung der Grundrechte als Schutznormen zu fragen ist; vgl. hierzu auch noch unten, S. 422f.; Anklänge an eine solche Position aber bei *H.-U. Erichsen*, in: Isensee/Kirchhof (Hrsg.), HbStR, Bd. VI, § 152 Rn. 78; vgl. auch BVerwG, NVwZ 1984, S. 514 (515).

ungeklärt ist. Zunächst sei daher den Ursachen dieser Unsicherheiten nachgegangen, bevor eine die Anknüpfung an die Finalität einer (Dritt-) Beeinträchtigung modifizierende Lösung vorzuschlagen ist, die geeignet erscheint, eine klare Unterscheidung zwischen grundrechtlich relevanten und irrelevanten Einwirkungen auf grundrechtliche Schutzgüter Drittbetroffener zu ermöglichen.

1. Das »Intensitätskriterium«

a. Das Merkmal der Beeinträchtigungsintensität in der Rechtsprechung

Der Schwere und damit (Un-) Zumutbarkeit der Beeinträchtigung eines Drittbetroffenen ist insbesondere von der verwaltungsgerichtlichen Judikatur einige Bedeutung zugemessen worden. Anwendungsbeispiele hierfür finden sich zunächst in – allerdings nicht dem Bereich staatlicher Verhaltenssteuerung zuzuordnenden – Fällen der Einwirkung auf Dritte infolge der Ausnutzung staatlicher Genehmigungen. So hat das Bundesverwaltungsgericht in einer Grundsatzentscheidung aus dem Jahre 1969 das Vorliegen einer »schweren und unerträglichen Betroffenheit« eines Grundrechtsträgers zur Voraussetzung für eine Gewährung von Grundrechtsschutz aus Art. 14 Abs. 1 GG bei Nachbarklagen gegen Baugenehmigungen erhoben.[96] Diese Rechtsprechung wurde in der Folgezeit auch für andere Arten von Genehmigungen fruchtbar gemacht,[97] (zumindest) für den Bereich des Drittschutzes gegen Baugenehmigungen aber mittlerweile aufgegeben. Nach ersten Ansätzen in einer Entscheidung aus dem Jahre 1991[98] stellt der Vierte Senat in einem weiteren Urteil aus dem Jahre 1996 dezidiert fest, daß Art. 14 Abs. 1 GG keine unmittelbaren Abwehransprüche eines Dritten begründe und ein Nachbarschutz wegen der gesetzgeberischen Verpflichtung zur Konkretisierung des Inhalts einer sozialgerechten Eigentumsordnung grundsätzlich nur dann bestehe, wenn der Gesetzgeber ihn auch normiert habe.[99] Nach dieser – erkennbar auch an der besonderen dogmatischen Struktur des Art. 14 Abs. 1 GG orientierten – Rechtsprechung kann es einen eigentumsbezogenen Drittschutz folglich nur nach Maßgabe des einfachen Rechts geben.

Demgegenüber gelangte der Siebente Senat des Bundesverwaltungsgerichts in einer das Grundrecht aus Art. 4 GG betreffenden Entscheidung zu staatlichen Informationsakten aus dem Jahre 1992 zu dem Ergebnis, daß das »Kriterium der ›schwerwiegenden‹ oder ›nachhaltigen‹ Grundrechtsbeeinträchtigung« dazu diene, bei »bloß faktischen und damit in der Regel unspezifischen Einwirkungen des Staates auf die grundrechtlich geschützte Freiheitssphäre grundrechtsrelevante

[96] BVerwGE 32, 173 (179); vgl. ferner BVerwGE 44, 244 (246f.); 50, 282 (287f.); 52, 122 (124f.); BVerwG, DVBl. 1974, S. 767 (776).

[97] Vgl. BVerwGE 36, 248 (249ff.); 41, 58 (66); 66, 307 (309); 71, 183 (191).

[98] Vgl. BVerwGE 89, 69 (78).

[99] BVerwGE 101, 364 (373).

Beeinträchtigungen von solchen ohne Grundrechtsrelevanz zu unterscheiden«.[100] Mit diesen Ausführungen wird folglich eine »Erheblichkeitsschwelle« postuliert, von deren Überschreitung nicht nur das Vorliegen einer Rechtsverletzung, sondern bereits die grundrechtliche Erheblichkeit der Drittbeeinträchtigung abhängig sein soll. Dem entspricht die erwähnte Grundsatzentscheidung zum Drittschutz gegen Baugenehmigungen aus dem Jahre 1969, in der es heißt, eine objektiv rechtswidrige Baugenehmigung ohne qualifizierende Voraussetzungen stelle »keinen Eingriff in das Eigentum des Nachbarn dar«.[101]

Eine vergleichbare Anknüpfung an ein »Intensitätskriterium« findet sich ferner in der Judikatur des Bundesverwaltungsgerichts zu den Fällen staatlicher Einwirkungen auf den Wettbewerb.[102] Hier ist eine besonders restriktive Grundhaltung der – überwiegend allerdings etwas älteren – Rechtsprechung zu konstatieren, soweit der Bereich staatlicher oder kommunaler Wettbewerbsteilnahme in Rede steht: So soll »das Hinzutreten des Staates als Konkurrent ... lediglich eine weitgehend systemimmanente Verschärfung des marktwirtschaftlichen Konkurrenzdrucks« beinhalten,[103] die wegen des fehlenden Grundrechtsschutzes von Erwerbschancen grundsätzlich unerheblich sei,[104] sofern nicht – ein kaum vorstellbarer Extremfall – »jede private Konkurrenz unmöglich« werde.[105] Eine dem im Grundsatz entsprechende Position vertritt das Bundesverwaltungsgericht für Fälle der Drittbeeinträchtigung durch staatliche Begünstigungen eines von mehreren Wettbewerbern: Die von der verwaltungsgerichtlichen Rechtsprechung vielfach[106] bei Art. 2 Abs. 1 GG verortete,[107] als Teil der berufsbezogenen Verhaltensfreiheit aber richtigerweise Art. 12 Abs. 1 GG zuzuordnende Wettbewerbsfreiheit«[108] bleibe von derartigen Maßnahmen grundsätzlich unberührt.[109] Aller-

[100] BVerwGE 90, 112 (121).

[101] BVerwGE 32, 173 (179).

[102] Die Parallele zwischen Wirtschaftsrecht und Baurecht zieht auch *W. Brohm*, in: FS C.-F. Menger, S. 235 (244); vgl. ferner *H.D. Jarass*, NVwZ 1984, S. 373 (376).

[103] BVerwGE 71, 183 (193).

[104] BVerwGE 39, 329 (336f.).

[105] BVerwGE 39, 329 (337).

[106] Anders BVerwGE 89, 281 (283); BVerwG, NJW 1996, S. 3161; wohl auch BVerwGE 71, 183 (189); 87, 37 (39).

[107] BVerwGE 17, 306 (309); 30, 191 (198); 60, 154 (159); 65, 167 (174); BVerwG, DVBl. 1978, S. 639; ebenso BFHE 184, 212 (220); Hess. StGH, NVwZ 1983, S. 542 (543); *G. Dürig*, in: Maunz/Dürig, GG, Art. 2 Abs. I Rn. 48; *D. Frers*, Klagebefugnis, S. 244f.; *M. Gubelt*, in. v. Münch/Kunig (Hrsg.), GG, Art. 12 Rn. 93; *J. M. Mössner*, JuS 1971, S. 131 (136); *R. Philipp*, Verbraucherinformationen, S. 134, 152; *J. Pietzcker*, in: FS O. Bachof, S. 131 (148); vgl. auch *H.-J. Friehe*, JuS 1981, S. 867 (870f.); es liegt die Annahme nahe, daß sich in der Zuordnung der Wettbewerbsfreiheit zu Art. 2 Abs. 1 GG die verbreitete Praxis widerspiegelt, die Verhaltensfreiheit in »Einzelfreiheiten« aufzuspalten, die alsdann als »unbenannte« Freiheiten dem Schutz der freien Entfaltung der Persönlichkeit zugeordnet werden, wenn keine begriffliche Zuordnung zu einem speziellen Freiheitsrecht möglich ist; krit. zu einer solchen Vorgehensweise *J. Ipsen*, Grundrechte, Rn. 121, 728; vgl. auch *R. Scholz*, NJW 1969, S. 1044; *J. Wieland*, in. Dreier (Hrsg.), GG, Art. 12 Rn. 6.

[108] Ebenso BVerfGE 32, 311 (317); 46, 120 (137); OVG NW, NVwZ 1984, S. 522 (524); *W. Brohm*, in: FS C.-F. Menger, S. 235 (245); *U. Hösch*, Die Verwaltung (30) 1997, S. 211 (226); *P.-M.*

dings wird dieser Ausgangspunkt dadurch zumindest teilweise relativiert, daß (jedenfalls) dann ein »Eingriff in die Wettbewerbsfreiheit« vorliegen soll, »wenn der Staat durch die einseitige Subventionierung eines Konkurrenten die Wettbewerbslage verzerrt und die wirtschaftliche Stellung des nicht begünstigten Unternehmers in unerträglichem Maße und unzumutbar schädigt«,[110] weil beispielsweise die Veränderung der Wettbewerbslage durch Begünstigung eines der Wettbewerber die Möglichkeit von Mitbewerbern beeinträchtigt, »sich als verantwortliche Unternehmer wirtschaftlich zu betätigen«.[111] Damit wird auch für diese Sachverhalte nicht nur die Zulässigkeit, sondern schon die Grundrechtserheblichkeit der Folgen staatlichen Handelns mit »Art und Ausmaß«[112] der Beeinträchtigung verknüpft.[113]

Darüber hinaus ist in der Rechtsprechung versucht worden, ein »Intensitätskriterium« in Zusammenhang mit drittbeeinträchtigenden Folgen adressatbelastender Rechtsakte fruchtbar zu machen. Insoweit beschränkt sich das Bundesverwaltungsgericht allerdings – mehr oder weniger ausdrücklich – auf Fallgestaltungen, in denen Wirkungen staatlichen Handelns in Rede stehen, die als nicht (final) »gewollt« bewertet wurden. So weist der Erste Senat in seiner Entscheidung aus dem Jahre 1984 zur Zulässigkeit der Klage eines Dritten gegen die Nichterteilung einer Gaststättenerlaubnis zunächst darauf hin, daß es sich bei den Folgen dieser Verfügung für den klagenden Gaststättenverpächter um Nachteile handele, die nicht »Gegenstand des Verwaltungshandelns« seien und außerhalb des Erfolges lägen, den die Behörde nach dem Inhalt des angegriffenen Verwaltungsaktes angestrebt habe. Im Anschluß hieran heißt es, wenn sich ein Verwaltungsakt »in dieser nachteiligen Weise« auf einen Nichtadressaten auswirke, folge aus dessen Rechtswidrigkeit nicht ohne weiteres eine Verletzung von Grundrechten des Dritten, weil die Grundrechte nicht vor solchen faktischen Auswirkungen rechtswidrigen hoheitlichen Handelns schützten, die »wegen ihrer Geringfügig-

Huber, Konkurrenzschutz, S. 319f.; *T. Leidinger*, DÖV 1993, S. 925 (927); *U. Pinger*, JuS 1988, S. 53 (54); *J. Rozek*, SächsVBl. 1999, S. 149 (155); *U. Schliesky*, Öffentliches Wettbewerbsrecht, S. 197; *M. Schmidt-Preuß*, Kollidierende Privatinteressen, S. 59; *R. Scholz*, in: Maunz/Dürig, GG, Art. 12 Rn. 115; *M. Schulte*, DVBl. 1988, S. 512 (515); *J. Schwabe*, DÖV 1973, S. 623 (628); *H. Sodan*, Funktionsträger, S. 491ff.; *ders.*, DÖV 1987, S. 858 (860); *J. Wieland*, in: Dreier (Hrsg.), GG, Art. 12 Rn. 61; wohl auch *G. Schwerdtfeger*, in: FS zum 125jährigen Bestehen der Juristischen Gesellschaft zu Berlin, S. 715 (721).

[109] Vgl. BVerwGE 65, 167 (174); 71, 183 (193); BVerwG, DVBl. 1978, S. 639; ebenso OVG NW, NVwZ 1984, S. 522 (524); s. ferner OVG Bautzen, NJW 1999, S. 2539 (2540).

[110] So BVerwGE 71, 183 (191), in zusammenfassender Wiedergabe der vorgängigen Rechtsprechung, vgl. BVerwGE 30, 191 (198f.); BVerwG, DVBl. 1978, S. 639; etwas andere Akzentsetzungen allerdings in BVerwGE 60, 154 (158f.); 65, 167 (174).

[111] BVerwGE 65, 167 (174); vgl. auch BVerfGE 27, 375 (384); OVG NW, NVwZ 1984, S. 522 (524f.).

[112] BVerwGE 71, 183 (191).

[113] Auf die »Wettbewerbsfähigkeit« abstellend auch *R. Scholz*, NJW 1969, S. 1044 (1045); ähnl. *J.M. Mössner*, JuS 1971, S. 131 (136); eine »schwer und unerträglich« wirkende Beeinträchtigung verlangt *W. Brohm*, in: FS C.-F. Menger, S. 235 (245).

keit« als Ausfluß eines Risikos hinzunehmen seien, das die Zugehörigkeit zu der vom Grundgesetz vorausgesetzten sozialen Gemeinschaft mit sich bringe; Maßstab für die erforderliche Intensität der Beeinträchtigung seien »Schutzgut und Schutzzweck« des betroffenen Grundrechts.[114] Daß ein rechtswidriger Verwaltungsakt im Falle des Fehlens der erforderlichen Beeinträchtigungsintensität demnach keine Verletzung der Grundrechte eines Drittbetroffenen bewirkt, macht jedoch deutlich, daß als Ausfluß eines allgemeinen Lebensrisikos hinzunehmenden Beeinträchtigungen nach dieser Entscheidung bereits die (Grund-) Rechtserheblichkeit abzusprechen ist.[115] In diesem Sinne äußerte sich auch der Dritte Senat des Bundesverwaltungsgerichts in der im wesentlichen mit denselben Erwägungen operierenden Entscheidung zum Widerruf einer Arzneimittelzulassung aus dem Jahre 1993: Der Senat stellt fest, keines »der von der Rechtsprechung herangezogenen Kriterien für die Annahme eines Grundrechtseingriffs« lasse es als möglich erscheinen, daß ein Patient durch den Widerruf einer Arzneimittelzulassung in seinem Grundrecht aus Art. 2 Abs. 2 S. 1 GG beeinträchtigt werde. Bei nachteiligen Folgen einer solchen Maßnahme für den Patienten handele es sich »erkennbar« um faktische Auswirkungen hoheitlichen Handelns, denen »nach Maßgabe von Schutzgut und Schutzzweck« des Art. 2 Abs. 2 S. 1 GG die »grundrechtsbeeinträchtigende Wirksamkeit« fehle. Diese Folgen seien vielmehr »als Ausfluß eines Risikos hinzunehmen ..., das die Zugehörigkeit zu der vom Grundgesetz vorausgesetzten sozialen Gemeinschaft mit sich bringt«.[116]

b. Beeinträchtigungsintensität und Austauschbarkeit des Adressaten

Der vorstehend skizzierten Rechtsprechung ist darin zu folgen, daß nicht jede Beeinträchtigung jedes von staatlichem Handeln »irgendwie« Betroffenen zur Erhebung einer Grundrechtsrüge berechtigen kann. Allerdings kann diese Position – wie noch zu zeigen sein wird[117] – nicht primär auf die verbreitete Annahme gestützt werden, angesichts der Unbegrenztheit der denkbaren Folgen staatlichen Handelns würde das Risiko der Verfassungswidrigkeit eines Staatsaktes unbeherrschbar und unkalkulierbar, wenn jeder (auch) vom Staat kausal (mit-) verursachten Einwirkung auf Grundrechte des Bürgers potentielle Grundrechtsrelevanz zuzubilligen wäre. Entscheidende Bedeutung ist vielmehr dem Gesichtspunkt zuzumessen, daß sich der Bürger unter den gesellschaftlichen und politischen Bedingungen der Gegenwart von vornherein in eine Situation gestellt sieht,

[114] BVerwG, NVwZ 1984, S. 514 (515).

[115] Gegen ein »Umschlagen« grundrechtlich irrelevanten Staatshandeln in eine Grundrechtsverletzung nach Maßgabe der Beeinträchtigungsintensität (mit Blick auf das Steuerrecht) *W. Martens*, VVDStRL 30 (1972), S. 7 (15f.).

[116] BVerwG, NJW 1993, S. 3002 (3003).

[117] Vgl. unten, S. 252ff.

die auch durch staatliches Handeln und dessen Folgen mitgeprägt ist, so daß eine staatliche Einwirkung auf die Lebenssituation des einzelnen nicht durchgängig als außerordentlicher und jeweils besonderer Rechtfertigung bedürftiger Vorgang qualifiziert werden kann. Es erscheint denkbar, daß Auswirkungen staatlichen Handelns nicht an den Grundrechten eines Betroffenen zu messen sind, weil sich lediglich ein Risiko verwirklicht, das mit Existenz und Agieren des Staates notwendig verknüpft ist. In Übereinstimmung mit dem Bundesverwaltungsgericht ist davon auszugehen, daß Beeinträchtigungen von Interessen und Belangen der Grundrechtsträger zugleich Ausdruck eines Risikos sein können, »das die Zugehörigkeit zu der vom Grundgesetz vorausgesetzten sozialen Gemeinschaft mit sich bringt«.[118]

Eine andere Frage ist demgegenüber, ob sich die Unterscheidung zwischen der Realisierung eines solchen Risikos und der rechtserheblichen Einwirkung auf grundrechtliche Schutzgüter an dem Merkmal der »Intensität« einer Beeinträchtigung festmachen läßt. Hierfür kommt es auf zwei eng miteinander verwobene Gesichtspunkte an: Zunächst bedarf es der Benennung von Gründen, die die Anknüpfung an ein solches »Intensitätskriterium« aus grundrechtsdogmatischer Sicht als sachgerecht und zulässig erscheinen lassen. Nur auf einer derart gesicherten Grundlage läßt sich alsdann feststellen, welches – wie auch immer zu bestimmende – Maß an Beeinträchtigungsintensität die »Schwelle der Grundrechtserheblichkeit« bildet. Es ist daher für sich genommen wenig erhellend, daß das Bundesverwaltungsgericht in seiner Rechtsprechung zu Drittbeeinträchtigungen aufgrund adressatbelastender Verwaltungsakte recht pauschal auf »Schutzgut und Schutzzweck des einzelnen betroffenen Grundrechts«[119] Bezug nimmt. Immerhin kann dieser Judikatur aber entnommen werden, daß zumindest bei Vorliegen imperativer Rechtsakte selbst wie ein Ge- oder Verbot wirkende (»regelungsgleiche«) Folgen staatlichen Handelns für einen Dritten nicht automatisch grundrechtserheblich sein sollen: So entfaltet die Nichterteilung (ebenso wie ein Widerruf) einer Gaststättengenehmigung schon deshalb »Zwangswirkung« auch gegenüber dem Verpächter der Gaststättenräume und damit einem Dritten, weil der Pachtvertrag mit dem Verfügungsadressaten nicht wie geplant wird zur Durchführung gelangen können. Da die Versagung der erforderlichen Genehmigung in dem vom Bundesverwaltungsgericht entschiedenen Fall zudem mit der Höhe des vom Pächter zu zahlenden und nach Auffassung der Behörde nicht zu erwirtschaftenden Pachtzinses begründet worden ist, sieht sich die Verpächterin (faktisch) gehindert, einen Pachtzins zu vereinbaren, der die Vorstellungen der Behörde übersteigt. Damit wirkt sich die Verweigerung der Gaststättengenehmigung wie ein Verbot bestimmter Vertragsgestaltungen gegenüber dem Dritten aus. Hieraus resultiert ein wirtschaftlicher und deshalb den Interessen- und Er-

[118] BVerwG, NVwZ 1984, S. 514 (515); NJW 1993, S. 3002 (3003).

[119] BVerwG, NVwZ 1984, S. 514 (515); vgl. auch BVerwG, NJW 1993, S. 3002 (3003).

folgsbeeinträchtigungen zuzuordnender Nachteil für die Verpächterin, weil Erlöse nicht erzielt werden können, die zu erzielen ohne die behördliche Intervention möglich wäre. Auch das Bundesverwaltungsgericht konzediert, daß die Verpächterin »an der Durchführung des Vertrages mit dem ausgewählten Vertragspartner zu den vereinbarten Bedingungen gehindert ist« und ferner »zur Vermeidung erneuter Erlaubnisversagung allenfalls den Pachtzins vereinbaren kann«, der nach Meinung der beklagten Behörde »eine für die ordnungsgemäße Betriebsführung erforderliche Gewinnerzielung ermöglicht«. Nach Maßgabe von »Schutzgut und Schutzzweck« der Grundrechte soll hierin unter dem Aspekt der »Geringfügigkeit« aber keine rechtserhebliche Drittbeeinträchtigung zu erblikken sein.[120] Mit Blick auf die wirtschaftlichen Nachteile für den Dritten stellt der Erste Senat fest, im Falle enttäuschter Erwartungen »hinsichtlich der Höhe des zu erzielenden Pachtzinses« fehle »der betreffenden Beeinträchtigung die für eine Grundrechtsverletzung erforderliche Intensität, und zwar ohne Rücksicht darauf, ob der Pachtzins bereits vertraglich festgelegt war oder nicht«.[121] Desgleichen ist im Falle des Widerrufs einer Arzneimittelzulassung der in der Unmöglichkeit des Erwerbs des betreffenden Medikaments liegenden Drittbeeinträchtigung die »grundrechtsbeeinträchtigende Wirksamkeit« mit ähnlichen Erwägungen abgesprochen worden.[122]

Diese Argumentation des Bundesverwaltungsgerichts entbehrt nicht einer gewissen Folgerichtigkeit: Wenn die »regelungsgleiche« Beeinträchtigung eines Dritten bei adressatbelastenden Rechtsakten nicht schon deshalb als grundrechtlich relevant anerkannt wird, weil die betreffende Maßnahme aus der Perspektive des Dritten wie ein direkt an ihn gerichteter Verhaltensbefehl wirkt und damit »faktische Imperativität« entfaltet, vermag eine Anknüpfung an das Merkmal der Beeinträchtigungsintensität hieran nichts zu ändern, so daß die Grundrechtserheblichkeit einer Drittbeeinträchtigung nicht schon wegen ihrer »regelungsgleichen« Beeinträchtigungsintensität bejaht werden kann; es bedürfte vielmehr einer besonderen Intensität der Beeinträchtigung im Einzelfall.

Auf der anderen Seite läßt sich die Frage stellen, inwieweit es (zumindest) in den genannten Beispielen für »rechtsgeschäftsbezogene« Interventionen des Staates auf eine herausgehobene Beeinträchtigungsintensität noch ankommen kann: Zwar wird eine Drittbeeinträchtigung nicht schon wegen des Vorliegens einer »regelungsgleichen« Wirkung ohne weiteres als grundrechtlich relevant angesehen werden können. Sofern der Gesetzgeber auf ein Rechtsverhältnis im öffentlichen Interesse – oder auch im vorgeblichen Interesse eines der Beteiligten – regelnd einwirkt, kann aber nicht außer Betracht bleiben, daß theoretisch mehrere Anknüpfungspunkte für die staatliche Intervention zur Verfügung stehen, weil

[120] BVerwG, NVwZ 1984, S. 514 (515).
[121] BVerwG, NVwZ 1984, S. 514 (515).
[122] BVerwG, NJW 1993, S. 3002 (3003).

sowohl der Anbieter als auch der Abnehmer eines Guts oder einer Dienstleistung als mögliche Regelungsadressaten in Betracht kommen.[123] Derartige Fälle sind dadurch gekennzeichnet, daß der Vertragspartner des Maßnahmeadressaten nicht nur zwangsläufig in »regelungsgleicher« Weise mitbetroffen wird, sondern der Regelungsadressat vielfach als austauschbar erscheint. Der Staat kann sich bei seinen Entscheidungen davon leiten lassen, auf welchem Wege er das angestrebte Regelungsziel am schnellsten und effektivsten realisieren kann, so daß letztlich von Zweckmäßigkeitsgesichtspunkten abhängig ist, gegenüber welcher der an einem Rechtsverhältnis beteiligten Personen ein Verhaltensbefehl ergeht und wer sich infolgedessen einer faktischen Beeinträchtigung ausgesetzt sieht. So entspricht es einer verbreiteten Übung, Vorschriften zum Schutze eines der Partner eines zweiseitigen Vertrages an den anderen Vertragspartner zu adressieren, wie sich insbesondere – aber nicht nur – an einer Reihe von Vorschriften aus dem Bereich des Arbeitnehmerschutzes ablesen läßt. Beispielhaft hingewiesen sei zunächst auf die Regelung in §3 S.1 AZG, die – wie schon zuvor §3 AZO 1938 – die werktägliche Arbeitszeit der Arbeitnehmer auf acht Stunden begrenzt, denn aus dieser Bestimmung folgt eine dem Staat gegenüber bestehende und damit öffentlich-rechtliche Pflicht allein des Arbeitgebers, Arbeitnehmer nicht über den vorgegebenen Zeitrahmen hinaus zu beschäftigen.[124] Entsprechendes gilt auch für Verbote, Angehörige bestimmter Personengruppen generell oder zu bestimmten Zeiten zu beschäftigen. Erwähnt seien das vom Bundesverfassungsgericht zu Recht für verfassungswidrig erklärte[125] Verbot der Beschäftigung von Arbeiterinnen zur Nachtzeit in §19 AZO 1938, das existierende – mit Art.3 Abs.2 und 12 Abs.1 GG aber ebenfalls nicht zu vereinbarende – Beschäftigungsverbot für Frauen in §64 a Abs.1 BBergG und das Verbot der Beschäftigung von Müttern vor und nach der Niederkunft (§§3ff. MuSchG). Wird von Zweckmäßigkeitsgesichtspunkten abgesehen,[126] so erscheint rechtlich als ohne weiteres möglich, derartige Regelungen des Arbeitnehmerschutzes an die betroffenen Arbeitnehmer zu richten, diesen also die Überschreitung einer täglichen Höchstarbeitszeit, bestimmte Tätigkeiten oder ein Tätigwerden in bestimmten Situationen zu verbieten, ohne daß sich an dem praktischen Ergebnis für die Beteiligten wesentliches änderte.

---

[123] Vgl. *J. Eschenbach*, Schutz des Eigentums, S.423.

[124] Vgl. *J. Zmarzlik*, in: Zmarzlik/Anzinger, AZG, §3 Rn.5; *D. Neumann*, in: Neumann/Biebl, AZG, §1 Rn.3; zu §3 AZO OLG Hamm, AP Nr.5 zu §25 AZO; *J. Zmarzlik*, AZO, §3 Rn.21; *A. Hueck*, in: Hueck/Nipperdey, Lehrbuch des Arbeitsrechts, Erster Band, S.126, 189.

[125] Vgl. BVerfGE 85, 191 (206ff.); zu bedauern ist freilich, daß die Berufsfreiheit der betroffenen Arbeitnehmerinnen in dieser Entscheidung nicht ausdrücklich und in der Sache nur beiläufig erwähnt wird (vgl. ebd., S.209f.), ferner das BVerfG ohne Not in einem *obiter dictum* die »objektiven Grundentscheidungen der Verfassung« gegen die Grundrechtsträger meint wenden zu müssen (ebd., S.213).

[126] Vgl. hierzu die Ausführungen zu §3 AZO von *A. Hueck*, in: Hueck/Nipperdey, Lehrbuch des Arbeitsrechts, Erster Band, S.126.

Eine solche Lösung hätte zudem den Vorteil gehabt zu verdeutlichen, daß Regelungen des Arbeitnehmerschutzes die betroffenen Arbeitnehmer nicht nur begünstigen, sondern diesen gegenüber auch eine freiheitsbeeinträchtigende Wirkung entfalten, weil ihnen eine (berufliche) Tätigkeit soweit unmöglich gemacht wird, wie derartige Verbotstatbestände reichen. Daß das Verbot der Nachtarbeit von Arbeiterinnen in § 19 AZO dem Schutz der betroffenen Frauen dienen sollte, kann nicht den Blick für die Tatsache verstellen, daß diesen die Möglichkeit zu einer bestimmten Betätigung zu bestimmten Zeiten genommen und damit ihre Verhaltensfreiheit eingeschränkt wurde. Allerdings hat das Bundesverfassungsgericht im Hinblick auf diese Regelung auch hervorgehoben, daß ein »besonderer gesetzlicher Schutz« vor Nachtarbeit nicht schon deshalb entbehrlich werde, weil die Betroffenen »aufgrund freiwillig getroffener Vereinbarungen« tätig würden: Beim Abschluß von Arbeitsverträgen sei ein »sachgerechter Ausgleich der Interessen« typischerweise nicht möglich, weil es an einem »annähernden Kräftegleichgewicht der Beteiligten« fehle«.[127] Unabhängig von der Frage nach der Richtigkeit dieser sehr pauschalen Annahme[128] wird sich auch nicht in Abrede stellen lassen, daß Regelungen des Arbeitnehmerschutzes sachgerecht und legitim sein können, wenn sich andernfalls – entsprechende gesellschaftliche und politische Rahmenbedingungen vorausgesetzt – einzelne Arbeitnehmer ihre Vertragsbedingungen (auch) im Hinblick auf die Arbeitszeit diktieren lassen müßten und von einer »Vertragsfreiheit« deshalb nicht gesprochen werden könnte. Hervorzuheben ist jedoch, daß auch mit Regelungen des Arbeitnehmerschutzes eine Beschränkung der (Berufs-) Freiheit der betroffenen Arbeitnehmer einhergeht, die – wie hier vorweggenommen sei –grundrechtliche Relevanz beanspruchen und nicht allein durch das »wohlverstandene Interesse« des Arbeitnehmers gerechtfertigt werden kann, so daß es bei einem freiwilligen Handeln eines Betroffenen der Benennung vorrangiger Belange (hier) Dritter bedarf, die die freiheitsbeeinträchtigende Wirkung staatlichen Handelns zu rechtfertigen vermögen.[129]

---

[127] BVerfGE 85, 191 (213).

[128] Ebenso aber *D. Schick*, Nachtarbeitsverbot, S. 186; vgl. auch BVerfGE 77, 84 (117).

[129] Die allgemein bejahte Verfassungsmäßigkeit des AZG wird deshalb vielfach zu pauschal und ohne eine solche Differenzierung begründet, vgl. z.B. *J. Zmarzlik*, in: Zmarzlik/Anzinger, AZG, § 3 Rn. 3, der allgemein auf die »Erhaltung der Arbeitskraft und Gesundheit der Arbeitnehmer« verweist, ähnl. auch schon zu § 3 AZO, OLG Karlsruhe, BB 1963, S. 1056 (»Schutz der Volksgesundheit und der Arbeitskraft im Interesse eines geordneten sozialen Zusammenlebens«, zust. *J. Zmarzlik*, AZO, § 3 Rn. 22); desgleichen argumentiert auch BVerfGE 22, 1 (20f.), mit »dem Schutz der Arbeitnehmer gegen übermäßige Ausnutzung und Abnutzung ihrer Arbeitskraft und damit der Erhaltung ihrer Gesundheit« (ebd., S. 21), zielt damit aber erkennbar auf die Rechtfertigung einer Beeinträchtigung des Arbeitgebers, nicht des Arbeitnehmers; ebenso (für das BAZG) BVerfGE 23, 50 (56ff.); 41, 360 (370ff.); demgegenüber will *D. Neumann*, in: Neumann/Biebl, AZG, § 1 Rn. 3, offenbar einen zulässigen Schutz des Arbeitnehmers vor sich selbst annehmen; Anklänge an eine Differenzierung zwischen hinzunehmender Beeinträchtigung des Arbeitnehmers im Interesse des Schutzes »aller abhängig Beschäftigten eines Wirtschaftszwei-

Daß Maßnahmeadressaten und Dritte bei staatlichen Einwirkungen auf Rechtsbeziehungen zwischen zwei (oder mehr) Rechtssubjekten in austauschbarer Weise (mit-) getroffen werden, hat im Schrifttum denn auch zu der Forderung geführt, die grundrechtliche Relevanz derartiger Drittbeeinträchtigungen an das »Wertungskriterium der Kehrseite« zu koppeln.[130] Dem liegt die zutreffende Erwägung zugrunde, daß sich die Grundrechtserheblichkeit der Folgen staatlichen Handelns nicht von der Zufälligkeit oder auch nur Zweckmäßigkeit der rechtstechnischen Anknüpfung bei der Verfolgung eines bestimmten (Regelungs-) Zweckes abhängig machen läßt. Es wird nicht einmal von ausschlaggebender Bedeutung sein können, ob die Einwirkung auf ein Rechtsgeschäft gerade aus einer Regelung dieses Rechtsgeschäfts resultiert, wie das Beispiel der Nichterteilung einer Gaststättenerlaubnis zeigt: Zwar werden etwaige Rückwirkungen dieses staatlichen Handelns auf die Durchführung eines Pachtvertrages über Gaststättenräume für sich genommen nicht ausreichen, um den Verpächter als zur Erhebung von Grundrechtsrügen berechtigt anzusehen. Anders verhält es sich aber, wenn die Verweigerung der Gaststättengenehmigung mit der Höhe des vereinbaren Pachtzinses begründet wird. In diesem Falle weist der genehmigungsversagende Verwaltungsakt einen spezifischen Bezug zu dem Dritten auf, weil er an eine auch von dem Dritten gewollte Vertragsgestaltung anknüpft und damit wie ein Verbot bestimmter Vertragsgestaltungen wirkt. Es müßte deshalb als bemerkenswert formalistische Betrachtungsweise angesehen werden, wollte man dieser primär den Verpächter beeinträchtigenden Folge des staatlichen Handelns die grundrechtliche Relevanz allein wegen des Fehlens einer imperativen Regelung gerade gegenüber dem Dritten absprechen.

c. Intensität und Intensitätsmaßstab

aa. Die Ausgangsfrage: Regelungsgleiche oder erhöhte Beeinträchtigungsintensität?

Die der Rechtsprechung des Bundesverwaltungsgerichts zu staatlichen Einwirkungen auf Rechtsgeschäfte erkennbar zugrundeliegende Annahme, daß auch die grundrechtliche Relevanz der »kehrseitigen« Beeinträchtigung eines austauschbaren Dritten *generell* von einer gegenüber den Wirkungen regelnden Staatshandelns erhöhten Beeinträchtigungsintensität abhängig zu machen sei, kann daher schon aus den vorstehend genannten Gründen nicht überzeugen. Eine verallgemeinerungsfähige Aussage über die Bedeutung eines »Intensitätskriteriums« ist mit dieser Feststellung aber nicht verbunden, denn sie beruht allein auf dem Um-

ges« und Schutz »vor sich selbst« finden sich hingegen in BVerfGE 77, 84 (116f.); diesen Gedanken hat sodann *D. Schick*, Nachtarbeitsverbot, S. 185f., auf § 19 AZO übertragen.

[130] *J. Eschenbach*, Schutz des Eigentums, S. 423; ähnl. schon *R. Bernhardt*, JZ 1963, S. 302 (306).

stand, daß es jedenfalls auf eine wie auch immer erhöhte Beeinträchtigungsintensität erst ankommen kann, wenn eine Drittbeeinträchtigung nicht schon aus anderen Gründen an den Grundrechten auch des Dritten zu messen ist. Insofern bleibt die Grundsatzfrage, inwieweit Intensitätsgesichtspunkte für die grundrechtliche Beurteilung von Drittbeeinträchtigungen von Bedeutung sind, zumal das Erfordernis einer erhöhten Intensität der Einwirkung auf einen Nichtadressaten durchaus nicht allgemein konsentiert ist, sich sowohl in der Literatur als auch – vereinzelt – in der Rechtsprechung insbesondere zu den drittbeeinträchtigenden Wirkungen nicht-imperativer Verhaltenssteuerung andere Ansätze finden.

Soweit die Entscheidung über die Rechtserheblichkeit von Drittbeeinträchtigungen auch im Schrifttum mit der Intensität der Beeinträchtigung verknüpft wird,[131] soll zunächst nach verschiedentlich geäußerter Ansicht von der Maßstäblichkeit der Belastung eines Maßnahmeadressaten durch imperativ-regelnden Staatsakt auszugehen sein. So will *A. Roth* das Kriterium einer »gewissen Schwere« der Beeinträchtigung sowohl für finale als auch für nicht-finale Drittbeeinträchtigungen gerade aus einem »Vergleich der Wirkungen eines klassischen Eingriffs und einer faktischen Beeinträchtigung«[132] ableiten. Angesichts der »Vielzahl von Nachteilen«, denen der Bürger ausgesetzt sei, setze die Vergleichbarkeit faktischer Beeinträchtigungen mit der Belastung des Betroffenen durch eine »unmittelbar regelnde Maßnahme« auch bei finalen Beeinträchtigungen voraus, »daß das zusätzliche Moment der Folge- oder Nebenwirkung eine gewisse Schwere aufweist«.[133] Desgleichen seien nicht-finale Drittbeeinträchtigungen, wie sie typischerweise in Fällen der Beeinträchtigung eines Nichtadressaten durch staatliche Genehmigungen – namentlich den »Nachbarbeeinträchtigungen« – sowie der Begünstigung eines Konkurrenten vorliegen sollen,[134] von vornherein nur dann mit der Zwangswirkung infolge eines rechtlich verbindlichen Verhaltensgebots oder -verbots vergleichbar, wenn das zum Verwaltungshandeln hinzutretende Moment der Nebenwirkung eine »gewisse Schwere« aufweise, die die in Rede

---

[131] Vgl. *R. Eckhoff*, Grundrechtseingriff, S. 252ff.; *H.-U. Erichsen*, in: Isensee/Kirchhof (Hrsg.), HbStR, § 152 Rn. 80f.; *U. Di Fabio*, Risikoentscheidungen, S. 428ff.; *ders.*, JZ 1993, S. 689 (695); *H. D. Jarass*, NJW 1983, S. 2844 (2847); *ders.*, NVwZ 1984, S. 473 (476); *P.-M. Huber*, Konkurrenzschutz, S. 234ff.; *P. Kirchhof*, Verwalten, S. 49; *J. Lege*, DVBl. 1999, S. 569 (571); *G. Lübbe-Wolff*, Eingriffsabwehrrechte, S. 191; *F. Ossenbühl*, Umweltpflege, S. 31; *A. Roth*, Drittbetroffenheit, S. 230f., 299f.; *U. Schliesky*, Öffentliches Wettbewerbsrecht, S. 211ff.; *F. Schoch*, DVBl. 1991, S. 667 (670); *H. Sodan*, Funktionsträger, S. 519ff.; *ders.*, DÖV 1987, S. 858 (863); *K. Stern*, Staatsrecht, Bd. III/1, S. 1207; auch *A. Scherzberg*, DVBl. 1989, S. 1128 (1136), will im Ergebnis an das Intensitätskriterium anknüpfen. abl. aber *R. Philipp*, Verbraucherinformationen, S. 139ff.; *M. Schulte*, DVBl. 1988, S. 512 (517); *ders.*, WuR 1991, S. 231; zurückhaltend auch *M. Sachs*, in: K. Stern/M. Sachs, Staatsrecht, Bd. III/2, S. 208ff.; *B. Weber-Dürler*, VVDStRL 57 (1998), S. 57 (87).

[132] *A. Roth*, Drittbetroffenheit, S. 231.

[133] *A. Roth*, Drittbetroffenheit, S. 231.

[134] Vgl. *A. Roth*, Drittbetroffenheit, S. 276ff., 280ff.

stehende Belastung aus der Vielzahl sonstiger Nachteile für einen Bürger heraushebe.[135]

Mit dieser in der Literatur auch sonst gelegentlich anzutreffenden Linie[136] korrespondiert, daß der Dritte Senat des Bundesverwaltungsgerichts in der »Transparenzlisten«-Entscheidung aus dem Jahre 1985 die Anerkennung der grundrechtlichen Relevanz staatlicher Informationsakte nebeneinander auf die Gesichtspunkte der Finalität und der »regelungsgleichen« Beeinträchtigungsintensität gestützt hat: Die faktische Beeinträchtigung von Arzneimittelherstellern durch eine Veröffentlichung von Arzneimittel-Transparenzlisten mit Qualitätssicherungskennzeichen soll danach auch deshalb als rechtserhebliche Einwirkung auf grundrechtlich geschützte Positionen zu qualifizieren sein, weil diese Listen aufgrund der in ihnen enthaltenen Preis-, Wirksamkeits-, und Qualitätssicherungsangaben unter Berücksichtigung der Verpflichtung der Ärzte zur Beachtung des Gebotes der Wirtschaftlichkeit eine Durchschlagskraft besäßen, »die der Wirkung eines unmittelbaren staatlichen Zwangseingriffs in das Marktgeschehen zu Lasten einzelner Unternehmer gleichkommt«.[137]

Allerdings kann der Judikatur des Bundesverwaltungsgerichts zu influenzierendem Staatshandeln insbesondere durch Warnungen und Empfehlungen nicht entnommen werden, daß die grundrechtliche Relevanz von Drittbeeinträchtigungen auch nur in diesen Fällen von der Vergleichbarkeit der Auswirkungen staatlichen Handelns mit den Wirkungen imperativ-regelnder Maßnahmen abhängen soll. Vielmehr findet sich in einer ebenfalls der Fallgruppe staatlicher Informationsakte zuzuordnenden und gerade das Verhältnis von Intensitäts-und Finalitätsgesichtspunkten erörternden Entscheidung des Siebenten Senats des Bundesverwaltungsgerichts aus dem Jahre 1992 bereits wieder eine deutliche Verschiebung der Akzente. In dem zugrundeliegenden Sachverhalt wendeten sich verschiedene (Meditations-) Vereine aus der »Osho-Bewegung« gegen die aus Bundesmitteln erfolgte – und an eine Vollfinanzierung heranreichende – finanzielle Förderung eines Vereins, der sich die Aufgabe der Bekämpfung der sog. »neuen religiösen Bewegungen« gestellt hatte und sich »kritisch bis abwertend«

---

[135] *A. Roth*, Drittbetroffenheit, S. 299f.; zum Zusammenspiel von Finalität und Intensität vgl. ferner *U. Di Fabio*, Risikoentscheidungen, S. 428ff.; *ders.*, JZ 1993, S. 689 (695); *P.-M. Huber*, Konkurrenzschutz, S. 236f.

[136] Vgl. ferner *H.-U. Erichsen*, in: ders. (Hrsg.), Allgemeines Verwaltunsgrecht, § 11 Rn. 36, der von der Erforderlichkeit einer »der direkten Verhaltenssteuerung durch Ge- oder Verbote gleichkommenden Beeinträchtigung der Ausübung der grundrechtlichen Freiheit« ausgeht; ebenso (mit Blick auf Art. 2 Abs. 1 GG) *ders.*, in: Isensee/Kirchhof (Hrsg.), HbStR, § 152 Rn. 80; ähnl. *H. Sodan*, Funktionsträger, S. 519ff.; *ders.*, DÖV 1987, S. 858 (863); desgleichen sollen nach *P.-M. Huber*, Konkurrenzschutz, S. 235, dem Staat nur solche Auswirkungen seines Handelns zuzurechnen sein, die dem »Idealtypus« des unmittelbaren und zielgerichteten Befehls entsprechen; eine Parallele zu »klassischen Eingriffen« zieht auch *H.D. Jarass*, NJW 1984, S. 2844 (2847).

[137] BVerwGE 71, 183 (195).

(u.a.) über die »Osho-Bewegung« geäußert habe.[138] In seinen Ausführungen zum Vorliegen eines »Eingriffs« in die Religions- oder Weltanschauungsfreiheit[139] der klagenden Vereine stellt der Senat zunächst fest, daß eine solche Förderung »nach Zielrichtung und Wirkungen den eigenen warnenden Äußerungen des Staates« ähnele und deshalb für die »sich in vergleichbarer Weise auswirkende Förderung« nichts anderes als für eigene Warnungen des Staates gelten könne.[140] Auch wird die Finalität der Beeinträchtigung der klagenden Vereine unter ausdrücklichem Hinweis auf die Entscheidung des Bundesverfassungsgerichts zur Relevanz des LSchlG für die grundrechtlich (potentiell) geschützte Freiheit der Kunden bejaht, weil Nachteile aus dem staatlichen Handeln für die Kläger »nicht nur mehr oder weniger zufällig oder nebenbei« einträten, »sondern das zwangsläufige und sichere Ergebnis, gleichsam die ›Kehrseite‹ der erstrebten Beeinflussung der Öffentlichkeit« seien: Zwischen den »primären Handlungswirkungen« und der Beeinträchtigung des durch Art. 4 GG geschützten Lebensbereichs bestehe ein derart enger Zusammenhang, daß die staatliche Fördermaßnahme als auch auf die Kläger gerichtet erscheine.[141] Ausgehend von dieser Feststellung unterscheidet der Senat im Hinblick auf die erforderliche Beeinträchtigungsintensität zwischen finalen und nicht-finalen Beeinträchtigungen: Das »Kriterium der ›schwerwiegenden‹ oder ›nachhaltigen‹ Grundrechtsbeeinträchtigung« diene dazu, »bei bloß faktischen und damit in der Regel unspezifischen Einwirkungen des Staates auf die grundrechtlich geschützte Freiheitssphäre grundrechtsrelevante Beeinträchtigungen von solchen ohne Grundrechtsrelevanz zu unterscheiden.« Demgegenüber könnten die »klassischen Grundrechtseingriffe des Staates mit Regelungscharakter« wegen der mit ihnen verbundenen gezielten Verkürzung der grundrechtlichen Freiheitssphäre auch dann abgewehrt werden, wenn sie weniger schwer wögen. Entsprechendes müsse daher »für gezielte Grundrechtsbeeinträchtigungen tatsächlicher Art« gelten.[142]

An diesem Urteil fällt zunächst auf, daß die mittelbare Beeinträchtigung der »Osho-Bewegung« mit Erwägungen als »gezielt« und (deshalb) »final« qualifiziert wird, die als grundsätzlich auf die oben genanten Beispiele aus der Rechtsprechung zu drittbeeinträchtigenden Folgen adressatbelastender Rechtsakte übertragbar erscheinen, obgleich in jenen Fällen eine finale Beeinträchtigung ohne weiteres (und ohne nähere Begründung) verneint wurde.[143] Augenfällig sind zudem die Unterschiede zur »Transparenzlisten«-Entscheidung im Hinblick auf das Zusammenspiel der Kriterien der »Finalität« und der »Intensität«: Hatte der

---

[138] Vgl. BVerwGE 90, 112 (119).

[139] Die exakte Zuordnung ist offengeblieben, vgl. BVerwGE 90, 112 (115f.).

[140] BVerwGE 90, 112 (119).

[141] BVerwGE 90, 112 (121).

[142] BVerwGE 90, 112 (121).

[143] Vgl. BVerwG, NVwZ 1984, S. 514 (515); NJW 1993, S. 3002 (3003); zum Merkmal der Finalität s. auch noch unten, S. 258ff.

Dritte Senat in dieser Entscheidung die grundrechtliche Relevanz der Arzneimittel-Transparenzlisten noch nebeneinander auf die – in unklarer Weise verknüpften – Gesichtspunkte der Finalität und (regelungsgleichen) Intensität gestützt,[144] will der Siebente Senat die Einwirkung auf grundrechtliche Schutzgüter eines Dritten durch staatliche Informationsakte schon allein wegen ihrer (angenommenen) Finalität wie eine Beeinträchtigung durch imperativ-regelnden Staatsakt behandeln. Die Anwendung eines »Intensitätskriteriums« bleibt auf Fälle von »unspezifischen Einwirkungen des Staates auf die grundrechtlich geschützte Freiheitssphäre« beschränkt. Auch ist dabei – in Übereinstimmung mit der Rechtsprechung zu den drittbeeinträchtigenden Folgen adressatbelastender Rechtsakte – nicht an eine »regelungsgleiche«, sondern wiederum eine demgegenüber erhöhte Beeinträchtigungsintensität gedacht, wie sich aus der (Rand-) Bemerkung des Senats ergibt, die »klassischen Grundrechtseingriffe« könnten ebenso wie »gezielte Grundrechtsbeeinträchtigungen tatsächlicher Art« auch dann abgewehrt werden, wenn sie weniger schwer wögen.[145] Zwar sollte diese Äußerung nicht überinterpretiert werden, weil sie in erkennbarem Zusammenhang mit dem primären Anliegen des Senats steht, die Unerheblichkeit eines »Intensitätskriteriums« bei finalen Drittbeeinträchtigungen darzutun. Immerhin läßt sich aber der Schluß ziehen, daß bei nicht-finalen (»unspezifischen«) Einwirkungen auf die grundrechtlich (potentiell) geschützte Freiheit das Maß der erforderlichen Beeinträchtigungsintensität nicht durch einen Vergleich mit der Intensität einer Beeinträchtigung durch imperativ-regelndes Staatshandeln gewonnen werden soll.

Im Hinblick auf die Bedeutung eines Intensitätskriteriums für die grundrechtliche Relevanz von Drittbeeinträchtigungen lassen sich damit zwei jedenfalls im Ausgangspunkt deutlich zu unterscheidende Positionen ausmachen, mit denen jeweils eine Aussage auch über den angenommenen Umfang der Schutzwürdigkeit eines Nichtadressaten verknüpft ist: Nach einer insbesondere in der Rechtsprechung verfolgten Konzeption soll eine nicht schon aus anderen Gründen – namentlich unter dem Gesichtspunkt der Finalität – zu berücksichtigende Einwirkung auf grundrechtlich (potentiell) geschützte Positionen eines Dritten erst bei einer erhöhten Beeinträchtigungsintensität abgewehrt werden können, die über die Beschwer des Adressaten eines ge- oder verbietenden Rechtsakts hinausgeht. Ersichtlich ist das Merkmal der Beeinträchtigungsintensität hier als eine Art »Reservekriterium« für besonders gelagerte Fälle »ungezielter« Drittbeeinträchtigungen gedacht. Zugleich findet sich eine Gegenauffassung, die gerade die Wirkungen imperativ-regelnder Rechtsakte zum Maßstab der Grundrechtserheblichkeit drittbeeinträchtigender Folgen insbesondere des nicht ge- oder verbietenden Handelns des Staates machen will.

---

144 Vgl. BVerwGE 71, 183 (194f.).
145 BVerwGE 90, 112 (121).

bb. Das »Leitbild« des imperativ-regelnden Staatsaktes

Wird die Anknüpfung an ein Intensitätskriterium bei Drittbeeinträchtigungen – wie sie den vorstehend skizzierten Positionen zugrunde liegt – einer kritischen Überprüfung unterzogen, so ist zunächst zu konzedieren, daß eine Entscheidung über die Zulässigkeit konkreten staatlichen Handelns nach Maßgabe der Grundrechte Dritter einen Blick auch auf die Intensität der Beeinträchtigung voraussetzt: Niemand wird bestreiten wollen, daß der Schwere der Einwirkung auf ein grundrechtliches Schutzgut im Rahmen eines Abwägungsprozesses einige Bedeutung für die Zulässigkeit des beeinträchtigenden Staatshandelns zukommen kann. Anerkennt man die Möglichkeit grundrechtsrelevanter Drittbeeinträchtigungen, so wird die Zulässigkeit von Einwirkungen auf Dritte von den Wirkungen des drittbeeinträchtigenden Handelns folglich nicht abgelöst werden können. Eine andere Frage ist, ob Intensitätsgesichtspunkte eine weitergehende Aussage über Umfang und Reichweite grundrechtlichen Drittschutzes gestatten, sich insbesondere die Erforderlichkeit eines bestimmten – oder jedenfalls bestimmbaren – Mindestmaßes an Beeinträchtigungsintensität postulieren läßt, denn eine Begrenzung der grundrechtlichen Relevanz von Drittbeeinträchtigungen kann nur unter Rückgriff auf ein abwägungsfreies Kriterium vorgenommen werden: Wie im vorhergehenden Teil betont wurde, gibt es zwar keinen hinreichenden Grund, den Schutzgut-Tatbestand eines Grundrechts durch abwägungsfreie Merkmale weiter einzuengen, als sich aus der begrifflichen Beschreibung des Grundrechtstatbestandes ergibt. Gerade die Zuordnung einer Verhaltensmöglichkeit zum Schutzgut-Tatbestand eines Grundrechts dient vielmehr einer rationalen Entscheidung über den Rechtsgüterschutz, indem eine Freiheitsbeeinträchtigung im Falle ihrer grundrechtlichen Relevanz in Beziehung zu dem verfolgten oder begünstigten Interesse gesetzt und auf dieser Grundlage über die Verfassungsmäßigkeit staatlichen Handelns entschieden wird. Wenn aber die Verwirklichung eines Beeinträchtigungstatbestandes die Erforderlichkeit einer Rechtfertigung staatlichen Handelns und damit regelmäßig einer Abwägung widerstreitender Belange auslöst, kann eine Begrenzung der Rechtserheblichkeit von Drittbeeinträchtigungen nicht im Wege der Abwägung erfolgen, hierfür bedarf es vielmehr eines abwägungsfreien Kriteriums.

Dies wiederum lenkt den Blick auf das gelegentlich postulierte Erfordernis einer »regelungsgleich« wirkenden Beeinträchtigung, da mit diesem Merkmal – unbeschadet der mit der Feststellung von »Regelungsgleichheit« verknüpften Probleme – im Grundsatz eine »starre Grenze« der Grundrechtserheblichkeit formuliert wird, die die Maßstäblichkeit der Grundrechte eines Dritten für die Zulässigkeit staatlichen Handelns erst auslöst. Allerdings ist auch ein »abwägungsfreies« Kriterium zur Unterscheidung grundrechtlich erheblicher und unerheblicher Drittbeeinträchtigungen danach zu befragen, ob sich die ihm zugrundeliegenden Vorstellungen über die Schutzrichtung und -wirkung der Grundrechte sowie die Schutzwürdigkeit eines Dritten verifizieren, jedenfalls aber plausibel machen lassen. Schon mit Blick auf diesen Aspekt muß aber der Annahme entgegengetreten werden, daß es für die Grundrechtserheblichkeit der Auswirkungen insbesondere nichtimperativen Staatshandelns auf das Vorliegen einer »regelungsgleichen« (Dritt-) Beeinträchtigung ankommen kann, denn dies liefe letztlich wieder darauf hinaus, den (vorgeblich) »traditionellen« Eingriffsbegriff zum »Leitbild« für die grundrechtliche Beurteilung anders gelagerter Sachverhalte zu machen. Bildet der imperativ-regelnde Rechtsakt – wie dargelegt[146] – keinen Maßstab für die grundrechtliche Relevanz faktischer Beeinträchtigungen eines Dritten, so fehlt es an einem hinreichenden Grund, unter dem Gesichtspunkt der Beeinträchtigungsintensität dann auf »regelungsgleiche« Wirkungen staatlichen Handelns abzustellen, wenn die Einwirkung auf eine grundrechtlich (potentiell) geschützte Position gerade nicht aus einem Ge- oder Verbot resultiert.[147] Auch ist anzumerken, daß nichtimperatives Staatshandeln – etwa Einwirkungen auf die Wirtschaft durch Warnungen und Empfehlungen, Subventionen oder eine eigene (erwerbs-) wirtschaftliche Betätigung der öffentlichen Hand – schon seiner Art nach regelmäßig keinen Zwang zu einem bestimmten Verhalten auslöst. Die staatliche Intervention hat vielmehr zur Folge, daß Handlungen des betroffenen Dritten – beispielsweise die Bereitstellung von Gütern oder Dienstleistungen – bei anderen Personen nicht (mehr) den gewünschten Erfolg haben. Dies legt den Schluß nahe, daß derartige Formen der Drittbeeinträchtigung mit einer Einwirkung auf grundrechtlich (potentiell) geschützte Positionen durch Anordnung von Rechtsfolgen schon deshalb nicht zu vergleichen sind, weil es infolge der unterschiedlichen Beeinträchtigungsstruktur an einem gemeinsamen Bezugspunkt fehlt, der für das erforderliche Maß an Beeinträchtigungsintensität maßgeblich sein könnte.[148]

Demgegenüber hat das Bundesverwaltungsgericht der Veröffentlichung von Arzneimittel-Transparenzlisten gerade auch deshalb grundrechtliche Relevanz zugebilligt, weil die »Durchschlagskraft« dieser Listen »der Wirkung eines unmittelbaren staatlichen Zwangseingriffs in das Marktgeschehen zu Lasten einzelner Unternehmer« gleichkomme.[149] Insofern mag konzediert werden können, daß staatliche Warnungen (und Empfehlungen) mit Bezug auf bestimmte Güter für die Anbieter von Wirtschaftsgütern, vor denen gewarnt wurde (oder die nicht empfohlen wurden), im Einzelfall wirtschaftliche Folgen haben können, die ei-

---

[146] Vgl. oben, S. 63f.

[147] Demgegenüber meint *A. Roth*, Drittbetroffenheit, S. 231, eine »gewisse« Beeinträchtigungsintensität sei auch bei finalen Beeinträchtigungen schon deshalb erforderlich, weil nur in diesem Fall die Gefahr bestehe, daß der Staat den Grundrechtsschutz gegen regelnde Maßnahmen durch faktische Beeinträchtigungen unterlaufe. Auch diese Argumentation setzt jedoch die Maßstäblichkeit des imperativen Rechtsakts voraus, ohne hierfür eine Begründung zu liefern.

[148] Ähnl. *B. Weber-Dürler*, VVDStRL 57 (1998), S. 57 (86); vgl. auch *U. Schliesky*, Öffentliches Wettbewerbsrecht, S. 205.

[149] BVerwGE 71, 183 (195).

nem »Vertriebsverbot« entsprechen,[150] so daß eine Anknüpfung an die Intensität von Vertriebsverboten nicht völlig undurchführbar ist. Desgleichen ist denkbar, bei Warnungen vor religiösen oder weltanschaulichen Gemeinschaften an ein (faktisches) Verbot einer werbenden (»missionierenden«) Tätigkeit anzuknüpfen.[151] Indes bleibt unerfindlich, warum es beispielsweise für die Grundrechtserheblichkeit einer staatlichen Intervention in den Wettbewerb von Belang sein soll, ob einem betroffenen Dritten eine Wettbewerbsteilnahme weiterhin möglich ist. Zwar mag eine solche Position auf die (Fehl-) Vorstellung zurückgeführt werden können, die Verwirklichung eines Einwirkungstatbestandes setze eine verhaltenssteuernde Wirkung staatlichen Handelns voraus, so daß nur »faktische Imperative« – oder dem im Ergebnis gleichkommende Beeinträchtigungen – an den Grundrechten eines Betroffenen zu messen seien. Demgegenüber ist aber in Erinnerung zu rufen, daß – wie dargelegt[152] – allein die (Zwangs-) Wirkung staatlichen Handelns den Ausgangspunkt einer am Schutzzweck der Grundrechte orientierten Betrachtung bildet und deshalb der »schlichten« Beeinträchtigung des Erfolgs einer grundrechtlich (potentiell) geschützten Betätigung nicht schon wegen des Fehlens eines unmittelbaren faktischen Zwangs zu einem bestimmten Verhalten die Grundrechtserheblichkeit abgesprochen werden kann. Parallelen zum imperativ-regelnden Staatsakt bilden keinen zureichenden Grund, die grundrechtliche Relevanz staatlicher Warnungen von der Vergleichbarkeit der dadurch ausgelösten Wirkungen mit Vertriebs- oder Betätigungsverboten abhängig zu machen oder im Falle einer Einflußnahme auf den Wettbewerb an das Vorliegen einer Existenzgefährdung anzuknüpfen.

cc. *Intensität und Normzweck*

Insgesamt erweist sich der Gesichtspunkt einer »regelungsgleichen« Beeinträchtigung damit als nicht geeignet, eine sachgerechte Unterscheidung zwischen erheblichen und unerheblichen (Dritt-) Beeinträchtigungen unter dem Gesichtspunkt der Beeinträchtigungsintensität zu ermöglichen. Auch ist darüber hinaus die Frage aufzuwerfen, ob sich aus dem Schutz- oder Normzweck eines (Freiheits-) Grundrechts überhaupt Gesichtspunkte gewinnen lassen, die bei »schlichten« Erfolgsbeeinträchtigungen wie auch in anderen Fällen eine Verknüpfung der grundrechtlichen Relevanz einer (Zwangs-) Wirkung staatlichen Handelns mit einem Intensitätskriterium gestatten. Insoweit letztlich nicht hilfreich ist jedenfalls die ebenfalls auf Intensitätsgesichtspunkte rekurrierende »Normzwecklehre« von *U. Ramsauer*, auf die das Bundesverwaltungsgericht in der ebenfalls den Schutzzweck der Grundrechte bemühenden »Transparenzlisten«-Entscheidung ausdrücklich Bezug nimmt. Diese Lehre wurde von *Ramsauer* ursprünglich ent-

---

150 So auch *W. Berg*, ZLR 1990, S. 565 (567); vgl. ferner *H. Sodan*, Funktionsträger, S. 514.
151 So wohl VGH Ba.-Wü., NJW 1997, S. 754 (756).
152 Vgl. oben, S. 226f.

wickelt, um den funktionalen Schutzbereich »der als Eigentum gegenüber dem Staat geschützten Rechtspositionen« bei faktischen Beeinträchtigungen des Eigentums mit »einer am Normzweck orientierten Auslegung der inhaltsbestimmenden Normen« i.S.v. Art. 14 GG[153] bestimmen zu können,[154] später aber verallgemeinert und auf andere Grundrechte übertragen.[155] Ihr geht es ebenfalls um »die Abgrenzung derjenigen Beeinträchtigungen, die als Ausfluß des allgemeinen Lebensrisikos unabhängig von ihrer Rechtmäßigkeit von jedermann hinzunehmen sind, von denjenigen Beeinträchtigungen, gegen die das jeweilige Grundrecht speziell Schutz bieten will«.[156] Dabei knüpft *Ramsauer* an Bemühungen der Zivilrechtsdogmatik an, die Zurechnung der von einem Schädiger kausal verursachten Folgen seines schadenstiftenden Handelns vom Zweck der haftungsbegründenden Norm abhängig zu machen und auf dieser Grundlage zwischen einerseits zurechenbaren sowie andererseits solchen Schäden zu unterscheiden, die nur ein hinzunehmendes Risiko verwirklichen. Dem liegt die zutreffende Erwägung zugrunde, daß diese zivilrechtliche Problematik eine Parallele zu den hier behandelten Fallgestaltungen aufweist, weil jeweils die Zurechenbarkeit eines bestimmten Beeinträchtigungserfolgs in Rede steht. Auch hebt *Ramsauer* zu Recht hervor, daß dem öffentlichen Recht eine Anknüpfung an Normzweckgesichtspunkte ebenfalls nicht fremd ist, wie sich daran ablesen läßt, daß über die Existenz subjektiver Rechte Dritter nach der »Schutznormtheorie« mit Blick auf den Schutzzweck einer Norm entschieden werden soll.[157]

Allerdings führt der Hinweis auf den jeweiligen »Normzweck« sogleich wieder auf die Ausgangsfrage zurück, in welchen Fällen eine Drittbeeinträchtigung nach Maßgabe grundrechtlicher Schutzzwecke im Einzelfall einen Einwirkungstatbestand verwirklicht. Hierfür soll es nach Auffassung auch von *U. Ramsauer* neben der »Dichte der Erfolgsbeziehung«, für die neben der Finalität einer Beeinträchtigung die Länge der Kausalkette zwischen Eingriffshandlung und Eingriffserfolg bedeutsam ist,[158] wieder auf das Merkmal der Beeinträchtigungsintensität ankommen.[159] Des weiteren will *Ramsauer* der »Grundrechtsbezogenheit« einer Beeinträchtigung erhebliche Bedeutung zumessen. Danach sei durch eine rechtliche Bewertung im Einzelfall zu ermitteln, ob sich ein Risiko verwirklicht habe, gegen das ein Grundrecht nach seinem Wertgehalt Schutz bieten

---

153 *U. Ramsauer*, Beeinträchtigungen, S. 161.

154 Vgl. *U. Ramsauer*, Beeinträchtigungen, S. 161ff. (173ff.).

155 *U. Ramsauer*, VerwArch 72 (1981), S. 89 (99ff.).

156 *U. Ramsauer*, VerwArch 72 (1981), S. 89 (103).

157 *U. Ramsauer*, VerwArch 72 (1981), S. 89 (101).

158 Vgl. *U. Ramsauer*, Beeinträchtigungen, S. 174; *ders.*, VerwArch 72 (1981), S. 89 (103f.); tendenziell zust. *H. Sodan*, Funktionsträger, S. 518f.; *H. D. Jarass*, NVwZ 1984, S. 473 (477); s. ferner *A. Bleckmann/R. Eckhoff*, DVBl. 1988, S. 373 (380); *H.-U. Erichsen*, in: *ders.* (Hrsg.), Allgemeines Verwaltungsrecht, § 11 Rn. 36; *ders.*, in: Isensee/Kirchhof (Hrsg.), HbStR, Bd. VI, § 152 Rn. 84; *M. Schulte*, DVBl. 1988, S. 512 (517); *ders.*, WuR 1991, S. 231.

159 *U. Ramsauer*, Beeinträchtigungen, S. 175f.; *ders.*, VerwArch 72 (1981), S. 89 (104f.).

will.[160] Hinter dem Merkmal der »Grundrechtsbezogenheit« verbirgt sich damit nichts anderes als die nochmals anders formulierte Frage nach dem Schutzzweck der Norm. Im Ergebnis führt diese Theoriebildung zu einem wenig klaren Miteinander und Nebeneinander mehr oder weniger anerkannter Abgrenzungskriterien,[161] die nach Ansicht von *Ramsauer* als normzweckorientierte Kriterien (»Normzweckgesichtspunkte«) identifiziert werden können.[162] Zwar wird *Ramsauer* im Ergebnis zugestimmt werden können, daß trotz eines »losen Wirkungszusammenhangs« von der grundrechtlichen Relevanz staatlichen Handelns ausgegangen werden kann, »wenn der schließlich bewirkte beeinträchtigende Erfolg intendiert war«.[163] Auch die Ausführungen von *Ramsauer* geben aber letztlich nicht zu erkennen, warum die grundrechtliche Relevanz von Drittbeeinträchtigungen mit Blick auf grundrechtliche Norm- und Schutzzwecke von ihrer Intensität abhängig sein soll und anhand welcher Kriterien das Vorliegen eines hinreichenden »Intensitätsgrades« im Einzelfall festgestellt werden kann.

Daß die Leistungsfähigkeit einer Anknüpfung an eine Normzwecklehre nicht überschätzt werden sollte,[164] kann ferner an der gelegentlich geäußerten Ansicht abgelesen werden, Art. 12 Abs. 1 GG schütze nach seinem Normzweck keine Erwerbsmöglichkeiten, die aus fehlender Markttransparenz resultieren.[165] Diese Auffassung kann zwar insofern Plausibilität beanspruchen, als (beispielsweise) ein Umsatzrückgang infolge staatlicher Verbraucheraufklärung zumindest in der Sache vor den Grundrechten eines betroffenen Unternehmers wird bestehen können. Gleichwohl ist ihr mit Recht entgegengehalten worden, daß die Wettbewerbsfreiheit nach ihrem Schutzzweck jede erlaubte unternehmerische Betätigung erfasse[166] und Art. 12 Abs. 1 GG »nicht bloß die ›marktwirtschaftskonforme‹ berufliche Betätigung« schütze.[167] Schon in diesem Einwand klingt an, daß es

---

[160] *U. Ramsauer*, Beeinträchtigungen, S. 176; *ders.*, VerwArch 72 (1981), S. 89 (105).

[161] Kritik in diese Richtung auch bei *A. Roth*, Drittbetroffenheit, S. 314f.; vgl. ferner *R. Eckhoff*, Grundrechtseingriff, S. 268f.

[162] *U. Ramsauer*, VerwArch 72 (1981), S. 89 (103).

[163] *U. Ramsauer*, VerwArch 72 (1981), S. 89 (103); vgl. auch *ders.*, Beeinträchtigungen, S. 176; nach Ansicht von *A. Roth*, Drittbetroffenheit, S. 314, sind die Ausführungen *Ramsauers* allerdings dahin zu verstehen, daß die Kriterien der Finalität und der Unmittelbarkeit gleichberechtigt nebeneinanderstehen; hierin sieht *Roth* »eine verfassungsrechtlich unzulässige Relativierung des Finalitätskriteriums« (ebd.).

[164] So auch *R. Philipp*, Verbraucherinformationen, S. 142; vgl. ferner *M. Sachs*, in: K. Stern/M. Sachs, Staatsrecht, Bd. III/2, S. 156.

[165] So *G. Lübbe-Wolff*, NJW 1987, S. 2705 (2711); dezidiert auch *G. Schwerdtfeger*, in: FS zum 125jährigen Bestehen der Juristischen Gesellschaft zu Berlin, S. 715 (722f.): Niemand besitze »ein subjektives verfassungskräftiges Recht auf Sicherung weiterer Erwerbsmöglichkeiten aus der Undurchsichtigkeit des Angebots«.

[166] *M. Schulte*, DVBl. 1988, S. 512 (517); soweit *Schulte* der Auffassung ist, daß nur eine Betätigung geschützt wird, »die sich im Rahmen der wettbewerbsrechtlichen Vorschriften (UWG, GWB) hält«, ist dem allerdings zu widersprechen: Auch diese Gesetze enthalten Einschränkungen der Berufsfreiheit, nicht Beschreibungen ihres Schutzbereichs.

[167] BVerwGE 71, 183 (195); übereinstimmend *M. Schulte*, DVBl. 1988, S. 512 (517).

nicht ohne weiteres auf grundrechtliche Schutzzwecke rückführbar ist, sondern auf einer Beurteilung der Schutzwürdigkeit der (gegenläufigen) Privatinteressen des Beeinträchtigten und damit einer Wertung beruht, wenn angenommen wird, daß aus einer Verbesserung der Markttransparenz resultierende Umsatzrückgänge von den Betroffenen grundsätzlich hingenommen werden müssen. Entsprechendes gilt für die allgemein konsentierte Annahme, daß die staatliche Zulassung eines Wettbewerbers nicht unter Rückgriff auf Grundrechte abgewehrt werden kann, da die Gegenauffassung auf einen Grundrechtsschutz gegen eine gleichgerichtete und ebenfalls grundrechtlich geschützte Betätigung hinausliefe.[168]

dd. Intensität und Abwägung

Aus dem – auch schon auf grundrechtstheoretische Fragestellungen zielenden – Gesichtspunkt des Schutz- oder Normzwecks grundrechtlicher Bestimmungen haben sich bislang folglich keine tragfähigen Kriterien für eine allgemeine und abwägungsfreie Aussage über die Reichweite grundrechtlichen Drittschutzes nach Maßgabe der Beeinträchtigungsintensität gewinnen lassen. Der pauschale Hinweis auf »Schutzgut und Schutzzweck des einzelnen betroffenen Grundrechts«[169] erweist sich als begründungsersetzende Leerformel, die für sich genommen nicht zu erklären vermag, aus welchem Grunde es einer wie auch immer erhöhten Intensität der Beeinträchtigung bedürfen und eine unterhalb dieser Schwelle liegende Drittbeeinträchtigung *a limine* unbeachtlich sein soll. Auch bleibt namentlich in Fällen der Verhaltenssteuerung durch staatliche Rechts- oder Informationsakte regelmäßig unklar, wann jene Grenze überschritten ist, die nach Auffassung des Bundesverwaltungsgerichts darüber entscheidet, ob Folgen staatlichen Handelns für einen Grundrechtsträger nur Ausdruck eines von jedermann hinzunehmenden (Lebens-) Risikos sind oder als grundrechtserhebliche (Dritt-) Beeinträchtigung qualifiziert werden können. Der Verdacht liegt nahe, daß das Kriterium der Beeinträchtigungsintensität letztlich nur die Möglichkeit eines willkürlichen Dezisionismus eröffnet,[170] indem es gestattet, einen Einwirkungs- und damit Beeinträchtigungstatbestand bei Einwirkungen auf grundrechtliche Schutzgüter eines Dritten fast nach Belieben zu bejahen oder zu verneinen.

Allerdings bietet die einschlägige Rechtsprechung des Bundesverwaltungsgerichts jedenfalls insofern näheren Aufschluß über die »Schwelle der Grundrechtserheblichkeit«, als der Erste Senat in seinem Urteil zur Zulässigkeit der Klage eines Gaststättenverpächters gegen die Nichterteilung einer Gaststättenerlaubnis auf Entscheidungen zu Fällen des nicht verhaltenssteuernden Verwal-

---

[168] So auch *M. Albers*, DVBl. 1996, S.233 (239f.).

[169] BVerwG, NVwZ 1984, S.514 (515).

[170] Ähnl. *M. Schulte*, DVBl. 1988, S.512 (517); *ders.*, WuR 1991, S.231: »konturenloses, richterliche Kasuistik geradezu provozierendes Eingriffskriterium«.

tungshandelns durch Begünstigungen eines Maßnahmeadressaten bezug nimmt, in denen für mittelbare Einwirkungen auf das Eigentum eines Nichtadressaten das bekannte »schwere und unerträgliche Betroffensein« gefordert[171] und zudem in zwei Fällen eine solche Beeinträchtigung bei Einwirkungen auf den »eingerichteten und ausgeübten Gewerbebetrieb« jedenfalls für den Fall bejaht wurde, daß Existenz und Bestand eines Betriebes ernsthaft gefährdet erscheinen.[172] In diesen Entscheidungen hat das Bundesverwaltungsgericht folglich eine Orientierung an existenzgefährdenden Folgen staatlichen Handelns mit einem Zumutbarkeitskriterium verknüpft, indem für den Fall der Existenzgefährdung eine »schwer und unerträglich« wirkende Beeinträchtigung angenommen worden ist. Überträgt man diesen Gedanken auf Fälle verhaltenssteuernden Staatshandelns, so kann einer Drittbeeinträchtigung ebenfalls nur bei erheblich gesteigerten Folgen der betreffenden Maßnahme – etwa in Fällen der Existenzgefährdung oder gar -vernichtung – eine intensitätsabhängige Grundrechtsrelevanz zugebilligt werden.

Einer solchen Position ist eine gewisse Plausibilität auch nicht abzusprechen, denn einem Grundrechtsträger wird die staatlicherseits verursachte Gefährdung oder gar Vernichtung seiner wirtschaftlichen Existenz regelmäßig nicht zuzumuten sein,[173] von dem Betroffenen jedenfalls nicht entschädigungslos hingenommen werden müssen. Damit drängt sich eine Parallele zu den Maßstäben der vom Bundesverwaltungsgericht früher vertretenen Variante einer »Schwellentheorie« auf,[174] die als »Schweretheorie« bezeichnet wird und mit der in der älteren Rechtsprechung[175] zwischen einerseits entschädigungslos hinzunehmender Sozialbindung des Eigentums und andererseits Enteignungen unterschieden wurde.[176] Gleichwohl ist nicht selbstverständlich, daß gerade eine dergestalt erhöhte Beeinträchtigungsintensität zur notwendigen, darüber hinaus aber zugleich auch (stets) hinreichenden Bedingung der Abwehrbarkeit einer nicht schon aus anderen

[171] Vgl. BVerwGE 36, 248 (251); 50, 282 (287f.); 66, 307 (309, 311); die ebenfalls in bezug genommene Entscheidung BVerwGE 54, 211 (221ff.), befaßt sich zwar mit Art. 2 Abs. 2 GG, das Gericht betont jedoch, das Erfordernis einer »schwer und unerträglich« treffenden Beeinträchtigung des Eigentums und die dazu vorliegende Rechtsprechung habe nicht den Zweck, anderen Rechtsgütern einen vergleichbaren Schutz vorzuenthalten (ebd., S. 222), wenngleich die für Art. 14 GG geltenden Grundsätze nicht ohne weiteres auf Art. 2 Abs. 2 GG übertragbar seien (ebd. S. 223).

[172] Vgl. BVerwGE 36, 248 (251); 66, 307 (309).

[173] Anklänge an eine solche Auffassung finden sich auch in BVerwGE 87, 37 (44).

[174] Besonders deutlich BVerwGE 36, 248 (250f.): Das Gericht führt aus, die Sozialpflichtigkeit eines Wasserbenutzers dürfe nicht dazu führen, daß »große Investitionen ... über wasserwirtschaftliche Eingriffe ohne Entschädigung entwertet werden könnten« (ebd., S. 250). Die »Duldungspflicht« des Betroffenen ende daher, wenn die Grundstücksnutzung oder der Bestand eines Betriebes »ernsthaft in Frage gestellt würde« (ebd., S. 251).

[175] Vgl. BVerwGE 5, 143 (145f.); 19, 94 (98f.).

[176] Diese Parallele zu den Kriterien für die Feststellung einer Überschreitung der Enteignungsschwelle ist im Schrifttum insbesondere mit Blick auf den baurechtlichen Drittschutz aus Art. 14 GG bei »schwer und unerträglich« wirkenden Beeinträchtigungen gezogen worden, vgl. *R. Alexy*, DÖV 1984, S. 953 (954); *R. Wahl*, JuS 1984, S. 577 (583).

Gründen – insbesondere unter dem Gesichtspunkt der Finalität – grundrechtsrelevanten Einwirkung auf grundrechtliche Schutzgüter eines Nichtadressaten gemacht werden kann. Zunächst ist hierfür mit einem allgemeinen Hinweis auf Zumutbarkeitsgesichtspunkte noch nicht viel gewonnen, weil schon mit dem Versuch einer Bestimmung der Grenze zwischen erheblichen und unerheblichen Folgen staatlichen Handelns nach Maßgabe der Beeinträchtigungsintensität eine Anknüpfung an ein Kriterium erfolgt, mit dem das Vorliegen eines Einwirkungstatbestandes in Beziehung zu der Bedeutung der Beeinträchtigung für den Betroffenen gesetzt wird. Die Ergänzung eines Intensitätskriteriums durch ein ebenfalls auf die Wirkungen staatlicher Maßnahmen zielendes »Zumutbarkeitskriterium« führte über den Ausgangspunkt der Überlegungen daher noch nicht wesentlich hinaus; es handelte sich eher um eine Reformulierung des Problems denn um seine Lösung.

Darüber hinaus ist grundsätzlich zu bezweifeln, daß grundrechtlichen Schutzzwecken eine Aussage über die Erforderlichkeit einer (deutlich) erhöhten Intensität und – damit korrespondierend – verringerten Zumutbarkeit einer Drittbeeinträchtigung für deren grundrechtliche Relevanz entnommen werden kann. Vielmehr steht derartigen Bemühungen um eine abstrakte – und damit gleichsam »abwägungsfreie« – Bestimmung des für einen Beeinträchtigungstatbestand und damit zugleich eine Grundrechtsverletzung erforderlichen und hinreichenden Intensitätsgrades letztlich entgegen, daß über die Zumutbarkeit der Belastung eines Grundrechtsträgers regelmäßig nur im Einzelfall entschieden werden kann und dabei die Folgen staatlichen Handelns in Beziehung zu den jeweils verfolgten Zwecken gesetzt werden müssen. Auf die Intensität (»Schwere«) einer Belastung kommt es in erster Linie dann an, wenn über die Angemessenheit und damit Verhältnismäßigkeit der jeweils in Rede stehenden Maßnahme zu entscheiden ist. Eine solche einzelfallbezogene Würdigung der Zulässigkeit einer (Dritt-) Beeinträchtigung unter Intensitätsgesichtspunkten setzt indes die – wie erwähnt[177] – abwägungsfrei zu begründende Maßstäblichkeit der Grundrechte auch eines Dritten bereits voraus. Auch läßt es diese Abwägungsbezogenheit der Beeinträchtigungsintensität als ausgeschlossen erscheinen, eine generelle Aussage über eine (mindestens) erforderliche Intensität von Drittbeeinträchtigungen aus den Grundrechten zu deduzieren oder auch nur plausibel zu formulieren.[178] Derartige Bemühungen müßten vielmehr auf ein »hinkendes Abwägungskriterium« hinauslaufen, das mit der Schwere der Nachteile für einen Dritten nur auf eines der beiden Elemente einer Abwägung zielt und damit zwangsläufig ohne Bezugspunkt bleiben muß.

---

[177] Vgl. oben, S. 244.

[178] In diese Richtung gehende Bedenken gegen eine Anknüpfung an eine Beeinträchtigungsintensität als »absolute Größe« finden sich auch bei *B. Weber-Dürler*, VVDStRL 57 (1998), S. 57 (87).

Es fehlt daher an einem allgemeinen Gesichtspunkt, der es rechtfertigte, unterhalb einer (un-) bestimmten Intensitätsschwelle liegende (Dritt-) Beeinträchtigungen gerade aus diesem Grunde als grundrechtlich irrelevante Verwirklichung eines hinzunehmenden Risikos zu qualifizieren. Ebensowenig erscheint zwingend, verhaltenssteuernde Maßnahmen des Staates allein unter Hinweis auf seine besonders belastenden Folgen als abwehrbar anzusehen. Zwar ist eine einzelfallunabhängige Schwelle der Abwehrbarkeit von Drittbeeinträchtigungen jedenfalls insofern postulierbar, als »Evidenzfälle« denkbar sind, in denen besonders nachhaltige Folgen staatlichen Handelns als unter keinen Umständen rechtfertigungsfähig erscheinen. Dies wiederum mag auch die Plausibilität einer Anknüpfung an eine Gefährdung oder gar Vernichtung der wirtschaftlichen Existenz eines Dritten erklären. Gleichwohl bleibt die Frage nach dem Grund für eine solche Verknüpfung der grundrechtlichen Relevanz einer Drittbeeinträchtigung mit dem »abstrakten« Fehlen einer Rechtfertigungsmöglichkeit. Die vom Bundesverwaltungsgericht gelegentlich in Bezug genommene Rechtsprechung zu Fällen freiheitsherstellender Gestattungen gibt hierauf keine Antwort, weil diese Judikatur zu Interessenkonflikten unter Grundrechtsträgern nicht ohne weiteres auf die anders strukturierten Fälle staatlicher Verhaltenssteuerung übertragbar erscheint und im übrigen ebenfalls nicht in tragfähiger Form begründet worden ist. Im Ergebnis dürfte das Erfordernis einer (deutlich) erhöhten Beeinträchtigungsintensität denn auch nicht durch dogmatische, sondern primär pragmatische Erwägungen erklärbar sein, wie sich insbesondere daran ablesen läßt, daß dieses erst im Falle einer nicht durch andere Gesichtspunkte – insbesondere das Merkmal der Finalität – vermittelten Grundrechtsrelevanz der Folgen staatlichen Handelns relevant werdende Kriterium die Abwehrbarkeit einer Drittbeeinträchtigung von der konkreten Zumutbarkeit der Einwirkung auf ein grundrechtliches Schutzgut ablöst: Gerade die von der Verhältnismäßigkeit staatlicher Maßnahmen im Einzelfall abstrahierende Vorgehensweise läßt deutlich werden, daß es sich bei der Beeinträchtigungsintensität um einen Gesichtspunkt handelt, der den Gerichten die Möglichkeit einer Intervention auch bei grundrechtlich »an sich« für irrelevant erachteten Sachverhalten eröffnet. Das »Intensitätskriterium« bildet ein flexibel einsetzbares Reaktionsinstrument für besonders gelagerte Sachverhalte, das als außerhalb grundrechtsdogmatischer Zusammenhänge stehend einer Verifikation anhand grundrechtlicher Schutzzwecke tendenziell entzogen ist.

2. Intensität, Finalität und »Lähmung der Staatsgewalt«

Insgesamt ist festzuhalten, daß der – grundrechtsdogmatisch ohnehin »freischwebende« – Gesichtspunkt der Beeinträchtigungsintensität unter Zugrundelegung der Rechtsprechung eine Art »Reservekriterium« zur Abwehr unbilliger Härten bildet, die grundrechtliche Relevanz von Drittbeeinträchtigungen aber primär nach anderen Kriterien zu beurteilen ist. Auch ist bereits deutlich geworden, daß dabei dem Merkmal der »Finalität« erhebliche Bedeutung zukommt. So gelangte der Dritte Senat des Bundesverwaltungsgerichts in der »Transparenzlisten«-Entscheidung zu dem Ergebnis, der Grundrechtsschutzschutz aus Art. 12 Abs. 1 GG könne sich »ausnahmsweise« auf eine Veränderung von Erwerbsbedingungen erstrecken, »wenn und soweit diese staatlicherseits final und grundrechtsspezifisch« erfolgte.[179] Auch ergab sich das »Grundrechtsspezifische« der Beeinträchtigung nach Auffassung des Gerichts wiederum daraus, daß der Staat »gewisse Rahmenbedingungen« zielgerichtet verändert, da in diesem Falle kein »bloßer Reflex staatlicher Maßnahmen« vorliege: Im Rahmen von Art. 12 Abs. 1 GG seien solche Maßnahmen als »grundrechtsspezifisch« zu qualifizieren, »die eindeutig auf einen auf seiten des Unternehmens eintretenden nachteiligen Effekt abzielen und diesen Effekt nicht lediglich als Begleiterscheinung mit sich bringen«.[180]

Allerdings ist der Gesichtspunkt einer finalen und (deshalb?) »grundrechtsspezifischen« Beeinträchtigung in der »Transparenzlisten«-Entscheidung – wie erwähnt[181] – in unklarer Weise mit einer Bezugnahme auf die »Durchschlagskraft« eines »unmittelbaren staatlichen Zwangseingriffs« verknüpft worden.[182] Demgegenüber klingt in dem Urteil des Siebenten Senats des Bundesverwaltungsgerichts zur Zulässigkeit der staatlichen Finanzierung eines vor bestimmten Religionsgemeinschaften warnenden Vereines ein »Primat der Finalität« an, indem hervorgehoben wird, daß »gezielte Grundrechtsbeeinträchtigungen tatsächlicher Art« unabhängig von ihrer Intensität abgewehrt werden könnten.[183] Desgleichen wurde der Schwere oder (Un-) Zumutbarkeit einer Einwirkung auf grundrechtlich (potentiell) geschützte Positionen auch in anderen Entscheidungen erst Aufmerksamkeit geschenkt, wenn einer Drittbeeinträchtigung nach Auffassung des erkennenden Gerichts die Finalität abzusprechen war.[184] Hieraus ergibt sich eine »grobe Linie« der (bundes-) verwaltungsgerichtlichen Judikatur zur (Grund-) Rechtserheblichkeit von Drittbeeinträchtigungen, die unter Außerachtlassung von Nuancierungen dahin beschrieben werden kann, daß Finalität zwar keine notwendige, aber die regelmäßig entscheidende Voraussetzung für das Vorliegen einer grundrechtlich relevanten Einwirkung auf grundrechtliche Schutzgüter eines Dritten ist; ein Rückgriff auf Intensitätsgesichtspunkte erfolgt demgegenüber

---

179 BVerwGE 71, 183 (194).

180 BVerwGE 71, 183 (193f.); vgl. auch BVerwG, NJW 1996, S. 3161; einen »Redundanzverdacht« äußert deshalb *G. Lübbe-Wolff*, NJW 1987, S. 2705 (2710 in. Fn. 50 der S. 2709); vgl. auch *R. Gröschner*, DVBl. 1990, S. 619 (625); *T. Leidinger*, DÖV 1993, S. 925 (928f.); *U. Schliesky*, Öffentliches Wettbewerbsrecht, S. 205f.; *M. Schulte*, DVBl. 1988, S. 512 (517); *ders.*, WuR 1991, S. 231 (mit Fn. 4).

181 Vgl. oben, S. 241.

182 Vgl. BVerwGE 71, 183 (194f.).

183 BVerwGE 90, 112 (121).

184 Vgl. BVerwGE 87, 32 (43f.); BVerwG, NVwZ 1984, S. 514 (515); NVwZ 1993, S. 3002 (3003); VGH Ba.-Wü., NJW 1997, S. 754 (756).

erst bei fehlender Finalität und auch nur ausnahmsweise in Fällen einer (besonders) nachhaltigen oder schwerwiegenden Beeinträchtigung.

In dieser weitgehenden Abhängigkeit der grundrechtlichen Relevanz drittbeeinträchtigender Folgen staatlichen Handelns von einem – gelegentlich ebenfalls restriktiv gehandhabten – Finalitätskriterium kommt zugleich eine gewisse Zurückhaltung gegenüber der Möglichkeit grundrechtlich begründeter Abwehransprüche Drittbetroffener zum Ausdruck: Ersichtlich ist die Rechtsprechung bemüht, den Kreis der zur Erhebung von Grundrechtsrügen berechtigten Personen schon in Anbetracht der Unüberschaubarkeit mittelbar-faktischer Folgen staatlichen Handelns und der Vielzahl hiervon potentiell Betroffener gering zu halten. Zwar ist auch die Feststellung einer »nur« mittelbaren und faktischen Beeinträchtigung auf Basis einer »Schutznormtheorie« lediglich zu beweisen geeignet, daß die Klagebefugnis i.S.v. §42 VwGO nicht schon aus der Existenz einer Rechtspflicht des jeweiligen Klägers resultiert, ohne daß damit das Fehlen der Klagebefugnis bereits endgültig dargetan wäre. Vielmehr macht die fehlende Adressatenstellung bei einem Vorgehen *lege artis* die Erörterung der Frage erforderlich, ob das einfache Recht eine Vorschrift kennt, deren fehlerhafte oder unterbliebene Anwendung nicht nur die objektiv-rechtliche Rechtswidrigkeit der angegriffenen Maßnahme nach sich zieht, sondern zugleich auch die Verletzung eines subjektiven Rechts des Nichtadressaten ist. Gleichwohl wäre mit einer weitgehenden Anerkennung der Grundrechtserheblichkeit von Drittbeeinträchtigungen eine tendenzielle Ausdehnung des Kreises der zur Klage gegen mittelbar-faktische Beeinträchtigungen befugten Personen verbunden, die auf den ersten Blick nicht nur die Obsoleszenz einer »Schutznormtheorie« zur Folge zu haben scheint. Vielmehr kann einer Ausdehnung des Grundrechtsschutzes zugunsten von Nichtadressaten auch entgegengehalten werden, die Anerkennung der Grundrechtserheblichkeit zahlreicher »irgendwie« auf staatliches Handeln rückführbarer Interessenbeeinträchtigungen bewirke eine »uferlose« Ausdehnung der Klagebefugnis, die eine (zu) starke Beeinträchtigung der staatlichen Handlungsmöglichkeiten und damit eine »Lähmung der Staatsaktivität«[185] zur Folge haben müsse.

Eine Stellungnahme in diese Richtung findet sich beispielsweise bei *K. H. Friauf*, der zunächst betont, daß jede staatliche Maßnahme mannigfache Fernwirkungen erzeugen könne, auf die sich der Einzelne einzustellen habe.[186] Die »sozialgestalterische Aktivität des Staates« würde daher nach *Friauf* »in verhängnisvoller Weise beschränkt«, wenn bei derartigen Fernwirkungen stets auch der Grundrechtsschutz angesprochen wäre.[187] Ähnlich argumentiert *E. Grabitz*: »Sollten die Staatsorgane auch die entfernteste und jede zufällige Auswirkung ih-

---

[185] *E. Grabitz*, Freiheit, S. 35.
[186] *K. H. Friauf*, DVBl. 1971, S. 674 (681 f.).
[187] *K. H. Friauf*, DVBl. 1971, S. 674 (682).

res Handelns berücksichtigen müssen, so würde das nicht nur zur Lähmung ihrer Aktivität führen können, sondern die sozialgestalterische Funktion des Staates in einem Maße beschneiden, daß er vor den heutigen sozialen und ökonomischen Anforderungen letztlich versagt«.[188]

Des weiteren hat *A. Roth* mit Blick auf nicht-finale Drittbeeinträchtigungen versucht, den Gedanken der Gewaltenteilung für eine Anknüpfung an ein Intensitätskriterium fruchtbar zu machen, das subjektiven Grundrechtsschutz erst entstehen lassen soll, »wenn die Gefahr der faktischen Aushöhlung des Grundrechts besteht«.[189] Zwar ist nach *Roth* der von *Friauf* vorgetragene »Aspekt einer Gefährdung der sozialgestalterischen Aktivität des Staates als pragmatisch und insbesondere verfassungsrechtlich nicht abgesichert« anzusehen.[190] Zugleich meint *Roth* jedoch, daß »die vom Gewaltenteilungsprinzip ... angestrebte Balance zwischen den Staatsgewalten« durch eine weitgehende Anerkennung der Grundrechtsrelevanz nicht-finaler Drittbeeinträchtigungen »in verfassungsrechtlich erheblicher Weise gestört« werde[191] und mit einem Einbruch in den »Kernbereich« der Zuständigkeiten von Exekutive wie auch Legislative einhergehe.[192] Da nicht-finale Drittbeeinträchtigungen keinerlei formale Struktur besäßen, sei für die Entscheidung über deren Grundrechtsrelevanz ein Defizit an Maßstäben charakteristisch, das »den Grundrechtsschutz einer weitgehend freien Disposition durch die Justiz aussetzen« würde,[193] so daß im Einzelfall von einer Gerichtsentscheidung abhängig wäre, »ob sich ein faktisch Betroffener zum ›privaten Verwaltungskontrolleur‹ aufschwingen könnte«.[194] Dies wiederum habe die Konsequenz, daß die Verwaltung in ihrer Aktivität gehemmt würde, weil unklar sei, ob eine Maßnahme »angesichts der potentiellen Grundrechtsrelevanz jedes Verwaltungshandelns« Bestand haben könne;[195] auch würde die Justiz im Falle der Gewährung umfassenden Grundrechtsschutzes in erheblichem Umfang in Kompetenzen des Gesetzgebers eingreifen.[196]

---

188 *E. Grabitz*, Freiheit, S. 36; ähnl. (mit Blick insbes. auf den Gesetzgeber) *H. Sodan*, Funktionsträger, S. 517f.; *ders.*, DÖV 1987, S. 858 (863); eine »Eindämmung der notwendigen staatlichen Handlungsflexibilität« befürchtet auch *K. Stern*, Staatsrecht, Bd. III/1, S. 1207; vgl. ferner *B. Weber-Dürler*, VVDStRL 57 (1998), S. 57 (76); *W. Rüfner*, in: Bundesverfassungsgericht und Grundgesetz, Bd. II, S. 453 (456), der mit einer solchen Begründung die Annahme verwirft, aus den Grundrechten könne ein »nahezu lückenloser gesetzesfester Freiheitsschutz« resultieren.

189 *A. Roth*, Drittbetroffenheit, S. 325.

190 *A. Roth*, Drittbetroffenheit, S. 292.

191 *A. Roth*, Drittbetroffenheit, S. 322; ähnl. auch *H. Sodan*, DÖV 1987, S. 858 (863), der gerade aus einer Schwächung des Gesetzgebers eine Gefährdung der Gewaltenteilung ableiten will.

192 Vgl. *A. Roth*, Drittbetroffenheit, S. 323f.; zust. *B. Weber-Dürler*, VVDStRL 57 (1998), S. 57 (76).

193 *A. Roth*, Drittbetroffenheit, S. 322.

194 *A. Roth*, Drittbetroffenheit, S. 323, unter Anknüpfung an *U. Ramsauer*, VerwArch 72 (1981), S. 89 (96).

195 *A. Roth*, Drittbetroffenheit, S. 323; ebenso *E. Grabitz*, Freiheit, S. 36 (mit Fn. 72).

196 Vgl. *A. Roth*, Drittbetroffenheit, S. 323; ähnl. *H. Sodan*, DÖV 1987, S. 858 (863).

Diesen Annahmen über (vorgebliche) Folgen einer Ausdehnung der Klagebefugnis von Drittbetroffenen wird indes schon deshalb nicht beigetreten werden können, weil sie auf der – wie noch zu zeigen sein wird – unzutreffenden Prämisse des Fehlens klarer und handhabbarer Kriterien zur Unterscheidung zwischen grundrechtlich relevanten und irrelevanten Folgen staatlichen Handelns basieren. Auch befremdet die Annahme, ein damit zum Selbstzweck werdendes Prinzip der Funktionentrennung (»Gewaltenteilung«) könne gegen den Individualrechtsschutz des Bürgers gewendet werden. Letztlich liegt der skizzierten Argumentation aber die Befürchtung zugrunde, eine weitgehende Gewährung von Grundrechtsschutz bei Drittbeeinträchtigungen könne einen »lähmenden Einfluß auf die Wahrnehmung der Kompetenzen durch die Exekutive«[197] nach sich ziehen.

Derartige Einwände sind freilich nicht neu: So begründete schon *G. Jellinek* das Erfordernis einer gesetzlichen Regelung der Grundrechtsausübung mit der Erwägung, »eine Freiheit schlechthin, in irgend einem Punkte anerkannt, würde in ihren Konsequenzen geeignet sein, den ganzen Staat zu zerstören«.[198] Die Befürchtung, das Gemeinwesen könne durch ein Zuviel an Individualrechtsschutz infolge einer damit – vorgeblich – einhergehenden Begrenzung der staatlichen Handlungsmöglichkeiten Schaden nehmen, erscheint indes in der Sache nicht begründbar.[199] Zunächst versteht sich von selbst, daß mit der Feststellung der Rechtserheblichkeit einer (faktischen) Einwirkung auf grundrechtlich (potentiell) geschützte Positionen eines Dritten nicht das Verdikt der Rechts-oder Verfassungswidrigkeit des fraglichen Aktes einhergeht,[200] weil zunächst nur die sachliche Einschlägigkeit eines Grundrechts in Rede steht. Es kann deshalb bezweifelt werden, daß die Zahl der anhängig gemachten Rechtsstreitigkeiten oder auch der mit deren Erledigung verbundene Aufwand allein dadurch wesentlich reduziert wird, daß einer Klage der Erfolg schon aufgrund ihrer Unzulässigkeit, nicht aber ihrer Unbegründetheit versagt bleibt.[201] Auch wird angenommen werden dürfen, daß die Darlegung der Rechtmäßigkeit des angegriffenen Aktes und damit der Unbegründetheit einer Klage oftmals weniger Aufwand verursacht (und eher zum Rechtsfrieden beizutragen vermag), als die unter erheblichen Schwierigkeiten mehr behauptete als begründete These von einer aus »Schutzgut und Schutzzweck« der Grundrechtsnorm resultierenden Unerheblichkeit des fraglichen Ak-

---

[197] *A. Roth*, Drittbetroffenheit, S. 324.

[198] *G. Jellinek*, System, S. 103; tendenziell zustimmend *E. Grabitz*, Freiheit, S. 35f.; *H. Sodan*, Funktionsträger, S. 518.

[199] Abl. auch *M. Sachs*, in: K. Stern/M. Sachs, Staatsrecht, Bd. III/2, S. 543f., der im Anschluß an *P. Lerche*, Übermaß, S. 301f., die Möglichkeit von Grundgesetzänderungen hervorhebt.

[200] Dies betont *R. Eckhoff*, Grundrechtseingriff, S. 194; ähnl. auch *H.-U. Erichsen*, Staatsrecht und Verfassungsgerichtsbarkeit I, S. 59; mit Blick auf einen Grundrechtsschutz einfach-gesetzlich konstituierter Rechtspositionen ferner *G. Lübbe-Wolff*, Eingriffsabwehrrechte, S. 78.

[201] So auch *H.H. Rupp*, DVBl. 1982, S. 144 (146); tendenziell anders *W. Brohm*, in: FS C.-F. Menger, S. 235 (238).

tes im Hinblick auf einen klagenden Dritten. Dies gilt gerade auch im Hinblick darauf, daß die verwaltungsgerichtliche Judikatur erkennbar dazu neigt, Wertungsgesichtspunkte gelegentlich in die Entscheidung über die Zulässigkeit gerichtlichen Rechtsschutzes hineinzuverlagern: So kann davon ausgegangen werden, daß die Rechtsprechung bei Einwirkungen auf den Wettbewerb durch Subventionierung eines von mehreren konkurrierenden Unternehmern eher zur Gewährung von Rechtsschutz bereit ist, als in Fällen staatlicher Wettbewerbsteilnahme.[202] Für eine solche Unterscheidung mag sich anführen lassen, daß im erstgenannten Fall eine die Wettbewerbschancen der Marktteilnehmer verzerrende Intervention des Staates vorliegt, während sich staatliche Konkurrenz – vordergründig – nicht von einer Konkurrenz durch private Mitbewerber unterscheidet. Ob die letztgenannte Erwägung zu überzeugen vermag, erscheint zwar zweifelhaft, mag aber für den Augenblick dahinstehen: Jedenfalls sind derartige Wertungen offenzulegen und nicht hinter einem – wie auch immer formulierten – »Intensitätskriterium« zu verbergen. Geschieht dies, so ist mit der »Verlagerung« des entscheidenden Sachproblems von der Begründetheit in die Zulässigkeit einer verwaltungsgerichtlichen Klage aber letztlich nichts gewonnen.

Darüber hinaus ist im Hinblick auf Rechtsnormen in Erinnerung zu rufen, daß auf Basis der oben entwickelten Grundsätze[203] die Rechtswidrigkeit eines im Einzelfall bei der Normanwendung erzielten Ergebnisses nicht ohne weiteres die Nichtigkeit der gesamten Norm zur Folge hat. Auch bei Drittbeeinträchtigungen – namentlich infolge adressatbelastenden Staatshandelns – läßt sich daher besonders gelagerten Einzelfällen selbst dann vielfach Rechnung tragen, wenn der Gesetzgeber für derartige Fallgestaltungen keine Vorsorge getroffen hat oder wegen ihrer Unvorhersehbarkeit nicht treffen konnte.[204] Ist ein Gesetz auf Vollzug durch die Verwaltung angelegt, wird die Verfassungswidrigkeit eines im Einzelfall eintretenden Ergebnisses der Normanwendung auch regelmäßig im Rahmen einer Ermessenbetätigung abgewendet werden können; im übrigen ist der Gesetzgeber nicht gehindert, seine Regelungen nachzubessern und etwa erforderliche Ausnahmevorschriften zu schaffen.

Dies wiederum heißt nicht, daß es einer Unterscheidung zwischen einerseits der rechtserheblichen Beeinträchtigung grundrechtlicher Schutzgüter und andererseits der Verwirklichung eines hinzunehmenden Risikos nicht mehr bedürfte. Vielmehr ist – wie erwähnt[205] – davon auszugehen, daß es Fernwirkungen staatlichen Handelns gibt, die ein Grundrechtsträger unabhängig von der Rechtmäßig-

---

202 Vgl. oben, S. 232f.

203 Vgl. S. 183ff.

204 Daß die Möglichkeit unvorhersehbarer Folgen seines Handelns den Staat nicht zur Unterlassung einer für geboten erachteten Intervention verpflichtet, betont auch *M. Sachs*, in: K. Stern/M. Sachs, Staatsrecht, Bd. III/2, S. 153ff.; zur Bedeutung der Vorhersehbarkeit von Folgen staatlichen Handelns vgl. auch noch unten, S. 281ff.

205 Vgl. oben, S. 234f.

keit der zugrundeliegenden Maßnahme auch dann hinnehmen muß, wenn sie seine Dispositionen (oder deren Erfolg) beeinträchtigen;[206] insofern kann *K.H. Friauf* und anderen Autoren wie auch dem Bundesverwaltungsgericht grundsätzlich zugestimmt werden. Nachdrücklich zu betonen ist aber, daß die »Handlungsfähigkeit des Staates« kein schutzwürdiges Interesse der Verwaltung zu begründen vermag, von einer Korrektur unverhältnismäßig beeinträchtigender Maßnahmen durch die Gerichte verschont zu bleiben. Derartige Gesichtspunkte können deshalb keine Rolle spielen, wenn zu entscheiden ist, ob eine auf staatliches Handeln rückführbare Beeinträchtigung grundrechtlich (potentiell) geschützter Positionen gem. Art. 19 Abs. 4 GG die Anrufung der Gerichte ermöglicht.

3. Finalität und Voraussehbarkeit

a. *Die Attraktivität der Finalität*

Ebenfalls noch nichts gewonnen ist mit diesen Überlegungen für die weitere Frage, welcher Stellenwert dem »abwägungsfreien« Kriterium der Finalität für die Feststellung grundrechtlicher Relevanz drittbeeinträchtigender Folgen staatlichen Handelns zukommt. Immerhin existieren eine Reihe von Gesichtspunkten, die dafür sprechen, bei finalen Einwirkungen auf grundrechtliche Schutzgüter eines Dritten einen Beeinträchtigungstatbestand zu bejahen. So läßt sich zunächst anführen, daß es sich bei diesem Merkmal um ein Teilelement des »klassischen« Eingriffsbegriffs handelt, das – anders als etwa die Elemente der Normativität und der Imperativität – nicht notwendig mit der Adressatenstellung eines Betroffenen in Verbindung steht. Zwar ist das »Finalitätskriterium« eng mit der »Adressateneigenschaft« verknüpft, weil die gezielte Beeinträchtigung eines durch abstrakte Merkmale beschriebenen oder konkret bezeichneten Adressaten im Wege der Auferlegung einer Verhaltenspflicht regelmäßig auch als final »gewollt« anzusehen sein wird.[207] Auf der anderen Seite schließt das Fehlen einer Verhaltenspflicht des von faktischen Wirkungen eines Staatsaktes Betroffenen das Vorliegen von Finalität nicht aus, denn auch mittelbar-faktische Auswirkungen staatlichen Handelns können intendiert sein. Zumindest für eine am »traditionellen Eingriffsverständnis« orientierte Grundrechtsdogmatik muß deshalb der Schluß na-

---

[206] Nicht gefolgt werden kann aber der von *A. Roth*, Drittbetroffenheit, S. 323, gegebenen Begründung für einen Eingriff in den Kernbereich der Zuständigkeiten der Legislativorgane, denn *Roth* folgert aus der Zuständigkeit des Gesetzgebers für die »Konkretisierung offener Verfassungsnormen« dessen Befugnis zur Entscheidung über die Existenz eines Grundrechtsschutzes bei nicht-finalen Drittbeeinträchtigungen. Dem liegt mithin die fragwürdige Prämisse zugrunde, der Gesetzgeber besitze eine originäre Kompetenz zur Entscheidung über die Existenz eines Grundrechtsschutzes. Anklänge in diese Richtung freilich z.B. auch bei BVerwG, NVwZ 1984, 514 (515); *H. Sodan*, Funktionsträger, S. 517f.; vgl. ferner *H.-U. Erichsen*, in: Isensee/Kirchhof (Hrsg.), HbStR, § 152 Rn. 79.

[207] Vgl. unten, S. 272f.

hezu zwangsläufig erscheinen, daß dem Staat die Folgen seines Handelns jedenfalls dann zuzurechnen sind, wenn unter Vermittlung des Maßnahmeadressaten auf einen Dritten eingewirkt werden soll, wie dies etwa für Sachverhalte aus der Fallgruppe der staatlichen Warnungen und Empfehlungen vielfach wird angenommen werden können.

Hinzu kommt, daß mit dem Kriterium der Finalität an einen Gesichtspunkt angeknüpft wird, der im subjektiven Bereich zu verorten ist: Da nämlich der Schutzgut-Tatbestand eines Grundrechts eine von der Adressatenstellung eines Grundrechtsträgers unabhängige Größe ist und ferner »staatsgewaltsames« Handelns bei einer Anknüpfung an seine (Zwangs-) Wirkung unabhängig von Normativität, Faktizität oder Intensität potentiell grundrechtliche Erheblichkeit besitzt, muß zumindest naheliegend erscheinen, bei der Entscheidung über die Grundrechtserheblichkeit von Drittbeeinträchtigungen den Blick auf die vom Staat im Einzelfall verfolgten Absichten und Zwecke zu richten. Von entscheidender Bedeutung dürfte aber die Erwägung sein, daß eine angestrebte Folge staatlichen Handelns kaum als Verwirklichung eines von jedermann hinzunehmenden (Lebens-) Risikos wird angesehen werden können. Dem entspricht, daß auch nach einer im Schrifttum verbreiteten Auffassung jedenfalls bei zielgerichtetem Staatshandeln die Grundrechtserheblichkeit einer Einwirkung auf grundrechtliche Schutzgüter eines Dritten zu bejahen ist.[208]

b. Die Problematik des Finalitätsbegriffs

aa. Unterschiedliche Anforderungen an die »Finalität« in der Rechtsprechung

(1) Die Finalität von Drittbeeinträchtigungen

Zwar ist demnach nicht zweifelhaft, daß durch (final) »gewollte« Drittbeeinträchtigungen ein Einwirkungstatbestand verwirklicht wird. Eine andere Frage ist indes, wann dies der Fall ist, denn eine nähere Analyse der einschlägigen Rechtsprechung läßt rasch deutlich werden, daß durchaus nicht zweifelsfrei feststeht, welche Anforderungen dieses Kriterium an die Zielgerichtetheit einer Beeinträchtigung stellt und ob es entscheidend auf voluntative oder kognitive Ge-

---

208 Vgl. *A. Bleckmann/R. Eckhoff*, DVBl. 1988, S. 373 (377); *R. Eckhoff*, Grundrechtseingriff, S. 196; *U. Di Fabio*, Risikoentscheidungen, S. 430; *ders.*, JZ 1993, S. 689 (695); *ders.*, JuS 1997, S. 1 (5); *Th. Discher*, JuS 1993, S. 463 (465); *K.H. Friauf*, DVBl. 1971, S. 674 (681); *P.-M. Huber*, Konkurrenzschutz, S. 233f.; *T. Leidinger*, DÖV 1993, S. 925 (929f.); *G. Manssen*, Grundrechtsdogmatik, Rn. 450; *D. Murswiek*, DVBl. 1997, S. 1021 (1025); *U. Ramsauer*, Beeinträchtigungen, S. 174; *ders.*, VerwArch 72 (1981), S. 89 (103); *M. Sachs*, in: K. Stern/M. Sachs, Staatsrecht, Bd. III/2, S. 189f.; s. ferner *A. Roth*, Drittbetroffenheit, S. 208ff. (220f.), der diese Position aber dadurch wieder relativiert, daß darüber hinaus auch eine »regelungsgleiche« Beeinträchtigungsintensität gefordert wird (ebd., S. 230f.); eine Verknüpfung von Finalität und Intensität findet sich auch bei *F. Ossenbühl*, Umweltpflege, S. 30f.; krit zur Finalität aber *H. Sodan*, Funktionsträger, S. 521ff.; *ders.*, DÖV 1987, S. 858 (864); *M. Schulte*, DVBl. 1988, S. 512 (517).

sichtspunkte ankommt.[209] Erstes Anschauungsmaterial hierfür liefert wiederum der erwähnte Rechtsstreit über die Rechtmäßigkeit der institutionellen und projektbezogenen Förderung eines Vereins aus Bundesmitteln, der sich kritisch u.a. mit der sog. »Osho-Bewegung« auseinandersetzte. In diesem Falle ist eine gezielte Beeinträchtigung der klagenden Vereine aus dieser Religionsgemeinschaft von der beklagten Bundesrepublik mit der Erwägung in Abrede gestellt worden, die Förderung des begünstigten Vereins richte sich nicht gegen die »Osho-Bewegung«, sondern »bezwecke lediglich die Information und Aufklärung der Öffentlichkeit über bestimmte, von den sog. ›Jugendreligionen‹ oder ›Jugendsekten‹ ausgehende Gefahren für das Gemeinwohl«.[210] Dieser Argumentation mit dem »Endzweck« staatlichen Handelns – die auch in der Rechtsprechung durchaus anzutreffen ist[211] – hat sich der Siebente Senat des Bundesverwaltungsgerichts jedoch nicht angeschlossen. Vielmehr wurde eine finale Beeinträchtigung der drittbetroffenen Religionsgemeinschaft schon deshalb bejaht, weil aus der Arbeit des geförderten Vereins resultierende Nachteile für die Kläger »nicht nur mehr oder weniger zufällig oder nebenbei eintreten, sondern das zwangsläufige und sichere Ergebnis, gleichsam die ›Kehrseite‹ der erstrebten Beeinflussung der Öffentlichkeit sind«.[212] Hieraus wurde gefolgert, die Beeinträchtigung des durch Art. 4 GG geschützten Lebensbereichs stehe »mit den primären Handlungswirkungen in einem derart engen Sachzusammenhang«, daß die Fördermaßnahme »bei objektiver, die Gesamtumstände einbeziehender Betrachtung« als auch auf die Kläger gerichtet erscheine.[213]

Darüber hinaus sind in einer vorangegangenen Entscheidung ebenfalls des Siebenten Senats des Bundesverwaltungsgerichts (eigene) Äußerungen der Bundesregierung über eine andere Weltanschauungsgemeinschaft – die »TM-Bewegung« – »mit ihrem vollen Gewicht dem Staat zugerechnet und wegen ihrer freiheitsmindernden Bedeutung als Grundrechtseingriffe behandelt« worden, weil »derartige öffentliche Äußerungen des Staates ... für die Ausbreitung der angesprochenen Religions- oder Weltanschauungsgemeinschaft und ihre Rolle in der religiös-weltanschaulichen Auseinandersetzung ... schwerwiegende Folgen haben können«, die »beabsichtigt und im übrigen vorhergesehen und in Kauf genom-

[209] Von einem »vieldeutigen Begriff« spricht auch *M. Sachs*, in: K. Stern/M. Sachs, Staatsrecht, Bd. III/2, S. 189; insofern krit. ferner *B. Weber-Dürler*, VVDStRL 57 (1998), S. 57 (88).

[210] Vgl. BVerwGE 90, 112 (120).

[211] So etwa in einem Beschluß des VG Berlin v. 05.12.1986 – 1 A 244.86 –, der einen Rechtsstreit über die Publikation einer Broschüre durch das (frühere) Umweltbundesamt betraf, in der von der Verwendung von WC-Reinigern abgeraten wurde. Das VG (Umdruck, S. 6) verneinte eine zielgerichtete (finale) und grundrechtsspezifische Beeinträchtigung der Hersteller dieser Produkte, weil die Intention des Umweltbundesamts ausschließlich dahin gegangen sei, »den Verbraucher auf die Umweltfolgen der Verwendung von WC-Reinigern aufmerksam zu machen und die interessierten Kreise auf umweltschonende Alternativen zu verweisen«.

[212] BVerwGE 90, 112 (120f.).

[213] BVerwGE 90, 112 (121).

men« seien.[214] Dem entspricht, daß der Dritte Senat des Bundesverwaltungsgerichts mit Blick auf die Rückwirkungen der Veröffentlichung von Arzneimittel-Transparenzlisten auf Absatzmöglichkeiten (und Ruf) einzelner Arzneimittelhersteller eine »grundrechtsspezifische« – und damit zugleich grundrechtserhebliche – Beeinträchtigung bejaht hat, weil der Staat zielgerichtet gewisse Rahmenbedingungen verändere, »um zu Lasten bestimmter Unternehmen einen im öffentlichen Interesse erwünschten Erfolg herbeizuführen«.[215] Ziel der angegriffenen Maßnahme sei nicht nur eine »Neuordnung des Arzneimittelmarktes«, sondern »als notwendige Kehrseite einer Kostendämpfung« auch die »Schmälerung der Gewinnerzielungsmöglichkeiten einzelner Hersteller im öffentlichen Interesse«.[216]

Ebenfalls an dieser Stelle erwähnt seien ferner die Ausführungen des Dritten Senats des Bundesverwaltungsgerichts zur Zulässigkeit der Veröffentlichung einer Liste diethylenglykolhaltiger Weine durch einen Bundesminister, da in diesem Fall ein grundrechtlicher Schutz aus Art. 12 Abs. 1 GG auch gegen nicht als »bezweckt« qualifizierte Auswirkungen staatlicher Warnungen für grundsätzlich möglich gehalten wurde, »wenn die beruflichen Entfaltungsmöglichkeiten eines Grundrechtsträgers durch öffentliche negative Äußerungen staatlicher Stellen über seine konkret angesprochene berufliche Betätigung nachhaltig eingeschränkt werden«.[217] Der Senat hebt zunächst hervor, daß eine derartige Listenveröffentlichung die in der »Transparenzlisten«-Entscheidung genannten Voraussetzungen für die Grundrechtserheblichkeit einer Drittbeeinträchtigung nicht erfülle, weil es sich nicht um eine wirtschaftslenkende Maßnahme handele, »die zielgerichtet die Absatzchancen der Klägerin beeinträchtigen sollte«.[218] Zum einen habe der Verkauf der nicht in der Liste aufgeführten Weine eines Abfüllers in keiner Weise behindert werden sollen,[219] zum anderen seien die DEG-kontaminierten Weine ohnehin nicht mehr verkehrsfähig gewesen.[220] Diese Sachlage rechtfertigt nach Ansicht des Senats aber nicht den Schluß, in Ermangelung einer »berufsregelnden Tendenz« der Listenveröffentlichung sei ein »Eingriff in das Grundrecht der Klägerin auf Berufsfreiheit ausgeschlossen«.[221] Vielmehr will der Dritte Senat im Anschluß an die vorangegangene Rechtsprechung des Siebenten Senats »mit staatlicher Autorität vorgenommene Handlungen« schon dann an

---

[214] BVerwGE 82, 76 (79).
[215] BVerwGE 71, 183 (193).
[216] BVerwGE 71, 183 (194).
[217] BVerwGE 87, 37 (44).
[218] BVerwGE 87, 37 (43); mit Blick auf eine Beeinträchtigung des Absatzes nicht in der Liste genannter Weine eines von der Listenveröffentlichung betroffenen Unternehmens aus diesem Grunde einen grundrechtlich irrelevanten »Reflex« annehmend das OVG Münster, GewArch 1988, S. 11 (13f.).
[219] BVerwGE 87, 37 (42f.).
[220] BVerwGE 87, 37 (49).
[221] BVerwGE 87, 37 (43).

Art. 12 Abs. 1 GG messen, wenn sie »als nicht bezweckte, aber voraussehbare und in Kauf genommene Nebenfolge eine schwerwiegende Beeinträchtigung der beruflichen Betätigungsfreiheit« bewirken.[222] Damit wird die Verantwortlichkeit des Staates für Einwirkungen auf grundrechtliche Schutzgüter Dritter mit der Anknüpfung an die (billigende) Inkaufnahme einer voraussehbaren Folge der staatlichen Intervention von dem staatlicherseits mit der betreffenden Maßnahme verfolgten Ziel abgelöst. Als gemeinsame Linie der skizzierten Rechtsprechung des Bundesverwaltungsgerichts zu staatlichen Informationsakten läßt sich folglich festhalten, daß es für die grundrechtliche Relevanz einer Drittbeeinträchtigung jedenfalls nicht auf den primären Zweck staatlichen Handelns ankommt.

Diesem Ansatz entspricht die in der Rechtsprechung des Bundesverfassungsgerichts feststellbare Tendenz, die Gewährleistung grundrechtlichen Schutzes bei Einwirkungen auf grundrechtlich (potentiell) geschützte Positionen eines Dritten nicht davon abhängig zu machen, ob drittbeeinträchtigende Folgen staatlichen Handelns beabsichtigt waren und damit »gezielt« herbeigeführt worden sind. Ein besonders anschauliches Beispiel bildet ein Beschluß des Ersten Senats aus dem Jahre 1977 zur Verfassungsmäßigkeit verschiedener Vorschriften der 1974 ergangenen »VO über das öffentliche Direktrufnetz für die Übertragung digitaler Nachrichten«, in dem die Berufsfreiheit der Hersteller und Anbieter von Zusatzeinrichtungen für die Übertragung digitalisierter Daten im (analogen) Fernmeldenetz (»Modems«) auch insoweit zum Maßstab der verfassungsrechtlichen Überprüfung drittbeeinträchtigender Wirkungen einer adressatbelastenden Regelung erhoben wurde, als § 3 Abs. 4 DirRufVO vorsah, daß derartige Geräte posteigen sein mußten. Diese nach Ansicht des Bundesverfassungsgerichts in erster Linie an die Direktrufteilnehmer gerichtete »Benutzungsregelung«[223] bewirkte folglich, daß sich die Hersteller und Anbieter der von der Norm erfaßten Zusatzeinrichtungen einem faktischen Nachfragemonopol der Post ausgesetzt sahen, denn der Erwerb derartiger Einrichtungen war für die Teilnehmer am Direktruf kaum noch von Interesse. Auch hierbei handelte es sich aber nur um eine voraussehbare, nicht aber das Ziel staatlichen Handelns bildende »Nebenfolge« der angegriffenen Norm, die nach den Feststellungen des Ersten Senats dem Zweck dienen sollte, die Funktionsfähigkeit des öffentlichen Direktrufnetzes zu sichern und dessen Anpassung an neuere technische Entwicklungen zu erleichtern.[224] Der Senat verneinte denn auch, daß § 3 Abs. 4 DirRufVO gezielt in die Berufsfreiheit der beschwerdeführenden Hersteller und Betreiber von Datenverarbeitungsanlagen eingreife.[225] Gleichwohl wurde von einem »berufsregelnden Charakter« – wenngleich keinem »unmittelbar berufsregelnden Charakter«[226] –

[222] BVerwGE 87, 37 (43f.); ebenso BVerwG, NJW 1996, S. 3161.
[223] Vgl. BVerfGE 46, 120 (136f.).
[224] Vgl. BVerfGE 46, 120 (145).
[225] BVerfGE 46, 120 (137).
[226] BVerfGE 46, 120 (145).

dieser Vorschrift ausgegangen: Art. 12 Abs. 1 GG komme »als Maßstabsnorm nicht nur für solche Vorschriften in Betracht, die sich gerade auf die berufliche Betätigung beziehen und diese unmittelbar zum Gegenstand haben.« Der von dem Grundrecht gesicherte Freiheitsraum könne vielmehr auch durch Vorschriften berührt werden, »die infolge ihrer tatsächlichen Auswirkungen geeignet sind, die Berufsfreiheit zu beeinträchtigen«. Soweit das Verhalten der Unternehmer im Wettbewerb und damit ein Bestandteil ihrer Berufsausübung rechtlich normiert werde, sei deren Grundrecht aus Art. 12 Abs. 1 GG berührt.[227] Auch in dieser Entscheidung wird damit eine staatliche Verantwortlichkeit für eine nach der Lebenserfahrung zu erwartende Folge eines Rechtsaktes bejaht, ohne daß es darauf ankäme, ob es sich gerade hierbei um eine »beabsichtigte« oder »bezweckte« Folge der betreffenden Maßnahme handelt. Daß die grundrechtliche Relevanz einer Drittbeeinträchtigung demnach nicht von den jeweiligen Zielen staatlichen Handelns abhängt, ist zudem eine Auffassung, die schon der »Ladenschluß«-Entscheidung aus dem Jahre 1961[228] zugrunde liegt und auch im übrigen im Einklang mit anderen Entscheidungen des Bundesverfassungsgerichts zu dieser Fallgruppe steht.[229]

Vor dem Hintergrund dieser Rechtsprechung des Bundesverwaltungsgerichts wie auch des Bundesverfassungsgerichts muß überraschen, mit welcher Selbstverständlichkeit namentlich das Bundesverwaltungsgericht im Hinblick auf die grundrechtliche Relevanz der Wirkungen staatlichen Handelns gelegentlich für erheblich hält, ob die Behörde gerade die eingetretene Drittbeeinträchtigung angestrebt hatte[230] oder den Betroffenen gar eine Verpflichtung zur Beachtung von Ge- oder Verboten trifft.[231] Zugleich sei freilich nicht übersehen, daß sich in der Rechtsprechung des Bundesverfassungsgerichts gelegentlich entsprechende Beispiele finden. So ist in einer Entscheidung des Ersten Senats aus dem Jahre 1973 eine Verfassungsbeschwerde Drittbetroffener in Übereinstimmung mit dem »traditionellen Eingriffsverständnis« als unzulässig verworfen worden, weil die Beschwerdeführer »nur wirtschaftlich und damit nur mittelbar«, nicht aber »selbst rechtlich unmittelbar betroffen« seien.[232] Auch ist – wie eingangs erwähnt[233] – die Grundrechtserheblichkeit von Drittbeeinträchtigungen verschiedentlich mit der Begründung in Abrede gestellt worden, es liege lediglich ein »Reflex« einer in an-

---

[227] BVerfGE 46, 120 (137).

[228] Vgl. BVerfGE 13, 230 (232f.).

[229] Vgl. z.B. BVerfGE 53, 1 (14); 77, 84 (100).

[230] BVerwG, NVwZ 1984, S. 514 (515).

[231] BVerwG, NJW 1993, S. 3002 (3003); daß diese Entscheidung damit wieder – ohne nähere Begründung – eine Orientierung am »traditionellen« Eingriffsverständnis erkennen läßt, befremdet jedoch in besonderem Maße, weil sie jünger als die bislang behandelten Entscheidungen ist. Zudem ist sie auch – in bemerkenswertem Kontrast zu dem belehrenden Tonfall der Entscheidungsgründe – besonders dürftig begründet.

[232] BVerfGE 34, 338 (340); vgl. auch BVerfGE 31, 33 (39f.); 83, 182 (194).

[233] Vgl. oben, S. 5f.

dere Richtungen zielenden Maßnahme vor,[234] ohne daß deutlich würde, worin sich rechtserhebliche Drittbeeinträchtigungen von unerheblichen Reflexwirkungen unterscheiden, nachdem einer nicht das Ziel staatlichen Handelns bildenden – und insofern ebenfalls »reflexiven« – Einwirkung auf Dritte in der »Ladenschluß«-Entscheidung wie auch in anderen Fällen grundrechtliche Relevanz zugebilligt worden ist.

(2) Das Merkmal der »objektiv berufsregelnden Tendenz«

(a) Die Doppelbedeutung des Begriffs der »berufsregelnden Tendenz«. Zwar kann damit die grundsätzliche Bereitschaft der Gerichte festgestellt werden, die grundrechtliche Erheblichkeit drittbeeinträchtigender Wirkungen staatlichen Handelns nicht davon abhängig zu machen, ob eine Maßnahme gerade auf den Nichtadressaten zielt; in Einzelfällen wird aber durchaus auch eine andere Tendenz erkennbar. Indes ist eine gewisse Unsicherheit über die Bedeutung der Zielrichtung und beabsichtigten Folgen staatlichen Handelns nicht auf Fälle beschränkt, in denen ein Grundrechtsschutz zugunsten von Nichtadressaten in Rede steht. Vielmehr können sich entsprechende Schwierigkeiten ergeben, wenn zu entscheiden ist, ob die Einwirkung auf einen Maßnahmeadressaten den Schutzgut-Tatbestand eines speziellen Freiheitsrechts oder der allgemeinen Handlungsfreiheit berührt. Ein anschauliches Beispiel hierfür liefert jene Rechtsprechung des Bundesverfassungsgerichts zu Art 12 Abs. 1 GG, derzufolge in Zusammenhang mit der beruflichen Betätigung eines Maßnahmeadressaten stehende Staatsakte dann an dem Grundrecht der Berufsfreiheit zu messen sind, wenn die betreffende Maßnahme eine »objektiv berufsregelnde Tendenz« aufweist.

Das Merkmal der »objektiv-berufsregelnden Tendenz« ist ursprünglich entwickelt worden, um zu vermeiden, daß der Anwendungsbereich des Art. 12 Abs. 1 GG im Anschluß an die im »Apotheken«-Urteil entwickelte Lehre vom einheitlichen und einem Regelungsvorbehalt sowohl im Hinblick auf die Berufswahl wie auch die Berufsausübung unterliegenden Grundrecht der Berufsfreiheit[235] auf Rechtsakte verengt wird, die entweder den Zugang zu einem Beruf oder die Art und Weise der beruflichen Betätigung zum Gegenstand haben. So heißt es schon in einer Entscheidung des Ersten Senats aus dem Jahre 1961, zwar seien »in aller Regel« nur solche Bestimmungen an Art. 12 Abs. 1 GG zu messen, »die sich gerade auf die berufliche Betätigung beziehen und diese unmittelbar zum Gegenstand haben«, wie dies namentlich bei Vorschriften der Fall sei, »die in Form von Zulassungsvoraussetzungen die Ausübung eines Berufes bei ihrem Beginn oder bei ihrer Beendigung regeln oder als sogenannte reine Ausübungsregelungen die Art und Weise bestimmen, wie die Berufsangehörigen ihre Berufstätig-

[234] Vgl. BVerfGE 47, 327 (364); 70, 1 (23); BVerfG (2. Kammer des Ersten Senats), NJW 1997, S. 793.

[235] Vgl. BVerfGE 7, 377 (400ff.).

keit im einzelnen zu gestalten haben«.[236] Jedoch könne der von Art. 12 Abs. 1 GG geschützte »besondere Freiheitsraum« auch durch Vorschriften berührt werden, »die infolge ihrer tatsächlichen Auswirkungen geeignet sind, die Freiheit der Berufswahl mittelbar zu beeinträchtigen«, selbst wenn sie keinen »unmittelbar berufsregelnden Charakter« trügen.[237] Insoweit kämen auch Vorschriften des Steuerrechts in Betracht, die an Art. 12 Abs. 1 GG zu messen seien, »wenn sie infolge ihrer Gestaltung in einem engen Zusammenhang mit der Ausübung eines Berufes stehen und – objektiv – eine berufsregelnde Tendenz erkennen lassen«.[238] Am Maßstab des Grundrechts der Berufsfreiheit überprüft wurden daher nicht nur die in dieser Entscheidung zu beurteilende Schankerlaubnissteuer,[239] sondern auch die Beförderungsteuer für den Werkfernverkehr,[240] die Straßengüterverkehrsteuer[241] sowie die Pflicht der Banken zur Einbehaltung und Abführung der Kapitalertragsteuer.[242]

Zwar sind demnach nicht nur Regelungen der Berufszulassung oder der Modalitäten der Berufsausübung an Art. 12 Abs. 1 GG zu messen. Gleichwohl hat das Merkmal der »objektiv berufsregelnden Tendenz« auch eine begrenzende Funktion, denn es macht deutlich, daß die Berufsfreiheit eine »besondere Ausprägung des umfassenderen, in Art. 2 Abs. 1 GG verbürgten Rechts auf freie Entfaltung der Persönlichkeit«[243] ist, deren grundrechtliche Gewährleistung durch Art. 12 Abs. 1 GG nach Auffassung des Bundesverfassungsgerichts nicht gegen jede tatsächliche Einwirkung auf die berufliche Betätigung schützt.[244] Wann ein Staatsakt jenen qualifizierenden Voraussetzungen genügt, die das Merkmal der »objektiv berufsregelnden Tendenz« an eine Beeinträchtigung der Berufsfreiheit stellt, steht demgegenüber nicht eindeutig fest. Da es auf das objektive Vorhandensein einer »berufsregelnden Tendenz« ankommen soll, erscheint aber zunächst als naheliegend, eine »Berufsregelung« schon dann anzunehmen, wenn staatliches Handeln in spezifischer Weise an die berufliche Betätigung eines Grundrechtsträgers anknüpft. In diesem Sinne läßt sich auch die erwähnte Rechtsprechung zur Relevanz steuerrechtlicher Vorschriften für die Berufsfreiheit verstehen, wenngleich in diesen Entscheidungen letztlich keine eindeutige Festlegung erfolgt ist.[245]

---

[236] BVerfGE 13, 181 (185).
[237] BVerfGE 13, 181 (185f.).
[238] BVerfGE 13, 181 (186).
[239] Vgl. zur Schankerlaubnissteuer ferner BVerfGE 29, 327 (333).
[240] BVerfGE 16, 147 (162f.).
[241] BVerfGE 38, 61 (79).
[242] BVerfGE 22, 380 (383f.); zweifelnd für die Vergnügungsteuer BVerfGE 14, 76 (100).
[243] BVerfGE 13, 181 (185); vgl. auch BVerfGE 19, 330 (336f.).
[244] Vgl. BVerfGE 95, 267 (302); 97, 228 (253f.).
[245] Eine Anknüpfung an die berufliche Tätigkeit will offenbar die Entscheidung zur Kapitalertragsteuer ausreichen lassen, vgl. BVerfGE 22, 380 (384), während namentlich in der Entscheidung zur Beförderungsteuer ausdrücklich eine auf die Berufsfreiheit zielende Regelung angenommen wurde, vgl. BVerfGE 16, 147 (163).

Demgegenüber ist vom Bundesverfassungsgericht gelegentlich die subjektive Seite des Begriffs der berufsregelnden Tendenz in den Mittelpunkt gestellt und eine (objektive) Anknüpfung an die berufliche Betätigung nicht für ausreichend erachtet worden. So hat der Erste Senat in einem Beschluß vom 5. März 1974 die nach dem WWiG von Betrieben der Weinwirtschaft an den »Stabilisierungsfonds für Wein« zu entrichtende (Sonder-) Abgabe nicht an Art. 12 Abs. 1 GG, sondern an Art. 2 Abs. 1 GG gemessen: Die Weinwirtschaftsabgabe lasse eine berufsregelnde Tendenz nicht erkennen, weil sie lediglich formal an berufliche Tätigkeiten im Berufsbereich der Weinwirtschaft anknüpfe und weder nach der Intention des Gesetzgebers noch objektiv den Entschluß zur Wahl oder die Art der Ausübung eines Berufs in diesem Bereich motivierend steuere.[246] Unter ausdrücklicher Bezugnahme auf diese Entscheidung hat das Bundesverfassungsgericht auch einen »berufsregelnden Charakter« der Rechtschreibreform verneint, weil diese »auf den Unterricht in den Schulen ausgerichtet« bleibe und »kraft der ihr zugedachten Vorbildfunktion lediglich mittelbar Folgewirkungen in allen mit der Schriftsprache befaßten und konfrontierten Bereichen« auslöse.[247] Schon vor der Entscheidung zur Weinwirtschaftsabgabe ist ferner § 53 Abs. 5 des UrhG von 1965, der erstmals einen Vergütungsanspruch des Urhebers gegen den Hersteller eines die Vervielfältigung geschützter Werke ermöglichenden Gerätes vorsah, nicht als Berufsausübungsregelung angesehen worden, weil diese Bestimmung sich nicht auf die berufliche Tätigkeit als Hersteller von Wiedergabegeräten beziehe und diese Tätigkeit auch nicht »unmittelbar zum Regelungsgegenstand« habe. Vielmehr handele es sich um eine »interessenausgleichende Norm des Privatrechts«, die die Gerätehersteller in den Ausgleich eines mehrseitigen Interessenkonflikts einbeziehe, an dem sie beteiligt seien, ohne daß es darum gehe, der Berufsausübung »im öffentlichen Interesse Schranken zu ziehen oder Gemeinwohlbelange durchzusetzen«.[248] Auf dieser Linie liegt ferner die Auffassung des Dritten Senats des Bundesverwaltungsgerichts, die Veröffentlichung einer Liste diethylenglykolhaltiger Weine durch einen Bundesminister entbehre deshalb der berufsregelnden Tendenz – nicht aber der Erheblichkeit für die Berufsfreiheit der drittbetroffenen Weinabfüller –, weil die Listenveröffentlichung nicht darauf ziele, die Absatzchancen der Weinabfüller zu beeinträchtigen oder auch nur deren »weitere berufliche Betätigung ... in bestimmter Weise« zu beeinflussen.[249]

Ebenfalls zu erwähnen ist die Rechtsprechung des Bundesverfassungsgerichts zu kommunalrechtlichen Vorschriften, durch die insbesondere kommunalen Mandatsträgern die Geltendmachung von Ansprüchen Dritter gegen die Gebietskörperschaft verboten wird (»kommunales Vertretungsverbot«), da der Zweite Senat es in einer Reihe von Entscheidungen zum nordrhein-westfälischen Recht

[246] BVerfGE 37, 1 (17f.).
[247] BVerfGE 98, 218 (259).
[248] BVerfGE 31, 255 (265f.); vgl. ferner BVerfGE 21, 73 (85); 42, 374 (384f.).
[249] Vgl. BVerwGE 87, 37 (43).

mit vergleichbaren Erwägungen abgelehnt hat, die betreffenden gesetzlichen Regelungen[250] wie auch hierauf gestützte Einzelmaßnahmen an dem Grundrecht der Berufsfreiheit betroffener Rechtsanwälte zu messen.[251] Zwar wird schon in der ersten einschlägigen Entscheidung anerkannt, daß das kommunale Vertretungsverbot »Kollisionen zwischen der geschäftsmäßigen beruflichen Interessenvertretung durch Ehrenbeamte unterschiedlicher Berufe und ihren Amtspflichten gegenüber Gemeinde und Kreis« verhindern solle.[252] Gleichwohl erachtete der Senat Art. 12 Abs. 1 GG nicht für einschlägig, weil die zur Prüfung gestellte Vorschrift nach »ihrem Wortlaut und ihrem Zweck« keine Berufsausübungsregelung sein wolle.[253] Das Vertretungsverbot bezwecke nicht, Inhaber von Ehrenämtern in ihrer Berufsausübung zu beschränken, sondern solle die Verwaltung »von allen Einflüssen freihalten, die eine objektive, unparteiische und einwandfreie Führung der Gemeinde- und Kreisgeschäfte gefährden könnten«.[254] Weil die das Vertretungsverbot normierende Vorschrift nur darauf abziele, die Sauberkeit der öffentlichen Verwaltung zu gewährleisten, gehöre sie auch nicht zu den Bestimmungen, »die infolge ihrer Gestaltung in einem engen Zusammenhang mit der Ausübung eines Berufes stehen und objektiv eine berufsregelnde Tendenz deutlich erkennen lassen«.[255]

Den genannten Entscheidungen läßt sich damit die Tendenz entnehmen, gesetzliche Regelungen mit Bedeutung für die berufliche Betätigung eines Betroffenen nur dann an Art. 12 Abs. 1 GG zu messen, wenn mit der betreffenden Maßnahme eine Einwirkung gerade auf die berufliche Betätigung intendiert war. Allerdings hat das Bundesverfassungsgericht diese Linie nicht konsequent durchgehalten. Eine abweichende Akzentsetzung findet sich beispielsweise in einer Entscheidung aus dem Jahre 1982 zur Verfassungsmäßigkeit eines Aneignungsverbots (auch) für tote Vögel geschützter Arten. Nach Ansicht des Ersten Senats enthält die angegriffene Vorschrift zwar »keine bestimmte berufsregelnde Tendenz«. Unter Hinweis auf die oben skizzierte Rechtsprechung zu steuerrechtlichen Vorschriften gelangt der Senat gleichwohl zu dem Ergebnis, dies schließe eine Überprüfung am Maßstab des Art. 12 Abs. 1 GG nicht von vornherein aus, weil der von diesem Grundrecht gesicherte »besondere Freiheitsraum« auch durch Vor-

---

250 Früher § 24 GO NW ggf. i.V.m. § 30 Abs. 2 GO NW, § 22 Abs. 2 KrO NW, heute § 32 GO NW ggf. i.V.m. § 43 Abs. 2 GO NW, 28 Abs. 2 KrO NW.

251 Vgl. BVerwGE 41, 231 (241); 52, 42 (53f.); 56, 99 (107); 61, 68 (72); diese Auffassung ist im Schrifttum überwiegend auf Kritik gestoßen, vgl. statt vieler *F. Schoch*, Vertretungsverbot, S. 197f. m.w.N., der eine allein faktische Beeinträchtigung der Berufsfreiheit annimmt; mit Blick auf die an der vorgängigen Rspr. geübte Kritik die Anwendbarkeit des Art. 12 Abs. 1 GG offenlassend BVerfG, DVBl. 1988, S. 54 (55), zum kommunalen Vertretungsverbot in Schl.-H.

252 BVerfGE 41, 231 (241).

253 BVerfGE 41, 231 (241); ähnl. BVerfGE 52, 42 (54).

254 BVerfGE 41, 231 (242); ebenso BVerfGE 52, 42 (54).

255 BVerfGE 52, 42 (54); daran wiederum anknüpfend der Erste Senat in BVerfGE 70, 191 (214).

schriften ohne berufsregelnde Zielrichtung berührt werden könne, wenn diese »infolge ihrer tatsächlichen Auswirkungen geeignet sind, die Berufsfreiheit zu beeinträchtigen«.[256] In der Sache wird damit an die oben erwähnte – und einen Fall der Drittbeeinträchtigung betreffende – Entscheidung zu § 3 Abs. 4 DirRufVO 1974 angeknüpft, in der mit ähnlichen Erwägungen der »berufsregelnde Charakter« der Errichtung eines (faktischen) Nachfragemonopols der Bundespost bejaht worden ist.[257]

Auf dieser Linie liegt ferner ein 1990 ergangener Beschluß ebenfalls des Ersten Senats des Bundesverfassungsgerichts zur Nichtaufnahme eines Krankenhauses in den bayerischen Krankenhausplan: Der Senat stellt zunächst fest, der von Art. 12 Abs. 1 GG gesicherte Freiheitsraum könne auch dann berührt sein, »wenn die Auswirkungen hoheitlichen Handelns geeignet sind, die Berufsfreiheit zu beeinträchtigen«.[258] Alsdann wird die »berufsregelnde Tendenz« des Krankenhausfinanzierungsgesetzes bejaht, weil nicht in den Krankenhausplan aufgenommene Krankenhäuser »einem erheblichen Konkurrenznachteil« ausgesetzt würden.[259] Verneint wurde demgegenüber eine »objektiv berufsregelnde Tendenz« der sog. »Altschuldenregelung«, da die »Grundentscheidung des Gesetzgebers«, in der ehemaligen DDR begründete Schuldverhältnisse nicht aufzuheben und Betriebe an Schulden festzuhalten, die »unter planwirtschaftlichen Bedingungen entstanden sind«, lediglich eine »allgemeine Grundlage für den wirtschaftlichen Transformationsprozeß« bilde.[260] Zugleich wird aber hervorgehoben, daß eine Norm auch dann an Art. 12 Abs. 1 GG zu messen ist, wenn sie »die Berufstätigkeit selbst unberührt läßt, aber im Blick auf den Beruf die Rahmenbedingungen verändert, unter denen er ausgeübt werden kann«.[261] Auch diese Entscheidung sowie die Entscheidung zum Krankenhausfinanzierungsgesetz lassen sich mithin dahin deuten, daß eine an Art. 12 Abs. 1 GG zu messende Maßnahme schon dann vorliegt, wenn ein Staatsakt an die berufliche Betätigung des Maßnahmeadressaten anknüpft. Allerdings ist namentlich die Entscheidung zur »Altschuldenregelung« kaum mit dem Urteil zur Rechtschreibreform in Einklang zu bringen, da der Veränderung von Rahmenbedingungen der Berufsausübung eine Bedeutung für die Berufsfreiheit in dem einen Fall ausdrücklich zuerkannt[262] und in dem anderen Fall ausdrücklich abgesprochen[263] wurde, ohne daß deutlich würde, welche sachlichen Unterschiede diese unterschiedliche Behandlung sollen rechtfertigen können. Darüber hinaus ist in einem zeitlich zwischen den genannten Entscheidun-

[256] BVerfGE 61, 291 (308).
[257] Vgl. BVerfGE 46, 120 (137) und oben, S. 262f.
[258] BVerfGE 82, 209 (223).
[259] BVerfGE 82, 209 (224).
[260] BVerfGE 95, 267 (302f.).
[261] BVerfGE 95, 267 (302).
[262] BVerfGE 95, 267 (302).
[263] BVerfGE 98, 218 (259).

gen liegenden Urteil vom 17.02.1998 die berufsregelnde Tendenz von Rechtsvorschriften ohne »unmittelbaren Berufsbezug« – in der Sache noch über die Entscheidung zur »Altschuldenregelung« hinausgehend – für den Fall bejaht worden, daß die Normen »nach Entstehungsgeschichte und Inhalt im Schwerpunkt Tätigkeiten betreffen, die typischerweise beruflich ausgeübt werden.[264]

Insgesamt zeigt sich, daß der Versuch, nicht »berufsspezifische« Beeinträchtigungen der Berufsfreiheit aus dem Einwirkungstatbestand des Art 12 Abs. 1 GG unter Zuhilfenahme des Merkmals der »(objektiv) berufsregelnden Tendenz« herauszufiltern, zu einer wenig gradlinigen und inhomogenen – wenn nicht widersprüchlichen – Judikatur geführt hat.[265] Dieser Befund spiegelt sich auch in den Wendungen wider, mit denen der sachliche Gehalt desMerkmals der »(objektiv) berufsregelnden Tendenz« in der Literatur gekennzeichnet wird. So ist die Rechtsprechung des Bundesverfassungsgerichts im Schrifttum unter Berücksichtigung auch der zur Bedeutung eines »Intensitätskriteriums« vertretenen Positionen dahingehend beschrieben worden, daß eine staatliche Maßnahme »entweder gerade auf die Berufsregelung zielen oder, bei berufsneutraler Zielsetzung, sich unmittelbar auf die berufliche Tätigkeit auswirken oder in ihren mittelbaren Auswirkungen von einigem Gewicht sein« müsse.[266] Ob der Zielrichtung einer Maßnahme noch Bedeutung zukommen kann, wenn bereits ausreichen soll, daß eine Regelung sich (unmittelbar) auf die berufliche Tätigkeit auswirkt, muß indes bezweifelt werden, denn eine auf die berufliche Tätigkeit zielende Maßnahme wird zwangsläufig auch Auswirkungen im Schutzgut-Tatbestand des Art. 12 Abs. 1 GG haben. Soll es darauf ankommen, wohin eine Maßnahme zielt, so kann – umgekehrt – das alleinige Vorliegen einer tatsächlichen Einwirkung auf die berufliche Betätigung für die Annahme einer rechtserheblichen Beeinträchtigung der Berufsfreiheit folgerichtig nicht ausreichend sein.

Auch unter Zugrundelegung der soeben zitierten Formel ist daher nicht zu vermeiden, daß eine grundrechtserhebliche Einwirkung auf das Schutzgut des Grundrechts aus Art. 12 Abs. 1 GG unter Hinweis auf das Vorliegen oder Fehlen einer »berufsregelnden Tendenz« fast nach Belieben bejaht oder verneint werden kann, ohne daß die jeweilige Begründung für sich betrachtet unschlüssig wäre. Dies vermag auch nicht zu überraschen, weil die mehrdeutige Formel von der »(objektiv) berufsregelnden Tendenz« schon in der Rechtsprechung des Bundesverfassungsgerichts (zumindest) zwei voneinander zu unterscheidende und nicht miteinander zu vereinbarende Bedeutungen besitzt, ohne daß dies jemals kenntlich gemacht worden wäre. Zum einem wird eine »berufsregelnde Tendenz« verschiedentlich schon dann angenommen, wenn ein imperativ-regelnder Staatsakt –

[264] BVerfGE 97, 228 (254).

[265] Krit. auch *R. Breuer*, in: Isensee/Kirchhof (Hrsg.), HbStR, § 148 Rn. 30f., der von »verworrenen und letztlich nicht überzeugenden Abgrenzungsversuchen« (ebd., Rn. 31) spricht; *J. Ipsen*, Grundrechte, Rn. 619f.; *G. Manssen*, in: v. Mangoldt/Klein/Starck, GG, Art. 12 Rn. 72.

[266] *B. Pieroth/B. Schlink*, Grundrechte, Rn. 823; vgl. auch BVerwGE 89, 281 (283).

regelmäßig eine Rechtsnorm – an die berufliche Betätigung des Betroffenen anknüpft. Damit dürften zugleich jene Fälle beschrieben sein, in denen – wie in der Entscheidung zum WWiG gefordert – eine Regelung jedenfalls objektiv für die Wahl oder Ausübung eines Berufs von Bedeutung ist. Zum anderen hat das Bundesverfassungsgericht das Vorliegen einer »berufsregelnden Tendenz« in anderen Entscheidungen davon abhängig gemacht, daß eine Einwirkung auf die berufliche Betätigung gerade das Ziel staatlichen Handelns bildet.

(b) Unerheblichkeit des Ziels staatlichen Handelns. Zumindest einer Auffassung, die das Vorliegen einer berufsregelnden Tendenz und damit die Anwendbarkeit des Art. 12 Abs. 1 GG von den Zielen staatlichen Handelns abhängig macht, wird indes nicht gefolgt werden können. Zunächst müßte eine solche Position die Frage aufwerfen, welche Bedeutung dem Erfordernis des »objektiven« Vorhandenseins einer berufsregelnden Tendenz zukommen soll: Das Kriterium der »objektiv berufsregelnden Tendenz« erscheint allenfalls dann als nicht schon in sich widersprüchlich, wenn es als Bezugnahme auf Anknüpfungspunkte oder Auswirkungen einer Norm gedeutet wird.[267] Gewichtiger ist, daß dieses Merkmal bei einer Verknüpfung mit den Zielen und Zwecken staatlichen Handelns kaum noch die ihm ursprünglich zugedachte Funktion erfüllen könnte, den Anwendungsbereich von Art. 12 Abs. 1 GG über Regelungen der Wahl oder Ausübung eines Berufs hinaus auszudehnen, denn bei den insoweit in Betracht kommenden Fallgestaltungen wird es regelmäßig an einer »gezielten« Einwirkung auf die Berufsfreiheit fehlen. Vielmehr würden selbst solche Fallgestaltungen nicht mehr zweifelsfrei von Art. 12 Abs. 1 GG erfaßt, die erkennbar und »objektiv« für die Wahl oder Ausübung eines Berufs von Bedeutung sind, wie das Beispiel des »kommunalen Vertretungsverbots« zeigt: Zwar ist unbestreitbar, daß derartige Bestimmungen in erster Linie als Reglementierung des Verhaltens von ehrenamtlich tätigen Personen zu begreifen sind. Andererseits ist nicht zu verkennen, daß ein solches Vertretungsverbot ein Verhalten der Normadressaten gerade in ihrer Eigenschaft als Privatpersonen betrifft, so daß eine Anknüpfung an deren berufliche Betätigung mit der Erwägung des Bundesverfassungsgerichts bejaht werden kann, es sollten Kollisionen zwischen einerseits der »geschäftsmäßigen beruflichen Interessenvertretung« und andererseits den »Amtspflichten gegenüber Gemeinde und Kreis« vermieden werden.[268] Ein »kommunales Vertretungsverbot« vermag der Ausübung insbesondere rechtsberatender Berufe – um eine Formulierung aus der Entscheidung zu § 53 Abs. 5 UrhG 1965 aufzugreifen – »im öffentlichen Interesse

---

[267] Eine *contradictio in adiecto* annehmend *J. Ipsen*, Grundrechte, Rn. 619, weil das Element der (berufsregelnden) Tendenz offenbar auf gesetzgeberische Absichten und Ziele bezogen sei, dieses finale Element aber nicht zugleich »objektiv« sein könne; allerdings ist wohl nicht generell ausgeschlossen, einer Norm im Hinblick auf Anknüpfungspunkte und Auswirkungen eine »objektive« (Regelungs-) Tendenz zu entnehmen.

[268] Vgl. BVerfGE 41, 231 (241).

Schranken zu ziehen«[269] und damit objektiv eine Reglementierung beruflicher Betätigung insoweit zu bewirken, als Normadressaten rechtsberatend tätig sind. Wollte man auch für derartige Fälle eine Einwirkung auf den Schutzgut-Tatbestand des Art. 12 Abs. 1 GG im Hinblick auf gesetzgeberische Zielsetzungen verneinen, könnte folglich eine das Verhalten namentlich von Rechtsanwälten bei der Berufsausübung real und unmittelbar betreffende Regelung nicht an deren Berufsfreiheit gemessen werden.

Darüber hinaus läßt sich die Anwendbarkeit des Art. 12 Abs. 1 GG schon deshalb nicht in überzeugender Weise mit den Zwecken und Zielen staatlichen Handelns verknüpfen, weil Einwirkungen auf grundrechtliche Schutzgüter regelmäßig nicht um ihrer selbst willen erfolgen, so daß auch Beeinträchtigungen der Berufsfreiheit kaum einmal – und nur um den Preis ihrer Verfassungswidrigkeit – ein »Selbstzweck« sein werden, sondern öffentlichen Interessen oder vorrangig schützenswerten Belangen Privater dienen sollen. Könnten die mit einem Rechtsakt (Norm oder Verwaltungsakt) als »Endzweck« verfolgten Zielsetzungen – wie beispielsweise der Ausgleich divergierender Interessen Privater durch § 53 Abs. 5 UrhG oder die Vermeidung von Interessenkonflikten und damit die »Sauberkeit« der öffentlichen Verwaltung im Falle des »kommunalen Vertretungsverbots« – eine berufsregelnde Tendenz ausschließen, wäre im Falle einer für die berufliche Betätigung von Normadressaten objektiv relevanten Bestimmung fast immer möglich, eine Berufsausübungsregelung und damit zugleich eine Einwirkung auf die Berufsfreiheit mit der Begründung zu verneinen, der betreffenden Regelung fehle es an einer gerade auf die berufliche Betätigung gerichteten Zielsetzung. Selbst »klassische« Berufsausübungsregelungen würden danach nicht mehr zweifelsfrei von Art. 12 Abs. 1 GG erfaßt.

Die Anwendbarkeit von Art. 12 Abs. 1 GG im Falle von Auswirkungen staatlichen Handelns auf die berufliche Betätigung eines Maßnahmeadressaten kann daher nicht davon abhängig gemacht werden, ob es der handelnden Stelle gerade auf diese Wirkung ihres Handelns ankam.[270] Ob in derartigen Fällen zumindest eine Anknüpfung an die berufliche Betätigung eines Maßnahmeadressaten zu verlangen ist oder – wie näherliegend erscheint – die Berufsfreiheit entsprechend der Vorgehensweise bei anderen Grundrechten schon aufgrund des Vorhandensein von Auswirkungen der betreffenden Maßnahme im Schutzgut-Tatbestand des Art. 12 Abs. 1 GG den anzuwendenden Prüfungsmaßstab bildet,[271] mag demgegenüber an dieser Stelle offen bleiben.

[269] BVerfGE 31, 255 (265).

[270] Insofern hat es seine Berechtigung, wenn *U. Di Fabio*, Risikoentscheidungen, S. 430, fordert, daß die Finalität einer die Berufsfreiheit beeinträchtigenden Maßnahme zumindest dann bejaht werden sollte, »wenn die Grundrechtsauswirkung das planvoll eingesetzte Mittel ist, um einen öffentlichen Zweck zu erreichen«.

[271] In diese Richtung *G. Manssen*, in: v. Mangoldt/Klein/Starck, GG, Art. 12 Rn. 73.

bb. Finalität und Intention

Mit diesen Überlegungen zu Inhalt und Bedeutung des Kriteriums der »berufsregelnden Tendenz« ist ein wesentlicher Gesichtspunkt auch im Hinblick auf die Anwendung eines Finalitätskriteriums bei Einwirkungen auf grundrechtlich (potentiell) geschützte Positionen eines Dritten bezeichnet: Zwar betrifft das Kriterium der »(objektiv) berufsregelnden Tendenz« unabhängig von den Anforderungen an deren Vorliegen im Regelfall nicht die grundrechtliche Relevanz staatlichen Handelns, denn es steht außer Frage, daß jedenfalls bei einem adressatbelastenden Rechtsakt eine grundrechtserhebliche Einwirkung auf die allgemeine Verhaltensfreiheit vorliegt, wenn die Anwendbarkeit von Art. 12 Abs. 1 GG am Fehlen einer berufsregelnden Tendenz scheitern sollte. Die Frage kann daher nur sein, ob eine Maßnahme mit Bedeutung für die berufliche Betätigung des Adressaten an dem speziellen Freiheitsrecht des Art. 12 Abs. 1 GG oder dem Grundrechtsschutz der allgemeinen Verhaltensfreiheit durch Art. 2 Abs. 1 GG zu messen ist. Gleichwohl kann eine Parallele auch zu der Fallgruppe der Drittbeeinträchtigung gezogen werden, wie sich schon an der oben erörterten Entscheidung zu § 3 Abs. 4 DirRufVO 1974[272] ablesen läßt, denn es geht jeweils um die Frage, ob der Eintritt einer bestimmten Rechtsfolge – sei es die Anwendbarkeit von Art. 12 Abs. 1 GG oder die grundrechtliche Relevanz einer Drittbeeinträchtigung – von den Zielen und Absichten abhängig gemacht werden kann, die mit einer staatlichen Intervention verfolgt werden. Auch für Einwirkungen auf grundrechtlich (potentiell) geschützte Positionen eines Dritten läßt sich daher feststellen, daß derartige Folgen staatlichen Handelns jedenfalls nicht dessen allein angestrebte Folge sind, sondern allenfalls »Nebenfolgen« des Effektes bilden, um dessentwillen der Staat tätig geworden ist. Staatliches Handeln ist auch dann regelmäßig auf die Erfüllung öffentlicher Aufgaben gerichtet, wenn die Einwirkung auf den Maßnahmeadressaten mit Blick auf Dritte erfolgt. In derartigen Fällen – nochmals erinnert sei an das Beispiel des Widerrufs einer Arzneimittelzulassung – dient eine Regelung letztlich dem Zweck, mittelbar auch dem Dritten – wie das Bundesverfassungsgericht in anderem Zusammenhang formuliert hat[273] – »im öffentlichen Interesse Schranken zu ziehen oder Gemeinwohlbelange durchzusetzen«.[274]

Diesem Befund entspricht, daß die verhaltenssteuernde Einwirkung auf den Adressaten eines imperativ-regelnden Rechtsaktes ebenfalls nur instrumentellen Charakter besitzt, denn sie dient der (zwangsweisen) Herbeiführung einer Handlung, Duldung oder Unterlassung, die ihrerseits kein »Selbstzweck« ist, sondern

---

[272] Vgl. oben, S. 262f.

[273] BVerfGE 31, 255 (265f.); vgl. ferner BVerfGE 21, 73 (85); 42, 374 (384f.).

[274] Aus welchem öffentlichen Interesse ein Bürger ein gewünschtes Arzneimittel nicht soll bekommen können, teilt das BVerwG, NJW 1993, S. 3002f., allerdings nicht mit. Es drängt sich daher die Vermutung auf, daß hier ein Schutz der Normadressaten vor sich selbst intendiert ist.

zur Wahrung und Verfolgung von Belangen benennbarer Dritter oder der Allgemeinheit erfolgt, sofern nicht im Einzelfall ein – verfassungsrechtlich regelmäßig zweifelhafter – Schutz des Betroffenen »vor sich selbst« intendiert ist. Gleichwohl wird – soweit ersichtlich – nicht bezweifelt, daß auch der »freiheitswidrige Effekt« eines adressatbelastenden Rechtsaktes (final) »gewollt« ist, wie sich schon daran ablesen läßt, daß das Merkmal der Finalität eines der tragenden Elemente des »traditionellen« Eingriffsbegriffs bildet: In diesen Fällen ist die Finalität der Beeinträchtigung mit der Adressatenstellung des Betroffenen vielmehr untrennbar verknüpft, weil ein adressatbelastender Rechtsakt schon nach seinem Inhalt gerade darauf gerichtet ist, ein bestimmtes Verhalten des Regelungsadressaten zu erzwingen. Daß es sich bei diesem (ebenfalls) intendierten Verhalten des Maßnahmeadressaten seinerseits nur um eine »Vorstufe« oder die »Kehrseite« des mit dem Rechtsakt letztlich angestrebten Erfolgs handelt, erscheint demgegenüber als unschädlich. Im Falle der »Trunkenbold«-Entscheidung des Preußischen Oberverwaltungsgerichts ist für das Vorliegen einer (final) gezielten Beeinträchtigung (jedenfalls) der Schankwirte folgerichtig nicht von Belang, ob die angegriffene Verfügung (bzw. die ihr zugrundeliegende Polizeiverordnung) allein als gewerberechtliche Regelung zu qualifizieren ist oder auch der »Besserung der Trunkenbolde« dienen sollte. Allein entscheidend ist vielmehr, daß mit dem Verbot des Ausschanks von Branntwein auf ein bestimmtes Verhalten der Schankwirte gezielt wird und auch dessen Reglementierung damit angestrebt (»beabsichtigt«) ist. An dieser Stelle läßt sich daher eine Parallele zu dem strafrechtlichen Vorsatzbegriff ziehen, da es für die Vorsatzform der »Absicht« nicht darauf ankommt, ob die Herbeiführung eines bestimmten (tatbestandlichen) Erfolgs zugleich »Beweggrund« oder »Motiv« eines Täters ist oder lediglich ein »Zwischenziel« vorliegt, das sich »als »Mittel zur Erreichung weiterer Ziele darstellt«.[275] Die Folgen einer Handlung können deshalb auch dann beabsichtigt sein, wenn »der erstrebte Erfolg weiteren und andersgearteten Zielen des Täters dient«,[276] nur ein (notwendiger) Zwischenschritt auf dem Weg zur Realisierung des mit einer Tat verfolgten »Endzwecks« ist.[277]

Die Annahme einer (final) »gewollten« Einwirkung auf grundrechtlich (potentiell) geschützte Positionen muß folglich nicht schon deshalb scheitern, weil die beeinträchtigende Wirkung einer staatlichen Intervention nicht deren »Endzweck« bildet. Im Hinblick auf Drittbeeinträchtigungen bleibt daher allein fraglich, welche Bedeutung der Umstand besitzt, daß der (dritt-) beeinträchtigende Effekt anders als die verhaltenssteuernde Einwirkung auf den Adressaten eines imperativ-regelnden Rechtsakts regelmäßig kein »Mittlerfunktionen« entfaltender Zwischenschritt auf dem Wege zu dem primär angestrebten Erfolg ist, son-

---

[275] So *H.-H. Jescheck/Th. Weigend*, Lehrbuch des Strafrechts, S. 297.

[276] So *C. Roxin*, Strafrecht, Bd I, § 12 Rn. 10.

[277] Vgl. *H.-H. Jescheck/Th. Weigend*, Lehrbuch des Strafrechts, S. 297; *C. Roxin*, Strafrecht, Bd I, § 12 Rn. 10; *J. Wessels/W. Beulke*, Strafrecht AT, Rn. 211.

dern hiermit nur mehr oder weniger zwangsläufig einhergeht. Naheliegend ist allerdings, eine finale Drittbeeinträchtigung jedenfalls dann anzunehmen, wenn die drittbeeinträchtigende und die primär intendierte Wirkung staatlichen Handelns dergestalt miteinander verknüpft sind, daß sich auch der verfolgte »Endzweck« der betreffenden Maßnahme in der Sphäre des Dritten realisieren soll. Weist staatliches Handeln einen besonderen Bezug zu dem Dritten auf, weil es beispielsweise seiner »Besserung« zu dienen bestimmt ist, so erscheinen die (aufgezwungene) »Begünstigung« und die Belastung als untrennbar miteinander verknüpft und deshalb jeweils beabsichtigt.

In diesem Zusammenhang kann nochmals auf das Beispiel der Anordnung allgemeiner Ladenschlußzeiten durch das LSchlG verwiesen werden: Nach dem Willen des Gesetzgebers war es Hauptzweck dieses Gesetzes, »die Angestellten in den Verkaufsstellen vor zu langer Arbeitszeit an Werktagen und vor verbotener Sonntagsbeschäftigung zu schützen«, so daß »in erster Linie ein Anliegen des Arbeitsschutzes« verfolgt und die Gesetzgebungskompetenz des Bundes dementsprechend auf Art. 74 Nr. 12 GG gestützt worden ist.[278] Dabei wurde die gefundene Regelung mit der – fragwürdigen[279] – Erwägung gerechtfertigt, eine Eindämmung ungesetzlicher Arbeitszeiten lasse sich »am einfachsten und wirksamsten durch die Festsetzung von Ladenschlußzeiten erzielen, da die Tatsache, ob ein Laden offen oder geschlossen ist, leicht festgestellt werden kann«.[280] Da demnach intendiert war, die Einhaltung der (seinerzeit geltenden) Arbeitszeitvorschriften der AZO zugunsten des im Einzelhandel beschäftigten (Verkaufs-) Personals zu gewährleisten, darf angenommen werden, daß die mit diesem aufgezwungenen »Schutz« einhergehende Einschränkung der Berufsfreiheit der drittbetroffenen Angestellten ebenfalls gewollt ist. Demgegenüber müßte die mit der Anordnung von Ladenschlußzeiten zwangsläufig und voraussehbar einhergehende Einwirkung auf die Kunden auf Basis einer Anknüpfung an die jeweiligen Absichten und Intentionen des Staates als nicht-finale Drittbeeinträchtigung qualifiziert werden, weil es sich lediglich um einen »Nebeneffekt« einer in eine andere Richtung zielenden Maßnahme handelt.[281]

---

[278] BT-Drucks. II/2810, S. 1.

[279] Unter Geltung des Grundgesetzes ist es jedenfalls unzulässig, Bürger im Interesse einer leichteren staatlichen Überwachung in der Freiheit der Berufswahl zu begrenzen, vgl. BVerfGE 65, 116 (129); dieser Grundsatz gilt nach BVerfGE 86, 28 (44), auch bei einer Beschränkung der Berufsausübung, »die nur an objektive Merkmale geknüpft ist und wettbewerbsverzerrende Wirkung hat«; s. ferner BVerfGE 59, 336 (339); BVerwGE 28, 295 (302); unabhängig vom Vorliegen dieser Voraussetzungen ist jedoch nicht ersichtlich, warum die gravierende Beeinträchtigung von Geschäftsinhabern, Kunden und Arbeitnehmern durch das LSchlG aufgrund eines staatlichen Interesses an einer erleichterten Überwachung der Einhaltung von Arbeitszeitvorschriften zulässig sein sollte, insoweit krit. auch *F. Hufen*, NJW 1986, S. 1291 (1297); anders wohl *R. Stober*, JZ 1996, S. 541 (545).

[280] BT-Drucks. II/2810, S. 1.

[281] So wohl *J. Schwabe*, Grundrechtsdogmatik, S. 191.

Schon in diesem wenig überzeugenden Ergebnis deutet sich an, daß es letztlich nicht sachgerecht ist, das Vorliegen einer finalen Drittbeeinträchtigung aus der Beziehung ableiten zu wollen, die zwischen dem drittbeeinträchtigenden Effekt und dem primär mit staatlichem Handeln verfolgten Ziel besteht: Ist zum Zwecke der Gewährleistung von Arbeitnehmerschutz jedenfalls als »Zwischenziel« gewollt, daß während der Ladenschlußzeiten eine Verkaufstätigkeit unterbleibt, so liegt nahe, auch die mit dieser »gewollten« Einwirkung auf die Ladeninhaber als deren »Kehrseite« zwangsläufig einhergehende Beeinträchtigung der Einkaufsmöglichkeiten der Kunden mit dem Bundesverfassungsgericht nicht nur als unerhebliche Reflexwirkung der Anordnung allgemeiner Ladenschlußzeiten anzusehen. Eine Anknüpfung an »gewollte« Folgen staatlicher Interventionen müßte vielmehr zu sachwidrigen Differenzierungen führen, weil sich die regelnde oder influenzierende Einwirkung auf einen Maßnahmeadressaten und die dadurch ausgelöste Beeinträchtigung eines Dritten trotz ihrer »kehrseitigen« Verknüpfung logisch trennen lassen und diese verschiedenen Wirkungen staatlichen Handelns deshalb im Hinblick auf die Willensrichtung der handelnden Behörde einer eigenständigen und unterschiedlichen Beurteilung zugänglich sind, wie gerade das Beispiel des LSchlG zeigt. Da in dessen Auswirkungen auf die Kunden – anders als in der Beeinträchtigung der ebenfalls drittbetroffenen Arbeitnehmer – keine beabsichtigte Folge der Anordnung allgemeiner Ladenschlußzeiten zu sehen ist, ließe sich eine finale Drittbeeinträchtigung nur dann ohne weiteres bejahen, wenn von einer Verantwortlichkeit des Staates jedenfalls für solche Folgen seines Handelns ausgegangen wird, die mit der betreffenden Maßnahme notwendig verknüpft sind und deshalb von der handelnden Stelle auch (billigend) in Kauf genommen werden. Damit einher geht jedoch eine Verschiebung der Perspektive, weil die voluntativen durch kognitive Aspekte überlagert und verdrängt werden.

Dessen ungeachtet wird eine (final) »gewollte« Drittbeeinträchtigung vielfach jedenfalls dann bejaht werden können, wenn eine staatliche (oder staatlich finanzierte) Warnung vor bestimmten Produkten oder (religiösen) Vereinigungen der Abwehr von Gefahren dient, die nach Ansicht der handelnden Stelle dem betreffenden Produkt anhaften oder mit der Tätigkeit der betreffenden Vereinigung einhergehen.[282] Ablesen läßt sich dies an der Entscheidung des Bundesverwaltungsgerichts zur finanziellen Förderung eines vor »neuen religiösen Bewegungen« warnenden Vereins. Ob es der beklagten Bundesrepublik in diesem Fall gerade auch auf einen drittbeeinträchtigenden Erfolg ankam, hat der Siebente Senat zwar – wie erwähnt[283] – schon deshalb für unerheblich erachtet, weil es sich bei ei-

[282] Ähnl. *U. Di Fabio*, JuS 1997, S. 1 (5): Die Beeinträchtigung von Grundrechten sei »notwendigerweise mitgewollt«; vgl. auch *P.-M. Huber*, Konkurrenzschutz, S. 364f.; *F. Schoch*, DVBl. 1991, S. 667 (671); s. ferner *C. Gusy*, NJW 2000, S. 977 (983), der ohne weiteres von der Finalität staatlicher Warnungen ausgeht, weil diese gerade darauf gerichtet seien, »das Käufer- oder Mitgliederverhalten zu beeinflussen«.

[283] Vgl. oben, S. 260.

nem solchen Effekt gerade um »die ›Kehrseite‹ der erstrebten Beeinflussung der Öffentlichkeit« handele und die angegriffene Maßnahme deshalb als auch auf die Kläger gerichtet erscheine.[284] Darüber hinaus wird eine mit der Förderung des begünstigten Vereins einhergehende Drittbeeinträchtigung aber auch als intendiert anzusehen sein, womit zugleich eine strukturelle Parallele zwischen einerseits Beeinträchtigungen eines Drittbetroffenen durch influenzierendes Staatshandeln – insbesondere »Warnungen und Empfehlungen« – und andererseits Drittbeeinträchtigungen infolge adressatbelastenden Staatshandelns deutlich wird: Will der Staat mit seinem Handeln den Schutz der Bevölkerung vor einer religiös-weltanschaulichen Bewegung und den von ihr angeblich oder tatsächlich ausgehenden Gefahren bewirken, so schließt dies notwendig ein, daß eine Beeinträchtigung des Erfolgs der betroffenen Religionsgemeinschaft bei ihrem Werben um Zustimmung in der Bevölkerung eintritt. Auch in diesem Fall löst die Beachtung einer staatlichen Maßnahme durch ihren Adressaten daher eine »spiegelbildliche« Beeinträchtigung eines Dritten aus; ein bedeutsamer Unterschied zu der Drittbeeinträchtigung im Falle der »Trunkenbold-Entscheidung« des preußischen Oberverwaltungsgerichts als einem Beispiel für adressatbelastendes Staatshandeln durch Rechtsakt besteht insoweit nicht. Der Annahme einer finalen Drittbeeinträchtigung steht demgemäß nicht entgegen, daß es dem Staat bei eigener warnender Tätigkeit wie auch der Unterstützung einer entsprechenden Betätigung Privater letztlich darum gehen wird (und nur darum gehen kann), Schaden von den Warnungsadressaten abzuwenden. Da die staatlich finanzierte – und dadurch erst ermöglichte – Tätigkeit des geförderten Vereins gerade darauf gerichtet war, die Haltung – und damit das Verhalten – der Bevölkerung in bezug auf eine werbende oder missionierende Tätigkeit (u.a.) der klagenden (Meditations-) Vereine zu beeinflussen, läßt sich vielmehr sagen, daß der gewünschte Erfolg der staatlicherseits (mit-) verursachten Warnung gerade auch in der Erfolglosigkeit der Bemühungen der betroffenen Religionsgemeinschaft um Zustimmung besteht. Die gewollte Einwirkung auf die Adressaten der staatlichen Informationsakte und die Beeinträchtigung der drittbetroffenen Religionsgemeinschaft lassen sich nicht voneinander trennen, weil eine Bekämpfung von Gefahren gewollt war, die nach Auffassung der handelnden Stellen allein von dem Dritten ausgingen.

Damit mag dieser Sachverhalt als Beispiel dafür dienen, daß eine drittbeeinträchtigende Folge staatlichen Handelns (ausnahmsweise) als intendiert qualifiziert werden kann. Auch im Bereich der staatlichen (oder staatlich finanzierten) Warnung vor bestimmten Produkten oder (religiösen) Vereinigungen finden sich aber Fallgestaltungen, in denen eine andere Beurteilung möglich erscheint, wie das Beispiel der Veröffentlichung von Arzneimittel-Transparenzlisten mit Qualitätssicherungskennzeichen illustriert: Diese Maßnahme diente dem Zweck, durch preisliche Transparenz auf dem Arzneimittelmarkt eine Senkung des Arz-

[284] BVerwGE 90, 112 (121).

neimittelpreisniveaus und damit letztlich eine »Kostendämpfung im Gesundheitswesen« zu bewirken. Zugleich ist unschwer zu erkennen, daß die Beeinträchtigung eines Dritten auch in diesem Fall ohne weiteres aus einer erfolgreichen Einwirkung auf die Maßnahmeadressaten resultiert. Auch in der »Transparenzlisten«-Entscheidung des Bundesverwaltungsgerichts wird daher mit Recht betont, daß wirtschaftliche Nachteile für einzelne Hersteller und Anbieter von Arzneimitteln die »Kehrseite« der mit der Veröffentlichung von Arzneimittel-Transparenzlisten angestrebten Spareffekte sind.[285] Eine andere Frage ist, ob schon aus diesem Grunde mit dem Bundesverwaltungsgericht davon gesprochen werden kann, daß die angegriffene Maßnahme auch auf einen Umsatzrückgang bei den Arzneimittelherstellern ziele, da es den handelnden Stellen ersichtlich in erster Linie auf eine Reduzierung der staatlichen Ausgaben, nicht aber eine Minderung der Einnahmen bei den Leistungsanbietern ankam. Daß mit der Veröffentlichung von Arzneimittel-Transparenzlisten ein derartiger Einnahmerückgang zwangsläufig verbunden ist und deshalb nach dem vorgestellten Verlauf des Geschehens notwendig eintreten wird, berechtigt noch nicht zu der Annahme, derartige Auswirkungen einer Veröffentlichung von Arzneimittel-Transparenzlisten könnten schon aus diesem Grunde (ebenfalls) als deren »Ziel« und beabsichtigte Folge qualifiziert werden. Wird nochmals die Parallele zum strafrechtlichen Vorsatzbegriff gezogen, so läßt sich das subjektive Element der inneren Einstellung des Handelnden zu einem solchen »Nebeneffekt« seines Tuns vielmehr mit dem Begriff des »direkten Vorsatzes« kennzeichnen; »Absicht« liegt hingegen nicht vor.[286]

Damit macht dieses Beispiel ebenfalls deutlich, daß die Folgen staatlichen Handelns für einen Dritten selbst im Falle einer »kehrseitigen« Drittbeeinträchtigung nicht notwendig in dem Sinne »gewollt« sind, daß sie zugleich das Ziel einer Maßnahme bilden. Vielmehr ist denkbar, daß trotz des voraussehbaren Eintritts derartiger Folgen gehandelt wird und diese nur in Kauf genommen werden.[287] Wird gleichwohl mit dem Dritten Senat des Bundesverwaltungsgerichts davon ausgegangen, daß im Falle einer Veröffentlichung von Transparenzlisten nicht mehr von der »bloßen Realisierung eines gleichsam systemtypischen Risikos des Un-

---

[285] Vgl. BVerwGE 71, 183 (194).

[286] Anders *H. Sodan*, Funktionsträger, S. 496.

[287] Dies dürfte zugleich der wesentliche Grund dafür sein, daß im Hinblick auf die grundrechtliche Relevanz influenzierenden Staatshandelns im Schrifttum verschiedentlich zwischen (konkreten) Warnungen und (allgemein gehaltenen) Empfehlungen unterschieden wird, vgl. *T. Leidinger*, DÖV 1993, S. 925 (929f.); *R. Gröschner*, DVBl. 1990, S. 619 (626); ähnl. auch *M. Heintzen*, VerwArch 81 (1990), S. 532 (543ff.); *ders.*, NuR 1991, S. 301 (305f.); mit anderer Begründung auch *R. Philipp*, Verbraucherinformationen, S. 157; nicht überzeugend ist in diesem Zusammenhang allerdings die Betonung der Autonomie der Angesprochenen, denn es ist gerade Kennzeichen des influenzierenden Staatshandelns durch Warnungen und Empfehlungen, daß die Bürger ein »Letztentscheidungsrecht« behalten; die Unterschiede zwischen den genannten Fallgruppen sind daher auch »nicht prinzipieller, sondern gradueller Natur«, wie *M. Heintzen* (ebd., S. 544) insoweit zu Recht hervorhebt.

ternehmers« gesprochen werden kann,[288] so heißt dies folglich, daß es für das Vorliegen von Finalität nicht darauf ankommt, ob gerade die Beeinträchtigung grundrechtlich (potentiell) geschützter Positionen eines Dritten intendiert (»beabsichtigt«) ist und damit »gezielt« erfolgt. Vielmehr ist eine Drittbeeinträchtigung auf dieser Grundlage auch dann als final »gewollt« zu bezeichnen, wenn ihr Eintritt mit staatlichem Handeln notwendig verknüpft und deshalb voraussehbar ist.[289] Dem entspricht die Linie, die der Siebente Senat des Bundesverwaltungsgerichts in der Entscheidung zur finanziellen Förderung (u.a.) gegen die sog. »Osho-Bewegung« gerichteter Aktivitäten eines privaten Vereins eingeschlagen hat, da in diesem Fall mit Blick auf die »Kehrseitigkeit« der Drittbeeinträchtigung schon nicht mehr erörtert worden ist, ob – was naheliegt[290] – eine Beeinträchtigung der drittbetroffenen Religionsgemeinschaft intendiert war.[291] Ebenso verhält es sich mit der Entscheidung ebenfalls des Siebenten Senats des Bundesverwaltungsgerichts zu (eigenen) Äußerungen der Bundesregierung über die »TM-Bewegung«, da deren Grundrechtserheblichkeit deshalb bejaht wurde, weil »derartige öffentliche Äußerungen des Staates ... für die Ausbreitung der angesprochenen Religions- oder Weltanschauungsgemeinschaft und ihre Rolle in der religiös-weltanschaulichen Auseinandersetzung ... schwerwiegende Folgen haben können«, die »beabsichtigt und im übrigen vorhergesehen und in Kauf genommen« seien.[292] Auch in diesem Fall werden folglich die nachteiligen Folgen einer öffentlichen Warnung schon deshalb als grundrechtlich relevant qualifiziert, weil sie nach dem erwarteten und gewollten Geschehensablauf eintreten und damit zugleich in Kauf genommen werden. Daß dieser drittbeeinträchtigende Effekt nach Auffassung des Senats auch »beabsichtigt« war, ist damit nicht mehr entscheidend. Folgerichtig läßt der Dritte Senat des Bundesverwaltungsgerichts in der »Warentest«-Entscheidung ausreichen, daß die Veröffentlichung des negativen Ergebnisses eines Produkttests durch eine Behörde »als nicht bezweckte aber voraussehbare und in Kauf genommene Nebenfolge eine schwerwiegende Beeinträchtigung der Berufsfreiheit« des Herstellers bewirke.[293]

Darüber hinaus hat der Dritte Senat des Bundesverwaltungsgerichts die vom Siebenten Senat mit Blick auf Art. 4 GG entwickelte Rechtsprechung in seiner Entscheidung zur Zulässigkeit der Veröffentlichung einer Liste diethylenglykolhaltiger Weine durch einen Bundesminister unter Hinweis auf die Voraussehbarkeit und damit auch (billigende) Inkaufnahme einer Beeinträchtigung der Weinabfüller auf einen Sachverhalt übertragen, der sich – wie erwähnt[294] – von den bis-

[288] BVerwGE 71, 183 (195).
[289] So *M. Heintzen*, VerwArch 81 (1990), S. 532 (546f.).
[290] Vgl. oben, S. 276.
[291] Zust. *U. Di Fabio*, JuS 1997, S. 1 (5).
[292] BVerwGE 82, 76 (79).
[293] BVerwG, NJW 1996, S. 3161.
[294] Vgl. oben, S. 261f.

lang behandelten Fallgestaltungen dadurch unterscheidet, daß die Beeinträchtigung eines Dritten nicht die »Kehrseite« einer erfolgreichen Einwirkung auf die Maßnahmeadressaten ist. Weil – wie der Dritte Senat zu Recht hervorhebt[295] – die mit einem gesundheitsgefährdenden Inhaltsstoff versetzten Weine ohnehin nicht mehr verkehrsfähig waren, vermochte eine Beeinträchtigung des Absatzes dieser Weine durch eine staatliche Warnung keine eigenständige Grundrechtserheblichkeit mehr zu erlangen.[296] Eine grundrechtliche Relevanz der Listenveröffentlichung läßt sich daher in Übereinstimmung mit dem Bundesverwaltungsgericht[297] allein daran knüpfen, daß Verbraucher infolge der staatlichen Warnung den Erwerb anderer Weine der Betroffenen unterlassen und damit den Erfolg der (beruflichen) Betätigung dieser Weinabfüller schmälern. Dies wiederum ist eine nach der Lebenserfahrung zwar naheliegende,[298] nicht aber mit der Beachtung der Warnung vor den DEG-kontaminierten Weinen durch die Maßnahmeadressaten denknotwendig – als deren »Kehrseite« – verknüpfte Folge der staatlichen Intervention.[299] Unter Zugrundelegung dieser Entscheidung wären folglich voraussehbare (und in Kauf genommene) Folgen staatlichen Handelns jedenfalls bei Vorliegen der geforderten »Nachhaltigkeit« der Beeinträchtigung unabhängig von dem zugrundeliegenden »Wirkungszusammenhang« als grundrechtlich erheblich zu qualifizieren.

Diese Position des Dritten Senats entbehrt auch nicht der Folgerichtigkeit: Wird angenommen, daß eine finale Einwirkung auf grundrechtlich (potentiell) geschützte Positionen eines Dritten auch dann vorliegen kann, wenn dessen Beeinträchtigung nicht als »Endzweck« oder (jedenfalls) »Zwischenziel« staatlichen Handelns beabsichtigt ist, so liegt zunächst nahe, das letztlich auf die Einstellung des Handelnden zu einem Erfolg zielende Kriterium der Finalität mit der Inkaufnahme voraussehbarer (oder zumindest vorausgesehener) Folgen einer Maßnahme zu verknüpfen. Auf Basis einer solchen Vorgehensweise ist jedoch nicht ersichtlich, warum die grundrechtliche Relevanz einer vorausgesehenen und ebenfalls in Kauf genommenen Drittbeeinträchtigung daran scheitern sollte, daß sie nicht die »Kehrseite« der angestrebten Wirkung staatlichen Handelns bildet, ihr vielmehr eine weitere autonom getroffene Entscheidung des Adressaten zugrunde liegt,[300] zumal gerade in Fällen staatlicher Warnungen und Empfehlungen auch schon deren Beachtung im Belieben des Adressaten steht und damit auf dessen autonomer Entscheidung beruht. Daß mit dem angestrebten, in seinem Eintritt

---

[295] Vgl. BVerwGE 87, 37 (49).
[296] Ebenso *P.-M. Huber*, Konkurrenzschutz, S. 362.
[297] Vgl. BVerwGE 87, 37 (44f.).
[298] Die Vorhersehbarkeit dieser Folge bejahend auch *F. Schoch*, DVBl. 1991, S. 667 (670).
[299] Die Finalität deshalb verneinend *A. Roth*, Drittbetroffenheit, S. 215 (in Fn. 84), der den Zusammenhang mit dem verfolgten Zweck für »zufällig« hält.
[300] So auch *M. Heintzen*, VerwArch 81 (1990), S. 532 (546).

aber selbst nicht einmal sicheren[301] Effekt einer Maßnahme ein drittbeeinträchtigender Effekt notwendig (»kehrseitig«) verknüpft ist, bildet vielmehr nur eine denkbare Ursache für die Voraussehbarkeit einer in Kauf genommenen Folge staatlichen Handelns.[302]

---

[301] Dies betont zu Recht *U. Di Fabio*, JuS 1997, S. 1 (5).

[302] Demgegenüber vermögen die weiteren Ausführungen des Dritten Senats in BVerwGE 87, 37 (45ff.), über weite Strecken nicht zu überzeugen. So muß zunächst auf Widerspruch stoßen, daß der Senat mit Blick auf die »schwerwiegende Einschränkung« der beruflichen Betätigungsmöglichkeiten der Weinabfüller den Schutzbereich des Art. 12 Abs. 1 GG zwar als berührt ansieht (ebd., S. 44), die grundrechtliche Relevanz dieses Vorgangs aber gleichwohl mit der Begründung verneint (ebd., S. 50), die angegriffene Listenveröffentlichung sei aufgrund einer »gleichfalls in der Verfassung verankerten Befugnis der Regierung zur verantwortlichen Leitung des Ganzen der inneren und äußeren Politik« (ebd., S. 46) gestattet, weil sie auch in der Sache »bei der gebotenen fallbezogenen Abwägung zwischen den auf dem Spiele stehenden verfassungsrechtlich geschützten Gütern gerechtfertigt« gewesen sei und in »jeder Hinsicht dem Grundsatz der Verhältnismäßigkeit« genüge (ebd., S. 48f.). Damit vertritt der Dritte Senat erkennbar eine »Immanenzlehre«, die ihm die Folgerung ermöglicht, mangels eines »Grundrechtseingriffs« bedürfe es für die Listenveröffentlichung keiner gesetzlichen Grundlage. Dies läßt eine Grundhaltung erkennen, derzufolge gesetzliche Regelungen bei ansonsten verhältnismäßigem Verwaltungshandeln nur effizienzhemmender Ballast und deshalb entbehrlich sind; vgl. hierzu die Kritik von *F. Schoch*, DVBl. 1991, S. 667 (671f.). Allerdings bleiben die Auswirkungen dieser Konstruktion jedenfalls in Fällen der vorliegenden Art – wie der Dritte Senat (ebd., S. 51) insoweit zu Recht hervorhebt – begrenzt, wenn mit dem Siebenten Senat des BVerwG die in BVerwGE 82, 76 (79), angenommene Grundrechtserheblichkeit der drittbeeinträchtigenden Wirkung staatlicher Warnungen anerkannt, aber unter Hinweis auf eine Befugnis der Bundesregierung zur »Information und Aufklärung der Öffentlichkeit« (ebd., S. 81) gerechtfertigt wird. Auch dieser Argumentation ist indes entgegenzutreten: So ist die – diffus bleibende – Verknüpfung einer solchen Befugnis mit einer Pflicht des Staates zum Schutze der Grundrechte des Bürgers vor einer Beeinträchtigung durch Dritte durch BVerwGE 87, 37 (46f.), und 82, 76 (82f.), letztlich ohne Beweiswert, denn die »Wahrnehmung einer grundrechtlichen Schutzpflicht entbindet ... nicht von der Notwendigkeit einer gesetzlichen Eingriffsermächtigung«, wie BVerwGE 90, 112 (122), zu Recht betont. Bedenken begegnet ferner die weitere Annahme von BVerwGE 82, 76 (80f.), 87, 37 (46f.), 90, 112 (122f.), die Bundesregierung besitze in ihrer Eigenschaft als Organ der Staatsleitung ein in dem Begriff der Regierung angelegtes Recht zu öffentlichen Stellungnahmen, das die Möglichkeit staatlicher Warnungen und Empfehlungen einschließe. Dieser Argumentation ist im Schrifttum ein unzulässiger Schluß von den Aufgaben der Bundesregierung auf ihre Eingriffsbefugnisse entgegengehalten worden, vgl. *T. Leidinger*, DÖV 1993, S. 925 (931); *S. Muckel*, JA 1995, S. 343 (347); *F. Schoch*, DVBl. 1991, S. 667 (673); *ders.*, JuS 1994, S. 391 (397); *M. Schulte*, WuR 1991, S. 231 (232); *C. Gusy*, JZ 1989, S. 1003 (1004); *M. Heintzen*, VerwArch 81 (1990), S. 532 (551); *H. Bethge*, VVDStRL 57 (1998), S. 7 (49); *M. Wehr*, JuS 1997, S. 419 (421); ebenso (mit Blick auf einen anderen Fall) *R. Gröschner*, DVBl. 1990, S. 619 (628f.); vgl. auch *E.-W. Böckenförde*, Grundrechtsdogmatik, S. 21 (mit Fn. 35); *C. Gusy*, NJW 2000, S. 977 (984f.); zurückhaltend (aber tendenziell großzügiger) auch *U. Di Fabio*, JuS 1997, S. 1 (5 mit Fn. 56). Demgegenüber vertritt der Siebente Senat des BVerwG, NJW 1991, S. 1770 (1771), zwar die Ansicht, anders als bei Rechtsakten imperativen Charakters könne in Fällen der vorliegenden Art von der »wahrgenommenen Aufgabe auf die Zulässigkeit entsprechender Individualrechtsbeschränkungen« geschlossen werden. Unabhängig von der Richtigkeit dieser – durchaus fragwürdigen – These ist indes schon der Annahme entgegenzutreten, zur »Regierungsaufgabe der Öffentlichkeitsarbeit« gehöre auch die Abgabe von Erklärungen warnenden Charakters, denn bei staatlichen Warnungen handelt es sich um eine genuin gefahrenabwehrende und damit verwaltende Tätigkeit, wie auch BVerwG, NJW 1991, S. 1770 (1772), der Sache nach letztlich einräumen muß; insoweit krit. auch *E.-W.*

cc. Finalität und Vorhersehbarkeit

Damit bleibt festzuhalten, daß es wenig sachgerecht wäre, mit einer staatlichen Intervention einhergehende – und deshalb ebenfalls staatlich veranlaßte – Folgen für Dritte nur dann als rechtserhebliche Einwirkung auf eine grundrechtlich (potentiell) geschützte Position ansehen zu wollen, wenn der drittbeeinträchtigende Effekt einer Maßnahme ausnahmsweise als deren (ebenfalls) angestrebte Folge qualifiziert werden kann. Es gibt keinen hinreichenden Grund, den Staat von der Verantwortlichkeit für (dritt-) beeinträchtigende Wirkungen seines Handelns schon deshalb generell dispensieren zu wollen, weil es der handelnden Stelle nicht gerade auf diese Folge ihres Tuns angekommen ist. Naheliegend erscheint vielmehr, in Übereinstimmung mit der Rechtsprechung des Bundesverwaltungsgerichts zur Fallgruppe staatlicher Informationsakte die Finalität einer Einwirkung auf ein grundrechtliches Schutzgut schon dann zu bejahen, wenn der Staat die grundrechtlich relevanten Folgen seines Tuns in Kauf genommen hat. Dabei wird es nicht darauf ankommen können, ob der Eintritt einer drittbeeinträchtigenden Wirkung mit den gewünschten Folgen der betreffenden Maßnahme notwendig und zwangsläufig (»kehrseitig«) verknüpft ist. Wie das Beispiel der »Glykolwein«-Entscheidung des Bundesverwaltungsgerichts gezeigt hat, ist einem »Beeinträchtigungserfolg« vielmehr schon dann als (final) »gewollt« grundrechtliche Relevanz zuzubilligen, wenn er mit staatlichem Handeln nach der Lebenserfahrung – und damit voraussehbar – einhergeht.

Mit einer solchen Verlagerung der Fragestellung von der Zielrichtung auf die Zwangsläufigkeit oder anderweitige Vorhersehbarkeit einer bei Gelegenheit der Verfolgung anderer (Staats-) Zwecke eintretenden Beeinträchtigung grundrechtlicher Schutzgüter ist indes über eine »Erweiterung« des Finalitätsbegriffs hinaus die weitere Konsequenz einer Veränderung des maßgeblichen rechtlichen Gesichtspunktes verbunden: Auf Basis einer solchen Vorgehensweise kommt es nicht mehr primär auf voluntative, sondern auf kognitive Aspekte an, weil nur vorausgesehene Folgen staatlichen Handelns in Kauf genommen werden können. Von hier aus ist es nur noch ein kleiner Schritt, das Kriterium der Finalität mit der Vorhersehbarkeit der Folgen staatlichen Handelns in Verbindung zu bringen und das Vorliegen eines Einwirkungstatbestandes im Falle des Eintritts voraussehbarer Folgen staatlichen Handelns zu bejahen, zumal sich die Frage stellt, warum den Staat soll entlasten können, daß eine objektiv voraussehbare Folge seines

Böckenförde ebd.; *R. Gröschner* ebd., S. 623; *M. Heintzen* ebd., S. 551f.; *S. Muckel* ebd. S. 347f.; *A. Voitl*, Warnkompetenzen, S. 43f.; vgl. ferner *C. Gusy*, NJW 2000, S. 977 (981); *J. Lege*, DVBl. 1999, S. 569 (575, 577f.); selbst wenn man dies anders sieht, vermag eine ungeschriebene (Organ-) Kompetenz der Bundesregierung noch nicht über die grundgesetzliche Ordnung der Verbandskompetenzen hinwegzuhelfen; ebenso *F. Schoch*, JuS 1994, S. 391 (397); *M. Wehr* ebd.; krit. auch *J. Lege* ebd., S. 575; *M. Schulte* ebd., S. 232f.; vgl. hierzu ferner *R. Gröschner* ebd., S. 623ff., der eine »eigenständige materiellrechtliche Warnungsbefugnis« der Regierung verneint (ebd., S. 624), aber eine »Amtshilfe« für möglich hält (ebd., S. 624f.).

Handelns subjektiv nicht vorausgesehen wurde. Entsprechende Vorschläge des Schrifttums liegen vor.[303]

Damit verschiebt sich erneut die Perspektive, weil die Frage nach dem Verhältnis zwischen der Wahrscheinlichkeit des Eintritts eines »Beeinträchtigungserfolgs« und seiner Vorhersehbarkeit aufgeworfen wird: Ob beeinträchtigenden Folgen staatlichen Handelns wegen ihrer Vorhersehbarkeit auch grundrechtliche Relevanz zugemessen werden kann, muß gerade in Fällen als problematisch erscheinen, in denen bei Betrachtung *ex ante* denkbar, möglich oder auch (höchst-)wahrscheinlich ist, daß mit der Einwirkung auf einen Grundrechtsträger weitere belastende Folgen für einen Dritten (oder auch den Adressaten selbst) einhergehen, ohne daß dies sicher vorhergesagt werden könnte. Zwar ist die Verwaltung verpflichtet, ihrem Handeln einen zutreffend und vollständig ermittelten Sachverhalt zugrunde zu legen. Auch hat das Bundesverfassungsgericht dem Gesetzgeber eine damit vergleichbare Verpflichtung auferlegt. So sind die Legislativorgane bei Maßnahmegesetzen gehalten, den für eine Regelung erheblichen Sachverhalt zutreffend und vollständig zu ermitteln[304] und zu berücksichtigen. Ebenso muß sich der Gesetzgeber bei »klassischen« Gesetzen[305] unter Ausschöpfung der ihm zugänglichen Erkenntnisquellen[306] und auf Basis der danach im Zeitpunkt des Handelns möglichen »Einsichten und Erfahrungen«[307] in korrekter und ausreichender Weise »Kenntnis von der zur Zeit des Erlasses eines Gesetzes bestehenden tatsächlichen Ausgangslage«[308] verschaffen, da fehlerhafte Annahmen und unvollständige Erwägungen notwendig auf die Erörterung der Geeignetheit und Erforderlichkeit einer Regelung durchschlagen sowie eine sachgemäße Abwägung zwischen unterschiedlichen Belangen vereiteln müssen.[309] Folgerichtig muß sich die Sachverhaltsermittlung auf alle abwägungsrelevanten Faktoren unter Einschluß der grundrechtsrelevanten Wirkungen einer Maßnahme erstrecken. Gleichwohl kann »der zunächst zu erwartende Geschehensablauf aus den verschiedensten Gründen ... unerwartete Wendungen nehmen«.[310] Darüber hinaus ist denkbar, daß der weitere Geschehensablauf und damit zugleich das Risiko des Eintritts grundrechtserheblicher »Nebenwirkungen« staatlichen Handelns selbst unter Ausschöpfung aller Erkenntnismöglichkeiten nicht sicher prognostiziert werden kann. In diesem Zusammenhang ist über die Fälle der Drittbeeinträchtigung hinaus auch an Folgewirkungen adressatbelastenden Staatshandelns zu Lasten des Maßnahmeadressaten zu denken, wie sie in dem

[303] In diese Richtung etwa *R. Eckhoff*, Grundrechtseingriff, S. 196; *B. Weber-Dürler*, VVDStRL 57 (1998), S. 57 (90f.); vgl. auch *H.-U. Gallwas*, Beeinträchtigungen, S. 23.

[304] BVerfGE 50, 50 (51); vgl. auch BVerfGE 86, 90 (108f.).

[305] Begriff in Anlehnung an *K. Zeidler*, Maßnahmegesetz und »klassisches Gesetz«.

[306] BVerfGE 50, 290 (334) – »Mitbestimmung«; 55, 1 (55) – »Volkszählung«.

[307] BVerfGE 77, 84 (109); vgl. auch BVerfGE 25, 1 (12); 39, 210 (226).

[308] BVerfGE 39, 210 (226).

[309] Dies betont BVerfGE 36, 47 (64); ebenso auch BVerfGE 86, 90 (114).

[310] BVerfGE 25, 1 (13).

Beispiel des Umsatzrückgangs bei einer Brauerei infolge der Verpflichtung zum Bezug von Wasser aus der kommunalen Trinkwasserversorgung vorlagen.

In Anbetracht dieser Sachlage muß sich jedoch die Frage stellen, wann eine Einwirkung auf grundrechtliche Schutzgüter nach Maßgabe eines Wahrscheinlichkeitsurteils bei Betrachtung *ex ante* hinreichend sicher vorhersehbar gewesen ist, um ihre grundrechtliche Relevanz bejahen zu können: Auf der einen Seite erscheint als möglich, daß sich die Möglichkeit einer grundrechtsrelevanten »Nebenwirkung« staatlichen Handelns gerade deshalb aufdrängen mußte, weil die Wahrscheinlichkeit ihres Auftretens sehr hoch ist. Andererseits mag es Fälle geben, in denen selbst eine als möglich erkannte (Dritt-) Beeinträchtigung als bei normativer Betrachtung unvorhersehbar erscheint, weil eine nur geringe Wahrscheinlichkeit ihres Eintritts bestand. Schon die damit eintretende Verschiebung des Problems von der Vorhersehbarkeit auf die Wahrscheinlichkeit eines Erfolgseintritts läßt die Anknüpfung an ein »Vorhersehbarkeitskriterium« aber als wenig hilfreich erscheinen, denn es dürfte sich kaum abstrakt beschreiben lassen, welcher Grad an Wahrscheinlichkeit im Einzelfall für die grundrechtliche Relevanz der Einwirkung auf ein grundrechtliches Schutzgut erforderlich sein soll und wie dessen Vorliegen festzustellen ist.

Von entscheidender Bedeutung ist indes der weitere Gesichtspunkt, daß eine Anknüpfung an die Vorhersehbarkeit – und damit zugleich Vermeidbarkeit – einer Beeinträchtigung grundrechtlicher Schutzgüter letztlich auf die Prämisse zurückzuführen ist, dem Staat könnten nur solche Folgen seines Tuns zugerechnet werden, die er zu beherrschen und damit auch zu vermeiden vermag. Daran ist gewiß richtig, daß ein voraussehbar verfassungswidriges Resultat staatlichen Handelns nicht sehenden Auges in Kauf genommen werden darf, sondern durch Schaffung und Anwendung gesetzlicher Ausnahmetatbestände – oder auch um den Preis des Nichthandelns – vermieden werden muß. Zugleich ist aber zu betonen, daß Grundrechte der Vermeidung objektiv unnötiger oder unverhältnismäßiger Beeinträchtigungen dienen; ein Vorwurf schuldhaft-rechtswidrigen Verhaltens ist für die Grundrechtsrelevanz staatlichen Handelns weder erforderlich noch damit notwendig verknüpft.[311] Das Vorliegen eines Beeinträchtigungstatbestandes steht daher – wie oben dargelegt – nicht schon deshalb in Frage, weil etwa die Anwendbarkeit eines anderen als des typischerweise betroffenen Grundrechts oder andere Besonderheiten in der Person oder Situation eines Normadressaten die verfassungsrechtliche Zulässigkeit einer Rechtspflicht in atypisch gelagerten Einzelfällen als zweifelhaft erscheinen lassen. Der Gesetzgeber kann von der Verantwortlichkeit für die Verfassungswidrigkeit einer gesetzlich angeordneten und damit »abstrakt« gewollten Geltung einer Norm nicht schon mit

[311] Vgl. *M. Sachs*, in: K. Stern/M. Sachs, Staatsrecht, Bd. III/2, S. 152, 180f.; ferner *R. Eckhoff*, Grundrechtseingriff, S. 195, 266f.; *U. Di Fabio*, Risikoentscheidungen, S. 429; *ders.*, JZ 1993, S. 689 (695).

der Erwägung dispensiert werden, die Möglichkeit atypisch gelagerter Sachverhalte sei nicht (hinreichend) vorhersehbar gewesen.

Von diesen Grundsätzen abweichen zu wollen, wenn eine Drittbeeinträchtigung (oder auch nur eine selbständige Folgewirkung) in Rede steht, besteht auch unter dem Aspekt einer »Lähmung der Staatsgewalt« – wie bereits dargelegt[312] – kein Anlaß: Zunächst hat der Gesetzgeber es in der Hand, das Risiko einer unerwarteten Verfassungswidrigkeit der Folgen staatlichen Handelns durch die Einräumung von Ermessen sowie die vorsorgliche Schaffung von Ausnahmetatbeständen für nicht vorhergesehene – und vielleicht auch nicht vorhersehbare – Sonderfälle zu minimieren, so daß dieses Risiko für den Gesetzgeber und die gesetzesanwendende Verwaltung schon aus diesem Grunde nicht unangemessen hoch ist. Im Falle des Fehlens derartiger Regelungen läßt sich zudem die Gesamtnichtigkeit einer Norm aufgrund verfassungswidriger Resultate im Einzelfall oftmals mit den Mitteln der »verfassungskonformen Interpretation« oder der »Teilverfassungswidrigerklärung ohne Normtextreduzierung« vermeiden. Im Hinblick auf Drittbeeinträchtigungen wie Folgewirkungen staatlichen Handelns bleibt es deshalb dabei, daß die Grundrechtserheblichkeit derartiger Beeinträchtigungen eines Grundrechtsträgers nicht von ihrer Vorhersehbarkeit und damit Vermeidbarkeit oder Beherrschbarkeit abhängt.

dd. Folgerungen

Das Ergebnis der Überlegungen zur Bedeutung von Finalitätsgesichtspunkten für die grundrechtliche Relevanz von Drittbeeinträchtigungen fällt demnach zwiespältig aus: Einerseits erscheint unbestreitbar, daß jedenfalls eine beabsichtigte Einwirkung auf grundrechtliche Schutzgüter eines Dritten an den Grundrechten des Betroffenen zu messen ist, denn eine gerade auf den Dritten zielende Intervention des Staates kann kaum als Ausdruck eines von jedermann ohne weiteres hinzunehmenden Risikos qualifiziert werden. Zweifelhaft ist demgegenüber, ob sich die Fälle grundrechtserheblicher Drittbeeinträchtigungen auf diesem Wege abschließend beschreiben lassen und deshalb der Hinweis auf fehlende »Absicht« (im oben beschriebenen Sinne) den Staat von einer grundrechtlichen Verantwortlichkeit für Folgen seines Tuns zu befreien vermag. Dies gilt um so mehr, als dem Staat bei Einwirkungen auf einen Maßnahmeadressaten durch Rechtsakt gewollte und ungewollte, vorhersehbare und unvorhersehbare sowie wahrscheinliche und unwahrscheinliche »Folgewirkungen« seines Handelns schon wegen ihrer kausalen Verursachung zugerechnet werden. Es ist nicht ohne weiteres einleuchtend, warum etwas anderes gelten soll, wenn eine Folgewirkung zufällig oder notwendig in der Sphäre eines Dritten eintritt.

Auf der anderen Seite ist nicht zu verkennen, daß eine »Entgrenzung« des Einwirkungstatbestandes drohte, wenn die grundrechtliche Relevanz drittbeein-

---

[312] Vgl. oben, S. 252ff.

trächtigender Folgen staatlichen Handelns von dem Merkmal der Finalität oder verwandten Gesichtspunkten – wie etwa einem »Voraussehbarkeitskriterium« – abgelöst würde: Zunächst kann die in Ermangelung einer Rechtspflicht notwendig allein tatsächliche Einwirkung auf einen Dritten nur dann zugleich eine rechtserhebliche Beeinträchtigung der grundrechtlich (potentiell) geschützten Freiheit beinhalten, wenn die Voraussetzungen eines Einwirkungstatbestandes unabhängig von an die Adressatenstellung anknüpfenden – und damit dem vorgeblich »traditionellen« Eingriffsbegriff zuzuordnenden – Kriterien wie Normativität, Imperativität oder Unmittelbarkeit formuliert werden. Würde darüber hinaus auf das Erfordernis der Finalität verzichtet, so käme es für die Verwirklichung eines Einwirkungstatbestandes folglich nur auf das Vorhandensein einer Zwangswirkung an, sofern nicht andere Gesichtspunkte benannt werden könnten, mit denen die Grundrechtserheblichkeit von Drittbeeinträchtigungen auf sachgerechte – insbesondere Wertungswidersprüche vermeidende – Weise an qualifizierende Voraussetzungen geknüpft wird. Die Erforderlichkeit einer von staatlichen (Einwirkungs-) Handlungen ausgehenden Zwangswirkung vermag für sich genommen aber keine Begrenzung der Grundrechtsrelevanz staatlicher Maßnahmen zu bewirken, denn sie bringt nur die Selbstverständlichkeit zum Ausdruck, daß auf einer eigenverantwortlich getroffenen Entscheidung des Betroffenen beruhende Folgen staatliches Handelns keinen Beeinträchtigungstatbestand erfüllen. Dem Erfordernis der Zwangswirkung ist deshalb – wie dargelegt – bereits dann Genüge getan, wenn ein Staatsakt Auswirkungen im Schutzgut-Tatbestand eines Grundrechtes zeigt, die unabdingbar und unabhängig vom Willen des Betroffenen eintreten, so daß über den Zwang zu einem Tun, Unterlassen oder gelegentlich auch Dulden hinaus insbesondere auch die Beeinträchtigung des Erfolgs grundrechtsgeschützter Handlungen Grundrechtserheblichkeit beanspruchen kann.

Ein Begriff des Einwirkungstatbestandes, der nur durch das Merkmal der Zwangswirkung gekennzeichnet ist, wäre damit offen für beliebige (Zwangs-) Wirkungen staatlichen Handelns, so daß angesichts eines weit verstandenen Schutzgut-Tatbestandes des Art. 2 Abs. 1 GG letztlich jede vom Staat »irgendwie« kausal (mit-) verursachte Einwirkung auf verhaltensbezogene Interessen eines Grundrechtsträgers als grundrechtserheblich angesehen werden müßte. Eine Unterscheidung zwischen hinzunehmenden (Lebens-) Risiken und rechtserheblichen Einwirkungen auf grundrechtliche Schutzgüter eines Dritten würde unmöglich. Es kann deshalb nicht überraschen, daß die Rechtsprechung wie auch weite Teile des Schrifttums im Grundsatz daran festhalten, die grundrechtliche Relevanz von Drittbeeinträchtigungen vom Erfordernis der Finalität abhängig zu machen, und sich im übrigen bemüht zeigen, unter Wertungsgesichtspunkten fallbezogene Antworten auf die Frage zu finden, ob staatliches Handeln einen Dritten in besonderer – (grundrechts-) spezifischer – Weise trifft. Wenngleich der gelegentlich bemühte Gesichtspunkt der Beeinträchtigungsintensität allenfalls eine »Verlegenheitslösung« bildet und die erzielten Ergebnisse nicht immer zu überzeugen vermögen, ist auch sicher richtig, daß die Frage nach der Maßstäblichkeit der Grundrechte eines Drittbetroffenen nicht anhand einer allgemeingültigen und unterschiedslos für alle Fallgruppen passenden Formel beantwortet werden kann, es vielmehr einer fall(gruppen)bezogenen Betrachtung bedarf. Allerdings lassen sich aus den bisherigen Überlegungen – wie nunmehr darzulegen ist – einige übergeordnete Gesichtspunkte ableiten, die für die Beantwortung der Frage nach dem Vorliegen einer spezifischen, die Maßstäblichkeit der Grundrechte des Drittbetroffenen auslösenden Drittbeeinträchtigung fruchtbar gemacht werden können.

III. Kriterien grundrechtsrelevanter Drittbeeinträchtigungen

1. Grundrechtsrelevante Drittbeeinträchtigungen bei vertraglichen Rechtsbeziehungen

a. Einwirkungen auf vertragliche Rechtsbeziehungen durch Einzelakte

Eine erste im Hinblick auf die Möglichkeit grundrechtsrelevanter Drittbeeinträchtigungen zu betrachtende Fallgruppe bilden Sachverhalte, in denen staatliches Handeln auf Abschluß oder Durchführung schuldrechtlicher Verträge zurückwirkt, weil der Dritte eine von ihm gewünschte Leistung nicht erhalten und wunschgemäß verwenden kann. Für derartige Fallgestaltungen ist bereits hervorgehoben worden, daß es für die Verwirklichung eines Einwirkungstatbestandes nicht auf die Zufälligkeit oder auch nur Zweckmäßigkeit der rechtstechnischen Anknüpfung bei der Verfolgung eines bestimmten (Regelungs-) Zweckes wird ankommen können, zumal der Maßnahmeadressat und der regelungsgleich (»kehrseitig«) betroffene Dritte vielfach als austauschbar erscheinen.[313] Andererseits ist nicht anzunehmen, daß in einer Einwirkung auf einen (potentiellen) Vertragspartner des Dritten stets schon deshalb ein grundrechtserheblicher Vorgang zu erblicken ist, weil dem Dritten Anlaß oder Gelegenheit zur Begründung oder Fortsetzung vertraglicher Beziehungen zu dem Maßnahmeadressaten genommen wird. Grundsätzlich ist es vielmehr Ausdruck eines ohne weiteres hinzunehmenden Risikos, wenn Dritte einen Vertragspartner infolge eines imperativ-regelnden Staatsaktes verlieren, der etwa an in der Person des Adressaten liegende Merkmale oder Umstände anknüpft. Namentlich bei Rückwirkungen nicht unmittelbar vertragsbezogener Maßnahmen des Staates auf Dritte wird eine Aussage über deren Grundrechtsrelevanz daher regelmäßig einen Blick auf Zwecke und Motive der staatlichen Intervention erfordern.

---

[313] Vgl. oben, S. 239.

Dies wiederum heißt nicht, daß in derartigen Fällen das Kriterium der Finalität zum entscheidenden Gesichtspunkt zu erheben wäre: Der Versuch einer Anknüpfung an (final) »gewollte« Wirkungen der staatlichen Interventionen muß vielmehr aus den genannten Gründen ins Leere führen. Staatliches Handeln ist auf der subjektiven Seite aber nicht allein durch seine Zielsetzung beschreibbar. Insbesondere erscheint die staatliche Anordnung einer Rechtspflicht nicht nur deshalb als auf ihren Adressaten bezogen, weil gerade diesem ein bestimmtes Verhalten (Handeln, Unterlassen, gelegentlich auch »Dulden«) abverlangt wird. Vielmehr ist die staatliche Verhaltenssteuerung durch Rechtsakt auch eine Reaktion auf vorgefundene Gegebenheiten, die zunächst in der Situation oder dem Verhalten des Adressaten wurzeln und auf die mit einer staatlichen Intervention eingewirkt wird. So soll die Anordnung eines Ge- oder Verbots verhindern, daß ein entgegenstehendes Verhalten des Betroffenen einen (regelmäßig mißbilligten) Zustand herbeiführt oder aufrechterhält. Ebenso wird im – seltenen – Fall der Anordnung einer Duldungspflicht an (unerwünschte) Verhaltensmöglichkeiten oder die (unerwünschte) Situation des Adressaten angeknüpft. Desgleichen nimmt die Begründung einer Pflicht zur Zahlung von Steuern oder anderen Abgaben ebenfalls auf einen Vorgang oder Zustand in der Wirklichkeit bezug, mit dem der Tatbestand erfüllt wird, dessen Verwirklichung die Zahlungspflicht auslöst. Entsprechendes gilt bei konsensualem Verwaltungshandeln durch (öffentlich-rechtliche oder privatrechtliche) Verträge zwischen Staat und Bürger, denn derartige Abreden dienen regelmäßig der Begründung von Rechtspflichten zum Zwecke der Beseitigung rechtlicher Hindernisse auf dem Wege zu einem tatsächlich möglichen und im beiderseitigen Interesse liegenden Erfolg oder der (vergleichsweisen) Beilegung von Streitigkeiten über das (tatsächliche) Vorliegen der Voraussetzungen einer gesetzlich vorgesehenen Rechtsfolge.

Daß staatliches Handeln stets in einer vorgegebenen und vorgefundenen Situation wurzelt, hat das Bundesverfassungsgericht insofern für die Grundrechtsdogmatik fruchtbar gemacht, als in der Rechtsprechung zu Art. 12 GG – wie erwähnt – das Vorliegen einer (objektiv) »berufsregelnden Tendenz« verschiedentlich davon abhängig gemacht wurde, ob Anknüpfungspunkt des zu überprüfenden Staatsaktes ein Verhalten des Bürgers ist, das mit dessen beruflicher Betätigung in Zusammenhang steht.[314] Hieran ist zutreffend, daß eine »berufsspezifische« und deshalb an Art. 12 Abs. 1 GG zu messende Beeinträchtigung jedenfalls dann angenommen werden muß, wenn staatliches Handeln an die berufliche Betätigung eines Bürgers anknüpft. Dieser Gedanke ist auf Drittbeeinträchtigungen übertragbar: Resultiert eine Einwirkung auf grundrechtlich (potentiell) geschützte Positionen eines Drittbetroffenen aus einer verhaltenssteuernden Maßnahme des Staates, mit der (auch) auf spezifische Gegebenheiten in der Person oder persönlichen Sphäre des Dritten reagiert wird, so läßt sich gerade nicht sagen, daß sich das

---

[314] Vgl. oben, S. 264ff.

allgemeine und für jedermann gleiche Risiko verwirklicht hat, von den Folgen staatlichen Handelns (mit-) betroffen zu werden. Insbesondere wird durch die Anknüpfung an ein vorangegangenes oder zumindest (künftig) mögliches Verhalten einer Person eine spezifische (Nähe-) Beziehung zwischen einer staatlichen Maßnahme und einem Grundrechtsträger hergestellt, die diesen aus der Allgemeinheit heraushebt und eine Einwirkung auf seine (Verhaltens-) Freiheit als Verwirklichung eines grundrechtstypischen Risikos erscheinen läßt.

Hieraus ergibt sich, daß im Falle von Rückwirkungen administrativer Einzelmaßnahmen auf zwei- oder mehrseitige Rechtsverhältnisse eine rechtserhebliche Einwirkung auf grundrechtliche Schutzgüter eines Vertragspartner des Maßnahmeadressaten vorliegt, wenn die staatliche Intervention (auch) durch ein (potentielles) Verhalten des Dritten motiviert ist. Damit sind zugleich Fallgestaltungen beschrieben, in denen Maßnahmeadressat und Dritter als austauschbar erscheinen, da diese Austauschbarkeit gerade dann vorliegt, wenn der von einem faktischen (»regelungsgleichen«) Ge- oder Verbot betroffene Dritte im Zusammenwirken mit dem Adressaten den Eintritt einer als schädlich oder gefährlich eingestuften Situation bewirkt; in einem solchen Fall hätte der Verhaltensbefehl auch an den Dritten gerichtet werden können.

Auf dieser Grundlage wird eine rechtserhebliche Einwirkung auf einen Dritten zunächst dann zu bejahen sein, wenn staatliches Handeln in Gefahren wurzelt, die gerade dem drittbetroffenen Vertragspartner des Maßnahmeadressaten und/oder aufgrund eines durch das Rechtsgeschäft ermöglichten Verhaltens des Dritten weiteren Personen drohen, da in einem solchen Fall (auch) ein mögliches Verhalten des Dritten zum Ausgangspunkt einer Regelung geworden ist. Ein »Musterbeispiel« für einen solchen Sachverhalt bildet der vom Preußischen Oberverwaltungsgericht entschiedene Fall des an Gastwirte gerichteten Verbots des Ausschanks »geistiger Getränke« an eine näher bezeichnete und (angeblich) »dem Trunke ergebene« Person: Bei Würdigung aus der Perspektive des heute geltenden Verfassungsrechts liegt hier eine rechtserhebliche Beeinträchtigung der (allgemeinen) Verhaltensfreiheit des Dritten vor, da das Verbot gerade auch durch dessen angebliches Verhalten bedingt war. Desgleichen enthält das Verbot eines »Laserdroms«[315] eine grundrechtlich relevante Einwirkung auf die Verhaltensfreiheit potentieller Kunden, da es auch in diesem Fall sowohl des Angebots des Betreibers als auch seiner Annahme durch den Kunden und damit eines (vertraglichen) Zusammenwirkens von Adressat und Drittem bedarf, um das als gefahrenträchtig und sittenwidrig eingestufte Verhalten des Dritten zu ermöglichen. Darüber hinaus bestätigt diese Erwägung, daß in den Fällen der Nichtgestattung (oder Untersagung) des Betriebs einer sog. »Peep-Show« – wie auch in den anderen hiermit strukturell verwandten Sachverhalten – die an den jeweiligen Unter-

[315] Vgl. dazu oben, S. 159ff.

nehmer gerichtete Verfügung eine rechtserhebliche Beeinträchtigung der in dem Betrieb beschäftigten und »vor sich selbst« geschützten Personen auslöst.[316]

Sofern ein Dritter durch die staatliche Einwirkung auf seinen (potentiellen) Vertragspartner nicht als Nachfrager, sondern in seiner Eigenschaft als Anbieter von Gütern oder Dienstleistungen getroffen wird, versteht sich die grundrechtliche Relevanz der Beeinträchtigung des – grundrechtlich grundsätzlich geschützten[317] – Erfolgs einer (beruflichen) Betätigung allerdings nicht von selbst, denn hierfür reicht nicht aus, daß dem Dritten Anlaß oder Gelegenheit zur Begründung oder Fortsetzung vertraglicher Beziehungen zu dem Maßnahmeadressaten genommen wird. So kann sich ein Vermieter nicht gegen die Versetzung eines in der vermieteten Wohnung wohnenden Beamten wenden, weil diese Maßnahme in keiner Beziehung zu der Person des Dritten (oder seiner Wohnung) steht. In anderen Fällen bedarf es hingegen einer genauen Analyse des Sachverhalts, wie sich an der erwähnten Entscheidung des Bundesverwaltungsgerichts zu der Klage eines Verpächters von Gaststättenräumlichkeiten gegen die mit der Höhe des vereinbarten Pachtzinses begründete Nichterteilung einer Gaststättengenehmigung illustrieren läßt: Wird einem Gastwirt die Berechtigung zum Betrieb einer Gaststätte aus Gründen verweigert oder entzogen, die allein in seiner Person oder seinem Verhalten liegen, so kann hierin keine rechtserhebliche Beeinträchtigung grundrechtlich (potentiell) geschützter Positionen des Verpächters der für den Gaststättenbetrieb genutzten Räumlichkeiten gesehen werden, weil es auf dessen Verhalten für die staatliche Intervention unter keinem Gesichtspunkt ankommt. Insbesondere muß außer Betracht bleiben, daß das Vorhandensein entsprechender Räumlichkeiten notwendige Voraussetzung für die Ausübung des Gaststättengewerbes ist, denn das behördliche Handeln ist allein durch Gründe in der Person des Betroffenen sowie die Belange möglicherweise gefährdeter Kunden (oder anderer Dritter) motiviert. Bei der Vermietung von Gaststättenräumen – ebenso wie zahlreichen anderen Faktoren – handelt es sich demgegenüber um ein für das Verhalten des Maßnahmeadressaten zwar kausales, aber seinerseits austauschbares und unspezifisches, im Hinblick auf die staatliche Intervention gleichsam »neutrales« Verhalten des Dritten. Anders zu entscheiden ist hingegen, wenn die Entscheidung gegen die Erteilung einer Gaststättengenehmigung an Eigenschaften der vermieteten Räumlichkeiten anknüpft,[318] weil in diesem Fall eine spezifische Beziehung zu einer Sache des drittbetroffenen Verpächters besteht. Nichts anderes kann gelten, wenn der genehmigungsversagende Verwaltungsakt mit der Höhe des vereinbarten Pachtzinses begründet wird, weil das Vorgehen der Behörde wiederum (auch) in einem Verhalten des Dritten wurzelt. Der Ansicht des Bundesverwaltungsgerichts, es fehle dem drittbetroffenen Verpächter

---

[316] Vgl. zu diesen Fällen schon oben, S. 156ff.

[317] Vgl. oben, S. 226ff.

[318] Insoweit übereinstimmend *P. Preu*, Grundlagen, S. 61.

der Gaststättenräume auch in einem solchen Fall an der Klagebefugnis,[319] ist daher nicht zu folgen.[320] Dem läßt sich auch nicht der vom baden-württembergischen VGH in anderem Zusammenhang formulierte Einwand entgegenhalten, der Vertragspartner eines Maßnahmeadressaten erleide bei einer durch staatliches Handeln veranlaßten Beendigung einer vertraglichen Rechtsbeziehung nur einen Nachteil, den er jederzeit auch ohne Rücksicht auf die öffentlich-rechtliche Pflichtigkeit des Adressaten hinnehmen müßte.[321] Daß der Adressat eines auf vertragliche Rechtsbeziehungen mit einem Dritten zurückwirkenden Rechtsaktes zum Abschluß oder zur Aufrechterhaltung eines Vertrages nicht verpflichtet ist, vermag vielmehr an der Grundrechtserheblichkeit des (auch) drittbeeinträchtigenden Staatshandelns nichts zu ändern, wenn der Maßnahmeadressat ohne die grundrechtsspezifische Intervention des Staates kontrahierungsbereit wäre und die Drittbeeinträchtigung deshalb allein aus einer staatlich verursachten Zwangswirkung resultiert.[322]

b. Einwirkungen auf vertragliche Rechtsbeziehungen durch Rechtsnormen

Bei der Verursachung staatlichen Handelns durch spezifisch interventionsmotivierende Umstände in der Person oder persönlichen Sphäre eines Grundrechtsträgers – insbesondere ein (potentielles) Verhalten des Betroffenen – handelt es sich demnach um eine Sachlage, die eine gemeinsame »Klammer« adressatbelastender wie drittbeeinträchtigender Wirkungen eines imperativ-regelnden Rechtsaktes bildet und damit eine Bestimmung grundrechtsrelevanter Drittbeeinträchtigungen ermöglicht: Zunächst versteht sich von selbst, daß eine derartige Situation im Hinblick auf den Adressaten eines Verwaltungsaktes stets vorliegt und deshalb auch nicht besonders thematisiert werden muß. Es kann deshalb ohne weiteres davon ausgegangen werden, daß auch Folgewirkungen eines Rechtsaktes zu Lasten des Maßnahmeadressaten unabhängig von ihrer Intensität, Finalität oder Vorhersehbarkeit grundrechtliche Relevanz besitzen. Darüber hinaus ist mit diesem Gesichtspunkt ein Merkmal benannt, das eine spezifische »Regelungsnähe« des Dritten begründet und damit in Fällen verhaltenssteuernder

---

[319] Vgl. BVerwG, NJW 1984, S. 514f.

[320] Dem BVerwG zustimmend aber *P. Preu*, Grundlagen, S. 61, der eine rechtserhebliche Drittbeeinträchtigung im Hinblick auf den Verpächter nur annehmen will, wenn die behördliche Maßnahme an Eigenschaften der vermieteten Räume anknüpft. Warum nur die Anknüpfung an den Zustand einer Sache des Dritten und nicht auch an dessen Verhalten grundrechtliche Relevanz soll besitzen können, bleibt indes unerfindlich.

[321] VGH Ba.-Wü., GewArch 1971, 138 (140); vgl. dazu auch schon oben, S. 217f.

[322] Ebenso *M. Sachs*, in: K. Stern/M. Sachs, Staatsrecht, Bd. III/2, S. 195: Auch wenn in Fällen »›interaktionistischer‹ Freiheit« das für die Grundrechtsbetätigung essentielle Zusammenwirken von jedem der beteiligten Partner frei verweigert werden dürfe, sei dem Staat »eine darauf abzielende Intervention prinzipiell versagt«; gegen »Vergleiche mit hypothetischen Kausalverläufen« in anderem Zusammenhang (Subventionen) auch *G. Lübbe-Wolff*, Eingriffsabwehrrechte, S. 274; dem VGH zust. hingegen *P. Preu*, Grundlagen, S. 61 (mit Fn. 7).

Rechtsakte den Kreis der in rechtserheblicher Weise betroffenen Personen unabhängig von ihrer Adressatenstellung sachgerecht begrenzt. Damit wird zugleich eine Unterscheidung zu Beeinträchtigungen ermöglicht, mit denen sich lediglich ein ohne weiteres hinzunehmendes Risiko verwirklicht. In eine allgemeine Formel gekleidet liegt in Fällen staatlicher Verhaltenssteuerung (insbesondere) durch Verwaltungsakt eine grundrechtserhebliche Einwirkung auf die (Verhaltens-) Freiheit eines Grundrechtsträgers vor, wenn die administrative Intervention durch ein früher gezeigtes oder künftig mögliches Verhalten des (Dritt-) Betroffenen motiviert ist oder in anderer Weise durch Umstände in dessen Sphäre – insbesondere den Zustand einer Sache – veranlaßt wird. Grundrechtlich relevant ist »vertragswirksames« Staatshandeln daher zunächst dann, wenn auf Gefahren reagiert wird, die dem Dritten durch den Maßnahmeadressaten – etwa einem unzuverlässigen Gewerbetreibenden – drohen. Desgleichen liegt ein Einwirkungstatbestand regelmäßig vor, wenn die Abwehr einer Gefahr in Rede steht, die gerade (auch) in der Sphäre des Dritten wurzelt. Dabei kommt es nicht darauf an, ob die Einwirkung auf den (Dritt-) Betroffenen ebenfalls (final) »gewollt« ist oder nur eine in Kauf genommene Nebenfolge staatlichen Handelns bildet.

Soweit Einwirkungen auf grundrechtliche Schutzgüter Dritter diesen Voraussetzungen genügen, wird es für deren grundrechtliche Relevanz ferner nicht darauf ankommen können, ob die Drittbeeinträchtigung – wie in den bislang erörterten Sachverhalten – auf einem administrativen Einzelakt oder auf einer Rechtsnorm beruht. Zwar ist die Zahl der durch adressatbelastende Normen (möglicherweise) mitbetroffenen Dritten nicht von vornherein begrenzt. Dies kann indes bei Verwaltungsakten ebenfalls der Fall sein, wie sich in Fällen administrativer Interventionen zum Schutze einer unbestimmten Zahl Dritter vor dem Maßnahmeadressaten zeigt. Auch kann nicht unberücksichtigt bleiben, daß eine Rechtsnorm zugleich immer die Summe gedachter (Einzel-) Verfügungen an alle Normadressaten bildet. Wäre die mit einer solchen Verfügung einhergehende Einwirkung auf grundrechtliche Schutzgüter eines Dritten grundrechtlich relevant, kann wegen der »Bündelungsfunktion« einer Rechtsnorm für deren drittbeeinträchtigende Wirkungen nichts anderes gelten. Zu Recht hat daher das Bundesverfassungsgericht in der Anordnung allgemeiner Ladenschlußzeiten durch das LSchlG eine Beeinträchtigung der grundrechtlich (potentiell) geschützten Verhaltensfreiheit (auch) der Kunden gesehen, weil die gesetzliche Regelung nicht nur in einem möglichen Verhalten der Ladeninhaber und ihrer Mitarbeiter wurzelt, sondern ebenso auf das potentielle (Einkaufs-) Verhalten der Kunden rückführbar ist.

Nichts anderes kann gelten, wenn einem Bürger infolge des Widerrufs (oder der Nichterteilung) der Arzneimittelzulassung der Erwerb eines Medikaments unmöglich gemacht wird, da das Handeln des Gesetzgebers auch auf dem (potentiellen) Verbraucherverhalten beruht und zudem auf schutzwürdige Belange des Drittbetroffenen – wie etwa mögliche Gesundheitsgefährdungen infolge der Verwendung nicht hinreichend erprobter Arzneimittel – zurückgeführt werden kann. Zu Unrecht hat daher das Bundesverwaltungsgericht eine grundrechtserhebliche Beeinträchtigung eines Patienten durch den Widerruf einer Arzneimittelzulassung verneint; mit einer »Popularklage« hat die Bejahung einer in Grundrechten gründenden Klagebefugnis des Dritten in einem solchen Fall nichts zu tun.[323] Vielmehr gilt gerade für Auswirkungen gesetzlicher Vorschriften auf vertragliche Rechtsbeziehungen, daß die grundrechtliche Relevanz einer mit der staatlichen Intervention einhergehenden Drittbeeinträchtigung oftmals deshalb zu bejahen sein wird, weil die betreffende Regelung mit Blick (auch) auf schutzwürdige Belange eines (potentiellen) Vertragspartners des Adressaten erfolgt ist und damit in der Möglichkeit eines (gefahrverursachenden) Zusammenwirkens von Adressat und Drittem wurzelt. So bewirkt die gesetzliche Anordnung allgemeiner Ladenschlußzeiten nicht nur eine rechtserhebliche Einwirkung auf Ladeninhaber und Kunden, sondern auch eine Beeinträchtigung der Berufsfreiheit des durch das LSchlG geschützten Verkaufspersonals. Ebenso verhält es sich bei den im MuSchG vorgesehenen Beschäftigungsverboten sowie der Anordnung von (Höchst-) Arbeitszeiten durch das AZG.

Ebenfalls zu nennen sind Regelungen mit einer (auch) verbraucherschützenden Funktion, wie sie beispielsweise im RabattG und der ZugabeVO getroffen worden sind: Zwar richten sich die ge- und verbietenden Vorschriften des RabattG wie auch der ZugabeVO wiederum nur an die Anbieter von Gütern oder Dienstleistungen, denen jenseits eng begrenzter Ausnahmefälle verwehrt wird, Zugaben zu geben oder Rabatte zu gewähren. Darüber hinaus sind diese Bestimmungen aber an den Grundrechten der Kunden zu messen, weil sie (u.a.) verhindern sollen, daß sich die Verbraucher durch die Gewährung von Zugaben oder Rabatten zu einem Vertragsschluß bewegen lassen.[324] Es handelt sich wiederum um Fälle, in denen gesetzliche Regelungen auch die Freiheit derjenigen beeinträchtigen, deren Schutz sie zu dienen bestimmt sind. Gerade das RabattG und die ZugabeVO begegnen daher erheblichen verfassungsrechtlichen Bedenken. Zwar kann nicht in jeder dem Verbraucherschutz dienenden Intervention des Staates sogleich ein unzulässiger Schutz des Dritten »vor sich selbst« gesehen werden. Weil der Dritte in seiner Eigenschaft als Verbraucher oder Kunde beispielsweise die (Un-) Zuverlässigkeit eines Gewerbetreibenden regelmäßig nicht zu beurteilen vermag, muß er auf die Wirksamkeit staatlicher Präventions- und Interventionsmechanismen vertrauen. Es fehlt jedoch an hinreichenden Gründen für ein Verbot von Preisnachlässen und Zugaben, die zu vereinbaren dem übereinstimmenden Willen zweier Vertragspartner entspricht. Zwar mag eine gewisse Plausibilität beanspruchen können, daß der – nach Auffassung der Apologeten des derzeitigen Zugabe-

[323] So aber BVerwG, NJW 1993, S. 3002 (3003).

[324] Zu den Zwecken der ZugabeVO vgl. nur *W. Hefermehl*, in: A. Baumbach/W. Hefermehl, Wettbewerbsrecht, vor § 1 ZugabeVO Rn. 5ff.; zum RabattG ebd., vor § 1 RabattG Rn. 8f.

rechts offenbar zu rationalem Handeln *a limine* unfähige[325] – Verbraucher durch ein ausuferndes Zugabewesen »verwirrt«[326] werden könnte. Die exzessive und in ihrer Tendenz zur Bevormundung aller Beteiligten das Maß des Erträglichen deutlich übersteigende Rechtsprechung des BGH (nicht nur[327]) zur ZugabeVO[328] kann hiermit indes nicht gerechtfertigt werden, so daß eine Intervention des Verfassungsrechts dringend geboten ist. Demgegenüber hat zwar das Bundesverfassungsgericht in seiner Entscheidung zum Werbeverbot für Apotheker am Rande zu erkennen gegeben, daß ihm die Verfassungsmäßigkeit der ZugabeVO nicht zweifelhaft erscheint.[329] Ob mit dieser undifferenzierten und einer schlüssigen Begründung zudem entbehrenden Stellungnahme das letzte Wort über die ZugabeVO bereits gesprochen ist, muß jedoch bezweifelt werden.

2. Grundrechtsrelevanz staatlicher Informationsakte

Auf Basis der bisherigen Überlegungen ebenfalls adäquat bewältigen lassen sich des weiteren jene Fallgestaltungen, in denen staatliche Informationsakte drittbeeinträchtigende Folgen haben. Zunächst liegt auf der Hand, daß eine staatliche Intervention gerade in dem Verhalten des Drittbetroffenen wurzelt, wenn eine Warnung vor bestimmten Produkten oder der Tätigkeit bestimmter Personen oder Organisationen erfolgt. Nachteile für den Dritten, die aus der Befolgung einer Warnung durch die Warnungsadressaten resultieren, sowie auch weitere »Folgewirkungen« der betreffenden Maßnahme, wie sie beispielsweise im Falle der »Glykolwein«-Entscheidung des Bundesverwaltungsgerichts vorlagen, können daher grundrechtliche Relevanz beanspruchen. Entsprechendes muß gelten, wenn vor einem bestimmten Produkt zwar nicht ausdrücklich gewarnt wird, ihm aber bestimmte negative Merkmale bescheinigt oder positive Merkmale abgesprochen werden.[330]

Hat demgegenüber ein objektiv zur Verhaltenssteuerung geeigneter Informationsakt des Staates keine Warnung oder ein anderes negatives (Wert-) Urteil zum (unmittelbaren) Inhalt, so bedarf es wiederum einer differenzierenden Betrachtung verschiedener Fallgruppen und -gestaltungen: So muß zunächst die (»positi-

[325] Vgl. die befremdlichen Ausführungen zum Sinn der ZugabeVO bei *W. Hefermehl*, in: A. Baumbach/W. Hefermehl, Wettbewerbsrecht, vor § 1 ZugabeVO Rn. 5ff.

[326] So *W. Hefermehl* in: A. Baumbach/W. Hefermehl, Wettbewerbsrecht, vor § 1 ZugabeVO Rn. 7.

[327] Krit. zur Rechtsprechung zum Wettbewerbsrecht auch *F. Hufen*, NJW 1994, S. 2913 (2922), der ironisch ein Forschungsprojekt zum Thema »Das Menschenbild der Aufklärung und das Verbraucherbild in der Rechtsprechung deutscher Gerichte« anregt.

[328] Beispielhaft genannt sei BGH, NJW-RR 1991, S. 1324ff. (»One for Two«): Zwei Essen für den Preis von einem als verbotene Zugabe; vgl. auch BGH, NJW 1998, S. 1152ff.: Umtauschrecht (!) bei Gebrauchtwagen als verbotene Zugabe.

[329] Vgl. BVerfGE 94, 372 (390f.).

[330] Ein Beispiel hierfür bildet die »Warentest«-Entscheidung des Bundesverwaltungsgerichts, vgl. BVerwG, NJW 1996, S. 1361.

ve«) Empfehlung eines bestimmten Verhaltens jedenfalls dann wie eine ausdrückliche Warnung behandelt werden, wenn sie zugleich den Appell enthält, ein entgegenstehendes – und den Dritten begünstigendes – Verhalten zu unterlassen. Ein Beispiel hierfür bildet der vom Hessischen VGH[331] entschiedene Fall der staatlichen (bzw. kommunalen) Empfehlung einer Verwendung von Mehrwegverpackungen, denn diese Maßnahme ist gerade auch durch die Existenz eines Angebots an Produkten in Einwegverpackungen bedingt, gegen die sie sich letztlich richtet.

Desgleichen läßt sich im Falle der »Transparenzlisten«-Entscheidung des Bundesverwaltungsgerichts ein hinreichender Drittbezug bejahen: Zwar handelt es sich bei der Vergabe eines »Qualitätssicherungskennzeichens« zunächst nur um ein »Werturteil«,[332] das sich allein auf ein bestimmtes Medikament bezieht und in dessen Eigenschaften wurzelt. Zugleich diente die Herausgabe der Transparenzlisten aber dem Zweck, im Interesse einer Senkung des Arzneimittelpreisniveaus eine »pharmakologisch-therapeutische und preisliche Transparenz für Fertigarzneimittel« herbeizuführen.[333] Schon im Hinblick auf das Anliegen einer Herstellung von Markttransparenz und damit zugleich einer Schaffung von Entscheidungsgrundlagen für die Ärzteschaft läßt sich folglich sagen, daß die Listenveröffentlichung auf die Gesamtheit der am Markt angebotenen Arzneimittel zurückgeführt werden kann. Da zudem eine Kostensenkung intendiert war, sind die Transparenzlisten auch darüber hinaus durch die Existenz jener Medikamente (mit-) verursacht, die nicht verschrieben werden sollen oder gar – wegen des vom Bundesverwaltungsgericht betonten »Wirtschaftlichkeitsgebots«[334] – nicht einmal verschrieben werden dürfen.

Jenseits dieses (Sonder-) Falles wird eine grundrechtserhebliche Drittbeeinträchtigung aber vielfach ausscheiden, wenn sich staatliches Handeln darin erschöpft, einem bestimmten Produkt durch Verleihung eines »Gütesiegels« oder vergleichbare Maßnahmen eine bestimmte Qualität oder Beschaffenheit zu bescheinigen: Zwar ist eine solche Maßnahme geeignet, dem begünstigten Anbieter einen Vorteil im Wettbewerb zu verschaffen und damit nachteilige Wirkungen für dessen Konkurrenten auszulösen. Indes resultiert der zugrundeliegende Informationsakt allein aus Eigenschaften der beurteilten Sache, so daß es an einem hinreichenden Zusammenhang mit der Existenz etwaiger Konkurrenzprodukte fehlt. In einer derartigen »Begünstigung« eines von mehreren Wettbewerbern kann daher keine Einwirkung auf grundrechtlich (potentiell) geschützte Positionen der Hersteller und Anbieter vergleichbarer Produkte gesehen werden.

Dies heißt andererseits nicht, daß derartige Sachverhalte aus grundrechtlicher Sicht stets ohne Belang wären. Vielmehr wird der (staats-) freie und ungehinderte Wettbewerb dann beeinträchtigt, wenn einem Wettbewerber eine Bestätigung be-

---

331 HessVGH, NVwZ 1995, S. 611.

332 So BVerwGE 71, 183 (194).

333 Vgl. BVerwGE 71, 183 (184).

334 Vgl. BVerwGE 71, 183 (190f.).

stimmter Eigenschaften seiner Produkte im Unterschied zu Mitbewerbern *vorenthalten* wird. In einem solchen Fall ist die betreffende Maßnahme auch nicht nur an dem allgemeinen Gleichheitssatz des Art. 3 Abs. 1 GG, sondern ebenso an der Berufsfreiheit des Betroffenen zu messen. Zwar handelt es sich bei der Vorenthaltung einer derartigen Begünstigung lediglich um die Verweigerung einer staatlichen Leistung, die Freiheitsrechte des Betroffenen nur ausnahmsweise zu berühren vermag. Ein solcher Ausnahmefall muß im Hinblick auf die Wettbewerbsrelevanz der staatlichen Intervention aber angenommen werden, wenn der Staat einem Wettbewerber die Bestätigung bestimmter Eigenschaften seines Produkts im Unterschied zu anderen Wettbewerbsteilnehmern verweigert, denn ein solcher Sachverhalt kann nicht anders beurteilt werden als ein negatives Urteil über ein Produkt. Das Bundesverfassungsgericht läßt dementsprechend für die Anwendbarkeit des Art. 12 Abs. 1 GG ausreichen, daß »durch staatliche Maßnahmen der Wettbewerb beeinflußt und die Ausübung einer beruflichen Tätigkeit dadurch behindert wird«.[335] So ist die Vorenthaltung einer öffentlichen Bestellung (und Vereidigung) als Sachverständiger (§ 36 GewO) vom Ersten Senat an diesem Grundrecht gemessen worden: Schaffe der Gesetzgeber die staatliche Anerkennung einer beruflichen Qualifikation und damit Vorteile im Wettbewerb, so wirke sich die Verweigerung dieser Anerkennung als »Eingriff in die Berufsfreiheit« aus.[336] Entsprechendes muß gelten, wenn nicht Eigenschaften einer Person, sondern eines Produkts in Rede stehen.

Soweit danach influenzierendes Staatshandeln auch auf einen Dritten bezogen ist und deshalb eine hinreichende »Interventionsnähe« bejaht werden kann, wird allerdings ein konkreter Zusammenhang zwischen dem staatlichem Handeln und einem drittbeeinträchtigenden Effekt gerade bei staatlichen Informationsakten häufig nicht sicher feststellbar sein, weil es sich bei dem betreffenden Staatsakt nur um eine von mehreren denkbaren Ursachen für das Verhalten des in seinen Entscheidungen frei bleibenden Maßnahmeadressaten handelt. Dieser Gesichtspunkt kann der Annahme einer grundrechtlichen Verantwortlichkeit des Staates für Folgen seines Tuns aber letztlich nicht entgegengehalten werden, denn das Risiko verfassungswidriger Effekte staatlicher Maßnahmen muß nicht vom Bürger, sondern vom handelnden Staat getragen werden. Diesen trifft zunächst die Primärpflicht, die zu einer verfassungswidrigen Beeinträchtigung eines Bürgers führende Handlung zu unterlassen. Es liegt jedoch auf der Hand, daß eine gerade auf drittbeeinträchtigende Wirkungen gerichtete Erklärung nicht schon deshalb zulässig ist, weil der beabsichtigte Effekt aufgrund eines mehr oder weniger zu erwartenden Geschehensablaufs auch ausbleiben kann. Ebensowenig kann der Staat als berechtigt angesehen werden, eine mit Informationsakten nach der Lebenserfahrung mehr oder weniger sicher einhergehende Drittbeeinträchtigung

[335] BVerfGE 86, 28 (36); vgl. auch BVerfGE 82, 209 (223 f.); BVerwGE 89, 281 (283).
[336] BVerfGE 86, 28 (36).

im Falle ihrer Verfassungswidrigkeit auch nur in Kauf zu nehmen. Ist ein derartiger Effekt zu befürchten, so muß die betreffende Maßnahme vielmehr unterbleiben. Wird gleichwohl gehandelt, stehen dem Dritten schon aus diesem Grunde auf Unterlassung fortdauernder Beeinträchtigung und Folgenbeseitigung gerichtete (Reaktions-) Ansprüche zu; lediglich für Schadensersatzansprüche wird die Darlegung eines (bezifferbaren) Schadens zu verlangen sein.

3. Angehörige als Drittbetroffene

Ebenfalls betrachtet seien schließlich die Konsequenzen, die sich auf Basis der bisherigen Überlegungen ergeben, wenn ein imperativ-regelnder Staatsakt auf die Angehörigen des Maßnahmeadressaten »durchschlägt« und auf diese Weise drittbeeinträchtigende Wirkungen entfaltet. Ein gelegentlich auftretendes Beispiel hierfür bildet die Ausweisung des (nichtdeutschen) Ehegatten einer Person mit deutscher Staatsangehörigkeit. Für derartige Fälle geht das Bundesverfassungsgericht davon aus, daß der drittbetroffene Ehegatte die Beeinträchtigung seiner durch Art. 6 Abs. 1 GG geschützten Belange selbständig geltend machen kann.[337] Dies legt den Schluß nahe, daß Entsprechendes gelten müsse, wenn sich Ehegatten (oder andere Angehörige) gegen die Versetzung eines Beamten oder Soldaten, die Residenzpflicht für Notare oder auch die Inhaftierung eines Straftäters wenden.[338] Demgegenüber ist bei einer Anknüpfung an ein interventionsauslösendes Drittverhalten eine rechtserhebliche Drittbeeinträchtigung in derartigen Fällen regelmäßig zu verneinen, weil die Situation oder das Verhalten von Angehörigen des Maßnahmeadressaten gerade nicht zu den Gegebenheiten gehört, an die die staatliche Intervention anknüpft.

Der Rechtsprechung zu den Fällen der Drittbeeinträchtigung durch Ausweisung (und Abschiebung) eines Ehegatten kann im Ergebnis gleichwohl zugestimmt werden,[339] da insoweit Besonderheiten bestehen: Zwar wird niemand wegen (sondern allenfalls trotz) des Bestehens einer Ehe mit einer Person deutscher Staatsangehörigkeit ausgewiesen; Ursache der Ausweisung ist vielmehr der (fortdauernde) Aufenthalt des Ausgewiesenen im Inland. Damit knüpft die staatliche

---

[337] BVerfGE 19, 394 (399); 35 382 (408); 51, 386 (395).

[338] So – für Fälle der Inhaftierung und Kasernierung – *J. Schwabe*, Grundrechtsdogmatik, S. 189.

[339] Insoweit übereinstimmend *P. Preu*, Grundlagen, S. 64, der freilich damit die Grundlagen seines eigenen Systems durchbricht, da nach *Preu* ein Dritter grundsätzlich keinen Schutz auch vor staatlich veranlaßtem Verhalten seines (Vertrag-) Partners genießt. *Preu* will diese Systemwidrigkeit mit der Erwägung rechtfertigen, daß grundsätzlich jede Ehe das Risiko des Scheiterns aus beliebigen Gründen berge, dürfe kein Argument sein, weil die Ehe kein »beliebiges Rechtsverhältnis« sei, sondern einen »erhöhten Stellenwert« besitze. Dies überzeugt nicht, weil auch der Anknüpfung an den »Rang« eines grundrechtlich geschützten Guts eine Wertung zugrunde liegt, die zwar in Zusammenhang mit der Rechtfertigung einer Beeinträchtigung von Belang sein mag, nicht aber die eine solche Wertung erst ermöglichende Zuordnung eines Verhaltens zum Schutzgut-Tatbestand eines Grundrechts betrifft.

Maßnahme aber zugleich an ein (mißbilligtes) Verhalten des Betroffenen an, das seinerseits (auch) in dem Vorhandensein eines Ehegatten wurzelt, wenn nicht der – hier außer Betracht zu lassende – Fall einer sog. »Scheinehe« vorliegt. In einem solchen Fall ist die staatliche Intervention daher eine Reaktion auf eine Sachlage, für deren Vorliegen auch der Dritte Mitverantwortung trägt, so daß sich von einer Anknüpfung auch an dessen Verhalten sprechen läßt.[340] Damit unterscheidet sich diese Konstellation zugleich von dem Fall der faktischen Beeinträchtigung mitbetroffener Ehegatten durch die strafgerichtliche Verurteilung eines verheirateten Täters oder die Versetzung von verheirateten Beamten und Soldaten, da diese Maßnahmen in keinem Zusammenhang mit dem Vorhandensein eines Ehegatten (oder anderer Angehöriger) stehen.

---

[340] Nicht überzeugend ist es deshalb, wenn BVerfGE 76, 1 (72), wegen des Vorliegens einer nur ungezielten und tatsächlichen Beeinträchtigung für im Hinblick auf Art. 2 Abs. 1 GG irrelevant hält, wenn sich ein berechtigterweise im Inland lebender Ausländer aufgrund einer (vorübergehend) verweigerten Einreise seines Ehegatten gedrängt sieht, die Ehe im (gemeinsamen) Heimatland zu führen; die – wohl zu verneinende – Frage ist vielmehr, ob diesem Gesichtspunkt gegenüber der nach Ansicht des Bundesverfassungsgerichts (ebd., S. 45) an Art. 6 Abs. 1 GG zu messenden Verhinderung der gewünschten Handlung (Führen der Ehe im Inland) überhaupt eigenständige Bedeutung zukommt.

B. Grundrechtsschutz gegen wettbewerbsbeeinflußende Wirkungen von Rechtsakten

In Zusammenhang mit Fällen staatlicher Warnungen und Empfehlungen ist bereits dargelegt worden, daß es regelmäßig von grundrechtlicher Relevanz ist, wenn der Staat zum Nachteil einzelner Anbieter von Gütern oder Dienstleistungen auf das Verhalten der Verbraucher Einfluß zu nehmen versucht und damit zugleich auf den Wettbewerb einwirkt, indem er vor bestimmen Produkten (oder Produktgruppen) warnt, andere Produkte (Produktgruppen) empfiehlt oder jedenfalls einzelnen Produkten bestimmte Eigenschaften bescheinigt oder nicht bescheinigt.[1] Die dort entwickelten Grundsätze lassen sich auch für Sachverhalte fruchtbar machen, in denen die wettbewerbsbeeinflußende Intervention des Staates in der Begünstigung einzelner Wettbewerbsteilnehmer unmittelbar durch Rechtsakt liegt.

Eine derartige Einwirkung auf den Wettbewerb kann allerdings auf höchst unterschiedlichen Motiven beruhen und verschiedensten Zwecken dienen, so daß es zunächst einer grundlegenden Unterscheidung bedarf: Zum einen ist möglich, daß der Staat das Mittel der Begünstigung einsetzt, um auf das Verhalten des Maßnahmeadressaten Einfluß zu nehmen, so daß von »verhaltenssteuernden Begünstigungen« gesprochen werden kann. In diesen Fällen wird das erstrebte Verhalten des Maßnahmeadressaten mit einem finanziellen Vorteil oder einer anderen – regelmäßig geldwerten – Leistung verknüpft, um in Reaktion auf eine mißbilligte Situation oder zur Abwehr einer drohenden Gefahr ein gewünschtes Verhalten des Maßnahmeadressaten und damit letztlich einen gewünschten Zustand herbeizuführen. Hierher gehören etwa der Ge- und Mißbrauch des Steuerrechts zur Verhaltenssteuerung sowie die unmittelbare Gewährung von Zuwendungen (Subventionen). Zum anderen ist denkbar, daß der Staat einzelne Wettbewerber von der Pflicht zur Beachtung bestimmter das Verhalten der Wettbewerbsteilnehmer regelnder Vorschriften ausnimmt. Ein wichtiges Beispiel hierfür bietet die (teilweise) Befreiung von den im LSchlG normierten allgemeinen Ladenschlußzeiten. Derartige Maßnahmen dienen aber regelmäßig nicht unmittelbar der Verhaltenssteuerung. Vielmehr stellen sie die bislang durch die betreffende Regelung eingeschränkte Freiheit zu einem Verhalten nach eigenem Belieben im privaten Interesse des Betroffenen oder auch aufgrund eines korrespondierenden öffentli-

[1] Vgl. oben, S. 293ff.

chen Interesses im Umfang der erteilten (Ausnahme-) Genehmigung wieder her, so daß derartige Sachverhalte den – im nächsten Abschnitt zu behandelnden[2] – Fällen freiheitsherstellenden Begünstigungen zugeordnet werden können.

Mit Blick auf die Behandlung von Drittbeeinträchtigungen infolge staatlicher Einflußnahme auf den Wettbewerb ergeben sich zwischen verhaltenssteuernden und freiheitsherstellenden Begünstigungen aber letztlich keine durchgreifenden Unterschiede. Soweit zunächst verhaltenssteuernde Begünstigungen in Rede stehen, sind diese ohne weiteres mit appellativem Staatshandeln durch Warnungen und Empfehlungen vergleichbar, weil jeweils influenzierende Einwirkungen auf den Maßnahmeadressaten in Rede stehen, die ein bestimmtes Verhalten bewirken sollen. Gehen mit einer verhaltenssteuernden Begünstigung nachteilige Auswirkungen auf grundrechtlich (potentiell) geschützte Belange oder Interessen eines Dritten einher, können folgerichtig die oben für »belastungssubstituierendes« Staatshandeln durch Warnungen und Empfehlungen entwickelten Grundsätze ebenfalls angewendet werden, wie sich am Beispiel der Begünstigung durch Subventionen illustrieren läßt: In diesen Fällen ist zunächst zu fragen, ob ein Wettbewerber sich gegen die Begünstigung eines anderen Wettbewerbers wendet oder selbst eine entsprechende Leistung begehrt. Sofern die einem Mitbewerber gewährte Leistung wegen ihrer wettbewerbsverzerrenden Wirkung abgewehrt werden soll, geht es allein um Auswirkungen staatlichen Handelns, die den Betroffenen als Dritten treffen. Deren Grundrechtserheblichkeit ist mithin nur dann zu bejahen, wenn sich aus dem Kontext der staatlichen Intervention ergibt, daß ein (auch) im Verhalten des Dritten liegender Anknüpfungspunkt für das adressatbegünstigende Handeln vorliegt. Dies kann bei einer Gewährung von Zuschüssen, zinsgünstigen Krediten oder Steuervorteilen zugunsten von Gewerbetreibenden bejaht werden, wenn die staatliche Intervention auf einer (mißbilligten) Situation beruht, die (auch) durch Existenz oder Verhalten von Wettbewerbern des Geförderten herbeigeführt worden ist.[3] In diesem Falle liegt eine mit Zwangswirkung ausgestattete Beeinträchtigung der Wettbewerbsfreiheit[4] des Dritten vor, wenn dieser durch die Subventionierung seines Konkurrenten einen Nachteil im Wettbewerb erleidet.

Dies wiederum hat zur Folge, daß das drittbeeinträchtigende Handeln der Exekutive aufgrund des Grundsatzes vom Vorbehalt des Gesetzes einer gesetzlichen Grundlage bedarf, so daß sich die Frage nach den Anforderungen an eine solche gesetzliche Regelung stellt: Zwar bildet das Haushaltsgesetz (mit dem dazugehörigen Haushaltsplan) nach Ansicht des Bundesverwaltungsgerichts grundsätzlich

---

[2] Vgl. unten, S. 304ff.

[3] Ähnl. *P.-M. Huber*, Konkurrenzschutz, S. 384, der in diesen Fällen eine finale Beeinträchtigung des Konkurrenten bejaht. Dem liegt erkennbar ein sehr weiter Finalitätsbegriff zugrunde, denn die Drittbeeinträchtigung wird wohl nur als vorhersehbar und (deshalb) in Kauf genommen anzusehen sein.

[4] Diese ist richtigerweise bei Art. 12 Abs. 1 GG zu verorten, vgl. oben, S. 232.

eine hinreichende Rechtsgrundlage für Subventionen.[5] Dies soll nach neuerer Rechtsprechung allerdings nur gelten, wenn Geldleistungen an Private »keine besonderen Grundrechtsprobleme«[6] aufwerfen, so daß eine spezielle gesetzliche Ermächtigung insbesondere für den Fall gefordert wird, daß »Eingriffe in die Grundrechtssphäre von am Subventionsverhältnis nicht beteiligten Dritten« in Rede stehen.[7] Ob diese Differenzierung wirklich tragfähig ist, darf indes bezweifelt werden. Man wird vielmehr die Beschlußfassung über den Haushalt grundsätzlich als ausreichende parlamentarische Willensäußerung in Gesetzesform und damit zugleich auch ausreichende »Eingriffsgrundlage« ansehen können.

Auch unabhängig von der Existenz eines Anknüpfungspunktes im Verhalten eines Wettbewerbers[8] ist eine verhaltenssteuernde Begünstigung eines Grundrechtsträgers aus grundrechtlicher Sicht darüber hinaus dann von Interesse, wenn einem Konkurrenten des Begünstigten eine entsprechende Leistung vorenthalten wird, denn in diesem Fall liegt eine mit Zwangswirkung ausgestattete Beeinträchtigung der Wettbewerbschancen und damit der Wettbewerbsfreiheit vor: Zwar handelt es sich bei der Verweigerung einer staatlichen Leistung um einen Vorgang, dem grundsätzlich keine Grundrechtserheblichkeit zukommt. Es ist jedoch – wie dargelegt[9] – in Übereinstimmung mit der einschlägigen Rechtsprechung des Bundesverfassungsgerichts als Beeinträchtigung auch der Wettbewerbsfreiheit zu qualifizieren, wenn der Staat einem Grundrechtsträger eine empfehlende oder anderweitig begünstigende Erklärung über im Rahmen der beruflichen Betätigung erbrachte Leistungen im Unterschied zu Mitbewerbern verweigert. Nichts anderes kann gelten, wenn statt der Ablehnung einer Erklärung die Nichtgewähr eines finanziellen Vorteils in Rede steht.[10] Demgemäß ist es unter dem Gesichtspunkt der Nachteilsalternativität[11] ebenfalls grundrechtlich relevant und nur auf Basis einer gesetzlichen Regelung zulässig, wenn die Gewährung einer auch anderen

[5] Vgl. BVerwGE 58, 45 (48); BVerwG, NJW 1977, 1838f.; *M. Schmidt-Preuß*, Kollidierende Privatinteressen, S. 59; abl. *P.-M. Huber*, Konkurrenzschutz, S. 485, 500ff.; *H.D. Jarass*, NVwZ 1984, S. 473 (476); *U. Schliesky*, Öffentliches Wettbewerbsrecht, S. 218ff.

[6] BVerwGE 90, 112 (126).

[7] BVerwGE 90, 112 (126f.); vgl. auch OVG NW, NVwZ 1991, S. 174 (175).

[8] Daran dürfte es regelmäßig fehlen, wenn die Finanzbehörden auf die (vollständige) Besteuerung eines von mehreren Wettbewerbern verzichten. BFHE 184, 214 (216f.), wird deshalb im Ergebnis darin zu folgen sein, daß die Klage eines Dritten gegen die Nichtbesteuerung eines Konkurrenten eine drittschützende Norm des einfachen Rechts voraussetzt, wenngleich sich in diesem Zusammenhang auch ein Hinweis auf die Wettbewerbsfreiheit findet (ebd., S. 220); verfehlt – und mit dem Rückgriff auf die Wettbewerbsfreiheit nicht ohne weiteres vereinbar – ist es demgegenüber, daß der BFH zur Begründung auch auf die – in dieser Allgemeinheit unzutreffende – Formel von der generellen Irrelevanz einer Beeinträchtigung »lediglich wirtschaftlicher Interessen« zurückgreift.

[9] Vgl. oben, S. 295.

[10] Zurückhaltend gegenüber einer Übertragung der für andere Eingriffe in den Wettbewerb geltenden Grundsätze auf Subventionen aber *G. Manssen*, in: v. Mangoldt/Klein/Starck, GG, Art. 12 Rn. 95.

[11] Vgl. dazu oben, S. 115f.

gewährten Subvention von der Erfüllung von Auflagen oder Bedingungen abhängig gemacht wird,[12] denn der Betroffene hat in einem solchen Fall nur die Wahl, die damit einhergehende Einschränkung seiner Verhaltensfreiheit oder die aus der Nichtgewähr der Subvention resultierende Beeinträchtigung in Kauf zu nehmen.[13]

Unabhängig vom Vorliegen einer rechtserheblichen Einwirkung auf die Wettbewerbsfreiheit ist stets die Frage nach der Vereinbarkeit mit dem allgemeinen Gleichheitssatz des Art. 3 Abs. 1 GG zu stellen, wenn der Staat einem von mehreren Wettbewerbern einen Vorteil gewährt, der den Mitbewerbern vorenthalten wird. Hierzu sei angemerkt, daß eine mit der staatlichen Gleichbehandlungspflicht zu vereinbarende Begünstigung als auf einem rechtfertigenden Grund beruhend regelmäßig auch vor der Berufsfreiheit eines Drittbetroffenen wird bestehen können.[14] Desgleichen wird – umgekehrt – eine willkürliche Ungleichbehandlung vielfach zu verneinen sein, wenn die staatliche Intervention auf Gründen beruht, die nicht (auch) als Reaktion auf das Verhalten eines Dritten zu qualifizieren sind. Um eine derartige Fallgestaltung dürfte es sich beispielsweise bei dem Sachverhalt handeln, der der bekannten Entscheidung des Bundesverwaltungsgerichts aus dem Jahre 1968 zur Subventionierung von Winzergenossenschaften zugrunde lag, denn in diesem Fall wurde eine Verletzung des Gleichbehandlungsgebotes unter Hinweis auf Gründe der angegriffenen Maßnahme verneint, die zu erkennen geben, daß die Intervention des Staates hier nicht (auch) mit Blick auf ein Verhalten der klagenden Weinvertriebsgesellschaft erfolgt ist.[15] Demgegenüber hat das Bundesverwaltungsgericht zwar eine rechtserhebliche Beeinträchtigung der Wettbewerbsfreiheit des Dritten bejaht, deren Rechtswidrigkeit aber unter Rückgriff auf Intensitätsgesichtspunkte – und jedenfalls im Ergebnis zu Recht – verneint.[16]

Die vorstehenden Grundsätze werden darüber hinaus auch dann anzuwenden sein, wenn einzelne Wettbewerber im Unterschied zu Konkurrenten von der Pflicht zur Beachtung bestimmter gesetzlicher Vorschriften befreit werden. Zwar können diese freiheitsherstellenden Begünstigungen nicht ohne weiteres den für verhaltenssteuerndes Staatshandeln geltenden Regeln unterworfen werden.[17] Zu berücksichtigen ist aber, daß es im Hinblick auf die Struktur der Drittbeeinträchtigung letztlich keinen Unterschied macht, ob der Staat einzelne An-

---

[12] Im Ergebnis ebenso *W.-R. Schenke*, WiVerw 1978, S. 226 (237); tendenziell anders *H. D. Jarass*, NVwZ 1984, S. 473 (477).

[13] Entgegen *G. Manssen*, in: v. Mangoldt/Klein/Starck, GG, Art. 12 Rn. 92, ist *allein* die Übernahme einer mit einer Subvention verknüpften Verhaltenspflicht hingegen grundrechtlich irrelevant, weil es sich lediglich um eine Bedingung für eine staatliche Leitung handelt, auf die ein grundrechtlicher Anspruch nicht besteht.

[14] Vgl. hierzu auch BVerwGE 60, 154 (160).

[15] Vgl. BVerwGE 30, 191 (194).

[16] Vgl. BVerwGE 30, 191 (197ff.).

[17] Vgl. hierzu noch unten, S. 304ff.

bieter im Verhältnis zu Wettbewerbern begünstigt, indem er ihnen einen finanziellen, oder aber einen rechtlichen Vorteil gewährt. Vielmehr bewirkt es stets eine Beeinträchtigung der grundrechtlich durch Art. 12 Abs. 1 GG geschützten Freiheit von staatlichen Einwirkungen auf den (staats-) freien Wettbewerb, wenn einzelnen Wettbewerbsteilnehmern eine anderen Wettbewerbern gewährte Begünstigung vorenthalten und damit (möglicherweise) der wirtschaftliche Erfolg der beruflichen Betätigung der Nichtbegünstigten beeinträchtigt wird, mag es sich dabei um eine Empfehlung der Produkte einzelner Anbieter oder eine geldwerte oder rechtliche Bevorzugung handeln. Im Hinblick auf eine Befreiung von gesetzlichen Vorschriften kommt es folgerichtig auch nicht auf die sich gerade mit Blick auf freiheitsherstellende Begünstigungen stellende Frage an, ob eine dem Staat zurechenbare und abwehrrechtlich relevante Beeinträchtigung grundrechtlich geschützter Freiheit oder ein (allenfalls) unter dem Aspekt der Verletzung grundrechtlicher Schutzpflichten relevanter Vorgang vorliegt, wenn staatlicherseits gestattetes Verhalten eines Privaten eine Drittbeeinträchtigung – insbesondere eine Beeinträchtigung von Nichtstörungsinteressen – auslöst, denn in den hier behandelten Fällen einer gleichgerichteten Tätigkeit konkurrierender Anbieter wurzelt das Vorliegen einer rechtserheblichen Drittbeeinträchtigung allein in der wettbewerbsverzerrenden Wirkung des Vorsprungs im Wettbewerb, der einzelnen Wettbewerbsteilnehmern durch eine bevorzugende Regelung verschafft wird.

Demgegenüber hat das OVG Bautzen noch in einer Entscheidung vom 2. Dezember 1998 die Möglichkeiten der Erlangung grundrechtlichen Schutzes gegen eine Begünstigung von Konkurrenten durch Verschaffung von Vorteilen im Wettbewerb extrem restriktiv gehandhabt, wenn nicht de facto verneint: Das OVG erachtete ein Normenkontrollverfahren gegen eine durch Rechtsverordnung erfolgte Privilegierung bahnhofsnah gelegener Geschäfte im Hinblick auf die Vorschriften des LSchlG als unzulässig, weil die einschlägige Regelung in § 8 Abs. 2 a LSchlG – was durchaus bezweifelt werden kann[18] – keinen drittschützenden Charakter besitze und auch eine Beeinträchtigung der Wettbewerbsfreiheit nicht vorliege, wenn und soweit sich die Drittbetroffenen »weiterhin uneingeschränkt am Wettbewerb beteiligen können«.[19] Die Wettbewerbsfreiheit schütze einen Wettbewerbsteilnehmer nicht vor Konkurrenz, die ihm infolge staatlicher Maßnahmen erwachse, und demnach auch nicht vor einer Verringerung des Gewinns. Zu einer Grundrechtsbeeinträchtigung könne es allenfalls dann kommen, wenn die Drittbetroffenen durch die staatlichen Maßnahmen in ihrer Fähigkeit, sich als Unternehmer wirtschaftlich zu betätigen, »in unerträglichem Maße eingeschränkt bzw. unzumutbar geschädigt werden würden«.[20]

---

[18] Anders etwa *J. Rozek*, SächsVBl. 1999, S. 149 (153f.).
[19] OVG Bautzen, NJW 1999, 2539 (2540).
[20] OVG Bautzen, NJW 1999, S. 2539 (2540).

Dem OVG Bautzen ist zuzugeben, daß es sich mit dieser Entscheidung im Einklang mit einer auch sonst eher restriktiven Judikatur zur grundrechtlichen Relevanz von Einwirkungen auf den Wettbewerb durch eigene Wettbewerbsteilnahme des Staates oder auch die Begünstigung einzelner Wettbewerber befindet.[21] Die These, subjektive Rechte der antragstellenden Gewerbetreibenden könnten »offensichtlich und eindeutig nach keiner Betrachtungsweise verletzt sein«,[22] bewegt sich gleichwohl außerhalb des noch ernsthaft Vertretbaren. Zwar ist gewiß richtig, daß es keinen Grundrechtsschutz gegen eine konkurrierende Tätigkeit anderer Privater[23] geben kann. Rückschlüsse auf die Zulässigkeit einer staatlichen Einflußnahme auf den Wettbewerb lassen sich hieraus aber nicht ziehen; insoweit steht vielmehr die »Freiheit von staatlichen Einwirkungen auf das Verhältnis zu ... Konkurrenten« in Rede.[24] Auch kommt es – wie dargelegt – für die Grundrechtserheblichkeit staatlichen Handelns nicht auf Intensitätskriterien wie »Unerträglichkeit« oder »Unzumutbarkeit« der Beeinträchtigung an. Letztlich dürfte denn auch die Entscheidung des OVG Bautzen wiederum auf der – jedenfalls überholten – Vorstellung beruhen, daß eine erhebliche Einwirkung auf eine durch ein Freiheitsrecht (potentiell) geschützte Position eines Grundrechtsträgers eine verhaltenssteuernde Wirkung voraussetzt, eine reine Erfolgsbeeinträchtigung hingegen nicht ausreichend ist. Insofern verblüfft, daß das OVG Bautzen neuere Entwicklungen – namentlich die Rechtsprechung und Literatur zu der gleichgerichteten Problematik staatlicher Warnungen und Empfehlungen – nicht zur Kenntnis genommen hat.[25] Gerichtliche Entscheidungen, die auf selektiver Wahrnehmung beruhen, vermögen indes nicht zu überzeugen.

---

[21] Vgl. oben, S. 232f.

[22] OVG Bautzen, NJW 1999, S. 2539.

[23] Zur staatlichen Wettbewerbsteilnahme unten, S. 428ff.

[24] So zutr. *J. Rozek*, SächsVBl. 1999, S. 149 (156).

[25] Insoweit krit. auch *J. Rozek*, SächsVBl. 1999, S. 146 (155f.).

C. Die Zulassung privater Einwirkungen auf Nichtstörungsinteressen

I. Das Problem der Zurechenbarkeit der Drittbeeinträchtigung

Schon die vorstehenden Überlegungen zu den wettbewerbsbeeinflußenden Rechtsakten haben deutlich gemacht, daß aus den oben für Fälle staatlicher Verhaltenssteuerung durch adressatbelastendes oder influenzierendes Staatshandeln entwickelten Grundsätze nicht ohne weiteres etwas für Fallgestaltungen abzuleiten ist, in denen ein Grundrechtsträger durch ein zulässiges Verhalten auf Rechtsgüter eines anderen Grundrechtsträgers einwirkt, die im Verhältnis zum Staat grundrechtlichen Schutz genießen: Zwar kann eine derartige Beeinträchtigung eines Nichtadressaten auch durch einen Rechtsakt ausgelöst werden, der die Zulässigkeit des störenden Verhaltens seines Adressaten (wieder) herbeiführt und damit eine Gestattung (Erlaubnis, Genehmigung) enthält. Der Staat reagiert mit seinem Handeln aber nicht zum Zwecke der Verhaltenssteuerung auf ein (mißbilligtes) Verhalten von Bürgern, sondern ermöglicht – im Gegenteil – ein von privater Seite gewünschtes Verhalten durch Beseitigung eines Verbots, so daß von freiheitsermöglichenden oder -herstellenden Begünstigungen gesprochen werden kann. Da die oben vorgeschlagene Anknüpfung an die das staatliche Handeln motivierenden Umstände gerade auf die Gründe für eine Verfolgung bestimmter Zwecke durch verhaltenssteuernde Maßnahmen des Staates zielt, muß eine solche Vorgehensweise ins Leere führen, wenn staatliches Handeln im alleinigen Interesse des Begünstigten liegt und nicht dessen Verhalten beeinflussen soll. Weil eine Erlaubnis oder Genehmigung regelmäßig nur voraussetzt, daß dem beabsichtigten Verhalten des Adressaten keine vorrangigen Belange der Allgemeinheit oder individualisierbarer Dritter entgegenstehen, läßt sich vielmehr nur die Frage stellen, ob ein Dritter für eine Erlaubnis insofern »ursächlich« geworden ist, als seine Interessen deren Erteilung nicht verhindert haben.

Dessen ungeachtet werden Gestattungen von Dritten vielfach als Zufügung eines Nachteils empfunden, wie ein Blick auf die regelmäßig erfolgenden Widersprüche und Anfechtungsklagen gegen die Planung und Genehmigung technischer Großvorhaben ebenso lehrt wie die Fülle von Gerichtsentscheidungen aus Anlaß von Nachbarklagen gegen Baugenehmigungen. Gleichwohl ist die Frage nach der grundrechtlichen Relevanz derartiger Sachverhalte zu stellen, denn es versteht sich nicht von selbst, daß bei einem genehmigten oder gar genehmigungsfrei zulässigen Verhalten eines Bürgers eine staatliche Verantwortlichkeit für eine hieraus resultierende Drittbeeinträchtigung angenommen werden kann, die die Abwehrfunktion der Grundrechte zu aktivieren vermag. Immerhin handelt es sich bei dem gestatteten Verhalten eines Gestattungsempfängers ebenfalls um eine Inanspruchnahme grundrechtlich (potentiell) geschützter Freiheit, die ihrerseits durch ein Verbot zunächst beeinträchtigt und durch eine Gestattung wieder hergestellt wird; die (verbotsaufhebende) Gestattung führt einen Zustand herbei, der bei einem genehmigungsfrei zulässigen Verhalten ohnehin besteht. Anders als bei verhaltenssteuernden Maßnahmen des Staates entfällt der drittbeeinträchtigende Effekt in diesen Fällen deshalb nicht schon dann, wenn eine beeinträchtigende oder beeinflussende Einwirkung auf den Maßnahmeadressaten unterbleibt. Hierfür ist vielmehr erforderlich, daß der Staat einen Bürger aktiv an einem drittbeeinträchtigenden Verhalten hindert.

Nach verbreiteter Auffassung sollen daher etwaige drittbeeinträchtigende Wirkungen eines ausdrücklich gestatteten oder schlicht zulässigen Verhaltens eines Bürgers allein auf einer »privaten Handlung«[1] beruhen, die dem Staat nicht zugerechnet werden könne und abwehrrechtlich irrelevant sei.[2] Dies heißt andererseits nicht, daß eine grundrechtliche Dimension derartiger Fallgestaltungen generell in Abrede gestellt würde. Nach Ansicht beispielsweise von *R. Alexy* soll der »konstruktive Angelpunkt« einer staatlichen Verantwortung für Handlungen eines Bürgers gegenüber einem anderer Bürger in einer Pflicht zu sehen sein, »private Eingriffe in grundrechtliche Güter« des Dritten zu unterbinden.[3] Nach dieser Auffassung kann den Staat eine (Schutz-) Pflicht treffen, einen Grundrechtsträger vor einer Gefährdung oder Beeinträchtigung seiner Rechtsgüter infolge des Verhaltens anderer Privatpersonen zu bewahren. Da aber diese grundrechtlichen Schutzpflichten jenseits aller Unklarheiten im Hinblick auf ihre exakte dogmatische Verortung[4] jedenfalls nicht auf einer Zurechnung des drittbeeinträchtigenden Verhaltens zum Staat beruhen sollen, kann insoweit von einer eigenständigen Grundrechtsfunktion gesprochen werden, die zu der Abwehrfunktion der Grundrechte hinzutritt.

[1] *R. Alexy*, Theorie, S. 419.

[2] So *R. Alexy*, Theorie, S. 417ff.; *G. Hermes*, Schutz, S. 95ff.; *P. Preu*, Grundlagen, S. 71f.; *G. Robbers*, Sicherheit, S. 128f.; *M. Sachs*, in: K. Stern, Staatsrecht, Bd. III/1, S. 730ff.; *B. Weber-Dürler*, VVDStRL 57 (1998), S. 57 (81); vgl. ferner *M. Heintzen*, VerwArch 81 (1990), S. 532 (544); *P. Unruh*, Schutzpflichten, S. 46f.; mit Blick auf Strahlenbelastungen auch *V. Götz*, in: Viertes Deutsches Atomrechts-Symposium, S. 177f.; *R. Nolte*, Anforderungen, S. 19f.

[3] *R. Alexy*, Theorie, S. 417.

[4] Vgl. dazu den Überblick bei *P. Unruh*, Schutzpflichten, S. 37ff.

II. »Abwehrrechtliche Lösung« und »Schutzpflichtenkonstruktion« in der Judikatur

1. Der Rechtsschutz Dritter bei Gestattungen in der älteren Rechtsprechung

Die Frage, ob der Staat für die Folgen störenden Verhaltens eines Bürgers schon wegen des Vorliegens einer Gestattung wie für eigene Beeinträchtigungen des Dritten verantwortlich gemacht werden kann, ist von der Rechtsprechung schon vor Inkrafttreten des Grundgesetzes in Zusammenhang mit Drittschutzfragen gelegentlich behandelt und unterschiedlich beantwortet worden.[5] So sind mit den bereits genannten Einwänden gegen eine »abwehrrechtliche Lösung« zugleich einige Gesichtspunkte bezeichnet, von denen sich schon das preußische OVG in seiner Rechtsprechung zu den Rechtsschutzmöglichkeiten Dritter gegen staatliche Gestattungen hat leiten lassen. Zwar sah dieses Gericht bei adressatbelastenden Rechtsakten die Einlegung von Rechtsbehelfen durch Dritte in weitem Umfang als zulässig an.[6] Ein subjektives Abwehrrecht Drittbetroffener für den Bereich der staatlichen Genehmigungen wurde demgegenüber letztlich deshalb verneint, weil der Maßnahmeadressat mit dem gestatteten Verhalten nur von seiner Freiheit Gebrauch mache und der Dritte deshalb allein durch den Begünstigten, nicht aber die staatliche Gestattung beeinträchtigt werde.

In einer ersten Stellungnahme zu derartigen Fällen, zu der – wie auch im Falle der adressatbelastenden Rechtsakte – frühzeitig Gelegenheit bestand, beschränkte sich das preußische OVG zunächst aber auf die schlichte Feststellung, daß der Drittbetroffene kein subjektives Recht für sich in Anspruch nehmen könne, wenngleich die genannten Gesichtspunkte bereits anklingen: Mit Urteil vom 30. April 1877 verneinte das Gericht ein »Klagerecht« eines Grundstückseigentümers, der sich gegen die baupolizeilich genehmigte Anbringung zweier Fenster in der Seitenwand eines Nachbarhauses mit der Begründung wandte, die Bebaubarkeit seines Grundstücks werde hierdurch beeinträchtigt. In den Entscheidungsgründen spielt zunächst eine wesentliche Rolle, daß die primäre Aufgabe des öffentlichen Baurechts der Ausgleich öffentlicher und privater Interessen sei: Wie alle polizeilichen Vorschriften seien auch die baupolizeilichen Bestimmungen »auf Rücksichten des Gemeinwohles« zurückzuführen. Dies schließe zwar nicht aus, daß ein Grundstückseigentümer »kraft subjektiven Rechtes im Verwaltungsstreitverfahren klagbar werden kann«, wenn er durch baurechtliche Bestimmungen an der Bebauung seines Grundstücks gehindert werde: »Das Recht zur freien Verfügung über das Eigenthum begreift an sich auch die unbeschränkte Befugniß zum Bauen in sich; nur insoweit, wie das positive Gesetz oder die in solchem zu-

[5] Vgl. dazu auch den Überblick bei *M. Sellmann*, DVBl. 1963, S. 273ff.
[6] Vgl. oben, S. 23ff.

gelassenen polizeilichen Bestimmungen Schranken ziehen, tritt jene Befugniß zurück«.[7] Ein Dritter habe hingegen selbst dann kein subjektives Recht darauf, »daß der Baukonsens nach einer bestimmten Richtung hin ertheilt oder nicht ertheilt werde«, wenn eine einzelne baupolizeiliche Bestimmung neben den öffentlichen Interessen »bis zu einem gewissen Grade auch die besonderen Interessen der Nachbarn zu schützen bestimmt« sei.[8] Damit ist einer »Schutznormtheorie« bereits eine grundsätzliche Absage erteilt. Daß hierfür auch die Annahme fehlender staatlicher Verantwortlichkeit für das Verhalten des Begünstigten eine Rolle spielt, deutet sich an anderer Stelle an. In Zusammenhang mit Ausführungen zur Möglichkeit zivilrechtlichen Rechtsschutzes heißt es, wenn die Situation des Nachbarn insoweit schwieriger geworden sein sollte, habe dies seinen Grund nicht in der Erteilung der Baugenehmigung, denn »hierdurch sind nur öffentliche Interessen für nicht betheiligt erklärt worden«. Die Ursache sei vielmehr, »daß inzwischen der Bau, ohne daß dagegen der ordentliche Rechtsweg betreten wäre, zur Ausführung gelangt ist«.[9]

Die Erwägung, daß die Bebauung eines Grundstücks in Ausübung eines dem Eigentümers zustehendes Baurechtes erfolge und nicht auf der erteilten Genehmigung beruhe, ist auch in der Folgezeit wiederholt bemüht worden, um ein Abwehrrecht Dritter gegen die Erteilung von Genehmigungen in Abrede zu stellen. So heißt es in einer Entscheidung des Zweiten Senats vom 11. Februar 1887, das Verhalten des Bauherrn bei der Benutzung seines Grundstücks sei »seitens der Polizeibehörde weder angeordnet, noch sonst herbeigeführt«. Insoweit fehle »es also an einem polizeilichen Eingriffe in die Rechtssphäre des Klägers überhaupt und damit an der ersten und unerläßlichen Voraussetzung eines Beschwerde- oder Klagerechts«.[10] In einer weiteren Entscheidung vom 18. November desselben Jahres betont wiederum der Zweite Senat den strukturellen Unterschied zu Klagen Dritter gegen adressatbelastende Staatsakte: In derartigen Fällen sei jeweils durch die Polizeibehörde ein bestimmtes Verhalten anbefohlen worden, »welches, wenn ihm nachgelebt wurde, zugleich in die Rechtssphäre des zur Klage verstatteten Dritten hinübergriff, so daß dieser Erfolg mittelbar in der Entschließung der Behörde ... seinen Grund hatte«. Die Ausführung eines genehmigten Bauwerks habe die Polizei demgegenüber »nicht anbefohlen oder sonst veranlaßt«.[11]

Auf der Linie dieser Entscheidungen liegt ferner das bereits im Ersten Teil erwähnte »Schienenbahn-Urteil« aus dem Jahre 1900. In diesem Fall wurde gerade mit Blick auf die Zulässigkeit eines Rechtsbehelfs erörtert, ob es sich bei einer die

[7] PrOVGE 2, 351 (354).

[8] PrOVGE 2, 351 (354).

[9] PrOVGE 2, 351 (355).

[10] PrOVGE 14, 378 (381); vgl. ferner PrOVG, PrVerwBl. 11, S. 411; PrOVGE 61, S. 175 (178).

[11] PrOVG, PrVerwBl. 9, S. 143; die fehlende Verpflichtung des Bauherrn zur Errichtung des genehmigten Bauwerks betont ferner PrOVG, PrVerwBl. 12, S. 570; 15, S. 509 (510).

Herstellung einer Schienenbahnanlage betreffenden polizeilichen Verfügung um eine verbindliche Anordnung oder nur eine Genehmigung handele: Der Vierte Senat des preußischen OVG führte aus, wenn die angegriffene Verfügung lediglich eine Erlaubnis sei, würde ein Eingriff der Polizei in die Rechte der klagenden Stadt nicht vorliegen. »Denn dadurch, daß die Polizei ein Thun des Unternehmers *duldet*, greift *sie selbst* nicht in die Rechtssphäre des Dritten ein, gegen welche sich etwa das Thun des *Unternehmers* richtet. Hier würde immer nur der *Unternehmer* selbst die angeblichen Rechte des Dritten verletzen, dieser würde sich also auch nur auf dem gesetzlich gegebenen Wege gegen den Unternehmer wenden können«.[12]

Schon diese Beispiele lassen deutlich werden, daß die Rechtsprechung des preußischen OVG zu der Fallgruppe der Drittbeeinträchtigungen durch staatliche Gestattungen letztlich auf die tragende Erwägung zurückgeführt werden kann, ein präventives Verbot sei als Einschränkung eines Rechts des Betroffenen zu qualifizieren,[13] das durch eine Erlaubnis wieder hergestellt werde und dem Betroffenen eine freie Entscheidung über sein Verhalten ermögliche. Ablesen läßt sich diese Position auch an der verschiedentlich getroffenen Feststellung, durch eine Gestattung werde lediglich bescheinigt, daß dem beabsichtigten Vorhaben Gründe polizeilicher Natur und damit im öffentlichen Recht wurzelnde Hindernisse nicht entgegenstehen, ohne zur Ausführung des genehmigten Vorhabens zu verpflichten.[14] Das Begehren des Dritten erscheint danach als auf eine staatliche Intervention gerichtet, die Rechte des Begünstigten zum Schutze des Dritten begrenzt. Da nach Ansicht des preußischen OVG »ein subjektives ... Recht des einzelnen betheiligten Staatsangehörigen auf die seines Erachtens erforderliche polizeiliche Aktion ... dem bestehenden Rechte fremd« war,[15] der Bürger nach ständiger Rechtsprechung keinen Anspruch auf ein Tätigwerden in seinem Interesse oder zu seinem Schutze besaß,[16] mußte folglich die Klage eines Dritten gegen adressatbegünstigendes Verwaltungshandeln regelmäßig ohne Erfolg bleiben.[17]

Dessen ungeachtet war sich das preußische OVG durchaus der Tatsache bewußt, daß im Falle der Klage eines Dritten gegen die Begünstigung eines anderen

---

[12] PrOVGE 38, 362 (367f.), Hervorhebung (Sperrung) im Original; ebenso PrOVGE 70, 377 (379).

[13] So ausdrücklich auch PrOVGE 9, 400 (402); 12, 363 (365).

[14] PrOVG, PrVerwBl. 12, S.570; 15, 509 (510); PrOVGE 70, 377 (379); vgl. auch PrOVG, PrVerwBl. 9, S.143; Sächs. OVG, Jahrb. 5, 152 (153).

[15] PrOVGE 14, 378 (382); ebenso PrOVG, PrVerwBl. 12, 570; in der Sache auch schon PrOVGE 13, 331 (334ff.).

[16] Vgl. PrOVGE 3, 186 (189); 3, 214 (215f.); 4, 226, (230); 4, 230 (232f.); 5, 261 (265f.); 6, 234 (236f.); 7, 332 (334); 9, 400 (402); 12, 363 (364); 14, 378 (382f.); 18, 244 (248); 61, 175 (178); PrOVG, PrVerwBl. 9, 143; 12, 570; 15, 509 (510).

[17] Etwas anderes galt nur, wenn ausnahmsweise eine gesetzliche Regelung Dritten für bestimmte Fälle ein Recht zur Klage gegen Genehmigungen gewährte, wie dies beispielsweise in §16 des Ansiedelungsgesetzes v. 25.08. 1876 (GS, S.405) vorgesehen war; vgl. dazu PrOVGE 7, 332 (334f.).

regelmäßig ein Konflikt zwischen divergierenden Interessen vorliegt und deshalb eine Genehmigung auf Belange eines Dritten einzuwirken vermag, die auch durch öffentlich-rechtliche Normen (mit-) geschützt werden.[18] Nach Ansicht des Gerichts hatte im Falle einer »Kollision zwischen zwei Privaten im Gebrauche ihres beiderseitigen Eigenthums«[19] die Streitentscheidung aber nicht vor den Verwaltungs-, sondern vor den Zivilgerichten stattzufinden;[20] im öffentlichen Recht stehen die kollidierenden Interessen des Nachbarn »lediglich unter dem allgemeinen Schutze einer geordneten Verwaltung«.[21] Hinter der Grundposition des preußischen OVG, die Beeinträchtigung eines Dritten durch genehmigtes Verhalten Privater beruhe nicht auf der Genehmigung, kann daher auch die weitere Überlegung ausgemacht werden, ein Streit unter Privaten über wechselseitige Rechte und Pflichten sei grundsätzlich dem Privatrecht zu überantworten. Der Nachbarschaftskonflikt wird als privatrechtlicher Streit gedeutet, den die Feststellung, daß einem Vorhaben keine polizeirechtlichen Bedenken entgegenstehen, weder regelt noch präjudiziert.[22] »Privatinteressen« sind daher auch nicht kraft öffentlichen Rechts verfolgbar,[23] auf ein »Eingreifen der Polizeibehörde in privatrechtlichen Fragen« hat ein Dritter regelmäßig keinen Anspruch.[24]

Die Frage nach der Funktion des öffentlichen Rechts läßt sich indes auch in einem anderen Sinne beantworten. So bringt es eine von der Position des preußischen OVG abweichende Grundhaltung zum Ausdruck, daß der Verwaltungsgerichtshof des Herzogtums Braunschweig in weitem Umfang eine Befugnis Dritter anerkannte, die einem anderen erteilte Genehmigung unter Geltendmachung einer Verletzung öffentlich-rechtlicher Normen anzufechten.[25] Den »normativen Hebel« hierfür bildete § 75 Abs. 1 der braunschweigischen Bauordnung von 1876,[26] der – ebenso wie der inhaltlich übereinstimmende § 92 Abs. 1 der Bauordnung von 1899[27] – dem Nachbarn eines Bauherrn das Recht gewährte, mit Anspruch auf Bescheidung in der Sache Einwendungen gegen eine beantragte Baugenehmigung vorzubringen. In einer Entscheidung aus dem Jahre 1899 zieht das Gericht zunächst eine – sich freilich nicht sogleich aufdrängende – Parallele zwischen dieser Vorschrift und den §§ 16ff. der Reichsgewerbeordnung von 1876, die auch nach Ansicht des preußischen OVG zur Gruppe der einem Dritten Rechts-

---

[18] Vgl. PrOVGE 2, 351 (354); 14, 378 (381f.); 61, 175 (178).

[19] PrOVGE 14, 378 (381).

[20] Vgl. PrOVGE 2, 351 (355); 14, 378 (381); 70, 377 (380); PrOVG, PrVerwBl. 9, S. 143.

[21] PrOVGE 2, 351 (354).

[22] Vgl. PrOVGE 14, 378 (381); 70, 377 (380).

[23] Vgl. PrOVGE 14, 378 (381f.).

[24] Vgl. PrOVGE 61, 175 (178); demgegenüber anerkennt PrOVGE 14, 378 (381), zwar die Möglichkeit eines provisorischen oder definitiven Schutzes privater Rechte durch die Polizei, die Anerkennung eigenständiger Konfliktlösungsmechanismen des öffentlichen Rechts ist damit aber nicht verknüpft.

[25] Vgl. dazu auch *P. Preu*, Genese, S. 57ff.

[26] Braunschweigisches GVBl. 1876, S. 239.

[27] Braunschweigisches GVBl. 1899, S. 165.

schutzmöglichkeiten gewährenden Sonderbestimmungen zu zählen sind,[28] um alsdann in §75 der Bauordnung den »innere(n) Zusammenhang der collidirenden Interessen« von Bauherr und Nachbar zum Ausdruck gebracht zu sehen: Der VGH führt aus, wer als Dritter gegen eine Baugenehmigung Einspruch erhoben habe, befinde sich im Falle der Genehmigungserteilung in »einer ähnlichen Rechtslage« wie ein Bauherr, dem die beantragte Genehmigung versagt wird. Es könne nur eine »*einheitliche Entscheidung* über die Frage der von der einen Seite gewünschten, von der anderen Seite beanstandeten Baugenehmigung« getroffen werden, so daß »auch dem dritten Betheiligten im Falle der völligen oder theilweisen Zurückweisung seiner Einwendungen deren weitere Verfolgung vorbehalten bleibt«.[29]

Nach Ansicht des braunschweigischen VGH bildet demnach auch der Ausgleich kollidierender Privatinteressen einen Gegenstand des materiellen Baupolizeirechts. Deutlich ablesen läßt sich dies ferner an einer Entscheidung aus dem Jahre 1902, in der es heißt, die Behörde erscheine auch bei öffentlich-rechtlichen Streitigkeiten über die Zulässigkeit eines Bauwerks oder einer lästigen gewerblichen Anlage »in der Rolle des Richters« und schlichte die Interessengegensätze zwischen Bauherrn bzw. Unternehmer einerseits und Nachbar andererseits, durch *dieselbe* Entscheidung wirke sie auf die beiderseitigen Rechtsverhältnisse ein.[30] Dies ist ein Ausgangspunkt, der mit der Grundtendenz der oben skizzierten Rechtsprechung des preußischen OVG schon nicht mehr im Einklang steht. Zugleich wurzelt die Annahme einer Anerkennung eines subjektiven Rechts des Nachbarn auf Beachtung der in seinem Interesse liegenden (»nachbarschützenden«) Vorschriften durch die braunschweigische Bauordnung in dieser Grundposition, so daß der braunschweigische VGH auch im Hinblick auf einen verwaltungsgerichtlichen Drittschutz gegen staatliche Gestattungen zu einem anderen Ergebnis als das preußische OVG gelangt. »Unser Gesetzgeber hat nicht, wie der Preußische ... die an einem Bau auch individuell interessirten Privatpersonen darauf beschränkt, der Behörde durch die Erhebung von Vorstellungen Anregung zur Wahrung der öffentlichen Interessen zu geben.«[31]

Als zulässig angesehen wurde auf dieser Grundlage beispielsweise die Klage eines Nachbarn gegen eine emittierende Anlage (Kafferösterei), deren Betrieb geeignet war, »dem Kläger und seinen Angehörigen den Aufenthalt in seinem Hau-

---

[28] PrOVGE 14, 378 (382).

[29] Herzogl. VGH, BraunschwZ. 47 (1900), Beilageheft II, S. 14 (15).

[30] Herzogl. VGH, BraunschwZ. 49 (1902), Beilageheft I, S. 37 (39f.). Ein öffentlich-rechtliches Rechtsverhältnis zwischen Maßnahmeadressat und Drittem besteht nach Ansicht des VGH demgegenüber nicht, weil nach seiner auch insoweit zutreffenden – wenngleich bis heute nicht allgemein anerkannten – Auffassung (vgl. dazu auch *Th. Koch*, Unternehmen, S. 88 in Fn. 332) hierfür erforderlich ist, daß »das eine der betheiligten Rechtssubjecte nothwendig der Träger der öffentlichen Gewalt sein muß« (ebd., S. 40); hieraus folgert das Gericht weiter, daß der Nachbar auf sein Einwendungsrecht nicht wirksam gegenüber dem Bauherrn verzichten könne.

[31] Herzogl. VGH, BraunschwZ. 49 (1902), Beilageheft I, S. 37 (38f.).

se und Garten zu verleiden«.[32] Konnte sich der Nachbar in diesem Falle noch auf eine ihn schützende Vorschrift des braunschweigischen Ortsbaustatuts berufen, so hat sich das subjektive Recht auf Beachtung drittschützender Normen allerdings im Laufe der Zeit in ein Recht auf Beachtung der im Genehmigungsverfahren vorgetragenen Einwendungen und damit den ursprünglich ausdrücklich verworfenen[33] allgemeinen Gesetzesvollziehungsanspruch gewandelt. So konnte ein Nachbar einen Verstoß gegen das Erfordernis einer fertiggestellten Straße als Voraussetzung für die Erteilung einer Baugenehmigung geltend machen, obwohl nicht ersichtlich ist, daß ihn dieser Umstand in irgendeiner Form berührte. Der VGH sah jedoch die Rechte des Dritten als ohne weiteres verletzt an, »wenn tatsächlich die gerügte Gesetzesverletzung vorgekommen sein sollte«, weil dem Nachbarn durch die Bauordnung das Recht verliehen sei, Einwendungen öffentlich-rechtlicher Natur mit dem Anspruch auf Prüfung und Bescheidung zu erheben.[34] Dessen ungeachtet ist es das bleibende Verdienst des braunschweigischen VGH, den Gesichtspunkt der Einheitlichkeit der Entscheidung über Belange von Adressat und Drittem durch staatliche Gestattungen betont und auf dieser Grundlage eine schlüssige und »moderne« Konzeption des Drittschutzes entwikkelt zu haben, die in ihren Grundzügen – wie noch zu zeigen sein wird – auch heute überzeugt.[35]

Eine mit der Judikatur des braunschweigischen VGH eng verwandte Konzeption hat ferner das Sächsische Oberverwaltungsgericht auf der Grundlage des allgemeinen Baugesetzes aus dem Jahre 1900 entwickelt.[36] Ausgangspunkt der Überlegungen des Gerichts ist §73 Abs. 1 des ebenfalls im Jahr 1900 in Kraft getretenen Gesetzes über die Verwaltungsrechtspflege, der den Kreis der zur Erhebung einer Anfechtungsklage berechtigten Personen mit dem Begriff des »Betheiligten« abgrenzt. Als einen solchen »Betheiligten« anerkennt das OVG unter Hinweis auf die Gesetzesmaterialien frühzeitig denjenigen, »gegen« bzw. »über« den eine Verfügung der Verwaltungsbehörde ergangen ist, durch die bestimmt werde, was für ihn Rechtens sein solle.[37] Schon damit ist einem Anfechtungsrecht Dritter gegen staatliche Gestattungen zumindest insoweit der Weg bereitet, als mit der Erteilung einer Erlaubnis notwendig über Belange eines Dritten mitent-

---

[32] Herzogl. VGH, BraunschwZ. 56 (1909), Beilageheft, S. 52 (57).

[33] Vgl. Herzogl. VGH, BraunschwZ. 47 (1900), S. 14 (16f.).

[34] Herzogl. VGH, BraunschwZ. 55 (1908), Beilageheft I, S. 20; vgl. auch Herzogl. VGH, BraunschwZ. 67, Beilageheft, S. 43.

[35] Abl. allerdings *P. Preu*, Genese, S. 58f.: Eine tragfähige Begründung für seine Konzeption gebe der VGH nicht.

[36] Dazu ausführl. *P. Preu*, Genese, S. 59ff.

[37] Sächs. OVG, Jahrb. 1, 52 (53); 54 (55); 112 (114); 332 (333f.); 3, 145 (149); dabei legt die von den Gesetzesmaterialien abweichende Verwendung des Wortes »gegen« – nur in der erstgenannten Entscheidung – eine Beschränkung auf den Adressaten nahe, ohne dazu zu zwingen, während bei Verwendung des Wortes »über« die Einbeziehung Dritter (»über« die mitentschieden wird) näherliegt.

schieden wird. Das OVG hat diesen Weg denn auch bald beschritten und für den Fall einer Befreiung von Vorgaben ortsgesetzlicher Bebauungsregeln angenommen, eine derartige Ausnahmebewilligung unterliege der Anfechtung durch den Nachbarn: »Die getroffene Entscheidung ist gleichzeitig mit über ihn ergangen, so daß er als ›Betheiligter‹ im Sinne von § 73 Abs. 1 des Gesetzes über die Verwaltungsrechtspflege angesehen werden muß«.[38]

Allerdings läßt das Gericht für ein Anfechtungsrecht Dritter nicht ausreichen, daß staatliches Handeln Wirkungen auch gegenüber einem Dritten entfaltet und damit dessen Interessen berührt. Erforderlich ist vielmehr ein rechtlich geschütztes Interesse: »Denn nicht ein jeder aus dem Volke ist befugt, sich zum Hüter der öffentlichen Rechtsordnung aufzuwerfen und deren Aufrechterhaltung ... zu betreiben, sondern nur derjenige, dessen Rechtskreis durch den vorhandenen rechtswidrigen Zustand verletzt wird«.[39] Auf Basis einer solchen »Schutznormtheorie« wurde in einer Entscheidung über die Zulässigkeit einer Befreiung von ortsgesetzlichen Bauvorschriften deren drittschützender Charakter in freilich recht großzügiger Weise bejaht: Durch diese Vorschriften erhalte »das wirthschaftliche und ideelle Interesse, welches jeder Besitzer bebauungsfähiger Grundstücke an deren baulicher Ausnutzung naturgemäß hat, den Charakter eines zugleich auch rechtlich geschützten Interesses«. Durch das Ortsgesetz werde eine »gesetzliche Gewähr« auch dafür geschaffen, »daß eine andere Bebauung als die ortsgesetzlich festgestellte nicht stattfinden darf«. Es verleihe somit dem Grund und Boden eine »ganz bestimmte baurechtliche Eigenschaft, die ihm nicht ohne Weiteres genommen werden kann, und schafft die wesentliche Grundlage für seine wirtschaftliche Bewerthung«. Eine Argumentation, die erkennbare Parallelen zu jenen Überlegungen aufweist, mit denen das Bundesverwaltungsgericht Jahrzehnte später die Möglichkeit eines Grundrechtsschutzes des Nachbarn aus Art. 14 GG bejaht hat.[40]

Wenn allerdings die für den Nachbarn nachteiligen Auswirkungen einer solchen Ausnahmebewilligung ohne weiteres eine Beeinträchtigung seiner rechtlich geschützten Interessen sind, so heißt dies letztlich, daß dem Ortsbaurecht in seiner Gesamtheit aufgrund der hierdurch geprägten baurechtlichen Eigenschaften auch des Nachbargrundstücks eine drittschützende Funktion zuerkannt wird. Soweit hingegen die Frage ist, ob sich ein Bauvorhaben im Rahmen des vorgegebenen baurechtlichen Normengefüges hält, läßt das OVG nicht jede Klage eines Dritten zu. Nicht ausreichend ist, daß die in Rede stehende Norm »bloß eine baupolizeiliche Ordnungsvorschrift«[41] enthält, Vielmehr muß es sich um Vorschriften handeln, »die nach Gegenstand und Inhalt in ihren Wirkungen über die Grenzen des Baugrundstücks hinausgehen, so daß der Schluß gerechtfertigt erscheint,

---

[38] Sächs. OVG, Jahrb. 2, 302 (303); vgl. auch schon Sächs. OVG, Jahrb. 1, 56 (57); 1, 59 (61).
[39] Sächs. OVG, Jahrb. 3, 145 (149f.).
[40] Vgl. BVerwGE 32, 173 (178f.), und dazu noch unten, S. 314ff.
[41] Sächs. OVG, Jahrb. 4, 189 (190); 7, 43 (44).

der Gesetzgeber habe hiermit nicht ausschließlich objektive Rechtsgrundsätze ... schaffen wollen«.[42]

Mit dieser in der Folgezeit durch eine Fülle von Entscheidungen[43] präzisierten – und gelegentlich auch modifizierten – Rechtsprechung hat das sächsische OVG daher eine Konzeption vorgelegt, die insofern mit der Auffassung des braunschweigischen VGH im Ausgangspunkt in Übereinstimmung steht, als das öffentliche Baurecht auf den Ausgleich kollidierender Privatinteressen gerichtet erscheint und dem Dritten zudem einen Anspruch auf Beachtung der seine Belange schützenden Vorschriften gibt. Die Regelungen des öffentlichen Baurechts konstituieren danach eine Ordnung, die die wechselseitigen Interessen der betroffenen Grundstückseigentümer zum Ausgleich bringt und in der die Behörde mit der Entscheidung über einen Bauantrag konfliktregulierend tätig wird. Folgerichtig können auch Dritte gegen Behördenentscheidungen vorgehen, sofern ihnen eine ihre Interessen schützende Rechtsnorm zur Verfügung steht.

Die in dieser Rechtsprechung liegende Abweichung von der Judikatur des preußischen OVG mag ihren Grund auch in landesrechtlichen Besonderheiten haben: So beruft sich der braunschweigische VGH auf den Umstand, daß die Braunschweigische Bauordnung abweichend vom preußischen Recht dem Nachbarn das Recht gebe, Einwendungen gegen ein Bauvorhaben aus dem öffentlichen Recht mit dem Anspruch auf Prüfung und Bescheidung zu erheben.[44] Ebenso sah in Sachsen das Allgemeine Baugesetz ein Widerspruchsrecht des Nachbarn vor, das nach Ansicht des sächsischen OVG »vollständig illusorisch« würde, wenn nicht auch über den Widerspruch sachlich zu entscheiden sei.[45] Zugleich kommen in der Judikatur dieser Gerichte zum öffentlich-rechtlichen Schutz des Nachbarn aber auch Auffassungen über die Funktion des öffentlichen Rechts und eine staatliche Verantwortlichkeit für private Beeinträchtigungen eines Dritten zum Ausdruck, die von den Positionen des preußischen OVG erkennbar abweichen. In der Rechtsprechung einerseits des preußischen OVG und andererseits des braunschweigischen VGH sowie des sächsischen OVG werden damit Positionen vorweggenommen, die in der modernen Diskussion um grundrechtlichen Drittschutz gegen gestattetes Verhalten Privater eine Entsprechung gefunden haben. Darüber hinaus sind in der Rechtsprechung dieser Gerichte schon die wesentlichen Gesichtspunkte angelegt, die in diesem Zusammenhang eine Rolle spielen.

---

[42] Sächs OVG, Jahrb. 9, 216 (218); diese Formel hält *P. Preu*, Genese, S. 66, für tautologisch; indes ist sie wohl nicht als Kriterium für drittschützende Wirkung gedacht, sondern als zusammenfassende Beschreibung des – nach Maßgabe von Inhalt und Ziel zu ermittelnden – drittschützenden Charakters einer Norm.

[43] Ausführl. Darstellung bei *P. Preu*, Genese, S. 63ff.

[44] Herzogl. VGH, BraunschwZ. 49 (1902), Beilageheft I, S. 37 (38f.).

[45] Sächs.OVG, Jahrb. 2, 302 (303).

2. Die Rechtsprechung unter Geltung des Grundgesetzes

Allerdings ist erst unter Geltung des Grundgesetzes die Frage praktisch bedeutsam geworden, ob die Grundrechte eines Dritten der staatlichen Gestattung störenden Handelns eines Privaten Grenzen zu setzen vermögen oder gar ein Verbot derartiger Handlungen erzwingen. Dabei finden sich in der Judikatur einerseits des Bundesverwaltungsgerichts und andererseits des Bundesverfassungsgerichts teilweise unterschiedliche Akzentsetzungen, die sich mit darauf zurückführen lassen, daß in der Rechtsprechung des Bundesverwaltungsgerichts auch der Nachbarschutz aus Art. 14 GG eine bedeutsame Rolle spielt, während sich das Bundesverfassungsgericht in erster Linie mit dem Grundrechtsschutz von Leben und Gesundheit (Art. 2 Abs. 2 GG) zu befassen hatte. Zugleich zeigen sich aber beide Gerichte bemüht, Zurückhaltung bei der Gewährung grundrechtlichen Schutzes gegen die staatliche Zulassung eines (dritt-) störendes Verhaltens zu üben, um eine übermäßige Einschränkung der staatlichen Handlungs- und Gestaltungsspielräume zu vermeiden.

a. Die Rechtsprechung des Bundesverwaltungsgerichts

In der Judikatur des Bundesverwaltungsgerichts zu den Rechtsschutzmöglichkeiten eines Nachbarn gegen anderen Grundstückseigentümern erteilte (Bau-) Genehmigungen werden Abwehransprüche eines Nachbarn unmittelbar aus Art. 14 GG aufgrund einer geänderten Rechtsprechung (jedenfalls) heute nicht mehr anerkannt. Zunächst hatte allerdings der Vierte Senat in einer Grundsatzentscheidung aus dem Jahre 1969 – wie in Zusammenhang mit der Erörterung eines »Intensitätskriteriums« bereits erwähnt[46] – den Grundrechten eine – freilich stark eingeschränkte – Bedeutung für eigentumsbezogene Beeinträchtigungen eines Dritten durch freiheitsherstellende Gestattungen zugewiesen, indem der Erfolg der Grundrechtsrüge des Nachbarn ohne Unterscheidung zwischen Beeinträchtigung eines Schutzguts und Verletzung des Grundrechts[47] davon abhängig gemacht worden ist, daß der Dritte in seinem Eigentum »schwer und unerträglich« betroffen wird.[48] Demgegenüber ist in der neueren Rechtsprechung das einfach-gesetzliche System des Drittschutzes – insbesondere über das sog. »Rücksichtnahmegebot« – in den Mittelpunkt gerückt und die Möglichkeit eines Rückgriffs unmittelbar auf Art. 14 Abs. 1 GG schließlich verneint worden. Eine erste Weichenstellung erfolgte insoweit in einer Entscheidung vom 26. September

[46] Vgl. oben, S. 231.

[47] Vgl. *W. Krebs*, in: FS C.-F. Menger, S. 191 (206); *A. Scherzberg*, Grundrechtsschutz, S. 207; *G. Schwerdtfeger*, NVwZ 1982, S. 5 (7).

[48] BVerwGE 32, 173 (179); ferner BVerwGE 44, 244 (246f.); 50, 282 (287f.); 52, 122 (124f.); BVerwG, DVBl. 1974, S. 767 (776); zur Übertragung dieses Grundsatzes auf andere Fallgruppen vgl. BVerwGE 36, 248 (249ff.); 41, 58 (66); 66, 307 (309).

1991, in der festgestellt wurde, daß ein unmittelbar auf Art. 14 Abs. 1 GG gestützter (Abwehr-) Anspruch eines Dritten nicht in Betracht kommt, wenn drittschützende Vorschriften des einfachen Rechts existieren, die den Anforderungen des Art. 14 Abs. 1 S. 2 GG genügen: Durch eine solche Regelung würden Inhalt und Schranken des Eigentums dergestalt bestimmt, daß innerhalb des geregelten Bereichs weitergehende Ansprüche unmittelbar aus Art. 14 Abs. 1 S. 1 GG ausgeschlossen seien.[49] Für den Fall von »Belästigungen und Störungen des Nachbarn durch ein Bauvorhaben« soll danach ein Rückgriff auf Art. 14 GG ausscheiden, weil »Umfang und Grenzen des Nachbarschutzes« mit dem in §§ 31, 34 und 35 BauGB sowie § 15 BauNVO verankerten »Rücksichtnahmegebot« eine umfassende Regelung erfahren hätten; für weitergehende Ansprüche aus Art. 14 Abs. 1 S. 1 GG sei kein Raum.[50] Hieran anknüpfend wurde die zunächst noch offengelassene Frage, »ob Abwehransprüche Dritter im öffentlichen Baurecht überhaupt unmittelbar auf Art. 14 Abs. 1 S. 1 gestützt werden können«,[51] fünf Jahre später durch ein Urteil vom 23. August 1996 dahingehend beantwortet, daß Art. 14 Abs. 1 GG selbst keine unmittelbaren Abwehransprüche begründe. Nach Art. 14 Abs. 1 S. 2 GG habe der Gesetzgeber den näheren Inhalt einer sozialgerechten Eigentumsordnung vielmehr erst zu konkretisieren, so daß Nachbarschutz grundsätzlich nur dann bestehe, wenn der Gesetzgeber ihn auch normiert habe.[52]

Diesen Entscheidungen des Bundesverwaltungsgerichts kann zunächst eine Argumentation mit verbreiteten Anschauungen über Besonderheiten in der dogmatischen Struktur des Art. 14 Abs. 1 GG entnommen werden: Da »Eigentum« ein Rechtsbegriff ist, soll es sich nach herrschender Ansicht bei der Eigentumsgewährleistung des Grundgesetzes um ein in besonderem Maße normgeprägtes Grundrecht handeln, dessen Schutzgut-Tatbestand erst vom inhalts- und schrankenbestimmenden Gesetzgeber innerhalb äußerster Grenzen konstitutiv festgelegt wird.[53] Dem entspricht auch die vom Bundesverwaltungsgericht nunmehr eingenommene Position zu einem aus Art. 14 Abs. 1 S. 1 GG fließenden »Bestandsschutz« des Grundeigentümers: Nach der früheren Rechtsprechung genoß ein ursprünglich im Einklang mit dem materiellen Baurecht errichtetes Gebäude einen »Bestandsschutz«, der nicht nur dazu berechtigte, »eine rechtmäßig errichtete bauliche Anlage in ihrem Bestand zu erhalten und sie wie bisher zu nutzen« (passiver Bestandsschutz), sondern auch die »zur Erhaltung und zeitgemäßen Nutzung ... notwendigen Maßnahmen durchzuführen« (aktiver Bestandsschutz).[54] Nachdem in mehreren Entscheidungen der Vorrang einfach-gesetzlicher Vorschriften über die Zulässigkeit eines Ausbaus und der Erweiterung vor-

---

[49] BVerwGE 89, 69 (78).
[50] BVerwGE 89, 69 (78); ebenso BVerwG, NVwZ 1996, S. 888.
[51] BVerwGE 89, 69 (78).
[52] BVerwGE 101, 364 (373).
[53] Vgl. dazu unten, S. 335ff.
[54] BVerwGE 72, 362 (363).

handener Bauwerke betont worden ist,[55] hat das Gericht schließlich auch festgestellt, daß ein Anspruch auf Erteilung einer Baugenehmigung nicht unmittelbar aus Art. 14 Abs. 1 S. 1 GG hergeleitet werden könne.[56] Da die vom Schutzbereich des Eigentumsgrundrechts umfaßte Baufreiheit nur nach Maßgabe des einfachen Rechts gewährleistet sei, genieße »eine Eigentumsposition im Bereich des Baurechts nur im Rahmen der mit ihr zulässigerweise verbundenen, gesetzlich definierten Befugnisse« verfassungsrechtlichen Schutz.[57] Dessen ungeachtet habe der Gesetzgeber zwar bei der Entscheidung über Inhalt und Schranken des Eigentums sowohl der Gewährleistung des Privateigentums als auch kollidierenden Gemeinwohlbelangen und den grundrechtlich geschützten Interessen Dritter Rechnung zu tragen und insofern einen »gerechten Ausgleich zu schaffen«.[58] Sofern aber eine gesetzliche Regelung vor dem Hintergrund der Anforderungen des Art. 14 Abs. 1 S. 1 GG Defizite aufweise, sei es den Fachgerichten verwehrt, »unter Umgehung des einfachen Rechts unmittelbar auf der Grundlage der Verfassung Ansprüche zu gewähren, die von der Entscheidung des ... Gesetzgebers nicht gedeckt werden«. Vielmehr sei das Verfahren bei Vorliegen der Voraussetzungen des Art. 100 Abs. 1 GG auszusetzen und die Entscheidung des Bundesverfassungsgerichts einzuholen.[59]

Näheres Hinsehen offenbart, daß die Begründung des Bundesverwaltungsgerichts für die Ablehnung unmittelbar aus Art. 14 Abs. 1 S. 1 GG folgender Abwehr- und Genehmigungsansprüche letztlich auf zwei verschiedenen Erwägungen ruht, die nicht zueinander in Beziehung gesetzt werden: Geht man davon aus, daß erst der Gesetzgeber mit der Bestimmung von Inhalt und Schranken des Eigentums den Schutzgut-Tatbestand des Art. 14 Abs. 1 S. 1 GG erzeugt, so ist zunächst folgerichtig, einen unmittelbar aus dem Eigentum fließenden und nicht durch das einfache Recht vermittelten Abwehr- oder Genehmigungsanspruch zu verneinen. Allerdings wird vom Bundesverwaltungsgericht anerkannt, daß der Gesetzgeber bei »der inhaltlichen Gestaltung des Eigentums ... nicht völlig frei«[60] sei, sondern Vorgaben aus Art. 14 Abs. 1 S. 1 und Abs. 2 GG zu beachten habe.

Die entscheidende Kurskorrektur in der neueren Rechtsprechung liegt folglich darin, daß die Nichtbeachtung dieser Vorgaben durch den Gesetzgeber die Gerichte nicht berechtigt, unter unmittelbarem Rückgriff auf das Grundrecht zu einem verfassungsmäßigen Ergebnis zu gelangen. Sofern hingegen das einfache Recht drittschützende Vorschriften enthält und auch im übrigen keine eklatante

---

[55] Vgl. BVerwGE 84, 322 (334); 88, 191 (203f.); BVerwG, NVwZ 1991, S. 984 (985); NVwZ 1994, S. 293 (294); NVwZ-RR 1997, S 521; NVwZ 1998, S. 735 (736); s. ferner BVerwGE 85, 289 (294), zur »eigentumskräftig verfestigten Anspruchsposition«.
[56] BVerfGE 106, 228 (233ff.).
[57] BVerfGE 106, 228 (234).
[58] BVerfGE 106, 228 (234f.).
[59] BVerfGE 106, 228 (235).
[60] BVerwGE 101, 364 (371).

Fehlgewichtung der beteiligten Belange vorliegt, ist ein Rückgriff auf die Eigentumsgewährleistung des Grundrechts weder möglich noch nötig, so daß auch die Betonung der »Normgeprägtheit« des Eigentums insoweit folgenlos bleiben muß. Demgemäß ist Art. 14 Abs. 1 GG im Schrifttum eine eigenständige Bedeutung gegenüber dem baurechtlichen Gebot der Rücksichtnahme abgesprochen worden,[61] denn wenn mit der Normierung des »Rücksichtnahmegebots« in zulässiger Weise über die Reichweite des Drittschutzes gegen Baugenehmigungen entschieden worden ist, sind weitergehende Ansprüche unmittelbar aus Art. 14 GG folgerichtig nicht denkbar.

Selbst wenn man die Frage nach den Befugnissen der Gerichte im Falle eines verfassungswidrig unzulänglichen Interessenausgleichs durch das einfache Recht aber anders als in der neueren Rechtsprechung des Bundesverwaltungsgerichts beantworten wollte, wirft die Anknüpfung an »schwer und unerträglich« wirkende Drittbeeinträchtigungen in der älteren Judikatur noch eine Reihe weiterer Fragen auf: So muß auffallen, daß dieser Rechtsprechung die erkennbare Prämisse zugrunde lag, eine aus der genehmigten Errichtung eines Bauwerks auf dem Grundstück des Genehmigungsempfangers resultierende Beeinträchtigung eines Nachbarn könne dem Staat wegen der Existenz einer Gestattung auch zugerechnet werden. Dementsprechend wurde bereits in der einschlägigen Grundsatzentscheidung aus dem Jahre 1969 die Annahme verworfen, daß die Genehmigung der Bebauung eines Grundstücks »lediglich auf dieses Grundstück und nicht auf das Grundstück des Nachbarn oder eines sonst in der Umgebung Ansässigen« einwirke.[62] Mit einer Auffassung, »die die Wirkung eines Verwaltungsaktes bei der Anwendung nicht nachbarschützender Normen lediglich und schlechthin auf das Eigentum des Bauherrn beschränke«, werde verkannt, daß das Eigentum im Sinne von Art. 14 GG auch durch die Situation geprägt werde, in die es hineingestellt sei. Diese »Situationsgebundenheit« vermöge nicht nur einerseits den Eigentümer kraft einer »immanenten Beschränkung« des Grundeigentums daran zu hindern, mit seinem Grundstück nach Belieben zu verfahren, sondern andererseits auch Erweiterungen der Eigentümerbefugnisse auszulösen. Ein von der vorgefundenen Situation sowohl geprägtes als auch diese prägendes Grundstück könne daher aus der Sicht des Art. 14 Abs. 1 GG »nicht nur situations-belastet, sondern auch situations-berechtigt sein« und ein Eingriff in die gegebene Situation deshalb zugleich auch einen Eingriff in das Eigentum darstellen.[63] Anschließend findet sich die Feststellung, daß eine Baugenehmigung das durch Art. 14 GG geschützte Eigentum des Nachbarn verletzen kann, »wenn sie bzw. ihre Ausnüt-

[61] Vgl. *C. Bönker*, DVBl. 1994, S. 506 (509); *I. Kraft*, VerwArch 89 (1998), S. 264 (278f.); *M. Schmidt-Preuß*, Kollidierende Privatinteressen, S. 54f.; *R. Steinberg*, NJW 1984, S. 457 (460); *R. Wahl*, in: FS K. Redeker, S. 245 (264); *D. Wilke*, in: GdS Grabitz, S. 905 (915); für das Gewerberecht auch *D. Frers*, Klagebefugnis, S. 234f.

[62] BVerwGE 32, 173 (178).

[63] BVerwGE 32, 173 (178f.).

zung« (!) die vorgegebene Grundstückssituation nachhaltig verändert und dadurch den Nachbarn schwer und unerträglich trifft.[64] Hierin kommt zugleich eine verschiedentlich diagnostizierte[65] Parallele zu der Unterscheidung zwischen Sozialbindung des Eigentums und entschädigungspflichtiger Enteignung nach Maßgabe der vom Bundesverwaltungsgericht früher vertretenen »Schweretheorie« zum Ausdruck.[66] Die staatliche Genehmigung eines drittbeeinträchtigenden Verhaltens Privater erscheint als »enteignungsgleich« wirkender – und deshalb abwehrbarer – »Eingriff« in das Eigentum.

Daß demnach schon die Existenz einer Gestattung ausreichen soll, um eine Verantwortlichkeit des Staates für deren Inanspruchnahme und damit das (genehmigte) Verhalten des Genehmigungsempfängers anzunehmen, ist eine Auffassung, die indes einer näheren Begründung bedurft hätte. Immerhin resultiert die Drittbeeinträchtigung in diesen Fällen aus einem »natürlich« möglichen Verhaltens ihres Urhebers, das der Staat bei freiheitsherstellenden Begünstigungen anders als im Falle eines verhaltenssteuernden Staatshandelns nicht einmal veranlaßt. Insofern läßt sich nur die Frage stellen, inwieweit im Falle der staatlichen Gestattung privaten Handelns eine Mitverantwortung des Staates an eine Mitursächlichkeit für die Folgen des genehmigten Verhaltens geknüpft werden kann, wenn einem Dritten auch keine zivilrechtlichen Möglichkeiten der Störungsabwehr zu Gebote stehen. Demgegenüber ist der Hinweis des Bundesverwaltungsgerichts auf die »Situationsgebundenheit« eines Grundstücks für die Frage nach einem solchen Zurechnungszusammenhang unergiebig, denn dieser Gesichtspunkt rechtfertigt allenfalls den Schluß, daß die Veränderung einer vorgegebenen Situation auf den Schutzgut-Tatbestand des Art. 14 Abs. 1 GG einzuwirken vermag. Erkennbar setzte das Bundesverwaltungsgericht als selbstverständlich voraus, daß dem Staat die Beeinträchtigung eines Dritten durch genehmigtes Verhalten Privater wegen der Existenz einer staatlichen Gestattung ohne weiteres zugerechnet werden kann. Zu Recht ist daher im Schrifttum mit Blick auf Baugenehmigungen festgestellt worden, das Gericht habe »Erhellendes zum Rechtswidrigkeitszusammenhang zwischen der unmittelbar störenden Grundstücksnutzung und ihrer behördlichen Genehmigung vermissen lassen«,[67] so daß »bis heute ungeklärt« sei, woher das subjektive öffentliche Recht des Dritten auf Nicht-Genehmigung rühre.[68]

Einige Schwierigkeiten bereitet ferner das Kriterium der »schwer und unerträglich« wirkenden Beeinträchtigung eines Dritten. So wird geltend gemacht, es bleibe unklar, warum die Abwehrbarkeit von Einwirkungen auf das Eigentum ei-

---

[64] BVerwGE 32, 173 (179).

[65] Vgl. *R. Alexy*, DÖV 1984, S. 953 (954); *C. Bönker*, DVBl. 1994, S. 506; *R. Eckhoff*, Grundrechtseingriff, S. 262; *R. Wahl*, JuS 1984, S. 577 (583).

[66] Vgl. dazu schon oben, S. 250.

[67] *P. Preu*, Grundlagen, S. 68f.

[68] *P. Preu*, Grundlagen, S. 68.

nes Nachbarn gerade von diesen Voraussetzungen abhängig sein soll.[69] Demgegenüber mag zwar angenommen werden können, daß sich das Bundesverwaltungsgericht mit der Anknüpfung an diese Gesichtspunkte an den Anforderungen orientierte, bei deren Vorliegen einem Maßnahmeadressaten eine Beeinträchtigung seines Eigentums unter Zugrundelegung der »Schweretheorie« nicht mehr entschädigungslos zugemutet werden konnte. Auch für die hier behandelten Fälle gilt indes die oben mit Blick auf verhaltenssteuerndes Staatshandeln getroffene Feststellung, daß ein »isoliertes« Intensitätskriterium – wie im übrigen auch die »Schweretheorie« zeigt – in Ermangelung klarer Maßstäbe für die erforderliche Beeinträchtigungsintensität zwangsläufig in dezisionistische Willkür münden muß. Ersichtlich war es denn auch ein wesentliches Anliegen des Bundesverwaltungsgerichts, die Zahl der zur Erhebung von Grundrechtsrügen berechtigten Nachbarn durch eine hoch angesetzte »Intensitätsschwelle« möglichst gering zu halten. Das Gericht betonte selbst, seine Rechtsprechung laufe »im praktischen Ergebnis« darauf hinaus, daß »grobe Mißgriffe der Genehmigungsbehörden, die als solche regelmäßig auch dem Bauherrn erkennbar sein werden«, für einen kleinen übersehbaren Kreis von Klägern angreifbar würden.[70]

Allerdings hat der Vierte Senat des Bundesverwaltungsgerichts diese Rechtsprechung auf jene »Regelfälle der ›Nachbarklage aus Eigentum‹« beschränkt, in denen »durch eine Situationsveränderung vermittelte« und damit »mittelbare« Auswirkungen der Inanspruchnahme einer Baugenehmigung vorlagen.[71] Demgegenüber wurde die grundrechtliche Relevanz der Folgen eines staatlich gestatteten Handelns nicht von zusätzlichen Anforderungen abhängig gemacht, sofern (ausnahmsweise) eine »unmittelbare« Einwirkung auf die »Substanz des von den §§ 903 und 905 S. 1 BGB umschriebenen (›Säulen‹-) Eigentums« in Rede stand,[72] weil beispielsweise dem Dritten durch eine Baugenehmigung »rechtswidrig die Duldung eines ... Notwegrechts«[73] aufgezwungen wurde.[74] Der Senat stellte zu-

---

[69] Vgl. *U. Ramsauer*, AöR 111 (1986), S. 501 (516); *G. Lübbe-Wolff*, Eingriffsabwehrrechte, S. 179.

[70] BVerwGE 32, 173 (179).

[71] BVerwGE 50, 282 (287); demgegenüber wird BVerwGE 54, 211 (222f.), im Schrifttum dahin gedeutet, daß bei Beeinträchtigungen der Gesundheit (Art. 2 Abs. 2 GG) wiederum eine besondere Eingriffsintensität erforderlich ist, wie sich etwa daraus ergeben soll, daß der Vierte Senat u.a. auf die Wesensgehaltgarantie des Art. 19 Abs. 4 GG bezug nimmt, vgl. *A. Roth*, Drittbetroffenheit, S. 302 m.w.N. Diese Interpretation vermag allerdings nicht zu erklären, warum der Schutz der Gesundheit des Grundrechtsträgers weniger weit reichen soll, als der Schutz des »Säuleneigentums«, obwohl sich auch nach Ansicht des BVerwG die Annahme von selbst verbietet, »daß zwar das Eigentum verfassungsrechtlich gegen bestimmte Vorgänge ›in seiner Umgebung‹ geschützt sei, dagegen die als Rechtsgut höherwertige ... körperliche Unversehrtheit (Gesundheit) einen vergleichbaren Schutz nicht genieße« (ebd., S. 222).

[72] BVerwGE 50, 282 (287).

[73] BVerwGE 50, 282 (286).

[74] Ob »zumindest bei einem unmittelbaren Eingriff in das Grundeigentum« ein Abwehranspruch unmittelbar aus Art. 14 Abs. 1 GG in Betracht kommt, läßt BVerwGE 89, 69 (79), (eben-

nächst fest, daß »der Unterschied zwischen unmittelbaren und mittelbaren Eingriffen« insofern »eine wesentliche Rolle« spiele, als bei einer »direkten Inanspruchnahme des Grundstücks« des Dritten ein rechtswidriger Eingriff abgewehrt werden könne, »ohne daß es auf die Frage ankommt, wie ›schwer‹ oder ›unerträglich‹ er den Eigentümer trifft«.[75] Alsdann wurde eine Beeinträchtigung des »Säuleneigentums« mit der Erwägung bejaht, mit ihrer Unanfechtbarkeit schneide die »Feststellungswirkung« auch einer rechtswidrigen Baugenehmigung dem Nachbarn in einem Zivilprozeß den Einwand ab, die Nutzung des berechtigten Grundstücks sei schon deshalb nicht ordnungsmäßig i.S.v. § 917 Abs. 1 BGB, weil sie im Widerspruch zum öffentlichen Baurecht stehe.[76] In dieser Schmälerung der Verteidigungsmöglichkeiten liege im Falle der Rechtswidrigkeit der Baugenehmigung »ein vom öffentlichen Recht ausgehender Eingriff in das Eigentum, gegen den sich der Betroffene mit den Rechtsbehelfen des öffentlichen Rechts wehren kann«.[77]

Damit kann dieser Entscheidung zunächst entnommen werden, daß ein abwehrrechtlicher Grundrechtsschutz hier nicht schon allein deshalb bejaht wird, weil die angegriffene (Bau-) Genehmigung rechtliche Voraussetzung für ein Vorhaben ist, dessen Realisierung der Dritte dulden müßte. Entscheidende Bedeutung mißt das Gericht vielmehr der »Feststellungswirkung« der Baugenehmigung im Hinblick auf die tatbestandlichen Voraussetzungen einer aus dem Fehlen zivilrechtlicher Abwehransprüche resultierenden Duldungspflicht zu. Dabei bleibt freilich unerklärt, aus welchem Grunde ein Grundrechtsschutz Dritter bei »unmittelbaren« Einwirkungen auf das »Säuleneigentum« von anderen Voraussetzungen als bei einer »mittelbaren« Beeinträchtigung durch Veränderung einer vorgegebenen Situation abhängig sein soll: Zwar kann zwischen »ideellen« Beeinträchtigungen durch Veränderungen der Umgebung, Beeinträchtigungen durch stoffliche Einwirkungen wie (insbesondere) Immissionen und schließlich Beeinträchtigungen durch die Begründung von Rechtspflichten – wie etwa der Pflicht zur Duldung eines Notwegrechts – unterschieden werden. Zugleich weisen diese verschiedenen Formen der Einwirkung auf das Eigentum aber die Gemeinsamkeit auf, daß jeweils ein staatlicher Rechtsakt in Rede steht, der seinem Adressaten ein Verhalten mit Bedeutung für das Eigentum des Dritten gestattet. Die verschiedenen Formen adressatvermittelter Drittbeeinträchtigungen unterscheiden sich deshalb nicht in ihrer Entstehung oder Struktur, sondern allenfalls – und nicht notwendig – in ihrer Intensität. Für eine Unterscheidung zwischen unmittelbaren

falls) offen, müßte auf Basis der von BVerwGE 101, 364 (373), vertretenen Auffassung aber konsequenterweise verneint werden.

[75] BVerwGE 50, 282 (287).

[76] Vgl. BVerwGE 50, 282 (290f.); insoweit bestätigend BVerwG, NVwZ-RR 1997, S. 271 (272).

[77] BVerwGE 50, 282 (291); folgend BayVGH, BayVBl. 1997, S. 758 (759).

und mittelbaren Beeinträchtigungen im Hinblick auf den anzuwendenden Prüfungsmaßstab ist daher letztlich kein Raum.[78]

Auf der anderen Seite läßt diese Kritik an der älteren Rechtsprechung des Bundesverwaltungsgerichts nicht den (Umkehr-) Schluß zu, der vom Vierten Senat nunmehr eingeschlagenen Linie sei ohne weiteres zuzustimmen. Zwar muß eine konsequente Anwendung der These von der »Normgeprägtheit« des Verfassungseigentums zu dem Ergebnis führen, daß es in Ermangelung einer grundrechtlich geschützten Position auch keinen Grundrechtsschutz geben kann, wenn und soweit der Gesetzgeber das Eigentum nicht drittschützend ausgestaltet hat.[79] Demgemäß wird auch im Schrifttum die Abhängigkeit eines grundrechtlichen Eigentumsschutzes von drittschützenden Vorschriften des einfachen Rechts postuliert.[80] Auf Basis einer solchen Auffassung muß sich jedoch die Frage stellen, welchen Sinn eine Grundrechtsgewährleistung hat, die nur nach Maßgabe des einfachen Rechts existiert. Im Anschluß an die Rechtsprechung des Bundesverfassungsgerichts[81] und in Übereinstimmung mit einer im Schrifttum ebenfalls anzutreffenden Position[82] entnimmt denn auch das Bundesverwaltungsgericht Art. 14 Abs. 1 S. 2 GG – wie dargelegt[83] – zumindest einen Regelungsauftrag, »den Inhalt des Eigentums im Sinne einer sozialgerechten Eigentumsordnung zu normieren«.[84]

Wird aber davon ausgegangen, daß die Gewährleistung des Eigentums durch Art. 14 Abs. 1 S. 1 GG der Gestaltungsfreiheit des Gesetzgebers äußerste Grenzen setzt, so erscheint auch auf Basis der These von der grundsätzlichen »Normgeprägtheit« des Verfassungseigentums die Annahme nicht als von vornherein ausgeschlossen, daß der einzelne eine Überschreitung dieser Grenzen unter Rückgriff auf Art. 14 GG abwehren kann. In diese Richtung zielt beispielsweise ein im Jahre 1982 noch mit Blick auf die ältere Rechtsprechung des Bundesverwaltungsgerichts gemachter, in der Sache aber keineswegs überholter Vorschlag von *G. Schwerdtfeger*, dieser Judikatur unter Rückgriff auf eine (Schutz-) Pflicht des Staates zum Schutze eines Grundrechtsträgers vor Beeinträchtigungen durch andere Grundrechtsträger ein sicheres dogmatisches Fundament zu verschaffen, ihr »grundrechtsdogmatische ›Korsettstangen‹ einzuziehen«.[85] Nach Auffassung

---

[78] Ebenso *G. Schwerdtfeger*, NVwZ 1982, S. 5 (7); *W.-R. Schenke*, NuR 1983, S. 81 (88).

[79] Vgl. oben, S. 316.

[80] Dezidiert *D. Ehlers*, VVDStRL 51 (1992), S. 211 (222); vgl. ferner *U. Ramsauer*, AöR 111 (1986), S. 501 (517f.); *R. Wahl*, in: FS K. Redeker, S. 245 (255f.; 264ff.); *I. Kraft*, VerwArch 89 (1998), S. 264 (278f.); tendenziell anders *D. Wilke*, in: GdS Grabitz, S. 905 (915), der aber BVerwGE 89, 69ff., nicht erwähnt.

[81] Vgl. BVerfGE 25, 112 (117f.); 37, 132 (140); 50, 290 (339f.); 52, 1 (29); 58, 137 (147); 58, 300 (335); 72, 66 (77f.).

[82] Vgl. *R. Wahl*, in: FS K. Redeker, S. 245 (248f.); *I. Kraft*, VerwArch 89 (1998), S. 264 (279f.).

[83] Vgl. oben, S. 315ff.

[84] BVerwGE 101, 364 (371); vgl. auch BVerwGE 88, 191 (194); 106, 228 (234f.).

[85] *G. Schwerdtfeger*, NVwZ 1982, S. 5 (6).

von *Schwerdtfeger* muß jeder Versuch einer Rechtfertigung des Erfordernisses einer »schweren und unerträglichen« Beeinträchtigung in einer Sackgasse enden, solange in der Erteilung einer Baugenehmigung ein »Eingriff des Staates in das Eigentum des Dritten« gesehen wird.[86] Die grundsätzlich zu begrüßende Gewährung eines auf Art. 14 Abs. 1 GG gestützten Drittschutzes gegen (Bau-) Genehmigungen »nur auf weit zurückgezogener Linie«[87] soll sich aber mit der Erwägung rechtfertigen lassen, daß es in Wahrheit der Bauherr sei, der mit der Verwirklichung seines Vorhabens in das Eigentum des Dritten eingreife, wenn ihn der Staat daran nicht hindere. Es komme deshalb entscheidend darauf an, ob Art. 14 Abs. 1 GG dem Dritten einen Anspruch gegen den Staat einräume, ihn vor Eingriffen des Bauherrn zu schützen, so daß nicht die »klassische Funktion« des Art. 14 Abs. 1 GG als Abwehrrecht, sondern dessen Schutzfunktion einschlägig sei.[88] Diese Funktion der Grundrechte will *Schwerdtfeger* in Einklang mit der Rechtsprechung des Bundesverfassungsgerichts aus der »›objektivrechtlichen‹ Seite der Grundrechte als Wertentscheidungen der Verfassung« ableiten, wobei der (objektiv-rechtlichen) Schutzpflicht des Staates ein (subjektives) Schutzrecht des zu Schützenden entspreche.[89] Es liege jedoch auf der Hand, daß sich die objektivrechtliche Wertentscheidung des Art. 14 Abs. 1 S. 1 GG nur auf die »Grundaspekte des Eigentums« erstrecken könne, nicht aber auch auf jene Bereiche, in denen der Gesetzgeber den Inhalt des Eigentums gem. Art. 14 Abs. 1 S. 2 GG konstitutiv bestimme. Ein verfassungsunmittelbarer Schutzanspruch des Dritten komme daher erst in Betracht, wenn »Grundaspekte des Dritteigentums« gefährdet seien, wozu namentlich die »Eigentumssubstanz« gehören soll.[90] Soweit danach eine auch enteignungsrechtlich beachtliche Unzumutbarkeit der Beeinträchtigung vorliege, will *Schwerdtfeger* Drittschutz unmittelbar aus Art. 14 GG gewähren.[91]

b. Die Rechtsprechung des Bundesverfassungsgerichts

Mit diesen Ausführungen hat *G. Schwerdtfeger* mithin versucht, das mit Blick insbesondere auf die Schutzgüter des Art. 2 Abs. 2 S. 1 GG entwickelte Konzept originärer staatlicher Schutzpflichten für den baurechtlichen Nachbarschutz fruchtbar zu machen. Namentlich das Bundesverfassungsgericht hat frühzeitig eine (eigenständige) Verpflichtung des Staates zum Schutz des Individuums vor Beeinträchtigungen seiner grundrechtsbewehrten Rechtsgüter durch andere Per-

---

[86] *G. Schwerdtfeger*, NVwZ 1982, S. 5 (7).
[87] *G. Schwerdtfeger*, NVwZ 1982, S. 5 (6).
[88] *G. Schwerdtfeger*, NVwZ 1982, S. 5 (7).
[89] *G. Schwerdtfeger*, NVwZ 1982, S. 5 (8).
[90] *G. Schwerdtfeger*, NVwZ 1982, S. 5 (8f.); für eine staatliche Schutzpflicht bei »schwer und unerträglich« wirkenden Drittbeeinträchtigungen auch *U. Ramsauer*, AöR 111 (1986), S. 501 (520f.).
[91] *G. Schwerdtfeger*, NVwZ 1982, S. 5 (8f.).

sonen anerkannt, so daß auch vom Bundesverfassungsgericht als dem »Motor der Schutzpflichtenlehre« gesprochen worden ist.[92] Eine herausgehobene Bedeutung kommt dabei dem »Fristenlösungs«-Urteil aus dem Jahre 1975 zu,[93] in dem mit Blick auf das ungeborene menschliche Leben eine umfassende Pflicht des Staates postuliert worden ist, »sich schützend und fördernd vor dieses Leben zu stellen«, es vor allem »vor rechtswidrigen Eingriffen von seiten anderer zu bewahren«.[94] Hiervon ausgehend ist die Annahme grundrechtlich begründeter Schutzpflichten in der Folgezeit für verschiedenste Fallgestaltungen fruchtbar gemacht worden. So wurde in Anlehnung an die Rechtsprechung zum Schwangerschaftsabbruch eine Pflicht des Staates zum Schutze der Grundrechtsträger vor (kriminellen) Gewalttätern postuliert.[95] Auch findet sich die Annahme einer »objektivrechtlichen Schutzpflicht des Staates in bezug auf Grundrechte im Bereich der Außen- und der Verteidigungspolitik gegenüber fremden Staaten«.[96]

Darüber hinaus werden die grundrechtlichen Schutzpflichten nicht (mehr) nur auf das Leben und die körperliche Unversehrtheit der Grundrechtsträger bezogen. Vielmehr hat das Bundesverfassungsgericht ausdrücklich anerkannt, daß sich die Schutzpflicht des Staates auf alle Freiheitsgrundrechte erstreckt.[97] So kommt etwa eine Pflicht des Staates zum Schutze der Berufsfreiheit in Betracht.[98] In einem Nichtannahmebeschluß aus dem Jahre 1998, der eine Verfassungsbeschwerde gegen die Nichtzubilligung eines Ausgleichsanspruchs wegen des »Waldsterbens« betraf, ist ferner eine Schutzpflicht aus Art. 14 Abs. 1 GG gegen eigentumsbeeinträchtigende Maßnahmen anderer Privater für grundsätzlich möglich gehalten worden.[99] Auch verwirft das Bundesverfassungsgericht in die-

---

[92] *P. Unruh*, Schutzpflichten, S. 29.

[93] So auch *K. Stern*, Staatsrecht, Bd. III/1, S. 939; *J. Isensee*, in: Isensee/Kirchhof, HbStR, Bd. V, § 111 Rn. 78, bezeichnet die Entscheidung als »bahnbrechend«, nachdem er sie zuvor gar als »juristischen Paukenschlag« bezeichnet hatte (Sicherheit, S. 27); zur vorangegangenen Judikatur des BVerfG vgl. *K. Stern* ebd, S. 938f.; *P. Unruh*, Schutzpflichten, S. 29f.

[94] BVerfGE 39, 1 (42); vgl. auch BVerfGE 88, 203 (251).

[95] Vgl. BVerfGE 46, 160 (164) – Fall »Schleyer«; auch dient die staatliche Pflicht zum Schutze Dritter vielfach zur Rechtfertigung der Belastung eines Maßnahmeadressaten, vgl. BVerfGE 45, 187 (254f.); 49, 24 (53); 57, 250 (284f.); 64, 261 (275).

[96] BVerfGE 66, 39 (61).

[97] BVerfGE 92, 26 (46); ebenso zuvor *J. Isensee*, in: Isensee/Kirchhof, HbStR, Bd. V, § 111 Rn. 86; *K. Stern*, Staatsrecht, Bd. III/1, S. 944.

[98] Vgl. BVerfGE 84, 133 (147); 92, 26 (46).

[99] BVerfG (3. Kammer des Ersten Senats), NJW 1998, S. 3264 (3265); nicht ganz klar ist dabei die Bedeutung der von der Kammer unter Hinweis auf die oben wiedergegebenen (vgl. S. 321f.) Ausführungen von *G. Schwerdtfeger*, NVwZ 1982, S. 5 (8), getroffene Feststellung, im Hinblick auf das erforderliche Ausmaß schutzpflichtauslösender Eigentumsbeeinträchtigungen »könnte gelten, daß jedenfalls solche Eigentumsbeeinträchtigungen unerheblich sind, die auch im Rahmen einer Inhaltsbestimmung hingenommen werden müßten« (ebd.): Daß eine staatliche Schutzpflicht (jedenfalls) nicht weiter reichen kann als abwehrrechtlicher Grundrechtsschutz und deshalb Beeinträchtigungen durch Dritte hingenommen werden müssen, die auch Gegenstand einer staatlichen Inhalts- und Schrankenbestimmung sein könnten, liegt letztlich auf der Hand (vgl. schon oben, S. 14). Die Frage ist vielmehr, wann ein staatlicher Grundrechtsschutz ge-

ser Entscheidung ausdrücklich die Annahme, (Eigentums-) Beeinträchtigungen infolge des Handelns anderer Privater könnten dem Staat als »Eingriffe« zurechenbar sein: Bei »Belastungen aus der allgemeinen Luftverunreinigung« handele es sich um »Einwirkungen, die sich maßgeblich aus den grundrechtlichen Freiheiten der Bürger ergeben«.[100] Eine staatliche Zulassung der Nutzung einer luftverunreinigenden Anlage lasse »nur die den grundrechtlichen Freiheiten bis zur Feststellung der Rechtmäßigkeit gesetzte vorläufige Sperre entfallen«, erweitere als solche den Rechtskreis der privaten Nutzer aber nicht.[101] Das »Medium ›Luft‹« unterliege keiner öffentlichrechtlichen Benutzungsordnung, die die Nutzung von einer im Ermessen stehenden staatlichen Zuteilung abhängig mache.[102] Allein in Betracht komme daher die aus der objektiven Bedeutung der Grundrechte folgende Aufgabe des Staates, »einen Ausgleich zwischen den einander gegenüberstehenden Grundrechten ... herbeizuführen«.[103]

Damit hat das Bundesverfassungsgericht in dieser Entscheidung der Annahme eines staatsgerichteten Abwehranspruchs gegen (nicht individuell zurechenbare) Beeinträchtigungen durch ein Handeln anderer Privater jedenfalls insoweit eine deutliche Absage erteilt, als andere Grundrechtsträger ihre grundrechtlich geschützte Freiheit in Anspruch nehmen und keine staatlichen Maßnahmen vorliegen, die »mittelbar über eine Einflußnahme auf privates Handeln zu Eigentumsbeeinträchtigungen beitragen«.[104] Dem entspricht in der Sache die Rechtsprechung zu (potentiellen) Beeinträchtigungen der Rechtsgüter des Art. 2 Abs. 2 S. 1 GG durch Umwelteinflüsse, die aus der Errichtung und/oder dem Betrieb technischer Einrichtungen resultieren: Danach kann der Staat verpflichtet sein, Gefährdungen oder Beeinträchtigungen der Gesundheit aufgrund Flug-[105] oder gar Straßenlärms[106] entgegenzuwirken sowie seine Bürger beispielsweise vor Gesundheitsgefahren zu schützen, die das elektromagnetische Feld einer Transformatorenstation verursacht.[107] Desgleichen operiert das Bundesverfassungsgericht in seinen Entscheidungen zum Drittschutz gegen Errichtung und Betrieb kerntechnischer Anlagen mit der Annahme, die in den Grundrechten enthaltenen »objektivrechtliche(n) Wertentscheidungen der Verfassung« könnten »verfassungsrechtliche Schutzpflichten« des Staates auslösen.[108]

---

gen eine Bestimmung von Inhalt und Schranken des Eigentums einsetzt; vgl. dazu unten, S. 335ff.; zu staatlichen Schutzpflichten in Zusammenhang mit Umweltbelastungen s. ferner BVerfG (Vorprüfungsausschuß), NJW 1983, S. 2931 (2932); (1. Kammer des Ersten Senats), NJW 1996, S. 651.

[100] BVerfG (3. Kammer des Ersten Senats), NJW 1998, S. 3264.

[101] BVerfG (3. Kammer des Ersten Senats), NJW 1998, S. 3264 (3265).

[102] BVerfG (3. Kammer des Ersten Senats), NJW 1998, S. 3264 (3265).

[103] BVerfG (3. Kammer des Ersten Senats), NJW 1998, S. 3264 (3265).

[104] BVerfG (3. Kammer des Ersten Senats), NJW 1998, S. 3264.

[105] Vgl. BVerfGE 56, 54 (73ff.).

[106] Vgl. BVerfGE 79, 174 (201f.).

[107] BVerfG (1. Kammer des Ersten Senats), NJW 1997, S. 2509.

[108] BVerfGE 49, 89 (142) – »Kalkar«; vgl auch BVerfGE 53, 30 (57), 77, 381 (402f.).

Gerade in den Entscheidungen des Bundesverfassungsgerichts zu atomrechtlichen Genehmigungsverfahren findet sich indes auch eine Argumentation mit einer staatlichen Verantwortlichkeit für drittbeeinträchtigendes Handeln Privater, weshalb sich die Richtigkeit der These von *G. Schwerdtfeger* bezweifeln läßt, in dieser Rechtsprechung werde die Bedeutung der Schutzfunktion der Grundrechte als dem entscheidenden Gesichtspunkt für den Rechtsschutz Dritter »klar herausgearbeitet«.[109] So unterscheidet der Zweite Senat in der »Kalkar«-Entscheidung aus dem Jahre 1978 zunächst zwischen einem Verstoß gegen Grundrechte und einem Verstoß gegen »objektivrechtliche, aus der Grundrechtsordnung herzuleitende Schutzpflichten«.[110] Erkennbar mit Blick auf den erstgenannten Gesichtspunkt wird alsdann weiter ausgeführt, die gesetzlichen Voraussetzungen für die Genehmigung kerntechnischer Anlagen seien »inhaltlich so gefaßt, daß es durch die Genehmigungen und ihre Folgen nicht zu Grundrechts*verletzungen* kommen darf«.[111] Aus »verfassungsrechtlicher Sicht« schließe das Gesetz die Genehmigung dann aus, wenn die Errichtung oder der Betrieb der Anlage zu Schäden führe, die sich als Grundrechtsverletzungen darstellen. Das Gesetz nehme insoweit »keinen anlagespezifischen Rest-oder Mindestschaden irgendwelcher Art in Kauf, der im Lichte des Grundrechts des Art. 2 Abs. 2 S. 1 oder anderer Grundrechte als Grundrechtsverletzung anzusehen wäre«.[112] Es könne daher »nicht schon die Genehmigungsvorschrift als solche, sondern allenfalls die behördliche Entscheidung im Einzelfall Grundrechte Dritter verletzen«.[113]

Diese Überlegungen lassen die Prämisse erkennen, daß mit der Inanspruchnahme einer solchen Genehmigung aktuell und gegenwärtig einhergehende Auswirkungen auf grundrechtliche Schutzgüter eines Dritten dem genehmigenden Staat allein wegen der Existenz einer staatlichen Gestattung ohne weiteres – und ohne nähere Begründung – zuzurechnen sind,[114] ohne daß es hierfür auf das Bestehen einer staatlichen Schutzpflicht ankäme. Vielmehr wird dem Gesichtspunkt der Schutzpflicht eine eigenständige Bedeutung ausschließlich in Zusammenhang mit einem (Rest-) Risiko künftiger Schädigungen Dritter durch den Betrieb kerntechnischer Anlagen und damit in einem spezifischen Kontext zugewiesen. Insoweit spricht der Senat von einer »Grundrechtsgefährdung«, die einer aktuell eintretenden »Grundrechtsverletzung« durch gesetzliche Regelungen oder die Erteilung einer Genehmigung gegenübergestellt wird: Im Hinblick auf die Inkaufnahme eines solchen Restrisikos durch das AtomG könne ein Verfassungsverstoß nicht schon mit dem Hinweis abgetan werden, das Risiko eines künftigen Schadens stelle nicht schon gegenwärtig einen Schaden und mithin keine Grundrechtsver-

[109] *G. Schwerdtfeger*, NVwZ 1982, S. 5 (7).
[110] BVerfGE 49, 89 (140).
[111] BVerfGE 49, 89 (140) – Hervorhebung im Original.
[112] BVerfGE 49, 89 (140f.).
[113] BVerfGE 49, 89 (140).
[114] So auch die Interpretation von *D. Murswiek*, Verantwortung, S. 90.

letzung dar.[115] »Auch Regelungen, die im Laufe ihrer Vollziehung zu einer nicht unerheblichen Grundrechts*gefährdung* führen, können selbst schon mit dem Grundgesetz in Widerspruch geraten«. Infolge der Existenz grundrechtlicher Schutzpflichten sei jedoch geboten, »rechtliche Regelungen so auszugestalten, daß auch die Gefahr von Grundrechtsverletzungen eingedämmt bleibt.«[116]

An diese Ausführungen des Zweiten Senats zu den grundrechtlichen Schutzpflichten konnte der Erste Senat nahtlos anknüpfen, als er sich in der »Mülheim-Kärlich«-Entscheidung ebenfalls mit der grundrechtlichen Relevanz »möglicher Gefahren bei der friedlichen Nutzung der Kernenergie« zu befassen hatte. Indes wird der Gedanke einer staatlichen Verpflichtung zum Schutze des Einzelnen vor Gefährdungen grundrechtlicher Schutzgüter in dieser Entscheidung nicht nur wieder aufgegriffen, sondern zugleich um den Gesichtspunkt einer Mitverantwortung für die Risiken der Technik ergänzt und insoweit auch relativiert: Der Senat stellt zunächst fest, daß aus dem »objektiv-rechtlichen Gehalt« des Art. 2 Abs. 2 GG nach »anerkannter Rechtsprechung« eine Pflicht der staatlichen Organe folge, sich schützend und fördernd vor die in dieser Norm genannten Rechtsgüter zu stellen, sie »insbesondere vor rechtswidrigen Eingriffen von seiten anderer zu bewahren«.[117] Unter ausdrücklicher Bezugnahme auf die »Kalkar«-Entscheidung wird diese Erwägung sodann auch zur »verfassungsrechtlichen Beurteilung atomrechtlicher Normen« herangezogen und weiter ausgeführt, der Staat sei seiner Schutzpflicht in der Weise nachgekommen, daß er die wirtschaftliche Nutzung der Atomenergie von einer vorherigen staatlichen Genehmigung und deren Erteilung von weiteren Voraussetzungen abhängig gemacht habe.[118] Anschließend hebt der Erste Senat hervor, daß es sich bei einem solchen Genehmigungserfordernis um das geeignetste Mittel zur Erfüllung der staatlichen Aufgabe handele, »unter Berücksichtigung der Allgemeinbelange einen Ausgleich zwischen den Grundrechtspositionen gefährdeter Bürger einerseits und der Betreiber andererseits herbeizuführen«.[119] Schon hier klingt an, daß auch dem Dritten nach Auffassung des Senats ein Schutz gebührt, wie ihn die Abwehrfunktion der Grundrechte vermittelt. Dieser Gedanke wird unter Hinweis auf eine staatliche Mitverantwortung für die Risiken kerntechnischer Anlagen näher begründet: Werde ein Kernkraftwerk »trotz des in ihm verkörperten außerordentlichen Gefährdungspotentials« im Allgemeininteresse an der Energieversorgung geneh-

[115] BVerfGE 49, 89 (141).

[116] BVerfGE 49, 89 (142); einen Verstoß gegen diesen Grundsatz hat das Bundesverfassungsgericht indes nicht feststellen können, weil vom Gesetzgeber auch im Hinblick auf seine Schutzpflicht nicht eine Regelung gefordert werde, die Grundrechtsgefährdungen mit absoluter Sicherheit ausschließe. Vielmehr habe es »insoweit bei Abschätzungen anhand praktischer Vernunft« sein Bewenden. Ungewißheiten jenseits dieser Schwelle seien »unentrinnbar und insofern als sozial-adäquate Lasten von allen Bürgern zu tragen« (ebd., S. 143).

[117] BVerfGE 53, 30 (57).

[118] BVerfGE 53, 30 (57).

[119] BVerfGE 53, 30 (57f.).

migt, so bedeute dies, »daß die körperliche Integrität Dritter Gefährdungen ausgesetzt werden kann, die diese nicht beeinflussen und denen sie kaum ausweichen können«. Damit übernehme der Staat seinerseits eine eigene Mitverantwortung für diese Gefährdungen. Demgemäß erscheine es geboten, bei der verfassungsrechtlichen Beurteilung der Vorschriften für die Genehmigung von Kernkraftwerken nicht weniger strenge Maßstäbe anzulegen als bei der Prüfung staatlicher Eingriffsgesetze.[120]

Diese Ausführungen geben zunächst zu erkennen, daß das Bundesverfassungsgericht den Gedanken einer staatlichen Mitverantwortung für die Risiken der Technik in dieser Entscheidung primär dazu verwendet, Abstufungen zwischen der grundrechtlichen Absicherung der Interessen einerseits des Betreibers einer kerntechnischen Anlage und andererseits der Belange der durch Errichtung und Betrieb einer solchen Anlage (möglicherweise) gefährdeten oder beeinträchtigten Dritten zu vermeiden. Zugleich wird mit der skizzierten Argumentation des Ersten Senats der Rahmen einer reinen »Schutzpflichtenkonstruktion« aber verlassen und der Boden einer »abwehrrechtlichen Lösung« betreten, weil das genehmigte Verhalten Privater dem Staat kraft der durch die Genehmigung übernommenen Mitverantwortung[121] zugerechnet wird.[122] Es ist deshalb folgerichtig, daß der Erste Senat die Gesichtspunkte der »Schutzpflicht« und der »Mitverantwortung« an anderer Stelle selbständig nebeneinander stellt, indem er ausführt, daß das AtomG »der staatlichen Schutzpflicht und Mitverantwortung« auch verfahrensrechtlich Rechnung trage.[123]

Zwar kann demnach festgestellt werden, daß in Entscheidungen des Bundesverfassungsgerichts zu (potentiellen) Drittbeeinträchtigungen durch kerntechnische Anlagen auch mit grundrechtlichen (Störungs-) Abwehransprüchen gegen den Staat operiert wird. Insgesamt ergibt sich aber, daß das Bundesverfassungsgericht in seiner Rechtsprechung zu den hier behandelten Fallgestaltungen den Aspekt der staatlichen Schutzpflichten in den Mittelpunkt rückt. Auch wurde in der Entscheidung zu den Waldschäden infolge von Luftverunreinigungen eine »eingriffsrechtliche Verantwortlichkeit des Staates«[124] ausdrücklich verneint, ohne daß (ausdrücklich) erörtert worden wäre, wie sich diese Auffassung zu der vorstehend skizzierten Rechtsprechung zu den kerntechnischen Anlagen verhält. Es darf deshalb als – zumindest – überraschend angesehen werden, daß derartige Festlegungen des Bundesverfassungsgerichts zu Kernfragen der Grundrechts-

---

[120] BVerfGE 53, 30 (58).

[121] Vgl. auch BVerfGE 56, 54 (79): Staatliche Mitverantwortung »für etwaige Grundrechtsbeeinträchtigungen« durch »die Schaffung von Genehmigungsvoraussetzungen und durch die Erteilung von Genehmigungen«.

[122] Anders *P. Unruh*, Schutzpflichten, S. 46: Mehr als das »Postulat einer gesteigerten Schutzpflicht des Staates in besonders gefährdeten Grundrechtsbereichen« könne den Ausführungen des Ersten Senats nicht entnommen werden.

[123] BVerfGE 53, 30 (59); ähnl. auch ebd., S. 61.

[124] BVerfG (3. Kammer des Ersten Senats), NJW 1998, S. 3264.

dogmatik nicht zum Gegenstand einer Senatsentscheidung gemacht wurden, sondern in einer Kammerentscheidung anzutreffen sind. Allerdings ist nicht zu verkennen, daß das Bundesverfassungsgericht Raum für eine abweichende Beurteilung jedenfalls spezieller Fallgestaltungen gelassen hat. So bleibt offen, wie Maßnahmen zu bewerten wären, die »mittelbar über eine Einflußnahme auf privates Handeln zu Eigentumsbeeinträchtigungen beitragen«.[125] Auch wird ausdrücklich festgestellt, daß es keine »staatliche Grundsatzentscheidung« gebe, die den »entscheidenden Anstoß zur privaten Techniknutzung und der damit verbundenen Inanspruchnahme von Luft gegeben hätte«.[126] Hieran mag sich ein Unterschied zur Energiegewinnung durch kerntechnische Anlagen und damit etwa verknüpfte Risiken für Dritte festmachen lassen.

3. Folgerungen und offene Fragen

Betrachtet man die einschlägigen Entscheidungen des Bundesverwaltungsgerichts wie auch des Bundesverfassungsgerichts zu Fällen der Beeinträchtigung eines Grundrechtsträgers durch staatlich gestattetes Verhalten anderer Privater in ihrer Gesamtheit, so ist festzustellen, daß mit dieser Rechtsprechung eine Reihe von Unklarheiten verknüpft sind, die sowohl die grundrechtlichen Schutzgut-Tatbestände als auch die Ebene des Einwirkungstatbestandes betreffen. Zunächst finden sich in der Judikatur unterschiedliche – und jeweils mehr oder weniger selbstverständlich vorausgesetzte – Positionen zu der Frage, inwieweit derartige Sachverhalte allein unter dem Gesichtspunkt staatlicher Schutzpflichten von Interesse sind oder auch eine abwehrrechtliche Dimension besitzen. Dabei geht es in der Sache um das schon im Konstitutionalismus diskutierte Problem, inwieweit eine Mitverantwortung des Staates für gestattetes Handeln Privater angenommen werden kann, da nur unter dieser Voraussetzung ein in der Abwehrfunktion der Grundrechte wurzelnder Störungsabwehranspruch gegen den Staat denkbar ist.

Eine andere Frage ist sodann, inwieweit die Dichotomie von »abwehrrechtlicher Lösung« und »Schutzpflichtenkonstruktion« vor dem Hintergrund als umfassend gedachter Schutzpflichten des Staates noch praktische Bedeutung besitzt: Da nämlich eine Argumentation mit grundrechtlichen Schutzpflichten nicht anders als eine Anknüpfung an die Abwehrfunktion der Grundrechte letztlich auf eine Pflicht des Staates zur Verhinderung einer Beeinträchtigung Dritter durch störende Handlungen eines Privaten sowie ein damit korrespondierendes subjektives Recht des (Dritt-) Betroffenen zielt, muß auch eine »Schutzpflichtenkonstruktion« im Ergebnis auf eine staatliche Verantwortlichkeit für eine gleichwohl erfolgte Beeinträchtigung des Dritten durch private Handlungen und damit letzt-

[125] Vgl. BVerfG (3. Kammer des Ersten Senats), NJW 1998, S. 3264.
[126] BVerfG (3. Kammer des Ersten Senats), NJW 1998, S. 3264 (3265).

lich »jeder Schutzpflichttatbestand auf die Konstruktion einer Eingriffslage«[127] hinauslaufen. Unterschiedliche Ansätze zur Begründung einer staatlichen Pflicht zur Verhinderung von Beeinträchtigungen eines Bürgers durch andere Bürger führen daher nicht zwangsläufig zu unterschiedliche Ergebnissen, wie *H.H. Klein* mit Blick auf die »Mülheim-Kärlich«-Entscheidung des Bundesverfassungsgerichts zutreffend feststellt.[128]

Auf der anderen Seite ist nicht zu verkennen, daß unterschiedliche dogmatische Anknüpfungspunkte einerseits für den (abwehrrechtlichen) Schutz des Urhebers einer Drittbeeinträchtigung und andererseits den Schutz des davon betroffenen Dritten auch unterschiedliche Maßstäbe und damit letztlich eine unterschiedliche Schutzdichte zur Folge haben können. Nach gelegentlich geäußerter Auffassung resultiert namentlich aus staatlichen Schutzpflichten nur eine Art »Mindestschutz« für besonders gelagerte Fallgestaltungen, der hinter dem Schutz zurückbleibt, den die Abwehrfunktion der Grundrechte insbesondere einem Maßnahmeadressaten vermittelt.[129] Diesem Ansatz ist seine Berechtigung nicht von vornherein abzusprechen: Zwar muß eine daraus folgende Disparität von Schutz eines Vorhabenträgers und Schutz eines durch das Vorhaben beeinträchtigten Dritten wenig plausibel erscheinen. Ebenfalls nicht von der Hand zu weisen ist aber die schon im Minderheitenvotum zum »Fristenlösungs«-Urteil anklingende Gefahr, daß Grundrechte bei Anerkennung einer formalen »Gleichrangigkeit« von Abwehrrecht und Schutzpflicht in weitem Umfang ihres Charakters als Abwehrrechte enthoben und zur Grundlage einer (einklagbaren) Pflicht zur Beeinträchtigung grundrechtlich (potentiell) geschützter Freiheit umgefälscht werden.[130]

Vor diesem Hintergrund erscheint angezeigt, sich der dogmatischen Grundlagen einer Pflicht des Staates zum Schutze des Bürgers vor Beeinträchtigungen grundrechtlicher Schutzgüter durch andere Private zu versichern, da nur auf dieser Basis eine sichere Entscheidung über deren Begründung, Umfang und subjektivrechtliche Absicherung möglich ist. Darüber hinaus ist für die Existenz einer solchen Schutz- und Störungshinderungspflicht weiter von Belang, inwieweit Schutzgut-Tatbestände existieren, die das (Nichtstörungs-) Interesse schützen, von störenden Einwirkungen durch Veränderungen eines gegebenen Zustands verschont zu bleiben, insbesondere nicht ungefragt Umweltänderungen ausgesetzt zu werden. Dabei bereitet gerade der insoweit besonders bedeutsame Grundrechtsschutz des (Grundstücks-) Eigentümers aus Art. 14 Abs. 1 GG auf-

---

[127] *U. Di Fabio*, DÖV 1995, S. 1 (6).

[128] *H.H. Klein*, DVBl. 1994, S. 489 (496).

[129] So *H.D. Jarass*, NJW 1983, S. 2844 (2847); *G. Lübbe-Wolff*, Eingriffsabwehrrechte, S. 100f.; *M. Möstl*, DÖV 1998, S. 1029 (1036); *S. Oeter*, AöR 119 (1994), S. 529 (558); *E. Schmidt-Aßmann*, AöR 106 (1981), S. 205 (216); dezidiert (mit Blick auf die Bedeutung der Schutzpflicht bei zivilrechtlicher Streitentscheidung) auch *C.-W. Canaris*, Grundrechte und Privatrecht, S. 43ff.

[130] Vgl. abw. Meinung *W. Rupp-v. Brünneck/H. Simon*, in: BVerfGE 39, 68 (73).

grund der dogmatischen Besonderheiten dieser Norm einige Schwierigkeiten, wie sich schon an der oben skizzierten Rechtsprechung des Bundesverwaltungsgerichts zum Schutz des Nachbarn gegen die Errichtung störender Bauwerke oder Anlagen ablesen läßt. Daneben stellt sich die Frage nach der Reichweite des Schutzes aus Art. 2 Abs. 2 S. 1 GG sowie einem sphärenbezogenen Schutz aus anderen Grundrechten, denn gerade der sphärenbezogene Grundrechtsschutz dient dem Zweck, Freiheit von Fremdbestimmung durch die grundrechtliche Absicherung eines Nichtstörungsinteresses zu gewährleisten und damit die Integrität der Person und der persönlichen Sphäre eines Grundrechtsträgers vor Beeinträchtigungen zu schützen.

Aus diesem Grunde sei zunächst untersucht, in welchem Umfang die Grundrechte grundsätzlich – d.h. auch im Verhältnis zum Staat – geeignet sind, einem Grundrechtsträger Schutz vor Beeinträchtigungen eines Nichtstörungsinteresses zu bieten. Anschließend ist zu erörtern, ob die staatliche Gestattung störenden Tuns Privater allein unter dem Aspekt einer Schutzpflichtverletzung oder auch im Hinblick auf die Abwehrfunktion der Grundrechte von Interesse ist. Immerhin erscheint denkbar, daß sich die abwehrrechtliche Relevanz von Drittbeeinträchtigungen durch zulässige Handlungen anderer Grundrechtsträger deshalb bejahen läßt, weil der Dritte aus derartigem Handeln resultierende Störungen nach Maßgabe des geltenden Rechts hinnehmen muß.

III. Der Grundrechtsschutz von Nichtstörungsinteressen

1. Grundrechtsschutz aus Art. 2 Abs. 2 GG

Ein zentrales Teilelement des sphärenbezogenen Grundrechtsschutzes bildet die Normierung des Rechts auf Leben und körperliche Unversehrtheit durch Art. 2 Abs. 2 S. 1 GG. Diese Vorschrift ist als grundrechtliche Absicherung elementarer Verschonungsinteressen zu interpretieren, denn sie dient dem Interesse des Grundrechtsträgers, von einer (Zwangs-) Einwirkung auf seine Lebensgüter durch Realakt verschont zu bleiben; Entsprechendes gilt im Grundsatz für den Schutz der Freiheit der Person durch Art. 2 Abs. 2 S. 2 GG.[131]

[131] Unzutreffend wäre es, wollte man Einwirkungen auf Leben und körperliche Unversehrtheit als Beeinträchtigungen eines Zustands, Einwirkungen auf die Freiheit der Person hingegen als Einschränkung von Verhaltensmöglichkeiten begreifen. Zwar wird Art. 2 Abs. 2 S. 2 GG vielfach als Verbürgung der Bewegungsfreiheit qualifiziert, vgl. *D. Murswiek*, in: Sachs (Hrsg.), GG, Art. 2 Rn. 229; *G. Dürig*, in: Maunz/Dürig, GG, Art. 2 Abs. II Rn. 49f.; *C. Starck*, in: v. Mangoldt/Klein/Starck, GG, Art. 2 Rn. 180; dies sollte aber nicht den Blick dafür versperren, daß Art. 2 Abs. 2 S. 2 GG wie auch Art. 2 Abs. 2 S. 1 GG einen Zustand des Freiseins von Einwirkungen schützt, deren modale Seite dadurch gekennzeichnet ist, daß die Beeinträchtigung nicht in der Auferlegung der Pflicht zu einem Tun oder Unterlassen besteht, sondern durch physischen Zwang erfolgt und damit zugleich die Voraussetzungen für beliebige andere Verhaltensweisen zu beseitigen vermag; ebenso *E. Grabitz*, in: Isensee/Kirchhof (Hrsg.), HbStR, Bd. VI, § 130 Rn. 5;

Allerdings sind mit einem Grundrechtsschutz Dritter aus Art. 2 Abs. 2 S. 1 GG in den hier behandelten Fällen einige spezifische Schwierigkeiten verknüpft, weil – wie sich in der Darstellung der Judikatur des Bundesverfassungsgerichts zu den staatlichen Schutzpflichten bereits andeutete – vielfach Einwirkungen auf die Person durch staatlich (mit-) verursachte oder zugelassene Immissionen stofflicher (z.B. Abgase) oder nichtstofflicher (z.B. Lärm, Strahlung) Art in Rede stehen. Diese »umweltvermittelten«[132] Einwirkungen weisen die Besonderheit auf, daß selbst im Falle einer feststehenden Verbindung zwischen bestimmten Emissionen und einer Beeinträchtigung der körperlichen Integrität eines Dritten vielfach nur eine Situation besteht, in der beispielsweise aus Errichtung oder Betrieb einer emittierenden Anlage die Möglichkeit resultiert, daß es in der Zukunft zu einer Schädigung der Gesundheit eines konkreten Dritten kommt. Ob es wirklich zu einer solchen Schädigung kommt, bleibt demgegenüber ungewiß, so daß allein von einem Risiko für die körperliche Unversehrtheit gesprochen werden kann. Aus diesem Grunde läßt sich bezweifeln, daß die Schaffung einer derartigen »Gefährdungslage« Art. 2 Abs. 2 S. 1 GG unterfällt, denn im Falle einer Gefährdung von Leben oder körperlicher Unversehrtheit liegt gerade noch keine Beeinträchtigung der Schutzgüter dieses Grundrechts vor.

Nach Auffassung des Bundesverfassungsgerichts ist indes nicht von vornherein ausgeschlossen, schon die Gefährdung eines Schutzguts des Art. 2 Abs. 2 S. 1 GG an diesem Grundrecht zu messen. Zwar lägen »bloße Grundrechtsgefährdungen im allgemeinen noch im Vorfeld verfassungsrechtlich relevanter Grundrechtsbeeinträchtigungen«,[133] sie könnten aber selbst schon mit dem Grundgesetz in Widerspruch geraten[134] und unter besonderen Voraussetzungen »Grundrechts*verletzungen* gleichzuachten sein«.[135] Dem ist grundsätzlich zuzustim-

---

vgl. ferner BVerfGE 22, 21 (26); 94, 166 (198); *J. Ipsen*, Grundrechte, Rn. 249; a.A. *B. Pieroth/B. Schlink*, Grundrechte, Rn. 416; *A. Podlech*, in: AK, Art. 2 Abs. 2 Rn. 46; der hier vertretenen Sichtweise (dazu auch schon oben, S. 75f.) entspricht ferner, daß nach h. M. ein staatlicher Imperativ, der die Pflicht zum Aufenthalt an einem bestimmten Ort ausspricht (z.B. die Schulpflicht einschließlich des »Nachsitzens«), nicht an Art. 2 Abs. 2 S. 2, sondern an Art. 2 Abs. 1 GG zu messen ist, vgl. BVerfGE 22, 21 (26); *G. Dürig* ebd., Rn. 50; *H.D. Jarass*, in: Jarass/Pieroth, GG, Art. 2 Rn. 62; *P. Kunig*, in: v. Münch/Kunig (Hrsg.), GG, Art. 2 Rn. 76; *H. Schulze-Fielitz*, in: Dreier (Hrsg.), GG, Art. 2 II Rn. 65; anders *B. Pieroth/B. Schlink* ebd., Rn. 414f.; *A. Podlech* ebd., krit. auch *D. Murswiek* ebd., Rn. 231f., der zwar auf einen logischen Bruch in der h. M. hinweist, staatliches Handeln aber im Anschluß an *C. Gusy*, NJW 1992, S. 457 (459f.), nur dann an Art. 2 Abs. 2 S. 2 GG messen will, wenn die Einschränkung der Freiheit zur Fortbewegung bezweckt und nicht lediglich eine notwendig eintretende oder in Kauf genommene Nebenfolge eines anderen »Primärzwecks« ist; indes ist eine Einschränkung der grundrechtlich geschützten Freiheit niemals Selbst- und damit Primärzweck einer freiheitsbeeinträchtigenden Maßnahme, insoweit krit. auch *H. Schulze-Fielitz* ebd.

[132] Begriff von *G. Hermes*, Schutz, S. 17.

[133] BVerfGE 51, 324 (346); ebenso BVerfGE 66, 39 (58); BVerfG (1. Kammer des Ersten Senats), NJW 1997, S. 2509.

[134] BVerfGE 49, 89 (141).

[135] BVerfGE 51, 324 (347) – Hervorhebung im Original; ebenso BVerfGE 52, 214 (220f.);

men,[136] weil umweltvermittelte Gefahren aus einer mit Zwangswirkung ausgestatteten – und häufig auch durch Ausweichen nicht ohne weiteres vermeidbaren – Einwirkung auf den Betroffenen resultieren und deshalb unabhängig von einer konkreten beeinträchtigenden Wirkung eine Fremdbestimmung in eigenen Angelegenheiten bewirken, die thematisch Art. 2 Abs. 2 S. 1 GG zuzuordnen ist.

Unter Zugrundelegung dieses Ausgangspunktes wird eine »grundrechtsrelevante Gefährdungslage« aber nicht nur dann anzunehmen sein, wenn die Möglichkeit einer Beeinträchtigung der körperlichen Unversehrtheit (oder gar des Lebens) deshalb sicher feststeht, weil beeinträchtigende Folgen umweltvermittelter Einwirkungen hinreichend erforscht sind oder jedenfalls ein statistisch signifikanter Zusammenhang mit bestimmten Krankheitsbildern nachgewiesen werden konnte. Ein Schutz aus Art. 2 Abs. 2 GG vor einer Beeinträchtigung des Lebens oder der körperlichen Unversehrtheit ist vielmehr schon dann in Betracht zu ziehen, wenn tatsächliche Anhaltspunkte für das Vorliegen einer solchen Sachlage existieren und der Betroffene damit dem Risiko[137] des tatsächlichen Bestehens einer rechtsgutsgefährdenden Situation ausgesetzt wird, denn auch in diesem Fall unterliegt ein Grundrechtsträger der Fremdbestimmung, weil er sich ohne seinen Willen dem »Risiko der Risikosteigerung« unterworfen sieht. Auch ist daran zu erinnern, daß es sich angesichts der Begrenztheit menschlicher Erkenntnismöglichkeiten bei dem jeweiligen Wissensstand vielfach nur um »Annäherungswissen« handelt, »das nicht volle Gewißheit vermittelt, sondern durch jede neue Erfahrung korrigierbar ist und sich insofern immer nur auf dem neuesten Stand unwiderlegten möglichen Irrtums befindet«.[138] Daß die Existenz eines Risikos oder einer Gefahr (noch) nicht sicher verifizierbar oder falsifizierbar ist, läßt deshalb für sich genommen nicht den Schluß zu, das (gleichsam »gestaffelte«) Risiko einer Gefährdung grundrechtlich (potentiell) geschützter Positionen sei grundrecht-

BVerfGE 66, 39 (58); BVerfG (1. Kammer des Ersten Senats), NJW 1997, S. 2509.

[136] Dem BVerfG in der Sache folgend auch *D. Murswiek*, in: Sachs (Hrsg.), GG, Art. 2 Rn. 160f., 175ff.; *ders.*, Verantwortung, S. 127ff.; zust. ferner *H. Schulze-Fielitz*, in: Dreier (Hrsg.), GG, Art. 2 II Rn. 27; daß es »geradezu ein Wesensmerkmal der Schutzpflicht« ist, vor Gefahren zu schützen, die sich erst zu einem späteren Zeitpunkt realisieren, betont *M. Möstl*, DÖV 1998, S. 1029 (1033); vgl. ferner *A. Faber*, DVBl. 1998, S. 745 (747); *J. Isensee*, in: Isensee/Kirchhof (Hrsg.), HbStR, § 111 Rn. 106; *G. Hermes*, Schutz, S. 227f.

[137] Der Begriff des »Risikos« wird verschiedentlich zur Beschreibung von Ungewißheitslagen verwendet, in denen die Möglichkeit eines schädigenden Kausalverlaufs besteht, ohne daß die (polizeirechtliche) »Gefahrenschwelle« überschritten ist, vgl. *J. Ipsen*, VVDStRL 48 (1990), S. 177 (186f.) m.w.N.; *R. Breuer*, NVwZ 1990, S. 211 (213); vgl. dazu auch *U. Di Fabio*, Risikoentscheidungen, S. 106f.; ohne daß an dieser Stelle zu sprachlichen und sachlichen Unterschieden sowie (denkbaren) Überschneidungen zwischen »Risiko« und »Gefahr« Stellung zu nehmen wäre, sei daher hervorgehoben, daß der Begriff des Risikos im vorliegenden Zusammenhang nur Sachverhalte kennzeichnen soll, in denen schon die Möglichkeit eines Schadenseintritts ungewiß ist; ähnl. *H. Hofmann*, Entsorgung, S. 337.

[138] BVerfGE 49, 89 (143).

lich irrelevant und gehe deshalb aus grundrechtlicher Sicht ausschließlich zu Lasten des Betroffenen.[139]

Demgegenüber hat das Bundesverfassungsgericht mit Blick auf die umstrittenen »athermischen« Wirkungen elektromagnetischer Felder[140] in einem Kammerbeschluß ausgeführt, es sei »verfassungsrechtlich nicht zu beanstanden«, wenn ein Zivilgericht im Rahmen der Auslegung und Anwendung des § 906 Abs. 1 BGB »bestrittene und noch nicht gesicherte Erkenntnisse« über beeinträchtigende Wirkungen einer Immission außer Betracht läßt: Die staatliche Schutzpflicht für die körperliche Unversehrtheit verlange von den Gerichten nicht, »daß sie nicht verifizierte und teils widersprüchliche Befunde bestätigen und so mit den Mitteln des Prozeßrechts ungesicherten wissenschaftlichen Erkenntnissen zur Durchsetzung verhelfen«.[141] Diese auf den ersten Blick plausible Position erweist sich bei näherem Hinsehen als unzutreffend: Kann eine Gefährdung der körperlichen Unversehrtheit eines Grundrechtsträgers durch bestimmte Einwirkungen nach dem gegenwärtigen Kenntnisstand nicht von vornherein ausgeschlossen werden, so ist es nur dann objektiv gerechtfertigt, diesen »Gefahrenverdacht« als »ungesichert« außer Betracht zu lassen, wenn eine Gefahr in Wirklichkeit nicht besteht. Auch mit der Nichtberücksichtigung einer solchen Sachlage entspricht der Richter folglich einer der nach dem (natur-) wissenschaftlichen Stand der Erkenntnis möglichen Positionen. Wenn es nicht Aufgabe des Richters ist, zu naturwissenschaftlichen Kontroversen Stellung zu nehmen, wird mithin keine von mehreren möglichen Sachlagen von vornherein auszuschließen und damit auch die Möglichkeit einer Gefährdung der körperlichen Unversehrtheit in Rechnung zu stellen sein, so daß diese Möglichkeit auch nicht von vornherein als irrelevant anzusehen ist.[142]

---

[139] So aber *U. Di Fabio*, DÖV 1995, S. 1 (9), der bei »ungewissen Risikolagen« allein eine »Beobachtungs- und Nachfassungspflicht« des Gesetzgebers anerkennt; zu den lange Zeit umstrittenen Gefahren des Passivrauchens vgl. *A. Faber*, DVBl. 1998, S. 745 (748f.), mit Hinweisen auf die einschlägige Rechtsprechung.

[140] Zu den diskutierten Wirkungen elektromagnetischer Felder vgl. nur *H. Kremser*, NVwZ 1995, S. 851 (852).

[141] BVerfG (1. Kammer des Ersten Senats), NJW 1997, S. 2509 (2510); auch im übrigen ist die Neigung festzustellen, die athermischen Wirkungen elektromagnetischer Felder wegen des Fehlens gesicherter Erkenntnisse über deren Vorhandensein sowie ihre Gefährlichkeit für unbeachtlich zu halten, so dezidiert OVG NW, NVwZ 1993, S. 1115 (1116); mit Blick auf das einfache Recht (§ 22 BImSchG bzw. baurechtliche Vorschriften) auch OVG NW, NVwZ 1993, S. 1116 (1117); Nds. OVG, NVwZ 1993, S. 1117 (1118f.); NVwZ 1994, S. 390; NVwZ 1995, S. 917 (918f.); HessVGH, ZUR 1995, S. 205 (207f., vgl. aber auch ebd., S. 209); NVwZ 1995, S. 1010 (1014f.); SächsOVG, SächsVBl. 1998, S. 162 (163); *P. Szczekalla*, NdsVBl. 1997, S. 66 (69); tendenziell anders HessVGH, NVwZ 1993, S. 1119 (1120); vgl. auch BayVGH, NVwZ 1998, S. 419 (420f.); NVwZ 1993, S. 1121 (1122); HessVGH, NVwZ 1994, S. 391 (393ff.); BVerwG, NVwZ 1994, S. 1000 (1002); NVwZ 1996, S. 1023 (1024f.); *U. Gassner*, NVwZ 1993, S. 1045 (1048ff.).

[142] So auch in der Sache HessVGH, NVwZ 1993, S. 1119 (1120); vgl. auch BVerwG, NVwZ 1989, S. 1168, wo (zum Atomrecht) die Berücksichtigung aller »vertretbaren wissenschaftlichen Erkenntnisse« verlangt wird; eine Erforderlichkeit von Schutzvorkehrungen gegen athermische

Dies wiederum heißt nicht, daß mögliche Risiken für die Schutzgüter des Art. 2 Abs. 2 S. 1 GG unter Hinweis auf eine staatliche Schutz- oder Störungshinderungspflicht ohne weiteres abgewehrt werden könnten, zumal es oftmals keine endgültige Gewißheit über das Bestehen einer Gefahr wird geben können. Im Falle einer möglichen Gefährdung der körperlichen Unversehrtheit wie auch einer zweifelsfrei feststehenden Gefährdungslage kann es vielmehr nur darum gehen, die Grundrechte des Gefährdeten aus Art. 2 Abs. 2 GG in eine Abwägung einzustellen, die neben dem hohen Rang von Leben und körperlicher Unversehrtheit auch etwaige öffentliche Interessen an der Realisierung eines möglicherweise gesundheitsgefährdenden oder -beeinträchtigenden Vorhabens und/oder die Grundrechte eines privaten Vorhabenträgers berücksichtigt.[143] Ob dem Betroffenen ein (mögliches) Risiko nicht mehr zugemutet werden kann, wird dabei in Übereinstimmung mit dem allgemeinen Gefahrenabwehrrecht von der Wahrscheinlichkeit eines Schadenseintritts (bzw. des Bestehens eines Schadensrisikos)[144] im Einzelfall sowie der Größe des drohenden Schadens abhängig zu machen sein. An die Wahrscheinlichkeit der Risikorealisierung sind um so geringere Anforderungen zu stellen, je gewichtiger das gefährdete Rechtsgut und je größer der ihnen drohende Schaden ist.[145] So ist das geringe Risiko einer geringfügigen und vorübergehenden Beeinträchtigung von jedermann als sozialadäquat hinzunehmen, während die Möglichkeit einer schweren und dauerhaften Schädigung das Maß des Zumutbaren regelmäßig übersteigen wird. Auch hat der Staat in Anbetracht der Begrenztheit menschlichen Erkenntnisvermögens das Erforderliche jedenfalls dann getan, wenn er Vorkehrungen schafft, die eine Beeinträchtigung von Leben und körperlicher Unversehrtheit durch »umweltvermittelte« Einwirkungen nach Lage der Dinge als ausgeschlossen erscheinen lassen;[146] insofern mag von einem hinzunehmenden »Restrisiko«[147] gesprochen werden können.[148]

Effekte elektromagnetischer Felder wird unter einseitiger Betonung der Betreibergrundrechte aber verneint von *H. Kremser*, JZ 1997, S. 898 (900).

[143] So HessVGH, NVwZ 1995, S. 1010 (1015f.); ZUR 1995, S. 205 (209); vgl. ferner *U. Di Fabio*, DÖV 1995, S. 1 (8); allg. zum »Handeln unter Ungewißheitsbedingungen« auch *R. Wahl/J. Masing*, JZ 1990, S. 553 (560f.), die für das Instrument des »Moratoriumsgesetzes« plädieren (ebd., S. 561).

[144] Daß die Grenzen zwischen »Risiko« und »Gefahr« fließend sind, weil es jeweils auf »Schadensausmaß und Schadenswahrscheinlichkeit« ankommt, betont *J. Ipsen*, VVDStRL 48 (1990), S. 177 (187).

[145] Vgl. *D. Murswiek*, in: Sachs (Hrsg.), GG, Art. 2 Rn. 179; *M. Schmidt-Preuß*, Kollidierende Privatinteressen, S. 57 (mit Fn. 124).

[146] Vgl. BVerfGE 49, 89 (143); ferner *J. Ipsen*, VVDStRL 48 (1990), S. 177 (187f.).

[147] Vgl. *U. Di Fabio*, DÖV 1995, S. 1 (6); *P. Szczekalla*, NdsVBl. 1997, S. 66 (69).

[148] Für die Festsetzung von (Strahlungs-) Grenzwerten bedeutet dies, daß der Staat sich auf die von Fachwissenschaftlern im allgemeinen als zur Abwendung von Gesundheitsgefahren für ausreichend erachteten Vorkehrungen beschränken darf, auch wenn einzelne Wissenschaftler schärfere Grenzwerte empfehlen; vgl. BVerwG, NVwZ 1996, S. 1023 (1024f.); zuvor auch schon BayVGH, NVwZ 1993, S. 1121 (1122); s. ferner Nds. OVG, NVwZ 1993, S. 1117 (1118); NVwZ

2. Der Grundrechtsschutz des Eigentums

Einige Probleme bereitet des weiteren der Grundrechtsschutz des Nachbarn aus Art. 14 GG, weil diese für einen grundrechtlich vermittelten Nachbarschutz praktisch bedeutsamste Grundrechtsnorm die auch vom Bundesverwaltungsgericht in seiner neueren Rechtsprechung – wie erwähnt[149] – betonte Besonderheit aufweist, daß der Gesetzgeber durch Art. 14 Abs. 1 S. 2 GG ermächtigt wird, nicht nur die Schranken des Grundrechts, sondern auch dessen Inhalt zu bestimmen. Nach verbreiteter Auffassung ist dies auch folgerichtig, weil das »Eigentum« als Schutzgut des Art. 14 GG in besonderem Maße normgeprägt sei[150] und deshalb »normativ geschaffen« werden müsse,[151] ohne gesetzgeberisches Tätigwerden gar nicht denkbar sei.[152] Eigentum als Zuordnung eines Rechtsgutes an einen Rechtsträger bedürfe, um im Rechtsleben praktikabel zu sein, notwendigerweise der rechtlichen Ausformung.[153] Von hier aus ist es nur ein kleiner Schritt, dem Gesetzgeber die Definitionsmacht im Hinblick auf den Schutzgegenstand der Eigentumsgewährleistung einzuräumen: Der Inhalt des Eigentumsgewährleistung des Art. 14 Abs. 1 S. 1 GG ergibt sich danach aus der Summe der in einem bestimmten Zeitpunkt geltenden, die Eigentümerstellung regelnden gesetzlichen Vorschriften.[154] Privat- und öffentlich-rechtliche Beschränkungen der auf einen Vermö-

---

1995, S. 917 (918f.); BayVGH, NVwZ 1995, S. 919 (920f.); HessVGH, ZUR 1995, S. 205 (209f.); *H. Kremser*, NVwZ 1995, S. 851 (854).

[149] Vgl. oben, S. 315f.

[150] *B. Pieroth/B. Schlink*, Grundrechte, Rn. 894.

[151] *J. Wieland*, in: Dreier (Hrsg.), GG, Art. 14 Rn. 21.

[152] *B.-O. Bryde*, in: v. Münch/Kunig (Hrsg.), GG, Art. 14 Rn. 50; vgl. ferner *G. Abel*, Einrichtungsgarantien, S. 73; *H. Bethge*, VVDStRL 57 (1998), S. 7 (30); *C. Bönker*, DVBl. 1994, S. 506 (509); *R. Breuer*, Bodennutzung, S. 19; *ders.*, DVBl. 1983, S. 431 (436); *ders.*, DVBl. 1986, S. 849 (854); *O. Depenheuer*, in: v. Mangoldt/Klein/Starck, GG, Art. 14 Rn. 29f., 113; *H.P. Ipsen*, VVDStRL 10 (1952), S. 74 (84f.); *J. Ipsen*, Grundrechte, Rn. 697; *O. Kimminich*, in: BK, Art. 14 Rnr. 133; *P. Lerche*, Übermaß, S. 107, 140f.; *G. Lübbe-Wolff*, Eingriffsabwehrrechte, S. 62, 193; *H.-W. Rengeling*, AöR 105 (1980), S. 423 (434); *G. Schwerdtfeger*, Eigentumsgarantie, S. 13; *ders.*, NVwZ 1982, S. 5 (8); *R. Wahl*, NVwZ 1984, S. 401 (405); *R. Wendt*, Eigentum, S. 148.

[153] BVerfGE 58, 300 (330); 79, 29 (40); vgl. auch BVerfGE 21, 351 (355).

[154] So BVerfGE 58, 300 (336); vgl. auch BVerfGE 53, 257 (292); 58, 81 (109f.); 72, 9 (22); 74, 129 (148); 74, 203 (214); 75, 78 (97); 76, 220 (238); 91, 294 (308); 95, 64 (82f.); ähnl. auch schon BVerfGE 20, 351 (355f.); 24, 367 (396); 37, 132 (141); s. ferner BVerwGE 101, 364 (373); 106, 228 (234); aus der Literatur *C. Bönker*, DVBl. 1994, S. 506 (509f.); *S. Broß*, DÖV 1978, S. 283 (284f.); *B.-O. Bryde*, in: v. Münch/Kunig (Hrsg.), GG, Art. 14 Rn. 50; *J. Dietlein*, Schutzpflichten, S. 49; *H.D. Jarass*, in: Jarass/Pieroth, GG, Art. 14 Rn. 14; *R. Lutz*, Eigentumsschutz, S. 132f., 138f.; *D. Mampel*, NJW 1999, S. 975 (975, 977); *H.-J. Papier*, in: Maunz/Dürig, GG, Art. 14 Rn. 300; *ders.*, JuS 1989, S. 630 (632); *B. Pieroth/B. Schlink*, Grundrechte, Rn. 899; *H. Rittstieg*, in: AK, Art. 14/15 Rn. 48; *W. Thiele*, DÖV 1979, S. 236 (239); *R. Wahl*, NVwZ 1984, S. 401 (404); *R. Wendt*, Eigentum, S. 34, 63, 148f.; *J. Wieland*, in: Dreier (Hrsg.), GG, Art. 14 Rn. 21, 30; krit. *O. Depenheuer*, in: v. Mangoldt/Klein/Starck, GG, Art. 14 Rn. 35ff., 42ff., der (ebd., Rn. 32ff., 46ff.) überlieferten Vorstellungen vom Inhalt des Eigentums einige auch den Gesetzgeber bindende »Prägestrukturen« (ebd., Rn. 33) entnehmen will; damit wird letztlich die (unstreitige) Existenz von das »Ver-

genswert bezogenen Verhaltensmöglichkeiten – etwa die Bebaubarkeit eines Grundstücks – erscheinen danach nicht als von außen kommende Begrenzungen des Eigentums, sondern als Bestandteile der Eigentumsdefinition.

Wird eine solche verfassungsrechtliche Ausgangslage zugrunde gelegt, so ergeben sich eine Reihe von Weiterungen, die sowohl den abwehrrechtlichen Grundrechtsschutz eines Maßnahmeadressaten gegen Beeinträchtigungen seiner vermögenswerten (Rechts-) Positionen als auch einen – wie auch immer konstruierten – Drittschutz aus Art. 14 Abs. 1 GG betreffen. So liegt dieses Verständnis der grundgesetzlichen Eigentumsgewährleistung auch der oben skizzierten Position von *G. Schwerdtfeger* zugrunde, derzufolge sich eine staatliche Schutzpflicht zugunsten Dritter nur auf die in der Verfassung selbst konstituierten Grundaspekte des Eigentums erstrecken soll, weil der Verfassungsgeber nicht unbesehen alles antizipiert haben könne, was der Gesetzgeber als Einzelinhalt des Eigentums bestimme.[155] Auf Basis der These von der Erforderlichkeit einer einfach-gesetzlichen Ausformung und Konturierung der als »Eigentum« (auch) verfassungsrechtlich geschützten Rechtspositionen muß ein solches Ergebnis aber auch unabhängig von einer Anknüpfung an staatliche Schutzpflichten als zwingend erscheinen. Zwar hat das Bundesverfassungsgericht in einer – weitgehend unbemerkt gebliebenen – Entscheidung aus dem Jahre 1973 mehr am Rande und ohne nähere Begründung festgestellt, daß sich auch die Nachbarn eines Bauherrn unter Berufung auf Art. 14 Abs. 1 S. 1 GG gegen unrechtmäßige Einwirkungen auf ihre Grundstücke wehren könnten.[156] Wenn eigentumsbezogene Belange und Interessen eines Sacheigentümers nur im Falle ihrer einfach-gesetzlichen Anerkennung auch Grundrechtsschutz genießen, liegt indes der Schluß nahe, daß ein grundrechtlicher Schutz Drittbetroffener nicht weiter reichen kann, als das einfache Recht zuläßt. Zum Zwecke der Realisierung eines »Nichtstörungsinteresses« könnte die Eigentumsgarantie folglich nur in dem so bezeichneten Rahmen aktiviert werden.

Der Annahme eines Grundrechtsschutzes des Nachbarn aus Art. 14 Abs. 1 GG ist demgemäß entgegengehalten worden, weil der Begriff »Eigentum« ausweislich der »Naßauskiesungs«-Entscheidung des Bundesverfassungsgerichts nur alles das umfasse, »was das einfache Recht zu einem bestimmten Zeitpunkt als Eigentum definiert«,[157] könne die Vorschrift nicht davor schützen, daß schädigende Eingriffe in das Eigentum eines Drittbetroffenen durch einfach-gesetzliche Regelungen für rechtmäßig erklärt werden: Die Befugnis des Eigentümers, mit seiner Sache nach Belieben verfahren und jeden anderen von der Nutzung ausschließen zu können (§ 903 BGB), werde durch die übrigen Regelungen der Rechtsordnung

---

fassungseigentum« kennzeichnenden Merkmalen an die gesetzgeberische (Eigentums-) Gestaltungsmacht rückgekoppelt und für dessen Begrenzung fruchtbar gemacht.

[155] *G. Schwerdtfeger*, NVwZ 1982, S. 5 (8).

[156] BVerfGE 35, 263 (276f.).

[157] Vgl. BVerfGE 58, 300 (336).

»modifiziert bzw. näher ausgestaltet«. Hieraus folge, daß dem Eigentümer eine »verfassungsrechtlich abgesicherte Eigentumsposition« nicht zustehe, wenn er Beeinträchtigungen des Eigentums »zu ›dulden‹ rechtlich verpflichtet« sei.[158] Wenn drittschützende Normen des öffentlichen Rechts in zulässiger Weise Inhalt und Schranken des Eigentums auch des Nachbarn bestimmten, müsse dieser ein nur objektiv rechtswidriges Vorhaben auf dem Grundstück des Beeinträchtigenden hinnehmen.[159] Von »einer grundrechtsspezifischen Beeinträchtigung durch staatliches Handeln und damit von einem staatlichen Grundrechtseingriff« könne daher nicht gesprochen werden, wenn beispielsweise ein Waldeigentümer zur Duldung waldschädigender Emissionen verpflichtet werde.[160]

Diese Sichtweise findet sich ferner in der neueren Rechtsprechung des Bundesverwaltungsgerichts zum Nachbarschutz im Baurecht, denn die vom Vierten Senat nunmehr verfochtene Ablehnung von Abwehransprüchen gegen Drittbeeinträchtigungen unmittelbar aus Art. 14 GG ist ebenso wie die Ablehnung eines unter dem Gesichtspunkt des »aktiven« Bestandsschutzes unmittelbar aus Art. 14 Abs. 1 GG fließenden Anspruchs auf Erteilung einer Baugenehmigung auch unter Hinweis darauf erfolgt, daß der Gesetzgeber den näheren Inhalt einer sozialgerechten Eigentumsordnung gem. Art. 14 Abs. 1 S. 2 GG erst zu konkretisieren habe.[161]

Damit zieht auch das Bundesverwaltungsgericht Konsequenzen aus der verbreiteten Ansicht, der Inhalt des Verfassungseigentums ergebe sich erst aus dem einfachen Recht: Wird angenommen, daß es eine originäre Aufgabe des Gesetzgebers ist, mit der Festlegung konkreter Rechtspositionen eines Sacheigentümers letztverbindlich über den Schutzgut-Tatbestand des Art. 14 Abs. 1 GG zu entscheiden, so kommt im Falle des Fehlens einer zur Störungsabwehr berechtigenden Norm des einfachen Rechts auch ein grundrechtlicher Schutz des Eigentums eines Nachbarn nicht in Betracht.[162] Etwas anderes könnte allenfalls dann gelten, wenn der Gesetzgeber unmittelbar aus dem Grundgesetz – beispielsweise der »Institutsgarantie« des Eigentums – herzuleitenden Mindestanforderungen nicht genügt hat. Grundsätzlich besäße ein betroffener Dritter aber keine verfassungsrechtliche Rechtsposition, aus der ein subjektives Recht auf Schutz seines »Nicht-

---

[158] *J. Dietlein*, Schutzpflichten, S. 49; ähnl. auch schon *S. Broß*, DÖV 1978, S. 283 (285); *W. Thiele*, DÖV 1979, S. 236 (239f.); vgl. ferner *C. Bönker*, DVBl. 1994, S. 506 (510); *R. Breuer*, DVBl. 1986, S. 849 (858); *D. Ehlers*, VVDStRL 51 (1992), S. 211 (222); *E. Eyermann*, BayVBl. 1974, S. 237 (241f.); *O. Schlichter*, NVwZ 1983, S. 641 (642); *R. Wahl*, in: FS K. Redeker, S. 245 (255f.); anders *W.-R. Schenke*, NuR 1983, S. 81 (88).

[159] So *K.-M. Ortloff*, in: Finkelnburg/Ortloff, Öffentliches Baurecht, Bd. II, S. 244.

[160] *J. Dietlein*, Schutzpflichten, S. 50.

[161] Vgl. oben, S. 314ff.

[162] Anders *W.-R. Schenke*, NuR 1983, S. 81 (88), der einen »Eingriff in den Schutzbereich des Art. 14 GG« im Anschluß an die ältere Rechtsprechung des Bundesverwaltungsgerichts auch im Falle des Fehlens einer nachbarschützenden Norm des einfachen Rechts für möglich hält und sich dagegen wendet, die »verfassungsrechtliche Eigentumsgarantie ... zu einem Verfassungsschutz nach Maßgabe des einfachen Gesetzes« herabzustufen (ebd., S. 87).

störungsinteresses« resultieren könnte.[163] Entsprechendes gilt für den umgekehrten Fall: Auch die Anordnung der Unzulässigkeit einer (potentiell) störenden Nutzung des (Grund-) Eigentums kann nicht ohne weiteres als Beeinträchtigung der (Eigentums-) Freiheit des Betroffenen angesehen werden, wenn die Eigentümerbefugnisse von vornherein nur so weit reichen, wie der Gesetzgeber es vorsieht.

Schon in Anbetracht dieser Konsequenzen des herrschenden Verständnisses der grundgesetzlichen Eigentumsgewährleistung muß indes die Frage gestellt werden, ob der in Art. 14 Abs. 1 S. 2 GG zweifelsfrei normierte Auftrag zur gesetzgeberischen Ausgestaltung der Eigentumsordnung tatsächlich die Konsequenz haben kann, daß »die Grundrechtsnorm (Art. 14 GG) die Wertungen des Gesetzgebers und nicht umgekehrt der Gesetzgeber die der Verfassung übernimmt«,[164] denn wenn dies der Fall wäre, könnte Art. 14 Abs. 1 GG die ihm zugewiesene Funktion eines Grundrechts nicht oder jedenfalls nur noch eingeschränkt erfüllen. Als Teil des objektiven Verfassungsrechts haben Grundrechte auch die Funktion, das Handeln des Gesetzgebers zu steuern und gesetzlich angeordnete oder geregelte Freiheitseinschränkungen zu verhindern, die nach Maßgabe der Wertungen in den Einzelgrundrechten unverhältnismäßig sind.[165] Zugleich ist der einzelne wegen der subjektiv-rechtlichen Verbürgung der Grundrechte in der Lage, die Schaffung und Anwendung danach nicht zulässiger Regelungen abzuwehren. Soweit aber die Entscheidung über Inhalt und Reichweite des Grundrechtsschutzes allein in die Hand des Gesetzgebers gelegt wird, vermag das Grundrecht die Auflösung des Spannungsverhältnisses zwischen Individual- und Gemeininteresse nicht mehr zu steuern.[166] Folgerichtig laufen die Grundrechte auch als subjektive Rechte leer. Dem herrschenden Verständnis des Art. 14 Abs. 1 GG ist daher entgegengehalten worden, daß »eine verfassungsrechtliche Gewährleistung eines solchermaßen staatsabhängigen Lebensbereichs *durch ein individuelles Abwehrrecht* zum Schutz vor staatlichen Maßnahmen ... nur wenig Sinn« mache, weil sich gesetzgeberische Aktivitäten mit Eigentumsbezug nur anhand der »hier ... primär wirkenden Institutsgarantie« einem »verfassungseigentumsrechtlichen Maßstab« unterwerfen ließen und Rechtsprechung sowie Verwaltung ohnehin gem. Art. 20 Abs. 3 GG an die gesetzliche Eigentumsordnung gebunden seien.[167]

Dieser Befund läßt sich auch anhand der Gründe illustrieren, die das Bundesverfassungsgericht in seinem »Apotheken«-Urteil aus dem Jahre 1958 bewogen

---

163 So dezidiert *J. Dietlein*, Schutzpflichten, S. 79.

164 *J. Eschenbach*, Schutz des Eigentums, S. 547; Kritik in diese Richtung auch schon bei *G. Dürig*, ZStW 109 (1953), S. 326 (331 f.).

165 Vgl. *F. Ossenbühl*, NJW 1976, S. 2100 f.

166 Vgl. *O. Depenheuer*, in: v. Mangoldt/Klein/Starck, GG, Art. 14 Rn. 43: »Der Gesetzgeber stünde nicht unter, sondern würde Herr der Verfassung«.

167 *J. Eschenbach*, Schutz des Eigentums, S. 557.

haben, die in Art. 12 Abs. 1 S. 2 GG ausgesprochene Regelungsbefugnis des Gesetzgebers[168] nicht im Sinne einer gesetzgeberischen Befugnis zur Entscheidung über den Schutzgut-Tatbestand des Grundrechts der Berufsfreiheit zu interpretieren.[169] Das Gericht stellt fest, die Verwendung des Begriffs »regeln« könne nicht bedeuten, daß der »Gesetzgeber den Inhalt des Grundrechts erst konstitutiv bestimmen dürfe«, denn bei »solcher Auffassung würde das Grundrecht entwertet, indem sein Gehalt ganz dem Ermessen des Gesetzgebers überantwortet würde, der doch seinerseits an das Grundrecht gebunden ist (Art. 1 Abs. 3 GG)«.[170] Überdies stünde eine solche Auslegung mit der »Gesamttendenz des Grundrechtsabschnitts in Widerspruch«, der »›leerlaufende‹ Grundrechte im früheren Sinne« nicht mehr kenne.[171] Nicht der Gesetzgeber bestimme »frei den Inhalt des Grundrechts, sondern umgekehrt kann sich aus dem Gehalt des Grundrechts eine inhaltliche Begrenzung seines Gesetzgebungsermessen ergeben«.[172] Ebensowenig ist zu erkennen, welchen Zweck ein subjektives (Abwehr-) Recht aus Art. 14 Abs. 1 GG haben soll, das nach Inhalt und Umfang nicht weiter reichen kann, als einfach-gesetzlich vorgesehene Rechtspositionen des Grundrechtsträgers. Daß die in Art. 14 Abs. 1 GG verankerte Befugnis des Gesetzgebers zur Bestimmung von Inhalt und Schranken des Eigentums sich ebenso schon in Art. 153 WRV fand, ist kein hinreichender Grund, dem Begriff des »Verfassungseigentums« die Funktion eines Abwehrrechts in weitem Umfang zu nehmen und damit die uneingeschränkte Geltung des Art. 1 Abs. 3 GG jedenfalls für den Anwendungsbereich des Art. 14 Abs. 1 GG aufzuheben.

Dementsprechend haben Literatur und Rechtsprechung auf verschiedenen Wegen versucht, der Eigentumsgewährleistung des Grundgesetzes auch auf Basis der These von der »Normgeprägtheit« des Verfassungseigentums einen eigenständigen Gehalt zu entnehmen: Obgleich die konkrete Gestalt des Verfassungseigentums danach ein Produkt der Rechtsordnung ist, werden Art. 14 GG Vorgaben entnommen, an die der Gesetzgeber bei Inanspruchnahme seiner unstreitigen Befugnis zur Ausgestaltung der einfach-gesetzlichen Eigentumsordnung gebunden sein soll. So kommt zunächst einer Garantie des Eigentums als Rechtsinstitut (»Institutsgarantie«) einige Bedeutung zu. Das Bundesverfassungsgericht betont,

---

[168] Gegen eine Unterscheidung zwischen Eingriffs- und Regelungsvorbehalt auch *U. Ramsauer*, DVBl. 1980, S. 539.

[169] Für eine solche Deutung des Art. 12 Abs. 1 unter Anlehnung an Art. 14 Abs. 1 GG zuvor insbes. *H.P. Ipsen*, DVBl. 1956, S. 358 (360): Es handele sich bei diesen Vorschriften um »Ermächtigungen an den gestaltenden Gesetzgeber, seinerseits zu regeln (zu bestimmen), was das ... Freiheitsrecht inhaltlich überhaupt hergibt«; vgl. auch schon *ders.*, VVDStRL 10 (1952), S. 74 (84); ferner *U. Scheuner*, DVBl. 1956, S. 65 (68); *ders.*, DVBl. 1958, S. 845 (848); ebenso *P. Lerche*, Übermaß, S. 107ff., nach dessen Auffassung Art. 12 Abs. 1 S. 2 GG wie auch Art. 14 Abs. 1 S. 2 GG an den Gesetzgeber gerichtete Ermächtigungen enthalten, den »Grundrechtsbereich« durch »unmittelbar grundrechtsprägende Normen« erst aufzubauen.

[170] BVerfGE 7, 377 (403); krit. dazu *P. Lerche*, Übermaß, S. 108 (in Fn. 42).

[171] BVerfGE 7, 377 (403f.).

[172] BVerfGE 7, 377 (404).

der Gesetzgeber müsse bei Inanspruchnahme seiner Regelungsbefugnis aus Art. 14 Abs. 1 S. 2 GG »die grundlegende Wertentscheidung des Gesetzgebers zugunsten des Privateigentums beachten, sich aber auch mit allen übrigen Verfassungsnormen in Einklang halten«.[173] Die Gewährleistung des Eigentums als Rechtsinstitut verbiete, daß solche Sachbereiche der (Privat-) Rechtsordnung entzogen werden, »die zum elementaren Bestand grundrechtlich geschützter Betätigung im vermögensrechtlichen Bereich gehören«, und damit der durch Art. 14 GG gesicherte Freiheitsbereich aufgehoben oder wesentlich geschmälert werde;[174] das Grundrecht aus Art. 14 Abs. 1 GG wäre nicht wirksam gewährleistet, »wenn der Gesetzgeber an die Stelle des Privateigentums etwas setzen könnte, was den Namen ›Eigentum‹ nicht mehr verdient.«[175]

Wird Art. 14 Abs. 1 GG mit dem Bundesverfassungsgericht eine solche Gewährleistung des Eigentums als Rechtsinstitut entnommen, so liegt nahe, aus dieser »Einrichtungsgarantie« in weitem Umfang auf Grenzen einer gesetzgeberischen Ausgestaltung des »Verfassungseigentums« zu schließen. Mit derartigen verfassungsrechtlichen Vorgaben könnte ein Ausgleich dafür geschaffen werden, daß Abwehransprüche aus Art. 14 Abs. 1 GG kaum eine eigenständige Bedeutung besitzen, wenn dessen Schutzgut-Tatbestand gerade als das Ergebnis gesetzgeberischer Ausgestaltung des »Verfassungseigentums« angesehen wird. Im Schrifttum sind aus dem Grundrechtsschutz des Eigentums als Rechtsinstitut denn auch recht weitreichende Folgerungen gezogen worden: So soll der Gesetzgeber verpflichtet sein, dem Bereich des »Verfassungseigentums« zuzuordnende Rechtspositionen in weitem Umfang zu schaffen und zu erhalten.[176] Auch wurde aus einem »Untermaßverbot der Institutsgarantie« eine Verpflichtung zur Schaffung drittschützender Normen des einfachen Rechts abgeleitet.[177] Demgegenüber ist der einschlägigen Rechtsprechung des Bundesverfassungsgerichts zu der – notwendig »überindividuellen«[178] – Garantie des Eigentums als Rechtsinstitut kaum mehr als ein – wenig konkreter – grundrechtlicher »Elementarschutz«[179] für besonders gelagerte Sachverhalte[180] zu entnehmen;[181] als »letzte Grenze« für den

---

[173] BVerfGE 21, 150 (155); vgl. auch BVerfGE 14, 263 (278); 18, 121 (132); 20, 350 (355f.); 24, 367 (389); 25, 112 (117).

[174] BVerfGE 24, 367 (389); 58, 300 (339); vgl. auch BVerfGE 26, 206 (222); 31, 229 (240); 50, 290 (339).

[175] BVerfGE 24, 367 (389), unter deutlicher Anlehnung an *M. Wolff*, in: FG W. Kahl (1923), Teil IV, S. 6.

[176] So *R. Wendt*, Eigentum, S. 194ff.; *ders.*, in: Sachs (Hrsg.), GG, Art. 14 Rn. 60ff.; vgl. auch *W. Weber*, in: Neumann/Nipperdey/Scheuner (Hrsg.), Die Grundrechte, Bd. 2, S. 331 (357ff.).

[177] *D. Ehlers*, VVDStRL 51 (1992), S. 211 (222f.); ähnl. *I. Kraft*, VerwArch 89 (1998), S. 264 (280).

[178] Vgl. *G. Schwerdtfeger*, NVwZ 1982, S. 5 (8).

[179] Selbst einen solchen Mindestschutz verneinend *J. Dietlein*, Schutzpflichten, S. 78f.

[180] Vgl. BVerfGE 42, 263 (295): Gewährleistung der »Substanz des Rechts«; ähnl. BVerfGE 50, 290 (341); 79, 174 (198); 87, 114 (139).

[181] *R. Wahl*, NVwZ 1984, S. 401 (406), warnt denn auch vor »einer falschen Erwartung über

Gesetzgeber hat dieser Gedanke bislang auch keine praktische Bedeutung erlangen können.[182]

Darüber hinaus läßt sich die weitere Frage stellen, ob für den in der Weimarer Zeit zum Zwecke der Begrenzung der Handlungsmöglichkeiten eines grundsätzlich nicht grundrechtsgebundenen Gesetzgebers[183] entwickelten Gedanken einer »Institutsgarantie« unter Geltung des Grundgesetzes auch im Hinblick auf Art. 14 Abs. 1 GG noch Raum ist.[184] Dies gilt um so mehr, als die in Art. 14 Abs. 1 S. 2 GG (unstreitig) ausgesprochene Verpflichtung des Gesetzgebers zur Ausgestaltung des Eigentums auf die Schaffung einer »sozialgerechten Eigentumsordnung«[185] und damit letztlich einen Ausgleich widerstreitender Interessen zielt,[186] denn schon dies zwingt zu der Konsequenz, daß die Eigentumsgewährleistung des Grundgesetzes dem Gesetzgeber äußerste Grenzen setzt, jenseits derer eine gesetzliche Regelung nicht mehr als zulässige Bestimmung von Inhalt und Schranken einer die Merkmale des (Verfassungs-) Eigentums erfüllenden Rechtsposition angesehen werden kann. Sind Grundrechte aber subjektive Rechte, so ist es nur ein kleiner Schritt, einer solchen (objektiven) Grenze gesetzgeberischer Sozialgestaltung ein (subjektives) Recht auf ihre Beachtung zu entnehmen. Folgerichtig ist auch nicht ausgeschlossen, ein Klagerecht gegen eine verfassungsrechtliche Grenzen überschreitende Fehlanwendung einfachen Rechts durch die Verwaltung unmittelbar auf Art. 14 Abs. 1 GG zu stützen. Dem entspricht im praktischen Ergebnis die oben[187] skizzierte Position von *G. Schwerdtfeger*, derzufolge bei Drittbeeinträchtigungen aufgrund der (freiheitsherstellenden) Gestattung von Bauvorhaben ein »verfassungsunmittelbare(r) Schutzanspruch des Dritten gegen die Baugenehmigungsbehörde« in Betracht kommt, wenn unmittelbar

---

die Funktion der Institutsgarantie«: Deren Aufgabe sei es nicht, »in nuce den vollen Gehalt einer konkreten oder der konkret bestehenden Eigentumsordnung zu erfassen«, sondern lasse »Raum für gehaltvolle Entscheidungen auf der Ebene des Gesetzesrechts«.

[182] Vgl. *J. Wieland*, in: Dreier (Hrsg.), GG, Art. 14 Rn. 117; *B. Pieroth/B. Schlink*, Grundrechte, Rn. 952.

[183] Vgl. *M. Wolff*, in: FG W. Kahl (1923), Teil IV, S. 6; dazu auch *J. Ipsen*, in: Recht und Wirtschaft, S. 129 (134f.).

[184] Ablehnend z.B. *B.-O. Bryde*, in: v. Münch/Kunig (Hrsg.), GG, Art. 14 Rn. 32; *J. Ipsen*, in: Recht und Wirtschaft, S. 129 (135f.); vgl. auch *ders.*, Grundrechte, Rn. 695; anders aber *R. Wendt*, Eigentum, S. 183ff.; *O. Kimminich*, in: BK, Art. 14 Rn. 119ff. (124); *H.-W. Rengeling*, AöR 105 (1980), S. 423 (430); gegen jede Verknüpfung der als Abwehrrechte konzipierten Grundrechte mit einer Institutsgarantie wendet sich *J. Eschenbach*, Schutz des Eigentums, S. 585ff.: Die Beibehaltung der Institutslehre führe zur Verschleierung des Umstands, daß »jede gesetzliche Regelung Reglementierung bedeute«, auch habe sich die historische Funktion der Einrichtungsgarantie erledigt (ebd., S. 586); generell krit. gegenüber einer »institutionellen Grundrechtstheorie« ferner *E.-W. Böckenförde*, NJW 1974, S. 1529 (1532f.; 1537); *G. Dürig*, in: Maunz/Dürig, Art. 1 Abs. III Rn. 98; *W. Höfling*, Offene Grundrechtinterpretation, S. 56ff.

[185] So BVerfGE 37, 132 (140); 52, 1 (29); 72, 66 (77); 79, 174 (198); 87, 114 (138); BVerwGE 88, 191 (194); 101, 364 (371).

[186] Vgl. BVerfGE 25, 111 (117f.); 37, 132 (140); 50, 290 (340); 52, 1 (29); 58, 137 (147); 68, 361 (368); 72, 66 (77f.); 79, 174 (198); 87, 114 (138); 91, 294 (308).

[187] Vgl. oben, S. 321f.

durch Art. 14 Abs. 1 S. 1 GG konstituierte »Grundaspekte des Dritteigentums« gefährdet werden.[188] Ein entsprechendes Ergebnis wäre aber auch auf Basis einer »abwehrrechtlichen Lösung« möglich, denn für die Konsequenzen dogmatischer Besonderheiten des Art. 14 Abs. 1 GG kommt es nicht darauf an, ob auf der Ebene des Einwirkungstatbestandes eine Pflicht des Staates zum Schutze eines Grundrechtsträgers vor Beeinträchtigungen durch andere Grundrechtsträger oder eine staatliche Verantwortlichkeit für das gestattete Verhalten eines Genehmigungsempfängers angenommen wird. Selbst wenn eine weitgehende Befugnis des Gesetzgebers zur Bestimmung des Inhalts des (Verfassungs-) Eigentums anerkannt wird, kann aus Art. 14 Abs. 1 GG folglich ein jedenfalls rudimentärer Grundrechtsschutz für Fälle eklatanter Fehlgewichtungen der Belange und Interessen eines Beteiligten abgeleitet werden, weil schon diese Norm eine Verpflichtung des Gesetzgebers zur Schaffung eines (auch) privatnützigen Eigentums begründet. Dies heißt zugleich, daß auch auf Basis des herrschenden Verständnisses der grundgesetzlichen Eigentumsgewährleistung nicht ausgeschlossen ist, einen Nachbarschutz aus Art. 14 GG in Übereinstimmung mit der früheren Judikatur des Bundesverwaltungsgerichts jedenfalls bei »schwer und unerträglich« wirkenden Drittbeeinträchtigungen zu bejahen.

Des weiteren hat das Bundesverfassungsgericht den Inhalt des Eigentums betreffende Vorschriften des einfachen Rechts auch einer Überprüfung am Maßstab des Verhältnismäßigkeitsprinzips unterworfen.[189] Ferner wurde Gesichtspunkten des Vertrauensschutzes zunehmend eine herausgehobene Bedeutung für die Entscheidung über die Verfassungsmäßigkeit der Entziehung einer nach bisherigem Recht entstandenen und bislang bestehenden Rechtsposition zugewiesen.[190] Zwar gebiete die Eigentumsgarantie nicht, »einmal ausgestaltete Rechtspositionen für alle Zukunft in ihrem Inhalt unangetastet zu lassen«,[191] so daß bislang bestehende Rechte vom Gesetzgeber umgestaltet und in Einzelfällen auch zur Gänze[192] beseitigt werden können. Erforderlich sei jedoch, daß der »Eingriff in die nach früherem Recht entstandenen Rechte ... durch Gründe des öffentlichen Interesses unter Berücksichtigung des Grundsatzes der Verhältnismäßigkeit gerechtfertigt« sei.[193] Zudem müßten die für den Eingriff sprechenden Gründe so schwerwiegend sein, »daß sie Vorrang haben vor dem Vertrauen des Bürgers auf den Fortbestand seines Rechts, das durch die Bestandsgarantie des Art. 14 Abs. 1

[188] *G. Schwerdtfeger*, NVwZ 1982, S. 5 (8).

[189] Vgl. BVerfGE 8, 71 (80); 18, 121 (132); 21, 150 (155); 42, 263 (295); 50, 290 (341); 52, 1 (29); 58, 137 (148); 70, 191 (200, 201f.); 72, 66 (78); 74, 203 (214); 76, 220 (238); 79, 29 (40f.); 79, 174 (198); 83, 201 (212); 87, 114 (138).

[190] Vgl. BVerfGE 31, 275 (293); 36, 281 (293); 58, 300 (351); 83, 201 (212).

[191] BVerfGE 83, 201 (212); vgl. ferner BVerfGE 31, 275 (285); 36, 281 (293); 42, 263 (294); 58, 300 (351); 70, 191 (201f.).

[192] Vgl. dazu BVerfGE 78, 58 (75).

[193] BVerfGE 83, 201 (212); vgl. ferner BVerfGE 31, 275 (289f.); 36, 281 (293); 71, 137 (144); 76, 220 (238); 79, 29 (46).

S. 1 GG gesichert wird«.[194] Insofern habe der rechtsstaatliche Grundsatz des Vertrauensschutzes für die vermögenswerten Güter im Eigentumsgrundrecht »eine eigene Ausprägung und verfassungsrechtliche Ordnung« erfahren.[195]

Folgt man dem skizzierten Konzept des Bundesverfassungsgerichts, so ergibt sich mithin, daß Art. 14 Abs. 1 GG über eine Art »Fundamentalschutz« vor einer verfassungswidrigen Ausgestaltung des Eigentums durch die Gewährleistung einer »Institutsgarantie« hinaus eine »Bestandsgarantie« zugunsten der Inhaber gesetzlich begründeter Rechte vermittelt, die aus der Bindung des Gesetzgebers an das Verhältnismäßigkeitsprinzip und Gesichtspunkte des Vertrauensschutzes resultiert.[196] Damit wird Art. 14 Abs. 1 S. 1 GG insoweit zu praktischer Wirksamkeit verholfen, als bislang bestehende Rechtspositionen nicht ohne weiteres beseitigt werden können. Auf Basis dieser Rechtsprechung kann folglich der Grundrechtsschutz des Eigentums zum Schutze auch der Nichtstörungsinteressen eines Dritten aktiviert werden, wenn bislang bestehende Rechtspositionen aus nachbarschützenden Vorschriften des einfachen Rechts eingeschränkt oder beseitigt werden;[197] auch dies relativiert die Konsequenzen der These, aus Art. 14 Abs. 1 GG könne schon wegen der besonderen Struktur dieses Grundrechts kein Schutz vor Drittbeeinträchtigungen resultieren.

Allerdings ist der Rechtsprechung des Bundesverfassungsgerichts zur Anwendung des Verhältnismäßigkeitsprinzips auf den Eigentumsinhalt bestimmende Vorschriften des einfachen Rechts mit der Erwägung widersprochen worden, wenn der Gesetzgeber als zur konstitutiven Bestimmung über den Inhalt des Verfassungseigentums berechtigt angesehen werde, gebe es »keinen plausiblen Bezugspunkt für die verfassungsrechtliche Überprüfung von Schrankennormen«, da sich der Inhalt des Eigentums »erklärtermaßen aus dem zur Prüfung anstehenden Gesetz *erst mit ergeben*« solle.[198] Insofern sei fraglich, woran die Verhältnismäßigkeit eines eigentumsgestaltenden Gesetzes zu messen sei; das Bundesverfassungsgericht habe sein Bekenntnis einerseits zu einem gesetzesabhängigen Eigentumsbegriff und andererseits einer Verhältnismäßigkeitsprüfung »bisher

[194] BVerfGE 83, 201 (212); ebenso BVerfGE 58, 300 (351); vgl. ferner BVerfGE 31, 275 (293); 36, 281 (293); 79, 29 (46).

[195] BVerfGE 36, 281 (293); 45, 142 (168); 53, 257 (309); 64, 87 (104); 58, 81 (120f.); 70, 101 (114); 71, 1 (11f.); 76, 220 (244f.).

[196] Vgl. hierzu auch *E.-W. Böckenförde*, NJW 1974, S. 1529 (1533), der – in einem allerdings etwas anderen Zusammenhang – die Auffassung vertritt, daß gerade die Anknüpfung an eine »institutionelle Freiheitsgewährleistung« wegen deren Angewiesensein auf eine »konkrete Ausformung der Freiheit in realen Ordnungen« die Tendenz »zur Unantastbarkeit vorhandener Besitzstände oder entstandener einfachgesetzlicher Regelungen« und damit der »Absicherung des jeweiligen status quo« birgt.

[197] Gegen die Annahme einer Inhalts- und Schrankenbestimmung durch gemeindliche Bebauungspläne wendet sich aber *H. Rittstieg*, in: AK, Art. 14/15 Rn. 151; zu Recht dezidiert anders *H.-J. Papier*, in: Maunz/Dürig, GG, Art. 14 Rn. 332; vgl. auch *D. Ehlers*, VVDStRL 51 (1992), S. 210 (224); *J. Wieland*, in: Dreier (Hrsg.), GG, Art. 14 Rn. 78.

[198] *R. Wendt*, Eigentum, S. 162 (Hervorhebung im Original).

nicht auf einen logischen Nenner gebracht«.[199] Dieser Kritik kann entgegengehalten werden, daß Rechtsetzung regelmäßig nicht im (rechts-) leeren Raum stattfindet und deshalb eine Beschränkung bislang bestehender – und damit von Art. 14 Abs. 1 GG geschützter – Eigentümerbefugnisse vorliegen kann, wenn der Gesetzgeber bei der Bestimmung von Inhalt und Schranken des Eigentums auf einen vorgefundenen Bestand einfach-gesetzlich konstituierter Berechtigungen einwirkt: Ergibt sich das Verfassungseigentum aus der Summe der zu einem bestimmten Zeitpunkt durch das einfache Recht anerkannten vermögenswerten Rechte, so erscheint folgerichtig, in einer befugniseinschränkenden Veränderung (»Abschmelzung«) derartiger Berechtigungen zugleich eine Beschränkung von (Eigentümer-) Befugnissen zu sehen, die dem Schutzgut-Tatbestand des Art. 14 Abs. 1 GG zugeordnet werden können; auch die Überprüfung einer den Schutzgut-Tatbestand des Art. 14 Abs. 1 GG konstituierenden Norm am Maßstab dieses Grundrechts ist danach widerspruchsfrei möglich. Dem entspricht die im Schrifttum anzutreffende Ansicht, aus der Maßgeblichkeit des zu einem bestimmten Zeitpunkt existierenden einfachen Rechts für den Begriff des Verfassungseigentums sei zu folgern, daß Änderungen der eigentumsprägenden Gesetze »zugleich Inhalt und Schranke bestimmen, dh zugleich den Schutzbereich definieren und Eingriffe darstellen können«: Auf den vor der Änderung existierenden Rechtszustand werde durch eine Neuregelung einschränkend eingewirkt, wenn diese den Umfang der Eigentümerbefugnisse schmälere. Nach der Änderung sei neu erworbenes Eigentum von vornherein durch das ändernde Gesetz definiert.[200] Kurz: Die Schrankenziehung für die Gegenwart ist eine Inhaltsbestimmung für die Zukunft.

Ist daher ohne weiteres denkbar, zwischen Inhalts- und Schrankenbestimmungen nach Maßgabe der »Wirkrichtung« staatlichen Handelns zu unterscheiden, so bedarf andererseits der Hervorhebung, daß sich die grundrechtliche Schutzwürdigkeit einer einfach-gesetzlich fixierten Rechtsposition gerade auf Basis der These von der gesetzgeberischen Befugnis zur Ausgestaltung des Verfassungseigentums nicht von selbst versteht.[201] Insbesondere ergibt sich eine solche Schutzwürdigkeit nicht schon aus der Anerkennung einer Rechtsposition durch die Rechtsordnung, denn die Normierung einer gesetzgeberischen Befugnis zur Bestimmung des Inhalts von »Eigentum« in Art. 14 Abs. 1 S. 2 GG zieht nur die Konsequenzen aus der Tatsache, daß Eigentum als Rechtsbegriff der Konturierung durch die Rechtsordnung bedarf, ohne daß hieraus sogleich auf eine erhöhte Dig-

[199] *B.-O. Bryde*, in: v. Münch/Kunig (Hrsg.), GG, Art. 14 Rn. 63; ähnl. *J. Wieland*, in: Dreier (Hrsg.), GG, Art. 14 Rn. 119; *H. Rittstieg*, in: AK, Art. 14/15 Rn. 167.

[200] So *B. Pieroth/B. Schlink*, Grundrechte, Rn. 899; vgl. auch *D. Ehlers*, VVDStRL 51 (1992), S. 211 (225); *R. Wendt*, Eigentum, S. 157f.; ders., in: Sachs (Hrsg.), GG, Art. 14 Rn. 56; *U. Ramsauer*, Beeinträchtigungen, S. 74f.; *ders.*, DVBl. 1980, S. 539 (540f.).

[201] Gegen eine Bindung des Gesetzgebers an das Übermaßverbot beim Erlaß das Eigentum prägender Normen *P. Lerche*, Übermaß, S. 140ff.

nität der gesetzgeberischen Entscheidung und eine Bindung des Gesetzgebers an eigene frühere Entscheidungen geschlossen werden könnte. Die von *G. Schwerdtfeger* mit Blick auf staatliche Schutzpflichten formulierte These, der Verfassungsgeber köne nicht jede Inhaltsbestimmung i.S.v. Art. 14 Abs. 1 S. 2 GG antizipiert und unbesehen für wertvoll gehalten haben,[202] läßt sich insofern verallgemeinern. Zu Recht stellt *Schwerdtfeger* an anderer Stelle fest, daß nicht ersichtlich sei, »warum der alten Inhaltsbestimmung über die Bestandsgarantie ein besonderer Schutz zukommen sollte«, wenn auch die neue Inhaltsbestimmung einen hinreichenden Freiraum im vermögensrechtlichen Bereich sichere.[203]

Damit drängt sich der Schluß auf, daß der gesetzgeberischen Gestaltungsmacht im Bereich des Art. 14 Abs. 1 S. 2 GG letztlich nur durch das schützenswerte Vertrauen des Eigentümers auf den Fortbestand seiner »wohlerworbenen Rechte« Grenzen gesetzt werden können. Folgerichtig hat das Bundesverfassungsgericht eine von Art. 14 Abs. 1 S. 1 GG vermittelte »Bestandsgarantie« mit dem Gedanken des Vertrauenschutzes verknüpft und dem Eigentumsgrundrecht eine eigene Ausprägung des rechtsstaatlichen Grundsatzes des Vertrauensschutzes entnommen. Auch gegen diesen Ansatz lassen sich jedoch Einwände erheben: So ist anzumerken, daß eine bestimmte Rechtslage nicht schon aus sich heraus ein schutzwürdiges Interesse an ihrem Fortbestand zu erzeugen vermag, namentlich das Vertrauen auf die Möglichkeit zur Ausnutzung eines dem Eigentümer günstigen Rechtszustands nicht ohne weiteres schutzwürdig ist.[204] Zudem ist für eine Berücksichtigung der Schwere der Beeinträchtigung auf dieser Grundlage nur Raum, wenn sie die Schutzwürdigkeit eines betätigten Vertrauens beeinflußt. Schließlich versteht sich schon nicht von selbst, daß es einer Verknüpfung des Gewährleistungsgehalts des Art. 14 Abs. 1 GG mit Gesichtspunkten des Vertrauensschutzes überhaupt bedarf, denn eine insoweit bestehende Bindung des die (Eigentums-) Rechtsordnung (aus-) gestaltenden Gesetzgebers läßt sich auch aus dem Rechtsstaatsprinzip herleiten.[205]

Ähnlichen Bedenken wie die an Gesichtspunkte der Verhältnismäßigkeit und des Vertrauensschutzes anknüpfende Rechtsprechung unterliegt auch eine von *O. Depenheuer* entwickelte Konzeption, die mit dem Ansatz des Bundesverfassungsgerichts verwandt ist, darüber aber zum Teil hinausweist: *Depenheuer* geht ebenfalls davon aus, daß »die Eigentumsgarantie ohne gesetzliche Vermittlung keine rechtspraktische Wirksamkeit entfalten« könne und deshalb »notwendig

---

[202] *G. Schwerdtfeger*, NVwZ 1982, S. 5 (8).

[203] *G. Schwerdtfeger*, Eigentumsgarantie, S. 21.

[204] Dies betont zu Recht *F. Ossenbühl*, FS W. Zeidler, Bd. I, S. 625 (642ff.); vgl. auch *G. Schwerdtfeger*, Eigentumsgarantie, S. 21ff.

[205] Anders *Ph. Kunig*, Das Rechtsstaatsprinzip, S. 419, nach dessen Auffassung der Schutz des Bürgers gegen Rechtsänderungen gerade auch durch die Grundrechte erfolgen soll und ein (ergänzender oder modifizierender) Rückgriff auf das Rechtsstaatsprinzip deshalb entbehrlich ist.

normgeprägt« sei.[206] Ein »dem Gesetzgeber vorgegebenes ›natürliches‹ Eigentum« gebe es nicht, vielmehr müsse »das natürliche Substrat des Eigentums vom Gesetzgeber zu einer Rechtsposition ausgeformt« werden.[207] Allerdings habe der Verfassungsgeber insofern einen bestimmten Typus von Eigentum verfassungskräftig zum Leitbild gesetzlicher Konkretisierungen erhoben, als er an das existierende Sach- und Grundeigentum des bürgerlichen Rechts anknüpfen konnte,[208] das durch eine »privatnützig zugewiesene umfassende Herrschafts- und Verfügungsbefugnis des Eigentümers« gekennzeichnet sei.[209] Infolgedessen werde das Eigentum in der gestuften Rechtsordnung des Grundgesetzes »im Zusammenwirken von dirigierender Verfassungsgarantie und ausformender Gesetzgebung geprägt«: Jedes durch einfaches Recht konstituierte Eigentumsrecht habe die Struktur »eines subjektiven und umfassenden Herrschafts- und Verfügungsrechts an der Sache«, so daß Beschränkungen dieses verfassungsrechtlich vorgeprägten und als unbeschränkt und absolut gedachten Eigentumsrechts rechtfertigungsbedürftig seien.[210]

Diese Argumentation weist insofern eine Parallele zur Rechtsprechung des Bundesverfassungsgerichts auf, als Eigentümerbefugnisse nur durch »legitime und überwiegende Gründe des Gemeinwohls ... partiell und in den Grenzen der Verhältnismäßigkeit« eingeschränkt werden dürfen.[211] Zugleich geht sie über die Linie der Judikatur insofern hinaus, als nicht ein existierender Eigentumsinhalt, sondern die »verfassungsrechtlich grundsätzlich unbeschränkte Herrschaftsposition über das zugewiesene vermögenswerte Recht«[212] und damit ein »verfassungsrechtlich als unbelastet zu denkende(s)« Eigentumsrecht des Bürgers[213] den Prüfungsmaßstab bildet. Allerdings bedient sich *Depenheuer* dabei letztlich einer Fiktion, weil eine solche Rechtsposition niemals existiert haben muß, der Gesetzgeber die betreffende Rechtsposition vielmehr – auch nach Ansicht von Depenheuer[214]« schon bei ihrer konstitutiven Erschaffung relativieren kann. Damit leidet dieser Ansatz mehr noch als die vom Bundesverfassungsgericht eingeschlagene Linie an dem »Geburtsfehler«, eine eigenständige Bedeutung der Eigentumsgewährleistung auf der Basis der These von der »Normgeprägtheit« des Eigentums dartun zu wollen. Es muß letztlich auf den Versuch einer »Quadratur des Kreises« hinauslaufen, in Abhängigkeit von einer überhaupt erfolgenden Schaffung einer einfach-gesetzlichen Rechtsposition einen vom Gesetzgeber gerade nicht geschaffenen Rechtszustand zum maßgeblichen Prüfungsmaßstab für die

---

[206] *O. Depenheuer*, in: v. Mangoldt/Klein/Starck, GG, Art. 14 Rn. 29.
[207] *O. Depenheuer*, in: v. Mangoldt/Klein/Starck, GG, Art. 14 Rn. 30.
[208] *O. Depenheuer*, in: v. Mangoldt/Klein/Starck, GG, Art. 14 Rn. 32.
[209] *O. Depenheuer*, in: v. Mangoldt/Klein/Starck, GG, Art. 14 Rn. 33.
[210] *O. Depenheuer*, in: v. Mangoldt/Klein/Starck, GG, Art. 14 Rn. 46, vgl. auch ebd., Rn. 61.
[211] *O. Depenheuer*, in: v. Mangoldt/Klein/Starck, GG, Art. 14 Rn. 47.
[212] *O. Depenheuer*, in: v. Mangoldt/Klein/Starck, GG, Art. 14 Rn. 49.
[213] *O. Depenheuer*, in: v. Mangoldt/Klein/Starck, GG, Art. 14 Rn. 47.
[214] *O. Depenheuer*, in: v. Mangoldt/Klein/Starck, GG, Art. 14 Rn. 46, 62.

verfassungsrechtliche Zulässigkeit der gesetzgeberischen Beschränkung auf die getroffene Regelung zu erheben.[215] Etwas anderes könnte nur gelten, wenn eine Verpflichtung des Gesetzgebers angenommen würde, bestimmte Rechtspositionen überhaupt zu schaffen, womit wiederum die Gewährleistung des Eigentums als Rechtsinstitut angesprochen ist.[216] im übrigen will Depenheuer dem Gesetzgeber aber offenbar die Wahl zwischen »Alles oder nichts« und damit auch die Möglichkeit der Entscheidung gegen die Schaffung einer als Eigentum zu qualifizierenden Rechtsposition belassen,[217] wenngleich namentlich das Sacheigentum »nicht rechtlicher Hervorbringung, sondern nur normativer Anerkennung« bedürfen[218] und diese auch nicht aufhebbar sein soll.[219]

Damit kann zwar festgestellt werden, daß es in Rechtsprechung und Lehre nicht an Versuchen fehlt, der verfassungsrechtlichen Eigentumsgewährleistung auch auf Basis der These von der »Normgeprägtheit« des Verfassungseigentums zu einer jedenfalls eingeschränkten Wirksamkeit zu verhelfen. Zu bezweifeln ist jedoch, daß die Frage nach dem eigenständigen Gewährleistungsgehalt dieses Grundrechts in befriedigender Weise beantwortet werden kann, wenn mit dem herrschenden Verständnis des Art. 14 Abs. 1 GG davon ausgegangen wird, daß der Gesetzgeber in weitem Umfang über den Schutzgut-Tatbestand dieser Grundrechtsnorm zu entscheiden vermag. Ein weiteres Beispiel für die mit dieser Annahme verknüpften Schwierigkeiten bietet auch die Konzeption, mit der *R. Wendt* versucht hat, zwischen einerseits den Eigentumsinhalt bestimmenden Normen und andererseits schrankenziehenden Vorschriften zu unterscheiden. Um zu verhindern, daß die Eigentumsgarantie zu »einem bloßen Maßgabe-Grundrecht« verkümmert, möchte Wendt »die genuin grundrechtliche Funktion der Individualrechtsgarantie des Eigentums, staatlichen Eingriffen gegenüber einen geschützten Rechtsraum zu gewährleisten«,[220] dadurch wieder zur Geltung bringen, daß Inhaltsbestimmungen und Schrankenziehungen als »Regelungsvorgänge mit unterschiedlichen Funktionen«[221] auseinandergehalten werden: Eine Inhaltsbestimmung liegt danach vor bei einer »generellen gesetzlichen Festlegung von Rechten und der mit ihnen verbundenen Herrschaftsbefugnisse als einer am Maßstab materieller Gerechtigkeit orientierten Entscheidung darüber, wem die durch Art. 14 GG geschützte Herrschaft in bestimmten Vermögensbereichen

[215] Die Argumentation gerät denn auch gelegentlich widersprüchlich: So verneint *O. Depenheuer*, in: v. Mangoldt/Klein/Starck, GG, Art. 14 Rn. 30, zunächst ein dem Gesetzgeber vorgegebenes Eigentum, postuliert aber später (ebd., Rn. 47) eine Rechtfertigungslast des Gesetzgebers im Hinblick auf »das als dem Staat vorgegeben zu betrachtende ... Eigentumsrecht des Bürgers«.

[216] Vgl. *O. Depenheuer*, in: v. Mangoldt/Klein/Starck, GG, Art. 14 Rn. 91.

[217] Vgl. *O. Depenheuer*, in: v. Mangoldt/Klein/Starck, GG, Art. 14 Rn. 61; s. ferner ebd., Rn. 46.

[218] *O. Depenheuer*, in: v. Mangoldt/Klein/Starck, GG, Art. 14 Rn. 58.

[219] *O. Depenheuer*, in: v. Mangoldt/Klein/Starck, GG, Art. 14 Rn. 63.

[220] *R. Wendt*, Eigentum, S. 151.

[221] *R. Wendt*, Eigentum, S. 147.

grundsätzlich gebühren und in welchem Umfang dies der Fall sein soll«. Demgegenüber lasse der Schrankenvorbehalt Regelungen zu, »die die aus der generellen Einräumung von Befugnissen konkret resultierenden Interessenkonflikte schlichten« und den »Eigentümer-Machtbereich« deshalb im Hinblick auf übergeordnete Belange beschneiden.[222] Inhalts- und Schrankennormen seien folglich durch unterschiedliche Funktionsbereiche gekennzeichnet: Während die erstgenannten Vorschriften die Eigentumsrechte und die mit ihnen verbundenen Befugnisse generell und pflichtneutral festlegten, hätten Schrankennormen die sich aus der Innehabung und Ausübung dieser Befugnisse ergebenden Konflikte zwischen Bürgern sowie im Verhältnis zwischen Bürger und Staat zum Gegenstand und erlegten dementsprechend Handlungs-, Unterlassungs- und Duldungspflichten auf.[223]

Dieser Ansatz mag grundsätzlich in der Lage sein, eine theoretisch trennscharfe Abgrenzung zwischen inhaltsbestimmenden und schrankenziehenden Vorschriften zu bieten.[224] Zweifelhaft ist aber die Vereinbarkeit der Annahme von *R. Wendt*, eine Schrankennorm setze »denknotwendig durch eine Inhaltsnorm konstituiertes Eigentum« voraus,[225] mit der von *Wendt* ebenfalls zugrunde gelegten Prämisse, konkrete Eigentumspositionen schaffende Normen seien unerläßlich, »um ein des verfassungsrechtlichen Eigentumsschutzes fähiges Substrat überhaupt erst zur Entstehung zu bringen«.[226] Entsteht das Eigentumsrecht »von vornherein nur mit dem gesetzlich bestimmten Umfang«,[227] so bildet das Eigentum eine Form rechtlicher Herrschaft, die gerade durch die jeweils gesetzlich eingeräumten Befugnisse definiert ist und von diesen nicht abgelöst werden kann. Außerhalb des so bezeichneten Rahmens liegende Verhaltensmöglichkeiten eines Eigentümers lassen sich dann aber kaum noch zum Inhalt des Eigentums zählen, so daß beispielsweise die verbindliche Konkretisierung dieser Grenzen gegenüber dem »polizeipflichtigen« Eigentümer durch einen Einzelakt die rechtlich geschützten Eigentümerbefugnisse jedenfalls dann nicht berührt, wenn diese Maßnahme als deklaratorisch oder nur feststellend gedacht wird.[228] Bereits im

[222] *R. Wendt*, Eigentum, S. 149; vgl. auch *ders.*, in: Sachs (Hrsg.), GG, Art. 14 Rn. 55; für eine solche Konzeption zuvor auch schon *R. Lutz*, Eigentumsschutz, S. 163ff.

[223] *R. Wendt*, Eigentum, S. 157; vgl. auch *ders.*, in: Sachs (Hrsg.), GG, Art. 14 Rn. 55; ebenso *R. Lutz*, Eigentumsschutz, S. 165.

[224] So *J. Eschenbach*, Schutz des Eigentums, S. 171; auch *R. Wendt*, Eigentum, S. 148, spricht davon, daß seine Unterscheidung »ungeachtet aller Abgrenzungsschwierigkeiten im konkreten Fall der Idee nach trennscharf« sei.

[225] *R. Wendt*, Eigentum, S. 149.

[226] *R. Wendt*, Eigentum, S. 148.

[227] *R. Wendt*, Eigentum, S. 149.

[228] So *J. Wieland*, in: Dreier (Hrsg.), GG, Art. 14 Rn. 83, nach dessen Auffassung in der Verpflichtung des Eigentümers, sein Eigentum in »polizeimäßigem« Zustand zu halten, die »unmittelbar verpflichtende Wirkung der Sozialbindung des Eigentums« (Art. 14 Abs. 2 GG) deutlich wird. Eine von der ermächtigenden Norm gedeckte Polizeiverfügung mit Eigentumsbezug ließe sich danach ohne weiteres als grundrechtlich irrelevant einstufen: Im Hinblick auf Art. 14 Abs. 1

Jahre 1952 hat deshalb *H. Ridder* mit Blick auf eine von *W. Schelcher* unter Geltung von Art. 153 WRV vertretene[229] und mit der Konzeption von *R. Wendt* verwandte[230] Auffassung festgestellt, »daß die Bestimmung von Inhalt und Schranken des Eigentums die Festlegung der Größe Eigentum und die Frage nach den sog. Eigentumsbindungen nur das Messen dieser Größe ist«.[231] Wenn von einer gesetzgeberischen Befugnis zur konstitutiven Bestimmung über den Eigentumsinhalt ausgegangen wird, hat jede gesetzgeberische Entscheidung im Bereich des Verfassungseigentums auch einen inhaltsbestimmenden Charakter, so daß Inhaltsbestimmungen und Schrankenziehungen »sich nicht materiell, sondern nur zeitlich voneinander unterscheiden« lassen,[232] indem in einer »Abschmelzung« bislang bestehender Eigentümerbefugnisse durch eigentumskonkretisierende Normen zugleich eine Schrankenziehung gesehen wird.

Daß ein- und dieselbe Regelung als gegenwartsbezogene Schrankenziehung und (zugleich) zukunftsbezogene Inhaltsbestimmung zu qualifizieren sein kann, wird von *R. Wendt* indes nicht bestritten. Auch nach *Wendt* hat eine inhaltsbestimmende Vorschrift »dann zugleich schrankenziehende Wirkung, wenn sie ihre Geltung auch auf bereits entstandene Rechtspositionen erstreckt und die früheren Inhaltsnormen Befugnisse zugestanden, die nach der neuen Rechtslage nicht mehr anerkannt werden«.[233] Insoweit bleibt allerdings die Frage, wie diese Position mit einer »trennscharfen« materiellen Unterscheidung zwischen befugniszuteilenden Inhaltsnormen und konfliktregulierenden Schrankennormen zu vereinbaren ist. Dessen ungeachtet soll nicht verkannt werden, daß mit der Konzeption von *Wendt* insgesamt das Ziel verfolgt wird, dem Begriff der Schrankenziehung eine eigene Bedeutung zu verleihen, um die gesetzlich gestaltete Eigentumsordnung vor einem erneuten gesetzgeberischen Zugriff zu schützen. Auch bei *Wendt* wird aber nicht recht deutlich, weshalb allein schon wegen der gesetzlichen Normierung bestimmter Eigentümerbefugnisse seitens des inhaltsbestimmenden Gesetzgebers »sowohl ein individuelles als auch ein öffentliches Interesse an der prinzipiellen Aufrechterhaltung dieser Freiheit gegenüber einschränkenden Regelungen« anzuerkennen[234] sein soll. Daher bleibt es dabei, daß die

---

GG fehlte es von vornherein an einer beeinträchtigungsfähigen Rechtsposition, der von *D. Ehlers*, VVDStRL 51 (1992), S. 211 (225 in Fn. 75), jedenfalls für Abrißverfügungen befürwortete Rückgriff auf Art. 2 Abs. 1 GG erscheint bei einer sachlich das Eigentum betreffenden Maßnahme nicht ohne weiters als möglich. Allerdings setzt ein solches Ergebnis die »obrigkeitsstaatliche« Annahme einer materiellen Polizeipflicht (oder -pflichtigkeit) voraus, die durch Polizeiverfügungen nur festgestellt wird, dagegen zu Recht *J. Eschenbach*, NdsVBl. 1998, S. 1 (4ff.).

[229] Vgl. *W. Schelcher*, in: Nipperdey (Hrsg.), Die Grundrechte und Grundpflichten der Reichsverfassung, Dritter Band, S. 199 (208f.); *ders.*, in: Fischers Ztschr. 60 (1927), S. 137 (146).

[230] Ein bemerkenswertes Maß an Übereinstimmung mit der Auffassung *W. Schelchers* wird auch von *R. Wendt*, Eigentum, S. 149 in Fn. 17, ohne weiteres konzediert.

[231] *H.K.J. Ridder*, VVDStRL 10 (1952), S. 124 (137 in Fn. 47).

[232] *D. Ehlers*, VVDStRL 51 (1992), S. 211 (225).

[233] *R. Wendt*, Eigentum, S. 157f.; vgl. auch *ders.*, in: Sachs (Hrsg.), GG, Art. 14 Rn. 56.

[234] So *R. Wendt*, Eigentum, S. 150.

Schutzwürdigkeit des Interesses am Fortbestand einer für den Inhaber einer Rechtsposition günstigen Rechtslage nur auf dem vom Bundesverfassungsgericht auch beschrittenen Weg einer Verknüpfung mit Gesichtspunkten des Vertrauensschutzes begründet werden kann, wenn dem Gesetzgeber eine weitgehende Befugnis des Gesetzgebers zur Disposition über den Schutzgut-Tatbestand von Art. 14 Abs. 1 GG eingeräumt wird.

Als Ergebnis der bisherigen Überlegungen[235] lassen sich damit zwei Gesichtspunkte festhalten: Zum einen kann die ausdrückliche Erwähnung einer gesetzgeberischen Befugnis zur Eigentumsbeschränkung in Art. 14 Abs. 1 S. 2 GG unter der Prämisse einer Abhängigkeit des Schutzgut-Tatbestands der Eigentumsfreiheit von der einfach-gesetzlichen Rechtsordnung nicht befriedigend erklärt werden,[236] denn eine gesetzgeberische Schrankenziehung muß in der Bestimmung des Eigentumsinhalts weitgehend aufgehen,[237] wenn man das verfassungsgeschützte Eigentum da enden läßt, »wo es an einer Umschreibung konkreter Rechtspositionen durch das unterverfassungsrechtliche Recht fehlt«.[238] Damit geht zum anderen einher, daß Art. 14 Abs. 1 GG gegenüber Verwaltung und Gerichten ohne eigenständige Bedeutung bleiben muß[239] und gegenüber dem Gesetzgeber nur eine eingeschränkte Wirkung entfalten kann, wenn angenommen wird, dieses Grundrecht schütze »nicht bloß faktische, sondern allein rechtliche Herrschaft«.[240] Im Hinblick auf Art. 14 Abs. 1 GG ist daher »eine eigentümliche Schwäche seiner Wirkkraft«[241] festzustellen, die sich auch daran ablesen läßt, daß trotz der im Verhältnis zur WRV aufgrund Art. 1 Abs. 3 GG veränderten Rechtslage weiterhin versucht wird, eine Bändigung des Gesetzgebers durch eine Institutsgarantie zu bewirken. Die Gewährung eines Grundrechts durch den Gesetz-

---

[235] Zu hier nicht dargestellten Versuchen der Unterscheidung zwischen Inhalts- und Schrankenbestimmungen vgl. die Darstellung und Kritik bei *U. Ramsauer*, Beeinträchtigungen, S. 70ff.; *ders.*, DVBl. 1980, S. 539 (540); *J. Eschenbach*, Schutz des Eigentums, S. 162ff.

[236] Es entbehrt daher nicht der Folgerichtigkeit, wenn *B.-O. Bryde*, in: v. Münch/Kunig (Hrsg.), GG, Art. 14 Rn. 51, dem Begriff der Schranke in Art. 14 Abs. 1 S. 2 GG jede eigenständige Bedeutung abspricht. Der Hinweis auf einen Pleonasmus in Art. 15 (»Grund und Boden«) ist unabhängig von seiner sachlichen Berechtigung aber schon deswegen nicht überzeugend, weil der Inhalt eines Rechts schon nach dem Wortsinn offenbar etwas anderes als eine Schranke eines Rechts ist, denn es ist das Kennzeichen einer Beschränkung, daß sie einen bereits vorgegebenen Inhalt einengt, vgl. *J. Eschenbach*, Schutz des Eigentums, S. 162 (mit Fn. 294) m. w. N.; ebenso *U. Ramsauer*, Beeinträchtigungen, S. 74: »Schranken werden ... einem an sich weitergehenden Bereich gleichsam von außen angelegt«.

[237] *U. Ramsauer*, DVBl. 1980, S. 539 (540f.), hat diesen Befund dahin formuliert, daß es für das aus der Gesamtheit der eigentumsregelnden Normen bestehende Eigentum als »Rechtsinstitut« keine Schrankenziehung geben könne, sondern nur eine inhaltliche Veränderung; vgl. auch *ders.*, Beeinträchtigungen, S. 74.

[238] So *R. Wendt*, Eigentum, S. 63.

[239] So auch *J. Eschenbach*, Schutz des Eigentums, S. 480, 557.

[240] *R. Wendt*, Eigentum, S. 34.

[241] So *J. Eschenbach*, Schutz des Eigentums, S. 547.

geber und dessen Gewährleistung gegen den Gesetzgeber sind letztlich unvereinbar.

Darüber hinaus steht die Behauptung einer notwendigen Abhängigkeit des Schutzgegenstandes der Eigentumsfreiheit von einer Ausformung durch die einfach-gesetzlich konstituierte Rechtsordnung in Widerspruch zu Art. 14 Abs. 2 GG, denn wenn der Gesetzgeber nach dieser Vorschrift den Gebrauch des (Verfassungs-) Eigentums unter Beachtung seiner Sozialpflichtigkeit regeln soll, kann die Erfüllung dieses Auftrags durch befugnisbegrenzende Bestimmungen nicht zugleich den Begriff des Eigentums bestimmen. Art. 14 Abs. 2 GG bestätigt damit einen bereits oben erwähnten Gesichtspunkt: Wenn Grundrechte in ihrer Eigenschaft als objektives Recht steuernde Funktion bei der Lösung eines Konfliktes z.B. zwischen Individualinteresse und Gemeinwohl erfüllen sollen und deshalb vom Gesetzgeber bei der Rechtsetzung zu berücksichtigen sind, kann dieser abwägungsrelevante Faktor nicht erst durch den Gestaltungsakt des konfliktregulierenden Gesetzgebers hervorgebracht werden.

In Anbetracht dieses Befundes muß sich die Frage stellen, ob nicht das Dogma von der konstitutiven Schaffung des Verfassungseigentums durch den Gesetzgeber aufzugeben ist, der Schutzgut-Tatbestand des Art. 14 Abs. 1 S. 1 GG von einer Anerkennung und Ausformung durch das einfache Recht abgelöst werden muß. Dies setzte allerdings einen Begriff des von Art. 14 Abs. 1 GG geschützten Eigentums voraus, der von einer Umschreibung konkreter Rechtspositionen durch einfach-gesetzliche Vorschriften unabhängig, dem einfachen Recht gleichsam »vorgelagert« ist. Entsprechende Ansätze im Schrifttum liegen vor. So vertritt *J. Eschenbach* die Auffassung, »daß der Schutzgegenstand der Eigentumsfreiheit nicht von einem Schöpfungsakt des Gesetzgebers abhängig ist, sondern Maßnahmen nach Art. 14 Abs. 1 S. 2 GG im Regelfall als Eingriffe aufgefaßt werden müssen«.[242] *Eschenbach* will die »Lehre vom Anerkennungsvorbehalt«[243] durch eine eher wirtschaftlich orientierte Sichtweise ersetzen, derzufolge »auch gesellschaftlich fixierte Vermögenswerte«[244] unabhängig von ihrer rechtlichen Anerkennung vom Schutzgut-Tatbestand des Art. 14 Abs. 1 S. 1 GG erfaßt werden: Der »Terminus des Verfassungseigentums« sei »von der Notwendigkeit rechtlicher Fixierung zu lösen und stattdessen unter Beachtung einer wirtschaftlichen Betrachtungsweise zum Eigentumsinhalt alles zu zählen, ›wofür man (nach den Anschauungen im Wirtschaftsverkehr) Geld bekommen kann‹«.[245]

---

[242] *J. Eschenbach*, Schutz des Eigentums, S. 561; ebenfalls abl. gegenüber einer vollständigen Abhängigkeit des Schutzgut-Tatbestandes des Art. 14 von einfach-gesetzlicher Ausgestaltung *C. Engel*, AöR 118 (1993), S. 169 (195ff.); *W. Leisner*, in: Isensee/Kirchhof (Hrsg.), HbStR, Bd. VI, § 149 Rn. 58; *W.-R. Schenke*, NuR 1983, S. 81 (87); für einen vorstaatlichen Charakter des Eigentums auch schon *G. Dürig*, ZStW 109 (1953), S. 326 (330ff., 338).

[243] *J. Eschenbach*, Schutz des Eigentums, S. 570.

[244] *J. Eschenbach*, Schutz des Eigentums, S. 557.

[245] *J. Eschenbach*, Schutz des Eigentums, S. 553f., unter Anknüpfung an eine in anderem Kontext stehende Formulierung von *R. Stödter*, »Entschädigung«, S. 171.

Diese Auffassung erscheint schon deshalb als vorzugswürdig, weil sie die Schwierigkeiten vermeidet, die mit dem Postulat eines das »Verfassungseigentum« erst schaffenden und (aus-) gestaltenden Gesetzgebers einhergehen. Vielmehr gilt auch für den Grundrechtsschutz des Eigentums, daß der Staat mit eigentumsbezogenen Maßnahmen auf ein ihm vorgegebenes Schutzgut einwirkt und deshalb den spezifisch grundrechtlichen Anforderungen an die Rechtfertigung staatlichen Handelns genügen muß. Weder der Wortlaut des Art. 14 Abs. 1 S. 2 GG noch Sachgesichtspunkte gebieten, dem Gesetzgeber die »Verfügungsgewalt« über den Inhalt des Verfassungseigentums und damit das grundrechtliche Schutzgut zu überlassen.

Demgegenüber hat *R. Wendt* versucht, unter Rückgriff auf einen gesteigerten Sozialbezug des Eigentums den Nachweis einer »inneren Berechtigung des überkommenen Eigentumsverständnisses«[246] zu erbringen. *Wendt* meint, daß sich das Eigentum von anderen Freiheitsrechten unterscheide, weil es notwendigerweise »die Dimension sozialen Handelns« erfasse, »einen äußeren, in die Sozialsphäre hineinragenden Bereich der Freiheitsentfaltung«[247] bezeichne: Beim Gebrauchmachen von grundrechtlicher Freiheit gehe es grundsätzlich nur um Selbstbestimmung über das eigene Verhalten oder eine Verfügung über die persönliche Sphäre und persönliche Güter. Demgegenüber liege beim Eigentum eine besondere Situation vor, weil nicht »ein bloßes privates Haben und Gebrauchen zum Zwecke beliebiger Bedürfnisbefriedigung«, sondern ein »über die Innehabung und Herrschaft hinsichtlich des Vermögensgegenstandes vermitteltes Verhältnis von Person zu Person« in Rede stehe.[248] Dem ist entgegenzuhalten, daß jeder verhaltensbezogene Grundrechtsschutz unabhängig von einer Bezogenheit des geschützten Verhaltens auf eine Sache (oder einen anderen Vermögenswert) anders als der personenbezogene Grundrechtsschutz notwendig einen Bezug zur Sozialsphäre aufweist, weil »jede menschliche Handlung von vornherein in ein Netz von Interaktionen eingefügt und deshalb stets im Zusammenhang mit dem Handeln anderer zu sehen (ist)«.[249]

Dessen ungeachtet ist anzuerkennen, daß dem Eigentum und der Eigentumsnutzung eine besondere gesellschaftliche und soziale Relevanz zukommt. Gerade hier setzt jedoch das Grundgesetz an, indem es den Gesetzgeber in Art. 14 Abs. 1 und 2 GG verpflichtet, bei der (Aus-) Gestaltung der einfach-gesetzlichen Eigentumsordnung dafür Sorge zu tragen, daß Privatnützigkeit und »Sozialbindung« des Eigentums in Abhängigkeit vom sozialen Bezug der konkret in Rede stehenden Rechts[250] zueinander in Beziehung gesetzt werden: Bei Erfüllung seines Auftrags, Inhalt und Schranken des Eigentums zu bestimmen, muß der Gesetzgeber

[246] *R. Wendt*, Eigentum, S. 64.
[247] *R. Wendt*, Eigentum, S. 67.
[248] *R. Wendt*, Eigentum, S. 67.
[249] *J. Ipsen*, Grundrechte, Rn. 142.
[250] Vgl. BVerfGE 42, 263 (294); 52, 1 (32); 79, 292 (302).

»beiden Elementen des im Grundgesetz angelegten Verhältnisses von verfassungsrechtlich garantierter Rechtsstellung und dem Gebot einer sozialgerechten Eigentumsordnung in gleicher Weise Rechnung tragen« und die schutzwürdigen Interessen der Beteiligten »in einen gerechten Ausgleich und ein ausgewogenes Verhältnis bringen«.[251] An dieser Staatsaufgabe ändert sich auch nicht schon dadurch etwas, daß ihrer Erfüllung grundrechtliche Relevanz zugemessen wird. Es ist deshalb nicht recht verständlich, weshalb eine »Hereinnahme lediglich empirisch-tatsächlicher Herrschaft in bezug auf Vermögensgegenstände ... in den verfassungsrechtlichen Eigentumsbegriff«[252] die Folge haben soll, daß nach »Macht und ökonomischen Kriterien bestimmte Gegenwarts- und Zukunftswerte ... vom Staat auf Grund der Eigentumsgewährleistung als solche und ohne weiteres zu respektieren und zu schützen« wären,[253] der Gesetzgeber bei der »Schutzgewährung« (!) »blindlings der jeweiligen Ausdehnung der Machtsphäre in allen ihren Verästelungen zu folgen« hätte.[254]

Ebenfalls nicht überzeugend ist der weitere Einwand, von einer »juristischen Bestimmbarkeit« des Eigentumsrechts könne keine Rede mehr sein, würde »alles, was Tauschwert besitzt, zum Eigentumsgegenstand«.[255] Die Feststellung, ob ein Bezugspunkt tatsächlicher Herrschaft – beispielsweise eine noch nicht patentrechtlich geschützte Erfindung[256] – einen »Tauschwert« besitzt und deshalb in der gesellschaftlichen Sphäre als Vermögenswert anerkannt wird, bereitet jedenfalls keine unüberwindlichen Schwierigkeiten. Demgegenüber bleibt unerfindlich, warum einem Vermögenswert, der tatsächlich Gegenstand rechtsgeschäftlicher Vereinbarungen ist, der Schutz des Art. 14 vorzuenthalten sein soll. Eine solche Position hätte vielmehr die wenig folgerichtige Konsequenz, daß (nur) die rechtsgeschäftlich begründete Forderung auf Leistung eines derartigen Werts für die Dauer ihrer Existenz den Schutz des Art. 14 genießen würde, nicht aber der Gegenstand dieser Forderung.[257]

Damit bleibt festzuhalten, daß »die Grenzlinie zwischen gegenwärtigen konkreten Werten als Schutzgütern der Eigentumsfreiheit und nicht ausreichend verfestigten vagen Hoffnungen und Interessenlagen« entgegen der herrschenden Meinung nicht allein durch die einfach-gesetzliche Rechtsordnung markiert wird.[258] Vielmehr kommt es auch darauf an, ob »mit der Zubilligung eines Verkehrswerts eine gesellschaftliche Akzeptanz des Wertes nachzuweisen ist«.[259]

[251] BVerfGE 52, 1 (29); 72, 66 (77f.); vgl. ferner BVerfGE 25, 112 (117); 37, 132 (140); 58, 137 (147); 68, 361 (368); 79, 174 (198); 87, 114 (138); BVerwGE 88, 191 (194f.); 101, 364 (371).

[252] *R. Wendt*, Eigentum, S. 64.

[253] *R. Wendt*, Eigentum, S. 64f.

[254] *R. Wendt*, Eigentum, S. 67.

[255] *R. Wendt*, Eigentum, S. 65.

[256] Deren Schutz durch Art. 14 GG offenlassend BVerfGE 18, 85 (90).

[257] Vgl. *J. Eschenbach*, Schutz des Eigentums, S. 554f.

[258] *J. Eschenbach*, Schutz des Eigentums, S. 554.

[259] *J. Eschenbach*, Schutz des Eigentums, S. 554.

Dies heißt zugleich, daß der Gesetzgeber vermögenswerte Recht nicht, jedenfalls aber nicht ausschließlich »in einem Schöpfungsakt von rechtlicher Souveränität« erschafft, sondern einer wirtschaftlichen lediglich die rechtliche Anerkennung hinzufügt.[260] Durch die Schaffung der »objektiven Sacheigentumsordnung« wird »die bisher bestehende gesellschaftlich anerkannte Macht unter Berücksichtigung entgegenstehender öffentlicher Belange, aber auch der gesellschaftlichen Anschauungen zur Rechtsmacht verfestigt und gleichzeitig modifiziert«.[261] Es hat daher seine Berechtigung, daß das Bundesverfassungsgericht den Gesetzgeber in der älteren Rechtsprechung zu Art. 14 GG zur Berücksichtigung der »gesellschaftlichen Anschauungen seiner Zeit« verpflichtet hat,[262] weil Art. 14 das Rechtsinstitut des Eigentums so schütze, »wie es das bürgerliche Recht und die gesellschaftlichen Anschauungen geformt haben«.[263]

Wird demnach nicht nur eine durch das einfache Recht konstituierte oder (jedenfalls) ausgestaltete Rechtsposition, sondern ebenso ein nur in der gesellschaftlichen Sphäre anerkannter Vermögenswert vom Schutzgut-Tatbestand des Art. 14 Abs. 1 S. 1 GG erfaßt, so ist sowohl in der einfach-gesetzlichen Schaffung als auch einer Ausgestaltung oder Verfestigung vermögenswerter Rechte eine Bestimmung des Inhalts des Verfassungseigentums i.S.v. Art. 14 Abs. 1 S. 2 GG zu sehen, weil die betroffenen Rechtspositionen wegen ihres Vermögenswertes dem Schutzgut-Tatbestand des Art. 14 Abs. 1 S. 1 GG zuzuordnen sind. Demgegenüber ist es als Schrankenziehung zu qualifizieren, wenn bislang kraft einfachen Rechts existierende oder jedenfalls von den beteiligten Kreisen anerkannte Vermögenswerte beseitigt werden.

Läßt sich folglich das Vorhandensein von »Eigentum« i.S.v. Art. 14 Abs. 1 S. 1 GG von einer einfach-gesetzlichen Fixierung ablösen, so ergeben sich auch keine grundsätzlichen Schwierigkeiten, Nichtstörungsinteressen ebenfalls als taugliche Gegenstände des Eigentumsschutzes zu identifizieren, denn Art. 14 Abs. 1 GG dient mit dem Schutz vermögenswerter Rechte gerade dem Zweck, dem Grundrechtsträger »einen Freiheitsraum im vermögensrechtlichen Bereich sicherzustellen und ihm damit eine eigenverantwortliche Gestaltung des Lebens zu ermöglichen«.[264] Indem Art. 14 Abs. 1 GG auf den Schutz der (unteilbaren) Freiheit von Fremdbestimmung im Hinblick auf einen Vermögenswert und damit ein außerhalb des Grundrechtsträgers existierendes (Wirtschafts-) Gut zielt, schützt die Grundrechtsnorm daher nicht nur die Verwertung, sondern auch jede anderweitige Nutzung des betreffenden Gutes jedenfalls insoweit, als sie für dessen

[260] So *J. Ipsen*, Grundrechte, Rn. 698; daß es »dem Gesetzgeber vorgegebene Eigentumsinhalte« geben könne, betont auch *W. Leisner*, in: Isensee/Kirchhof (Hrsg.), HbStR, Bd. VI, § 149 Rn. 58.

[261] *J. Eschenbach*, Schutz des Eigentums, S. 559.

[262] BVerfGE 20, 350 (355).

[263] BVerfGE 1, 264 (278); vgl. auch BVerfGE 4, 229 (240).

[264] BVerfGE 24, 367 (389); vgl. ferner BVerfGE 79, 292 (303f.); 83, 201 (208).

»Tauschwert« von Bedeutung ist; die Frage nach der Existenz einer eigentumsfähigen Position ist insofern die Frage nach der Existenz einer anerkannten Eigentümerbefugnis.

Die Möglichkeit der beliebigen Nutzung von Sacheigentum hat jedoch zwei Seiten, die § 903 BGB dadurch beschreibt, daß ein Eigentümer mit einer ihm gehörenden Sache nach Belieben verfahren und andere von einer Einwirkung ausschließen dürfe. Die Beeinträchtigung einer als »Eigentum« i.S.v. Art. 14 Abs. 1 GG zu qualifizierenden Rechtsposition kann daher auf unterschiedlichen Wegen erfolgen: Zum einen ist denkbar, daß durch verhaltensbezogene Imperative eine Einwirkung auf den Eigentümer erfolgt. In diesem Zusammenhang zu nennen ist beispielsweise das Verbot der Benutzung eines nicht zugelassenen Kraftfahrzeugs oder auch das Gebot, ein Grundstück nur in einer bauplanungsrechtlich vorgesehenen Weise zu bebauen. Nicht hierher gehört demgegenüber die Pflicht, ein Kraftfahrzeug nur bei Vorhandensein einer Fahrerlaubnis zu führen und straßenverkehrsrechtliche Regelungen z.B. über Geschwindigkeitsbegrenzungen zu beachten, weil es an einem Bezug zu einem konkreten Eigentumsobjekt fehlt. Zum anderen ist beim Sacheigentum eine grundrechtsrelevante Schutzgutsbeeinträchtigung auch dadurch möglich, daß nicht auf den Eigentümer, sondern auf die Sache durch Entziehung, Zerstörung oder – bei Grundstücken – störende Immissionen eingewirkt wird. Einer staatlicherseits zu verantwortenden Beeinträchtigung eines »Nichtstörungsinteresses« durch Immissionen wird daher die grundrechtliche Relevanz nicht deshalb abgesprochen werden können, weil eine allein faktische Beeinträchtigung von Nutzungsmöglichkeiten erfolgt und ferner die Verwertung der Sache (faktisch) erschwert wird, denn gerade auch das Fehlen (oder jedenfalls die Abwehrbarkeit) derartiger Störungen hat nach der Verkehrsanschauung ihren »Wert«.[265] Einwirkungen auf das Eigentum Drittbetroffener infolge nicht verbotenen Verhaltens Privater können daher an Art. 14 Abs. 1 S. 1 GG gemessen werden, wenn sich eine staatliche Verantwortlichkeit für dieses störende Verhalten feststellen läßt.

3. Grundrechtsschutz gegen störende Wahrnehmungen?

a. *Der Schutz vor aufgedrängten und unerwünschten Informationen*

Art. 14 Abs. 1 GG vermittelt demnach die Möglichkeit eines Grundrechtsschutzes des Eigentums, der neben verhaltenssteuernden Imperativen mit Eigentumsbezug auch andere Beeinträchtigungen der Nutz- oder Verwertbarkeit des (Grund-) Eigentums erfaßt, wie sie beispielsweise durch stoffliche Immissionen sowie Umweltänderungen hervorgerufen werden können. Dies führt zu der weiteren Frage, ob die (zwangsweise) Konfrontation mit Ereignissen oder Zuständen

---

[265] Dies betont auch *U. Ramsauer*, AöR 111 (1986), S. 501 (517).

in der Umwelt auch darüber hinaus grundrechtliche Relevanz zu beanspruchen vermag, eine Art grundrechtlicher Wahrnehmungs- oder »Kenntnisnahmeschutz« möglich ist. Insofern sei an die – allerdings den Grundrechtsschutz gegen *staatliches* Handeln betreffende – Fallgruppe der staatlichen Warnungen und Empfehlungen erinnert: In einer staatlichen Warnung beispielsweise vor einer religiösen oder weltanschaulichen Bewegung ist zunächst – wie dargelegt – eine Beeinträchtigung der betreffenden Religionsgemeinschaft zu sehen, die den Erfolg ihrer Bemühungen um Zustimmung in der Bevölkerung vereitelt oder zumindest gemindert sieht. Mit Blick auf den Rezipienten einer staatlichen Warnung liegt demgegenüber nahe, die grundrechtliche Relevanz eines solchen Vorgangs schon deshalb zu verneinen, weil er zu nichts verpflichtet und ihm auch sonst kein Nachteil zugefügt wird.

Gleichwohl erscheint nicht als von vornherein ausgeschlossen, daß auch einer Konfrontation mit (unerwünschten) Wahrnehmungen grundrechtliche Relevanz zuzubilligen ist: Immerhin hat das Bundesverfassungsgericht in seinen Entscheidungen zur Zulässigkeit einer Anbringung von Kruzifixen oder auch schlichten Kreuzen in Gerichtssälen oder Schulräumen einen grundrechtserheblichen Vorgang für den Fall der Konfrontation mit einem Symbol bejaht,[266] das den christlichen Glauben symbolisiert[267] und damit – bei Betrachtung aus dem Empfängerhorizont – nicht nur ein Bekenntnis des Staates zur christlich-abendländischen Wertegemeinschaft, sondern »enge Verbundenheit mit christlichen Vorstellungen«,[268] wenn nicht gar einer christlichen Konfession[269] zum Ausdruck bringt. Gerade mit Blick auf den »Kruzifix«-Beschluß des Bundesverfassungsgerichts aus dem Jahre 1995 ist denn auch bald als das entscheidende grundrechtsdogmatische Problem dieser – handwerklich mißglückten[270] – Entscheidung herausgearbeitet worden, ob schon allein in der Konfrontation mit einem religiösen Symbol

[266] Vgl. BVerfGE 35, 366 (375f.); 93, 1 (17ff.).

[267] So zu Recht BVerfGE 93, 1 (19f.); vgl. auch schon BVerfGE 35, 366 (374); *D. Heckmann*, JZ 1996, S. 880 (882), weist darauf hin, daß sich dem Betrachter die Bedeutung eines Symbols erst aufgrund eines durch Bildung, Erziehung oder Erfahrung gewonnenen Vorverständnisses erschließt. Weil demnach für die Interpretation eines Symbols der Empfängerhorizont maßgeblich ist, erscheint aber als ausgeschlossen, daß »ein in jahrtausendlanger Menschheitsgeschichte verwurzeltes Glaubenssymbol wie das Kreuz als allgemeines Kultursymbol ›umdefiniert‹ werden kann« (*Heckmann* ebd., S. 883); demgemäß geht auch das Schweizerische Bundesgericht, EuGRZ 1991, S. 89 (94), ohne weiteres davon aus, daß das Kruzifix »in der abendländischen Kultur ein Symbol des Christentums« sei, aus katholischer Sicht betont ferner *A. Rauscher*, in: »Schule ohne Kreuz?«, S. 3, daß es sich bei »Kreuz und Kruzifix« um »Zeichen der christlichen Kultur in Deutschland« handele; ebenso aus protestantischer Sicht *H. G. Pöhlmann*, Luth. Monatshefte 10/1995, S. 20 (21), der dem BVerfG ausdrücklich beipflichtet, daß es beim Kreuz nicht »um ein ›kultisches Zeichen ohne spezifischen Glaubensbezug‹« gehe; tendenziell anders aber *J. Isensee*, ZRP 1996, S. 10 (14f.); *J. Müller-Volbehr*, JZ 1995, S. 996 (997) – »sinnvariierendes Symbol«.

[268] BVerfGE 35, 366 (374).

[269] Vgl. *J. Ipsen*, in: FS M. Kriele, S. 301 (318f.).

[270] Vgl. *J. Isensee*, ZRP 1996, S. 10 (11); *J. Ipsen*, in: FS M. Kriele, S. 301 (312ff.).

ein Eingriff in die Glaubensfreiheit gesehen werden kann,[271] insbesondere »das Grundrecht aus Art. 4 Abs. 1 GG die Freiheit von dem Staat zurechenbarer Beeinflussung in Glaubensdingen umfaßt«.[272] Damit führt der »Kruzifix«-Beschluß des Bundesverfassungsgerichts zu der Grundsatzfrage, »in welcher Weise das Grundgesetz die Selbstbestimmung des einzelnen über Art und Inhalt sinnlicher Wahrnehmung schützt«,[273] insbesondere ein Grundrechtsschutz gegen aufgezwungene Information oder Kommunikation möglich ist, der sich auch im Hinblick auf Einwirkungen durch andere Private fruchtbar machen läßt.

Allerdings legt schon ein Blick auf die Folgen eines solchen Grundrechtsschutzes den Schluß nahe, daß ein grundrechtlicher »Konfrontationsschutz« auch gegen aufgedrängte Informationen nicht zuletzt mit Blick auf die Möglichkeit einer wie auch immer konstruierten Pflicht des Staates zur Verhinderung privater Einwirkungen auf grundrechtliche Schutzgüter nur in besonders gelagerten Einzelfällen in Betracht kommt. Zwar wäre ein umfassender Schutz vor Fremdbestimmung nur gegeben, wenn er sich auch auf den Inhalt der Wahrnehmungen eines Grundrechtsträgers erstreckte. Auch läßt sich – wie im Zweiten Teil dargelegt – eine Abwägung der Belange eines Grundrechtsträgers gegen kollidierende öffentliche oder andere private Interessen nur innerhalb der grundrechtlichen Schutzgut-Tatbestände sinnvoll vornehmen, so daß einer Erörterung dieser Sachfrage nicht durch eine Verlagerung der Fragestellung auf die nur scheinbar abwägungsfreie Ebene der »Tatbestandsmäßigkeit« ausgewichen werden sollte. Gleichwohl wird den Freiheitsrechten ein mit dem umfassenden Schutz der Verhaltensfreiheit vergleichbarer Schutz gegen (unerwünschte) Sinneswahrnehmungen nicht entnommen werden können, weil niemand in Isolation verharren kann und jedermann deshalb jederzeit einer Fülle von Sinneseindrücken ausgesetzt ist: Würden beliebige Wahrnehmungen dem Schutzgut-Tatbestand des Art. 5 Abs. 1 S. 1 GG (oder eines anderen Freiheitsrechts) zugeordnet, so wäre dieser Vorgang stets grundrechtlich relevant, wenn er auch zum Staat in Beziehung gesetzt werden kann. Neben jedem Kontakt mit dem Staat wäre danach auch der Kontakt mit anderen Bürgern jedenfalls dann an Grundrechten des Betroffenen zu messen, wenn auf Basis einer »abwehrrechtlichen Lösung«, einer »Schutzpflichtenkonstruktion« oder unter dem Aspekt der sogenannten »Drittwirkung« ein grundrechtsrelevanter Vorgang bejaht werden könnte. Im Ergebnis würde eine Vielzahl sozialer Kontakte in ein umfassendes Geflecht grundrechtlicher Konfliktlagen überführt, die unter dem Gesichtspunkt der Konkordanz aufgelöst werden müßten. Daß dies der Sinn des durch die Freiheitsrechte vermittelten Grundrechtsschutzes ist, muß bezweifelt werden.[274]

---

[271] Vgl. *J. Kokott*, in: Sachs (Hrsg.), GG, Art. 4 Rn. 36.
[272] *J. Ipsen*, in: FS M. Kriele, S. 301 (311).
[273] *D. Heckmann*, JZ 1996, S. 880 (883).
[274] Skeptisch auch *D. Heckmann*, JZ 1996, S. 880 (883 f.).

Dieser Befund bestätigt sich, wenn der Blick auf die grundrechtlichen Schutzgut-Tatbestände gerichtet wird: Soweit zunächst ein Schutz vor aufgedrängten Informationen in Rede steht, soll nach verbreiteter Ansicht an eine »negative« Komponente der in Art. 5 Abs. 1 S. 1 GG gewährleisteten Informationsfreiheit anzuknüpfen sein.[275] Dieser Ansatz mag auch grundsätzlich geeignet sein, die Selbstbestimmung über Gegenstände und Inhalt geistiger Auseinandersetzung zu schützen. Da die Informationsfreiheit als notwendiges Korrelat der Meinungsfreiheit dem Schutz eines freien und ungehinderten Meinungsbildungsprozesses dienen soll,[276] kommt ein Grundrechtsschutz gegen die erzwungene Kenntnisnahme aber nur dann in Betracht, wenn ein solcher Vorgang die freie und ungestörte Meinungs- und Willensbildung tatsächlich zu beeinträchtigen vermag.[277] Regelmäßig wird die »negative« Informationsfreiheit daher nur vor Beeinträchtigungen schützen, die unmittelbar aus staatlichem Handeln resultieren. Grundrechtlich erheblich – und zudem zweifelsfrei unzulässig – wäre es beispielsweise, wenn im schulischen Bereich Manipulation und Indoktrination durch einseitige Informationsvermittlung erfolgten.[278]

Demgegenüber ist zu bezweifeln, daß die Vermittlung von Informationen im Alltag – und damit auch durch Dritte – eine weitergehende Relevanz für die »negative« Informationsfreiheit besitzt. Zunächst vermag Art. 5 Abs. 1 S. 1 GG als »informationsinhaltsbezogene« Grundrechtsnorm keinen Schutz gegen störende Wirkungen von Lärm oder auch optischen Signalen[279] zu bewirken,[280] weil es insoweit nicht um die »Abwehr von Beeinträchtigungen durch den Informationsgehalt der aufgedrängten Information«[281] geht. Bei vielen der im öffentlichen Raum erfolgenden Einwirkungen auf einen Grundrechtsträger durch Licht- oder Schallsignale – etwa (blinkende) Leuchtreklamen oder Lautsprecherdurchsagen –

---

[275] Hierfür insbes. *J. Fenchel*, Negative Informationsfreiheit, S. 76ff.; bejahend auch *C. Degenhart*, in: BK, Art. 5 Abs. 1 u. 2 Rn. 286; *W. Fikentscher/Th. M.J. Möllers*, NJW 1998, S. 1337 (1340f.); *K.-H. Kästner*, JZ 1998, S. 974 (980); *B. Pieroth/B. Schlink*, Grundrechte, Rn. 566; *R. Wendt*, in: v. Münch/Kunig (Hrsg.), GG, Art. 5 Rn. 26; vgl. auch *C. Starck*, in: v Mangoldt/Klein/Starck, GG, Art. 5 Rn. 40; krit. *J. Hellermann*, Freiheitsrechte, insbes. S. 163f., 185f.; zweifelnd auch *H. Schulze-Fielitz*, in: Dreier (Hrsg.), Art. 5 I, II Rn. 63; *W. Hoffmann-Riem*, in: AK, Art. 5 Abs. 1, 2 Rn. 95, der »jedenfalls« aus »Art. 2 Abs. 1, 1 Abs. 1« einen Schutz vor »aufgedrängter Rezeption« folgern will; ähnl. *E. Götzfried*, NJW 1963, S. 1961 (1962f.); *K.J. Grigoleit/J. Kersten*, DVBl. 1996, S. 596 (604f.); s. ferner *O. Kimminich*, Der Staat 3 (1964), S. 61 (71), der die Informationsfreiheit als »Meinungsverschaffungsfreiheit« versteht und ein »Recht auf Stille« (ebd., S. 83) aus Art. 2 Abs. 1 GG ableitet (ebd., S. 79ff.).

[276] Vgl. BVerfGE 27, 71 (81).

[277] Hierfür auch *J. Fenchel*, Negative Informationsfreiheit, S. 131.

[278] So auch *D. Heckmann*, JZ 1996, S. 880 (886).

[279] *H. Faber*, Geistesfreiheit, S. 64, spricht im Hinblick auf Belästigungen oder Beeinträchtigungen durch optische Signale von »optischem« Lärm, was die Parallele zur Geräuschbelästigung anschaulich illustriert.

[280] So im Ausgangspunkt (und mit Blick nur auf Lärmbelästigungen) auch *J. Fenchel*, Negative Informationsfreiheit, S. 132.

[281] *J. Fenchel*, Negative Informationsfreiheit, S. 132.

wird jedoch die Belästigung durch das Signal im Vordergrund stehen,[282] während der Inhalt namentlich von Werbebotschaften dem Rezipienten oftmals gleichgültig sein dürfte.[283] Darüber hinaus ist anzumerken, daß in den Fällen einer »erzwungenen Wahrnehmung« durch ein »gefangenes Publikum« – erinnert sei nochmals an das Beispiel der Schulpflicht – schon eine Beeinträchtigung der Verhaltensfreiheit oder gar der Freiheit der Person vorliegen, die eine (zeitweilige) Einschränkung der Selbstbestimmung über Gegenstand, Inhalt und Art geistiger Auseinandersetzung erst ermöglicht und im Falle der Schulpflicht auch ermöglichen soll. Wird diese Einwirkung auf die grundrechtlich (potentiell) geschützte Freiheit aber hinweggedacht, so entfällt auch der Zwang zur Aufnahme einer Information.

Dessen ungeachtet mag möglich sein, daß eine zufällige oder beiläufige Konfrontation mit staatlichen oder privaten Erklärungen und Stellungnahmen zu Ereignissen oder Erkenntnissen eine geistige Auseinandersetzung des Rezipienten mit dem betreffenden Thema herbeiführt. Gleichwohl darf bezweifelt werden, daß schon allein in der zufälligen Konfrontation mit einer Information eine für die Informationsfreiheit unter dem Aspekt der »Auswahlfreiheit«[284] relevante Beeinträchtigung der Fähigkeit zur autonomen Entscheidung über Gegenstände und Quellen der Meinungsbildung sowie die dabei zu berücksichtigenden Gesichtspunkte gesehen werden kann. Dabei ist auch zu bedenken, daß jede derartige Entscheidung das Vorhandensein von Entscheidungsgrundlagen erfordert. Die Auswahl zwischen Themen und Argumenten setzt deren Kenntnis voraus, ohne daß schon in dem Vorhandensein einer (irreversiblen) Information eine Beeinträchtigung von Entscheidungsfreiheit gesehen werden könnte; ein Grundrechtsschutz des Interesses an einer Meinungsbildung auf unvollständiger Tatsachengrundlage erscheint auch schwerlich vorstellbar.

---

[282] Dies dürfte auch für den von *J. Fenchel*, Negative Informationsfreiheit, S. 138, als Beispiel für unentrinnbar aufgedrängte Informationen genannten ABC-Alarm durch Sirenen zu gelten haben.

[283] Ebenfalls hierher zu zählen sein dürfte der Streit um die Ausstrahlung von Radiosendungen (mit Werbeeinblendungen) in Bussen, der der bekannten Entscheidung des US-Supreme Court in der Sache »Public Utilities Comission v. Pollak« (343 US 451, 96 L Ed. S. 1068ff.) aus dem Jahre 1952 zugrunde lag; ebenso wohl auch *O. Kimminich*, Der Staat 3 (1964), S. 61 (80); für derartige Sachverhalte läßt sich die grundrechtliche Relevanz der Geräuschbelästigung allerdings schon deshalb bezweifeln, weil der Linienverkehr mit Bussen eine – regelmäßig kommunale – Leistung darstellt, auf die ein grundrechtlicher Anspruch nicht besteht und zu deren Inanspruchnahme auch niemand verpflichtet ist; abl. auch *J. Hellermann*, Freiheitsrechte, S. 186; anders *W. Fikentscher/Th. M.J. Möllers*, NJW 1998, S. 1337 (1342), die den Gedanken des »gefangenen Publikums« (»captive audience«) auch auf den Fall des – in den genannten Beispielen freilich regelmäßig zweifelhaften – Angewiesenseins des Betroffenen auf bestimmte Leistungen hervorheben und sogar gegen private Leistungsanbieter wenden, dabei aber übersehen, daß es in Ermangelung eines grundrechtlichen Anspruchs auf einen Vertragspartner auch keinen Anspruch auf das Unterbleiben eines bestimmten Verhaltens des Vertragspartners geben kann.

[284] Vgl. zur »Auswahlfreiheit« *C. Starck*, in: v. Mangoldt/Klein/Starck, GG, Art. 5 Rn. 40, 202.

Dieses Ergebnis hindert andererseits nicht, die Möglichkeit eines Abwehrrechts gegen bestimmte Arten und Inhalte von Sinneswahrnehmungen zu bejahen, wenn sich nachweisen läßt, daß ein Freiheitsgrundrecht nach seinem Normzweck auf den Schutz vor einer derartigen Einwirkung zielt. Dies mag beispielsweise für Art. 2 Abs. 1 GG zumindest dann angenommen werden können, wenn eine sinnlich wahrnehmbare Einwirkung auf einen Grundrechtsträger ein Verhalten unmöglich macht, das die Abwesenheit von Störungen – beispielsweise durch Lärm – voraussetzt;[285] auch können erhebliche (Lärm-) Belästigungen als Gefährdungen oder Beeinträchtigungen der körperlichen Unversehrtheit zu werten sein.[286] Über diesen »grundrechtlichen Immissionsschutz« hinaus wird aus dem Schutz der Privatsphäre durch das allgemeine Persönlichkeitsrecht ein Schutz vor aufgedrängter Kommunikation im Privatbereich abgeleitet werden können.[287] In diesen Fällen kann ferner die Möglichkeit staatsgerichteter (Abwehr-) Ansprüche gegen beeinträchtigendes Handeln Privater nicht von vornherein ausgeschlossen werden.

Eine andere Frage ist, ob ein Grundrechtsschutz in Betracht kommt, wenn die Kenntnisnahme von einer Handlung mit Erklärungsgehalt einen Konflikt mit moralischen, ethischen, politischen oder weltanschaulichen Vorstellungen des Rezipienten auslöst. Dies dürfte aber schon deshalb regelmäßig zu verneinen sein, weil in derartigen Fällen insbesondere die Meinungsfreiheit (Art. 5 Abs. 1 GG) sowie die Freiheit des Glaubens und des religiösen oder weltanschaulichen Bekenntnisses (Art. 4 Abs. 1 GG) sachlich-thematisch einschlägig sein werden, denn diese Grundrechte zielen in erster Linie auf einen verhaltensbezogenen Grundrechtsschutz und damit eine Abwehr von Beeinträchtigungen unmittelbar durch staatliches Handeln: So hat die grundrechtliche Gewährleistung der Meinungsfreiheit nach Auffassung des Bundesverfassungsgerichts die Funktion, »sowohl im Interesse der Persönlichkeitsentfaltung des Einzelnen ... als auch im Interesse des demokratischen Prozesses«[288] einen freien und ungehinderten Meinungs- und Willensbildungsprozeß zu ermöglichen: Das Grundrecht soll »die freie individuelle und öffentliche Meinungsbildung insgesamt sichern«,[289] indem es die Möglichkeit schützt, persönliche Auffassungen nicht nur zu haben, sondern diese auch zu äußern und zu verbreiten. Entsprechendes gilt für den Anwendungsbereich des Art. 4 Abs. 1 GG, ohne daß es an dieser Stelle einer exakten Unterschei-

---

[285] In diese Richtung zielt auch die – allerdings tendenziell weitergehende – Forderung von *O. Kimminich*, Der Staat 3 (1964), S. 61 (79ff.), ein »Recht auf Stille« müsse »als ein durch Art. 2 Abs. 1 GG zu schützendes Persönlichkeitsrecht begründet werden« (ebd., S. 83).

[286] Vgl. BVerfGE 56, 54 (75); *D. Murswiek*, in: Sachs (Hrsg.), GG, Art. 2 Rn. 155; *E. Schmidt-Aßmann*, AöR 106 (1981), S. 205 (209).

[287] So *K.J. Grigoleit/J. Kersten*, DVBl. 1996, S. 596 (604f.); vgl. auch BVerfG (3. Kammer des Ersten Senats), NJW 1991, S. 910 (911); a. A. *W. Fikentscher/Th. M.J. Möllers*, NJW 1998, S. 1337 (1339), die allein die negative Informationsfreiheit für einschlägig halten.

[288] BVerfGE 82, 272 (281); vgl. auch BVerfGE 85, 23 (31).

[289] BVerfGE 85, 23 (31); vgl. ferner BVerfGE 57, 295 (319); 95, 28 (35).

dung zwischen einerseits der Glaubensfreiheit und andererseits der Freiheit des religiösen oder weltanschaulichen Bekenntnisses bedürfte. Auch der von dieser Vorschrift vermittelte Schutz erstreckt sich nicht nur auf das Haben eines Bekenntnisses, sondern ebenso auf die Möglichkeit des »Sich-Äußerns, des Werbens und der Propaganda für oder der Abwerbung und der Gegenpropaganda gegen eine bestimmte religiöse oder irreligiöse Überzeugung«.[290] Darüber hinaus setzt die umfassende Gewährleistung der Selbstbestimmung eines Grundrechtsträgers im Hinblick auf die Schutzgüter der Art. 4 Abs. 1 und 5 Abs. 1 GG die Möglichkeit voraus, ohne staatliche Einflußnahme darüber entscheiden zu können, ob und wem gegenüber religiöse Überzeugungen wie auch Auffassungen zu beliebigen anderen Fragen geäußert werden.[291] Für die religiöse Überzeugung ist die Unzulässigkeit einer solchen Offenbarungspflicht in dem fortgeltenden Art. 136 Abs. 3 S. 1 WRV auch ausdrücklich angeordnet, so daß sich Einschränkungen des Rechts zur eigenen Entscheidung über die Kundgabe religiöser Überzeugungen in dem Rahmen halten müssen, der von Art. 136 Abs. 3 S. 2 WRV sowie – für Eintragungen auf der Steuerkarte – Art. 137 Abs. 6 WRV[292] vorgezeichnet wird.

Keiner besonderen Betonung bedarf schließlich, daß der Staat unter Geltung des Grundgesetzes gehindert ist, von seinen Bürgern das Bekenntnis zu einer bestimmten Meinung oder auch religiösen oder weltanschaulichen Position zu verlangen. Mit Art. 5 Abs. 1 sowie Art. 4 Abs. 1 GG und Art. 140 GG i.V.m. Art. 136 Abs. 4 WRV unvereinbar ist daher die Anordnung einer Pflicht des Bürgers zur Teilnahme an Veranstaltungen, die mit inhaltlichen Aussagen »unterlegt« sind,

---

[290] BVerfGE 12, 1 (4); vgl. ferner BVerfGE 41, 29 (49); 52, 223 (240).

[291] *R. Herzog*, in: Maunz/Dürig, GG, Art. 4 Rn. 78, spricht im Hinblick auf »das Unterlassen der (positiven) Ausübung des Grundrechts« aus Art. 4 Abs. 1 GG von der »negativen Komponente« der Glaubensfreiheit; demgegenüber bezieht *I. v. Münch*, in: v. Münch/Kunig (Hrsg.), GG, Art. 4 Rn. 23, den Begriff der »negativen« Glaubensfreiheit ausschließlich auf die Freiheit, keinen Glauben zu haben, ebenso *U.K. Preuß*, in: AK, Art. 4 Abs. 1, 2 Rn. 17; vielfach wird dem Begriff der »negativen« Glaubens- oder Religionsfreiheit auch sowohl das Nichthaben, als auch das Nichtäußern einer religiösen oder weltanschaulichen Überzeugung zugeordnet, vgl. *P. Badura*, BayVBl. 1996, S. 71 f.; *C. Starck*, in: v. Mangoldt/Klein/Starck, GG, Art. 4 Rn. 22; *H.D. Jarass*, in: Jarass/Pieroth, GG, Art. 4 Rn. 8; *M. Morlok*, in: Dreier (Hrsg.), GG, Art. 4 Rn. 40; zur Verwendung des Begriffs in der Rspr. des BVerfG vgl. BVerfGE 41, 29 (49); 46, 266 (267); 85, 94 (96); 93, 1 (22), und dazu *J. Ipsen*, in: FS M. Kriele, S. 301 (309 f.); schon in Anbetracht dieses Befundes erscheint die Verwendung einer solchen Terminologie indes nicht als hilfreich, auch wird im Schrifttum zu Recht betont, daß das Haben einer nicht- oder gar antireligiösen Überzeugung von der (»positiven«) Weltanschauungsfreiheit geschützt wird, vgl. *I. v. Münch* ebd.; *J. Ipsen*, Grundrechte, Rn. 354; *J. Neumann*, ZRP 1995, S. 381 (385); für den Begriff der »negativen« Religions- oder Glaubensfreiheit bliebe daher nur der Fall der (bewußten) Indifferenz gegenüber allen Versuchen, der Welt einen Sinn zu geben oder dessen Vorhandensein zu verneinen; generell abl. gegenüber der Verwendung des Begriffs der »negativen Freiheit« in Zusammenhang mit Art. 4 GG *J. Ipsen* ebd.; *M. Morlok* ebd.; auch sollte im Hinblick auf das Nichtäußern einer Überzeugung allenfalls von der »negativen Bekenntnisfreiheit« gesprochen werden, so *R. Zippelius*, in BK, Art. 4 Rn. 99, der der »positiven Religionsfreiheit« die »negative Bekenntnisfreiheit« gegenüberstellt; vgl. ferner BVerfGE 65, 1 (39); *J. Kokott*, in: Sachs (Hrsg.), Art. 4 Rn. 26.

[292] So BVerfGE 49, 375 (376).

weil in einem solchen Fall schon mit der Teilnahme ein Bekenntnis zu einer bestimmten Position verknüpft wird. So ist mit einem Schulgebet das Bekenntnis zum christlichen Glauben untrennbar verbunden, weshalb die Pflicht zur Teilnahme an Schulgebet zu Recht für unzulässig gehalten wird.[293] Entsprechendes wird zu gelten haben, wenn Soldaten die Teilnahme an militärischen Veranstaltungen befohlen wird, die mit religiösen Zeremonien einhergehen, denn auch in diesem Fall bewirkt schon die Teilnahme an der Veranstaltung die Identifikation mit einer Sachaussage. Ob der Befehl »Helm ab zum Gebet« als »Befehl zum Beten« zu interpretieren ist,[294] erscheint demgegenüber als zweitrangig.[295]

Insgesamt ergibt sich damit, daß ein »inhaltsbezogener« Grundrechtsschutz gegen störende Wahrnehmungen oder unerwünschte Informationen regelmäßig schon deshalb ausscheiden muß, weil derartige Sachverhalte auch bei staatlichem Handeln nicht von grundrechtlichen Schutzgut-Tatbeständen erfaßt werden.[296] Ein – wie auch immer konstruierter – Drittschutz gegen staatlicherseits ausdrücklich gestattetes oder schlicht zulässiges Handeln Privater kommt in diesen Fällen daher ebenfalls nicht in Betracht.

b. Exkurs: Der »Kruzifix«-Beschluß des Bundesverfassungsgerichts

Unter Zugrundelegung der vorstehenden Überlegungen läßt sich auch der eingangs erwähnte[297] »Kruzifix«-Beschluß des Bundesverfassungsgerichts abschließend würdigen. Hier ist jenen Stimmen im Schrifttum beizutreten, die der An-

---

[293] BVerfGE 52, 223 (239); *D. Ehlers*, in: Sachs (Hrsg.), GG, Art. 140 GG/136 WRV Rn. 8; *D. Heckmann*, JZ 1996, S. 880 (886); *A. v. Campenhausen*, in: Isensee/Kirchhof (Hrsg.), HbStR, Bd. VI, § 136 Rn. 97ff. m.w.N.; das Problem derartiger Fallgestaltungen liegt denn auch eher darin, daß schon die Nichtteilnahme an einem Schulgebet als »beredtes Schweigen« einen eigenen Aussagegehalt hat, vgl. *R. Zippelius*, in: BK, Art. 4 Rn. 99; *M. Morlok*, in: Dreier (Hrsg.), GG, Art. 4 Rn. 50; *A. v. Campenhausen* ebd., Rn. 97; auch ist die Situation in der Schule mit der Nichtteilnahme an beliebigen anderen religiösen Übungen nicht ohne weiters vergleichbar, insoweit a.A. aber BVerfGE 52, 223 (246).

[294] Dies wird von *R. Wolf*, NJW 1987, S. 36, mit der schon rabulistisch anmutenden Erwägung bestritten, der Wortlaut des Befehls »Helm ab zum Gebet« gebiete lediglich das Abnehmen des Helmes, nicht aber die Teilnahme am Gebet; es solle lediglich die von Art. 4 gebotene Achtung vor der Religionsausübung der Betenden hergestellt werden, insoweit übereinstimmend auch *A. v. Campenhausen*, in: v. Mangoldt/Klein/v. Campenhausen, Art. 140 GG/136 WRV Rn. 44; anders *H. Kiskalt*, NJW 1986, 2479f.; zurückhaltend auch *D. Ehlers*, in: Sachs (Hrsg.), GG, Art. 140 GG/Art. 136 WRV Rn. 8; bei Betrachtung aus dem Empfängerhorizont bringt dieser Befehl mit der Wendung »zum Gebet« indes schon nach seinem Wortlaut zum Ausdruck, daß die Pflicht des Befehlsadressaten sich nicht in dem Abnehmen des Helmes erschöpft; vgl. zum Thema ferner *M. Morlok*, in: Dreier (Hrsg.), GG, Art. 4 Rn. 53, der in dem »großen Zapfenstreich« ein rein militärisches Zeremoniell sieht, das (mittlerweile) einer religiösen Bedeutung verlustig gegangen sei.

[295] *D. Ehlers*, in: Sachs (Hrsg.), GG, Art. 140 GG/Art. 136 WRV Rn. 8, stellt darüber hinaus die berechtigte Frage, ob der bekenntnisneutrale Staat das Beten während militärischer Zeremonielle anordnen darf.

[296] Ähnl. schon *P. Lerche*, Werbung, S. 139ff.

[297] Vgl. oben, S. 356f.

nahme des Bundesverfassungsgerichts widersprochen haben, in der Anbringung eines Kreuzes (mit oder ohne Korpus) in öffentlichen Gebäuden sei eine rechtserhebliche Einwirkung auf die Glaubensfreiheit eines (andersdenkenden) Rezipienten zu sehen.[298] Zunächst bewirkt das schlichte Vorhandensein eines Kreuzes an der Wand keine Einschränkung der Freiheit, einen Glauben zu haben oder nicht zu haben und eine vorhandene (Glaubens-) Überzeugung zu äußern oder nicht zu äußern. Darüber hinaus fehlt es an jeder verhaltensbezogenen Einwirkung auf einen Grundrechtsträger, denn »das bloße Vorhandensein eines Kreuzes verlangt ... weder eine eigene Identifizierung mit den darin symbolhaft verkörperten Ideen oder Institutionen noch ein irgendwie geartetes aktives Verhalten«.[299] In Betracht kommt allenfalls eine Beeinträchtigung der freien und ungehinderten Bildung einer religiösen Überzeugung, auf die offenbar das Bundesverfassungsgericht zielt, indem es den »appellativen Charakter« eines Kreuzes im Klassenzimmer hervorhebt, das »die von ihm symbolisierten Glaubensinhalte als vorbildhaft und befolgungswürdig« ausweise.[300] Selbst wenn einer solchen Einwirkung auf die Überzeugungsbildung grundrechtliche Relevanz im Hinblick auf die Glaubensfreiheit zugebilligt wird,[301] muß bezweifelt werden, daß selbst eine ständig wiederkehrende Konfrontation mit einem Glaubenssymbol für sich genommen einen ernstzunehmenden Beitrag zur Veränderung oder Bildung einer Glaubensüberzeugung leistet.[302] Die Bedeutung des staatlichen Bekenntnisses zu christlichen Vorstellungen durch Anbringung von Kruzifixen (oder schlichten Kreuzen) in Schulräumen ist vielmehr in der identifikationsstiftenden Wirkung für die Glaubenden zu erblicken, mit der eine Ausgrenzung – wenn nicht gar Diskriminierung – andersdenkender Mitglieder der staatlichen Gemeinschaft einhergeht.[303] Eine solche Verwendung eines Glaubenssymbols ist deshalb als Verletzung der staatlichen Pflicht zur religiös-weltanschaulichen Neutralität zu werten,[304] die auch nicht durch den Bildungsauftrag der Schule gerechtfertigt werden

[298] Vgl. *H. Bethge*, VVDStRL 57 (1998), S.7 (26f.); *D. Ehlers*, in: Sachs (Hrsg.), GG, Art. 140 GG/136 WRV Rn. 8; *D. Heckmann*, JZ 1996, S. 880 (888f.); *J. Ipsen*, in: FS M. Kriele, S. 301 (311ff.); *J. Isensee*, ZRP 1996, S. 10 (11ff.); *K.-H. Kästner*, JZ 1998, S. 974 (981); *J. Kokott*, in: Sachs (Hrsg.), GG, Art. 4 Rn. 36ff.; *D. Pirson*, BayVBl. 1995, S. 755 (757); *W. Rüfner*, NJW 1974, S. 491; demgegenüber bezeichnet *G. Czermak*, ZRP 1996, S. 201 (mit Fn. 3), mit Blick auf die Ausführungen von *Isensee* die These, nicht einmal der Schutzbereich des Art. 4 GG werde berührt«, als »skurril«, ohne freilich eine hinreichende Begründung für dieses Verdikt zu geben.

[299] BVerfGE 35, 366 (375).

[300] BVerfGE 93, 1 (20).

[301] Abl. *J. Ipsen*, in: FS M. Kriele, S. 301 (315ff.).

[302] Ähnl. *D. Heckmann*, JZ 1996, S. 880 (889); anders *J. Rozek*, BayVBl. 1996, S. 22 (23).

[303] Vgl. zur integrierenden wie ausgrenzenden Bedeutung von Symbolen *D. Heckmann*, JZ 1996, S. 880 (882) m.w.N.

[304] Ebenso *M. Morlok*, in: Dreier (Hrsg.), GG, Art. 4 Rn. 99; *J. Rozek*, BayVBl. 1996, S. 22 (23f.); vgl. ferner *J. Hellermann*, Freiheitsrechte, S. 186; *J. Ipsen*, in: FS M. Kriele, S. 301 (317ff.); *D. Ehlers*, in: Sachs (Hrsg.), GG, Art. 140 GG/136 WRV Rn. 8; für das Kreuz im Gerichtssaal auch *E. Fischer*, NJW 1974, S. 1186; a. A. *J. Müller-Volbehr*, JZ 1995, S. 996 (998f.); *C. Starck*, in: v. Mangoldt/Klein/Starck, GG, Art. 4 Rn. 26f.; daß dem Staat religiös-weltanschauliche Neutrali-

kann.[305] Eine rechtserhebliche Einwirkung auf die Bekenntnisfreiheit andersdenkender Schüler oder ihrer Eltern liegt demgegenüber nicht vor, weil gerade nicht die Bildung einer bestimmten Überzeugung in Rede steht und das Affektionsinteresse, nicht mit einem Symbol einer nicht geteilten Überzeugung konfrontiert zu werden, von Art. 4 GG nicht geschützt wird.

An diesem Ergebnis ändert der Umstand nichts, daß Schüler jedenfalls im Umfang der Schulpflicht zwangsläufig mit Kreuzen in schulischen Räumen konfrontiert werden.[306] Zwar hat das Bundesverfassungsgericht auch mit diesem Gesichtspunkt argumentiert, indem es ausführte, Kreuze in Unterrichtsräumen führten zusammen mit der allgemeinen Schulpflicht dazu, daß Schüler »von Staats wegen und ohne Ausweichmöglichkeit mit diesem Symbol konfrontiert sind und gezwungen werden, ›unter dem Kreuz zu lernen‹«.[307] Diese Metaphorik ist aber erkennbar auf eine schlichte Addition rückführbar, die aus einer staatlichen Handlung mit Bezügen zum religiös-weltanschaulichen Bereich und einer anderweitigen Zwangswirkung einen Eingriff in die Religionsfreiheit eines Betroffenen folgert. Demgegenüber bedarf es der Differenzierung zwischen den verschiedenen Zwangselementen dieses Vorgangs: Zwar liegt eine Einwirkung auf ein grundrechtliches Schutzgut vor, wenn durch staatliches Handelns faktischer oder – wie im Falle der Schulpflicht – rechtlicher Art ein Tun, Dulden oder

---

tät gerade in seiner Eigenschaft als Heimstatt aller Bürger auferlegt ist, betont bereits BVerfGE 19, 206 (216); desgleichen hat das Schweizerische Bundesgericht, EuGRZ 1991, S. 89 (93ff.), in der Anbringung eines Kruzifixes in einer Grundschule eine Verletzung eines in der Schweizerischen Bundesverfassung verankerten Prinzips der konfessionellen Neutralität der Schule gesehen: Der Staat als Garant dieser Neutralität könne sich nicht die Befugnis herausnehmen, die »eigene Verbundenheit mit einer Konfession in jedem Fall deutlich zu zeigen«, sondern müsse vermeiden, »sich mit einer Mehrheits- oder Minderheitsreligion zu identifizieren und so die Überzeugungen der Bürger anderer Bekenntnisse zu beurteilen« (ebd., S. 94), dabei bezieht sich das Gericht auf entsprechende Erwägungen des Supreme Court der USA zur Anbringung der Zehn Gebote in Schulzimmern; der Annahme einer Verletzung der staatlichen Neutralitätspflicht läßt sich für die Bundesrepublik auch nicht entgegenhalten, daß es vielfältige und im Grundgesetz vorgesehene oder (zumindest) angelegte Sonderbeziehungen zwischen dem Staat und namentlich den christlichen Kirchen gebe, vielmehr bedarf es gerade wegen dieses Sachverhalts einer grundsätzlich »gleichen Distanz« des Staates zu verschiedenen religiösen Bekenntnissen, die insoweit gleich zu behandeln sind, wie auch Art. 137 Abs. 4 WRV zeigt.

[305] In diese Richtung aber *C. Starck*, in: v. Mangoldt/Klein/Starck, GG, Art. 4 Rn. 27; *D. Heckmann*, JZ 1996, S. 880 (888); für religiös-weltanschauliche Neutralität soll danach an Stelle von Nichtidentifikation ein pluralistischer Unterricht sorgen. Dem kann nicht gefolgt werden, weil das Vorhandensein eines Kreuzes, das gerade auch die Verbundenheit des Staates mit den symbolisierten Vorstellungen zum Ausdruck bringt, einen weltanschaulich neutralen Unterricht von vornherein konterkarieren muß. Die staatlich veranlaßte Anbringung eines Kreuzes in schulischen Räumen begegnet daher – umgekehrt – auch deshalb Bedenken, weil der Staat zur religiös-weltanschaulichen Neutralität im Unterricht verpflichtet ist.

[306] Anders offenbar *M. Morlok*, in: Dreier (Hrsg.), GG, Art. 4 Rn. 48, der auf die »Unausweichlichkeit der Konfrontation« abstellt.

[307] BVerfGE 93, 1 (18); vgl. auch BVerfGE 35, 366 (375f.); die Wendung von der Pflicht zum Lernen »unter dem Kreuz« dürfte freilich als sprachliche Übertreibung der von einem solchen Symbol ausgehenden Wirkungen zu werten sein.

Unterlassen erzwungen wird. Ist die Anbringung von Kreuzen in Schulen (oder anderen öffentlichen Gebäuden) grundrechtlich irrelevant, so hat es hierbei aber auch dann sein Bewenden, wenn staatliche Maßnahmen vorliegen, die zwangsläufig – und damit zugleich auch zwangsweise – die Konfrontation ihres Adressaten mit diesem Symbol herbeiführen.[308] Diese (Zwangs-) Maßnahmen besitzen vielmehr einen »grundrechtlichen Eigenwert«, dem durch das sachlich einschlägige Grundrecht – beispielsweise Art. 2 Abs. 2 S. 2 oder (jedenfalls) Art. 2 Abs. 1 GG – Rechnung getragen wird. Auch die Rechtmäßigkeit der Anordnung einer allgemeinen Schulpflicht bleibt daher davon unberührt, daß die Anbringung von Kreuzen in Unterrichtsräumen die (objektiv-rechtliche) Pflicht des Staates zur Neutralität im religiös-weltanschaulichen Bereich verletzt und deshalb unzulässig ist. Hieran ändert auch die (»positive«) Religionsfreiheit der Glaubenden nichts, weil ausschließlich die Ausstattung staatlicher Räume mit Glaubenssymbolen in Rede steht. Die Glaubensfreiheit gewährleistet aber Freiheit vom Staat, nicht aber gewährt sie einen Anspruch auf das Vorhandensein religiöser Symbole in staatlichen Einrichtungen, so daß sie durch das Fehlen derartiger Symbole nicht berührt wird.[309] Die Annahme einer »Grundrechtskollision« zwischen »positiver« und »negativer« Religionsfreiheit[310] erweist sich daher als in jede Richtung unzutreffend,[311] denn das (Nicht-) Vorhandensein eines Kreuzes im Klassenzimmer (oder anderen öffentlichen Gebäuden) steht weder mit der (»positiven«) Religionsfreiheit der Gläubigen noch der (»negativen«) Religionsfreiheit der Andersdenkenden in Zusammenhang; es handelt sich vielmehr um einen grundrechtlich insgesamt irrelevanten Vorgang.[312]

IV. Der Einwirkungstatbestand bei privaten Drittbeeinträchtigungen

Wenngleich ein Grundrechtsschutz gegen »aufgedrängte« Wahrnehmungen und Informationen nur in besonders gelagerten Einzelfällen – etwa bei einer für den Rezipienten nicht erkennbaren Manipulation – in Betracht kommen wird, kann als Ergebnis der Überlegungen zum Umfang des grundrechtlichen Schutzes von

[308] So auch *J. Ipsen*, in: FS M. Kriele, S. 301 (317); vgl. auch *J. Isensee*, ZRP 1996, S. 10 (12).

[309] So zu Recht *G. Czermak*, NJW 1995, S. 3348 (3350f.); vgl. auch *L. Renck*, ZRP 1996, S. 205 (206); *D. Pirson*, BayVBl. 1995, S. 755 (757); *J. Neumann*, ZRP 1995, S. 381 (385); *A. Schmitt-Kammler*, in: FS K.H. Friauf, S. 343 (355).

[310] In diesem Sinne *P. Badura*, BayVBl. 1996, S. 71 (72); *C. Link*, NJW 1995, S. 3353 (3356f.); *J. Müller-Volbehr*, JZ 1995, S. 996 (999f.); *U Scheuner*, in: FG Th. Maunz, S. 307 (322); vgl. ferner *W. Rüfner*, NJW 1974, S. 491 (492); *C. Starck*, in: v. Mangoldt/Klein/Starck, GG, Art. 4 Rn. 26.

[311] In diesem Punkt übereinstimmend *G. Czermak*, NJW 1995, S. 3348 (3350f.), und *J. Isensee*, ZRP 1996, S. 10 (13); ähnl. auch schon *E. Fischer*, NJW 1974, S. 1185f.; vgl. ferner *J. Ipsen*, in: FS M. Kriele, S. 301 (311).

[312] Vgl. auch *J. Kokott*, in: Sachs (Hrsg.), GG, Art. 4 Rn. 43: Die positive Religionsfreiheit fiele »nur dann zugunsten des Kreuzes ins Gewicht, wenn man ihr einen Anspruch auf Anbringen von Kreuzen ... entnähme«.

Nichtstörungsinteressen andererseits festgehalten werden, daß ein Grundrechtsschutz gegen unerwünschte Umwelteinwirkungen grundsätzlich möglich ist. Zwar mag sich sagen lassen, daß ein »allgemeines Interessenstörungsverbot« nicht existiert,[313] denn die grundrechtliche Absicherung des (Verschonungs-) Interesses eines Grundrechtsträgers am Unterbleiben von Einwirkungen auf grundrechtliche Schutzgüter muß aus den Einzelgrundrechten nachgewiesen werden. Gefährdungen oder Beeinträchtigungen der Person wie auch Einwirkungen auf die persönliche Sphäre oder das Eigentum eines Grundrechtsträgers lassen sich aber regelmäßig den Schutzgut-Tatbeständen von Grundrechten zuordnen. Dies ist auch folgerichtig, denn bei dem personenbezogenen Grundrechtsschutz handelt es sich um das notwendige Korrelat des verhaltensbezogenen Grundrechtsschutzes im Interesse einer umfassenden Gewährleistung der Freiheit von Fremdbestimmung. Der Grundrechtsschutz wäre unvollständig, wenn der Staat zwar die Auferlegung von Verhaltenspflichten im Einzelfall rechtfertigen (und bei Fehlen eines rechtfertigenden Grundes unterlassen) müßte, jedoch nach Belieben auf die persönliche Sphäre des Bürgers einwirken könnte.

1. Drittbeeinträchtigung und Schutzpflicht

Damit bleibt die Frage, ob und in welcher Form ein (staatsgerichteter) Grundrechtsschutz möglich ist, wenn Nichtstörungsinteressen eines Grundrechtsträgers nicht unmittelbar durch staatliches Handeln, sondern durch staatlicherseits genehmigte (oder anderweitig »zugelassene«) Vorhaben von Privatpersonen beeinträchtigt werden. Hierzu vertritt – wie bereits gezeigt[314] – insbesondere das Bundesverfassungsgericht die Auffassung, daß in derartigen Fällen in erster Linie staatliche Schutzpflichten zugunsten Dritter in Betracht kommen. Auf dieser Basis können private Handlungen zumindest dann Grundrechtserheblichkeit beanspruchen, wenn sich die staatliche Schutzpflicht zu einer Verpflichtung verdichtet, zugunsten des Dritten zu intervenieren; folgerichtig läßt sich von einer Art »Quasi-Verantwortlichkeit« des Staates für eine Drittbeeinträchtigung sprechen, wenn erforderliche Schutzvorkehrungen zugunsten des Dritten unterbleiben.[315]

In der Rechtsprechung des Bundesverfassungsgerichts finden sich jedoch auch Entscheidungen, in denen die Annahme einer abwehrrechtlich relevanten Verantwortlichkeit des Staates für Gefährdungen oder Beeinträchtigungen eines Dritten durch gestattetes Handeln Privater zumindest anklingt. Wichtigstes Beispiel hierfür ist die »Mülheim-Kärlich«-Entscheidung aus dem Jahre 1979, in der eine staatliche Mitverantwortung für Gefährdungen der körperlichen Integrität Drit-

---

[313] So *P. Preu*, Grundlagen, S. 72; vgl. auch *W. Sass*, Entschädigungserfordernis, S. 407.

[314] Vgl. oben, S. 322ff.

[315] Vgl. *U. Di Fabio*, DÖV 1995, S. 1 (6); ähnl. *W. Sass*, Entschädigungserfordernis, S. 403.

ter infolge der genehmigten Errichtung einer kerntechnischen Anlage postuliert worden ist.[316] Dem liegt erkennbar die Prämisse zugrunde, daß die Pflicht des Staates, bei seinem Handeln stets die Grundrechte der Bürger zu beachten und eine Gefährdung oder Beeinträchtigung grundrechtlich (potentiell) geschützter Belange oder Interessen besonders zu rechtfertigen, auch dann besteht, wenn drittbeeinträchtigende Handlungen Privater staatlicherseits (ausdrücklich) gestattet werden.

Die Annahme einer aus der Existenz einer Gestattung resultierenden Mitverantwortung des Staates für das Verhalten des Gestattungsempfängers ist allerdings auf verbreitete Kritik gestoßen. Insbesondere mußte sich das Bundesverfassungsgericht entgegenhalten lassen, in Abhängigkeit nicht zuletzt von Zweckmäßigkeitsgesichtspunkten könne auch eine bloße Anzeigepflicht oder eine staatliche Aufsicht mit der Möglichkeit repressiven Einschreitens an die Stelle eines präventiven Verbots mit Erlaubnisvorbehalt treten,[317] so daß die Existenz eines präventiven Kontrollverfahrens zur Verhinderung gravierender Normverstöße nicht den Schluß rechtfertige, der Staat wolle für den Fall fehlerhafter Zulassung eigene Mitverantwortung zugunsten Dritter übernehmen.[318] Desgleichen meint *D. Rauschning*, wenn der Staat den Betreiber eines Kernkraftwerks im Interesse der Allgemeinheit und des einzelnen einer engen Kontrolle unterwerfe, könne nicht gerade aus diesem »schützenden Bemühen« eine staatliche Verantwortung hergeleitet werden.[319]

Dieser Einwand ist insoweit berechtigt, als das genehmigte Verhalten eines Bürgers dem Staat nicht schon deshalb zugerechnet werden kann, weil die Bürger mit einem präventiven Verbot vor den Gefahren geschützt werden sollen, die mit dem genehmigungspflichtigen Tun verbunden sind. Allerdings ist insbesondere das atomrechtliche Genehmigungsverfahren in einer Weise ausgestaltet, daß gleichwohl möglich erscheint, die staatliche Gestattung einer kerntechnischen Anlage als eine Art »Garantieerklärung« für größtmögliche Sicherheit und damit als eine Übernahme staatlicher Mitverantwortung zu deuten.[320] Darüber hinaus ist anzumerken, daß kerntechnische Anlagen oftmals von Gesellschaften betrieben werden, an denen der Staat oder die kommunalen Gebietskörperschaften unmittelbar oder mittelbar beteiligt sind. Soweit dies (noch) der Fall ist, sind diese Betreibergesellschaften als »öffentliche Unternehmen« zu qualifizieren, die unter Zugrundelegung der Rechtsprechung von Bundesverfassungsgericht und BGH nicht grundrechtsberechtigt, sondern ihrerseits grundrechtsverpflichtet sind.[321]

---

[316] BVerfGE 53, 30 (58).

[317] *P. Preu*, Grundlagen, S. 71; ähnl. *G. Hermes*, Schutz, S. 87.

[318] *P. Preu*, Grundlagen, S. 71.

[319] *D. Rauschning*, DVBl. 1980, S. 831 (832); vgl. auch *ders.*, VVDStRL 38 (1980), S. 167 (184f.).

[320] Abl. aber *G. Hermes*, Schutz, S. 88.

[321] Vgl. hierzu den Überblick, bei *Th. Koch*, Unternehmen, S. 94ff.

Dies ermöglicht, mit Errichtung und Betrieb kerntechnischer Anlagen einhergehende Einwirkungen auf grundrechtlich (potentiell) geschützte Güter Dritter als Verwirklichung eines Einwirkungs- und damit auch Beeinträchtigungstatbestandes durch ein selbst und unmittelbar grundrechtsverpflichtetes Rechtssubjekt zu qualifizieren.[322]

Unabhängig von Besonderheiten bei Errichtung und Betrieb kerntechnischer Anlagen bleibt aber festzuhalten, daß die Kritik an der »Mitverantwortungsthese« letztlich auf den Einwand hinausläuft, zulässiges Verhalten eines Privaten sei als Inanspruchnahme der allgemeinen (Handlungs-) Freiheit eines Grundrechtsträgers dem Staat generell und unabhängig von der Erforderlichkeit einer ausdrücklichen Gestattung nicht zuzurechnen. So liegt dem Argument der weitgehenden Ersetzbarkeit von präventiven Genehmigungserfordernissen durch eine (repressive) Staatsaufsicht die erkennbare Prämisse zugrunde, bei einem genehmigungsfrei zulässigen Verhalten eines Bürgers sei eine Verantwortlichkeit des Staates für Drittbeeinträchtigungen ausgeschlossen, denn es wird letztlich mit der Erwägung operiert, wegen der Austauschbarkeit unterschiedlicher Regelungsmechanismen könne im Falle der Erforderlichkeit einer Genehmigung nichts anderes gelten, der Genehmigungsempfänger störe den Dritten vielmehr »in Verwirklichung der ihm kraft seines Personseins zukommenden Handlungsfreiheit und in eigener Willensbetätigung«.[323] Auf dieser Linie liegt auch die nunmehr vom Bundesverfassungsgericht in seiner (Kammer-) Entscheidung zu den Waldschäden vertretene Position, die staatliche Zulassung privater Luftverunreinigungen lasse »nur die den grundrechtlichen Freiheiten ... gesetzte vorläufige Sperre entfallen«, erweitere aber nicht »den Rechtskreis der privaten Nutzer, so daß eine den zulässigen Schadstoffausstoß begrenzende Genehmigung eine Einschränkung der Handlungsfreiheit der Emittenten enthalte, nicht aber deren Einwirkungsmöglichkeiten »zu Lasten der immissionsgeschädigten Grundeigentümer« erweitere.[324] Desgleichen ist auch die These von *D. Rauschning*, in Immissionen aus einer genehmigten Anlage sei kein »Eingriff in die Gesundheit des Anwohners« zu sehen,[325] letztlich wieder auf die Annahme rückführbar, es gebe keine präexistente und unabhängig von Genehmigungserfordernissen existierende Verantwortlichkeit des Staates für Beeinträchtigungen Dritter durch zulässiges Verhalten anderer Privater.

---

[322] In diese Richtung, auch *H. Hofmann*, Entsorgung, S. 325f., der Auswirkungen kerntechnischer Anlagen auf Dritte kraft ihrer »rechtliche(n) Regelung« als »Eingriffe« qualifizieren will, weil es um die »Verwirklichung einer gemeinnützigen Aufgabe« unter Verwendung privatrechtlicher Formen gehe; anders *E. Schmidt-Aßmann*, AöR 106 (1981), S. 205 (215), nach dessen Auffassung staatliche Schutzpflichten bei Gefährdungen der Schutzgüter des Art. 2 Abs. 2 S. 1 GG die »Grundlage eines öffentliche und private Immissionen gleicherweise steuernden Schutzrechts« bilden; dagegen zu Recht *J. Schwabe*, NVwZ 1983, S. 523 (526).

[323] *P. Preu*, Grundlagen, S. 70; vgl. auch *G. Hermes*, Schutz, S. 86.

[324] BVerfG (3. Kammer des Ersten Senats), NJW 1998, S. 3264 (3265).

[325] *D. Rauschning*, VVDStRL 38 (1980), S. 167 (184), der in diesem Vorgang (!) allein »eine Beschränkung der Handlungsfreiheit des Betreibers dieser Anlage« (ebd., S. 185) sehen will.

Daß dieser Ausgangspunkt der Kritik an der Rechtsprechung des Bundesverfassungsgerichts zu atomrechtlichen Genehmigungsverfahren zutrifft, ist allerdings – wie noch zu zeigen sein wird – nicht unbestritten. Auch geht das Bundesverfassungsgericht in der »Mülheim-Kärlich«-Entscheidung erkennbar davon aus, daß die gesetzliche Anordnung von Genehmigungserfordernissen ein Mittel zur Erfüllung einer vorgegebenen und neben der Pflicht zum Schutze Dritter existierenden Aufgabe des Staates ist, die Grundrechtspositionen von Genehmigungsempfänger und Drittem zu einem Ausgleich zu bringen.[326] Eine derartige Pflicht könnte folglich durch einen Verzicht auf Genehmigungserfordernisse oder gar staatliches Nichthandeln verletzt werden. Gleichwohl stellt sich die vom Bundesverfassungsgericht nicht beantwortete Frage nach den dogmatischen Wurzeln eines im Verfassungsrecht gründenden Drittschutzes gegen genehmigungsfrei zulässiges oder gestattetes Handeln Privater. Würde eine abwehrrechtlich relevante Verantwortlichkeit des Staates für Drittbeeinträchtigungen in derartigen Fällen verneint, so bliebe nur der Rekurs auf staatliche Schutzpflichten.

Auch die Argumentation mit dieser Rechtsfigur bereitet aber nicht unerhebliche Schwierigkeiten, weil ungeachtet der weitgehenden Anerkennung staatlicher Schutzpflichten in Literatur und Rechtsprechung immer noch Unklarheiten über den Rechtsgrund ihrer Geltung existieren, die auf die Frage nach der inhaltlichen Reichweite einer solchen Schutzpflicht sowie der Existenz eines subjektiven (Schutz-) Rechts des Dritten ausstrahlen. So hat das Bundesverfassungsgericht schon in der »Fristenlösungs«-Entscheidung mit verschiedenen Gesichtspunkten gearbeitet: Zunächst wurde eine staatliche Schutzpflicht in bezug auf das menschliche Leben unmittelbar aus Art. 2 Abs. 2 S. 1 GG abgeleitet, in Ermangelung einer eigenständigen Begründung für diese These[327] aber zugleich auf die Gewährleistung der Menschenwürde gestützt, die zu schützen dem Staat durch Art. 1 Abs. 1 S. 2 GG ausdrücklich aufgegeben ist.[328] Darüber hinaus findet sich ein Hinweis auf die grundrechtliche Wertordnung, der in dieser Entscheidung allerdings nur dem Zweck dient, die Frage nach der Grundrechtsfähigkeit des *nasciturus* offenlassen zu können.[329]

Mit diesen Ausführungen ist die Grundlage für zwei unterschiedliche Ansätze zur Begründung staatlicher Schutzpflichten[330] geschaffen, die sich in der weiteren Rechtsprechung widerspiegeln. So sind die Gesichtspunkte einer »Schutzpflicht

---

[326] Vgl. BVerfGE 53, 30 (57f.).

[327] BVerfGE 39, 1 (36ff.), verweist insoweit auf die vorangegangenen Ausführungen, die sich aber allein mit der Einbeziehung des ungeborenen Lebens in den Schutzgut-Tatbestand des Art. 2 Abs. 2 S. 1 GG befassen; alsdann mutiert der Schutz jedes menschlichen Lebens durch die Verfassung und gegen den Staat unversehens und nur vermittelt durch das Wort »deshalb« zu einer Pflicht des Staates zu (aktivem) Lebensschutz (ebd., S. 41).

[328] BVerfGE 39, 1 (41).

[329] Vgl. BVerfGE 39, 1 (41f.).

[330] So auch *E. Klein*, NJW 1989, S. 1633 (1635), der weiter hervorhebt, daß beide Ansätze »vom Gericht nicht vertieft werden«.

des Staates für Leben und Menschenwürde«[331] in einer Reihe von Entscheidungen wieder aufgegriffen und auch miteinander verknüpft worden.[332] In der zweiten Entscheidung zum Schwangerschaftsabbruch heißt es hierzu, die staatliche Pflicht zum Schutze des (hier: ungeborenen) Lebens habe ihren Grund allein in Art. 1 Abs. 1 GG; ihr Gegenstand und Maß werde hingegen durch Art. 2 Abs. 2 GG bestimmt.[333] Demgegenüber greift der Zweite Senat in der »Kalkar«-Entscheidung auf den Aspekt der grundrechtlichen Wertordnung zurück und setzt ihn zu der Gewährleistung der Menschenwürde in Beziehung: Daß die »grundrechtlichen Verbürgungen« auch »objektivrechtliche Wertentscheidungen der Verfassung« darstellten, »die für alle Bereich der Rechtsordnung gelten und Richtlinien für Gesetzgebung, Verwaltung und Rechtsprechung geben«, werde am deutlichsten in Art. 1 Abs. 1 S. 2 GG ausgesprochen, wonach es Verpflichtung aller staatlichen Gewalt ist, die Würde des Menschen zu achten und zu schützen. »Daraus« könnten sich verfassungsrechtliche Schutzpflichten ergeben, die es geböten, »rechtliche Regelungen so auszugestalten, daß auch die Gefahr von Grundrechtsverletzungen eingedämmt bleibt«.[334] In der Folgezeit verweist das Bundesverfassungsgericht zur Begründung dieser Schutzpflichten wiederholt auf den »objektiv-rechtlichen Gehalt« der Grundrechte;[335] in neueren Entscheidungen wird die Existenz grundrechtlicher Schutzpflichten in Anbetracht einer gefestigten Rechtsprechung schließlich als selbstverständlich vorausgesetzt.[336]

Dieser Auffassung des Bundesverfassungsgerichts ist im Ausgangspunkt darin beizupflichten, daß eine Aufgabe des Staates zum Schutze des Individuums vor Angriffen durch andere Personen gerade auch in den Grundrechten verankert ist,[337] die Grundrechtsbestimmungen also »die Friedens- und Sicherungszwecke des Staates für bestimmte höchstwertige Rechtsgüter« konkretisieren[338] und der

---

[331] So ausdrücklich BVerfGE 64, 261 (275).

[332] Mit BVerfGE 39, 1 (41), übereinstimmend BVerfGE 45, 187 (254f.); vgl. auch BVerfGE 64, 261 (275); in anderen Entscheidungen wird auf eine Schutzpflicht aus Art. 2 Abs. 2 S. 1 i.V. m. Art. 1 Abs. 1 S. 2 GG verwiesen, vgl. BVerfGE 46, 160 (164); 49, 24 (53); 57, 250 (284f.); BVerfG (1. Kammer des Ersten Senats), NJW 1995, S. 2343; *C. Starck*, Verfassungsauslegung, S. 63, spricht insoweit von einer »rechtsdogmatisch nicht besonders klare(n) Formel«; BVerfGE 81, 310 (339), operiert sodann allein mit einer Schutzpflicht aus Art 2 Abs. 2 GG; ähnl. BVerfG (1. Kammer des Ersten Senats), NJW 1997, S. 2509.

[333] BVerfGE 88, 203 (251); demgegenüber operiert BVerfG (1. Kammer des Ersten Senats), NJW 1997, S. 2509, erstaunlicherweise wieder allein mit Art. 2 Abs. 2 GG.

[334] BVerfGE 49, 89 (141f.).

[335] BVerfGE 53, 30 (57); 56, 54 (73); ähnl. BVerfGE 77, 170 (214); 85, 191 (212); 92, 26 (46); vgl. auch BVerfGE 66, 39 (61).

[336] Vgl. BVerfGE 77, 381 (402f.); 79, 174 (201f.); 96, 56 (64); BVerfG (1. Kammer des Ersten Senats), NJW 1997, S. 2509.

[337] So (mit Unterschieden in den Einzelheiten) *J. Isensee*, in: Isensee/Kirchhof (Hrsg.), HbStR, Bd V, § 111 Rn. 84; *E. Klein*, NJW 1989, S. 1633 (1636); *H.H. Klein*, DVBl. 1994, S. 489 (492f.); *E. Schmidt-Aßmann*, AöR 106 (1981), S. 205 (215); *C. Starck*, Verfassungsauslegung, S. 71; *K. Stern*, Staatsrecht, Bd. III/1, S. 948f.; vgl. auch *J. Ipsen*, Grundrechte, Rn. 92.

[338] *K. Stern*, Staatsrecht, Bd. III/1, S. 948.

Rechtsordnung damit schon »von Grundrechts wegen die Abwehr des Störers bei möglichster Schonung seiner Rechte« obliegt.[339] *J. Isensee* hat diese Position dahin formuliert, daß die »klassische Staatsaufgabe Sicherheit« in den grundrechtlichen Schutzgütern »ein verfassungsrechtliches Substrat« finde.[340] Wird die Grundlage staatlicher Schutzpflichten aber in einer Staatsaufgabe gesehen, die auch in den Grundrechten zum Ausdruck kommt, so muß überraschen, mit welcher Selbstverständlichkeit das Bundesverfassungsgericht mittlerweile von einem subjektiven Recht auf Erfüllung dieser Schutzpflicht ausgeht,[341] denn die Annahme eines einklagbaren Anspruchs auf Erfüllung staatlicher Aufgaben erscheint eher fernliegend.[342] Auch kann der Einwand erhoben werden, daß angesichts einer ausdrücklichen Normierung von Schutzansprüchen der Grundrechtsträger in einzelnen Grundrechtsbestimmungen[343] – zu denken ist an die Pflicht zur Gewährleistung der ungestörten Religionsausübung (Art. 4 Abs. 2 GG)[344] oder den Schutz von Ehe und Familie (Art. 6 Abs. 1 GG) – weitergehende Ansprüche auf staatliches Handeln im Umkehrschluß zu verneinen sind.[345]

Allerdings sind im Schrifttum auch eine Reihe von Gesichtspunkten für eine »Subjektivierung« der (damit nicht mehr nur) objektiv-rechtlichen Schutzpflichten vorgetragen worden. So findet sich der Hinweis auf ein Gebot zur »Optimierung« eines gerade im Interesse des Indivduums existierenden[346] objektiv-rechtlichen Grundrechtsgehalts[347] sowie einer (daraus folgenden) Vermutung für die Existenz eines subjektiven Rechts der durch eine objektiv-rechtliche Pflicht eines Normadressaten geschützten Person.[348] Andere Autoren bleiben hingegen zurückhaltend.[349] So will *C. Starck* ein subjektives Recht auf Erfüllung staatlicher

---

[339] *H.H. Klein*, DVBl. 1994, S. 489 (493).

[340] *J. Isensee*, in: Isensee/Kirchhof (Hrsg.), HbStR, Bd V, § 111 Rn. 84.

[341] BVerfGE 77, 170 (214); 79, 174 (201 f.); BVerfG (1. Kammer des Ersten Senats), NJW 1995, S. 2343; (1. Kammer des Ersten Senats), NJW 1997, S. 2509.

[342] Vgl. *U. Di Fabio*, Risikoentscheidungen, S. 48 f.

[343] Zum Textbefund auch *K. Stern*, Staatsrecht, Bd. III/1, S. 934 ff.; *P. Unruh*, Schutzpflichten, S. 26 ff.

[344] Vgl. dazu *J. Ipsen*, Grundrechte, Rn. 91.

[345] In diese Richtung *C. Starck*, Verfassungsauslegung, S. 70.

[346] Dies betont *E. Klein*, NJW 1989, S. 1633 (1637).

[347] Vgl. *R. Alexy*, Theorie, S. 414 f.; *E. Klein*, NJW 1989, S. 1633 (1637); *B. Wiegand*, BayVBl. 1994, S. 647 (653); tendenziell auch *H.-U. Erichsen*, Jura 1997, S. 85 (89); *J. Fluck*, UPR 1990, S. 81 (83); *P. Unruh*, Schutzpflichten, S. 63.

[348] *H.H. Klein*, DVBl. 1994, S. 489 (493).

[349] Vgl. *P. Badura*, Staatsrecht, Rn. C 22 (S. 98); *J. Ipsen*, Grundrechte, Rn. 94 ff. (97); *ders.*, NdsVBl. 1999, S. 102 (105); *J. Isensee*, Sicherheit, S. 49 f.; *D. Rauschning*, VVDStRL 38 (1980), S. 167 (183); *M. Schmidt-Preuß*, Kollidierende Privatinteressen, S. 69 f.; *C. Starck*, Verfassungsauslegung, S. 70 ff.; *R. Steinberg*, NJW 1984, S. 457 (461); mit Blick auf Art. 14 GG auch *O. Depenheuer*, in: v. Mangoldt/Klein/Starck, GG, Art. 14 Rn. 97; s. ferner *U. Di Fabio*, Risikoentscheidungen, S. 44 ff., der (ebd., S. 420 ff.) einer Subjektivierung von Schutzpflichten »zumindest im Bereich unklarer Risikolagen« (ebd., S. 423) auch deshalb entgegentritt, um zu vermeiden, daß unmittelbar aus grundrechtlichen Schutzpflichten ein einklagbarer Anspruch auf administrative Interventionen abgeleitet und damit der Grundsatz vom Vorbehalt des Gesetzes unterlaufen

Schutzpflichten nur insoweit anerkennen, als eine solche Pflicht in einem einzelnen Grundrecht (ausnahmsweise) ausdrücklich normiert oder die Verpflichtung zum Schutz der Menschenwürde aus Art. 1 Abs. 1 S. 2 GG berührt ist.[350] Jenseits von Beeinträchtigungen des Lebens als der »existentielle(n) Grundlage des Genusses der Menschenwürdegarantie«[351] ist danach erforderlich, aus den einzelnen Grundrechten den »Würdekern« zu destillieren, auf den sich ein subjektives »Schutzrecht« allein bezöge.[352]

Einer solchen Theorie vom »Würdekern als Quelle und Grenze der grundrechtlichen Schutzpflichten«[353] ist allerdings mit der Erwägung entgegengetreten worden, wenn die »Menschenwürdegarantie« den »Bezugspunkt der Einzelgrundrechte« bilde, könne es für die Bestimmung ihrer Schutzdimension nicht nur auf ihren Würdekern ankommen.[354] Diese Auffassung basiert auf der Annahme, daß sich ein Widerspruch zwischen den divergierenden »Begründungssträngen« in der Rechtsprechung des Bundesverfassungsgerichts zu den grundrechtlichen Schutzpflichten durch »die Annahme eines legitimationstheoretischen Zusammenhangs zwischen der Menschenwürdegarantie und der Wertordnungstheorie«[355] auflösen lasse, der in Anlehnung an die »Lüth«-Entscheidung des Bundesverfassungsgerichts in der Orientierung der grundgesetzlichen Wertordnung an der Menschenwürde[356] verortet wird: Weil die Menschenwürde »der übergeordnete Geltungsgrund der Grundrechte« sei, Art. 1 Abs. 1 GG die »Spitze der verfassungsrechtlichen Wertungen des Grundgesetzes« bilde, seien die einzelnen Grundrechte »als ein Entwurf der Ausgestaltung des Menschenwürdegehaltes« zu begreifen, so daß die vom Grundgesetz errichtete Wertordnung als auf die Menschenwürde ausgerichtet erscheine.[357] Hieraus wird gefolgert, daß es für die Reichweite grundrechtlicher Schutzpflichten nicht auf einen Würdekern ankommen könne; vielmehr sei

---

wird; dem kann aber entgegengehalten werden, daß grundrechtliche Schutzpflichten angesichts der Unterscheidung zwischen Aufgaben- und Befugnisnormen eine gesetzliche Grundlage für grundrechtsrelevante Einwirkungen auf den Beeinträchtigenden nicht entbehrlich machen, mögen in der Rechtsprechung gelegentlich auch entsprechende Tendenzen zu verzeichnen sein (dazu schon oben, Abschnitt A, Anm. 302); vgl. *R. Wahl/J. Masing*, JZ 1990, S. 553 (557ff.); ebenso jetzt *C. Gusy*, NJW 2000, S. 977 (985); *J. Lege*, DVBl. 1999, S. 569 (574); s. ferner *H.-U. Erichsen*, Jura 1997, S. 85 (87f.); *G. Hermes*, Schutz, S. 272; *S. Muckel*, JA 1995, S. 343 (347); grds. auch *U. Schliesky*, Öffentliches Wettbewerbsrecht, S. 224ff., der dieses Ergebnis aber durch eine Anerkennung verfassungsimmanenter Schranken (ebd., S. 248ff.) wieder konterkariert; anders offenbar *M. Böhm*, JA 1997, S. 794 (798); differenzierend *C.-W. Canaris*, Grundrechte und Privatrecht, S. 89f.

[350] Vgl. *C. Starck*, Verfassungsauslegung, S. 70f., 74ff.

[351] *C. Starck*, Verfassungsauslegung, S. 71.

[352] Vgl. *C. Starck*, Verfassungsauslegung, S. 71; abl. *H.-U. Erichsen*, Jura 1997, S. 85 (86).

[353] *P. Unruh*, Schutzpflichten, S. 43.

[354] *P. Unruh*, Schutzpflichten, S. 43f.

[355] *P. Unruh*, Schutzpflichten, S. 34.

[356] Vgl. BVerfGE 7, 198 (205).

[357] *P. Unruh*, Schutzpflichten, S. 35f.; eine ähnl. Begründung der Schutzpflichten findet sich auch schon bei *C.-W. Canaris*, AcP 184 (1984), S. 201 (226).

– umgekehrt – »der Regelungsgehalt der einzelnen Grundrechtsnormierungen für die Reichweite der Schutzfunktion entscheidend«.[358]

Diese Deduktion steht (und fällt) mit ihrem letzten Schritt, denn eine Rückführung der »zweigleisigen« Begründung staatlicher Schutzpflichten durch das Bundesverfassungsgericht auf die Menschenwürde als tragendes Prinzip der grundgesetzlichen Wertordnung erscheint nur möglich, wenn zutrifft, daß aus diesem Gesichtspunkt eine umfassende staatliche Schutzpflicht für alle grundrechtlichen Schutzgüter und gegen beliebige Bedrohungen abgeleitet werden kann. Daß die auch von *C. Starck* anerkannte Verwurzelung der Einzelgrundrechte in der Gewährleistung der Menschenwürde durch Art. 1 Abs. 1 GG einen so weitreichenden Schluß zuläßt, muß jedoch bezweifelt werden. Es erscheint wenig überzeugend, gegen Einschränkungen beispielsweise der Forschungsfreiheit eines Wissenschaftlers durch Regelungen über Mitbestimmungsrechte anderer Hochschulangehöriger oder Beeinträchtigungen eines Grundstückseigentümers durch Emissionen oder gar eine Veränderung der Umgebung sogleich die Menschenwürde in Stellung bringen zu wollen.[359]

Selbst wenn ein – wie auch immer begründetes – subjektives Recht auf staatlichen Schutz grundsätzliche Anerkennung findet, stellt sich die weitere Frage nach Umfang und Reichweite dieser Schutzpflicht. Hier setzt das Bundesverfassungsgericht an, indem es zwar die Geltendmachung einer Verletzung staatlicher Schutzpflichten im Wege der Verfassungsbeschwerde für grundsätzlich möglich erachtet,[360] zugleich aber den weiten Einschätzungs-, Wertungs- und Gestaltungsspielraum betont, der Gesetzgeber und vollziehender Gewalt bei der Erfüllung der staatlichen Schutzpflicht zukomme und Raum für die Berücksichtigung konkurrierender öffentlicher und privater Belange lasse.[361] Eine Verletzung staatlicher Schutzpflichten könne nur festgestellt werden, »wenn die öffentliche Gewalt Schutzvorkehrungen entweder überhaupt nicht getroffen hat oder die getroffenen Regelungen und Maßnahmen gänzlich ungeeignet oder völlig unzulänglich sind, das gebotene Schutzziel zu erreichen, oder erheblich dahinter zurückbleiben«.[362] Damit wird die Erfüllung der staatlichen Schutzpflicht in weitem Umfang dem einfachen Recht überantwortet.[363]

---

[358] *P. Unruh*, Schutzpflichten, S. 44.

[359] Ähnl. *J. Isensee*, in Isensee/Kirchhof (Hrsg.), HbStR, Bd V, § 111 Rn. 81: Der Zusammenhang zwischen dem Schutz vor den Risiken eines Reaktor- oder Flughafenbetriebs und der Wahrung der Menschenwürde sei »wohl nur schwer vermittelbar«.

[360] Vgl. die Nachw. oben, Anm. 341.

[361] Vgl. BVerfGE 56, 54 (81); 77, 170 (214f.); 77, 381 (405); 79, 174 (202); 85, 191 (212); 92, 26 (46); 96, 56 (64); BVerfG (1. Kammer des Ersten Senats), NJW 1995 S. 2343; (1. Kammer des Ersten Senats), NJW 1997, S. 2509; (3. Kammer des Ersten Senats), NJW 1998, S. 3264 (3265).

[362] BVerfGE 92, 26 (46); mit sprachlichen Variationen auch BVerfGE 77, 170 (215); 77, 381 (405); 79, 174 (202); BVerfG (1. Kammer des Ersten Senats), NJW 1996, 651; (1. Kammer des Ersten Senats), NJW 1997, S. 2509; ähnl. auch schon BVerfGE 56, 54 (71); vgl. ferner BVerfGE 89, 276 (286).

[363] Vgl. BVerfGE 39, 1 (44); 46, 160 (164); 88, 203 (254).

Allerdings hat das Bundesverfassungsgericht in seiner zweiten Entscheidung zum Schwangerschaftsabbruch mit Blick auf das (ungeborene) Leben einen strengeren Maßstab angelegt, indem es unter Rückgriff auf den Begriff des »Untermaßverbotes« einen »angemessenen und wirksamen« Schutz verlangt und den Gesetzgeber insoweit der verfassungsgerichtlichen Kontrolle unterworfen hat.[364] Soweit demnach ein Verbot nicht hinreichenden (»untermäßigen«) Schutzes besteht, erscheint daher der Schluß naheliegend, daß der Staat im »Grundrechtsdreieck Staat – Opfer – Störer«[365] insofern »von zwei Seiten unter grundrechtlichem Rechtfertigungszwang«[366] steht, als einerseits das erforderliche »Schutzminimum« zu gewährleisten ist, andererseits nicht unverhältnismäßig in die Freiheit des Störers eingegriffen werden darf. Mit Blick auf den notwendigen Zusammenhang zwischen Erfüllung einer Schutzpflicht und Beeinträchtigung eines Freiheitsrechts ist dieser Sichtweise im Schrifttum indes die »These von der Kongruenz zwischen Übermaß- und Untermaßverbot im Falle der Kollision eines grundrechtlichen Abwehrrechts mit einer grundrechtlichen Schutzpflicht«[367] entgegengehalten worden.[368] Nach dieser Auffassung besitzt das Untermaßverbot im Falle der Erfüllung staatlicher Schutzpflichten keine eigenständige dogmatische Berechtigung,[369] weil aus dem Untermaßverbot nichts folge, was sich nicht schon aus dem Übermaßverbot ergebe.[370] Was sich aus der Perspektive des Beeinträchtigten als Frage nach dem zulässigen Höchstmaß staatlicher Einwirkungen auf die grundrechtlich (potentiell) geschützte Freiheit, aus dem Blickwinkel des Schutzsuchenden hingegen als Problem der Mindestschutzanforderungen darstelle, werde »durch ein und dieselbe Lösung anhand des Verhältnismäßigkeitsprinzips i.w.S. beantwortet«.[371] Es falle »die Grenze des Untermaßverbots bezüglich der Erfüllung der Schutzpflicht mit derjenigen Grenze, die zur Limitierung staatlicher Eingriffe in Freiheitsrechte durch das Verhältnismäßigkeitsprinzip i.w.S. statuiert wird, zusammen«. Der Staat dürfe daher »im Hinblick auf das

[364] BVerfGE 88, 203 (254); ebenso BVerfG (1. Kammer des Ersten Senats), NJW 1995, S. 2343; ähnl. auch schon BVerfGE 85, 191 (212). Die These von *J. Dietlein*, ZG 1995, S. 131 (132), daß mit der »neuen Formel vom Untermaßverbot« die bis dahin vom Bundesverfassungsgericht praktizierte »Evidenzkontrolle« abgelöst worden sei, hat sich indes nicht bestätigt, vgl. die Nachw. aus der neueren Judikatur in Anm. 362.

[365] *J. Isensee*, in: Isensee/Kirchhof (Hrsg.), HbStR, Bd. V, § 111 Rn. 5.

[366] *J. Isensee*, in: Isensee/Kirchhof (Hrsg.), HbStR, Bd. V, § 111 Rn. 165.

[367] *K.-E. Hain*, ZG 1996, S. 75 (76).

[368] Vgl. *K.-E. Hain*, DVBl. 1993, S. 982 (983f.); *ders.*, ZG 1996, S. 75ff.; *P. Unruh*, Schutzpflichten, S. 85ff.; zust. auch *H.-U. Erichsen*, Jura 1997, S. 85 (88); *C. Starck*, JZ 1993, S. 816 (817); *ders.*, Verfassungsauslegung, S. 81f.; anders aber wohl *ders.*, JZ 1996, S. 1033 (1039); krit. *J. Dietlein*, ZG 1995, S. 131 (136ff.); *M. Möstl*, DÖV 1998, S. 1029 (1038); abl. auch *C.-W. Canaris*, Grundrechte und Privatrecht, S. 83f., tendenziell anders aber ebd., S. 47.

[369] *K.-E. Hain*, ZG 1996, S. 75; ebenso *P. Unruh*, Schutzpflichten, S. 87.

[370] *K.-E. Hain*, DVBl. 1993, S. 982 (983); ähnl. *C. Starck*, JZ 1993, S. 816 (817); vgl. ferner *ders.*, Verfassungsauslegung, S. 81f.; *P. Unruh*, Schutzpflichten, S. 85ff.

[371] *K.-E. Hain*, DVBl. 1993, S. 982 (983).

tangierte Grundrecht gerade noch tun, was er für das zu schützende Gut tun muß«.[372] Nach dieser Auffassung ist folglich jeder über den verfassungsrechtlichen Mindestschutz hinausgehende Schutz des Dritten als unverhältnismäßige Beeinträchtigung des Störers notwendig verfassungswidrig. Dieser bemerkenswerten Bevorzugung des Störers entspricht, daß die Gestaltungsspielräume des Gesetzgebers – entgegen dem eigenen Anspruch[373] – stark verringert oder gar beseitigt werden, weil der Gesetzgeber den erforderlichen Mindestschutz gewähren muß, hierüber aber nicht hinausgehen darf.

2. Private Drittbeeinträchtigung und abwehrrechtlicher Grundrechtsschutz

Insgesamt bleibt festzuhalten, daß die Lehre von den grundrechtlichen Schutzpflichten trotz ihrer allgemeinen Anerkennung noch eine Reihe von Fragen im Hinblick auf Umfang, Inhalt und subjektiv-rechtliche Absicherung einer staatlichen Pflicht zum Schutze von Grundrechtsträgern vor Beeinträchtigungen ihrer Individualrechtsgüter durch andere Grundrechtsträger offenläßt. Auf der anderen Seite hat das Bundesverfassungsgericht die in der »Mülheim-Kärlich«-Entscheidung postulierte Mitverantwortung des Staates jedenfalls für gestattetes Handeln Privater letztlich nicht schlüssig begründet. Demgegenüber haben sich namentlich *J. Schwabe* und *D. Murswiek* um den Nachweis bemüht, daß die Rechtsposition des durch zulässiges Handeln anderer Bürger beeinträchtigten Dritten aus der Abwehrfunktion der Grundrechte begründet werden kann, weil der Staat dem Dritten die Möglichkeit vorenthält, mit Rechtsbehelfen – oder auch im Wege der »Selbsthilfe« – gegen eine aufgezwungene Störung durch das Verhalten anderer Bürger vorzugehen. So ist es nach *Schwabe* unter dem Gesichtspunkt einer Verletzung der Pflicht zur Achtung der Grundrechte zu würdigen, wenn sich der Staat »durch rechtliche Regelung, gerichtlichen Ausspruch und vollstreckenden Zugriff« an der Beeinträchtigung grundrechtlicher Schutzgüter durch Private beteilige.[374] Dies sei »notwendigerweise stets der Fall«, weil es »im Verhältnis von Privaten zueinander irgendwelche ›rechtsleeren Räume‹ nicht geben« könne: Ein nicht verbotenes Handeln eines Privaten sei von einem hierdurch nachteilig betroffenen anderen Privaten hinzunehmen und zu dulden. Ein Grundrecht könne folglich »stets dann gegen den Staat effektiv werden, wenn das grundrechtlich abgesicherte Schutzgut gegen staatlich erlaubte Beeinträchtigungen durch Dritte nicht verteidigt werden kann«. Eine (staatliche) Erlaubnis müsse »vor den Grundrechten als ›klassischen‹ Abwehrrechten Bestand haben«.[375] So

[372] *K.-E. Hain*, ZG 1996, S.75; ebenso *C. Starck*, JZ 1993, S.816 (817).
[373] Vgl. *K.-E. Hain*, DVBl. 1993, S.982 (984); *ders.*, ZG 1996, S.75 (83f. mit Fn.45); ähnl. *P. Unruh*, Schutzpflichten, S.86f.
[374] *J. Schwabe*, Grundrechtsdogmatik, S.213.
[375] *J. Schwabe*, Grundrechtsdogmatik, S.213.

sei beispielsweise das »Erlauben und gerichtliche Abschirmen« gesundheitsgefährdender Immissionen dem Staat zuzurechnen und an Art. 2 Abs. 2 S. 1 GG zu messen.[376] Es gehöre zu den »Absurditäten der h. L.«, daß sie nur die Beeinträchtigung des Störers, nicht aber die Störung des Dritten als grundrechtlich relevant ansehe, »als ob staatliche Grenzziehung zwischen zwei Privaten nur nach einer Seite hin auf Grundrechte stieße«.[377]

Mit dieser Argumentation von *J. Schwabe* eng verwandt ist die von *D. Murswiek* entwickelte Konzeption. In Anknüpfung an den »Kalkar«-Beschluß des Bundesverfassungsgerichts vertritt auch *Murswiek* die These, daß erlaubte Einwirkungen Privater auf grundrechtliche Schutzgüter grundrechtlich relevant sind:[378] »Wenn der Staat seine Bürger verpflichtet, das erlaubte Verhalten ihrer Mitbürger zu dulden, dann muß er sich dies erlaubte Verhalten auch als Folge seiner Rechtsetzung zurechnen lassen«.[379] Auch für *Murswiek* ist demnach die Existenz einer »Duldungspflicht« im Hinblick auf »unverbotenes« Verhalten anderer Bürger der entscheidende Gesichtspunkt: »Die staatliche Grundrechtseinschränkung liegt genau genommen nicht in der Genehmigung privater Eingriffe«, sondern in der Verpflichtung, solche Eingriffe zu dulden.[380] Diese Duldungspflicht resultiere aus jenen Normen, »die das allgemeine Gewaltverbot, das der Staat seinen Bürgern auferlegt, ... zum Ausdruck bringen«: Weil sich niemand gegen erlaubtes Tun anderer verteidigen dürfe und dieses Selbstverteidigungsverbot auch nicht durch gerichtlich durchsetzbare und vollstreckbare Abwehransprüche kompensiert werde, gebe es nach geltendem Recht »eine allgemeine Pflicht zur Duldung jedes nicht verbotenen Verhaltens anderer«.[381] Diese Duldungspflicht sei zwar solange grundrechtlich irrelevant, wie das zu duldende Verhalten die grundrechtlich geschützten Güter des Betroffenen nicht berühre. Eine andere Lage ergebe sich jedoch, wenn der Staat das grundsätzliche Verbot privater Eingriffe

---

[376] *J. Schwabe*, Grundrechtsdogmatik, S. 214.

[377] *J. Schwabe*, Grundrechtsdogmatik, S. 217 in Fn. 17.

[378] Vgl. *D. Murswiek*, Verantwortung, insbes. S. 65ff., 91ff.; *ders.*, NVwZ 1986, S. 611f.; *ders.*, WiVerw 1986, S. 179 (182ff.).

[379] *D. Murswiek*, Verantwortung, S. 91; zust. *W. Rüfner*, in: Isensee/Kirchhof (Hrsg.), HbStR, Bd. V, § 117 Rn. 60 (in Fn. 180); vgl. ferner *D. Ehlers*, VVDStRL 51 (1992), S. 211 (222), der die Möglichkeit eines negatorischen Grundrechtsschutzes Dritter gegen die staatliche Genehmigung privater Vorhaben bejaht, weil eine Genehmigung »Bindungswirkungen gegenüber dem Nachbarn zu entfalten vermag«; ähnl. *U. Di Fabio*, Risikoentscheidungen, S. 46; *R. Steinberg*, NJW 1984, S. 457 (462); anders *ders.*, NJW 1996, S. 1985 (1986f.); in einer Bau- oder Gewerbeerlaubnis einen »Eingriff« sehend *D. Frers*, Klagebefugnis, S. 230; ebenso mit Blick auf das Baurecht *W.-R. Schenke*, NuR 1983, S. 81 (87); für eine staatliche Verantwortlichkeit bei gestattetem Verhalten Privater (mit Blick auf Art. 2 Abs. 2 S. 1 GG) auch *J. Ipsen*, Grundrechte, Rn. 242; ebenfalls abl. gegenüber einer reinen »Schutzpflichtenkonstruktion« *M. Schmidt-Preuß*, Kollidierende Privatinteressen, S. 70f., der sich aber ebd., S. 73f., auch gegen die Position von *Schwabe* und *Murswiek* wendet; eine vermittelnde Auffassung entwickelt ferner *P.-M. Huber*, Konkurrenzschutz, S. 256ff.

[380] *D. Murswiek*, Verantwortung, S. 91.

[381] *D. Murswiek*, Verantwortung, S. 92.

in grundrechtlich geschützte Güter anderer aufhebe, einen Eingriff also ausdrücklich erlaube, oder wenn ein notwendig zur Beeinträchtigung Dritter führendes Verhalten Privater ausnahmsweise von vornherein nicht verboten sei, denn in einem solchen Fall erstrecke sich die »allgemeine Duldungspflicht« auf Eingriffe in grundrechtlich geschützte Güter. Angesichts einer bereits bestehenden »allgemeinen Verpflichtung, unverbotenes Verhalten anderer zu dulden«, sei in der Genehmigung privater Eingriffe »immer zugleich eine materielle Erweiterung dieser Duldungspflicht zu sehen«, während ein von vornherein fehlendes Verbot privater Eingriffe der Duldungspflicht von vornherein grundrechtseinschränkenden Charakter gebe.[382] Wenn der Staat private Selbstverteidigung verbiete, dann müsse er auch private Eingriffe verbieten; unterlasse er dies, dann sei das Selbstverteidigungsverbot eine Einschränkung der Grundrechte, in die durch Private nach geltendem Recht eingegriffen werden dürfe.[383] Weil die »allgemeine Duldungspflicht« jeden Bürger zwinge, »jedes legale, nämlich nicht verbotene Verhalten anderer hinzunehmen«,[384] ist nach *Murswiek* »bezüglich der Abgrenzung privater Freiheitssphären die Unterscheidung von gesetzgeberischem Handeln und Unterlassen rechtstheoretisch nicht sinnvoll: Private Eingriffe in Freiheit oder Eigentum Dritter, die der Gesetzgeber zu verbieten unterläßt, hat er bereits erlaubt«.[385]

Auf Basis dieser Überlegungen schlägt *D. Murswiek* den Bogen zu den grundrechtlich begründeten Schutzpflichten: Der Staat als »Friedensordnung« sei verpflichtet, »Gewaltanwendung unter Privaten grundsätzlich zu verbieten und dieses Verbot auch durchzusetzen«.[386] Aus dem Verbot privater Gewalt folge notwendig die »allgemeine Verpflichtung des Staates, seine Bürger gegen rechtswidrige Angriffe Dritter zu schützen«, weil andernfalls das Selbstverteidigungsverbot diejenigen privaten Rechte beeinträchtige, »die auf diese Weise schutzlos den Angriffen Dritter preisgegeben wären«.[387] Diese Pflicht des Staates zum Schutz von Individualrechtsgütern richte sich auch gegen den Gesetzgeber. Dieser sei verpflichtet, »dem einzelnen zum einen diejenigen Rechte gesetzlich einzuräumen, von denen die Verfassung dies verlangt, zum anderen aber auch diejenigen Güter rechtlich gegen Beeinträchtigungen seitens Dritter zu schützen, die dem Grundgesetz zufolge dem einzelnen kraft seines Menschseins gegeben sind«.[388] Dem könne sich der Staat wegen seiner Pflicht zum Verbot privater Gewaltanwendung auch nicht dadurch entziehen, daß er die in der Duldungspflicht liegende Grundrechtseinschränkung durch Aufhebung des Selbstverteidigungsverbots

[382] *D. Murswiek*, Verantwortung, S. 92.
[383] *D. Murswiek*, Verantwortung, S. 93.
[384] *D. Murswiek*, NVwZ 1986, S. 611 (612).
[385] *D. Murswiek*, NVwZ 1986, S. 611 (612).
[386] *D. Murswiek*, Verantwortung, S. 102f.
[387] *D. Murswiek*, Verantwortung, S. 104.
[388] *D. Murswiek*, Verantwortung, S. 107.

beseitige.[389] Die danach als »Gewährleistungspflichten« zu verstehenden Schutzpflichten verhielten sich folglich »zu den negatorischen Grundrechten komplementär: Dieselben Güter, welche die negatorischen Grundrechte gegen staatliche Eingriffe schützen, hat der Staat auch gegenüber Dritten zu gewährleisten«.[390] Die Pflicht des Gesetzgebers, private Eingriffe in Grundrechte zu verbieten, gehe aber nicht weiter als seine eigene Verpflichtung, Grundrechtseinschränkungen zu unterlassen.[391]

3. Ausgestaltung der Rechtsordnung und Pflicht zur Grundrechtsbeachtung

a. Die staatliche Verantwortlichkeit für private Einwirkungen auf Rechtsgüter Dritter

Obgleich *D. Murswiek* die volle Kompatibilität seiner Konstruktion mit der liberal-rechtsstaatlichen Grundrechtskonzeption betont,[392] ist diese »abwehrrechtliche Lösung« im Schrifttum auf nachhaltige Kritik gestoßen,[393] mit der zunächst eine Überbeanspruchung der Abwehrfunktion staatsgerichteter Grundrechte geltend gemacht wird. So soll die Annahme einer staatlichen Verantwortlichkeit für zulässige private Handlungen »die Konturen des staatlichen Grundrechtseingriffs völlig verwischen«,[394] wenn nicht gar eine Auflösung des Eingriffsbegriffs durch dessen Koppelung »mit einer allgemeinen, im Einzelfall nicht abgrenzbaren Duldungspflicht« befürchtet wird.[395] Substantiellere Einwendungen gehen

---

389 *D. Murswiek*, Verantwortung, S. 109.

390 *D. Murswiek*, Verantwortung, S. 107f.

391 *D. Murswiek*, Verantwortung, S. 110.

392 *D. Murswiek*, Verantwortung, S. 123, vgl. auch ebd., S. 106; daß auch die Lehre von den grundrechtlichen Schutzpflichten der »liberalen Grundrechtsidee« entspreche, weil den »Schutzrechten ... wie den Abwehrrechten rechtsstaatliche Gewährleistungsfunktion im Sinne eines Schutzes vor Rechtsverletzung und im Sinne einer Sicherung des vorhandenen Rechtsbestandes« zukomme, betont *E. Klein*, NJW 1989, S. 1633 (1639).

393 Vgl. *R. Alexy*, Theorie, S. 417ff.; *J. Dietlein*, Schutzpflichten, S. 39ff. (43ff.); *J. Fluck*, UPR 1990, S. 81 (83); *T. Geddert-Steinacher*, Menschenwürde, S. 99f.; *J. Hellermann*, Freiheitsrechte, S. 210f.; *G. Hermes*, Schutz, S. 95ff.; *J. Isensee*, in: Isensee/Kirchhof (Hrsg.), HbStR, § 111 Rn. 119; *E. Klein*, NJW 1989, S. 1633 (1639); *G. Lübbe-Wolff*, Eingriffsabwehrrechte, S. 182ff. (186f.), 196; *M. Möstl*, DÖV 1998, S. 1029 (1035); *A. Pietrzak*, JuS 1994, S. 748 (749); *P. Preu*, Grundlagen, S. 71f.; *G. Robbers*, Sicherheit, S. 128f.; *W. Roth*, Eingriffe, S. 343f.; *M. Sachs*, in: K. Stern, Staatsrecht, Bd. III/1, S. 730ff.; *W. Sass*, Entschädigungserfordernis, S. 407ff.; *R. Schmidt*, ZRP 1987, S. 345 (347); *E Schmidt-Aßmann*, AöR 106 (1981), S. 205 (215); *ders.*, in: FS K. Redeker, S. 225 (233, 239); *M. Schmidt-Preuß*, Kollidierende Privatinteressen, S. 73f.; *C. Starck*, Verfassungsauslegung, S. 73f.; *H. Steiger*, in: Arbeitskreis für Umweltrecht (Hrsg.), Grundzüge des Umweltrechts, Rn. 02/190; *R. Steinberg*, NJW 1996, S. 1985 (1986f.); *K. Stern*, Staatsrecht, Bd. III/1, S. 947f.; *P. Unruh*, Schutzpflichten, S. 46f.

394 *G. Hermes*, Schutz, S. 95.

395 *R. Schmidt*, ZRP 1987, S. 345 (347); krit zu dieser Argumentation *J. Dietlein*, Schutzpflichten, S. 41ff.

dahin, daß ein Abwehrrecht des Bürgers sich auf ein staatliches Unterlassen richte, während die Schutzfunktion der Grundrechte einen Anspruch auf aktives Tun des Staates zum Gegenstand habe. Dieser »fundamentale strukturelle Unterschied« könne nicht dadurch überspielt werden, »daß man den staatlichen Eingriff darin sieht, daß der Staat das private Handeln im allgemeinen stillschweigend oder ausdrücklich im Einzelfall zuläßt, bzw. nicht verhindert«.[396] Eine solche Zurechnung setze eine Pflicht des Staates zur Verhinderung einer Einwirkung auf grundrechtliche Schutzgüter und damit eine Schutzpflicht vielmehr voraus und könne eine derartige Pflicht folglich nicht begründen.[397]

Nach Auffassung der Kritiker einer »abwehrrechtlichen Lösung« kann folglich im Falle drittbeeinträchtigenden Verhaltens Privater ein staatsgerichteter Abwehranspruch des Dritten nicht schon deshalb angenommen werden, weil das störende Handeln eines Privaten ausdrücklich[398] oder stillschweigend zugelassen worden ist. Vielmehr ist die Beeinträchtigung des Dritten danach allein auf eine private Handlung zurückzuführen, die unabhängig von einer staatlichen Intervention möglich und in Ermangelung präexistenter Verbotstatbestände auch zulässig ist. Auf dieser Grundlage vermag die Gestattung störenden Handelns beispielsweise durch Beseitigung eines präventiven Verbots mit Erlaubnisvorbehalt folgerichtig eine staatliche Verantwortlichkeit für Drittbeeinträchtigungen ebensowenig zu begründen, wie deren schlichtes Nichthindern, denn dem Dritten wird durch die Gestattung oder Zulassung störenden Handelns nichts genommen. Dementsprechend meint *P. Preu*, wo der Staat im Rahmen seiner Kompetenz zur Gestaltung der Rechtsordnung davon absehe, Interessenstörungen unter Verbot zu stellen, greife er »nicht etwa in verantwortungsbegründender Weise ein«. Die Konzeption von *D. Murswiek* sei nur schlüssig, wenn »vorstaatliche natürliche Störungsfreiheitsrechte existierten«. Solche Rechte gebe es jedoch

[396] *H. Steiger*, in: Arbeitskreis für Umweltrecht (Hrsg.), Grundzüge des Umweltrechts, Rn. 02/190; vgl. auch *R. Schmidt*, ZRP 1987, S. 345 (347); *M. Schmidt-Preuß*, Kollidierende Privatinteressen, S. 73f.; *P. Unruh*, Schutzpflichten, S. 46f.; *B. Weber-Dürler*, VVDStRL 57 (1998), S. 57 (81).

[397] *H. Steiger*, in: Arbeitskreis für Umweltrecht (Hrsg.), Grundzüge des Umweltrechts, Rn. 02/190; ähnl. auch *J. Fluck*, UPR 1990, S. 81 (83); *G. Hermes*, Schutz, S. 97; *C. Starck*, Verfassungsauslegung, S. 74; *K. Stern*, Staatsrecht, Bd. III/1, S. 947; vgl. ferner *R. Alexy*, Theorie, S. 417; *E. Klein*, NJW 1989, S. 1633 (1639).

[398] Insoweit tendenziell anders aber *G. Lübbe-Wolff*, Eingriffsabwehrrechte, S. 197ff., nach deren Auffassung eine Genehmigung »grundrechtseingreifenden Charakter« hat, wenn sie (privatrechtliche) Abwehransprüche eines Dritten ausschließt (ebd., S. 198) oder »unter Verstoß gegen einfachrechtliche Genehmigungsnormen erteilt worden ist, die einer objektiven Pflicht zum Schutz der Grundrechte der betroffenen Dritten entsprechen« (ebd., S. 199). Dem liegt die von *Lübbe-Wolff* (ebd., S. 103ff. und pass.) vertretene Annahme zugrunde, daß durch das einfache Recht in Erfüllung eines entsprechenden Verfassungsauftrags erst einmal konstituierte Rechtspositionen vor einer Nicht- oder Falschanwendung (»Normanwendungsschutz«) wie auch ihrer Beseitigung (»Normbestandsschutz«) unabhängig von der verfassungsrechtlichen Gebotenheit der konkret getroffenen Regelung durch die Grundrechte in ihrer Eigenschaft als (Eingriffs-) Abwehrrechte geschützt seien.

nicht.[399] Ähnlich argumentiert *J. Isensee*: Die abwehrrechtliche Lösung beruhe auf der Prämisse, »daß die grundrechtliche Freiheit dem Staat nicht vorgegeben ist«, sondern auf seiner Delegation beruht.[400] Eine »abwehrrechtliche Lösung« soll danach schon an der schlichten Tatsache scheitern, daß es nun einmal ein anderer Bürger und nicht der Staat ist, der das Nichtstörungsinteresse des Dritten durch seine Handlung (faktisch) beeinträchtigt.[401]

Dieser Auffassung ist darin zu folgen, daß eine staatliche Zulassung störenden Tuns Privater für sich genommen keine grundrechtlichen (Abwehr-) Ansprüche Dritter auszulösen vermag. Freilich ist auch nicht ersichtlich, daß eine solche Auffassung vertreten würde. Der für die Verfechter einer »abwehrrechtlichen Lösung« entscheidende Gesichtspunkt ist vielmehr – wie dargelegt – die Existenz einer Pflicht zur Duldung rechtlich zulässiger Beeinträchtigungen durch andere Private, die namentlich *D. Murswiek* daraus gefolgert hat, daß der Dritte sich im Falle eines rechtlich zulässigen Verhaltens des Beeinträchtigenden einem nicht durch gerichtlich durchsetzbare (Abwehr-) Ansprüche kompensierten »Selbstverteidigungsverbot« ausgesetzt sieht, sich also gegen ein erlaubtes (»unverbotenes«) Verhalten nicht zur Wehr setzen darf: Wenn der Staat private Selbstverteidigung verbiete, nicht aber private Eingriffe, sei in dem Selbstverteidigungsverbot eine Einschränkung der Grundrechte zu sehen, in die nach geltendem Recht durch Private eingegriffen werden dürfe.[402] Diesem Gedankengang kommt deshalb eine herausgehobene Bedeutung zu, weil das Verbot privater Verteidigung gegen Beeinträchtigungen durch andere Private letztlich daraus resultiert, daß die drittbeeinträchtigende Handlung im Falle einer ausdrücklichen Gestattung oder des Fehlens eines Verbots ihrerseits durch öffentlich-rechtliche – insbesondere

[399] *P. Preu*, Grundlagen, S. 72.

[400] *J. Isensee*, in: Isensee/Kirchhof (Hrsg.), HbStR, Bd. V, § 111 Rn. 119; ähnl. auch *H.-U. Erichsen*, Jura 1996, S. 527 (529); vgl. hierzu ferner *G. Lübbe-Wolff*, Eingriffsabwehrrechte, S. 196, die aus der auch von ihr vertretenen »Entscheidung für einen nicht-präformierten, d.h. nicht von vornherein auf sozialverträgliche Betätigungen beschränkten oder sonstwie wertend begrenzten Schutzbereich der Grundrechte« den Schluß zieht, daß »die staatliche Erlaubnis drittbelastender Vorhaben die Rechtslage nicht notwendig zuungunsten der belasteten Dritten verschlechtert«, weil die Erlaubnis nur gestatte, was dem Bauherrn oder Betreiber »unabhängig von der Erlaubnisregelung ohnehin grundrechtlich gestattet wäre«. Auf die Frage nach einer Ausklammerung sozialschädlicher Betätigungen aus den Schutzgut-Tatbeständen von Grundrechtsnormen kommt es im vorliegenden Zusammenhang indes nur an, wenn davon ausgegangen wird, daß Grundrechte konstitutive Erlaubnisse enthalten, die ein präexistentes Verbot beseitigen, denn nur unter dieser Prämisse wäre ein nicht vom Schutzgut-Tatbestand einer Grundrechtsnorm erfaßtes Verhalten automatisch verboten, so daß die Reichweite der grundrechtlichen Verbotsaufhebung thematisiert werden müßte. Grundrechte sind indes keine (konstitutiven oder auch nur deklaratorischen) Erlaubnisnormen, sondern allein Abwehrrechte gegen staatliche Fremdbestimmung, vgl. oben, S. 84ff.

[401] So auch *P. Krause*, JZ 1984, S. 656 (663 in Fn. 95).

[402] *D. Murswiek*, Verantwortung, S. 93; *ders.*, WiVerw 1986, S. 179 (182); *ders.*, NVwZ 1986, S. 611 (612); ebenso findet sich schon bei *J. Schwabe*, Grundrechtsdogmatik, S. 213, der Hinweis, »daß der Betroffene wegen seiner (handgreiflichen) Abwehr des Angriffs bestraft wird«.

strafrechtliche – Normen sowie ferner zivilrechtliche Nichtstörungs- und Störungsabwehransprüche des Vorhabenträgers geschützt ist, der Staat also »alles unverbotene Verhalten durch Störungsverbote absichert«.[403] Mit der Anknüpfung an ein »Selbsthilfeverbot« wird daher die Beseitigung »vorstaatlicher« Verhaltensmöglichkeiten durch aktives Tun[404] (»Selbsthilfe«) zum Ausgangspunkt der Annahme einer staatlichen Verantwortlichkeit für drittbeeinträchtigende Folgen privaten Handelns gemacht.[405]

Gleichwohl ist auch dieser Gesichtspunkt nach Ansicht der Verfechter einer »Schutzpflichtenkonstruktion« keine hinreichende Grundlage einer »abwehrrechtlichen Lösung«. So meint *R. Alexy*, eine private Handlung sei nicht schon deshalb dem Staat zuzurechnen, weil er ihre »rechtliche Erlaubnis« bewehrt, andernfalls müßten »unübersehbar viele Handlungen dem Staat zuzurechnen sein«.[406] Wenn der Staat etwa im Konflikt zwischen Rauchern und Nichtrauchern bewirke, daß einem Nichtraucher in bestimmten Situationen nur die Wahl bleibe, den Tabakkonsum anderer Personen hinzunehmen oder sich strafbar zu machen, so bleibe das Hinzunehmende eine private Handlung.[407] Mit dieser Erwägung ist auch ein bedeutsamer Gesichtspunkt bezeichnet, denn es ist nicht zu bezweifeln, daß sich die Beeinträchtigung eines Nichtadressaten durch ausdrücklich gestattetes oder »schlicht« zulässiges Verhalten anderer Privater im Hinblick auf die staatliche Mitwirkung nicht unwesentlich von Fällen der Drittbeeinträchtigung infolge staatlicher Verhaltenssteuerung unterscheidet: Während bei verhaltenssteuerndem Staatshandeln die durch das Verhalten eines privaten Maßnahmeadressaten bewirkte Drittbeeinträchtigung vom Staat verursacht – wenn nicht gar erzwungen – wird, tritt in den hier behandelten Fällen das Verbot der Selbstverteidigung als staatliche Handlung zu der beeinträchtigenden Handlung des Privaten hinzu. Die entscheidende Frage ist daher, ob schon allein der Gesichtspunkt eines Verbots der Selbsthilfe die Annahme einer staatlichen (Mit-) Verantwortung für eine auch mit Rechtsmitteln nicht abwehrbare Beeinträchtigung eines Privaten durch störendes Handeln anderer Privater rechtfertigt.

Wie schon die vorstehend wiedergegebene – und nicht näher begründete – Auffassung von *R. Alexy* zeigt, muß dies von den Kritikern einer »abwehrrechtlichen Lösung« voraussetzungsgemäß verneint werden. So wird gegen die Position von

---

[403] *D. Murswiek*, Verantwortung, S. 66.

[404] Dies übersieht *W. Roth*, Eingriffe, S. 343: Durch ein Nichtverbieten halte sich der Staat völlig aus der Bürger-Bürger-Ebene heraus.

[405] Unerfindlich ist, weshalb einen solchen Ansatz das Verdikt einer »prinzipiellen Freiheitswidrigkeit« treffen soll, wie *C.-W. Canaris*, Grundrechte und Privatrecht, S. 41, behauptet; etwas anderes wäre – in Übereinstimmung mit *Canaris* – anzunehmen, wenn man eine abwehrrechtliche Lösung mit einem Verbot mit Erlaubnisvorbehalt für jedes menschliche Tun begründete – es ist indes nicht ersichtlich, daß eine solche – abwegige – Begründung bisher vorgetragen worden wäre.

[406] *R. Alexy*, Theorie, S. 419.

[407] *R. Alexy*, Theorie, S. 419.

D. Murswiek eingewendet, mit der Bezugnahme auf erlaubtes Handeln des Beeinträchtigenden werde die Bedeutung des Gewaltverbots nicht richtig getroffen, denn diese liege »gerade im Ausschluß von Gewalt gegen *verbotene* Eingriffe im Rahmen (sonst) rechtmäßiger Rechtsverteidigung und für die Rechtsverfolgung überhaupt«.[408] Hieran anknüpfend macht *G. Lübbe-Wolff* geltend, die staatliche Genehmigung eines drittbelastenden Vorhabens ändere an Inhalt und Umfang des an den Dritten gerichteten Selbsthilfeverbots nicht das Geringste, so daß ihr auch unter dem Gesichtspunkt einer staatlichen Beschränkung der Selbsthilfe kein »eingriffsaktualisierender oder sonstwie grundrechtseingreifender Charakter« zugeschrieben werden könne.[409]

An dieser Argumentation trifft zunächst zu, daß wegen des staatlichen Gewaltmonopols auch unerlaubtes Handeln anderer Bürger oftmals nicht eigenmächtig abgewehrt werden darf, wenngleich von einem allgemeinen Verbot der Selbsthilfe gegen unzulässige Beeinträchtigungen von Individualrechtsgütern durch andere Private in Anbetracht von Vorschriften über die Zulässigkeit auch gewaltsamer Störungsabwehr (Notwehr und -hilfe, Notstand, Abwehr verbotener Eigenmacht) nicht gesprochen werden kann. Zugleich bringt schon die Existenz derartiger Regelungen zum Ausdruck, daß die Geltung eines Selbsthilfeverbots bei rechtmäßigen und rechtswidrigen Beeinträchtigungen eines Privaten durch andere Private in unterschiedlichen Gründen wurzelt: Soweit rechtswidrige Einwirkungen auf grundrechtliche Schutzgüter in Rede stehen, beruht der Ausschluß von Selbsthilfe ausschließlich auf dem staatlichen Gewaltmonopol. Der Betroffene ist hier auf die Intervention staatlicher Stellen (Polizei, Gerichte) verwiesen; eine private Störungsabwehr kommt nur in Betracht, wenn rechtzeitige staatliche Hilfe nicht erreichbar ist. Demgegenüber scheidet bei (einfach-gesetzlich) rechtmäßigem Handeln des Beeinträchtigenden eine private Störungsabwehr schon wegen der Rechtmäßigkeit der (dritt-) beeinträchtigenden Handlung aus. Ein zulässiges Verhalten anderer Bürger ist seinerseits durch Störungsabwehransprüche geschützt und muß deshalb von einem beeinträchtigten Dritten hingenommen (»geduldet«) werden. Der Unterschied zwischen diesen verschiedenen Fallgestaltungen läßt sich folglich dahin zuspitzen, daß rechtswidrige Beeinträchtigungen gerade wegen der Möglichkeit staatlicher Hilfe nicht gewaltsam abgewehrt werden dürfen, während das Verbot gewaltsamer Gegenwehr bei rechtmäßigen Einwirkungen schon deshalb existiert, weil eine Störungsabwehr auch nicht unter Zuhilfenahme staatlicher Organe möglich ist.

Daß gegen drittbeeinträchtigendes Verhalten anderer Privater unabhängig von seiner Zulässigkeit oftmals keine Selbsthilfe geübt werden darf, steht der Verknüpfung einer staatlichen Mitverantwortung für das störende Tun mit einem

---

[408] *M. Sachs*, in: K. Stern, Staatsrecht, Bd. III/1, S. 731; vgl. auch *G. Lübbe-Wolff*, Eingriffsabwehrrechte, S. 187; *M. Schmidt-Preuß*, Kollidierende Privatinteressen, S. 74 (mit Fn. 229).

[409] *G. Lübbe-Wolff*, Eingriffsabwehrrechte, S. 187.

Verbot der Selbsthilfe daher nicht entgegen. Vielmehr kommt es auf den Kontext an, in dem ein solches Selbsthilfeverbot steht. Grundrechtliche Schutzgüter eines Dritten können im Falle der Rechtswidrigkeit des störenden Handelns auch dadurch geschützt werden, daß der Staat dem Beeinträchtigten die Rechtsmacht einräumt, die Rechtsordnung zu seinen Gunsten in Bewegung zu setzen und die störende Handlung unter Zuhilfenahme staatlicher Stellen zu unterbinden. Soweit der Dritte einen Anspruch auf eine administrative Intervention zu seinen Gunsten hat oder zu einer Störungsabwehr unter Anrufung der (Zivil-) Gerichte in der Lage ist, fehlt es folglich an einer Pflicht zur Duldung beeinträchtigenden Verhaltens anderer Privater. Insbesondere kann ein störendes Vorhaben erst dann als zulässig und »erlaubt« angesehen werden, wenn es auch nach Maßgabe des Zivilrechts nicht verboten – oder jedenfalls verbietbar – ist. Andernfalls wird eine aus dem Verbot der Selbsthilfe resultierende Beeinträchtigung von Nichtstörungsinteressen durch Unterlassungs-, Beseitigungs- oder (zumindest) Schadensersatzansprüche relativiert, wenn nicht kompensiert; die Möglichkeit der Konfliktlösung mittels der Gerichte tritt an die Stelle der Selbsthilfe.[410] Von einer »Duldungspflicht« im Hinblick auf die beeinträchtigende Handlung kann hier ebensowenig die Rede sein, wie in Fällen, in denen bei nicht rechtzeitig zu erlangender Hilfe staatlicher Stellen zudem auch Selbsthilfe zulässig ist.

Zwar enthält gerade das zivile Nachbarrecht insbesondere mit den §§906f., 1004 BGB auch auf den Schutz Dritter zugeschnittene Vorschriften, die oftmals einen angemessenen Ausgleich der beteiligten Interessen bewirken werden.[411] Allerdings sind diese Bestimmungen nicht ohne weiteres in der Lage, insbesondere (Grundstücks-) Eigentümern einen öffentlich-rechtlich nicht vorgesehenen – und damit über das öffentliche Recht hinausgehenden – Schutz zu verschaffen. Zunächst ist eine öffentlich-rechtlich zulässige Immission gem. §906 Abs. 1 S. 2 BGB als (regelmäßig) »unwesentlich« auch zivilrechtlich nicht abwehrbar. Darüber hinaus nimmt der zivilrechtliche Schutz vor Drittbeeinträchtigungen gem. §1004 BGB auch im übrigen vielfach auf den öffentlich-rechtlichen Schutz des Nachbarn bedacht,[412] werden bestimmte Beeinträchtigungsformen – etwa die »negativen Einwirkungen« durch Umfeldänderungen – unter Zugrundelegung der Rechtsprechung allenfalls in besonders gelagerten Fällen vom zivilen Nachbarrecht erfaßt.[413] Von einigem Gewicht ist schließlich, daß der Gesetzgeber mit Blick insbesondere auf (möglicherweise) emittierende Anlagen häufig von der

[410] Vgl. auch *J. Isensee*, Sicherheit, S. 36, der die Justizgewährleistung als »Kompensation des Rechtsstaates für den Verzicht auf Selbsthilfe« bezeichnet.

[411] Daß der »klassische Nachbarschutz« mit dem Abwehranspruch des Nachbarn aus §§ 1004, 906 BGB im Zivilrecht angesiedelt ist, betont *G. Schwerdtfeger*, NVwZ 1983, S. 199.

[412] So bestehen nach OLG Köln, ZMR 1994, S. 115, Abwehransprüche aus § 1004 BGB gegen die Bebauung eines Nachbargrundstücks nur im Umfang der drittschützenden Wirkung von Abstandsvorschriften; vgl. ferner den Überblick bei *P. Bassenge*, in: Palandt, BGB, § 906 Rn. 3.

[413] Vgl. *P. Bassenge*, in: Palandt, BGB, § 903 Rn. 9; *K.-H. Gursky*, in: Staudinger, BGB, § 1004 Rn. 64ff. m.w.N.

Möglichkeit Gebrauch macht, die Erteilung einer Genehmigung seitens der Verwaltung durch eine privatrechtsgestaltende (Präklusions-) Vorschrift mit dem Ausschluß zivilrechtlicher Abwehransprüche eines Nachbarn zu verknüpfen.[414] Soweit es danach an einer Möglichkeit der Abwehr drittbeeinträchtigenden Verhaltens anderer Privater nach Maßgabe öffentlichen oder privaten Rechts fehlt, ist der Dritte aber zumindest faktisch zur Duldung des störenden Verhaltens eines anderen Grundrechtsträgers verpflichtet, weil auch eine Störungsabwehr im Wege der Selbsthilfe nicht zulässig ist. Eine Einwirkung auf grundrechtliche Schutzgüter muß hingenommen werden, wenn es an Rechtsmacht zur Störungsabwehr fehlt und die Beeinträchtigung den sich in der Existenz von Störungsabwehrrechten ihres Urhebers manifestierenden Schutz der staatlich gesetzten Rechtsordnung genießt.

Auf der anderen Seite kann nicht in Abrede gestellt werden, daß der Staat auch unabhängig von der Existenz einer »Duldungspflicht« die Aufgabe hat, die Bürger vor Einwirkungen auf ihre Individualrechtsgüter durch andere Personen zu schützen, wie gerade jene Fälle zeigen, in denen rechtswidriges – und regelmäßig strafbares – Verhalten auch gewaltsam abgewehrt werden darf: Es ist nicht anzunehmen, daß der Staat es dabei bewenden lassen könnte, Selbsthilfe gegen private Angriffe auf Rechtsgüter wie Leben, körperliche Unversehrtheit und Eigentum zuzulassen, ohne derartige Handlungen auch durch staatliche Organe möglichst effektiv abzuwehren oder (jedenfalls) mit Sanktionen zu belegen. Hierin kommt jedoch ein allgemeines Prinzip zum Ausdruck.[415] Den Staat trifft nicht zuletzt aus in den Grundrechten wurzelnden Gründen eine originäre (Schutz-) Pflicht, private Einwirkungen auf grundrechtliche Schutzgüter nicht uneingeschränkt zuzulassen und – im Rahmen des Möglichen – effektiv zu verhindern. Diese Pflicht kann folglich gerade auch durch die Auferlegung einer Duldungspflicht zu Lasten des Dritten verletzt werden; insoweit ist der herrschenden Meinung grundsätzlich zuzustimmen.

Damit stellt sich die Frage, wie sich eine (faktische) Pflicht zur Duldung erlaubter Einwirkungen auf grundrechtliche Schutzgüter zu dieser Schutzpflicht verhält. Insbesondere ist von Interesse, inwieweit ein staatsgerichtetes Recht auf Hinderung eines Störung schon aus einem Verbot der Selbstverteidigung abgeleitet werden kann, denn »Folge eines unzulässigen Eingriffs in ein Abwehrrecht ist prinzipiell seine Negation, nicht eine irgendwie bestimmte Kompensation«.[416] Allerdings hat *D. Murswiek* – wie erwähnt[417] – versucht, diesem Einwand mit der Erwägung Rechnung zu tragen, dem Staat sei schon wegen seiner Pflicht zur Gewährleistung einer Friedens- und Rechtsordnung nicht möglich, eine verfas-

---

[414] Vgl. §75 Abs. 2 VwVfG (Bund); §14 BImSchG; §7 Abs. 6 AtomG; §11 LuftverkehrsG; §11 WHG; §23 GenTG.

[415] Ähnl. auch *D. Murswiek*, Verantwortung, S. 107.

[416] *M. Sachs*, in: K. Stern, Staatsrecht, Bd. III/1, S. 731.

[417] Vgl. oben, S. 377f.

sungswidrige Pflicht zur Duldung erlaubter Handlungen anderer Grundrechtsträger durch eine Freigabe von Selbsthilfe zu beseitigen.[418] Nach dieser Auffassung bleiben grundrechtlich begründete Schutzpflichten in den hier behandelten Fällen privater Einwirkungen auf Individualrechtsgüter folglich schon wegen der Existenz eines abwehrrechtlichen Störungshinderungsanspruchs ohne eigenständige Bedeutung.

Demgegenüber halten die Verfechter einer »Schutzpflichtenkonstruktion« daran fest, daß aus der Existenz eines Verbots der Selbstverteidigung nicht auf eine staatliche Pflicht zur Störungsverhinderung geschlossen werden könne: So meint *P. Preu*, aus der Einschränkung einer »bloßen Freiheit« oder einer physisch-empirischen Möglichkeit der Selbstverteidigung lasse sich keine »kompensatorische Verantwortung des Staates« ableiten.[419] Dabei spielt erkennbar die Überlegung eine Rolle, da Selbsthilfe »Schutz des Stärkeren« sei,[420] werde auf Basis der Argumentation von *D. Murswiek* durch das staatliche Gewaltmonopol in Gemeinschaft mit der Erlaubnis störenden Verhaltens nur dem Stärkeren etwas genommen.[421] Eine kompensatorische Pflicht zum Schutz des Dritten vor Beeinträchtigungen durch andere Private könne den Staat daher nur in dem Umfang treffen, in dem »ohne Verbot die Selbsthilfe zur Durchsetzung des Rechts geführt hätte«, der Verbotsadressat also »auch mit der Selbsthilfe erfolgreich gewesen« wäre.[422]

Dieser Gedankengang erweist sich bei näherem Hinsehen als allenfalls eingeschränkt tragfähig, da er letztlich mit der Frage operiert, ob ohne die staatliche Intervention eine »physisch-empirische Möglichkeit der Selbstverteidigung« bestünde: Die »abstruse Konsequenz«[423] eines Grundrechtsschutzes nur zugunsten des auch zur Selbsthilfe Befähigten wäre nämlich nicht auf die Ebene einer »kompensatorischen« Pflicht des Staates zum Schutz eines Grundrechtsträgers vor Beeinträchtigungen durch andere Private beschränkbar. Auf Basis einer Argumentation mit unabhängig vom Staat existierenden Verteidigungsmöglichkeiten müßte vielmehr die grundrechtliche Relevanz schon des (verhaltensbezogenen) Verbots der Selbsthilfe selbst – und damit letztlich des »allgemeinen Gewaltverbots« – insoweit verneint werden, als ein Verbotsadressat zur Selbsthilfe ohnehin nicht in der Lage gewesen wäre. Entsprechendes gälte darüber hinaus für die Ebene des Beeinträchtigenden: Soweit Selbsthilfe als erfolgversprechend erscheint, müßte – umgekehrt – die Grundrechtserheblichkeit eines an den »Störer« gerichteten Verbots der störenden Handlung ebenfalls verneint werden, da dieser ohne eine

---

[418] Vgl. *D. Murswiek*, Verantwortung, S. 109.

[419] *P. Preu*, Grundlagen, S. 72; was man sich unter einer »bloßen Freiheit« vorzustellen haben soll, wird dabei nicht recht deutlich.

[420] *M. Sachs*, in: K. Stern, Staatsrecht, Bd. III/1, S. 732.

[421] *P. Preu*, Grundlagen, S. 72.

[422] So *M. Sachs*, in: K. Stern, Staatsrecht, Bd. III/1, S. 731f.

[423] *M. Sachs*, in: K. Stern, Staatsrecht, Bd. III/1, S. 732.

staatliche Hilfestellung in Form einer Gestattung und der damit einhergehenden Störungsabwehrrechte zur Realisierung seines Vorhabens nicht in der Lage wäre.[424]

Nun soll nicht bestritten werden, daß einer staatlichen Einwirkung auf grundrechtliche Schutzgüter im Einzelfall die grundrechtliche Relevanz schon deshalb abzusprechen sein mag, weil ein Grundrechtsträger zur Inanspruchnahme der betroffenen Verhaltensoption von vornherein nicht in der Lage – und deshalb schon nicht Adressat des staatlichen Handelns – ist. Gleichwohl ist es ein eher fernliegender Gedanke, daß staatliche Ge- oder Verbote nur dann grundrechtlich relevant sind, wenn im Einzelfall festgestellt werden kann, daß ein Betroffener ohne die staatliche Intervention – also in einem gleichsam »vorstaatlichen« Zustand – zu dem inkriminierten Verhalten in der Lage gewesen wäre; innerhalb einer ausdifferenzierten und über die Verhaltensmöglichkeiten von Grundrechtsträgern weitgehend abschließend entscheidenden Rechtsordnung wird es auf »vorstaatliche« Möglichkeiten der Interessenverfolgung nicht ernsthaft ankommen können. In der staatlichen Anordnung einer Verbots eigenmächtiger Interessenverfolgung auch im Bereich der Störungsabwehr ist demgemäß eine Beschränkung der (allgemeinen) Verhaltensfreiheit eines Grundrechtsträgers zu sehen, denn durch die straf- und zivilrechtlichen Vorschriften, die die Be- oder Verhinderung von Handlungen anderer Grundrechtsträger untersagen und Abwehr- sowie Unterlassungsansprüche auszulösen vermögen, wird die Freiheit zur Inanspruchnahme bestimmter Verhaltensoptionen beseitigt.[425] Auch für eine hieraus folgende Pflicht zur Duldung störenden Tuns anderer Grundrechtsträger kann es folgerichtig nicht auf eine Fähigkeit des Dritten zur eigenmächtigen Interessenverfolgung ankommen.

Damit sind die wesentlichen Gesichtspunkte bezeichnet, mit denen sich die Frage nach dem Verhältnis zwischen Abwehrrecht und Schutzpflicht im Falle einer privaten Einwirkung auf grundrechtliche Schutzgüter zufriedenstellend beantworten läßt. Zunächst wird der Feststellung von *D. Murswiek* kaum zu widersprechen sein, daß es eine der wesentlichen Aufgaben des Staates ist, divergierende Interessen von Bürgern im Rahmen der Schaffung und Entfaltung einer Rechtsordnung zueinander in Beziehung zu setzen und damit zugleich über den Umfang konkret existierender Freiheit zu entscheiden. Der Staat hat die Aufgabe, im Falle einer Kollision zwischen dem Interesse an der Realisierung einer störenden Handlung und dem Nichtstörungsinteresse des hierdurch beeinträchtigten

[424] Insofern zutreffend *J. Schwabe*, Drittwirkung, S. 16, der feststellt, »rein private Gewalten und Eingriffe« könnten »nur in einem rechtlosen Gemeinwesen Besorgnis erwecken und auch da nur für den physisch Schwächeren«.

[425] Vgl. hierzu auch *G. Lübbe-Wolff*, Eingriffsabwehrrechte, S. 84ff., die zwischen »natürlicher« und »staatlich konstituierter« Freiheit danach unterscheidet, ob sich ein Verhalten seiner Art nach auch als »unabhängig von staatlicher Organisation denken« läßt oder »per definitionem ... von stets noch zu erbringender staatlicher Leistung« abhängig ist (ebd., S. 85).

Dritten dafür Sorge zu tragen, daß der Konflikt zwischen diesen gegenläufigen – und im Verhältnis zum Staat gleichermaßen (potentiell) grundrechtlich geschützten – Belangen nicht der Auflösung im Wege privater Interessenverfolgung oder Selbsthilfe überlassen bleibt, sondern durch das Recht entschieden wird. Insofern trifft (jedenfalls) zu, daß ein »allgemeines Gewaltverbot« notwendige Voraussetzung der staatlichen Entscheidung eines Interessenwiderstreits ist: Auf der Grundlage des grundsätzlichen Verbots gewaltsamer Interessendurchsetzung entscheidet die staatlich gesetzte Rechtsordnung, ob störendes Handeln einem Verbots- oder Verbietbarkeitstatbestand unterworfen und zudem dem Beeinträchtigten ein eigenes Recht zur Mobilisierung der Rechtsordnung im Eigeninteresse eingeräumt wird oder – umgekehrt – die störende Handlung wegen des Fehlens derartiger Regelungen erfolgen darf. Durch die Schaffung und Ausgestaltung einer Rechtsordnung erfolgt daher über weite Strecken eine »Verteilung von grundrechtlichen Entfaltungschancen«,[426] indem der Staat entweder Freiheit von störenden Einwirkungen oder Verhaltensfreiheit ermöglicht.[427] Die Annahme der Verfechter einer abwehrrechtlichen Lösung, daß es im Verhältnis zwischen Privaten keine »rechtsleeren Räume«[428] gebe,[429] trifft daher im Ausgangspunkt zu:[430] »Was der eine nach geltendem Recht tun darf, muß der andere sich kraft geltenden Rechts gefallen lassen«.[431]

Schon die von Anhängern einer »Schutzpflichtenkonstruktion« teilweise auch durchaus anerkannte[432] »Doppelseitigkeit«[433] jeder Freiheitssphären zuweisenden und damit zugleich begrenzenden Rechtsnorm gibt jedoch Anlaß, an der Annahme zu zweifeln, daß allein das Interesse an der Realisierung eines störenden Vorhabens den Schutz der Grundrechte als Abwehrrechte genieße, zugunsten des Interesses Dritter an Freiheit von Einwirkungen anderer Privater auf Gegenstände des sphärenbezogenen Grundrechtsschutzes hingegen nur eine – zudem »schwächere« – Schutzpflicht streite. Zwar trifft gewiß zu, daß es kein »vorstaatliches Störungsabwehrrecht« gibt, daß einem Störer entgegengehalten und durch

---

[426] So *P.-M. Huber*, Konkurrenzschutz, S. 295; vgl. auch *J. Isensee*, Sicherheit, S. 46f.: »Grundrechts-Koordination«.

[427] *M. Schmidt-Preuß*, Kollidierende Privatinteressen, S. 130, spricht von einer »Rechtszuweisung«, bei der es um die »normativ-sachliche Bestimmung« gehe, »ob und in welchem Ausmaß ein Privater seine kehrseitigen ... Interessen auf Kosten eines anderen verwirklichen darf«.

[428] *J. Schwabe*, Grundrechtsdogmatik, S. 213.

[429] *D. Murswiek*, Verantwortung, S. 65f.; insoweit grds. zustimmend auch *J. Dietlein*, Schutzpflichten, S. 39.

[430] Anders *E. Klein*, NJW 1989, S. 1633 (1639), mit der These, der Staat könne (und müsse) »Verhaltensweisen außerhalb rechtlicher Regelung, d.h. außerhalb der Kategorien Erlaubt – Verboten, lassen«; vgl. auch die nur eingeschränkt nachvollziehbaren Ausführungen von *W. Sass*, Entschädigungserfordernis, S. 410f.

[431] *D. Murswiek*, NVwZ 1986, S. 611 (612).

[432] Vgl. *J. Dietlein*, Schutzpflichten, S. 39f.; *T. Geddert-Steinacher*, Menschenwürde, S 101; *R. Schmidt*, ZRP 1987, S. 345 (347).

[433] *D. Murswiek*, NVwZ 1986, S. 611.

die staatliche Gestattung störenden Verhaltens beeinträchtigt werden könnte.[434] Ebensowenig ist jedoch eine vorgegebene Befugnis anzuerkennen, andere durch die Realisierung störender Vorhaben zu beeinträchtigen. Entscheidet der Staat durch Schaffung und Ausgestaltung einer Rechtsordnung zugleich über den konkreten Umfang grundrechtlich (potentiell) geschützter Verhaltens- oder Störungsfreiheit, so werden die möglichen Ergebnisse dieses Entscheidungsprozesses anhand identischer Maßstäbe zu überprüfen sein.[435]

Zu bezweifeln ist allerdings, daß ein solches Ergebnis auf die weitere Erwägung von *D. Murswiek* gestützt werden kann, der Gesetzgeber sei aufgrund der Staatsaufgabe der Konfliktregulierung gehindert, an die Stelle des Verbots einer beeinträchtigenden Handlung die Aufhebung eines Verbots dagegen gerichteter Selbstverteidigung zu setzen. Zunächst liegen Aufgaben und grundrechtliche Pflichten des Staates grundsätzlich auf unterschiedlichen Ebenen. Auch wird geltend gemacht, die Rechtsordnung könne private Gewalt in Grenzen gestatten.[436] Diese – schon praktisch schwer vorstellbare – Möglichkeit wird für den Regelfall indes ausscheiden, denn wenn ein Konflikt zwischen divergierenden Belangen durch private Interessendurchsetzung entschieden wird, kann von staatlicher Konfliktregulierung keine Rede sein. Auch läßt sich denken, daß der Staat unter dem Aspekt einer grundrechtlichen Schutzpflicht im Interesse eines Nichtstörungs- (oder auch Realisierungs-) Interesses tätig werden muß. Insofern bleibt es dabei, daß in Grundrechten wurzelnde Interventionspflichten zugunsten eines der Beteiligten nur aus Schutzpflichten resultieren können.

Diese Feststellungen besagen andererseits noch nichts für die weitere Frage nach den grundrechtlichen Anforderungen an staatliches Handeln, wenn die Rechtsordnung private Einwirkungen auf grundrechtliche Schutzgüter anderer Personen (ausdrücklich) gestattet oder (schlicht) zuläßt. Es wäre deshalb auch voreilig, wollte man mit der h. M. ohne weiteres der Auffassung sein, derartige Sachverhalte seien allein unter dem Aspekt einer Verletzung staatlicher Schutzpflichten zu würdigen. Ergibt sich aus dem geltenden Recht, daß sich der Gesetzgeber in Erfüllung seiner Aufgabe zur Konfliktregulierung durch Schaffung und Ausgestaltung einer Rechtsordnung in einem konkreten Fall für ein Realisierungs- und damit gegen ein Nichtstörungsinteresse entschieden hat, so ist vielmehr – nicht anders als bei adressatbelastendem Staatshandeln durch Ge- oder Verbote – nach der Verwirklichung eines Beeinträchtigungstatbestandes zu fragen. Hierfür erweist sich als entscheidend, daß ein nicht durch öffentlich-rechtliche oder privatrechtliche Störungsabwehransprüche kompensiertes Selbsthilfeverbot – wie dargelegt – deshalb als stets grundrechtserhebliche Beeinträchtigung der Verhaltensfreiheit zu qualifizieren ist, weil es für die grundrechtliche Rele-

[434] Vgl. *P. Preu*, Grundlagen, S. 72.

[435] Ähnl. (mit Blick auf die Bedeutung der Abwehr- und Schutzfunktion der Grundrechte für das Zivilrecht) *J. Hager*, JZ 1994, S. 373 (381ff.).

[436] So *M. Sachs*, in: K. Stern, Staatsrecht, Bd. III/1, S. 731 (mit Fn. 127).

vanz staatlichen Handelns grundsätzlich nicht darauf ankommt, ob der Betroffene in einem gleichsam »metarechtlichen« Zustand zur Verfolgung des beeinträchtigten Interesses in der Lage wäre: Muß nämlich der Dritte eine nicht abwehrbare Einwirkung auf Gegenstände des sphärenbezogenen Grundrechtsschutzes infolge einer Konfliktentscheidung durch die staatlich gesetzte Rechtsordnung dulden, so wird der Staat aus grundrechtlicher Perspektive durch die Schaffung dieser »Duldungspflicht« (mit-) ursächlich für private Einwirkungen auf grundrechtliche Schutzgüter. So, wie sich im Bereich des verhaltensbezogenen Grundrechtsschutzes jeder nach Belieben verhalten kann, wenn es an tatsächlichem oder rechtlichem Zwang fehlt, ist Freiheit von Einwirkungen auf die Person und persönliche Sphäre gegeben, wenn und soweit das grundrechtlich relevante »Selbsthilfeverbot« durch Rechtsmacht zur Störungsabwehr kompensiert wird. Folgerichtig ist der Staat für private Drittbeeinträchtigungen (mit-) verantwortlich, wenn sich die Rechtsordnung in einer konkreten Situation durch die Vorenthaltung von Rechtsmacht zur Störungsabwehr gegen das Nichtstörungsinteresse des Duldungspflichtigen entscheidet. Hieraus ergibt sich eine grundrechtliche (Beachtens-) Pflicht des Gesetzgebers, dem Realisierungsinteresse eines Vorhabenträgers wie auch dem Nichtstörungsinteresse des Dritten in gleicher Weise Rechnung zu tragen und keine übermäßigen Belastungen des Dritten (mit) herbeizuführen.

Dem läßt sich nicht entgegenhalten, eine solche Lösung müsse schon an der Unmöglichkeit eines auf Störungshinderung gerichteten Abwehrrechts scheitern. Wird rechtlich die Beeinträchtigung des Dritten erst durch die staatliche Rechtsordnung ermöglicht, weil es auf eine Fähigkeit zur eigenmächtigen Interessenverfolgung nicht ankommt, so ist vielmehr die *hieraus* resultierende Beeinträchtigung unter Berufung auf Grundrechte abwehrbar, sofern sie das Maß des verfassungsrechtlich Zulässigen überschreitet. Wenn und soweit eine staatliche Konfliktentscheidung durch das Recht erfolgt, hat der Dritte folglich einen staatsgerichteten (Abwehr-) Anspruch auf Nichtverletzung seiner Grundrechte, der darauf gerichtet ist, eine unzulässige Einwirkung auf grundrechtliche Schutzgüter zu verhindern oder dem Dritten (jedenfalls) die Möglichkeit zur Rechtsverfolgung einzuräumen. Für eine Unterscheidung, die das Realisierungsinteresse eines Vorhabenträgers als durch Abwehrrechte geschützt ansieht, dem betroffenen Dritten aber von vornherein nur einen (geminderten) Schutz nach Maßgabe grundrechtlicher Schutzpflichten zubilligt, ist kein Raum. Den grundrechtlichen Schutzpflichten kommt eine eigenständige Bedeutung vielmehr nur dann zu, wenn es an einem Verbot der Selbsthilfe insbesondere gegen rechtswidrige Angriffe Privater auf Individualrechtsgüter und damit einer faktischen Pflicht des Dritten zur Duldung der ihn treffenden Beeinträchtigung fehlt.

b. *Beachtenspflicht und Schutzpflicht*

aa. *Zum Umfang der staatlichen Mitverantwortung*

Damit erweist sich, daß es eine verkürzende Sicht der Dinge ist, wenn angenommen wird, es sei allein ein anderer Bürger, der in den hier behandelten Fällen den Zustand des Freiseins von Störungen durch sein störendes Handeln beeinträchtigt. Zwar ist unbestreitbar, daß das (dritt-) beeinträchtigende Tun eine rein private Handlung ist, die einer staatlich verursachten Einwirkung auf ein Individualrechtsgut nicht ohne weiteres gleichgesetzt werden kann. Ebenso richtig ist aber, daß ein Bürger störende Handlungen anderer Bürger letztlich aufgrund der staatlich gesetzten Rechtsordnung hinnehmen muß. Die nicht abwehrbare Drittbeeinträchtigung ist auf ein Zusammenwirken von Staat und Störer zu Lasten des Dritten rückführbar, bei dem der Private die Störung und der Staat eine dazu hinzutretende Pflicht zu ihrer Duldung verursacht,[437] so daß die Entscheidung für die Nachrangigkeit des Nichtstörungsinteresses als Übernahme einer Mitverantwortung für die damit einhergehende Beeinträchtigung des Dritten anzusehen ist.[438] Durch die rechtsetzenden und rechtsanwendenden Staatsorgane entscheidet der Staat einen Widerstreit zwischen kollidierenden Realisierungs- und Verschonungsinteressen, indem er entweder eine Verhaltens- oder eine Duldungspflicht ausspricht, so daß einer der Beteiligten der Fremdbestimmung unterliegt, indem er eine Einbuße an »natürlicher« (Verhaltens- oder Störungs-) Freiheit erleidet.[439] Die vom Bundesverfassungsgericht in der »Mülheim-Kärlich«-Entscheidung geprägte Kategorie der »Mitverantwortung« für ein (drittgefährdendes) Vorhaben erweist sich damit als ebenso trag- wie verallgemeinerungsfähig.[440]

Weil die staatlichen Organe eine (Beachtens-) Pflicht trifft, den Grundrechten des Dritten bei ihrem Handeln Rechnung zu tragen, wenn der Staat aufgrund einer Entscheidung der Rechtsordnung zugunsten eines Realisierungsinteresses für eine daraus resultierende (Dritt-) Beeinträchtigung (mit-) verantwortlich ist, löst

---

[437] In diesem Zusammenhang von Interesse ist auch der Hinweis von *B. Weber-Dürler*, VVDStRL 57 (1998), S. 57 (67), daß in der Schweiz von öffentlichen Anlagen und Wegen ausgehende Immissionen in Ermangelung einer Duldungspflicht nicht als Beeinträchtigungen des Nachbareigentums angesehen werden. Dies führt zu der Frage, ob es unter der Prämisse einer derartigen Duldungspflicht auf den Urheber der Störung noch ankommen kann.

[438] Entgegen *J. Schwabe*, NVwZ 1983, S. 523 (525), handelt es sich bei der Kategorie der »Mitverantwortung« daher auch nicht um einen »Verlegenheitsbegriff«.

[439] Unzutreffend ist deshalb der von *J. Hellermann*, Freiheitsrechte, S. 211, erhobene – und auch in der von *J. Isensee*, in: Isensee/Kirchhof (Hrsg.), HbStR, Bd. V, § 111 Rn. 118, geprägten Formel von der »etatistischen Konvergenzthese« anklingende – Vorwurf, mit einer »abwehrrechtlichen Lösung« werde »das liberal-rechtsstaatliche Verteilungsprinzip ... ersetzt durch ein Modell staatlicher Freiheitszuteilung«, denn das rechtsstaatliche Verteilungsprinzip betrifft die Ebene der Eingriffsrechtfertigung, die durch die hier vertretene Ansicht nicht (zwangsläufig) berührt wird.

[440] Im Ergebnis ähnl. *P.-M. Huber*, Konkurrenzschutz, S. 258; mit Blick auf Art. 2 Abs. 2 S. 1 GG auch *J. Ipsen*, Grundrechte, Rn. 242.

sich auch der (vordergründige) Gegensatz zwischen »abwehrrechtlicher Lösung« und »Schutzpflichtenkonstruktion« weitgehend auf. Hält der Staat zwangsläufig seine »schützende Hand« über ein drittbeeinträchtigendes Vorhaben, wenn er dessen Realisierung gestattet oder (jedenfalls) zuläßt, so müssen die Belange eines Drittbetroffenen bei der Entscheidung über die Schutzwürdigkeit und Durchsetzbarkeit von Nichtstörungs- und Realisierungsinteressen angemessen berücksichtigt werden, denn staatliche Stellen sind bei der Ausgestaltung der Rechtsordnung und der Anwendung des danach geltenden Rechts an die Grundrechte gebunden (Art. 1 Abs. 3 GG), um den einzelnen Grundrechtsträger vor (unnötiger) Fremdbestimmung durch den Staat und die staatliche Rechtsordnung zu schützen; einer subjektiv-rechtlichen Materialisation objektiver Grundrechtsgehalte, wie sie mit einer »reinen Schutzpflichtenkonstruktion« verknüpft ist, bedarf es nicht.

Einen wichtigen Anwendungsfall für eine solche Beachtenspflicht bilden zunächst Sachverhalte, in denen die Rechtsordnung eine ausdrückliche Genehmigung eines störenden Vorhabens vorsieht, die – wie außerhalb des Baurechts mittlerweile üblich – aufgrund von Präklusionsvorschriften zugleich das System des zivilrechtlichen Nachbarschutzes außer Kraft setzt. Letztlich kommt es auf die Erforderlichkeit einer einfach-gesetzlichen Genehmigung in Übereinstimmung mit *D. Murswiek*[441] aber nicht an. Vielmehr ist der Staat für eine Drittbeeinträchtigung immer dann (mit-) verantwortlich, wenn ein öffentlich-rechtlich gestattetes oder genehmigungsfrei zulässiges Verhalten Privater aufgrund von § 906 Abs. 1 S. 2 BGB oder aus anderen Gründen auch zivilrechtlich nicht abgewehrt werden kann. Auch die – verfehlte[442] – Beseitigung des Erfordernisses einer Baugenehmigung namentlich für Wohnzwecken dienende Gebäude[443] in den letzten Jahren[444] hindert die Annahme einer staatlichen Mitverantwortung für Beeinträchtigungen der Nachbarn im Falle des Fehlens nachbarschützender Ansprüche aus Vorschriften des öffentlichen oder privaten Rechts daher nicht.

Darüber hinaus vermag eine solche Situation selbst im Falle der Unzulässigkeit des störenden Verhaltens aufzutreten, denn der Staat kann sich darauf beschränken, der Beeinträchtigung grundrechtlicher Schutzgüter eines Bürgers durch andere Bürger kraft objektiven Rechts und unabhängig vom Willen des Beeinträchtigten im Wege der Gefahrenabwehr entgegenzutreten. Wenngleich derartige Sachverhalte unter Geltung der »Schutznormtheorie« eher die Ausnahme bilden dürften, unterliegt der Dritte in einem solchen Fall einer (faktischen) Pflicht zur Duldung rechtswidriger Störungen. Allerdings wird deren grundrechtliche Relevanz schon deshalb regelmäßig zu verneinen sein, weil das störende Handeln vom Staat weder gestattet noch zugelassen wurde. Etwas anderes gilt aber, wenn der

---

[441] Vgl. oben, S. 377.
[442] Treffende Kritik bei S. *Oeter*, DVBl. 1999, S. 189 (196f.).
[443] Vgl. z.B. § 69 a NBauO i.d.F. vom 13.07. 1995 (GVBl. S. 199).
[444] Zu den Folgen für den Rechtsschutz S. *Oeter*, DVBl. 1999, S. 189 (191ff.).

Staat das drittbeeinträchtigende Handeln stillschweigend toleriert und insofern auch »zuläßt«.[445] In diesem Falle wird die Annahme einer staatlichen Verantwortung für das störende Handeln nicht schon unter Hinweis auf das Vorhandensein eines (öffentlich-rechtlichen) Verbotstatbestandes verneint werden können, sondern ebenso wie im Falle der Zulässigkeit störenden Verhaltens Privater zu entscheiden sein.

Wird von dem zuletzt genannten (Ausnahme-) Fall einer staatlichen Duldung rechtswidrigen Handelns Privater abgesehen, so läßt sich zusammenfassend feststellen, daß eine staatliche Mitverantwortung für private Einwirkungen auf grundrechtliche Schutzgüter soweit reicht, als diese nach Maßgabe des geltenden Rechts ausdrücklich gestattet oder mangels eines Verbots- oder Verbietbarkeitstatbestandes zulässig sind, sich der Staat von den Auswirkungen derartiger Handlungen auf einen Dritten also nicht von einer Entscheidung zugunsten des Realisierungsinteresses hat abhalten lassen. Damit ist freilich eine gewisse Annäherung an ein »Voraussehbarkeitskriterium« verknüpft, weil nur voraussehbare Folgen der Entscheidung für oder gegen ein Nichtstörungsinteresse die Entscheidungsfindung auch zu steuern vermögen. Dies erscheint aber als unschädlich, weil die möglichen Folgen störender Vorhaben eines Bürgers auf die Umgebung regelmäßig ebenso voraussehbar wie überschaubar sind. Auch werden Abwehransprüche eines Dritten gegen Störungen aufgrund zulässigen Handelns anderer Privater nur in Betracht kommen, wenn der Drittbeeinträchtigung eine hinreichend individualisierbare Ursache zugeordnet werden kann. Soweit dies nicht der Fall ist, läßt sich eine Verpflichtung des Staates zum Tätigwerden – etwa zur allgemeinen Bekämpfung von Belastungen der Umwelt und deren Folgen – hingegen allein aus grundrechtlichen Schutzpflichten herleiten; insofern ist der Entscheidung des Bundesverfassungsgerichts zu den Ansprüchen auf Entschädigung für das »Waldsterben«[446] zumindest im Ergebnis zuzustimmen. Ein einklagbarer Anspruch des einzelnen auf Erfüllung dieser allein objektiv-rechtlichen Staatsaufgabe wird indes nicht anzuerkennen sein.

bb. Inhaltliche Reichweite des Drittschutzes

Des weiteren erscheint es als Vorzug der hier vertretenen Auffassung, daß sie eine Disparität des Grundrechtsschutzes von Vorhabenträger und Drittem vermeidet, die mit einer reinen »Schutzpflichtenkonstruktion« jedenfalls dann verknüpft ist, wenn staatlichen Schutzpflichten mit einer – wie erwähnt[447] – im Schrifttum an-

[445] Vgl. etwa den Sachverhalt von BVerwG, NVwZ-RR 1997, S. 271ff.: Anerkennung eines Notwegrechts zugunsten eines (formell und materiell) illegalen Wohnhauses durch die Zivilgerichte und erfolgloses Bemühen um verwaltungsgerichtlich Rechtsschutz gegen die Verweigerung eines administrativen Einschreitens gegen die Grundstücksnutzung zu Wohnzwecken; allerdings dürften die zivilgerichtlichen Entscheidungen unrichtig sein (so BVerwG ebd., S. 272).

[446] Vgl. BVerfG (3. Kammer des Ersten Senats), NJW 1998, S. 3264f.

[447] Vgl. oben, S. 329.

zutreffenden Auffassung ein im Verhältnis zur Abwehrfunktion der Grundrechte verringerter Schutz entnommen wird. Allerdings ist zu konzedieren, daß aus einer »Schutzpflichtenkonstruktion« nicht zwangsläufig eine im Verhältnis zur Abwehrfunktion der Grundrechte verringerte »Schutzdichte« folgt. Zwar trifft zu, daß der in einem Unterlassen liegenden Pflichtverletzung anders als im Falle der Verletzung einer Unterlassenpflicht durch positives Tun kein »definites verfassungsmäßiges Gegenteil, sondern nur eine indefinite Anzahl von verfassungsmäßigen Alternativen«[448] gegenübersteht. Daß demnach »das Abwehrrecht in Zielsetzung und Inhalt ein bestimmtes staatliches Verhalten fordert, während die Schutzpflicht grundsätzlich unbestimmt ist«,[449] besagt aber nichts für die weitere Frage, wann eine staatliche Nichtintervention zugleich Verletzung einer (Schutz-) Pflicht ist, der Staat also (jedenfalls) zum Handeln verpflichtet war. Für das Verhältnis zwischen Abwehrrechten und Schutzpflichten ist daher letztlich ohne Belang, daß aus einer Schutzpflicht nur dann (ausnahmsweise) eine Interventionspflicht zu resultieren vermag, wenn andernfalls eine Schutzpflichtverletzung vorläge.[450] Im übrigen ist schlechterdings unerfindlich, aus welchem Grunde beispielsweise das Nichtstörungsinteresse eines Nachbarn *prima facie* weniger schutzwürdig sein sollte, als das »Realisierungsinteresse« des an einem störenden Vorhaben interessierten Bürgers,[451] zumal auf seiten des Dritten regelmäßig hochrangige Lebensgüter in Rede stehen. Zu Recht rügt *J. Hager* eine mit einer nur abgeschwächten Wirkung der Schutzfunktion der Grundrechte einhergehende »Asymmetrie in der Intensität der Grundrechtswirkung, die vorzugsweise demjenigen zugute käme, der in die Sphäre des anderen eingreift«.[452]

Auf der anderen Seite wird mit dem Postulat einer hinter der Bedeutung der Grundrechte als Abwehrrechte zurückbleibenden Bindungswirkung staatlicher Schutzpflichten insofern ein berechtigtes Anliegen verfolgt, als es nicht ohne Auswirkungen insbesondere auf das (Privat-) Vertragsrecht bleiben könnte, wenn staatliche Schutzpflichten im Hinblick auf die – abwehrrechtlich irrelevan-

---

[448] *G. Lübbe-Wolff*, Eingriffsabwehrrechte, S. 40; ebenso *R. Wahl/J. Masing*, JZ 1990, S. 553 (558); vgl. auch *R. Alexy*, Theorie, S. 420f.; *ders.*, Der Staat 29 (1990), S. 49 (62); *C.-W. Canaris*, Grundrechte und Privatrecht, S. 81; *K. Hesse*, in: FS Mahrenholz, S. 541 (545); *J. Isensee*, Sicherheit, S. 50; *S. Oeter*, AöR 119 (1994), S. 529 (537f.); *R. Wahl*, DVBl. 1996, S. 642 (646f.).

[449] BVerfGE 96, 56 (64).

[450] Vgl. auch *R. Alexy*, Der Staat 29 (1990), S. 49 (63); *T. Geddert-Steinacher*, Menschenwürde, S. 102f.

[451] So aber offenbar *W. Sass*, Entschädigungserfordernis, S. 409f., der eine »Prärogative der Freiheitsrechte« (ebd., S. 410) annimmt; im Ergebnis ebenso *C.-W. Canaris*, Grundrechte und Privatrecht, S. 47; vgl. ferner *J. Hellermann*, Freiheitsrechte, S. 219ff., der ein subjektives (Grund-) Recht auf Schutz von Beeinträchtigungen durch andere Private generell verneint und selbst einräumt, daß dieses »tendenziell einseitige Ergebnis« einem Grundrechtsverständnis, das die Kollision zweier prinzipiell gleichrangiger Grundrechtspositionen annimmt, befremdlich erscheinen muß (ebd., S. 221).

[452] *J. Hager*, JZ 1994, S. 373 (381); *ders.*, Jura 2000, S. 186 (187); vgl. auch *T. Geddert-Steinacher*, Menschenwürde, S. 96.

te[453] – Pflicht eines Bürgers zur Vertragserfüllung eine den Abwehrrechten vergleichbare Wirkung entfalteten: Zwar trifft den Gesetzgeber auch bei der Erfüllung von Schutzpflichten die selbstverständliche Pflicht, die – grundrechtlich geschützte[454] – Vertragsfreiheit der Vertragspartner zu wahren, so daß die den staatlichen Schutzpflichten im vertragsrechtlichen Bereich eigene »Entmündigungstendenz« hier zunächst ausgeblendet werden kann. Zugleich kann ein Bürger in seiner Eigenschaft als Partner eines schuldrechtlichen Vertrages eine ihm günstige Entscheidung eines Zivilgerichts über Existenz und Umfang der vertraglichen Pflichten seines Vertragspartners aber nur in dem (auch) durch die staatlichen Schutzpflichten gezogenen Rahmen erhalten. Würde einem Grundrechtsträger die Möglichkeit eröffnet, mit Blick auf Vertragsverhältnisse die Verletzung einer Schutzpflicht durch den Staat in einer der Geltendmachung eines Abwehrrechte vergleichbaren Weise zu rügen, so würde folglich über den dogmatischen Umweg der staatlichen Schutzpflicht eine »mittelbar-faktische« Bindung des anderen Teils an die Grundrechte seines Vertragspartners bewirkt,[455] der die h. M. mit der Ablehnung einer unmittelbaren Grundrechtsbindung der Privatrechtssubjekte – sowie einer von *J. Schwabe* favorisierten Grundrechtsbindung des Richters selbst bei Entscheidungen über vertragliche Rechtspflichten – gerade entgegengetreten ist.[456] Bei der Annahme abwehrrechtsäquivalenter Schutzpflichten ist daher Zurückhaltung geboten; eine staatliche Pflicht zur Intervention zugunsten eines der (potentiellen) Vertragspartner kann nur für besonders gelagerte Ausnahmefälle in Betracht kommen.[457]

Allerdings bleibt auf Basis einer »herkömmlichen« Schutzpflichtenkonstruktion nur die Alternative, entweder auch dem Interesse an der Realisierung eines störenden Vorhabens einen grundsätzlichen Vorrang vor den Belangen Dritter einzuräumen oder generell von einer formalen Äquivalenz grundrechtlich begründeter Abwehrrechte und aus der grundrechtlichen Wertordnung abgeleiteter Schutzpflichten auszugehen. Diese jeweils für sich genommen nicht akzeptablen Folgen vermeidet die hier vorgeschlagene Lösung: Zunächst bleibt der Anwendungsbereich wertordnungsradizierter Schutzpflichten auf Fälle beschränkt, in denen es an der Verwirklichung eines Einwirkungstatbestandes fehlt, weil etwa eine konsensual begründete Rechtspflicht eines Bürgers gegenüber dem Staat oder einem anderen Bürger in Rede steht, der Betroffene aber gleichwohl aus Gründen des Einzelfalls – etwa einer »strukturellen Unterlegenheit« gegenüber dem anderen Teil – als schutzwürdig erscheint.[458] Zugleich werden Art und Maß

[453] Vgl. dazu schon oben, S. 139f., sowie noch unten, S. 479f.

[454] Dazu unten, S. 463ff.

[455] Vgl. *W. Zöllner*, RDV 1985, S. 3 (10), der mit dieser Begründung für eine Einschränkung der sachlichen Reichweite staatlicher Schutzpflichten eintritt.

[456] Vgl. dazu unten im 4. Teil, S. 442ff.

[457] Vgl. dazu noch unten, S. 483ff.

[458] Nachdrücklich für Zurückhaltung bei staatlichen Interventionen im Bereich des Verbrau-

des Grundrechtsschutzes bei einer Kollision privater Realisierungs- und Nichtstörungsinteressen unter Zugrundelegung der hier vertretenen Auffassung nicht von der Beziehung zum geregelten Sachverhalt, sondern allein von einer Bewertung und Gewichtung der beteiligten Interessen im Einzelfall (oder einer Gruppe von Fällen) abhängig gemacht. Im Umfang der Existenz von Schutzgut-Tatbeständen sichern die Grundrechte danach die Möglichkeit zu einem Verhalten nach freiem Belieben wie auch die Freiheit vor beliebigen Einwirkungen. Innerhalb dieses Geflechts sich wechselseitig ausschließender, aber jeweils grundrechtlich gesicherter Belange entscheidet der Staat über den Umfang der in einer Rechtsordnung real existierenden Freiheit, indem er entweder auf ein Realisierungs- oder ein Verschonungsinteresses einwirkt und damit entweder die »natürliche« Handlungsfreiheit oder die Freiheit von störenden Einwirkungen begrenzt.

4. Konsequenzen einer grundrechtlichen Beachtenspflicht zugunsten Dritter

a. Grundrechtliche Beachtenspflicht und Privatrecht

Die Annahme, daß an die Entscheidung der staatlich gesetzten Rechtsordnung für die Zulässigkeit eines Dritte (möglicherweise) gefährdenden oder beeinträchtigenden Tuns Privater eine staatliche Mitverantwortung geknüpft ist, führt zu der weiteren Frage, welche Folgen es für das bekannte Problem der Grundrechtsgeltung »im« Privatrecht – d.h. im Falle einer privatrechtlichen Lösung eines Interessenwiderstreits zwischen zwei Bürgern – hat, daß es für einen den Dritten treffenden Zwang zur Hinnahme störenden Verhaltens Privater auch – wie soeben gezeigt – auf das Fehlen zivilrechtlicher Abwehransprüche ankommt. Insbesondere ist problematisch, inwieweit die hier vertretene Auffassung mit gängigen Vorstellungen von einer nur »mittelbaren« und eingeschränkten Geltung der Grundrechte »im« Privatrecht zu vereinbaren ist, wie sie beispielsweise in der lange Zeit weitgehend unangefochtenen Position zum Ausdruck kommt, die das Bundesverfassungsgericht im Jahre 1958 in der »Lüth«-Entscheidung entwickelt hat. Nach dieser Lehre, deren fortdauernde Anerkennung durch das Bundesverfassungsgericht allerdings nicht gesichert erscheint,[459] sollen die Grundrechte in ihrer Eigenschaft als »Abwehrrechte des Bürgers gegen den Staat« nur eine eingeschränkte Bedeutung für die Privatrechtsordnung besitzen, die sich primär darin äußert, daß die Auslegung und Anwendung bürgerlich-rechtlicher Vorschriften durch die vom Grundgesetz in seinem Grundrechtsabschnitt errichtete »objekti-

cherschutzes *O. Depenheuer*, ThürVBl. 1996, S. 270 (272f.), der vor einer Negation der Eigenverantwortung und damit der Freiheitskompetenz des einzelnen durch Umverteilung von Freiheitsrisiken warnt.

[459] Dazu unten, S. 437f.

ve Wertordnung« beeinflußt wird.[460] Der »Sinn der Bindung des Zivilrichters an die Grundrechte (Art. 1 Abs. 3 GG)« besteht demzufolge in dessen Verpflichtung »zu prüfen, ob die von ihm anzuwendenden materiellen zivilrechtlichen Vorschriften ... grundrechtlich beeinflußt sind«, sowie sich hieraus etwa ergebende Modifikationen des Zivilrechts zu beachten.[461] Auch soll trotz der Anknüpfung an eine »Ausstrahlungswirkung« objektiv-rechtlicher Grundrechtsgehalte die Rüge einer Grundrechtsverletzung möglich sein, wenn der Zivilrichter diese »Ausstrahlung« der Grundrechte auf das Zivilrecht verkennt und damit als »Träger öffentlicher Gewalt« i.S.v. Art. 1 Abs. 3 GG durch seine Entscheidung ein Grundrecht verletzt, »auf dessen Beachtung auch durch die rechtsprechende Gewalt der Bürger einen verfassungsrechtlichen Anspruch hat«.[462]

Diese Lehre von der (nur) »mittelbaren« Grundrechtsgeltung im Privatrecht führt zwar – wie im Vierten Teil darzulegen ist – nicht notwendig zu anderen Ergebnissen, als sich aus der Annahme einer uneingeschränkten Grundrechtsgeltung auch bei Rechtsetzung und Rechtsanwendung im privatrechtlichen Bereich ergeben. Es stellt sich aber die Frage, ob eine solche Konstruktion auf Basis der hier vertretenen Auffassung zur staatlichen (Mit-) Verantwortung für Beeinträchtigungen von Nichtstörungsinteressen durch andere Private überhaupt möglich ist, wie sich an dem Beispiel des Notwegrechts aus § 917 Abs. 1 S. 1 BGB illustrieren läßt. Aus dieser Vorschrift resultiert eine Duldungspflicht des belasteten Grundstückseigentümers, die dadurch mit dem öffentlichen Recht verknüpft ist, daß das Merkmal der »ordnungsmäßigen Benutzung« des vom Wegenetz abgeschnittenen Grundstücks eine öffentlich-rechtlich zulässige oder (jedenfalls) bestandskräftig festgestellte Grundstücksnutzung erfordert.[463] Diese Beeinträchtigung des Nichtstörungsinteresses des Nachbarn wurzelt in einer Vorschrift, die – ebenso wie § 904 BGB – eine Einschränkung des Ausschließungsrechts eines Eigentümers aus § 903 BGB bewirkt, indem sie zur Duldung von Einwirkungen eines anderen Bürgers auf das Eigentum des Betroffenen verpflichtet. Es handelt sich mithin um eine privatrechtliche Regelung, der es bedurfte, weil der betroffene Grundstückseigentümer die Benutzung seines Grundstücks durch den Nachbarn unabhängig von der Ordnungsmäßigkeit und öffentlich-rechtlichen Zulässigkeit der konkreten Verwendung des Nachbargrundstücks andernfalls hätte abwehren können. Da die Freiheit auch von derartigen Einwirkungen ihren (Vermögens-) Wert hat, wird auf Basis der hier vertretenen Position zum Schutzgut-Tatbestand des Art. 14 Abs. 1 GG und der grundrechtlichen Relevanz einer staat-

---

[460] BVerfGE 7, 198 (205).

[461] BVerfGE 7, 196 (206).

[462] BVerfGE 7, 198 (207); zust. zur Anerkennung eines subjektiven Rechts *H.-U. Erichsen*, Jura 1996, S. 527 (532); krit. *A. Scherzberg*, Grundrechtsschutz, S. 166ff.; vgl. auch *E.-W. Böckenförde*, Der Staat 29 (1990), S. 1 (15), der von einer »nicht bruchlosen Begründung« spricht.

[463] Vgl. BVerwGE 50, 282 (286, 290f.); *F.J. Säcker*, in: Münchener Kommentar, Band 4 (2. Aufl.), § 917 Rn. 12.

lichen Zulassung privater Einwirkungen auf Nichtstörungsinteressen Dritter folglich eine Beeinträchtigung eines von Art. 14 Abs. 1 GG geschützten Nichtstörungsinteresses (auch) infolge einer staatlich gesetzten Norm des Zivilrechts anzunehmen sein.

Ob einem solchen Vorgang unter Zugrundelegung der h .M. grundrechtliche Relevanz zugebilligt werden könnte, ist demgegenüber zu bezweifeln. Auf Basis der These von der »Normgeprägtheit« des Verfassungseigentums ist zunächst schon fraglich, ob überhaupt eine dem Grundrechtsschutz zugängliche Rechtsposition vorliegt, denn wenn eine Einwirkung auf ein Grundstück geduldet werden muß, ist dem einfach-gesetzlich ausgestalteten Eigentum eine verteidigungsfähige und dem »Verfassungseigentum« zuzuordnende Rechtsposition gerade fremd. Darüber hinaus wird dem Begünstigten durch die gesetzliche Anordnung eines Notwegrechts lediglich eine »natürlich« mögliche Handlung (wieder) gestattet.[464] Nimmt man an, daß eine staatliche (Mit-) Verantwortlichkeit für privates Handeln nicht schon aus dessen Zulassung resultiert, kann die staatliche Gestattung oder Billigung des Verhaltens Privater durch zivilrechtliche Vorschriften oder zivilgerichtliche Entscheidungen aber ebensowenig an den Grundrechten eines Dritten gemessen werden, wie die Gestattung einer privaten Drittbeeinträchtigung durch Verwaltungsakt; für den Dritten ließe sich allenfalls eine staatliche Pflicht zum Schutze des Eigentums (als Rechtsinstitut) ins Feld führen.

Diesem Ergebnis entspricht, daß zunehmend versucht wird, die Frage nach der Grundrechtsgeltung im Privatrecht unter Rückgriff auf die Idee staatlicher Schutzpflichten zu beantworten.[465] Die »aus dem Charakter der Grundrechte als Grundsatznormen ableitbare Funktion der Grundrechte als Schutzgebote« finde »im Privatrecht ebenso wie in anderen Rechtsgebieten ihren Niederschlag« und bilde »eine Grundlage für die Einwirkung der Grundrechte auf das Verhalten der Privatrechtsubjekte«,[466] so daß eine »gewissermaßen unterirdische Verbindung«[467] zwischen einerseits der Annahme einer »Ausstrahlungswirkung« der Grundrechte auf das Privatrecht und andererseits der Lehre von den grundrecht-

---

464 Im Falle der Streichung eines Notwegrechts läge daher ein Eingriff in die Verhaltensfreiheit des Begünstigten vor, vgl. *J. Schwabe*, Grundrechtsdogmatik, S. 247 (der zu Unrecht auch Art. 2 Abs. 2 GG für einschlägig hält); *G. Lübbe-Wolff*, Eingriffsabwehrrechte, S. 46 (in Fn. 114 der S. 45).

465 Vgl. *P. Badura*, in: FS K. Molitor, S. 1 (9); *A. Bleckmann*, DVBl. 1988, S. 938 (939f.); *G. Hermes*, NJW 1990, S. 1764 (1765f.; 1767); *P.-M. Huber*, Konkurrenzschutz, S. 289; *E. Klein*, NJW 1989, S. 1633 (1639f.); *M. Oldiges*, in: FS K.H. Friauf, S. 281 (300ff.); *C. Starck*, Verfassungsauslegung, S. 65ff.; *P. Unruh*, Schutzpflichten, S. 71ff.; s. ferner *H.D. Jarass*, AöR 110 (1985), S. 363 (379), der im Hinblick auf staatliche Schutzpflichten von einer »gewissen Parallele zur mittelbaren Drittwirkung« spricht; zurückhaltend hingegen *J. Isensee*, in: Isensee/Kirchhof (Hrsg.), HbStR, § 111 Rn. 134f., der allerdings auf Basis der Annahme argumentiert, daß die Drittwirkungslehren »die Grundrechtsberechtigten der ... Grundrechtsverpflichtung unterwerfen« (ebd., Rn. 135).

466 *P. Badura*, in: FS K. Molitor, S. 1 (9).

467 *C. Starck*, Verfassungsauslegung, S. 66.

lichen Schutzpflichten bestehe, die »sachlich zwingend«[468] sei: Die Verpflichtung der Zivilgerichte, bei der Anwendung zivilrechtlicher Vorschriften maßgebliche grundrechtliche Wertungen einfließen zu lassen, beruhe darauf, daß dem Staat eine entsprechende Schutzpflicht obliege.[469] Dieser Schutzpflicht sei der Gesetzgeber durch eine allgemeine Formulierung des Gesetzes soweit nachgekommen, daß der Richter das Gesetz grundrechtskonform auslegen und anwenden könne.[470] Von »mittelbarer Drittwirkung der Grundrechte« spreche man daher, »wenn der Gesetzgeber durch Erlaß einer allgemeinen Zivilrechtsnorm die Schutzpflicht ermöglicht und es nun Aufgabe des Richters ist, das betreffende Gesetz mit Rücksicht auf die dem Staat obliegende Schutzpflicht anzuwenden«.[471]

Eine dem entsprechende Argumentation findet sich auch in der neueren Rechtsprechung des Bundesverfassungsgerichts zu Fallgestaltungen, in denen die Abwehrbarkeit beeinträchtigender Äußerungen anderer Privater in Rede steht. Zu nennen ist insbesondere die »Helnwein«-Entscheidung vom 10. November 1998, die die Abweisung einer zivilgerichtlichen Klage gegen vom Kläger als rufschädigend empfundene Erklärungen privater Vereine zum Gegenstand hatte. In seiner der Verfassungsbeschwerde gegen das zivilgerichtliche Urteil stattgebenden Entscheidung hebt der Erste Senat zunächst hervor, daß der »grundrechtliche Schutz gegenüber nachteiligen Behauptungen ... nicht unmittelbar gegenüber Dritten« wirke, weil auch das allgemeine Persönlichkeitsrecht direkte Wirkung nur gegenüber dem Staat entfalte. Der Staat sei aber »grundrechtlich gehalten, den Einzelnen vor Persönlichkeitsgefährdungen durch Dritte zu schützen«.[472] Soweit die Gerichte Normen anwendeten, die diesem Schutz dienen, hätten sie daher »die grundrechtlichen Maßgaben zu beachten«. Alsdann wird unter Bezugnahme auf die »Lüth«-Entscheidung noch festgestellt, daß »nicht nur eine Verletzung objektiven Verfassungsrechts, sondern auch ein Verstoß gegen die subjektiven Grundrechte des Betroffenen« vorliege, wenn ein (Zivil-) Gericht diese Maßstäbe verfehle.[473]

In Übereinstimmung mit weiten Teilen des Schrifttums hat damit auch das Bundesverfassungsgericht die Frage nach der Grundrechtsgeltung für staatliche Rechtsetzung und Rechtsanwendung auf dem Gebiet des Privatrechts mit grundrechtlichen Schutzpflichten verknüpft. Unter Zugrundelegung eines solchen Ansatzes ist eine »herkömmliche« Schutzpflichtenkonstruktion aber nicht nur ohne

---

468 *P. Badura*, in: FS K. Molitor, S. 1 (9).

469 *C. Starck*, Verfassungsauslegung, S. 66f.; ebenso *P. Unruh*, Schutzpflichten, S. 72; ähnl. auch *G. Hermes*, NJW 1990, S. 1767.

470 *C. Starck*, Verfassungsauslegung, S. 67.

471 *C. Starck*, Verfassungsauslegung, S. 67.

472 BVerfGE 99, 185 (194); ähnl. zuvor BVerfGE 97, 125 (146); vgl. auch BVerfGE 73, 118 (201).

473 BVerfGE 99, 185 (195).

weiteres mit der Lehre von der »mittelbaren« Grundrechtsgeltung kompatibel, vielmehr erschließt sich erst über »die grundrechtlichen Schutzpflichten ... der Umfang der ›Drittwirkung‹ der Grundrechte«.[474] Demgegenüber ergibt sich ein etwas anderes Ergebnis, wenn von einer staatlichen Verantwortlichkeit für störendes Tun Privater ausgegangen wird, da die Feststellung einer Pflicht zur Hinnahme (»Duldung«) störender Handlungen anderer Privater eine Aussage auch über die wechselseitigen Befugnisse der Beteiligten nach Maßgabe des Zivilrechts erfordert. So bildet gerade das Nachbarrecht das Hauptbeispiel für sich überschneidende Regelungen des öffentlichen und privaten Rechts, die aber mittlerweile vom Gesetzgeber insofern miteinander verknüpft worden sind, als öffentlich-rechtlich zulässige Immissionen gem. §906 Abs.1 S.2 BGB als (deshalb) regelmäßig unwesentlich i.S.v. §906 BGB Abs.1 S.1 BGB zivilrechtlich ebenfalls hingenommen werden müssen. Aus grundrechtlicher Perspektive kann daher kein Unterschied zwischen einerseits der Vorenthaltung eines vor dem Zivilgericht mit staatlicher Hilfe durchsetzbaren Anspruchs gegen den Urheber der störenden Handlung und andererseits dem Fehlen eines subjektiv-öffentlichen Rechts auf deren Nichtgestattung oder gar Verhinderung durch den Staat gemacht werden.

Nimmt man dies zum Ausgangspunkt der Überlegungen, so drängt sich aber die – im nächsten Kapitel zu behandelnde – Frage auf, inwieweit – umgekehrt – die grundrechtliche Relevanz der mit einer Störungshinderungsmöglichkeit zugunsten des Dritten einhergehenden Einwirkung auf die (Verhaltens-) Freiheit eines (potentiellen) Störers von der öffentlich-rechtlichen oder privatrechtlichen Natur dieses Anspruchs abhängen kann. Eine derartige Unterscheidung danach, ob im Falle widerstreitender Privatinteressen die staatliche Konfliktregulierung allein durch Normierung von Rechten und/oder Pflichten im Verhältnis zwischen Staat und Bürger erfolgt oder die Rechtsordnung Ansprüche eines Bürgers unmittelbar gegen einen anderen Bürger vorsieht, ist indes eine nicht hinwegzudenkende Bedingung für die verbreitete Annahme einer *insgesamt* nur »mittelbaren« und aus grundrechtlichen Schutzpflichten resultierenden Grundrechtsgeltung auch im Bereich der gesetzlichen Schuldverhältnisse. Einer solchen Konstruktion wäre der Boden entzogen, wenn die Existenz zivilrechtlicher Positionen des beeinträchtigten Dritten die Abwehrfunktion der Grundrechte des Störers aktivieren könnte. Demgemäß liegt der Lehre von der (nur) »mittelbaren« Grundrechtsgeltung im Privatrecht die erkennbare Annahme zugrunde, es existierten fundamentale Unterschiede zwischen öffentlichem Recht und Zivilrechtsordnung, die es gestatten, mit Blick auf den Zivilrichter eine unmittelbare Grundrechtsgeltung selbst für Ge- oder Verbotstatbestände aus dem Bereich der gesetzlichen Schuldverhältnisse zu verneinen. In diese Richtung zielt auch, daß das Bundesverfassungsgericht schon in der »Lüth«-Entscheidung nur die Bedeu-

---

474 *E. Klein*, NJW 1989, S.1633 (1640).

tung der Grundrechte als Maßstab für die Auslegung des § 826 BGB thematisiert und deren »unmittelbare« Geltung verneint hat, obwohl dem Beschwerdeführer durch zivilgerichtliches Urteil eine Meinungsäußerung verboten und damit die Freiheit zum Äußern einer Auffassung ohne weiteres durch staatlichen Akt verkürzt worden ist. Die Beeinträchtigung grundrechtlich geschützter Freiheit basiert danach auf einer Intervention der klagenden Filmgesellschaften,[475] die ohne eigene Bindung an die Meinungsfreiheit eine Meinungsäußerung über einen für sie tätigen Filmregisseur zu verhindern suchten.[476]

Für eine solche Auffassung mag sich anführen lassen, daß allein der Inhaber eines zivilrechtlichen (Störungsabwehr-) Anspruchs darüber zu entscheiden hat, ob er diese Rechtsposition mit Hilfe staatlicher Gerichte durchsetzt. Auch ist nicht zu verkennen, daß die Lehre von der »mittelbaren« und über zivilrechtliche Generalklauseln vermittelten »Drittwirkung« der Grundrechte zum Zeitpunkt ihrer Entstehung mit Blick auf eine namentlich von *H.C. Nipperdey* vertretene Gegenposition formuliert worden ist,[477] die mit der Annahme einer unmittelbaren Grundrechtsgeltung im Privatrecht insbesondere die – heute in dieser Form nicht mehr vertretene – These verknüpfte, ein Bürger könne in privatrechtlichen Beziehungen zu anderen Bürgern ebenfalls an Grundrechte gebunden sein.[478] Ohne der Erörterung dieser Frage im Vierten Teil vorgreifen zu wollen, sei aber schon an dieser Stelle betont, daß es letztlich wieder der Staat ist, der Interessenkonflikte zwischen Privaten gerade auch durch Schaffung und Anwendung zivilrechtlicher Verbots- oder Verbietbarkeitstatbestände entscheidet[479] und damit zugleich die Verhaltensfreiheit eines Betroffenen beschränkt.[480] Auch die Bedeutung der Unterscheidung zwischen öffentlichem und privatem Recht sollte daher

---

[475] Ebenso die Deutung der h. M. durch *J. Schwabe*, Drittwirkung, S. 13f.

[476] Vgl. BVerfGE 7, 198 (203f.); dezidiert in diesem Sinne *M. Oldiges*, in: FS K.H. Friauf, S. 281 (287); ähnl. *C. Starck*, Verfassungsauslegung, S. 65, nach dessen Auffassung die »Lüth«-Entscheidung eine »Schutzpflicht des Staates, Angriffe Dritter abzuwehren«, zum Gegenstand hatte; auch korrespondiere dieser Schutzpflicht »ein subjektives Recht des um den Schutz nachsuchenden Beschwerdeführers«. Schon in diesen Positionen kommt die verbogene Perspektive der h. M. deutlich zum Ausdruck, weil ein »Angriff« auf eine grundrechtlich (potentiell) geschützte Position hier nur darin gesehen werden könnte, daß dem beschwerdeführenden Senatsdirektor *Lüth* auf Antrag der klagenden Filmgesellschaften durch zivilgerichtliches Urteil eine (Meinungs-) Äußerung verboten worden war. Eine staatliche Schutzpflicht wäre hier folglich dadurch zu erfüllen, daß dem »Angreifer« die für seinen Angriff erforderliche Hilfe der Rechtsordnung und der Gerichte versagt wird, so daß kein (aktiv) schützendes Tun, sondern ein staatliches Unterlassen (nämlich der Schaffung einer einfach-gesetzlichen Rechtsposition zugunsten des »Angreifers«) in Rede steht.

[477] Vgl. BVerfGE 7, 198 (204); hierzu auch *E.-W. Böckenförde*, Der Staat 29 (1990), S. 1 (5).

[478] Vgl. *H.C. Nipperdey*, RdA 1950, S. 121 (124ff.); *ders.*, DVBl. 1958, S. 445 (446ff.); *ders.*, in: Enneccerus/Nipperdey, BGB-AT, S. 93ff.; *ders.*, Privatrecht, S. 12ff. (14ff.); zur nur eingeschränkten Reichweite dieses Ansatzes *C. Starck*, in: v. Mangoldt/Klein/Starck, GG, Art. 1 Rn. 265.

[479] Zur Austauschbarkeit eines öffentlich-rechtlichen und zivilrechtlichen Drittschutzes namentlich im (Bau-) Nachbarrecht vgl. *S. Oeter*, DVBl. 1999, S. 189 (194ff.).

[480] Ähnl. *J. Schwabe*, JR 1975, S. 13 (14f.); vgl. auch *ders.*, Drittwirkung, S. 16ff., 30ff.

– sieht man von der Rechtswegfrage einmal ab – nicht überschätzt werden, denn sie betrifft nicht verschiedene Kategorien von Recht, sondern lediglich Eigenschaften des durch eine Rechtsnorm berechtigten, verpflichteten oder konstituierten Rechtssubjekts.[481] Wenn aber die Annahme einer (nur) »mittelbaren« Grundrechtsgeltung im Privatrecht mit Blick auf Einschränkungen der Verhaltensfreiheit aufgrund gesetzlicher Schuldverhältnisse erheblichen Bedenken begegnet, kann diese Lehre der Annahme einer staatlichen Mitverantwortung für private Beeinträchtigungen der Nichtstörungsinteressen anderer Privater ebenfalls nicht entgegengehalten werden.

b. Grundrechtsrelevanz von Drittbeeinträchtigungen und einfaches Recht

Eine weitere Frage ist, welche Konsequenzen es für die Gestaltungsspielräume des Staates hat, daß bei der Entscheidung eines Konflikts zwischen divergierenden Privatinteressen der Grundrechtsschutz von Realisierungs- und Nichtstörungsinteressen in gleicher Weise zu beachten ist, ohne daß einem der beteiligten Belange gleichsam »aus sich heraus« ein Vorrang zukommt. Dabei geht es auch um die Befürchtung, es drohe einer Befugnis des Gesetzgebers zur Disposition über subjektive Rechte und damit letztlich einer »Schutznormtheorie« der Boden entzogen zu werden, wenn verwaltungsrechtliche Rechtsbehelfe in weitem Umfang auf die sphärenbezogenen Grundrechte eines Drittbetroffenen gestützt werden können, so daß sich die Verwirklichung selbst eines zulässigen Vorhabens durch Einwendungen einer vielfach kaum zu begrenzenden Zahl Dritter auf unabsehbare Zeit verzögern ließe.[482] Gerade in der Sorge vor Durchbrechungen des »Primats gesetzgeberischer Zuordnung realer Freiheitschancen«[483] dürfte denn auch die verbreitete Neigung gründen, die grundrechtliche Relevanz von Drittbeeinträchtigungen unter Rückgriff auf ein Intensitätskriterium zu begrenzen oder mit der Behauptung einer Abhängigkeit des Drittschutzes von einfach-gesetzlicher Ausgestaltung – neuestens verknüpft auch mit einer weitgehenden Leugnung des subjektiv-rechtlichen Charakters der Grundrechte[484] – generell in Abrede zu stellen.[485] Demgegenüber soll im folgenden der Nachweis geführt

[481] Näher *Th. Koch*, Unternehmen, S. 75ff.

[482] Vgl. BVerwGE 27, 29 (33); 52, 122 (129); *R. Alexy*, DÖV 1984, S. 953 (958); *R. Wahl*, JuS 1984, S. 577 (580f.); ebenso schon *S. Siegmund-Schultze*, DVBl. 1964, S. 950 (952).

[483] *H.-U. Erichsen*, in: ders. (Hrsg.), Allgemeines Verwaltungsrecht, § 11 Rn. 36.

[484] So *R. Wahl*, DVBl. 1996, S. 641 (642, 644ff.); *ders.*, in: Schoch/Schmidt-Aßmann/Pietzner, VwGO, Vorb. § 42 Rn. 49ff., 75ff.; vgl. dazu noch unten, S. 420ff.

[485] Gegen »pauschale, gesetzlich ungefilterte Abwehr- und Schutzansprüche unmittelbar aus den Grundrechten« wendet sich *R. Breuer*, DVBl. 1983, S. 431 (436), nach dessen Auffassung die Grundrechte aus Art. 14 sowie auch Art. 2 Abs. 1 und 2 GG unter einem »weitreichenden Gesetzesvorbehalt« stehen; ebenso *ders.*, DVBl. 1986, S. 849 (854); vgl. ferner *A. Blankenagel*, Die Verwaltung 26 (1993), S. 1 (8ff.); *H.-U. Erichsen*, in: ders. (Hrsg.), Allgemeines Verwaltungsrecht, § 11 Rn. 35; *ders.*, in: Isensee/Kirchhof, (Hrsg.), HbStR, Bd. VI, § 152 Rnr. 78; *W. Krebs*, Kontrolle, S. 88ff.; *E. Schmidt-Aßmann*, in: Maunz/Dürig, GG, Art. 19 Abs. IV Rn. 122, 125f.

werden, daß ein – wie auch immer konstruierter – Grundrechtsschutz gegen störendes Handeln anderer Privater einem Anwendungsvorrang des einfachen Rechts nicht entgegensteht.

aa. Grundrechtlicher Drittschutz und Ausdehnung der Klagebefugnis

Unberechtigt ist zunächst die Befürchtung, mit der Annahme einer weitgehenden Anerkennung der grundrechtlichen Relevanz von Drittbeeinträchtigungen drohe eine Inflationierung mehr oder – zumeist – weniger erfolgversprechender Rechtsbehelfe tatsächlich oder vorgeblich beeinträchtigter Dritter und – damit einhergehend – eine erhöhte Belastung von Verwaltung, Justiz und nicht zuletzt des jeweiligen Vorhabenträgers.[486] Insoweit ist zunächst an den bereits angesprochenen[487] Aspekt zu erinnern, daß es auf das Vorhandensein verläßlicher Kriterien für die Streitentscheidung, nicht aber darauf ankommt, ob deren Erörterung im Rahmen der Zulässigkeit oder Begründetheit einer verwaltungsgerichtlichen Klage erfolgt. Daß die prozessuale Seite des Drittschutzes eine effektive »Filterfunktion« zu erfüllen vermag, läßt sich demgegenüber gerade dann bezweifeln, wenn die Existenz eines subjektiven Rechts des Dritten von wenig präzisen Kriterien wie etwa der »Schwere« der Beeinträchtigung abhängig gemacht wird.[488] Es mag daher auch offenbleiben, ob schon die Verwirklichung eines Beeinträchtigungstatbestandes eine Grundrechtsverletzung als »möglich« i.S.v. §42 Abs.2 VwGO erscheinen läßt oder es darüber hinaus eines substantiierten Vortrags zur Möglichkeit einer Grundrechtsverletzung bedarf.[489]

bb. Grundrechtlicher Drittschutz und gesetzgeberischer Gestaltungsspielraum

Des weiteren wird bei Konflikten grundrechtlich (potentiell) geschützter Realisierungs- und Nichtstörungsinteressen die Entscheidung dieses Interessenwiderstreits durch das einfache Recht auch dann regelmäßig maßgeblich bleiben, wenn der damit einhergehenden Einwirkung auf grundrechtlich geschützte Belange entweder eines Vorhabenträgers oder eines Dritten grundrechtliche Relevanz beigemessen wird, denn ein anderes Ergebnis setzte – wiederum unabhängig von der jeweils verfolgten Drittschutzkonzeption – voraus, daß der Staat gerade aufgrund der grundgesetzlichen Gewährleistung subjektiver (Abwehr-) Rechte ge-

---

[486] Vor der Einführung einer »Popularklage« durch weitgehende Zulassung von Grundrechtsrügen Dritter warnend schon *C.-F. Menger*, VerwArch 51 (1960), S.373 (385); vgl. ferner *E. Gassner*, DÖV 1981, S.615 (618).

[487] Vgl. oben, S.252ff.

[488] So betont z.B. *M. Zuleeg*, DVBl. 1976, S.509 (511f.), die Frage nach der Klagebefugnis des Nachbarn im Baurecht gebe »Anlaß zu einer umfangreichen Rechtsprechung, in der so viel Zeit und Mühe aufgewendet werden, daß aus der gedachten Arbeitserleichterung tatsächlich eine Arbeitserschwerung wird«.

[489] So *E. Gurlit*, Die Verwaltung 28 (1995), S.449 (457ff.) m.w.N.; allg. *W. Schmitt Glaeser*, Verwaltungsprozeßrecht, Rn.152; wohl auch *H. Bethge*, Grundrechtskollisionen, S.381.

gen Freiheitsbeeinträchtigungen in unverrückbarer Weise zu einer dadurch vorgegebenen Ausgestaltung wechselseitiger Berechtigungen und Verpflichtungen der Bürger gezwungen ist. Eine solche Reduktion des staatlichen (Sach-) Entscheidungsspielraums muß demgegenüber auf Basis der sog. »Konvergenzthese«[490] unausweichlich erscheinen, da es danach »keine Spanne zwischen Mindest- und Höchstmaß, zwischen Unter- und Obergrenze gesetzgeberischen Handelns« gibt, sich »die Grenzen der Verwirklichung des zu schützenden mit denen des beeinträchtigten Grundrechts« vielmehr decken.[491] Wie bei einer Waage läßt sich das erforderliche Gleichgewicht zwischen den beteiligten Interessen nach dieser Auffassung nicht »in einem Bereich zwischen Mindest- und Höchstmaß herbeiführen, sondern nur in einem Punkt«.[492] Schon der Umstand, daß es danach bei Konflikten zwischen Realisierungs- und Nichtstörungsinteressen von Rechts wegen nur eine nicht gegen das Unter- oder das Übermaßverbot verstoßende Lösung gibt und eine staatliche Gestaltungsmacht deshalb nur im Rahmen von Einschätzungs- und Prognosespielräumen anerkannt werden kann,[493] nötigt jedoch zu Skepsis gegenüber dieser Lehre,[494] denn es muß als eher fernliegende Annahme erscheinen, daß staatliche Konfliktregulierung vollständig verfassungsrechtlich determiniert ist und die handelnden staatlichen Stellen nur grundgesetzlich vorgegebene Ergebnisse ohne einen eigenen Gestaltungsspielraum deklaratorisch nachvollziehen dürfen.[495] Zu Recht wird im Schrifttum das gesetzgeberische »Mandat zur Konfliktschlichtung«[496] und damit auch zur »Verteilung von realen Freiheitschancen«[497] betont;[498] die konkrete Auflösung der zahlreichen Konflikte zwischen Privat- und Allgemeininteressen wie auch divergierenden Belangen Privater ist nicht auf der abstrakten Ebene der Grundrechte verbindlich vorentschieden.[499]

---

[490] Vgl. dazu schon oben, S. 374f.

[491] *K.-E. Hain*, DVBl. 1993, S. 982 (983).

[492] *K.-E. Hain*, DVBl. 1993, S. 982 (983).

[493] Vgl. *K.-E. Hain*, DVBl. 1993, S. 982 (984).

[494] Abl. auch *J. Hager*, JZ 1994, S. 373 (382 in Fn. 111).

[495] Daß dies nicht die Funktion der Verfassung sein kann, betont nachdrücklich *R. Wahl*, NVwZ 1984, S. 401 (406ff.); ebenso *A. Scherzberg*, DVBl. 1999, S. 356 (363).

[496] *M. Schmidt-Preuß*, Kollidierende Privatinteressen, S. 37f.

[497] *H.-U. Erichsen*, in: ders. (Hrsg.), Allgemeines Verwaltungsrecht, § 11 Rn. 35; *ders.*, in: Isensee/Kirchhof, (Hrsg.), HbStR, Bd. VI, § 152 Rn. 78.

[498] Vgl. *A. Blankenagel*, Die Verwaltung 26 (1993), S. 1 (10ff.); *C.-W. Canaris*, Grundrechte und Privatrecht, S. 83ff.; *H.-U. Erichsen*, in: ders. (Hrsg.), Allgemeines Verwaltungsrecht, § 11 Rn. 35; *ders.*, in: Isensee/Kirchhof, (Hrsg.), HbStR, Bd. VI, § 152 Rnr. 78; *D. Frers*, Klagebefugnis, S. 59; *E. Gurlit*, Die Verwaltung 28 (1995), S. 449 (473); *A. Scherzberg*, DVBl. 1999, S. 356 (363); *M. Schmidt-Preuß*, Kollidierende Privatinteressen, S. 37f.; *C. Starck*, JZ 1996, S. 1033 (1038f.); *R. Wahl*, DVBl. 1996, S. 641 (644f.); *ders.*, in: Schoch/Schmidt-Aßmann/Pietzner, VwGO, Vorb. § 42 Abs. 2 Rn. 76ff.; daß eine »Lösung mehrdimensionaler Freiheitsprobleme« durch die Verwaltung eine gesetzliche Regelung erfordert, betont auch *P.-M. Huber*, Konkurrenzschutz, S. 287.

[499] Demgegenüber zieht *A. Scherzberg*, DVBl. 1999, S. 356 (363ff.), zu weitgehende Konse-

Zwar liegt der »Konvergenzthese« insofern ein zutreffender Ausgangspunkt zugrunde, als Über- und Untermaßverbot dadurch miteinander verknüpft sind, daß staatliche Beeinträchtigungen der Verhaltens- oder Störungsfreiheit in »Dreieckskonstellationen« ihre Rechtfertigung aus den Grundrechten des jeweils anderen Beteiligten erfahren. Wenn aber das Grundgesetz die konkrete Ausgestaltung wechselseitiger Rechte und Pflichten der Bürger durch den Gesetzgeber nicht abschließend determiniert, kann ein »überobligationsmäßiger« Schutz von Realisierungs- oder Nichtstörungsinteressen nicht automatisch eine unverhältnismäßige Einwirkung auf Rechtsgüter des anderen Beteiligten zur Folge haben. Vielmehr markieren die Grundrechte nur äußerste Grenzen der staatlichen Gestaltungsmacht, die nach Maßgabe der bei den Einzelgrundrechten wirkenden spezifischen Mechanismen einerseits durch das Übermaß- und andererseits durch das Untermaßverbot gezogen werden. Die Annahme einer Einwirkung auf Rechtsgüter (jedenfalls) eines der beteiligten Bürger im Falle staatlicher Konfliktregulierung bewirkt deshalb lediglich, daß die getroffene Entscheidung auf die Einhaltung dieser Grenzen zu überprüfen ist. Dies schließt die Möglichkeit ein, daß auch aus grundrechtlicher Sicht verschiedene Wege der Auflösung einer Konfliktlage verfassungsgemäß und damit zulässig sind, regelmäßig mehr als nur ein verhältnis- sowie (deshalb) verfassungsmäßiges Ergebnis denkbar erscheint.

Ist den handelnden staatlichen Stellen bei der Entscheidung für ein Realisierungs- oder ein Nichtstörungsinteresse demnach ein erheblicher Gestaltungsspielraum – eine »Konfliktschlichtungsprärogative«[500] – zuzubilligen, so heißt dies folglich, daß eine Korrektur des einfach-gesetzlich erfolgten oder vorgesehenen Interessenausgleichs mit Mitteln des Verfassungsrechts letztlich nur bei einer evidenten »Fehlgewichtung« der Belange eines der Beteiligten in Betracht kommt: Die getroffene Entscheidung der handelnden staatlichen Stellen ist grundsätzlich zu respektieren, sofern sie nicht als völlige Mißachtung von Rechtsgütern eines der Betroffenen erscheint. Insofern läßt sich eine Parallele zu jener früheren Rechtsprechung des Bundesverwaltungsgerichts ziehen, die einen Grundrechtsschutz aus Art. 14 Abs. 1 GG gegen (Bau-) Genehmigungen nur auf

quenzen aus dem Verständnis des Grundgesetzes als »Rahmenordnung des Staates« (ebd.), wenn er annimmt, daß die Verfassung »nicht in jedem Fall *abschließende Anhaltspunkte* für die Entscheidung der von ihr geregelten Rechtsfragen« angebe (ebd., Hervorhebung nicht im Original) und deshalb (z.B.) bei Grundrechten mit einfachem Gesetzesvorbehalt die Prüfung der Angemessenheit einer Eingriffsnorm allein der Politik zuzuweisen sei (ebd., S. 364): Soll eine Normierung von Grundrechten nicht leerlaufen, muß die Verfassung gerade bei Anerkennung gesetzgeberischer Gestaltungsspielräume mit *E.-W. Böckenförde*, NJW 1976, S. 2089 (2099), als eine »verbindliche *Grenzfestlegung* der politischen Entscheidungsgewalt« (Hervorhebung im Original) begriffen werden, denn effektiver (Grund-) Rechtsschutz setzt voraus, daß Überschreitungen des dem Gesetzgeber durch die Verfassung gezogenen Rahmens auch abgewehrt werden können; zu diesem Rahmen gehört jedenfalls die Pflicht zur Wahrung des Prinzips der Verhältnismäßigkeit, mit dessen Hilfe auf der (dritten) Stufe der »Angemessenheit« ohnehin nur grobe Mißgriffe des Gesetzgebers oder der gesetzesanwendenden Stellen korrigiert werden können.

[500] So *M. Schmidt-Preuß*, Kollidierende Privatinteressen, S. 40 u.ö.

»weit zurückgezogener Linie«[501] gewährte, denn ein evidenter Mißgriff wird regelmäßig in Betracht zu ziehen sein, wenn die getroffene Entscheidung einen der beteiligten Privaten »schwer und unerträglich« trifft.[502] Derartige Beeinträchtigungen können nur in Ausnahmefällen durch öffentliche oder andere private Interessen gerechtfertigt werden, da mit steigender Nachhaltigkeit (»Intensität«) einer Einwirkung auf grundrechtlich geschützte Positionen höhere Anforderungen an deren Rechtfertigung durch kollidierende Interessen anderer Grundrechtsträger zu stellen sind. Zugleich ist allerdings zu betonen, daß hier keine »starre Grenze« der Beeinträchtigungsintensität in Rede steht, sondern eine unter Anerkennung von Gestaltungsspielräumen erfolgende Überprüfung der gesetzgeberischen oder administrativen Bewertung der beteiligten Interessen am Maßstab der Verfassung. Es hat deshalb seine Berechtigung, daß das Bundesverfassungsgericht in seiner – auf Basis des herrschenden Verständnisses der Eigentumsgewährleistung des Grundgesetzes freilich kaum zu erklärenden – Rechtsprechung zu Art. 14 Abs. 1 S. 2 GG auch auf das Verhältnismäßigkeitsprinzip zurückgreift.[503]

cc. Allgemeiner Gesetzesvollziehungsanspruch kraft grundrechtlichen Drittschutzes?

Damit ergibt sich, daß zwar auf dem gesetzgeberischen »Mandat zur Sozialgestaltung«[504] zu insistieren ist, dies für sich genommen aber nur zur Anerkennung und Wahrung eines weiten Gestaltungsspielraums des Gesetzgebers zwingt. Insofern bleibt nur die – den Aspekt der Fehlerfolgen betreffende – Frage, wie staatliche Entscheidungsspielräume gegen eine voreilige und zu Lasten der (ebenfalls) grundrechtlich geschützten Verhaltensfreiheit gehende Annahme von »Grenzüberschreitungen« unter gleichzeitiger Wahrung der personenbezogenen Grundrechte eines Dritten gesichert werden können.

Darüber hinaus ist unter dem Aspekt eines aus dem Prinzip der Gewaltenteilung folgenden Primats des Gesetzgebers problematisch, inwieweit den Legislativorganen die Befugnis zur Disposition über (Abwehr-) Ansprüche Dritter gegen einfach-gesetzlich rechtswidriges Verwaltungshandeln verbleibt, wenn Einwirkungen auf (Individual-) Rechtsgüter eines Dritten in weitem Umfang als grundrechtlich relevant anerkannt werden.[505] Der Einwand liegt nahe, es müsse

---

501 So *G. Schwerdtfeger*, NVwZ 1982, S. 5 (6).

502 Ähnl. *M. Schmidt-Preuß*, Kollidierende Privatinteressen, S. 52.

503 Vgl. oben, S. 342.

504 *R. Wahl*, DVBl. 1996, S. 641 (645).

505 Mit einem aus dem Prinzip der Gewaltenteilung folgenden Primat des Gesetzgebers bei der Zuerkennung subjektiver Rechte operiert auch *A. Blankenagel*, Die Verwaltung 26 (1993), S. 1 (10ff.), der diesen Gedanken für die Frage nach den Folgen der Verfassungswidrigkeit eines einfach-gesetzlich vorgesehenen Interessenausgleichs fruchtbar machen will: Im Falle der Verfassungswidrigkeit einer gesetzlich vorgesehenen Drittbeeinträchtigung ist ein Gericht demnach

einen »Subjektivierungsautomatismus«[506] auslösen, wenn jede staatliche Entscheidung gegen das Interesse eines Dritten an Störungsfreiheit an dessen Grundrechten zu messen wäre, so daß die Unterscheidung zwischen drittschützenden und nicht drittschützenden Normen des einfachen Rechts ausgehebelt würde.[507]

Diese Argumentation beruht auch auf einem zutreffenden Ausgangspunkt, weil sich Drittbeeinträchtigungen im Umfang der grundrechtlichen Relevanz des zugrunde liegenden Staatshandelns an den Grundrechten eines Dritten messen lassen müssen. Allerdings wird eine aus der Überschreitung staatlicher Gestaltungsspielräume resultierende Grundrechts*verletzung* – wie dargestellt – nur ausnahmsweise in Betracht kommen. Schwierigkeiten ergäben sich daher erst dann, wenn jede Fehlanwendung einfachen Rechts von einem Dritten als rechtswidrige Beeinträchtigung des sachlich einschlägigen Grundrechts angegriffen werden könnte. Damit angesprochen ist ein allgemeines Problem, das auch die vom Bundesverfassungsgericht unter Bezugnahme auf Art. 2 Abs. 1 GG frühzeitig formulierte These betrifft, die Freiheit der Entfaltung der Persönlichkeit erschöpfe sich nicht in der allgemeinen Handlungsfreiheit, sondern umfasse »in unserer grundgesetzlichen Ordnung auch den grundrechtlichen Anspruch, durch die Staatsgewalt nicht mit einem Nachteil belastet zu werden, der nicht in der verfassungsmäßigen Ordnung begründet ist«.[508] Soweit Art. 2 Abs. 1 GG und – was naheliegt – auch anderen Freiheitsrechten[509] die Gewährleistung einer Freiheit

---

gehindert, eine klagefähige Rechtsposition unmittelbar aus den Grundrechten zuzuerkennen, da es andernfalls die gesetzgeberische Entscheidung gegen ein subjektives Recht des Dritten negiere und damit die »Grenzen der Gewaltenteilung zur Legislative« überschreite (ebd., S. 11). Hieran trifft zu, daß die Gerichte die gesetzgeberische Entscheidung gegen ein Nichtstörungsinteresse im Falle ihrer (angenommenen) Verfassungswidrigkeit nicht unter Rückgriff auf die Grundrechte überspielen dürfen (s. unten, S. 414ff.). Demgegenüber vermittelt es ein etwas schiefes Bild, wenn *Blankenagel* ausführt, daß »die Nichteinräumung einer klagefähigen Rechtsposition für die Drittbetroffenen eventuell verfassungswidrig« (ebd., S. 11) sein kann, da »jedenfalls im öffentlichen rechtlichen Bereich« die einfach-gesetzliche Sachentscheidung gegen ein Realisierungsinteresse regelmäßig nicht aus der Einräumung eines subjektiven Rechts des Dritten, sondern aus der objektiv-rechtlichen »Regieanweisung« an die Verwaltung folgt, zu der ein klagbares subjektives Recht hinzutreten kann. Insofern bedarf es der im Text getroffenen Differenzierung zwischen einerseits der die sachliche Reichweite des gesetzgeberischen Gestaltungsspielraums betreffenden Frage nach den verfassungsrechtlichen Grenzen eines Ausgleichs der wechselseitigen Interessen durch das objektive Recht und andererseits der weiteren Frage nach der Befugnis des Gesetzgebers zur Entscheidung über die Einräumung subjektiver (Abwehr-) Rechte gegen eine Verletzung einfachen Rechts durch die gesetzesanwendende Verwaltung.

[506] *R. Alexy*, DÖV 1984, S. 952 (958).

[507] So *W. Brohm*, in: FS C.-F. Menger, S. 235 (240); ähnl. ferner *R. Bartlsperger*, DVBl. 1970, S. 30 (31); *H.D. Jarass*, NJW 1983, S. 2844 (2847); *M. Kloepfer*, Umweltrecht, § 8 Rn. 22; *A. Scherzberg*, Grundrechtsschutz, S. 147f.; *ders.*, DVBl. 1989, S. 1128 (1129f.).

[508] BVerfGE 9, 83 (88); in diese Richtung schon zuvor auch BVerfGE 6, 32 (41); *G. Dürig*, in: Maunz/Dürig, GG, Art. 2 Abs. I Rn. 26; vgl. ferner BVerfGE 19, 206 (215); 29, 402 (408); 61, 82 (112f.); 96, 375 (397f.); zust. *R. Bernhardt*, JZ 1963, S. 302 (306); *D. Jesch*, Gesetz, S. 135; *W. Löwer*, DVBl. 1981, S. 528 (530); *M. Zuleeg*, DVBl. 1976, S. 509 (514); *C. Sening*, NuR 1980, S. 102 (105).

[509] Daß auch Art. 12 Abs. 1 GG vor rechtsstaatswidrigen Eingriffen schütze, betont schon BVerfGE 9, 83 (87f.); zu Art. 12 Abs. 1 GG vgl. ferner BVerfGE 13, 181 (190); 14, 105 (116).

von rechtswidrigen Nachteilen entnommen wird, wären folglich grundrechtlich relevante Drittbeeinträchtigungen im Falle ihrer Rechtswidrigkeit zugleich verfassungswidrig und abwehrbar;[510] den einschlägigen einfach-rechtlichen Vorschriften käme im Umfang der grundrechtlichen Relevanz von Drittbeeinträchtigungen unterschiedslos eine drittschützende Wirkung zu.[511]

Demgegenüber ist die Frage nach Richtigkeit und Reichweite[512] dieses vom Bundesverfassungsgericht für einen Fall der Belastung eines Maßnahmeadressaten durch Rechtsakt[513] – eine strafgerichtliche Verurteilung – entwickelten Grundsatzes zu stellen.[514] Immerhin finden sich im Schrifttum zahlreiche Stimmen, die der Annahme entgegentreten, daß durch Art. 2 Abs. 1 GG (oder andere Freiheitsrechte) die Möglichkeit eröffnet werde, die Rechtmäßigkeit belastenden Staatshandelns unter beliebigen Gesichtspunkten überprüfen zu lassen.[515] Auch hat das Bundesverwaltungsgericht mit Blick auf eine von Drittbetroffenen erhobene Rüge fehlenden gemeindlichen Einvernehmens (§ 36 BBauG/BauGB) schon im Jahre 1967 festgestellt, Art. 2 Abs. 1 GG[516] besage nicht, »daß jede Gesetzesverletzung die allgemeine Handlungsfreiheit beinträchtige«. Eine solche Beeinträchtigung soll vielmehr nur dann vorliegen, »wenn das verletzte Gesetz seinerseits demjenigen Rechte gewährt, der deren Verletzung geltend macht«.[517]

---

[510] *M. Zuleeg*, DVBl. 1976, S. 509 (514f.), hat aus der Rechtsprechung des Bundesverfassungsgerichts denn auch den Schluß gezogen, »das ganze Gewirr der Schutznormtheorie« könne beiseitegewischt werden.

[511] Vgl. *W. Krebs*, Kontrolle, S. 84f.

[512] Gegen eine Deutung der Rechtsprechung des BVerfG im Sinne eines Art. 2 Abs. 1 GG zu entnehmenden Grundrechts der »allgemeinen Eingriffsfreiheit« wendet sich *R. Scholz*, AöR 100 (1975), S. 80 (97ff., 111f.) und 265 (289).

[513] Dies betonen *W. Krebs*, Kontrolle, S. 87; *G. Lübbe-Wolff*, Eingriffsabwehrrechte, S. 296f. (mit Fn. 240); *J. Pietzcker*, in: FS O. Bachof, S. 131 (145 in Fn. 49); *J. Schwabe*, DÖV 1973, S. 623 (627); *ders.*, Grundrechtsdogmatik, S. 177f.

[514] Dessen Anwendung führt auch schon in Fällen der Beeinträchtigung eines Maßnahmeadressaten nicht immer zu überzeugenden Ergebnissen; so ist entgegen BVerfGE 96, 375 (397f.), nicht selbstverständlich, daß ein in einem Zivilprozeß zu Unterhaltsleistungen verurteilter Arzt die Verfassungswidrigkeit seiner Verurteilung mit einer aus dem Zivilurteil resultierenden Verletzung der Menschenwürde eines nach fehlgeschlagener Sterilisation oder fehlerhafter genetischer Beratung geborenen – und nicht einmal unmittelbar prozeßbeteiligten – Kindes soll begründen können.

[515] Abl. etwa *H.-U. Erichsen*, in: Isensee/Kirchhof (Hrsg.), HbStR, Bd. VI, § 152 Rn. 17f.; *W. Krebs*, Kontrolle, S. 87ff.; *J. Pietzcker*, in: FS O. Bachof, S. 131 (145ff.); *M. Schmidt-Preuß*, Kollidierende Privatinteressen, S. 61f.; vgl. ferner *G. Lübbe-Wolff*, Eingriffsabwehrrechte, S. 296f.; *P.-M. Huber*, Konkurrenzschutz, S. 158f.; *H.H. Rupp*, DVBl. 1982, S. 144 (148 in Fn. 27); auch schon *P. Lerche*, Übermaß, S. 297ff.; gegen die unreflektierte Übertragung eines solchen Grundsatzes auf Fälle der Drittbeeinträchtigung wendet sich *J. Schwabe*, DÖV 1973, S. 623 (627f.); *ders.*, Grundrechtsdogmatik, S. 177f.

[516] Zu Recht hebt *J. Schwabe*, DÖV 1973, S. 623 (627), hervor, daß richtigerweise Art. 14 GG zu erörtern gewesen wäre.

[517] BVerwGE 28, 268 (271); ähnl. BVerwGE 54, 211 (221); für die Abhängigkeit grundrechtlichen Schutzes von einfach-gesetzlicher Ausgestaltung neben den bereits in Anm. 485 Genannten und gerade mit Blick auf Art. 2 Abs. 1 GG auch *D. Frers*, Klagebefugnis, S. 237; *J. Pietzcker*, JuS

Der vom Bundesverwaltungsgericht in dieser Entscheidung verfolgte Ansatz einer Verknüpfung des Grundrechtsschutzes mit dem einfachen Recht vermag aber ebenfalls nicht zu überzeugen. Zunächst ist einer solchen Position wiederum der – schon in Zusammenhang mit der Erörterung von Art. 14 Abs. 1 GG erwähnte[518] – Einwand entgegenzuhalten, daß Grundrechte gesetzgeberisches Handeln nicht zu steuern vermögen,[519] wenn die Existenz grundrechtlichen Schutzes von seiner einfach-gesetzlichen Anerkennung abhängig gemacht wird.[520] Zudem erscheint wenig sachgerecht, gerade an das Vorhandensein einfach-gesetzlich konstituierter Rechtspositionen anknüpfen zu wollen. Würde dem gefolgt und zugleich für die Frage nach der Existenz eines aus dem einfachen Recht fließenden subjektiven Rechts (beispielsweise) mit der »Schutznormtheorie« für maßgeblich gehalten, ob ein Rechtssatz – zumindest auch – Individualinteressen zu dienen bestimmt ist,[521] so würde ein Grundrechtsschutz dann ausgelöst, wenn eine einfach-gesetzliche Norm nach Maßgabe der »Schutznormtheorie« in spezifischer Weise auch den Belangen eines Dritten zu dienen bestimmt ist. Anders gewendet: Der Bereich grundrechtlich relevanter Gesetzesverletzungen

1982, S. 106 (110); *A. Scherzberg*, Grundrechtsschutz, S. 150; *ders.*, DVBl. 1989, S. 1128 (1130); *O. Schlichter*, NVwZ 1983, S. 641 (642); *M. Schmidt-Preuß*, Kollidierende Privatinteressen, S. 61; *B. Wiegand*, BayVBl. 1994, S. 609 (614); auch nach Ansicht von *H.D. Jarass*, NJW 1983, S. 2844 (2847), läßt sich Art. 2 Abs. 1 GG »wegen seines generellen Charakters kein konkreter Auftrag an die staatlichen Gewalten entnehmen«; vgl. ferner *M. Sachs*, in: K. Stern, Staatsrecht, Bd. III/1, S. 653f.; *ders.*, in: K. Stern/M. Sachs, Staatsrecht, Bd. III/2, S. 57, der die Rechtsprechung des BVerfG zur Abwehrbarkeit eines nicht in der verfassungsmäßigen Ordnung wurzelnden Nachteils (vgl. oben, Anm. 508) dadurch mit einer solchen Position zu verknüpfen sucht, daß als »Nachteil« nur die Betroffenheit in einer von der Rechtsordnung zugewiesenen Rechtsposition anerkannt wird.

[518] Vgl. oben, S. 338.

[519] Der BayVGH, VGHE n. F. 41 (1988), S. 78 (82), spricht den Grundrechten denn auch jede Bedeutung für den Schutz Dritter gegen Beeinträchtigungen durch gestattetes Handeln anderer Bürger mit der lapidaren Wendung ab, ein »Rückgriff auf insoweit ohne einfachrechtliche Konkretisierung nicht aussagekräftige Grundrechte«, zu denen neben Art. 14 Abs. 1 und 2 sogar Art. 2 Abs. 2 S. 1 GG (!) zählen soll, sei zur Begründung der Klagebefugnis des Dritten ungeeignet; da der VGH offenbar selbst grundrechtliche Vorgaben für die Ausgestaltung des einfachen Rechts leugnet (jedenfalls aber nicht erörtert), sind diese Ausführungen nur durch einen Rückfall in das Grundrechtsdenken des 19. Jahrhunderts erklärbar; zust. hingegen *M. Schmidt-Preuß*, Kollidierende Privatinteressen, S. 39f., der den Grundrechten allerdings ein »verbindliches Mindestniveau subjektiv-rechtlich verfaßter Konfliktschlichtung« (ebd., S. 40) entnimmt.

[520] Gegen eine weitgehende Gesetzesabhängigkeit des Drittschutzes aus Art. 2 Abs. 1 GG *E. Gassner*, DÖV 1981, S. 615 (619); *H.-U. Gallwas*, Beeinträchtigungen, S. 151 (in Fn. 41); *J. Schwabe*, DÖV 1973, S. 623 (628); *C. Sening*, NuR 1980, S. 102 (105); vgl. ferner *P.-M. Huber*, Konkurrenzschutz, S. 252, der sich ebenfalls dagegen wendet, die materiell-rechtliche Bedeutung des Art. 2 Abs. 1 GG für einen Dritt-, Nachbar- oder Konkurrenzschutz zu relativieren.

[521] BVerfGE 27, 297 (307); BVerwGE 52, 122 (128); vgl. ferner BVerwGE 39, 235 (237); 66, 307 (308); 72, 226 (229f.); 81, 329 (334); 82, 343 (344); 85, 220 (222f.); 92, 153 (156f.); 98, 118 (120f.); BVerwG, NJW 1990, S. 930; *M. Kloepfer*, Umweltrecht, § 8 Rn. 17; *F. O. Kopp/U. Ramsauer*, VwVfG, Einf. Rn. 64; *H. Maurer*, Allgemeines Verwaltungsrecht, § 8 Rn. 8; *M. Sachs*, in: Stelkens/Bonk/Sachs, VwVfG, § 40 Rn. 134.

würde durch die »Schutznormtheorie« beschrieben.[522] Mit Blick auf eine solche Lösung stellte sich indes die Frage nach der Sinnhaftigkeit eines Grundrechtsschutzes, der vom einfachen Recht ausgelöst wird und nicht weiter reicht, als eine schon kraft einfach-gesetzlicher Normierung existierende Rechtsposition.

Entgegen der Auffassung des Bundesverwaltungsgerichts ist daher der Schutzgut-Tatbestand des Art. 2 Abs. 1 GG auch in Fällen der Drittbeeinträchtigung nicht von einer einfach-gesetzlichen Kreation abhängig.[523] Gleichwohl bleibt problematisch, ob jede rechtswidrige Belastung automatisch als verfassungswidrig abwehrbar sein kann: Zwar wird gerade Art. 2 Abs. 1 GG für die hier primär interessierende Fallgruppe der Drittbeeinträchtigungen von allenfalls untergeordneter Bedeutung sein, weil der Grundrechtsschutz von Nichtstörungs- und Verschonungsinteressen jedenfalls insofern begrenzt ist, als derartige Vorgänge dem Schutzgut-Tatbestand des Art. 2 Abs. 1 GG regelmäßig nicht umfassend zugeordnet werden können und ihre grundrechtliche Relevanz deshalb aus den speziellen Freiheitsgrundrechten nachgewiesen werden muß. Die Frage nach der grundrechtsgestützten Abwehrbarkeit einer Verletzung einfach-gesetzlicher Vorschriften wird aber nicht auf den Anwendungsbereich von Art. 2 Abs. 1 GG beschränkt werden können. Es ist nicht recht einsichtig, warum beispielsweise ein Nachbar eine auf Art. 14 Abs. 1 GG gestützte Grundrechtsrüge selbst dann soll mit Erfolg erheben können, wenn sich die Rechtswidrigkeit eines störenden Vorhabens aus einem Verstoß gegen Vorschriften des einfachen Rechts ergibt, die in keinem inneren Zusammenhang mit diesem Dritten stehen, sondern dem Schutz ganz anderer Belange oder Interessen dienen.[524] Auch in diesen Fällen bleibt daher das Sachproblem, ob die Verwirklichung eines Beeinträchtigungstatbestandes im Falle ihrer einfach-gesetzlichen Rechtswidrigkeit das betroffene Grundrecht automatisch verletzt:[525] Werden Staat und Verwaltung durch die Grundrechte nur äußerste Grenzen gesetzt, so liegt die Annahme nahe, daß es für

522 In diese Richtung *W. Krebs*, in: FS C.-F. Menger, S. 191 (205f.), der aber einen richterrechtlich vermittelten Grundrechtsschutz bei besonders schwerwiegenden Drittbeeinträchtigungen für zulässig hält, wenn der Gesetzgeber es verabsäumt hat, eine Entscheidung für die subjektivrechtliche Bewehrung der Belange des Dritten zu treffen (ebd., S. 206f.).

523 Vgl. hierzu auch *H. Bethge*, Grundrechtskollisionen, S. 382: Es sei »unstatthaft, den Kranz der rügefähigen subjektiven öffentlichen Rechte definitiv und exklusiv vom einfachen Gesetzgeber abstecken zu lassen«, weil hierdurch »das Rangverhältnis von Verfassung und Gesetz auf den Kopf gestellt würde«.

524 Vgl. *J. Schwabe*, Grundrechtsdogmatik, S. 186, der mit Blick auf die Anerkennung eines aus Art. 4 Abs. 2 GG hergeleiteten Abwehranspruchs einer Kirchengemeinde gegen eine Gaststättengenehmigung durch BVerwGE 10, 91 (92), darauf hinweist, daß man bei Anerkennung eines grundrechtlichen Abwehranspruchs gegen nur einfach-gesetzlich rechtswidrige Beeinträchtigungen »der Kirche auch einen Abwehranspruch zubilligen müßte, falls die sanitären Einrichtungen der Gastwirtschaft nicht den gesetzlichen Anforderungen entsprechen«.

525 Zu § 113 VwGO mit seiner Unterscheidung zwischen (objektiver) Rechtswidrigkeit und »dadurch« erfolgender Verletzung eines (subjektiven) Rechts vgl. *W. Krebs*, Kontrolle, S. 82f. m.w.N.

die Verfassungswidrigkeit einer (rechtswidrigen) Normanwendung allein auf die Überschreitung dieser Grenzen ankommt. In materieller Hinsicht kann für die Vereinbarkeit störender Vorhaben mit den Grundrechten eines Nachbarn allein maßgeblich sein, ob gerade die »spezifische« Beeinträchtigung des Dritten unverhältnismäßig ist, weil eine »Fehlgewichtung« der beteiligten Belange vorliegt.[526]

Dieses Ergebnis läßt sich allerdings nicht in befriedigender Weise begründen, indem die grundrechtlichen Schutzgut-Tatbestände durch Intensitätskriterien, das Postulat einer Abhängigkeit des Grundrechtsschutzes vom einfachen Recht oder andere Versatzstücke aus dem Arsenal der grundrechtsdogmatischen Beliebigkeit künstlich verkürzt werden. Der entscheidende Gesichtspunkt ist vielmehr die Vereinbarkeit einer solchen Position mit dem Grundsatz vom Vorbehalt des Gesetzes: Ist ein einfach-gesetzlich rechtswidriges Handeln der Verwaltung nicht schon der Sache nach (»materiell«) wegen einer Überschreitung der einzelgrundrechtlichen Ausprägungen des Verhältnismäßigkeitsprinzips verfassungswidrig, so käme eine Grundrechtsverletzung von vornherein nur dann in Betracht, wenn angenommen würde, daß die betreffende Maßnahme im Falle ihrer »Grundrechtswirksamkeit« als mit dem geltenden Recht nicht in Einklang stehend auch dem Grundsatz vom Vorbehalt des Gesetzes nicht genügt und deshalb *formell* verfassungswidrig ist. Ein solches Ergebnis müßte indes schon deshalb Bedenken begegnen, weil es danach unter keinem Gesichtspunkt darauf ankäme, ob Gesetzgeber oder Verwaltung den grundrechtlich gebotenen Ausgleich zwischen Individual- und Allgemeininteresse (oder auch verschiedenen Individualinteressen) verfehlt haben. Im Schrifttum ist der Annahme eines grundrechtlichen Anspruchs des Bürgers auf Wahrung aller einschlägigen gesetzlichen Vorschriften zumindest im Falle der Grundrechtsrelevanz staatlichen Handelns denn auch entgegengehalten worden, daß ein solcher »allgemeiner Gesetzesvollziehungsanspruch« auf eine grundrechtliche Gewährleistung auch des Vorrangs des Gesetzes hinausläuft.[527] Nach dieser Auffassung verpflichtet ein grundrechtlicher Gesetzesvorbehalt »nur zu einer Übereinstimmung des Hoheitsaktes mit den Rechtsnormen, die sich auf die Erlaubnis des Staates zur Verkürzung der grundrechlichen Freiheitschancen beziehen«.[528] Ein grundrechtlicher Abwehranspruch soll nur bei Verstößen gegen Rechtsnormen bestehen, die staatliches Handeln in bezug auf das jeweils betroffene Interessengeflecht determinieren sollen. Verstöße

[526] Ähnl. *D. Frers*, Klagebefugnis, S. 59; vgl. auch *R. Scholz*, AöR 100 (1975), S. 80 (112f., in Fn. 174 der S. 111), der einen Nachteil nur dann als (grund-) rechtlich relevant anerkennt, wenn der Bürger in einer von der grundrechtlichen Thematik her »inhaltlich-typischen Schutzposition« beschwert wird; eine Berührung in »eigenen Angelegenheiten« verlangt *R. Bartlsperger*, DVBl. 1970, S. 30 (33); s. ferner *C. Sening*, NuR 1980, S. 102 (105), der an die Verletzung einer für die Freiheit des Bürgers wesentlichen Norm anknüpfen will.

[527] *W. Krebs*, in: FS C.-F. Menger, S. 191 (204); in der Diagnose übereinstimmend aber mit anderer Bewertung *W. Löwer*, DVBl. 1981, S. 528 (530), nach dessen Auffassung Art. 2 Abs. 1 GG »Vorrang und Vorbehalt des Gesetzes versubjektiviert«.

[528] *W. Krebs*, in: FS C.-F. Menger, S. 191 (204).

gegen Rechtsnormen, mit denen außerhalb dieses funktionalen Zusammenhangs liegende Zwecke verfolgt werden, machten einen Hoheitsakt zwar rechtswidrig, begründeten aber keine Grundrechtsverletzung.[529]

Ob dieser nicht primär auf die – nach h. M. abwehrrechtlich von vornherein irrelevante – Beeinträchtigung eines Dritten durch störendes Handeln anderer Privater zielenden Auffassung generell zu folgen ist, kann hier aber offenbleiben, da es auf diesen Gesichtspunkt letztlich nicht entscheidend ankommt, wenn bei Einwirkungen Privater auf Rechtsgüter anderer Privater von einer aus der Zulassung des störenden Tuns resultierenden Mitverantwortung des Staates für den drittbeeinträchtigenden Effekt ausgegangen wird. Gerade bei einer solchen Anknüpfung an ein Zusammenwirken von Staat und »Störer« ist für das Vorliegen einer Grundrechtsverletzung vielmehr allein maßgeblich, ob das einfach-gesetzliche Regelungsgefüge einen grundrechtlich gebotenen Interessenausgleich verfehlt: Zunächst unterliegt die eine Beeinträchtigung unmittelbar herbeiführende Handlung eines Privaten als Inanspruchnahme grundrechtlich (potentiell) geschützter (Verhaltens-) Freiheit schon keiner aus der Verfassung folgenden Erlaubnispflicht; einen »allgemeinen Gesetzesvorbehalt« für die Inanspruchnahme der »natürlichen« Freiheit auch zu störendem Tun gibt es entgegen einer vom Hessischen VGH geäußerten Ansicht[530] nicht. Dem entspricht, daß die Annahme einer staatlichen Mitverantwortung für derartige (Dritt-) Beeinträchtigungen nicht auf eine – demnach gerade nicht zwingend erforderliche – ausdrückliche Gestattung des störenden Verhaltens, sondern auf die fehlende Abwehrbarkeit (deshalb) zulässigen Handelns anderer Privater zurückzuführen ist.[531] Dies wiederum ist der für den vorliegenden Zusammenhang entscheidende Gesichtspunkt: Zwar ist nicht zu bestreiten, daß die Beseitigung eines andernfalls bestehenden Verbots durch Erteilung einer Genehmigung die Zulässigkeit störenden Tuns herbeiführt und damit zugleich eine Drittbeeinträchtigung rechtlich ermöglicht, sofern ein zivilrechtlicher Abwehranspruch nicht besteht oder aufgrund einer privatrechtsgestaltenden Wirkung des genehmigenden Verwaltungsaktes entfällt. Auch läßt sich sagen, daß eine schon nach Maßgabe einfach-gesetzlicher Vorschriften rechtswidrige Genehmigung auch formell oder gar – im Falle einer auch das Maß des verfassungsrechtlich Zulässigen überschreitenden Drittbeeinträchtigung – materiell verfassungswidrig ist. Dieser zu der Verletzung einfachen Rechts hinzutretende Verfassungsverstoß bleibt aber letztlich ohne eigenständige Bedeutung:

---

[529] So *W. Krebs*, in: FS C.-F. Menger, S. 191 (204); ähnl. *H.-U. Erichsen*, in: Isensee/Kirchhof (Hrsg.), HbStR, § 152 Rn. 18; vgl. ferner *E. Gurlit*, Die Verwaltung 28 (1995), S. 449 (450, 472); *A. Scherzberg*, Grundrechtsschutz, S. 148; im Ergebnis auch schon *R. Bernhardt*, JZ 1963, S. 302 (307); ferner *J. Schwabe*, Grundrechtsdogmatik, S. 186f.; vgl. auch *ders.*, NVwZ 1983, S. 523: Es sei ein »überaus weit verbreitete(r) Trugschluß«, daß »jede rechtswidrige Beeinträchtigung eines Grundrechtsschutzgutes ... zwangsläufig eine Grundrechtsverletzung« sei.

[530] HessVGH, NVwZ 1990, S. 276ff., vgl. dazu noch unten, S. 415f.

[531] Vgl. oben, S. 391.

Wird das Genehmigungserfordernis hinweggedacht, so wäre die störende Handlung genehmigungsfrei zulässig und der Staat auch hierfür (mit-) verantwortlich. In den hier behandelten Fällen fehlt es daher letztlich an einer verantwortungsbegründenden Handlung der *Verwaltung*, die allein Bezugspunkt eines Gesetzesvorbehalts sein könnte. Die staatliche (Mit-) Verantwortung für private Drittbeeinträchtigungen resultiert vielmehr aus einem Verhalten des Gesetzgebers, denn der letztlich maßgebliche Gesichtspunkt ist die Vorenthaltung einer Möglichkeit der Störungsabwehr zu Lasten des Dritten. Dies gilt auch dann, wenn Abwehransprüche eines Drittbetroffenen im Einzelfall gerade durch die Erteilung einer Genehmigung ausgeschlossen werden, denn diese (privat-) rechtsgestaltende Wirkung des Verwaltungshandelns resultiert aus einer entsprechenden gesetzlichen Regelung, die durch den genehmigenden Verwaltungsakt lediglich »aktualisiert«[532] wird.

Für die hier behandelten Fälle staatlicherseits zugelassener Einwirkungen Privater auf – im Verhältnis zum Staat – grundrechtlich (potentiell) geschützte Positionen anderer Privater läßt sich daher aus dem Grundsatz vom Vorbehalt des Gesetzes kein grundrechtlich begründeter (Gesetzesvollziehungs-) Anspruch auf Einhaltung etwa vorhandener Vorschriften des einfachen Rechts durch die Verwaltung ableiten, so daß auch nicht jede fehlerhafte Anwendung einfachen Rechts unter Hinweis auf Grundrechte abgewehrt werden kann. In erster Linie ist vielmehr der Gesetzgeber verpflichtet, weder eine verfassungsrechtlich unzulässige Rechtsfolge zum Nachteil eines der beteiligten Bürger anzuordnen oder vorzusehen, noch eine derartige »Grenzüberschreitung« durch eine rechtswidrig handelnde Verwaltung zuzulassen. Sofern sich das Ergebnis einfach-gesetzlich rechtswidriger Normanwendung in der Sache im Rahmen des verfassungsrechtlich Zulässigen bewegt (und vom Gesetzgeber deshalb angeordnet werden könnte), kommt ein grundrechtlicher Abwehranspruch folglich nicht in Betracht. Selbst die Verletzung einer dem Schutz des Dritten dienenden Vorschrift des einfachen Rechts führt nicht notwendig zu einem Verfassungsverstoß. Allein entscheidend ist vielmehr, ob sich die danach eintretende Belastung des Dritten noch im Rahmen des verfassungsrechtlich Zulässigen bewegt.

---

[532] So *G. Lübbe-Wolff*, Eingriffsabwehrrechte, S. 198, die – insoweit im Ergebnis in Übereinstimmung mit der hier vertretenen Auffassung – die Grundrechte in ihrer Eigenschaft als Abwehrrechte für anwendbar hält, wenn Genehmigungen »zuvor bestehende eigentumsrechtliche oder sonstige auftragsgemäß grundrechtsschützende Abwehrrechte der Betroffenen ausschließen« (ebd.); allerdings beruht dieses Ergebnis nach *Lübbe-Wolff* auf einem abwehrrechtlichen Grundrechtsschutz zugunsten einfach-gesetzlich einmal konstituierter Rechtspositionen (vgl. oben, Anm. 398), was insofern wenig überzeugende Ergebnisse zur Folge hat, als ein Grundrechtsträger vor der Entziehung einer durch einfaches Recht konstituierten Rechtsstellung unabhängig von ihrer verfassungsrechtlichen Gebotenheit durch die Grundrechte als Abwehrrechte geschützt sein soll, während selbst die Zulassung eines störenden Vorhabens durch Nichterlaß verfassungsrechtlich gebotener Regelungen keine Abwehrrechte auszulösen vermag.

Damit steht zugleich fest, daß mit der hier vertretenen Auffassung zur grundrechtlichen Relevanz staatlicher Konfliktregulierung der einfach-gesetzliche Drittschutz – etwa nach Maßgabe der »Schutznormtheorie« – keineswegs obsolet wird, denn die Existenz eines gesetzgeberischen Gestaltungsspielraums hat nicht nur zur Folge, daß innerhalb der dadurch markierten Grenzen in erster Linie vom Gesetzgeber – und innerhalb der gesetzlichen Vorgaben von der Verwaltung – zu entscheiden ist, ob der Staat zugunsten eines Dritten interveniert oder die Verwirklichung eines störenden Vorhabens möglich bleibt. Vielmehr ist es grundsätzlich Sache des Gesetzgebers, darüber zu entscheiden, ob der Ausgleich widerstreitender Privatinteressen allein dem objektiven Recht überantwortet wird oder Dritten durchsetzbare Rechtspositionen eingeräumt werden, die es ermöglichen, eine Verletzung drittschützender Vorschriften des einfachen Rechts geltend zu machen.[533]

Zugleich ist freilich zu beachten, daß die Begrenzung gesetzgeberischer Gestaltungsspielräume durch den Grundrechtsschutz von Nichtstörungsinteressen nicht nur für die Ebene des materiell-rechtlichen Interessenausgleichs bedeutsam ist, sondern auch einer Einschränkung der Erlangbarkeit von Rechtsschutz gegen eine übermäßig (dritt-) belastende Sachentscheidung entgegenstehen kann.[534] Da nämlich – wie dargelegt – die staatliche Mitverantwortung für drittbeeinträchtigendes Verhalten Privater gerade aus der gesetzgeberischen Vorenthaltung von Abwehransprüchen resultiert, begegnet eine gesetzliche Regelung nicht nur dann Bedenken, wenn sie sich außerhalb des Rahmens verfassungsrechtlich zulässiger Lösungen eines Konflikts widerstreitender Privatinteressen bewegt und damit zugleich dem Dritten ein Abwehrrecht gegen die Beeinträchtigung seiner Belange vorenthält. Entsprechendes muß vielmehr auch dann gelten, wenn die einfach-gesetzliche Sachentscheidung verfassungsrechtlich nicht zu beanstanden ist, der Gesetzgeber aber – was freilich nur ausnahmsweise der Fall sein dürfte[535] – die Möglichkeit einer Klage gegen eine verfassungsrechtliche Grenzen überschreitende Verletzung objektiven Rechts durch die gesetzanwendende Verwaltung ausdrücklich ausschließt.

---

[533] *R. Alexy*, DÖV 1984, S. 953 (961), spricht insoweit von einem »Subjektivierungsspielraum«; die Befugnis des Gesetzgebers zur Entscheidung (auch) über subjektive Rechte eines Dritten betonen ferner *R. Breuer*, DVBl. 1986, S. 849 (854); *E. Gurlit*, Die Verwaltung 28 (1995), S. 449 (472f.); *U. Ramsauer*, AöR 111 (1986), S. 501 (515); *H.H. Rupp*, DÖV 1974, S. 193 (194); *W.-R. Schenke*, NuR 1983, S. 81 (87f.); *O. Schlichter*, NVwZ 1983, S. 641 (642); *G. Schwerdtfeger*, NVwZ 1983, S. 199 (200); *R. Steinberg*, NJW 1984, S. 457 (460); *R. Wahl*, DVBl. 1996, S. 641 (647); *ders.*, in: Schoch/Schmidt-Aßmann/Pietzner, VwGO, Vorb. § 42 Rn. 78; tendenziell anders *P.-M. Huber*, Konkurrenzschutz, S. 208f., 217f., der für eine weitgehende Kongruenz zwischen objektivem Regelungsgehalt einer Vorschrift und subjektivem Recht eintritt.

[534] So wohl auch *P.-M. Huber*, Konkurrenzschutz, S. 293.

[535] Ein Beispiel wird die berühmt gewordene Regelung in § 6 Abs. 5 S. 4 LBauO Ba.-Wü. bilden, die ausdrücklich anordnete, daß nur der Hälfte der gesetzlich vorgesehenen Abstandsfläche zwischen zwei Bauwerken nachbarschützende Wirkung zukam; vgl. nunmehr § 5 Abs. 7 LBauO Ba.-Wü. in der Fassung des Gesetzes vom 08. 08. 1995 (GBl. S. 617).

Auch ein »Subjektivierungsspielraum« des Gesetzgebers kommt daher nur insoweit in Betracht, als sich der in Anwendung einfachen Rechts erfolgende Ausgleich der widerstreitenden Interessen durch die Exekutive im Rahmen verfassungsrechtlich zulässiger Ergebnisse bewegt. Dem steht nicht entgegen, daß der in verfassungswidriger Weise beeinträchtigte Dritte ein (Abwehr-) Grundrecht geltend machen kann, da für die verfassungsrechtliche Beurteilung der Rechtsstellung eines Bürgers nur die einfach-gesetzliche Rechtslage zugrunde gelegt werden kann. Darüber hinaus wird eine klare gesetzgeberische Entscheidung, dem Bürger keinen Rechtsbehelf gegen eine Verletzung objektiven Rechts durch die Verwaltung einzuräumen, nicht im Wege der verfassungskonformen Interpretation einfachen Rechts[536] oder durch einen »lückenfüllenden« Rückgriff auf Grundrechte korrigiert werden können;[537] vielmehr lassen sich unmittelbar in den Grundrechten wurzelnde Abwehrrechte erst nach Feststellung der Verfassungswidrigkeit der rechtsschutzversagenden Bestimmung erwägen.[538] Der Ausschluß einfach-gesetzlicher (Abwehr-) Rechte muß deshalb auch im Hinblick auf eine in den Grundrechtsbestimmungen angelegte Rechtsschutzgewährleistung Bedenken begegnen. Der Gesetzgeber hat daher nicht nur die Grenzen zu wahren, die seinem Gestaltungsspielraum (u.a.) zugunsten der Rechtsgüter eines Dritten durch die Verfassung gezogen sind. Vielmehr ist auch die Befugnis zur Disposition über Rechtsschutzmöglichkeiten dadurch begrenzt, daß die Verfassung die Abwehrbarkeit von Drittbeeinträchtigungen jedenfalls insoweit fordert, als es aufgrund unrichtiger Anwendung des einfachen Rechts zu einer Einwirkung auf einen Dritten kommt, die das Maß des verfassungsrechtlich Hinzunehmenden übersteigt.[539]

dd. Prozessuale Geltendmachung verfassungswidriger Drittbeeinträchtigungen

Mit den vorstehenden Überlegungen ist bereits die weitere Frage angesprochen, welche Konsequenzen sich ergeben, wenn im Falle einer Kollision divergierender Privatinteressen dem grundrechtlich geschützten Interesse eines Dritten an Störungsfreiheit nach Auffassung eines Gerichts nicht hinreichend Rechnung getragen wurde, ob insbesondere eine Störungsabwehr unmittelbar unter Rückgriff auf Grundrechte möglich ist. Insoweit ist zunächst in Erinnerung zu rufen, daß namentlich bei drittbeeinträchtigenden Vorhaben Privater ein grundrechtlich be-

---

[536] Zu deren Grenzen vgl. oben, S. 197.

[537] So auch *U. Ramsauer*, AöR 111 (1986), S. 501 (531).

[538] So wohl auch *M. Schmidt-Preuß*, Kollidierende Privatinteressen, S. 50; vgl. ferner *A. Blankenagel*, Die Verwaltung 26 (1993), S. 1 (12 in Fn. 36).

[539] Erachtete man im Beispiel des baden-württembergischen Abstandsflächenrechts (Fn. 535) den gesetzlich vorgesehenen Mindestabstand als mit Blick auf das Grundrecht des Nachbarn aus Art. 14 Abs. 1 GG verfassungsrechtlich geboten, so wäre folglich der teilweise Ausschluß der nachbarschützenden Wirkung einer Anordnung von Abstandsflächen unzulässig; vgl. hierzu auch *D. Wilke*, in: GdS Grabitz, S. 905 (924).

gründeter Abwehranspruch des Dritten – wie auch die Verletzung einer Schutzpflicht[540] – nur in Betracht kommt, wenn das öffentliche Recht die Drittbeeinträchtigung gestattet (oder jedenfalls zuläßt) und auch zivilrechtliche »Verbotsnormen« nicht existieren, da es an einem Zwang zur Hinnahme der Drittbeeinträchtigung fehlt, wenn der Staat das störende Handeln durch Schaffung und Anwendung öffentlichen Rechts (tatsächlich) verhindert oder dem Dritten einen Abwehranspruch einräumt. Im übrigen wird im Hinblick auf die Frage nach den Fehlerfolgen danach zu unterscheiden sein, ob schon die gesetzliche Regelung verfassungsrechtlichen Vorgaben nicht genügt oder der Fehler in erster Linie auf der Ebene der Rechtsanwendung durch die Verwaltung liegt.

Sofern zunächst eine einfach-gesetzliche Regelung existiert, die einen angemessenen Ausgleich der beteiligten Interessen zu Lasten des Dritten verfehlt, werden die (Verwaltungs-) Gerichte schon deshalb regelmäßig als gehindert anzusehen sein, Drittschutz am einfachen Recht vorbei unter unmittelbarem Rückgriff auf die Grundrechte zu gewähren, weil jedenfalls ein (ausdrücklich) erklärter Wille des Gesetzgebers nicht ohne weiteres unter Hinweis auf Grundrechte überspielt werden kann.[541] Zunächst liegt zumindest für förmliche Gesetze aus der Zeit nach Inkrafttreten des GG das Normverwerfungsmonopol gem. Art. 100 Abs. 1 GG bei den Verfassungsgerichten. Auch ist zu berücksichtigen, daß letztlich ein gesetzgeberisches Unterlassen in Rede steht, wenn das vorhandene Normengefüge den verfassungsrechtlich geforderten Mindestschutz eines Drittbetroffenen im Falle einer Kollision grundrechtlich geschützter Verhaltens- und Störungsfreiheit nicht gewährleistet oder es an einschlägigen Vorschriften des einfachen Rechts ganz fehlt. Im Falle der Unzulänglichkeit (oder des Fehlens) eines einfach-gesetzlichen Interessenausgleichs wird daher auch eine gesetzliche Grundlage für eine (weitergehende) Einwirkung auf den Beeinträchtigenden regelmäßig nicht vorhanden sein.[542] Unbeschadet der vom Bundesverfassungsgericht postulierten Pflicht, auch die Unzulänglichkeit einer gesetzlichen Regelung zunächst auf dem Rechtsweg geltend zu machen,[543] wird der Dritte eine administrative Intervention zu seinen Gunsten mit einer verwaltungsgerichtlichen (Verpflichtungs-) Klage folglich kaum durchsetzen können.

Demgegenüber hat der Hessische VGH in seinem umstrittenen »Gentechnik«-Beschluß aus dem Jahre 1989[544] einen Abwehranspruch Dritter gegen Errichtung und Betrieb von Anlagen, in denen mit gentechnischen Methoden gearbeitet wird,

---

540 Allerdings läßt sich staatlichen Schutzpflichten insofern ein weitergehender Gehalt entnehmen, als der Staat auch verpflichtet sein kann, effektiven Schutz vor rechtswidrigen Beeinträchtigungen zu bieten, vgl. oben S. 384.

541 So auch *A. Blankenagel*, Die Verwaltung 26 (1993), S. 1 (22); anders offenbar *D. Frers*, Klagebefugnis, S. 69f.; vgl. auch *R. Breuer*, in. FG BVerwG, S. 89 (109f.); *W.-R. Schenke*, WiVerw 1988, S. 145 (151f.).

542 Ähnl. *G. Hermes*, Schutz, S. 272; *H. Sendler*, NVwZ 1990, S. 231 (235).

543 Vgl. BVerfGE 56, 54 (71).

544 HessVGH, NVwZ 1990, S. 276 (= NJW 1990, S. 336).

schon aus dem Fehlen einer gesetzlichen Regelung abgeleitet: Nach Auffassung des VGH dürfen derartige Anlagen mit Blick auf eine (mögliche) Gefährdung oder Beeinträchtigung der Gesundheit oder gar des Lebens Dritter nur aufgrund einer ausdrücklichen Zulassung durch den Gesetzgeber betrieben werden.[545] Die in Rede stehende Anlage sei aber nicht genehmigungsfähig gewesen, weil es an entsprechenden Regelungen fehle, insbesondere das BImSchG nicht anwendbar sei.[546] Damit gibt der VGH zu erkennen, daß seiner Argumentation die Annahme eines – aus staatlichen Schutzpflichten abgeleiteten[547] – Gesetzesvorbehalts für das (potentiell) drittbeeinträchtigende Handelns des Anlagenbetreibers – und damit letztlich eines präexistenten Verbots störenden Handelns Privater – zugrunde liegt, dessen Beachtung im Verwaltungsrechtsweg durchgesetzt werden kann. In der Entscheidung wird denn auch ausdrücklich festgestellt, daß sich bei einer Konkurrenz der Betreibergrundrechte (Art 5 Abs. 3, 12 Abs 1 und 14 Abs. 1 GG) mit Grundrechten Dritter aus Art. 2 Abs. 2 GG das Verhältnis von »Forschungs-, Berufs- und Gewerbefreiheit und damit einhergehender besonders begründungsbedürftiger Beschränkung angesichts der überragenden Bedeutung des Rechts auf Leben und körperliche Unversehrtheit« umkehre und deshalb »die Nutzung einer Technologie wegen ihrer weitreichenden Auswirkungen auf die Menschen einer besonderen Zulassung durch den Gesetzgeber bedarf«.[548]

Diese Argumentation des VGH leidet unter einem logischen Bruch, weil sie Rechte und Pflichten im Verhältnis zwischen Staat und Dritten in unzulässiger Weise in das Rechtsverhältnis zwischen Staat und Anlagenbetreiber hineinspiegelt: Zwar mag sein, daß im Hinblick auf Gefahren der Gentechnik aus der vom VGH bemühten Schutzpflicht eine Pflicht zur staatlichen Intervention zugunsten (möglicherweise) gefährdeter Dritter hergeleitet werden kann[549] und sich aus deren Grundrechten auch ein (einklagbares) subjektives Recht auf ein Tätigwerden des Staates deduzieren läßt. Aus einer Anerkennung staatlicher Schutzpflichten oder auch dem Postulat einer staatlichen Mitverantwortung für störendes Handeln Privater folgt aber nicht, daß der Anlagenbetreiber für eine Inanspruchnahme seiner (Verhaltens-) Freiheit einer gesetzlichen Ermächtigung bedarf und damit der Gesetzesvorbehalt[550] für Beeinträchtigungen von »Freiheit oder Eigentum« in sein Gegenteil verkehrt wird.[551]

---

545 HessVGH, NVwZ 1990, S. 276.

546 HessVGH, NVwZ 1990, S. 276 (277f.).

547 Vgl. HessVGH, NVwZ 1990, S. 276f.

548 HessVGH, NVwZ 1990, S. 276 (277).

549 Die verfassungsrechtliche Gebotenheit einer Regelung der Gentechnik durch Parlamentsgesetz – wie sie mittlerweile durch das GenTG erfolgt ist – bejahend *M. Kloepfer*, Umweltrecht, § 16 Rn. 10; *H.H. Rupp*, JZ 1990, S. 91 (92).

550 Entgegen *H. Sendler*, NVwZ 1990, S. 231 (235), wird auch ein Rückgriff auf die polizeiliche Ermächtigung zu Maßnahmen zur Gefahrenabwehr ausscheiden müssen, da Prognosen und Spekulationen über eine nur mögliche Gefährlichkeit des Verhaltens Privater wie bereits dargelegt (vgl. oben S. 160ff.) nicht zu den Aufgaben der Gefahrenabwehrbehörden gehören, es viel-

Verwaltung (und Gerichte) können daher eine einfach-gesetzlich zulässige Betätigung eines Bürgers nicht ohne weiteres unter unmittelbarem Rückgriff auf die Verfassung verhindern. Weil jedoch das einfache Recht in diesen Fällen verfassungsrechtlichen Mindestanforderungen nicht genügt, ist im Schrifttum vorgeschlagen worden, die Verfassungswidrigkeit einschlägiger gesetzlicher Vorschriften im Wege einer Richtervorlage gem. Art. 100 Abs. 1 GG feststellen zu lassen.[552] Auch die Feststellung der Verfassungswidrigkeit (oder Nichtigkeit) einer unzulänglichen Sachnorm läßt aber noch keine Ermächtigungsgrundlage für ein Einschreiten der Verwaltung zur Entstehung gelangen. Nach dieser Lösung ist daher weiter erforderlich, daß die Fachgerichte unter Anlehnung an eine für Fälle von Gleichheitsverstößen entwickelte Lösung[553] das Verfahren aussetzen[554] und gesetzgeberisches Tätigwerden abwarten,[555] sofern das Bundesverfassungsgericht das Fehlen einer den Anforderungen an hinreichenden Drittschutz genügenden Norm feststellt.[556] Allerdings kann in derartigen Fällen die Frage gestellt werden, inwieweit eine unmittelbar auf weitergehenden Schutz gerichtete Verfassungsbeschwerde in Betracht kommt.[557]

---

mehr einer hinreichend konkreten Gefahr bedarf; insofern zurückhaltend auch *R. Wahl/J. Masing*, JZ 1990, S. 553 (562 mit Fn. 89); zudem fehlt es auch an der »Störereigenschaft« des Betroffenen, wenn dessen Verhalten im übrigen im Einklang mit dem einfachen Recht steht, denn »Störer« ist definitionsgemäß nur der rechtswidrig Handelnde, vgl. *J. Ipsen*, Gefahrenabwehrrecht, Rn. 177.

551 Gegen eine »Umpolung von grundrechtlichen Freiheitsverbürgungen (mit Einschränkungsvorbehalt) zu Verboten mit Erlaubnisvorbehalt« durch den HessVGH wendet sich *H.H. Rupp*, JZ 1990, S. 91 (92); ähnl. die Kritik bei *U. Di Fabio*, Risikoentscheidungen, S. 422f.; *J. Fluck*, UPR 1990, S. 81 (84); *G. Hirsch*, NJW 1990, S. 1445f.; *P.-M. Huber*, Konkurrenzschutz, S. 288; *M. Kloepfer*, Umweltrecht, § 16 Rn. 11; *A. Pietrzak*, JuS 1994, S. 748 (753); *M. Rose*, DVBl. 1990, S. 279 (280); *H. Sendler*, NVwZ 1990, S. 231 (235); vgl. ferner *H. Bethge*, VVDStRL 57 (1998), S. 7 (50f.); *M. Schmidt-Preuß*, Kollidierende Privatinteressen, S. 71ff.; *R. Wahl/J. Masing*, JZ 1990, S. 553 (559).

552 So insbes. *G. Hermes*, Schutz, S. 272; vgl. ferner *U. Di Fabio*, Risikoentscheidungen, S. 422 (in Fn. 111); *J. Fluck*, UPR 1990, S. 81 (86); *H. Maurer*, Allgemeines Verwaltungsrecht, § 4 Rn. 42 a. E.; *P. Preu*, Grundlagen, S. 31; *R. Wahl*, in: Schoch/Schmidt-Aßmann/Pietzner, VwGO, Vorb. § 42 Abs. 2 Rn. 85 a. E.; unter Anknüpfung an eine Vorenthaltung subjektiver Rechte auch *ders.*, DVBl. 1996, S. 641 (649); *A. Blankenagel*, Die Verwaltung 26 (1993), S. 1 (11f.); *M. Schmidt-Preuß*, Kollidierende Privatinteressen, S. 50; für den Bereich des Privatrechts auch *C.-W. Canaris*, Grundrechte und Privatrecht, S. 70; *S. Oeter*, AöR 119 (1994), S. 529 (548); generell bejahend zur Richtervorlage bei gesetzgeberischem Unterlassen *J. Berkemann*, EuGRZ 1985, S. 137 (139); gegen die Zulässigkeit einer konkreten Normenkontrolle (jedenfalls) bei »absolutem« Unterlassen des Gesetzgebers aber *H. Klein*, in: Umbach/Clemens (Hrsg.), BVerfGG, § 80 Rn. 22.

553 Vgl. BVerfGE 22, 349 (363); 23, 74 (78); 23, 135 (142f.); 52, 369 (379); 56, 1 (11); 64, 158 (168); 68, 155 (169); 75, 40 (55); ähnl. BVerfGE 25, 236 (256); 49, 280 (282); 61, 43 (56); s. dazu *S. Detterbeck*, DÖV 1990, S. 858 (861ff.).

554 So *G. Hermes*, Schutz, S. 272f.; *M. Möstl*, DÖV 1998, S. 1029 (1033).

555 *Nach G. Hermes*, Schutz, S. 273, soll dem Fachgericht bei untergesetzlichen Normen möglich sein, die Exekutive zum Erlaß verfassungsrechtlich gebotener Vorschriften zu verpflichten.

556 Vgl. *G. Hermes*, Schutz, S. 272f.

557 Das Bundesverfassungsgericht zeigt aber erkennbare Zurückhaltung gegenüber der Zulässigkeit einer auf (weitergehende) Interventionen zugunsten des Dritten gerichteten Verfassungs-

Darüber hinaus ist die Möglichkeit zu beachten, das grundrechtlich (potentiell) geschützte Interesse eines Dritten an Störungsfreiheit unter Rückgriff auf Störungsabwehransprüche nach Maßgabe der Vorschriften über den zivilrechtlichen Nachbarschutz geltend zu machen.[558] Zwar hat der Gesetzgeber – wie erwähnt[559] – durch die 1994 erfolgte Novellierung des § 906 Abs. 1 BGB den zivilrechtlichen Immissionsschutz gem. § 906 BGB insofern mit dem öffentlichen Recht verknüpft, als sich die »Wesentlichkeit« einer Immission i.S.v. § 906 BGB insbesondere nach Richt- und Grenzwerten bestimmt, die in Gesetzen und Verordnungen (§ 906 Abs. 1 S. 2 BGB) oder Verwaltungsvorschriften (§ 906 Abs. 1 S. 3 BGB) vorgesehen sind. Da die Einhaltung dieser Werte nur »in der Regel« die Unwesentlichkeit einer Beeinträchtigung zur Folge hat, resultiert hieraus aber nur eine »limitierte Verwaltungsakzessorietät«[560] des zivilrechtlichen Immissionsschutzes, so daß Raum für eine abweichende und verfassungsrechtliche Vorgaben einbeziehende Würdigung im Einzelfall bleibt. Gleichwohl wird auch den Zivilgerichten die Möglichkeit einer Richtervorlage nach Art. 100 GG – oder einer Inzidentprüfung untergesetzlichen Rechts – zugestanden werden müssen, wenn sie zu der Überzeugung gelangen, daß öffentlich-rechtlichen Vorschriften eine Fehlgewichtung der beteiligten Belange zu Lasten des Nachbarn zugrunde liegt.

Es verbleiben die Fallgestaltungen, in denen der einfach-gesetzlich angeordnete oder vorgesehene Interessenausgleich zwar keinen Anlaß zu Beanstandungen gibt, es aber infolge einer Fehlanwendung des einfachen Rechts durch die Verwaltung zu einer Drittbeeinträchtigung kommt, die (allein) deshalb auch von grundrechtlichem Interesse ist, weil sie den Rahmen des verfassungsrechtlich Zulässigen zum Nachteil des Dritten überschreitet und deshalb auch vom Gesetzgeber nicht angeordnet werden könnte. Hier ist zunächst zu fragen, ob der Gesetzgeber dem Dritten durch das einfache Recht eine Möglichkeit der Störungsabwehr eingeräumt hat. Ist dies der Fall, so bedarf es eines Rückgriffs auf Grundrechte nicht; er müßte zudem daran scheitern, daß eine staatliche (Mit-) Verantwortung für drittbeeinträchtigendes Verhalten Privater auch bei Vorliegen eines administrativen Rechtsanwendungsfehlers letztlich an ein Verhalten des Normgebers an-

beschwerde, sofern der Gesetzgeber nicht untätig geblieben ist oder getroffene Regelungen und Maßnahmen nicht (offensichtlich) gänzlich ungeeignet oder völlig unzulänglich sind, vgl. BVerfGE 77, 170 (215); 77, 381 (405); 79, 174 (202); 92, 26 (46); BVerfG (1. Kammer des Ersten Senats), NJW 1997, S. 2509; s. ferner BVerfGE 56, 54 (71); 89, 276 (286); BVerfG (Vorprüfungsausschuß), NJW 1983, S. 2931 (2932); (1. Kammer des Ersten Senats), NJW 1995, S. 2343; (3. Kammer des Ersten Senats), NJW 1998, S. 3264 (3265); zust. *R. Wahl/J. Masing*, JZ 1990, S. 553 (562f.); weitergehend *K. Stern*, Staatsrecht, Bd. III/1, S. 1287; *R. Steinberg*, NJW 1996, S. 1985 (1990); anders noch *ders.*, NJW 1984, S. 457 (461f.); krit auch *M. Möstl*, DÖV 1998, S. 1029 (1032f.).

[558] Vgl. *P.-M. Huber*, Konkurrenzschutz, S. 288f.; *R. Breuer*, DVBl. 1986, S. 848 (854); *K.-M. Ortloff*, in: Finkelnburg/Ortloff, Öffentliches Baurecht, Bd. II, S. 245; *S. Oeter*, DVBl. 1999, S. 189 (195f.).

[559] Vgl. oben, S. 383.

[560] So *J. Petersen*, NJW 1998, S. 2099.

knüpft, dieser aber mit der Einräumung eines einfach-gesetzlichen Abwehrrechts das Erforderliche getan hat.

Des weiteren kommt eine unmittelbare Heranziehung grundrechtlich begründeter Abwehrrechte des Dritten auch dann nicht in Betracht, wenn – umgekehrt – ein Drittschutz erkennbar ausgeschlossen werden sollte, denn ein solches Votum darf vom Rechtsanwender – wie dargelegt[561] – nicht ohne weiteres unter Rückgriff auf Grundrechte konterkariert werden.[562] Anders zu entscheiden ist aber beispielsweise, wenn es an einfach-rechtlichen Störungsabwehrmöglichkeiten fehlt, weil eine (unbeabsichtigte) Regelungslücke vorliegt. In einem solchen Fall wird nicht ein auf Nichtabwehrbarkeit des drittbeeinträchtigenden Tuns gerichteter Wille des Gesetzgebers überspielt, so daß ein Rückgriff auf Grundrechte möglich bleibt. Die Annahme einer die grundrechtliche Relevanz der Drittbeeinträchtigung – und damit auch deren Abwehrbarkeit – begründenden Mitverantwortung des Staates für die Einwirkung auf ein Nichtstörungsinteresse des Dritten wird hierdurch im übrigen nicht ausgeschlossen, da es insoweit allein auf die Gegebenheiten nach Maßgabe des einem gesetzgeberischen Zugriff allein offenstehenden einfachen Rechts ankommt.[563]

Demgegenüber soll ein Rückgriff auf grundrechtlich radizierte Abwehrrechte nach einer verschiedentlich geäußerten Ansicht wiederum entbehrlich sein, wenn sich aus einfach-gesetzlichen Regelungen mit Bedeutung für einen Dritten im Wege der verfassungskonformen Interpretation ein im einfachen Recht wurzelndes subjektives Recht[564] ableiten läßt.[565] Daran trifft im Ausgangspunkt zu, daß

---

561 Vgl. oben S. 413f.

562 So grds. auch *E. Schmidt-Aßmann*, in: Maunz/Dürig, GG, Art. 19 Abs. IV Rn. 137; anders wohl *B. Wiegand*, BayVBl. 1994, S. 609 (614f.) u. 647ff. (648ff.); vgl. dazu noch unten, Anm. 564.

563 Die Existenz eines grundrechtlichen Abwehrrechts vermag die Annahme staatlicher (gesetzgeberischer) Mitverantwortung für eine Drittbeeinträchtigung nicht auszuschließen, da hierdurch das Abwehrrecht beseitigt und damit zugleich eine Mitverantwortung begründet würde.

564 Einen insoweit sehr weitgehenden Vorschlag unterbreitet *B. Wiegand*, BayVBl. 1994, S. 609 (614f.) u. 647ff., der – mit Blick primär auf die fehlerhafte Anwendung einfachen Rechts durch die Verwaltung (vgl. ebd., S. 654f.) – im Falle einer (verfassungs-) planwidrigen Rechtsschutzlücke dem einfachen Recht unter Rückgriff auf die grundrechtliche Wertordnung einen verfassungsrechtlich gebotenen Drittschutz auch dann entnehmen will, wenn die einschlägigen gesetzlichen Regelungen eine Auslegung als »drittschützend« nicht mehr zulassen: Eine einfachgesetzliche Norm könne »den Durchgriff auf die Verfassung nicht dadurch versperren, daß sie entgegen deren Wertentscheidung einen Individualschutz versagt« (ebd., S. 615). Diese Auffassung steht im Ausgangspunkt mit der hier vertretenen Ansicht insofern in Einklang, als das Fehlen eines einfach-gesetzlichen Drittschutzes den »lückenfüllenden« Rückgriff auf die Verfassung noch nicht versperrt. Entgegen *Wiegand* ist aber nicht angängig, durch eine »Rechtsfortbildung von Verfassungs wegen« (ebd., S. 649) die Möglichkeit der Erlangung von Rechtsschutz in eine gerade nicht drittschützende Norm implementieren zu wollen; in Rede steht vielmehr ein letztlich verfassungsunmittelbarer Drittschutz in Fällen, in denen das einfache Recht keinen drittschützenden Charakter besitzt. Demgemäß trifft auch nicht zu, daß »die Alternative zwischen verfassungsmäßiger Auslegung und Verfassungswidrigkeit einer Norm ... nur Schein« (*Wiegand* ebd., S. 649) sei; vielmehr ist ein verfassungsunmittelbarer Drittschutz jedenfalls dann nicht ohne

vielfach möglich sein wird, einer objektiv (auch) drittbegünstigenden Norm ein korrespondierendes subjektives Recht des Dritten – und damit eine »norminterne« Wirkung des Grundrechts[566] – zu entnehmen. Eine andere Frage ist freilich, ob dem Instrument der verfassungskonformen Interpretation in diesem Zusammenhang Bedeutung zukommt: Zunächst sollte nicht aus dem Blick geraten, daß auch ein einfach-gesetzlicher Drittschutz kraft verfassungskonformer Interpretation nur insoweit in Betracht kommt, als dies zur Vermeidung der Verfassungswidrigkeit einer Vorenthaltung subjektiver Rechte geboten ist. Wenn aber die Grundrechte als subjektive Rechte auch die Abwehr von administrativen Grenzüberschreitungen ermöglichen, wird man dem Gesetzgeber nicht verwehren können, es hierbei zu belassen. Soweit Rechtsschutz schon aus den Grundrechten möglich ist, läßt sich folglich auch bezweifeln, ob eine (zumindest) wiederholende und konkretisierende Einräumung subjektiver Rechte auf der Ebene des einfachen Rechts verfassungsrechtlich geboten ist, mag deren Zweckmäßigkeit auch nicht zu bestreiten sein.

Insgesamt bleibt aber festzuhalten, daß die Anerkennung der grundrechtlichen Relevanz von Einwirkungen auf Nichtstörungsinteressen eines Dritten durch zulässiges Verhalten anderer Privater nicht zwangsläufig mit einem Anwendungsvorrang des einfachen Rechts kollidieren muß. Nicht zu befriedigen vermag demgegenüber eine von *R. Wahl* vorgetragene – auf Basis der vorstehend entwickelten Position aber schon nicht mehr erforderliche – Konzeption, derzufolge Abwehransprüche eines Bürgers gegen beeinträchtigendes Verwaltungshandeln nicht unmittelbar aus den Grundrechten resultieren können, sondern erst die Folge einer grundrechtsgebundenen und deshalb zur Schaffung subjektiver Rechte auf der Ebene des einfachen Rechts verpflichteten Gesetzgebung sind.[567] Nach dieser Auffassung soll den Grundrechten die Qualität subjektiver öffentlicher Rechte jedenfalls im Verhältnis zur Verwaltung generell abzusprechen sein;

---

weiteres möglich, wenn das einfache Recht einen Rechtsschutz zugunsten Dritter nicht nur nicht vorsieht, sondern ausschließen will.

[565] Vgl. BVerwGE 89, 329 (339ff.); 101, 364 (372ff.), gerade im Falle einer Einwirkung auf das Eigentum wird dabei freilich nicht deutlich, worin die staatliche Pflicht zur Intervention zugunsten des Dritten wurzelt und warum Art. 14 GG eine verfassungskonforme Interpretation einfachen Rechts erzwingen kann, wenn auf Basis der h. M. ohne diese Interpretation eine grundrechtlich geschützte Position gar nicht existiert; für eine Begründung subjektiver Rechte bei Rechtswidrigkeit des Verwaltungshandelns durch »schutzpflichtkonforme« Auslegung einfachen Rechts aus dem Schrifttum *P. Preu*, Grundlagen, S. 31; s. ferner *U. Ramsauer*, AöR 111 (1986), S. 501 (521, 527ff.).

[566] Vgl. dazu *E. Schmidt-Aßmann*, in: Maunz/Dürig, GG, Art. 19 Abs. IV Rn. 123.

[567] *R. Wahl*, DVBl. 1996, S. 641 (642, 644ff.); *ders.*, in: Schoch/Schmidt-Aßmann/Pietzner, VwGO, Vorb. § 42 Abs. 2 Rn. 49ff., 75ff.; auch schon *ders.*, JuS 1984, S. 577 (579f.); vgl. ferner *ders.*, NVwZ 1984, S. 401 (408); ebenso im Ergebnis *A. Blankenagel*, Die Verwaltung 26 (1993), S. 1 (12); vgl. auch *P. Preu*, Grundlagen, S. 30f.; *O. Depenheuer*, in: v. Mangoldt/Klein/Starck, GG, Art. 14 Rn. 126.

es existiere aber ein »grundrechtliches Subjektivierungsgebot«,[568] das auf die »Ausformung subjektiver öffentlicher Rechte«[569] gerichtet sei und sich primär an den Gesetzgeber richte.[570] Wenn allerdings der Gesetzgeber diesen ihm von der Verfassung erteilten Subjektivierungsauftrag nicht erfülle oder wegen der Eigenart der jeweils in Rede stehenden Materie nicht erfüllen könne, sei es Aufgabe der Gerichte, im Wege der Schaffung von Richterrecht zu einer »lückenfüllenden Transformation der verfassungsrechtlichen Direktiven in Rechtssätze des einfachen Rechts«[571] zu gelangen.[572] Sofern es an einer solchen Schaffung subjektiver Rechte durch den insoweit rechtsschöpferisch tätig werdenden Richter (bislang) fehlt, soll schließlich der Bürger auch berechtigt sein, die Lückenhaftigkeit einer gesetzlichen Regelung unter unmittelbarer Berufung auf das einschlägige Grundrecht zu rügen,[573] um dem Richter auf diese Weise die Möglichkeit zu geben, »ein subjektives öffentliches Recht kraft Richterrechts zu formulieren«.[574]

Daß es demnach eines unmittelbaren Rückgriffs auf die Grundrechte bedarf, damit »Ansprüche und Abwehrrechte durch Richterrecht auf der Ebene des einfachen Rechts in Gehorsam gegenüber grundrechtlichen Direktiven entwikkelt«[575] werden können, signalisiert aber bereits, daß das subjektive Grundrecht nicht vorschnell verabschiedet werden kann, mag insoweit auch die verwaltungsgerichtliche Geltendmachung eines gesetzgeberischen Unterlassens in Rede stehen. Allerdings ist hervorzuheben, daß die von *R. Wahl* vertretene Absage an unmittelbar in den Grundrechten wurzelnde (Abwehr-) Ansprüche eines Bürgers gegen beeinträchtigendes Verwaltungshandeln in erster Linie auf die Konstruktion und Begründung der Bedeutung der Grundrechte für das Verwaltungsrecht zielt, denn sie beruht auf der (zweifelhaften) Prämisse, daß die auf einem Richterspruch beruhende Abwehrbarkeit einer grundrechtswidrigen Beeinträchtigung durch die Verwaltung allein ein Akt der (Richter-) Rechtsetzung, nicht aber – zumindest auch – (Grund-) Rechtsanwendung ist.[576] Die von *Wahl* vorgeschlagene

---

568 *R. Wahl*, DVBl. 1996, S. 641 (647); *ders.*, in: Schoch/Schmidt-Aßmann/Pietzner, VwGO, Vorb. § 42 Abs. 2 Rn. 77.

569 *R. Wahl*, DVBl. 1996, S. 641 (647); *ders.*, in: Schoch/Schmidt-Aßmann/Pietzner, VwGO, Vorb. § 42 Abs. 2 Rn. 78.

570 Vgl. *R. Wahl*, DVBl. 1996, S. 641 (648); *ders.*, in: Schoch/Schmidt-Aßmann/Pietzner, VwGO, Vorb. § 42 Abs. 2 Rn. 83.

571 *R. Wahl*, DVBl. 1986, S. 641 (648).

572 Vgl. *R. Wahl*, DVBl. 1996, S. 641 (648f.); *ders.*, in: Schoch/Schmidt-Aßmann/Pietzner, VwGO, Vorb. § 42 Abs. 2 Rn. 80ff.; dazu krit. *D. Mampel*, NJW 1999, S. 975 (977).

573 Daß das Fehlen eines richterrechtlichen Rechtssatzes nach dem Konzept von *Wahl* auch dessen Entstehung eigentlich verhindern müßte, weil es ohne diesen Rechtssatz streng genommen an einem subjektiv-öffentlichen Recht des Klägers und damit der Klagebefugnis fehlt, kritisiert *U. Hösch*, Die Verwaltung 30 (1997), S. 211 (221 in Fn. 47).

574 *R. Wahl*, DVBl. 1996, S. 641 (650).

575 *R. Wahl*, DVBl. 1996, S. 641 (649); *ders.*, in: Schoch/Schmidt-Aßmann/Pietzner, VwGO, Vorb. § 42 Abs. 2 Rn. 84.

576 Vgl. hierzu auch *U. Hösch*, Die Verwaltung 30 (1997), S. 211 (221), der hervorhebt, daß dieser konstruktive Unterschied letztlich ohne praktische Konsequenzen bleibt.

Konstruktion dürfte letztlich auch kaum zu anderen Ergebnissen führen, als sich ergeben, wenn jedenfalls im »pathologischen Fall« nur unzureichend subjektivierter Vorschriften des einfachen Rechts der Rückgriff auf die Grundrechte zugelassen wird. Gleichwohl bleibt in dogmatischer Hinsicht bedenklich, daß die Auffassung von *Wahl* im Ergebnis auf eine nur »mittelbare« Grundrechtsgeltung auch im Verwaltungsrecht hinausläuft, die letztlich die Bindung auch der »vollziehenden Gewalt« an die Grundrechte als unmittelbar geltendes Recht (Art. 1 Abs. 3 GG) aufzulösen droht.[577] Ist die Verwaltung gem. Art. 1 Abs. 3 GG zweifelsfrei Grundrechtsadressat, so ist nicht ersichtlich, weshalb die Grundrechte in ihrer Eigenschaft als subjektive Rechte nicht auch grundrechtswidrigem Verwaltungshandeln sollen entgegengehalten werden können.[578] Die subjektiv-rechtliche Qualität der Grundrechte ist nicht in dem Sinne teilbar, daß grundrechtliche Ansprüche allein im Verhältnis zum Gesetzgeber in Betracht kommen, Grundrechte aber keine subjektiven Rechte i.S.v. § 42 Abs. 2 VwGO sind.[579] Dies gilt um so mehr, als die Grundrechte als subjektive Abwehrrechte jedenfalls in den – von *Wahl* nur am Rande behandelten – Fällen unmittelbar geltender Ge- und Verbote kaum verzichtbar erscheinen: Zwar mag auch derartigen Vorschriften ein subjektives Recht des Maßnahmeadressaten entnommen werden können, wenn ein Erlaubnisvorbehalt in Rede steht oder aus anderen Gesichtspunkten eine Pflicht zur Rücksichtnahme auf Belange des Betroffenen resultiert.[580] Dieser Weg ist aber verschlossen, wenn eine gesetzliche Regelung sich auf die Normierung von Eingriffsvoraussetzungen beschränkt, da sich aus einer solchen Vorschrift kein sub-

---

577 Nach *R. Wahl*, in: Schoch/Schmidt-Aßmann/Pietzner, VwGO, Vorb. § 42 Abs. 2 Rn. 54, beschränkt sich die Bedeutung der Grundrechte für die Verwaltung denn auch auf eine »Ausstrahlungswirkung« bei der Anwendung der Gesetze; dies mag der – wie ein Blick auf die Frage nach der Grundrechtsgeltung »im« Zivilrecht zeigt – verbreiteten Neigung entsprechen, klare dogmatische Strukturen durch die Beliebigkeit einer in die letzten Winkel dringenden, gleichwohl aber wenig greifbaren »Ausstrahlung« der Grundrechte zu ersetzen, ist mit der Bindung an die Grundrechte als unmittelbar geltendes Recht (Art. 1 Abs. 3 GG) jedoch nicht zu vereinbaren.

578 Allerdings soll nach *R. Wahl*, in: Schoch/Schmidt-Aßmann/Pietzner, VwGO, Vorb. § 42 Abs. 2 Rn. 84, der »praktische Ertrag« seiner Konstruktion gerade darin liegen, daß sie auf den Spielraum aufmerksam mache, den der Gesetzgeber bei der »›Ableitung‹ subjektiver öffentlicher Rechte unmittelbar aus der Verfassung« in Anspruch nehmen könne, ohne an richterrechtlich geschaffene Rechtssätze gebunden zu sein; dem ist entgegenzuhalten, daß verwaltungsgerichtliche Erkenntnisse den Gesetzgeber auch dann nicht zu binden vermögen, wenn – entgegen *Wahl* (ebd.) – derartige gerichtliche Entscheidungen nicht ebenfalls als Inanspruchnahme eines Ausgestaltungsspielraums, sondern als (Versuch der) Aktualisierung einer verfassungsrechtlich vorgegebenen Grenze verstanden werden, denn zur autoritativen Entscheidung über gesetzgeberische Grenzüberschreitungen sind letztlich die Verfassungsgerichte berufen.

579 Vgl. auch *F. Hufen*, Verwaltungsprozeßrecht, § 14 Rn. 109, der es als angesichts von Art. 1 Abs. 3 GG selbstverständlich bezeichnet, daß die Möglichkeit einer Grundrechtsverletzung die Klagebefugnis verleihe.

580 Dies dürfte auch für das von *R. Wahl*, DVBl. 1996, S. 641 (643, 650), insoweit allein thematisierte Beispiel eines Anspruchs eines Jägers auf Festsetzung höherer Abschußzahlen gelten, der vom Bundesverwaltungsgericht im einfachen Recht (§ 21 BJagdG) verortet worden ist, vgl. BVerwG, NJW 1995, S. 1200f.

jektives Recht auf Unterbleiben der Beeinträchtigung bei Nichtvorliegen der gesetzlichen Voraussetzungen ableiten läßt.[581]

Gleichwohl ist auch auf Basis der hier vertretenen Auffassung zunächst das einfache Recht auf subjektive (Abwehr-) Rechte des Bürgers zu befragen, so daß ein Rückgriff auf Grundrechte namentlich bei Drittbeeinträchtigungen nur ausnahmsweise in Betracht kommt. Die für die Praxis entscheidende Frage ist daher, in welchen Fällen dem einfachen Recht einklagbare Rechtspositionen Dritter entnommen werden können. Insofern mag es bei der Feststellung subjektiver (Störungsabwehr-) Rechte nach Maßgabe der »Schutznormtheorie« sein Bewenden haben, wenngleich nicht zu verkennen ist, daß mit diesem Instrument zur Ermittlung subjektiver Rechte einige Schwierigkeiten verknüpft sind. So ist gegen die »Schutzzweckformel« mit einer gewissen Berechtigung eingewandt worden, es bestehe die »Möglichkeit, daß ein Individualinteresse rein objektivrechtlich bzw. administrativ geschützt wird«,[582] so daß aus dem drittschützenden Charakter einer Rechtsnorm nicht auf ein entsprechendes subjektives Recht des Begünstigten geschlossen werden könne.[583] Allerdings muß auch die weitgehende Anerkennung der »Schutznormtheorie« in der verwaltungsgerichtlichen Praxis berücksichtigt werden, wenn im Wege der Auslegung darüber zu befinden ist, ob aus einer objektiv drittschützenden Vorschrift ein subjektives Recht des begünstigten Dritten auf deren Einhaltung resultiert. Sofern die Auslegung ergibt, daß eine Rechtsnorm den Interessen spezifizierbarer Dritter zu dienen bestimmt ist, wird deshalb mittlerweile davon ausgegangen werden können, daß auch die Zubilligung eines einklagbaren Rechts »gewollt« ist.[584] Dem entspricht im Ergebnis die Tendenz, das Vorliegen einer Schutznorm vom Willen des historischen Gesetzgebers abzukoppeln.[585]

Damit verlagern sich die Schwierigkeiten auf die Benennung von Kriterien für die Feststellung, daß eine einfach-gesetzliche Rechtsnorm einen Bürger in spezi-

---

581 Anders *U. Ramsauer*, AöR 111 (1986), S. 501 (512f.), der sogar in dem Fehlen einer Eingriffsnorm ein subjektives Recht auf staatliches Nichthandeln verankert sehen will; ebenso *E. Gurlit*, Die Verwaltung 28 (1995), S. 449 (472); vgl. auch *W. Henke*, Das subjektive öffentliche Recht, S. 102ff.; dagegen schon *J. Schwabe*, DÖV 1973, S. 623 (629), der zu Recht hervorhebt, daß eine solche Konstruktion auf eine Fiktion hinausläuft, weil das (objektiv-rechtliche) Unterlassungsgebot, das subjektiv-rechtlich bewehrt sein soll, »sowohl im klassischen Vorbehalt des Gesetzes wie auch vor allem in den Grundrechten manifest ist«.

582 *P. Preu*, Grundlagen, S. 126; vgl. ferner *H.-U. Erichsen*, in: ders. (Hrsg.), Allgemeines Verwaltungsrecht, § 11 Rn. 33; *P.-M. Huber*, Konkurrenzschutz, S. 114; *G. Schwerdtfeger*, NVwZ 1983, S. 199 (200f.); *E. Schmidt-Aßmann*, in: Maunz/Dürig, GG, Art. 19 Abs. IV Rn. 129.

583 Vgl. *P. Preu*, Grundlagen, S. 126ff.; krit. ferner *M. Schmidt-Preuß*, Kollidierende Privatinteressen, S. 193ff., nach dessen Auffassung die Schutznormtheorie wegen ihrer Ausrichtung auf die bipolare Staat-Bürger-Relation die Problematik multipolarer Konfliktlagen letztlich nicht zu bewältigen vermag.

584 Abl. gegenüber einer stillschweigenden »Rezeption der Rechtsprechung durch den Gesetzgeber« aber *G. Schwerdtfeger*, NVwZ 1983, S. 199 (201).

585 Vgl. *R. Breuer*, DVBl. 1986, S. 849 (854); *E. Schmidt-Aßmann*, in: Maunz/Dürig, GG, Art. 19 Abs. IV Rn. 129.

fischer Weise und nicht nur als Teil der Allgemeinheit schützt; diese Aufgabe erscheint aber nicht als unlösbar.[586] Für den vorliegenden Zusammenhang ist indes entscheidend, daß diese Fragen auch auf Basis der hier vertretenen Auffassung ausschließlich auf der Ebene des einfachen Rechts zu verorten sind.

[586] Vgl. z.B. BVerwGE 27, 29 (31ff.); 28, 268 (269ff.).

D. Planungs- und Organisationsakte

I. Errichtung öffentlicher Einrichtungen und Anlagen

Ein kurzer Seitenblick sei auf die grundrechtliche Relevanz der faktischen (Außen-) Wirkungen gerichtet, die mit Errichtung, Betrieb und Schließung einer öffentlichen Einrichtung – oder auch eines Verwaltungsgebäudes – einhergehen, denn derartige Fallgestaltungen lassen sich auf Basis der in diesem Kapitel entwikkelten Grundsätze ebenfalls einer befriedigenden Lösung zuführen. So macht es aus der Perspektive eines Dritten zunächst keinen Unterschied, ob sein Interesse an Störungsfreiheit durch einen anderen Privaten oder infolge der Errichtung oder des Betriebs öffentlicher Einrichtungen oder Anlagen beeinträchtigt wird. Die grundrechtliche Relevanz derartiger Vorgänge ist daher unschwer zu bejahen, zumal auch die Frage nach der staatlichen Verantwortlichkeit für etwaige Beeinträchtigungen »Dritter« anders als im Falle der Einwirkung auf Nichtstörungsinteressen durch genehmigte Vorhaben Privater keine besonderen Schwierigkeiten bereitet. Soweit hoheitliche Planungen in Rede stehen, wird allerdings eine rechtliche Außenwirkung zu verlangen sein,[1] wie sie z.B. in §75 Abs. 1 S. 2 VwVfG (Bund)[2] vorgesehen ist.[3]

II. Öffentliche Einrichtungen und Grundrechte der Benutzer

Nicht unproblematisch ist hingegen, ob im Hinblick auf die Grundrechte der Benutzer (bzw. Besucher) öffentlicher Einrichtungen (bzw. Anlagen) von Interesse ist, wenn die Benutzung einer solchen Einrichtung nicht (oder nur unter Bedingungen) gestattet oder eine vorhandene Einrichtung gar geschlossen wird. Zumindest dem letztgenannten Fall wird die Grundrechtserheblichkeit allerdings schon deshalb abzusprechen sein, weil es sich bei den Grundrechten in erster Linie um Abwehrrechte des Bürgers gegen eine unnötige – und üblicherweise im Rahmen staatlicher Aufgabenerfüllung erfolgende – Fremdbestimmung handelt, nicht aber um subjektive Rechte auf staatliche Aufgabenerfüllung im Bereich der Leistungsverwaltung, zu der auch die Bereitstellung öffentlicher Einrichtungen

---

[1] Vgl. hierzu den Überblick bei *G. Lübbe-Wolff*, Eingriffsabwehrrechte, S. 52ff.

[2] Zu den Rechtswirkungen des Planfeststellungsbeschlusses *Th. v. Danwitz*, in: Schmidt-Aßmann (Hrsg.), Besonderes Verwaltungsrecht, 8. Abschnitt, Rn. 30.

[3] Vgl. *W. Löwer*, DVBl. 1981, S. 528 (534).

gehört. Fehlt es an einem grundrechtlichen Anspruch auf Errichtung und Vorhandensein öffentlicher Einrichtungen, so kann auch deren Schließung folglich keine Grundrechte verletzen. Damit soll nicht behauptet werden, daß es keine vorgegebenen öffentlichen Aufgaben und im Grundgesetz verankerte Ansprüche auf deren Erfüllung geben könne. In welchem Umfang und in welcher Form der Staat unter Einsatz seiner begrenzten Ressourcen ihm vorgegebene Aufgaben erfüllt, ist jedoch eine andere Frage, die zu entscheiden den hierfür zuständigen staatlichen Organen obliegt.[4] Weil daher ein verfassungsrechtlicher Anspruch auf staatliche Leistungen allenfalls in engen Grenzen bejaht werden kann, läßt sich auch ein subjektives Recht auf das Vorhandensein (bestimmter) öffentlicher Einrichtungen aus den Grundrechten regelmäßig nicht herleiten.

Damit scheint zugleich der Schluß naheliegend zu sein, daß es in Ermangelung eines grundrechtlichen Anspruchs auf staatliche Leistungen ebenfalls keinen Beeinträchtigungstatbestand verwirklicht, wenn einem Bürger die Benutzung öffentlicher Einrichtungen verweigert wird,[5] ein solcher Vorgang vielmehr nur unter dem Aspekt einer Verletzung des allgemeinen Gleichheitssatzes und/oder derivativer Teilhabeansprüche von Interesse sein kann.[6] Demgegenüber hat *M. Sachs* zu Recht hervorgehoben, daß (jedenfalls) bei nicht leistungserbringenden öffentlichen Einrichtungen »die Nutzung sächlicher Mittel durch bloßes Tätigwerden des handelnden Bürgers« möglich sei, während sich das Verhalten der öffentlichen Gewalt auf eine Duldung beschränken könne.[7] Ohne daß diese verzweigte Problematik hier in allen Einzelheiten betrachtet werden könnte, dürfte damit der entscheidende Gesichtspunkt bezeichnet sein: Gewährleistet die Verhaltensfreiheit die Möglichkeit, sich in einer vorgefundenen und real existierenden Umwelt nach Belieben verhalten zu können, so bildet auch »die der eigenständigen Nutzung eröffnete Einrichtung ein Betätigungsfeld der Verhaltensfreiheit«, das abwehrrechtlich geschützt ist.[8] Aus grundrechtlicher Perspektive ist

---

[4] Vgl. *Th. Koch*, Unternehmen, S. 133 m.w.N.

[5] So *W. Krebs*, VerwArch 67 (1976), S. 329 (332); vgl. ferner *C. Starck*, in: v. Mangoldt/Klein/Starck, GG, Art. 1 Rn. 152.

[6] Vgl. *H.-U. Erichsen*, VerwArch 64 (1973), S. 299 (301 f.).

[7] *M. Sachs*, in: K. Stern, Staatsrecht, Bd. III/1, S. 701; ähnl. auch schon *J. Schwabe*, Grundrechtsdogmatik, S. 244.

[8] *M. Sachs*, in: K. Stern, Staatsrecht, Bd. III/1, S. 702 f.; vgl. ferner *J. Schwabe*, Grundrechtsdogmatik, S. 244 ff.; *M. Hoffmann-Becking*, JuS 1973, S. 615 (618); auch *G. Lübbe-Wolff*, Eingriffsabwehrrechte, S. 46 (in Fn. 114 der S. 45) betont, daß die Fortbewegung auf einmal angelegten öffentlichen Wegen »als faktische Handlungsmöglichkeit des Einzelnen« und damit zugleich als »Ausübung natürlicher Handlungsfreiheit« erscheine; anders offenbar *D. Murswiek*, in: Isensee/Kirchhof (Hrsg.), HbStR, § 112 Rn. 67, nach dessen Auffassung Freiheitseinschränkungen aufgrund von »Rechtnormen, die Eingriffe in das Eigentum Dritter (oder des Staates) verbieten, ... prinzipiell nicht rechtfertigungsbedürftig« seien, insbesondere keiner Überprüfung anhand des Verhältnismäßigkeitsprinzips unterlägen, weil »der Bestand der zur Begründung des Rechtsinstituts Eigentum notwendigen freiheitseinschränkenden Rechtsnormen« vom GG als gegeben vorausgesetzt und mit der Institutsgarantie des Eigentums verfassungskräftig verbürgt sei«. Auch dieser Argumentation ist zunächst entgegenzuhalten, daß selbst eine verfassungsrechtlich

daher unerheblich, ob die Benutzung einer öffentlichen Einrichtung oder Anlage eine ausdrückliche (oder konkludente[9]) Zulassung erfordert,[10] im Rahmen eines Gemeingebrauchs erfolgt[11] oder eine nur ausnahmsweise zulässige Sondernutzung darstellt. Dementsprechend genießt beispielsweise die Nutzung öffentlicher Straßen zu beliebigen Zwecken den Schutz des jeweils sachlich einschlägigen Grundrechts,[12] mag auch kein grundrechtlicher Anspruch auf uneingeschränkten Fortbestand des vorhandenen Straßen- und Wegenetzes bestehen.[13]

Darüber hinaus wird auch die Vorenthaltung der Zulassung zu einer leistungserbringenden öffentlichen Einrichtung zumindest dann Grundrechtserheblichkeit beanspruchen können, wenn der Staat deren vorgängige Inanspruchnahme rechtlich oder tatsächlich zur Voraussetzung für eine anderweitige Betätigung grundrechtlich (potentiell) geschützter Freiheit erhebt, wie es namentlich dann der Fall ist, wenn die Wahl und -ausübung eines bestimmten Berufs von einer bestimmten schulischen oder universitären Ausbildung abhängig gemacht wird: Sofern der Staat die Möglichkeiten des Erwerbs einer bestimmten Qualifikation bei sich monopolisiert, muß er auch die erforderlichen Einrichtungen zur Verfügung stellen, da andernfalls die Freiheitsbetätigung vereitelt würde. Zu Recht hat daher das Bundesverfassungsgericht im »Numerus-clausus«-Urteil mit ähnlichen Erwägungen[14] ein »Recht des ... Staatsbürgers auf Zulassung zum Hochschulstudium seiner Wahl«[15] grundsätzlich anerkannt. Demgegenüber muß der anschließend postulierte »Vorbehalt des Möglichen«[16] Bedenken begegnen, weil der Ausschluß von einer bestimmten Ausbildung auf ein Verbot einer gewünschten beruflichen Betätigung hinauslaufen kann.

Dem baden-württembergischen VGH ist daher im Ausgangspunkt darin zu folgen, daß es sich um einen grundrechtlich erheblichen Vorgang handelt, wenn Studenten, die sich nicht in regelmäßigen Abständen einer Röntgenuntersuchung unterziehen, aufgrund einer universitären Satzungsbestimmung die Rückmel-

---

gebotene Beschränkung der Verhaltensfreiheit am Vorliegen eines Beeinträchtigungstatbestandes – wie im Zweiten Teil dargelegt – nichts ändert; gegen eine Qualifikation des Eigentums als grundrechtsimmanente Schranke des Art. 2 Abs. 1 GG auch BVerfGE 80, 137 (152). Im Hinblick auf das Eigentum der öffentlichen Hand wird zudem übersehen, daß der Staat nach richtiger Ansicht insoweit keinen Grundrechtsschutz genießt; vgl. BVerfGE 61, 82 (100ff.), sowie ausführl. *Th. Koch*, Unternehmen, S. 105ff. m.w.N.

[9] Krit. zur Fiktion einer Zulassung bei öffentlichen Einrichtungen *D. Ehlers*, Privatrechtsform, S. 178f.; vgl. auch *Th. Koch*, Unternehmen, S. 31f. (mit Fn. 44).

[10] So auch *M. Sachs*, in: K. Stern, Staatsrecht, Bd. III/1, S. 703f.; *J. Schwabe*, Grundrechtsdogmatik, S. 245.

[11] An die Widmung zum Gemeingebrauch anknüpfend aber *C. Enders*, VerwArch 83 (1992), S. 527 (558f.); *E. Gurlit*, Die Verwaltung 28 (1995), S. 449 (461); *A. Lorz*, NVwZ 1993, S. 1165 (1166).

[12] So auch *H. Bethge*, VVDStRL 57 (1998), S. 7 (22).

[13] *H. Bethge*, VVDStRL 57 (1998), S. 7 (22 in Fn. 93).

[14] Vgl. BVerfGE 33, 303 (331f.).

[15] Vgl. BVerfGE 33, 303 (332).

[16] Vgl. BVerfGE 33, 303 (333).

dung versagt werden kann.[17] Zunächst liegt eine Beeinträchtigung der Verhaltensfreiheit auch dann vor, wenn eine dem Betroffenen freistehende Handlung – etwa das Führen eines Kraftfahrzeugs – nicht uneingeschränkt, sondern nur unter der Bedingung der Vornahme einer weiteren Handlung – etwa der Verwendung eines Sicherheitsgurtes – zulässig ist.[18] Allerdings ist notwendige Voraussetzung für die grundrechtliche Relevanz einer solchen Beeinträchtigung der Freiheit zur uneingeschränkten Vornahme einer gewünschten Handlung, daß das nur »bedingt« zulässige Verhalten einem Grundrechtsschutz auch zugänglich ist. Wäre die Verweigerung der Zulassung zum Universitätsstudium grundrechtlich irrelevant, so könnte aus der Verknüpfung dieser Maßnahme mit einer Röntgenuntersuchung kein Beeinträchtigungstatbestand resultieren. Wenn und soweit die verweigerte Zulassung zu einer öffentlichen (Bildungs-) Einrichtung hingegen an der Berufsfreiheit eines Betroffenen zu messen ist, bewirkt es über eine Beeinträchtigung der Möglichkeit zur freien Wahl der Ausbildungsstätte hinaus eine Einschränkung der Berufsfreiheit – und nicht etwa der körperlichen Unversehrtheit[19] –, wenn der Besuch einer Universität von der Teilnahme an einer Röntgenuntersuchung abhängig gemacht wird.

III. Die wirtschaftliche Betätigung der öffentlichen Hand

In Zusammenhang mit Errichtung und Betrieb öffentlicher Einrichtungen und Anlagen zu erwähnen ist ferner der Fall einer wirtschaftlichen Betätigung namentlich kommunaler Gebietskörperschaften durch (öffentliche) Unternehmen in öffentlich-rechtlicher oder privatrechtlicher Rechtsform, denn ein solcher Vorgang ist im Hinblick auf die Abwehrfunktion der Grundrechte jedenfalls dann von Interesse, wenn die öffentliche Hand in einen Wettbewerb zu konkurrierenden Anbietern aus der Privatwirtschaft tritt. Für diese Fälle stellt sich zunächst die Frage, ob auch die Grundrechtserheblichkeit einer hieraus resultierenden Beeinträchtigung eines privaten Wettbewerbers deshalb an den oben entwickelten[20] Maßstäben für Einwirkungen auf grundrechtliche Schutzgüter infolge verhaltenssteuernder Maßnahmen des Staates zu messen ist, weil eine Teilnahme des Staates am Wettbewerb ebenso wie regelndes oder influenzierendes Staatshandeln geeignet ist, den Erfolg der gewerblichen Betätigung Privater zu schmä-

---

[17] Vgl. VGH Ba.-Wü., DÖV 1979, S. 338 (339f.).

[18] Vgl. oben, S. 115f.

[19] So aber *A. Bleckmann/R. Eckhoff*, DVBl. 1988, S. 373 (379); *H. v. Olshausen*, DÖV 1979, S. 340 (341); *W. Roth*, Eingriffe, S. 292ff.; insoweit unklar der VGH Ba.-Wü., DÖV 1979, S. 338 (340), der ein diffuses »Teilhaberecht aus Art. 12 Abs. 1 GG i. V. mit dem Schutzgedanken des Rechts auf körperliche Unversehrtheit« als maßgeblich erachtet.

[20] Vgl. oben, S. 286ff.

lern.[21] Wollte man dies bejahen, so würde einer wirtschaftlichen Betätigung der öffentlichen Hand die grundrechtliche Relevanz aber regelmäßig abzusprechen sein, da eine Wettbewerbsteilnahme des Staates und kommunaler Gebietskörperschaften kaum einmal wegen, sondern allenfalls trotz der Existenz privater Wettbewerber erfolgt. Auf der anderen Seite besteht auch eine Parallele zu den Fällen einer Begünstigung von Wettbewerbern durch Gewährung rechtlicher oder tatsächlicher Vorteile sowie – ganz allgemein – einer Drittbeeinträchtigung aufgrund staatlicherseits zugelassenen Verhaltens Privater: Aus der Perspektive eines gewerbetreibenden Dritten macht es keinen Unterschied, ob seine (Erwerbs-) Interessen durch eine entsprechende Betätigung anderer Bürger oder des Staates beeinträchtigt werden.

Gerade weil zwischen staatlicher und privater Konkurrenz aus der Perspektive des Dritten kein nennenswerter Unterschied besteht, soll aber nach verbreiteter Ansicht eine wirtschaftliche Betätigung der öffentlichen Hand keine abwehrrechtlich relevante Beeinträchtigung grundrechtlich geschützter Interessen privater Konkurrenten bewirken: Da Art. 12 Abs. 1 GG nicht vor Konkurrenz schütze, in der »freien Wettbewerbswirtschaft« kein »subjektives verfassungskräftiges Recht eines Geschäftsmannes auf die Erhaltung des Geschäftsumfangs und die Sicherung weiterer Erwerbsmöglichkeiten« bestehe, gebe es auch keinen Grundrechtsschutz gegen eine Wettbewerbsteilnahme der öffentlichen Hand.[22] Etwas anderes soll allenfalls dann gelten können, wenn die Wettbewerbsfreiheit »in unerträglichem Maße«[23] eingeschränkt wird, insbesondere eine »Auszehrung der Konkurrenz«[24] aufgrund eines Erdrosselungs- oder Verdrängungswettbewerbs erfolgt,[25] der Staat also eine private Konkurrenz faktisch unmöglich macht.[26]

---

[21] Zur Parallelität einer konkurrenzwirtschaftlichen Betätigung der öffentlichen Hand mit anderen Formen staatlicher Interventionen in den Wettbewerb *P.-M. Huber*, Konkurrenzschutz, S. 75f., 312; vgl. auch *U. Schliesky*, Öffentliches Wettbewerbsrecht, S. 54ff., 89f.

[22] BVerwGE 39, 329 (336f.), unter Berufung auf BVerfGE 24, 236 (251) – »Aktion Rumpelkammer«; vgl. ferner BVerwGE 71, 183 (193); BVerwG, NJW 1995, S. 2938 (2939); VGH Ba.-Wü., NJW 1995, S. 274; *R. Breuer*, in: Isensee/Kirchhof (Hrsg.), HbStR, § 148 Rn. 59ff.; *O. Depenheuer*, in: v. Mangoldt/Klein/Starck, GG, Art. 14 Rn. 103; *C. Engel*, AöR 118 (1993), S. 169 (219); *P.-M. Huber*, Konkurrenzschutz, S. 317; *H.D. Jarass*, in: Jarass/Pieroth, GG, Art. 12 Rn. 14 a; *G. Manssen*, in: v. Mangoldt/Klein/Starck, GG, Art. 12 Rn. 79; *O. Otting*, DVBl. 1997, S. 1258 (1260); *J. Wieland*, in: Dreier (Hrsg.), GG, Art. 12 Rn. 83; anders z.B. *G. Dürig*, in: Maunz/Dürig, GG, Art. 2 Abs. I Rn. 52; *R. Scholz*, in: Maunz/Dürig, GG, Art. 12 Rn. 401ff.; *P. Tettinger*, NJW 1998, S. 3473 (3474); *ders.*, DVBl. 1999, S. 679 (685f.); *U. Schliesky*, DVBl. 1999, S. 78 (82); vgl. auch *J. Ipsen*, NdsVBl. 1999, S. 102 (104).

[23] BVerwG, DÖV 1978, S. 851; NJW 1995, S. 2938 (2939); VGH Ba.-Wü., NJW 1995, S. 274; vgl. auch BVerwGE 30, 191 (198).

[24] BVerwG, DÖV 1978, S. 851; VGH Ba.-Wü., NJW 1995, S. 274.

[25] Vgl. BVerwG, DÖV 1978, S. 851; NJW 1995, S. 2938 (2939); VGH Ba.-Wü., NJW 1995, S. 274; *R. Breuer*, in: Isensee/Kirchhof (Hrsg.), HbStR, § 148 Rn. 61; *H.D. Jarass*, in: Jarass/Pieroth, GG, Art. 12 Rn. 14 a; *O. Otting*, DVBl. 1997, S. 1258 (1260); *J. Wieland*, in: Dreier (Hrsg.), GG, Art. 12 Rn. 83.

[26] Vgl. BVerwGE 39, 329 (337); HessVGH, NVwZ 1996, S. 816 (817).

Diese Auffassung[27] ist nur vordergründig plausibel: Zwar vermittelt Art. 12 Abs. 1 GG keinen »grundrechtlichen Konkurrentenschutz«,[28] denn selbst wenn eine grundrechtliche Verantwortlichkeit des Staates für die Folgen der Zulassung konkurrierender Betätigung anderer Privater angenommen wird,[29] kann es doch kein subjektives Grundrecht auf Konkurrentenabwehr geben. Dieser Gedanke läßt indes keine Rückschlüsse auf die Zulässigkeit einer staatlichen oder kommunalen Wettbewerbsteilnahme zu, denn das Fehlen eines Grundrechtsschutzes gegen eine konkurrierende Betätigung anderer Grundrechtsträger wurzelt in der Sache darin, daß mehrere Wettbewerber für ihre gleichgerichtete Tätigkeit in gleicher Weise Grundrechtsschutz genießen.[30] Demgegenüber sind Staat und Kommunen als öffentlich-rechtliche Zweckschöpfungen nicht Grundrechts-, sondern Kompetenzträger und in dieser Eigenschaft grundrechtsverpflichtet. Verfehlt wäre daher die Annahme, was jedermann erlaubt ist, könne auch (oder gar: erst recht) dem Staat nicht verboten sein. Ebenfalls unergiebig ist ferner der Hinweis des baden-württembergischen VGH, dem Grundgesetz lasse sich kein »grundsätzliches Verbot der wirtschaftlichen Betätigung der öffentlichen Hand« entnehmen,[31] denn diese Feststellung besagt nichts darüber, welche – vom VGH offenbar nicht geleugneten – Grenzen einer wirtschaftlichen Betätigung in Konkurrenz zu privaten Wettbewerbern durch deren Grundrechte oder sonstiges Verfassungsrecht gezogen sind.[32]

[27] Im einzelnen divergierende Anknüpfungen an die Beeinträchtigungsintensität für Fälle staatlicher Wettbewerbsteilnahme finden sich auch im Schrifttum, vgl. *P. Badura*, in: FS Steindorff, S. 835 (850f.); *P.-M. Huber*, Konkurrenzschutz, S. 327f.; ferner *D. Ehlers*, DVBl. 1998, S. 497 (502), nach dessen Auffassung für eine »Aktivierung der Grundrechte« ausreichend, aber auch erforderlich ist, daß die Möglichkeit des Konkurrenten, sich als verantwortlicher Unternehmer wirtschaftlich zu betätigen, in »einem erheblichen Maße« eingeschränkt wird.

[28] BVerfGE 34, 252 (256); 55, 261 (269).

[29] Bejahend *M. Albers*, DVBl. 1996, S. 233 (239f.); abl. *G. Manssen*, in: v. Mangoldt/Klein/Starck, GG, Art. 12 Rn. 76; *B. Pieroth/B. Schlink*, Grundrechte, Rn. 815; *J. Rozek*, SächsVBl. 1999, S. 149 (156).

[30] Ebenso *M. Albers*, DVBl. 1996, S. 233 (239f.).

[31] VGH Ba.-Wü., NJW 1995, S. 274.

[32] Präziser daher *O. Otting*, DVBl. 1997, S. 1258 (1260), der das Fehlen eines expliziten Verbots erwerbswirtschaftlicher Betätigung der Kommunen feststellt. Allerdings muß bereits die Suche nach einem solchen Verbotstatbestand befremden, denn sie ist nur auf Basis der Prämisse erklärlich, daß Staat und Kommunen gestattet sei, was nicht ausdrücklich verboten ist. Dem entspricht die Feststellung von *Otting* (ebd.,) es gebe keinen »Totalvorbehalt für jegliches Staatshandeln«: Ein Gesetzesvorbehalt bestehe nur für bestimmte, in Freiheitsrechte der Bürger eingreifende Maßnahmen. Dies wiederum mag zutreffen, rechtfertigt aber nicht den Schluß, außerhalb des Vorbehaltsbereichs gebe es eine Art »Gewerbefreiheit« für die (kommunale Selbst-) Verwaltung; auch wird eine solche Annahme von den in bezug genommenen, aber allein auf einen Gesetzesvorbehalt für die Erfüllung öffentlicher Aufgaben zielenden Ausführungen von *J. Wieland/J. Hellermann*, DVBl. 1996, S. 401 (407f.), nicht getragen. Da Staat und Kommunen allein Kompetenzträger sind, gilt vielmehr die Feststellung von *R. Scholz*, in: Maunz/Dürig, GG, Art. 12 Rn. 402: »Jede Form staatlicher Wirtschaftsbetätigung bedarf der kompetenzrechtlichen Legitimation«; eine solche Legitimation ist außerhalb des Bereichs der Erfüllung öffentlicher Aufgaben jedoch zu verneinen.

Bezeichnend ist zudem, daß nach herrschender Meinung die Grundrechtserheblichkeit einer staatlichen Wettbewerbsteilnahme zumindest dann zu bejahen sein soll, wenn die hierdurch bewirkte Beeinträchtigung des privaten Mitbewerbers eine besondere Intensität erreicht, insbesondere private Konkurrenz unmöglich wird: Ist eine Teilnahme des Staates am Wettbewerb wegen ihrer Vergleichbarkeit mit privater Konkurrenz grundrechtlich irrelevant, so bleibt unabhängig von grundsätzlichen Bedenken gegen das bei Unklarheiten über das Vorliegen rechtserheblicher Beeinträchtigungen grundrechtlicher Schutzgüter stets gern bemühte Kriterium der »Beeinträchtigungsintensität« unerfindlich, warum eine besonders nachhaltige Beeinträchtigung eines privaten Mitbewerbers hieran etwas ändern sollte.[33] Insbesondere läßt sich nicht argumentieren, daß erst im Falle der Existenzvernichtung ein (faktischer) Zwang zu einem Handeln (Betriebsschließung) oder Unterlassen (Fortführung des Wettbewerbs) ausgelöst wird, da eine für Freiheitsrechte relevante Zwangswirkung staatlichen Handelns – wie dargelegt[34] – keinen Zwang zu einem bestimmten Verhalten erfordert. Als rechtserhebliche Beeinträchtigung grundrechtlich geschützter Freiheit zu qualifizieren ist vielmehr jede durch ein grundrechtsverpflichtetes Rechtssubjekt bewirkte Einwirkung auf grundrechtliche Schutzgüter, die vom Willen des Betroffenen unabhängig und insofern mit Zwangswirkung ausgestattet ist. Auch bei dem Betrieb eines öffentlichen Unternehmens handelt es sich jedoch um ein Verhalten des Staates (oder einer kommunalen Gebietskörperschaft), die den Erfolg der wirtschaftlichen Betätigung des privaten Konkurrenten unabhängig von dessen Willen zu beeinflussen vermag. Schon dies spricht dafür, der aus staatlicher Konkurrenz resultierenden Einwirkung auf den Erfolg einer gewerblichen Betätigung unabhängig von ihrer Intensität grundrechtliche Relevanz beizumessen, weil sich der Staat – wie im Falle der Zulassung privater Drittbeeinträchtigungen – durch die Belange des Mitbewerbers von seinem Tun nicht hat abhalten lassen. Daß der drittbeeinträchtigende Effekt erst aus einer autonomen Entscheidung der Kunden resultiert,[35] vermag die Zurechenbarkeit einer durch staatliches Handeln ausgelösten Beeinträchtigung des Erfolgs beruflicher Betätigung – wie stets – nicht zu hindern.

Hinzu kommt, daß eine Wettbewerbsteilnahme der öffentlichen Hand aus der Sicht eines privaten Mitbewerbers nicht nur in gleicher Weise wie private Konkurrenz wirkt, sondern im Hinblick auf ihre Auswirkungen auf private Gewerbetreibende auch die bereits angedeutete Parallele zu Fällen staatlicher Warnungen und Empfehlungen aufweist. In beiden Fallgruppen wird der Erfolg einer ge-

[33] Mit Blick auf die eigentumsrechtliche Relevanz der Besteuerung ähnl. *W. Martens*, VVDStRL 30 (1972), S. 7 (15f.).

[34] Vgl. oben, S. 226ff.

[35] Hierauf zielt wohl das verbreitete Argument, daß bloße Erwerbschancen von Art. 12 Abs. 1 GG nicht erfaßt würden, vgl. z.B. *P.-M. Huber*, Konkurrenzschutz, S. 299f.; ferner *D. Frers*, Klagebefugnis, S. 246f.; *W. Krebs*, Kontrolle, S. 91 (mit Fn. 270).

werblichen Betätigung dadurch (teilweise) vereitelt, daß staatliche oder kommunale Stellen auf Kunden des Betroffenen einwirken. Auch unterscheidet sich die staatliche Wettbewerbsteilnahme von den Fällen einer staatlichen Begünstigung (nur) eines Teils der Wettbewerber im Hinblick auf die Struktur der Drittbeeinträchtigung allein dadurch, daß nicht die (Wettbewerbs-) Chancen von Konkurrenten des Beeinträchtigten verbessert, sondern eine Konkurrenz unmittelbar durch die öffentliche Hand (und mit öffentlichen Mitteln) herbeigeführt wird. Auch unter Wertungsgesichtspunkten will daher nicht einleuchten, warum ein Umsatzrückgang infolge einer Begünstigung eines Konkurrenten oder auch einer staatlichen Warnung vor bestimmten Produkten oder Leistungen grundrechtlich relevant sein soll, eine in der Wirkung vergleichbare Beteiligung des Staates am Wettbewerb aber nicht.

Aus einer Anerkennung der grundrechtlichen Relevanz staatlicher (kommunaler) Wettbewerbsteilnahme folgt des weiteren, daß die Berufsfreiheit privater Mitbewerber einer wirtschaftlichen Betätigung von Staat und Kommunen enge Grenzen setzt. Zunächst resultiert aus Art. 28 Abs. 2 GG jedenfalls keine verfassungsrechtliche Gewährleistung einer erwerbswirtschaftlichen Betätigung kommunaler Gebietskörperschaften, die als »Gegenrecht« in eine Abwägung mit Grundrechten von Mitbewerbern einzustellen wäre. Dabei mag offenbleiben, inwieweit Art. 28 Abs. 2 GG überhaupt »die Kompetenz zu einem gemeindlichen Handeln im Verhältnis zu den Bürgern bzw. der Privatwirtschaft«[36] garantiert.[37] Jedenfalls macht bereits der Begriff der »Selbstverwaltung« deutlich, daß eine Erfüllung öffentlicher (Verwaltungs-) Aufgaben in Rede steht. Welche Angelegenheiten zu öffentlichen Aufgaben oder Zwecken erhoben werden und in welcher Form deren Erledigung erfolgt, kann die öffentliche Hand namentlich im Bereich der »Daseinsvorsorge« allerdings über weite Strecken selbst entscheiden, so daß die Grenzen der Zulässigkeit einer wirtschaftlichen Betätigung von Staat und Kommunen nicht ohne weiteres aus dem Begriff der »öffentlichen Aufgaben« deduziert werden können. Zumindest eine ausschließlich erwerbswirtschaftlich motivierte Betätigung läßt sich aber nicht mehr als von Art. 28 Abs. 2 GG erfaßt ansehen, denn sie ist nicht selbst Erfüllung einer (Selbst-) Verwaltungsaufgabe.

Darüber hinaus muß eine Abwägung zwischen den Interessen betroffener Dritter und dem mit einer Wettbewerbsteilnahme der öffentlichen Hand verfolgten (öffentlichen) Zweck jedenfalls dann zu Lasten von Staat und Kommunen ausfallen, wenn es dieser Zweckverfolgung nicht bedarf, weil die Nachfrage nach den in Rede stehenden Gütern oder Dienstleistungen von privaten Anbietern zu vergleichbaren oder jedenfalls angemessenen Konditionen befriedigt wird. Etwas

---

[36] *J. Wieland/J. Hellermann*, DVBl. 1996, S. 401 (407).

[37] Von *W. Löwer*, Energieversorgung, S. 217ff. (218), wird geleugnet, daß Art. 28 Abs. 2 GG »kompetenzbegründende Wirkung gegenüber dem Bürger« habe, vgl. auch. ders., DVBl. 1991, S. 132 (140f.); *Th. Koch*, Unternehmen, S. 136; anders *J. Wieland/J. Hellermann*, DVBl. 1996, S. 401 (407f.).

anderes kann sich erst ergeben, wenn in Verfolgung sozialstaatlicher Zwecke Leistungen ausschließlich zugunsten von Bevölkerungsteilen erbracht werden, die die Angebote privater Wettbewerber regelmäßig nicht wahrnehmen können; in einem solchen Fall wird allerdings schon am Vorliegen einer Konkurrenzsituation gezweifelt werden können.

Vierter Teil

Grundrechtsgeltung und Privatrecht

Auch die Schaffung und Anwendung zwingender oder dispositiver Normen des Privatrechts[1] ist staatliches Handeln, daß – nicht anders als der Ausgleich widerstreitender Privatinteressen durch das Verwaltungsrecht – der Regulierung und Auflösung von Konflikten zwischen Privatpersonen dient. Im folgenden wird daher der Frage nach der Bedeutung der Grundrechte im »Dreieck« von Staat und den an einem (Privat-) Rechtsverhältnis beteiligten Privatrechtssubjekten und damit einer Problematik nachzugehen sein, die trotz jahrzehntelanger Diskussion weiterhin »in aller Munde« ist.[2] Dabei sei die These an den Anfang gestellt, daß es »im« Privatrecht keiner wie auch immer gearteten Modifikation der Grundrechtsbindung staatlicher Rechtsetzung und -anwendung bedarf, um den Besonderheiten des Privatrechts – insbesondere der Privatautonomie der Beteiligten – hinreichend Rechnung zu tragen.

---

[1] Ausführl. zur Unterscheidung zwischen öffentlichem und privatem Recht *Th. Koch*, Unternehmen, S. 52ff., 75ff. (82ff.).

[2] So *C.-W. Canaris*, Grundrechte und Privatrecht, S. 9.

A. Die Lehre von der »mittelbaren« Grundrechtsgeltung

Schon die gängige Wendung von der Grundrechtsgeltung »im« Privatrecht erweist sich bei näherem Hinsehen als unscharf, weil sie nicht ohne weiteres zu erkennen gibt, ob eine Geltung der Grundrechte bei Erlaß (und Anwendung) von Privatrechtsnormen oder bei der Gestaltung privatrechtlicher Beziehungen angesprochen ist. Diese beiden Fragestellungen sind zwar auf das Engste miteinander verwoben und verzahnt, gleichwohl aber deutlich voneinander abzugrenzen, weil die Gestaltung privatrechtlicher Rechtsbeziehungen nicht nur durch die staatliche Rechtsordnung, sondern – im Rahmen der Rechtsordnung – gerade auch durch die beteiligten (Privat-) Rechtssubjekte selbst erfolgen[3] und die Frage nach der Grundrechtsgeltung »im« Privatrecht deshalb sowohl auf den Staat als auch auf den privatrechtlich agierenden Bürger zielen kann. Zugleich macht es die spezifische Problematik der Frage nach der Bedeutung der Grundrechte für die Privatrechtsordnung aus, daß zwischen diesen beiden Gesichtspunkten ein enger Zusammenhang besteht, wie sich auch am bisherigen Verlauf der Diskussion dieses Themas ablesen läßt.

I. Die »mittelbare« Grundrechtsgeltung in Rechtsprechung und Literatur

In seiner grundlegenden »Lüth-Entscheidung« aus dem Jahre 1958 hat das Bundesverfassungsgericht die Frage nach der Bedeutung der Grundrechte für den Bereich des Privatrechts im Anschluß an *G. Dürig* bekanntlich dahin beantwortet, daß die vom Grundrechtskatalog des Grundgesetzes errichtete »objektive Wertordnung« eine insbesondere durch die zivilrechtlichen Generalklauseln vermittelte »›Ausstrahlungswirkung‹ der Grundrechte auf das bürgerliche Recht«[4] entfalte.[5] Hieran anknüpfend wurde in der Folgezeit sowohl für gesetzliche[6] als auch für vertragliche[7] Rechtsverhältnisse betont, daß die in den Grundrechten der Verfassung zum Ausdruck kommende objektive Wertordnung »als verfassungs-

[3] Vgl. hierzu auch *J. Eschenbach*, Schutz des Eigentums, S. 548ff.
[4] BVerfGE 7, 198 (207).
[5] BVerfGE 7, 198 (205ff.).
[6] Vgl. BVerfGE 34, 269 (279f.); 42, 143 (147f.).
[7] Vgl. BVerfGE 52, 131 (165f.); 73, 261 (269); 89, 214 (229f.); vgl. auch BVerfGE 81, 242 (254).

rechtliche Grundentscheidung für alle Bereiche des Rechts«[8] Geltung beanspruche und Grundrechte deshalb als »Wertentscheidung«[9] oder »Richtlinie«[10] auf das Privatrecht einwirkten. Das Bundesverfassungsgericht habe daher zu prüfen, ob zivilgerichtliche Entscheidungen Auslegungsfehler erkennen ließen, die auf einer »grundsätzlich unrichtigen Auffassung von der Reichweite und Wirkkraft eines Grundrechts«,[11] insbesondere dem Umfang seines Schutzbereichs[12] beruhten und auch »in ihrer materiellen Bedeutung für den konkreten Rechtsfall von einigem Gewicht« seien[13] oder ob das Entscheidungsergebnis Grundrechte eines Beteiligten verletze.[14]

Diese Rechtsprechung, derzufolge die Grundrechte nur in einem eingeschränkten Umfang und unter Vermittlung der zivilrechtlichen Generalklauseln einen von der Zivilgerichtsbarkeit zu beachtenden Handlungsmaßstab bilden, ist aber zwischenzeitlich in Bewegung geraten: Hatte der Zweite Senat des Bundesverfassungsgerichts in seiner »Hausbrand«-Entscheidung aus dem Jahre 1986 die in der »Lüth«-Entscheidung eingeschlagene Linie noch ausdrücklich bestätigt und als »ständige Rechtsprechung« bezeichnet,[15] so stellte der Erste Senat vier Jahre später in seinem »Handelsvertreter«-Beschluß mit Blick auf einen Sachverhalt aus dem vertragsrechtlichen Bereich lapidar fest, daß die angegriffene Entscheidung einer verfassungsrechtlichen Kontrolle am Maßstab der Berufsfreiheit des im Zivilprozeß unterlegenen Beschwerdeführers unterliege, »da die Rechtsprechung wie jede staatliche Gewalt an die Grundrechte gebunden ist (Art. 1 Abs. 3 GG)«.[16] Der unter Bezugnahme auf die »Lüth«-Entscheidung ebenfalls gegebene Hinweis auf »objektive Grundentscheidungen«, die im Grundrechtsabschnitt des Grundgesetzes getroffen worden seien und »für alle Bereiche des Rechts« Geltung beanspruchten,[17] diente allein der Rechtfertigung von Einschränkungen der (Vertrags-) Freiheit zur rechtsgeschäftlichen Bindung: Gesetzliche Vorschriften, die sozialem und wirtschaftlichem Ungleichgewicht entgegenwirkten, verwirklichten »die objektiven Grundentscheidungen des Grundrechtsabschnitts und damit zugleich das grundgesetzliche Sozialstaatsprinzip«.[18]

Gelegentlich werden zivilgerichtliche Entscheidungen in neuerer Zeit auch ohne weitere Ausführungen zu den zugrunde liegenden Wirkungsmechanismen ei-

---

[8] BVerfGE 34, 269 (280); 42, 143 (148); 52, 131 (166); 73, 261 (269); 89, 214 (229).

[9] BVerfGE 52, 131 (166).

[10] BVerfGE 89, 214 (229); vgl. auch BVerfGE 96, 375 (398).

[11] BVerfGE 34, 269 (280); 52, 131 (166); vgl. auch BVerfGE 42, 143 (149); 42, 163 (169); 73, 261 (269); 81, 242 (253); 89, 214 (230).

[12] BVerfGE 42, 143 (149); 42, 163 (169); 81, 242 (253); 89, 214 (230).

[13] BVerfGE 42, 143 (149); 81, 242 (253); 89, 214 (230).

[14] BVerfGE 34, 269 (280); 52, 131 (166).

[15] BVerfGE 73, 261 (269).

[16] BVerfGE 81, 242 (253).

[17] BVerfGE 81, 242 (254).

[18] BVerfGE 81, 242 (255).

ner Überprüfung am Maßstab der Grundrechte unterzogen.[19] Mit Blick auf Einwirkungen Privater auf Individualrechtsgüter anderer Privater findet sich namentlich in der »Helnwein«-Entscheidung ferner – wie dargestellt[20] – eine Verknüpfung der Grundrechtsgeltung »im« Privatrecht mit grundrechtlichen Schutzpflichten.[21] Soweit weiterhin mit der Bedeutung der Grundrechte als »Richtlinien« für die Auslegung und Anwendung zivilrechtlicher Vorschriften[22] und einer »Ausstrahlungswirkung« gearbeitet wird,[23] fehlt es zumindest an Hinweisen auf eine nur eingeschränkte und »mittelbare« Geltung der Grundrechte »im« Privatrecht. Demgegenüber hebt das Bundesverfassungsgericht zwar regelmäßig eine nur eingeschränkte Überprüfbarkeit zivilgerichtlicher Entscheidungen hervor,[24] ein unmittelbarer Zusammenhang mit der Frage nach der Wirkungsweise der Grundrechte im Privatrecht besteht insoweit jedoch nicht.[25]

Begleitet wurde die (stillschweigende) Relativierung – wenn nicht Preisgabe – der in der »Lüth«-Entscheidung entwickelten Grundsätze von einer entsprechenden Entwicklung im Schrifttum: Zwar war die vom Bundesverfassungsgericht in der »Lüth«-Entscheidung eingeschlagene Linie als tragfähiger Kompromiß zwischen Privatautonomie und Grundrechtsbindung Privater zunächst nahezu allgemein akzeptiert und nur von *J. Schwabe* ebenso entschieden wie erfolglos bekämpft worden.[26] Mittlerweile mehren sich aber die Stimmen, die der Lehre von einer (nur) »mittelbaren« Drittwirkung der Grundrechte »im« Privatrecht mit Skepsis begegnen und Korrekturen verlangen. So hat *C.-W. Canaris* kritisiert, daß diese Lehre »nicht scharf genug zwischen dem Verhalten der Privatrechtssubjekte und dem Privatrecht selbst« unterscheide und deshalb »den Freiheitsrechten nicht nur gegenüber Rechtsgeschäften und anderen Akten von Privatrechtssubjekten, sondern auch gegenüber den Normen des Privatrechts lediglich eine ›mittelbare‹ Wirkung zuerkennen« wolle.[27] Auch der Privatrechtsgesetzgeber sei aber Gesetzgeber und daher nach Art. 1 Abs. 3 GG »unmittelbar und nicht nur auf eine – überdies ziemlich mysteriöse – mittelbare Weise an die Grundrechte gebunden«.[28] Im Hinblick auf die Grundrechtsgeltung »im« Privatrecht bedürfe es deshalb einer Unterscheidung danach, ob eine drittbeeinträchtigende (Rechts-) Folge aus einer Privatrechtsnorm oder einem Akt eines Privatrechtssubjekts – etwa einer rechtsgeschäftlichen Erklärung – resultiert: Die Einwirkung der Grund-

[19] Vgl. BVerfGE 85, 248 (256ff.); 89, 1 (5ff.); 94, 1 (7ff.).
[20] Vgl.oben, S. 398.
[21] BVerfGE 99, 185 (195f.).
[22] BVerfGE 89, 214 (229); 96, 375 (398).
[23] BVerfGE 96, 375 (398).
[24] Vgl. BVerfGE 85, 248 (257f.); 89, 1 (9f.); 89, 214 (230); 94, 1 (9f.); 96, 375 (398f.).
[25] Dies betont auch *C.-W. Canaris*, AcP 184 (1984), S. 201 (212f.); *ders.*, Grundrechte und Privatrecht, S. 28; vgl. ferner *J. Hager*, Jura 2000, S. 186 (189); *J. Schwabe*, DVBl. 1990, S. 477.
[26] Vgl. *J. Schwabe*, Drittwirkung, pass.
[27] *C.-W. Canaris*, AcP 184 (1984), S. 201 (210).
[28] *C.-W. Canaris*, AcP 184 (1984), S. 201 (212).

rechte auf die Normen des Privatrechts – unter weitgehendem Einschluß des dispositiven Rechts[29] – sei stets eine unmittelbare, die Grundrechte kämen »in ihrer klassischen Funktion als Eingriffsverbote und Abwehrrechte ›unmittelbar‹ zur Anwendung«. Soweit dagegen Akte von Privatrechtssubjekten – insbesondere Rechtsgeschäfte – auf ihre Vereinbarkeit mit den Grundrechten zu prüfen seien, soll allein deren Schutzfunktion zugunsten eines Beeinträchtigten ins Feld geführt werden können.[30]

Danach gehört beispielsweise der Sachverhalt der »Lüth«-Entscheidung in die erstgenannte Fallgruppe, da die Beeinträchtigung der Meinungs(äußerungs)freiheit des beschwerdeführenden Senatsdirektors *Lüth* aus der gerichtlichen Auslegung und Anwendung einer Zivilrechtsnorm resultierte.[31] Allerdings knüpft *Canaris* nicht an die Unterscheidung zwischen einerseits dem Eintritt von Rechtsfolgen kraft Gesetzes und andererseits deren Herbeiführung durch Rechtsgeschäft an. Auch im Rahmen deliktsrechtlicher und damit gesetzlicher Schuldverhältnisse soll vielmehr der »Eingriff von einem Privatrechtssubjekt« ausgehen, wenn die Abwehrbarkeit einer Beeinträchtigung von Nichtstörungsinteressen in Rede steht.[32] Als Beispiel für eine solche Konstellation nennt *Canaris* den Boykottaufruf (u.a.) des Verlagshauses Springer, der der »Blinkfüer«-Entscheidung des Bundesverfassungsgerichts[33] zugrunde lag.[34] Entsprechendes muß gelten, wenn im Falle der »Lüth«-Entscheidung die Frage nach der Relevanz der Erklärungen des Beschwerdeführers für die Grundrechte des betroffenen Filmregisseurs (bzw. der klagenden Filmvertriebsgesellschaften) gestellt wird. Im Ergebnis wird damit die Unterscheidung der h. M. zwischen einerseits abwehrrechtlichem Grundrechtsschutz gegen beliebige staatliche Beeinträchtigungen der Verhaltensfreiheit und andererseits Einschlägigkeit der Schutzfunktion bei Einwirkungen auf Nichtstörungsinteressen Dritter durch »zugelassenes« Verhalten anderer Privater in das Zivilrecht »gespiegelt«.

Mit dieser Position von *C.-W. Canaris* verwandt ist eine von *J. Hager* entwickelte Konzeption, die die »nahezu einhellig anerkannte Wirkung der Grundrechte als Abwehrrechte auch gegenüber dem Privatrechtsgesetzgeber«[35] zum Ausgangspunkt nimmt: Art. 1 Abs. 3 GG binde den Gesetzgeber schlechthin, also auch bei Erlaß privatrechtlicher Normen, an den Katalog der Grundrechte.[36] Diese »direkte und unmittelbare« Wirkung der Grundrechte »als Abwehrrechte

---

[29] Vgl. *C.-W. Canaris*, AcP 184 (1984), S. 201 (213ff.).

[30] *C.-W. Canaris*, AcP 184 (1984), S. 201 (228); *ders.*, Grundrechte und Privatrecht, S. 38.

[31] Vgl. *C.-W. Canaris*, Grundrechte und Privatrecht, S. 31.

[32] *C.-W. Canaris*, AcP 184 (1984), S. 201 (229); *ders.*, Grundrechte und Privatrecht, S. 37f.; eine ähnliche Differenzierung zwischen Abwehrrechten und Schutzpflichten im Bereich gesetzlicher Schuldverhältnisse findet sich bei *R. Alexy*, Theorie, S. 486ff.

[33] BVerfGE 25, 256ff.

[34] *C.-W. Canaris*, AcP 184 (1984), S. 201 (229); vgl. auch *R. Alexy*, Theorie, S. 487f.

[35] *J. Hager*, JZ 1994, S. 373 (374).

[36] *J. Hager*, JZ 1994, S. 373 (374); *ders.*, Jura 2000, S. 186 (187).

auch gegen bürgerlich-rechtliche Gesetze«,[37] die in der Sache insbesondere mit der funktionalen Vergleichbarkeit öffentlichen und privaten Rechts im Hinblick auf den Ausgleich kollidierender Privatinteressen begründet wird,[38] erstrecke sich auch auf das Vertragsrecht und damit zugleich rechtsgeschäftliche Vereinbarungen.[39] Gerade mit Blick auf das Vertragsrecht will auch *Hager* ferner der »Schutzgebotsfunktion der Grundrechte«[40] Rechnung tragen: Über den Bereich des – von *Canaris* ebenfalls in der Schutzfunktion der Grundrechte verorteten[41] – Schutzes vor tatsächlichen Beeinträchtigungen hinaus ist danach die grundrechtliche Schutzpflicht für die Kontrolle privatrechtlicher Verträge auch insofern fruchtbar zu machen, als der Staat bei einem Übergewicht der einen Seite ausgleichend eingreifen müsse.[42] Die Wirkung der Grundrechte im Privatrecht sei »somit im theoretischen Modell von zwei Seiten her bestimmt«: Gegen Eingriffe des Staates in Rechte des Bürgers – sei es durch das Verbot bestimmter Handlungen, sei es durch die Nichtigerklärung von Verträgen – schütze das Grundrecht als Abwehrrecht, gegen Eingriffe Privater wie gegen zu weit gehende rechtsgeschäftliche Bindungen habe der Staat den Beeinträchtigten zu schützen.[43] Zugleich wendet sich *Hager* dagegen, der Schutzfunktion der Grundrechte eine im Verhältnis zur Abwehrfunktion nur »abgeschwächte Wirkung«[44] zuzubilligen und damit eine unterschiedliche Wirkungsintensität der Verfassung je nach der Grundrechtsfunktion«[45] zu postulieren: Sowohl bei privatrechtlichen Normen als auch im rechtsgeschäftlichen Bereich reichten Abwehr- und Schutzfunktion grundsätzlich gleich weit.[46]

Während demnach *C.-W. Canaris* und *J. Hager* die Problematik der Grundrechtsgeltung im Privatrecht übereinstimmend durch ein Zusammenspiel von Abwehr- und Schutzfunktion der Grundrechte bewältigen wollen, bildet gerade das Postulat grundrechtlicher Schutzpflichten des Staates nach einer darüber hinausgehenden Auffassung einer Reihe von Autoren – wie bereits in anderem Zusammenhang erwähnt[47] – den entscheidenden Gesichtspunkt, der die Problematik der Grundrechtgeltung »im« Privatrecht adäquat zu bewältigen vermöge,[48] so

---

37 *J. Hager*, JZ 1994, S. 373 (376).

38 Vgl. *J. Hager*, JZ 1994, S. 373 (375); *ders.*, Jura 2000, S. 186 (187).

39 Vgl. *J. Hager*, JZ 1994, S. 373 (376ff.).

40 *J. Hager*, JZ 1994, S. 373 (378).

41 Vgl. *C.-W. Canaris*, AcP 184 (1984), S. 201 (229ff.).

42 *J. Hager*, JZ 1994, S. 373 (378ff.).

43 *J. Hager*, JZ 1994, S. 373 (381); vgl. auch *ders.*, Jura 2000, S. 186 (188).

44 *J. Hager*, JZ 1994, S. 373 (381).

45 *J. Hager*, JZ 1994, S. 373 (383).

46 Vgl. *J. Hager*, JZ 1994, S. 373 (381ff.); s. ferner *ders.*, Jura 2000, S. 186 (188f.); anders *J. Taupitz*, Standesordnungen, S. 965.

47 Vgl. oben, S. 397ff.

48 Vgl. *C. Starck*, Verfassungsauslegung, S. 65ff.; *ders.*, in: v. Mangoldt/Klein/Starck, GG, Art. 1 Rn. 270ff.; *K. Stern*, Staatsrecht, Bd. III/1, S. 1560f., 1572ff.; *P. Unruh*, Schutzpflichten, S. 71ff.

daß das »Drittwirkungsproblem« – unabhängig von Abweichungen in den Einzelheiten – letztlich als Anwendungs- oder Unterfall der Schutzpflichtenlehre angesehen wird.[49] Beispielhaft genannt sei *K. Stern*, dessen Ausführungen auf der – auch von *G. Dürig* zugrunde gelegten[50] – Prämisse einer Wesensverschiedenheit einerseits des (öffentlich-rechtlichen) Verhältnisses zwischen Staat und Bürger sowie andererseits der Privatrechtsordnung beruhen: »Hie Bürger versus prinzipiell übergeordnete Staatsmacht, da grundsätzliche Gleichordnung zwischen Individuen«.[51] Weil sich zwei Träger grundrechtlich geschützter Rechtsgüter gegenüberstünden, sei die Wirkung der Grundrechte im Privatrecht relativiert.[52] Insoweit kommt nach *Stern* der Schutzgebotsfunktion der Grundrechte besondere Bedeutung zu. Diese sei »der dogmatisch ›sauberste‹ Ansatzpunkt, die Wirkung in der Privatrechtsordnung dem Wesen und dem Gehalt der Grundrechte entsprechend zu lösen«.[53] Die grundrechtlichen Schutzpflichten schützten die grundrechtlichen Schutzgüter durch den Staat gegen Einwirkungen Dritter,[54] sie würden »auch effektiv, wenn die Verletzung oder Gefährdung nicht von der Staatsgewalt ausgeht, sondern von anderen Rechtssubjekten«.[55] In dieser Wirkungsweise sei die grundrechtliche Schutzgebotsfunktion »auch geeignet, die spezifischen Drittwirkungskonstellationen zu erfassen, bei denen im Privatrechtsverkehr die grundrechtlichen Schutzgüter von Privatrechtssubjekten durch andere Privatrechtsubjekte bedroht werden«.[56] Dabei sei es in erster Linie der (grundrechtsgebundene)[57] Gesetzgeber, der zu einer »grundrechtsadäquaten Ordnung der Privatrechtsbeziehungen aufgerufen ist«[58] und »die Grundrechtssphären gegeneinander abzugrenzen«[59] hat. Die Schutzgebotsfunktion der Grundrechte wirke daher auf das Privatrecht dergestalt ein, »daß sie der Gesetzgeber unmittelbar durch grundrechtsgemäße Gesetze zu erfüllen hat, der Richter aber in der Regel nur mediatisiert durch das Gesetzesrecht, indem er das für ihn in erster Linie maßgebliche Privatrecht grundrechtskonform auf die Privatrechtsbeziehungen anzuwenden hat.«[60]

[49] So ausdrückl. *C. Starck*, Verfassungsauslegung, S. 67; folgend *P. Unruh*, Schutzpflichten, S. 72; ebenso zuvor *K. Stern*, Staatsrecht, Bd. III/1, S. 1560.
[50] Vgl. *G. Dürig*, in: Maunz/Dürig, GG, Art. 3 Abs. I Rn. 506 (S. 228).
[51] *K. Stern*, Staatsrecht, Bd. III/1, S. 1553.
[52] *K. Stern*, Staatsrecht, Bd. III/1, S. 1553.
[53] *K. Stern*, Staatsrecht, Bd. III/1, S. 1572.
[54] *K. Stern*, Staatsrecht, Bd. III/1, S. 1573.
[55] *K. Stern*, Staatsrecht, Bd. III/1, S. 1574.
[56] *K. Stern*, Staatsrecht, Bd. III/1, S. 1574.
[57] Vgl. *K. Stern*, Staatsrecht, Bd. III/1, S. 1578f.
[58] *K. Stern*, Staatsrecht, Bd. III/1, S. 1577.
[59] *K. Stern*, Staatsrecht, Bd. III/1, S. 1579.
[60] *K. Stern*, Staatsrecht, Bd. III/1, S. 1578.

II. Grundrechtsbindung Privater und Grundrechtsbindung des Richters

Damit ist zunächst festzuhalten, daß Rechtsprechung und Literatur eine Bedeutung der Grundrechte für die Privatrechtsordnung zwar nicht generell negieren, Modifikationen der für das Verhältnis zwischen Staat und Bürger geltenden Regeln aber weithin für erforderlich gehalten werden. Auch wird bereits deutlich, worauf diese »Sondersituation des Zivilrechts« beruht: Zwar ist zu bezweifeln, daß die Annahme von *G. Dürig*, das »Privatrechtsgesetz« sei »konstitutionell ein aliud im Verhältnis zu öffentlich-rechtlichen Gestattungen und Anordnungen«,[61] in dieser Allgemeinheit zutrifft. Zwischen öffentlich-rechtlichen und privatrechtlichen Rechtsbeziehungen besteht aber insofern ein struktureller Unterschied, als sich »in der grundrechtlich bestimmten Bürger-Staat-Beziehung eine einseitige Berechtigung auf der einen und eine einseitige Verpflichtung auf der anderen Seite gegenüberstehen«,[62] während an einem privatrechtlichen Rechtsverhältnis typischerweise gleichberechtigte Bürger beteiligt sind. Dies führt zu der Frage, welche Bedeutung es für die »vertikale« Grundrechtsbindung im Verhältnis zwischen Staat und Bürger hat, daß Gegenstand privatrechtlicher Regelungen und zivilgerichtlicher Entscheidungen gerade das rechtserhebliche Verhalten Privater gegenüber anderen Privaten ist: Es kann als mittlerweile allgemein konsentiert gelten, daß Grundrechtsadressat nur der Staat (unter Einschluß seiner »Untergliederungen«[63]) ist und jedenfalls keine unmittelbare Grundrechtsbindung Privater im Verhältnis zu anderen Bürgern (»Drittwirkung«[64]) besteht; zu Recht hat das Bundesverfassungsgericht in der »Lüth«-Entscheidung der Annahme einer Geltung der Grundrechte »gegen jedermann« und damit auch »im Privatrechtsverkehr« eine Absage erteilt.[65] Wenn Grundrechte nur im Verhältnis zwischen Staat und Bürger gelten, geben sie über die wechselseitigen Rechte und Pflichten der Parteien eines Zivilprozesses jedoch keine Auskunft und gehören *insoweit* auch nicht zu den »normativen Beurteilungsmaßstäben«,[66] die für die Beurteilung privatrechtlicher Rechtsbeziehungen seitens der Zivilgerichte maßgeblich sind.

In Anbetracht dieser Sachlage liegt auf den ersten Blick der Schluß nahe, »die grundrechtliche Strukturverschiedenheit des Verhältnisses von personaler Freiheit zu personaler Freiheit einerseits und von personaler Freiheit zu staatlicher

[61] *G. Dürig*, in: Maunz/Dürig, GG, Art. 3 Abs. I Rn. 506 (S. 228).

[62] *H.-U. Erichsen*, Jura 1996, S. 527 (528).

[63] Die Zuordnung eines eigenständigen Rechtssubjekts zum »Funktionsbereich der Verwaltung« kann in Grenzfällen einige Schwierigkeiten bereiten, vgl. hierzu *Th. Koch*, Unternehmen, S. 190ff.

[64] Vgl. zu dieser Verwendung des Begriffs *H. P. Ipsen*, in: Neumann/Nipperdey/Scheuner, Die Grundrechte, Band 2, S. 111 (143).

[65] BVerfGE 7, 198 (204).

[66] *K. Stern*, Staatsrecht, Bd. III/1, S. 1551.

Herrschaftskompetenz andererseits«[67] könne nicht ohne Auswirkungen auf die sachliche Reichweite des Art. 1 Abs. 3 GG bleiben. Wenn etwa – um das gängigste Beispiel aufzugreifen – der einzelne berechtigt ist, andere ungleich zu behandeln und sich ungleich behandeln zu lassen,[68] kann die gerichtliche Billigung eines solchen privaten Verhaltens, daß dem Staat als grundrechtswidrig verboten wäre, nicht zugleich eine Verletzung des betroffenen Grundrechts der unterlegenen Partei durch eine an Art. 1 Abs. 3 GG gebundene staatliche Stelle sein. Eine andere Frage ist demgegenüber, ob schon dies den Schluß auf eine wie auch immer relativierte Grundrechtsgeltung »im« Privatrecht zuläßt.

Entsprechende Erwägungen sind allerdings der namentlich von *J. Schwabe* verfochtenen Annahme einer »unmittelbaren« Grundrechtsbindung auch des Zivilrichters entgegengehalten worden: Nach Auffassung von *Schwabe* ist es »grundsätzlich verfehlt, der im öffentlichen Recht sich entfaltenden Staatsmacht eine sich im Privatrecht offenbarende ›private Gewalt‹ entgegenzusetzen, der gegenüber die Grundrechtsgeltung erst noch (mehr oder weniger umständlich) zu begründen wäre«.[69] Die Freiheitsrechte seien vielmehr »auch für das Zivilrecht verbindlich«,[70] weil »an sich nicht die Ansprüche Privater, sondern die ihnen zugrunde liegenden Imperative die Freiheitssphäre beeinträchtigen«.[71] Im Rechtsstaat erhalte auch »der von Privaten ausgelöste und beschwerende, weil zu duldende Eingriff« seine Bedeutung daher, daß er von der Rechtsordnung getragen sei und notfalls von der staatlichen Vollstreckungsgewalt durchgesetzt werde:[72] »Privatrechtliche Beschränkungen oder Eingriffe in Freiheitsbereiche« gingen »niemals von einer staatsunabhängigen ›privaten Gewalt‹ aus, sondern stets von der Rechtsmacht des Staates«.[73] Dies gelte »gleichermaßen für solche privatrechtlichen Beeinträchtigungen, die auf einem Vertrag beruhen, wie für diejenigen, die dem nichtvertraglichen Bereich des Zivilrechts entstammen«.[74] Auch der auf Vertrag beruhende Leistungsbefehl an den Schuldner rühre nicht auf irgendeine Weise von der Privatautonomie her, sondern könne nur ein Rechtsbefehl sein.[75] Desgleichen soll es nicht darauf ankommen, ob ein Privatrechtssubjekt die Beeinträchtigung eines anderen nur mit gerichtlicher Hilfe – wie im Falle der Geltendmachung eines Nichtstörungsinteresses – oder durch die Wahrnehmung von Verhaltensoptionen bewirken kann.[76] Die Grundrechte entfalteten ihre Abwehr-

[67] *H.H. Rupp*, DVBl. 1972, S. 67.
[68] Vgl. *G. Dürig*, in: FS H. Nawiasky, S. 157 (160).
[69] *J. Schwabe*, Drittwirkung, S. 154.
[70] *J. Schwabe*, Drittwirkung, S. 56.
[71] *J. Schwabe*, Drittwirkung, S. 56.
[72] *J. Schwabe*, Drittwirkung, S. 16f.; insoweit übereinstimmend *J. Taupitz*, Standesordnungen, S. 598.
[73] *J. Schwabe*, Drittwirkung, S. 154.
[74] *J. Schwabe*, Drittwirkung, S. 154.
[75] *J. Schwabe*, Drittwirkung, S. 20.
[76] Abl. dazu *C.-W. Canaris*, AcP 184 (1984), S. 201 (230).

funktion auch dann, wenn eine »Zivilrechtsnorm ein Grundrecht verletzt, indem sie entweder die Rechte eines anderen Privaten zu weit ausdehnt oder – was dasselbe ist – die zivilrechtlichen Abwehrrechte des Grundrechtsträgers ausdrücklich zu weit einschränkt«.[77]

Für *J. Schwabe* handelt es sich demnach bei der »Frage nach der Zulässigkeit der ›Drittwirkung‹ um ein Scheinproblem«,[78] weil »die hier interessierenden Grundrechtsbeeinträchtigungen im letzten stets von der staatlichen Rechtsmacht herrühren«, so daß »diese Rechtsmacht und die von ihr ausgehenden Beeinträchtigungen gemäß Art. 1 Abs. 3 GG auch stets an den Grundrechten zu messen sind«.[79] Für die »vertikale« Beziehung zwischen Staat und Bürger besteht danach kein Unterschied zwischen öffentlichem und privatem Recht: »Richtigerweise wirken die Grundrechte gemäß Art. 1 Abs. 3 GG prinzipiell gegenüber jeglicher Erscheinungsform der Rechtsmacht, mag diese sich im öffentlichen Recht oder im Zivilrecht ausdrücken«.[80]

Diese Auffassung von *J. Schwabe* hat sich gegenüber der Lehre von der (nur) »mittelbaren« Grundrechtsgeltung »im« Privatrecht nicht durchzusetzen vermocht,[81] was auch auf die angedeutete Annahme eines Zusammenhangs zwischen einer Grundrechtsgeltung im »vertikalen« Verhältnis zwischen Staat und Bürger einerseits und auf der »horizontalen« Ebene der Rechtsbeziehungen unter Privatrechtssubjekten andererseits zurückzuführen sein dürfte. *K. Stern* hat diesen Gesichtspunkt dahin formuliert, die Position von *Schwabe* laufe »auf eine durch die Grundrechtsbindung der öffentlichen Gewalt vermittelte Wirkung der Grundrechte in der Privatrechtsordnung hinaus«.[82] Es liegt jedoch auf der Hand, daß gegenüber einer solchen Konsequenz, träte sie wirklich ein, Bedenken zu erheben wären: *G. Dürig* hat frühzeitig hervorgehoben, daß zu der grundrechtlich geschützten Freiheit die Möglichkeit gehört, »ungehindert in der unter gleichgeordneten Privaten bestehenden Verkehrs- und Tauschgerechtigkeit des Zivilrechts von Grundrechtssätzen, die für staatliches Handeln unabdingbar sind, abweichen zu können«.[83] Dieser Ausgangspunkt erfordere eine »dualistische Konstruktion«, die »in den Grundrechten im Allgemeinen gegen den Staat gerichtete subjektive öffentliche Rechte sieht und in der Drittrichtung zivilrechtlich eigenständige Privatrechte wirken läßt«.[84]

Mit diesen Überlegungen von *G. Dürig* wird das zweifelsfrei berechtigte Anliegen verfolgt, die Geltung der Grundrechte im Staat-Bürger-Verhältnis zu beto-

---

[77] *J. Schwabe*, Drittwirkung, S. 63; hier spiegelt sich die von *Schwabe* vertretene »abwehrrechtliche Lösung« (vgl. oben, S. 375f.) wieder.

[78] *J. Schwabe*, Drittwirkung, S. 157.

[79] *J. Schwabe*, Drittwirkung, S. 26.

[80] *J. Schwabe*, Drittwirkung, S. 154.

[81] Tendenziell zust. aber *B. Schlink*, EuGRZ 1984, S. 457 (464).

[82] *K. Stern*, Staatsrecht, Bd. III/1, S. 1548.

[83] *G. Dürig*, in: FS H. Nawiasky, S. 157 (159).

[84] *G. Dürig*, in: FS H. Nawiasky, S. 157 (164).

nen. Ihr Ziel ist der Erhalt der Möglichkeit zu privater (Rechts-) Gestaltung und damit der Privatautonomie angesichts von Bedrohungen durch eine – wie auch immer konstruierte – Grundrechtsgeltung »im« Privatrecht. Die von *Dürig* zu diesem Zweck vorgeschlagene »dualistische Konstruktion« setzt indes voraus, daß der Staat entgegen der Auffassung von *J. Schwabe* bei der Schaffung oder zumindest Anwendung zivilrechtlicher Vorschriften nicht schon aufgrund der Ausübung von Staatsfunktionen (»Hoheitsgewalt«) nach Art. 1 Abs. 3 GG an die Grundrechte in ihrer Eigenschaft als Abwehrrechte gebunden ist. Wer eine derartige Grundrechtsbindung des Zivilrichters unter Hinweis auf die (regelmäßig) fehlende Grundrechtsbindung der Parteien eines Zivilrechtsstreits verneinen will, muß vielmehr annehmen, daß Grundrechte als (subjektive) Abwehrrechte nur dann für die Beurteilung eines Rechtsverhältnisses von Bedeutung sind, wenn eine solche Grundrechtsgeltung durch einen (oder mehrere) der Beteiligten vermittelt wird. Demgemäß hat *K. Stern* der Auffassung von *Schwabe* entgegengehalten, bei der Frage nach der Wirkung der Grundrechte in der Privatrechtsordnung sei das »entscheidende Anwendungsproblem«, ob »ein Privatrechtssubjekt sich auf Grundrechte auch im Verhältnis zu anderen Privatrechtssubjekten berufen« könne.[85] Es gehe bei der Drittwirkungsproblematik um die Frage nach dem materiellen Recht, das den Inhalt der richterlichen Entscheidung bestimme.[86] Wegen der fehlenden Maßstäblichkeit der Grundrechte für privatrechtliche Rechtsbeziehungen entfällt nach *Stern* eine Grundrechtsbindung des Zivilrichters, denn etwas anderes könnte sich nur ergeben, »wenn die Grundrechte zu den für die richterliche Beurteilung dieser Rechtsbeziehungen maßgeblichen normativen Beurteilungsmaßstäben« gehörten.[87] Anders gewendet: Die Erklärung der Wirkung der Grundrechte in der Privatrechtsordnung mit der Grundrechtsgebundenheit des Zivilrichters setzte die Grundrechtsbindung privaten Handelns immer schon voraus.[88] Plakativ zusammenfassen läßt sich diese Position auch in dem von *K. Doehring* geprägten Satz, das (Zivil-) Gericht habe »Grundrechte zu beachten, soweit sie gelten; nicht etwa gelten sie, weil ein Gericht entscheidet«.[89]

Diese Argumentation rückt die Strukturverschiedenheit einerseits öffentlich-rechtlicher und andererseits privatrechtlicher Rechtsverhältnisse im Hinblick auf die Grundrechtsbindung der Beteiligten in den Mittelpunkt: Da es sich bei dem öffentlichen Recht um das »Sonderrecht der öffentlichen Hand« handelt, ist bei öffentlich-rechtlichen Streitigkeiten *notwendig* mindestens einer der Beteiligten

---

[85] *K. Stern*, Staatsrecht, Bd. III/1, S. 1551.

[86] *K. Stern*, Staatsrecht, Bd. III/1, S. 1551; ähnl. *W. Zöllner*, AcP 196 (1996), S. 1 (8 in Fn. 29).

[87] *K. Stern*, Staatsrecht, Bd. III/1, S. 1551.

[88] Vgl. *K. Stern*, Staatsrecht, Bd. III/1, S. 1551.

[89] *K. Doehring*, Staatsrecht, S. 209; mit dieser Begründung die Grundrechtsbindung des Zivilgesetzgebers verneinend *W. Zöllner*, RDV 1985, S. 3 (6); zust. auch *I. v. Münch*, in: v. Münch/Kunig (Hrsg.), GG, Vorb. Art. 1–19 Rn. 33; *M. Oldiges*, in: FS K.H. Friauf, S. 281 (284f.); vgl. ferner *P. Lerche*, in: FS W. Odersky, S. 215 (231); *W. Rüfner*, in: Isensee/Kirchhof (Hrsg.), HbStR, Bd. V, § 117 Rn. 60.

gerade deshalb in den Rechtsstreit involviert, weil er dem »öffentlichen Sektor« – namentlich dem Funktionsbereich der Verwaltung – zuzuordnen ist. Zugleich ist ein Verwaltungsträger (zumindest) in dieser Eigenschaft uneingeschränkt grundrechtsgebunden; er hat die Grundrechte des Bürgers bei gesetzesakzessorischem wie nicht gesetzesakzessorischem Handeln zu beachten. Die Kontrolle staatlichen Handelns durch die zuständigen Fachgerichte erstreckt sich dementsprechend auf die Einhaltung dieser Maßstäbe. Demgegenüber stehen sich in einem Zivilprozeß typischerweise zwei Bürger gegenüber, die jeweils Grundrechtsträger und im Grundsatz nicht grundrechtsgebunden sind, so daß die Grundrechte auch nicht zu den Maßstäben gehören, an denen die Zulässigkeit oder Unzulässigkeit des Verhaltens Privater gegenüber anderen Privaten zu messen ist. Eine an die Grundrechtsbindung Prozeßbeteiligter anknüpfende Grundrechtsbindung des Gerichts kommt in diesen Fällen folglich nicht in Betracht.

Allerdings können sich sowohl bei zivilrechtlichen als auch bei öffentlichrechtlichen Streitigkeiten in Abhängigkeit von den jeweiligen Prozeßbeteiligten Abweichungen von diesen Gegebenheiten im typischen »Normalfall« ergeben, wenn die »unmittelbare« Grundrechtsbindung des Richters vom rechtlichen Status der an einem Rechtsstreit beteiligten Rechtssubjekte abhängig gemacht wird. So gehören die Grundrechte bei verwaltungsrechtlichen Streitigkeiten zwischen zwei juristischen Personen des öffentlichen Rechts regelmäßig nicht zum entscheidungserheblichen Recht, da ein Verwaltungsträger nach richtiger Ansicht grundsätzlich nicht grundrechtsberechtigt ist,[90] sich nur in seltenen Ausnahmefällen[91] auf Grundrechte berufen kann. Umgekehrt ist mittlerweile weitgehend gesichert, daß es für die Grundrechtsbindung des Staates (und seiner Untergliederungen) nicht darauf ankommt, welches Rechtsregime ein Verwaltungsträger bei seinem Handeln in Anspruch nimmt,[92] so daß eine unbeschränkte Grundrechtsgeltung zu Lasten der öffentlichen Hand auch dann besteht, wenn eine juristische Person des öffentlichen Rechts und ein Bürger sich in einem Zivilrechtsstreit gegenüberstehen. In derartigen Fällen hat deshalb der Zivilrichter nicht anders als ein Verwaltungsrichter dem Umstand Rechnung zu tragen, daß einer der Prozeßbeteiligten ein grundrechtsgebundener Verwaltungsträger ist. Die von den Verfechtern einer (nur) »mittelbaren« Grundrechtsgeltung »im« Privatrecht zugrunde gelegte Annahme, eine Grundrechtsbindung der Gerichte setze eine vorgegebene Grundrechtsgeltung voraus und resultiere nicht schon aus dem Tätigwerden eines Gerichts, muß daher über den Bereich des Zivilrechts hinaus allgemeine Geltung beanspruchen, so daß eine Pflicht des Richters zur Beachtung der Grundrechte einer Prozeßpartei *stets* nur eine Folge der Grundrechtsbindung der

---

[90] Näher zum Streit um die Grundrechtsfähigkeit juristischer Personen des öffentlichen Rechts *Th. Koch*, Unternehmen, S. 101 ff. m.w.N.

[91] Dazu *Th. Koch*, Unternehmen, S. 125.

[92] Näher *Th. Koch*, Unternehmen, S. 34 ff. (86 f.) m.w.N.

anderen Partei sein könnte. Mit *K. Doehring*[93] wäre danach folglich für alle Zweige der Gerichtsbarkeit davon auszugehen, daß ein Gericht Grundrechte zu beachten hat, soweit sie gelten, die Grundrechte aber nicht etwa schon deshalb gelten, weil ein Gericht entscheidet.[94]

Wird eine solche Position zugrunde gelegt und zugleich von einer »universalen Geltung«[95] der Grundrechte als »objektiver Normen«[96] ausgegangen, so ist aber zwanglos möglich, zumindest eine Einwirkung der grundrechtlichen Wertordnung auch auf das Privatrecht anzunehmen, so daß der Schluß folgerichtig erscheint, ein Zivilgericht habe Grundrechten allenfalls aufgrund einer – gerade in der grundrechtlichen Wertordnung verorteten – Schutzpflicht Rechnung zu tragen. Fraglich bleibt indes die Tragfähigkeit der dieser Konstruktion zugrunde liegenden Prämisse, eine »unmittelbare« Bindung der Gerichte an die Grundrechte als Abwehrrechte sei eine von einem (oder mehreren) der Verfahrensbeteiligten abgeleitete Grundrechtsbindung, denn die Rechtsprechung wird durch Art. 1 Abs. 3 GG bei unvoreingenommener Lektüre offenbar gerade in ihrer Eigenschaft als Staatsfunktion und nicht nur gleichsam als »Reflex« der Grundrechtsbindung insbesondere der Exekutive an die Grundrechte gebunden.[97]

Darüber hinaus sollte nicht aus dem Blick geraten, daß die Lehre von der (nur) »mittelbaren« Grundrechtsgeltung zwar eine »unmittelbare« Bindung (insbesondere) der Zivilgerichte an die Grundrechte zunächst mit einigem Aufwand negiert, dieses Ergebnis aber alsdann unter Rückgriff auf eine »Ausstrahlungswirkung« der grundrechtlichen Wertordnung sogleich wieder nicht unerheblich relativiert. Dies wiederum führt zu der Frage, ob sich die unterschiedlichen Auffassungen zur Bedeutung der Grundrechte für das Privatrecht im praktischen Ergebnis unterscheiden und es der aufwendigen Konstruktion einer »mittelbaren« – durch die grundrechtliche Wertordnung vermittelten – Grundrechtsgeltung »im« Privatrecht überhaupt bedarf, um den Besonderheiten und Eigengesetzlichkeiten der Privatrechtsordnung gerecht zu werden. So hat die Annahme einer »unmittelbaren« Grundrechtsbindung auch der Justiz zunächst nur zur Folge, daß mit Blick auf staatliche Entscheidungen über Ansprüche Privater gegen Private durch die Zivilgerichte zu erörtern ist, ob durch eine zivilgerichtliche Entscheidung ein Beeinträchtigungstatbestand verwirklicht wird und bejahendenfalls die Beeinträchtigung des nachteilig Betroffenen gerechtfertigt werden kann, so daß sich eine durch die Grundrechtsbindung der Zivilgerichte vermittelte Grundrechtsbin-

---

[93] *K. Doehring*, Staatsrecht, S. 209.

[94] So folgerichtig *W. Höfling*, in: Sachs (Hrsg.), GG, Art. 1 Rn. 101; wohl auch *B. Pieroth/ B. Schlink*, Grundrechte, Rn. 179 a. E.; anders *G. Dürig*, in: Maunz/Dürig, GG, Art. 1 Abs. III Rn. 120f.

[95] *E.-W. Böckenförde*, Der Staat 29 (1990), S. 1 (7).

[96] So BVerfGE 7, 198 (205).

[97] Aus diesem Grunde eine Grundrechtsbindung der Zivilgerichte bejahend *C. Hillgruber*, AcP 191 (1991), S. 69 (71f.); ähnl. *G. Lübbe-Wolff*, Eingriffsabwehrrechte, S. 177; vgl. ferner *C.-W. Canaris*, JZ 1987, S. 993.

dung von Privatrechtssubjekten jedenfalls nicht von selbst versteht.[98] Auch ist – soweit ersichtlich – unbestritten, daß für das Staat-Bürger-Verhältnis geltende Grundsätze nicht ohne weiteres auf zivilrechtliche Rechtsbeziehungen zwischen Bürgern übertragen werden können und dem bei einer wie auch immer konstruierten Grundrechtsgeltung im Privatrecht Rechnung getragen werden muß.[99] Zugleich kann – umgekehrt – nicht ohne Konsequenzen für den einzelnen Bürger bleiben, wenn die grundrechtliche Wertordnung über zivilrechtliche »Einbruchstellen« in das Privatrecht hineinwirkt: Sofern aus dem Vorhandensein eines Grundrechtskataloges resultierende »Wertentscheidungen des Grundgesetzes«[100] kraft einer »Ausstrahlungswirkung« auch auf die Zivilrechtsordnung einwirken, hat dies zwangläufig zur Folge, daß den Staat bindende Grundsätze insoweit in die Gesellschaft transponiert werden und dort »Bindungswirkung« entfalten, als sie danach zum Entscheidungsprogramm des nach Maßgabe zivilrechtlicher Vorschriften über wechselseitige Rechte und Pflichten Privater entscheidenden Zivilrichters gehören und damit die Entscheidung über die Zulässigkeit oder Unzulässigkeit privaten Handelns zu determinieren vermögen. Hat das Zivilgericht kraft einer »Ausstrahlungswirkung« der grundrechtlichen Wertordnung bei seiner Entscheidung auch Grundrechte zu beachten, insbesondere eine Schutzpflicht zu erfüllen, bewirkt (jedenfalls[101]) dies folglich eine Übertragung grundrechtlicher Vorgaben für das Staat-Bürger-Verhältnis auf die Rechtsbeziehungen zwischen den Bürgern und damit letztlich nichts anderes als eine Pflicht des Bürgers zur Beachtung der Grundrechte anderer Bürger (»Drittwirkung«), mag die Begründung dieses Ergebnisse auch auf einem dogmatischen Umweg erfolgen. Mit *W. Leisner* kann daher festgestellt werden, daß »die Drittwirkung letzten Endes immer eine unmittelbare sein wird«.[102]

Diese Sachlage läßt sich an der »Lüth«-Entscheidung als einem Beispiel aus dem Bereich der gesetzlichen Schuldverhältnisse illustrieren: Indem das Bundesverfassungsgericht ein Urteil des LG Hamburg aufhob, weil das Landgericht mit der Bejahung eines Anspruchs der Kläger auf Unterlassung bestimmter (Mei-

---

[98] So auch *G. Lübbe-Wolff*, Eingriffsabwehrechte, S. 177f.

[99] Dies wird auch von Vertretern einer »unmittelbaren« Grundrechtsbindung der Privatrechtssubjekte nicht bestritten, vgl. *H.C. Nipperdey*, Privatrecht, S. 18ff.; s. ferner *ders.*, in: Enneccerus/Nipperdey, BGB-AT, S. 97.

[100] BVerfGE 42, 64 (73).

[101] Nach *E.-W. Böckenförde*, Der Staat 29 (1990), S. 1 (11), gibt die »Grundsatz- und Ausstrahlungswirkung der Grundrechte ... *aus sich* den Grund ab für Rechte oder Pflichten auch zwischen Privaten« (Hervorhebung im Original); eine solche Bindung des Bürgers bliebe allerdings gegenüber einer wertordnungsvermittelten Grundrechtsbindung der Zivilgerichte ohne eigenständige Bedeutung, so daß auch *Böckenförde* (ebd., S. 10) feststellt, der Unterschied zwischen mittelbarer und unmittelbarer Drittwirkung relativiere sich »auf der Grundlage der objektiven Grundsatzwirkung der Grundrechte in hohem Maße«.

[102] *W. Leisner*, Grundrechte und Privatrecht, S. 378; zust. auch *R. Alexy*, Theorie, S. 491; vgl. ferner *K. Doehring*, Staatsrecht, S, 208; *J. Hellermann*, Freiheitsrechte, S. 206; *H.H. Klein*, Der Staat 10 (1971), S. 145 (149).

nungs-) Äußerungen das Grundrecht des Beklagten aus Art. 5 Abs. 1 S. 1 GG verletzt habe,[103] hat es den im Ausgangsverfahren klagenden Filmgesellschaften die Möglichkeit der Durchsetzung eines zivilrechtlichen Abwehranspruchs gegen beeinträchtigende Äußerungen mit Blick auf die Meinungsfreiheit des beschwerdeführenden Beklagten und damit aus grundrechtlichen Gründen vorenthalten, ohne daß es für dieses Ergebnis darauf ankäme, ob Kläger und/oder Zivilgericht den Grundrechtsschutz der Meinungsfreiheit des Beklagten ohne weiteres und »unmittelbar« oder aber kraft einer »Ausstrahlungswirkung« der Grundrechte zu beachten haben.[104] Im Hinblick auf die Relevanz der Grundrechte für gerichtliche Erkenntnisse macht es aus der Perspektive eines Dritten aber keinen Unterschied, ob etwa ein Strafgericht unter Hinweis auf Art. 5 Abs. 1 S. 1 GG einen »öffentlich-rechtlichen Ehrenschutz« – beispielsweise gegen den Satz »Soldaten sind (potentielle) Mörder« – verweigert oder aus diesem Grunde ein zivilrechtlicher Schutz gegen verbale Beeinträchtigungen durch andere Bürger versagt wird.[105]

Soweit danach die grundrechtliche Wertordnung kraft einer »Ausstrahlungswirkung« zivilgerichtliche Entscheidungen zugunsten des einen und zu Lasten des anderen Prozeßbeteiligten zu determinieren vermag, bewirkt eine solche Einwirkung der Grundrechte auf das Zivilrecht folglich nichts anderes als deren *Geltung*:[106] Wenn und soweit Grundrechte Bindungswirkung entfalten, gelten sie, denn die Geltung von Grundrechten manifestiert sich gerade in der Bindungswirkung gegenüber dem Adressaten.[107] Da zudem – wie erwähnt – der Privatautonomie der Bürger nach jeder Ansicht Rechnung zu tragen ist und deshalb für das »vertikale« Verhältnis zwischen Staat und Bürger geltende Grundsätze nicht ohne weiteres und uneingeschränkt auf Rechtsbeziehungen zwischen Bürgern übertragbar sind, scheint bald ein nachrangiger Gesichtspunkt von allein theoretischem Interesse zu sein, ob man eine »unmittelbare« Grundrechtsbindung des Bürgers bejaht, mit einer aus der »Ausstrahlungswirkung« der Grundrechte resultierenden Bindung des Bürgers und/oder Richters an grundrechtliche Wertentscheidungen operiert oder von »Rückwirkungen« staatsgerichteter Schutzpflichten auf den anderen Beteiligten – wenn nicht gar den Betroffenen selbst – ausgeht. Jedenfalls gilt die vom Bundesverfassungsgericht in der »Lüth«-Ent-

---

[103] BVerfGE 7, 198 (199, 230).

[104] So auch *H. C. Nipperdey*, in: Enneccerus/Nipperdey, BGB-AT, S. 96, der die »Lüth«-Entscheidung dahin bewertete, daß sie »nichts anderes als die Anerkennung der unmittelbaren normativen Wirkung von Grundrechten im Privatrecht« bewirkt; daß das Bundesverfassungsgericht »den Einfluß der grundrechtlichen Wertmaßstäbe ›vor allem‹ über das ius cogens und die Generalklauseln des BGB aktualisieren« wolle, sei »ohne Belang«.

[105] Dies betont zu Recht *J. Schwabe*, NJW 1973, S. 229 (230); vgl. auch *ders.*, Drittwirkung, S. 39, 47 u.ö.; s. ferner *J. Hager*, Jura 2000, S. 186 (187).

[106] Ähnl. (unter Heranziehung der »Blinkfüer«-Entscheidung) *R. Alexy*, Theorie, S. 490; vgl. ferner *J. Taupitz*, Standesordnungen, S. 964f.

[107] Vgl. auch *G. Robbers*, NJW 1998, S. 935 (937): »Grundrechte strahlen nicht aus, Grundrechte gelten«.

scheidung postulierte Pflicht des Zivilrichters, »kraft Verfassungsgebots« die grundrechtliche Beeinflussung der von ihm anzuwendenden Vorschriften des Zivilrechts zu prüfen.[108] Zu Recht ist im Schrifttum hervorgehoben worden, daß die divergierenden Positionen zur Grundrechtsgeltung »im« Privatrecht nicht notwendig zu unterschiedlichen Ergebnissen führen.[109] Der Schluß liegt nahe, daß die entscheidende Frage daher nicht die nach der Konstruktion, sondern die nach der richtigen Bestimmung des Umfangs einer Grundrechtsgeltung »im« Privatrecht ist.

Gerade auf Basis der vom Bundesverfassungsgericht in der »Lüth«-Entscheidung entwickelten Auffassung besteht allerdings nur wenig Klarheit über Bedeutung und Reichweite einer von der »objektiven Wertordnung« vermittelten Grundrechtsgeltung »im« Privatrecht,[110] was eine gewisse Unberechenbarkeit – um nicht zu sagen: Beliebigkeit – der Ergebnisse zur Folge hat. Hier wirkt sich aus, daß gerade nicht der objektiv-rechtliche Gehalt der Grundrechte gemeint sein kann, wenn das Bundesverfassungsgericht in Zusammenhang mit der Grundrechtsbindung des Zivilrichters von dem »Rechtsgehalt der Grundrechte als objektiver Normen«[111] spricht, denn deren objektiv-rechtliche Seite bewirkt gerade eine unmittelbare und umfassende Bindung aller staatlichen Gewalt an die Grundrechte als Teil des objektiven (Verfassungs-) Rechts,[112] während die spezifische Bedeutung der subjektiv-rechtlichen Seite der Grundrechte in der hierdurch vermittelten Fähigkeit des einzelnen zur Geltendmachung dieser objektiv-rechtlichen Bindungswirkung besteht. Wenn der Zivilrichter die Grundrechte als »objektive Normen« oder »objektives Recht« uneingeschränkt zu beachten hätte, wäre er folglich in vollem Umfang an die Grundrechte gebunden; eine »mittelbare« und modifizierte Grundrechtsbindung läge nicht vor. Im Hinblick auf den Bezugspunkt der »Ausstrahlungswirkung« läßt sich im Anschluß an *E.-W. Böckenförde* daher von einem »allseitig geltenden Wertgehalt« der Grundrechte sprechen, der zu der Funktion der Grundrechte als objektive (und unmittelbar verpflichtende) Normen hinzutritt.[113] Dem entspricht die Vermutung von *R. Alexy*, daß das Bundesverfassungsgericht ein von konkreten Trägern grundrechtlich begründeter Rechte und Pflichten abstrahierendes »Gesolltsein« grundrechtlicher Freiheit – beispielsweise der Meinungsfreiheit – auch im gesellschaftlichen Be-

---

[108] BVerfGE 7, 198 (206).

[109] *R. Alexy*, Theorie, S. 483f.; vgl. ferner *J. Schwabe*, NJW 1973, S. 229 (230); *U. Diederichsen*, AcP 198 (1998), S. 171 (200f. mit Fn. 117f.).

[110] Daß »die grundrechtstheoretische Bezugnahme auf die Grundrechte als Wertsystem ... Unsicherheiten« berge, anerkennt auch *K. Stern*, Staatsrecht, Bd. III/1, S. 1557; vgl. hierzu ferner *J. Hager*, JZ 1984, S. 373 (374); *M. Oldiges*, in: FS K.H. Friauf, S. 281 (288); *H.H. Rupp*, AöR 101 (1976), S. 161 (170).

[111] BVerfGE 7, 198 (205).

[112] Vgl. *E.-W. Böckenförde*, Der Staat 29 (1990), S. 1 (5 mit Fn. 12); *C.-W. Canaris*, AcP 184 (1984), S. 201 (225); *H. Dreier*, in: *ders.* (Hrsg.), GG, Vorb. Rn. 55; *J. Ipsen*, Grundrechte, Rn. 85.

[113] *E.-W. Böckenförde*, Der Staat 29 (1990), S. 1 (7).

reich meine,[114] wenn es einer vom Grundrechtskatalog des Grundgesetzes errichteten »objektiven Wertordnung« Bedeutung für alle Bereiche des Rechts unter Einschluß des Zivilrechts beimißt oder die Bedeutung der Grundrechte als »Wertentscheidungen« und »Richtlinien« betont.

Es liegt auf der Hand, daß ein solches Verständnis des Begriffs der »objektiven Wertordnung« und ihrer Bedeutung für die Privatrechtsordnung »zu den obskursten Formen der juristischen Begründung, der ›Deduktion‹ oder der ›Ableitung‹ konkreten Gehalts aus abstrakten Prinzipien«[115] einladen muß.[116] Als gesichert gelten kann allein, daß aus der »›Ausstrahlungswirkung‹ der Grundrechte auf das bürgerliche Recht«,[117] durch »das Medium der dieses Rechtsgebiet beherrschenden Vorschriften«[118] nur eine in »zahllosen Abstufungen«[119] abgeschwächte Wirkung der Grundrechte resultieren soll.[120] Im übrigen gilt, daß »die Ausstrahlungswirkung nach Intensität und Umfang aus sich heraus unbestimmt ist, dabei jedoch nach oben hin offen«.[121] Gerade hier liegt die Schwierigkeit: Wird der Staat auf ein grundrechtliches »Wertsystem«[122] verpflichtet und dem Bürger zudem ein subjektives Rechte auf dessen Beachtung eingeräumt, so entsteht eine grundrechtliche (Zweit-) Norm, die ebenfalls eine (letztlich »unmittelbare«) Geltung beansprucht und sich damit in ihrer Wirkungsweise – wie gerade die vorstehenden Darlegungen zur »mittelbaren Grundrechtsgeltung« gezeigt haben – nicht von der »Primärnorm« unterscheidet, die mit der Anknüpfung an grundrechtliche Werte verbundenen Unklarheiten aber gleichsam »mitbringt«.[123]

Demgegenüber sehen es die Verfechter der Konstruktion einer (nur) »mittelbaren« Grundrechtsgeltung »im« Privatrecht gerade als deren Vorzug an, daß »Eigenständigkeit und Eigengesetzlichkeit des Privatrechts«[124] gewahrt blieben, weil sich die »privatrechtsgestaltende Kraft« der Grundrechtsnormen durch das »Medium des Privatrechts« auswirke,[125] der Zivilrichter »das für ihn in erster Linie maßgebliche Privatrecht grundrechtskonform auf die Privatrechtsbeziehungen anzuwenden« habe:[126] »Der Rechtsgehalt der Grundrechte als objektiver Nor-

---

[114] *R. Alexy*, Theorie, S. 479.

[115] *R. Alexy*, Theorie, S. 479.

[116] Vgl. hierzu auch die Kritik von *W. Leisner*, Grundrechte und Privatrecht, S. 371ff.; s. ferner *F. Ossenbühl*, NJW 1976, S. 2100 (2106f.).

[117] BVerfGE 7, 198 (207).

[118] BVerfGE 7, 198 (205).

[119] *G. Dürig*, in: Maunz/Dürig, GG, Art. 3 Abs. I Rn. 511.

[120] Vgl. *G. Dürig*, in: Maunz/Dürig, GG, Art. 3 Abs. I Rn. 512.

[121] *E.-W. Böckenförde*, Der Staat 29 (1990), S. 1 (9).

[122] BVerfGE 7, 198 (205).

[123] Vgl. auch die Kritik von *H. Bethge*, Grundrechtskollisionen, S. 405f., der die »Metapher von der ›Ausstrahlungswirkung‹« als »unjuristische (eher physikalische) Kategorie« bezeichnet (ebd., S. 406); s. ferner *ders.*, VVDStRL 57 (1998), S. 7 (18f.).

[124] *K. Stern*, Staatsrecht, Bd. III/1, S. 1556.

[125] *K. Stern*, Staatsrecht, Bd. III/1, S. 1556.

[126] *K. Stern*, Staatsrecht, Bd. III/1, S. 1578; anders *S. Oeter*, AöR 119 (1994), S. 529 (561), nach

men entfaltet sich im Privatrecht durch das Medium der dieses Rechtsgebiet unmittelbar beherrschenden Vorschriften«.[127]

Auch diese Überlegung überzeugt nicht. Ihr ist entgegenzuhalten, daß eine durch einfach-gesetzliche Vorschriften vermittelte Einwirkung von Grundrechten auf das Zivilrecht nicht mit einer bestimmten Konstruktion der Grundrechtsgeltung »im« Privatrecht notwendig verknüpft ist und deshalb eine »unmittelbare« Grundrechtsgeltung auch keine »unmittelbare« Grundrechtsanwendung zur Folge hat, weil ein »Anwendungsvorrang« des einfachen Rechts bei jeder richterlichen Tätigkeit zu beachten und keine Besonderheit der Situation eines Zivilrichters ist: Auch bei der Diskussion um die Grundrechtsbindung der Zivilgerichte sollte nicht die Selbstverständlichkeit aus dem Blick geraten, daß sich die Grundrechtsbindung einer Staatsfunktion gerade bei Erfüllung ihrer spezifischen Aufgaben entfaltet. Wie der Gesetzgeber den Grundrechten beim Erlaß von Gesetzen Rechnung zu tragen hat, haben die Gerichte im Rahmen ihrer Grundrechtsbindung die Grundrechte der Bürger bei Erfüllung der ihnen zugewiesenen Staatsfunktion zu beachten. Jenseits aller Bemühungen um eine exakte Definition des Begriffs der »Rechtsprechung« ist es aber deren besonderes Kennzeichen, daß das in einem Einzelfall »rechtlich richtige« Ergebnis durch ein Gericht am Maßstab des jeweils geltenden Rechts zu ermitteln ist. Unbeschadet der Tatsache, daß auch die Grundrechte zum geltenden Recht gehören, bilden dabei kraft der Gesetzesbindung der Gerichte (Art. 20 Abs. 3 GG) in erster Linie die jeweils einschlägigen Vorschriften des einfachen Rechts den Maßstab dieses Prozesses der Rechtsfindung. *K. Stern* ist daher uneingeschränkt zuzustimmen, wenn er feststellt, daß für die Zivilgerichte »insofern nichts anderes wie für die allgemeinen und besonderen Verwaltungsgerichte« gelte, als jeweils das einfache Recht die »primäre Entscheidungsgrundlage« sei:[128] »Für die Zivilgerichtsbarkeit gilt ebenso wie für alle übrigen Fachgerichtsbarkeiten primär die Bindung an das Gesetz«,[129] denn auch ihr obliegt die Aufgabe der Rechtsanwendung.[130]

dessen Ansicht das »undifferenzierte Bild von der ›Einwirkung‹ der Grundrechte auf das Privatrecht« erlaube, den »Feinabstufungen der bereichsspezifischen Dogmatik mittels einfachen Rekurses auf die ›Drittwirkung‹, und damit letztendlich die Güterabwägung, zu entkommen«.

[127] BVerfGE 7, 198 (205).

[128] *K. Stern*, Staatsrecht, Bd. III/1, S. 1578.

[129] *K. Stern*, Staatsrecht, Bd. III/1, S. 1582.

[130] Demgegenüber will *F. Weyreuther*, DVBl. 1997, S. 925 (931), der Annahme eines subjektiven Rechts des Bürgers auf Beachtung einer »Ausstrahlungswirkung« der Grundrechte entgegenhalten, der Zivilrichter wende »in Fällen grundrechtsbeeinflußten Privatrechts« nicht die »beeinflussende Grundrechtsnorm«, sondern ausschließlich Zivilrecht an; das »an die Grundrechtsnorm anknüpfende subjektive Recht« könne aber nicht verletzt werden, wenn ein Grundrecht »objektivrechtlich« gar nicht angewendet werde. Diese Ausführungen sind freilich nur schwer nachzuvollziehen, da es für eine Grundrechtsbindung staatlicher Stellen nicht auf eine »Grundrechtsanwendung« durch die betreffende Stelle ankommt. Vielmehr ist gerade die Frage, ob der Zivilrichter in seiner Eigenschaft als (Zivil-) Rechtsanwender wie andere rechtsanwendende Stellen einer Grundrechtsbindung unterliegt (und der Bürger ein entsprechendes subjekti-

Damit wird deutlich, daß es des »dogmatischen Umwegs« einer durch die grundrechtliche Wertordnung vermittelten Grundrechtsgeltung »im« Privatrecht auch nicht im Interesse eines »Anwendungsvorrangs« des einfachen Rechts bedarf, da kein Zusammenhang zwischen der Konstruktion der Grundrechtsgeltung und der »Wirkweise« der Grundrechte besteht. Vielmehr gilt auch mit Blick auf die Gerichte der bereits oben formulierte[131] Grundsatz, daß sich die Geltung von Grundrechten letztlich in deren Bindungswirkung manifestiert, weshalb die Grundrechtsbindung des (Zivil-) Richters letztlich immer eine unmittelbare sein wird. Dabei gewinnen die Grundrechte als höherrangiges Recht in erster Linie als »Auslegungshilfe« Bedeutung, ohne daß insoweit ein relevanter Unterschied zwischen einerseits dem Zivilrichter und andererseits den Gegebenheiten in anderen Zweigen der Gerichtsbarkeit bestünde; eine durch Vorschriften des einfachen Rechts mediatisierte Wirkung der Grundrechte ist keine Besonderheit der Beurteilung privatrechtlicher Rechtsbeziehungen durch den Zivilrichter. Ein grundrechtsgebundener Richter darf anzuwendende Vorschriften des einfachen Rechts stets nur in einer Weise auslegen, die Grundrechte des Bürgers nicht verletzt. Läßt eine Vorschrift keine Auslegungsspielräume, so ist sie verfassungswidrig und hat ebenfalls unangewendet zu bleiben. Daneben läßt sich die Frage stellen, inwieweit die Wahl zwischen mehreren (noch) verfassungsmäßigen Auslegungsergebnissen durch eine in den Grundrechten zum Ausdruck kommende »Wertentscheidung« wie auch das Interesse an größtmöglicher Effektuierung der Grundrechte beeinflußt wird. In diesen Fällen vollzieht sich die grundrechtliche Argumentation aber jeweils im Rahmen der Auslegung und Anwendung einfachen Rechts.

Insgesamt führen die bisherigen Überlegungen zu der verbreiteten Negation einer »unmittelbaren« und uneingeschränkten Grundrechtsgeltung »im« Privatrecht damit zu einem widersprüchlichen Befund: Zunächst beruht eine solche Auffassung auf der unverzichtbaren, im Hinblick auf Art. 1 Abs. 3 GG aber schwerlich zutreffenden Prämisse, daß eine »unmittelbare« Bindung der Justiz an die Grundrechte als Abwehrrechte nicht schon aus der Ausübung richterlicher Gewalt resultiert, sondern Folge der Maßstäblichkeit der Grundrechte für das zu beurteilende Rechtsverhältnis ist. Dieser Ausgangspunkt erfährt sogleich eine Relativierung, indem Einwirkungen der grundrechtlichen Wertordnung auf das Privatrecht postuliert werden, die vom Zivilrichter zu beachten sind und damit letztlich wieder einen staatsgerichteten Normbefehl zur Entstehung bringen. Soweit Grundrechte demnach staatliche Schutzpflichten auszulösen vermögen und damit für die Beurteilung zivilrechtlicher Rechtsbeziehungen von Bedeutung sind, ergibt sich im Ergebnis folglich eine Grundrechtsbindung von Richter und

---

ves Recht auf Beachtung seiner Grundrechte hat); eine »unmittelbare« Anwendung von Grundrechten durch ein Gericht liegt hingegen nur vor, wenn einem Prozeßbeteiligten ein grundrechtliches Abwehrrecht zugebilligt wird.

[131] Vgl. oben, S. 449.

Bürger, über deren Reichweite indes keine Klarheit besteht. Gleichwohl erscheint der Schluß als zulässig, daß eine solche Lehre nicht notwendig zu anderen Ergebnissen führt, als eine auch den Zivilrichter aufgrund der Innehabung richterlicher Gewalt als grundrechtsgebunden erachtende Gegenauffassung, denn es wird von niemandem bestritten, daß der Privatautonomie der Grundrechtsträger bei der Bestimmung der Reichweite einer Grundrechtsgeltung im Privatrecht Rechnung getragen werden muß. Da schließlich auch der Anwendungsvorrang des einfachen Rechts eine wie auch immer mediatisierte Grundrechtsgeltung »im« Privatrecht nicht erzwingt, ist nicht selbstverständlich, daß es des dogmatischen Umwegs einer aus der grundrechtlichen Wertordnung folgenden, letztlich aber über weite Strecken unklar und mysteriös[132] bleibenden Einwirkung der Grundrechte auf das Privatrecht wirklich bedarf, um den Konflikt zwischen Privatautonomie und Grundrechtsbindung aufzulösen. Zwar ist es das unbestreitbare Verdienst dieser Lehre, die grundsätzliche Freiheit des Bürgers von grundrechtlichen Bindungen betont zu haben. Gleichwohl ist die Frage zu stellen, ob und inwieweit diesem Gesichtspunkt in Zusammenhang mit dem Vorliegen eines Beeinträchtigungstatbestandes oder dessen Rechtfertigung Rechnung getragen werden kann. Dabei bedarf es einer Unterscheidung zwischen vertraglichen und gesetzlichen Privatrechtsverhältnissen.

[132] So *C.-W. Canaris*, AcP 184 (1984), S. 201 (212); vgl. ferner *H. Bethge*, Grundrechtskollisionen, S. 406: »mystischer Materialisationsprozeß«; eine »erstaunliche Unschärfe in der Formulierung« rügt *J. Hager*, JZ 1994, S. 373.

B. Grundrechtsgeltung bei nichtvertraglichen Rechtsbeziehungen

Mit Blick auf die nichtvertraglichen Rechtsbeziehungen unter Privaten ist auf Basis der bisherigen Überlegungen und im Anschluß an die hierzu bereits im vorhergehenden Teil gemachten Ausführungen[1] festzustellen, daß die Grundrechtsbindung des Zivilrecht schaffenden und anwendenden Staates (zumindest) in diesem Bereich keiner Modifikation bedarf. Zwar meint *G. Dürig*, eine »qualitativ andere Bedeutung der Grundrechte auch in außervertraglichen Rechtsbeziehungen unter Privaten« werde durch die nicht hinwegzudiskutierende Tatsache gerechtfertigt, »daß sich eben zwei Privatrechtssubjekte gegenüberstehen, die sich beide auf ihre Grundrechte berufen«. Damit liege eine Konstellation vor, die es im Verhältnis zwischen Staat und Bürger in dieser Form nicht gebe.[2] Zu Recht wird dies im Schrifttum aber zunehmend anders gesehen,[3] denn wenn ein Privatrechtssubjekt von einem anderen Privatrechtsubjekt aufgrund einer zivilrechtlichen Norm ein bestimmtes Verhalten – insbesondere eine Unterlassung – verlangen kann, wird durch ein staatliches Gericht ein in der staatlich gesetzten Rechtsordnung wurzelnder Verhaltensimperativ aktualisiert: Vermag ein Verhalten einen Abwehr-, Unterlassungs- oder auch Schadensersatzanspruch eines anderen Bürgers auszulösen, so liegt darin eine staatliche Einwirkung auf die (potentiell) grundrechtlich geschützte Freiheit des Anspruchsgegners, weil das anspruchsauslösende Verhalten vorbehaltlich der (privatautonomen) Gestattung durch den Anspruchsinhaber verboten (oder jedenfalls verbietbar) ist. Ein Unterschied zu Einschränkungen der Verhaltensfreiheit aufgrund öffentlichen Rechts besteht lediglich insofern, als der Inhaber eines zivilrechtlichen Anspruchs darüber entscheiden kann, ob er die ihm vom Staat eingeräumte Rechtsposition unter Zuhilfenahme staatlicher Stellen auch durchsetzt.[4] Nicht anders als im öffentlichen

---

[1] Vgl. oben, S. 395ff.

[2] *G. Dürig*, in: Maunz/Dürig, GG, Art. 3 Abs. I Rn. 513 (sub a)).

[3] Vgl. *C.-W. Canaris*, AcP 184 (1984), S. 201 (212); *ders.*, Grundrechte und Privatrecht, S. 13; *D. Medicus*, AcP 192 (1992), S. 35 (44); ferner (mit Blick auf den Gesetzgeber) *J. Hager*, JZ 1994, S. 373 (375f.); zuvor bereits (ohne Beschränkung auf Verhaltenspflichten) *J. Schwabe*, Drittwirkung, insbes. S. 62ff.; s. ferner *H. Bethge*, Grundrechtskollisionen, S. 398ff.; *S. Oeter*, AöR 119 (1994), S. 529 (535f.); zurückhaltend neuestens wieder *U. Diederichsen*, AcP 198 (1998), S. 171 (212).

[4] Dies betont *J. Pietzcker*, in: FS G. Dürig, S. 345 (351f.).

Recht wird aber die zugrunde liegende Rechtsnorm von staatlichen Stellen geschaffen und durchgesetzt.

Daß die Grundrechte jedenfalls in den hier behandelten Fällen »in ihrer herkömmlichen Funktion als Eingriffsverbote und Abwehrrechte«[5] gelten, zeigt sich ferner bei einem Blick auf den Gesetzgeber, der nach verbreiteter Auffassung bei Erlaß auch privatrechtlicher Normen an die Grundrechte gebunden ist.[6] Allerdings findet sich eine Gegenansicht, die den auf Basis der Lehre von einer (nur) »mittelbaren« Grundrechtsgeltung »im« Privatrecht durchaus folgerichtigen Schluß gezogen hat, der Privatrechtsgesetzgeber sei ebenfalls nicht unmittelbar und allenfalls mit Einschränkungen an die Grundrechte gebunden.[7] Eine solche Auffassung ist mit Art. 1 Abs. 3 GG aber endgültig nicht mehr vereinbar.[8] Auch bleibt unerfindlich, warum es für die Grundrechtsbindung des Gesetzgebers darauf ankommen soll, ob der Staat einem Grundrechtsträger im Interesse eines anderen Bürgers eine öffentlich-rechtliche Pflicht auferlegt oder dem Dritten einen privatrechtlichen Anspruch auf ein bestimmtes Verhalten des Pflichtigen einräumt, also beispielsweise »Emissionen Beschränkungen durch das BImSchG oder das BGB unterwirft«.[9] Ist demnach die (abstrakte) Rechtsetzung auch des Zivilrecht schaffenden Gesetzgebers uneingeschränkt an den Grundrechten zu messen, so kann für die Auslegung und (konkrete) Anwendung der vom Gesetzgeber erlassenen Vorschriften durch den Richter nichts anderes gelten, da eine solche Unterscheidung keine innere Rechtfertigung besäße: Zwar ist nicht zu verkennen, daß Rechtsetzung und Rechtsanwendung verschiedene Formen der Aus-

---

[5] *C.-W. Canaris*, AcP 184 (1984), S. 201 (212).

[6] Vgl. *C.-W. Canaris*, AcP 184 (1984), S. 201 (212); *ders.*, JuS 1989, S. 161 (162); *ders.*, Grundrechte und Privatrecht, S. 11ff.; *J. Hager*, JZ 1994, S. 373 (374ff.); *ders.*, Jura 2000, S. 186 (187); *J. Ipsen*, NdsVBl. 1999, S. 102 (106); *P.-M. Huber*, Konkurrenzschutz, S. 188, 289; *H. D. Jarass*, in: Jarass/Pieroth, GG, Art. 1 Rn. 23; *W. Rüfner*, in: Isensee/Kirchhof (Hrsg.), HbStR, Bd. V, § 117 Rn. 59; *K. Stern*, Staatsrecht, Bd. III/1, S. 1565ff., 1578ff.; *J. Taupitz*, Standesordnungen, S. 963.

[7] *W. Zöllner*, RDV 1985, S. 3 (6f.); gegen eine unmittelbare Grundrechtsbindung des Zivilgesetzgebers ferner *F. O. Kopp*, in: FS W. Wilburg, S. 141 (149); wohl auch *J. Schmidt-Salzer*, NJW 1970, S. 8 (12ff.); abl. ferner *U. Diederichsen*, AcP 198 (1998), S. 171 (225ff., 229), der sich (u.a.) auf den Willen des (historischen) Gesetzgebers beruft. Daran ist richtig, daß Grundrechte immer nur in der Staatsrichtung wirkten. Zu Recht wird im Schrifttum aber betont, daß sich an diesem Ausgangspunkt auch nichts geändert hat, vgl. *C.-W. Canaris*, Grundrechte und Privatrecht, S. 12; *J. Hager*, Jura 2000, S. 186 (187); die Frage ist daher, ob und wann eine staatliche Einwirkung auf grundrechtliche Schutzgüter vorliegt, wenn der Staat (zivil-) rechtsgestaltend tätig wird.

[8] Dies betont auch *K. Stern*, Staatsrecht, Bd. III/1, S. 1567, 1578f.; einschr. aber *J. Pietzcker*, in: FS G. Dürig, S. 345 (352). An dessen Ausführungen trifft zu, daß grundgesetzliche Vorgaben gerade für »staatlich behördliche Eingriffe« bei der Regelung wechselseitiger Rechte und Pflichten der Bürger nicht beachtet werden müssen; die grundsätzliche Grundrechtsbindung des Gesetzgebers bei der Auferlegung von Verhaltens- (insbesondere Unterlassungs- oder Duldungs-) Pflichten im Verhältnis zu anderen Bürgern wird hierdurch indes nicht in Frage gestellt.

[9] Beispiel von *J. Hager*, JZ 1994, S. 373 (375); ähnl. auch *J. Pietzcker*, in: FS G. Dürig, S. 345 (350); *C.-W. Canaris*, Grundrechte und Privatrecht, S. 13f.; s. ferner *P. Krause*, JZ 1984, S. 656 (662f.); *S. Oeter*, AöR 119 (1994), S. 529 (534f.); a.A. *U. Diederichsen*, AcP 198 (1998), S. 171 (227f.).

übung von Staatsgewalt sind und namentlich die richterliche Tätigkeit im Hinblick auf ihre grundrechtliche Relevanz besonderer Betrachtung bedarf, denn idealtypisch ist die richterliche Entscheidung gerade durch die gesetzliche Regelung determiniert. Sieht man vom Fall der unrichtigen Rechtsanwendung ab, läßt sich für gerichtliche Erkenntnisse daher schon die allgemeine Frage nach einer eigenständigen Beschwer stellen, die im – strukturell vergleichbaren – Fall des feststellenden Verwaltungsaktes in der Rechtskraft gesehen wurde.[10] Dessen ungeachtet sind keine in spezifischen Besonderheiten des Privatrechts wurzelnden Gesichtspunkte ersichtlich, die es rechtfertigen könnten, die Auslegung und Anwendung privatrechtlicher Normen im Hinblick auf die Grundrechtsgeltung anders zu behandeln, als deren Erlaß.[11]

Ingesamt ist es kein hinreichender Grund für eine – wie auch immer geartete – Relativierung der Grundrechtsgeltung bei nichtvertraglichen Rechtsbeziehungen unter Privaten, daß sich in diesem Fall zwei Privatrechtssubjekte gegenüberstehen: Weder ist die Verfolgung des Gemeinwohls dem öffentlichen Recht vorbehalten, noch stehen im Privatrecht allein Privatinteressen in Rede. Vielmehr gehört auch der Ausgleich von Privatinteressen zu den Aufgaben des Verwaltungsrechts,[12] kann auf der anderen Seite eine privatrechtliche Norm dem Allgemeininteresse zu dienen bestimmt sein, wie sich an Vorschriften über Kontrahierungszwänge oder des Wettbewerbsrechts ablesen läßt. Der Unterschied zwischen öffentlichem und privatem Recht ist deshalb nicht kategorialer Natur, sondern bezieht sich allein auf das Rechtssubjekt, das durch eine Rechtsnorm berechtigt, verpflichtet oder organisiert wird.[13] Im Hinblick auf den Ausgleich von Privatinteressen durch den Gesetzgeber reduziert sich der Unterschied zwischen öffentlichem und privatem Recht damit auf die Frage, ob sich der Staat durch Normierung einer ihm gegenüber bestehenden (und damit öffentlich-rechtlichen) Pflicht zum »Anwalt« eines Dritten macht oder ob er dem Dritten einen eigenen (privatrechtlichen) Anspruch gegen einen anderen Bürger einräumt, der mit Hilfe staatlicher Gerichte verfolgt werden kann.[14] Öffentliches und privates Recht sind lediglich unterschiedliche Instrumente zu einer grundrechtskonformen Ausgestaltung der Rechtsordnung, so daß dem Zivilrecht – entgegen *U. Diederichsen*[15] –

[10] Vgl. oben, S. 124.

[11] Vgl. hierzu auch *C.-W. Canaris*, Grundrechte und Privatrecht, S. 24f., der darauf hinweist, daß »die Anwendung und Fortbildung der Gesetze die notwendige Ergänzung und Vervollständigung ihrer Schaffung durch den Gesetzgeber darstellt« (ebd., S. 25).

[12] Dies wird auch betont von *C.-W. Canaris*, AcP 184 (1984), S. 201 (212); *ders.*, JZ 1987, S. 993; *ders.*, JuS 1989, S. 161 (162); ebenso *J. Hager*, JZ 1994, S. 373 (375).

[13] Näher zur Bedeutung des »Dualismus zweier Rechtskreise« *Th. Koch*, Unternehmen, S. 68ff. (75ff.).

[14] Vgl. *G. Schwerdtfeger*, NVwZ 1983, S. 199 (200).

[15] *U. Diederichsen*, AcP 198 (1998), S. 171 (236); dem dabei verfolgten Anliegen, die Grundrechte nicht kraft ihrer »Ausstrahlungswirkung« in jeden Winkel des Zivilrechts dringen zu lassen, ist demgegenüber uneingeschränkt zuzustimmen; das eigentliche Problem dürften indes

kein Eigenwert zukommt, der als Schutzgut von Verfassungsrang in eine Abwägung mit Grundrechten einzustellen sein könnte.

Daß die Grundrechte auch für Rechtsetzung und -anwendung im Bereich des außervertraglichen Zivilrechts gelten, hat andererseits nicht automatisch Konsequenzen für Fallgestaltungen, in denen eine Einwirkung auf grundrechtliche Schutzgüter nicht aus einer (zivil-) gerichtlichen Entscheidung resultiert, sondern unmittelbar aus dem Verhalten eines anderen Bürgers, beispielsweise einer »ehrenrührigen« Meinungsäußerung: Zwar ist vom Vorliegen eines Beeinträchtigungstatbestandes auszugehen, wenn ein Zivilgericht – wie im Falle der »Lüth«-Entscheidung des Bundesverfassungsgerichts das LG Hamburg – einem Grundrechtsträger eine Meinungsäußerung untersagt; es erscheint wenig plausibel, hierin einen ausschließlich unter dem Aspekt staatlicher Schutzpflichten (gegen die Zivilrechtsordnung!) zu erörternden Vorgang sehen zu wollen.[16] Diese Gegebenheiten sind auf den – umgekehrten – Fall der Beeinträchtigung eines Nichtstörungsinteresses eines Grundrechtsträgers durch Handlungen oder Äußerungen eines anderen Privaten – im Falle der »Lüth«-Entscheidung also beispielsweise die von den Filmgesellschaften vor dem Landgericht angegriffenen Äußerungen des Beschwerdeführers – aber nicht ohne weiteres übertragbar: Weil die Beeinträchtigung in einem solchen Fall nicht durch eine Gerichtsentscheidung – oder einen anderen Staatsakt – vermittelt wird, sondern aus dem Handeln eines anderen Bürgers resultiert, stellt sich vielmehr die Frage nach der grundrechtlichen Relevanz eines solchen Vorgangs.

Diese Frage wird zu verneinen haben, wer mit der herrschenden Meinung annimmt, daß die staatliche Zulassung drittbeeinträchtigenden Verhaltens Privater grundrechtlich irrelevant, die störende Handlung ein ausschließlich »privater Eingriff« ist; auf Basis einer solchen Auffassung kommt vielmehr nur eine staatliche Schutzpflicht zugunsten des Dritten in Betracht. *C.-W. Canaris* will daher – wie erwähnt – zwischen einerseits der abwehrrechtlich relevanten Einwirkung auf die Verhaltensfreiheit durch Normen des privaten Rechts und andererseits der nur unter dem Aspekt staatlicher Schutzpflichten relevanten Einwirkung auf ein Nichtstörungsinteresse durch andere Private unterscheiden: Soweit »deliktsrechtliche Normen« in Grundrechte eingriffen, kämen diese »in ihrer herkömmlichen Funktion als Eingriffsverbote und Abwehrrechte« zur Anwendung, soweit hingegen der »Eingriff von einem Privatrechtssubjekt« ausgehe, bestehe »Raum und Bedürfnis für die Schutzgebotsfunktion«.[17] Auf dieser Linie bewegt sich auch die Feststellung des Bundesverfassungsgerichts in der »Helnwein«-Entscheidung, der grundrechtliche Schutz gegen nachteilige Behauptungen durch das allgemeine Persönlichkeitsrecht wirke nicht unmittelbar gegenüber

---

Übertreibungen des die gesetzgeberischen Gestaltungsspielräume nicht hinreichend berücksichtigenden Bundesverfassungsgerichts sein; dazu noch unten, S. 474ff.

[16] Vgl. auch *C.-W. Canaris*, JuS 1989, S. 161 (162): »dogmatisch unhaltbar«.

[17] *C.-W. Canaris*, AcP 184 (1984), S. 201 (229).

Dritten und entfalte »direkte Wirkung« nur gegenüber dem Staat, dieser sei aber »grundrechtlich gehalten«, den Einzelnen »vor Persönlichkeitsgefährdungen durch Dritte zu schützen«.[18]

Wird demgegenüber mit der hier vertretenen Auffassung angenommen, daß den Staat eine (Mit-) Verantwortung für Beeinträchtigungen eines Dritten infolge zulässigen Verhaltens anderer Privater trifft, bedarf es einer solchen Unterscheidung nicht: Unter Zugrundelegung einer solchen »Mitverantwortungsthese« bewirkt es vielmehr gerade keinen qualitativen Unterschied, ob die Verhaltensfreiheit eines Grundrechtsträgers durch staatliche »Hilfestellung« bei der Durchsetzung von Nichtstörungsinteressen eines anderen Grundrechtsträgers beeinträchtigt wird oder der Staat – umgekehrt – einem Grundrechtsträger die Möglichkeit zur Durchsetzung von Nichtstörungsinteressen im Interesse der Verhaltensfreiheit anderer vorenthält, so daß auch das Fehlen zivilrechtlicher Störungsabwehrmöglichkeiten an den Grundrechten des Betroffenen zu messen ist.[19]

Unabhängig von diesen konstruktiven Fragen bleibt festzuhalten, daß auch der Ausgleich kollidierender Privatinteressen durch Schaffung und Anwendung zivilrechtlicher Vorschriften zumindest im Falle vertragsunabhängiger und damit vom Willen der beteiligten Privatrechtssubjekte unabhängiger Rechte und Pflichten nicht anders als ein öffentlich-rechtlicher Interessenausgleich einer Überprüfung am Maßstab der Abwehr- und/oder Schutzfunktion der Grundrechte unterliegt, so daß sich Einwirkungen auf grundrechtliche Schutzgüter einer der an einem gesetzlichen Schuldverhältnis beteiligten Personen in erster Linie an den (kollidierenden) Rechten des anderen Beteiligten messen lassen müssen. Gleichwohl wäre es (zumindest) unpräzise, von einer Bindung des Verpflichteten an Grundrechte eines anderen Bürgers zu sprechen. Vielmehr liegen jeweils staatliche Einwirkungen auf die grundrechtlich (potentiell) geschützte Freiheit eines Bürgers im Interesse eines anderen Bürgers vor, die schon deshalb nicht ohne weiteres grundrechtlich determiniert sind, weil Grundrechte dem Gesetzgeber erhebliche Spielräume lassen und der staatlichen Befugnis zur (Aus-) Gestaltung der Rechtsordnung nur äußerste Grenzen setzen. Wird beispielsweise eine Sache einem Rechtssubjekt von der Rechtsordnung zur alleinigen und privatnützigen Nutzung und Verwertung zugeordnet, so bewirkt dies zwar eine Ausschließung Dritter, die deren Handlungsmöglichkeiten beschränkt. Eine Bindung Dritter an das Grundrecht des Eigentümers aus Art. 14 Abs. 1 GG kann hierin aber schon deshalb nicht gesehen werden, weil der »aktuelle Stand« der einfach-gesetzlich vorgesehenen Rechte und Verhaltensoptionen eines Sacheigentümers (»Eigentümerbefugnisse«) von der Verfassung nicht ohne weiteres vor einer Veränderung –

[18] BVerfGE 99, 185 (194).

[19] Insofern übereinstimmend *J. Schwabe*, Drittwirkung, S. 62ff.; vgl. auch *J. Pietzcker*, in: FS G. Dürig, S. 345 (355), der mit Blick auf das Zivilrecht ebenfalls zu dem Ergebnis kommt, daß die »Konstruktion der Eingriffsabwehr auch gegenüber gesetzlichen Duldungspflichten ... als Konstruktion durchaus plausibel« ist.

oder gar einem Entzug – durch den Gesetzgeber geschützt wird. In Erfüllung des gesetzgeberischen Auftrags zum Ausgleich widerstreitender Interessen können die eigentumsbezogenen Verhaltensmöglichkeiten eines Sacheigentümers wie auch dessen Störungsabwehrrechte vielmehr beschränkt werden, ohne daß dies sogleich verfassungswidrig wäre. Sowohl die zahlreichen eigentumsbezogenen Ge- und Verbote – beispielsweise im Denkmalschutzrecht – wie auch die einfachgesetzlich geregelten Einwirkungsbefugnisse Dritter bis hin zu Benutzungs- und Betretensrechten – erwähnt sei hier nur die Zulässigkeit der Benutzung privater Waldwege durch Spaziergänger und Reiter – sind Ausdruck dieses (gesetzgeberischen) Gestaltungsspielraums und damit zugleich des (Anwendungs-) Vorrangs des einfachen Rechts.

Weil dem gesetzgeberischen Gestaltungsspielraum durch die Grundrechte äußerste Grenzen gezogen werden, ist gleichwohl im Einzelfall möglich, daß aus deliktsrechtlichen Vorschriften ein Verhaltensimperativ resultiert, der im Hinblick auf die Grundrechte des Anspruchsinhabers geboten ist, so daß eine abweichende Entscheidung über die wechselseitigen Rechte und Pflichten der beteiligten Bürger nicht möglich gewesen wäre. Beispielhaft genannt sei das wichtige – und besonders umstrittene – Gebiet des Aufeinandertreffens von Meinungs(äußerungs)freiheit und Ehrenschutz: So kann zunächst der Fall eintreten, daß ein Grundrechtsträger eine Einwirkung auf seinen sozialen Geltungsanspruch mit Rücksicht auf die Meinungsfreiheit eines anderen Bürgers geschehen lassen muß; mit Recht betont das hierfür vielfach gescholtene Bundesverfassungsgericht den hohen Rang der Meinungsfreiheit gerade auch in Fällen der Kollision von Meinungsfreiheit und Ehrenschutz.[20] Da das allgemeine Persönlichkeitsrecht auch den sozialen Geltungsanspruch eines Grundrechtsträgers schützt,[21] erscheint aber – umgekehrt – auch denkbar, daß der Staat bei Überschreitung äußerster Grenzen – die etwa bei einer »Schmähkritik«[22] verortet werden können – zugunsten des Betroffenen intervenieren muß; gerade für Kollisionen von Meinungsfreiheit und Ehrenschutz wäre der Gestaltungsspielraum des Gesetzgebers damit stark eingeengt.

Soweit demnach die einfach-gesetzliche Rechtslage einen Grundrechtsträger zur Hinnahme oder Unterlassung von Meinungsäußerungen verpflichtet, weil eine abweichende Auflösung des zugrunde liegenden Interessenkonflikts aus im Verfassungsrecht wurzelnden Gründen nicht möglich ist, läßt sich folglich sagen, daß die Grundrechtsbindung des Staates auf den Bürger zurückwirkt. Dabei handelt es sich aber nur um eine Folge des Umstands, daß die Grundrechte staatlichen Stellen verbieten, einen Bürger in einem (Über-) Maß zu belasten, das durch die Belange eines anderen Bürgers nicht mehr zu rechtfertigen und deshalb unver-

---

[20] Vgl. BVerfGE 82, 272 (281f.); 86, 1 (9f.); 93, 266 (292ff.); Umfassend zu dieser Rspr. mit zahlr. Nachw. auf krit. Stellungnahmen *R. Scholz/K. Konrad*, AöR 123 (1998), S.60ff.

[21] Vgl. nur *D. Murswiek*, in: Sachs (Hrsg.), GG, Art. 2 Rn. 74 m.w.N.

[22] Vgl. BVerfGE 82, 43 (51); 93, 266 (294).

hältnismäßig ist. Es ist deshalb nicht nur eine terminologische Frage, ob beispielsweise in einer Meinungsäußerung, die ein hierdurch nachteilig Betroffener unter Rückgriff auf seine Grundrechte abwehren kann, eine Grundrechtsverletzung durch den Äußernden liegt.[23] Auch für diesen Fall gilt es vielmehr zu betonen, daß allein der Staat ein Grundrecht des Dritten zu verletzen vermag, indem er durch die Zulassung einer solchen Meinungsäußerung einer grundrechtlichen Beachtens- oder Schutzpflicht nicht hinreichend Rechnung trägt. Demgegenüber kann der Äußernde nur einfaches Recht verletzen, das eine verfassungsrechtlich geforderte Einschränkung seiner Meinungsfreiheit bewirkt.

Eine durch die Grundrechtsbindung des Staates vorgeblich vermittelte »Bindung« eines der an einem gesetzlichen Schuldverhältnis Beteiligten an die (Grund-) Rechte des anderen Beteiligten ist daher nicht mehr als die notwendige Folge einer durch Grundrechte des Dritten gebotenen Intervention des Staates, ohne daß ein durchgreifender Unterschied zur Erfüllung einer solchen Interventionspflicht durch öffentlich-rechtliche Instrumentarien erkennbar ist.[24] Zugleich bestätigt dieser Befund nochmals, daß es entgegen *G. Dürig*[25] verfehlt wäre, im Bereich der außervertraglichen Schuldverhältnisse schon allein deshalb eine Lockerung der staatlichen Grundrechtsbindung annehmen zu wollen, weil sich in einem Zivilrechtsstreit zwei Privatrechtsubjekte gegenüberstehen. Vielmehr verschaffte eine Relativierung der staatlichen Grundrechtsbindung dem Staat wegen der Wechselseitigkeit der in Rede stehenden Rechte und Pflichten die Möglichkeit, Rechte eines der beteiligten Bürger im Interesse des anderen nach Belieben zu beschränken.[26] Aufgabe der Grundrechte ist aber gerade, der staatlichen Gestaltungsmacht Grenzen zu setzen, deren Überschreitung eine Preisgabe der Belange eines der Beteiligten bewirkte.

---

[23] So aber *R. Alexy*, Theorie, S. 493.

[24] Daß (zwingende) zivilrechtliche Vorschriften ebenfalls Prinzipien enthalten können, »die aus Gründen des gemeinen Wohls auch für die Gestaltung der Rechtsbeziehungen zwischen den einzelnen verbindlich sein sollen« und insofern »eine nahe Verwandtschaft mit dem öffentlichen Recht« aufweisen, wird schon in der »Lüth«-Entscheidung betont, vgl. BVerfGE 7, 198 (206).

[25] *G. Dürig*, in: Maunz/Dürig, GG, Art. 3 Abs. I Rn. 513 (sub a)).

[26] Dies betont auch *J. Hager*, JZ 1994, S. 373 (375).

C. Grundrechte und vertragliche Rechtsbeziehungen

I. Vertragliche Rechtsbeziehungen und zwingendes Recht

1. Zwingendes Zivilrecht und Privatautonomie

Damit kann festgehalten werden, daß die Schaffung und Anwendung privaten Rechts nicht schon allein deshalb zwangsläufig zu einer Relativierung der Grundrechtsbindung staatlicher Stellen führt, weil die (notwendig privatrechtlichen[1]) Rechtsbeziehungen zwischen Privatrechtssubjekten den Gegenstand staatlichen Handelns bilden. Vielmehr ist der Staat jedenfalls im Falle der Festlegung wechselseitiger Rechte und Pflichten von Privatrechtssubjekten nicht anders als bei einer Konfliktregulierung durch öffentliches Recht wegen der funktionalen Äquivalenz dieser unterschiedlichen Vorgehensweisen uneingeschränkt grundrechtsgebunden. Bei der Diskussion um die Grundrechtsgeltung »im« Privatrecht geht es denn auch in erster Linie um die immer noch als »weitgehend ungeklärt« bewertete[2] Frage nach der Bedeutung der Grundrechte für das Vertragrecht: Da gerade das Vertragsrecht eine autonome Gestaltung der rechtlichen Beziehungen zu anderen Rechtssubjekten ermöglicht, steht insoweit gerade keine Grundrechtsbindung des Staates zum Schutze des Individuums vor der zwangsweisen Anordnung von Rechtspflichten im Rahmen nichtvertraglicher Schuldverhältnisse in Rede, sondern der Schutz der Privatautonomie vor einer Grundrechtsbindung des auf vertragliche Rechtsbeziehungen einwirkenden Staates.

Allerdings versteht sich nicht von selbst, daß eine Grundrechtsbindung auch des vertragsrechtsgestaltenden Staates notwendig auf die Möglichkeit zur privatautonomen Gestaltung von Rechtsbeziehungen zurückwirkt, es zwangsläufig zu einer Beseitigung der Privatautonomie kommen muß. Vielmehr liegt der Einwand nahe, daß der Gesetzgeber »aufgrund des Prinzips der Privatautonomie grundrechtlich nachgerade verpflichtet ist, dem einzelnen einen angemessenen Freiraum eigenverantwortlicher Betätigung zu ermöglichen«.[3] Genießt die Möglichkeit der freien Entscheidung über das »Ob« eines Vertragsschlusses, die Auswahl des Vertragspartners und den Vertragsinhalt (»Vertragsfreiheit«) potentiell

---

[1] Zwar gibt es privatrechtliche Rechtsverhältnisse zwischen Staat und Bürger, nicht aber öffentlich-rechtliche Rechtsverhältnisse unter ausschließlicher Beteiligung Privater, vgl. *Th. Koch*, Unternehmen, S. 88 (mit Fn. 332).

[2] So *D. Looschelders/W. Roth*, JZ 1995, S. 1034.

[3] So *D. Looschelders/W. Roth*, JZ 1995, S. 1034 (1038).

grundrechtlichen Schutz, so bedarf deren Einschränkung durch Schaffung und Anwendung zwingenden Zivilrechts der verfassungsrechtlichen Rechtfertigung.

Daß eine Einschränkung der Möglichkeit zu privater Rechtsgestaltung durch nicht abdingbare Vorschriften des Privatrechts einen Beeinträchtigungstatbestand erfüllt, ist aber ebenfalls keine Selbstverständlichkeit, denn rechtserhebliches Handeln – und damit auch ein Vertragsschluß – setzt nach verbreiteter Ansicht eine Rechtsordnung voraus, die die Rechtserheblichkeit einer rechtsgeschäftlichen Handlung erst herbeiführt und – damit einhergehend – Mechanismen zur auch zwangsweisen Durchsetzung vertraglich begründeter Ansprüche bereithält.[4] *G. Jellinek* hat diesen Gedanken mit Blick gerade auf Rechtsgeschäfte frühzeitig dahin formuliert, daß es bei der Herbeiführung von Rechtsfolgen um ein »rechtliches Können« gehe, das »in scharfem Gegensatze zum Dürfen« stehe und durch die Bestimmungen über die Gültigkeit von Rechtshandlungen und Rechtsgeschäften statuiert werde.[5] Nach dieser Auffassung ist rechtserhebliches Handeln »den Menschen nicht schon qua natura möglich«,[6] vielmehr müsse, »dem natürlichen Können ausdrücklich die rechtliche Anerkennung hinzugefügt werden«,[7] wodurch ein »natürliches Handeln mit einer rechtlichen Bedeutung versehen wird«.[8] Eine »natürliche« Vertragsfreiheit erschöpft sich danach in der »Freiheit, beliebige Versprechen auszutauschen und deren Erfüllung gegebenenfalls im Wege der Selbsthilfe zu erzwingen«.[9] Ein »verbindliches Versprechen«[10] sei die »freiwillige Übernahme einer Verpflichtung durch ein selbstverantwortliches Privatrechtssubjekt« aber »nur insoweit, wie sie von der Rechtsordnung als gültiger Rechtsakt anerkannt wird«.[11] »Die privatautonome Gestaltung hat ... nur Rechtswirksamkeit, wenn und soweit die Rechtsordnung dies bestimmt«.[12]

Wenn angenommen wird, daß es sich bei der Fähigkeit zur Vornahme rechtserheblicher Handlungen um eine »vom Staat verliehene Handlungsfähigkeit« han-

---

[4] Vgl. (mit jeweils unterschiedlichen Akzentuierungen) *R. Alexy*, Theorie, S. 215f.; *A. Bleckmann*, JZ 1988, S. 57 (59 mit Fn. 34); *C.-W. Canaris*, AcP 184 (1984), S. 201 (218f.); *H.-U. Erichsen*, in: Isensee/Kirchhof (Hrsg.), HbStR, Bd. VI, § 152 Rn. 57; *T. Geddert-Steinacher*, Menschenwürde, S. 94f.; *W. Höfling*, Vertragsfreiheit, S. 21ff.; *W. Leisner*, Grundrechte und Privatrecht, S. 327f.; *D. Looschelders/W. Roth*, JZ 1995, S. 1034 (1038); *G. Lübbe-Wolff*, Eingriffsabwehrrechte, S. 81; *F. Roscher*, Vertragsfreiheit, S. 55; *W. Roth*, Eingriffe, S. 162ff. (164); *M. Sachs*, in: K. Stern, Staatsrecht, Bd. III/1, S. 605f.; *J. Schwabe*, Drittwirkung, S. 19, 67; *J. Taupitz*, Standesordnungen, S. 598ff.; *P. v. Wilmowsky*, JZ 1996, S. 590 (591f.); der Sache nach wohl auch BVerfGE 89, 214 (231f.), s. zu dieser Entscheidung auch noch unten, S. 424ff.

[5] *G. Jellinek*, System, S. 47.

[6] *W. Roth*, Eingriffe, S. 163.

[7] *G. Jellinek*, System, S. 48.

[8] *W. Roth*, Eingriffe, S. 163.

[9] *W. Höfling*, Vertragsfreiheit, S. 22.

[10] *W. Höfling*, Vertragsfreiheit, S. 22.

[11] *D. Looschelders/W. Roth*, JZ 1995, S. 1034 (1038); ähnl. *W. Höfling*, Vertragsfreiheit, S. 22; *W. Roth*, Eingriffe, S. 164.

[12] *W. Flume*, Das Rechtsgeschäft, S. 2.

dele,[13] liegt jedoch der weitere Schluß nahe, daß (beispielsweise) im Falle einer »Zurücknahme zuvor verliehener rechtlicher Handlungsfähigkeit«[14] durch zwingendes Recht nicht ohne weiteres eine abwehrrechtlich relevante Beeinträchtigung der (Vertrags-) Abschlußfreiheit und damit der Privatautonomie vorliegt.[15] Gibt es keine natürliche Freiheit zum Vertragsschluß, so existiert nur »ein vom Staate geordnetes und gestaltetes Institut des freien Vertrages«.[16] Dem entspricht die Auffassung von *W. Flume*, es sei verfehlt, wenn man »die Vertragsfreiheit als ein apriorisches Freiheitsrecht hypostasiert, dem gegenüber gesetzliche Regelungen einer besonderen Rechtfertigung bedürfen sollen«.[17] Vielmehr ergäben sich »aus der verfassungsmäßigen Gewährleistung der Vertragsfreiheit keine konkreten Folgerungen für den Inhalt der Privatrechtsordnung, abgesehen von der Grundentscheidung unserer Verfassung für eine Privatrechtsordnung«.[18] Über die Anerkennung einer solchen Garantie der Vertragsfreiheit als Rechtsinstitut[19] hinaus findet sich im Schrifttum noch die Ansicht, daß der Gesetzgeber bei einer einschränkenden Neudefinition des rechtlichen Könnens eine durch eigene Leistung erworbene Rechtsposition unter Gesichtspunkten des Vertrauensschutzes nicht ohne weiteres beseitigen könne[20] und im übrigen ein Grundrechtsschutz gegen administrative Beeinträchtigungen staatlich eingeräumter Rechtsmacht nach Maßgabe der einfach-gesetzlichen Rechtslage in Betracht kommt;[21] die Parallele zum herrschenden Verständnis des Art. 14 Abs. 1 GG ist offenkundig.[22]

Die Annahme, daß das Nichtbestehen »rechtlicher Handlungsfähigkeit« die grundrechtlich (potentiell) geschützte Freiheit zu einem Handeln nach eigenem Belieben nicht berühre und es daher grundsätzlich keinen abwehrrechtlichen Schutz gegen Beschränkungen der Rechtserheblichkeit rechtsgeschäftlichen Handelns gebe, vermag indes – ebenso wie die herrschende Lehre zum Grundrechtsschutz des Eigentums – nicht zu überzeugen: Zunächst erscheint die dem

---

[13] *W. Roth*, Eingriffe, S. 167; ebenso schon *G. Jellinek*, System, S. 47, vgl. auch ebd, S. 48: »Gewährung«.

[14] *W. Roth*, Eingriffe, S. 167.

[15] So insbes. *W. Roth*, Eingriffe, S. 167ff.; *J. Schmidt-Salzer*, NJW 1970, S. 8 (14f.), der ebenfalls der Ansicht ist, daß es sich bei den »sog. Schranken der Vertragsfreiheit nicht um die nachträgliche Begrenzung eines vorgegebenen Freiheitsraumes, sondern um eine von vornherein eingeschränkte Zulassung« handele (ebd., S. 14) und deshalb die »Grenzen der Vertragsfreiheit ... nicht am GG gemessen werden« können (ebd., S. 15); vgl. ferner *A. Bleckmann*, JZ 1988, S. 57 (59 mit Fn. 34).

[16] *E.R. Huber*, AöR 23 (1933), S. 1 (41).

[17] *W. Flume*, Das Rechtsgeschäft, S. 17.

[18] *W. Flume*, Das Rechtsgeschäft, S. 18; ähnl. *F. Roscher*, Vertragsfreiheit, S. 55f.

[19] Hierfür auch *J. Schmidt-Salzer*, NJW 1970, S. 8 (15): Der Gesetzgeber müsse die »Grundentscheidung der Verfassung für die Zulassung eines intersubjektiven rechtsgeschäftlichen Verkehrs respektieren«.

[20] Vgl. *W. Roth*, Eingriffe, S. 168f.

[21] *W. Roth*, Eingriffe, S. 169ff.

[22] Vgl. auch *W. Roth*, Eingriffe, S. 171ff.

notwendig zugrundeliegende Prämisse nicht zwingend, daß erst die staatlich gesetzte Rechtsordnung die mit einem Vertragsschluß einhergehende Bindungswirkung vermittelt und deshalb dem Menschen die Möglichkeit zu rechtserheblichem Handeln nur aufgrund und damit im Rahmen staatlich geschaffenen Rechts eigen ist. Immerhin findet sich im Schrifttum eine Auffassung, die stärker betont, daß die Geltung eines Vertrages (auch) »aus der bindenden Kraft des Versprechens«[23] resultiert, die damit (binnen-) rechtserzeugend wirkt. So meint *K. Larenz*, eine Pflicht zur Einhaltung von Verträgen folge »nicht erst aus einem Gebot der jeweiligen Rechtsordnung«,[24] vielmehr könne man »*in dem Versprechensakt selbst* den Grund der Bindung«[25] im moralischen wie auch im rechtlichen Sinne sehen.[26] Allerdings relativiert *Larenz* diesen Ansatz sogleich wieder, indem er der Rechtsordnung im Ergebnis nicht jede Bedeutung für die bindende Wirkung rechtsgeschäftlicher Erklärungen abspricht: Die »rechtliche Geltung einer vertraglichen Regelung«[27] habe stets einen »doppelten Grund«: Einerseits den »diese Regelung schaffenden gemeinsamen Willensakt der Vertragschließenden, durch den sie sich selbst binden«, andererseits die »Anerkennung dieses Aktes durch die Rechtsordnung«.[28] Ähnlich äußert sich *C.-W. Canaris*, nach dessen Auffassung der Gesetzgeber mit der Zulassung der Privatautonomie »lediglich eine allem positiven Recht vorausliegende Gestaltungsmöglichkeit« übernehme und mit Rechtszwang ausstatte.[29] Auch auf Basis dieser Stellungnahmen entfalten die Erklärungen der Beteiligten aus sich heraus folglich noch keine bindende Kraft.[30]

Des weiteren hat sich *K. Stern* in einer älteren Stellungnahme zu der Ansicht bekannt, daß ein Vertrag »als solcher bindende, verpflichtende Kraft hat und nicht eine ihn hervorbringende Rechtsnorm«.[31] Bei dem Vertrag handele es sich nicht um eine »erst durch das positive Recht geschaffene Regelungsform menschlicher Beziehungen«, sondern eine »Urform friedlichen menschlichen Zusammenlebens«.[32] Die bindende Kraft eines Vertrages sei »mithin nicht derivativ aus einer Norm abgeleitet, sondern originär aus dem Vertrag selbst, letztlich aus sei-

---

[23] *K. Larenz*, Allgemeiner Teil des deutschen Bürgerlichen Rechts (7. Aufl.), S. 41.

[24] *K. Larenz*, Allgemeiner Teil des deutschen Bürgerlichen Rechts (7. Aufl.), S. 41.

[25] *K. Larenz*, Allgemeiner Teil des deutschen Bürgerlichen Rechts (7. Aufl.), S. 41 in Fn. 10 (Hervorhebung im Original); ähnl. *ders.*, Richtiges Recht, S. 62.

[26] Ähnl. auch *C.-W. Canaris*, AcP 184 (1984), S. 201 (217), nach dessen Ansicht »das Essentiale des Rechtsgeschäfts ... darin liegt, daß die *schöpferische* Gestaltung von Rechtsfolgen durch die Privatrechtssubjekte selbst erfolgt« (Hervorhebung im Original).

[27] *K. Larenz*, Allgemeiner Teil des deutschen Bürgerlichen Rechts (7. Aufl.), S. 41.

[28] *K. Larenz*, Allgemeiner Teil des deutschen Bürgerlichen Rechts (7. Aufl.), S. 41 f.; vgl. auch *ders.*, Anerkennung, Nachwort (1966), S. 2.

[29] *C.-W. Canaris*, AcP 184 (1984), S. 201 (218); zust. *J. Taupitz*, Standesordnungen, S. 599.

[30] Vgl. auch *J. Taupitz*, Standesordnungen, S. 601, der die Vertragsparteien deshalb als »Schöpfer des vertraglichen Geltungsbefehls« bezeichnen will, weil Staat und Private an dessen Entstehung »im Sinne eines gleichrangigen Mitwirkens« Anteil hätten.

[31] *K. Stern*, VerwArch 49 (1958), S. 106 (129).

[32] *K. Stern*, VerwArch 49 (1958), S. 106 (122).

ner vorrechtlichen apriorischen Natur«,[33] der Vertrag trage »seine Verbindlichkeit und die Verpflichtungskraft der Parteien in sich«.[34]

Allerdings wurde dieser Ausgangspunkt auch von *Stern* sogleich wieder teilweise zurückgenommen: Sofern sich über die Gemeinschaft eine positivierte Rechtsordnung erhebe, seien »die Rechtsgenossen grundsätzlich von einer originären Rechtsetzung ausgeschaltet und nur soweit zu einer rechtlichen Gestaltung ihrer Beziehungen befugt, als sie die übergeordnete Rechtsordnung hierzu ermächtigt.[35] Aus dem »Stufenbau« der Rechtsordnung folgt danach ein umfassendes Verbot der Rechtserzeugung durch Verträge, das durch zum Vertragsschluß ermächtigende Normen – einen »Rechtsgestaltung gewährenden Akt«[36] – wieder mehr oder weniger weitgehend durchbrochen wird.[37] Auch wenn diese – an anderer Stelle nicht wiederholte[38] – Position zugrunde gelegt wird, bleibt wegen des Postulats einer »apriorischen Natur« des Vertrages jedenfalls die Annahme möglich, daß ein »Vertragsschlußverbot«, das aus dem Fehlen einer Abschlußermächtigung durch das einfache Recht resultiert, als Beeinträchtigung einer (»natürlichen«) Freiheit zum Vertragsschluß grundrechtlich relevant ist.

Insgesamt scheint damit der Schluß auf einen Zusammenhang zwischen einerseits dem Geltungsgrund von Verträgen und andererseits der Bedeutung der Grundrechte für das Vertragsrecht naheliegend zu sein: Wird – richtigerweise – angenommen, daß die Verbindlichkeit vertraglicher Abreden aus einer »Selbstbindung«[39] der Beteiligten resultiert, so ist es ohne konstitutive Bedeutung, wenn die staatliche Rechtsordnung eine Begründung von Rechten und Pflichten durch korrespondierende Willenserklärungen vorsieht; insofern ist zwischen diesem deklaratorischen Akt und der – in der Tat als staatliche »Leistung« begreifbaren – Bereitstellung eines Systems zur zwangsweisen Durchsetzung rechtsgeschäftlich begründeter Rechte und Pflichten zu unterscheiden.[40] Zugleich ist dann ohne weiteres von grundrechtlicher Relevanz, wenn die Rechtsordnung die »natürliche« Freiheit zur Bindung dadurch beschränkt, daß sie einem rechtsgeschäftlichen Handeln – beispielsweise aufgrund des Verdikts der Sittenwidrigkeit – die Rechtswirksamkeit und -erheblichkeit abspricht. Demgegenüber kann die Rechtspflicht zur Vertragserfüllung aufgrund der eingetretenen Bindung an eine

---

[33] *K. Stern*, VerwArch 49 (1958), S. 106 (130).

[34] *K. Stern*, VerwArch 49 (1958), S. 106 (130).

[35] *K. Stern*, VerwArch 49 (1958), S. 106 (133); vgl. dazu auch Anm. 38.

[36] *K. Stern*, VerwArch 49 (1958), S. 106 (134).

[37] Gegen die Annahme einer »Ermächtigung« zum Vertragsschluß *C.-W. Canaris*, AcP 184 (1984), S. 201 (218f.); *J. Taupitz*, Standesordnungen, S. 598ff., sowie jetzt auch *K. Stern*, Staatsrecht, Bd. III/1, S. 1551.

[38] Vgl. *K. Stern*, Staatsrecht, Bd. III/1, S. 1551, wo ausdrücklich betont wird, daß der Private im rechtsgeschäftlichen Verkehr nicht »kraft gesetzlicher Ermächtigung«, sondern »kraft autonomer Entschließung« handele, die vom Gesetzgeber nur anerkannt werde.

[39] *K. Larenz*, Richtiges Recht, S. 60; *ders.*, Allgemeiner Teil des deutschen Bürgerlichen Rechts (7. Aufl.), S. 41 in Fn. 10.

[40] Ebenso *J. Eschenbach/F. Niebaum*, NVwZ 1994, S. 1079 (1080).

Willenserklärung auf dieser Grundlage schon deshalb keine grundrechtliche Relevanz beanspruchen, weil es an jedem staatlichen Beitrag zu ihrer Herbeiführung fehlt.[41] Wird hingegen mit der ganz herrschenden Meinung die Bindungswirkung rechtsgeschäftlicher Erklärungen von einer deren Rechtsgeltung erst herbeiführenden und insofern konstitutiv wirkenden »Anerkennung«[42] – oder gar »Ermächtigung«[43] – abhängig gemacht, so ist nicht selbstverständlich, daß deren Vorenthaltung eine Beeinträchtigung von (Verhaltens-) Freiheit bewirken kann. Auch wird im Hinblick auf die Einschränkung der Verhaltensfreiheit durch die Pflicht zur Erfüllung einer vertraglich übernommenen Rechtspflicht im Schrifttum die Auffassung vertreten, wenn im Vertragsrecht eine »rechtliche Verpflichtung erst durch staatlichen Akt entsteht« und nicht schon durch das Vorhandensein einer vertraglichen Abrede ausgelöst wird, sei der Gesetzgeber unbeschadet der Erforderlichkeit einer Willenserklärung des Betroffenen »für die Konstituierung der Verpflichtung ... gegenüber den Abwehrrechten des betroffenen Schuldners rechenschaftspflichtig.«[44]

Der letztgenannten Auffassung ist zunächst entgegenzuhalten, daß sie die zweifelsfrei erforderliche Beteiligung des Pflichtigen an der Entstehung einer Rechtspflicht völlig unberücksichtigt läßt.[45] Darüber hinaus ist grundsätzlich zweifelhaft, daß es für den grundrechtlichen Schutz vor Einschränkungen der Privatautonomie auf die nach Ansicht von *W. Flume* sinnvollerweise gar nicht zu stellende Frage ankommen kann, »ob die privatautonome Gestaltung des einzelnen oder die Rechtsordnung der ›eigentliche‹ Grund für die Geltung des privatautonomen Akts ist«.[46] Selbst wenn die Verbindlichkeit rechtsgeschäftlicher Erklärungen vom Vorhandensein einer »rechtliche Handlungsfähigkeit« erst begründenden »Kompetenznorm«[47] abhängig gemacht würde, erscheint fraglich,

---

[41] Dies betonen *D. Looschelders/W. Roth*, JZ 1995, S. 1034 (1038); vgl. auch *C.-W. Canaris*, AcP 184 (1984), S. 201 (217f.).

[42] Vgl. *C.-W. Canaris*, AcP 184 (1984), S. 201 (218f.); *ders.*, JZ 1987, S. 993 (995); *W. Flume*, Das Rechtsgeschäft, S. 2; *K. Larenz*, Allgemeiner Teil des deutschen Bürgerlichen Rechts (7. Aufl.), S. 41f.; *D. Looschelders/W. Roth*; JZ 1995, S. 1034 (1038); *D. Medicus*, AcP 192 (1992), S. 35 (49); *J. Taupitz*, Standesordnungen, S. 599.

[43] So *W. Höfling*, Vertragsfreiheit, S. 23; *J. Schwabe*, Drittwirkung, S. 70; *J. Schmidt-Salzer*, NJW 1970, S. 8 (14); vgl. auch *W. Roth*, Eingriffe, S. 165 (»Einräumung«).

[44] *D. Looschelders/W. Roth*, JZ 1995, S. 1034 (1038).

[45] Vgl. hierzu noch unten, S. 473f., 479f.

[46] *W. Flume*, Das Rechtsgeschäft, S. 2; zust. *J. Taupitz*, Standesordnungen, S. 600.

[47] Von einer Kompetenznorm spricht in diesem Zusammenhang *C.-W. Canaris*, AcP 184 (1984), S. 201 (218); vgl. ferner *W. Höfling*, Vertragsfreiheit, S. 27f.; auf dieser Grundlage ist aber zumindest mißverständlich, wenn *J. Taupitz*, Standesordnungen, S. 600, im Anschluß an *K. Larenz*, Auslegung, S. 108, von einer »hinzukommenden Anerkennung« spricht; allenfalls kann eine antizipierte Anerkennung angenommen werden. Weil der auch von *Canaris* (ebd.) verwendete Begriff der »Anerkennung« einen staatlichen Akt mit konstitutiver Bedeutung für den Eintritt einer Bindungswirkung beschreibt und demgemäß aus rechtsgeschäftlichen Erklärungen – wie auch schon in dem Begriff der »Kompetenznorm« anklingt – ohne diese staatliche Billigung keine (Selbst-) Bindung des Betroffenen zu resultieren vermag, bewirkt es indes nur eine die Erfor-

ob die Verknüpfung einer dem Bürger tatsächlich möglichen Handlung mit einer rechtlichen Bedeutung ausschließlich als staatliche »Leistung« zu begreifen ist, der eine grundrechtliche Relevanz weitgehend abgesprochen werden muß. Gerade wenn die »schöpferische Gestaltung von Rechtsfolgen durch die Privatrechtssubjekte«[48] betont und in der staatlichen Beteiligung an der Herbeiführung einer Bindungswirkung nur eine zu dem selbstbestimmten Handeln der Beteiligten hinzutretende »Anerkennung« gesehen wird, liegt die Annahme nahe, daß das Grundgesetz die Möglichkeit zu rechtserheblichem Handeln selbst dann schützt, wenn sie als in der Rechtsordnung wurzelnd angesehen wird.

Im Schrifttum klingt eine solche Sichtweise beispielsweise bei *W. Leisner* an, nach dessen Ansicht die Vertragsfreiheit gerade die »Verpflichtungsfähigkeit« sichere, »die als ihr einziger Inhalt« und »somit durch diese Freiheit selbst gestattet erscheint«.[49] Auch hat *W. Höfling* in neuerer Zeit eine Konzeption entwickelt, derzufolge ein Grundrechtsschutz des »rechtlichen Könnens« nicht notwendig hinter der abwehrrechtlichen Gewährleistung des »natürlichen Könnens« zurückbleibt. Dabei geht auch *Höfling* davon aus, daß es sich bei der Vertragsfreiheit nicht um eine »natürliche«, sondern eine »normativ konstituierte Freiheit« handelt, die durch die Verbindung einer »natürlichen ›Versprechens-Freiheit‹ mit der staatlichen Garantie der Durchsetzung der jeweiligen Vertragsinhalte« charakterisiert sei.[50] Zur Erfassung dieser »Eigenart der Vertragsfreiheit« will *Höfling* auf die Rechtsfigur der Institutsgarantie zurückgreifen,[51] die die durch Kompetenznormen konstituierte und damit »kompetentielle grundrechtliche Freiheit«[52] schütze, (rechts-) »institutskonstituierte Handlungen«[53] vorzunehmen.[54] Diese Deutung des Grundrechtsschutzes der Vertragsfreiheit als »Institutsgarantie« soll aber nicht die Konsequenz haben, daß sich »die Gewährleistung des Instituts auf einen typusbestimmenden Wesensgehalt« reduziert[55] und die Schaffung kompetenzvermittelnder Normen durch den Zivilgesetzgeber allein als Ausgestaltung, nicht aber als Beeinträchtigung einer grundrechtlich gewährleisteten Position zu begreifen ist. Dies folgt nach *Höfling* aus der von *R. Alexy* in die Grundrechtsdogmatik eingeführten Unterscheidung zwischen einerseits

---

derlichkeit staatlicher »Mitwirkung« stärker betonende Veränderung der Perspektive, nicht aber einen Unterschied in der Sache, wenn – mit *W. Roth*, Eingriffe, S. 165 – von einer »Einräumung rechtlicher Handlungsfähigkeit« gesprochen wird, denn eine »Kompetenznorm« hat letztlich die Verleihung einer Kompetenz zum Inhalt; *W. Leisner*, Grundrechte und Privatrecht, S. 328, bezeichnet die Vertragsfreiheit denn auch als »vom Staat verliehene (oder anerkannte) Kompetenz zur Schaffung rechtlicher Bindungen«.

[48] *C.-W. Canaris*, AcP 184 (1984), S. 201 (217).

[49] *W. Leisner*, Grundrechte und Privatrecht, S. 328.

[50] *W. Höfling*, Vertragsfreiheit, S. 22.

[51] *W. Höfling*, Vertragsfreiheit, S. 25.

[52] *W. Höfling*, Vertragsfreiheit, S. 28.

[53] *W. Höfling*, Vertragsfreiheit, S. 27.

[54] Vgl. *W. Höfling*, Vertragsfreiheit, S. 25ff.

[55] *W. Höfling*, Vertragsfreiheit, S. 33.

grundrechtlichen Regeln und andererseits grundrechtlichen Prinzipien, derzufolge den Grundrechten neben »definitiven« Geboten (»Regeln«) auch »Optimierungsgebote«[56] zu entnehmen sind: Bei den grundrechtlichen Institutsgarantien, die auf eine »legislatorische Umsetzung begriffsnotwendig angewiesen« seien, handele »es sich gerade nicht um definitive, vielmehr ›nur‹ um Optimierungsgebote«.[57] Bleibe der Gesetzgeber hinter der optimalen Realisierung der Vertragsfreiheit zurück, so liege daher eine Einschränkung dieses auf möglichst umfassende Kompetenzeinräumung gerichteten und (subjektiv-rechtlich bewehrten) Prinzips vor,[58] so daß sich die Figur der Institutsgarantie auch bruchlos »in die allgemeine Tatbestands- und Schrankendogmatik der Grundrechte« einordnen lasse.[59] Der Gesetzgeber habe »jedes Zurückbleiben hinter dem ihm durch das Optimierungsgebot Aufgegebenen zu legitimieren«.[60]

Auch nach Auffassung von *W. Höfling* genießt danach die Vertragsfreiheit einen (potentiell) umfassenden Grundrechtsschutz, so daß sich jede Einschränkung der Privatautonomie an dem Grundrecht (genauer: dem durch die Institutsgarantie grundrechtlich gewährleisteten Prinzip) der Vertragsfreiheit messen lassen muß. Eine andere Frage ist aber, ob es zur Erzielung dieses Ergebnisses des »dogmatischen Umwegs« einer Argumentation mit einem als »Optimierungsgebot« verstandenen grundrechtlichen Prinzip überhaupt bedarf:[61] Immerhin ist in einigen der speziellen Freiheitsrechte ein abwehrrechtlicher Schutz der Vertragsfreiheit ersichtlich »mitgedacht«, so daß sich mit *W. Höfling* »spezifische Erscheinungsformen der Vertragsfreiheit« verschiedenen »grundrechtlichen Spezialverbürgungen« als »auxiliäre Rechte« zuordnen lassen.[62] Zu nennen ist insbesondere der Grundrechtsschutz des Eigentums: Zwar mag sich darüber streiten lassen, wann »Eigentum« i.S.v. Art. 14 Abs. 1 GG vorliegt und ob der Gesetzgeber die Möglichkeit zur Entscheidung über den Inhalt des Verfassungseigentums hat.[63] Da der Eigentumsgewährleistung des Grundgesetzes aber die Aufgabe zukommt,

---

[56] Vgl. zur Deutung grundrechtlicher Prinzipien als »Optimierungsgebote« *R. Alexy*, Theorie, S. 75f.; krit. *E.-W. Böckenförde*, Grundrechtsdogmatik, S. 69; *P. Lerche*, in: FS K. Stern, S. 197ff.; *A. Scherzberg*, DVBl. 1999, S. 356 (364). An dieser Kritik trifft zu, daß es nicht angängig wäre, das Mandat des Gesetzgebers zur Sozialgestaltung und damit zugleich den Umfang gesetzgeberischer Gestaltungsspielräume unter Rückgriff auf ein grundrechtliches Optimierungsgebot zu beschneiden; dies hindert andererseits nicht die Annahme eines in Grundrechten wurzelnden (Optimierungs-) Gebots, demzufolge grundrechtliche Schutzgut-Tatbestände so auszulegen sind, daß staatliches Handeln sich in möglichst weitem Umfang am Maßstab der Grundrechte betroffener Grundrechtsträger messen lassen muß.

[57] *W. Höfling*, Vertragsfreiheit, S. 37.

[58] Vgl. *W. Höfling*, Vertragsfreiheit, S. 37f.

[59] *W. Höfling*, Vertragsfreiheit, S. 38.

[60] *W. Höfling*, Vertragsfreiheit, S. 40.

[61] Ob der »hohe dogmatische Aufwand« der von *W. Höfling* entwickelten Lösung wirklich erforderlich ist, bezweifelt auch *J. Taupitz*, AcP 192 (1992), S. 341 (344).

[62] *W. Höfling*, Vertragsfreiheit, S. 14; vgl. zur Verortung der Vertragsfreiheit in (Spezial-) Grundrechten ferner *H.-U. Erichsen*, in: Isensee/Kirchhof (Hrsg.), HbStR, Bd. VI, § 152 Rn. 59; *P. Krause*, JZ 1984, S. 711 (717f.); *H.-J. Papier*, in: Maunz/Dürig, GG, Art. 14 Rn. 227; *J. Schapp*,

»dem Träger des Grundrechts einen Freiraum im vermögensrechtlichen Bereich zu sichern und ihm dadurch eine eigenverantwortliche Gestaltung seines Lebens zu ermöglichen«,[64] wird als »elementarer Bestandteil der Handlungsfreiheit im Bereich der Eigentumsordnung«[65] auch die Möglichkeit zur Veräußerung einer Rechtsposition geschützt,[66] sofern diese zum »Verfassungseigentum« zu zählen ist. Mit Blick auf das »Geldeigentum« stellt das Bundesverfassungsgericht fest, eine »wesentliche Freiheitsgarantie des Eigentums« liege gerade darin, »Sachgüter und Geld gegeneinander austauschen zu können«.[67] So gesehen bildet Art. 14 Abs. 1 GG den verfassungsrechtlichen Standort einer »Freiheit des Geldausgebens«: »Geld ist geprägte Freiheit; es kann frei in Gegenstände eingetauscht werden«.[68] Die Freiheit zur Verfügung über Eigentum und zur privatautonomen Gestaltung von Rechtsbeziehungen erweisen sich insofern als untrennbar miteinander verknüpft.[69]

Entsprechendes gilt für den Gelderwerb durch eine Berufstätigkeit: Die selbständige oder unselbständige Ausübung eines Berufs ist in einer auf den Austausch von Gütern und Dienstleistungen angelegten Gesellschaft ohne den Abschluß von Rechtsgeschäften nicht denkbar. Wenn das Grundgesetz in Art. 12 Abs. 1 die Freiheit der Wahl und Ausübung eines Berufs schützt, gibt es daher zu erkennen, daß auch die Freiheit zum Abschluß der damit in Zusammenhang stehenden Rechtsgeschäfte grundrechtlichen Schutz genießt. »Mit der grundrechtlichen Gewährleistung auch der Berufsausübung ist notwendigerweise auch die vertragliche Gestaltung der beruflichen Tätigkeit als eine ihrer typischen Emanationen vom Schutzbereich des Art. 12 Abs. 1 GG erfaßt«.[70]

Wenn demnach die Möglichkeit zur Verfügung über das (Sach- oder Geld-) Eigentum dem Schutzgut-Tatbestand des Art. 14 Abs. 1 GG zugeordnet werden kann und ein (beispielsweise) im Rahmen eines Gewerbebetriebs erfolgtes Rechtsgeschäft von Art. 12 Abs. 1 GG erfaßt wird, so ergibt sich, daß das Grundgesetz die Herbeiführung von Rechtsfolgen durch rechtsgeschäftliche Erklärungen und damit infolge eines tatsächlichen Verhaltens von Grundrechtsträgern als einem Grundrechtsschutz grundsätzlich zugänglich ansieht. Ist aber die Mög-

---

AcP 192 (1992), S. 355 (382); vgl. ferner *C.-W. Canaris*, JZ 1987, S. 993 (994); *O. Depenheuer*, in: v. Mangoldt/Klein/Starck, GG, Art. 14 Rn. 101.

[63] Vgl. dazu oben, S. 335ff.

[64] BVerfGE 50, 297 (339); 53, 257 (290); 97, 350 (371); sachl. übereinstimmend BVerfGE 24, 367 (389); 31, 229 (239).

[65] BVerfGE 26, 215 (222).

[66] Vgl. BVerfGE 31, 229 (240); 37, 132 (140); 42, 263 (294); 50, 297 (339); 53, 257 (290); 71, 230 (246); 97, 350 (370).

[67] BVerfGE 97, 350 (371).

[68] BVerfGE 97, 350 (371); ebenso *O. Depenheuer*, in: v. Mangoldt/Klein/Starck, GG, Art. 14 Rn. 13.

[69] Vgl. hierzu auch *J. Schapp*, AcP 192 (1992), S. 355 (373); *W. Weber*, in: Neumann/Nipperdey/Scheuner (Hrsg.), Die Grundrechte, Bd. 2, S. 331 (358).

[70] *W. Höfling*, Vertragsfreiheit, S. 17.

lichkeit zum Abschluß bindender Verträge selbstverständliche Voraussetzung eines vom Grundgesetz vorgesehenen Grundrechtsschutzes, so setzt das Grundgesetz folgerichtig auch deren Existenz voraus.[71] Selbst wenn die Bindungswirkung rechtsgeschäftlicher Erklärungen als »rechtsordnungsvermittelt« angesehen wird, kann dem Grundgesetz daher die Vorstellung des Vorhandenseins einer – vom Grundgesetz auch vorgefundenen – Privatrechtsordnung als denknotwendige Voraussetzung für eine grundrechtliche Gewährleistung der Privatautonomie entnommen werden.[72] Wenn die für einen solchen Grundrechtsschutz erforderliche »Bindungsmacht« (jedenfalls) in einer existierenden Rechtsordnung besteht, will aber nicht einleuchten, warum es für die Reichweite eines grundrechtlichen Schutzes vor Einschränkungen der Privatautonomie noch darauf ankommen soll, ob die Verbindlichkeit vertraglicher Abreden auf ein rechtliches oder tatsächliches Können zurückgeführt werden kann und damit im Rechtsgeschäft oder der Rechtsordnung wurzelt. Unter der Prämisse des vom Grundgesetz vorausgesetzten Vorhandenseins einer Rechtsordnung läßt sich vielmehr eine als im Grundsatz unbeschränkt gedachte Möglichkeit zur vertraglichen Selbstbindung annehmen, deren Einschränkung der verfassungsrechtlichen Rechtfertigung bedarf.

Vor diesem Hintergrund bereitet auch ein grundsätzlich umfassender Schutz der Vertragsfreiheit jedenfalls durch das (Auffang-) Grundrecht aus Art. 2 Abs. 1 GG keine besonderen konstruktiven Schwierigkeiten: Wird angenommen, daß das Grundgesetz die Fähigkeit zum Abschluß bindender Verträge voraussetzt, so läßt sich unschwer die Existenz einer durch die allgemeine Verhaltensfreiheit mitgeschützten Vertragsfreiheit und damit eine grundrechtliche Gewährleistung der »Selbstbestimmung des Einzelnen im Rechtsleben« bejahen, die über einen aus der Garantie der Privatautonomie als »Strukturelement einer freiheitlichen Gesellschaftsordnung«[73] resultierenden Minimalschutz hinausgeht.

Darüber hinaus trägt nur eine umfassende Gewährleistung der Vertragsfreiheit dem Umstand Rechnung, daß »natürliche« und »rechtliche« Handlungsfreiheit dadurch eng miteinander verzahnt sind, daß Einschränkungen der Privatautonomie durch zwingendes Recht eine Einschränkung der Möglichkeit zur Betätigung eines Bindungswillens bewirken, dessen Bezugspunkt ein Handeln oder Unterlassen des (oder der) Beteiligten ist: Weil das Vertragsrecht an ein tatsächlich mögliches Verhalten der Bürger – insbesondere die Erbringung von Leistungen – anknüpft und ihm einen rechtlichen Rahmen gibt, wird eine Regelung, derzufolge

---

71 In diese Richtung deuten auch die Ausführungen von *H.-U. Erichsen*, in: Isensee/Kirchhof (Hrsg.), HbStR, Bd. VI, § 152 Rn. 58; vgl. ferner die auf das Gemeinschaftsrecht bezogenen Überlegungen von *P. v. Wilmowsky*, JZ 1996, S. 590 (593).

72 Anders *J. Schmidt-Salzer*, NJW 1970, S. 8 (14 in Fn 71): Für die verfassungsrechtliche Analyse müsse man sich »auf den Punkt Null einer erst zu verwirklichenden Organisation der Rechtsgemeinschaft stellen«.

73 BVerfGE 81, 242 (254).

bestimmte Rechte oder Pflichten nach geltendem Recht nicht übernommen werden dürfen oder bestimmte Pflichten aufgrund nicht abdingbarer Rechtsvorschriften mit einem Vertrag notwendig einhergehen, daher regelmäßig im Hinblick auf ein dem (oder den) Pflichtigen tatsächlich mögliches Verhalten erfolgen. Sieht die (Vertrags-) Rechtsordnung beispielsweise vor, daß ein Rechtsgeschäft infolge einer Überschreitung der Gestaltungs-und Verfügungsmacht eines Beteiligten oder der Rechts- oder Sittenwidrigkeit seines Inhalts unwirksam ist, so wird dies regelmäßig zu dem Zweck geschehen, auch den mit dem rechtswidrigen Rechtsgeschäft bezweckten Erfolg – etwa eine Leistung eines Geschäftsunfähigen oder einen sittenwidrigen Leistungsaustausch – zu verhindern.

Im praktischen Ergebnis macht es daher keinen Unterschied, ob die Rechtsordnung das (rechtliche) »Können« eines Vertragsschlusses vorenthält (oder beseitigt) oder aber durch ein (öffentlich-rechtliches) Verbot des (tatsächlichen) »Dürfens« unmittelbar an den gewünschten Erfolg anknüpft: Wird einem Grundrechtsträger untersagt, in einer bestimmten Situation zur Erreichung eines konkreten sowie selbstgesetzten Zieles eine Leistung zu erbringen und sich damit die Gegenleistung zu verschaffen, so unterliegt der Betroffene einer Fremdbestimmung in eigenen Angelegenheiten, die auch den (potentiellen) Vertragspartner trifft und diesem regelmäßig ermöglicht, nach Maßgabe der im Dritten Teil genannten Kriterien eine rechtserhebliche Drittbeeinträchtigung geltend zu machen. Entsprechendes muß gelten, wenn (allein) das Zivilrecht einem Vertrag die Wirksamkeit versagt, denn es tritt wiederum eine Situation ein, in der die Betroffenen auch insofern der staatlichen Fremdbestimmung unterworfen sind, als nicht nur die Realisierung eines Bindungswillens, sondern (faktisch) auch der damit intendierte Erfolg in der Wirklichkeit vereitelt wird. Es ist letztlich eine Frage der Regelungstechnik, ob ein (öffentlich-) rechtliches Verbot tatsächlichen Dürfens normiert wird, das eine rechtliche Bindung wegen der Unzulässigkeit des angestrebten Erfolgs faktisch verhindert, oder eine Vorenthaltung rechtlichen Könnens erfolgt, aus der eine faktische Verhinderung tatsächlichen Dürfens resultiert. Ein sachlicher Grund, diese vergleichbaren Fallgestaltungen trotz der Einschränkung auch von Verhaltensmöglichkeiten der Betroffenen infolge der staatlichen Intervention unterschiedlich zu behandeln, ist daher nicht erkennbar.

Insgesamt bleibt festzuhalten, daß es für einen Grundrechtsschutz der Vertragsfreiheit nicht darauf ankommt, ob die Fähigkeit zum Abschluß bindender Verträge apriorischer Natur ist oder von der Rechtsordnung verliehen wird. Diese Fähigkeit sollte daher auch nicht zur »rechtlichen Handlungsfähigkeit« (v)erklärt werden, denn mit einem solchen terminologischen Gegensatz zur »natürlichen Handlungsfähigkeit« ist letztlich kein Erkenntnisgewinn verknüpft. Vielmehr ist es unabhängig vom Vorliegen eines »natürlichen« oder rechtlichen« Könnens an der grundrechtlichen Gewährleistung der Privatautonomie zu messen, wenn der Staat die Freiheit zum Abschluß oder Nichtabschluß von Verträgen durch Schaffung und Anwendung zivilrechtlicher Vorschriften über Kontrahierungszwänge oder die Unwirksamkeit bestimmter Vertragsarten beeinträchtigt oder dadurch einen Verlust an Freiheit zu privatautonomer Vertragsgestaltung bewirkt, daß der Inhalt von Rechtsgeschäften durch nicht abdingbare Vorschriften über den (nur) zulässigen Inhalt von Verträgen in bindender Weise determiniert wird.

Soweit hingegen die dispositiven Vorschriften des Vertragsrechts in Rede stehen, ist eine Beeinträchtigung der Freiheit zum Vertragsschluß entgegen einer im Schrifttum geäußerten Auffassung[74] schon deshalb zu verneinen, weil es an einer Zwangswirkung fehlt, denn die Vertragsparteien bleiben in der Entscheidung über die Geltung dispositiven Rechts ebenso frei wie in der Entscheidung über den Vertragsschluß selbst.[75] Eine grundrechtlich erhebliche (Zwangs-) Wirkung könnte hier allenfalls in der (geringfügigen) Belastung gesehen werden, die darin liegt, daß die Geltung dispositiver Vorschriften ausdrücklich ausgeschlossen werden muß. Demgegenüber hebt *C.-W. Canaris* zwar hervor, daß »die Schaffung dispositiven Rechts heteronome Normsetzung durch den Staat und nicht autonome Regelung durch die Privatrechtssubjekte ist«.[76] Ersichtlich zielt dieser Einwand aber bereits auf die weitere Frage nach der grundrechtlichen Relevanz einer durch den Vertragsschluß (mit) übernommenen Rechtspflicht, die aus Vorschriften des dispositiven Rechts resultiert. Hierzu sei an dieser Stelle[77] nur angemerkt, daß – wie oben in anderem Zusammenhang bereits dargelegt[78] – die Pflicht zur Vertragserfüllung selbst unter der Prämisse einer »rechtsordnungsakzessorischen« Bindungswirkung vertraglicher Abreden nicht als Beeinträchtigung grundrechtlich (potentiell) geschützter Freiheit angesehen werden kann,[79] da der Staat dem einzelnen mit der Zubilligung der Fähigkeit zum Vertragsschluß durch die Rechtsordnung nur die Möglichkeit zu einer Selbstbindung durch Abgabe rechtsgeschäftlicher Erklärungen eröffnet. Für die Folgen der auf einer autonomen Entscheidung beruhenden Inanspruchnahme dieser Fähigkeit kann der Staat

---

[74] *D. Looschelders/W. Roth*, JZ 1995, S. 1034 (1039f.); vgl. auch *C.-W. Canaris*, AcP 184 (1984), S. 201 (213ff.); *D. Medicus*, AcP 192 (1992), S. 35 (47); mit Blick auf das Gemeinschaftsrecht *P. v. Wilmowsky*, JZ 1996, S. 590 (595f.).

[75] Anders *D. Looschelders/W. Roth*, JZ 1995, S. 1034 (1039f.), die ihre – mit Blick auf das Mietvertragsrecht formulierte – Auffassung mit einem faktischen Zwang begründen, der darin liege daß der Einzelne über das »Ob« eines Vertragsschlusses vielfach nicht frei entscheiden könne und dispositive Normen »von der durch sie belasteten Partei nicht durch einseitige Willenserklärung verdrängt werden« könnten (ebd., S. 1039). Mit dieser Argumentation ist indes nicht dargetan, warum den Gesetzgeber eine (abwehrrechtliche) Verantwortlichkeit dafür treffen soll, daß ein (potentieller) Vertragspartner nicht zu einem für den Betroffenen günstigeren Vertragsschluß bereit ist: Ebensowenig, wie es einen grundrechtlichen Anspruch auf einen Vertragspartner gibt, kann ein (Abwehr-) Recht auf einen bestimmten Vertragsinhalt anerkannt werden.

[76] *C.-W. Canaris*, AcP 184 (1984), S. 201 (214).

[77] Vgl. hierzu auch noch unten, S. 479f.

[78] Vgl. oben, S. 139ff., zu den konsensualen Vereinbarungen zwischen Staat und Bürger.

[79] So aber *D. Looschelders/W. Roth*, JZ 1995, S. 1034 (1038).

daher nicht verantwortlich gemacht werden. Dies wird auch bei – stillschweigend vereinbarten – Rechtspflichten aufgrund dispositiver Vorschriften zu gelten haben.

2. Zwingendes Zivilrecht kraft Verfassungsrechts?

Daß die »Gestaltung der Rechtsverhältnisse durch den Einzelnen nach seinem Willen«[80] einem Grundrechtsschutz grundsätzlich zugänglich ist und Einschränkungen der Privatautonomie durch zwingendes Recht sich deshalb an den Grundrechten messen lassen müssen, entspricht auch der Auffassung des Bundesverfassungsgerichts.[81] Zugleich ist in der neueren Rechtsprechung die Tendenz feststellbar, aus der Gewährleistung der Privatautonomie auch zugunsten des – nach Auffassung des Bundesverfassungsgerichts – »schwächeren« Vertragsteils auf die verfassungsrechtliche Gebotenheit von staatlichen Maßnahmen zu schließen, die sicherstellen, daß »nicht nur das Recht des Stärkeren« gilt.[82] Nach ersten Ansätzen in der »Handelsvertreter«-Entscheidung aus dem Jahre 1990[83] findet sich eine solche Auffassung insbesondere in dem bekannten »Bürgschafts«-Beschluß aus dem Jahre 1993. Mit dieser Entscheidung hob der Erste Senat ein Urteil des BGH[84] als Art. 2 Abs. 1 GG verletzend auf, weil der BGH die Inhaltskontrolle eines Bürgschaftsvertrages unterlassen und sich nicht die Frage gestellt habe, »inwieweit beide Vertragspartner über den Abschluß und den Inhalt des Vertrages tatsächlich frei entscheiden konnten«, worin eine Verkennung der grundrechtlich gewährleisteten Privatautonomie liege.[85] Nach Auffassung des Senats müssen die Zivilgerichte korrigierend eingreifen, wenn ein Vertrag nach seinem Inhalt »für eine Seite ungewöhnlich belastend« und dies eine »Folge strukturell ungleicher Verhandlungsstärke« ist.[86]

Daß den BGH in diesem Fall der Zorn des – hier allerdings als »Superrevisionsinstanz« agierenden – Bundesverfassungsgerichts traf, kann auf den ersten Blick auch nicht verwundern. Immerhin war der Ausgangsfall nicht allein dadurch gekennzeichnet, daß der IX. Zivilsenat des BGH die Inanspruchnahme der Beschwerdeführerin, einer geschäftlich unerfahrenen und überwiegend arbeitslosen jungen Erwachsenen ohne Berufsausbildung, aus einer ohne eigenes Interesse an dem gesicherten Darlehen übernommenen Darlehensbürgschaft in Übereinstim-

---

[80] BVerfGE 72, 155 (170); 89, 214 (231).

[81] Vgl. BVerfGE 8, 274 (328); 60, 329 (339); 72, 155 (170); 89, 214 (231); BVerfG (1. Kammer des Ersten Senats), NJW 1994, S. 2749 (2750).

[82] BVerfGE 89, 214 (232).

[83] Vgl. BVerfGE 81, 242 (254ff.).

[84] BGH, NJW 1988, S. 3205f.

[85] BVerfGE 89, 214 (231).

[86] BVerfGE 89, 214 (234); folgend BVerfG (1. Kammer des Ersten Senats), NJW 1994, S. 2749 (2750); (1. Kammer des Ersten Senats), NJW 1996, S. 2021.

mung mit seiner ständigen Rechtsprechung[87] für zulässig hielt, obwohl die Bürgin die mit der Inanspruchnahme einhergehende Schuldenlast aus eigener Kraft voraussichtlich niemals würde abtragen können. Der Fall wies vielmehr die weitere Besonderheit auf, daß die klagende Sparkasse bei der beschwerdeführenden Beklagten den Eindruck eines allenfalls geringen Risikos erweckt hatte, indem sie erklärte, mit der Bürgschaft werde keine »große Verpflichtung« übernommen und die Unterschrift sei letztlich eine »Formsache« (»Ich brauche das für meine Akten«).[88] Hierin wird man mit dem Bundesverfassungsgericht eine (von einem anderen Privaten ausgehende) »Fremdbestimmung« der Beschwerdeführerin sehen können.

Gleichwohl ist aus grundrechtlicher Sicht die Frage zu stellen, ob diese Sachlage den Schluß zuläßt, aus den Grundrechten des »schwächeren« Vertragsteils erwachse ein Anspruch gegen den Staat, von der Pflicht zur Vertragserfüllung befreit zu werden: Beruht die vom Bundesverfassungsgericht betonte »strukturelle Unterlegenheit« eines Vertragsteils darauf, daß dieser die Folgen seines Handelns nicht überblickt, so ist auch die vom BGH erkennbar zugrunde gelegte Prämisse plausibel, es sei zunächst Aufgabe des Betroffenen, sich Klarheit über die (möglichen) Folgen seines Tuns und die damit einhergehenden Risiken zu verschaffen. Schon aus diesem Grunde besteht Anlaß zur Skepsis gegenüber Bemühungen, definitive Aussagen über den gebotenen Schutz eines mutmaßlich »schwächeren« Vertragsteils unmittelbar aus den Grundrechten gewinnen zu wollen. Auch ist dem Bundesverfassungsgericht im Schrifttum entgegengehalten worden, seine Auffassung bedeute »im Ergebnis nichts anderes als eine unmittelbare Drittwirkung von Grundrechten«.[89] Daran trifft zu, daß eine grundrechtlich begründete Aussage über Pflichten staatlicher Stellen bei der Schaffung und Anwendung zivilrechtlicher Vorschriften letztlich auf (zumindest) eines der an einem Zivilrechtsverhältnis beteiligten Privatrechtssubjekte zurückwirkt.[90]

---

[87] Vgl. BGHZ 106, 269 (271ff.); 107, 92 (102ff.) – aufgehoben durch BVerfG (1. Kammer des Ersten Senats), NJW 1994, S. 2749f.; BGH, NJW 1991, S. 2015 (2016ff.); NJW 1992, S. 896 (898f.).

[88] So die Sachverhaltsschilderung in BVerfGE 81, 214 (218f.); mit Blick auf diese Sachlage krit. zu der angegriffenen BGH-Entscheidung *H. P. Westermann*, JZ 1989, S. 746 (747), der im übrigen grundsätzliche Zustimmung zu der Position des BGH äußert; vgl. auch OLG Celle, WM 1988, 1436ff., das in seiner zweitinstanzlichen Entscheidung zu dem Ergebnis gelangte, die Bank habe das Risiko für die Bürgin grotesk verniedlicht.

[89] *J. Eschenbach/F. Niebaum*, NVwZ 1994, S. 1079 (1081); vgl. auch *W. Zöllner*, AcP 196 (1996), S. 1 (2, 12); s. ferner *O. Depenheuer*, ThürVBl. 1996, S. 270 (272), der darauf hinweist, daß aufgrund von Instrumenten des Verbraucherschutzes ein Vertragspartner zusätzliche Verantwortlichkeiten übernehmen müsse, »die die Eigenverantwortlichkeit des Gegenübers« spiegelbildlich minderten.

[90] Im Falle der »Handelsvertreter«-Entscheidung bewirkte das vom BVerfG gefundene Ergebnis zudem einen Grundrechtsschutz zugunsten des vertragsbrüchigen Teils gegen einen Vertragspartner, der sich nichts hatte zuschulden kommen lassen; dies beanstanden zu Recht *C. Hillgruber*, AcP 191 (1991), S. 69 (70, 82f.); *D. Medicus*, AcP 192 (1992), S. 35 (64).

Damit erhebt sich die Frage, aus welchem Grunde und in welchem Umfang der Staat im Interesse eines – vorgeblich – schwächeren Vertragsteils zu Einschränkungen der Vertragsfreiheit verpflichtet sein kann. Insoweit beruft sich das Bundesverfassungsgericht in der »Bürgschafts«-Entscheidung wiederum auf die grundrechtliche Wertordnung: Unter ausdrücklichem Hinweis auf die »Lüth«-Entscheidung wird ausgeführt, daß das Grundgesetz in seinem Grundrechtsabschnitt »verfassungsrechtliche Grundentscheidungen« für alle Bereiche des Rechts enthalte, die sich durch das Medium der das jeweilige Rechtsgebiet unmittelbar beherrschenden Vorschriften entfalteten und deshalb »vor allem auch Bedeutung bei der Interpretation zivilrechtlicher Generalklauseln« besäßen.[91] Die Zivilgerichte seien »von Verfassungs wegen verpflichtet, bei der Auslegung und Anwendung der Generalklauseln die Grundrechte als ›Richtlinien‹ zu beachten«, widrigenfalls sie die Grundrechte der hierdurch benachteiligten Prozeßpartei verletzten.[92] Dabei fällt auf, daß jeder Hinweis auf Besonderheiten der Grundrechtsgeltung »im« Privatrecht und der Grundrechtsbindung des Zivilrichters unterbleibt. Daß die §§ 138 und 242 BGB von den Zivilgerichten am Maßstab von Wertvorstellungen zu konkretisieren sind, »die in erster Linie von den Grundsatzentscheidungen der Verfassung bestimmt werden«,[93] erscheint als spezieller Anwendungsfall eines Prinzips, demzufolge gerade »für alle Bereiche des Rechts« geltende Grundentscheidungen der Verfassung ihre Wirkung durch jene Vorschriften entfalten, die »das jeweilige Rechtsgebiet unmittelbar beherrschen«. Insofern läßt sich dieser Entscheidung auch eine Tendenz zu der hier vertretenen Auffassung entnehmen, derzufolge die Annahme einer »mittelbaren« Grundrechtsgeltung gerade bei der Auslegung und Anwendung einfachen Rechts schon deshalb nicht weiterführt, weil alle Gerichte – unabhängig von einem bestimmten Gerichtszweig – wie auch alle Verwaltungsbehörden primär bei Anwendung einfachen Rechts zur Beachtung der Grundrechte verpflichtet sind.[94]

Daß diese grundrechtlichen Vorgaben eine Pflicht des Staates zu Interventionen zugunsten eines »schwächeren« Vertragsteils zur Folge haben könnten, wird des weiteren mit einer Ausgestaltungsbedürftigkeit der Privatautonomie begründet. Das Bundesverfassungsgericht führt aus, die Privatautonomie sei »notwendigerweise begrenzt« und bedürfe der staatlichen Ausgestaltung. Dies bedeute aber nicht, »daß die Privatautonomie zur beliebigen Disposition des Gesetzgebers stünde«, da dieser »bei der gebotenen Ausgestaltung an die objektiv-rechtlichen Vorgaben der Grundrechte gebunden« sei und »der Selbstbestimmung des Einzelnen im Rechtsleben einen angemessenen Betätigungsraum eröffnen« müsse.[95] Die Privatautonomie sei »nach ihrem Regelungsgegenstand« notwendigerweise

[91] BVerfGE 89, 214 (229).
[92] BVerfGE 89, 214 (229f.).
[93] BVerfGE 89, 214 (229).
[94] Vgl. oben, S. 452.
[95] BVerfGE 89, 214 (231).

auf staatliche Durchsetzung angewiesen, so daß ihre Gewährleistung die justitielle Realisierung gleichsam mitdenke und eine Pflicht des Gesetzgebers zur Bereitstellung rechtsgeschäftlicher Gestaltungsmittel begründe, »die als rechtsverbindlich zu behandeln sind und auch im Streitfall durchsetzbare Rechtspositionen begründen«.[96]

Diesen Ausführungen läßt sich zunächst entnehmen, daß auch der Erste Senat des Bundesverfassungsgerichts – wohl unter Anknüpfung an entsprechende Überlegungen von *H.-U. Erichsen*[97] – der Ansicht zuneigt, die Fähigkeit zum Abschluß rechtsverbindlicher Verträge setze voraus, daß die Rechtsordnung entsprechende Gestaltungsmittel zur Verfügung stellt. Der vom Ersten Senat offenbar angenommene Zusammenhang zwischen Ausgestaltungsbedürftigkeit und Begrenztheit der Privatautonomie ist damit allerdings nicht darzutun, weil die Vertragsfreiheit – wie dargelegt[98] – selbst dann als grundsätzlich unbegrenzt denkbar ist, wenn die Bindungswirkung rechtsgeschäftlicher Erklärungen als Gegebenheit der Rechtsordnung angesehen wird. Zumindest unter diesem Aspekt trifft daher der gegen die »Bürgschafts«-Entscheidung weiter erhobene Einwand zu, die privatautonomen Beziehungen der Bürger untereinander seien naturgemäß um so freier, je weniger der Staat regelnd und damit reglementierend eingreife.[99]

Allerdings erachtet das Bundesverfassungsgericht die Vertragsfreiheit erkennbar als real gerade nicht für jedermann in gleichem Maße und damit umfassend gewährleistet. Dementsprechend werden die verfassungsrechtlichen Vorgaben für die Ausgestaltung der Privatautonomie primär unter dem Aspekt einer Pflicht des Staates untersucht, die Freiheit des einen (»stärkeren«) Vertragspartners zum Vertragsschluß und die Beeinträchtigung der Freiheit des anderen (»schwächeren«) Teils durch die vertragliche Bindung zu einem Ausgleich zu bringen: Mit der Pflicht zur Ausgestaltung der Privatrechtsordnung stelle sich dem Gesetzgeber »ein Problem praktischer Konkordanz«, denn am Zivilrechtsverkehr nähmen »gleichrangige Grundrechtsträger« teil, die unterschiedliche Interessen und vielfach gegenläufige Ziele verfolgten. Da sich aber »alle Beteiligten des Zivilrechtsverkehrs ... gleichermaßen auf die grundrechtliche Gewährleistung ihrer Privatautonomie berufen« könnten, dürfe nicht nur das Recht des Stärkeren gelten. Vielmehr seien die »kollidierenden Grundrechtspositionen ... in ihrer Wechselwirkung zu sehen und so zu begrenzen, daß sie für alle Beteiligten möglichst weitgehend wirksam werden«.[100] Zwar ergebe sich im Vertragsrecht ein sachgerechter Interessenausgleich regelmäßig schon aus dem übereinstimmenden Willen der Vertragspartner. Habe aber einer der Vertragsteile »ein so starkes Übergewicht,

[96] BVerfGE 89, 214 (231f.).
[97] Vgl. *H.-U. Erichsen*, in: Isensee/Kirchhof (Hrsg.), HbStR, Bd. VI, § 152 Rn. 57f.
[98] Vgl. oben, S. 467ff.
[99] *J. Eschenbach/F. Niebaum*, NVwZ 1994, S. 1079 (1080).
[100] BVerfGE 89, 214 (232).

daß er den Vertragsinhalt faktisch einseitig bestimmen kann«, bewirke dies für den anderen Vertragsteil Fremdbestimmung.[101]

Mit diesen Überlegungen knüpft der Erste Senat wiederum an die »Handelsvertreter«-Entscheidung an, in der ebenfalls angenommen worden war, daß es in einer solchen Situation an den »Bedingungen freier Selbstbestimmung« fehle.[102] Auch hatte der Senat bereits in dieser Entscheidung unter Rückgriff auf »objektive Grundentscheidungen« im Grundrechtsabschnitt des Grundgesetzes[103] gefordert, es müßten »staatliche Regelungen ausgleichend eingreifen«, wenn es »an einem annähernden Kräftegleichgewicht der Beteiligten« fehle.[104] Entsprechende Folgerungen finden sich im »Bürgschafts«-Beschluß: Handele es sich um eine »typisierbare Fallgestaltung«, die eine »strukturelle Unterlegenheit des einen Vertragsteils« erkennen lasse, und seien »die Folgen des Vertrages für den unterlegenen Vertragsteil ungewöhnlich belastend«, so müsse die Zivilrechtsordnung reagieren und Korrekturen ermöglichen.[105]

Insgesamt ist demnach die Privatautonomie nach Ansicht des Ersten Senats des Bundesverfassungsgerichts »notwendigerweise auf staatliche Durchsetzung angewiesen«,[106] wenn im Falle ungleicher Verhandlungsstärke »mit den Mitteln des Vertragsrechts allein kein sachgerechter Ausgleich der Interessen zu gewährleisten« ist.[107] In derartigen Fällen soll es einer staatlichen Interventionen bedürfen, um zu verhindern, daß der »schwächere« Vertragsteils der Fremdbestimmung durch seinen (potentiellen) Vertragspartner unterworfen wird, es also an der Möglichkeit zu selbstbestimmtem Handeln im Rechtsverkehr und damit Privatautonomie gerade fehlt. Dabei werden allerdings Ursachen und Verantwortlichkeiten für die »strukturelle Unterlegenheit« eines der Vertragspartner ebensowenig thematisiert, wie Art und Umfang der erforderlichen Vorkehrungen zugunsten des »unterlegenen« Vertragsteils. Auch verzichtet das Bundesverfassungsgericht letztlich auf eine präzise dogmatische Verortung seiner Argumentation mit der grundrechtlichen Wertordnung und einer hieraus resultierenden Ausgestaltungsbedürftigkeit der Privatautonomie, wie sich an den Ausführungen zur abwehrrechtlichen Relevanz der im Falle der »Handelsvertreter«-Entscheidung angegriffenen zivilgerichtlichen Urteile ablesen läßt: Der Erste Senat des Bundesverfassungsgerichts stellt zunächst fest, die angegriffenen Urteile beschränkten den Beschwerdeführer in seiner Berufsfreiheit und unterlägen daher der verfassungsrechtlichen Kontrolle, da die Rechtsprechung wie jede staatliche Gewalt

[101] BVerfGE 89, 214 (232); Anklänge an eine solche Position finden sich auch schon bei *H. C. Nipperdey*, Privatrecht, S. 19.

[102] Vgl. BVerfGE 81, 242 (254f.).

[103] BVerfGE 81, 242 (254).

[104] Vgl. BVerfGE 81, 242 (255).

[105] BVerfGE 89, 214 (232); ebenso BVerfG (1. Kammer des Ersten Senats), NJW 1994, S. 2749 (2750).

[106] BVerfGE 89, 214 (231).

[107] BVerfGE 81, 242 (255).

gem. Art. 1 Abs. 3 GG an die Grundrechte gebunden sei.[108] Alsdann wird (zutreffend) festgestellt, diese berufliche Beschränkung finde ihre rechtliche Grundlage »allerdings nicht primär in staatlichem Handeln«, der Beschwerdeführer selbst habe vielmehr »einer entsprechenden Verpflichtung vertraglich zugestimmt«.[109]

Soweit sowohl der »Handelsvertreter«-Entscheidung als auch dem »Bürgschafts«-Beschluß die Annahme entnommen werden kann, daß eine staatliche Schutzpflicht gegen eine (angenommene[110]) Fremdbestimmung durch einen Vertragspartner in Rede stehe, ist dem allerdings im dogmatischen Ausgangspunkt zu folgen, denn die Bindungswirkung einer einmal abgegebenen rechtsgeschäftlichen Erklärung verwirklicht – wie dargelegt[111] – selbst dann keinen Beeinträchtigungstatbestand, wenn sie in der Rechtsordnung und nicht in der Erklärung wurzeln sollte. Auch unter dieser Prämisse bleibt der staatliche Beitrag zur Herbeiführung einer Bindungswirkung vielmehr auf die Bereitstellung einer »Kompetenznorm« beschränkt, die dem einzelnen Bürger eine »Selbstbindung« ermöglicht, so daß der Staat nicht ohne weiteres für aus der Ausübung dieser Kompetenz resultierende Folgen verantwortlich gemacht werden kann. Entgegen *J. Schwabe*[112] kann die Pflicht zur Vertragserfüllung nicht als durch rechtsgeschäftliche Erklärungen bedingter Gesetzesbefehl angesehen werden.[113] Vielmehr geht es bei der Herbeiführung einer Bindung an rechtsgeschäftliche Erklärungen durch die Rechtsordnung um die Ermöglichung von Handlungen, die in erster Linie in der Verantwortung der Betroffenen stehen. An diesem Ergebnis ändert sich auch nicht schon dadurch etwas, daß ein staatliches Gericht aus Anlaß eines Zivilrechtsstreits über Rechte und Pflichten von Vertrags- und Prozeßparteien entscheidet, da ein zutreffendes zivilgerichtliches Urteil lediglich eine ohnehin existierende Verpflichtung feststellt, ihr aber nichts hinzufügt.[114] Ebenso verhält es sich mit der staatlichen Durchsetzung vertraglicher Verpflichtungen im Wege der Zwangsvollstreckung, denn die Beeinträchtigung der Freiheit zu einem Ver-

---

108 BVerfGE 81, 242 (253).

109 BVerfGE 81, 242 (253f.).

110 Gegen die Annahme einer unterlegenen Stellung des Beschwerdeführers im Falle der »Handelsvertreter«-Entscheidung zu Recht *C. Hillgruber*, AcP 191 (1991), S. 69 (79f.).

111 Vgl. oben, S. 139ff., 467.

112 *J. Schwabe*, Drittwirkung, insbes. S. 67; ähnl. *ders.*, DVBl. 1990, S. 477f.; die grundrechtliche Relevanz einer Verurteilung zur Vertragserfüllung bejahend ferner *C. Hillgruber*, AcP 191 (1991), S. 69 (72ff.); *D. Looschelders/W. Roth*, JZ 1995, S. 1034 (1038); vgl. ferner *G. Lübbe-Wolff*, Eingriffsabwehrrechte, S. 163f., die offenbar auch mit Blick auf vertragliche Schuldverhältnisse annimmt, daß »sowohl durchsetzbar-pflichtbegründende Normen des Privatrechts als auch die gerichtliche und behördliche Durchsetzung privater Rechte ... den Charakter von Grundrechtseingriffen« haben, die dem Staat zuzurechnen seien.

113 Abl. auch *C.-W. Canaris*, AcP 184 (1984), S. 201 (217f.); *U. Diederichsen*, AcP 198 (1998), S. 171 (209); vgl. ferner *J. Pietzcker*, in: FS G. Dürig, S. 345 (349, 362).

114 Anders mit Blick auf die ergänzende Vertragsauslegung *C.-W. Canaris*, AcP 184 (1984) S. 201 (216); allerdings erscheint naheliegend, ergänzende Vertragsauslegung wie dispositives Recht zu behandeln, weil sie durch eindeutige Vereinbarungen verhindert werden kann.

halten nach eigenem Belieben ist mit der Entstehung einer Rechtspflicht gleichsam »vollendet«, so daß die Herbeiführung eines von dem Betroffenen ohnehin geschuldeten Erfolgs nur noch im Hinblick auf die Art und Weise des Zwangsmitteleinsatzes von Interesse sein kann.[115]

Des weiteren kann mit dem Bundesverfassungsgericht davon ausgegangen werden, daß im Interesse einer effektiven Gewährleistung der Privatautonomie eine in Grundrechten wurzelnde Pflicht zum Schutze eines Vertragspartners vor »Fremdbestimmung« durch den anderen Vertragspartner bestehen kann.[116] Allerdings fällt auf, daß die Vertragsfreiheit des »schwächeren« Teils in der »Bürgschafts«-Entscheidung allein unter dem Aspekt eines Schutzes vor Fehlentscheidungen eine Rolle spielt, ohne daß deren Betätigung durch einen Vertragsschluß auch nur Erwähnung gefunden hätte. Da zudem über die Rechtsfolgen einer »Fremdbestimmung« infolge strukturell ungleicher Verhandlungsstärke keine letzte Klarheit besteht, ist dem Bundesverfassungsgericht im Schrifttum entgegengehalten worden, durch eine im Verfassungsrecht wurzelnde Inhaltskontrolle von Verträgen werde nicht »die Selbstbestimmungsfähigkeit des einzelnen wiederhergestellt«,[117] sondern in Wahrheit nur private durch staatliche Fremdbestimmung ersetzt.[118] Dieser Kritik ist insofern zuzustimmen, als nicht angängig erschiene, Einschränkungen der Freiheit aufgrund einer vertraglichen Bindung dadurch zu verhindern, daß eine Einschränkung der Freiheit zur vertraglichen Bindung erfolgt.[119] Die reglementierende Einflußnahme auf das Vertragsrecht durch die staatliche Anordnung der Unzulässigkeit eines – nach Auffassung der handelnden Stelle – einseitig belastenden Vertragsschlusses liefe letztlich darauf hinaus, die grundrechtlich (potentiell) geschützte Vertragsfreiheit und damit auch das Selbstbestimmungsrecht gerade durch staatliche Beschränkungen der Privatautonomie des schwächeren Vertragsteils schützen zu wollen, denn aus der Perspektive des staatsgerichteten Abwehrrechts ist es eine Beeinträchtigung, nicht aber eine Ausgestaltung oder gar Gewährleistung der Privatautonomie, wenn der wirksame Abschluß eines Vertrages von der Rechtsordnung unmöglich gemacht wird.[120] Mit dem Ausspruch einer solchen Rechtsfolge nähmen die staatlichen

---

[115] Anders *J. Schwabe*, NJW 1973, S. 229f.; demgegenüber betont *D. Medicus*, AcP 192 (1992), S. 35 (49), zu Recht, es dürfe sich »die verfassungsrechtliche Kontrolle von privatautonomem Handeln nicht dadurch verschärfen, daß dessen Ergebnisse mit staatlichem Zwang durchgesetzt werden sollen«.

[116] Abl. aber *J. Isensee*, in: Isensee/Kirchhof (Hrsg.), HbStR, Bd. V, § 111 Rn. 131ff., nach dessen Ansicht im Bereich des Vertragsrechts allein sozialstaatliche Schutzvorkehrungen in Betracht kommen.

[117] *G. Spieß*, DVBl. 1994, S. 1222 (1229).

[118] *J. Eschenbach/F. Niebaum*, NVwZ 1994, S. 1079 (1081); ähnl. *G. Spieß*, DVBl. 1994, S. 1222 (1229); vgl. ferner *W. Zöllner*, AcP 196 (1996), S. 1 (3).

[119] In diese Richtung aber *H. Honsell*, JZ 1989, S. 495f.; vgl. ferner *M. Wochner*, BB 1989, S. 1354 (1355); *J. Gernhuber*, JZ 1995, S. 1086 (1093f.).

[120] Dem entspricht die Warnung von *D. Medicus*, ZIP 1989, S. 817, eine Verlagerung des Schuldnerschutzes vom Vollstreckungs- und Insolvenzrecht in das materielle Recht führe zu ei-

Gerichte eine abwehrrechtlich relevante Wertung der Interessen des betroffenen Grundrechtsträgers vor, die dessen Bewertung seiner Interessen überspielte. Hierin läge ein schwer erträglicher Akt staatlicher Bevormundung, mit der das Grundrecht des schwächeren Vertragsteils nicht nur gegen den anderen Vertragspartner, sondern auch gegen seinen Träger ins Feld geführt würde.[121] Die Privatautonomie denaturierte zum Gefängnis, in das der Bürger gesperrt wird, um ihn vor den unangenehmen Folgen seiner (Fehl-) Entscheidungen zu schützen.

Daß der Erste Senat des Bundesverfassungsgerichts von einer generellen Unzulässigkeit der hier in Rede stehenden Bürgschaftsverträge ausgeht,[122] läßt sich indes nicht annehmen,[123] mag dies auch im konkreten Fall die naheliegende – und vom BGH anschließend auch ausgesprochene[124] – Rechtsfolge sein. Zwar liegt dem »Bürgschafts«-Beschluß erkennbar die Prämisse zugrunde, eine die Folgen ihres Handelns überblickende sowie nicht von interessierter Seite beeinflußte Person werde eine solche Bürgschaft nicht übernehmen.[125] Der Senat hebt aber weiter hervor, angesichts der ausgeprägten Unterlegenheit der Beschwerdeführerin komme es entscheidend darauf an, »auf welche Weise der Vertrag zustandegekommen ist und wie sich insbesondere der überlegene Vertragspartner verhalten hat«. Dem BGH wird vorgehalten, daß er jegliche Aufklärungs- und Hinweispflicht des Kreditinstituts verneint und sogar »das Drängen des Bankangestellten mit dem Zusatz ›Sie gehen keine große Verpflichtung ein‹« für unerheblich gehalten habe. Dies verfehle »die grundrechtliche Gewährleistung der Privatautonomie so prinzipiell«, daß die Entscheidung des BGH keinen Bestand haben könne.[126] Damit ist zunächst die Frage gestellt, inwieweit die Bank den Bürgen auf Risiken hinzuweisen oder (zumindest) einer Verharmlosung des mit einer Bürgschaft verbundenen Risikos zu unterlassen hat. So hat der IX. Zivilsenat des BGH

ner »Teilentmündigung der Vermögens- und Einkommensschwachen«; vgl. auch *H.P. Westermann*, JZ 1989, S. 746 (747); desgleichen hat auch der IX. Zivilsenat des BGH, NJW 1991, S. 2015 (2017), hervorgehoben, daß eine ausdehnende Anwendung des § 138 Abs. 1 BGB »zu einer Einschränkung der Privatautonomie ganzer Bevölkerungskreise« führe; im Anschluß an die »Bürgschafts«-Entscheidung des BVerfG aber tendenziell anders BGH, NJW 1994, S. 1341 (1342f.).

[121] So *J. Eschenbach/F. Niebaum*, NVwZ 1984, S. 1079 (1081); vgl. ferner *J. Pietzcker*, in: FS G. Dürig, S. 345 (362f.); einen befremdlich weitgehenden Schutz »vor sich selbst« im Vertragsrecht aufgrund grundrechtlicher Schutzpflichten befürwortet hingegen *R. Singer*, JZ 1995, S. 1133 (1136ff.), der die Grundrechte damit in staatliche Bevormundungsrechte umfälscht; tendenziell zust. *C.-W. Canaris*, Grundrechte und Privatrecht, S. 47ff.

[122] In diesem Sinne wird die Entscheidung gedeutet von *K. Adomeit*, NJW 1994, S. 2467; vgl. auch *J. Eschenbach/F. Niebaum*, NVwZ 1994, S. 1079 (1080f.).

[123] So auch *F. Rittner*, NJW 1994, S. 3330: »Daß der Vertrag selbst ... nichtig sein soll, ... sagen die Richter nicht«.

[124] Vgl. BGH, NJW 1994, S. 1341 (1342ff.).

[125] So auch *J. Eschenbach/F. Niebaum*, NVwZ 1994, S. 1079 (1081); daß eine solche Annahme »freiheitsfeindlich« ist, weil sie »die Ausübung eines Freiheitsrechts von dessen vernünftigem Gebrauch abhängig macht«, betont zu Recht *T. Drygala*, in: Jahrbuch Junger Zivilrechtswissenschaftler 1994, S. 63 (74).

[126] BVerfGE 89, 214 (235).

die Sittenwidrigkeit und Nichtigkeit der hier in Rede stehenden Bürgschaftsabrede im Anschluß an die Vorgaben des Bundesverfassungsgerichts unter anderem mit der Erwägung begründet, ein Kreditinstitut wirke in unzulässiger Weise auf die Entschließung eines Bürgen ein, wenn es die Tragweite der Bürgschaft verharmlose, insbesondere die Unterschrift als reine Formalität darstelle.[127]

Allerdings hat der BGH darüber hinaus auch die Vertragsfreiheit des Bürgen für derartige Fallgestaltungen dadurch nicht unerheblich beschränkt, daß der kreditgebenden Bank über diese – selbständig tragende – Erwägung hinaus eine Ausnutzung familiärer Verbundenheit zur Last gelegt worden ist: Sofern die Verpflichtung des Bürgen »seine gegenwärtigen und zukünftig zu erwartenden Einkommens- und Vermögensverhältnisse« weit übersteige, könne die Bürgschaftsabrede insbesondere dann nichtig sein, wenn der Gläubiger die geschäftliche Unerfahrenheit oder eine seelische Zwangslage des Bürgen ausnutze oder ihn auf andere Weise in seiner Entscheidungsfreiheit unzulässig beeinträchtige.[128] Da junge Erwachsene in der Gefahr seien, einem Wunsch der Eltern auf Übernahme einer Bürgschaft ohne größere Überlegung zu entsprechen, dürfe eine Bank grundsätzlich nicht an ihren Kunden mit dem Ansinnen herantreten, ihr als Sicherheit die Bürgschaft eines Kindes zu geben, »das noch geschäftsunerfahren ist, an der Gewährung des Kredits kein eigenes Interesse hat und bei Eintritt des Risikos voraussichtlich auf längere Zeit nicht in der Lage sein wird, die gesicherte Verbindlichkeit zu tilgen«.[129] Unter Zugrundelegung dieser Auffassung kommt es für die Wirksamkeit einer von dem Bürgen nicht (mehr) gewollten Bürgschaft folglich darauf an, ob deren Übernahme nach Auffassung der Zivilgerichte hinreichend »vernünftig« war, weil beispielsweise ein eigenes Interesse des Bürgen an der gesicherten Leistung[130] bestand.[131] Dem entspricht, daß der IX. und der XI. Zivilsenat des BGH in ihrer neueren Rechtsprechung nicht nur Bürgschaften von Abkömmlingen regelmäßig für unwirksam erachten, sondern auch die Übernahme einer Bürgschaft durch den Ehegatten schon bei Vorliegen einer (krassen) finanziellen Überforderung als sittenwidrig ansehen, ohne daß es auf eine Beeinträchtigung der Entscheidungsfreiheit des Bürgen – etwa durch eine Verharmlosung

[127] BGH (IX. Zivilsenat), NJW 1994, S. 1341 (1343); ähnl. BGH (XI. Zivilsenat), NJW 1994, S. 1726 (1728).

[128] BGH, NJW 1994, S. 1341 (1342).

[129] BGH, NJW 1994, S. 1341 (1343); ebenso BGHZ 125, 206 (215f.); in diesem Fall ist die Unwirksamkeit einer Bürgschaftsabrede zudem aus dem besonders groben Mißverhältnis zwischen dem Verpflichtungsumfang und der Leistungsfähigkeit des Bürgen »in Verbindung mit dessen geschäftlicher Unerfahrenheit« gefolgert worden (ebd., S. 210ff.); vgl. ferner BGH, NJW 1997, 52 (53).

[130] Für eine Anknüpfung an ein fehlendes Eigeninteresse bei existenzgefährdenden Bürgschaften nächster Angehöriger *J. Gernhuber*, JZ 1995, S. 1086 (1093f.); differenzierend (und mit deutlicher Tendenz zur Zurückhaltung) *T. Drygala* in: Jahrbuch Junger Zivilrechtswissenschaftler 1994, S. 63 (71f.).

[131] Ähnl. schon zuvor – mit Blick auf einen Schuldbeitritt – der XI. Zivilsenat, BGHZ 120, 272 (277f.).

von Risiken oder das Ausnutzen geschäftlicher Unerfahrenheit – ankäme.[132] Damit bewirkt die Rechtsprechung jene Einschränkung der Privatautonomie des Bürgen, gegen die sich der IX. Zivilsenat vor der »Bürgschafts«-Entscheidung des Bundesverfassungsgerichts noch selbst gewandt hatte.[133]

Dessen ungeachtet mag davon ausgegangen werden können, daß mit den Mitteln des Zivilrechts – etwa erweiterten Aufklärungspflichten eines begünstigten Kreditinstituts[134] und an deren Verletzung geknüpften Ansprüchen aus *culpa in contrahendo* – korrigierend eingegriffen werden kann, wenn die Belastung eines einkommens- und vermögensschwachen Bürgen mit einer auf absehbare Zeit unerfüllbaren Verbindlichkeit droht; immerhin war die insbesondere vom IX. Zivilsenat des BGH bis zur »Bürgschafts«-Entscheidung des Bundesverfassungsgerichts verfolgte »harte Linie«[135] im Schrifttum auch auf Widerspruch gestoßen,[136] finden sich ferner in der Rechtsprechung andere Akzentsetzungen.[137] Zu bezweifeln ist aber, daß sich aus einer staatlichen Pflicht zum Schutze des schwächeren Vertragsteils mit dem Bundesverfassungsgericht auf eine letztlich unmittelbar in der Verfassung wurzelnde Pflicht eines Kreditinstituts zur aktiven Aufklärung über die mit einer Bürgschaft einhergehenden Risiken schließen läßt. Richtigerweise ist vielmehr davon auszugehen, daß nur ein positives Tun, nicht aber eine Unterlassung des anderen Teils als Anknüpfungspunkt für eine staatliche Schutzpflicht in Betracht kommt. So läßt sich beispielsweise annehmen, daß der Staat einem Bürger auch aus verfassungsrechtlichen Gründen die Möglichkeit verschaffen muß, sich von einer Vertragspflicht, deren Übernahme der Vertragspartner etwa durch eine Täuschung bewirkt hat, wieder zu befreien.[138]

Zwar ist danach die Mobilisierung einer in den Grundrechten wurzelnden

---

[132] Vgl. BGHZ 135, 66 (70); 136, 347 (351); BGH, NJW 2000, S. 1182 (1183); BGH (Vorlagebeschluß des XI. Zivilsenats), ZIP 1999, S. 1257 (1260), mit Überblick über die bisherige Rspr. des IX. u. XI. Zivilsenats.

[133] BGH, NJW 1991, S. 2015 (2017).

[134] Für eine Anknüpfung an Aufklärungspflichten *J. Köndgen*, NJW 1991, S. 2018f.; vgl. auch *D. Medicus*, ZIP 1989, S. 817 (821); *H. Wiedemann*, JZ 1994, S. 411 (413); krit. hingegen *J. Gernhuber*, JZ 1995, S. 1086 (1089f., 1096); *T. Drygala*, in: Jahrbuch Junger Zivilrechtswissenschaftler 1994, S. 63 (66f.); abl. auch die ältere Rspr. des IX. Zivilsenats des BGH, vgl. BGHZ 106, 269 (273); 107, 92 (103); BGH, NJW 1988, 3205 (3206); NJW 1989, S. 1605 (1606); NJW 1991, S. 2015 (2016); NJW 1992, S. 896 (898).

[135] So *J. Köndgen*, NJW 1991, S. 2018.

[136] Vgl. *D. Reinicke/K. Tiedtke*, ZIP 1989, S. 613 (615ff.); *H. Honsell*, JZ 1989, S. 495f.; *M. Wochner*, BB 1989, S. 1354ff.; *J. Köndgen*, NJW 1991, S. 2018f., der die Angreifbarkeit der Rechtsprechung des IX. Zivilsenats mit »zivilrechtlichen ›Bordmitteln‹« (ebd., S. 2018) betont; grds. Zustimmung zur Rspr. des BGH äußern (u.a.) *D. Medicus*, ZIP 1998, S. 817 (820ff.); *H.P. Westermann*, JZ 1989, S. 746f.

[137] Vgl. OLG Frankfurt, NJW-RR 1992, S. 1008f.; OLG Stuttgart, NJW-RR 1991, S. 1521ff.; LG Osnabrück, NJW-RR 1990, S. 306; s. ferner OLG Celle, WM 1988, S. 1436ff. (Sachverhalt der »Bürgschafts«-Entscheidung).

[138] Ebenso *C. Hillgruber*, AcP 191 (1991), S. 69 (75).

»Gerechtigkeitsreserve«[139] auch gegen zivilgerichtliche Entscheidungen über die Gültigkeit von Verträgen zumindest dann (ausnahmsweise) denkbar, wenn ein Gericht nicht nur einfach-gesetzliche Vorschriften über den Schutz eines »schwächeren« Vertragspartners beim Zustandekommen eines Rechtsgeschäfts verfehlt, sondern damit zugleich ein verfassungsrechtlich gebotener Mindestschutz unterschritten wird.[140] Daß die Grenze zu einer staatlichen Interventionspflicht auch im Falle der »Bürgschafts«-Entscheidung überschritten worden ist und der BGH den Grundrechtsschutz der Privatautonomie deshalb »prinzipiell verfehlt« habe, kann aber nicht angenommen werden. Vielmehr hält es sich im Rahmen verfassungsrechtlich möglicher Ergebnisse, wenn ein Zivilgericht annimmt, auch ein geschäftlich unerfahrener Bürge müsse sich darüber im Klaren sein oder jedenfalls darüber Klarheit verschaffen, daß jede Aussage über die Gefahr einer Verwirklichung des durch eine Bürgschaftserklärung erkennbar übernommenen Risikos eine Aussage über nicht mit letzter Sicherheit vorhersehbare Entwicklungen beinhaltet und deshalb ein notwendig mit Unsicherheiten behaftetes Wahrscheinlichkeitsurteil erfordert. Daß der BGH nicht offenbar unzutreffende Erklärungen eines Kreditinstituts über die Wahrscheinlichkeit einer Inanspruchnahme des Bürgen wie in dem hier behandelten Fall als »Bonitätsauskunft« wertet und einem Bürgen deshalb in Anwendung geltenden Zivilrechts die Möglichkeit vorenthält, sich von der übernommenen Verpflichtung wieder zu befreien, hätte deshalb auch vom Bundesverfassungsgericht als im Rahmen verfassungsrechtlich zulässiger Ergebnisse bleibende Entscheidung respektiert werden müssen. Demgegenüber bildet der »Bürgschafts«-Beschluß des Bundesverfassungsgerichts ein Beispiel für eine Entscheidung, in der unklare Deduktionen aus fragwürdigen Prämissen zu wenig überzeugenden Ergebnissen führen.

Insgesamt nötigt schon der Zusammenhang zwischen einer Intervention des Staates zugunsten einer »schwächeren« Vertragspartei und daraus regelmäßig resultierenden Einschränkungen der Vertragsfreiheit des anderen oder gar beider Vertragspartner zur Zurückhaltung gegenüber der Annahme, die staatliche Entscheidung eines Interessenkonflikts sei grundrechtlich determiniert. Zwar sind einfach-gesetzliche Einschränkungen der Privatautonomie mit Blick auf Belange (potentieller) Vertragspartner des Betroffenen (oder anderer Dritter) selbstverständlich möglich. Dem für die konkrete Ausgestaltung der Zivilrechtsordnung primär zuständigen Gesetzgeber ist bei der Entscheidung, welche Einschränkungen der Privatautonomie im Interesse Dritter oder der Allgemeinheit notwendig oder jedenfalls zweckmäßig sind, aber ein erheblicher Gestaltungsspielraum zuzubilligen. Gleichwohl mag eine staatliche Intervention zum Schutze eines

[139] *J. Ipsen*, NdsVBl. 1999, S. 102 (106).

[140] Ebenso *C.-W. Canaris*, Grundrechte und Privatrecht, S. 50; vgl. auch *P. Krause*, JZ 1984, S. 656 (663); zu weitgehend hingegen *S. Oeter*, AöR 119 (1994), S. 529 (560): »Ein ›falsches‹ oder ›ungerechtes‹ Ergebnis sollte ... niemals Grundlage einer begründeten Urteilsbeschwerde sein können«.

Grundrechtsträgers vor den Folgen eigenverantwortlich eingegangener Bindungen jedenfalls in besonders gelagerten Ausnahmefällen nicht nur möglich, sondern verfassungsrechtlich sogar gefordert sein. Dabei bedarf aber der Beachtung, daß selbst eine »gestörte Vertragsparität« regelmäßig keine Beschränkung der Freiheit zur eigenverantwortlichen Entscheidung über Rechtsbeziehungen durch das Verbot eines Vertragsschlusses rechtfertigen wird. Die mit einer solchen Maßnahme bewirkte Beeinträchtigung der Vertragsabschlußfreiheit beider Vertragspartner wird schon deshalb oftmals vermeidbar sein, weil mildere Mittel denkbar sind, die Abschluß und Durchführung eines übereinstimmend gewollten Vertrages nicht endgültig verhindern. So soll das für Bürgschaften in § 766 BGB vorgesehene Erfordernis der Schriftform eine »Warnfunktion« erfüllen. Sofern dieses Instrument oder auch ein Erfordernis der notariellen Beurkundung nicht als ausreichender Schutz des »schwächeren« Vertragsteils angesehen wird, wäre ferner an umfassende Aufklärungs- und Hinweispflichten des anderen Vertragsteils zu denken. Ohne daß die vertragliche Übernahme von Pflichten endgültig verhindert wird, läßt sich der Schutz vor einem unüberlegten Vertragsschluß ferner durch Normierung eines zeitlich befristeten Widerrufsrechts bewirken, wie es in § 1 HaustürWG vorgesehen ist. Desgleichen ist das in § 123 BGB vorgesehene Anfechtungsrecht für den Fall eines durch Täuschung erwirkten Vertragsschlusses sachgerecht, weil sie dem Getäuschten die Möglichkeit gibt, an der Durchführung eines Vertrages festzuhalten. Ist dies in Kenntnis der Gegebenheiten der Fall, muß die Rechtsordnung diesen Entschluß als autonome Entscheidung des Betroffenen respektieren. Daß eine von den Vertragspartnern übereinstimmend gewollte Vertragsgestaltung unterbunden werden darf, ist nur dann denkbar, wenn zu besorgen ist, daß entsprechende Vertragsklauseln in anderen Fällen infolge faktischer Überlegenheit eines Vertragspartners einem Dritten oktroyiert werden könnten.

II. Die Bedeutung der Grundrechte bei Abschluß und Beendigung eines Vertragsverhältnisses

Angesichts der grundrechtlichen Gewährleistung der Vertragsfreiheit werden verfassungsrechtlich gebotene Einschränkungen der Privatautonomie auch unter der Prämisse einer uneingeschränkten Grundrechtsbindung des Zivilrecht schaffenden und anwendenden Staates demnach einen eher seltenen Ausnahmefall bilden. Demgegenüber hat das Bundesverfassungsgericht aus Grundrechten eines Beteiligten in Einzelfällen sogar auf eine Pflicht des anderen Beteiligten auf Eingehung oder Fortsetzung eines Vertragsverhältnisses geschlossen. Beispielhaft genannt sei ein Beschluß des Ersten Senats aus dem Jahre 1992, mit dem ein Urteil des Bundesarbeitsgerichts aufgehoben wurde, weil es den Beschwerdeführer in seinem Grundrecht aus Art. 5 Abs. 1 S. 1 GG verletze. In dem zugrunde liegenden Ausgangsfall hatte das BAG einen Anspruch des Beschwerdeführers verneint, nach Abschluß einer Berufsausbildung von dem ausbildenden Unternehmen in ein ordentliches Arbeitsverhältnis übernommen zu werden, nachdem der Arbeitgeber dies mit Rücksicht auf Äußerungen des Beschwerdeführers in einer Schülerzeitung abgelehnt hatte. Nach Auffassung des BAG beruhte dieses Verhalten des Arbeitgebers weder auf sachfremden Gesichtspunkten noch auf willkürlichen Erwägungen, weil sich der Beschwerdeführer mit seinem Artikel »mittelbar« zu Gewalt und Gewaltanwendung als Mittel zur Durchsetzung politischer Forderungen bekannt habe. Das auch in Fragen der Persönlichkeitsentwicklung bei jungen Menschen offenbar hinreichend sachkundige Bundesverfassungsgericht ist dem mit der Erwägung entgegengetreten, selbst wenn – was in der Tat zweifelhaft erscheint – der Artikel des Beschwerdeführers den vom BAG angenommenen Inhalt habe, dürften Meinungsäußerungen bei Jugendlichen jedenfalls »nicht in gleicher Weise auf die Goldwaage gelegt werden wie bei gereiften Menschen«.[141] Die vom BAG aus dem einfachen Recht sowie einer Betriebsvereinbarung gefolgerte Pflicht des Arbeitgebers, sich bei der Entscheidung über den Abschluß eines Arbeitsvertrages nicht von sachfremden Motiven leiten zu lassen, wird auf diesem Wege in den Rang einer Vorgabe des Verfassungsrechts erhoben, die den Arbeitgeber zwingt, die Übernahme eines Auszubildenden nicht mit Blick auf dessen politische Auffassungen zu verweigern. Daß die Arbeitsgerichte nach Auffassung des Bundesverfassungsgerichts die Pflicht haben, bei der Auslegung und Anwendung privatrechtlicher Vorschriften der Bedeutung der Meinungsfreiheit Rechnung zu tragen, hat damit in diesem Fall zur Folge, daß der andere Beteiligte zum Abschluß eines Arbeitsvertrages gezwungen wird. Demgegenüber lag nicht nur der Lehre von der (nur) »mittelbaren« Grundrechtsgeltung im Privatrecht die Annahme eines grundrechtlichen Kontrahierungszwanges fern. Vielmehr machten auch die Vertreter der Gegenauffassung an dieser Stelle Konzessionen, sollte insbesondere Art. 3 Abs. 1 GG »im« Zivilrecht nicht uneingeschränkt gelten.[142]

Allerdings lag schon der »Blinkfüer«-Entscheidung aus dem Jahre 1969 ein strukturell durchaus vergleichbarer Wirkmechanismus zugrunde: Diese Entscheidung betraf bekanntlich einen an den Zeitschrifteneinzelhandel gerichteten und mit der Androhung der Nichtbelieferung verknüpften Aufruf des Springer-Verlags sowie weiterer Hamburger Verlagshäuser, den Vertrieb von Publikationen zu unterlassen, die nach der Errichtung der »Mauer« im August 1961 nicht auf den Abdruck der Programme des Rundfunks und Fernsehens der DDR verzichteten. Eine Verfassungsbeschwerde des Herausgebers der von dem Boykottaufruf betroffenen Zeitschrift »Blinkfüer« gegen dessen Billigung durch den BGH hatte Erfolg, weil der Erste Senat des Bundesverfassungsgerichts die Ausnutzung einer marktbeherrschenden Stellung auch im Falle eines politisch moti-

---

[141] BVerfGE 86, 122 (131).

[142] Vgl. *H.C. Nipperdey*, Privatrecht, S. 25f.; *ders.*, in: Enneccerus/Nipperdey, BGB-AT, S. 103.

vierten Boykottaufrufs als nicht von Art 5 Abs. 1 S. 1 GG geschützt erachtete[143] und ferner der BGH »die Bedeutung der Pressefreiheit für die materielle Rechtsposition des Beschwerdeführers verkannt« habe.[144] Damit wurden die betroffenen Verleger zugleich gezwungen, eine Belieferung und damit die Fortsetzung eines Vertragsverhältnisses mit den Zeitschriftenhändlern nicht deshalb zu verweigern, weil letztere auch bestimmte Konkurrenzprodukte vertrieben. In der Sache läuft diese Entscheidung darauf hinaus, daß eine Liefersperre jedenfalls im Falle der rechtlichen oder wirtschaftlichen Abhängigkeit des Vertragspartners aus verfassungsrechtlichen Gründen kein zulässiges Mittel zur Durchsetzung eigener Interessen oder Auffassungen ist.

Gerade am Beispiel der »Blinkfüer«-Entscheidung läßt sich daher ablesen, daß selbst mit der Lehre von der (nur) »mittelbaren« Grundrechtsgeltung »im« Privatrecht eine nicht unerhebliche Rückwirkung auf die Möglichkeit zu einer vom Staat unbeeinflußten Entscheidung über Abschluß und Beendigung vertraglicher Vereinbarungen einhergeht. Dies bestätigt zugleich, daß es letztlich nicht entscheidend auf die Konstruktion einer Einwirkung der Grundrechte auf die Privatrechtsordnung ankommt, sondern eine exakte Bestimmung der Reichweite dieser grundrechtlichen Vorgaben. Gerade das Argumentieren mit der grundrechtlichen Wertordnung weist jedoch einen deutlichen Mangel an handhabbaren Maßstäben auf, so daß beliebige Ergebnisse mit einem Hinweis auf die Wertvorstellungen des Grundgesetzes begründet werden können,[145] wie das Beispiel des oben behandelten »Bürgschafts«-Beschlusses gezeigt hat. Demgegenüber ist der Argumentation des Bundesverfassungsgerichts in dem Beispielsfall der Nichtübernahme eines Auszubildenden gerade dann zu widersprechen, wenn von einer uneingeschränkten Grundrechtsbindung auch des Zivilgesetzgebers und der Zivilgerichte ausgegangen wird: Nach Auffassung des Bundesverfassungsgerichts soll die vom BAG in Auslegung und Anwendung zivilrechtlicher Vorschriften angenommene Zulässigkeit des Nichtabschlusses eines Arbeitsvertrages wegen vom Arbeitgeber mißbilligter Äußerungen des beschwerdeführenden Arbeitnehmers an dessen Grundrecht aus Art. 5 Abs. 1 GG zu messen sein, weil die Meinungsfreiheit auch dann berührt sei, wenn das »grundrechtlich geschützte Verhalten« mit nachteiligen Rechtsfolgen verknüpft werde. Dies sei auch die Situation im Ausgangsfall, weil das ausbildende Unternehmen »allein die Meinungsäußerung des Beschwerdeführers als Grund für seine Nichteinstellung angeführt« und das BAG dieses Vorgehen »als rechtmäßig bestätigt« habe.[146] Werde die Meinungsfreiheit durch eine arbeitsgerichtliche Entscheidung berührt, so fordere

---

[143] BVerfGE 25, 256 (263ff.).

[144] BVerfGE 25, 256 (268).

[145] Vgl. *U. Diederichsen*, AcP 198 (1998), S. 171 (217), der insoweit zu Recht hervorhebt, daß die Grundrechte als Grundwerte zur Basis von Rechtsfolgen geworden sind, »die mit den Abwehrrechten allein nie hätten zustande gebracht werden können«.

[146] BVerfGE 86, 122 (128).

Art. 5 Abs. 1 GG, »daß die Gerichte der Bedeutung dieses Grundrechts bei der Auslegung und Anwendung der Vorschriften des Privatrechts Rechnung tragen«,[147] was nicht in der gehörigen Form geschehen sein soll.[148]

Diese schon im Hinblick auf die Frage nach dem Grund einer Grundrechtsgeltung »im« Privatrecht sehr unpräzisen Ausführungen des Bundesverfassungsgerichts sind nicht geeignet, die Maßstäblichkeit der Meinungs- oder auch nur (berufsbezogenen) Vertragsfreiheit eines kontrahierungswilligen Arbeitnehmers für die angegriffene Entscheidung des BAG darzutun: Zwar ist zu konzedieren, daß mit der Billigung des an eine Meinungsäußerung des Beschwerdeführers anknüpfenden Verhaltens des Ausbildungsbetriebs durch das BAG eine staatliche Maßnahme vorliegt, die gegenüber dem Betroffenen eine Zwangswirkung entfaltet. Dabei geht es aber nur um die staatliche Nichthinderung einer Unterlassung des gewünschten Vertragspartners. Es ist schwerlich vorstellbar, daß ein solcher Vorgang ein grundrechtliches Abwehrrecht des anderen Beteiligten auslösen kann, denn in ihrer Eigenschaft als Abwehrrechte schützen die Grundrechte allein vor staatlicher Fremdbestimmung.[149] Der grundrechtlichen Gewährleistung der (Vertrags-) Freiheit zum Abschluß von Verträgen mit anderen Personen ist daher uneingeschränkt Genüge getan, wenn im Falle des Vorhandenseins potentieller Vertragspartner die Möglichkeit zur unbeeinflußten Entscheidung über den Vertragsschluß und -inhalt besteht. Demgegenüber bildet das Fehlen eines Vertragspartners von vornherein keine Beeinträchtigung grundrechtlich (potentiell) geschützter Freiheit,[150] denn der Abschluß eines Vertrages ist keine dem Grundrechtsträger einseitig offenstehende Verhaltensmöglichkeit. Auch die gerichtliche Billigung des Nichtabschlusses eines Vertrages durch einen gewünschten Vertragspartner kann folglich nicht als Beeinträchtigung der Vertragsfreiheit aufgefaßt werden.

Dieses Ergebnis bleibt auch davon unberührt, daß in dem hier behandelten Beispielsfall eine Meinungsäußerung des Auszubildenden zum Anlaß für die Nichtübernahme durch das ausbildende Unternehmen genommen worden ist: Verwirklicht es keinen Beeinträchtigungstatbestand, wenn ein Arbeitsgericht in Anwendung gesetzlicher Vorschriften und vertraglicher Vereinbarungen eine Verpflichtung eines Ausbildungsbetriebs zur Übernahme eines Auszubildenden verneint, so kommt es auf die Motivation des gewünschten Vertragspartners – jenseits der Fälle eines Eingreifens staatlicher Schutzpflichten – vielmehr nicht an. Die vom Bundesverfassungsgericht offenbar vertretene These von der Grundrechtserheblichkeit der gerichtlichen Bestätigung des Verhaltens des Arbeitgebers[151] trifft deshalb selbst dann nicht zu, wenn man die – ebenfalls unzutreffende

[147] BVerfGE 86, 122 (128).
[148] Vgl. BVerfGE 86, 122 (130ff.).
[149] Ähnl. Kritik übt *C. Hillgruber*, ZRP 1995, S. 6 (8); vgl. ferner *M. Oldiges*, in: FS K.H. Friauf, S. 281 (293).
[150] In diese Richtung wohl auch *J. Pietzcker*, in: FS G. Dürig, S. 345 (349f.).
[151] BVerfGE 86, 122 (128).

– Auffassung des Bundesverfassungsgerichts zugrunde legt, wegen der Anknüpfung an eine Meinungsäußerung sei Art 5 Abs. 1 S. 1 GG das einschlägige Grundrecht.[152] Besonders deutlich wird dies, wenn mit der hier vertretenen Ansicht das Grundrecht als von einer staatlichen Einwirkungshandlung betroffen angesehen wird, in dessen Schutzgut-Tatbestand sich die Wirkung dieser Handlung entfaltet, um einer auf ein anderes Grundrecht zielenden Motivation der handelnden Stelle in einem weiteren Arbeitsschritt bei der Rechtfertigung der Beeinträchtigung Rechnung zu tragen,[153] weil danach Einschränkungen der freien Entscheidung über einen Vertragsschluß auch im Falle der Anknüpfung an eine Meinungsäußerung als Beeinträchtigungen der Vertragsfreiheit zu qualifizieren sind. Wenn aber die fragliche Handlung wie im vorliegenden Fall schon keine Beeinträchtigung der Vertragsfreiheit bewirkt, kann die Meinungsfreiheit des Betroffenen schon deshalb außer Betracht bleiben, weil sie erst in Zusammenhang mit der Frage nach der Zulässigkeit der Verwirklichung eines Beeinträchtigungstatbestandes zu erörtern gewesen wäre.

Daß die gerichtliche Billigung des Nichtabschlusses eines Vertrages abwehrrechtlich irrelevant ist, steht insofern mit der Rechtsprechung des Bundesverfassungsgerichts zur Beendigung bestehender Arbeitsverhältnisse durch Kündigung in Einklang, als danach das Grundrecht aus Art. 12 Abs. 1 GG einem Arbeitnehmer keinen »unmittelbaren« Schutz gegen den Verlust des Arbeitsplatzes aufgrund privater Dispositionen des Arbeitgebers vermittelt.[154] Allerdings soll in derartigen Fällen eine staatliche Schutzpflicht bestehen, der durch die geltenden Vorschriften zum Kündigungsschutz hinreichend Rechnung getragen werde.[155] Auf dieser Grundlage werden die Interessen von Arbeitgeber und Arbeitnehmer in der neueren Judikatur in eine Abwägung eingestellt, bei der sich letztlich keine durchgreifenden Unterschiede zu Fällen der Kollision jeweils potentiell abwehrrechtlich geschützter Belange ergeben: Die »kollidierenden Grundrechtspositionen« sind danach »in ihrer Wechselwirkung zu erfassen und so zu begrenzen, daß sie für alle Beteiligten möglichst weitgehend wirksam werden«[156]

Einer solchen Rechtsprechung ist entgegenzuhalten, daß sie die abwehrrechtliche Irrelevanz einer staatlichen Billigung von Nichtabschluß oder Nichtfortsetzung eines Vertrages letztlich konterkariert.[157] Verwirklicht die (zivil-) gerichtliche Billigung des Nichtabschlusses eines Vertrages keinen Beeinträchtigungstatbestand, so folgt hieraus, daß der Bürger das Risiko des Nichtvorhandenseins ei-

[152] Für Anwendbarkeit von Art. 5 Abs. 1 GG aber *M. Oldiges*, in: FS K.H. Friauf, S. 281 (294).

[153] Vgl. oben, S. 189.

[154] BVerfGE 84, 133 (146f.); 92, 140 (150); 97, 169 (175).

[155] BVerfGE 84, 133 (147); 92, 140 (150); 97, 169 (175).

[156] BVerfGE 97, 169 (176).

[157] Zu Recht krit. gegenüber einem übertriebenen Einsatz grundrechtlicher Schutzpflichten im Zivilrecht *U. Diederichsen*, AcP 198 (1998), S. 171 (248ff.); *W. Zöllner*, AcP 196 (1996), S. 1 (10f.).

nes Vertragspartners grundsätzlich selbst zu tragen hat. Dieser klare Befund läßt sich nicht dadurch unterlaufen, daß aus grundrechtlichen Schutzpflichten ein abwehrrechtsäquivalenter Schutz des Kontrahierungswilligen abgeleitet wird, denn hierdurch würde die Verwirklichung eines Beeinträchtigungstatbestandes als Voraussetzung des Grundrechtsschutzes durch in Herkunft und Bedeutung diffus bleibende Schutzpflichten ersetzt, so daß die Grundrechte zugleich die mittelbare Grundlage weitgehender Kontrahierungspflichten des anderen Grundrechtsträgers bildeten. Gibt es keinen grundrechtlichen »Vertragspartnerverschaffungsanspruch«, so muß entsprechendes ferner dann gelten, wenn nicht der Nichtabschluß eines (Arbeits-) Vertrages, sondern dessen Beendigung in Rede steht, denn in diesem Falle wird ein vertragloser Zustand wiederhergestellt, der im Falle des Nichtabschlusses aufrechterhalten bleibt. Die Kündigung eines Vertrages kann in grundrechtlicher Hinsicht nicht anders behandelt werden als dessen Nichtabschluß, weil sie als *actus contrarius* zum Vertragsschluß den *status quo ante* wiederherstellt.

Auf der anderen Seite hindert diese Sachlage selbstverständlich nicht die Annahme, daß der Gesetzgeber aufgrund (objektiv-rechtlicher) Schutzpflichten in besonders gelagerten Fällen zur Normierung eines einfach-gesetzlichen Kündigungsschutzes verpflichtet ist. So läßt sich aus dem Schutzauftrag in Art. 6 Abs. 4 GG auf die Erforderlichkeit eines wirksamen arbeitsrechtlichen Kündigungsschutzes zugunsten von Schwangeren und Müttern nach der Entbindung schließen.[158] Auch kann man den Staat als zur Intervention nicht nur berechtigt, sondern unter dem Aspekt grundrechtlicher Schutzpflichten verpflichtet ansehen, wenn die Verweigerung eines Vertragsschlusses im Einzelfall durch einen (grundsätzlich kontrahierungswilligen) Privaten auf dem Geschlecht, der rassischen Zugehörigkeit oder religiösen Überzeugung des Betroffenen beruht und damit diskriminierenden Charakter hat.[159] Eine Pflicht des Staates zum Einschreiten auch dann, wenn ein Privater eine – wie auch immer zu interpretierende – Äußerung eines anderen Privaten zum Anlaß für den Nichtabschluß eines (Arbeits-) Vertrages macht, ist demgegenüber zu verneinen. Ist dem hier behandelten Sachverhalt die grundrechtliche Relevanz sowohl im Hinblick auf die Abwehrfunktion der Grundrechte als auch unter dem Aspekt grundrechtlicher Schutzpflichten abzusprechen, so kommt es nicht darauf an, ob das BAG die in Rede stehende Meinungsäußerung zutreffend interpretiert hat.

Diese Grundsätze lassen sich auch im Falle der »Blinkfüer«-Entscheidung mit Blick auf Grundrechte der Zeitungshändler fruchtbar machen. Zunächst kann in der gerichtlichen Billigung der Androhung und Verhängung einer Liefersperre

---

[158] Vgl. hierzu BVerfGE 85, 360 (372); 84, 133 (155f.).

[159] Insofern im Ausgangspunkt zutreffend BVerfGE 89, 276 (285ff.), wenngleich diese – einen Fall der (vorgeblichen) Diskriminierung wegen des Geschlechts betreffende – Entscheidung die dem Bundesverfassungsgericht bei der Überprüfung fachgerichtlicher Entscheidungen gezogenen Grenzen im übrigen doch deutlich überschreitet.

keine Verwirklichung eines Beeinträchtigungstatbestandes gesehen werden, da die Nichthinderung oder Gestattung der Nichtbelieferung die Vertragsfreiheit der Zeitschriftenhändler nicht berührt. Desgleichen wird ein grundrechtlicher Anspruch auf staatlichen Schutz vor einer Nichtbelieferung zu verneinen sein: Da die Lieferanten der Zeitschriftenhändler die grundrechtlich geschützte Freiheit haben, auf ein von Ihnen aus beliebigen Gründen (ebenfalls) mißbilligtes Verhalten ihrer Kunden mit einer Beendigung der Geschäftsbeziehung zu reagieren, läßt sich (jedenfalls) nicht annehmen, daß in diesem Fall – wie auch vergleichbaren Fällen – eine staatliche Intervention zugunsten des Zeitschrifteneinzelhandels unter dem Aspekt grundrechtlicher Schutzpflichten *geboten* ist.[160]

Dieses Ergebnis läßt andererseits nicht den Schluß zu, die gerichtliche Billigung der mit der Androhung einer Liefersperre verknüpften Boykottaufforderung sei auch im Hinblick auf Grundrechte des Herausgebers der von dem Boykottaufruf betroffenen Zeitschrift »Blinkfüer« von vornherein irrelevant. Insoweit stellt sich vielmehr die auf der Ebene der *gesetzlichen* Schuldverhältnisse angesiedelte Frage, inwieweit der Urheber eines Boykottaufrufs durch eine Einwirkung auf (potentielle) Vertragspartner des Dritten dessen Belange beeinträchtigen darf. Die staatliche Entscheidung derartiger Konflikte durch die Zivilrechtsordnung ist jedoch – wie dargelegt – in jede Richtung grundrechtlich relevant, so daß die Billigung eines Boykottaufrufs durch ein Zivilgericht an den Grundrechten des Urhebers der zu boykottierenden Güter oder Dienstleistungen zu messen ist. Dem steht nicht entgegen, daß es keinen grundrechtlichen Anspruch auf einen Vertragspartner gibt und es jedermann freisteht, einem Boykottaufruf zu folgen oder die betroffenen Güter sowie Dienstleistungen weiterhin nachzufragen, denn dem Staat ist nicht gestattet, sich in den Prozeß des Werbens um Zustimmung und Kundschaft beliebig einzumischen und dadurch den freien und unbeeinflußten Wettbewerb zu stören. Aus diesem Grunde sind nicht nur imperativ-regelnde Einwirkungen auf den Wettbewerb – beispielsweise durch Werbeverbote – grundrechtlich relevant, sondern auch influenzierende Maßnahmen insbesondere durch Warnungen und Empfehlungen, obwohl es jedermann freisteht, eine staatliche Warnung oder Empfehlung zu befolgen. Im Hinblick auf die Struktur des Beeinträchtigungsvorgangs unterscheidet sich eine Boykottaufforderung von einer staatlichen Warnung oder Empfehlung jedoch nicht. Der Unterschied liegt vielmehr darin, daß der Staat im Falle der Boykottaufforderung nicht selbst handelt, sondern die Einwirkung eines Bürgers auf (grund-) rechtlich geschützte Positionen eines anderen Bürgers zuläßt. Auf Basis der hier vertretenen Auffassung zur staatlichen Mitverantwortung für private Einwirkungen auf Nichtstörungsinteressen anderer Privater wird hierdurch – wie durch jede andere erlaubte Beeinträchtigung von grundrechtlich (potentiell) geschützten Positionen eines Bür-

[160] Anders *C.-W. Canaris*, Grundrechte und Privatrecht, S. 58f.; wohl auch *H.H. Klein*, Der Staat 10 (1971), S. 145 (171).

gers durch andere Bürger – ein Beeinträchtigungstatbestand verwirklicht; unter Zugrundelegung der herrschenden Meinung ist jedenfalls an eine staatliche Schutzpflicht zu denken.

Allerdings wird eine Verfassungswidrigkeit der danach gegebenen Einwirkung auf (regelmäßig) die Berufsfreiheit durch die staatliche Billigung von Boykottaufrufen nur in besonders gelagerten Ausnahmefällen in Betracht kommen, denn es versteht sich von selbst und ist vom Bundesverfassungsgericht in der »Blinkfüer«-Entscheidung auch grundsätzlich anerkannt worden, daß der Urheber eines Boykottaufrufs sich seinerseits auf den Grundrechtsschutz der Meinungsfreiheit berufen kann.[161] Daß die Zulässigkeit eines Boykottaufrufs wegen einer damit einhergehenden Beeinträchtigung gewerblicher Interessen auch nur beschränkbar ist, ist daher jedenfalls dann nicht vorstellbar, wenn und soweit nur die Kraft der vorgebrachten Argumente für den Boykottaufruf streitet[162] und sich der Aufrufende nicht vorsätzlich auf unzutreffende Tatsachen stützt.[163] Ein anderes Ergebnis mag als innerhalb staatlicher Gestaltungs- und Entscheidungsspielräume liegend möglich – nicht aber geboten[164] – sein, wenn ein Boykottaufruf von seinem wirtschaftlich stärkeren Urheber mit der Androhung von Nachteilen für den Fall der Nichtbefolgung verknüpft worden ist,[165] da eine geistige Auseinandersetzung über das verfolgte Anliegen gerade verhindert wird,[166] wenn der Angesprochene seine Entscheidung nicht »in voller innerer Freiheit und ohne wirtschaftlichen Druck«[167] treffen kann.[168]

---

[161] BVerfGE 25, 256 (264); vgl. ferner BVerfGE 62, 230 (244); BVerfG (3. Kammer des Ersten Senats), NJW 1989, S. 381 (382).

[162] Insoweit einschränkend aber BVerfG (3. Kammer des Ersten Senats), NJW 1989, S. 381 (382), für den Fall einer Aufforderung zu (zivil-) rechtswidrigem Verhalten (»Mietboykott«); für weitgehende Unzulässigkeit von Boykottaufrufen auch *H.C. Nipperdey*, DVBl. 1958, S. 445 (449ff.).

[163] Auch kann es nicht darauf ankommen, ob ein Boykottaufruf in einer politisch und gesamtgesellschaftlich bedeutsamen Angelegenheit ergeht oder allein kommerziellen Interessen dient; zutr. *K.H. Friauf/W. Höfling*, AfP 1985, S. 249 (250f., 255) m.w.N. auch auf die Gegenmeinung; insoweit nicht unproblematisch daher BVerfGE 62, 230 (247f.).

[164] Vgl. soeben, S. 491.

[165] Offenbar geht das BVerfG in der »Blinkfüer«-Entscheidung davon aus, daß ein Boykottaufruf in einem solchen Falle schon nicht vom Schutzgut-Tatbestand des Art. 5 Abs. 1 GG erfaßt wird, vgl. BVerfGE 25, 256 (264f.); wohl auch BVerfGE 62, 230 (244f.); BVerfG (3. Kammer des Ersten Senats), NJW 1989, S. 381 (382); zust. *Th. M.J. Möllers*, NJW 1996, S. 1374 (1376) m.w.N.; dies trifft nicht zu, da es insoweit allein darauf ankommt, ob eine Meinungsäußerung vorliegt.

[166] So schon *E. Helle*, NJW 1964, S. 1497 (1500); vgl. ferner *C.-W. Canaris*, Grundrechte und Privatrecht, S. 58f.; *H.H. Klein*, Der Staat 10 (1971), S. 145 (171); *P. Krause*, JZ 1984, S. 828 (832).

[167] BVerfGE 25, 256 (265); vgl. auch BVerfGE 62, 230 (245).

[168] Problematisch ist, ob dieser Grundsatz auf Fälle übertragen werden kann, in denen der Aufrufende durch die Boykottaufforderung bewirken will, daß der Boykottierte im Wege des Boykotts oder durch anderweitige Ausübung wirtschaftlichen Drucks gegen einen Vierten vorgeht; die Frage wird (vorschnell) bejaht von BVerfGE 62, 230 (245f.); abl. *K.H. Friauf/W. Höfling*, AfP 1985, S. 249 (256), die auf das Fehlen einer »spezifische(n) Pressionsmöglichkeit« des Aufrufenden gegenüber den Erklärungsadressaten verweisen; für die Zulässigkeit eines Boy-

Insgesamt ist mit Blick auf die »Wechselbeziehung« zwischen Grundrechtsbindung des Staates und Privatautonomie des Bürgers festzuhalten, daß Beeinträchtigungen der Freiheit zu einer Bindung nach eigenem Belieben durch zwingendes Recht als grundrechtlich relevante Beeinträchtigung der Vertragsfreiheit einer verfassungsrechtlichen Rechtfertigung bedürfen, während – umgekehrt – das Fehlen eines Verbots bestimmter Vertragsgestaltungen keinen Beeinträchtigungstatbestand verwirklicht, weil niemand einen grundrechtlichen Anspruch auf einen Vertragsschluß – oder gar bestimmte Konditionen – hat; entsprechendes gilt in Ermangelung eines Anspruchs auf einen Vertragspartner für den Fall des Nichtvorhandenseins eines Kontrahierungszwangs. Da ferner die selbstverursachte Bindung an rechtsgeschäftliche Erklärungen ebenfalls abwehrrechtlich irrelevant ist, kann es zu Beeinträchtigungen der Privatautonomie infolge einer Grundrechtsgeltung »im« Privatrecht von vornherein nur im Rahmen der Erfüllung staatlicher Schutzpflichten kommen. Hieraus mag in seltenen Einzelfällen auch resultieren, daß eine staatliche Anordnung von Kontrahierungszwängen zugunsten des anderen Teils verfassungsrechtlich geboten ist, während Abschlußverbote auch wegen ihres bevormundenden Charakters besonderen Bedenken begegnen. Des weiteren sind Fälle denkbar, in denen die Rechtsordnung einem Bürger die Möglichkeit geben muß, sich von einer einmal übernommenen Verpflichtung wieder zu befreien. Auch eine solche Rechtsfolge muß jedoch auf besonders gelagerte Ausnahmefälle beschränkt bleiben, denn wer sich freiwillig und in Kenntnis der Folgen vertraglich zu einem bestimmten Verhalten verpflichtet, wird nicht anschließend unter Berufung auf grundrechtliche Schutzpflichten des Staates Befreiung von der übernommenen Verbindlichkeit verlangen können, sondern muß sich an seiner bindenden Erklärung festhalten lassen.

Anders kann zu entscheiden sein, wenn bei einem auf längere Zeit angelegten Dauerrechtsverhältnis eine wesentliche Veränderung der Umstände eintritt, die es als auch unter Berücksichtigung der Belange des anderen Teils unzumutbar erscheinen läßt, den Betroffenen an der eingegangenen Verpflichtung festzuhalten; erinnert sei an das – dem öffentlichen Recht entstammende – Beispiel eines zur (vorübergehenden) Ehelosigkeit verpflichteten Beamten.[169] Soweit danach ein Grundrechtsträger von einer einmal übernommenen Verpflichtung aus grundrechtlichen Gründen wieder zu befreien ist, entfalten grundrechtliche Vorgaben für das Privatrecht folglich Rückwirkungen auch auf den Vertragspartner des Be-

---

kotts zum Zwecke der Einwirkung auf einen weiteren Betroffenen auch *Th. M.J. Möllers*, NJW 1996, S. 1374 (1377); letztlich dürfte es in diesen Fällen sehr auf die Umstände des Einzelfalls ankommen. So läßt sich die Frage stellen, ob ein Zusammenwirken vieler zur Ausübung wirtschaftlichen Drucks auch dann schlechthin zu verurteilen ist, wenn die freiwillige Befolgung eines Boykottaufrufs schlechterdings nicht erwartet werden kann, weil sie mit anderweitigen wirtschaftlichen Nachteilen für den Erklärungsadressaten verknüpft wäre.

[169] Vgl. oben, S. 143ff.

troffenen, die dessen Privatautonomie in Ermangelung eines grundrechtlichen Anspruchs auf einen Vertragspartner aber nicht beeinträchtigen.

Auf Basis dieser Grundsätze sind auch jene Sachverhalte aus dem Bereich des Arbeitsrechts zu lösen, in denen Arbeitnehmer mit Rücksicht auf ihre Glaubens-, Gewissens- oder Meinungs(äußerungs)freiheit ein Handeln verweigert haben, daß arbeitsvertraglich geschuldet war: Weil sich »freiwillig eingegangene privatrechtliche Pflichten ... nicht unter Berufung auf die Glaubens- oder Gewissensfreiheit abstreifen« lassen,[170] wird ein Arbeitnehmer, der sich an bestimmten Tagen aus religiösen Gründen zur Arbeitsleistung außerstande sieht, einer arbeitsvertraglich übernommenen Pflicht zur Arbeitsleistung an diesen Tagen nicht unter Hinweis auf Art. 4 Abs. 1 GG begegnen können. Das Arbeitsverhältnis ist vielmehr – wenn eine einvernehmliche Aufhebung scheitert – auf ordentlichem Wege zu kündigen und die Pflicht zur Arbeitsleistung bis zum Ablauf einer Kündigungsfrist zu erfüllen, sollen Nichterfüllungssanktionen vermieden werden.[171] Ebenso könnten die in einer »Peep-Show« beschäftigten Personen unabhängig von der Frage nach einer Einwirkung auch auf deren grundrechtlich (potentiell) geschützte Freiheit durch ein Verbot derartiger Veranstaltungen[172] jedenfalls nicht mit Erfolg rügen, es verletze sie in ihrer Menschenwürde, wenn sie bis zum Ende einer Kündigungsfrist an der freiwillig übernommenen Pflicht zur Erfüllung ihres Arbeitsvertrages festgehalten würden.

Etwas anderes kann sich ergeben, wenn die Vertragspartner eine während der vertraglichen Beziehungen auftretende Konfliktlage zum Zeitpunkt des Vertragsschlusses noch nicht vorhersehen konnten oder jedenfalls nicht vorhergesehen haben. Derartige Sachverhalte sind aus grundrechtlicher Sicht dann von Interesse, wenn sich der Betroffene der vertraglich übernommenen Verpflichtung nicht mit sofortiger Wirkung durch Kündigung entziehen kann: Da es keinen staatsgerichteten Anspruch auf einen bestimmten Vertragspartner oder gar -inhalt gibt, ist für die Grundrechte eines Betroffenen regelmäßig ohne Belang, wenn sich ein Arbeitgeber bei auf Abschluß eines Arbeitsvertrages gerichteten Vertragsverhandlungen weigert, durch Glaubensüberzeugungen motivierten Wünschen oder Vorbehalten des Arbeitnehmers Rechnung zu tragen. Entsprechendes muß gelten, wenn der Widerspruch zwischen überzeugungsgeleitetem Handeln und arbeitsvertraglichen Pflichten bei Abschluß des Vertrages übersehen wurde oder erst später eintritt. Ein mit Blick auf die Grundrechtsgeltung »im« Zivilrecht relevanter Konflikt kann aber entstehen, wenn ein Arbeitnehmer wegen des Vorhandenseins einer Kündigungsfrist bis zu deren Ablauf zu einem Verhalten verpflichtet ist, das mit seinen Überzeugungen kollidiert. Hier wird es darauf ankommen,

---

[170] *C. Starck*, in: v. Mangoldt/Klein/Starck, GG, Art. 4 Rn. 116.

[171] Ähnl. *C. Starck*, in: v. Mangoldt/Klein/Starck GG, Art. 4 Rn. 116. Dabei sei klarstellend angemerkt, daß es kein »Wahlrecht« zwischen Vertragserfüllung und Nichterfüllungssanktion gibt, die Sanktion vielmehr die Reaktion der Rechtsordnung auf eine Pflichtverletzung ist.

[172] Vgl. dazu oben, S. 148ff.

ob dem anderen Vertragspartner angesonnen werden kann, den Betroffenen vorzeitig von seinen Pflichten zu entbinden. Ebenso verhält es sich, wenn ein Arbeitnehmer einem (unvorhergesehenen) Risiko für seine körperliche Integrität ausgesetzt wird,[173] denn Art. 2 Abs. 2 GG erfaßt – wie erwähnt[174] – auch schon die Gefahr einer Beeinträchtigung der körperlichen Unversehrtheit.

Soweit hingegen Unterlassungspflichten in Zusammenhang mit einem Arbeitsvertrag oder anderen Dauerschuldverhältnissen in Rede stehen, bedarf deren eigenständige grundrechtliche Relevanz einer besonders sorgfältigen Prüfung, weil die betreffende Handlung auch unabhängig von der Existenz vertraglicher Vereinbarungen vielfach wird unterbleiben müssen. Illustrieren läßt sich dies an einer Entscheidung des Bundesverfassungsgerichts aus dem Jahre 1958, die einen Zivilrechtsstreit um die Zulässigkeit der Anbringung von (Wahl-) Plakaten an der Außenfassade einer Mietwohnung durch den Mieter betraf. In diesem Falle bewirkte es schon keine rechtserhebliche Beeinträchtigung der Verhaltens- (oder gar Meinungs-) Freiheit des Mieters, daß das Landgericht Hamburg in der angegriffenen Entscheidung einen entsprechenden mietvertraglichen Anspruch verneint hatte, denn der Mieter war zu dem gewünschten Verhalten auch im vertraglosen Zustand von vornherein nicht berechtigt, so daß das Fehlen einer vertraglich eingeräumten Rechtsmacht ohne eigenständige Bedeutung blieb. Dem steht nicht entgegen, daß vertraglich eingeräumte Rechtspositionen ebenfalls den Schutz der Grundrechte genießen können, denn es geht zunächst um die dem vorgelagerte Frage, ob Grundrechte auch schon in Zusammenhang mit der Feststellung einer vertraglichen Rechtsposition von Bedeutung sind.

Die Unzulässigkeit der Anbringung von Wahlpropaganda an der Außenfassade einer Mietwohnung ist grundrechtlich mithin nur insofern von Belang, als das allgemeine Verbot der Einwirkung auf fremdes Eigentum die abwehrrechtlich geschützten Handlungsmöglichkeiten eines Grundrechtsträgers in ohne weiteres rechtmäßiger Weise beschränkt. Zu Unrecht hat daher das Bundesverfassungsgericht die Entscheidung des LG Hamburg unter Zugrundelegung der Lehre von der »mittelbaren« Drittwirkung einer umfassenden und sorgfältig abwägenden verfassungsrechtlichen Prüfung unterzogen.[175] Für die Frage, ob einem Mieter durch den Mietvertrag eine Befugnis zum Anbringen von (Wahl-) Plakaten an der Außenfassade der Mietwohnung eingeräumt worden ist, kommt den Grundrechten keine Bedeutung zu. Hierüber sollte sich der Rechtsanwender nicht dadurch

---

[173] Zum Anspruch einer Flugbegleiterin auf Erlaß eines Rauchverbots im Flugzeug durch den Arbeitgeber vgl. die Ausführungen des Hess. LAG, AuR 1995, S. 285 (286), das mit Blick auf verfassungsrechtliche Wertentscheidungen (Art. 2 Abs. 2 GG) die beteiligten Belange im Rahmen des § 618 BGB gegeneinander abwägen will; tendenziell anders das BAG, NJW 1996, S. 3028 (3029), das zu Recht den Vorrang einer gesetzgeberischen Entscheidung über Vorschriften zum Schutze vor den Gefahren des Passivrauchens am Arbeitsplatz betont.

[174] Vgl. oben, S. 330ff.

[175] Vgl. BVerfGE 7, 230 (234ff.); krit. hierzu (unter Anknüpfung an grundrechtliche Schutzpflichten) auch C.-*W. Canaris*, Grundrechte und Privatrecht, S. 55f.

hinwegsetzen, daß Grundrechte unter Rückgriff auf die Argumentationsfigur der »objektiven Wertordnung« unabhängig vom Vorliegen eines Beeinträchtigungstatbestandes zu auslegungsrelevanten Faktoren erhoben werden, weil dies eine strukturierte Erörterung der Bedeutung von Grundrechten für den Einzelfall erschwert und letztlich beliebige Ergebnisse ermöglicht. Eine Pflicht zur Beachtung der Grundrechte in ihrer Eigenschaft als objektives Recht trifft staatliche Stellen vielmehr nur, wenn deren Handeln einen Beeinträchtigungstatbestand erfüllt oder – ausnahmsweise – eine staatliche Schutzpflicht angenommen werden kann. Fehlt es hieran, hat ein Sachverhalt keine grundrechtliche Dimension.

Zusammenfassung

1. Bereits seit längerem ist Gegenstand rechtswissenschaftlichen Interesses, inwieweit nachteilige Folgen eines verhaltenssteuernden Staatshandelns auch dann Rechtserheblichkeit beanspruchen können, wenn sie einen Nichtadressaten (»Dritten«) treffen und durch das Verhalten des Maßnahmeadressaten vermittelt werden. So hat sich das preußische OVG schon in der Epoche des Konstitutionalismus mit derartigen Sachverhalten zu befassen gehabt. Dessen – freilich nicht immer völlig gradlinige – Rechtsprechung zu dieser Fallgruppe läßt sich auf den Grundgedanken zurückführen, daß ein Dritter einen imperativ-regelnden Rechtsakt angreifen kann, wenn dessen drittbeeinträchtigende Folgen unmittelbar – und nicht nur »mittelbar« – durch das abgeforderte Verhalten des Maßnahmeadressaten herbeigeführt werden. Diese Position findet eine Parallele in einzelnen Entscheidungen des Bundesverfassungsgerichts zu dieser Fallgruppe, während die Verwaltungsgerichte in Fällen der Drittbeeinträchtigung primär an die Kriterien der Intensität und Finalität anknüpfen wollen.

2. Schon aus der Rechtsprechung des preußischen OVG ist zu folgern, daß sich kein »klassischer« oder »traditioneller« Eingriffsbegriff postulieren läßt, für den es insbesondere auf das Merkmal der Imperativität angekommen wäre. Vielmehr hat das preußische OVG aus einer Beschränkung des Rechtsschutzes auf Rechtsbehelfe gegen Verwaltungsakte gerade nicht auf eine Erreichbarkeit von Rechtsschutz allein für den Verwaltungsaktsadressaten geschlossen. Im Hinblick auf einen traditionellen Eingriffsbegriff ferner unergiebig ist die gängige Formel vom »Eingriff in Freiheit und Eigentum«, weil diese Wendung in der Epoche des Konstitutionalismus primär ein zeit- und systembezogenes Kriterium für die Teilhabe des Parlaments an der Normsetzung beschrieb und allein aus diesem Grunde einen spezifischen Bezug zu Rechtsakten aufwies. Ein grundrechtlicher »Eingriffsbegriff« hat sich im Konstitutionalismus schon wegen der geringen praktischen Bedeutung der Grundrechte nicht entwickeln können. Die Kriterien der Rechtserheblichkeit von Drittbeeinträchtigungen müssen daher unabhängig von historischen Vorbildern aus den allgemeinen Maßstäben für die grundrechtliche Relevanz beeinträchtigenden Staatshandelns gewonnen werden.

3. Der Tatbestand der Beeinträchtigung grundrechtlich geschützter Positionen (»Beeinträchtigungstatbestand«) läßt sich in einen Schutzgut-Tatbestand und einen Einwirkungstatbestand zergliedern. Der Schutzgut-Tatbestand beschreibt die Verhaltensmöglichkeiten, Wirklichkeitsausschnitte und (einfach-gesetzli-

chen) Rechtspositionen, die (potentiell) grundrechtlichen Schutz genießen. Demgegenüber betrifft der Einwirkungstatbestand die Frage nach den grundrechtserheblichen Handlungen des Staates sowie den grundrechtserheblichen Auswirkungen staatlichen Handelns.

4. Der grundrechtliche Schutzgut-Tatbestand kann nach Maßgabe der Schutzrichtung einer Grundrechtsnorm danach unterteilt werden, ob in erster Linie auf den Schutz der Person und persönlichen Sphäre eines Grundrechtsträgers (sphärenbezogener Grundrechtsschutz) oder auf die Bildung und Betätigung eines Willens (verhaltensbezogener Grundrechtsschutz) gezielt wird. Der verhaltensbezogene Grundrechtsschutz verpflichtet die Grundrechtsadressaten, ein grundrechtlich geschütztes Verhalten nicht ohne rechtfertigenden Grund zu verhindern. Im Bereich des sphärenbezogenen Grundrechtsschutzes haben sich die Grundrechtsadressaten jeder ungerechtfertigten Einwirkung auf die Person und die persönliche Sphäre eines Grundrechtsträgers zu enthalten. Im letztgenannten Fall lassen sich die – regelmäßig durch Realakt erfolgenden – Einwirkungen auf die grundrechtlichen Schutzgüter mit dem Begriff des »Eingriffs« angemessen beschreiben.

5. Verhaltens- und sphärenbezogener Grundrechtsschutz dienen gemeinsam dem Zweck, einen Grundrechtsträger vor Fremdbestimmung durch ein grundrechtsverpflichtetes Rechtssubjekt zu schützen. Die Freiheit von Fremdbestimmung bildet damit den materiellen Kern aller Freiheitsrechte. Inhalt des grundrechtlichen Abwehrrechts ist ein Anspruch auf Unterlassung ungerechtfertigter (Freiheits-) Beeinträchtigungen, nicht aber ein Recht auf Ausübung der geschützten Freiheit. Eine derartige Deutung der Grundrechte als »Befugnisnormen« ist im Bereich des sphärenbezogenen Grundrechtsschutzes nicht möglich und bleibt im übrigen ohne eigenständigen Erkenntniswert.

6. Es ist zu unterscheiden zwischen einerseits der grundrechtlich geschützten Freiheit und andererseits dem Grundrecht als Abwehrrecht, das bei ungerechtfertigten Einwirkungen auf grundrechtliche Schutzgüter zur Entstehung gelangt. Der Schutzgut-Tatbestand eines Grundrechts besitzt allein instrumentellen Charakter, indem er Schutzgüter beschreibt, deren staatliche Beeinträchtigung im Falle der Verwirklichung eines Einwirkungstatbestandes der Rechtfertigung bedarf. Zurückzuweisen sind daher alle Versuche, der (notwendigen) Begrenztheit jeden Grundrechtschutzes schon durch eine Einbeziehung von Grundrechtsschranken in den Schutzgut-Tatbestand Rechnung tragen zu wollen. Weil ein vom Schutzgut-Tatbestand einer Grundrechtsnorm erfaßtes Verhalten erst im Falle der Existenz eines Abwehrrechts auch grundrechtlich gewährleistet wird, so daß zulässige Beschränkungen der natürlichen Freiheit keine Einwirkungen auf die grundrechtlich geschützte Freiheit sind, bedarf es insbesondere keiner immanenten Grundrechtsschranke der Sozialschädlichkeit. Auch fehlt es an einem hinreichenden Grund für eine einengende Interpretation des Schutzgut-Tatbestandes des Art. 2 Abs. 1 GG.

7. Bei imperativ-regelndem Staatshandeln wird ein Einwirkungstatbestand verwirklicht, wenn einem Grundrechtsträger eine »unbedingte« Pflicht zu einem bestimmten Verhalten auferlegt wird (»absoluter Imperativ«) oder eine Verhaltenspflicht an eine Handlung geknüpft ist, die vorzunehmen dem Betroffenen freisteht. Dabei liegt eine rechtliche Betroffenheit allein in der Anordnung der Verhaltenspflicht, während es sich bei dem abgeforderten Verhalten wie auch jeder weiteren Folge dieses Verhalten – mag diese in der Sphäre des Adressaten oder eines Dritten eintreten – um eine faktische Wirkung des zugrundeliegenden Staatsaktes handelt. Ein struktureller Unterschied zwischen Beeinträchtigungen infolge imperativ regelnden Staatshandelns und faktischen Beeinträchtigungen besteht daher nicht.

8. Das Vorliegen eines Einwirkungstatbestandes wird nicht dadurch ausgeschlossen, daß der Betroffene einen durch imperativen Staatsakt ausgesprochenen Verhaltensbefehl stillschweigend billigt oder das abgeforderte Verhalten ohnehin an den Tag gelegt hätte. Demgegenüber verwirklicht staatliches Handeln mit Auswirkungen im Schutzgut-Tatbestand eines Grundrechts dann keinen Einwirkungstatbestand, wenn eine ausdrücklich erklärte Zustimmung des Betroffenen auf einer autonomen Willensbildung beruht: Ist die Zustimmung des Betroffenen frei widerruflich, so kommt es schon nicht zu einer Beeinträchtigung der Freiheit von Fremdbestimmung. Auch löst die namentlich bei vertraglichen Abreden zwischen Staat und Bürger eintretende Bindung an abgegebene Erklärungen keine grundrechtserhebliche Beeinträchtigung aus, weil der mit der Existenz einer Rechtspflicht einhergehende Autonomieverlust in diesen Fällen auf einer »Selbstbindung« des Pflichtigen beruht. Aufgrund ihrer grundrechtlichen Irrelevanz bedürfen konsensual begründete Rechtspflichten keiner besonderen Rechtfertigung.

9. Aus einer staatlichen Pflicht zum Schutz der Menschenwürde des Individuums läßt sich weder ein Recht noch eine Pflicht des Staates herleiten, Beeinträchtigungen oder Verletzungen der Menschenwürde eines Grundrechtsträgers durch den Betroffenen oder mit dessen Einverständnis zu verhindern. Ein aufgezwungener Schutz der Menschenwürde bewirkte vielmehr einen erheblichen Verlust an Autonomie und Handlungsfreiheit, ohne daß es einer Benennung konkret betroffener Gemeinwohlbelange oder der Individualrechtsgüter bedürfte, die zu der Beeinträchtigung des Betroffenen unter dem Gesichtspunkt der Verhältnismäßigkeit in Beziehung gesetzt werden könnten.

10. Ein in einer imperativ-regelnden Rechtsnorm enthaltener Verhaltensbefehl verwirklicht nicht notwendig erst dann einen Einwirkungstatbestand, wenn sämtliche Merkmale erfüllt sind, an die eine Verhaltenspflicht geknüpft ist. Eine grundrechtserhebliche Beeinträchtigung der Freiheit von Fremdbestimmung liegt vielmehr auch dann vor, wenn eine Rechtsnorm »Vorwirkungen« entfaltet, weil sie für Entscheidungen eines Grundrechtsträgers über sein weiteres oder künftiges Verhalten von Bedeutung ist und damit »Dispositionsrelevanz« besitzt.

11. Die in einem Gesetz für eine unbestimmte Vielzahl gleichgelagerter Sachverhalte angeordnete oder vorgesehene Rechtsfolge kann gerade dann besonders nachhaltige und schwere Folgen für einen Grundrechtsträger haben, wenn aufgrund der Gegebenheiten in einem atypischen Einzelfall statt (oder neben) der Einwirkung auf das Schutzgut des üblicherweise betroffenen Grundrechts eine Einwirkung auf das Schutzgut einer anderen (oder weiteren) Grundrechtsnorm erfolgt. Läßt sich derartigen Sachverhalten nicht durch Anwendung von »Härteklauseln« oder Ausschöpfung von Ermessensspielräumen Rechnung tragen, kommt es darauf an, ob die zu verfassungswidrigen Ergebnissen führende Normanwendung mit dem Mittel der verfassungskonformen Interpretation korrigiert werden kann. Sofern dies am eindeutigen Wortlaut einer Vorschrift scheitert, ist die Möglichkeit einer nur teilweisen Verfassungswidrigkeit der Norm in Betracht zu ziehen. Für deren Feststellung ist allein das Bundesverfassungsgericht zuständig.

12. Sofern in atypisch gelagerten Sachverhalten zu der Einwirkung auf das Schutzgut des üblicherweise betroffenen Grundrechts auch Auswirkungen im Schutzgut-Tatbestand eines weiteren Grundrechts hinzutreten, bedarf es einer Unterscheidung zwischen konsekutiven und simultanen Einwirkungen auf grundrechtliche Schutzgüter. Tritt die Beeinträchtigung unterschiedlicher Schutzgüter voneinander unabhängig und nebeneinander ein, so ist das staatliche Handeln an jedem der »simultan« betroffenen Grundrechte zu messen. Wird hingegen durch eine Einwirkung auf einen Gegenstand sphärenbezogenen Grundrechtsschutzes die Möglichkeit einer grundrechtlich (potentiell) geschützten Betätigung faktisch beseitigt, ist diese faktisch-konsekutive Beeinträchtigung als von der Einwirkung auf das primär betroffene Grundrecht miterfaßt anzusehen und deshalb nicht von eigenständiger Grundrechtsrelevanz.

13. Mindestvoraussetzung für die Rechtserheblichkeit einer Einwirkung auf grundrechtlich (potentiell) geschützte Positionen eines Grundrechtsträgers durch den Staat ist das Vorliegen einer Zwangswirkung. Die grundrechtliche Relevanz von Drittbeeinträchtigungen ist in Fällen staatlicher Verhaltenssteuerung durch imperativ-regelnde oder influenzierende Maßnahmen allerdings nicht von vornherein auf Fallgestaltungen beschränkt, in denen staatliches Handeln eine Art »faktische Imperativität« entfaltet, der Dritte also wie von einem Ge- oder Verbot getroffen wird. Vielmehr läßt sich von einer Zwangswirkung auch dann sprechen, wenn der Eintritt der drittbelastenden Folge vom Willen des Betroffenen unabhängig und seiner Einflußnahme entzogen ist, so daß die Möglichkeit einer grundrechtserheblichen Drittbeeinträchtigung auch dann bejaht werden kann, wenn staatliches Handeln eine durch das Verhalten des Adressaten (oder weiterer Personen) vermittelte Minderung des mit einem Verhalten des (Dritt-) Betroffenen intendierten Erfolgs bewirkt.

14. Eine Beschreibung der Grundrechtsrelevanz staatlichen Handelns allein durch das Merkmal der Zwangswirkung hätte zur Folge, daß die potentiell unbe-

grenzten Folge- und Fernwirkungen staatlichen Handelns in den Blick der Grundrechte gerieten. Es fehlt deshalb nicht an Versuchen, diese Konsequenz gerade mit Blick auf Fälle der Drittbeeinträchtigung zu vermeiden, indem das Vorliegen eines Einwirkungstatbestandes mit den Kriterien der Intensität und Finalität verknüpft wird. So sollen Drittbeeinträchtigungen nach verbreiteter Auffassung im Falle ihrer Finalität und bei fehlender Finalität im Falle einer erhöhten Beeinträchtigungsintensität grundrechtlich relevant sein. Dabei ist ungeklärt, ob eine »regelungsgleiche« oder eine gegenüber den Wirkungen imperativ-regelnden Staatshandelns erhöhte Intensität der Drittbeeinträchtigung maßgeblich sein soll. Auch lassen sich gegen eine Anknüpfung an ein »Intensitätskriterium« Einwände erheben. So ist eine Anknüpfung an eine »regelungsgleiche« Beeinträchtigungsintensität erkennbar am »Leitbild« des »traditionellen« Eingriffsbegriffs orientiert, ohne daß ohne weiteres möglich wäre, die Intensität von Beeinträchtigungen durch imperativ-regelnde Rechtsakte in einer allgemeinen Formel zu beschreiben. Ferner ist zu bezweifeln, daß aus grundrechtlichen Schutzzwecken eine tragfähige Begründung für die Erforderlichkeit einer (deutlich) erhöhten Beeinträchtigungsintensität als Voraussetzung der grundrechtlichen Relevanz von Drittbeeinträchtigungen abgeleitet werden kann. Eine generelle Aussage über die danach (mindestens) erforderliche Intensität einer Drittbeeinträchtigung ist daher ebenfalls kaum möglich. Im Ergebnis dürfte das Intensitätskriterium weniger durch dogmatische, als durch pragmatische Erwägungen erklärbar sein: Den Gerichten wird mit diesem Merkmal die Möglichkeit einer Korrektur als unangemessen erachteter Ergebnisse auch bei grundrechtlich »an sich« irrelevanten Sachverhalten eröffnet.

15. Der Anknüpfung an ein Finalitätskriterium liegt die zutreffende Erwägung zugrunde, daß eine angestrebte Folge staatlichen Handelns kaum als Verwirklichung eines allgemeinen Lebensrisikos angesehen werden kann. Allerdings ist ungeklärt, unter welchen Voraussetzungen eine (final) »gewollte« und deshalb einen Einwirkungstatbestand verwirklichende Drittbeeinträchtigung anzunehmen ist und ob es dabei primär auf voluntative oder kognitive Gesichtspunkte ankommt. Nicht zu verlangen ist aber, daß die handelnde staatliche Stelle gerade den (dritt-) beeinträchtigenden Effekt angestrebt hat, denn eine beeinträchtigende Folge staatlichen Handelns kann kein Selbstzweck, sondern immer nur eine »Nebenfolge« des Effekts sein, um dessentwillen gehandelt worden ist. Dem entspricht die in der Rechtsprechung des Bundesverwaltungsgerichts feststellbare Tendenz, finale Einwirkungen auf grundrechtliche Schutzgüter dann zu bejahen, wenn die handelnde Stelle die drittbeeinträchtigenden Folgen ihres Tuns vorausgesehen und (billigend) in Kauf genommen hat. Mit dieser Auffassung geht indes eine Verschiebung der Perspektive einher, weil voluntative durch kognitive Aspekte überlagert und verdrängt werden. Auf dieser Grundlage ist es nur noch ein kleiner Schritt, das Kriterium der Finalität mit der Voraussehbarkeit der Folgen staatlichen Handelns zu verknüpfen, zumal den Staat nicht wird entlasten

können, wenn eine objektiv voraussehbare Folge seines Handelns nicht vorausgesehen worden ist. Weil ein künftiger Geschehensablauf nicht immer mit letzter Sicherheit prognostizierbar ist und aus den verschiedensten Gründen unerwartete Wendungen nehmen kann, muß ein solcher Ansatz allerdings die Frage auslösen, wann eine Einwirkung auf grundrechtliche Schutzgüter nach Maßgabe eines Wahrscheinlichkeitsurteils bei Betrachtung *ex ante* hinreichend sicher vorhersehbar war. Auch kann der Staat von der Verantwortlichkeit für Drittbeeinträchtigungen wie Folgewirkungen nicht schon mit der Erwägung dispensiert werden, die Möglichkeit derartiger Folgen seines Tuns sei nicht hinreichend sicher vorhersehbar gewesen, denn Grundrechte dienen der Vermeidung objektiv unnötiger oder unverhältnismäßiger Beeinträchtigungen.

16. Die mit den Unsicherheiten im Hinblick auf den Finalitätsbegriff verknüpften Schwierigkeiten bei der Entscheidung über die grundrechtliche Relevanz staatlichen Handelns nach Maßgabe eines Finalitätskriteriums lassen sich durch eine Anknüpfung an Zweck und Motive staatlicher Interventionen vermeiden. Resultiert eine Einwirkung auf grundrechtlich (potentiell) geschützte Positionen eines Drittbetroffenen aus einer verhaltenssteuernden Maßnahme des Staates, mit der (auch) auf spezifische Gegebenheiten in der Person oder persönlichen Sphäre des Dritten reagiert wird, so läßt sich nicht sagen, daß sich das allgemeine und für jedermann gleiche Risiko verwirklicht hat, von den Folgen staatlichen Handelns (mit-) betroffen zu werden. Vielmehr liegt eine grundrechtserhebliche Einwirkung auf die Verhaltensfreiheit eines Grundrechtsträgers vor, wenn staatliche Verhaltenssteuerung durch ein früher gezeigtes oder künftig mögliches Verhalten eines (Dritt-) Betroffenen ausgelöst wird oder aus anderen Gründen auf »interventionsmotivierenden« Umständen in dessen Person oder persönlicher Sphäre beruht. Im Falle von Rückwirkungen staatlichen Handelns durch Rechtsnorm oder Einzelakt auf zwei- oder mehrseitige Rechtsverhältnisse liegt eine rechtserhebliche Einwirkung auf grundrechtliche Schutzgüter eines Vertragspartners des Maßnahmeadressaten danach vor, wenn die staatliche Intervention auf ein (potentielles) Verhalten des Dritten oder sonstige Umstände in dessen Sphäre rückführbar ist. Desgleichen kommt es bei staatlichen Informationsakten wie verhaltenssteuernden Leistungen des Staates darauf an, ob staatliches Handeln eine Reaktion auf Gegebenheiten ist, die in der Situation oder dem Verhalten des Dritten wurzeln.

17. Besonders gelagerte Schwierigkeiten bereitet die grundrechtliche Bewältigung von Sachverhalten, in denen eine Einwirkung auf grundrechtliche Schutzgüter aus einem staatlicherseits ausdrücklich gestatteten oder schlicht zulässigen Verhalten anderer Privater resultiert. Da der Staat die drittbeeinträchtigende und ebenfalls unter Inanspruchnahme grundrechtlich (potentiell) geschützter Verhaltensfreiheit erfolgende Handlung in diesen Fällen nicht veranlaßt hat, sollen Beeinträchtigungen Privater, die aus einem genehmigten oder genehmigungsfrei zulässigen Verhalten eines anderen Bürgers resultieren, nach verbreiteter Auffas-

sung allein auf einer »privaten Handlung« beruhen, die dem Staat nicht zugerechnet werden könne. Nach dieser Auffassung trifft den Staat allenfalls eine (Schutz-) Pflicht, einen Grundrechtsträger vor einer Gefährdung oder Beeinträchtigung seiner Rechtsgüter infolge des Verhaltens anderer Personen zu bewahren. Eine exakte dogmatische Verortung dieser Schutzpflichten ist bislang allerdings nicht gelungen. Auch kann die Anerkennung eines aus den Grundrechten folgenden subjektiven Rechts auf staatlichen Schutz nicht als gesichert gelten.

18. Die Ablehnung einer staatlichen Mitverantwortung für einfach-gesetzlich zulässige Drittbeeinträchtigungen kann nicht überzeugen, denn ein Bürger muß störende Handlungen anderer Bürger aufgrund der staatlich gesetzten Rechtsordnung hinnehmen. Beeinträchtigendes Handeln anderer Privater ist zu dulden, wenn es weder im Wege der Selbsthilfe noch unter Zuhilfenahme staatlicher Stellen verhindert werden kann. Da es für die Grundrechtsrelevanz staatlichen Handelns auf eine präexistente Möglichkeit zur Verfolgung des beeinträchtigten Interesses nicht ankommt, wird der Staat aus grundrechtlicher Perspektive für private Einwirkungen auf grundrechtliche Schutzgüter mitursächlich, so daß die Vorenthaltung von Rechtsmacht zur Störungsabwehr eine staatliche (Mit-) Verantwortung für (dritt-) beeinträchtigendes Verhalten Privater begründet. Die nicht abwehrbare Drittbeeinträchtigung ist auf ein Zusammenwirken von Staat und Störer zurückzuführen, bei dem der Private die Störung und der Staat eine dazu hinzutretende Pflicht zu ihrer Duldung verursacht. Der Gesetzgeber hat daher den jeweils abwehrrechtlich geschützten Belangen sowohl des an störendem Tun Interessierten wie auch des davon betroffenen Dritten gleichermaßen Rechnung zu tragen. Den grundrechtlichen Schutzpflichten kommt eine eigenständige Bedeutung nur dann zu, wenn es an einem Verbot der Selbsthilfe gegen (rechtswidrige) Angriffe Privater auf Individualrechtsgüter eines Dritten fehlt.

19. Ein staatsgerichteter Grundrechtsschutz gegen Drittbeeinträchtigungen durch gestattetes oder zugelassenes Verhalten Privater kann sich zunächst aus Art. 2 Abs. 2 S. 1 GG ergeben. Dieses Grundrecht bildet ein zentrales Teilelement des sphärenbezogenen Grundrechtsschutzes, das nicht nur vor Einwirkungen auf die Person eines Grundrechtsträgers schützt, sondern auch Gefahren für die körperliche Integrität sowie darüber hinaus das Risiko des Bestehens einer derartigen Gefahr erfaßt. Des weiteren in Betracht kommt ein Grundrechtsschutz aus Art. 14 Abs. 1 GG. Da nach Art. 14 Abs. 1 S. 2 GG der Gesetzgeber Inhalt und Schranken des Eigentums bestimmt, soll allerdings ein Schutz drittbetroffener (Grund-) Eigentümer nach verbreiteter Auffassung nur im Umfang und nach Maßgabe seiner einfach-gesetzlichen Ausgestaltung möglich sein. Aus diesem Grunde wird in der neueren Rechtsprechung des Bundesverwaltungsgerichts die Möglichkeit eines Drittschutzes unmittelbar aus Art. 14 Abs. 1 GG grundsätzlich in Abrede gestellt. Demgegenüber ist mit einer im Schrifttum anzutreffenden Auffassung davon auszugehen, daß der Schutzgut-Tatbestand des Art. 14 Abs. 1 GG nicht von einer Anerkennung und Ausformung durch das einfache Recht ab-

hängig ist. Für die Existenz eines Grundrechtsschutzes aus Art. 14 Abs. 1 GG kommt es vielmehr darauf an, ob einer Position nach Anschauung der beteiligten Kreise ein (Verkehrs-) Wert zuzubilligen ist. Auch bei eigentumsbezogenen Maßnahmen wirkt der Staat folglich auf ein ihm vorgegebenes Schutzgut ein, so daß er den spezifisch grundrechtlichen Anforderungen an die Rechtfertigung seines Handelns genügen muß. Demgemäß bestehen keine grundsätzlichen Schwierigkeiten, Nichtstörungsinteressen als taugliche Gegenstände des grundrechtlichen Eigentumschutzes zu qualifizieren, denn auch die Abwesenheit von derartigen Störungen hat nach der Verkehrsanschauung ihren (Vermögens-) Wert. Einen weitergehenden Schutz vor einer zwangsweisen Konfrontation mit Ereignissen oder Zuständen in der Umwelt kann es hingegen nicht geben, denn ein umfassender grundrechtlicher »Wahrnehmungsschutz« ist dem Grundgesetz fremd.

20. Die Anerkennung eines abwehrrechtlichen Grundrechtsschutzes zugunsten Drittbetroffener auch im Falle einer Beeinträchtigung durch staatlicherseits gestattetes oder zugelassenes Verhalten anderer Privater bewirkt keine Verengung gesetzgeberischer Gestaltungsspielräume und stellt auch nicht die »Schutznormtheorie« in Frage. Vielmehr ist dem Staat unabhängig von der gewählten Drittschutzkonzeption ein beträchtlicher Spielraum bei der Entscheidung für ein Realisierungs- oder Nichtstörungsinteresse zuzubilligen, so daß eine Korrektur eines einfach-gesetzlich erfolgten oder vorgesehenen Interessenausgleichs mit Mitteln des Verfassungsrechts nur bei einer evidenten »Fehlgewichtung« eines der beteiligten Belange in Betracht kommt. Auch läßt sich aus dem Grundsatz vom Vorbehalt des Gesetzes kein grundrechtlich begründeter (Gesetzesvollziehungs-) Anspruch auf Einhaltung etwa vorhandener Vorschriften des einfachen Rechts durch die Verwaltung ableiten, so daß nicht jede fehlerhafte Anwendung einfach-gesetzlicher Normen unter Hinweis auf Grundrechte abgewehrt werden kann. Es bleibt grundsätzlich Sache des Gesetzgebers, darüber zu entscheiden, ob der Ausgleich widerstreitender Privatinteressen allein dem objektiven Recht überantwortet wird oder Dritten durchsetzbare Rechtspositionen eingeräumt werden.

21. Eine Teilnahme des Staates oder kommunaler Gebietskörperschaften am Wettbewerb ist nicht anders als staatliche Warnungen oder die Vergabe von Subventionen an den Grundrechten derjenigen zu messen, die hierdurch den (wirtschaftlichen) Erfolg ihrer Tätigkeit geschmälert sehen. Daß ein Wettbewerber keinen Grundrechtsschutz gegen eine gleichgerichtete und ebenfalls grundrechtlich geschützte Tätigkeit seiner Konkurrenten genießt, rechtfertigt nicht den Schluß, eine Wettbewerbsteilnahme der öffentlichen Hand sei ebenfalls grundrechtlich nicht abwehrbar, denn Staat und Kommunen sind nicht Grundrechts- sondern Kompetenzträger und in dieser Eigenschaft grundrechtsverpflichtet.

22. Die lange Zeit weitgehend unangefochtene Annahme, das Grundrechte im Bereich des Privatrechts nicht »unmittelbar«, sondern kraft einer »Ausstrahlungswirkung« der grundrechtlichen Wertordnung gelten, sieht sich zunehmend

in Frage gestellt. Zwar ist es ein grundsätzlich berechtigtes Anliegen dieser Lehre, die Freiheit des Bürgers von grundrechtlichen Bindungen zu betonen und die Privatautonomie vor Gefährdungen durch ein Grundrechtsgeltung »im« Privatrecht zu bewahren. Im Hinblick auf Art. 1 Abs. 3 GG problematisch ist jedoch die ihr notwendig zugrundeliegende Prämisse, daß eine »unmittelbare« Bindung des Zivilrichters an die Grundrechte nicht schon aus der Ausübung richterlicher Gewalt resultiert. Auch hat die Annahme von Einwirkungen der grundrechtlichen Wertordnung auf das Privatrecht letztlich wieder einen staatsgerichteten Normbefehl und damit eine Grundrechtsbindung des Richters sowie – daraus resultierend – des Bürgers zur Folge, über deren Reichweite keine Klarheit besteht. Schließlich ist zweifelhaft, ob es eines solchen dogmatischen Umwegs wirklich bedarf, um den Eigengesetzlichkeiten des Zivilrechts und der Privatautonomie der Bürger Rechnung zu tragen.

23. Für den Bereich der nichtvertraglichen Rechtsbeziehungen unter Privaten bedarf die Grundrechtsbindung des Zivilrecht schaffenden und anwendenden Staates keiner Modifikation, da eine wechselseitige Zuordnung von Rechten und Pflichten der Privatrechtssubjekte durch den Gesetzgeber vorliegt. Ein Unterschied zu Einschränkungen der (Verhaltens-) Freiheit durch öffentliches Recht besteht lediglich insofern, als der Inhaber eines zivilrechtlichen Anspruchs darüber entscheiden kann, ob er die ihm eingeräumte Rechtsposition auch durchsetzt.

24. Ebenfalls an den Grundrechten in ihrer Eigenschaft als Abwehrrechten zu messen sind Einschränkungen der Möglichkeit zur freien Entscheidung über Abschluß und Inhalt von Verträgen (»Vertragsfreiheit«) durch zwingendes Zivilrecht. Dem steht nicht entgegen, daß nach verbreiteter Auffassung die Bindungswirkung vertraglicher Abreden aus einer konstitutiv wirkenden Anordnung durch die Rechtsordnung resultiert, denn für einen grundrechtlichen Schutz vor Einschränkungen der Privatautonomie kommt es nicht darauf an, ob die Möglichkeit zu rechtserheblichem Handeln in der Rechtsordnung oder im vorrechtlichen Bereich wurzelt. Selbst wenn die – alles andere als selbstverständliche – Annahme einer durch die Rechtsordnung vermittelten Bindungswirkung rechtsgeschäftlicher Erklärungen zugrunde gelegt wird, läßt sich dem Grundgesetz die Vorstellung des Vorhandenseins einer (Privat-) Rechtsordnung entnehmen, so daß von einer als im Grundsatz unbeschränkt gedachten Möglichkeit zur vertraglichen Selbstbindung ausgegangen werden kann, deren Einschränkung der verfassungsrechtlichen Rechtfertigung bedarf. Aus diesem Grunde ist Zurückhaltung gegenüber Bemühungen geboten, die Möglichkeit zum Abschluß von Verträgen im (vorgeblichen) Interesse einer der an einem Rechtsgeschäft beteiligten Personen einschränken zu wollen.

25. Demgegenüber wird ein Beeinträchtigungstatbestand nicht verwirklicht, wenn sich ein Grundrechtsträger an einer vertraglich übernommenen Rechtspflicht festhalten lassen muß, da deren Herbeiführung durch eine bindende Er-

klärung letztlich auf einer autonomen Entscheidung des Betroffenen beruht, für die der Staat auch dann nicht ohne weiteres verantwortlich zu machen ist, wenn die Bindungswirkung rechtsgeschäftlicher Erklärungen in der Rechtsordnung wurzeln sollte. Desgleichen ist es abwehrrechtlich irrelevant, wenn die Rechtsordnung den Nichtabschluß oder die Kündigung eines Vertrages durch einen gewünschten Vertragspartner billigt, da es keinen grundrechtlichen (Verschaffungs-) Anspruch auf einen Vertragspartner gibt. Auch kann in derartigen Fällen ein Rückgriff auf grundrechtliche Schutzpflichten nur ausnahmsweise in Betracht kommen, da die fehlende Verwirklichung eines Beeinträchtigungstatbestandes durch eine staatliche Billigung der Nichtbegründung oder -fortsetzung eines Vertragsverhältnisses andernfalls konterkariert zu werden drohte. Insgesamt wird die Privatautonomie durch die Annahme einer »unmittelbaren« Geltung der Grundrechte im zivilrechtlichen Bereich daher nicht gefährdet.

Literaturverzeichnis

Kursive Schrift kennzeichnet Kurzbezeichnungen, mit denen die betreffenden Werke im Text zitiert sind.

Abel, Gunther, Die Bedeutung der Lehre von den *Einrichtungsgarantien* für die Auslegung des Bonner Grundgesetzes, 1964.
Adomeit, Klaus, Die gestörte Vertragsparität – Ein Trugbild, in: NJW 1994, S. 2467ff.
Albers, Marion, Faktische Grundrechtsbeeinträchtigungen als Schutzbereichsproblem, in: DVBl. 1996, S. 233ff.
Alexy, Robert, Das Gebot der Rücksichtnahme im baurechtlichen Nachbarschutz, in: DÖV 1984, S. 953ff.
ders., Grundrechte als subjektive Rechte und als objektive Normen, in: Der Staat 29 (1990), S. 49ff.
ders., *Theorie* der Grundrechte, 2. Aufl., 1994.
Alternativkommentar, Kommentar zum Grundgesetz für die Bundesrepublik Deutschland (Reihe Alternativkommentare, Gesamthrsg. R. Wassermann), 2. Aufl., 2 Bände, 1989.
Amelung, Knut, Die *Einwilligung* in die Beeinträchtigung eines Grundrechtsgutes, 1981.
Anschütz, Gerhard, Allgemeine Begriffe und Lehren des Verwaltungsrechts nach der Rechtsprechung des Oberverwaltungsgerichts, in: PrVerwBl. 22 (1900/01), S. 83ff.
ders., Die gegenwärtigen *Theorien* über den Begriff der gesetzgebenden Gewalt und den Umfang des königlichen Verordnungsrechts nach preußischem Staatsrecht, 2. Aufl., 1901.
ders., Die *Verfassungsurkunde* für den Preußischen Staat – Kommentar, Erster (einziger) Band, 1912.
ders., Art. »Gesetz«, in: Stengel/Fleischmann (Hrsg.), Wörterbuch des Deutschen Staats- und Verwaltungsrechts, 2. Aufl., Band 2, 1913, S. 212ff.
ders., Die *Verfassung des Deutschen Reichs* vom 11. August 1919, 14. Aufl., 1933.
Arbeiter, Hans-Christian, Die Durchsetzung gesetzlicher *Pflichten*, 1978.
Aretin, Joh. C. Freiherr von/Rotteck, Karl von, Staatsrecht der konstitutionellen Monarchie, Zweiter Band, Erste Abtheilung, 1827.
Arndt, Adolf, Über deutsches und preußisches Verordnungsrecht, in: AöR 15 (1900), S. 336ff.
ders., Die Verfassungsurkunde für den Preußischen Staat, 7. Aufl., 1911.
Badura, Peter, Persönlichkeitsrechtliche Schutzpflichten des Staates im Arbeitsrecht, in: F. Gamillschegg u.a. (Hrsg.), FS für K. Molitor, 1988, S. 1ff.
ders., Die Wirtschaftstätigkeit der öffentlichen Hand und die neue Sicht des Gesetzesvorbehalts, in: J.F. Baur u.a. (Hrsg.), FS für E. Steindorff, 1990, S. 835ff.
ders., Staatsrecht, 2. Aufl., 1996.

ders., Das Kreuz im Schulzimmer, in: BayVBl. 1996, S. 33ff., 71ff.
Bartlsperger, Richard, Der Rechtsanspruch auf Beachtung von Vorschriften des Verwaltungsverfahrensrechts, in: DVBl. 1970, S. 30ff.
Baumbach, Adolf/Hefermehl, Wolfgang, Wettbewerbsrecht, 21. Aufl., 1999.
Benda, Ernst/Klein, Eckart, Lehrbuch des Verfassungsprozeßrechts, 1991.
Berg, Wilfried, Die behördliche Warnung – eine neue Handlungsform des Verwaltungsrechts?, in: ZLR 1990, S. 565ff.
Berkemann, Jörg, Realitätsfremde Steuergesetzgebung und gesetzgeberisches Unterlassen, in: EuGRZ 1985, S. 137ff.
Bernhardt, Rudolf, Zur Anfechtung von Verwaltungsakten durch Dritte, in: JZ 1963, S. 302ff.
Bethge, Herbert, Zur Problematik von *Grundrechtskollisionen*, 1977.
ders., Aktuelle Probleme der Grundrechtsdogmatik, in: Der Staat 24 (1985), S. 351ff.
ders., Der Grundrechtseingriff, in: VVDStRL 57 (1998), S. 7ff.
Bilfinger, Carl, Verfassungsumgehung, in: AöR 50 (1926), S. 163ff.
Blankenagel, Alexander, Folgenlose Rechtswidrigkeit öffentlich-rechtlicher Verträge?, in: VerwArch 76 (1985), S. 276ff.
ders., Klagefähige Rechtspositionen im Umweltrecht, in: Die Verwaltung 26 (1993), S. 1ff.
Bleckmann, Albert, Subordinationsrechtlicher Verwaltungsvertrag und Gesetzmäßigkeit der Verwaltung, in: VerwArch 63 (1972), S. 404ff.
ders., Probleme des Grundrechtsverzichts, in: JZ 1988, S. 57ff.
ders., Neue Aspekte der Drittwirkung der Grundrechte, in: DVBl. 1988, S. 938ff.
ders., Staatsrecht II – Die *Grundrechte*, 4. Aufl., 1997.
Bleckmann, Albert/Eckhoff, Rolf, Der »mittelbare« Grundrechtseingriff, in: DVBl. 1988, S. 373ff.
Böckenförde, Ernst-Wolfgang, Grundrechtstheorie und Grundrechtsinterpretation, in: NJW 1974, S. 1529ff.
ders., Die Methoden der Verfassungsinterpretation – Bestandsaufnahme und Kritik, in: NJW 1976, S. 2089ff.
ders., *Gesetz* und gesetzgebende Gewalt, 2. Aufl., 1981.
ders., Zur Lage der *Grundrechtsdogmatik* nach 40 Jahren Grundgesetz, 1989.
ders., Grundrechte als Grundsatznormen, in: Der Staat 29 (1990), S. 1ff.
Böhm, Monika, Information, Empfehlung und Warnung als Instrumente des Umweltrechts, in: JA 1997, S. 794ff.
Böhmer, Werner, Grundfragen der verfassungsrechtlichen Gewährleistung des Eigentums in der Rechtsprechung des Bundesverfassungsgerichts, in: NJW 1988, S. 2561ff.
Bönker, Christian, Baurechtlicher Nachbarschutz aus Art. 14 Abs. 1 Satz 1 GG?, in: DVBl. 1994, S. 506ff.
Bonner Kommentar, Bonner Kommentar zum Grundgesetz (hrsg. von R. Dolzer u. K. Vogel), Losebl., Stand: Dez. 1999.
Bornhak, Conrad, Preußisches Staatsrecht, Band 1, 2. Aufl., 1911.
Bosse, Wolfgang, Der subordinationsrechtliche *Verwaltungsvertrag* als Handlungsform öffentlicher Verwaltung, 1974.
Brauchitsch, Max von/Drews, Bill/Lassar, Gerhard, Verwaltungsgesetze für Preußen, Band II 1, 22. Aufl., 1932.
Breuer, Rüdiger, Die *Bodennutzung* im Konflikt zwischen Städtebau und Eigentumsgarantie, 1976.
ders., Grundrechte als Anspruchsnormen, in: O. Bachof u.a. (Hrsg.), Festgabe aus Anlaß

des 25jährigen Bestehens des Bundesverwaltungsgerichts (zit: FG BVerwG), 1978, S. 89ff.
ders., Baurechtlicher Nachbarschutz, in: DVBl. 1983, S. 431ff.
ders., Ausbau des Individualschutzes gegen Umweltbelastungen als Aufgabe des öffentlichen Rechts, in: DVBl. 1986, S. 848ff.
ders., Die staatliche Berufsregelung und Wirtschaftslenkung (§ 148), in: J. Isensee/P. Kirchhof (Hrsg.), HbStR, Band VI, 1989, S. 957ff.
ders., Anlagensicherheit und Störfälle – Vergleichende Risikobewertung im Atom- und Immissionsschutzrecht, in: NVwZ 1990, S. 211ff.
Brohm, Winfried, Die Konkurrentenklage, in: H.-U. Erichsen u.a. (Hrsg.), FS für C.-F. Menger, 1985, S. 235ff.
Broß, Siegfried, Umweltbelastende Betriebe und Eigentumsschutz, in: DÖV 1978, S. 283ff.
Bryde, Brun-Otto, Verfassungsentwicklung, 1982.
Bühler, Ottmar, *Die subjektiven öffentlichen Rechte* und ihr Schutz in der deutschen Verwaltungsrechtsprechung, 1914.
Bussfeld, Klaus, Zum Verzicht im öffentlichen Recht am Beispiel des Verzichts auf eine Fahrerlaubnis, in: DÖV 1976, S. 765ff.
Campenhausen, Axel von, Religionsfreiheit (§ 136), in: J. Isensee/P. Kirchhof (Hrsg.), HbStR, Band VI, 1989, S. 369ff.
Canaris, Claus-Wilhelm, Grundrechte und Privatrecht, in: AcP 184 (1984), S. 201ff.
ders., Verstöße gegen das verfassungsrechtliche Übermaßverbot im Recht der Geschäftsfähigkeit und im Schadensersatzrecht, in: JZ 1987, S. 993ff.
ders., Grundrechtswirkungen und Verhältnismäßigkeitsprinzip in der richterlichen Anwendung und Fortbildung des Privatrechts, in: JuS 1989, S. 161ff.
ders., Grundrechte und Privatrecht, 1999.
Czermak, Gerhard, Der Kruzifix-Beschluß des Bundesverfassungsgerichts, seine Ursachen und seine Bedeutung, in: NJW 1995, S. 3348ff.
ders., Der Kruzifix-Beschluß zwischen Neutralität und Glaubensförderung sowie als Spielball der Emotionen, in: ZRP 1996, S. 201ff.
Danwitz, Thomas von, Straßen- und Wegerecht (8. Abschnitt), in: E. Schmidt-Aßmann (Hrsg.), Besonderes Verwaltungsrecht, 11. Aufl. 1999, S. 827ff.
Depenheuer, Otto, Der Mieter als Eigentümer?, in: NJW 1993, S. 2561ff.
ders., Vertragsfreiheit und grundrechtliche Schutzpflichten, in: ThürVBl. 1996, S. 270ff.
Detterbeck, Steffen, Subsidiarität der Verfassungsbeschwerde nach Art. 93 Abs. 1 Nr. 4 a GG auch bei normativem Unterlassen?, in: DÖV 1990, S. 858ff.
Diederichsen, Uwe, Das Bundesverfassungsgericht als oberstes Zivilgericht – ein Lehrstück der juristischen Methodenlehre, in: AcP 198 (1998), S. 171ff.
Dietlein, Johannes, Die Lehre von den grundrechtlichen *Schutzpflichten,* 1992.
ders., Das Untermaßverbot, in: ZG 1995, S. 131ff.
Di Fabio, Udo, Grundrechte im präzeptoralen Staat am Beispiel hoheitlicher Informationstätigkeit, in: JZ 1993, S. 689ff.
ders., *Risikoentscheidungen* im Rechtsstaat, 1994.
ders., Rechtsfragen zu unerkannten Gesundheitsrisiken elektromagnetischer Felder, in: DÖV 1995, S. 1ff.
ders., Information als hoheitliches Gestaltungsmittel, in: JuS 1997, S. 1ff.
Discher, Thomas, Die Peep-Show-Urteile des BVerwG – BVerwGE 64, 274, und BVerwG, NVwZ 1990, 668, in: JuS 1991, S. 642ff.
ders., Mittelbarer Eingriff, Gesetzesvorbehalt, Verwaltungskompetenz: Die Jugendsekten-

Entscheidungen – BVerwGE 82, 76; BVerwG, NJW 1991, 1770; 1992, 2496; BVerfG, NJW 1989, 3269, in: JuS 1993, S. 463ff.
Doehring, Karl, Das *Staatsrecht* der Bundesrepublik Deutschland, 3. Aufl., 1984.
Dölling, Dieter, Suizid und unterlassene Hilfeleistung, in: NJW 1986, S. 1011ff.
Dreier, Horst, Grenzen demokratischer Freiheit im Verfassungsstaat, in: JZ 1994, S. 741ff.
ders. (Hrsg.), Grundgesetz – Kommentar, Band I (Art. 1–19), 1996.
Drescher, Rolf-Dieter, Anmerkung zu BVerwG v. 29. 11. 1985 – 8 C 105.83 (= BVerwGE 72, 265ff.), in: DVBl. 1986, S. 727ff.
Drews, Bill/Wacke, Gerhard/Vogel, Klaus/Martens, Wolfgang, Gefahrenabwehr, 9. Aufl., 1986.
Drygala, Tim, Schutz der Privatautonomie durch Inhaltskontrolle von Individualverträgen – Die Bürgschaftsentscheidung des BVerfG –, in: P. Krebs u.a. (Hrsg.), Jahrbuch Junger Zivilrechtswissenschaftler 1994, S. 63ff.
Dürig, Günter, Das Eigentum als Menschenrecht, in: ZStW 109 (1953), S. 326ff.
ders., Der Grundrechtssatz von der Menschenwürde, in: AöR 81 (1956), S. 117ff.
ders., Grundrechte und Zivilrechtsprechung, in: Th. Maunz (Hrsg.), FS für H. Nawiasky, 1956, S. 157ff.
Duttge, Gunnar, Freiheit für alle oder allgemeine Handlungsfreiheit?, in: NJW 1997, S. 3353ff.
Eckhoff, Rolf, Der *Grundrechtseingriff*, 1992.
Ehlers, Dirk, Verwaltung in *Privatrechtsform*, 1984.
ders., Eigentumsschutz, Sozialbindung und Enteignung bei der Nutzung von Boden und Umwelt, in: VVDStRL 51 (1992), S. 211ff.
ders., Rechtsprobleme der Kommunalwirtschaft, in: DVBl. 1998, S. 497ff.
Enders, Christoph, Die Sondernutzung im Straßenrecht zwischen Erlaubnispflicht und Freiheitsanspruch des Bürgers, in: VerwArch 83 (1992), S. 527ff.
Engel, Christoph, Eigentumsschutz für Unternehmen, in: AöR 118 (1993), S. 169ff.
Enneccerus, Ludwig/Nipperdey, Hans Carl, Allgemeiner Teil des Bürgerlichen Rechts, Erster Halbband, 15. Aufl., 1959 (zit: BGB-AT).
Erichsen, Hans-Uwe, Verfassungs- und verwaltungsrechtsgeschichtliche *Grundlagen* der Lehre vom fehlerhaften belastenden Verwaltungsakt und seiner Aufhebung im Prozeß, 1971.
ders., Grundrechte und Anstaltsnutzung, in: VerwArch 64 (1973), S. 299ff.
ders., Staatsrecht und Verfassungsgerichtsbarkeit I, 3. Aufl., 1982.
ders., Allgemeine Handlungsfreiheit (§ 152), in: J. Isensee/P. Kirchhof (Hrsg.), HbStR, Band VI, 1989, S. 1185ff.
ders., Die Drittwirkung der Grundrechte, in: Jura 1996, S. 527ff.
ders., Grundrechtliche Schutzpflichten in der Rechtsprechung des Bundesverfassungsgerichts, in: Jura 1997, S. 85ff.
ders., Das Verwaltungshandeln (§§ 11ff.), in: ders. (Hrsg.), Allgemeines Verwaltungsrecht, 11. Aufl., 1998, S. 226ff.
Eschenbach, Jürgen, Der verfassungsrechtliche *Schutz des Eigentums*, 1996.
ders., Die materielle Polizeipflicht, der Vorbehalt des Gesetzes und der Appell an die Vernunft, in: NdsVBl. 1998, S. 1ff.
Eschenbach, Jürgen/Niebaum, Frank, Von der mittelbaren Drittwirkung unmittelbar zur staatlichen Bevormundung, in: NVwZ 1984, S. 1079ff.
dies., Neue Rechtsfolgen der Verfassungswidrigkeit von Norm und Einzelakt, in: gemhh 1996, S. 121ff.

Eser, Albin, Sterbewille und ärztliche Verantwortung, in: MedR 1985, S. 6ff.
Eyermann, Erich, Wider die Aufblähung der Klagebefugnis im verwaltungsgerichtlichen Verfahren, in: BayVBl. 1974, S. 237ff.
Faber, Angela, Gesundheitliche Gefahren des Tabakrauchens und staatliche Schutzpflichten, in: DVBl. 1998, S. 745ff.
Faber, Heiko, Innere *Geistesfreiheit* und sugestive Beeinflussung, 1968.
Fehlau, Meinhard, Die Schranken der freien Religionsausübung, in: JuS 1993, S. 441ff.
Fenchel, Jörg, Negative Informationsfreiheit, 1997.
Fikentscher, Wolfgang/Möllers, Thomas M.J., Die (negative) Informationsfreiheit als Grenze von Werbung und Kunstdarbietung, in: NJW 1998, S. 1337ff.
Finkelnburg, Klaus/Ortloff, Karsten-Michael, Öffentliches Baurecht, Band II (Bauordnungsrecht, Nachbarschutz, Rechtsschutz), 4. Aufl., 1998.
Fischer, Erwin, Anmerkung zu BVerfG, Beschl. v. 17.07.1973 – 1 BvR 308/69 (= NJW 1973, S. 2196 = BVerfGE 35, 366), in: NJW 1974, S. 1185f.
Fleiner, Fritz, *Institutionen* des Deutschen Verwaltungsrechts, 8. Aufl., 1928.
Fluck, Jürgen, Grundrechtliche Schutzpflichten und Gentechnik, in: UPR 1990, S. 81ff.
Flume, Werner, Allgemeiner Teil des Bürgerlichen Rechts, Zweiter Band: *Das Rechtsgeschäft*, 3. Aufl., 1979.
Forsthoff, Ernst, Lehrbuch des Verwaltungsrechts, Erster Band – Allgemeiner Teil, 9. Aufl., 1966; 10. Aufl., 1973.
Franzmeyer-Werbe, Wiltrud, Zur Frage der Verfassungsmäßigkeit des nachrichtlichen Listensystems im Denkmalschutzrecht, in: DÖV 1996, S. 950ff.
Frers, Dirk, Die *Klagebefugnis* des Dritten im Gewerberecht, 1988.
Friauf, Karl Heinrich, Zur Rolle der Grundrechte im Interventions- und Leistungsstaat, in: DVBl. 1971, S. 674ff.
ders., Polizei- und Ordnungsrecht (2. Abschnitt), in: E. Schmidt-Aßmann (Hrsg.), Besonderes Verwaltungsrecht, 11. Aufl., 1999, S. 105ff.
Friauf, Karl Heinrich/Höfling, Wolfram, Meinungsgrundrechte und Verfolgung von wirtschaftlichen Belangen, in: AfP 1985, S. 249ff.
Friehe, Heinz-Josef, Das Abwehrrecht des Wettbewerbers gegen die Subventionierung eines Konkurrenten, in: JuS 1981, S. 867ff.
Gallwas, Hans-Ullrich, Faktische *Beeinträchtigungen* im Bereich der Grundrechte, 1970.
Gassner, Erich, Anfechtungsrechte Dritter und »Schutzgesetze«, in: DÖV 1981, S. 615ff.
Gassner, Ulrich M., Fragen der baurechtlichen Zulässigkeit von Mobilfunk-Sendeanlagen, in: NVwZ 1993, S. 1045ff.
Geddert-Steinacher, Tatjana, Menschenwürde als Verfassungsbegriff, 1990.
Gern, Alfons, Menschenwürde und gute Sitten, in: NJW 1983, S. 1585ff.
Gernhuber, Joachim, Ruinöse Bürgschaften als Folge familiärer Verbundenheit, in: JZ 1995, S. 1086ff.
Giese, Friedrich, Die Grundrechte, 1905.
Goerlich, Helmut, Grundrechte als *Verfahrensgarantien*, 1981.
Göldner, Detlef, Gesetzmäßigkeit und Vertragsfreiheit im Verwaltungsrecht, in: JZ 1976, S. 352ff.
Götz, Volkmar, Zur Verfassungsmäßigkeit der Dosisgrenzwerte, in: Institut für Völkerrecht der Universität Göttingen/Bundesministerium des Innern (Hrsg.), Viertes Deutsches Atomrechts-Symposium, 1976, S. 177ff.
ders., Rechtsschutz gegen Maßnahmen der Polizei, in: JuS 1985, S. 869ff.
ders., Allgemeines Polizei- und Ordnungsrecht, 12. Aufl., 1995.

Götzfried, Eva, Das Recht, nicht zuhören zu müssen, in: NJW 1963, S. 1961ff.

Grabitz, Eberhard, *Freiheit* und Verfassungsrecht, 1976.

ders., Freiheit der Person (§ 130), in: J. Isensee/P. Kirchhof (Hrsg.), HbStR, Band VI, 1989, S. 109ff.

Grabitz, Eberhard/Hilf, Meinhard (Hrsg.), Das Recht der Europäischen Union, Teil I: Primärrecht, Losebl., Stand: Mai 1999.

Grigoleit, Klaus Joachim/Kersten, Jens, Grundrechtlicher Schutz und grundrechtliche Schranken kommerzieller Kommunikation, in: DVBl. 1996, S. 596ff.

Gröschner, Rolf, Öffentlichkeitsaufklärung als Behördenaufgabe, in: DVBl. 1990, S. 619ff.

ders., Aufklärung der Öffentlichkeit in Umweltfragen – wirtschaftspolitisches Ziel und wirtschaftsverwaltungsrechtliche Aufgabe, in: WuR 1991, S. 71ff.

Grohmann, Peter, Sind wirtschaftliche Nachteile bei der Entziehung der Fahrerlaubnis zu berücksichtigen?, in: DAR 1978, S. 63ff.

Gronimus, Andreas, Forum: Noch einmal Peep-Show und Menschenwürde, in: JuS 1985, S. 174ff.

Gurlit, Elke, Die Klagebefugnis des Adressaten im Verwaltungsprozeß, in: Die Verwaltung 28 (1995), S. 449ff.

Gusy, Christoph, Sittenwidrigkeit im Gewerberecht, in: DVBl. 1982, S. 984ff.

ders., Öffentlich-rechtliche Verträge zwischen Staat und Bürgern, in: DVBl. 1983, S. 1222ff.

ders., »Gute Sitten« als Grenze der Gewerbefreiheit, in: GewArch 1984, S. 151ff.

ders., Anmerkung zu BVerwG, Urt. v. 23.05. 1989 – 7 C 2.87 (= JZ 1989, S. 1001 = BVerwGE 82, 76), in: JZ 1989, S. 1003ff.

ders., Freiheitsentziehung und Grundgesetz, in: NJW 1992, S. 457ff.

ders., Verwaltung durch Information, in: NJW 2000, S. 977.

Häberle, Peter, Öffentliches *Interesse* als juristisches Problem, 1970.

ders., Die *Wesensgehaltgarantie* des Art. 19 Abs. 2 Grundgesetz, 3. Aufl., 1983.

Hager, Johannes, Grundrechte im Privatrecht, in: JZ 1994, S. 373ff.

ders., Die Mephisto-Entscheidung des Bundesverfassungsgerichts, in: Jura 2000, S. 186ff.

Hain, Karl-Eberhard, Der Gesetzgeber in der Klemme zwischen Übermaß- und Untermaßverbot?, in: DVBl. 1993, S. 982ff.

ders., Das Untermaßverbot in der Kontroverse, in: ZG 1996, S. 75ff.

Heckmann, Dirk, Eingriff durch Symbole?, in: JZ 1996, S. 880ff.

Heintzen, Markus, Staatliche Warnungen als Grundrechtsproblem, in: VerwArch 81 (1990), S. 532ff.

ders., Behördliches Informationshandeln bei ungewissem Sachverhalt, in: NuR 1991, S. 301ff.

Helle, Ernst, Boykott und Meinungskampf, in: NJW 1964, S. 1497ff.

Hellermann, Johannes, Die sogenannte negative Seite der *Freiheitsrechte*, 1993.

Henke, Wilhelm, Das subjektive öffentliche Recht, 1968.

Henning-Bodewig, Frauke, Schockierende Werbung, in: WRP 1992, S. 533ff.

Hermes, Georg, Das Grundrecht auf *Schutz* von Leben und Gesundheit, 1987.

ders., Grundrechtsschutz durch Privatrecht auf neuer Grundlage?, in: NJW 1990, S. 1764ff.

Herzog, Roman, Allgemeine Staatslehre, 1971.

Hesse, Konrad, Die verfassungsgerichtliche Kontrolle der Wahrnehmung grundrechtlicher Schutzpflichten des Gesetzgebers, in: H. Däubler-Gmelin u.a. (Hrsg.), FS E.G. Mahrenholz, 1994, S. 541ff.

ders., *Grundzüge* des Verfassungsrechts der Bundesrepublik Deutschland, 20. Aufl., 1995.

Hillgruber, Christian, Grundrechtsschutz im Vertragsrecht, in: AcP 191 (1991), S. 69ff.

ders., Der *Schutz* des Menschen vor sich selbst, 1992.
ders., Abschied von der Privatautonomie?, in: ZRP 1995, S. 6ff.
Hirsch, Günter, Keine Gentechnik ohne Gesetz?, in: NJW 1990, S. 1445ff.
Höfling, Wolfram, Menschenwürde und gute Sitten, in: NJW 1983, S. 1582ff.
ders., Offene Grundrechtsinterpretation, 1987.
ders., *Vertragsfreiheit* – Eine grundrechtsdogmatische Studie, 1991.
ders., Grundrechtstatbestand – Grundrechtsschranken – Grundrechtsschrankenschranken, in: Jura 1994, S. 169ff.
Hoerster, Norbert, Zur Bedeutung des Prinzips der Menschenwürde, in: JuS 1983, S. 93ff.
Hösch, Ulrich, Probleme der wirtschaftsverwaltungsrechtlichen Konkurrentenklage, in: Die Verwaltung 30 (1997), S. 211ff.
Hoffmann-Becking, Michael, Der Anspruch auf fehlerfreie Ermessensentscheidung – BVerwGE 39, 235, in: JuS 1973, S. 615ff.
Hofmann, Hasso, Rechtsfragen der atomaren *Entsorgung*, 1981.
Honsell, Heinrich, Anmerkung zu BGH, Urt. v. 19.01. 1989 – IX ZR 124/88 (= JZ 1989, S. 494 = BGHZ 106, 269), in: JZ 1989, S. 495f.
Huber, Ernst Rudolf, Bedeutungswandel der Grundrechte, in: AöR 23 (1933), S. 1. ff.
Huber, Peter-Michael, *Konkurrenzschutz* im Verwaltungsrecht, 1991.
Hueck, Alfred/Nipperdey, Hans Carl, Lehrbuch des Arbeitsrechts, Erster Band, 6. Aufl., 1959.
Hufeld, Ulrich, Verfassungswidrige Rechtschreibreform? – BVerfG, NJW 1996, 2221, in: JuS 1996, S. 1072ff.
Hufen, Friedhelm, Ladenschluß: Zum verfassungsrechtlichen Kern eines politischen Dauerthemas, in: NJW 1986, S. 1291ff.
ders., Berufsfreiheit – Erinnerung an ein Grundrecht, in: NJW 1994, S. 2913ff.
ders., Verwaltungsprozeßrecht, 3. Aufl., 1998.
Ipsen, Hans Peter, Enteignung und Sozialisierung, in: VVDStRL 10 (1952), S. 74ff.
ders., Verfassungsfragen zur Handwerksordnung, in: DVBl. 1956, S. 358ff.
ders., Gleichheit, in: F.L. Neumann/H.C. Nipperdey/U. Scheuner (Hrsg.), Die Grundrechte, Zweiter Band, 1954, S. 111ff.
Ipsen, Jörn, *Rechtsfolgen* der Verfassungswidrigkeit von Norm und Einzelakt, 1980.
ders., Die Bewältigung der wissenschaftlichen und technischen Entwicklungen durch das Verwaltungsrecht, in: VVDStRL 48 (1990), S. 177ff.
ders., Neuere Entwicklungen der Eigentumsdogmatik, in: H. Achenbach (u.a.), Recht und Wirtschaft, 1985, S. 129ff.
ders., Niedersächsisches *Gefahrenabwehrrecht*, 1995.
ders., Glaubensfreiheit als Beeinflussungsfreiheit? – Anmerkungen zum »Kruzifix-Beschluß« des Bundesverfassungsgerichts –, in: B. Ziemske u.a. (Hrsg.), FS für M. Kriele, 1997, S. 301ff.
ders., Gesetzliche Einwirkungen auf grundrechtlich geschützte Rechtsgüter, in: JZ 1997, S. 473ff.
ders., Staatsrecht I (*Staatsorganisationsrecht*), 11. Aufl., 1999.
ders., Staatsrecht II (*Grundrechte*), 3. Aufl. 2000.
ders., Gesetzliche Einwirkungen auf grundrechtlich geschützte Rechtsgüter, in: G.F. Schuppert (Hrsg.), Das Gesetz als zentrales Steuerungsinstrument des Rechtsstaates – Symposium anläßlich des 60. Geburtstages von C. Starck, 1998, S. 85ff.
ders., Grundrechtsdogmatik nach 50 Jahren Grundgesetz, in: NdsVBl. 1999, S. 102ff.
Isensee, Josef, Das Grundrecht auf *Sicherheit*, 1983.

ders., Das Grundrecht als Abwehrrecht und als staatliche Schutzpflicht (§ 111), in: J. Isensee/P. Kirchhof (Hrsg.), HbStR, Band V, 1992, S. 143ff.
ders., Bildersturm durch Grundrechtsinterpretation, in: ZRP 1996, S. 10ff.
Jacobi, Erwin, Die Diktatur des Reichspräsidenten nach Art. 48 der Reichsverfassung, in: VVDStRL 1 (1924), S. 105ff.
ders., Art. »Die Rechtsverordnungen«, in: G. Anschütz/R. Thoma (Hrsg.), Handbuch des Deutschen Staatsrechts, Zweiter Band, 1932, S. 236ff.
Jagusch, Heinrich/Hentschel, Peter, Straßenverkehrsrecht, 35. Aufl., 1999.
Jarass, Hans D., Der Rechtsschutz Dritter bei der Genehmigung von Anlagen, in: NJW 1983, S. 2844ff.
ders., Der Vorbehalt des Gesetzes bei Subventionen, in: NVwZ 1984, S. 473ff.
ders., Grundrechte als Wertentscheidungen bzw. objektivrechtliche Prinzipien in der Rechtsprechung des Bundesverfassungsgerichts, in: AöR 110 (1985), S. 363ff.
ders., Das allgemeine Persönlichkeitsrecht im Grundgesetz, in: NJW 1989, S. 857ff.
Jarass, Hans D./Pieroth, Bodo, Grundgesetz für die Bundesrepublik Deutschland – Kommentar, 4. Aufl., 1997.
Jellinek, Georg, Gesetz und Verordnung, 1887.
ders., *System* der subjektiven öffentlichen Rechte, 1905.
ders., Allgemeine Staatslehre, 5. Neudruck der 3. Aufl., 1928.
Jellinek, Walter, Verwaltungsrecht, 3. Aufl., 1931 (unveränderter Neudruck, 1948).
ders., Art. »Das verfassungsändernde Reichsgesetz«, in: G. Anschütz/R. Thoma (Hrsg.), Handbuch des Deutschen Staatsrechts, Zweiter Band, 1932, S. 182ff.
Jesch, Dietrich, *Gesetz* und Verwaltung, 1961.
Jescheck, Hans-Heinrich/Weigend, Thomas, *Lehrbuch des Strafrechts* – Allgemeiner Teil, 5. Aufl., 1996.
Kempf, Eberhard, Grundrechte im besonderen Gewaltverhältnis – BVerfG, NJW 1972, 811, in: JuS 1972, S. 701ff.
Kimminich, Otto, Die Freiheit, nicht zu hören, in: Der Staat 3 (1964), S. 61ff.
Kirchhof, Paul, *Verwalten* durch »mittelbares« Einwirken, 1977.
Kiskalt, Hans, Helm ab zum Gebet, in: NJW 1987, S. 2479f.
Klein, Eckart, Grundrechtliche Schutzpflichten des Staates, in: NJW 1989, S. 1633ff.
Klein, Hans H., Öffentliche und private Freiheit, in: Der Staat 10 (1971), S. 144ff.
ders., Die *Grundrechte* im demokratischen Staat, 1972.
ders., Die grundrechtliche Schutzpflicht, in: DVBl. 1994, S. 489ff.
Kloepfer, Michael, Umweltrecht, 2. Aufl., 1998.
Koch, Thorsten, Der rechtliche Status kommunaler *Unternehmen* in Privatrechtsform, 1994.
Koch, Thorsten/Niebaum, Frank, »Ich sehe was, was Du nicht siehst!« – OVG Münster, NVwZ-RR 1996, S. 59, in: JuS 1997, S. 312ff.
Köndgen, Johannes, Anmerkung zu BGH, Urt. v. 16.05. 1991 – IX ZR 245/90 (= NJW 1991, S. 2015), in: NJW 1991, S. 2018f.
Kopp, Ferdinand O., Fiskalgeltung und Drittwirkung der Grund- und Freiheitsrechte im Bereich des Privatrechts, in: FS für W. Wilburg, 1975, S. 141ff.
Kopp, Ferdinand O./Ramsauer, Ulrich, Verwaltungsverfahrensgesetz – Kommentar, 7. Aufl., 2000
Kopp, Ferdinand O./Schenke, Wolf-Rüdiger, Verwaltungsgerichtsordnung – Kommentar, 11. Aufl., 1998.
Kraft, Ingo, Entwicklungslinien im baurechtlichen Nachbarschutz, in: VerwArch 89 (1998), S. 264ff.

Krause, Peter, Die Rechtsprechung des Bundesverfassungsgerichts zum Privatrecht, in: JZ 1984, S. 656ff. (Teil 1), 711ff. (Teil 2), 828ff. (Teil 3).
Krebs, Walter, Grundrechtsschutz für Gemeingebrauch an öffentlichen Straßen und Wegen?, in: VerwArch 67 (1976), S. 329ff.
ders., *Kontrolle* in staatlichen Entscheidungsprozessen, 1984.
ders., Subjektiver Rechtsschutz und objektive Rechtskontrolle, in: H.-U. Erichsen u.a. (Hrsg.), FS für C.-F. Menger, 1985, S. 191ff.
Kremser, Holger, Die rechtliche Bewertung elektromagnetischer Strahlungen (sog. Elektrosmog) im Zusammenhang mit der Mobilfunktechnik, in: NVwZ 1995, S. 851ff.
ders., Anmerkung zu BVerfG, Beschl. v. 17.02.1997 – 1 BvR 1658/96 (= NJW 1997, S. 2509 = JZ 1997, S. 897), in: JZ 1997, S. 898ff.
Kreuzer, Arthur, Ärztliche *Hilfeleistungspflicht* bei Unglücksfällen im Rahmen des § 330 c StGB, 1965.
Kunig, Philip, Das Rechtsstaatsprinzip, 1986.
Kutzer, Klaus, Strafrechtliche Überlegungen zum Selbstbestimmungsrecht des Patienten und zur Zulässigkeit der Sterbehilfe, in: MDR 1985, S. 710ff.
Laband, Paul, Das *Staatsrecht* des Deutschen Reiches, Erster Band, 4. Aufl., 1901; Zweiter Band, 1. Aufl., 1878; Zweiter Band, 5. Aufl., 1911.
Lackner, Karl/Kühl, Kristian, Strafgesetzbuch – Kommentar, 23. Aufl., 1999.
Larenz, Karl, Die Methode der *Auslegung* des Rechtsgeschäfts, 1930 (Nachdruck mit einem Nachwort, 1966).
ders., Richtiges Recht, 1979.
ders., Allgemeiner Teil des deutschen Bürgerlichen Rechts, 7. Aufl., 1989.
Lege, Joachim, Nochmals: Staatliche Warnungen, in: DVBl. 1999, S. 569ff.
Leidinger, Tobias, Hoheitliche Warnungen, Empfehlungen und Hinweise im Spektrum staatlichen Informationshandelns, in: DÖV 1993, S. 925ff.
Leisner, Walter, Grundrechte und *Privatrecht*, 1960.
ders., Die schutzwürdigen Rechte im Besonderen Gewaltverhältnis, in: DVBl. 1960, S. 617ff.
ders., Eigentum (§ 149), in: J. Isensee/P. Kirchhof (Hrsg.), HbStR, Band VI, 1989, S. 1023ff.
Lerche, Peter, *Übermaß* und Verfassungsrecht, 1961.
ders., *Werbung* und Verfassung, 1967.
ders., Grundrechtlicher Schutzbereich, Grundrechtsprägung und Grundrechtseingriff (§ 121), in: J. Isensee/P. Kirchhof (Hrsg.), HbStR, Band V, 1992, S. 739ff.
ders., Grundrechtswirkungen im Privatrecht, Einheit der Rechtsordnung und materielle Verfassung, in: R. Böttcher u.a. (Hrsg.), FS für W. Odersky, 1996, S. 215ff.
ders., Die Verfassung als Quelle von Optimierungsgeboten?, in: J. Burmeister (Hrsg.), FS für K. Stern, 1997, S. 197ff.
Link, Christoph, Stat Crux? – Die »Kruzifix«-Entscheidung des Bundesverfassungsgerichts, in: NJW 1995, S. 3353ff.
Lisken, Hans/Denninger, Erhard (Hrsg.), Handbuch des Polizeirechts, 2. Aufl., 1996.
Löwe-Rosenberg, Strafprozeßordnung – Großkommentar (hrsg. von P. Riess), 25. Aufl., 2. Lfg. (§§ 112–136 a), 1997.
Löwer, Wolfgang, Klagebefugnis und Kontrollumfang der richterlichen Planprüfung bei straßenrechtlichen Planfeststellungsbeschlüssen, in: DVBl. 1981, S. 528ff.
ders., *Energieversorgung* zwischen Staat, Gemeinde und Wirtschaft, 1989.
ders., Energieversorgung zwischen Staat, Gemeinde und Wirtschaft, in: DVBl. 1991, S. 132ff.

Looschelders, Dirk/Roth, Wolfgang, Grundrechte und Vertragsrecht: Die verfassungskonforme Reduktion des §565 Abs.2 Satz 2 BGB, in: JZ 1995, S.1034ff.

Lorenz, Dieter, Recht auf Leben und körperliche Unversehrtheit (§128), in: J. Isensee/P. Kirchhof (Hrsg.), HbStR, Band VI, 1989, S.3ff.

Lorz, Ralph Alexander, Voraussetzungen und Konsequenzen von Verkehrsbeschränkungen, in: NVwZ 1993, S.1165f.

Lübbe-Wolff, Gertrude, Rechtsprobleme der behördlichen Umweltberatung, in: NJW 1987, S.2705ff.

dies., Die Grundrechte als *Eingriffsabwehrrechte*, 1988.

Lutz, Reinhardt, *Eigentumsschutz* bei »störender« Nutzung gewerblicher Anlagen, 1983.

Malorny, Michael, Der Grundrechtsverzicht, in: JA 1974, S.475ff.

Mampel, Dietmar, Art.14 GG fordert sein Recht, in: NJW 1999, S.975ff.

Mangoldt, Hermann von/Klein, Friedrich, Das Bonner Grundgesetz, 2. Aufl., Band I, 1957.

Mangoldt, Hermann von/Klein, Friedrich/Campenhausen, Axel von, Das Bonner Grundgesetz – Kommentar, Band 14 (Art.136–146), 3. Aufl., 1991.

Mangoldt, Hermann von/Klein, Friedrich/Starck, Christian, Das Bonner Grundgesetz – Kommentar, Band 1 (Präambel, Art. 1 – 19) 4. Aufl., 1999.

Manssen, Gerrit, Das Kassenarztzulassungsrecht des SGB V, in: ZfSH/SGB 1994, S.1ff.

ders., Staatsrecht I – *Grundrechtsdogmatik*, 1995.

Martens, Wolfgang, Grundrechte im Leistungsstaat, in: VVDStRL 30 (1972), S.7ff.

Martensen, Jürgen, Die Kostentragungslast des Störers nach unmittelbarer Ausführung – illustriert am Beispiel der »Abschleppfälle« – in: VBlBW 1996, S.81ff.

Maunz, Theodor/Dürig, Günter (u.a.), Grundgesetz – Kommentar, 7. Aufl., Losebl., Stand: Februar 1999 (zit.: Bearbeiter, in: Maunz/Dürig).

Maunz, Theodor/Schmidt-Bleibtreu, Bruno/Klein, Franz/Ulsamer, Gerhard, Bundesverfassungsgerichtsgesetz – Kommentar, begr. v. Th. Maunz, fortgef. von B. Schmidt-Bleibtreu u.a., Losebl., Stand: Oktober 1998.

Maurer, Hartmut, Allgemeines Verwaltungsrecht, 12. Aufl., 1999.

Mayer, Otto, Deutsches Verwaltungsrecht, Erster Band, 3. Aufl., 1924.

Medicus, Dieter, Leistungsfähigkeit und Rechtsgeschäft, in: ZIP 1989, S.817ff.

ders., Der Grundsatz der Verhältnismäßigkeit im Privatrecht, in: AcP 192 (1992), S.35ff.

Menger, Christian-Friedrich, Höchstrichterliche Rechtsprechung zum Verwaltungsrecht, in: VerwArch 51 (1960), S.373ff.

Meyer, Georg/Anschütz, Gerhard, *Lehrbuch* des Deutschen Staatsrechtes, 6. Aufl., 1905; 7. Aufl., Zweiter Teil, 1917, Dritter Teil, 1919.

Meyer-Goßner, Lutz, Strafprozeßordnung (Kommentar), 44. Aufl., 1999.

Meyn, Karl-Ulrich, Warnung der Bundesregierung vor Jugendsekten – BVerwG, NJW 1989, 2272, und BVerfG, NJW 1989, 3269, in: JuS 1990, S.630ff.

Möllers, Thomas M.J., Zur Zulässigkeit des Verbraucherboykotts – Brent Spar und Mururoa, in: NJW 1996, S.1374ff.

Moench, Christoph, Verfassungswidriges Gesetz und *Normenkontrolle*, 1977.

Mössner, Jörg Manfred, Die öffentlichrechtliche Konkurrentenklage – BVerwGE 30, 191, in: JuS 1971, S.131ff.

Möstl, Markus, Probleme der verfassungsprozessualen Geltendmachung gesetzgeberischer Schutzpflichten, in: DÖV 1998, S.1029ff.

Muckel, Stefan, Staatliche Warnungen vor sog. Jugendsekten, in: JA 1995, S.343ff.

Müller, Friedrich, *Normstruktur* und Normativität, 1966.

ders., *Normbereiche* von Einzelgrundrechten in der Rechtsprechung des Bundesverfassungsgerichts, 1968.
ders., *Freiheit der Kunst* als Problem der Grundrechtsdogmatik, 1969.
ders., Die *Positivität* der Grundrechte, 2. Aufl., 1990.
ders., Juristische Methodik, 7. Aufl., 1997.
Müller, Friedrich/Pieroth, Bodo, Politische *Freiheitsrechte* der Rundfunkmitarbeiter, 1976.
Müller-Volbehr, Jörg, Das Grundrecht der Religionsfreiheit und seine Schranken, in: DÖV 1995, S. 301 ff.
ders., Positive und negative Religionsfreiheit, in: JZ 1995, S. 996 ff.
Münch, Ingo von, Grundrechtsschutz gegen sich selbst, in: R. Stödter/W. Thieme (Hrsg.), FS für H.P. Ipsen, 1977, S. 113 ff.
Münch, Ingo von/Kunig, Philip (Hrsg.), Grundgesetz-Kommentar, Band 1 (Präambel bis Art. 20), 4. Aufl., 1992 (zit.: Bearbeiter, in: v. Münch/Kunig, GG).
Münchener Kommentar, Münchener Kommentar zum Bürgerlichen Gesetzbuch, hrsg. v. K. Rebmann/F.-J. Säcker/R. Rixecker, Band 1: Allgemeiner Teil, 3. Aufl., 1993; Band 4: Sachenrecht, 3. Aufl., 1997.
Murswiek, Dietrich, Die staatliche *Verantwortung* für die Risiken der Technik, 1985.
ders., Entschädigung für imissionsbedingte Waldschäden, in: NVwZ 1986, S. 611 f.
ders., Zur Bedeutung der grundrechtlichen Schutzpflichten für den Umweltschutz, in: WiVerw 1986, S. 179 ff.
ders., Grundrechte als Teilhaberechte, soziale Grundrechte, in: J. Isensee/P. Kirchhof (Hrsg.), HbStR, Band V, 1992, S. 243 ff.
ders., Staatliche Warnungen, Wertungen, Kritik als Grundrechtseingriffe, in: DVBl. 1997, S. 1021 ff.
Neumann, Dirk/Biebl, Josef, Arbeitszeitgesetz – Kommentar, 12. Aufl., 1995.
Neumann, Johannes, Rechts- oder Glaubensstaat?, in: ZRP 1995, S. 381 ff.
Niebaum, Frank/Eschenbach, Jürgen, Von der Angst, ein Denkmal zu besitzen, in: DÖV 1994, S. 12 ff.
dies., Verwirrung mit »System«, in: LKV 1995, S. 143 ff.
Nipperdey, Hans Carl, Gleicher Lohn der Frau für gleiche Leistung, in: RdA 1950, S. 121 ff.
ders., Boykott und freie Meinungsäußerung, in: DVBl. 1958, S. 445 ff.
ders., Grundrechte und *Privatrecht*, 1961.
Nolte, Rüdiger, Rechtliche *Anforderungen* an die technische Sicherheit von Kernanlagen, 1984.
Oebbecke, Janbernd, Die staatliche Mitwirkung an gesetzesabwendenden Vereinbarungen, in: DVBl. 1986, S. 793 ff.
Oeter, Stefan, »Drittwirkung« der Grundrechte und die Autonomie des Privatrechts, in: AöR 119 (1994), S. 529 ff.
ders., Baurechtsvereinbarung, Drittschutz und die Erfordernisse wirksamen Rechtschutzes, in: DVBl. 1999, S. 189 ff.
Oldiges, Martin, Neue Aspekte der Grundrechtsgeltung im Privatrecht, in: R. Wendt u.a. (Hrsg.), FS für K.H. Friauf, 1996, S. 281 ff.
Olshausen, Henning, von, Anmerkung zu VGH Ba.-Wü., B v. 17.01. 1979 – IX 349/78 (= DÖV 1979, S. 338), in: DÖV 1979, S. 340 ff.
ders., Menschenwürde im Grundgesetz: Wertabsolutismus oder Selbstbestimmung?, in: NJW 1982, S. 2221 ff.
Ossenbühl, Fritz, Die Interpretation der Grundrechte in der Rechtsprechung des Bundesverfassungsgerichts, in: NJW 1976, S. 2100 ff.

ders., *Umweltpflege* durch behördliche Warnungen und Empfehlungen, 1986.

ders., Der Eigentumsschutz sozialrechtlicher Positionen in der Rechtsprechung des Bundesverfassungsgerichts – Eine Zwischenbilanz, in: W. Fürst u.a., (Hrsg.), FS für W. Zeidler, Band 1, 1987, S. 625ff.

Otting, Olaf, Öffentlicher Zweck, Finanzhoheit und fairer Wettbewerb – Spielräume kommunaler Erwerbswirtschaft, in: DVBl. 1997, S. 1258ff.

Palandt, Bürgerliches Gesetzbuch, bearb. von P. Bassenge u.a., 59. Aufl., 2000.

Papier, Hans-Jürgen, Art. 12 GG – Freiheit des Berufs und Grundrecht der Arbeit, in: DVBl. 1984, S. 801ff.

ders., Grundfälle zu Eigentum, Enteignung und enteignungsgleichem Eingriff, in: JuS 1989, S. 630ff.

ders., Rechtsschutzgarantie gegen die öffentliche Gewalt (§ 154), in: J. Isensee/P. Kirchhof (Hrsg.), HbStR, Band VI, 1989, S. 1233ff.

Pestalozza, Christian, Verfassungsprozeßrecht, 3. Aufl., 1991.

Peters, Hans, Die freie Entfaltung der Persönlichkeit als Verfassungsziel, in: D.S. Constantopoulos/H. Wehberg (Hrsg.), FS für R. Laun, 1953, S. 669ff.

ders., Das Recht auf freie Entfaltung der *Persönlichkeit* in der höchstrichterlichen Rechtsprechung, 1963.

Petersen, Jens, Beweislast bei Gesundheitsbeeinträchtigungen durch Emissionen und nachbarliche Duldungspflicht, in: NJW 1998, S. 2099f.

Philipp, Renate, Staatliche *Verbraucherinformationen* im Umwelt- und Gesundheitsrecht, 1989.

Pieroth, Bodo, Der Wert der Auffangfunktion des Art. 2 Abs. 1 GG, in: AöR 115 (1990), S. 33ff.

Pieroth, Bodo/Schlink, Bernhard, *Grundrechte* – Staatsrecht II, 15. Aufl., 1999.

Pietrzak, Alexandra, Die Schutzpflicht im verfassungsrechtlichen Kontext – Überblick und neue Aspekte, in: JuS 1994, S. 748ff.

Pietzcker, Jost, Die Rechtsfigur des Grundrechtsverzichts, in: Der Staat 17 (1978), S. 527ff.

ders., Der Anspruch auf ermessensfehlerfreie Entscheidung, in. JuS 1982, S. 106ff.

ders., »Grundrechtsbetroffenheit« in der verwaltungsrechtlichen Dogmatik, in: G. Püttner (Hrsg.), FS für O. Bachof, 1984, S. 131ff.

ders., Drittwirkung – Schutzpflicht – Eingriff, in: H. Maurer (Hrsg.), FS für G. Dürig, 1990, S. 345ff.

Pinger, Udo, Öffentliches Recht: Die Aufrufe des Umweltbundesamtes, in: JuS 1988, S. 53ff.

Pirson, Dietrich, Anmerkung zu BVerfG, Beschl. v. 16.05. 1995 – 1 BvR 1087/91 (= BayVBl. 1995, S. 720ff., 752ff. = BVerfGE 93, 1), in: BayVBl. 1995, S. 755ff.

Pöhlmann, Horst Georg, Räume ohne Eigenschaften?, in: Luth. Monatshefte 10/1995, S. 20f.

Preu, Peter, *Polizeibegriff* und Staatszwecklehre, 1983.

ders., Subjektivrechtliche *Grundlagen* des öffentlichrechtlichen Drittschutzes, 1990.

ders., Die historische *Genese* der öffentlichrechtlichen Bau- und Gewerbenachbarklagen, 1990.

Rädler, Peter, Die Unverfügbarkeit der Menschenwürde in Deutschland und Frankreich, in: DÖV 1997, S. 109ff.

Ramsauer, Ulrich, Die faktischen *Beeinträchtigungen* des Eigentums, 1980.

ders., Über den Unterschied von Inhaltsbestimmung und Schrankenbestimmung des Eigentums, in: DVBl. 1980, S. 539ff.

ders., Die Bestimmung des Schutzbereichs von Grundrechten nach dem Normzweck, in: VerwArch 72 (1981), S. 89ff.
ders., Die Rolle der Grundrechte im System der subjektiven öffentlichen Rechte, in: AöR 111 (1986), S. 501ff.
Rauscher, Anton, Abkehr vom Wertekonsens?, in: P. Lerche/H. Maier/A. Rauscher/W. Ziegler, Schule ohne Kreuz?, 1995.
Rauschning, Dietrich, Staatsaufgabe Umweltschutz, in: VVDStRL 38 (1980), S. 167ff.
ders., Anmerkung zu BVerfG, Beschl. v. 16.05.1995 – 1 BvR 385/77 (= DVBl. 1980, S. 356 = BVerfGE 53, 30) in: DVBl. 1980, S. 831ff.
Redeker, Martin, Peep-Show und Menschenwürde, in: BayVBl. 1985, S. 73ff.
Reinicke, Dietrich/Tiedtke, Klaus, Zur Sittenwidrigkeit hoher Verpflichtungen vermögens- und einkommensloser oder einkommensschwacher Bürger, in: ZIP 1989, S. 613ff.
Renck, Ludwig, Verwaltungsakt und Feststellungsklage – BVerwGE 26, 161, in: JuS 1970, S. 113ff.
ders., Positive und negative Bekenntnisfreiheit und Glaubens- oder Rechtsstaat, in: ZRP 1996, S. 205f.
Rengeling, Hans-Werner, Das Grundeigentum als Schutzobjekt der Eigentumsgarantie (Art. 14 GG) und als Gegenstand verwaltungsrechtlicher Planung, Gestaltung und Schrankensetzung, in: AöR 105 (1980), S. 423ff.
ders., *Grundrechtsschutz* in der Europäischen Gemeinschaft, 1993.
Ridder, Helmut K.J. , Enteignung und Sozialisierung, in: VVDStRL 10 (1952), S. 124ff.
Rittner, Fritz, Die gestörte Vertragsparität und das Bundesverfassungsgericht, in: NJW 1994, S. 3330f.
Robbers, Gerhard, Zum Grundsatz ›volenti non fit inuria‹ im Verfassungsrecht, in: JuS 1985, S. 925ff.
ders., *Sicherheit* als Menschenrecht, 1987.
ders., Behördliche Auskünfte und Warnungen gegenüber der Öffentlichkeit, in: AfP 1990, S. 84ff.
ders., Für ein neues Verhältnis zwischen Bundesverfassungsgericht und Fachgerichtsbarkeit, in: NJW 1998, S. 935ff.
Rönne, Ludwig von/Zorn, Philipp, Das Staatsrecht der Preußischen Monarchie, 2. Band, 5. Aufl., 1906.
Roscher, Falk, *Vertragsfreiheit* als Verfassungsproblem, 1974.
Rose, Matthias, Gentechnik und Vorbehalt des Gesetzes, in: DVBl. 1990, S. 279ff.
Roth, Andreas, Verwaltungshandeln mit *Drittbetroffenheit* und Gesetzesvorbehalt, 1991.
Roth, Wolfgang, Faktische *Eingriffe* in Freiheit und Eigentum, 1994.
Rozek, Jochen, Anmerkung zu BVerfG, Beschl. v. 16.05.1995 – 1 BvR 1087/91 (= BayVBl. 1995, 720ff., 752ff. = BVerfGE 93, 1), in: BayVBl. 1996, S. 22ff.
ders., »Leipziger Allerlei«: eine Bahnhofseinkaufspromenade, das Ladenschlußrecht und die grundrechtliche Wettbewerbsfreiheit, in: SächsVBl. 1999, S. 149ff.
Roxin, Claus, Strafrecht – Allgemeiner Teil, Band I, 3. Aufl., 1997.
Rudolphi, Hans-Joachim/Horn, Eckhard/Samson, Erich/Günther, Hans-Ludwig/Hoyer, Andreas, Systematischer Kommentar zum Strafgesetzbuch, Band 1 – Allgemeiner Teil (§§ 1 bis 79 b), Losebl., Stand: September 1999; Band 2 – Besonderer Teil (§§ 80–358), Losebl., Stand: Oktober 1999 (zit.: Bearbeiter, in: SK-StGB).
Rüfner, Wolfgang, Anmerkung zu BVerfG, Beschl. v. 17.07.1973 – 1 BvR 308/69 (= NJW 1973, S. 2196 = BVerfGE 35, 366), in: NJW 1974, S. 491f.
ders., Grundrechtskonflikte, in: C. Starck (Hrsg.), Bundesverfassungsgericht und Grund-

gesetz (Festgabe aus Anlaß des 25jährigen Bestehens des BVerfG), Zweiter Band, 1976, S. 453ff.
ders., Grundrechtsadressaten (§ 117), in: J. Isensee/P. Kirchhof (Hrsg.), HbStR, Band V, 1992, S. 525ff.
Rupp, Hans Heinrich, Zum »Mephisto-Beschluß« des Bundesverfassungsgerichts, in: DVBl. 1972, S. 66f.
ders., Grundrechtlicher Freiheitsstatus und ungesetzlicher Zwang, in: DÖV 1974, S. 193ff.
ders., Vom Wandel der Grundrechte, in: AöR 101 (1976), S. 161ff.
ders., Kritische Bemerkungen zur Klagebefugnis im Verwaltungsprozeß, in: DVBl. 1982, S. 144ff.
ders., Anmerkung zu Hess. VGH, Beschl. v. 06. 11. 1989 – 8 TH 685/89 (= JZ 1990, S. 88), in: JZ 1990, S. 91f.
ders., *Grundfragen* der heutigen Verwaltungsrechtslehre, 2. Aufl., 1991.
Sachs, Michael, Die *Bindung* des Bundesverfassungsgerichts an seine Entscheidungen, 1977.
ders., Teilnichtigerklärung: Von der Kassation zur Gesetzesneugestaltung durch das Bundesverfassungsgericht, in: DVBl. 1979, S. 389ff.
ders., »Volenti non fit inuria« – Zur Bedeutung des Willens des Betroffenen im Verwaltungsrecht, in: VerwArch 76 (1985), S. 398ff.
ders., Die relevanten Grundrechtsbeeinträchtigungen, in: JuS 1995, S. 303ff.
ders. (Hrsg.), Grundgesetz – Kommentar, 2. Aufl., 1999.
Sass, Wolfgang, Art. 14 GG und das *Entschädigungserfordernis*, 1992.
Schapp, Jan, Über die Freiheit im Recht, in: AcP 192 (1992), S. 355ff.
Schatzschneider, Wolfgang, Rechtsordnung und Prostitution, in: NJW 1985, S. 2793ff.
Schelcher, Walter, Eigentum und Enteignung nach der Reichsverfassung, in: Fischers Ztschr. 60 (1927), S. 137ff.
ders., Die Rechte und Pflichten aus dem Eigentum, in: H.C. Nipperdey (Hrsg.), Die Grundrechte und Grundpflichten der Reichsverfassung, Dritter Band, 1930, S. 196ff.
Schenke, Wolf-Rüdiger, Der rechtswidrige Verwaltungsvertrag nach dem Verwaltungsverfahrensgesetz, in: JuS 1977, S. 281ff.
ders., Der Grundrechtsschutz des Gewerbetreibenden bei staatlicher Wirtschaftsplanung, in: WiVerw 1978, S. 226ff.
ders., Baurechtlicher Nachbarschutz, in: NuR 1983, S. 81ff.
ders., Verwaltung und Verwaltungsgerichtsbarkeit – Gedanken zu einem der Grundthemen des Wirtschaftsverwaltungsrechts, in: WiVerw 1988, S. 145ff.
ders., Polizei- und Ordnungsrecht, in: U. Steiner (Hrsg.), Besonderes Verwaltungsrecht, 6. Aufl., 1999, S. 173ff.
ders., Verwaltungsprozeßrecht, 6. Aufl., 1998.
Scherzberg, Arno, Grundlagen und Typologie des subjektiv-öffentlichen Rechts, in: DVBl. 1988, S. 129ff.
ders., *Grundrechtsschutz* und »Eingriffsintensität«, 1989.
ders., »Objektiver« Grundrechtsschutz und subjektives Grundrecht, in: DVBl. 1989, S. 1128ff.
ders., Wertkonflikte vor dem Bundesverfassungsgericht – zur Bewältigung politisch-moralischer Streitfragen im Verfassungsprozeß, in: DVBl. 1999, S. 356ff.
Scheuner, Ulrich, Grundrechtsinterpretation und Wirtschaftsordnung, in: DÖV 1956, S. 65ff.
ders., Das Grundrecht der Berufsfreiheit, in: DVBl. 1958, S. 845ff.

ders., Verfassungsrechtliche Fragen der christlichen Gemeinschaftsschulen, in: H. Spanner u.a. (Hrsg.), Festgabe für Th. Maunz, 1971, S. 307ff.
ders., Die rechtliche Tragweite der Grundrechte in der deutschen Verfassungsentwicklung des 19. Jahrhunderts, in: E. Forsthoff u.a. (Hrsg.), FS für E.R. Huber, 1973, S. 139ff.
Schick, Dagmar, *Nachtarbeitsverbot* für Arbeiterinnen, 1992.
Schick, Walter, Der Beamte als Grundrechtsträger, in: ZBR 1963, S. 67ff.
Schimpf, Christian, Der verwaltungsrechtliche Vertrag unter besonderer Berücksichtigung seiner Rechtswidrigkeit, 1982.
Schlichter, Otto, Baurechtlicher Nachbarschutz, NVwZ 1983, S. 641ff.
Schliesky, Utz, Öffentliches Wettbewerbsrecht, 1997.
ders., Über Notwendigkeit und Gestalt eines Öffentlichen Wettbewerbsrechts, in: DVBl. 1999, S. 78ff.
Schlink, Bernhard, Freiheit durch Eingriffsabwehr – Rekonstruktion der klassischen Grundrechtsfunktion, in: EuGRZ 1984, S. 457ff.
Schlüter, Franz, Das verfassungsdurchbrechende Gesetz, 1931.
Schmidt, Reiner, Staatshaftung für Waldschäden, in: ZRP 1987, S. 345ff.
Schmidt-Aßmann, Eberhard, Anwendungsprobleme des Art. 2 Abs. 2 GG im Immissionsschutzrecht, in: AöR 106 (1981), S. 205ff.
ders., Grundrechtswirkungen im Verwaltungsrecht, in: B. Bender u.a. (Hrsg.), FS für K. Redeker, 1993, S. 225ff.
Schmidt-Preuß, Matthias, *Kollidierende Privatinteressen* im Verwaltungsrecht, 1992.
ders., Die Gewährleistung des Privateigentums durch Art. 14 GG im Lichte aktueller Probleme, in: AG 1996, S. 1ff.
Schmidt-Salzer, Joachim, Vertragsfreiheit und Verfassungsrecht, in: NJW 1970, S. 8ff.
Schmitt, Carl, Die Diktatur des Reichspräsidenten nach Art. 48 der Reichsverfassung, in: VVDStRL 1 (1924), S. 63ff.
ders., Verfassungslehre, 1928.
ders., Die Tyrannei der Werte, in: Säkularisation und Utopie – Ebracher Studien, Ernst Forsthoff zum 65. Geburtstag, 1967, S. 37ff.
Schmitt Glaeser, Walter, Schutz der Privatsphäre (§ 129), in: J. Isensee/P. Kirchhof (Hrsg.), HbStR, Band VI, 1989, S. 41ff.
Schmitt Glaeser, Walter/Horn, Hans-Detlef, Verwaltungsprozeßrecht, 15. Aufl., 2000.
Schmitt-Kammler, Arnulf, In hoc signo – Zum »Schulkreuz-Erkenntnis« des Bundesverfassungsgerichts, in: R. Wendt u.a. (Hrsg.), FS für K.H. Friauf, 1996, S. 343ff.
Schneider, Günther, Die Auswirkungen des Gesundheitsstrukturgesetzes auf das Kassenarztrecht, in: MedR 1993, S. 83ff.
Schnur, Roman, Besprechung von P. Häberle, Die Wesensgehaltgarantie des Art. 19 Abs. 2 Grundgesetz, in: DVBl. 1965, S. 489ff.
Schoch, Friedrich, Das kommunale *Vertretungsverbot*, 1981.
ders., Folgenbeseitigung und Wiedergutmachung im Öffentlichen Recht, in: VerwArch 79 (1988), S. 1ff.
ders., Staatliche Informationspolitik und Berufsfreiheit, in: DVBl. 1991, S. 667ff.
ders., Grundfälle zum Polizei- und Ordnungsrecht, in: JuS 1994, S. 391ff.
Schoch, Friedrich/Schmidt-Aßmann, Eberhard/Pietzner, Rainer (Hrsg.), Verwaltungsgerichtsordnung – Kommentar, Losebl., 1996ff.
Schönke, Adolf/Schröder, Horst (Begr.), Strafgesetzbuch – Kommentar, 25. Aufl., 1997.
Scholz, Rupert, Anmerkung zu BVerwG, Urt. v. 30.08. 1968 – VII C 122/66 (= NJW 1969, S. 522 = BVerwGE 30, 191), in: NJW 1969, S. 1044f.

ders., Das Grundrecht der freien Entfaltung der Persönlichkeit in der Rechtsprechung des Bundesverfassungsgerichts, in: AöR 100 (1975), S. 80ff., 265ff.
Scholz, Rupert/Konrad, Karlheinz, Meinungsfreiheit und allgemeines Persönlichkeitsrecht, in: AöR 123 (1998), S. 60ff.
Schulte, Martin, Informales Verwaltungshandeln als Mittel staatlicher Umwelt- und Gesundheitspflege, in: DVBl. 1988, S. 512ff.
ders., Anmerkung zu BVerwG, Urt. v. 18.10. 1990 – 3 C 2. u. 3.88 (= WuR 1991, S. 229 = BVerwGE 87, 36), in: WuR 1991, S. 231ff.
Schulze, Hermann, Das Preußische Staatsrecht, 2. Band, 1877.
Schwabe, Jürgen, Die sogenannte *Drittwirkung* der Grundrechte, 1971.
ders., Glaubensfreiheit und Pflicht zur Hilfeleistung – OLG Stuttgart, MDR 1964, 1024, und BVerfGE 32, 98, in: JuS 1972, S. 380ff.
ders., »Drittwirkung« und kein Ende, in: NJW 1973, S. 229ff.
ders., Mißdeutungen um das »Elfes-Urteil« des BVerfG und ihre Folgen, in: DÖV 1973, S. 623ff.
ders., Über den Wert von Gemeinplätzen für das Drittwirkungsproblem, in: JR 1975, S. 13ff.
ders., Probleme der *Grundrechtsdogmatik*, 1977.
ders., Der »Lügendetektor« vor dem Bundesverfassungsgericht, in: NJW 1982, S. 367f.
ders., Grundrechtlich begründete Pflichten des Staates zum Schutz gegen staatliche Bau- und Anlagegenehmigungen?, in: NVwZ 1983, S. 523ff.
ders., Nochmals: Der »mittelbare« Grundrechtseingriff, in: DVBl. 1988, S. 1055ff.
ders., Anmerkung zu BVerfG, Beschl. v. 07.02. 1990 – 1 BvR 26/84 (= BVerfGE 81, 242), in: DVBl. 1990, S. 477ff.
ders., Der Schutz des Menschen vor sich selbst, in: JZ 1998, S. 66ff.
Schwerdtfeger, Gunther, Grundrechtlicher Drittschutz im Baurecht, in: NVwZ 1982, S. 5ff.
ders., Baurechtlicher Drittschutz und Parlamentsvorbehalt, in: NVwZ 1983, S. 199ff.
ders., Die dogmatische Struktur der *Eigentumsgarantie*, 1983.
ders., Verbrauchslenkung durch Information, in: FS zum 125jährigen Bestehen der Juristischen Gesellschaft zu Berlin, 1984, S. 715ff.
ders., Öffentliches Recht in der *Fallbearbeitung*, 10. Aufl., 1997.
Sellmann, Martin, Entwicklung und Problematik der öffentlich-rechtlichen Nachbarklage im Baurecht, in: DVBl. 1963, S. 273ff.
Selmer, Peter, Der Vorbehalt des Gesetzes, in: JuS 1968, S. 489ff.
Sendler, Horst, Gesetzes- und Richtervorbehalt im Gentechnikrecht, in: NVwZ 1990, S. 231ff.
ders., Unmittelbare Drittwirkung der Grundrechte durch die Hintertür?, in: NJW 1994, S. 709f.
Sening, Christoph, Abschied von der Schutznormtheorie im Naturschutzrecht, in: NuR 1980, S. 102ff.
Seydel, Max von, Das Staatsrecht des Königreichs Bayern, 2. Aufl., 1894.
Siegmund-Schultze, Gerhard, Die einstweilige Erlaubnis im Personenbeförderungsrecht und die Rechtsstellung vorhandener Unternehmer, in: DVBl. 1964, S. 950ff.
Singer, Reinhard, Vertragsfreiheit, Grundrechte und der Schutz des Menschen vor sich selbst, in: JZ 1995, S. 1133ff.
Sodan, Helge, Kollegiale *Funktionsträger* als Verfassungsproblem, 1987.
ders., Gesundheitsbehördliche Informationstätigkeit und Grundrechtsschutz, in: DÖV 1987, S. 858ff.

Spaeth, Wiebke, Grundrechtseingriff durch *Information*, 1994.

Spieß, Gerhard, Inhaltskontrolle von Verträgen – das Ende privatautonomer Vertragsgestaltung?, in: DVBl. 1994, S. 1222ff.

Stahl, Friedrich Julius, Die Philosophie des Rechts, Zweiter Band (Rechts- und Staatslehre auf der Grundlage christlicher Weltanschauung), 5. Aufl., 1878.

Starck, Christian, Der *Gesetzesbegriff* des Grundgesetzes, 1970.

ders., Die Grundrechte des Grundgesetzes, in: JuS 1981, S. 237ff.

ders., Die Verfassungsauslegung, in: J. Isensee/P. Kirchhof (Hrsg.), HbStR, Band VII, 1992, S. 189ff.

ders., Der verfassungsrechtliche Schutz des ungeborenen menschlichen Lebens, in: JZ 1993, S. 816ff.

ders., Praxis der *Verfassungsauslegung*, 1994.

ders., Verfassungsgerichtsbarkeit und Fachgerichte, in: JZ 1996, S. 1033ff.

Starosta, Thomas, Zur Sittenwidrigkeit von Veranstaltungen i. S. des § 33 a GewO mit geschlechtlichem Charakter, in: GewArch 1985, S. 290ff.

Staudinger, J. v. Staudingers Kommentar zum Bürgerlichen Gesetzbuch mit Einführungsgesetz und Nebengesetzen, Drittes Buch (Sachenrecht), §§ 985 – 1011; 13. Bearbeitung v. K.-H. Gursky, 1993.

Steiger, Heinhard, Verfassungsrechtliche Grundlagen, in: Arbeitskreis für Umweltrecht (Hrsg.), Grundzüge des Umweltrechts, 2. Aufl., 1997, S. 02/001ff.

Steinberg, Rudolf, Grundfragen des öffentlichen Nachbarrechts, in: NJW 1984, S. 457ff.

ders., Verfassungsrechtlicher Umweltschutz durch Grundrechte und Staatszielbestimmung, in: NJW 1996, S. 1985ff.

Stelkens, Paul/Bonk, Heinz Joachim/Sachs, Michael, Verwaltungsverfahrensgesetz – Kommentar, 5. Aufl., 1998.

Stern, Klaus, Zur Grundlegung einer Lehre des öffentlich-rechtlichen Vertrages, in: VerwArch 49 (1958), S. 106ff.

ders., Das *Staatsrecht* der Bundesrepublik Deutschland, Band I, 2. Aufl., 1984.

ders., Das *Staatsrecht* der Bundesrepublik Deutschland, Band II, 1980.

ders., Das *Staatsrecht* der Bundesrepublik Deutschland, Band III/1, 1988.

Stern, Klaus/Sachs Michael, Das *Staatsrecht* der Bundesrepublik Deutschland, Band III/2, 1994.

Sternberg-Lieben, Detlev, Die »Hörfalle« – Eine Falle für die rechtsstaatliche Strafverfolgung?, in: Jura 1995, S. 299ff.

Stober, Rolf, Die Entwicklung des Gewerberechts in den Jahren 1982/1983, in: NJW 1984, S. 2499ff.

ders., Kassenärztliche Bedarfsplanung und Freiheit der Berufsausübung, in: MedR 1990, S. 10ff.

ders., Das Ladenschlußgesetz – ein Auslaufmodell?, in: JZ 1996, S. 541ff.

Stödter, Rolf, Öffentlich-rechtliche Entschädigung, 1933.

Störmer, Rainer, Renaissance der öffentlichen Ordnung?, in: Die Verwaltung 30 (1997), S. 233ff.

Stourzh, Gerald, Vom Widerstandsrecht zur Verfassungsgerichtsbarkeit: Zum Problem der Verfassungswidrigkeit im 18. Jahrhundert, in: ders., Wege zur Grundrechtsdemokratie, 1989, S. 37ff.

Streicher, Karl, Gurtanlegezwang – Grundrechtsverletzung?, in: NJW 1977, S. 282ff.

Sturm, Gerd, Probleme eines Verzichts auf Grundrechte, in: G. Leibholz u.a. (Hrsg.), FS für W. Geiger, 1974, S. 173ff.

Szczekalla, Peter, Der öffentlich-rechtliche Fall zum Ersten juristischen Staatsexamen – Handy-Gang, in: NdsVBl. 1997, S. 66ff.

Taupitz, Jochen, Die *Standesordnungen* der freien Berufe, 1991.

ders., Besprechung von W. Höfling, Vertragsfreiheit, in: AcP 192 (1992), S. 341ff.

Tettinger, Peter J., Besonderes Verwaltungsrecht/1, 4. Aufl., 1995.

ders., Rechtsschutz gegen kommunale Wettbewerbsteilnahme, in: NJW 1998, S. 3473f.

ders., Verfassungsrecht und Wirtschaftsordnung, in: DVBl. 1999, S. 679ff.

Thiele, Willi, Zur Problematik der auf Art. 14 Abs. 1 GG gestützten Nachbarklage, in: DÖV 1979, S. 236ff.

Thoma, Richard, Der *Polizeibefehl* im Badischen Recht, 1906.

ders., Der Vorbehalt des Gesetzes im preußischen Verfassungsrecht, in: Festgabe für Otto Mayer, 1916, S. 167ff.

ders., Art. »Die juristische Bedeutung der grundrechtlichen Sätze der Deutschen Reichsverfassung im allgemeinen«, in: H.C. Nipperdey (Hrsg.), Die Grundrechte und Grundpflichten der Reichsverfassung, Erster Band, 1929, S. 1ff.

ders., Art. »Grundbegriffe und Grundsätze«, in: G. Anschütz/R. Thoma (Hrsg.), Handbuch des Deutschen Staatsrechts, Zweiter Band, 1932, S. 108ff.

ders., Art. »Der Vorbehalt der Legislative und das Prinzip der Gesetzmäßigkeit von Verwaltung und Rechtsprechung«, in: G. Anschütz/R. Thoma (Hrsg.), Handbuch des Deutschen Staatsrechts, Zweiter Band, 1932, S. 221ff.

Umbach, Dieter C./Clemens, Thomas (Hrsg.), Bundesverfassungsgerichtsgesetz – Mitarbeiterkommentar und Handbuch, 1992.

Unruh, Peter, Zur Dogmatik der grundrechtlichen *Schutzpflichten*, 1996.

Voitl, Alexander, Behördliche *Warnkompetenzen* im Bundesstaat, 1994.

Wagner, Heinz, Öffentlicher Haushalt und Wirtschaft, in: VVDStRL 27 (1969), S. 47ff.

Wahl, Rainer, Rechtliche Wirkungen und Funktionen der Grundrechte im deutschen Konstitutionalismus des 19. Jahrhunderts, in: Der Staat 18 (1979), S. 321ff.

ders., Der Vorrang der Verfassung, in: Der Staat 20 (1981), S. 485ff.

ders., Der Nachbarschutz im Baurecht, in: JuS 1984, S. 577ff.

ders., Der Vorrang der Verfassung und die Selbständigkeit des Gesetzesrechts, in: NVwZ 1984, S. 401ff.

ders., Abschied von den »Ansprüchen aus Art. 14 GG«, in: B. Bender u.a. (Hrsg.), FS für K. Redeker, 1993, S. 245ff.

ders., Die doppelte Abhängigkeit des subjektiven öffentlichen Rechts, in: DVBl. 1996, S. 641ff.

Wahl, Rainer/Masing, Johannes, Schutz durch Eingriff, in: JZ 1990, S. 553ff.

Walz, Ernst, Das Staatsrecht des Großherzogtums Baden, 1909.

Weber, Hermann, Beschwerdebefugnis und Rechtswegerschöpfung bei der Rechtssatzverfassungsbeschwerde – BVerfGE 86, 382, in: JuS 1995, S. 114ff.

Weber, Werner, Eigentum und Enteignung, in: F.L. Neumann/H.C. Nipperdey/U. Scheuner (Hrsg.), Die Grundrechte, Zweiter Band, 1954, S. 331ff.

Weber-Dürler, Beatrice, Der Grundrechtseingriff, in: VVDStRL 57 (1998), S. 57ff.

Wehr, Matthias, Grundfälle zu Vorrang und Vorbehalt des Gesetzes, in: JuS 1997, S. 419ff.

Wendt, Rudolf, *Eigentum* und Gesetzgebung, 1985.

Wessels, Johannes/Beulke, Werner, Strafrecht – Allgemeiner Teil, 28. Aufl., 1998.

Westermann, Harm Peter, Anmerkung zu BGH, Urt. v. 28.02. 1989 – IX ZR 130/88 (= JZ 1989, S. 741 = BGHZ 107, 92), und Urt. v. 16.03. 1989 – III ZR 37/88 (= JZ 1989, S. 744), in: JZ 1989, S. 746f.

Weyreuther, Felix, Bundesverfassungsgericht und Verfassungsbeschwerde; Kompetenz und Kompetenzüberschreitung, in: DVBl. 1997, S.925.

Wiedemann, Herbert, Anmerkung zu BVerfG, Beschl. v. 19.10. 1993 – 1 BvR 567 u. 1 BvR 1044/89 (= JZ 1994, S.408 = BVerfGE 89, 214), in: JZ 1994, S.411ff.

Wiegand, Bodo, Drittschutz im Spannungsfeld zwischen Verfassung, Gesetz und Verwaltungshandeln, in: BayVBl. 1994, S.609ff. u. 647ff.

Wieland, Joachim/Hellermann, Johannes, Das Verbot ausschließlicher Konzessionsverträge und die kommunale Selbstverwaltung, in: DVBl. 1996, S.401ff.

Wilke, Dieter, Vom Abbau des Verwaltungsrechtsschutzes und von der Resistenz des Drittschutzes, in: GdS für E. Grabitz, 1995, S.905ff.

Wilmowsky, Peter von, EG-Freiheiten und Vertragsrecht, in: JZ 1996, S.590ff.

Wochner, Manfred, Die neue Schuldknechtschaft, in: BB 1989, S.1354ff.

Wolf, Rüdiger, Nochmals: Helm ab zum Gebet, in: NJW 1987, S.36.

Wolff, Hans J./Bachof, Otto, Verwaltungsrecht I, 9. Aufl., 1974.

Wolff, Martin, Reichsverfassung und Eigentum, in: Festgabe der Berliner Juristischen Fakultät für W. Kahl, 1923, Teil IV.

Würtenberger, Thomas, Polizei- und Ordnungsrecht, in: N. Achterberg/G. Püttner (Hrsg.), Besonderes Verwaltungsrecht, Band II, 1992, S.329ff.

Zacher, Hans F., Verwaltung durch Subventionen, in: VVDStRL 25 (1967), S.308ff.

Zeidler, Karl, Maßnahmegesetz und »klasssisches« Gesetz, 1961.

Zmarzlik, Johannes, Arbeitszeitordnung – Kommentar, 1967.

Zmarzlik, Johannes/Anzinger, Rudolf, Kommentar zum Arbeitszeitgesetz, 1995.

Zöllner, Wolfgang, Die gesetzgeberische Trennung des Datenschutzes für öffentliche und private Datenverarbeitung, in: RDV 1985, S.3ff.

ders., Regelungsspielräume im Schuldvertragsrecht, in: AcP 196 (1996), S.1ff.

Zoepfl, Heinrich, Grundsätze des gemeinen deutschen Staatsrechts, Zweiter Teil, 5. Aufl., 1863.

Zuleeg, Manfred, Hat das subjektive öffentliche Recht noch eine Daseinsberechtigung?, in: DVBl. 1976, S.509.

Sachregister

Aufgenommen sind nur Hauptfundstellen

Jus Publicum

Beiträge zum Öffentlichen Recht

Alphabetisches Verzeichnis

Axer, Peter: Normsetzung der Exekutive in der Sozialversicherung. 2000. *Band 49.*
Bauer, Hartmut: Die Bundestreue. 1992. *Band 3.*
Blanke, Hermann-Josef: Vertrauensschutz im deutschen und europäischen Verwaltungsrecht. 2000. *Band 57.*
Böhm, Monika: Der Normmensch. 1996. *Band 16.*
Bogdandy, Armin von: Gubernative Rechtsetzung. 2000. *Band 48.*
Brenner, Michael: Der Gestaltungsauftrag der Verwaltung in der Europäischen Union. 1996. *Band 14*
Britz, Gabriele: Kulturelle Rechte und Verfassung. 2000. *Band 60.*
Burgi, Martin: Funktionale Privatisierung und Verwaltungshilfe. 1999. *Band 37.*
Claasen, Claus Dieter: Die Europäisierung der Verwaltungsgerichtsbarkeit. 1996. *Band 13.*
Danwitz, Thomas von: Verwaltungsrechtliches System und Europäische Integration. 1996. *Band 17.*
Detterbeck, Steffen: Streitgegenstand und Entscheidungswirkungen im Öffentlichen Recht. 1995. *Band 11.*
Di Fabio, Udo: Risikoentscheidungen im Rechtsstaat. 1994. *Band 8.*
Enders, Christoph: Die Menschenwürde in der Verfassungsordnung. 1997. *Band 27.*
Epping, Volker: Die Außenwirtschaftsfreiheit. 1998. *Band 32.*
Felix, Dagmar: Einheit der Rechtsordnung. 1998. *Band 34.*
Gellermann, Martin: Grundrechte im einfachgesetzlichen Gewand. 2000. *Band 61.*
Gröschner, Rolf: Das Überwachungsrechtsverhältnis. 1992. *Band 4.*
Gross, Thomas: Das Kollegialprinzip in der Verwaltungsorganisation. 1999. *Band 45.*
Gurlit, Elke: Verwaltungsvertrag und Gesetz. 2000. *Band 63.*
Häde, Ulrich: Finanzausgleich. 1996. *Band 19.*
Heckmann, Dirk: Geltungskraft und Geltungsverlust von Rechtsnormen. 1997. *Band 28.*
Hellermann, Johannes: Örtliche Daseinsvorsorge und gemeindliche Selbstverwaltung. 2000. *Band 54.*
Hermes, Georg: Staatliche Infrastrukturverantwortung. 1998. *Band 29.*
Hösch, Ulrich: Eigentum und Freiheit. 2000. *Band 56.*
Holznagel, Bernd: Rundfunkrecht in Europa. 1996. *Band 18.*
Horn, Hans-Detlef: Die grundrechtsunmittelbare Verwaltung. 1999. *Band 42.*
Huber, Peter-Michael: Konkurrenzschutz im Verwaltungsrecht. 1991. *Band 1.*
Ibler, Martin: Rechtspflegender Rechtsschutz im Verwaltungsrecht. 1999. *Band 43.*
Jestaedt, Matthias: Grundrechtsentfaltung im Gesetz. 1999. *Band 50.*
Kadelbach, Stefan: Allgemeines Verwaltungsrecht unter europäischem Einfluß. 1999. *Band 36.*

Kahl, Wolfgang: Die Staatsaufsicht. 2000. *Band 59.*
Koch, Thorsten: Der Grundrechtsschutz des Drittbetroffenen. 2000. *Band 62.*
Korioth, Stefan: Der Finanzausgleich zwischen Bund und Ländern. 1997. *Band 23.*
Kluth, Winfried: Funktionale Selbstverwaltung. 1997. *Band 26.*
Lehner, Moris: Einkommensteuerrecht und Sozialhilferecht. 1993. *Band 5.*
Lücke, Jörg: Vorläufige Staatsakte. 1991. *Band 2.*
Manssen, Gerrit: Privatrechtsgestaltung durch Hoheitsakt. 1994. *Band 9.*
Masing, Johannes: Parlamentarische Untersuchungen privater Sachverhalte. 1998. *Band 30.*
Morgenthaler, Gerd: Freiheit durch Gesetz. 1999. *Band 40.*
Morlok, Martin: Selbstverständnis als Rechtskriterium. 1993. *Band 6.*
Oeter, Stefan: Integration und Subsidiarität im deutschen Bundesstaatsrecht. 1998. *Band 33.*
Pauly, Walter: Der Methodenwandel im deutschen Spätkonstitutionalismus. 1993. *Band 7.*
Pielow, Johann-Christian: Grundstrukturen öffentlicher Versorgung. 2000. *Band 58.*
Puhl, Thomas: Budgetflucht und Haushaltsverfassung. 1996. *Band 15.*
Reinhardt, Michael: Konsistente Jurisdiktion. 1997. *Band 24.*
Rodi, Michael: Die Subventionsrechtsordung. 2000. *Band 52.*
Rossen, Helge: Vollzug und Verhandlung. 1999. *Band 39.*
Rozek, Jochen: Die Unterscheidung von Eigentumsbindung und Enteignung. 1998. *Band 31.*
Sacksofsky, Ute: Umweltschutz durch nicht-steuerliche Abgaben. 2000. *Band 53.*
Šarčević, Edin: Das Bundesstaatsprinzip. 2000. *Band 55.*
Schlette, Volker: Die Verwaltung als Vertragspartner. 2000. *Band 51.*
Schmidt-De Caluwe, Reimund: Der Verwaltungsakt in der Lehre Otto Mayers. 1999. *Band 38.*
Schulte, Martin: Schlichtes Verwaltungshandeln. 1995. *Band 12.*
Sobota, Katharina: Das Prinzip Rechtsstaat. 1997. *Band 22.*
Sodan, Helge: Freie Berufe als Leistungserbringer im Recht der gesetzlichen Krankenversicherung. 1997. *Band 20*
Sommermann, Karl-Peter: Staatsziele und Staatszielbestimmungen. 1997. *Band 25.*
Trute, Hans-Heinrich: Die Forschung zwischen grundrechtlicher Freiheit und staatlicher Institutionalisierung. 1994. *Band 10.*
Uerpmann, Robert: Das öffentliche Interesse. 1999. *Band 47.*
Wall, Heinrich de: Die Anwendbarkeit privatrechtlicher Vorschriften im Verwaltungsrecht. 1999. *Band 46.*
Wolff, Heinrich Amadeus: Ungeschriebenes Verfassungsrecht unter dem Grundgesetz. 2000. *Band 44.*
Volkmann, Uwe: Solidarität – Programm und Prinzip der Verfassung. 1998. *Band 35.*
Voßkuhle, Andreas: Das Kompensationsprinzip. 1999. *Band 41.*
Ziekow, Jan: Über Freizügigkeit und Aufenthalt. 1997. *Band 21.*